Franz Peter Bremer

Der junge Savigny zwischen Frühromantik und Rechtswissenschaft (1799–1806)

Edition von Auszügen eines biographischen Versuchs

Herausgegeben von Stephan Meder
unter Mitarbeit von Ursula Truman,
Stefanie Reuß und Katharina Lakisa

Schwabe Verlag

MIX
Papier aus verantwortungsvollen Quellen
FSC® C016439

Bibliografische Information der Deutschen Nationalbibliothek
Die Deutsche Nationalbibliothek verzeichnet diese Publikation in der Deutschen Nationalbibliografie; detaillierte bibliografische Daten sind im Internet über http://dnb.dnb.de abrufbar.

Abbildung Umschlag: Textauszug Originaltext Bremer (Geheimes Staatsarchiv Preußischer Kulturbesitz, Signatur VI. HA, Nl Bremer, F. P.)
Cover: icona basel gmbh, Basel
Layout: icona basel gmbh, Basel
Satz: 3w+p, Rimpar
Druck: Hubert & Co., Göttingen
Printed in Germany
ISBN Printausgabe 978-3-7574-0120-7
ISBN eBook (PDF) 978-3-7574-0121-4
DOI 10.31267/978-3-7574-0121-4
Das eBook ist seitenidentisch mit der gedruckten Ausgabe und erlaubt Volltextsuche.
Zudem sind Inhaltsverzeichnis und Überschriften verlinkt.

rights@schwabeverlag.de
www.schwabeverlag.de

Inhalt

Vorwort

Franz Peter Bremer hat fragmentarische Aufzeichnungen, Notizen und Entwürfe zu einer großen Savigny-Biographie hinterlassen, die, soweit ersichtlich, in der Forschung bislang wenig beachtet wurden. Bei der Edition von Teilen des Nachlasses habe ich von vielen Seiten Hilfe erfahren. An erster Stelle gebührt mein Dank Ursula Truman, die in mehr als zwei Jahren intensiver Arbeit die von Bremer in deutscher Kurrentschrift hinterlassenen, oft schwer entzifferbaren Textfragmente in die heutige Schrift übertragen hat. Damit verbunden waren zahllose, zum Teil aufwändige Literaturrecherchen, um fehlende, lückenhafte oder unlesbare Quellenangaben und weiterführende Informationen zu ergänzen. Mit ihrer bibliothekarischen Erfahrung, dem Textverständnis, der Ausdauer und einem Blick fürs Detail hat sie entscheidend zum Gelingen dieser Edition beigetragen.

Gedankt sei darüber hinaus Katharina Lakisa und Stefanie Reuß für die stets engagierte Koordination des Gesamtprojekts, die Leitung der studentischen Arbeitsgruppe, die umfangreiche und aufwendige Endredaktion sowie die Kommunikation mit dem Verlag hinsichtlich des Layouts und der Gestaltung. Zudem gilt mein Dank Werner Schubert, Kiel, für wertvolle Anregungen und editorische Hinweise in der Anfangsphase der Publikation. Außerdem möchte ich den Mitgliedern der studentischen Arbeitsgruppe Jannik David Blum, Lorenz Grupe, Cedric Kühn, Claudia Kurkin, Anton Meder, Yael Prantl, Kristin Schneider, Jessica Nur Windel und Nadin Zaya danken, die mit großer Initiative und Genauigkeit sowohl die Bibliographie als auch die Biographien der von Bremer erwähnten Personen recherchiert und zusammengestellt haben. Last but not least danke ich schließlich allen weiteren Personen, die zur Verwirklichung des Vorhabens beigetragen haben: Andreas Kuttner vom Geheimen Staatsarchiv Preußischer Kulturbesitz, Ruth Vachek vom Schwabe Verlag sowie Johannes Vorwerk, Ina Krückeberg, Robin Gogol und Christoph Sorge. Ohne den engagierten Einsatz aller Beteiligter hätte dieser Band nicht zum Abschluss gebracht werden können.

Hannover, im Januar 2024 Stephan Meder

Franz Peter Bremer (SUB Göttingen, Sammlung Voit: F. P. Bremer)

Franz Peter Bremer wurde 1832 in Neuss geboren. Er studierte Rechtswissenschaften in Bonn und begann dort seine akademische Laufbahn. Nach der deutschen Annexion Elsass-Lothringens wurde er 1872 als ordentlicher Professor an die Universität Straßburg berufen, wo er etwa zweieinhalb Jahrzehnte tätig war. Sein Werk «Die Rechtslehrer und Rechtsschulen im römischen Kaiserreich» (1868) machte ihn einem breiteren Leserkreis bekannt. Franz Peter Bremer starb 1916 als Emeritus in Bonn.

Einleitung des Herausgebers

Der junge Savigny zwischen Frühromantik und Rechtswissenschaft: Aus dem Nachlass von Franz Peter Bremer (1832–1916)

«Man hat […] nicht selten die Begründer der historischen Schule in Deutschland Romantiker geheißen. Aber mit Unrecht, denn weder sie noch irgendeiner ihrer Anhänger unter den Romanisten waren wirklich Romantiker. Die den Romantiker kennzeichnende Sehnsucht, das Leben in die Vergangenheit zurückzuschrauben, war ihnen vollständig fremd.»

Diese Sätze stammen von Eugen Ehrlich (1862–1922), einem Hauptvertreter der sogenannten Freirechtsschule und Mitbegründer der modernen Rechtssoziologie. Sie bilden ein Beispiel für die Fehlvorstellungen, die 1913 – und damit in einer Zeit, in der sich die Belle Époque ihrem Ende näherte – über die Beziehungen von Romantik und Historischer Rechtsschule verbreitet waren.[1] Der seit 1872 in Straßburg lehrende und 1897 nach Bonn übergesiedelte Romanist Franz Peter Bremer hat in seinen fragmentarischen Aufzeichnungen, Notizen und Entwürfen zu einer großen Savigny-Biographie ein ganz anderes Bild des Verhältnisses der Romantik zum Wissenschaftsprogramm der Historischen Rechtsschule entworfen. Es beruht auf der Prämisse, dass der junge Savigny durch die an der Schwelle zum 19. Jahrhundert aufkommende neue kulturgeschichtliche Epoche maßgeblich geprägt worden sei. Angesichts der scharfen Kritik, die gewichtige Stimmen sowohl im 19. als auch im 20. Jahrhundert gegen die «Romantische Schule» vorgetragen haben, ist dies alles andere als selbstverständlich.

I. «Frühromantik» als historiographischer Ausgangspunkt für Bremers Savigny-Bild

Um die Wende zum 20. Jahrhundert bereitete vor allem die Frage Schwierigkeiten, welche Bedeutung das Attribut «historisch» für die Romantik auf der einen und für Savignys Wissenschaftsprogramm auf der anderen Seite haben kann. Was Savigny angeht, darf Ehrlich beigepflichtet werden: Die Romanisten der Historischen Rechtsschule verfolgten nicht das Ziel, die Jurisprudenz in die Antike, in das Mittelalter oder in die Frü-

1 Eugen Ehrlich, Grundlegung der Soziologie des Rechts (1913), S. 258 (für den Hinweis auf diese Stelle danke ich Manfred Rehbinder).

he Neuzeit «zurückzuschrauben». Savigny hatte ja sogar vor einer «blinden Überschätzung der Vergangenheit» gewarnt, «welche fast noch gefährlicher» sei «als jener eitle Dünkel, indem sie die Kräfte der Gegenwart völlig lähmt».[2] Ihm ging es in erster Linie darum, Lösungen für die Gegenwart und Zukunft zu entwickeln. Dies ist von Sachkennern schon frühzeitig erkannt und immer wieder hervorgehoben worden.[3]

1) «Nicht Romantiker, sondern Classiker ist Savigny»

Ehrlich muss aber gleichwohl widersprochen werden: Die These, «den Romantiker» würde die «Sehnsucht» kennzeichnen, «das Leben in die Vergangenheit zurückzuschrauben», gilt heute ebenso als überholt wie das Klischee, die Romantik sei weniger Neubesinnung als Rückbesinnung auf die Vergangenheit gewesen. Die Fehldeutungen gehen auf den Dichter, Schriftsteller und Journalisten Heinrich Heine (1797–1856) zurück, der in seinem berühmten Essay über die «Romantische Schule» behauptete: Die Romantik «war nichts anders als die Wiedererweckung der Poesie des Mittelalters, wie sie sich in dessen Liedern, Bild- und Bauwerken, in Kunst und Leben manifestiert hatte».[4] Heines Romantikkritik hat eine erstaunliche Wirkungskraft entfaltet. In ihrem Gefolge wurde die gegen Ende des 18. Jahrhunderts aufkommende, neue kulturgeschichtliche Epoche als Gegenbewegung zur Aufklärung begriffen und mit den Etiketten von rückwärtsgewandt, konservativ oder restaurativ diskreditiert. Auf dieser Sichtweise fußt offenbar auch Ehrlichs Urteil über die Romantik.

2 Savigny, Ueber den Zweck dieser Zeitschrift, in: Zeitschrift für geschichtliche Rechtswissenschaft I (1815), S. 1–17, 10; System des heutigen römischen Rechts, Bd. I (1840), S. XIVf.

3 Z.B. von Bernhard Windscheid, Zum Gedächtnis von Savigny (1879), in: ders., Gesammelte Reden und Abhandlungen, hg. v. Paul Oertmann (1904), S. 81–99, 84f. (die geschichtliche Betrachtung des Rechts ist nicht das «eigentliche Besondere» der Historischen Rechtsschule). Ähnlich bereits Rudolf von Jhering (in seiner ersten Werkperiode), Unsere Aufgabe, in: Jahrbücher für die Dogmatik des heutigen römischen und deutschen Privatrechts, Bd. I (1857), S. 1–52, 24 («daß die Bearbeitung des römischen Rechts von jetzt an vorzugsweise einen *rechtshistorischen* Charakter annahm, war nicht das Entscheidende, sondern daß sie sich beeiferte, wieder einen *juristischen* Charakter anzunehmen»; Hervorhebungen im Original). Siehe auch Heinrich Mitteis, Rechtsgeschichte und Gegenwart (1947), in: ders., Die Rechtsidee in der Geschichte (1957), S. 501–513, 503f. (diese «echt geschichtliche Rechtswissenschaft» sollte «nicht reine Rechtsgeschichte sein, sondern die Grundlage des gesamten Rechtssystems; die Gegenwart sollte aus ihren geschichtlichen Voraussetzungen heraus begriffen und verstanden werden»). Die folgenden Ausführungen zur Relevanz der Frühromantik für Savignys wissenschaftlichen Werdegang, die in dieser Epoche eingeleiteten Autonomisierungsprozesse und deren Bedeutung für eine Theorie der Moderne sind angelehnt an meine Studie: Savignys Weg in die juristische Moderne: Romantik, Gender, Religion, Wissenschaft (2023), S. 26–30, 62–65, 394–402.

4 Heinrich Heine, Die romantische Schule (1932/35), in: ders., Werke und Briefe in zehn Bänden, Bd. 5, 2. Auflage (1972), S. 7–164, 14f.

Neben der von Heine begründeten Richtung gibt es noch eine zweite Strömung, die bis zu Georg Friedrich Wilhelm Hegel (1770–1831), dem bedeutendsten und letzten Repräsentanten des deutschen Idealismus, zurückführt.[5] Anders als Heine beanstandet Hegel weniger die angebliche Rückwärtsgewandtheit der Romantik als die vermeintliche Maßlosigkeit ihres Ich-Begriffs: «Substanzlose Subjektivität» lautet das Zerrbild, das er vom romantischen Verständnis der Individualität zeichnet.[6] Hegel fällt ein vernichtendes Urteil über die Romantik und insbesondere über das essayistische Werk von Friedrich Schlegel (1772–1829), den wichtigsten Vertreter der Jenaer Frühromantik. Sein Subjektivismus-Vorwurf sollte sich im 19. und in der ersten Hälfte des 20. Jahrhunderts als überaus wirkungsmächtig erweisen. Nachdem führende Literaturhistoriker daran angeknüpft hatten, gelangte er in Verbindung mit Heines Romantikkritik zur nahezu unangefochtenen Herrschaft.[7]

Es nimmt daher nicht wunder, dass es gegen Ende des 19. Jahrhunderts eine ganze Reihe von Versuchen gab, die darauf zielten, Savigny vom Vorwurf der Romantik freizusprechen und sein Werk in den Zusammenhang mit der Klassik zu stellen. So gelangt 1890 auch Ernst Landsberg (1860–1927), der heute als ein Wegbereiter der deutschen Geschichtsschreibung der Rechtswissenschaft im 18. und 19. Jahrhundert gilt, zu der Feststellung: «Nicht Romantiker, sondern Classiker ist Savigny nach Bildung, Gesinnung, Empfindung, Schreibart und Denkart.»[8]

5 Siehe die Nachweise bei Karl Heinz Bohrer, Die Kritik der Romantik. Der Verdacht der Philosophie gegen die literarische Moderne (1989), S. 7, 97; Otto Pöggeler, Hegels Kritik der Romantik (1999), S. 43–45; Ludwig Siep, Vernunftrecht und Rechtsgeschichte, in: ders. (Hg.), G.W.F. Hegel, 4. Auflage (2017), S. 1–22, 7.

6 Hegel war 1818 als Nachfolger Fichtes an die Berliner Universität berufen worden und hat die Lehren seines Vorgängers scharf kritisiert. Die Schwächen von Hegels Romantikkritik sind von Bohrer überzeugend herausgearbeitet worden: Die Kritik der Romantik (Fn. 5), S. 143f., 147f. (unzulässige «Deduktion aus dem Ich-Begriff Fichtes»). Siehe ferner Pöggeler, Hegels Kritik der Romantik (Fn. 5), S. 45–54; Siep, Vernunftrecht und Rechtsgeschichte (Fn. 5), S. 5–9; Einwände gegen die Sichtweise von Hegel auch bei Ernst Behler, Kritische Gedanken zum Begriff der europäischen Romantik, in: Die Europäische Romantik (1972), S. 7–43, 42. Hegels Fichtekritik vermag insbesondere Savigny nicht zu treffen. Dieser hatte schon in jungen Jahren Fichtes Schriften intensiv studiert und war dabei zu der Einsicht gelangt, dass ihm Fichtes Ansatz beim ‹bloßen Ich› «am meisten mißlungen scheint», vgl. Savignys Schreiben an Jacob Friedrich Fries vom 3. Februar 1802, in: Ernst Ludwig Theodor Henke, Jacob Friedrich Fries aus seinem handschriftlichen Nachlasse dargestellt (1867), 2. Auflage (1937), S. 294.

7 Michael Ansel, Die Bedeutung von Heines «Romantischer Schule» für die hegelianische Romantik-Historiographie im 19. Jahrhundert, in: Heine-Jahrbuch 40 (2001), S. 46–78.

8 Ernst Landsberg, Savigny, Friedrich Karl, in: Allgemeine Deutsche Biographie (1890), S. 425–452, 450. Dazu näher Jochen Otto, Goethe, Savigny und die Anfänge der Romantik sowie deren Verwerfung. Bestandsaufnahme zur Frage einer romantischen Rechtswissenschaft, in: Paola Maffei, Gian Maria Varanini (Hgg.), Honos alit artes (2014), S. 89–110, 90. Nur am Rande sei bemerkt, dass Ehrlich, soweit er die «Begründer der historischen Schule in Deutschland» anspricht, welche

Zwanzig Jahre später wird Landsberg diese Aussage revidieren und Savignys Nähe zur Romantik betonen: «Ich habe die Nähe dieses Verhältnisses früher unterschätzt.»[9] Landsberg nennt zwei Gründe, die ihn eines «besseren belehrt» haben, und zwar erstens die Bekanntschaft mit «Savignys Jugendbriefen» und zweitens die «eingehendere Beschäftigung mit der ganzen Literatur und Kultur des beginnenden 19. Jahrhunderts.»[10]

2) Bekanntschaft mit «Savignys Jugendbriefen»

Wie Landsberg mit «Savignys Jugendbriefen» in Berührung gekommen ist, wissen wir nicht. Es darf aber vermutet werden, dass er sich nach 1890, also nach der Publikation seines ersten Savigny-Artikels in der Allgemeinen Deutschen Biographie, intensiv mit jenen Quellen befasst hat, die der Privatgelehrte, Historiker und Gymnasiallehrer Adolf Karl Wilhelm Theodor Stoll (1850–1928) in seiner ebenfalls 1890 erschienenen Schrift über «Friedrich Karl von Savignys Sächsische Studienreise 1799 und 1800» präsentierte.[11] Auch Franz Peter Bremer müssen die in «Savignys Sächsischer Studienreise» versammelten Quellen stark beeindruckt haben, was sich z. B. darin zeigt, dass er sie in

«Romantiker geheißen» werden, eigentlich nur Savigny meinen kann. Die Beziehungen von Gustav Hugo (1764–1844) zur Romantik, der neben Savigny als (Mit-)Begründer in Frage kommt, sind, soweit ersichtlich, noch nicht zum Gegenstand von Untersuchungen gemacht worden. Karl Marx bezeichnete Gustav Hugo einmal als «Naturmenschen der historischen Schule», den «noch keine romantische Kultur beleckt» hat, Das philosophische Manifest der historischen Rechtsschule (1842), in: Karl Marx, Friedrich Engels, Werke, Bd. 1 (1976), S. 78–85, 78. Ob diese Aussage so zutrifft, muss hier nicht im Einzelnen interessieren. Jedenfalls hat bislang niemand eine besondere Nähe Hugos zur Romantik behauptet. Warum Marx den «romantisch-sensiblen» Savigny von seiner Kritik ausdrücklich ausgenommen hat, erklärt Okko Behrends, Gustav Hugo – Der Skeptiker als Wegbereiter der vom Geist der Romantik geprägten Historischen Rechtsschule, in: ders. (Hg.), Edward Gibbon. Historische Übersicht des Römischen Rechts (1996), S. 159–226, 187.

9 Ernst Landsberg, Geschichte der Deutschen Rechtswissenschaft, Dritte Abtheilung, Zweiter Halbband (1910), Text: S. 186–253, 245; Noten: S. 95–110. Ob Savignys Wissenschaftsprogramm eher der Romantik oder mehr der Klassik zuzuordnen sei, ist auch in der zweiten Hälfte des 20. Jahrhunderts, z. B. von Franz Wieacker, noch eifrig diskutiert worden. Nach den Ergebnissen der neuesten literaturhistorischen Forschung haben sich die Differenzen zwischen Romantik und Klassik freilich weitgehend aufgelöst, das Thema würde heute daher so nicht mehr erörtert werden, vgl. nur Stefan Matuschek, Der gedichtete Himmel. Eine Geschichte der Romantik (2021): «Wenn man das Romantische [...] nicht in den Manifesten und Selbsterklärungen, sondern in den literarischen Werken selbst sucht, findet man es auch in klassizistischen Texten» (S. 77); weitere Nachweise bei Meder, Savignys Weg in die juristische Moderne (Fn. 3), S. 35–36.

10 Landsberg, Geschichte der Deutschen Rechtswissenschaft (Fn. 9), S. 245.

11 Adolf Stoll, Friedrich Karl von Savignys Sächsische Studienreise 1799 und 1800, in: Programm vom Schuljahr 1889/1890 als Einladung zu der am 29. März 1890 abzuhaltenden öffentlichen Prüfung, Cassel 1890, S. 1–42.

seinen Aufzeichnungen, Notizen und Entwürfen immer wieder aufgreift und neu zu interpretieren sucht. Dabei bleibt zu beachten, dass Stoll in seiner Schrift von 1890 nur einen ersten Versuch unternommen hat, anhand bisher unbekannter Briefe «das Bild des großen Mannes entweder weiter auszuführen oder anderweit Bekanntes zu bestätigen».[12] «Savignys Sächsische Studienreise» bildet also lediglich eine Vorarbeit zum ersten Band jenes berühmten dreibändigen Werkes, das freilich erst nach Bremers Tod erschienen ist.[13]

Im vorliegenden Zusammenhang muss vor allem der Untertitel – «Zugleich ein Beitrag zur Geschichte der Romantik» – interessieren, den Stoll für seinen 1927 publizierten (ersten) Band über den jungen Savigny gewählt hat. Der Titel lässt erkennen, dass die Frühromantik den historiographischen Standort markieren soll, von dem aus Stoll Savignys Werdegang schildern will. Auch «Savignys Sächsische Studienreise» von 1890 hätte allerdings schon so überschrieben werden können, denn sie bildet ebenfalls bereits «zugleich» einen «Beitrag zur Geschichte der Romantik». Landsberg ist nach 1890 mit Stoll offenbar in persönlichen Kontakt getreten und es darf vermutet werden, dass der wissenschaftliche Austausch mit dem Kasseler Privatgelehrten und Historiker seinen Umschwung von der «Classik» zur «Romantik» beflügelt hat.[14]

Landsberg stand aber auch mit Bremer in Verbindung, der ebenso wenig wie Stoll davor zurückschreckte, sich in die für Juristen oft nur schwer zugänglichen Perspektiven frühromantischer Denkmodelle und Gruppenbildungen hineinzudenken. Dass wir von den Verbindungen zwischen Bremer, Stoll und Landsberg überhaupt Näheres wissen, hängt mit einer methodologischen Frage zusammen, deren Hintergründe kurz skizziert seien. In seiner «Geschichte der Deutschen Rechtswissenschaft» kommt Landsberg auf Savignys Jugendwerk, das berühmte «Recht des Besitzes» von 1803, zu sprechen: «Wir datieren durchweg von ihm die moderne römische Rechtswissenschaft», das heißt «diejenige Richtung dieser Wissenschaft, die ein Jahrhundert hindurch in Deutschland geherrscht, von dort aus ins Ausland sich verbreitet und Deutschland die Stellung als Lehrstätte selbst der romanischen Nationen verschafft hat».[15]

12 Stoll, Savignys Sächsische Studienreise (Fn. 11), S. 3.

13 Adolf Stoll, Friedrich Karl v. Savigny. Ein Bild seines Lebens mit einer Sammlung seiner Briefe (1927–1939): Erster Band: Der junge Savigny. Kinderjahre, Marburger und Landshuter Zeit Friedrich Karl von Savignys. Zugleich ein Beitrag zur Geschichte der Romantik. Mit 217 Briefen aus den Jahren 1792–1810 und 34 Abbildungen (1927); Zweiter Band: Friedrich Karl v. Savigny. Professorenjahre in Berlin 1810–1842. Mit 317 Briefen und 33 Abbildungen (1929); Dritter Band: Friedrich Karl v. Savigny. Ministerzeit und letzte Lebensjahre 1842–1861. Mit Briefen und Abbildungen (1939).

14 Landsberg, Geschichte der Deutschen Rechtswissenschaft (Fn. 9) Noten, S. 96.

15 Landsberg, Geschichte der Deutschen Rechtswissenschaft (Fn. 9), S. 190. Erinnert sei zudem an den wahren Kern der (übertriebenen) Kritik des Germanisten Otto von Gierke (1841–1921), wonach das BGB als «ein mehr römisch als deutsch gedachtes» Werk zu begreifen sei, «das fast nur ein in Paragraphen gegossenes Pandektenkompendium» darstelle, Deutsches Privatrecht, Bd. I

Landsberg zufolge nimmt die juristische «Moderne» also in den ersten Jahren nach der Wende vom 18. zum 19. Jahrhundert mit Savignys «Recht des Besitzes» ihren Anfang. Diese Deutung ist keineswegs neu. Gut dreißig Jahre zuvor war Bremer mit ganz ähnlichen Formulierungen zum gleichen Ergebnis gelangt: Von Savignys Jugendwerk über den Besitz «datieren wir eine neue Periode unserer Wissenschaft».[16] Neu ist aber Landsbergs Staunen darüber, dass «von irgendwelcher methodologischen Rechtfertigung» bisher «nie die Rede» war.[17] So gelangt er zu der völlig berechtigten Frage: Auf welcher Methode fußt eigentlich das «sofort als epochemachend allgemein anerkannt[e]» Werk?[18]

(1895), S. 25. Die Sichtweise, dass von Savignys frühen Arbeiten über den romanistischen Zweig der Historischen Rechtsschule und das BGB eine Linie zur modernen Rechtswissenschaft führt, ist bis heute herrschend geblieben, vgl. z. B. Okko Behrends, Das Bündnis zwischen Gesetz und Dogmatik und die Frage der dogmatischen Rangstufen, in: ders., Wolfram Henckel, Gesetzgebung und Dogmatik (1989), S. 9–36. Dagegen soll nach einer anderen Auffassung die durch Savigny begründete Richtung ein frühes Ende genommen haben: Franz Wieacker, Privatrechtsgeschichte der Neuzeit (1952), 2. Auflage (1967), S. 416 (das Jahr 1848 bezeichne «das Ende der historischen Rechtsschule»); Dieter Simon, Eine Rechtsgeschichte, in: myops 20 (2014), S. 67–77, 70 (die Historische Rechtsschule sei «letztlich eine Episode» geblieben); Hans-Peter Haferkamp, Die Historische Rechtsschule (2018), S. 313–324 (siehe vor allem die Ausführungen im Abschnitt über «das Ende einer Ära»). Dass in der zweiten Hälfte des 19. Jahrhunderts einige Akzente neu gesetzt wurden, ändert aber nichts an dem paradigmatischen Charakter von Savignys Wissenschaftsprogramm. Der von ihm eingeleitete Autonomisierungsprozess dauerte über das 19. Jahrhundert hinaus an und ist im Anschluss, wie wir heute wissen, zu einer unhintergehbaren Realität geworden (siehe unten V und VI).

16 Siehe nur die Ausführungen in seinem 1879 in Straßburg gehaltenen und «auf Wunsch desselben für die Festtheilnehmer» im gleichen Jahr gedruckten Vortrag, Zur Erinnerung an die Straßburger Savigny-Feier am 21. Februar 1879, Straßburg (1879), S. 5–47, 11: «Wohl nie hat ein Erstlingswerk in der juristischen Literatur eine ähnliche Annahme gefunden [...]. Das Buch war in der That ein nationales Ereigniss; von ihm datieren wir eine neue Periode unserer Wissenschaft. Hier fand sich die Fähigkeit wieder, den Gedanken der römischen Juristen auf's genaueste zu folgen.» Dass Savignys Monographie über das «Recht des Besitzes», weit über ihren eigentlichen Themenkreis hinaus, ein allgemeines Muster und Referenzwerk für Arbeiten aus dem Gebiet des «heutigen Römischen Rechts» bilde, ist auch vor Bremer schon behauptet worden, z. B. von Rudolf von Jhering (1818–1892) in seiner ersten Werkperiode: «Mit dem ‹Recht des Besitzes› war die juristische Methode der Römer wieder erobert, und damit die heutige Jurisprudenz geboren», Unsere Aufgabe, in: Jahrbücher für die Dogmatik des heutigen römischen und deutschen Privatrechts, Bd. I (1857), S. 1–52, 23 f. Die Sichtweise etwa von Landsberg oder Bremer bestätigt auch Bernhard Windscheid (1817–1892) in den verschiedenen Auflagen seines Lehrbuchs des Pandektenrechts. So auch noch in der 9. (und letzten) Auflage von 1906, Bd. I, § 148 (S. 732).

17 Landsberg, Geschichte der Deutschen Rechtswissenschaft (Fn. 9), S. 190.

18 Landsberg, Geschichte der Deutschen Rechtswissenschaft (Fn. 9), S. 190.

In den Vorreden zu den verschiedenen Auflagen der Schrift über das «Recht des Besitzes» habe er keine Antwort finden können. Savigny habe dort immer nur wiederholt, durch die «Zustimmung seines Lehrers Weiß» zu dem Werk «ermuntert» worden zu sein und

> «leider habe ich auch trotz mannigfacher Bemühungen und freundlicher Unterstützung durch Herrn Professor Stoll in Kassel und Herrn Professor Bremer in Bonn, der seit Jahren mit umfassenden Vorbereitungen zu einer großen Savigny-Biographie beschäftigt ist, mir aus Savignys handschriftlich erhaltenem Briefwechsel kein Licht verschaffen können, weder über diese, noch über andere schriftstellerisch von ihm unbeleuchtet gelassene Wendungen und Abschnitte seines Schaffens».[19]

Genauer betrachtet enthalten die Vorreden aber doch einige, wenngleich unscheinbare, Hinweise. Savigny berichtet darin zunächst, wie er auf die Buchidee gekommen ist: Das «Recht des Besitzes» sei aus Vorlesungen hervorgegangen, die er im Sommer 1801 in Marburg «über die beiden letzten Bücher der Pandecten» gehalten habe.[20] Dabei sei ihm aufgefallen, dass die im geltenden Besitzrecht «herrschenden Begriffe und Meinungen aus den Quellen sehr berichtigt werden» könnten.[21] Diesen knappen Bemerkungen zur Entstehung des Werkes lässt sich selbstverständlich noch keine «methodologische Rechtfertigung» entnehmen. Aber die Anspielungen auf mögliche Perspektiven und Erträge der Quellenforschung umreißen bereits ein Programm, das aktuell unter Stichworten wie ‹Gegenwartsbedeutung› oder ‹Verknüpfung von Rechtsgeschichte und Privatrechtsdogmatik› kontrovers diskutiert wird.[22] Und sie lassen, systemtheoretisch gesprochen, eine Bereitschaft zur «Aktualisierung der Tradition» erkennen, die selbst

19 Landsberg, Geschichte der Deutschen Rechtswissenschaft (Fn. 9) Noten, S. 96. Davon, dass Landsberg sogar noch 1916 mit Bremer, also kurz vor dessen Tod, über Spezialfragen der Savigny-Forschung korrespondierte, zeugt ein Brief, auf dessen Inhalt Stoll zu sprechen kommt, Stoll II (Fn. 13), S. 243 (bei Note 1). Zu Stolls Bericht über Bremers Vorbereitung einer «großen Biographie Savignys» siehe unten V.

20 Savigny, Vorrede zur vierten Ausgabe (1822), in: Das Recht des Besitzes. Eine civilistische Abhandlung, 7. Auflage (1865), S. III–VIII, III.

21 Savigny, Vorrede zum Recht des Besitzes (Fn. 20), S. IV.

22 Dazu näher: Savignys Weg in die juristische Moderne (Fn. 3), S. 405–407 (Schlussbemerkung – im Abschnitt über die «Erstaunliche Langlebigkeit des Subjektivismus-Vorwurfs»). Landsberg hat am Beispiel von Savignys «Recht des Besitzes» die Methodenfrage einer genaueren Betrachtung unterzogen und gelangt dabei zu der (resignierenden) Feststellung: «Aber im dunklen bleibt doch immer noch das, wodurch Savigny sich vor Hugo so sinnfällig auszeichnet, wodurch er der so unendlich erfolgreichere geworden ist», Geschichte der Deutschen Rechtswissenschaft (Fn. 9), S. 190–196, 193. Savignys bereits in der Vorrede zum «Recht des Besitzes» angedeutete Neigung zur «Aktualisierung der Tradition» (Stichweh) scheint Landsberg als eine Art Paradigma wahrgenommen zu haben, das keiner Rechtfertigung oder Begründung mehr bedarf; jedenfalls hat er in seinen Überlegungen zur «methodologischen Rechtfertigung» daran keinen Anstoß genommen (siehe dazu auch unten I 4).

vor einer Korrektur gegenwärtigen Rechts durch die Quellen des römischen Rechts nicht zurückschreckt.[23]

3) Zwischenergebnis

Bremer, Stoll und Landsberg standen in wissenschaftlichem Austausch und bildeten eine Art Gruppe von Savigny-Forschern, die sich durch die Romantikkritik des objektiven Idealismus nicht mehr beeindrucken ließ. Ihnen gebührt das Verdienst, im letzten Jahrzehnt des 19. Jahrhunderts die Frühromantik zum historiographischen Ausgangspunkt für eine Schilderung von Savignys wissenschaftlichem Werdegang genommen zu haben. Mit Blick auf die Verwandtschaft im Denken, auf die rege Korrespondenz und auf den persönlichen Umgang, den Savigny keineswegs nur in jungen Jahren mit Romantikerinnen und Romantikern pflegte, kann dieser Ansatz nur überzeugen.[24] Neben dem Studium ihm zuvor unbekannter Quellen nennt Landsberg aber noch einen weiteren – literaturhistorischen – Grund, der dafür spricht, die Frühromantik zum historiographischen Ausgangspunkt für ein Bild des jungen Savigny zu erheben.

II. Zum Wandel des Bildes, das wir uns von der Romantik machen

Über die Bekanntschaft mit den Briefen des jungen Savigny hinaus hat Landsberg seinen Positionswechsel auf die «eingehendere Beschäftigung mit der ganzen Literatur und Kultur des beginnenden 19. Jahrhunderts» zurückgeführt.[25] Überhaupt seien «wir in den letzten Jahrzehnten ja auch dieser Romantik wieder nähergetreten», und zwar vor allem dadurch, dass wir «darüber Darstellungen neuer Schriftsteller erhalten haben».[26] Landsberg will also sagen, dass das Bild, welches wir uns von der Romantik

23 Hervorgehobene Formulierung von Rudolf Stichweh, Motive und Begründungsstrategien der Wissenschaftlichkeit in der deutschen Jurisprudenz des 19. Jahrhunderts, in: RJ 11 (1992), S. 330–351, 340. Auf die Frage nach der «methodologischen Rechtfertigung» wird noch einmal zurückzukommen sein (V und VI).

24 Zutreffend hat Landsberg betont, dass Savignys Wege sich «nicht nur gelegentlich» mit der Romantik «gekreuzt» hätten, er sei mit ihr vielmehr «in bezug auf wichtige Einzelheiten dauernd fürbaß gegangen», Geschichte der Deutschen Rechtswissenschaft (Fn. 9), S. 246. Diese Auffassung ist durch die neuere Forschung bestätigt worden, vgl. Jochen Otto, Auf den Spuren von Friedrich Carl von Savigny. Auf dem Weg nach Berlin, in: SZ (RA) 129 (2012), S. 604–635, 611 («in Marburg, Heidelberg, Landshut und schließlich Berlin, überall organisierte sich ein Romantikerkreis um Savigny»). Dabei ist zu beachten, dass es bei Savigny, anders als bei vielen anderen Denkern, keine Wende oder Kehre gibt. Savigny selbst hat die Kontinuitäten zwischen seinem späteren Werk und den Ideen aus früheren Zeiten häufiger hervorgehoben, System I (Fn. 2), S. XVI; Brief an Bang vom 7. März 1840, in: Stoll II (Fn. 13), S. 521–525, 522. Siehe auch den Brief an Friedrich Perthes vom 9. Dezember 1839, in: Stoll II (a.a.O.), S. 518–519.

25 Landsberg, Geschichte der Deutschen Rechtswissenschaft (Fn. 9), S. 245.

26 Landsberg, Geschichte der Deutschen Rechtswissenschaft (Fn. 9), S. 245.

machen, dem Wandel unterliegt und wir, sobald die überkommene Romantikkritik für obsolet erklärt wird, auch die Verbindungen von Historischer Rechtsschule und Romantik wieder stärker in den Blick fassen können. Als Beispiele für solche «Darstellungen neuer Schriftsteller» nennt er u.a. die kongenialen Werke von Ricarda Huch (1864–1947), die nach der Wende zum 20. Jahrhundert große Resonanz gefunden haben.[27]

Dabei wird einmal mehr deutlich, dass Aussagen über Savignys wissenschaftlichen Werdegang und den Kontext, in dem er seine Lehren entwickelt hat, stark von den Vorverständnissen abhängen, die wir an die Romantik herantragen. 1910 konnte freilich niemand wissen, dass die nach der Jahrhundertwende zu beobachtenden Ansätze in Richtung einer grundlegenden Neubewertung der Romantik nur von kurzer Dauer waren. 1913 griff Ehrlich, wie schon ausgeführt, das Stereotyp der Rückwärtsgewandtheit wieder auf und wenige Jahre später werden so verschiedene Persönlichkeiten wie Carl Schmitt (1919) und Karl Mannheim (1927) abermals die von der Hegel-Schule erhobenen Subjektivismus-Vorwürfe kolportieren.[28]

Heute wird die Romantik nicht mehr als eine kulturelle Strömung begriffen, deren Anhänger darauf bedacht waren, «das Leben in die Vergangenheit zurückzuschrauben».[29] Weder Heines Romantikkritik noch Hegels Subjektivismus-Vorwurf vermögen auf die moderne Wissenschaft noch eine nennenswerte Anziehungskraft auszuüben. Überholt ist zudem die Behauptung, die Romantik sei eine konservative, restaurative oder gar reaktionäre Richtung.[30] Ebenso wenig bildet sie eine bloße Gegenbewegung zur

27 Landsberg, Geschichte der Deutschen Rechtswissenschaft (Fn. 9), Text: S. 245; Noten, S. 109: Ricarda Huch, Blütezeit der Romantik (1901); dies., Über Ausbreitung und Verfall der Romantik (1902). Dazu näher: Bohrer, Die Kritik der Romantik (Fn. 5), S. 276–283 (Huchs Werke zielen darauf, auf das Vernunftpotenzial der Romantik aufmerksam zu machen).

28 Carl Schmitt, Politische Romantik (1919), S. 146, 161; Karl Mannheim, Das konservative Denken (1927), in: Hans Gerd Schumann (Hg.), Konservativismus (1974), S. 24–75, 47.

29 Formulierung von Ehrlich, Grundlegung der Soziologie des Rechts (Fn. 1), S. 258. Dagegen z.B. Ernst Lichtenhahn, Zur Idee des goldenen Zeitalters in der Musikanschauung E.T.A. Hoffmanns, in: Richard Brinkmann (Hg.), Romantik in Deutschland (1978), S. 502–512, 504 (die Romantik dürfe nicht «einseitig als bloß rückwärtsgewandte, auf Restauration bedachte Verherrlichung des Vergangenen verstanden» werden); Frank Wilkening, Progression und Regression, in: Gisela Dischner, Richard Faber (Hgg.), Romantische Utopie – Utopische Romantik (1979), S. 251–269, 252f. («der immer wieder beschworene Gegensatz von Aufklärung und ‹Romantischer Regression› trifft für die Frühromantik nicht zu»). Dass Friedrich Schlegels berühmtes Diktum vom «rückwärts gekehrten Propheten» nicht «einseitig auf die Vergangenheit» verweist, sondern auf Gegenwart und Zukunft zielt, hat Karl Heinz Bohrer zutreffend herausgearbeitet, Die Kritik der Romantik (Fn. 5), S. 111f.

30 Dass insbesondere die Frühromantik alles andere als «konservativ» war, ist in der jüngeren Forschung oft hervorgehoben worden: Werner Krauss, Französische Aufklärung und deutsche Romantik, in: Klaus Peter (Hg.), Romantikforschung seit 1945 (1980), S. 168–179, 178 («die deutsche Romantik» ist «kein Produkt der Restauration»; sie will «die Revolution auf das Gebiet der

Aufklärung: Die Romantik sollte eher als Abwandlung, Ergänzung oder Fortsetzung der Aufklärung verstanden werden.[31]

Einen Meilenstein in der Romantikforschung bilden die Arbeiten des Philosophen und Kunstkritikers Walter Benjamin (1892–1940), der eine Rehabilitation von Friedrich Schlegel geleistet hat.[32] Diese Tatsache ist auch für Savigny und den Kontext von Bedeutung, in dem er seine Ideen ausgebildet hat. Denn Friedrich Schlegel gehört zu jenen Autoren der Frühromantik, die den jungen Savigny am meisten beeindruckt haben.[33] Die neuere und neueste Forschung ist Benjamins Untersuchungen im Kern gefolgt: Die Frühromantik wird gegenwärtig weder als rückwärtsgewandte noch als konservative, restaurative oder reaktionäre Gegenbewegung zur Aufklärung, sondern

Literatur übertragen»); Silvio Vietta, Frühromantik und Aufklärung, in: ders. (Hg.), Die literarische Frühromantik (1983), S. 7–84, 9; Hauke Brunkhorst, Romantik und Kulturkritik, in: Merkur 39 (1985), S. 484–496; Maurice Blanchot, Das Athenäum, in: Volker Bohn (Hg.), Romantik, Literatur und Philosophie (1987), S. 107–120. Siehe auch die Beiträge von Wolfgang Schieder, Ulrich Scheuner, Otto Dann und Ernst Hanisch, in: Romantik in Deutschland (Fn. 29), S. 39–46, 70–89, 115–131, 132–146.

31 Frei nach Jhering ließe sich sagen: Mit der Aufklärung über die Aufklärung hinaus. In diese Richtung z. B. Christoph Siegrist, Aufklärung und Sturm und Drang: Nebeneinander oder Gegeneinander?, in: Walter Hinck (Hg.), Sturm und Drang (1978), S. 1–13, 1–2 (Aufklärung läuft weiter neben dem, was sich von «ihr loszulösen sucht»; keine Gegenbewegung, sondern «Abwandlung und Ergänzung» der Aufklärung); Wilkening, Progression und Regression (Fn. 29), S. 253 (warum «die Frühromantik Aufklärung keineswegs als Ganzes ablehnen kann»). Die Resultate der neueren literaturhistorischen Forschung sind, soweit ersichtlich, in der Rechtswissenschaft noch nicht zur Kenntnis genommen worden. So wird nach wie vor (oder wieder) ein Savigny-Bild gezeichnet, in dem die überkommenen Stereotypen dominierend wirken, vgl. etwa Thomas Henne, Carsten Kretschmann, Der christlich fundierte Antijudaismus Savignys und seine Umsetzung in der Rechtspraxis, in: SZ (GA) 119 (2002), S. 250–315, 255–303, z. B. 261 («rückwärtsgewandte Utopie») oder 263 («Kombination ‹romantischer Ökumene› mit Antirationalismus»). Siehe auch Mehrdad Payandeh, Judikative Rechtserzeugung. Theorie, Dogmatik und Methodik der Wirkungen von Präjudizien (2017), S. 62 (Savigny verfolge «politisch konservative Absichten», sein «Ansatz» sei als «Gegenbewegung zur Aufklärung» zu begreifen).

32 Siehe die Nachweise hierzu und zum Folgenden bei Meder, Savignys Weg in die juristische Moderne (Fn. 3), S. 83–86, 103–106 (dort auch zu den Schwächen von Hegels Subjektivismus-Vorwurf).

33 Savigny hat z. B. Friedrich Schlegels Essay «Ueber Philosophie» von 1799 als eine Schrift gepriesen, die «das beste, was in uns ist, anspricht und ihm Ausdruck und Vollendung giebt», Brief an Friedrich Creuzer vom 18. Mai 1799, in: Stoll I (Fn. 13), S. 86–88, 87. Und Friedrich Schlegels «Lucinde» berührt ihn ähnlich stark wie Goethes «Wilhelm Meister», Brief an Friedrich Heinrich Christian Schwarz vom 23. Juli 1799, in: Stoll I (Fn. 13), S. 102–103, 103. Näher Meder, Savignys Weg in die juristische Moderne (Fn. 3), S. 94–96 (Savignys Lob von Friedrich Schlegels «Ueber Philosophie») und S. 106–110 (Savignys Bewunderung für Friedrich Schlegels «Lucinde» – mit Anmerkungen zu Hegels vernichtendem Urteil über die «Lucinde»).

als der «nach der Aufklärung zweite entscheidende Schritt zur europäischen Moderne» gewürdigt.[34]

Mehr noch als zu Landsbergs Zeiten ließe sich heute also sagen: «In den letzten Jahrzehnten» sind wir «ja auch dieser Romantik» dadurch «wieder nähergetreten», dass wir «darüber Darstellungen neuer Schriftsteller erhalten haben».[35] Die Ergebnisse der jüngsten literaturhistorischen Forschung müssen die Rechtswissenschaft nicht mehr in Versuchung führen, Savigny vom Vorwurf der Romantik freizusprechen. Im Gegenteil: Sie eröffnen einen neuen Blick auf die Anregungen, die er von dem Epochenwandel empfangen und in seinem Rechtsmodell verarbeitet hat. In den Fokus rücken dabei Fragen, die, soweit ersichtlich, überhaupt noch nicht gestellt wurden: Hat Savigny Impulse von der neuen kulturgeschichtlichen Epoche wirklich nur ‹empfangen›? Beschränken sich seine Anteile also auf eine lediglich passive Rolle? Oder hat er der Romantik nicht auch wichtige Anregungen, Denkanstöße und Impulse ‹gegeben›? Ist die neue kulturgeschichtliche Epoche durch ihn in bisher unbekanntem Maße mitgeprägt worden? Der historiographische Standort, von dem aus Stoll, Landsberg und eben auch Bremer Savignys Werdegang um die Wende zum 20. Jahrhundert schildern, muss aus gegenwärtiger Sicht also geradezu zukunftsweisend erscheinen. Anders als zu Zeiten, in denen große Unsicherheiten über das Verhältnis von Romantik und Historischer Rechtsschule herrschten, interessiert heute mehr denn je die Frage, wie nahe Savigny der Frühromantik wirklich stand und wo die Grenzen liegen. Das ist zugleich die Perspektive, aus der Franz Peter Bremer auf das Quellenmaterial blickt.

Bremer hat nicht nur Savignys ungebremsten Enthusiasmus für das geistige Leben in Jena um 1800 registriert, sondern auch die Frage aufgeworfen, warum er dem Studium von Philosophie, Ästhetik, Kunst und Literatur so viel mehr Aufmerksamkeit und Energie hat angedeihen lassen als dies bei einem Rechtswissenschaftler zu erwarten wäre. Savignys «philosophische Korrespondenz», die Lektüre des Athenaeum, seine Ideen über «Kunstmoral», die Bewunderung für das essayistische und literarische Werk von Friedrich Schlegel, der Aufenthalt in Paris, das Studium der französischen Juristen des 16. Jahrhunderts, die Zeitschriftenprojekte, der intensive gedankliche Austausch mit romantischen Dichterinnen und Dichtern wie Karoline von Günderrode, Bettine von Arnim, Clemens Brentano, Stephan August Winkelmann und Achim von Arnim oder die Frage, warum sich der junge Savigny für Gunda Brentano entschieden hat, bilden nur einige Beispiele für Themen, auf die Bremer in seinen Aufzeichnungen häufiger zurückkommt. Andererseits verschweigt der Bonner Romanist auch nicht, dass Savignys Beharrungsvermögen, seine Ausdauer und Disziplin von Romantikern bisweilen mit einer Mischung aus Argwohn und Bewunderung beobachtet wurde. So kam es zu

34 Matuschek, Der gedichtete Himmel (Fn. 9), S. 24; ders., Das Modell Romantik, in: forschung. Das Magazin der Deutschen Forschungsgemeinschaft 2/2022, S. 10–15, 10. In diese Richtung (bei allen Unterschieden) auch Rüdiger Safranski, Romantik, 7. Auflage (2018), und Karl Heinz Bohrer, Die Kritik der Romantik (Fn. 5).

35 Landsberg, Geschichte der Deutschen Rechtswissenschaft (Fn. 9), S. 245.

der Feststellung, er sei eine «durchaus systematische Natur» (Friedrich Creuzer) gewesen, die das «Tretrad der Studiermaschine» (Clemens Brentano) viel zu selten habe ruhen lassen.

III. Die an Bremer und Stoll gerichtete Frage nach einer «methodologischen Rechtfertigung»

Dass Bremer die Frühromantik als historiographischen Ausgangspunkt für seine Studien zum jungen Savigny nimmt, darf nicht darüber hinwegtäuschen, dass er sich, nicht anders als Stoll oder Landsberg, zu methodologischen Themen nur selten äußert. Eine «methodologische Rechtfertigung» der bereits im «Recht des Besitzes» erkennbaren Neigung zur «Aktualisierung der Tradition» (Stichweh) ist in seinen Aufzeichnungen und fragmentarischen Entwürfen nicht zu erwarten.[36] Die Tatsache, dass Landsberg die Frage nach einer solchen «Rechtfertigung» überhaupt stellt, verdient, abgesehen davon, dass weder er noch Stoll oder Bremer sie beantworten können, gleichwohl Beachtung: Um die Wende zum 20. Jahrhundert war offenbar in Vergessenheit geraten, dass Savigny, und zwar durch Hegel und seine Schule, schon einmal zu einer «methodologischen Rechtfertigung» herausgefordert worden ist. Die «Methode», die mutatis mutandis auch bereits in der frühen Monographie über das «Recht des Besitzes» zur Anwendung kommt, hatte namentlich der als «Apostel der Hegel'schen Schule» (Heinrich Heine) bekannte Jurist, Rechtsphilosoph und Rechtshistoriker Eduard Gans (1797–1839) in den 1820er-Jahren grundsätzlich in Frage gestellt. Dies bedarf der Erläuterung.

Von den vielen Einwänden, die Gans gegen die Historische Rechtsschule vorbringt, genügt es hier, an jene Verknüpfung von Antike und Gegenwart zu erinnern, die für Savignys Lehre vom «heutigen Römischen Recht» charakteristisch ist. Gans meint im Anschluss an Hegels Rechts- und Geschichtsphilosophie, die Jurisprudenz habe nur zwei Optionen, nämlich entweder Rechtskunde oder Philosophie zu sein. Während sich die Rechtskunde «auf das Gelten» beschränke und ausschließlich Staatszwecken zu dienen habe, müsse die Rechtsgeschichte aus der Jurisprudenz ausgesondert und als Teil

36 Wie Landsberg (oder Stoll) scheint Bremer hier kein methodologisches Problem zu sehen. Im Gegenteil: Einiges spricht dafür, dass auch ihm die Verknüpfung von Privatrechtsgeschichte und Rechtsdogmatik als eine Art Paradigma vorschwebt, das keiner weiteren Rechtfertigung oder näheren Begründung mehr bedarf. Denn Bremer meint, (kritisch) anmerken zu müssen: «Nur das Eine ignorirte Savigny, dass auch die Gegenwart ihr Recht habe, und dass dieser nicht durch historische Forschungen, sondern allein durch eine entschlossene That zu helfen war», Zur Erinnerung an die Straßburger Savigny-Feier (Fn. 16), S. 24; siehe auch a.a.O., S. 11: In der Besitzschrift habe sich zuerst «die Fähigkeit» wiedergefunden, «den Gedanken der römischen Juristen auf's genaueste zu folgen». Savignys Bestrebungen gehen über «reine Rechtsgeschichte» (H. Mitteis) aber weit hinaus, zumal er, wie ausgeführt, schon 1803 glaubt, die im geltenden Recht «herrschenden Begriffe und Meinungen» würden «aus den Quellen sehr berichtigt werden» können, siehe die Vorrede zum Recht des Besitzes (Fn. 20), S. IV.

der Philosophie betrachtet werden.[37] Wer die strengen Grenzen von Philosophie und geltendem Recht überschreite und der Rechtsgeschichte eine Gegenwartsbedeutung zuzuschreiben suche, bringe ein unzulässiges subjektives Element in die Wissenschaft ein: «Die Wissenschaft des Rechts [...] verachtet diese Subjektivität.»[38] Im Kern handelt es sich also um den gleichen Subjektivismus-Vorwurf, auf dem auch Hegels Romantikkritik fußt: Wer Kontinuitäten erkennt und das geltende Recht unter historischen Gesichtspunkten erforschen möchte, handelt unwissenschaftlich. Denn die Verbindung der Vergangenheit mit der Gegenwart bringt «Subjektivität» ins Spiel und unterläuft damit das Wissenschaftsideal der philosophischen Auffassung des objektiven Idealismus.[39]

Ihr vermeintlich erkenntnistheoretisches Versagen wird der Historischen Rechtsschule bis heute angelastet. So fordert der Rechtshistoriker Franz Wieacker in der zweiten Hälfte des 20. Jahrhunderts eine Emanzipation der Rechtsgeschichte vom juristischen Stoff, von Praxis und Dogmatik: Dogmatik habe «als solche so wenig Geschichte wie die Naturgesetze oder die logischen Sätze».[40] Wieacker postuliert eine «reine Rechtsgeschichte» (H. Mitteis) – eine ‹*histoire pour l'histoire*›, die nicht Applikation sein dürfe, sondern «ein kontemplatives, im Wortsinn betrachtendes Verstehen eines unwiderruflich und unumkehrbar in die Vergangenheit zurückgetretenen rechtlichen Geschehens» ist.[41] Aus dieser Perspektive erscheint die Behauptung, die Historische Rechtsschule sei «in Wahrheit die erste wirklich ungeschichtliche Rechtswissenschaft gewesen», nur folgerichtig.[42]

Wieacker hat sich zu den geistesgeschichtlichen Hintergründen des Subjektivismus-Vorwurfs zwar nicht ausdrücklich geäußert. Er macht aber kein Hehl daraus, dass

37 Eduard Gans, Das Römische Erbrecht in seiner Stellung zu vor- und nachrömischem. Eine Abhandlung der Universalrechtsgeschichte, Bd. 1: Das Erbrecht in weltgeschichtlicher Entwicklung (1824), S. XXVII (Vorrede). Dazu und zum Folgenden Meder, Savignys Weg in die juristische Moderne (Fn. 3), S. 274–284, 394–402, 427–439 (Schlussbemerkung a. E.).

38 Gans, Das Erbrecht in weltgeschichtlicher Entwicklung, Bd. 1 (Fn. 37), S. XXIV und XXIII (Vorrede).

39 Was speziell die Romantik anbelangt, hat das Streben nach einer Verknüpfung von Vergangenheit und Gegenwart im sogenannten «Literaturstreit», der «*querelle des anciens et des modernes*», einen Ausdruck gefunden, worauf auch Savigny sich beruft, System I (Fn. 2), S. XXXI (Vorrede). Dazu näher Meder, Savignys Weg in die juristische Moderne (Fn. 3), S. 359–363; siehe ferner Ulrich Scheuner, Staatsbild und politische Form in der romantischen Anschauung in Deutschland, in: Romantik in Deutschland (Fn. 29), S. 70–89, 78 (die Romantik «war von dem Gedanken des Lebens, des ständigen Werdens und der tiefen Verbundenheit von Vergangenheit, Gegenwart und Zukunft ergriffen»).

40 Privatrechtsgeschichte der Neuzeit (Fn. 15), S. 17.

41 Privatrechtsgeschichte der Neuzeit (Fn. 15), S. 15; ders., Wandlungen im Bilde der historischen Rechtsschule (1967), S. 37–43 (zur Idee vom «Rechtshistoriker als solchem»).

42 Ernst-Wolfgang Böckenförde, Die Historische Rechtsschule und das Problem der Geschichtlichkeit des Rechts (1964), in: ders. (Hg.), Staat, Gesellschaft, Freiheit (1976), S. 9–41, 18 f.

sein Geschichtsdenken eine Spielart des «historischen Objektivismus» ist.[43] Auf dieses Objektivitätsideal beruft sich die Wissenschaft noch heute, etwa, wenn sie eine «Instrumentalisierung der antiken Texte» oder eine Neigung Savignys kritisiert, «in der Antike die Bedürfnisse seiner Gegenwart zu finden, sozusagen Antike und Gegenwart zu verschmelzen» bzw. eine «Verschmelzung von Subjekt und Objekt» herbeizuführen.[44]

Alle diese Wendungen, Feststellungen und Monita laufen auf die immer gleiche These hinaus: Die Verknüpfung von Rechtsgeschichte und geltendem Recht kontaminiere die Wissenschaft mit einem subjektiven Element und führe zu einer durch die Bedürfnisse der Gegenwart verzerrten Wahrnehmung der Vergangenheit. Gans hätte diese Kritik kaum treffender formulieren können. Weil die Subjektivität ein strukturelles Korrelat der Applikation sei und die Wissenschaft «diese Subjektivität» verachte, müsse die Rechtsgeschichte aus der Rechtswissenschaft ausgesondert werden. Und so wird denn auch heute wieder gefordert, die «Rechtsgeschichte methodisch als Geschichtswissenschaft, nicht als Rechtswissenschaft zu konzipieren».[45]

IV. Worin liegt das eigentlich «Moderne» der «römischen Rechtswissenschaft»?

Die hier nur grob skizzierten wissenschafts- und philosophiegeschichtlichen Zusammenhänge mögen deutlich machen: Landsbergs Recherchen in den Vorworten zu den verschiedenen Auflagen der Monographie über das «Recht des Besitzes» und seine Nachfragen bei Stoll und Bremer sind nicht ohne Grund erfolglos geblieben. Selbst Savigny wäre, direkt auf die Frage nach einer «methodologischen Rechtfertigung» angesprochen, wohl weder 1803 noch in späteren Jahren imstande gewesen, eine aus gegenwärtiger Sicht befriedigende Antwort zu geben. Die Zeitgenossen besaßen schlicht noch

43 Privatrechtsgeschichte der Neuzeit (Fn. 15), S. 15.

44 Hans-Peter Haferkamp, Dogmatisierungsprozesse im «heutigen Römischen Recht» des 19. Jahrhunderts, in: Georg Essen u.a. (Hgg.), Dogmatisierungsprozesse in Recht und Religion (2011), S. 259–276, 268. Ähnlich Dieter Simon, Eine Rechtsgeschichte (Fn. 15), S. 72: Was die Rechtsgeschichte an «dogmenhistorischen Erkenntnissen» bieten könne, seien bestenfalls «historische Argumente, die sich zur Favorisierung der einen oder anderen bereits getroffenen Entscheidung *instrumentalisieren* ließen» (Hervorhebung nicht im Original).

45 Dieter Simon, Rechtsgeschichte, in: Axel Görlitz (Hg.), Handlexikon zur Rechtswissenschaft, Bd. 2 (1974), S. 314–318, 315 und 318 (mit Hinweis auf die Arbeiten von Franz Wieacker); Michael Stolleis, Geschichte des öffentlichen Rechts in Deutschland, Bd. 1 (1988), S. 54 (ebenfalls unter Berufung auf die einschlägigen Stellen bei Wieacker); ders., Rechtsgeschichte schreiben, Rekonstruktion, Erzählung, Fiktion? (2008), S. 6 («die Rechtsgeschichte ist ein Teil der Geschichtswissenschaft»). Bereits der Rechtssoziologe und Mitbegründer der Freirechtsschule Hermann U. Kantorowicz hatte Savigny eine «Methodenverwirrung» vorgeworfen: Historiographie sei eine «reine Tatsachenwissenschaft». Daher müssten «Rechtsgeschichte und Rechtsdogmatik» strikt getrennt werden, Was ist uns Savigny?, in: Recht und Wirtschaft 1 (1912), S. 47–54, 53.

kein erkenntniskritisches Instrumentarium, das es ermöglicht hätte, die Elemente einer «Methode» zu «rechtfertigen», die wir heute als «Autonomiephänomen» wahrnehmen würden.

Dem 19. Jahrhundert mangelte es mit anderen Worten an den wissenschaftstheoretischen Voraussetzungen, um genauer verstehen zu können, warum Landsberg an die epochale Bedeutung von Savignys «Recht des Besitzes» mit den Worten erinnerte: «Wir datieren durchweg von ihm die moderne römische Rechtswissenschaft.»[46] Die Unbefangenheit dieser und ähnlicher Formulierungen rührt daher, dass es weder Landsberg noch Bremer in den Sinn kam, einen wie auch immer gearteten Verdacht der «Methode» gegen die juristische Moderne ausräumen zu müssen.[47]

1) Der Verdacht der «Methode» gegen die juristische Moderne

Savigny hat um die Wende zum 19. Jahrhundert ohne Zweifel einen wichtigen Schritt in Richtung juristischer Moderne vollzogen. Aber worin liegt das eigentlich Moderne dieser «römischen Rechtswissenschaft»? Um hier eine Antwort zu finden, empfiehlt es sich, einige Argumente und namentlich den Subjektivismus-Vorwurf genauer in den Blick zu fassen, welchen Gans im Anschluss an seinen Lehrer Hegel gegen Savigny ins Feld führt. Auf eine kurze Formel gebracht, wäre festzustellen: Die Hegel-Schule ist antimodern, soweit sie funktionale Differenzierungs- und Autonomisierungsprozesse innerhalb einzelner Teilbereiche der Gesellschaft nicht wahrhaben oder sogar torpedieren will.

46 Geschichte der Deutschen Rechtswissenschaft (Fn. 9), S. 190 (siehe oben I 1). Beachtung verdienen allerdings Landsbergs Überlegungen zu Savignys «Ausgangspunkt wissenschaftlicher Arbeit» und zum «Bedürfnis nach Würde, das fachlich ebenso Savignys Wesen innewohnt, wie das Wort in seinen Schriften immer wiederkehrt [...]. Seine Wissenschaft als eine würdige vor sich zu sehen, ist ihm Sache unwiderstehlichen Dranges, tritt ihm an Stelle des der Menschenseele überhaupt angeborenen metaphysischen Bedürfnisses», Geschichte der Deutschen Rechtswissenschaft, a. a.O., S. 247. Das von Landsberg unter dem Gesichtspunkt der Wissenschaft so eindringlich beschriebene «Würdebedürfnis» Savignys könnte durchaus mit Ideen wie Selbständigkeit oder Eigenrationalität in Zusammenhang gebracht und vielleicht sogar als Vorahnung dessen aufgefasst werden, was im Folgenden unter «Autonomie» erörtert wird (zum Begriff der Würde als Metapher für «Zweck an sich», Selbständigkeit oder Eigendynamik siehe Andreas Grossmann, Würde, in: Historisches Wörterbuch der Philosophie, hg. v. Joachim Ritter, Karlfried Gründer, Gottfried Gabriel, Bde. 1–13, 12, 2004, Sp. 1088–1093, 1091).

47 Die Formulierung («Verdacht der Methode») ist an den Untertitel des Werks von Karl Heinz Bohrer, «Der Verdacht der Philosophie gegen die literarische Moderne» (Fn. 5), angelehnt und soll auf die strukturellen Parallelen zu den Einwänden aufmerksam machen, die gegen die Autonomie der Kunst («Verdacht der Philosophie») auf der einen und gegen die Autonomie des Rechts («Verdacht der Methode») auf der anderen Seite erhoben werden. Genau genommen sind selbstverständlich auch die Argumente gegen die Autonomie des Rechts, soweit sie auf Hegel und seinen objektiven Idealismus zurückführen, philosophischer Art.

Als Beispiel sei Gans' Behauptung genannt, das Recht wäre «auf das Gelten beschränkt» und habe ausschließlich Staatszwecken zu dienen.[48] Eine Beschränkung der Jurisprudenz auf Rechtskunde oder bloße Staatszwecke entspricht ziemlich genau dem Gegenteil dessen, was Savigny mit seinem Wissenschaftsprogramm zu erreichen suchte. Das heißt aber nicht, dass sich die «moderne römische Rechtswissenschaft» als ein «staatsfreies Recht» oder als ein Recht «ohne Staat» verstanden hätte.[49]

Gegen die Behauptung eines Rechts «ohne Staat» spricht schon der große Respekt vor der Gesetzgebung, welcher nicht zuletzt in Savignys Zurückhaltung gegenüber dem «Zweck» bei der Auslegung zum Ausdruck kommt.[50] Aber Savigny hat auch, und hier liegt der entscheidende Unterschied zur Hegel-Schule, eine Selbständigkeit und Eigenrationalität des Rechts gegenüber dem Staat behauptet. Als Beispiele mögen seine Rechtsquellenlehre, das Juristenrecht oder die Unterscheidung des Rechts vom Gesetz dienen, also jene Merkmale autonomen Rechts, die – in ersten Ansätzen – bereits in der Monographie des jungen Savigny über das «Recht des Besitzes» zum Tragen kommen. In der «Autonomie» liegt zugleich der Grund, warum, in den Worten Wind-

48 Gans, Das Erbrecht in weltgeschichtlicher Entwicklung (Fn. 37), S. XXVII (siehe oben).

49 So aber Haferkamp, Dogmatisierungsprozesse im «heutigen Römischen Recht» des 19. Jahrhunderts (Fn. 44), S. 261; ders., Privatrecht? Öffentliches Recht?, in: Rechtsgeschichte 19 (2011), S. 107–113, 109 («ohne Staat»). Ähnlich Bernd Rüthers u. a., Rechtstheorie, 12. Auflage (2022), S. 293, Rdnr. 452 («Absage an den Gesetzgeber») und S. 294, Rdnr. 452 (Rechtswissenschaft und Gerichtspraxis in der «Rolle des verabschiedeten Gesetzgebers»). Das Problem dieser Savigny-Kritik liegt in ihrer Einseitigkeit. Sie will Independenz bzw. Ungebundenheit behaupten und verkennt damit das spezifisch «Moderne» von Autonomisierungsprozessen: «Operative Geschlossenheit» autonomer Systeme bedeutet keine «totale Abschließung» oder «Autarkie», Gralf-Peter Calliess, Systemtheorie: Luhmann/ Teubner, in: Sonja Buckel, Ralph Christensen, Andreas Fischer-Lescano (Hgg.), Neue Theorien des Rechts (2009), S. 53–71, 57; Detlef Pollack, Modernisierungstheorie – revised: Entwurf einer Theorie moderner Gesellschaften, in: Zeitschrift für Soziologie 45 (2016), S. 219–240, 226. Strukturelle Koppelung, informationelle Offenheit oder Interdependenzen werden durch «Autonomie» überhaupt erst ermöglicht (Calliess, a.a.O.). Solche Wechselbeziehungen unterhält das Rechtssystem über den Staat hinaus mit der Geschichte, Wirtschaft, Ethik, Sitte oder Religion (dazu sogleich unten). Auch die Behauptung, die «Historische Rechtsschule» sei ein «an einen christlichen Rechtsbegriff gebundenes wissenschaftliches Projekt» gewesen, kann daher nicht zutreffen (vgl. Haferkamp, Die Historische Rechtsschule, Fn. 15, S. 315). Sie leidet, nur unter umgekehrtem Vorzeichen, ebenfalls an der erwähnten Einseitigkeit. Im Übrigen «datieren wir» (mit Bremer, Landsberg und all den anderen Zeitgenossen) von Savignys «Recht des Besitzes» eine «neue Periode unserer Wissenschaft», ohne dass ein «christlicher Rechtsbegriff» in diesem Werk auch nur die geringste Rolle spielen würde (darauf, dass Savigny auch in späteren Jahren ein «selbständiges Daseyn» des Rechts behauptet und «Autonomiephänomenen» den für den Aufbau eines modernen Rechtssystems notwendigen Raum gewährt, ist sogleich noch zurückzukommen).

50 Zu Savignys Vorbehalten gegenüber Scheinbegründungen und Teleologie siehe System I (Fn. 2), §§ 46, 50 (S. 292, 322). Näher Meder, Savignys Weg in die juristische Moderne (Fn. 3), S. 349–352, 394–402 (im Abschnitt «Selbständigkeit des Rechts gegenüber dem Staat»).

scheids, die geschichtliche Betrachtung des Rechts [...] nicht das «eigentliche Besondere» der Historischen Rechtsschule» sein kann.[51] Das Recht führt ein «selbständiges Daseyn», nicht nur gegenüber dem Staat, der Geschichte und namentlich dem römischen Recht, sondern auch gegenüber der Ethik, Sitte oder Religion.[52]

Dass die Annahme einer solchen Selbständigkeit, systemtheoretisch gesprochen, als «Autonomiephänomen» zu würdigen ist und einen untrüglichen Schritt in die juristische Moderne bedeutet, wurde an anderer Stelle bereits näher ausgeführt.[53] Hier sei nur noch hinzugefügt, dass die Verknüpfung von Rechtsgeschichte und geltendem Recht – oder in systemtheoretischer Diktion: die «Aktualisierung der Tradition» (Stichweh) – ebenfalls zu den «Autonomiephänomenen» gehört. Eine solche, wissenschaftstheoretisch fundierte, Rechtstheorie lässt sich durch einen epistemologischen Rekurs auf die Subjekt-Objekt-Differenz nicht einfach aus der Welt schaffen. Und der Siegeszug, den der «Jurist als solcher» (Windscheid) in der zweiten Hälfte des 19. Jahrhunderts angetreten ist, bestätigt einmal mehr die auf den wichtigsten Vertreter des deutschen Idealismus und seine Schüler zielende «Hypothese von der missverstandenen Modernität der Romantik».[54]

In diesem ‹Missverständnis› liegt zugleich die Quelle, welcher der Verdacht der «Methode» gegen die juristische Moderne entspringt – etwa, wenn es heißt: «Rechtsgeschichte» sei «methodisch als Geschichtswissenschaft, nicht als Rechtswissenschaft zu konzipieren».[55] In eine ähnliche Richtung zielt die Behauptung: Wer «von der Theorie

51 Zum Gedächtnis von Savigny (Fn. 3), S. 84f. (siehe oben).

52 Das «Daseyn» des Rechts «ist ein selbstständiges», heißt es in dem berühmten § 52 im ersten Band des Systems, System I (Fn. 2), S. 332 (vgl. Meder, Savignys Weg in die juristische Moderne, Fn. 3, S. 394–402).

53 Siehe Meder, Savignys Weg in die juristische Moderne (Fn. 3), S. 349–352 (dort auch zur «Selbstspezifikation der Elemente des Systems durch das System» und weiteren Autonomiephänomenen) sowie S. 394–402 (zur strukturellen Autonomie im Verhältnis zu anderen wissenschaftlichen Disziplinen und gesellschaftlichen Teilgebieten). Dass Autonomisierungsprozesse eine eminent politische Bedeutung haben und z. B. eine freiheitliche Ordnung voraussetzen, ist auch jenen restaurativen Kräften nicht entgangen, die in der Zeit der Demagogenverfolgungen Savigny – neben Schleiermacher – ganz oben auf der Liste jener oppositionellen Persönlichkeiten platzierten, gegen die mit «unbeugsamer Strenge verfahren» werden muss (vgl. die Nachweise bei Meder, Savignys Weg in die juristische Moderne, a.a.O., S. 132–135).

54 Bohrer, Die Kritik der Romantik (Fn. 5), S. 284, 311; Gunther Teubner, Helmut Willke, Kontext und Autonomie: Gesellschaftliche Selbststeuerung durch reflexives Recht, in: Zeitschrift für Rechtssoziologie 5 (1984), S. 4–35, 20 (Windscheids Jurist als solcher als «Prototyp eines selbstreferentiell geschlossenen Systems»); näher Meder, Savignys Weg in die juristische Moderne (Fn. 3), S. 97–100 (zu den Koinzidenzen zwischen moderner ästhetischer Theorie, Systemtheorie und rechtlichen Autonomisierungsprozessen siehe auch unten IV 2).

55 Simon, Rechtsgeschichte (Fn. 45), S. 315.

auf die Praxis» schließen möchte, vollzieht einen «methodisch fragwürdigen» Schritt.[56] Mit welcher «Methode» könnte ein solcher «Schritt» in Konflikt geraten?

Mangels Alternativen bleibt auch hier wieder nur der Subjektivismus-Vorwurf, worauf bereits Hegel und seine Schüler nicht nur ihre Romantikkritik, sondern auch ihre Opposition gegen die Autonomie sowohl im Recht als auch in der Kunst zu stützen suchten. Savigny hat dagegen ein eigenständiges System vor Augen, das nicht nur Theorie und Praxis umfasst, sondern auch mit Lehren, Auffassungen und Rechtslösungen vergangener Kulturen zu operieren vermag.[57] In der modernen Wissenschaftstheorie ist denn auch schon erkannt worden: Savignys «System» beruht auf der Prämisse, dass es keinen «Bruch in der Systemgeschichte» geben darf.[58] Sein «Argument für die Aktualisierung der Tradition ist wissenschaftstheoretisch in reinster Form».[59]

2) Die Frühromantik als «das emphatische Momentum für eine Theorie der Moderne»

Von einem nach heutigen Maßstäben «wissenschaftstheoretisch» fundierten Systembegriff ist es nur ein kleiner Schritt zum Verständnis der auf geistige Vernichtung zielenden Angriffe von Hegel und seinen Schülern auf die Frühromantik und insbesondere

56 Hans-Peter Haferkamp, Lernen aus der Rechtsgeschichte? – Hermann Kantorowicz und Friedrich Carl von Savigny, in: Juristenzeitung 74 (2019), S. 901–910, 909.

57 Dass Luhmann einen mehrspurigen, pluralen und überaus breit angelegten Begriff des Rechtssystems vor Augen hat, der über die Praxis hinaus auch die Theorie umfasst, ist an anderer Stelle bereits näher ausgeführt worden, vgl. Meder, Savignys Weg in die juristische Moderne (Fn. 3), S. 416–418 (Schlussbemerkung – im Abschnitt über die «Beschreibung autonomer Rechtssysteme als ‹theoriehaltige› Gebilde»): Niklas Luhmann, Das Recht der Gesellschaft (1995), S. 496–549; Gunther Teubner, Recht als autopoietisches System (1989).

58 Stichweh, Motive und Begründungsstrategien der Wissenschaftlichkeit in der deutschen Jurisprudenz (Fn. 23), S. 340.

59 Stichweh, Motive und Begründungsstrategien der Wissenschaftlichkeit in der deutschen Jurisprudenz (Fn. 23), S. 340. Systembrüche würden das System nicht nur verkürzen, sondern es auch zerfasern, zergliedern, zerstreuen, schrumpfen oder sukzessive vielleicht sogar ganz auflösen bzw. seine Entstehung und Ausdehnung torpedieren. Luhmann hat das Rechtssystem daher aus gutem Grund als ein plurales und überaus facettenreiches Gebilde konzipiert. Von hier aus fällt auch ein Licht auf Savignys Arbeitsweise, soweit es um eine am heutigen Recht orientierte «Auswahl» aus den in den antiken Quellen (z.B. über den Besitz) vorgefundenen Rechtslösungen geht: Zur Arbeitsweise der Pandektistik siehe Okko Behrends, Jhering heute! Wirkung als Jurist, Rechtsdenker und Rechtshistoriker der Historischen Rechtsschule, in: Stephan Meder, Christoph-Eric Mecke (Hgg.), Jhering global, Göttingen (2023), S. 247–255 (Postille. Bemerkungen zur Zitierweise des "Geistes" und zur Begriffsbildung in der Pandektistik). «Methodologisch» wäre diese Arbeitsweise ebenfalls als Autonomiephänomen zu identifizieren: Savignys «Aktualisierung der Tradition» bildet mit anderen Worten eine unverzichtbare wissenschaftstheoretische Voraussetzung für den Aufbau eines umfassenden Rechtssystems. Mit der Schrift über das «Recht des Besitzes» hatte er hierfür in der Tat ein erstes Modell geschaffen.

auf ihren wichtigsten Vertreter, den vom jungen Savigny so sehr bewunderten Friedrich Schlegel. Abermals geht es um funktionale Differenzierung und um Autonomisierungsprozesse – hier in den Gebieten von Kunst und Literatur. Während nun Friedrich Schlegel heute als ein Vordenker der modernen (d.h. autonomen) Kunst anerkannt ist, war Hegels Ästhetik noch in den Kategorien der «Abbildung» und der Subjekt-Objekt-Differenz befangen.[60] So erklärt es sich, warum Hegel nicht nur das «selbständige Daseyn» des Rechts, sondern auch die Autonomie der Kunst bestreiten wollte. In den Literaturwissenschaften ist der durch die Frühromantik eingeleitete Epochenwandel unter den Prämissen von Autonomisierungsprozessen inzwischen genauer untersucht und wie folgt resümiert worden: Die Frühromantik enthalte

> «das emphatische Momentum einer aktuellen Anwendbarkeit für eine Theorie der Moderne. Dabei findet eine prinzipielle Rehabilitation von Friedrich Schlegel als Theoretiker statt, ein für die Rezeptionsgeschichte der Romantik entscheidendes Datum, ist doch die Romantikkritik des 19. und frühen 20. Jahrhunderts zur Hälfte begründet in einer Desavouierung Friedrich Schlegels als Theoretiker».[61]

Weder Bremer noch Landsberg noch Stoll konnten erkennen: Das eigentliche Moderne der «römischen Rechtswissenschaft» liegt darin, dass durch sie ein epochaler und bis heute anhaltender Autonomisierungsprozess in Gang gebracht wurde. Um die Wende zum 20. Jahrhundert waren die Zeitgenossen, nicht nur aus Mangel an wissenschaftstheoretischer, sondern auch aus Mangel an literaturhistorischer Expertise, außerstande, z.B. die rechtsquellentheoretischen Dimensionen des «Juristenrechts», die neuen Grundlagen judikativer Rechtserzeugung oder die Verknüpfung von Antike und Gegenwart als Autonomiephänomene wahrzunehmen. Ihnen musste es völlig rätselhaft oder gar verstörend vorkommen, dass ein junger Jurist im ausgehenden 18. Jahrhundert die Ästhetik der Frühromantik so intensiv studieren und beinahe gleichzeitig ein «sofort als epochemachend allgemein» anerkanntes Werk über das «Recht des Besitzes» verfassen kann.[62]

Erst mit der Rehabilitierung des essayistischen Werks von Friedrich Schlegel und mit den wissenschaftstheoretischen Errungenschaften der modernen Systemtheorie waren die Voraussetzungen für eine Wahrnehmung der Parallelen zu autonomer Kunst

60 Vgl. Bohrer, Die Kritik der Romantik (Fn. 5), S. 151.

61 Bohrer, Die Kritik der Romantik (Fn. 5), S. 25. An diesem Punkt trifft sich die moderne ästhetische Theorie mit der Systemtheorie, die in der Autonomie ebenfalls das Merkmal der (um die Wende vom 18. zum 19. Jahrhundert aufkommenden) Moderne in Kunst und Literatur erblickt, vgl. nur Luhmann, Die Kunst der Gesellschaft (1997); ders., Das Problem der Epochenbildung und die Evolutionstheorie, in: ders., Schriften zu Kunst und Literatur (2008), S. 102–122; ders., Das Kunstwerk und die Selbstreproduktion der Kunst, in: Schriften zu Kunst und Literatur, a.a.O., S. 139–188; Detlef Pollack, Modernisierungstheorie (Fn. 49), S. 219–240.

62 Formulierung von Landsberg, Geschichte der Deutschen Rechtswissenschaft (Fn. 9), S. 190 (siehe oben I 1).

und autonomem Recht geschaffen. Dadurch fällt ein neues Licht auf die Impulse, die Savigny von der Frühromantik – dem nach «der Aufklärung zweiten entscheidenden Schritt zur europäischen Moderne» – empfangen und in seinem Rechtsmodell verarbeitet hat.[63] Gerade wegen dieser erst heute erkennbaren Zusammenhänge muss auf Interesse stoßen, dass Bremer die Frühromantik zum historiographischen Ausgangspunkt für seine Studien über den jungen Savigny erhoben hat.

V. Die «große Savigny-Biographie» als ein Desiderat der Wissenschaft

«Sollte ich einst Ihr Biograf werden, so werde ich dieser Sache mit gebührendem Lob gedenken.» Diesen Satz schrieb die Dichterin Karoline von Günderrode (1780–1806) an Savigny im Herbst des Jahres 1803 – zu einer Zeit also, als er noch nahezu unbekannt war.[64] Zwar hatte Savigny einige Monate zuvor mit seinem «Recht des Besitzes» ein Werk vollendet, das in der Fachwelt günstig aufgenommen und im Rückblick sogar als «epochemachend» gepriesen wurde.[65] Allein dieser Umstand dürfte als Grund aber nicht ausreichen, um schon zu einem solch frühen Zeitpunkt an eine Biographie zu denken. Außerdem wird Karoline von den Reaktionen in der Wissenschaft kaum etwas gewusst haben. Festzuhalten bleibt aber, dass sie als erste die Möglichkeit einer Biographie ernsthaft in Erwägung gezogen hat.[66]

Savigny ist 1861 bekanntlich als ein berühmter Gelehrter und Politiker in Berlin gestorben. Nach seinem Tod gab es viele Autoren, die mit dem Gedanken spielten oder den Versuch wagten, eine Art Lebensbeschreibung zu verfassen.[67] Allerdings ist eine

63 Formulierung von Matuschek, Der gedichtete Himmel (Fn. 9), S. 24 (dazu näher Meder, Savignys Weg in die juristische Moderne, Fn. 3, z. B. S. 26–30). Das heißt freilich nicht, dass Savigny sich bisweilen nicht auch kritisch gegenüber der Romantik äußerte und über deren «hohle Seite» klagte. So erhob er z. B. gegen Adam Müllers politische Romantik scharfen Widerspruch (a.a.O., S. 62–65).

64 Der Brief ist abgedruckt bei Birgit Weißenborn (Hg.), «Ich sende dir ein zärtliches Pfand». Die Briefe der Karoline von Günderrode, Frankfurt am Main (1992), S. 107.

65 Vgl. Landsberg, Geschichte der Deutschen Rechtswissenschaft (Fn. 9), S. 190 (siehe oben I 2).

66 «In dieser Sache», wovon in Karolines Brief die Rede ist, geht es um nichts Geringeres als um die heikle Entscheidung, die Savigny zwischen Karoline auf der einen und seiner späteren Ehefrau Gunda auf der anderen Seite treffen musste. Auch Bremer hat dem Thema große Aufmerksamkeit gewidmet und eigene Thesen über die Gründe formuliert, die Savigny zu seinem «Urteil» geführt haben könnten, dazu näher Meder, Savignys Weg in die juristische Moderne (Fn. 3), S. 144–149.

67 Siehe z. B. Carl Ludwig Arndts, Zum Andenken an Friedrich Carl von Savigny. Gedächtnisrede bei der am 31. Oktober 1861 durch die Juristische Fakultät der Wiener Hochschule veranstalteten Savigny-Feier, in: Kritische Vierteljahresschrift für Gesetzgebung und Rechtswissenschaft (KritV) 4 (1862), S. 1–15; Adolf Friedrich Rudorff, Friedrich Karl von Savigny. Erinnerung an sein Wesen und Wirken (1862); Moritz August von Bethmann-Hollweg, Erinnerung an Friedrich Carl von Savigny als Rechtslehrer, Staatsmann und Christ (1867); Johann Kaspar Bluntschli, Friedrich Carl

«Biographie», die den Namen verdient, nach wie vor ein Desiderat der Forschung geblieben: «Was bis heute fehlt, ist die große (vielleicht mehrbändige) Biographie, die – im Sinne einer erneuten Annäherung von ‹Wissenschaft› und ‹Wissenschaftsgeschichte› – Leben und Werk gleichermaßen umfassend würdigt.»[68]

In der Wissenschaft mangelt es nicht an Stimmen, die bedauern, dass eine «Biographie Savignys» nach wie vor fehlt.[69] Sie könne «auf absehbare Zeit wohl auch nicht geschrieben werden, so wünschenswert sie wäre».[70] Ähnlich meinte schon Hermann U. Kantorowicz, «eine eigentliche Biographie» fehle; sie könne, «so lange das Familienarchiv geschlossen bleibt, nicht geschrieben werden».[71] Diese Aussagen lassen vermuten, eine Savigny-Biographie könne nur in Angriff genommen werden, wenn noch mehr Quellen erschlossen worden sind. Gerade das gewaltige Volumen von Bremers Nachlass spricht aber dafür, dass es an Material schon um die Jahrhundertwende kaum mangelte – ja, der Überfluss sogar das größte Hindernis sein könnte. Hinzu kommen die angedeuteten wissenschaftstheoretischen Defizite. Sie stehen, in den Worten von Dieter Nörr, «einer erneuten Annäherung von ‹Wissenschaft› und ‹Wissenschaftsgeschichte›« insofern im Wege, als eine Savigny-Biographie auch dem spezifisch «Modernen» des durch die «römische Rechtswissenschaft» eingeleiteten Epochenwandels Rechnung tragen müsste.

Die erste und bis heute wichtigste Fundgrube für eine Savigny-Biographie ist das erwähnte dreibändige Werk von Stoll, «Friedrich Karl v. Savigny. Ein Bild seines Lebens mit einer Sammlung seiner Briefe».[72] Dabei handelt es sich, wie schon der Titel verlautbaren lässt, eher um eine Sammlung von Quellen als um eine Biographie. Das bedeutet aber nicht, dass Stoll in Einleitungen, Zwischenabschnitten, Anmerkungen oder Fußnoten nicht auch eigene Vorstellungen, Wertungen oder Urteile kundgegeben

von Savigny, in: Jahrbuch der Illustrirten Deutschen Monatshefte (1879), S. 316–329; Ludwig Enneccerus, Friedrich Carl v. Savigny und die Richtung der neueren Rechtswissenschaft (1879). Weitere Nachweise bei Landsberg, Geschichte der Deutschen Rechtswissenschaft, Noten (Fn. 9), S. 94.

68 Dieter Nörr, Zum 150. Todestag Friedrich Carl von Savigny, in: SZ (RA) 128 (2011), S. XIV–XVI, XV. Siehe auch bereits Wolfgang Kunkel, Rezension von Franz Wieacker, Privatrechtsgeschichte der Neuzeit, 1952, in: SZ (RA) 71 (1954), S. 509–539, 539 («umfassende Savigny-Biographie», welche «die deutsche Romanistik der Welt bisher noch schuldig geblieben ist»).

69 Vgl. nur Hans Kiefner, Savigny, Friedrich Carl von, in: HRG IV (1990), Sp. 1313–1323, 1321.

70 Kiefner, Savigny, Friedrich Carl von (Fn. 69), Sp. 1321.

71 Hermann U. Kantorowicz (Hg.), Savignybriefe (Briefe Friedrich Carl v. Savignys an Friedrich Heinrich Christian Schwarz), in: Neues Archiv für die Geschichte der Stadt Heidelberg und der Kurpfalz 13 (1924), S. 57–114, 60.

72 Stoll, Friedrich Karl v. Savigny (Fn. 13). Im vorliegend relevanten ersten Band über den «jungen Savigny» hat Stoll, wie im Untertitel angedeutet, über 200 eigene Briefe Savignys aus den Jahren 1792–1810 ediert. In diesem Zusammenhang muss auch das Werk von Hellfried Dahlmann erwähnt werden, der Creuzers Briefe an Savigny herausgab (Friedrich Creuzers Briefe an Savigny, 1971).

hätte.[73] So ließe sich, wie bereits ausgeführt, der Untertitel, den er dem ersten Band seines Werkes über den «jungen Savigny» anfügte, durchaus als ein kulturtheoretisches Statement begreifen: «Zugleich ein Beitrag zur Geschichte der Romantik». Wie Bremer und Landsberg war also vor allem Stoll davon überzeugt, Savignys Werdegang sei auf das engste mit den zum Teil durchaus radikalen und zukunftsweisenden Ideen der Frühromantik verbunden. Alles in allem hat sich Stoll um die Savigny-Forschung große Verdienste erworben. Zwar handelt es sich eher um eine Quellensammlung als um eine «Annäherung von Wissenschaft und Wissenschaftsgeschichte». Der Wert des Werkes wird dadurch aber keineswegs geschmälert. Wer eine Savigny-Biographie verfassen möchte, wird aus Stolls Bänden nach wie vor reichlich schöpfen können.

Weniger bekannt als das Werk von Stoll ist die zweite wichtige Fundgrube, nämlich der von Ingeborg Schnack herausgegebene Briefwechsel Savignys mit Stephan August Winkelmann (1780–1806).[74] Schnack gebührt das Verdienst, die Rechtswissenschaften auf den Namen «Winkelmann» aufmerksam gemacht und damit den historiographischen Akzent ebenfalls auf die Frühromantik gelegt zu haben.[75] In ihrer Korrespondenz werfen Savigny und Winkelmann nicht selten politische Fragen auf: Winkelmann war ein Anhänger der Französischen Revolution und plante, eine Geschichte des Rheinbundes zu verfassen.[76] Mit Winkelmann diskutierte Savigny vornehmlich über Themen aus dem Gebiet der Ästhetik, wobei Literatur und literarische Vorhaben dominierend wirkten. Dabei spielten, wie in der Epoche der Frühromantik

73 Zu den politischen Auffassungen von Stoll siehe Meder, Savignys Weg in die juristische Moderne (Fn. 3), S. 217–219. Hervorhebung verdient insbesondere, dass Stoll auch auf Themen eingeht, die in der Rechtsgeschichte sonst eher stiefmütterlich behandelt werden. Dazu gehört, dass der gerne als «erzkonservativer Monarchist» gescholtene Savigny restaurativen Kräften (d.h. erzkonservativen Monarchisten) wegen des Verdachts auf republikanische Gesinnung ein Dorn im Auge war und nach 1815 deshalb zunehmend ins Visier der Demagogenverfolger geraten ist (siehe oben V 1).

74 Ingeborg Schnack (Hg.), Der Briefwechsel zwischen Friedrich Carl von Savigny und Stephan August Winkelmann (1800–1804) mit Dokumenten und Briefen aus dem Freundeskreis (1984).

75 Der «Philosoph, Arzt und Poet» (Schnack) Stephan August Winkelmann darf mit dem berühmten Kunstschriftsteller und Begründer des Klassizismus im deutschsprachigen Raum Johann Joachim Winckelmann (1717–1768) nicht verwechselt werden. Verwirrend in dieser Hinsicht z.B. noch Joachim Rückert in der ersten Auflage seiner ebenfalls 1984 publizierten Savigny-Monographie (Idealismus, Jurisprudenz und Politik bei Friedrich Carl von Savigny), wo im Personenregister (S. 483) lediglich (der Klassizist) Johann Joachim Winckelmann aufgeführt ist, während im Haupttext bisweilen (z.B. S. 244 bei Note 446) von (dem Romantiker) Stephan August Winkelmann die Rede ist. In der zweiten Auflage des Werks (2022) ist dieser Mangel behoben worden (z.B. S. 572).

76 Vgl. nur die kritischen Bemerkungen von Savigny in seinem Brief vom 29. Juni 1803 an Winkelmann, in: Schnack, Briefwechsel zwischen Savigny und Winkelmann (Fn. 74), S. 169f. Zu Savignys (politischen) Auffassungen über Republikanismus, über die Französische Revolution und den Monarchismus siehe die Ausführungen in Meder, Savignys Weg in die juristische Moderne (Fn. 3), S. 125–135.

nicht anders zu erwarten, Zeitschriftenprojekte eine besondere Rolle. In biographischer Hinsicht ist der Briefwechsel auch deshalb so bedeutsam, weil Winkelmann eine zeitweise heftige Neigung mit Kunigunde (Gunda) Brentano, Savignys späterer Ehefrau, verband.

Das Werk von Schnack geht über den Briefwechsel zwischen Savigny und Winkelmann aber weit hinaus. Es enthält auch, wie im Untertitel angedeutet, wichtige Dokumente und bislang unveröffentlichte Briefe aus dem Freundeskreis. Dazu gehören Stücke aus der Korrespondenz zwischen Savigny und dem von ihm geschätzten Gottlieb Hufeland, Briefe an Wilhelm Erdmann und an Clemens Brentano, darüber hinaus Gedichte von Winkelmann sowie Briefe von Winkelmann an Gunda Brentano und an die mit Friedrich Schiller verbundene Dichterin Sophie Mereau. Durch eingehende Anmerkungen und Erläuterungen werden die Quellen vorzüglich erschlossen. Hinzu kommt eine gehaltvolle Einleitung, die den Umfang einer Kurzmonographie über das komplexe Beziehungsgeflecht erreicht, in dem Stephan August Winkelmann, Clemens Brentano, Achim von Arnim und der junge Savigny standen.[77]

Das Projekt einer monumentalen Savigny-Biographie des Romanisten Franz Peter Bremer steht zwischen den Werken von Stoll und Schnack.[78] Landsberg hat wohl als erster auf dieses Vorhaben aufmerksam gemacht, konnte 1910 aber nicht wissen, dass es niemals abgeschlossen werden wird.[79] Bremers Nachlass enthält viele, zum Teil bis heute unbekannte Materialien, Zitate, aber auch Bausteine, Notizen und wertvolle Textfragmente und -entwürfe aus eigener Feder. Soweit ersichtlich, ist Bremers Nachlass von Rechtswissenschaftlern noch nicht benutzt worden.[80] Beachtung verdienen daher die Bemerkungen von Stoll auf den ersten beiden Seiten der Einleitung seines Bandes über den jungen Savigny.[81] Stoll berichtet, dass Bremer eine «große Biographie Savignys» vorbereitet habe, dass er «nach Fertigstellung weniger Seiten [...] 1916 gestorben» sei und er [Stoll] «mit gern erteilter Genehmigung seines Schwiegersohns, Herrn G.R. Univ.-Prof. der RR Dr. von Hippel in Göttingen, alles für meine Zwecke Dienliche aus seinem Nachlaß aufgenommen» habe.[82] Stoll kündigt in seiner Einleitung zudem an, dass er «im Abschnitt 6» seiner «Arbeit noch Näheres bringen werde».[83]

77 Ingeborg Schnack, Einleitung, in: dies. (Hg.), Briefwechsel zwischen Savigny und Winkelmann (Fn. 74), S. 9–94.

78 Zur Person Bremers, den Stationen seines Lebens und seinem wissenschaftlichen Werk siehe Johannes Vorwerk, Der junge Friedrich Carl von Savigny im Spiegel des Bremer-Nachlasses (in Vorbereitung).

79 Landsberg, Geschichte der Deutschen Rechtswissenschaft, Noten (Fn. 9), S. 96 (siehe oben I 2).

80 Auch bei Schnack kommt der Name Bremer nicht vor. Ein erster Versuch wurde in der Studie über «Savignys Weg in die juristische Moderne» (Fn. 3) unternommen; die Editionsarbeiten waren zu diesem Zeitpunkt freilich noch nicht abgeschlossen.

81 Stoll I (Fn. 13), S. 1 f. (Note 2).

82 Stoll I (Fn. 13), S. 2.

83 Das wäre dann Stoll II (Fn. 13), S. 42–150 (Abschnitt VI des gesamten Werks).

Die genauere Überprüfung hat allerdings ergeben, dass Bremers Aufzeichnungen weder «im Abschnitt 6» noch an anderer Stelle eine besondere Rolle spielen. Eine solche Prüfung ist möglich, weil Stoll «zur sorgfältigen Wahrung seines [Bremers] geistigen Eigentums jeden ihm entnommenen Satz, ja jedes Wort durch ‹(Br)› gekennzeichnet habe».[84] Stolls Arbeitsweise bietet keinen Anlass, an der Wahrheit dieser Aussage zu zweifeln. Es ist also davon auszugehen, dass Bremers Vorstudien zu einer großen Savigny-Biographie in Stolls dreibändigem Werk ebenfalls keine herausgehobene Rolle spielen. Ein abschließendes Urteil über diese Frage kann freilich erst getroffen werden, wenn die von Bremer hinterlassenen Aufzeichnungen und Textfragmente insgesamt erschlossen und einem breiteren Publikum zugänglich gemacht worden sind.

VI. Fundgeschichte des Bremer-Nachlasses

Der Nachlass des 1916 verstorbenen Franz Peter Bremer kam zunächst in die Hände seines Schwiegersohns, des Göttinger Strafrechtslehrers Robert von Hippel (1866–1951).[85] Die Angaben von Stoll lassen vermuten, dass Hippel ihm den Nachlass zur Auswertung für sein dreibändiges Werk zeitweise überlassen hat. Laut Auskunft eines Mitarbeiters des Geheimen Staatsarchivs Preußischer Kulturbesitz wurde der Nachlass 1922 als Depositum ins Geheime Staatsarchiv gegeben.[86] Ob Hippel zwischenzeitlich noch einmal die Verfügungsgewalt erlangte oder Stoll selbst den Bestand ins Archiv gegeben hat, ist nicht bekannt. Ebenso wenig konnte bislang ermittelt werden, wer den Nachlass 1922 ins Geheime Staatsarchiv gab. Fest steht jedenfalls, dass sich der Nachlass im Jahre 1934 im Geheimen Staatsarchiv in Berlin (Dahlem) befand.[87]

84 Stoll I (Fn. 13), S. 2. Stoll hat den Namen «Bremer» in seine «Personen-Verzeichnisse» aufgenommen. Im Verzeichnis des ersten Bandes wird er nur sechsmal aufgeführt. In dem Band selbst gibt es aber mehr Referenzen, bisweilen wird der Name dann auch ausgeschrieben. Dies ändert freilich nichts an der alles in allem eher marginalen Bedeutung, die Bremers Nachlass für Stolls Werk zu haben scheint.

85 Zur Geschichte des Bremer-Nachlasses und den Stationen seines Verbleibs siehe die eingehenderen Ausführungen bei Vorwerk, Der junge Friedrich Carl von Savigny im Spiegel des Bremer-Nachlasses (Fn. 78).

86 Auskunft (per E-Mail) von Andreas Kuttner, Mitarbeiter des Geheimen Staatsarchivs Berlin (Dahlem), vom 7. Oktober 2021 (Geschäftszeichen: 5014/21-III 3.1b).

87 Vgl. Ernst Müller, Ernst Posner, Übersicht über die Bestände des Geheimen Staatsarchivs zu Berlin-Dahlem, in: Mitteilungen der Preussischen Archivverwaltung, Heft 24 (1934), S. 104. Der Eintrag lautet: «*Bremer, Franz Peter, Professor der Rechte, gest. 1916.* Umfangreiche Vorarbeiten zu einer Savigny-Biographie» (Hervorhebungen im Original). Die Ausdrücke «umfangreiche» und «Vorarbeiten» dürfen angesichts des gewaltigen Volumens und des bruchstückhaften Charakters der nachgelassenen Materialien durchaus wörtlich genommen werden. Ob Bremer «wenige Seiten» seiner Biographie tatsächlich schon fertiggestellt hatte, wie Stoll behauptet (Stoll I, Fn. 13, S. 2), konnte bislang nicht verifiziert werden (und erscheint wohl eher unwahrscheinlich).

Nach dem Ende des Zweiten Weltkriegs wurde der Nachlass im Deutschen Zentralarchiv, Abteilung Merseburg, aufbewahrt.[88] Wie aber kamen die Bestände von Berlin nach Merseburg? Auch diese Frage lässt sich beantworten: Zum Schutz vor den Bomben der Alliierten sind in der Endphase des Zweiten Weltkriegs große Teile der Archivbestände in nahegelegene Bergwerke verbracht worden. Einige dieser Bestände fanden sich nach dem Zusammenbruch des Deutschen Reichs in der sowjetischen Zone wieder. Die Deutsche Demokratische Republik sah dann für die Bestände des ehemaligen preußischen Archivs das Deutsche Zentralarchiv, Abteilung Merseburg, vor, während in der Bundesrepublik das Archiv in Berlin (Dahlem) durch die Stiftung Preußischer Kulturbesitz übernommen wurde. Nach der Auflösung der DDR und der Wiedervereinigung 1989/90 kamen die ehemals preußischen Bestände von Merseburg nach Berlin (Dahlem) zurück.[89] Laut Auskunft des Geheimen Staatsarchivs Preußischer Kulturbesitz in Berlin (Dahlem) wurde der Nachlass von Franz Peter Bremer im Jahre 1994 wieder nach Berlin verbracht. Seitdem liegt er im Außenmagazin des Archivs (Berlin Westhafen).[90]

VII. Beschaffenheit des Nachlasses und Hinweise zur Edition

Gegenwärtig liegt der Nachlass von Franz Peter Bremer also wieder im Geheimen Staatsarchiv in Berlin-Dahlem, und zwar in 23 Kartons. Das nahezu unberührte, riesige Konvolut von Schriftstücken besteht aus einer großen Anzahl loser Notizzettel, Manuskriptseiten, Originalbriefen, Abschriften und Zeitungsartikeln, die in Bündeln zusam-

88 Wolfgang Mommsen, Die schriftlichen Nachlässe in den zentralen deutschen und preußischen Archiven (1955), S. 14 (der Eintrag lautet: «Bremer, Franz Peter, Professor der Rechte, gest. 1916. 1934 GStA.; 1954 DZA. II.»); siehe auch ders., Die Nachlässe in den deutschen Archiven (1971), S. 71 (der Eintrag Nr. 534 lautet: «Bremer, Franz Peter, – 1916. Prof. der Rechte, nähere Personalangaben unbekannt. Inh.: Umfangreiche Vorarbeiten zu einer Savigny-Biographie. 1934 Geh. Staatsarchiv Berlin, 1954 Deutsches Zentralarchiv, Abt. Merseburg»). Bremers Nachlass wurde bereits am 6. März 1950 nach Merseburg überführt, wo ein gewisser Dr. Waldner zuständig war. Er hat den Eingang mit dem Vermerk quittiert: «Der Nachlaß ist neuerdings in Paketen verpackt. Bei der Ordnung wurden die Aufschriften der Päckchen zu Grunde gelegt, in die die Papiere augenscheinlich bei Bremers Tod verpackt worden sind. Von einer Durchsicht dieser Päckchen auf ihren Inhalt wurde bei ihrer großen Anzahl und der z. T. schweren Lesbarkeit der Schrift gänzlich abgesehen» (die ursprünglich in kleine Päckchen verpackten Papiere sind später offenbar mehr oder weniger ungeordnet in größeren Paketen verstaut worden).

89 Werner Vogel, Zur Geschichte des Geheimen Staatsarchivs Preußischer Kulturbesitz, in: Der Archivar. Mitteilungsblatt für deutsches Archivwesen 45 (1992), S. 338–344.

90 Auskunft (per E-Mail) von Andreas Kuttner, Mitarbeiter des Geheimen Staatsarchivs Berlin (Dahlem) vom 7. Oktober 2021 (Geschäftszeichen: 5014/21-III 3.1b). Siehe auch die Nachlassdatenbank des Bundesarchivs; Bestandsdatenbank Geheimes Staatsarchiv Preußischer Kulturbesitz (Besichtigungen finden in Berlin-Dahlem statt).

mengefasst sind. Die Bündel sind nicht verschnürt oder geheftet, sondern lediglich jeweils in ein einfaches DIN-A4-Blatt eingeschlagen. Es darf vermutet werden, dass Bremer die Papiere noch selbst, zumindest vorsortiert hat, weil auf den Umschlägen der Bündel seine Handschrift erkennbar ist.[91]

In jedem der Bündel liegen gut 100 Zettel verschiedener Art, Güte und Größe. In der Regel sind zehn bis zwölf derartiger Bündel zu einem großen Paket verschnürt, sodass der Nachlass insgesamt mehr als 60 solcher Pakete umfasst, die im Archiv auch als «Fach» bezeichnet werden. Jeder der 23 Kartons beherbergt zwei bis vier Fächer.[92] Die Bündel und Fächer sind allerdings nur sporadisch und eher nachlässig chronologisch oder thematisch geordnet. Häufig finden sich Überschneidungen, Redundanzen und Irrläufer. Für die vorliegende Edition wurden die in Bündeln aufbewahrten Papiere mit dem Ziel gesichtet, das auf verschiedene Kartons verteilte Material zum jungen Savigny, und zwar vor allem in den Jahren 1799 bis 1806, zu identifizieren und auszuwählen.[93] Angesichts seines gewaltigen Ausmaßes, der bestehenden Unordnung und zu enger Zeitfenster ist freilich nicht auszuschließen, dass im Nachlass noch weitere Stücke zum jungen Savigny enthalten sind. Das Volumen der transkribierten und hier publizierten Texte liegt wohl deutlich unter 10 % des Nachlasses.

Die Reihenfolge der Papiere ist in der vorliegenden Edition so, wie sie in den Bündeln vorgefunden wurde, grundsätzlich beibehalten worden. Die ausgewählten Papiere wurden von Mitarbeiterinnen und Mitarbeitern des Archivs gescannt und im Anschluss am Lehrstuhl für Zivilrecht und Rechtsgeschichte der Gottfried Wilhelm Leibniz Universität Hannover in sieben Ordnern aufbewahrt, die später in «Einheiten» umbenannt wurden.[94] Da die Blätter eine zum Teil recht unterschiedliche Größe aufweisen, nicht selten beidseitig beschriftet sind und bisweilen mehrfach gescannt wurden, können

91 Siehe Abbildung Nr. 1. Die Handschrift auf dem oberen Seitenrand von Abbildung 1 stammt von Bremer (dabei wird zugleich deutlich, wie schwer seine Handschrift zu entziffern ist). Die auf dem unteren Teil der Seite befindliche Aufschrift wurde von einer Mitarbeiterin oder einem Mitarbeiter des Archivs nachträglich hinzugefügt. Dass die ursprüngliche Ordnung des Nachlasses durch Bremer selbst hergestellt wurde, betont auch Andreas Kuttner, Mitarbeiter des Geheimen Staatsarchivs, in einem Schreiben vom 7. März 2023 (Geschäftszeichen: 63/00018/0066/0014). Diese Ordnung sei aber «doch sehr eigenwillig» und entspreche «keiner professionell archivarischen Herangehensweise» (Kuttner, a.a.O.). Auf die dem Herausgeber vom Geheimen Staatsarchiv freundlicherweise überlassene «Tabelle» (Abbildung Nr. 2) ist sogleich noch zurückzukommen.

92 Siehe Abbildung Nr. 2 (Überblick über die Kartonverteilung des Nachlasses von Franz Peter Bremer; sogenannte «Tabelle»).

93 Der Nachlass umfasst einen Zeitraum von rund 200 Jahren. Er enthält Dokumente zur Familiengeschichte, zu Savignys Großeltern und Eltern, aber auch zu den Jahren in Landshut und in Berlin bis zu Savignys Tod und darüber hinaus.

94 Aus Bremers Materialien und Aufzeichnungen zum jungen Savigny wird denn auch in den Einheiten I, II, III, IV 1, IV 2, V und VI (mit Angabe der jeweiligen Blattzahl) zitiert. Zur Zitierweise siehe auch Meder, Savignys Weg in die juristische Moderne (Fn. 3), z. B. im Vorspann zum ersten Teil (S. 62–65 – bei Note 16).

geringfügige Abweichungen von der Reihenfolge im Archiv nicht ausgeschlossen werden.[95] Offensichtliche Irrläufer, die außerhalb des sachlichen und zeitlichen Zusammenhangs stehen, sind in die Edition nicht aufgenommen worden.[96] Dasselbe gilt für Seiten, die inhaltsleer waren oder deren Inhalt bereits an anderer Stelle dokumentiert war (und die daher redundant waren). Verirrte Seiten, d.h. inhaltlich und zeitlich relevante Seiten, die irgendwie an eine falsche Stelle geraten waren, wurden transkribiert und, soweit möglich, dort, wo sie vom Inhalt her hingehörten, wieder angeschlossen. Das war wegen des großen Umfangs der Konvolute meistens aber nur innerhalb derselben Einheit möglich.[97] Bei alledem handelt es sich, wie gesagt, um Ausnahmen. Insgesamt wurden so gut wie keine Eingriffe in den Text vorgenommen, um ein möglichst getreues Bild von Bremers Arbeitsweise und dem Zustand des Nachlasses zu vermitteln.

Bremer bedient sich der zu seiner Zeit üblichen deutschen Kurrentschrift, die aus seiner Feder allerdings winzig klein, nachlässig geschrieben und schwer zu lesen ist. Hinzu kommt sein sorgloser Umgang mit Satzzeichen: Punkt, Komma, Anführungsstriche, Frage- und Ausrufezeichen sind oftmals kaum als solche zu erkennen, fehlen teilweise oder sehen aus wie Unreinheiten in altem Papier.[98] Es gibt daher Textstellen, die nicht zu entziffern waren. Sie sind mit einem oder mehreren Unterstrichen gekennzeichnet: _____.[99] Ergänzungen, die im Text selbst vorgenommen wurden, stehen immer

95 Der Inhalt der Bündel ist streckenweise sehr unübersichtlich. Bremer schrieb seine Texte z.T. auf kleinen, zerrissenen Papierstücken nieder. In den vom Archiv gelieferten Scans lagen solche Papierstücke nicht selten übereinander, weil sie auf ein als solches benanntes einzelnes Blatt aufgebracht worden waren. Wenn die Scans erkennen ließen, dass auf einer Seite mehrere Blattfragmente liegen (siehe Abbildung Nr. 3), wurden die Textabschnitte durch das folgende Zeichen getrennt – – – – – – – – – –. In einzelnen Fällen konnten die Scans aber so undeutlich sein, dass die Blattgrenzen nicht mehr feststellbar waren.

96 Die transkribierten Irrläufer besitzen aber nach wie vor eine eigene Blattnummer. An Stelle des ursprünglichen (nicht transkribierten und nur im Archiv einsehbaren Textes) findet sich (in eckigen Klammern, kursiv) eine kurze Inhaltsangabe.

97 Solche Verschiebungen sind äußerst selten und mit dem Ziel vorgenommen worden, auseinandergerissene Blätter wieder zusammenzufügen. Dies geschah vor allem dann, wenn die Blätter sehr nahe aneinander lagen und sich die Herkunft vom Inhalt her ermitteln ließ (z.B. wurden in Einheit II, Blatt 13 und 14 vertauscht, weil Blatt 12 und das ursprüngliche Blatt 14 inhaltlich zusammengehören; das Gleiche geschah etwa bei Einheit II, Blatt 17 und 18, wo Blatt 18 ursprünglich Blatt 19 war).

98 Siehe die Beispiele in Abbildung 1 (Bremers Handschrift auf einem Umschlag der in Bündel zusammengefassten Papiere); Abbildung 3 (mehrere auf ein einzelnes Blatt aufgebrachte Papierstücke); Abbildung 4 (= Einheit IV 2, Blatt 19/20: manuskriptartig ausformulierte Abschnitte); Abbildung 5 (einzelne Stichworte, Listen); Abbildung 6 (unlesbare Bleistiftnotizen); Abbildung 7 (= Einheit IV 2, Blatt 95: Beispiel für das allgemeine Schriftbild).

99 Zur Vermeidung von Missverständnissen sei noch hinzugefügt: Das Geheime Staatsarchiv hat Kopien bzw. Scans in hervorragender Qualität geliefert. Dies zeigt der Vergleich mit den Originalen

in eckigen Klammern. Alle anderen Besonderheiten stammen grundsätzlich von Bremer selbst. Für die in Bezug auf den jungen Savigny ausgewählten Stücke gilt, was für den gesamten Nachlass charakteristisch ist: Es handelt sich um eine Materialsammlung – um Notizen, provisorische Aufzeichnungen und Textentwürfe, die einen lediglich fragmentarischen Charakter haben. Bremer hat nur wenige Abschnitte manuskriptartig ausformuliert.[100] Oftmals brechen die Ausführungen plötzlich ab, werden dann aber später und an anderer Stelle bisweilen wieder aufgegriffen.

Zudem kommt es immer wieder vor, dass der untere Textteil mit den Fußnoten abgeschnitten ist, oder umgekehrt: Die Fußnote steht da, aber der Verweis im Text fehlt, weil der Textanfang abgeschnitten ist.[101] Manchmal sind die Texte und Textfragmente zu einzelnen Themenkomplexen wie etwa «Parisreise», «Spruchkolleg» oder «Günderrode» über mehrere Einheiten verstreut.[102] Daneben gibt es auch Blätter, die nur ein Stichwort, ein Wort zu einem Thema oder eine einzelne Überschrift enthalten und noch ohne jeden Inhalt sind. Hinzu kommen zahlreiche Übersichten in Form von Listen, Chronologien, bloßen Namen oder Stichwortsammlungen.[103]

Da die Texte als solche in dem von Bremer hinterlassenen Format unberührt geblieben sind, enthalten sie viele Redundanzen, Teilredundanzen oder Überschneidungen von Gedanken. Einzelne Fragmente oder deren Teile können in ganz verschiedenen thematischen Zusammenhängen eine Rolle spielen und in mehreren Schränken bzw. Fächern vorkommen oder wiederkehren. Sie sind nicht datiert und stammen aus einer Zeitspanne von gut dreißig Jahren, die vom letzten Drittel des 19. Jahrhunderts bis zu Bremers Todesjahr 1916 reicht.[104] Es nimmt daher nicht wunder, dass die Fragmente oftmals Unstimmigkeiten oder Widersprüche aufweisen.[105] Dass Bremer auf Sachfragen

in Berlin: Stellen, die auf einer technischen Reproduktion nicht lesbar waren, konnten auch im Original nicht entziffert werden.

100 Siehe das Beispiel in Abbildung Nr. 4 (= Einheit IV 2, Blatt 19/20).

101 Bremer setzte in seinen Textfragmenten nummerierte Fußnoten für Literaturhinweise und Anmerkungen, die zu einem großen Teil freilich unvollständig oder bisweilen auch ganz leer geblieben sind. Teilweise finden sich auch Fußnoten ohne Verweis im Text. Soweit möglich wurden die Literaturangaben ergänzt und die Anmerkungen verifiziert. Dies geschah wie immer, wenn Texteingriffe vorgenommen wurden, in eckigen Klammern, vgl. Einheit V, Blatt 164 (Beispiel für das Fehlen einer Fußnote: die Fußnote steht nur im Text); Einheit V, Blatt 215, 226 (ergänzte Fußnoten); Einheit V, Blatt 199 (Beispiel für eine Fußnote ohne Verweis im Text); Einheit V, Blatt 320 (Beispiel für eine Fußnote ohne Text).

102 Auf diese Tatsache wird in der Edition an den relevanten Stellen, soweit möglich, hingewiesen.

103 Siehe Abbildung Nr. 5 (= Einheit IV 2, Blatt 27).

104 Eine Art Anfang, Start- oder Ausgangspunkt für Bremers Savigny-Forschungen darf wohl in seinem auf der Straßburger Jubiläums-Feier am 21. Februar 1879 gehaltenen Vortrag gesehen werden (siehe oben I 2 – bei Note 16).

105 So schreibt Bremer, Savigny habe seine Ehefrau Gunda im Jahre 1799 kennengelernt, an einer anderen Stelle nennt er dagegen korrekterweise das Jahr 1801, vgl. Meder, Savignys Weg in die juristische Moderne (Fn. 3), S. 140 (Fn. 67) und 158 (Fn. 27). Weitere Beispiele für Widersprüche

häufiger unterschiedliche Antworten gibt, ist aber nicht nur auf die verschiedenen Entstehungszeiten seiner Aufzeichnungen oder auf einen Mangel an Redaktion, sondern auch auf eine unsichere Quellenlage zurückzuführen.[106]

Viele Briefe waren um 1900 schwer zu finden oder überhaupt nicht zu ermitteln. Dazu gehört auch ein Teil jener Briefe, die Stoll dann 1927 im ersten Band seines großen Savigny-Werkes abgedruckt hat.[107] Bremer korrespondierte offenbar mit vielen Archiven, Bibliotheken, Kollegen und Privatpersonen. Von dem beachtlichen Umfang seiner Korrespondenz und der Intensität seiner Quellenforschung zeugt ein besonderes Fach, in welchem die Antwortschreiben auf von Bremer formulierte Anfragen gesammelt sind.[108] Auf Grundlage dieser Korrespondenzen wäre es möglich, Bremers Aktivi-

und Irrtümer finden sich in Texten aus den Einheiten V und VI: Einheit V, Blatt 42 und 340 mit Anm. VI und XXV (zu Publikationsvorhaben Savignys um 1800 – entweder Hutten-Ausgabe oder Plan der Herausgabe eines «critischen Blatts»); Einheit VI, Blatt 146–147 mit Anm. XII; Blatt 296f. mit Anm. XXIV; Blatt 305 mit Anm. XXV; Blatt 315 mit Anm. XXVII (das sind zugleich Beispiele für die schwierige Quellenlage um 1900; Bremer irrt sich z.T. über die Person jenes Adressaten, den [nicht Savigny, sondern Friedrich Creuzer] Karoline in einem Gedicht oder einem Schreiben gemeint hat).

106 Ungenauigkeiten in den damals vorhandenen Quellenwerken sind auch von Bremer selbst, und zwar meistens zu Recht, beanstandet worden, insbesondere mit Bezug auf die von ihm oft benutzte Sammlung von Erwin Rohde, Friedrich Creuzer und Karoline von Günderode. Briefe und Dichtungen, Heidelberg (1896), z.B. Einheit VI, Blatt 359–361. Siehe aber die Ausnahme Einheit VI, B. 305 mit Anm. 23.

107 Stoll I (Fn. 13). Über das Werk von Stoll hinaus haben sich noch viele andere Publikationen für die vorliegende Edition als hilfreich erwiesen, auf die Bremer noch nicht zurückgreifen konnte. Als Beispiele seien die Briefsammlungen von Karl Preisendanz, Hellfried Dahlmann, Ingeborg Schnack oder Birgit Weißenborn genannt. Hinzu kommen die vielen Quellen, die heute im Internet frei zugänglich sind (dazu näher unten IX). Es existieren aber auch einzelne Dokumente, z.B. Briefe, deren Inhalt Bremer auszugsweise wiedergibt, etwa von Rudorff an Frau Pastorin Hoffmeister vom 22. Dezember 1861 (Einheit III, Blatt 35), die, soweit ersichtlich, außerhalb des Nachlasses noch nicht bekannt geworden sind. Dazu gehört auch ein Brief des Pfarrers Johann Heinrich Christian Bang (1774–1851) an Savigny vom 23. Juli 1803 (das Gebet der Bettine: Einheit I, Blatt 402; Einheit V, Blatt 62, 335; Einheit VI, Blatt 235), der ebenfalls nicht ermittelt werden konnte. Einzelne Briefe der Korrespondenz zwischen Bang und Savigny sind u.a. abgedruckt bei Stoll I (Fn. 13), Enneccerus, Friedrich Carl v. Savigny (Fn. 67), und Schnack, Der Briefwechsel zwischen Friedrich Carl von Savigny und Stephan August Winkelmann (Fn. 74). Der Briefwechsel insgesamt ist aber noch nicht ediert; ein Großteil davon liegt bekanntlich in der Universitätsbibliothek Marburg, vgl. Rotraut Fischer, «von einer menschlichen Mitte aus». Symmetrie(n) und Asymmetrie(n) im Briefwechsel zwischen Johann Heinrich Christian Bang und Friedrich Carl von Savigny, in: Norman Kasper u.a. (Hgg.), Die Geschichtlichkeit des Briefs (2021), S. 245–262; Franziska Horn, Der Ereignis- und Objektcharakter von Briefen im 19. Jahrhundert – Briefformate und Reflexionen zum Briefempfang digital auswerten (2019).

108 Im Archiv zu finden im Karton 12, Nr. II – «Savigny Schrank/Lang-Fach», Fach 2/2 (siehe Tabelle Abbildung Nr. 2). Es ist schwer vorstellbar, dass Bremer ohne Mitarbeiter ausgekommen ist.

täten, zumindest in groben Zügen, zu rekonstruieren und wohl auch Fundstellen relevanter Texte oder unbekannte Briefe aus der Zeit nach der Wende zum 19. Jahrhundert ausfindig zu machen.

Bremers Schrift ist, wie bereits angedeutet, nur mit großer Mühe und Anstrengung zu entziffern. Die Erschließung des Nachlasses wird noch dadurch erschwert, dass nicht wenige Entwürfe, Fragmente oder einzelne Wörter komplett, manchmal auch nur teilweise, durchgestrichen und durch andere Formulierungen ersetzt wurden. Dabei handelt es sich mitunter um stilistische und formale, bisweilen aber auch um inhaltliche Änderungen. Die durchgestrichenen Stellen sind in der Regel nicht transkribiert worden, weil sie z. B. durch mehrfaches Durchstreichen unlesbar geworden oder nicht darstellbar waren. Es gibt aber auch ganze Seiten oder Abschnitte, die nur mit einer einzigen langen Linie durchgestrichen und daher lesbar sind. Solche durchgestrichenen Stellen konnten transkribiert und in die Edition aufgenommen werden.[109] Darüber hinaus enthält der Nachlass Blätter, auf denen Bremer neben dem von ihm mit Tinte verfassten Text Bleistiftnotizen an den Rand schrieb.[110] Diese im Schriftbild sehr schwach ausgeprägten, oft durchgestrichenen und insgesamt kaum lesbaren Anmerkungen bestehen häufig aus Stichworten, Hinweisen und Angaben zur zeitgenössischen Sekundärliteratur, die Bremer anscheinend als Gedächtnisstütze zur späteren Bearbeitung notierte. Sie wurden transkribiert, soweit sie lesbar waren und inhaltlich relevant erschienen.

Viele Blätter enthalten in Bezug auf einzelne Themenkomplexe eine interne Nummerierung, die ebenfalls schwer zu entziffern, oft unvollständig und kaum nachvollziehbar ist, da sie mehrfach geändert oder auseinandergerissen wurde. Bei der Sichtung und Ordnung des Materials waren diese Seitenzahlen eher hinderlich. Die interne Nummerierung wurde in die Edition daher nicht aufgenommen. Bremer hat seine Textentwürfe und Fragmente zudem mit Literaturangaben ausgestattet, die meistens sehr knapp

Einen Hinweis bildet wohl der Name «Frau Wenz», die auf einigen Blättern erwähnt wird, z. B. Einheit V, Blatt 90; Einheit VI, Blatt 236, 248, 251 und besonders Einheit VI, Blatt 243 (die ungewöhnliche Nr. XVIIII, die sowohl in der Bestandssignatur als auch von Bremer angegeben wird, lässt darauf schließen, dass Frau Wenz mit dem Archivmaterial gearbeitet bzw. für Bremer recherchiert hat). Ein Indiz dafür, dass Bremer von dritter Seite Unterstützung erfahren hat, ist auch darin zu sehen, dass der Nachlass Stücke enthält, die in fremder Handschrift geschrieben sind, also nicht von Bremer selbst stammen können, vgl. z. B. Einheit IV 1, Blatt 6 (unterer Teil); Einheit IV 1, Blatt 7; Einheit IV 2, Blatt 15. Es ist zu vermuten, dass es sich bei den Stücken in fremder Handschrift meistens um Abschriften handelt (siehe Abbildung Nr. 8 = Einheit IV 2, Blatt 15).

109 Vgl. z. B. Einheit III, Blatt 54 (Beispiel für die Transkription einer durchgestrichenen Stelle), oder Einheit VI, Blatt 328 (durchgestrichene Zeilen, die nicht lesbar waren und nicht transkribiert wurden). Siehe ferner Abbildung Nr. 7 (durchgestrichener und dennoch transkribierter Text); Abbildung Nr. 8 (ganze Seite durchgestrichen).

110 Vgl. das Beispiel in Abbildung Nr. 6 = Einheit IV 2, Blatt 14 (mit und ohne Durchstreichungen); siehe auch Einheit I, Blatt 403 (unlesbare Bleistiftnotizen).

gehalten sind. Häufig ist unklar, auf welches Werk oder welche Auflage er sich eigentlich beziehen möchte. Nur einmal hat Bremer ausdrücklich erwähnt, welche Ausgabe er genau benutzte.[111] Die Literaturangaben sind teilweise unvollständig oder fehlen ganz, in Einzelfällen sind sie auch falsch bzw. wurden Autorennamen vertauscht. Fehlende und unvollständige Angaben wurden im Text, soweit möglich, ergänzt. Internetquellen und weiterführende Hinweise finden sich in den Anmerkungen.[112]

Bremers Angaben zur zeitgenössischen Literatur werfen ein Licht auf seine interdisziplinäre Arbeitsweise: Ein Großteil der Literatur, die er verarbeitet, liegt außerhalb der Jurisprudenz. Oftmals handelt es sich um literaturhistorische, philosophiegeschichtliche oder enzyklopädische Werke, die heute in Vergessenheit geraten sein mögen, für eine Savigny-Biographie aber unverzichtbar sind.[113]

111 Einheit II, Blatt 49: Es geht um den «Briefroman» von Bettine von Arnim, Die Günderode, der 1840 publiziert wurde. Bremer hat die Ausgabe von 1853 benutzt. Die Ausführungen in Einheit II, Blatt 49, machen zugleich deutlich, wie tief Bremer in die romantische Literatur eingedrungen ist. So erkennt er, dass Bettine authentische mit fiktiven Briefstellen vermengt und insgesamt sehr frei mit den Quellen umgeht. Zu Recht hat er festgestellt, dass Bettine in ihrem «Briefroman» über die Günderrode «ihr eigenes Verhältniß» zu Savigny «unendlich öfter erwähnt als das ihrer Freundin [Karoline] zu demselben» (Einheit II, Blatt 49; siehe auch Einheit IV 1, Blatt 60), näher Meder, Savignys Weg in die juristische Moderne (Fn. 3), S. 196–198. Nur am Rande sei bemerkt, dass Bremer immer von «Bettina» spricht, obwohl sie «Bettine» heißt und auch in ihrem Umfeld so genannt wird. Siehe die Argumente, die Ludwig Geiger zugunsten von «Bettine» ins Feld führt, Bettine von Arnim und Friedrich Wilhelm IV. (1902), S. VIII.

112 Siehe auch die Bibliographie im Anhang. Die oftmals rudimentären Hinweise von Bremer wurden recherchiert und die ergänzten Angaben in die Bibliographie aufgenommen. Ein Anspruch auf Vollständigkeit kann freilich nicht erhoben werden, da einige (wenige) der von Bremer genannten Werke nicht ermittelbar waren (teilweise konnten Werke, die Bremer benutzt hat, nur in einer anderen Ausgabe oder Auflage gefunden werden). Darüber hinaus enthält die Bibliographie im Anhang auch Angaben zu relevanten Werken, etwa Quellensammlungen (aber auch zur Sekundärliteratur), die erst nach Bremers Tod erschienen sind.

113 Als Beispiel sei nur das umstrittene Buch von Reinhold Steig, Achim von Arnim und Clemens Brentano, in: ders., Herman Grimm (Hgg.), Achim von Arnim und die ihm nahe standen, Bd. I (1894), genannt, das, wie Bremer zutreffend erkannt hat, für eine Savigny-Biographie von großer Bedeutung ist. Zur politischen Orientierung von Steig siehe Meder, Savignys Weg in die juristische Moderne (Fn. 3), S. 217–219. Ein weiteres Beispiel bildet Bremers häufiger Rekurs auf «Meyers Großes Konversations-Lexikon» (1839 von Joseph Meyer gegründet). Bremer hat offenbar die fünfte Auflage (1893–1901) benutzt. Es konnten fast alle Namen und Stellen in der online verfügbaren sechsten Auflage (1905–1906) ermittelt werden (bis auf eine, und zwar den Romanisten und späteren Bürgermeister von Danzig: Gottlieb Hufeland). Informationen zu den Verweisen auf Enzyklopädien wie den «Meyer» oder die «Allgemeine Deutsche Bibliographie» (A.D.B.) finden sich in den Anmerkungen (jeweils mit Fundstellen). Solche Angaben wurden allerdings nur dann gemacht, wenn diese inhaltlich von Interesse waren oder es sich um schwer zu findende Informationen handelte, vgl. z. B. die Anmerkungen zu Einheit I, Anm. II, XIV.

Es gibt gute Gründe, warum Bremer in für Juristen fremde Welten so weit vorgedrungen ist. Savigny hatte 1803 mit seiner Schrift über das «Recht des Besitzes» zwar ein erstes bedeutsames juristisches Werk vorgelegt. Persönlichen Umgang, gedanklichen Austausch und rege Korrespondenz pflegte er aber in erster Linie mit Menschen, die keine Juristen waren.[114] Die im Geheimen Staatsarchiv in Berlin gelagerten Notizen, Aufzeichnungen, Textentwürfe und Manuskriptseiten sprechen eine eindeutige Sprache. Der Bonner Romanist wollte eine Biographie verfassen, die den Namen wirklich verdient: Mit Kunst, Literatur, Philosophie oder Theologie gab es über die Jurisprudenz hinaus noch andere Disziplinen, die Savigny am Herzen lagen. Und Bremer hatte offenbar schon frühzeitig erkannt, dass die Interdisziplinarität sein Vorhaben zu einer wahren Herkulesaufgabe machen wird.[115]

VIII. Legende

1) Rechtschreibung, Interpunktion, Lücken im Text und Sonderzeichen sind, soweit möglich, unverändert geblieben. Andernfalls sind folgende Regelungen getroffen worden:
   a. nicht entzifferbare Stellen wurden mit Unterstrichen gekennzeichnet, z. B. «Sein Vater ____» (Einheit I, Blatt 75)
   b. fehlende (vergessene, aber für das Verständnis notwendige) Wörter stehen in eckigen Klammern, z. B. «Leset doch, Ihr Lieben, die Reden [über die Religion], ich bitte Euch darum» (Einheit I, Blatt 28)
   c. nicht eindeutig erkennbare, nur vermutete Wörter oder Textteile werden mit einem zusätzlichen Fragezeichen in den eckigen Klammern gekennzeichnet, z. B. «Nach [diesem?] hat er» (Einheit I, Blatt 76)
2) Ergänzungen bei Literaturangaben werden in eckigen Klammern hinzugefügt, z. B. «Herzogs Realencyclopädie [für protestantische Theologien und Kirche] xiii, 134 ff.» (Einheit I, Blatt 56).
3) Zudem stehen auch standardmäßige, öfter wiederkehrende Informationen ohne direkten Bezug zum Inhalt in eckigen Klammern. Dabei handelt es sich in der Regel um Hinweise wie:
   [Anfang fehlt]
   [konnte nicht ermittelt werden]
   [Fortsetzung fehlt]
   [Fortsetzung siehe Einheit, Blatt xx]

114 Siehe oben I 3.

115 Die Interdisziplinarität des Biographie-Projekts zeigt sich auch in der großen Anzahl von Persönlichkeiten, die Bremer in seinen Aufzeichnungen erwähnt. Die in den nachgelassenen Papieren oft nur unvollständig erwähnten Namen wurden recherchiert und im Anhang in einem Personenregister aufgeführt. Wie für die Bibliographie gilt auch hier, dass Ansprüche auf Vollständigkeit nicht erhoben werden können.

[kein Verweis im Text]
4) Wenn auf einem einzelnen Blatt mehrere Textfragmente liegen, sind die Abschnitte meist durch eine kurze gestrichelte Linie - - - - - - - - - - getrennt.
5) Da die Texte als Materialsammlung einen sehr formlosen, provisorischen Charakter haben und mit Streichungen, Einschüben, Überschreibungen, Randnotizen etc. gespickt sind, lässt sich in der Transkription kein getreues Abbild der Vorlage erzielen.

IX. Quellenhinweise

Einige Veröffentlichungen sind, wie bereits angedeutet, erst nach Bremers Tod erschienen bzw. der Fachwelt zugänglich gemacht worden. Dabei haben sich bei der Quellensuche und -verifizierung die folgenden Werke als besonders nützlich erwiesen:
1) Adolf Stoll, Friedrich Carl von Savigny, Bd. 1: Der junge Savigny, Kinderjahre, Marburger und Landshuter Zeit, zugleich ein Beitrag zur Geschichte der Romantik mit 217 Briefen aus den Jahren 1792–1810 und 34 Abbildungen, Heymanns, Berlin 1927 (Bremers Quellenangaben zu ‹Stoll› beziehen sich durchweg auf Stolls frühere Schrift von 1890: Stoll, Friedrich Karl von Savignys Sächsische Studienreise 1799/1800, die nur 41 Seiten umfasste und grundlegend war für das spätere, erheblich erweiterte Werk über den jungen Savigny. Die betreffenden Literaturangaben wurden, soweit möglich, in dem späteren Werk verifiziert und jeweils in der Form [Stoll I, xx] als Ergänzung hinzugefügt).
2) Karl Preisendanz, Die Liebe der Günderode. Friedrich Creuzers Briefe an Caroline von Günderode, Piper, München 1912 (obwohl das Werk von Preisendanz schon 1912 erschienen war, ist es von Bremer offenbar nicht benutzt worden).
3) Birgit Weißenborn (Hg.), «Ich sende dir ein zärtliches Pfand.» Die Briefe der Karoline von Günderode, Insel-Verlag, Frankfurt am Main 1992.
4) Hellfried Dahlmann (Hg.) unter Mitarbeit von Ingeborg Schnack, Hessische Briefe des 19. Jahrhunderts, Bd. 2: Briefe Friedrich Creuzers an Savigny (1799–1850), E. Schmidt, Berlin 1972.
5) Ingeborg Schnack (Hg.), Hessische Briefe des 19. Jahrhunderts; Bd. 3: Der Briefwechsel zwischen Friedrich Carl von Savigny und Stephan August Winkelmann (1800–1804) mit Dokumenten und Briefen aus dem Freundeskreis, Elwert, Marburg 1984.

Zudem sind viele der von Bremer genannten Quellen mittlerweile online frei zugänglich und durch eine Volltextsuche erschlossen. Ermöglicht wird dies durch Einrichtungen, die es sich zum Ziel setzen, alte Bestände in großem Umfang zu digitalisieren. Einige sollen hier hervorgehoben werden:
1) woerterbuchnetz.de/ = Meyers Großes Konversationslexikon, 6. Auflage, 1905–09. Bremers Quellenangaben zu «Meyer» beziehen sich vermutlich auf die 5. Auflage.

Jedoch waren fast alle Stichworte in der 6. Auflage unter woerterbuchnetz.de/Meyers/xxx nachweisbar.

2) deutschestextarchiv.de/ = Deutsches Textarchiv (DTA): ein Projekt zur Digitalisierung historischer Erstausgaben von Werken, die für die Entwicklung der deutschen Sprache bzw. der jeweiligen Genres und Disziplinen von herausragender Bedeutung sind.
3) digitale-sammlungen.de/ = Münchener Digitalisierungszentrum (MDZ): eine Einrichtung zur Digitalisierung und Online-Publikation der Bestände der Bayerischen Staatsbibliothek und anderer Institutionen.
4) rwi.app/iurisprudentia/de/savigny = Edition Savigny: ein Projekt zur Digitalisierung der Schriften von und Dokumente über Savigny, am Lehrstuhl für Privatrecht mit Schwerpunkt ZGB der Universität Zürich (die Texterkennung und Erschließung der Dokumente erfolgt durch das Programm Transkribus, das Projekt befindet sich gegenwärtig im Aufbau).
5) kalliope-verbund.info/ = Kalliope: ein Verbund zur Erschließung und Digitalisierung von Archivbeständen, zum Beispiel Briefen aus Nachlässen, die in Archiven, Bibliotheken und Museen, u.a. in Marburg, Heidelberg, Dresden lagern. Teilweise mit Zugang zu digitalen Faksimiles von Original-Handschriften.

X. Literatur

Michael Ansel, Die Bedeutung von Heines «Romantischer Schule» für die hegelianische Romantik-Historiographie im 19. Jahrhundert, in: Heine-Jahrbuch 40 (2001), S. 46–78.

Carl Ludwig Arndts, Zum Andenken an Friedrich Carl von Savigny. Gedächtnisrede bei der am 31. Oktober 1861 durch die Juristische Fakultät der Wiener Hochschule veranstalteten Savigny-Feier, in: Kritische Vierteljahresschrift für Gesetzgebung und Rechtswissenschaft (KritV) 4 (1862), S. 1–15.

Ernst Behler, Kritische Gedanken zum Begriff der europäischen Romantik, in: Die Europäische Romantik, Frankfurt am Main 1972, S. 7–43.

Okko Behrends, Das Bündnis zwischen Gesetz und Dogmatik und die Frage der dogmatischen Rangstufen, in: ders., Wolfram Henckel (Hgg.), Gesetzgebung und Dogmatik, Göttingen 1989, S. 9–36.

Ders., Gustav Hugo – Der Skeptiker als Wegbereiter der vom Geist der Romantik geprägten Historischen Rechtsschule, in: ders. (Hg.), Edward Gibbon. Historische Übersicht des Römischen Rechts, Göttingen 1996, S. 159–226.

Ders., Jhering heute! Wirkung als Jurist, Rechtsdenker und Rechtshistoriker der Historischen Rechtsschule, in: Stephan Meder, Christoph-Eric Mecke (Hgg.), Jhering global, Göttingen 2023, S. 185–256.

Maurice Blanchot, Das Athenäum, in: Volker Bohn (Hg.), Romantik, Literatur und Philosophie. Internationale Beiträge zur Poetik, Frankfurt am Main 1987, S. 107–120.

Johann Kaspar Bluntschli, Friedrich Carl von Savigny, in: Jahrbuch der Illustrirten Deutschen Monatshefte. Ein Familienbuch für das gesammte geistige Leben der Gegenwart 46 (April 1879 bis September 1879), S. 316–329.

Ernst-Wolfgang Böckenförde, Die Historische Rechtsschule und das Problem der Geschichtlichkeit des Rechts (1964), in: ders. (Hg.), Staat, Gesellschaft, Freiheit. Studien zur Staatstheorie und zum Verfassungsrecht, Frankfurt am Main 1976, S. 9–41.

Franz Peter Bremer, Zur Erinnerung an die Straßburger Savigny-Feier am 21. Februar 1879, Straßburg 1879.

Gralf-Peter Calliess, Systemtheorie: Luhmann/Teubner, in: Sonja Buckel, Ralph Christensen, Andreas Fischer-Lescano (Hgg.), Neue Theorien des Rechts (2006), 2. Auflage, Stuttgart 2009, S. 53–71.

Corpus iuris civilis, hg. v. Theodor Mommsen, Paul Krüger, Rudolf Schöll, Wilhelm Kroll, 1. Band: Institutionen, Digesten, 2. Band: Codex, 3. Band: Novellen (Leipzig 1868 ff., ND Dublin, Zürich 1973), lateinischer Text mit deutscher Übersetzung, hg. v. Okko Behrends, Rolf Knütel, Berthold Kupisch, Hans Hermann Seiler, 1. Band: Institutionen, 2. Auflage, Heidelberg 1997, 2. Band: Digesten Buch 1–10, Heidelberg 1995, 3. Band, Digesten Buch 11–20, Heidelberg 1999; Bruno Schilling, Carl Friedrich Ferdinand Sintenis, Karl Eduard Otto, Das Corpus iuris civilis in's Deutsche übersetzt, Leipzig 1831 (ND Aalen 1984).

Hellfried Dahlmann (Hg.), Briefe Friedrich Creuzers an Savigny: 1799–1850, Berlin 1972.

Otto Dann, Gruppenbildung und gesellschaftliche Organisierung in der Epoche der deutschen Romantik, in: Richard Brinkmann (Hg.), Romantik in Deutschland. Ein interdisziplinäres Symposion. Sonderband der «Deutschen Vierteljahrsschrift für Literaturwissenschaft und Geistesgeschichte», Stuttgart 1978, S. 115–131.

Die Bibel oder die ganze Heilige Schrift des Alten und Neuen Testaments nach der deutschen Übersetzung D.M. Luthers, Stuttgart 1937 (Stuttgarter Jubiläumsbibel).

Eugen Ehrlich, Grundlegung der Soziologie des Rechts, München, Leipzig 1913.

Ludwig Enneccerus, Friedrich Carl v. Savigny und die Richtung der neueren Rechtswissenschaft. Nebst einer Auswahl ungedruckter Briefe, Marburg 1879.

Rotraut Fischer, «von einer menschlichen Mitte aus». Symmetrie(n) und Asymmetrie(n) im Briefwechsel zwischen Johann Heinrich Christian Bang und Friedrich Carl von Savigny, in: Norman Kasper u. a. (Hgg.), Die Geschichtlichkeit des Briefs, Berlin, Boston 2021, S. 245–262.

Eduard Gans, Das Römische Erbrecht in seiner Stellung zu vor- und nachrömischem. Eine Abhandlung der Universalrechtsgeschichte, Bd. 1: Das Erbrecht in weltgeschichtlicher Entwicklung. Eine Abhandlung der Universalrechtsgeschichte, Berlin 1824.

Ludwig Geiger, Bettine von Arnim und Friedrich Wilhelm IV. Ungedruckte Briefe und Aktenstücke, Frankfurt am Main 1902.

Otto von Gierke, Deutsches Privatrecht, Bd. I: Allgemeiner Teil und Personenrecht, Leipzig 1895.

Andreas Grossmann, Würde, in: Historisches Wörterbuch der Philosophie, hg. v. Joachim Ritter, Karlfried Gründer, Gottfried Gabriel, Bde. 1–12, Darmstadt 2004, Sp. 1088–1093.

Hans-Peter Haferkamp, Dogmatisierungsprozesse im «heutigen Römischen Recht» des 19. Jahrhunderts, in: Georg Essen u. a. (Hgg.), Dogmatisierungsprozesse in Recht und Religion, Tübingen 2011, S. 259–276.

Ders., Privatrecht? Öffentliches Recht?, in: Rechtsgeschichte 19 (2011), S. 107–113.

Ders., Die Historische Rechtsschule, Frankfurt am Main 2018.

Ders., Lernen aus der Rechtsgeschichte? – Hermann Kantorowicz und Friedrich Carl von Savigny, in: Juristenzeitung (JZ) 74 (2019), S. 901–910.

Ders., Wege zur Rechtsgeschichte: Das BGB, Köln u. a. 2022.

Handwörterbuch zur deutschen Rechtsgeschichte, hg. von Albrecht Cordes u. a., Bde. I–III, 2. Auflage, Berlin 2008–2022.

Ernst Hanisch, Der «vormoderne» Antikapitalismus der Politischen Romantik. Das Beispiel Adam Müller, in: Richard Brinkmann (Hg.), Romantik in Deutschland. Ein interdisziplinäres Symposion. Sonderband der «Deutschen Vierteljahrsschrift für Literaturwissenschaft und Geistesgeschichte», Stuttgart 1978, S. 132–146.

Heinrich Heine, Die romantische Schule (1832/35), in: Hans Kaufmann (Hg.), Heinrich Heine. Werke und Briefe in zehn Bänden, Bd. 5, 2. Auflage, Berlin, Weimar 1972, S. 7–164.

Ernst Ludwig Theodor Henke, Jacob Friedrich Fries aus seinem handschriftlichen Nachlasse dargestellt, Leipzig 1867 (2. Auflage, Leipzig 1937).

Franziska Horn, Der Ereignis- und Objektcharakter von Briefen im 19. Jahrhundert – Briefformate und Reflexionen zum Briefempfang digital auswerten, Darmstadt 2019.

Thomas Henne, Carsten Kretschmann, Der christlich fundierte Antijudaismus Savignys und seine Umsetzung in der Rechtspraxis, in: SZ (GA) 119 (2002), S. 250–315.

Dieter Henrich, Werke im Werden. Über die Genesis philosophischer Einsichten, München 2011.

Historisches Wörterbuch der Philosophie, hg. v. Joachim Ritter, Karlfried Gründer, Gottfried Gabriel, Bde. 1–13, Darmstadt 1971–2007.

Rudolf von Jhering, Unsere Aufgabe, in: Jahrbücher für die Dogmatik des heutigen römischen und deutschen Privatrechts, Bd. I (1857), S. 1–52.

Hermann U. Kantorowicz, Was ist uns Savigny?, in: Recht und Wirtschaft 1 (1912), S. 47–54 und 76–79.

Ders., Savignybriefe (Briefe Friedrich Carl v. Savignys an Friedrich Heinrich Christian Schwarz), in: Neues Archiv für die Geschichte der Stadt Heidelberg und der Kurpfalz 13 (1924), S. 57–114.

Hans Kiefner, Savigny, Friedrich Carl von, in: Handwörterbuch zur deutschen Rechtsgeschichte (HRG), Bd. IV, Berlin 1990, Sp. 1313–1323.

Wolfgang Kunkel, Rezension von Franz Wieacker, Privatrechtsgeschichte der Neuzeit, 1952, in: SZ (RA) 71 (1954), S. 509–539.

Ernst Landsberg, Friedrich Karl von Savigny, Leipzig 1890.

Ders., Geschichte der Deutschen Rechtswissenschaft, Dritte Abtheilung, Zweiter Halbband, München und Berlin 1910.

Ernst Lichtenhahn, Zur Idee des goldenen Zeitalters in der Musikanschauung E.T.A. Hoffmanns, in: Richard Brinkmann (Hg.), Romantik in Deutschland. Ein interdisziplinäres Symposion. Sonderband der «Deutschen Vierteljahrsschrift für Literaturwissenschaft und Geistesgeschichte», Stuttgart 1978, S. 502–512.

Niklas Luhmann, Das Recht der Gesellschaft, Frankfurt am Main 1995.

Ders., Die Kunst der Gesellschaft, Frankfurt am Main 1997.

Ders., Das Problem der Epochenbildung und die Evolutionstheorie, in: Niels Werber (Hg.), Niklas Luhmann. Schriften zu Kunst und Literatur, Frankfurt am Main 2008, S. 102–122.

Ders., Das Kunstwerk und die Selbstreproduktion der Kunst, in: Niels Werber (Hg.), Niklas Luhmann. Schriften zu Kunst und Literatur, Frankfurt am Main 2008, S. 139–188.

Karl Mannheim, Das konservative Denken. Soziologische Beiträge zum Werden des politisch-historischen Denkens in Deutschland, in: Archiv für Sozialwissenschaft und Sozialpolitik 57 (1927), S. 68–142 und 470–495. Erneut in: Kurt H. Wolff (Hg.), Karl Mannheim. Wissenssoziologie. Auswahl aus dem Werk (1964), 2. Auflage, Neuwied am Rhein, Berlin 1970, S. 408–565. Hier zitiert nach der gekürzten Fassung: Hans Gerd Schumann (Hg.), Konservativismus, Köln 1974, S. 24–75.

Karl Marx, Das philosophische Manifest der historischen Rechtsschule (1842), in: Karl Marx, Friedrich Engels, Werke, Bd. 1, Berlin 1976, S. 78–85.

Stefan Matuschek, Der gedichtete Himmel. Eine Geschichte der Romantik, München 2021.

Ders., Das Modell Romantik, in: forschung. Das Magazin der Deutschen Forschungsgemeinschaft 2/2022, S. 10–15.

Stephan Meder, Savignys Weg in die juristische Moderne: Romantik, Gender, Religion, Wissenschaft, Berlin 2023.

Heinrich Mitteis, Rechtsgeschichte und Gegenwart (1947), in: ders., Die Rechtsidee in der Geschichte. Gesammelte Abhandlungen und Vorträge, Weimar 1957, S. 501–513.

Wolfgang Mommsen, Die schriftlichen Nachlässe in den zentralen deutschen und preußischen Archiven, Koblenz 1955.

Ders., Die Nachlässe in den deutschen Archiven, Boppard am Rhein 1971.

Ernst Müller, Ernst Posner, Übersicht über die Bestände des Geheimen Staatsarchivs zu Berlin-Dahlem (I. Hauptabteilung), in: Mitteilungen der Preussischen Archivverwaltung 24 (1934), S. 1–217.

Dieter Nörr, Zum 150. Todestag Friedrich Carl von Savigny, in: SZ (RA) 128 (2011), S. XIV–XVI.

Jochen Otto, Auf den Spuren von Friedrich Carl von Savigny (1779–1861). Der junge Savigny 1779–1804, in: SZ (RA) 128 (2011), S. 442–463.

Ders., Goethe, Savigny und die Anfänge der Romantik sowie deren Verwerfung. Bestandsaufnahme zur Frage einer romantischen Rechtswissenschaft, in: Paola

Maffei, Gian Maria Varanini (Hgg.), Honos alit artes. Studi per il settantesimo compleanno di Mario Ascheri, Florenz 2014, S. 89–110.

Mehrdad Payandeh, Judikative Rechtserzeugung. Theorie, Dogmatik und Methodik der Wirkungen von Präjudizien, Tübingen 2017.

Otto Pöggeler, Hegels Kritik der Romantik, München 1999.

Detlef Pollack, Modernisierungstheorie – revised: Entwurf einer Theorie moderner Gesellschaften, in: Zeitschrift für Soziologie 45 (2016), S. 219–240.

Erwin Rohde, Friedrich Creuzer und Karoline von Günderode. Briefe und Dichtungen, Heidelberg 1896.

Adolf Friedrich Rudorff, Friedrich Karl von Savigny. Erinnerung an sein Wesen und Wirken, Weimar 1862.

Joachim Rückert, Idealismus, Jurisprudenz und Politik bei Friedrich Carl von Savigny, Ebelsbach 1984 (2. Auflage, Frankfurt am Main 2022).

Bernd Rüthers, Christian Fischer, Axel Birk, Rechtstheorie und Juristische Methodenlehre, 12. Auflage, München 2022.

Rüdiger Safranski, Romantik. Eine deutsche Affäre (2007), 7. Auflage, München, Wien 2018.

Friedrich Carl von Savigny, Das Recht des Besitzes. Eine civilistische Abhandlung (1803), 7. Auflage, hg. v. Adolf Friedrich Rudorff, Wien 1865.

Ders., Ueber den Zweck dieser Zeitschrift, in: Zeitschrift für geschichtliche Rechtswissenschaft I (1815), S. 1–17.

Ders., System des heutigen römischen Rechts, Bde. I–VIII, Berlin 1840–1849.

Ulrich Scheuner, Staatsbild und politische Form in der romantischen Anschauung in Deutschland, in: Richard Brinkmann (Hg.), Romantik in Deutschland. Ein interdisziplinäres Symposion. Sonderband der «Deutschen Vierteljahrsschrift für Literaturwissenschaft und Geistesgeschichte», Stuttgart 1978, S. 70–89.

Wolfgang Schieder, Romantik im Spannungsfeld von sozialem Wandel und Stagnation, in: Richard Brinkmann (Hg.), Romantik in Deutschland. Ein interdisziplinäres Symposion. Sonderband der «Deutschen Vierteljahrsschrift für Literaturwissenschaft und Geistesgeschichte», Stuttgart 1978, S. 39–46.

Friedrich Schlegel, Ueber Philosophie. An Dorothea, in: Athenaeum, Zweiter Band, Erstes Stück, Berlin 1799, S. 1–39.

Ders., Lucinde. Ein Roman (1799), Leipzig 1919.

Carl Schmitt, Politische Romantik, München, Leipzig 1919.

Ingeborg Schnack (Hg.), Hessische Briefe des 19. Jahrhunderts; Bd. 3: Der Briefwechsel zwischen Friedrich Carl von Savigny und Stephan August Winkelmann (1800–1804) mit Dokumenten und Briefen aus dem Freundeskreis, Marburg 1984.

Christoph Siegrist, Aufklärung und Sturm und Drang: Nebeneinander oder Gegeneinander?, in: Walter Hinck (Hg.), Sturm und Drang. Ein literaturwissenschaftliches Studienbuch, Kronberg/Ts. 1978, S. 1–13.

Ludwig Siep, Vernunftrecht und Rechtsgeschichte. Kontext und Konzept der *Grundlinien* im Blick auf die *Vorrede*, in: ders. (Hg.), G.W.F. Hegel: Grundlinien der Philosophie des Rechts, 4. Auflage, Berlin 2017, S. 1–22.

Dieter Simon, Rechtsgeschichte, in: Axel Görlitz (Hg.), Handlexikon zur Rechtswissenschaft, Bd. 2, Reinbek bei Hamburg 1974, S. 314–318.
Ders., Eine Rechtsgeschichte, in: myops 20 (2014), S. 67–77.
Reinhold Steig, Achim von Arnim und Clemens Brentano, in: ders., Herman Grimm (Hg.), Achim von Arnim und die ihm nahe standen, Bd. I, Stuttgart, Berlin 1894.
Rudolf Stichweh, Motive und Begründungsstrategien der Wissenschaftlichkeit in der deutschen Jurisprudenz des 19. Jahrhunderts, in: Rechtshistorisches Journal (RJ) 11 (1992), S. 330–351.
Adolf Stoll, Friedrich Karl von Savignys Sächsische Studienreise 1799 und 1800, in: Programm vom Schuljahr 1889/1890 als Einladung zu der am 29. März 1890 abzuhaltenden öffentlichen Prüfung, Cassel 1890, S. 1–42.
Ders., Friedrich Karl v. Savigny. Ein Bild seines Lebens mit einer Sammlung seiner Briefe, 3 Bde. (1927–1939):
Erster Band: Der junge Savigny. Kinderjahre, Marburger und Landshuter Zeit Friedrich Karl von Savignys. Zugleich ein Beitrag zur Geschichte der Romantik. Mit 217 Briefen aus den Jahren 1792–1810 und 34 Abbildungen, Berlin 1927.
Zweiter Band: Friedrich Karl v. Savigny. Professorenjahre in Berlin 1810–1842. Mit 317 Briefen und 33 Abbildungen, Berlin 1929.
Dritter Band: Friedrich Karl v. Savigny. Ministerzeit und letzte Lebensjahre 1842–1861. Mit Briefen und Abbildungen, Berlin 1939.
Michael Stolleis, Geschichte des öffentlichen Rechts in Deutschland, 4 Bde. (1988–2012), Band 1, München 1988.
Ders., Rechtsgeschichte schreiben, Rekonstruktion, Erzählung, Fiktion? Basel 2008.
Gunther Teubner, Recht als autopoietisches System, Frankfurt am Main 1989.
Ders., Helmut Willke, Kontext und Autonomie: Gesellschaftliche Selbststeuerung durch reflexives Recht, in: Zeitschrift für Rechtssoziologie 5 (1984), S. 4–35.
Silvio Vietta, Frühromantik und Aufklärung, in: ders. (Hg.), Die literarische Frühromantik. Mit Beiträgen von Wolfgang Frühwald, Heinz Gockel, Hans-Joachim Mähl, Horst Meixner, Lothar Pikulik, Gerhard Sauder, Silvio Vietta, Göttingen 1983, S. 7–84.
Werner Vogel, Zur Geschichte des Geheimen Staatsarchivs Preußischer Kulturbesitz, in: Der Archivar. Mitteilungsblatt für deutsches Archivwesen 45 (1992), S. 338–344.
Johannes Vorwerk, Der junge Friedrich Carl von Savigny im Spiegel des Bremer-Nachlasses (in Vorbereitung).
Birgit Weißenborn (Hg.), «Ich sende dir ein zärtliches Pfand». Die Briefe der Karoline von Günderrode, Frankfurt am Main, Leipzig 1992.
Franz Wieacker, Privatrechtsgeschichte der Neuzeit unter besonderer Berücksichtigung der deutschen Entwicklung (1952), 2. Auflage, Göttingen 1967.
Ders., Wandlungen im Bilde der historischen Rechtsschule, Karlsruhe 1967.
Frank Wilkening, Progression und Regression. Die Geschichtsauffassung Friedrich von Hardenbergs, in: Gisela Dischner, Richard Faber (Hgg.), Romantische Utopie – Utopische Romantik, Hildesheim 1979, S. 251–269.

Bernhard Windscheid, Zum Gedächtnis von Savigny (1879), in: ders., Gesammelte Reden und Abhandlungen, hg. v. Paul Oertmann, Leipzig 1904, S. 81–99.

Ders., Lehrbuch des Pandektenrechts, 9. Auflage unter vergleichender Darstellung des deutschen bürgerlichen Rechts bearbeitet von Theodor Kipp, Bd. I, Frankfurt am Main 1906.

Stephan August Winkelmann, «Begrif des Idealismus. Ein philosophisches Gespräch» (1803), in: Ingeborg Schnack (Hg.), Stephan August Winkelmann. Philosoph, Poet und Arzt, Braunschweig 1986.

XI. Abbildungen

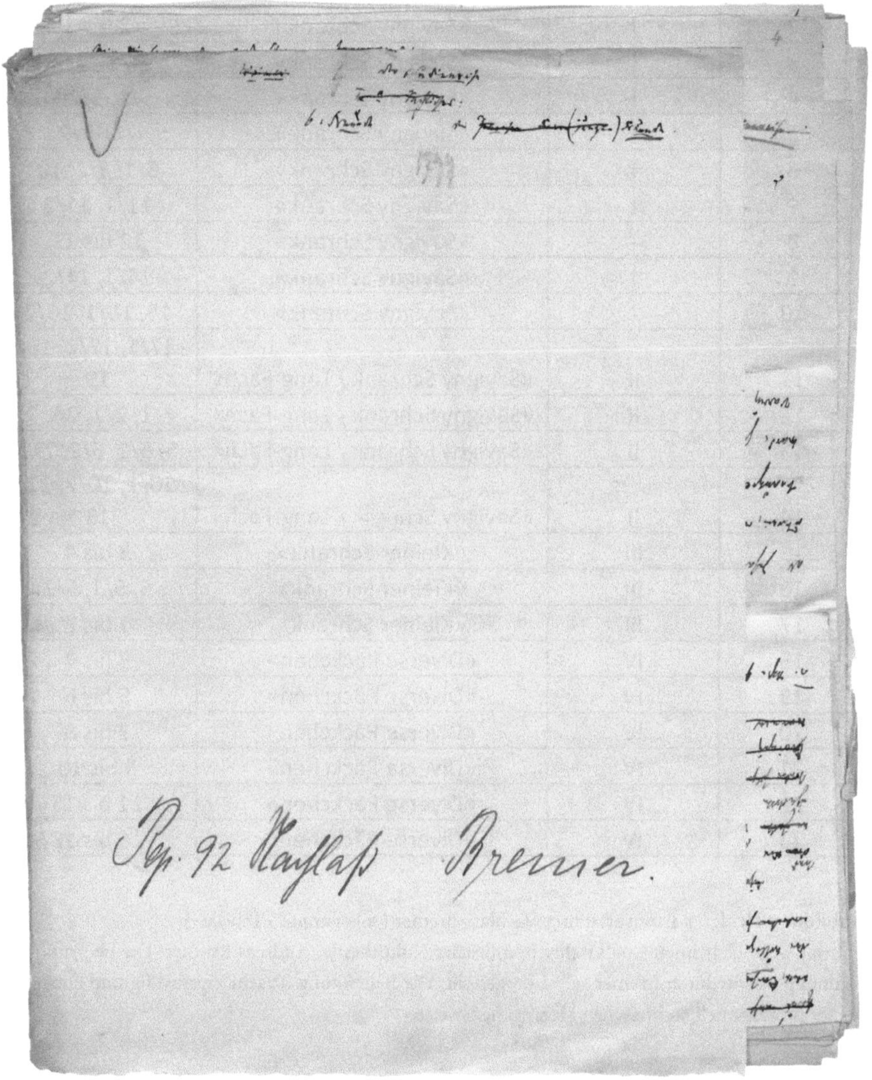

Abbildung Nr. 1: Bündelumschlag

Karton	Nr.	Alte Bezeichnung	Fach
1	I	«Savigny Schrank»	1/1, 1/2
2	I	«Savigny Schrank»	2 bis 3
3	I	«Savigny Schrank»	4/1 - 4/2
4	I	«Savigny Schrank»	5/1, 5/2, 6
5	I	«Savigny Schrank»	7/1-7/2
6	I	«Savigny Schrank»	8/1, 8/2, 10
7	I	«Savigny Schrank»	11/1, 11/2
8	I	«Savigny Schrank»	12 bis 13
9	I	«Savigny Schrank»	14/1, 14/2
10	I	«Savigny Schrank»	15, 16/1, 16/2
11	II	«Savigny Schrank / Lang-Fach»	17/1, 17/2, 18, 19
12	II	«Savigny Schrank / Lang-Fach»	1, 2/1, 2/2
13	II	«Savigny Schrank / Lang-Fach»	5, 6/1, 6/2, 7, 9
14	II	«Savigny Schrank / Lang-Fach»	10/1, 10/2, 11, 13
15	III	«Kleiner Schrank»	3 bis 4
16	III	«Kleiner Schrank»	5, 6/1, 6/2
17	III	«Kleiner Schrank»	1 bis 2
18	IV	«Diverse Päckchen»	3 bis 4
19	IV	«Diverse Päckchen»	5 bis 6
20	IV	«Diverse Päckchen»	7 bis 8
21	IV	«Diverse Päckchen»	9 bis 10
22	IV	«Diverse Päckchen»	11 bis 15
23	IV	«Diverse Päckchen»	16 bis 18

Abbildung Nr. 2: Kartonverteilung Nachlass Bremer (sogenannte «Tabelle»)
Hinweis vom Geheimen Staatsarchiv Preußischer Kulturbesitz, Andreas Kuttner: Die ursprüngliche Ordnung wurde durch Bremer selbst hergestellt. Die Benennung ist sehr eigenwillig und entspricht keiner professionell archivischen Herangehensweise.

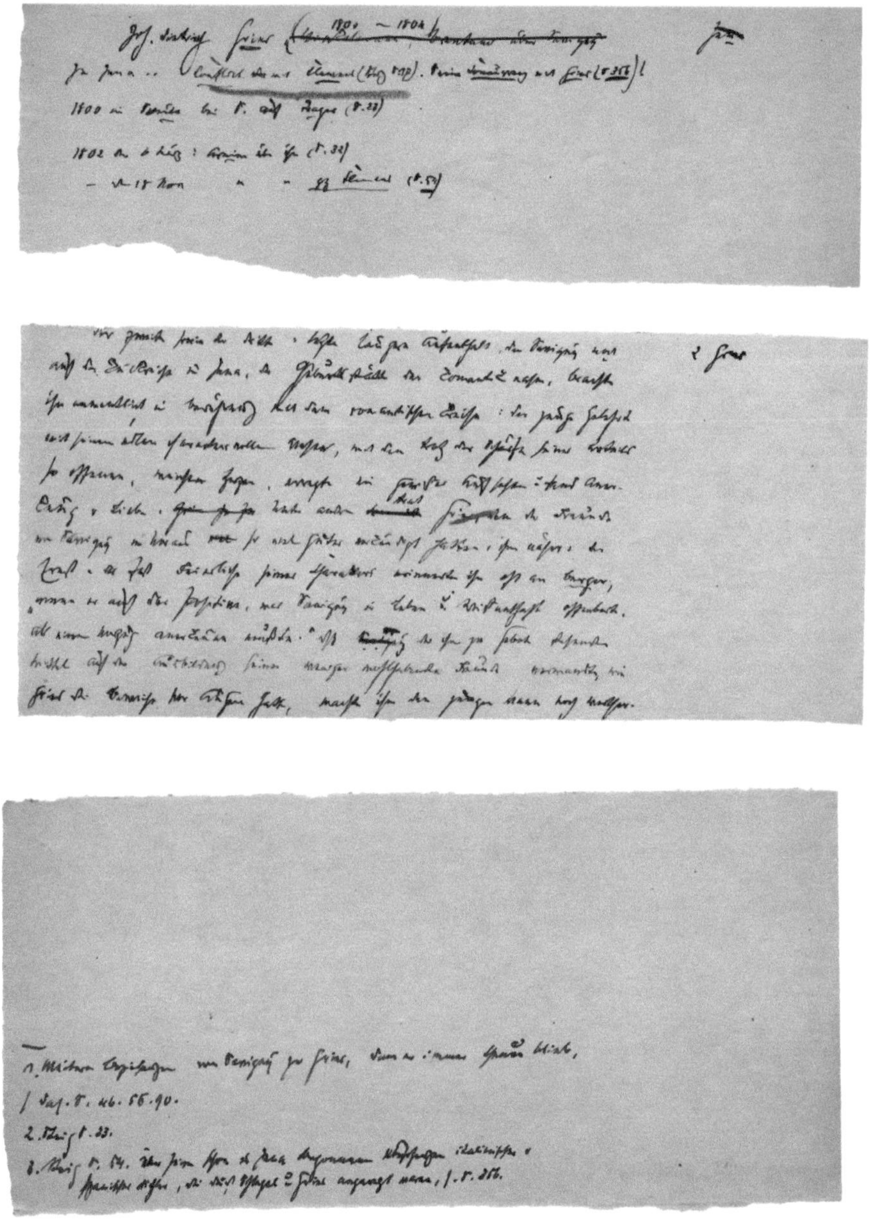

Abbildung Nr. 3: Mehrere auf ein einzelnes Blatt aufgebrachte Papierstücke. Textstücke konnten nicht zugeordnet werden.

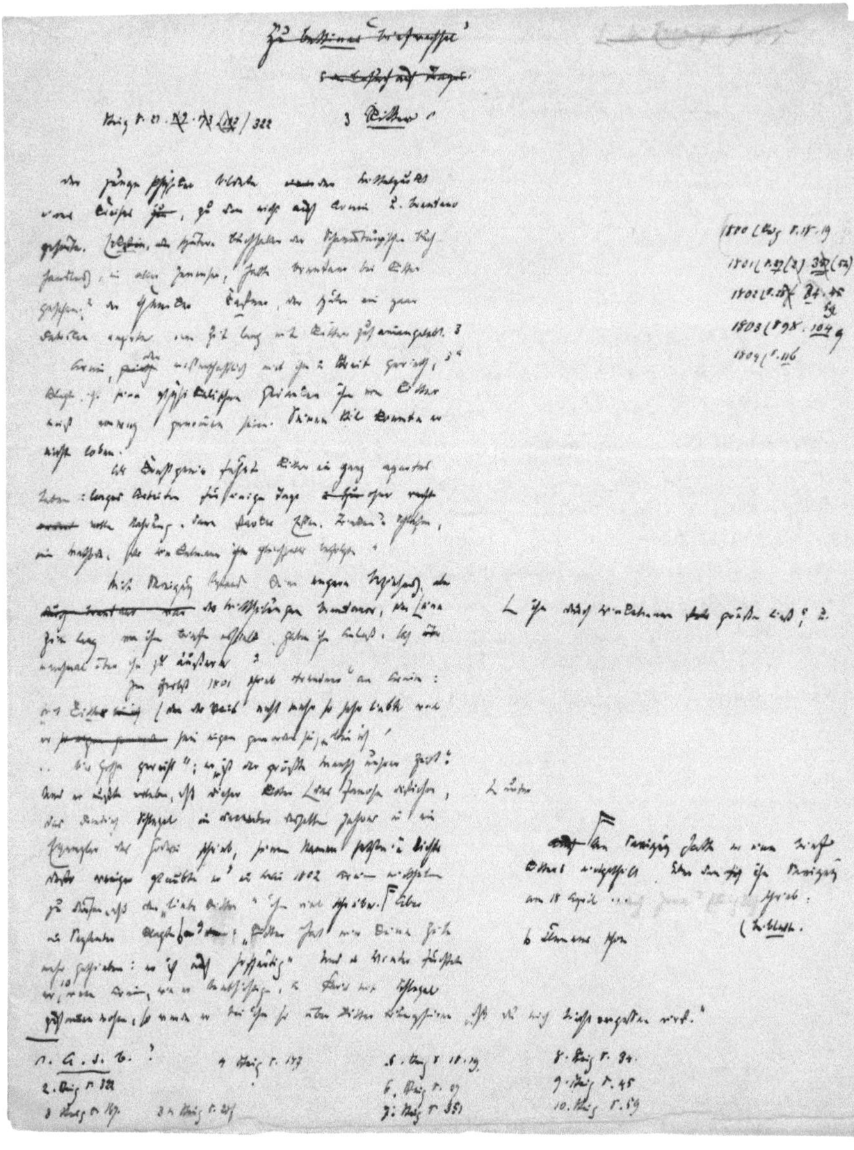

Abbildung Nr. 4: Einheit IV 2, Blatt 19/20

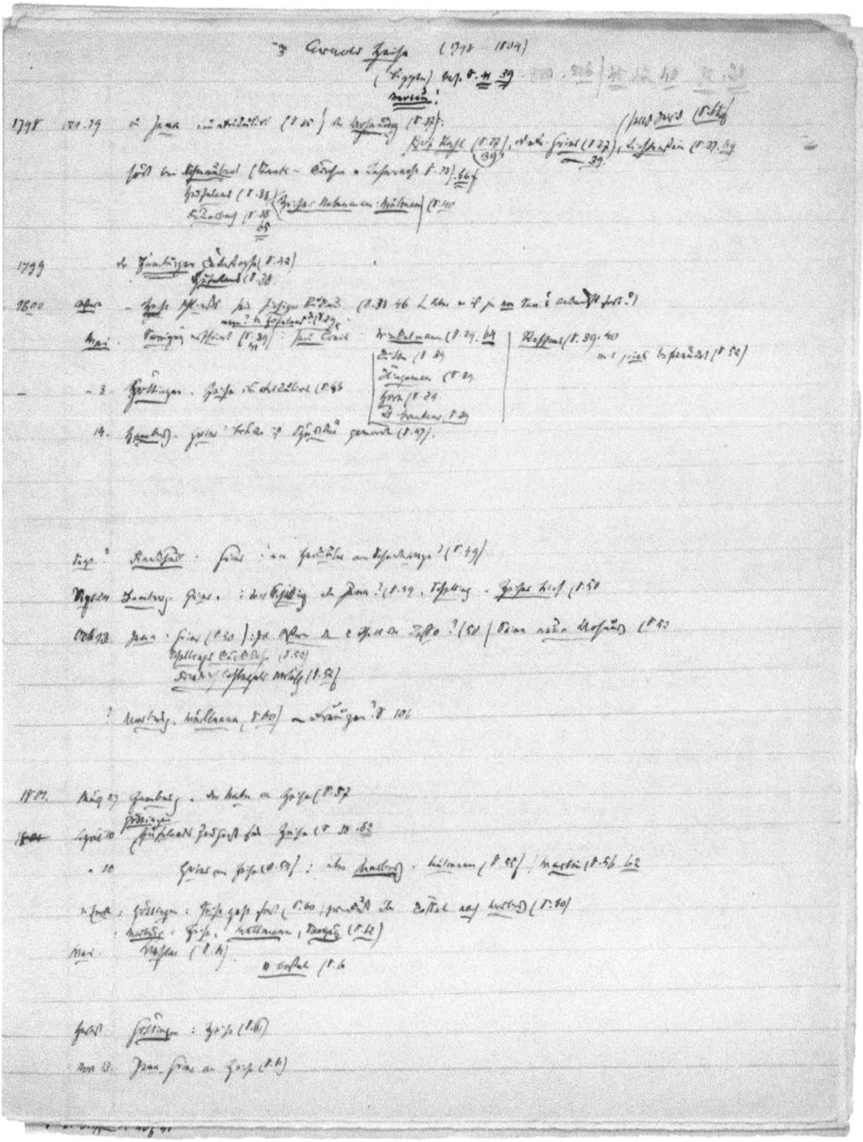

Abbildung Nr. 5: Einheit IV 2, Blatt 27

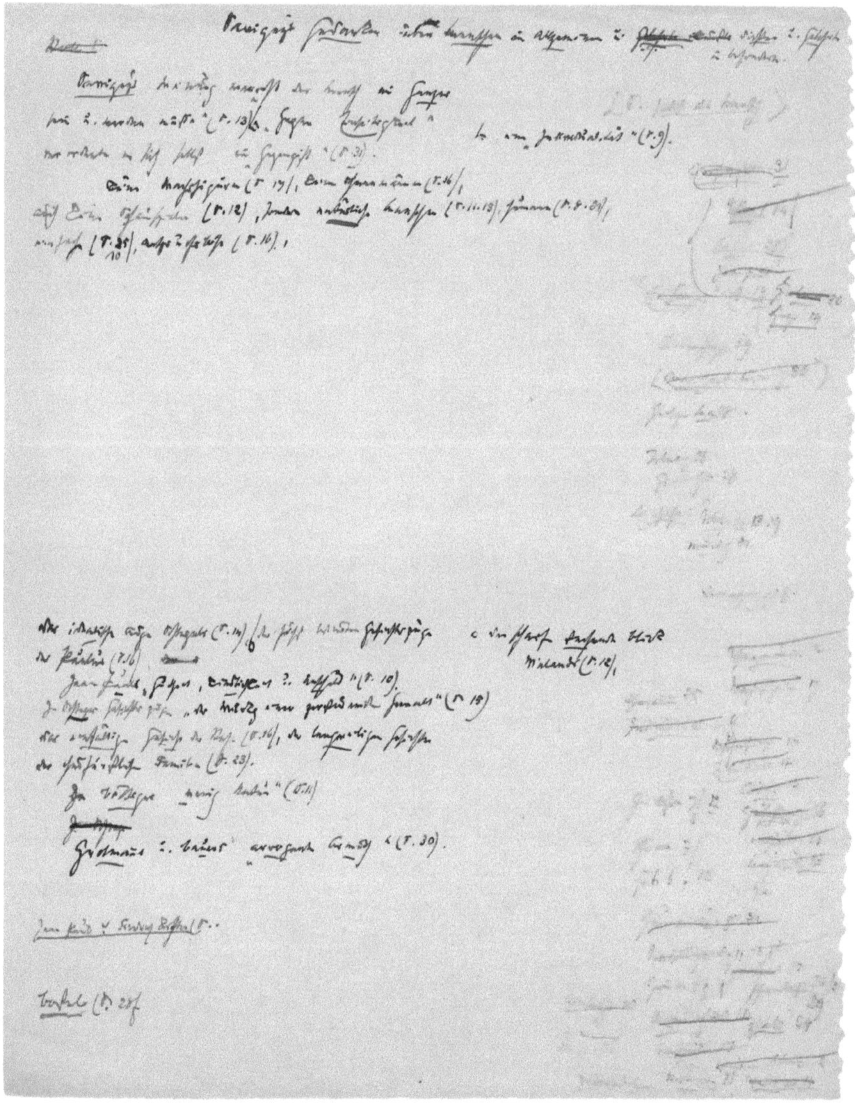

Abbildung Nr. 6: Einheit IV 2, Blatt 14

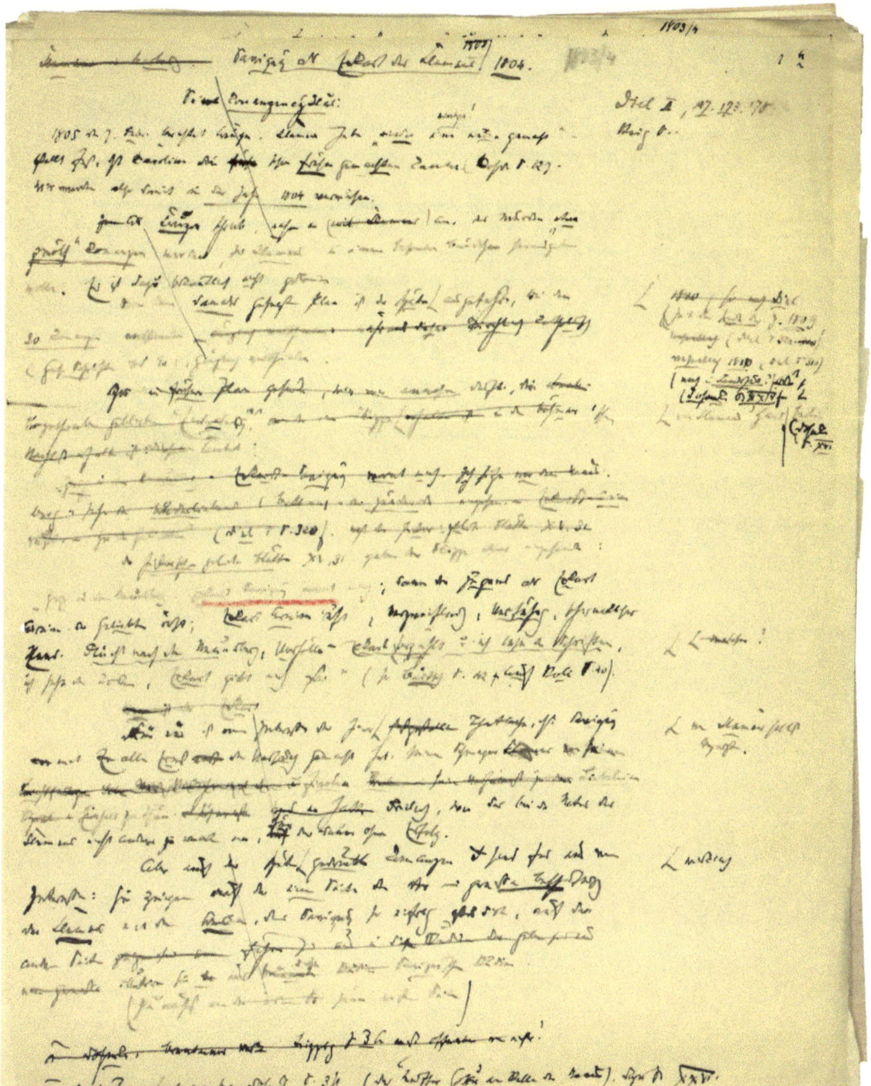

Abbildung Nr. 7: Einheit IV 2, Blatt 95

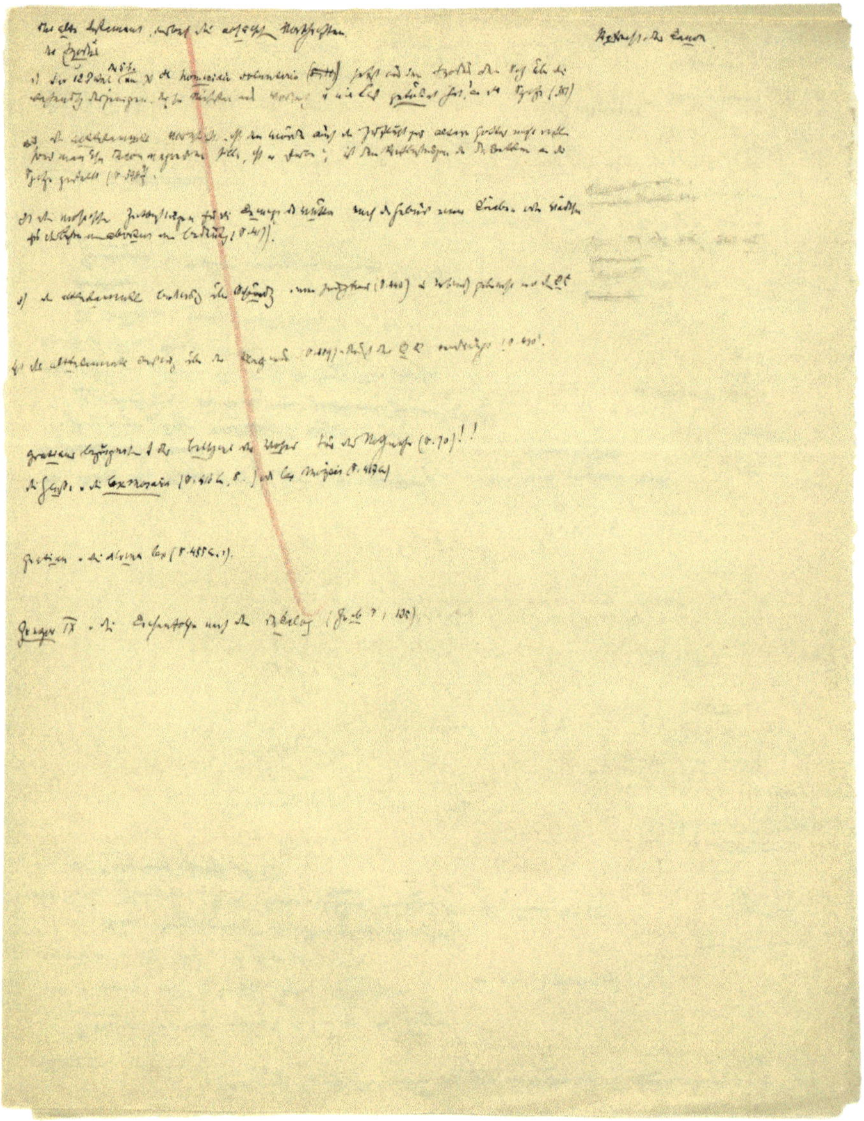

Abbildung Nr. 8: Nicht transkribierte, von Bremer durchgestrichene Seite

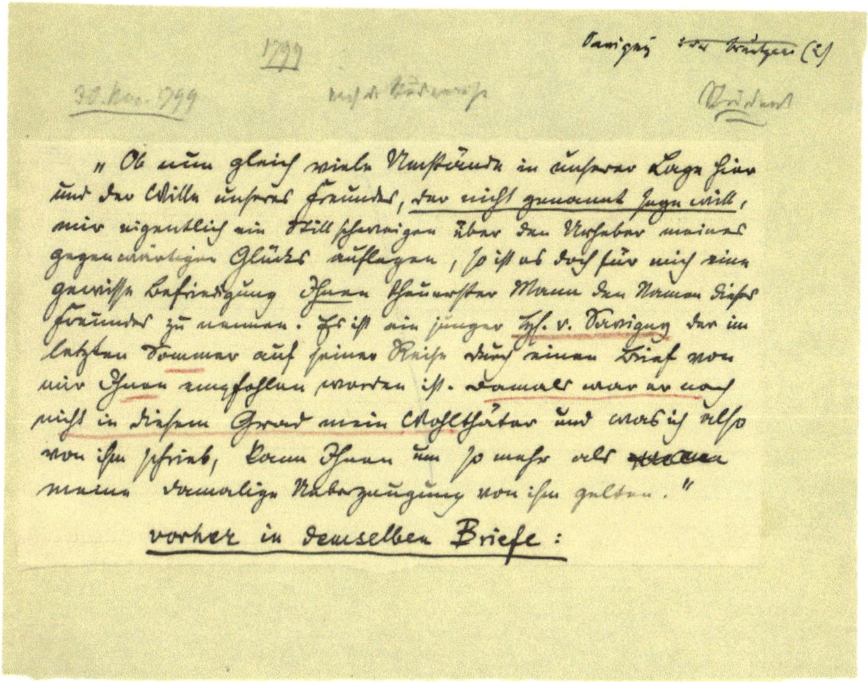

1799

30. Nov. 1799

„Ob nun gleich viele Umstände in unserer Lage hier und der Wille unseres Freundes, der nicht genannt seyn will, mir eigentlich ein Stillschweigen über den Urheber meines gegenwärtigen Glücks auflegen, so ist es doch für mich eine gewisse Befriedigung Ihnen theuerster Mann den Namen dieses Freundes zu nennen. Es ist ein junger Hr. v. Savigny der im letzten Sommer auf seiner Reise durch einen Brief von mir Ihnen empfohlen worden ist. Damals war er noch nicht in diesem Grad mein Wohlthäter und was ich also von ihm schrieb, kann Ihnen um so mehr als [illegible] meiner damaligen Ueberzeugung von ihm gelten."

vorher in demselben Briefe:

Abbildung Nr. 9: Einheit IV 2, Blatt 15, Abschnitt in fremder Handschrift

Bildnachweis: Geheimes Staatsarchiv Preußischer Kulturbesitz, Signatur VI. HA, Nl Bremer, F. P.

Franz Peter Bremer

Der junge Savigny zwischen Frühromantik und Rechtswissenschaft

Einheit I: Die Sächsische Studienreise (1799–1800)

BLATT 1

[Stichwort: Die philosophische Korrespondenz]

BLATT 2

Die philosophische Korrespondenz während Savignys Aufenthalt auf Trages (1799 im Juni)

Daß die bisher so eifrig mit den Freunden u. Bekannten geführten philosophischen Gespräche durch seine Trennung von den Freunden – er lebte wieder in Trages[1] – u. später durch seine Reisen ein Ende haben mußten, war Savigny schmerzlich. Zum Ersatz dachte er deshalb an eine Fortsetzung der Verhandlungen durch eine philosophische Korrespondenz.

Am 7. Juni 1799 trug er diesen Wunsch Leonhard Creuzer vor: «die Bereitwilligkeit in eine philosophische Korrespondenz zu treten» sei für ihn die Erfüllung eines seiner «heißesten Wünsche». Er selbst wolle den Anfang machen u. schon mit einer der nächsten Posten eine Darlegung senden. [Stoll I, 90]

Am 21. Juni kam dieselbe in Marburg an, es ist ein Schriftstück von 8 Seiten.[2] Es folgten in dem Zeitraum vor Savignys Abreise noch eine größere Anzahl Briefe an Creuzer oder an Schwarz, zum Theil mit philosophischen Erörterungen.[3]

[1]Stoll S. 5 [Stoll I, 90] [2]Stoll S. 5 [Stoll I, 90, Anm. 4: Beilage, S. 93–96] [3]Stoll S. 4 [Stoll I, 92 f.]

BLATT 3

Savignys jugendlich-kühne Frische

1) ‹Unvorsichtigkeit› gegen Hauff (Stoll, S. 35) [Stoll I, 155]
2) über Matthison den Dichter (Stoll, S. 29) [Stoll I, 143]
2a) über Bauer: «arrogante Armut» (Stoll S. 30) [Stoll I, 145] u. Grolmann (das.) [Stoll I, 144]
3) seine Freude an der leidenschaftlichen Kraft eines v. Bostell (S. 28 f.) [Stoll I, 141]

Vor der Reise

Savignys Briefe vom 23. Juli 1799 [Stoll I, 102 f., 103 f.] Steig I, S. __

BLATT 4

Abreise

Die Reise geschah mit Bedientem u. im eigenen Wagen.[1] Nachdem Savigny von den Freunden Abschied genommen hatte, fuhr er am 23. Juli nach Meerholz, um auch hier Abschied zu nehmen u. Weisungen zu ertheilen u. am folgenden Tage begann dann die Reise.[2]

Von derselben haben wir die ersten Theile des Tagebuchs, das Savigny führte,[3] samt den Briefen, die er an die Marburger Freunde, bald an Friedrich,[4] u. bald an Leonhard Creuzer,[5] meist aber an beide,[6] einmal auch an beide Creuzer und an Schwarz[7] richtete, Briefe, von denen einzelne verloren gegangen sind.

Veröffentlicht sind sie auszugsweise ... in den Preußischen Jahrbüchern IX, 481 ...... 1891, etwas genauer, aber wieder nur auszugsweise von Adolf Stoll in dem Programm des Kgl. Friedrichs-Gymnasium zu Cassel unter dem Titel: Friedrich Carl von Savignys Sächsische Studienreise 1799 u. 1800. Leipzig [1891] (Gustav Fock).[1]

[1]der Bediente wird erwähnt Stoll S. 13 [Stoll I, 116] u. der Wagen das. S. 23 [Stoll I, 132] [2]Stoll S. 6 [Stoll I, 105] [3]Stoll S. 20 [Stoll I, 126], 22 [129] über die Fortsetzung s. Stoll S. [4]Stoll S. 6, 21, 32 [Stoll I, 103, 128, 147] [5]Stoll S. 37 [Stoll I, 125] [6]Stoll S. 27, 28, 30, 33, 37, 38 [Stoll I, 106, 129, 132–144, 148–152, 159, 160, 164] [7]Stoll S. 33 [Stoll I, 148 ff. sowie 152 ff.]

BLATT 5

Zur Abreise

«Heute», so schrieb er am 23. Juli aus [Trages] an Friedrich Creuzer, «fahre ich noch nach Meerholz – hier hatte er vermuthlich noch über Geschäfte mit dem Vetter zu reden – von da morgen bis Fuld.» Nachdem er über die nachgesendeten Briefe Weisungen ertheilt hatte, schrieb er: «Und nun noch ein herzliches Lebewohl, Ihr Theuern. Möge mich der Himmel Euch wiederfinden lassen so wie Ihr jetzt seid <nämlich so gut gegen mich gesinnt>, u. doch anders, nämlich im Stand der heiligen Ehe. Nochmals, lebt alle wohl.»[1]

[1]Stoll S. 6 [Stoll I, 103 f.]

BLATT 6

Die Fortsetzung der philosophischen Correspondenz während Savignys Reise

Auch während Savignys Reise ward die «philosophische» Correspondenz mit den Marburger Freunden fortgesetzt. An derselben nahmen außer den beiden Creuzer gelegent-

lich auch Schwarz, Hauff u. Weinrich theil,[1] jeder derselben nach Maßgabe seines besonderen Fachstudiums.
Über moralische Schwarz,
Über mathematische Hauff u. Weinrich,
[Über] philosophische im Allgemeinen Leonhard Creuzer[2]
Friedrich Creuzer tritt, obgleich die Briefe meist an beide Creuzer gerichtet sind, sachlich hier so gar nicht hervor! Nur seine Studien über griechische Geschichte u. Kultur werden gestreift u. dann in neckischer Weise,[3] ein bemerkenswerter Umstand, der vielleicht daraus sein Licht empfängt, daß Creuzer seinerseits in Briefen an die Günderode Savigny vorwirft, er vernachlässige in der Wahl wissenschaftlicher Gegenstände «ihr Verhältnis zum Ewigen», insbesondere die Beschäftigung mit der Philosophie der Griechen.[3] In seiner warmen Begeisterung für das hellenische Wesen blickte er mit einiger Verachtung auf gewisse Studien Savignys herab.

Zeigte sich also hier auf Creuzers Seite ein gewisser Mangel des Interesses an Savignys Studien, so finden wir, daß auch Savigny u. Hauff vielfach nicht mit einander harmonierten.[4] Es waren zwei ganz verschieden geartete Menschen, Hauff offenbar von einer schroffen Einseitigkeit, die ihn auch für seine frühere Stellung als Erzieher eines Wetzlarer Bekannten Savignys wenig geeignet erscheinen ließ. So ist es verbegreiflich, daß Savigny sich ihm gegenüber auch wohl zu einer scharfen Entgegnung berechtigt fühlte[4] u. Hauff wohl einmal über Savignys Sprache verstimmt war.[5] Fand dann Savigny, daß er sich einer «Unvorsichtigkeit» schuldig gemacht habe, so trug er keine Bedenken, das gerne einzuräumen.[6]

[1]Warum nicht Bang? Auch schon vorher nicht? [2]Stoll S. 33 u. S. 4 [Stoll I, 152f., 90] [3]Rohde S. 27 [4]Stoll S. 27 [Stoll I, 138] [5]Stoll S. 35 [Stoll I, 141] [6]Stoll S. 35 [Stoll I, 155]

BLATT 7

Philos. Correspondenz 2

Auf der Reise nahm dann Savigny wohl Veranlassung, auch mit andern Gelehrten gewisse schwierige u. unter den Freunden streitige Fragen zu besprechen, so in Jena.[1] Und so geschah es wohl, daß ein solcher Gelehrter [Karl Christian Erhard Schmid] sich bereit erklärte, an der philosophischen Correspondenz überhaupt Theil zu nehmen.[2] Daß aber auch Friedrich Heinrich Jacobi daran Theil genommen habe, ist nur Mißverständniß einer Savignyschen Äußerung über diesen heiligen Mann,[3] zu dem Savigny damals noch keine Beziehung hatte.[4]

[1]Stoll S. 21 [Stoll I, 128] [2]Stoll S. 21 [Stoll I, 126f.] [3]Stoll S. [Stoll I, 141, Anm. 2] [s.a. I, Blatt 119] [4]Jacobi lebte damals «abwechselnd zu Hamburg, Eutin u. Wandsbeck». Meyer IX, 115 [Meyer, 6. Aufl., Bd. 10, Sp. 124]II

BLATT 8

Die philos. Disciplinen, 2

1) Religion

Als Savigny nach Jena kam, hatte Fichte in Folge des Atheismusstreits die Universität verlassen.[1] Als er Schlegels Vorlesung über Aesthetik besuchte, hörte er ihn über Mythologie als Religion reden. Das «dreifache Prinzip der Theologie» produziere auch drei verschiedene Arten von Religion: gegen physische Mächte Ehrenbezeugungen u. Geschenke, gegen die gefühlte Unendlichkeit der Natur: Hingebung u. Selbstentäußerung, gegen moralische Götter Annäherung an ihre Göttlichkeit.»[2]

Im October las Savigny Schleiermachers Reden: «Leset doch, ihr Lieben,» so schrieb er am 20. an die beiden Creuzer, die Reden über die Religion (Berlin, Unger 1799), ich bitte euch darum; ich kann noch weiter nichts darüber sagen. Der Verfasser ist der Prediger Schleiermacher in Berlin.»[3] Und als dann Leonhard von «heller Andeutung dessen, was Religion ist» sprach, wollte Savigny darüber mit ihnen ein weiteres verhandeln: «Mir ist gerade, so schrieb er am 3. Januar [1800], in diesem Punkte alles finster geblieben. Wie sind Sie aber auf den Verdacht gekommen, daß ich über diesen Gegenstand, der mir weniger klar ist als irgend einer, öffentlich reden würde? Besorgen Sie so etwas nicht.»[4]

Im April sprach er Schelling: «Die Religion,» so schrieb er über seine Ideen, «soll durch Mythologie dargestellt werden.» Die Geschichte falle in ihrer dritten Periode mit Religion zusammen.[5]

[1]Stoll S. 18 Anm. [90] [Stoll I, 123, Anm. 1] [2]Stoll S. 15 [Stoll I, 119] [3]Stoll S. 27 [Stoll I, 139] [4]Stoll S. 31 [Stoll I, 146] [5]Stoll S. 35 [Stoll I, 155]

BLATT 9

Die Mitglieder der Facultät [Marburg, um 1795]

1) Selchow, [Johann Heinrich] gest. 1795 den 21. April
2) Hofmann, (schon 1794 blind). gest. noch <u>vor</u> Selchow, aber 1795
3) Sorber, [Johann], 1795 im 80. Jahr!
4) Robert, Karl Wilhelm (geb. 1740), Geh. Rath (d. H. Geh. Revisionsrath) (vgl. Decanat)
5) Erxleben (geb. 1753) (Vicekanzler seit Selchows Tod)
6) Weis, Philipp Friedrich, seit 1793 den 25. April ordentl. Prof.

Die außerordentl. Professoren

1) Robert, Georg Friedrich Karl, seit 1793 u. Anwartschaft auf die Stelle des Vaters!
2) Hille, Reinhard, ward im Lauf des Semesters, den 15. Juni, ernannt

BLATT 10

[s.a. IV 2, Blatt 3, etc.]

Die philosophischen Disciplinen, 2

2) Moral

Schwarz hatte 1793 ‹Moralische Wissenschaften› in zwei Bänden erscheinen lassen.[1] Als dann der erste Theil von Schlegels Lucinde erschien, äußerte sich Savigny darüber gegen Schwarz, aber, wie er am 16. August an Leonhard Creuzer schrieb, «aber provisorisch: laßt uns den pars II erwarten.»[1a] Dieser zweite Theil erschien nicht, u. auch die provisorische Äußerung Savignys ist leider nicht bekannt.[III]

«Als moralische Dissertationen,» so schrieb er am 3. Januar 1800 an die beiden Creuzer, «betrachte ich einzelne Darstellungen anderer Dichter, aber Goethe u. Jacobi sind und bleiben die Systematiker in der Moral. Das alles läßt sich auch als totaler Widerspruch gegen Schleiermachers Ansicht der Moral betrachten.»[2]
[ab hier s.a. I, Blatt 18/19]
Den 26. April [1800] an die beiden Creuzer u. Schwarz «ein ruhiges Wort über Ihre lieben Briefe.» u. «zuerst über unsere Kunstmoral oder moralische Kunst. Es war mir recht frappant, als ich einige Tage nach Ihren Briefen das jüngste Athenäum zur Hand nahm und darin Folgendes las: ‹Die Forderungen u. Spuren einer Moral, die mehr wäre als der practische Theil der Philosophie, werden immer lauter und deutlicher. Es ist Zeit, den Schleyer zu zerreißen u. das geheime zu offenbaren. Die Pflicht der Kantianer verhält sich zu dem Gebot der Ehre, der Stimme des Berufs u. der Gottheit in uns, wie
[Fortsetzung s. folgendes Blatt]

[1]Stoll S. 4 Anm. [18] [Stoll I, 60] Vgl. die «Gesellschaft sittlicher und landwirthschaftlicher Wissenschaften» in Burghausen (Prantl, [Geschichte der Ludwig-Maximilians-Universität, Bd. 1] S. 627) [1a][Stoll] S. 21 [Stoll I, 127] [2][Stoll] S. 31 [Stoll I, 145 f.]

BLATT 11

Die philosophischen Disciplinen, 2

die getrocknete Pflanze zur frischen Blume am lebenden Stamm›. Ich freue mich darauf, diesen Gegenstand noch oft mündlich mit Ihnen behandeln zu können.»[1]

«Bei dem, was wir in der letzten Zeit über Moral verhandelt haben gedenke ich mit Lächeln eines großen Streits, den ich mit unserem verstorbenen Schmid hatte, u. bei dem Sie, lieber Leonhard, gegenwärtig waren ... ganz unbegreiflich war es mir, daß Sie mir nicht aus allen Kräften beistanden, was Sie, wie ich dachte, quasi ex officio thun mußten.»[2]

Die Kunstmoral

[1]Stoll S. 33 [Stoll I, 152] [2][Stoll] S. 36 [Stoll I, 156] [3][kein Verweis im Text] Ästhetik (S. 7, 14, 17, 22, 23, 26, 33f., 34) tragische Kunst (S. 35) [Stoll I, 155]

BLATT 12

Friedrich Schlegels ‹Lucinde›[IV] 1798

Der Anfang eines Romans: die Erzählung, welche von einem Roman erwartet wird, trat nur episodenweise zwischen Gesprächen, Träumen, Allegorien hervor. So formlos diese Verherrlichung des Genusses, des Müßigganges, der Frechheit erschien, so schamlos war sie auch, um so empörender als Schlegel dabei sein Verhältnis zu Dorothea Veit der Öffentlichkeit bloß stellte.»[1]

Nach diesem Urtheil eines ernsten heutigen Literaturhistorikers fassen wir einige Äußerungen über das Werk aus der Zeit seines Erscheinens zusammen.

Am 19. Juli 1799 schrieb Schiller[2] aus Jena [an Goethe]: «Ich habe mir vor einigen Stunden durch Schlegels Lucinde den Kopf so taumelig gemacht, daß es mir noch nachgeht. Diese Schrift ist der Gipfel moderner Unform u. Unnatur.»

Ein halbes Jahr später, den 4. Januar 1800, schrieb Schleiermacher aus Berlin[3] an einen Freund: «Hier in unserm Theil von Deutschland ist das Geschrei allgemein: der Parteigeist verblendet die Menschen bis zur Raserei, u. die Verletzung der Decenz, dieses höchst unbestimmte Verbrechen, dessen man bezüchtigen u. loslassen kann, wie u. wen man will, läßt auch vernünftige Menschen alles Schöne u. Vortreffliche in diesem Buch u. seinen eigenthümlichen [gewiß großen Geist] übersehen. Wenn man die Leute an die Alten erinnert u. sich erbietet, ihnen u. ihrem Wieland u. andern verehrten Häuptern weit verführerischere Dinge zu zeigen, so sind sie freilich in Verlegenheit. Überhaupt ist bei den meisten dieser Punkt nur Vorwand, um eine Brücke zu Schlegels Persönlichkeit zu finden.»

In demselben Jahr ließ er anonym seine ‹Vertrauten Briefe über Fr. Schlegels Lucinde› erscheinen.[4]

[1]Wackernagel [Geschichte der Deutschen Litteratur], II, 557 [2]Briefwechsel II, 191f.[V] [3][Aus Schleiermachers Leben] IV, S. 54 [4]Überweg [Grundriss der Geschichte der Philosophie] III, 234

BLATT 13

[Stichwort zu Schlegel und Savigny]

BLATT 14

Lucinde (3)

Clemens Brentano, der in Altenburg bei Verwandten der von ihm geliebten Frau Sophie Mereau wohnte, schrieb den 14. Juli an Winkelmann:[1] «Mein einziger Umgang sind die zwei liebenswürdigsten Mädchen, mit denen ich fast täglich von 8 bis 11 allein u. recht vertraut bin. Ich lese ihnen vor, u. nächstens kommt die Lucinde dran; doch lesen wir die Briefe über Friedrichs Lucinde zuerst . . . ich bin versichert, daß sie aus der Schlegelei selbst sind. Grüßen . . . die Veit u. Friedrich recht sehr.»

Schon ein Jahr früher hatte Savigny sich in einem Briefe an Schwarz über die Lucinde geäußert, ein Brief, der leider nicht bekannt geworden ist.[2] Wie Savigny am 16. August 1799 Leonhard Creuzer mittheilte,[3] war seine Äußerung nur «provisorisch»; «laßt uns,» fügte er hinzu, «den pars II erwarten». Derselbe ist bekanntlich niemals erschienen.

[1]Steig I, S. 18 [2][Brief an Schwarz, 23. Juli 1799; Stoll I, 102 f.] [3]Stoll S. 21 [Stoll I, 127]

BLATT 15

Lucinde (2)

«Es steht heute,» schrieb Fr. Schlegel 1800 in einem undatirten Briefe an Schleiermacher, «eine Ankündigung von Briefen über die Lucinde in der A.L.Z., die in einigen Wochen fertig sein sollen. Wahrscheinlich von einem gewissen Vermehren[1] von hier, u. ziemlich gegen mich, wie mir Ange:Brentano gesagt hat. Indessen ist das doch in merkantilischer Rücksicht recht gut.» [Aus Schleiermachers Leben III, S. 201]

In der That versuchten die Briefe, die Joh. Bernhard Vermehren in Jena erscheinen ließ, eine Vermittlung zwischen den Parteien anzubahnen.

Am 26. September erließ das Churfürstlich Hannoversche Universitätscuratorium an den Prorector zu Göttingen ein Rescript, weder des Professor August Wilhelm Schlegels Frau [Caroline], die vormalige verwitwete Böhmer, geb. Michaelis, noch dem «durch seine sittenverderblichen Schriften berüchtigten Friedrich Schlegel» den Aufenthalt in Göttingen zu gestatten.[2]

[1]Warum nicht im Register bei Steig? Dafür im Reg. bei Mereau [II, S. 242][VI] [2]Caroline II, 3 [Schelling, Caroline. Briefe aus der Frühromantik, Bd. 2, S. 3]

BLATT 16

Savigny

Die auf die Religion bezüglichen Ausdrücke in seiner Studienreise

‹eine heilige innere Tradition› (S. 31) [Stoll I, 145] ‹die heilige Stadt› (Weimar) (S. 11) [Stoll I, 113]

‹die heiligen Reste der Zeiten, die nicht mehr sind› (S. 7) [Stoll I, 107] ‹hohes heiliges Wesen› (der ‹Mensch›) [Stoll I, 141]

‹der heilige Mann› (S. 28) [Stoll I, 141]

‹die himmlische Maria Stuart von Schiller› (S. 38) [Stoll I, 163]

‹Tempel der Natur› (S. 7) [entsprechendes Zitat aus Savignys Tagebucheintrag in Stoll I, 106 nicht enthalten]

‹die religiösen Ruinen› (Klöster) S. 7 [Stoll I, 107] ‹religiöse Dinge› (S. 31) [Stoll I, 69]

‹die Gottheit in uns› (S. 32) [Stoll I, 152] ‹die Idee kühn u. göttlich› (S. 29) [Stoll I, 143]

‹sündliche Trägheit› (S. 33) [Stoll I, 151]

BLATT 17

Die philos. Disciplinen (4)

1. die Philosophie der Natur. Stoll S. 36f. [Stoll I, 159], 41 Anm. [212] [von Bippen, S. 39]
2. das Naturrecht

Leonhard Creuzer, mit dem Savigny über die wissenschaftliche Behandlung der Rechtsdisciplinen verhandelte, stellte den Grundsatz auf, vom Naturrecht auszugehen u. das positive Recht daran anzuknüpfen. Savigny, der mit dem Criminalrecht beschäftigt war, fand es dagegen, wie er am 3. Januar 1800 den beiden Creuzer schrieb, «sehr zweckmäßig, in einem Fach, das ohnehin jeder des lieben Brodes wegen mit Fleis treiben muß – dem Criminalrecht – das Interesse an Befriedigung geistiger Bedürfnisse zu wecken; dadurch auf das Studium des Naturrechts vorzubereiten.» [Stoll I, 144] Leonhards Ansicht fand er hier ganz unpraktisch: «Man kann sich tüchtig fühlen, «über das

Naturrecht nicht ohne Beruf u. Erfolg zu sprechen oder zu schreiben, ohne jene umfassende Totalübersicht zu besitzen, die nur das Resultat eines ganzen wissenschaftlichen Lebens (ut ita dicam) sein kann, weil sie das Höchste ist, was alle wissenschaftliche Arbeit geben kann».[1]

1802 (Stoll S. 39 Anm.)

«Über die Philosophie des Kriminalrechts» (S. 30 u. S. 33 Anm. 171) [Stoll I, 144f., 145 Anm. 2]
besser im Zusammenhang mit seiner Vorlesung!

[1]Stoll S. 30 [Stoll I, 144], dazu die ‹Anleitung› S... [Mazzacane, 2004, S. 137–197]

BLATT 18 [s.a. V, Blatt 77]

Die eig. philos. Corresp. (2)

2. Auch über die Moral hören wir einiges. Der Ausgangspunkt war, wie es scheint, die verschiedene Beurtheilung von Bostells Wesen. Nach Savignys Urtheil arbeitete «in seinem Innern verschlossen eine große Kraft, die sich selbst verzehrt, da sie keinen Weg nach außen offen findet.» Als er denselben am 12. November den beiden Creuzer empfahl, schrieb er: «Ich brauche euch kaum zu warnen, euch von unserm Hauff nicht über ihn irre führen zu lassen.» [Stoll I, 141] Dieselben hatten dann sich über Bostells Wesen geäußert: am 3. Jan. schrieb Savigny an sie zurück: «Bostell soll leidenschaftlich sein? Ich möchte gerade das Gegentheil behaupten, u. wünsche um so mehr etwas ausführliches über ihn zu hören – u. zugleich auch etwas ausführliches über die Leidenschaft.» Schon in dem Briefe vom 12. Nov. hatte er im Zusammenhang seiner Erörterung von Bostells Wesen geschrieben: «Ich kann mich von der absoluten Verwerflichkeit der Leidenschaften durchaus nicht überzeugen, u. ich glaube, dieses ist einer der Fälle, worin eine Leidenschaft irgend einer Art (versteht sich, unter gewissen Bedingungen in Ansehung des Gegenstands) sehr wohlthätig würken könnte.» (S. 29) [Stoll I, 142] Und am 6. Januar fuhr er fort: «Sie haben es wohl schon gemerkt, lieber Schwarz, daß ich Sie hier herausfordere: Es scheint mir u. uns die größten Nachtheile der sogenannten philosophischen Behandlung des practischen Menschen (ich rede hier bloß von den guten Arbeiten dieser Art), daß man über so vieles mit der Wahrheit längst einig zu sein glaubt, indem man, statt ein idealisches menschliches Individuum zu bilden uns lauter Abstractionen der herrlichsten Schneemänner zusammensetzt, die freilich eine frappante Ähnlichkeit haben, besonders was die Kälte betrifft, u. was man bei allen oder den meisten findet, muß doch wohl Realität haben!!» (S. 31) [Stoll I, 145]

Schwarz nahm die Herausforderung an u. mit seinen Ausführungen setzte sich dann Savigny in den Briefen vom 14. März u. 26. April auseinander (S. 31 Anm. 162). [Stoll I, 145, Anm. 3] Leider ist diese Darlegung noch ungedruckt u. nur ein Excurs ‹über unsere Kunstmoral oder moralische Kunst› mitgetheilt. [Stoll I, 152f.] «Es war mir recht frappant,» so schrieb Savigny am 26. April an beide Creuzer u. Schwarz, «als ich einige Tage nach Ihren Briefen das jüngste Athenaeum zur Hand nahm u. darin

Folgendes las: ‹Die Forderungen (!) u. Spuren einer Moral, die mehr wäre als der practische [Fortsetzung s. folgendes Blatt]

BLATT 19

Theil der Philosophie, werden immer lauter u. deutlicher .... Es ist Zeit den Schleier [der Isis] zu zerreißen u. das Geheime zu offenbaren.›[1] Die Pflicht der Kantianer verhält sich zu dem Gebot der Ehre, der Stimme des Berufs u. der Gottheit in uns, wie die getrocknete Pflanze zur frischen Blume am lebenden Stamm.

Ich freue mich darauf, diesen Gegenstand noch oft mündlich mit Ihnen behandeln zu können: jetzt nur einige Worte, die das deutlicher sagen sollen, was ich neulich undeutlich sagte. Künstlerisches Mittel oder Kunst im engern Sinn ist alles, was zur Darstellung gehört, und zwar zur lebendigen objectiven Darstellung: diese wollen wir brauchen zu unserer Moral, darin sind wir einig, u. insofern fällt diese mit einem Kunstwerk zusammen. Künstlerischer Zweck ist eine ganz bestimmte Würkung auf den anschauenden Menschen, nämlich die Anregung seines Schönheitssinns, oder (im Object) Schönheit selbst. Dieser künstlerische Zweck hat mit der Absicht des Künstlers nichts zu schaffen u. ich kann mir den vollendeten Künstler ohne Bewußtsein irgend einer künstlerischen Absicht denken: er erreicht das Ziel zu dem ein Gott ihn leitet u. schaut verwundert das Werk an, das er schuf. Von jenem künstlerischen Zweck nun müssen wir durchaus abstrahieren: zwei Endzwecke, die ihrer Natur nach verschieden sind, können in einem Werke nicht vereinigt werden, ohne daß jeder derselben die Erreichung des anderen verhindert – so die Schönheit, die allein der Künstler will, u. die Erkenntniß, die wir wollen. Jacobi scheint mir auf der Gränze zu stehen: wegen des Antheils, den der letzte dieser beiden Zwecke an seinen Werken hat, interessiren sie mehr, nach Art der würklichen Welt, aber einer herrlichen Welt: es ist zum Theil Jacobi selbst, den wir vor uns sehen u. an dem wir menschlich Theil nehmen. Das alles ist bey Göthe anders: seine Gestalten sind vollendete Individuen, wir empfinden bei ihnen nicht was wir in der Würklichkeit [Fortsetzung s. folgendes Blatt]

[1]Athenäum III [1800], 1. [Stück], S. 4 [und 10][VII] [Stoll I, 152]

BLATT 20

Die eig. philos. Corresp. (3)

empfinden, aber das was wir empfinden ist das edelste was wir empfinden können. – Mit dem allen kann ich nicht hoffen, zur Übereinstimmung mit Ihnen gelangt zu sein (am wenigsten mit Ihnen, lieber Gf. <guter Freund?>[VIII] über die Absichtlosigkeit), aber das hoffe ich gezeigt zu haben, daß ich bei Göthe in der Vergleichung mit Jacobi durchaus nichts vermißte: nicht die Absicht, die bei ihm (nach historischen Nachrichten) sehr wahrscheinlich wenig oder gar nicht statt findet, noch weniger dachte ich bei ihm an Künstlichkeit, oder an ein Hervorblicken der Regel, das immer Fehler ist u. von dem Göthe so frei ist als ich von der Schuld es an ihm bemerkt haben zu wollen.» (Stoll S. 34 f.) [Stoll I, 153]

Kant
Aus Schleiermachers Leben I, S. 134, 136, 139, 342 f.
Fichte I 229, 240, 241, 291, 854, 856, 357, 381, 404

BLATT 21

Kant

Schiller – Goethe [s.a. Friedrich Schiller Archiv]

1794 den 28. Oct. (I, 91)
1795 den 18. Febr. (I, 51)
den 19. Febr. (I, 52)
den 16. Mai (I, 66)
1796 den 30. Jan (I, 12)
den 26. Juli (I, 179)
1797 den 12. Sept. (I, 323)
den 22. Sept. (I, 331 f.)
1798 den 9. Febr. (II, 35)
den 2. März (II, 53)
den 27. Juli (II, 101)
den 19. Dec. (II, 125)
den 22. Dec. (II, 146)
1799 den 4. Juni (II, 124)
den 2. Aug. (II, 199)

BLATT 22

Religion u. Recht als positive u. als natürliche Institution

Schleiermacher bei Dilthey [Bd. I], S. 406
Savignys Vom Beruf, S. 4 f., cf. S. 8
System I, S. 52, 290

Was Schleiermacher in seinen Reden über die Religion darlegte, daß die Religion bloß in den positiven Religionen existiere (die Annahme einer ‹natürlichen Religion›, die als ein Allgemeines existieren möchte, ein Widerspruch in sich selbst sei, Dilthey I, S. 406), übertrug Savigny, der selbst Kant 1800 in Leipzig gelesen (Stoll S. 27) [Stoll I, 139] u.

ohne Zweifel mit seinen Freunden eingehend besprochen hatte, später auf das Recht: das Recht existiert nur als positives u. als nationales: die Anschauung einer über allem positiven Recht schwebenden Moral, Natur- oder Vernunftrecht verwirft er (nicht erst System I, S. 52 u. 240f., sondern schon Beruf, 3. Aufl. S. 4f.). Aber noch zu Anfang des J. 1800 hat er das ‹Studium des Naturrechts› ernstlich im Auge (Stoll S. 30) [Stoll I, 144]. Damals schloß er sich wohl auch an Hufeland an (Stoll S. 13f.) [Stoll I, 117]

BLATT 23 [Stichwort: Der practische Theil der Philosophie]

BLATT 24

«Die Kunstmoral oder moralische Kunst» [Stoll I, 152]

Schlegels Lucinde gab auch Savigny einen neuen Anlaß, die «Kunstmoral» mit seinen Freunden zu erörtern. Nachdem er das Buch gelesen hatte, äußerte er sich darüber gegen Schwarz,[1] ein Brief, der nicht vorliegt. Aber diese Äußerung war, wie am 16. August 1799 Savigny an Leonhard Creuzer mittheilte, nur erst provisorisch. «Laßt uns,» so mahnte er, «den pars II erwarten.» [Stoll I, 127] Der versprochene 2. Theil ist tatsächlich nicht erschienen, obgleich Schlegel die Absicht erklärte, ihn im Winter fertig zu machen u. schon Gedichte für ihn bestimmt hatte.[2]

Zunächst verfaßte Savigny einen Aufsatz,[3] der uns nicht vorliegt, den er den Freunden schickte: zu denen dann Schwarz Anmerkungen machen wollte. «Auf die Schwarzischen Anmerkungen,» schrieb Savigny am 14. [und 18.] März an die beiden Creuzer, «bin ich sehr begierig.» [Stoll I, 151]
In der zweiten Hälfte des April waren die «Anmerkungen» in seinem Besitz.

Am 26. April sprach er sich dann in einem Brief an beide Creuzer u. Schwarz über die «Kunstmoral oder moralische Kunst» nochmals aus, aber, da er sich darauf freute, den Gegenstand «noch oft mündlich» mit ihnen zu verhandeln, «und mit einigen Worten, die das deutlicher sagen sollen, was ich neulich (in dem Aufsatze ?) undeutlich sagte.»

«Künstlerisches Mittel oder Kunst im engeren Sinn ist alles was zur Darstellung gehört, u. zwar zur lebendigen [Fortsetzung s. folgendes Blatt]

[1]Stoll S. 21 [Brief an Schwarz, 23. Juli 1799: Stoll I, 102] [2]Stoll S. 42 [bezieht sich auf eine Notiz in: Aus Schleiermachers Leben III, S. 165. Bei Stoll I nicht erwähnt] [3]Stoll S. 33 [Stoll I, 151] Vgl. Enneccerus S. [39]

BLATT 25

Kunstmoral (2)

objectiven Darstellung: diese wollen wir brauchen zu unserer Moral, darin sind wir einig u. insofern fällt diese mit einem Kunstwerk zusammen.»[1]

[1]Stoll S. 33 [Stoll I, 152]

dann Übergang (?) zum künstlerischen Zweck (Stoll S. 33 f.)
dazu Steig I, S. 25

BLATT 26–27 [Stichworte: Savignys Augenleiden; über Leidenschaft]

BLATT 28

Kant u. Jacobi Verhandlungen über Moral

Die tiefe Verehrung für Kant u. der Einfluß auf sein Denken u. Handeln liegt bei Savigny offen zu Tage. Aber dem Rigorismus des großen Weltweisen, den er in der ersten Zeit fest gehalten u. warm verteidigt hatte, war eine mildere Auffassung gefolgt. Nun hören wir ihn reden von Stockkantianern u. einem Mißbrauch der Kantischen Philosophie,[1] und nun war es ihm recht frappant, als er im Frühling 1800 im Athenäum las:[2] «Die Pflicht der Kantianer verhält sich zu dem Gebot der Ehre, der Stimme des Berufs u. der Gottheit in uns wie die getrocknete Pflanze zur frischen Blume am lebenden Stamm» u. schon im Januar erklärte er, daß der Kantische Grund des Strafrechts ihn von allen am meisten repugniere.[3] Der energischen «Einseitigkeit» Kants gegenüber erschien ihm ein «Gegengift» erforderlich und als tüchtiger Arzt war ihm Jacobi erschienen, der in den philosophischen Romanen Allwills Briefsammlung ( ) u. Woldemar ( ) die moralische Frage nach dem Verhältnis des Rechts u. der Pflicht des Einzelnen zu der gemeingültigen Sittenregel erörterte u. neben der abstrakten Regel die individualisierende Bestimmung der jedesmaligen moralischen Aufgabe anerkannt sehen wollte.[4]

«Goethe u. Jacobi, ich meine den Verfasser des Allwill,» so schrieb er im Januar 1800, «sind u. bleiben die Systematiker in der Moral.»[5]

Inzwischen waren Schleiermachers Reden über die Religion erschienen u. von Savigny gelesen worden. Den 20. October [1799] schrieb er an die beiden Creuzer: «Leset doch, Ihr Lieben, die Reden [über die Religion], ich bitte Euch darum: ich kann noch weiter nichts darüber sagen. Der Verfasser ist der Prediger [Schleiermacher in Berlin].» [Stoll I, 139]

[1]Stoll S. 9 [Stoll I, 109] [2]Stoll S. 33 [Stoll I, 152] [3]Stoll S. 31 [Stoll I, 145] [4]Überweg III, 186, 187 [5]Stoll S. 36 [Stoll I, 146]

BLATT 29

Savignys körperliches Befinden

1799 den 16. August schrieb er von Leipzig an seine Freunde:
«Die Reise, die ich mir so schön vorgestellt hatte, konnte ich nur halb genießen; mancherlei Ursachen, hauptsächlich physische, versetzten mich in einen krankhaften Zustand, der gerade das Gegentheil von dem Zustand des wahren Reisenden ist.»[1]

Den 9. Sept.:
«Meine Augen waren wieder so schlimm geworden, daß ich diese zwei Tage größtentheils mit verbundenem Haupt zu Hause sitzen mußte. Diese Ruhe u. der Rath des guten D. Weigel stellte bald die alte Ordnung wieder her.»[2]

Den 1. November:
«.. was mich betrifft, so ist meine Existenz im Ganzen besser u. fröhlicher geworden; die Hypochondrie, die mich fürchterlich peinigte, ist gewichen .. Wegen meiner Augen habe ich mich an den geschickten Oculisten Gabriel gewendet, der eine weitläufige Cur mit mir angefangen hat u. mir gute Hoffnung gibt.»[3]

Den 6. Dec.
«Bis jetzt lebe ich ziemlich gesund.»[4]

1800 den 3. Jan.
«Jetzt thue ich was ich kann u. überlasse das Übrige dem Schicksal; dieses schickt mir zuweilen ein 8–14 tägiges Augenübel in die beste Arbeit hinein u. erinnert mich so an die menschliche Gebrechlichkeit.»[5]

Den 18. März
«.. ich bin weder durch eine Reise noch durch heftiges Augenübel verhindert worden zu schreiben, sondern nur durch eine Art von Winterschlaf – soll ich es Hypochondrie nennen? – in dem ich mechanisch fortarbeitete ohne andere als dumpfe peinliche Empfindungen: ich glaube, die ungewöhnliche Kälte war die Hauptursache davon.»[6]

[1]Stoll S. 20 [Stoll I, 126] [2]Stoll S. 23 [Stoll I, 132] [3]Stoll S. 28 [Stoll I, 140] [4]Stoll S. 30 [Stoll I, 143] [5]Stoll S. 31 [Stoll I, 145] [6]Stoll S. 33 [Stoll I, 151]

BLATT 30

Moral (2)

Schleiermacher in Berlin
Bald kam dann auch die Erörterung über diese Schrift in Gang, aber wir hören nur Andeutungen. Als Savigny am 3. Januar 1800 sich über die Aufgabe der praktischen Philosophie u. über Goethe u. Jacobi als Systematiker in der Moral aussprach, bemerkt er: «als moralische Dissertationen ... betrachte ich einzelne Darstellungen ... das alles läßt sich auch als totaler Widerspruch gegen Schleiermachers Ansicht der Moral betrachten.»[1]

[1] Stoll S. 31 [Stoll I, 146] Vgl. Haym, Romantische Schule, S. 417–442

BLATT 31

Personen [die Seitenangaben beziehen sich auf Stoll, 1891]

von Balemann (aus Wetzlar) 18
Bauer 30
v. Bostell 21, 24, 28, 31, 37
Böttiger 11, 20, 21
Böhme, Jac. 27

Carriere 30
Carl V. 11
Cäsar 21
Dryden 29
Erxleben 36, 38

Friedrich d. Gr. 20
Feder 12
Fichte 9, 13, 18, 19, 20, 28
  seine Frau 34
Feuerbach 16, 30
Göttling 16
Göthe 19, 31, 34, 36
Gabriel 28
Hauff 21, 27, 28, 35
Heier 38
Herder 9, 10, 19, 20
  u. Sohn 24
Homer 11

Luther 7 f., 11
Lichtenberg eo
Lenz [Karl] 9
Matthison 29
Merkel 16
Mirabeau 10
Murhard 35
Mereau 17
Maury 10
Nicolai 24
Niethammer 16
Paulus 16
Pausanias 11

Pomeroy 22
Fr. Richter 9. 10
Runde 13
Schleiermacher 27, 31
Schlichtegroll 8 f.
Schmid 13, 19, 21, 35, 37
Schlegel, A.W. 14 f
  Fr. 27, 28, 31
  Frau 17, 35

BLATT 32

Wackernagel II, 455 ff.
Scherer S. 473–79, 510–512, 523–525
Stoll S. 9, 10, 19, 20
Victor Ehrenberg: Herders Bedeutung für die Rechtswissenschaft. Göttingen 1903.
J. Grimm Kl. Schriften I, 254 f., II, 105, III, 530

«Gegen Kants Hauptwerk richtete sich Herders ‹Metakritik› (Leipzig 1799 II),[1] ein Werk, das ebenso wie Wielands Kritik desselben (1798, Steig I, 16) lebhafte Bewegung erregte u. auch Savigny u. seine Marburger Freunde beschäftigte (Stoll S. 9). [Stoll I, 110] In Jena wurde nun Savigny viel von Herder erzählt, insbesondere was Schütz ihm mitgetheilt habe. Als vor einigen Jahren Herder so stark gegen die anonymen Recensionen gesprochen und geäußert hatte, er lese die Literaturzeitung nicht, recensierte ihn Schütz sehr scharf, schickte ihm ein Exemplar der Recension auf Schweizerpapier und schrieb dabei: er schicke ihm das, weil er es sonst nicht läse u. er nenne sich hier, weil Herder das gern habe. Herder soll vor Wuth gestampft haben. In Wahrheit war diese Erzählung nicht viel mehr als eine gewöhnliche, grundlose, die Dinge ganz entstellende Klatscherei (Stoll S.19 Anm. 94, 96). [Stoll I, 123 f., Anm. 1]

«Die Metakritik», so wurde Savigny weiter erzählt, «soll eigentlich geschrieben sein, um einige dringende Gläubiger[2] zu befriedigen»; ein gleichfalls unbegründetes Geklatsch (Stoll S.19 Anm. 98). [Stoll I, 124, Anm. 3]

Und dann dieser Witz von Schütz. Bekanntlich hat Wieland», so schrieb Savigny, die versprochene Fortsetzung der Anzeige der Metakritik, worin er die Sache darstellen wollte, nicht geliefert; Schütz sagte daher vom ersten Aufsatz, Wieland hat Herdern ein testimonium paupertatis gegeben. (S. 19) [Stoll I, 124]

Als Savigny die Correspondenz zwischen Fichte u. Jacobi den Freunden ankündigte, fragte er: «Was wird dann Herder thun?» (S. 20) [Stoll I, 125]

Auf der Weiterreise lernte Savigny den zweiten Sohn Herders, August den Mineralogen, kennen.[3] «Es war ihm leid,» so schrieb er den Freunden, «daß sein Vater nun mit so platten Menschen wie Nicolai in eine Classe gesetzt werden würde. Er war ganz einig mit mir, daß Wieland besser geschwiegen hätte u. hier gar keine Stimme habe, aber über die Sache selbst sprachen wir natürlich nicht.» (S. 24) [Stoll I, 132 f.]

[1]Wackernagel II, 456 [2]hier die Wortform, die er bis in sein Alter festgehalten hat: Später [3]Über den älteren Sohn, Gottfried, den Arzt Steig I, S. 350, dazu S. 20

BLATT 33

Herders eherechtliche Thätigkeit

1800 den 5. [richtig: 9.] Mai schrieb [Schiller an Goethe][1]

«[Jean Paul] Richter ist jetzt mit Herdern abgereist, um sich von diesem copuliren zu lassen.»
1801 den 21. Juli wurde die Scheidung der Ehe zwischen Mereau u. seiner Frau, die schon längere Zeit getrennt lebten, von einer Kommission unter Herders Vorsitz ausgesprochen.[2]

[1]Schiller – Goethe II, 247 [Briefwechsel 1794 bis 1805, S. 292] [2]Briefwechsel II, S. XII

BLATT 34

1799 August Herder (Stoll S. 24) [Stoll I, 132 f.]
dazu Goethes Brief an Herders Frau 1795 den 30. Oct. über August (Vom thätigen Leben, S. 53 f.)
u. Goethe an August selbst: 1798 Dec. (S. 96)

Herder
Die Abhandlung: Über den Ursprung der Sprache (1789 zweite berichtigte Auflage)
Adolf Stern, Ausgewählte Werke III, S. 611–701.

BLATT 35

Herder u. das Christenthum
1800 Oct. an die Gräfin Luise Stolberg

Der reine Geist des Christenthums, den ich in den beiden letzten Theilen der christlichen Schriften darzustellen mich bestrebte, von dem so mancher Plunder abfällt, den man selbstgefällig für Christenthum hält, noch mehr die metakritischen Schriften, die ich, um junge Leute zu retten, deren viele Hunderte auf ihre Lebenszeit schon verwahrloset sind, wirklich aus Drang der Pflicht und Überzeugung, beinah gezwungen von meinem Gewissen, schrieb . . .

. . . die zerrissene zerfetzte Gestalt unseres Cultus, die oft tollkühne Willkür, die darin herrscht, die Ausgelassenheit der Schriftsteller, die setzen u. wegräumen, was ihnen behagt, die müßige Unwissenheit u. arme Frechheit so vieler unserer Lehrer, u. was weiß ich mehr? stimmten seine bedrängte Brust, im Mysterium als Mysterium durch Resignation Ruhe zu suchen. . . .

Da es dem Herzenskündiger gewiß gleichgültig ist, in welchem Cultus man ihm mit treuem und reinem Herzen dienet . . .

Das brüderliche Band . . . zwischen ihm [Graf Stolberg] u. seinen Freunden ist gar nicht aufgelöst, er hat nur ein anderes Stockwerk bezogen, wohnt aber mit ihnen in demselben Hause. Denn auch der Katholicismus ist Christenthum; wer könnte dies, wenn er die Schriften Kempis, Taulers, u. so vieler anderer Mysticker oder Fr. de Sales, Fénelons, Palafox u. s. f. lieset, läugnen. Die harte Anmaßung einer allein selig machenden Kirche ist dem ächten Protestantismus schnurstracks entgegen; . .
Ach, liebe Gräfin, wie sehr steuert jetzt unbekannter Weise manches dem Papstthum zu, was wir dafür nicht halten . . .

(Abschrift) Ausf. H. Jacobis Nachlaß (II, S. 233)

BLATT 36 [Stichworte und bibliographische Notizen zu den Jahren 1825–31, meist durchgestrichen und unlesbar]

BLATT 37

Herder

Nahezu seine ganze schriftstellerische Tätigkeit bewegt sich um die Angelegenheit einer Frage: wie steht der einzelne zur Gesamtheit . . .

Wie urtheilt nun der Prophet des ‹Sturmes u. Dranges› über die neue Staatsidee und ihre Wirkungen? Am schärfsten drückt es die Hauptschrift seiner kurzen Kreationsperiode, ‹Auch eine Philosophie der Geschichte zur Bildung der Menschheit› aus. Hier lesen wir die heftigsten Declamationen gegen den Geist der neueren Zeit. «Gewisse Tugenden der Wissenschaft, der Kriege, des bürgerlichen Lebens, der Schiffahrt, der Regierung – man brauchte sie nicht mehr: es ward Maschine, u. die Maschine regiert nur Einer . . .»

. . Was spielt Herder gegen den neuen Geist aus . . . die Tradition. Auf diesen Begriff hatte sein Lehrer Hamann seine ganze Philosophie gestellt u. auf diesen Begriff zieht sich Herders Antipathie gegen den Fridericianischen Staatsbegriff mit seiner militärischen Einheitlichkeit zurück. In den ‹Ideen zur Philosophie der Geschichte der Menschheit›, der reifsten Frucht seiner ganzen Lebensarbeit, behandelt das neunte Buch des zweiten Theils ausführlich die Frage nach der Stellung des Einzelnen zur Gesamtheit. Und hier spricht er sich mit voller Deutlichkeit aus:

‹Sobald der Regent in die Stelle des Schöpfers treten und durch Willkür oder Leidenschaft von seinetwegen erschaffen will, was das Geschöpf von Gottes wegen nicht sein sollte, sobald ist dieser dem Himmel gebietende Despotismus aller Unordnung und des unvermeidlichen Mißgeschicks Vater›. Gerade weil Herder der Sachwalter des Einzelnen, der genialen Persönlichkeit, der Originalität ist . . . eben deshalb ist er Feind des regierenden Einzelnen. Darin nun aber bestand sein historischer Fehler, daß ihm Friedrich der Große das Fridericianische System verdankt. Was bei diesem am wichtigsten war: die Unterordnung des Regenten unter die Staatsidee, das gerade übersah Herder u. glaubte nur willkürliche Eingriffe des Einen Mannes zu erblicken.[1]

1792 Wilh. v. Humboldt (das. S. 446)

[1]Deutsche Rundschau 22. Jg. (1896), S. 445 f. (Richard M. Meyer)[IX]

BLATT 38–40

Aus dem Manuskript der «Ideen zur Philosophie der Geschichte der Menschheit.» [Ablichtung aus dem Feuilleton der National-Zeitung 1853]

BLATT 41–44

[Stichworte: Leipzig, Jena; Schütz in Jena; A.L.Z., Savignys Rheinreise 1815]

BLATT 45

[Notiz zu Feuerbach]

BLATT 46

[Stichwort: Leipzig]

BLATT 47–48

[Ausschnitt aus einem Buchhandelskatalog mit Eintrag: Johann Heinrich Jugler, Leipzig und seine Universität im 18. Jahrhundert: Aufzeichnungen des Leipziger Studenten Johann Heinrich Jugler aus dem Jahre 1779, hrsg. von Friedrich Zarncke, 2. Ausgabe, Breitkopf & Härtel, Leipzig 1909.]

BLATT 49

Leipzig
[Keyser, Ueber Leipzig, vorzüglich als Universität betrachtet]

Ein Jahr vor Savignys Ankunft war eine kleine Schrift erschienen [1798], die Leipzig vorzüglich als Universität betrachtet vom Standpunkt der «Aufklärung in Chursachsen» einer Kritik unterwarf. Der ungenannte Verfasser, «nicht geborener Sachse, sondern Reichsländer», der als solcher unparteiisch urtheilen zu können vermeinte, stellte drei Punkte in den Vordergrund: vor allem den geübten «Geisteszwang, unter welchem der Kursachse noch seufzt» (S. 31), die ungenügende Fürsorge für die Bedürfnisse der Reichsländer und endlich der mangelnde wissenschaftliche Verkehr der Studenten unter einander – Erscheinungen, denen gegenüber Jena als Münster leuchte.

In der theologischen Facultät sei der «Sieg der Finsterniß über das Licht noch entschieden,» und «sich zu einem Kämpfer gegen die Werke des Lichts tüchtig gemacht zu haben» gereiche dem inländischen Theologen in Dresden zur vorzüglichen Empfehlung und öffne ihm Wege zu einer baldigen Versorgung». «Die noch übliche Liturgie» sei einem mönchischen Zeitalter angemessener als dem unsrigen und «gegen die Einführung eines neuen Gesangbuchs» würden auf der Kanzel die bittersten Ausfälle erhoben.

In der philosophischen Facultät spielt auch hier bei den Lehrern zunächst der Kampf für u. gegen Kant die Hauptrolle (S. 24f.) der Geschichte, aber «diese Lehrerei der wahren Lebensweisheit» werde «nicht besonders sorgfältig betrieben». Rechtsgeschichte u. Kirchengeschichte würden besonders für den angehenden Juristen gelesen. (S. 27)

Die juristische Facultät, deren Lehrer «Legion» seien, sorge nur für den Inländer: Staatsrecht, positives Völkerrecht, u. Reichsprozeß sei fast ganz außer Acht gelassen. (S. 28)

Die medizinische Facultät endlich war gleichfalls ungenügend: für die Bildung würdiger Ärzte, einen der wichtigsten Gegenstände, sei «äußerst dürftig» gesorgt (S. 29): «der gute Friedrich August» würde gewiß seine Hand gerne öffnen, um auch hier «die Wünsche der Menschenfreunde zu erfüllen, wenn er von der Vernachlässigung eines so wichtigen Zweiges der menschlichen Kenntnisse genau unterrichtet wäre. (S. 30)

[Fortsetzung s. folgendes Blatt]

BLATT 50

Die Vorträge waren vielfach noch in lateinischer Sprache, nicht nur in der theologischen, sondern auch in der juristischen u. medicinischen Facultät. Des Anatomen Haase lateinischer Vortrag wird als «sehr schön» gerühmt (S. 29); von dem Lehrer der Dogmatik Wolf, der einen Glauben besitze, mit dem man Berge versetzen könne ... findet er, ein schönes Latein, in dem er bei den Angriffen auf die gefährlichen Neuerer seine Kunst entwickelt, auch in fremden Sprachen beleidigend grob zu sein, ist alles Verdienst, das er besitzt». (S. 14)

Werfen wir einen Blick auf die Studenten, so unterscheidet der Verfasser verschiedene Gruppen: die Schöngeister, die Theologen u. die Juristen.

Unter die «schönen Geister» rechnet er einen Theil der Adligen u. einige Bürgerliche, welche, nach Art gewisser Thiere, diese in allem nachzuahmen suchen (S. 89). Diese galanten Herren u. «Pektmätres», denen der «tändelnde Geist» gewisser Lehrer entgegenkommt (S. 28), sehen auf den ernsten Studenten mit einer Miene herab, die auf einer anderen Akademie nicht geduldet werden würde (S. 40). Diese Gruppe von Studenten entspricht offenbar der Gesellschaft, welche, aus dem Adel u. nur wenigen Bürgerlichen bestehend, allein zu der «Place de repos», einem Gartenlokal außerhalb der Stadt, Zutritt hat. (S. 61)

Ihnen scharf gegenüber stehen die inländischen Theologen, die «künftigen Volkslehrer u. Erzieher» (S. 37). Die Wohlthaten, von welchen der größte Theil derselben leben muß, machen sie kriechend (S. 36); meist werden sie Männer, welche weder wahrhaft schöne Geister, noch Gelehrte, sondern bloß Mitleid erregende Karrikaturen sind. (S. 37)

In der Mitte stehen die Juristen, die wenigstens von den «Gottesgelehrten» einen großen Abstand machen : unter ihnen trifft man nicht die Stumpfheit des Geistes, welche den meisten Theologen eigenthümlich ist (S. 39), wohl aber ein «männlicheres Betragen.» (S. 38) Wenn gleich eine beträchtliche Anzahl sich bloß auf ihr liebes Brodstudium beschränkt, so werden doch von nicht wenigen auch die unentbehrlichen Hilfswissenschaften : Philologie, Geschichte und Philosophie nicht ohne Eifer betrieben (S. __9).

BLATT 51 [Stichwort: Universität Leipzig in der Rechtswissenschaft]

BLATT 52

1. Kant
«Mit [Karl Gotthold] Lenz disputiert man gerne: er ist kein Stock-Kantianer.»[1] [Stoll I, 109]
Bei [Jean Paul] Fr. Richter vermißt er, daß er über «Mißbrauch der Kantischen Philosophie» «nicht lachen» und ansonsten Kant nicht «mit Wärme ergreifen» konnte.[2] [Stoll I, 110]

Ihm (Savigny) selbst «repugnierte» der Kantische Grund des Strafrechts «am meisten.»[3]

Das Athenäum [III (1800), 1. Stück, S. 4, 10] über Kant
([Stoll] S. 33) [Stoll I, 152, Anm. 2]

2. Fichte [s.a. I, Blatt 118/119]
Savigny, der das Interesse des «studirenden Publikums» in Jena dahin charakterisirte, daß dieses Interesse für geistige Beschäftigung im ganzen mit wenig Gründlichkeit, einem Hang zum äußeren Schein u. einem gewissen Leichtsinn verbunden sei, fügte hinzu: «Bei diesem Publikum mußte ein Mann von Fichtes glänzendem Talent Wunder thun, er that es, denn sein Wink regierte die Studenten.» Er habe durch seine Vorlesungen mehr Nutzen geliefert als man sich denkt, er hat bei vielen höhere Forderungen erregt oder gestärkt. «Aber er hätte seine Demagogenrolle nicht spielen sollen.» Sein Abschied aus Jena habe «auch für die übrigen Docenten bedeutende Folgen gehabt.»[4]

Im Frühling 1800 schrieb er: «Von Fichte habe [Fortsetzung s. I, Blatt 66, letzter Absatz]

[1]Stoll S. 9 [Stoll I, 109] [2]Stoll S. 9 [Stoll I, 110] [3]Stoll S. 31 [Stoll I, 145] [4]Stoll S. 18 [Stoll I, 122 f.]

BLATT 53

Karl Adolf Cäsar in Leipzig

A.D.B. III [1876], 687[x]
‹Über Leipzig› S. 25 [s. I, Blatt 49/50]
Seine [Cäsars] Abhandlung: ‹Hat Sachsen im 18. Jahrh. an Denkfreiheit gewonnen?› vor [Johann Daniel] Schulzes ‹Abriß einer Geschichte der Leipziger Universität›. Leipzig 1802.

[Savigny an Georg Friedrich Creuzer, 17. August 1799]
«Von allen Euern Empfehlungen, so lieb mir jede war u. so herzlich ich für jede danke, ist mir keine so lieb als die an Cäsar: diesen Mann habe ich innig lieb gewonnen und ich gestehe, daß ich, wenn ich mit einem der gelehrten Menschen leben sollte, die ich habe kennen lernen, ihm ohne Bedenken den Vorzug geben würde. Sein Umgang ist mir bis jetzt das liebste an Leipzig.»[1]

[1]Stoll S. 21 [Stoll I, 129]

BLATT 54

Karl Adolf Cäsar

Im März 1802 schrieb er eine Abhandlung über die Frage: «Hat Sachsen im 18. Jahrhundert an Denkfreiheit gewonnen?», die den Charakter des Mannes deutlich an den Tag legt.

Unter Denkfreiheit verstand er «eine freie u. ungehinderte Mittheilung der Gedanken in Gesprächen, in Lehren u. in Schriften als die Seele alles geselligen Umgangs», als «ein ebenso unentbehrliches als fruchtbares Mittel der Entwicklung unserer Natur» u. der Erweiterung des Reichs der Wahrheit u. der Tugend», ohne welche «keine Wissenschaft, keine Philosophie gedeihen kann und das menschliche Leben einer Art von bloßer Pflanzenexistenz gleichen würde.» [Cäsar, S. Vf.]

«Vergleichen wir,» erklärt er dann, «das verwichene Jahrhundert mit dem ihm vorangegangenen siebzehnten, so muß jeder denkende Einwohner Sachsens froh mit mir ausrufen: auch wir, auch wir haben im 18ten Jahrhundert an Denkfreiheit gewonnen. Heil u. Segen jedem, der, näher oder entfernter, nach seinen Kräften, redlich dazu beitrug.» [Cäsar, S. VIf.]

«Unstreitig war es Friedrichs II. erhabenes Beispiel, ohne welches alle Wünsche des denkenden Theils der Menschheit u. alle Wünsche, Schriften u. Bemühungen der Gelehrten nur wenig gewirkt haben würden. Gesegnet sey deine Asche, großer König!» [Cäsar, S. XII]

«Kaum hatte Friedrich II seine Augen geschlossen, als die französische Revolution .... sich ihrer schrecklichen Entladung näherte. Da die an sich unleugbaren u. ehrwürdigen, aber damals von vielen schändlich gedeuteten Begriffe u. Grundsätze der natürlichen Freiheit u. Gleichheit der Menschen sich schnell verbreiteten, da aufwieglerische, zur Geringschätzung u. Vernichtung aller bürgerlichen Ordnung reizende Schriften in unzähliger Menge zum Vorschein kamen u. die Köpfe u. Herzen schwacher u. unwissender Menschen zugleich verdarben; von der andern Seite aber ganze Schaaren von Intriguanten die Zeitläufte zu ihrem Vortheil zu benutzen u. das Reich der Finsterniß, des Aberglaubens, des hierarchischen Despotismus wieder herzustellen u. die Herzen der Großen mit banger Furcht vor ihren eigenen Unterthanen erfüllen, sich selbst aber bei den Regierungen beliebter zu machen suchten, so war nichts natürlicher, als daß es auch den besten Regierungen schwer, ja fast unmöglich fallen mußte, die goldene Mittelstraße zu treffen.» [Cäsar, S. XIXf.]

BLATT 55

«Jene schaudervolle Revolution hat nun auch ihr schändliches Spiel ausgespielt. Ruhig u. ohne Bangigkeit vor drohenden Gefahren können die Regierungen jetzt über die Mittel nachdenken u. alle schicklich befundenen gebrauchen, um ihre Unterthanen vor allem gewaltthätigen Revolutionsgeist zu verwahren. Und wie leicht sind diese Mittel aufzufinden!» [Cäsar, S. XXf.]

«Freilich ist es schwerer, ein aufgeklärtes als ein dummes Volk zu regieren, so wie es weit schwerer ist, ein wüstes Stück Land in einen fruchtbaren Garten umzuschaffen u. immer mehr zu verschönern als zu machen, daß eine Wüstenei eine Wüstenei, ein Sumpf ein Sumpf bleibt. ‹Der Fürst,› sagt der Herr von St. Real in seiner Staatskunst, ‹hat nicht die Einsichten seiner Unterthanen, aber wohl ihre Unwissenheit zu fürchten.›» [Cäsar, S. XXII]

«Ich schließe mit der vertrauensvollen Bitte an die allwaltende Vorsehung, daß die Sonne der Wahrheit immer mehr u. mehr über uns aufgehe, u. wenn ja ihr Schein bisweilen durch Wolken aufgehalten werden müßte, doch nicht ganz verlösche, nie jene traurige Zeit zurückkehren werde, wo alle Vernunft als unheilig vor Unvernunft, welche man als himmlische Offenbarung anbetete, verstummen müßte.» [Cäsar, S. XXVIIf.]

Gewidmet hatte der Verfasser die Schrift dem Oberhofprediger Dr. Franz Volkmar Reinhard zu Dresden.

BLATT 56

[Johann Georg] Rosenmüller in Leipzig, Professor der Theologie

‹Über Leipzig› S. 15, (17), 30
A.D.B. XXIX [1889], 219–221
Herzogs Realencyclopädie [für protestantische Theologie und Kirche] xiii,134 ff.
[Johann Karl] Hauff (?) [A.D.B., Bd. 11 (1880), S. 48]

[Savigny an Friedrich Creuzer, 17. August 1799]
«Rosenmüller scheint mir ein sehr würdiger Mann zu sein, aber er ist mir nicht das, was mir Cäsar ist.» (S. 31) [Stoll I, 129]

BLATT 57 [s.a. I, Blatt 166, 189]

Jean Paul Savigny Stoll S. 8, 9, 17, 28

Im Juli 1799 berichtet Savigny, daß der über 70 Jahre alte Rath Schlichtegroll ‹noch vor einiger Zeit Jean Pauls Schriften mit vielem Interesse hat kennen lernen›. (S. 8) [Stoll I, 108 f.]

‹Bei Schlichtegroll fand ich auch seinen Gevatter [Jean Paul] und innigen Freund: er ließ sich gerade malen und ich konnte ihn also nach Wunsch betrachten. Über sein Auge hat die Natur einen Schleier gezogen; tief hinter ihm entdeckt man den regen, lebendigen Geist. Seine Bekanntschaft hat meine Meinung von ihm sonderbar modificirt; ich halte ihn für einen größern Künstler; denn der Jean Paul, dessen Darstellung das Thema seiner Werke ist, ist nicht Fr. Richter; dieser hat nichts humoristisches (das bei jenem Grundzug ist), weder das satirische noch das humoristisch liebende, sondern bloß ein ungemein sanftes, aber etwas gezwungenes oder gar affectirtes Wesen, das gegen Frauen sich dem schmachtenden nähert; aber ich halte ihn nun auch mehr für gänzlich divergirend von unseren Ideen in gewissen Hauptpunkten, z.B. was wissenschaftliche Ansicht und Werth der Wissenschaft überhaupt betrifft. War er nämlich humoristisch, kurz war er Jean Paul, so mußte er eine Universalität besitzen, die, wie ich jetzt glaube, gegen sein ganzes Wesen ist – er mußte über Mißbrauch der Kantischen Philosophie lachen können und Ansichten von Kant und Fichte mit Wärme ergreifen, mußte Herder verehren können und die Metakritik rächen, kurz, er mußte nicht so ganz bestimmte [feste] Puncte haben, an denen er hängt und die sein Glaubensbekenntniß ausmachen. Er ist mir fremder geworden; Jean Paul kannte ich recht gut, aber mit ihm hätte ich erst bekannt werden müssen.

Manches freilich habe ich gefunden, was ich erwartete, seine Gutheit und Kindlichkeit und Unschuld. Aber ist nicht das Viel oder Wenig, was wir finden, relativ? In Weimar hält ihn Herder, den er anbetet. Während ich da war, wurden mehrere Einfälle erzählt, für die er sich sehr interessirte.› (S. 9f.) [Stoll I, 110f.]

Den 16. August 1799 schreibt er, er hätte mit Jean Paul von Gotha reisen können, wenn er gewartet hätte. (S. 20) [Stoll I, 126]
‹Jean Paul fängt im buchhändlerischen Sinn an zu sinken, besonders in Leipzig; man ist da schon zu gebildet für ihn, nämlich schon reif für – Lafontaine, der allgemein angebetet wird.› (S. 20) [Stoll I, 125]

BLATT 58

Gottfried Hermann in Leipzig

Stoll S. 21, 27
Nicht: ‹Über Leipzig›
Er war seit 1798 außerord. Prof.

Damals 27 Jahre alt, (geb. 1772 den 28. Nov.)
Und vor kurzem (1798) außerordentlicher Professor geworden

«Hermann habe ich kennen gelernt, da ich mit ihm unter einem Dach wohne: ein sehr humaner Mann u. voll Feuer, aber ich kann mich noch nicht ganz in ihm finden: er schimpft z.B. auf die Propyläen.» (S. 21f.) [Stoll I, 129]

«Hermann u. andere sind nicht etwa mit Fr. Schlegel über irgend einen Satz, irgend eine Ansicht, irgend ein Wort verschiedener Meinung, sondern man behauptet, er sei durchaus kein Kopf u. verstehe kein Griechisch u. dies alles will man aus sichern Factis wissen.» (S. 27)[1] [Stoll I, 138]

[1]über Fr. Schlegel als Philologen s. Bursian I [Geschichte der Wissenschaft, Bd. 19, 1. Hälfte], 624–628. O[tto] Jahn: G. H. Eine Gedächtnißrede, Leipzig 1849. Abgedr. in [Jahn] Biogr. Aufsätze [1866], S. 91–132.

BLATT 59

Sehen wir uns selbst nach den Leipziger Rechtslehrern dieser Zeit um,[1] so waren in der letzten Zeit eine Anzahl gestorben:
1790 Carl Gottfried von Winckler, «der Beschützer von Chr. G. Haubold» (Hugo, S. 560)
Advokat und Bürgermeister, der zahlreiche Abhandlungen, insbesondere über Kriminalrecht veröffentlicht hatte (S[tint]z[ing] 261)[XI]
1791 Christian Gottlob Richter (Hugo 561, L[andsberg] 477, Sz 307), der sich um das griechische Recht verdient gemacht hatte.
1792 August Friedrich Schott (H[ugo] 561, L. 481–482, Sz 306), Lehrer des sächsischen Rechts, der eine Schrift germanistischer Abhandlungen veröffentlicht hatte.
1796 Josias Ludwig Ernst Püttmann (H 560. L. 477–479, Sz 303 f.), Verfasser von Lehrbüchern des Lehn- und Wechselrechts, vor allem aber Kriminalist, dessen Elementa iuris criminalis (1779) der Leipziger Kreys verwertete und so für Cursachsen von besonderer Bedeutung war. –

Nun bildeten folgende Gelehrte den Lehrkörper:
1. Karl Gottlob Rössig, Lehrer des Natur- und Völkerrechts, auch Nationalökonom und Verfasser eines Lehrbuchs der Polizeiwissenschaft (H 561, L. 396)
2. Friedrich August Wilhelm Wenck (H 561, L. Sz 35), Verfasser einer Fortsetzung zu Schmauß' Corpus iuris gentium (1781) (Sz 75)
3. Christian Daniel Erhard, Verfasser des ersten deutsch geschriebenen Lehrbuchs des peinlichen Rechts, aber nicht des gemeinen, sondern des chursächsischen (H 561, L. 461, Sz 295)
4. G. Rau (H 561)
5. August Cornelius Stockmann (H 561), der Bachs röm. Rechtsgeschichte 1796 mit Zusätzen neu herausgegeben (Sz 153)
8. Johann Adolf Gottlieb Kind (H 562)
9. Christian Friedrich Pohl (H 562)
10. Christian Gottlob Biener (H 561, L. 501–503, Sz 317) früher in Leipzig Advokat, später außerordentlicher Professor des Natur- und Völkerrechts, seit 1790 ordentlicher Professor, hochverdient in der Geschichte des deutschen Rechts, der aber in seinen zahlreichen Schriften sich stets der lateinischen Sprache bediente. In der Aufgabe dieser Sprache sah er nur den Versuch, Staat und Kirche nach der Weise der Franzosen von

Grund aus umzustürzen! (L. 502, Sz 317) [Seitenangaben für Landsberg konnten nicht verifiziert werden]

[1]Hugo, [Lehrbuch der] Geschichte [des römischen Rechts] S. 560f. [2][kein Verweis im Text] Nach Landsberg, Sz 306; [Victor] Hugo: ‹1793› [historischer Roman]

BLATT 60

Thomasius in Leipzig (Landsberg III, 91ff.)

Leipzig
1765–68 Goethe als Student der Rechte (Goedeke, S. 19–41) cf. Landsberg III, 388–389f., 153ff.

Johann Friedrich Jugler. Beiträge zur juristischen Biographie. 1773–1780 (Landsberg 482)
August Friedrich Schott. Unparteiische Kritik [neuester juristischer Schriften]. 1768–1790 (Landsberg 481)
Christian Gotthold Biener (Landsberg III, 501–503)
Christian Daniel Erhard. Handbuch des Cursächs. peinlichen Rechts. 1782 ([Landsberg], S. 461)
Ernst Karl Wieland (Professor der Philosophie). Geist der peinl. Gesetze. 1783 (S. 412)
[Johann Adam] Bergk. Meinungen über die Todesstrafe. 1798 (S. 416)

BLATT 61–62 [Stichworte: Weigel, Biener, Universität Leipzig 1798]

BLATT 63

Wilhelm Gottlieb Tennemann in Jena

«Tennemann,» schrieb Savigny, «ist ein äußerst anspruchsloser, mittheilender Mann. Ich konnte keine seiner Vorlesungen besuchen, weil er keine hält. In Jena wird keine Geschichte der Philosophie zu Stande gebracht.»[1]

Über seine Geschichte der Philosophie: Überweg I, S. 7 (Kant)

Tennemann ging später (. . .) nach Marburg, wo er 1819 starb.

[1]Stoll S. 16 [Stoll I, 120]

BLATT 64

Savignys mehrfacher Aufenthalt in Jena[1]

1) auf der Reise
1799 Ende Juli bis Anf. August Stoll 11–13 [Stoll I, 113 ff.]
am 2. August schon fort (S. 20) [Stoll I, 125]

2) Besuch 1800 April (Stoll S. 34) [Stoll I, 153 f.]

3) auf Durchreise: im Juli und August (S. 37 f.) [Stoll I, 162 f.]

[1]Steig I, S. 17/18 v. Bippen S. 41 (‹im Mai 1800›), S. 39 (‹im Frühling 1800›)

BLATT 65 [Stichworte: Augustinisches Recht]

BLATT 66

[s.a. folgendes Blatt, sowie V, Blatt 76]
____ «laßt mich meine sündliche Trägheit im Schreiben nicht durch Vergeltung empfinden.» [Stoll I, 151]

Den 26. April [1800] teilt er mit, daß er neulich in Jena gewesen: «Ich habe da immer eine Tentation, mich inscribiren zu lassen ... Sicher findet man auf keiner Universität solche genialischen und sich wahrhaft bildenden Menschen wie hier!» [Stoll I, 153 f.] Am bekanntesten von diesen Zirkeln ist die ‹Gesellschaft der freien Männer› geworden, aus welcher Männer wie Herbart u. Hülsen, Gries, Rist u. Berger hervorgegangen sind.

«Ich habe Menschen da gefunden,» fährt er in seinem Brief fort, «die ohne individuelle Tendenz dazu wahren Sinn gewonnen hatten für philosophische u. ästhetische Bildung ...» [Stoll I, 154]

«Schelling habe ich gesprochen: ein herrlicher Mensch mit großen, weitumfassenden Ideen.» [Stoll I, 155]

– – – – – – – – – –

‹Ästhetische Bildung›
«Aber freilich,» fügt er hinzu, «wird dieser Geist des Ortes nicht dauern können ohne Mittelpunkt: Fichte ist ganz weg u. Schelling ist auf unbestimmte Zeit nach Bamberg und Wien gereist. Es wäre hart für Jena, wenn er nicht wieder käme. Gegenwärtig hat Schad die meisten Zuhörer, wiewohl man nicht viel von ihm macht.» [Stoll I, 154]

«Von Fichte habe ich viel Gutes gehört, z. B. von seiner Vielseitigkeit u. Anspruchslosigkeit im Umgang etc. Er ist jetzt in Berlin, ohne Vermögen (denn das von seiner Frau greift er nicht an) und deshalb entschlossen, jede Stelle anzunehmen, die er bekommen kann: u. noch in dieser Lage hat er sein Haus in Jena auf eine höchst uneigennützige Art verkauft.» [Stoll I, 155]

BLATT 67

Außerordentlich befriedigt war Savigny an der Universität Jena. Er fand hier nicht nur bedeutende Lehrer, sondern auch einen guten Ton unter den Studenten. Schon im Sommer 1799 schrieb er: «Ich bin vier Tage in Jena gewesen und habe weder auf Straßen noch in Collegien das geringste Zeichen von Rohheit und Ungebildetheit bemerkt. So soll es erst seit 1–2 Jahren geworden sein und zwar durch – häufige Relegationen. Als ich da war, waren gerade zwei ehemalige Marburger relegiert worden: v. Balemann aus Wetzlar u. Hofmann aus der Wetterau, der auch in Marburg im Winter 1797 relegiert ward. Nicht einmal auffallende Trachten, als da sind Kanonen, Hüte etc. sieht man im allgemeinen. Also von außen ist das studierende Publikum hier wie es sein soll, u. von innen? Hier wäre das zuviel verlangt. Man findet im ganzen viel Interesse für geistige Beschäftigung um ihrer selbst willen und das ist schon viel.» [Stoll I, 122] ... «Das Resultat aus allem, was ich hier gesehen und gehört habe? Jena ist für den Studierenden die erste deutsche Universität ... Ich würde Jena wählen, wenn ich noch einen Studienort zu wählen hätte – wer weiß was noch geschieht.» [Stoll I, 123] «Mein Tagebuch zeigt,» so berichtet er den 16. August, «wie vieles interessante und herrliche mir mein kurzer Aufenthalt in Jena zuführte.» [Stoll I, 127]
Und ein halbes Jahr später, den 26. April: «Ich bin neulich in Jena gewesen. Ich habe da immer eine Tentation, mich inscribiren zu lassen; der Ton und Geist, der unter den dortigen Studenten herrscht, ist in der That so, wie man ihn nur immer wünschen kann: frei, mittheilend und gesellig ohne alle Rohheit u. daher ein gegenseitiges Treiben und Bilden, ein so allgemeiner Sinn für das Wahre in allem Studieren, der herrlich anzuschauen ist. Sicher findet man auf keiner Universität solche Zirkel von genialischen und sich wahrhaft bildenden Menschen wie hier und es ist unläugbar, daß das nicht bloß subjectiv und zufällig, sondern großenteils Würkung des Orts ist; denn ich habe Menschen da gefunden, die ohne individuelle Tendenz dazu wahren Sinn gewonnen hatten für philosophische und [ästhetische Bildung].» [Stoll I, 153 f.]

BLATT 68

Die Universität Jena

Als Savigny später (1808) in seiner Rezension von Schleiermachers ‹Gedanken über Universitäten in deutschem Sinn› auch das Wesen und den Werth der akademischen Freiheit besprach, da rief er aus:[1] «wie viel werth ist es, wenn alle Gebildeten der Nation in der empfänglichsten Zeit ihres Lebens in einen Zustand versetzt werden, worin jedes menschliche Selbstgefühl erweckt und gehoben und das übermäßige Standesgefühl aller

Art gedemüthigt wird! Wir enthalten uns, mehr darüber zu sagen, wenn die eigene Anschauung fehlt. Der wird das nie begreifen, und wer z. B. ehemals Jena gesehen hat mit seinem freudigen ruhigen Streben, seiner Anmuth u. brüderlichen Gesinnung, der bedarf keiner weiteren Ausführung.»

[1][Savigny] Verm. Schriften IV, S. 267

– – – – – – – – – – –

Savigny in Jena

Stoll

1810 den 28. Febr. Landshut. Savigny an [Karl Friedrich] v. Conta: «Ich schätze u. liebe Jena ungemein, u. die wenigen Monate, die ich ehemals da zugebracht habe, gehören unter die erfreulichsten Erinnerungen meines Lebens.» (Zeitschrift 26.1905, S. 479)[XII]

BLATT 69

Bernhard Vermehren, Docent in Jena u. Herausgeber des Jenaischen Almanachs

Winkelmann: A.D.B. 1898 (43, 434 f. P. Zimmermann)
Goedeke (E. Goetze), Grundriß zur Geschichte der deutschen Dichtung VII [1790–1815],
2. Abtlg (1900) S. 303 Nr. 47 (S. 334).
Winkelmann, Sohn des Kaufmanns Dietrich Wilh[elm] Winkelmann. Neffe des Dichters Leisewitz. Geb. am 28. Jan. 1780 in Braunschweig, daselbst angebildet, studierte seit 1799 in Jena Medicin. Hier trat er zu Sophie M[ereau], Cl. Br[entano] u. Friedrich v. S[chlegel], 1801 in Göttingen zu Arnim in freundschaftliche Beziehungen . .

Am 1. April 1803 wurde er Doctor der Medicin u. Privatdocent in Göttingen, am 27. Juli des Jahres Prof. am Anatomisch-Chirurg. Collegium in Braunschweig, starb aber schon am 21. Febr. 1806. Vgl. [Goetze, Grundriss zur Geschichte der deutschen Dichtung] Band VI, S. 53, 63, 3

Briefe von W[inkelmann] an Görres: Bd VI, 203
an S[ophie] Mereau (Steig, Euphorion [Bd. 2] 1895, S. 319 f., 322)[XIII]

Briefe an W[inkelmann]: v. Arnim: Steig, Goethe u. die Brüder Grimm [Steig III], S. 15 f.
Brentano: [Goetze] Bd VI (Grundriß!) S. 72 _
Bd VI, S, 58 _
Steig, Euphorion 1895, S. 321 f.

Paramythe. Entwurf eines Lehrgedichts. Braunschweig. 1803
‹Herr, lasse unser Schifflein heute›: Knapps evangelischer Liederschatz 2, 639

BLATT 70

[Christian Gottfried] Schütz

Stoll S. 15 u. Anm.74 [Stoll I, 119, Anm. 1]
Briefwechsel zw. Goethe u. Sch[iller] I, 27, 49 [s.a. Friedrich-Schiller-Archiv]

«Schütz hört man mit vielem Interesse, aber wenn man sich genaue Rechenschaft von dem Grund desselben gibt, so findet man das ausgezeichnete nicht sowohl in dem was er sagt als im Vortrag u. auch hier nicht sowohl in eigentlicher Rednerkraft, als in einem gewissen Glanz von Geist u. Leben, der über das ganze ausgegossen ist u. selbst über seine Gestalt.»[1]

Als Schütz die gegen seinen Hauptmitarbeiter an der Litteratur-Zeitung, A. W. Schlegel gerichteten «Vertrauten Briefe von Adelheid B.» von [Friedrich] Nicolai laut pries u. in seinem Hause ein theatralischer Scherz aufgeführt ward, in dem man sich an Schlegelschen Redefloskeln erlustigte, da setzte Schlegel durch, daß am 13. November in der Litt. Zeitung sein grober u. beleidigender Absagebrief erschien, dem die Herausgeber – wer? – ihre ‹Erläuterungen› dazu auf dem Fuße folgen ließen.[2] «Professor Schlegel,» so schrieb dann Savigny den 3. Jan. 1800 an die beiden Creuzer, «ist von der A. L. Z. unfreundlich u. terroristisch geschieden, aber etwas schlafferes u. erbärmlicheres als die Antwort der Redactoren kenne ich nicht.» [Stoll I, 146]

«Die A. L. Z. könnte wohl jetzt,» so fügt er hinzu, «Monarch werden, da, wie man versichert, die Erlanger und die Deutsche Bibliothek zugleich eingehen werden. O wenn dann die besten Köpfe Deutschlands sich um Schütz und Hufeland versammelten und mit Würde das ernste Geschäft der Kritik betrieben, was könnte diese und was könnte unsre ganze Litteratur werden!»[3]

Recension S. 19 [Stoll I, 123f.]

[1]Stoll S. 15f. das ehel. Verh[ältnis] [Stoll I, 119] [2]beide Schreiben S. 1179–84[XIV] [Stoll I, 146, Anm. 3] [3]Stoll S. 31f. [Stoll I, 146]

BLATT 71

[redundant, Zitat von Jean Paul, s. I, Blatt 57]

BLATT 72

[Paul Johann] Anselm Feuerbach[1]

Zunächst bis 1799 incl. darstellen,
dann bis zu S's Reise nach Jena

Geb. zu Hainichen bei Jena, 1775 den 14. Nov. als Sohn des . . .
u. einer Enkelin von Joh. Sal. Brunquell, kam aber schon in seinem ersten oder zweiten Jahre nach Frankfurt a.M., wo sein Vater sich als Advokat u. Dr. juris niedergelassen

hatte. Die Dissertation desselben (in Jena verfaßt) behandelte die Frage: An et quatenus privilegia miserabilium personarum pauperibus denegari possint. Ad un. C. Quando Imperator inter pupillos, eine Frage, die er (verneinend) bejahend! beantwortet: ubi clara exstat voluntas (... legislatoris), ibi ictis, tanquam legum ministris sola parendi et in verbis legis acquiescendi gloria relicta est (I, S.16), Unter den alii fortunaeque injuria miserabiles seien aber nicht die Armen, sondern die vorher von dem Kaiser ausdrücklich genannten diuturno morbo fatigatos et debiles zu verstehen (I, S. XXIXa), ein harter u. mißtrauischer Mann, «der das Recht der väterlichen Gewalt im strengsten Sinne ausübt, ja einmal sogar das alte reichsstädtische Privileg, welches die natürliche Disciplinargewalt selbst bis zur Verhängung der Zuchthausstrafe ausdehnt, geltend machen wollte (I, S. XXX), der, an u. für sich zur Skepsis und Satyre geneigt, insbesondere seinem Sohn Anselm gegenüber fortwährend den Tadler spielte (I, S. XXX). Als der ungewöhnlich begabte, wißbegierige Jüngling vom Vater nicht die Erlaubnis erlangen konnte, eine Universität zu besuchen – während des Kriegs war der Vater selbst in bedrängten Verhältnissen (I, S. 7 a) – verließ der Sohn 1792 eigenmächtig das väterliche Haus, um nach Jena zu gehen, wo eine Tante sich seiner annahm (I, S. 8). 1794 fand eine Versöhnung statt (I, S. 9). Sein Lehrer in der Philosophie war [Carl Leonhard] Reinhold, den er seinen väterlichen Freund nennt, der im Frühling 1794 nach Kiel ging (I, S. 8).

1795 veröffentlichte er seine Schrift Über die einzig möglichen Beweisgründe gegen das Dasein und die Gültigkeit der natürlichen Rechte, gegen [August Wilhelm] Rehberg (Meyer __ S. 201) [A.D.B., Bd. 27 (1888), S. 571–583]. Während er die Menschenrechte vertheidigt, polemisirt er einerseits gegen die «einseitigen Freiheitsschwärmer, welche, um den Menschen in seine Rechte wieder einzusetzen und vor despotischer Herabwürdigung seiner Würde zu schützen, den Zweck des Staats einzig und allein vor Augen haben und das Mittel zu diesem Zweck (die Politik) völlig vernachlässigen,» und andererseits gegen die einseitigen Politiker, «welche über dem Mittel den Zweck des Staats vergessen, und, um den üblen Folgen bei einem in Freiheit gesetzten Volk vorzubeugen, die Politik allein, mit Zernichtung aller Menschenrechte, zur höchsten Richtschnur der Handlungen und Staatsmaximen erheben.» (I, S. 17)

Nachdem er im Herbst desselben Jahres Dr. der Philosophie geworden (I, 20), wandte er sich ganz der Rechtswissenschaft zu (I, 22). Es erschien im folgenden Jahr die «Kritik des natürlichen Rechts als Propädeutik zu einer Wissenschaft des natürlichen Rechts». In dieser Schrift zeigte er, daß es «ein vergebliches Unternehmen ist,
[Fortsetzung s. folgendes Blatt]

[1]Biographischer Nachlaß, 2 Bde, Leipzig 1853[XV]

BLATT 73

das Recht, wie es diesem geschehen, aus dem Sittengesetz abzuleiten»; es habe ebenso seinen Grund in einem besonderen Vermögen der praktischen Vernunft (I, 23f)

Damals studierte er die Rechte (I, 24). Im Sommer 1796 schrieb er an seinen Vater: «Die Philosophie hat mich auf einen Punkt gestellt, von welchem aus ich die Weisheit, Konsequenz und Harmonie unseres Rechtssystems verstehen ... kann. Ich sehe den Corpus iuris .... ein Product der tiefsten Weisheit, der innigsten Kenntnis des Menschen und seines Geistes, «der feinsten Politik, die allen Gesetzgebern künftiger Jahrhunderte zum unsterblichen Muster dienen wird.» (I, 26f). «Nur über die Pandekten höre ich Collegia (doch bei Hufeland!) ... Ich verknüpfe damit die Institutionen nach Höpfners Commentar, die Lehre von den Klagen nach Böhmeri Doctrina de actionibus, den gerichtlichen ordentlichen Prozeß nach Danz und die Rechtsgeschichte nach Bachs Historia juris» (I, 27). Die letztgenannten Collegia studierte der Jüngling für sich.

Am 22. Sept. sprach er seine innigste Freude aus über die endliche Befreiung seiner lieben Vaterstadt. Ein durchreisender Handelsdiener, den er zufälligerweise traf, versicherte ihm, «daß unser Haus nicht im geringsten beschädigt worden sei. Aber wie vieles ist noch ... was mich beunruhigen kann. Die Furcht vor einer neuen Belagerung, vor neuen, vielleicht noch schrecklicheren Behandlungen des Feindes, vor den traurigen Folgen der ungeheuren Contribution ....» (I, 31f)

In den Ferien wollte er die «Lehre von den Testamenten, gewiß die schwierigste und verwickeltste in dem ganzen Rechtssystem», sich aneignen. «Kommendes Semester höre ich bei Hufeland, der zugleich mein Lehrer, Freund und Gegner ist, das deutsche Recht; bei Schnaubert Kirchenrecht und Staatsrecht.»

Als er dann im Winter das Germanicum hörte, bat er seinen Vater, ihm die Frankfurter Reformation u. Wechselordnung zu übersenden. «Beide sind in hiesigen Buchhandlungen nicht zu haben. Und doch brauche ich sie sehr nothwendig» (I, 34f).

Im Sommer darauf wollte er Kriminal- und Feudalrecht u. Practicum bei Enard hören (I, S. 33) und glaubte anfangs, damit sein Studium beschließen zu können. Aber er sah ein, daß er noch ein Semester zusetzen müsse. Ende Oct. 1797 schrieb er: «Ich höre diesen Winter Rechtsgeschichte und repetiere meine sämtlichen Collegien.» Zu diesem Zweck erbat er sich von seinem Vater das Corpus juris publici von Schmauß. (I, S. 37)

BLATT 74

Die hysterische Natur (Encycl. S. 22) [konnte nicht ermittelt werden]
Die Bemerkung von Feuerbach darüber: Beruf, 3. Aufl. S.105 f.
Dazu Encycl. S. 70. Beruf, S. 113, 83. Man spricht nebeneinander her.
Savigny __ Feuerbach bei [Ernst Ludwig] Henke (S. 294)

- - - - - - - - - -

Feuerbach [s.a. I, Blatt 82]

[Savigny] 1800 d. 3. Januar: «Grolmann hat viel von Bauers arroganter Armuth; Feuerbach ist unstreitig mehr Kopf. (Sein bestes Werk scheint mir die Kritik des n[atürlichen] R[echts]) u. hat viel Originalität u. Solidität. Logik u. Geschmack hat er wenig mehr als Gr(olmann). Seine Prätentionslosigkeit unterscheidet ihn von diesem am meisten.» (Stoll S. 30) [Stoll I, 144 f.]

BLATT 75

Anselm Feuerbach, der sich wegen seines leidenschaftlichen Charakters von seinen Freunden gern Vesuvius nennen ließ, war einige Jahre älter als Savigny, von dem er sich fast in allem unterschied, nur nicht in seiner eindringenden u. umfassenden Wirksamkeit, die freilich bei beiden einen ganz anderen Charakter u. eine andere Richtung hatte. Dort für das Gebiet der Lehrtätigkeit u. den wissenschaftlichen Unterricht, hier für das Gebiet der ______ Gesetzgebung.
Geb. den 14. November 1775 in dem Dorf Hainichen bei Jena, das er später noch gern besuchte. Sein Vater war damals – was?
Seine Mutter war Jenenserin, Tochter des Commerzienraths Krause, Enkelin des berühmten Juristen Joh. Sal. Brunquell. Schon in seinem 1. oder 2. Lebensjahr kam er nach Frankfurt a.M., wo sein Vater (erst jetzt?) Dr. jur. u. Advokat war.
Sein Enkel Ludwig, der den Großvater persönlich kannte und verehrte, erklärte ihn für einen guten Juristen, nicht nur von Kenntnissen, sondern auch von Charakter (Biogr. Nachlaß I, XXIX), der aber zur Skepsis und Satyre über die menschlichen Thorheiten und Eitelkeiten geneigt war (I, XXX). Der Spruch des Salomo: Alles ist eitel! war sein Lieblingsspruch. (I, 104) Den Dichtern abgeneigt, wenigstens wundert er sich, als der Vater ihn einmal über Schlegel befragt: «Schlegel und mein Vater?» (I, 69).
Promoviert hatte er über die Frage: ‹An et quatenus privilegia miserabilium personarum pauperibus denegari possint?› Ad L[egem] un[icem] Cod[icem] quando Imperator inter pupillos etc. [Ob und inwieweit die Sonderrechte ‹mitleidswürdiger Personen› den Armen verweigert werden können. Unter Bezug auf den einzigen Rechtssatz, wann nur der Kaiser jemanden als Mündel erkennt usw. – eine Frage] die er verneint aus dem ihn charakterisierenden Grunde: ubi clara exstat voluntas, ibi ictis, tanquam legum

ministris sola parendi et in verbis legis acquiescendi gloria relicta est. [denn wo ein klarer Wille ist, da bleibt den Betroffenen, als dienten sie den Gesetzen, bloß der Ruhm zu gehorchen und in den Gesetzesworten Trost zu finden]. (I, 16)
Im Jahre [1820?] sagt Anselm über ihn: «Mein Vater, der beinahe 20 Jahre sich von aller Welt zurückgezogen hatte u. wie ein Einsiedler auf seinem Landhaus lebte, ... gehört zu den gar seltsamen und wunderlichen Heiligen, die außer sich keinen Maßstab haben, nach welchem sie gemessen werden können.» (II, 148) Als Vater übte er also sehr strenge Gewalt aus.
Seine Mutter _____ beschreibt er als eine weltkluge u. . . . . Frau (? dieselbe starb schon 1797 und zwar unerwartet (I, 36), so daß Feuerbach, der . . . . in Jena war, sie vor ihrem Tode nicht wiedergesehen hatte. (I, __4). Sein Vater ____ ____ ____ (I, 89). Hier wohnte er, wie er schrieb, bei einer Tante (I, 24).
Bei der Flucht aus Frankfurt verkaufte er, um Geld zu haben, seine tombackene Uhr (I, 31). Frankfurt nennt er nun sein ‹Vaterland› und redet von Flucht aus dem Vaterland, von der Entfernung von seinem Vaterland. (I, 80)
im J. 1792 verläßt er wider den Willen des Vaters das elterliche Haus, um in Jena Philosophie zu studieren. ~~Noch im Jahre 1794~~ schrieb ihm sein erzürnter Vater: «Du hast dich zu einer Zeit aus dem elterlichen Hause entfernt, da meine Lage und Verhältnisse es nicht zuließen, dich so zu unterstützen, als ich dich unterstützt haben würde, wenn du die Pflicht des kindlichen Gehorsams besser erfüllet, wenn du nicht zur Unzeit das väterliche Haus muthwillig verlassen, sondern die Zeit ruhig abgewartet hättest, da meine Umstände es zugelassen haben würden, dich auf Akademien zu schicken und zweckmäßig zu unterstützen. Du wußtest meine Umstände zur Zeit deiner unüberlegten Flucht; du wußtest die Theuerung aller Lebensmittel zur Zeit eines unseligen Krieges; du wußtest die schweren Zinsen, die ich von meinem großen Hause alljährlich zu bezahlen habe; du wußtest den beträchtlichen Verlust, den ich durch die erledigten Wohnungen meines Hauses bereits erlitten habe; und dieser Verlust

ihr Haus am Allerheiligenthor (I, 88)

[Fortsetzung s. folgendes Blatt]

BLATT 76

hat sich während deiner Abwesenheit um ein Merkliches erhöht.» (I, 7 Anm.)
Noch Wilhelm, seinem Enkel, wollte Anselms Vater, da der Vater die väterliche Gewalt im strengsten Sinn ausübte, einmal sogar das alte reichsstädtische Privilegium, welches die väterliche Disciplinargewalt selbst bis zur Zuchthausstrafe ausdehnte, geltend machen.» (S. XXX)

Der Verkehr mit seinem Vater erfolgte anfangs nur durch einen Jugendfreund in Frankfurt, an den wir einen Brief vom 15. November 1792 haben. Nach [diesem?] hat er «überflüssig neue Kleider von seiner Tante bekommen», u. ist von den Professoren Ulrich, Reichard, der bald darauf als Prof. der Philosophie nach Kiel ging (I, 8f.), und

Walch, seinen Vätern auf der Universität, seinen besten Freunden, in die lateinische Gesellschaft aufgenommen worden, aber während er seine Antrittsrede De philosophia Ciceronis halten soll, hat er kein philosophisches Buch und klagt den Freund an, daß er die Bücher, welche er so nothwendig brauche, nicht schicke. «Hat etwa mein Vater dir die Bücher nicht verabfolgt?»
«Noch eine Frage! Was macht Mariane, meine Geliebte? Warum schreibt sie mir gar nicht? Schon drei Briefe schrieb ich ihr, alle mit meinen Tränen benetzt . . . ach, noch keine Antwort, keine Zeile von ihr!»

In einem späteren gefühlvollen Erguß, in dem er Hainichen, das liebe Dörfchen preist, schreibt er: «Hier möchte ich mit einem Weibe wie Mine Tröster, . . . meine Tage verleben.» (I, 16). In der Tat ward seine Geliebte, von der seine Verwandten nichts wissen sollten (I, 4), seine Gattin.

In den Jahren 1793–95 beschäftigte er sich namentlich mit Rousseau. «Rousseau, Freund der Menschheit und der Tugend,» so apostrophierte er ihn, «nimm den Dank für die Wohlthaten, die du meinem Herzen erwiesen hast – nimm ihn in diesem heiligen Entschluß, das Gute zu lieben wie du es liebtest! An deiner Glut habe ich mein Herz erwärmt, durch deine Kraft mich zur Tugend gestärkt!» (I, 5)
Anfangs 1794 finden wir ihn nicht unbedenklich erkrankt. Sein Arzt war der berühmte Hufeland (I, 8), der später als Prof. nach Berlin berufen ward (Treitschke).
Im folgenden Jahr 1795 schreibt er: «Ehrgeiz und Ruhmbegierde machen einen hervorstechenden Zug in meinem Charakter aus . . . Ich höre nicht gern das Lob großer Männer; ich meine, ich müßte vor Scham vergehen, wenn ich bedenke, daß ich schon 18 Jahre alt und noch der Welt unbekannt bin, da doch andere schon in den frühesten Jünglingsjahren die öffentliche Laufbahn betreten haben.» (I, 13)
«Ich habe ein rauhes und starres Wesen, ich gerate leicht in Hitze und Zorn, wenn mir in Dingen, die ich genau durchdacht habe, widersprochen wird, besonders aber, wenn ich Verachtung in dem Betragen anderer wahrnehme oder doch wahrzunehmen glaube und man, ohne genau meine Gründe anzuhören, absprechend über meine Behauptungen urteilt. Ich gerate dann so sehr in Hitze, daß ich [Fortsetzung s. folgendes Blatt]

BLATT 77

mich kaum enthalten kann, mit tödtlichen Waffen auf meinen Gegner loszugehen.» (I, 14)

Nachdem er schon 1794 in Meißners Apollo als Schriftsteller aufgetreten war, erschien 1795 von ihm eine Abhandlung über die einzig möglichen Beweisgründe gegen das Dasein und die Gültigkeit der natürlichen Rechte.

Feuerbach verteidigt hier die Menschenrechte und begründet sie durch Prinzipien der kritischen Philosophie. Er spricht aber nicht weniger gegen die «einseitigen Freiheitsschwärmer, welche, um den Menschen in seine Rechte wieder einzusetzen und vor despotischer Herabwürdigung seiner Würde zu schützen, den Zweck des Staats einzig und allein vor Augen haben und das Mittel zu diesem Zweck (die Politik, die Klugheit) völlig vernachlässigen» als gegen die «einseitigen Politiker, welche über dem Mittel den Zweck des Staats vergessen und, um den üblen Folgen bei einem in Freiheit gesetzten Volk vorzubeugen, die Politik allein, mit Vernichtung aller Menschenrechte, zur höchsten Richtschnur der Handlungen und Staatsmaximen erheben.» (I, 17 Anm., nach S. 51)

Der junge Schriftsteller erhielt für den Bogen 1 Karolin und verdiente sich, wie er selbst dem Vater allzu sanguinisch schrieb, auf dem Wege so viel, daß er bequem und selbst ohne seiner Tante zur Last zu fallen, leben konnte. (I, 17)

«Noch habe ich Ihnen eine Ehre zu melden, die mir widerfahren ist,» so erzählt er in diesem Brief dem Vater, «und die ich – ein 19-jähriger unbärtiger Jüngling – auch nicht geträumt hätte. Prof. Niethammer gibt ein Journal heraus, unter dem Titel ‹Philosophisches Journal von einer Gesellschaft deutscher Gelehrten›, an dem Reinhold, Fichte und viele andere große Männer arbeiten. Niethammer hat auch mich aufgenommen, und in etwa drei Wochen kann ich Ihnen ein Stück von diesem Journal übersenden, in welchem Sie meinen Namen als Mitarbeiter nebst einer Abhandlung von mir, ‹Versuch über den Begriff des Rechts› lesen werden.»

Nichts desto weniger klagte er doch darüber, «Dinge in das Publikum zu schicken, die einer größeren Reife bedurft hätten – um Geld zu verdienen. Ich würde mich besser ausbilden, ich würde meinen Arbeiten mehr Vollkommenheit geben, mich selbst über das, was ich noch nicht weiß, besser belehren und Fortschritte machen können, wenn ich einige Unterstützung, wenn auch nur in Kleidern oder in Büchern hätte ....» (I, 18)

«Sie sehen aus meinem ganzen Benehmen, daß ich mich mehr zum Gelehrten von Profession als zum Geschäftsmann, mehr zum Philosophen als zum Juristen gebildet habe. Ich habe mich genau geprüft, wozu ich tauge, ich habe nicht bloß mich, sondern auch andere Männer vernommen .... ich habe mehr Talent für den Katheder als für die Schranken des Gerichts, mehr dazu, die Wissenschaft weiterzubringen als sie anzuwenden.» (I, 19)

BLATT 78

1798: Untersuchung über das Verbrechen des Hochverraths in Erfurt. Der Anti-Hobbes oder über die Grenzen der höchsten Gewalt und das Zwangsrecht der Bürger gegen den Oberherrn. (I, 38).
Das erste schickte er seinem Vater mit Brief vom 26. Februar (I, 45), in dem es heißt: «Mein Anti-Hobbes wird erst zur Messe fertig.»
In dieser Schrift über den Hochverrath suchte er den bisher gewöhnlich mit dem eigentlichen Majestätsverbrechen zusammengemischten Begriff des Hochverraths zu

erläutern und führte aus, «daß ein Bürger sich nicht nur g e g e n, sondern auch m i t seinem Regenten des Verbrechens des Hochverraths schuldig machen kann. Denn der Regent hat eben so wenig das Recht, gegen die Verfassung einseitig etwas vorzunehmen, als das Volk wider ihn dieses Recht hat. Die Verfassung ist die Grenze seiner oberherrlichen Gewalt. Nur innerhalb ihr ist er Regent; außer ihr ist er Privatperson.» (I, 45)
Den auch in dem Anti-Hobbes festgestellten Unterschied zwischen der privaten und der öffentlichen Person des Regenten gab er später, wenigstens in Anwendung auf das eigentliche Majestätsverbrechen, wieder auf. (I, 45)
Am 15. Januar des folgenden Jahres erlangtef. in Jena auch die juristische Doctorwürde; die Promotionskosten hatte ihm sein Freund Meinert vorgestreckt. Seine Dissertation handelt de causis mitigandi ex capite impeditae liberatatis und stellte den Satz auf, daß, je geringer die Freiheit, umso größer die Strafbarkeit sei, weil die bürgerliche Strafbarkeit nicht von der moralischen Schuld, sondern von der Gefährlichkeit abhänge. (I, 47)
Inzwischen hatte Feuerbach auch seine Geliebte geheiratet, ohne Wissen und wider Willen seines Vaters, wie er einem Freund gestand, und auch schon den Sohn (I, 49), den er stets Dornburger nennt (I, 88).
«Ich weiß, was ich hier sage und zittere, wenn ich dabei an meinen Vater denke, dessen Rechte ich durch diesen Schritt gekränkt habe und der darin einen augenscheinlichen Beweis meiner Verworfenheit erblicken wird.» (I, 49)
Er rühmt gelegentlich die häusliche Sparsamkeit der guten Frau. (I, 89)
Sein Schwager war der Hofadvokat und Stadtschreiber Faselius. (I, 82)

1799 Revision der Grundsätze (I, 50 Anm.), dedicirt dem Herzog von Weimar
als Docent (I, 48–55 Anm., S. 59), dazu Reichard (I, 66)
[Ludwig] Almendingen schreibt ihm 1800 (I, 39 Anm.)
Grolmann (I, 50) u. Koch (I, 50) in Gießen (I, 51)
Hufeland (I, 50)
Fichte (I, 50 u. 52), dazu Grolmann (I, 50 Anm.)
2. Bd. der Revision (I, 50 Anm.)

1801 Das Colleg und das Crimen laesae majestatis (I, 53)
Schmalz (I, 54)
Rüdiger (I, 55)
die Göttinger (I, 54, 55–59), Urtheil über Sachsen (I, 74 für Jena ___
_______ ___ ____. In dem Jünglingsalter habe ich bisher als Greis gelebt (I, 89)

BLATT 79

Anselm Feuerbach (1775–1833)

Geb. 1775 den 14. November (4 Jahre vor Savigny) in dem Dorf Hainichen bei Jena (Wie hängt das zusammen? Biographischer Nachlaß I, S. 15)
Seine Mutter, geb. Kraus, Enkelin von Brunquell (Nachlaß I, S. 16)
Erzogen zu Frankfurt, wo sein Vater Advokat war (Biogr. Nachlaß I, 16). Er war Dr. juris:
Seine Dissertation: nennt selbst ‹Frankfurt› seine Vaterstadt (II, 309f.).
Seine Schwester (S. . . 151) kränklich u. schwach? (I, S. 19)
Die ungünstigen Vermögensverhältnisse ? (Nachlaß)

1792 geht der Sohn auf und davon nach Jena, wo er bei einer Tante Unterkunft findet (I, 8).

1794 Brief des Vaters (I, S. 7)
Schriftsteller (I, 17)

1795 April: Reise (I, 10) Mehr Philosoph als Jurist (I, 19. II, 137; cf. II, 336)
Aug.: Schrift (I, 17) [Über die einzig möglichen Beweisgründe]
Sept: Dr. der Philosophie (I, 20 Anm.)

1796 1. Jan (I, 20f.) Die Jurisprudenz (I, S. 22, 24, 25, 26f, 29f, 37)
1. Juni: Neue Schrift (I, 23) [Kritik des natürlichen Rechts]
14. Juni: der Vater (I, 39 Anm.)
13. Nov. (I, 33) | Aufsätze (I, 36)

1797 Rechtsstudium I, 37
Anti-Hobbes in Arbeit (I, 38)
Sept: die Gräfin (I, 44)
Oct.: Tod der Mutter (I, 36)

1798 Anti-Hobbes in Erfurt (I, 38) Heirat? Seine Frau (I, 16). Sein Schwager (I, 82)
Über Hochverrath (I, 45)

1799 den 18. Jan: Dr. juris. Doctorwürde (I, 17), sein Sohn (I, 49) in ‹Dornburg› geb. (I, 88)
Brief v. Brabeck (I, 53)
Sommer: Strafrechtl. Kolleg (I, 55)
‹Rousseau› (I, 50)
Grolmann (I, 50–57)

1800 2. Theil der Revision [der Grundsätze] (I, 50)

24. Oct. Almendingen (I, 39 cf. I, 86, 16)

1801 (I, 53 ff., 57 ff.)
Sondervorlesung (S. 55 f.)

BLATT 80

Die beiden Frankfurter Feuerbach und Savigny in Jena (vgl. die beiden Monographien!)

1792 Flucht aus Frankfurt (I, 31) Menschenhaß (I, 53) – ‹Menschenerbe›. (Rohde)
Zerfall mit dem Vater (I, 7)

1. Feuerbach
   Der Vater: Advokat in Frankfurt (I, 16) 1794 (I, 7)
   Wo steht dazu der Actuarius Feuerbach in Frankfurt (Kriegk 356, 357)
   Der Sohn verheiratet wider Willen des Vaters
   1795 die natürlichen Rechte (I, 17)
   1796 Kritik des natürlichen Rechts (I, 23 u. Stoll, S.30) [Stoll I, 145, Anm. 1]
   1798: Verbrechen des Hochverraths (I, 45)
   1799 d. 15. Jan. seine Promotion (I, 47)
   Revision der Grundsätze (I, 50)
   Compendium des peinl. Rechts (I, 54)
   Sommer: seine erste Vorlesung: Criminalrecht (I, 55)
   1800: 2. Bd der Revision (I, 50) Er [denkt?] an Frankfurt (I, 25, 31)
   Sommersemester? Gedenkschrift ‹Frankfurter Reformation› (I, 34)
   1800/1801: Vorlesung über Crimen laesae majestatis! (I, 53)

2. Savigny a) Sommer 1799 über Feuerbach (Stoll, S. 16) [Stoll I, 120]

   b) 1800 den 3. Jan. über Feuerbach (Stoll, S. 30) [Stoll I, 145]
   Seine Kritik des natürlichen Rechts (das.)

- Feuerbach Kantianer
- Savigny schreibt dagegen: Stoll S. [30 f.] [Stoll I, 144 f.]

BLATT 81

1799–1800 Feuerbach u. Savigny in Jena (1)

In Jena trafen sich zwei junge Rechtsgelehrte, die, in gänzlich verschiedenen Verhältnissen aufgewachsen, bald in der Rechtswissenschaft ganz entschiedene, ja entgegengesetzte Bahnen einschlugen, beide auf ihre Weise Bahnbrecher:

Auch der etwas mehr als 3 Jahre ältere Feuerbach konnte, obwohl in Hainichen bei Jena (1755 den 14. Nov.) geboren, als Frankfurter bezeichnet werden: kam er doch in seiner frühesten Kindheit (im ersten oder zweiten Lebensjahr) nach Frankfurt, wo sich sein Vater, der Dr. juris J.A. Feuerbach (I, 23) als Advokat niederließ (I, 16) (also 1776 oder 1777? Ist das nicht festzustellen?), etwas vor Savignys Geburt.

Der Advokat Feuerbach hatte dort, wie er schreibt, einen Verwandten, der ihm die Wege mit ebnen konnte: 1773 finden wir wenigstens in Frankfurt einen Actuar Feuerbach auf der ‹Bürgermeister-Audienz› ___, mit dem der Licentiat Goethe als Advokat zu [thun?] hatte (Kriegk 356f.), aber die Verhältnisse des _____ Advokaten waren zeitweilig nicht günstig. Er hatte ein großes Haus erworben, mußte aber alljährlich schwere Zinsen bezahlen, während er in der Kriegszeit _____ _____ ______ beträchtliche Verluste erlitt.

Als der hochbegabte, ehrgeizige Jüngling in seinem 17. Lebensjahr der Akademie beitreten wollte, glaubte der Vater ihm nicht die Mittel dazu gewähren zu können. Rasch entschloß der Jüngling sich heimlich u. ging zu einer Tante (I, 24) und dem Großvater (I, 31) nach Jena. Die Mittel zu der Reise hatte er sich durch Verkauf seiner ‹tombackenen› Uhr verschafft (I, 31). Der Vater aber hatte, wie er schreibt, in Frankfurt wegen des Sohnes viel zu leiden (I, 26).

Im Winter 1792 sollte er zum Zweck seiner Aufnahme in der latein. Gesellschaft eine Antrittsrede De philosophia Ciceronis halten (I, 21). Er studierte aber nicht nur die Alten, sondern noch eifriger die Schriften der neuen Philosophen, wie Mendelssohn (I, S. 2), Politiker, wie Rousseau (I, S. 5), Burke u. Gentz (I, 6). 1794 den 2. März beschrieb er seinem Vater die großen Verdienste, die sich Prof. Reinhold um ihn erworben habe (I, 8f.). 1795 veröffentlichte er seine Schrift ‹Über die einzig möglichen Beweisgründe gegen das Dasein und die Gültigkeit des natürlichen Rechts›, worin er die Menschenrechte verteidigt (I, 17) u. arbeitete an dem [von] Niethammer herausgegebenen ‹Philosophischen Journal› mit (I, 18). Hier ließ er den ‹Versuch über den Begriff des Rechts› erscheinen (S. 18). 1796 folgte die ‹Kritik des natürlichen Rechts als Propädeutik zu einer Wissenschaft des natürlichen Rechts›, eine Schrift, die er dem Vater widmete. Im Gegensatz zu den bisherigen Naturrechtslehren leitete er das Recht nicht aus dem Sittengesetz ab, sondern aus einem besonderen Vermögen der praktischen Vernunft (I, 23). Der Vater war mit dem Selbstbewußtsein, das in der Schrift insbes. in der Vorrede hervortrat, keineswegs zufrieden (der Brief vom 14. Juni an den Sohn (I, 39).

Um die Zeit hörte er bei Hufeland (I, 24). Wir sehen, daß er auf den Wunsch des Vaters das Studium der ‹positiven Jurisprudenz›, in der der Sohn ‹keine Lust› gestand, begonnen hatte, um einst als ‹würdiger Nachfolger› seines Vaters nach Frankfurt zurückkehren zu können (I, 29, cf. 35) zur Philosophie, so schrieb er den 28. Juni (I, 26) u. den 22. Sept. (I, 32) . . .
Im Herbst sagte ihm der Vater seine Unterstützung zu (I, 32). Im Winter hörte er bei Hufeland das deutsche Recht (I, 33) = Germanicum (I, 35)

Das Quellenstudium (I, 37)
– 1797 Die ‹polit. Inquisition› (I, 39)
– 1798 Anti-Hobbes (I, 38/45)
– über den Hochverrath (I, 45)
– er ist verheirathet, schon Vater (I, 49)
1797 den 15. Jan. Promotion (I, 80) (I, 47)

[1] [kein Verweis im Text] die Dissertation (I, 16 u. XXIX) auftreiben! (wegen des Jahres u. der Vita)

BLATT 82

Feuerbach und Savigny in Jena (2)

Im Sommer 1799, als Feuerbach zum ersten Mal Kriminalrecht las, zu dem sich 42 Zuhörer eingefunden hatten (I, 55), hörte auch Savigny bei ihm (als bloßer Hospitant?). «Er lehrt», wie Savigny den Marburger Freunden berichtet, ‹sehr gründlich und gut.› (Stoll, S. 16) [Stoll I, 120]. Auf die Sache selbst geht Savigny nicht näher ein: er war damals selbst noch mit sich keineswegs im Reinen und konnte es auch gar nicht sein. Seine eigenen criminalrechtlichen Studien begannen erst später, waren aber wohl durch Feuerbach angeregt. Jedenfalls las er Feuerbachs Schriften und erklärte zu Anfang des folgenden Jahres: «Die Kritik des natürlichen Rechts» scheint sein bestes Werk zu sein.» (S. 30) [Stoll I, 145]. «Feuerbach hat unstreitig mehr Kopf als Grolmann, er hat viel Originalität und Solidität.»

Aber jetzt macht Savigny auch schon eine kritische Bemerkung: «Seine Logik und der Geschmack erscheinen nicht tadellos, ja, Logik und Geschmack hat er wenig mehr als Grolmann, seine Prätentionslosigkeit unterscheidet ihn von diesem am meisten.» (S. 30) [Stoll I, 145]. Wir sehen, daß Savignys criminalistische Studien aus dieser Zeit wesentlich auf Grolmann basieren.

Zu dieser Kritik an Feuerbach kommt noch eine sein Äußeres betreffend kritische Bemerkung, die er dem Lob seiner Lehrweise anhängt: «nur», so fährt er nämlich fort, «hat sein Äußeres zu wenig. Man vernachlässigt das überhaupt zu sehr . . .»

Hier tritt der Gegensatz des in vornehmer Umgebung großgewordenen Jünglings und des armen Schluckers hervor, der sich im wesentlichen seinen Unterhalt erringen mußte, der schriftstellerte und [um] Geld zu verdienen genötigt ward, «Dinge in das Publikum zu schicken, die einer größeren Reife bedurft hätten,» wie er selbst gestand.

(I, 19), der zeitweise mit Wasser und Brot vorlieb nahm und seinen Vater demutsvoll um einen alten Rock nebst ein paar Hosen bat (I, 30, 32), dem der Buchhändler aus Göttingen noch spät (1801) das Anerbieten machen durfte, Martins Prozeß zu lesen «gegen eine jährliche Revenue von etlichen Göttinger Metwürsten!» (I, 54) Der junge Mann hielt sich stets für einen «ungefeilten» dafür aber «freien Sohn der Natur.» (I, 41)

Eine persönliche Bekanntschaft beider junger Männer hat offenbar nicht stattgefunden, auch bei Hufeland scheint Savigny den jungen Mann nicht getroffen zu haben; allem Anschein nach verkehrte Feuerbach gar nicht in dem Hause des vornehmen Professors.

BLATT 83

Feuerbach («Brausekopf») exzentrisches Genie (I, [67?])

Studierte seit 1792 zu Jena Philosophie, gegen des Vaters Willen (I, 7)
Brief vom 15. November an seinen Jugendfreund in Frankfurt (I, 1 ff.)

1794	Brief des Vaters über die Eigenmächtigkeit des Sohns (I, 7)
1795	die natürlichen Rechte (I, 17) dagegen sein Vater (I, 39)
1796	die Jurisprudenz (I, 22, 26 f.; II, S.138) Hufeland (I, 24, 33, 34, 60 u. 59, Pandekten S. 27)
–	Kritik des natürlichen Rechts (I, 23)
	Seine Kleidung (I, 30)
–	Das Unglück in Frankfurt (I, 31)
–	Das Germanicum (I, 34) bei Hufeland (I, 33)
	Die ‹Frankfurter Reformation› (I, 34)
1797	Tod der Mutter (I, 36)
	Sein Studium (I, 36 f.)
	seine Noth (I, 37 f.)
1798	Anti-Hobbes (I, 38)
	Hochverrath (I, 45)
1799	Colleg über peinl. Recht (I, 55) Hugo, Beiträge (II, 534)
1801	Honorar (I, 54) Seine Collegien (I, 55, 58), Schöppenstuhl (I, S. 56), Reichard (I, 66)
	Hufeland (I, 59)
	Körperl. Naturrecht (I, 55)
	Meißner (I, 35)
	Sartorius (I, 55)
	Hugo (I, 55)
	Thibaut (I, 56 f. 60, 61, 62)
	Landshut (I, 85) Erlangen (I, 65)

	Preußen (I, 61 f., 66)
	Großvater (I, 63 f.)
1802	Schlegel (I, 69 f.)
	Trennung von Jena (I, 71) Kiel (I, 91 f.) [Adolf] Trendelenburg (I, 92)
	Kritik des baier. StGb (I, 181), Die Gerichte (I, 137 f.)
1803	Kieler ____ (I, 80)
	Ruf nach Greifswald (I, 85)
	Ruf nach Halle (I, 86, 87)
	Studenten (I, 94) Consistorium (I, 91) __ Tätigkeit (I, 92 f.)
	Landshut (I, 87–89, 95 Anm.)
1804	Reise (I, 94) ____: Thiersch (I, [65?])
	Gönner (I, 95 f., 97) Die Professoren (I, 96, 99, 100 f.) ___ Cantate (I, 99)
	Pandekten (I, 96, 97, 98)
	München (I, 97, 101) Strafgesetzbuch (II, S.199)
	Erlangen (I, 97)
	Aufbesserung (I, 98, Gönner (I, 108, 114, 116)
	Tortur (I, S. 136 Anm.)
1805	Dispensation vom Senat (I, 103), Studienplan (I, 112) ___ ___
	Heidelberg (I, 103 f.) _____
	Jacobi (I, 108 f.)
	Frankfurt (I, 118)
	Landshut (122 f.) ____ Gönner (I, 121) Criminalverfahren (I, 121 f.)
	Anstellung (I, 106) Reform. (I, 129)
1806	München (I, 125 f., 128)
	Tortur (I, 127, 136)
	Frankfurt (I, 128)
	Rußland (I, 140)
1807	seine Tätigkeit (I, 144 f., 146 f.) Frankfurt (I, 145 f.). seine Abreise (I, 151)

BLATT 84

Am 12. September [1795] promovierte Feuerbach als Dr. der Philosophie (I, 20), um sich dann der Jurisprudenz zuzuwenden. Über diesen Wandel erzählt er 25 Jahre später seinem Sohn Anselm: «Die Jurisprudenz war mir von meiner frühesten Jugend an in der Seele zuwider und auch noch jetzt bin ich von ihr als Wissenschaft nicht angezogen. Auf Geschichte und besonders Philosophie war ausschließend meine Liebe gerichtet. Meine ganze erste Universitätszeit (gewiß 4 Jahre) war allein diesen Lieblingen, die meine ganze Seele erfüllten, gewidmet, ich dachte nichts als sie, glaubte nicht leben zu können ohne sie; ich hatte schon den philosophischen Doktorgrad genommen, um als Lehrer der Philosophie aufzutreten. Aber siehe! da wurde ich mit deiner Mutter bekannt; ich kam in den Fall, mich ihr verpflichtet zu erkennen; es galt ein Fach zu ergreifen, das schneller als die Philosophie Amt und Einnahme bringe – um deine Mutter und dich ernähren zu können. Da wandte ich mich mit raschem, aber festem Entschluß von meiner geliebten Philosophie zur abstoßenden Jurisprudenz.» (II, 137) Feuerbach war im Sommersemester zur Jurisprudenz gewechselt, da er schon lange vor seiner Promotion mit seiner künftigen Ehefrau bekannt war, ein Umstand, den er seinem Sohn mitzutheilen nicht für nöthig fand. In Wirklichkeit war es der väterliche Wille, der ihn bedrängte, sich der Jurisprudenz zuzuwenden. In einem Brief vom 1. Januar 1796 erklärt er dem Vater: «Ich will gern auf der einmal betretenen Bahn wieder umkehren und meine Lieblingsneigung der väterlichen Liebe zum Opfer bringen. Es wird mir ein leichtes sein, bald in der Jurisprudenz das zu werden, was ich jetzt in der Philosophie geworden bin.» (I, 22)

Um die Mitte des Jahres [1796] aber erschien denn auch seine philos. Schrift: ‹Kritik des natürlichen Rechts als Propädeutik zu einer Wissenschaft der natürlichen Rechte›. In dieser beweist er, daß es «ein vergebliches Unternehmen ist, das Recht, wie es die bisherigen Naturrechtslehrer taten, aus dem Sittengesetz, sei es nun aus dem Sittengesetz des Berechtigten oder des Bepflichteten oder aus beiden zugleich, abzuleiten», (S. 228) und deduziert das Recht aus einem vom Sittengesetz verschiedenen, in dem berechtigten Subjekt an sich gelegenen Grund, den er in einem besonderen (juridischen) Vermögen der praktischen Vernunft findet. Feuerbach unterscheidet also vor Fichte, und unabhängig von ihm, Moral und Recht, wie er selbst später bemerkte. (I, 23 Anm.)

Gewidmet war die Anrede dem Vater, Herrn J. A. Feuerbach, Doctor d. Rechte zu Frankfurt a. M. In dem Brief, worin er dies dem Vater geschickt, am 1. Juni 1796, sagte er: «Dem Vater für die Wohltaten zu danken, die ich als Kind von ihm empfangen habe, ihm zu sagen, daß ich immer noch sein Kind, er noch immer mein Vater sei, und – warum sollte ich es nicht gestehen? – einen [Fortsetzung s. folgendes Blatt]

BLATT 85

endlichen Sieg über Ihr Vaterherz mir zu erringen, das waren die Triebfedern, die mich bestimmten, Ihnen dies kleine Monument meines Herzens zu errichten! (I, 23)
An einer späteren Stelle fügt er hinzu: «Ich studiere Jura, wie Ihnen beiliegendes Zeugnis des Prof. Hufeland beweisen wird. – Ich würde es nicht wagen, von Ihnen eine Unterstützung an Geld zu fordern, wenn ich nur auf eine andere Weise subsistieren könnte. – Aber wie soll ich leben können, da mir mein juristisches Studium alle Muße nimmt, mit der ich mir sonst vielleicht etwas verdienen könnte; da es unmöglich ist, von meiner Tante irgend eine andere Unterstützung als Logis und freie Wäsche zu verlangen ... Ich habe gelernt, mit Wasser und Brot vorlieb zu nehmen; ich will es noch ein Jahr, wenn es sein muß, auf diese Weise versuchen.» (I, 24).
Und in einem Brief vom 28. Juni schreibt er dann:

«Die Torheit, den schlüpfrigen Pfad des akademischen Lebens betreten zu wollen, haben Sie mir, wie meine Vergehungen, verziehen.... mit Eifer studiere ich ununterbrochen die Rechtsgelehrsamkeit, und ich wäre ein Lügner, wenn ich behauptete, daß mich dies eine Aufopferung kostete. Ich arbeite mit Vergnügen, theils, weil ich mich darin einem guten Vater gehorsam bezeige, theils aber, weil ich nun überzeugt worden bin, daß ich sonst nur darum keinen Geist in der positiven Jurisprudenz fand, weil ich keinen hineinzulegen wußte. Die Philosophie hat mich auf einen Punkt gestellt, von welchem aus ich die Weisheit, Konsequenz und Harmonie unseres Rechtssystems verstehen und durch den toten Buchstaben der Gesetze zu ihrem lebendigen Geiste vordringen kann. Ich sehe in dem Corpus juris nicht mehr ein confusum Chaos von Verordnungen, die nur in der Laune oder der Willkür des Herrn der römischen Welt ihre Quelle haben, sondern ein Produkt der tiefsten Weisheit, der innigsten Kenntnis des Menschen und seines Geistes und der feinsten Politik, die allen Gesetzgebern künftiger Jahrhunderte zum unsterblichen Muster dienen wird.

Nur über die Pandekten höre ich Collegia. Glauben Sie aber nicht, daß ich nur Pandekten studiere. Ich verknüpfe damit die Institutionen nach Höpfners Kommentar, die Lehre von den Klagen nach Böhmeri ‹Doctrina de actionibus›, den gerichtlichen ordentlichen Prozeß nach Danz und die Rechtsgeschichte nach Bachs ‹Historia iuris› . . . .

Auch darin glaube ich Ihren Beifall zu haben, daß ich diese Collegio für mich studiere, denn das abgerechnet, daß die Dozenten, [Fortsetzung s. folgendes Blatt]

BLATT 86

welche über diese Wissenschaften lesen, eben nicht die besten sind, scheinen mir auch die Lehrbücher, welche ich gewählt habe, entbehrlich zu sein. Bachs Rechtsgeschichte ist das beste, was wir in dem Fache haben; Böhmer ist sehr gründlich, und bleibt mir noch ein Zweifel übrig, so nehme ich zu Schmidts Klagen und Einreden meine Zuflucht. Höpfners Kommentar wird von unsern Dozenten fast wörtlich nachgebetet, und Danz, mit welchem ich vielleicht noch den Claproth verbinden werde, scheint mir so ausführlich und klar, daß mir nichts mehr zu wünschen übrig bleibt. Freilich habe ich mit der Theorie noch nicht die Praxis . . . Außerdem habe ich ja Sie zum Vater. Sie werden mir bessere Anleitung geben, als es irgend ein anderer zu tun vermag. In dieser Rücksicht glaube ich auch das Relatorium, das hier sehr teuer ist (bei Walch kostet es 2 Louisdor), bis auf meine Rückkehr ins Vaterland versparen zu können. Ich hoffe, nur noch ein halbes und, wenn es hoch kommt, ein ganzes Jahr zur Vollendung meines Kursus zu brauchen.» (I, 27)

«Kommendes Semester,» sagte er in einem späteren Briefe vom 22. Sept. 1796, «höre ich bei Hufeland, der zugleich mein Lehrer, Freund und Gegner ist, das deutsche Recht; bei Schnaubert Kirchenrecht und Staatsrecht; für das Sommerhalbjahr bleibt mir Kriminal- und Feudalrecht und Praktikum bei Eccard, der Prozeß und das Relatorium miteinander verbindet. Was aber dies letztere Kollegium anbetrifft, so ersuche ich Sie vorerst um Ihren gültigen Rat: ob ich es hören soll und muß oder ob ich es bis auf meine Rückkehr nach Frankfurt verschieben soll, um hierin einen praktischen Unterricht von Ihnen zu erhalten.» (I, 32)

Am 13. November bittet er den Vater, ihm die ‹Frankfurter Reformation und Wechselordnung› zu übersenden. «Beide sind in hiesigen Buchhandlungen wegen des speziellen Interesses der Schriften nicht zu haben. Und doch brauche ich sie notwendig.» (I, 34)

Auch noch 1797 blieb Feuerbach in Jena und zwar mit Zustimmung seines Vaters. (I, 36)

«Ich höre diesen Winter Rechtsgeschichte und repetiere meine sämtlichen Kollegien. Zu diesem Behuf ersuche ich Sie, mir, wenn Ihnen dies möglich ist, das ‹Corpus juris publici› von Schmauß zu übersenden. Sollten Sie dies nicht besitzen, so haben Sie wohl eine andere Sammlung deutscher Reichsgesetze, welche als Corpus juris publici betrachtet werden kann. Ich wollte mir besagtes Buch von den Professoren leihen, deren Bibliothek mir offensteht. Aber keiner derselben konnte es, weil Dozenten solche Bücher zu allen Zeiten brauchen, entbehren.» (I, 37)

Im September reiste er nach Dresden, wo er seinen Freund Meinert besuchte und die Gräfin Pachta aus Prag kennenlernte, deren Wesen einen Eindruck auf ihn [machte]. (I, 44) [Fortsetzung s. folgendes Blatt]

BLATT 87

1798 erschienen von dem 22-jährigen jungen Gelehrten in Erfurt zwei Schriften, die mit großer Kühnheit einen und denselben Gedanken nach zwei Seiten hin ausführten:
(1) ‹Philosophisch-juristische Untersuchung über das Verbrechen des Hochverraths› und
(2) ‹Anti-Hobbes oder über die Grenzen der höchsten Gewalt und das Zwangsrecht der Bürger gegen den Oberherrn› (I, 38). In der ersten Schrift führte er aus, daß ein Bürger sich nicht nur gegen, sondern auch mit seinem Regenten des Hochverraths schuldig machen könne, nämlich wenn er mit demselben die bestehende Staatsverfassung gewaltsam umzukehren unternehme. Auch für den Regenten sei die Verfassung die Grenze seiner oberherrlichen Gewalt. (I, 45)

Zu Anfang des folgenden Jahres, 1799, erhielt Feuerbach die juristische Doctorwürde. In seiner Dissertation ‹De causis mitigandi ex capite impeditae libertatis› stellte er aufgrund seiner Präventionstheorie den Grundsatz auf, daß das Strafgesetz unbedingt und rücksichtslos anzuwenden sei, sobald die gesetzlichen Merkmale des Verbrechens vorhanden sind, daß daher die Richter, welche im Gesetz bestimmte Strafen wegen verminderter Freiheit sich zu mildern erlauben, sich über das Gesetz stellen. (I, 47)

«Hufeland», so schrieb er damals, «ist schon strenger Anhänger meiner criminalistischen rigoristischen Ketzereien» (I, 50); aber zugleich teilte er mit, Grolmann habe ihm geschrieben, er werde «kommende Ostern eine besondere Schrift gegen mich herausgeben. Ich bat ihn aber, bis auf meine Revision (der Grundsätze und Grundbegriffe des positiven peinlichen Rechts) zu warten, das bald die Presse verlassen sollte.» (I, 50) Der erste Teil erschien noch in dem nämlichen Jahr, während der zweite 1800 folgte.

In demselben Briefe teilte er mit, daß jedermann Fichtes Absetzung fürchtet (I, 55). Im Sommersemester 1799 trat er dann gleichfalls als Dozent in Jena auf: er las über das peinliche Recht, zu dem sich 42 Zuhörer eingefunden hatten (I, 55). 1800 begann er mit Grolmann und mit Almendingen die Bibliothek für die peinliche Rechtswissenschaft und Gegenrede. Sein Lehrbuch erschien erst 1801.

BLATT 88

[Gottlieb] Hufeland

Savigny verkehrte auch im Frühling und im Sommer 1800 in Hufelands Hause und lernte dort bei seinem zweiten Aufenthalt in Jena (nicht im Sommer wie es bei Frensdorff heißt) Heise kennen, mit dem er fortab in beständigem Verkehr blieb. Frensdorff in der A. D. Biogr. XI, 666ff. u. W. v. Bippen, G.A. Heise, S. 60, 83, 92–94, 99, 104ff., 109, 110, 117, 185, 186, 194, 204–08, 216, 305, 306.

Hufeland 1804 (Schulin, S. 35–37)

BLATT 89

[Gottlieb] Hufeland [A.D.B., Bd. 13 (1881), S. 296–298][XVI]

Landsberg [Geschichte der Deutschen Rechtswissenschaften, 3. Abtheilung, 1. Halbband], 512ff.
Roscher [Geschichte der National-Ökonomik] S. 654ff.
Meyer VIII, 762f. [nicht in Meyer, 6. Aufl.]

Schriften:

1785 Versuch über den Grundsatz des Naturrechts (Landsberg 512)
benutzt den Freund Kants, Hamann! (Paulsen S. 516)
Kants Recension (L. 512)
1790 Lehrsätze (Lehrbuch? Landsberg 512) des Naturrechts (Roscher 655, 656).
1792 Schmalz (L. 514) | Haubold (Roscher S. 711 A)
1795 Lehrsätze 2. Aufl. (– dann 1798 G. Hugo (Roscher S. 413): ‹der gutmüthige Mephisto›
1796 Einleitung in die Wissenschaft des deutschen Privatrechts (R. 655, 657, L. 513)
Lehrbuch der Geschichte und Encyclopädie [aller in Deutschland geltenden positiven Rechte, Erster Theil, Erste Abtheilung] cf. L. 513
1797 Abriß der Wissenschaftskunde u. Methodologie der Rechtsgelehrsamkeit (L. 523)
1798 Systematische Encyclopädie . . (R. 655)

Institutionen [des gesammten positiven Rechts] (L. 512)
1802 (L. 514)
1803 verläßt er Jena: nach Würzburg   Reise in die Schweiz (Grundlegung, S. [191?])
Institutionen 2. Aufl.
1806 Pandekten
Nach Landshut <vor den Pand.?>
1807 Neue Grundlegung der Staatswirthschaftskunst. [Teil 1, 1807] (R[oscher] 655 ff.)
<ist undatiert: ‹der noch fortdauernde Krieg›>
Zitiert so: Lehrsätze des Naturrechts (S. 6)
Institutionen (S. 6, Kritik eines Freundes: S. 18 A)
der Krieg (__ 2 mal) das deutsche Reich u. England ___
Schmalz (Vorrede S. 41; cf. Landsberg, Roscher S. 498)
Sismondi (er schreibt: Simonde, 128; Vorrede)
Roscher, Meyer, Savigny
Staat u. Regent, S. 116
Fichte 5, 8, 73
Roscher S. 498
Hegel 117
Medicus S. 191
Beobachtung in der Schweiz (191 f.)
Danzig S. 5, 108
Würzburg S. 315
Rechtl. Gutachten: ‹Landshut den 31. März›
1808 Danzig
Insterburg (Meyer)
1812 wieder in Landshut
1815 ‹Geist› (L. 514) [Über den eigentümlichen Geist des römischen Rechts]
1816 Halle
1817 den 18. Febr. gestorben

Gruber und die Encyclopädie [der Wissenschaften und Künste] (Roscher, S. 655 [Anm. 1])

BLATT 90

[Karl Rottmanner]

Die Akademie und der altbaierische Ansturm auf sie (im Jahre 1807)

Historisch-politische Blätter, XXIX,[XVII] S. 299, 356 f. 357, 359, 361, 364

Übersicht

1. die Persönlichkeit des Karl Rottmanner, Sohn des angesehenen Simon Rottmanner

   a) der Vater, Gutsbesitzer von Ast
      1802 . . . Seine Ehrenpromotion in Landshut
      den 30. Mai sein Dankschreiben an einen geistlichen Rath. Ist das [Anton] Michl.

   b) eine Schwester [Franziska] verheirathet an [Karl Sebastian Heller von] Hellersberg

   c) Karl selbst, früher Student der Rechte, dann Dichter
      Aesthetiker, Beziehung zu Ast!
      Doctor der Aesthetik
      befreundet mit [Karl] Amann, einem Adjuristen der Akademie
      1807 den 11. Sept. sind beide in Landshut:
         Besprechung mit Hellersberg?
         Druck der Schrift gegen Jacobi
      1807 den 30. Oct., München ist die Vorrede datirt

2. ‹Die grammatische Geißel›, gerichtet gegen ein Schreiben der Akademie, d.h. Jacobis vom Jahr 1807 (oder 1808), vom 16. d.M. (d.i. . . . ?)

3. Xenien für Münchens Akademie (? Akademiker) zum Neujahrsgeschenk 1808

BLATT 91–92

[Stichworte: der Jurist Hufeland]

BLATT 93

Savigny und Hufeland (Schulin, S. 35–37)

1799 Jena (Stoll: [Der Geschichtsschreiber Friedrich] Wilken, S. 219ff.)
Hufeland u. Frau (S. 303)
Maskerade (S. 304f.)
Winkelmann (S. 304f.)
bei Hufeland: Heise und Savigny (v. Bippen S. 39, cf. 45)

BLATT 94

Hufeland in Jena

1799 den 23. Sept. Jena A. W. Schlegel an Schleiermacher

«Daß er (Bernhardi) noch keinen Brief von der Literaturzeitung erhalten, rührt daher, daß Hufeland jetzt abwesend ist und Schütz nichts thut.»
Aus Schl[eiermacher]s Leben III, S. 123

– den 16. Dec. Jena, ders. an denselben
«Ihrem Verlangen nach näheren Berichten wegen des Bruchs mit der Allgemeinen Literaturzeitung will ich durch Mittheilung zweier Briefe von Hufeland und mir, vor Erscheinung der Erklärungen
<Intelligenzblatt der Jenaer Lit. Zeitung 1799, S. 1179 ff.> Genüge zu leisten suchen. Sie sind bevollmächtigt sie zu zeigen, wo und wem Sie wollen – den Brief von Hufeland darf ich als ein Aktenstück betrachten.»
das. S. 141

BLATT 95

[Stichworte: die beiden Schlegel]

BLATT 96

August Wilhelm Schlegel

Stoll S. 41 [Stoll I, 169]
[Stoll, Der Geschichtsschreiber Friedrich] Wilken, S. 270, 274 ff.

«Denkt euch mein Erstaunen,» schrieb Savigny Ende Juli aus Jena, «als ich in Schlegels Aesthetik trat und – fünf Zuhörer fand. Indessen soll sich ihre Zahl zu manchen Zeiten bis auf zwölf belaufen haben. Sein Auge hat viel idealisches, aber in seinen Gesichtszügen erscheint die Würkung einer zerstörenden Gewalt; man sieht, daß diese Gestalt nicht das ist was sie seyn könnte und auf natürlichem Wege seyn würde, auch soll er sich seit einigen Jahren von Grund auf verändert haben, indem er damals ein blühender schöner Jüngling war. Die Hauptursache dieser Veränderung soll übermäßige Anstrengung seyn, deren Grund wieder in großen öconomischen Bedürfnissen zu suchen ist. Das Verhältnis zu seiner Gattin soll sonderbar seyn und häufig durch ein verschiedenes Urtheil über ein Silbenmaas u.d.gl. verstimmt werden. Sein Vortrag ist höchst ausgearbeitet und schon zum Druck fertig, aber eben deshalb nicht ganz frey, indem er zuweilen ängstlich nach einem Ausdruck sucht. Ich gebe ihn hier fast wörtlich wieder.» [Stoll I, 118]

«Naturgeschichte des Mythos.

Es läßt sich ein dreyfaches Princip desselben denken: physischer Egoismus, der in dem älteren epischen Gedicht herrscht, Mysticismus in der Lyrik und Musik und ethischer Characterismus im Drama und der bildenden Kunst, aber in dieser nur unter der Bedingung des Anthropomorphismus. – Da den Göttern menschliche Seele und Handlungsweise zugeschrieben ward, mußten sie durch die natürlichste Analogie auch in menschlicher Gestalt gedacht werden. Ein eben so natürliches Bedürfniß war es, die übermenschlichen Eigenschaften symbolisch zu bezeichnen. Man wählte dazu teils colossale menschliche Gestalten, aber in besonderen Verhältnissen der einzelnen Theile, theils Zusätze in der Gestalt selbst oder in Attributen – jene aus der organischen, diese aus der unorganischen Natur entlehnt. Bey diesen Symbolen will der Verstand blos Bedeutsamkeit. Folglich entstehen, wo dessen Gesetze uneingeschränkt herrschen, ungeheure groteske Göttergestalten. Aber die Phantasie will [Fortsetzung s. folgendes Blatt]

[1][kein Verweis im Text] Stoll S. 15, die Stelle über den Mythos! [Stoll I, 118 f.]

BLATT 97

auch das menschliche und die Einheit erhalten, nimmt also nur das in die Gestalt auf, was nicht monströs ist, das monströse nur analogisch oder in leisen Andeutungen.

Mythologie als Religion.

Jenes dreyfache Princip der Theologie producirt auch drey verschiedene Arten von Religion: gegen physische Mächte Ehrenbezeugungen und Geschenke, gegen die gefühlte Unendlichkeit der Natur Hingebung und Selbstentäußerung, deren Symbole enthusiastische Feyerlichkeiten und religiöse Mysterien sind – gegen moralische Götter, Annäherung an ihre Göttlichkeit.» –

In jenem Concert sah Savigny dann Schlegels Gattin, Caroline: «Die Gestalt der Schlegel hat viel Selbständigkeit, sie scheint sich sehr zu erhalten u. soll sogar jetzt immer hübscher werden.»[1]

[1]Stoll S. 17 [Stoll I, 121]

BLATT 98

[identisch mit I, Blatt 100 (Friedrich Schlegel)]

BLATT 99

[redundant, s. I, Blatt 198: Schelling]

BLATT 100

[Friedrich Schlegel] Griechisches

1800 den 4. Januar, Berlin
Schleiermacher an [Carl Gustav] Brinkmann
– Von Schlegels griechischer Poesie ist noch nichts als die erste Hälfte des ersten Bandes, die du kennst, erschienen, und überhaupt außer dem Athenäum nichts als die Lucinde. Ich weiß nicht, wie bald er wieder zu griech. Poesie kommen wird; es scheint mir, als habe er dies Werk zu früh unternommen .. [Aus Schleiermachers Leben] IV: S. 54

– den 15. Febr., Berlin, derselbe an dens[elben]
... der Veit geht es in Jena sehr wohl; und ihr neues Leben bekommt offenbar auch ihrem Geiste vortrefflich. [Aus Schleiermachers Leben] IV S. 58

BLATT 101

Friedrich Schlegel

Athenäum [III (1800), 1. Stück, S. 4, 10] Stoll S. 33 [Stoll I, 152]
Wackernagel II, 558

1799 in Jena als Privatdocent (W[ackernagel] II, 558), ohne Erfolg.
Am 20. Oct. erzählte Savigny den beiden Creuzer, es werde hart über den Schlegel gesprochen. [Gottfried] Hermann behaupte, er sei durchaus kein Kopf, und verstehe kein Griechisch. (S. 27) [Stoll I, 138] Er fand, daß Jacobi hoch über ihm stehe. (S. 28) [Stoll I, 141]

Friedrich Creuzer, der damals zwei Abhandlungen zur griech. Geschichte veröffentlicht hatte, gedachte sie auchf. Schlegel zu überreichen und schickte sie deshalb mit einem für Schlegel bestimmten Briefe an Savigny, der sie an die Adresse besorgen solle, wenn er Creuzers Vorhaben billige. In der That war Savigny einverstanden und so berichtete er am 3. Januar 1800 (S. 31) [Stoll I, 146]: ... [s. folgendes Blatt]

Da dann aber Creuzer kein Wort von Schlegel hörte, so bat er Savigny um Auskunft, und am 26. April schrieb ihm Savigny (S. 35) [Stoll I, 155].

Savigny hattef. Schlegel in Jena zwar kennen gelernt – J. Grimm bezeugt es später, offenbar nach einer Mittheilung Savignys – hielt sich aber von ihm und auch seinem Bruder fern. «Ich habe die beiden Schlegel,» sagte er in jenem Briefe an Creuzer, «nicht gesprochen.» [Stoll I, 155]

BLATT 102

Creuzer und Friedrich Schlegel

Ende des Jahres 1799 schickte Friedrich Creuzer seine erste ‹Abhandlung› über ‹Herodot und Thukydides› (1798) und die lateinisch geschriebene über ‹Xenophon als Historiker› (1799) an Savigny sammt einem an Friedrich Schlegel gerichteten Brief mit der Bitte, den Brief zu prüfen und ihn, falls er ihn gut befinde, mit den Abhandlungen an Schlegel weiter zu geben. Creuzer fürchtete eine «Mißhandlung», der er zuvor kommen wollte, besaß doch Schlegel im hohen Grad den «Geist des Absprechens und Aushöhnens».[1]

«Der Brief an Fr. Schlegel ist nebst den Abhandlungen abgeschickt;» erwidert Savigny am 3. Januar den beiden Creuzer;[2] «allerdings war es besser, einer unangenehmen und zugleich ungerechten Mishandlung zuvorzukommen, und ich sehe nicht, was selbst die strengste schriftstellerische Delicatesse daran aussetzen könnte, daß Sie einem Mann, den Sie als Denker schätzen, Ihre Ideen mittheilen, weil Sie sich auch von ihm gekannt wünschen.» Als dann Creuzer, der längere Zeit vergeblich auf eine Antwort Schlegels gewartet hatte, im April darüber Savigny sein Befremden aussprach, schrieb dieser am 26. d.M. zurück: «Fr. Schlegel wird Ihnen nächstens schreiben, wenn er es noch nicht gethan hat. Ich habe die beiden Schlegel nicht gesprochen.»[3]

Das Schreiben Schlegels an Creuzer ist mir nicht bekannt.

1800 Nov. (v. Bippen S. 52 f.)

[1]Wackernagel – E. Martin [Geschichte der deutschen Litteratur] II, 556 f. [2]Stoll S. 31 [Stoll I, 146]
[3]Stoll S. 35 [Stoll I, 155]

BLATT 103 [Stichworte zu Friedrich Schlegel]

BLATT 104

Die beiden Schlegel (Meyer xiv, 504 ff.) [Meyer, 6. Aufl., Bd. 17, Sp. 833]

Friedrich	August
1798 Gesch. der Poesie der Griechen u. Römer	1796 in Jena S[eine] Verdeutschungen
1799 Lucinde	1798 außerord. Prof.
In Jena Privatdocen als Gatte der Veit	das Athenäum
	1801 nach Berlin

1802 Alarcos›

1803 ‹Ion›

? in Paris: Zeitschrift ‹Europa› 1804 mit Frau von Staël

__ Köln katholisch

BLATT 105

[Stichwort zu Clemens Brentano]

BLATT 106

Ludwig Tieck in Jena

Schiller - Goethe II 193, 194, 230, 254
Wackernagel II, 361–66, 562, 564, 569
[Wilhelm] Scherer S. 633 f.
Steig I, S. 23

1798 Jena: Clemens u. Tieck (Steig I, S. 17 f.)

Im October 1799 kam er nach Jena.[1] «Neulich», so schrieb Savigny[2] den 20. an die beiden Creuzer, «hat Tieck in einer Gesellschaft Schiller alles Genie abgesprochen und unter andern mit großer Verehrung von – Jacob Böhm gesprochen, der jetzt Tiecks und Fr. Schlegels Held sein soll.» Allem Anschein nach war Savigny selbst nicht in der Gesellschaft gewesen. Tieck schrieb damals an seiner Genovefa, deren erste Hälfte er im November den Schlegels vorlas.[3] Bei Goethe[4] las er sie dann im December (Wackernagel II, 564)

Tieck in Gotha bei Reichard: Arnim begleitete ihn nach Leipzig (Steig I, 18, 24, 25, 38)
1800 Clemens u. Tieck (Steig I, 18, 20)
Godwi, Winkelmann u. Tieck (Steig I, S. 23) vgl. v. Bippen S.
in Dresden (Steig I, S. 26). Sein Unglück (Steig I, S. 28)
Clemens' Plan für Frankfurt (Steig I, S. 27)

1799 den 6. Dec. Brief aus Jena

[1]Stoll S. 14 Anm. 70 [Stoll I, 118, Anm. 1], S. 27 Anm. 145 [Stoll I, 138, Anm. 6] [2]Stoll S. 27 [Stoll I, 138] [3]Fr. Schlegel an Schleiermacher [Aus Schleiermachers Leben] III, 134 [4]Goethe-Jahrbuch X [1889], 229[XVIII]

BLATT 107

Tiecks Genoveva

<1799 1ten Nov.> Jena > Friedrich Schlegel an Schleiermacher:
Gestern Abend hat uns Tieck die erste Hälfte seiner Genoveva vorgelesen.
Aus Schleiermachers Leben III, S. 134
1799 den 6. Dec. Jena. Brief Ludwig Tiecks an seine Schwester Sophie – der Gatte August Bernhardi über die Jenenser Versalisten:
Euphorion III [1897] Ergänzung[sheft] S. 211 f.[XIX]
(Wilh. Schlegel u. die Veit, Lucinde, Schleiermacher)
Hufeland, S. 215

BLATT 108

Jena

‹In der Zeit, in welcher Schleiermacher seine Reden über Religion veröffentlichte, Novalis[1] in dem Jenenser Kreis der Romantiker die Rede eines durch das Papstthum vereinigten u. mit dem Orient verbundenen Europa vortrug, Stolberg als der erste einer langen Reihe zum Katholicismus übertrat: in dieser Zeit hat Schiller seine Maria Stuart geschrieben <u. der romantischen Zeitrichtung gleichfalls seinen Tribut gezahlt.>
Jacob Minor in: Goethe-Jahrbuch. X [1889], 229

Tiecks Genoveva ist von April bis November 1799 in Gotha u. Jena entstanden und ward im December 1799 Goethe vorgelesen.
(das. 229)

[1][Novalis] seit 1790 in Jena ... dann in Leipzig u. Wittenberg. 1797–99 in Freiberg Bergwissenschaft Meyer VIII, 155 f? [Meyer, 6. Aufl., Bd. 8, Sp. 802: Hardenberg][XX]

BLATT 109

[vermutlich Irrläufer, Stichworte: Singularerwerb, bonitarisches Eigenthum, Prätorisches Recht]

BLATT 110

[s.a. I, Blatt 154, 160]

Göthe

[Anfang fehlt] In Jena hörte er dann den [26. April]: «Göthe soll außer der Vollendung des Faust eine – Fortsetzung – der – Ilias bearbeiten!»[2] Gemeint ist der im März dieses Jahres begonnene Achilleis. Den 12. Mai 1800 erhielt er in Leipzig von dem Buchhändler Joachim, wie es scheint, eine der Zeitungen, in welcher Goethe Anzeigen über die Preisaufgaben in den Propyläen machte, die dann Savigny gleich den folgenden Tag an die beiden Creuzer[3] schickte, von denen dem Anschein nach einer die gestellte Preisaufgabe zu bearbeiten gedachte. «Joachim,» so beginnt der Brief, «übergab mir gestern die gedruckte Beilage, die ich Ihnen sogleich zuschicke, weil der Termin ziemlich nah ist. Ich lege dieser Schrift von Göthe,» so heißt es dann weiter, «eine andre bey, die zur Vorrede von ‹Hermann und Dorothea› bestimmt war, die Er aber aus Rücksichten unterdrückte und die nun blos in Abschriften cursirt: sie wird Ihnen aber so viele Freude machen, als sie mir gemacht hat.»[3]

[1][kein Verweis im Text] Stoll S. 40 Anm. 204 [Stoll I, 168] [2]Stoll S. 19 [Stoll I, 124] [3]Stoll S. 36 [Stoll I, 159][XXI]

BLATT 111–112

[Stichworte: Sophie Mereau]

BLATT 113

[vermutlich Irrläufer: Stichworte Justinian, Pomponius, Ulpianus]

BLATT 114

[Stichworte: Sophie Mereau]

BLATT 115

‹Madame Mereau›

(Goethe u. Schiller) [s.a. Friedrich-Schiller-Archiv]

1795 den 13. Sept. Jena, Schiller: Das 9. Stück der ‹Horen› enthält 17 Artikel, darunter
4. ‹Schwarzburg›, Gedichte von Madame Mereau
6. ‹Homer, [ein Günstling der Zeit] von Herder (I, 84)
1796 den 13. Aug. Weimar, Goethe: ‹Sophie Mereau hat sich recht gut gehalten.› (I, 191)
– den 14. Oct. Jena, [Schiller]. ‹Die Mereau ist wieder hier. Von ihr hab ich Ihnen was zu erzählen.› (I, 202)

Sophie Mereau, geb. Schubart (Steig I, 76 ff.). Clemens Brentano begegnete ihr bald nach seinem Eintritt in die Jenaische Gesellschaft, schon am 9. Juli 1798 (Steig I, 77)
Im Sommer 1799 sah dann Savigny sie in Jena, wie es scheint, in einem Concert. In seinem Tagebuch schrieb er in der Zeit vom 30. Juli bis 2. August an die Freunde: ‹Die Mereau hat äußerst einnehmende, sanfte Züge, an denen aber das Verblühen sichtbar ist, das sie durch starke Schminke dem Sinn, aber nicht dem Urtheil verbirgt.›[1] ~~Im Som-~~

~~mer des nächsten Jahres lernte Clemens Brentano die Frau kennen u. sie ward nun bald die schöne Quelle seines Enthusiasmus.[2] Er pflegte sie, wo er vertraut mit den Freunden von ihr sprach, die Poesie zu nennen~~. Hier lernten Savigny u. Clemens sich kennen (Steig I, 15–18), im Herbst 1799 (Werke 8, 124: Steig I, 77)

[1]Stoll S. 17 (dazu Steig I, 77). Die Darstellung in der Anm. [86] ist bezüglich des Clemens historisch verkehrt. [Stoll I, 121, Anm. 4] [2]Von wo schrieb er das? Er hatte es wohl von Winkelmann erfahren: cf. Steig I, 21 (unten)

BLATT 116

1797 den 30. Juni. Jena. ‹Für die Horen hat mir unsere Dichterin Mereau jetzt ein sehr angenehmes Geschenk gemacht, das mich wirklich überraschte. Es ist der Anfang eines Romans in Briefen . . . .› ([Schiller an Goethe, Briefwechsel 1794 bis 1805] II, 288)

– den 17. August. Jena. ‹Unsere Freundin Mereau hat in der That eine gewisse Innigkeit› (II, 311)

8. Sept. Geburt einer Tochter [Hulda]

– den 15. Dec. Jena. ‹Unsere Dichterin Mereau ist da und so kann ich . . . nur ein paar Worte schreiben› (II, 363)

<1798 den 9. Juli: Steig I, 77 f.>
<1799 – im November. Savigny
– im Herbst: Clemens: Steig I, 77>
<1800 im November: Clemens: Steig I, 77>
<1801 den 7. Juli: Scheidung ihrer Ehe: Steig I, 77>

<zu Herder: vgl. Goethe u. Schiller>

– – – – – – – – – –

[Ausschnitt aus einem Antiquariatskatalog mit Angeboten des Musenalmanach Jahrgänge 1796 und 1797, u. a. mit Beiträgen von Sophie Mereau]

BLATT 117

[Stichworte (Namen): Der Gelehrte als Lehrer]

BLATT 118

Fichte[1]

Schon als Savigny zum ersten Mal nach Jena kam, hatte Fichte in Folge des Atheismusstreits mit dem Herzog von Weimar seine Entlassung generirt und war dann im Juli

1799 nach Berlin gegangen. Savigny, der Ende Juli in Jena eintraf und 4 Tage da blieb, sah die hin- und hergehende Bewegung, aber auch den tief greifenden Einfluß Fichtes.

«Fichtes glänzendes Talent», so schrieb er an seine Freunde, «that Wunder, denn sein Wink regierte die Studenten. Ich glaube, daß Fichte mehr Nutzen durch seine Vorlesungen gestiftet hat als man sich denkt; er hat bei vielen höhere Forderungen erregt und gestärkt.» Aber auch die Schattenseiten seiner Wirksamkeit waren ihm deutlich entgegengetreten: sein Wink «brachte oder nahm einem anderen Docenten Zuhörer, da man Fichte über jede Wissenschaft und jeden
Docenten fragte, und die Folge davon war, daß die meisten sich wenigstens im äußern an Fichte anschlossen und die Fichtianer spielten.» [Stoll I, 122 f.]

Schon ehe Fichte nach Jena gekommen, hatte sich die Macht seines Wortes gezeigt: von dem Augenblick an, wo er erklärt hatte, er werde den Philosoph Carl Christian Erhard Schmid, mit dem er im Streite lag, ‹ecrasiren›, hatte Schmid, wie Savigny berichtet, «keinen Zuhörer mehr in der eigentlichen Philosophie,» während von dem Augenblick an, als Fichte den Abschied hatte, seine Metaphysik wieder mit 30 bis 40 Zuhörern besetzt war. [Stoll I, 115 f.] Und wie die Studenten, so die Docenten: «Kaum war er (Fichte) weg, als die Urtheile schon kälter und parteiloser ausfielen, und schon viele die Möglichkeit dachten, daß Fichte Fehler [Fortsetzung s. folgendes Blatt]

[1]Meyer VI, 234 [Meyer, 6. Aufl., Bd. 6, Sp. 538] Überweg III, 193

BLATT 119

haben könne»: so hat auch für die übrigen Docenten sein Abschied bedeutende Folgen gehabt.» [Stoll I, 122 f.]

«Das alles zeigt das Loos des Docenten auf einer großen Universität nicht sehr beneidenswerth und dem des Demagogen ähnlich, der von der Gunst eines halbgebildeten Volks abhängt.» [Stoll I, 123] Fichte, so urtheilte Savigny, «hätte seine Demagogenrolle nicht spielen sollen, er hätte ihr sogar entgegenarbeiten sollen,» [Stoll I, 123] ein Zeugniß für seinen Kampf gegen einseitige unduldsame Härte.

Fichtes Person u. Lehre war in diesen Tagen der Hauptgegenstand seiner Gespräche u. Gedanken. «Fichte behauptete einmal im Ernst,» so erzählte Savigny den Freunden etwas, was ihm erzählt worden war, «die vollendete Überzeugung in der Philosophie müsse sich in körperlichem Wohlbefinden äußern, der überzeugte Philosoph müsse anfangen dick zu werden; man solle nur ihn und manche andere Leute ansehen». [Stoll I, 124] Und dann: «In Fichtes Sache wird nächstens etwas höchst wichtiges erscheinen: eine Correspondenz zwischen ihm und Jacobi, worin sich dieser – f ü r Fichte erklärt.» [Stoll I, 125] Und als dann .... das Sendschreiben «Jacobi an Fichte» in Hamburg erschien, kündigte er es den Freunden als etwas herrliches an: «Der wissenschaftliche Theil muß tief studirt werden! Aber der Mensch, der darin auftritt, erscheint mir als ein hohes heiliges Wesen. Man hat Toleranz gesehen und Vielseitigkeit in Verbindung mit seichter Gleichgültigkeit, – Gründlichkeit und inniges Interesse in Verbindung mit einseitiger unduldsamer Härte, aber jene Toleranz mit dieser theilnehmenden Gründlichkeit vereinigt ist mir hier zuerst erschienen, und ich ehre darum ihn wie keinen unserer literärischen Großen: wie hoch erscheint er über Fichte»! Und nun wiederholt er was der «heilige Mann» erklärt: ‹Ich lasse mich nicht befreien von der Abhängigkeit der Liebe, um allein durch Hochmuth selig zu werden.› «Wahrlich, das hat auch meinen Muth zu sprechen erhöht.»[1] [Stoll I, 141, Anm. 2]

[1]die Andeutung! das Project?

BLATT 120

Nichts desto weniger aber erkannte er die vortrefflichen Eigenschaften Fichtes freudig an. Als er wieder in Jena gewesen war, erzählte er den Freunden: «Von Fichte habe ich viel gutes gehört, z. B. von seiner Vielseitigkeit und Anspruchslosigkeit im Umgang. Er ist ohne Vermögen (denn das von seiner Frau greift er nicht an) und deshalb entschlossen, jede Stelle anzunehmen, die er bekommen kann; und noch in dieser Lage hat er sein Haus in Jena auf eine höchst uneigennützige Art verkauft.» [Stoll I, 155]

Nun lasen, nach Fichtes Fortgang, «fünf junge Schreier» wie Herder in Jena Philosophie, vor allem der Fichtianer Johannes Baptist Schad,[1] ein früherer Benedictiner, der 1798 aus dem oberfränkischen Kloster Banz, wo er 20 Jahre lang Pater gewesen, nach Jena entflohen war.[2]

[1]Überweg III, 199 [2]Stoll S. 34 [Stoll I, 154]

BLATT 121

Fichte

Stoll S. 20 u. 28 [Stoll I, 125, 141] S. 13! 19! [Stoll I, 115 f., 123 f.]

Fichte hatte bereits Jena verlassen, als Savigny dahin kam, aber seine sittigende Einwirkung auf das früher überaus rohe und leichtsinnige studentische Treiben dauerte fort. Seine machtvolle Persönlichkeit war nicht vergessen. Savigny ließ sich viel von ihm erzählen.

Und als dann Fichte im Winter 1799 nach Jena zurückgekehrt war, um seine Verhältnisse zu ordnen u. seine Frau nach Berlin zu holen u. Savigny dann im Frühling darauf gleichfalls wieder in Jena gewesen war, schrieb er den 26. April: «Fichte ist ganz weg .... Gegenwärtig hat Schad die meisten Zuhörer, wiewohl man nicht viel von ihm macht.» [Stoll I, 154] «Von Fichte habe ich viel gutes gehört, z. B. von seiner Vielseitigkeit u. Anspruchslosigkeit im Umgang. Er ist jetzt in Berlin, ohne Vermögen – denn das von seiner Frau greift er nicht an – und deshalb entschlossen, jede Stelle anzunehmen, die er bekommen kann; und noch in dieser Lage hat er sein Haus in Jena auf eine höchst uneigennützige Art verkauft».[1]

«Von außen,» so berichtete er im Sommer 1799 an seine Marburger Freunde, «ist das studirende Publicum hier wie es seyn soll, und von innen? Hier wäre d a s zu viel verlangt. Man findet im Ganzen viel Interesse für geistige Beschäftigung um ihrer selbst willen und das ist schon viel. Daß dieses auch im Ganzen mit wenig Gründlichkeit, vielem Hang zum äußern Schein und einem gewissen Leichtsinn verbunden ist, ist natürlich. Bei diesem Publicum mußte ein Mann von Fichtes glänzendem Talent Wunder thun, und er that sie, denn sein Wink regierte die Studenten, brachte oder nahm einem andern Docenten Zuhörer, da man Fichte über jede Wissenschaft und jeden Docenten fragte, und die Folge davon war, daß die meisten sich wenigstens im äußern an Fichte anschlossen und die Fichtianer spielten; selbst Hufeland soll nicht ganz frei davon gewesen seyn. Das alles zeigt freylich das Loos des Docenten auf einer großen Universität, wo die Zuhörer zugleich electrisirbar sind – und wer wollte sich nicht electrisirbare wünschen? – nicht sehr beneidenswerth und dem des Demagogen ähnlich, der von der Gunst eines halbgebildeten Volks abhängt. Dennoch glaube ich, daß Fichte mehr Nutzen durch seine Vorlesungen gestiftet hat als man sich denkt; er hat bei vielen höhere Forderungen erregt oder gestärkt; aber er hätte seine Demagogenrolle nicht spielen sollen, er hätte ihr sogar entgegenarbeiten sollen. Kaum war er weg, als die Urtheile schon kälter und parteyloser ausfielen und als schon viele die Möglichkeit dachten, daß Fichte Fehler haben könne; auch für die übrigen Docenten hat sein Abschied bedeutende Folgen gehabt.»[2]

[1]Stoll S. 34 [Stoll I, 155] [2]Stoll S. 18 [Stoll I, 122 f.]

BLATT 122

Die Veranlassung von Fichtes Abgang aus Jena war der s.g. ‹Atheismus-Streit›, an den hier kurz erinnert werden muß. Fichte hatte in dem von ihm u. Niethammer redigirten Philosophischen Journal 1798 eine Abhandlung von [Friedrich Karl] Forberg: ‹Entwicklung des Begriffs der Religion› und eine eigene ‹Über den Grund unseres Glaubens an eine göttliche Weltregierung› veröffentlicht, die in einem anonymen Flugblatt als atheistisch denunziert wurden, worauf Kursachsen das Heft konfiszierte u. im Bund mit Hannover die weimarische Regierung zum Einschreiten gegen den auch der Demokratie verdächtigen Fichte drängte. Darauf rechtfertigte sich Fichte in einer ‹Appellation an das Publikum› und in einer ‹Verantwortungsschrift an die Regierung›, erklärte, unter Berufung auf die dem Atheismus wie ein Ei dem andern ähnlich sehende Philosopheme Herders, der doch unbehelligt bleibe, in einem Briefe vom 22. März 1799 an den Curator der Universität, Voigt, einen Verweis nicht hinzunehmen und drohte mit seinem Abgang. Als die Regierung nun die Entlassung, die er angeboten hatte, annahm, er selbst aber einen Widerruf seines Briefs zurückwies, mußte er zu Ostern 1799 die Universität verlassen.

Da man allgemein in dem Vorgehen der Regierung einen Eingriff in die Lehrfreiheit erblickte, so war der Lehrkörper bald zerstreut u. die Universität erlitt einen jähen Rückgang. Inzwischen ging die litterarische Fehde ihren Gang weiter. Im April hatte Herder die zunächst gegen Kant gerichtete bittere und verfehlte ‹Metakritik› veröffentlicht, an deren Schluß er Fichte gehässig angriff,[1] und sogar Jean Paul, der mit Herder innig befreundet war, richtete in dessen Interesse und unter seinem Einfluß gegen Fichte den satirischen «Clavis Fichtiana.»[1a]

«In Fichtes Sache,» so schrieb Savigny, der diese Bewegung verfolgte, zu Anfang August, «wird nächstens etwas höchst wichtiges erscheinen: eine Correspondenz zwischen ihm und Jacobi, worin sich dieser – f ü r Fichte erklärt! Was wird dann Herder thun und I. Kant? Der letzte kommt in eine sonderbare Verlegenheit mit seiner litterärischen Achtung». Und als dann das Sendschreiben «Jacobi an Fichte» in Hamburg erschien, schrieb Savigny, der es sofort zu studieren begann, den 1. November an die beiden Creuzer: (S. 28) [Stoll I, 139 f.] . . .

[1]Stoll S. 18 [Anm. 91] nach Kuno Fischer, [Geschichte der neueren Philosophie] V, S. 284–303
[1a]Stoll S. 10 Anm. [Stoll I, 111, Anm. 1] [1b][kein Verweis im Text] Stoll S. 10 Anm. u. S. 20 Anm.

BLATT 123

Prof. [Karl Christian Erhard] Schmid in Jena

Windelband S. 248, Stoll S. 13 [Stoll I, 115 f.]

1799 im Sommer

«Ich fand ihn ganz so, wie ich gewünscht und gehofft hatte, nämlich über seinen Schriften. Er war nie anders als kalt, aber seine Kälte that mir nicht weh, denn sie schloß Theilnahme und Mittheilung nicht aus. In seinem Benehmen ist alles Natur, und ich möchte sagen, zuviel Natur, so sehr ist alles was Phantasie dabey thun kann, verbannt.

Besonders gefielen mir seine Äußerungen über Fichte; ohne ein Factum zu verschweigen, welches affectirt geschienen hätte, sprach er von ihm ganz ohne Bitterkeit und Empfindlichkeit, mit voller Ruhe. Er hat wenig Umgang und am wenigsten mit Gelehrten. Von dem Augenblick an, wo das Vernichtungsheft erschien, hatte er keinen Zuhörer mehr in der eigentlichen Philosophie, und von dem Augenblicke an als Fichte den Abschied hatte, wurde seine Metaphysik wieder mit 30–40 besetzt; das hat ihn zur Herausgabe seines Compendiums veranlaßt, das so eben abgedruckt seyn wird. Fichte hat bekanntlich erklärt, daß er mit der Annihilation nicht den Würkungskreis des Lehrers gemeint hat, aber er hat doch kurz vor der Annihilation in Gotha gesagt, er wolle Schmid e c r a s i r e n.

Ich bin Schmid recht gut geworden. Sein Vortrag ist nicht unangenehm und lebhafter als ich ihn erwartete; der Inhalt ist ganz dem seiner Schriften ähnlich. Mir kommt es vor, als ob der gute Schmid recht absichtlich allen Zusammenhang der Phantasie und des Gefühls mit der Denkkraft abgeschnitten und damit zugleich dem Sinn und Gefühl für helle, klare Einsicht und Überzeugung (z. B. für eine neue Darstellung) das Herz ausgerissen und ihn sich selbst verdächtig gemacht hätte. Ich meine, auch hier zeigt es sich, daß der Mensch ein Ganzes seyn und werden müsse.» (Stoll S. 13) [Stoll I, 115f.]

– 16. August: «Von Jena habe ich noch nachzutragen, daß Schmid die philosophische Correspondenz sehr gerne mitführen will . . .» (S. 21) [Stoll I, 126]

1800 d. 26. April: «Über die Sache» – die mit Hauff verhandelte Frage – «habe ich mit Schmid . . . . gesprochen; er trat zuletzt auf meine Seite.» (S. 35) [Stoll I, 155]

BLATT 124

Der Mathematiker Stahl

v. Bippen S. 39, 40, 49, 52
Stoll S. 16 [Stoll I, 120]

«Ich habe noch wenige so einfältige Gesichter gesehen als das von Stahl ist. Man hält ihn in Jena für einen gründlichen Mathematiker, Lehrer ist er nicht.» (S. 16) [Stoll I, 120]

BLATT 125

Schelling

G[eorg] Waitz: Caroline I (1871)

1784 Göttingen: Spittler (S. 313)

1789 Marburg (S. 52ff.)
Selchow (S. 57)
de La Roche u. die Brentanos (S. 60) La Roche (S. 60)

1791 Madame Bürger S. 70, 60, __ br
Bürger S. 26, 84, 85f., 94, 99, 108

1792 f. Frankfurt S. 109, 113, 121, 122 f., 128, 129, 131, 204, 376 f.

1796 Jena S. 173 ff.
die Mereau (S. 182)

– die Herrnhuterey S. 174 f. 176

BLATT 126

[Stichwort: Die Universität Jena]

BLATT 127

1799 Schleiermachers Reden über die Religion an die Gebildeten unter ihren Verächtern

Aus der Mitte der Romantik heraus ward zuerst das Wort gesprochen: ‹Jeder sei eine Individualität›. Kein Geringerer spricht es aus als Schleiermacher. In seinen Reden ... diesem höchst charakteristischen Denkmal der Anziehung u. Abstoßung zwischen ‹Bildung› u. ‹Religion› steht fast beiläufig die Anerkenntnis, die aller Anschauung des Schlegel u. Tieck, des Arnim u. Brentano zuwiderlief. Diese machen eine unüberbrückbare Kluft zwischen dem genialen Einzelnen u. den trivialen vielen. Der milde Geist des Predigers verkürzt den fundamentalen Unterschied zu einem graduellen.

[Randnotiz:] Brentanos Spott über Schleiermacher (Steig, Goethe __)

«.. der ewige Verstand befiehlt es und auch der endliche kann es einsehen, daß diej[enigen] Gestalten, an denen das Einzelne am schwersten zu unterscheiden ist, am dichtesten gedrängt stehen müssen; aber jeder hat etwas Eigenthümliches; keiner ist dem andern gleich u. in dem Leben eines jeden giebt es irgend einen Moment, wo er .... gleichsam aus sich selbst heraus gehoben und auf den höchsten Gipfel desjenigen gestellt werden wird, was er sein kann.»[1]

[Randnotiz:] Savigny / Stoll
Creuzer / Rohde

[1]Deutsche Rundschau 87. Band [April–Juni 1896] S. 459

BLATT 128

Besprechung der Jubiläumsausgabe von Kuno Fischers ‹Geschichte der neueren Philosophie›, 3. Aufl., 38. Lfg., Heidelberg [Zeitungsausschnitt]

BLATT 129

[s.a. I, Blatt 253]

Schelling (2)

Als dann Schelling, durch zwei elende Recensionen seiner ‹Ideen zur Philosophie der Natur› aufgebracht, die Allgemeine Litteratur Zeitung als Erzfeindin des neuen wissenschaftlichen Zeitgeistes in seiner Zeitschrift für speculative Physik angriff, schrieb Savigny am 13. Mai 1800 aus Leipzig: «Ich bin begierig, wie sich die A.L.Z. aus ihrer fatalen Lage ziehen wird, besonders wenn, wie man sagt, nun noch mehrere bedeutende Stimmen sich gegen sie erheben sollten. Das schlimmste für sie ist unstreitig, daß die derben Wahrheiten, die ihnen Schelling gesagt hat, – Wahrheiten sind.» [Stoll I, 159]

BLATT 130

[26. April 1800] Beiblatt zu Schelling (_)

Auch über einen Streit, den Savigny mit Hauff in Marburg hatte, nämlich den über die Entstehung der Begriffe von mathematischen Figuren u. Körpern, sprach er mit Schelling. «Er behauptete,» so berichtete Savigny an die beiden Creuzer u. an Schwarz, «die strenge Gültigkeit des Begriffs der Bewegung in der Geometrie. Dieser Begriff werde eigentlich nicht auf Linien angewandt, sondern liege ihnen selbst zum Grund: alle empirische Bewegung setze die reine Bewegung des Puncts voraus, und die Linie sei nichts anders als die reine Bewegung selbst. – Ich verstehe kein Wort davon,» gestand Savigny, «vielleicht werde ich es durch seine neue Transcendentalphilosophie verstehen.» [Stoll I, 155 f.]

BLATT 131

Fichte in Jena

... 1792 in Zürich

«Betheiligte sich unter dem Eindruck des benachbarten Frankreich u. der republ. Schweiz, aber nur theoretisch, an der Politik. In den Schriften: ‹Beitrag zur Berichtigung der Urtheile des Publicums über die französische Revolution› (Jena 1793) u. die ‹Zurückforderung der Denkfreiheit von den Fürsten Europens› (das. 1794) beurtheilte er aus dem Freiheitsbegriff der Kantschen Philosophie den gegebenen Staat u. die Rechtmäßigkeit der französischen Umwälzung. Seine Beurtheilung ist eine Vertheidigung. In Jena, wo nach [Karl L.] Reinholds Abgang nach Kiel die Kantsche Philosophie keinen Vertreter hatte, richtete Hufeland die Blicke des anfangs bedenklichen weimarischen Ministeriums auf Fichte. Im Mai 1794 traf Fichte in Jena ein. ... Fichtes Aufenthalt in Jena war von außerord. Erfolg begleitet. Um auf die moralische Bildung der Studierenden noch direkter einzuwirken, veröffentlichte er im Wintersemester 1794/95 Vorlesungen über die ‹Moral des Gelehrten› ... Als er aber auch das akademische Leben der Studenten reformieren u. zu dem Ende die bestehenden Studentenorden aufheben wollte, verwandelte sich die ursprüngliche Begeisterung der Studenten für Fichte in solchen Haß gegen ihn, daß er, von der Regierung ohne Schutz gelassen, Jena im Sommer 1795 für immer verlassen mußte . . . .

Die Folgen der inzwischen in Jena eingetretenen Veränderung zeigten sich, als im Jahr 1798 ein Sturm über Fichte von auswärts hereinbrach . . .

Meyer VI, S. 234 f. [Meyer, 6. Aufl., Bd. 6, Sp. 538]

BLATT 132

[Stichwort: Fichte]

BLATT 133

Fichte, Über seine Rechtslehre: Merkel, Encycl. > Holtz. 5 S. 66 f.
[Merkel, Elemente einer allgemeinen Rechtslehre, in: Holtzendorff, Enzyklopädie der Rechtswissenschaft, Erster Theil]

Streit mit Schmid
Fichte u. Schmid waren zuerst in Streit gerathen, als ersterer in der A.L.Z. 1793 unsers Leonhard Creuzers, dem er ‹viel Gutes für die Philosophie versprechen zu können glaubt›, ‹Skeptische Betrachtungen› recensirte u. auch Schmid hereinzog. Fichte stellte nach seiner Ankunft in Jena persönlich den Frieden wieder her, wurde aber dann von Schmid zweimal angegriffen u. schrieb dann, Schmids Philosophie sei für ihn, Fichte, nichts; alles was Schmid über seine, Fichtes, Philosophie sage u. Schmid selbst als Philosoph interessiere ihn nicht mehr.
Fichtes Leben [und litterarischer Briefwechsel] von seinem Sohn [Immanuel Hermann], I, S. 265–68.
[Kuno] Fischer, Geschichte der neueren Philosophie, V, 275 ff.

Ende Juli 1799 schrieb Savigny aus Jena: «In seinem Benehmen ist alles Natur . . . . Besonders gefielen mir seine Äußerungen über Fichte; ohne ein Factum zu verschweigen, welches affectirt geschienen hätte, sprach er von ihm ganz ohne Bitterkeit und Empfindlichkeit, mit voller Ruhe . . . Von dem Augenblick an, wo das Vernichtungsheft erschien, hatte er keinen Zuhörer mehr in der eigentlichen Philosophie, und von dem Augenblicke an als Fichte den Abschied hatte, wurde seine Metaphysik wieder mit 30–40 besetzt; das hat ihn zur Herausgabe seines Compendiums veranlaßt, das so eben abgedruckt seyn wird. Fichte hat bekanntlich erklärt, daß er mit der Annihilation nicht den Würkungskreis des Lehrers gemeint hat, aber er hat doch kurz vor der Annihilation in Gotha gesagt, er wolle Schmid e c r a s i r e n. Ich bin Schmid recht gut geworden.» . . . (Stoll S. 13) [Stoll I, 115 f.]

Im August bei Gelegenheit [über] die Jenenser Studenten: «Bei diesem Publikum mußte ein Mann von Fichtes glänzendem Talent Wunder thun, und er that es, denn sein Wink regierte die Studenten, brachte oder nahm einem andern Docenten Zuhörer, da man Fichte über jede Wissenschaft und jeden Docenten fragte, und die Folge davon war, daß die meisten sich wenigstens im äußern an Fichte anschlossen und die Fichtianer spielten; selbst Hufeland soll nicht ganz frei davon gewesen seyn.... Dennoch glaube ich, daß Fichte mehr Nutzen durch seine Vorlesungen gestiftet hat als man sich denkt; er hat bei vielen höhere Forderungen erregt oder gestärkt; aber er hätte seine Demagogenrolle nicht spielen sollen, er hätte ihr sogar entgegenarbeiten sollen», (durch geschäftliches u. diplomatisches Ungeschick verdarb es Fichte mit den Studentenorden, die sich ihm zu Liebe schon hatten auflösen wollen, [Fortsetzung s. folgendes Blatt]

BLATT 134

wurde von ihnen in rohester Weise verfolgt u. bedroht u. zog deshalb für den Sommer 1795 nach Oßmannstedt: Fischer V, 278–83). «Kaum war er weg, als die Urtheile schon kälter und parteilicher ausfielen und als schon viele die Möglichkeit dachten, daß Fichte Fehler haben könne.» (S. 18) [Stoll I, 122 f.]

«Fichte behauptete einmal im Ernst, die vollendete Überzeugung in der Philosophie müsse sich in körperlichem Wohlbefinden äußern, der überzeugte Philosoph müsse anfangen dick zu werden; man solle nur ihn und manche andern Leute ansehen.» (S. 19) [Stoll I, 124]

«In Fichtes Sache wird nächstens etwas höchst wichtiges erscheinen: eine Correspondenz zwischen ihm und Jacobi, worin sich dieser – für Fichte erklärt.» (S. 20) [Stoll I, 125]

1800 d. 26. April: «Von Fichte habe ich viel gutes gehört, z. B. von seiner Vielseitigkeit und Anspruchslosigkeit im Umgang. Er ist jetzt in Berlin, ohne Vermögen (denn das von seiner Frau greift er nicht an) und deshalb entschlossen, jede Stelle anzunehmen, die er bekommen kann; und noch in dieser Lage hat er sein Haus in Jena auf eine höchst uneigennützige Art verkauft.» (S. 34) [Stoll I, 155]

BLATT 135–137 [Stichworte: Schelling, Savigny, Wilhelm Meister]

BLATT 138

Wilhelm Meister

Goedeke, [Goethes Leben und Schriften] S. 371–386

Als Savigny zum ersten Mal Wilhelm Meister las – wahrscheinlich geschah es 1797, als er sich in Trages von schwerer Krankheit zu erholen begann – war der Roman seinem «ganzen Wesen zuwider». Nach zwei Jahren bedeutend gereift, schrieb er am 23. Juli 1799: ich denke noch mit Freude an meine damalige Empfindung. Er meinte nun, diese Empfindung werde man bei jedem Werke haben, das einen auf eine höhere Stufe der Bildung führe.[1]

Ungefähr um dieselbe Zeit steuerte Brentano zu einem poetischen Sammelwerkchen der Mereau ein «Fragment eines Briefes über Wilhelm Meisters Lehrjahre» bei, anonym u. als «Fragment» nach bekannten Mustern.[2] Wie er sich darin zu Goethes Absichten stellte, erfahren wir leider nicht. Ohne Zweifel war der Roman in den Jenenser literarischen Kreisen Gegenstand lebhafter Gespräche. Aber wir dürfen annehmen, daß Savigny zwar mit Winkelmann (1806, Steig I, S. 212), keineswegs aber mit Brentano einig war. Brentano theilt später selbst mit,[3] Savigny habe ein unendlich wohlthätiges Talent zu hören «und das Bewußtsein, mit einem so theilnehmenden Menschen zu reden, lockt einem die Worte mit Wollust von den Lippen», aber – Gedankenwechsel bestehen zwischen ihm u. Savigny «[wie beinahe?], wenn ich von Menschen, sehr selten, wenn ich von Büchern rede.»

Während Brentano sich unter all den Marianen u. Philinen zu Hause fand,[3a] waren Savignys Gedanken anders wohin gerichtet.

Savigny seinerseits fand in dem Werk die «Lehren eines Systematikers in der Moral»[4] u. die eines weltkundigen Führers im Leben u. in der Wissenschaft: in der Günderode erkannte er, vielleicht nicht ohne Schmerz, eine Art Narciß wieder,[5] ähnlich, wie Arnim im dritten Kapitel des fünften Theils «Savignys u. [Fortsetzung s. folgendes Blatt]

[1]Stoll S. 40 [Stoll I, 102f.] [2]Steig I, S. 77 [3]Mereau II, 204. [3a]Steig I, S. 59 [4]Stoll S. 31 [Stoll I, 146] [5]Goedeke, S. 382. Rohde S. [14, Anm. 1]

BLATT 139

Winkelmanns Urtheil» über ihn selbst, wie Clemens Brentano es ihm angegeben hatte, wiederfand.[1] Und wie Arnim andererseits «eine goldene Stelle im Wilhelm Meister» fand, die ungefähr sage: jeder, der seine noble Kraft anstrenge nach einem hohen Ziele, unsere Theilnahme errege; aber mißglücke es, so sei unsere Theilnahme fort,[2] so wies Savigny selbst in seiner Vorlesung[3] auf «Wilhelm Meister Bd. 3, S. 81», wo Goethe über alle Schriften, die «ein Product der Zeit» sind, ein «vollkommenes, ewig wahres Urtheil gesprochen» habe. [s.a. I, Blatt 297]

[1]Steig I, S. 54 [2]Steig I, S. 53 «Mißglückt» S's Heft S... [3]Anleitung S. 72 [Mazzacane, 2004, S. 173]

BLATT 140

1799 – 1800 Winkelmann Jena

Saalfeld, [Versuch einer academischen Gelehrten-Geschichte von der Georg-August-Universität zu Göttingen, Dritter Theil]
Steig
Mereau II, 204

In Jena lernte Savigny ihn 1799 kennen. In Winkelmanns Gesellschaft brachte er dann einen Sommerabend auf der Triesenitz zu (Steig I, S. 79), einem Gehölz drei viertel Stunden von Jena mit einer Wirthschaft.[1] Hier war es (nach Steig) wo Savigny die Mereau kennenlernte. In seinem vom 30. Juli bis 2. August geschriebenen Brief an die Marburger Freunde, die sie als Dichterin kannten, schilderte er ihr Äußeres: sie hat «äußerst einnehmende sanfte Züge, an denen aber das Verblühen sichtbar ist, das sie durch starke Schminke dem Sinn, aber nicht dem Urtheil verbirgt.» [Stoll I, 121]

Winkelmann, dessen vornehmen Anstand u. gefälliges Wesen Arnim rühmt, stand nicht nur Clemens Brentano u. Arnim bei der letzten Redaction ihrer poetischen Erzeugnisse u. dem Druck derselben bei, sondern trat auch selbst als Dichter auf. In verschiedenen Almanachen u. anderen periodischen Schriften, insbesondere in Klingemanns Poetischem Journal erschienen von ihm Lieder u. Aufsätze. Über die in seinem «Vergißmeinnicht» erschienenen Gedichte schrieb Arnim:[2] «Wunderschön sind die Traumbilder, wo der Freund schwört: ‹zu stehn im Leben, still in schlechter Zeit, auch unter Knechten werth zu sein der Freiheit.› Dann die Grabschrift der Phantasie, der Zweifel.» Leider ist diese Gedichtsammlung, wie es scheint, ganz verschollen.

Savigny fühlte sich von diesem Jüngling, der ein Jahr nach ihm geboren war (1780), sehr angezogen, nicht minder aber Winkelmann von ihm, u. es bildete sich ein vertrautes Freundschaftsverhältniß. Als Brentano Winkelmann den Auftrag gab, den von ihm nicht vollendeten zweiten Theil des Godwi abzuschließen, da benutzte Winkelmann die Gelegenheit, dem Freund öffentlich seine Verehrung auszudrücken u. ihn in die Literatur einzuführen.[3]

Savigny selbst erwähnt ihn in seinen Briefen an die Marburger Freunde nicht: in vollem Gegensatz zu Brentano hatte er nicht das Bedürfnis, mit neuen Freunden vor den alten zu paradiren; aber daß die Freundschaft [Fortsetzung s. folgendes Blatt]

[1][Kühl] Zeichnung der Universität Jena: [für Jünglinge welche diese Akademie besuchen wollen] S. 91 [2]Steig I, S. 215 [3]Steig I, S. 350 Anm. 20

BLATT 141

ungetrübt fortbestand, ein Briefwechsel[XXII] geführt ward u. Winkelmann mehrmals Savigny besuchte, beide in den Ferien gemeinschaftliche Reisen machten, steht fest. Leider ist der Briefwechsel der Freunde unzugänglich[1] Keinen Ersatz dafür gewähren die Briefe Brentanos u. Arnims, die Winkelmanns u. auch seines Verhältnisses zu Savigny nicht selten gedenken.

Um von seinem medicinischen Studium, das er eifrig betrieb, eine gewisse Anschauung zu gewinnen, werfen wir einen Blick auf die medicinische Facultät in Jena.[2] [Fick, S. 132]

Anatomie, Chirurgie, Thoraxie u. Physiologie lehrte Hofrath Loder ([Kühl] S. 35), dessen Präparatensammlung unter den Merkwürdigkeiten der Stadt einen hohen Rang einnahmen ([Kühl] S. 15); er bediente sich ihrer in den Vorlesungen (S. 15).

Generelle u. specielle Pathologie lehrte Hofrath [Christoph Wilhelm] Hufeland ([Kühl] S. 59). Beide zusammen dirigirten die erste klinische Anstalt (S. 14, 35). Hufeland ward gerühmt wegen der Würde u. Theilnahme, mit der er am Krankenbett erschien u. der Art, wie er sich das Vertrauen der Patienten zu erwerben verstand (S. 203).

Specielle Therapie u. Physiologie lehrte Hofrath Starke, der mit einem Neffen, Professor Starke, eine andere klinische Anstalt leitete ([Kühl] S. 35, 14). Dieser Professor Starke lehrte Entbindungskunst u. Materia medica (S. 37).

Außerdem lehrten noch Hofrath Nikolai Pathologie u. Thoraxie ([Kühl] S. 34) u. der Geh. Hofrath Gruner außer denselben Wissenschaften auch generelle u. specielle Diätetik, gerichtliche Medicin u. Literärgeschichte der Medicin (S. 34).

Endlich lehrte Professor Fuchs Apothekerkunst u. Receptschreiben ([Kühl] S. 37).

Zu diesen Professoren kamen einige Privatdocenten: Doctor Schenk las Osteologie u. medicinische Botanik ([Kühl] S. 59), Doctor Succow die Pathologie, Gifte u. die Stützen der Electricität u. über gerichtl. Medicin (S. 39), endlich Doctor Brettschneider über die Behandlung der venerischen Krankheiten (S. 39).

Von besonderem Interesse ist der Kampf, den die tüchtigsten Mitglieder der medicinischen Facultät gegen die in der Stadt herrschenden bösen Gewohnheiten führten, die Gesundheit u. Leben gefährdeten. Wir hören, daß Hufeland die wirksamsten Maßregeln ergriffen hatte, das Unglück, welches Miethbetten anrichteten, zu beseitigen ([Kühl] S. 46). Professor Fuchs hatte bewiesen, daß in Töpfen von schlechter Glasur der Tod wohne (S. 165). In vielen Speisehäusern war es üblich, den Speiselöffel, den der Eine aus dem Mund gezogen, unabgewaschen einem andern in die Suppenschale zu legen (S. 164).

[1]Stoll S. . . [2]Akad. Führer [Fick, Der treue Führer auf der akademischen Laufbahn für Jünglinge] u. [Kühl] Zeichnung der Universität Jena

BLATT 142

Ist es nun ein Zufall, daß Winkelmann sich später besonders mit der öffentlichen Gesundheitspflege u. der medicinischen Polizei beschäftigte?[1] Sicher ist, daß er später mit den in ihrer Behaglichkeit gestörten «Philistern» einen Kampf zu führen hatte, der ihn theuer zu stehen kam.[2]

Hier kommt es nur darauf an, einen jungen Freund Savignys zu charakterisiren, da der mit demselben Ernst die erkannte Pflicht auf sich nahm, wie Savigny: beide hatten dabei den Staat im Auge als Träger u. Förderer einer humanen Kultur. –

Es war ein ganzer Kreis von jungen Braunschweigern damals in Jena.

Winkelmann stand in Jena mit Johannes Ritter in fruchtbarem Verkehr, dem er später gemeinsam [mit Achim von Arnim] seine ‹Einleitung in die dynamische Physiologie› widmete (Steig I, S. 9): wieviel er ihm auf diesem Gebiet verdankte, bezeugt er dadurch, daß er ihm das Empfangene nun «zurückgab» (Steig I, S. 9). Wie wir erfahren, hatte er damals auch sein äußeres Leben: sein Arbeiten, Schlafen, Essen u. Trinken ganz nach einer von Ritter empfohlenen u. geübten neuen Weise eingerichtet (S. 187).

Daß er damals auch als Dichter nicht geringes Ansehen genoß, liegt auf der Hand: schon seine Begeisterung für die Mereau scheint dafür zu sprechen. Ihr hatte Clemens ein Stammbuch gewidmet (S. 188). (Wie üblich die Stammbücher unter den Studenten waren, zeigt der Umstand, daß ____ zahlreiche ___ Studenten von dem Herumtragen der Stammbücher lebten).[5] Ihr zu Ehren schrieb Clemens ein Sonett. Als er es an Winkelmann schickte, betonte er:[3] «Ich habe es recht aus Herzensgrund geschrieben: es ist mein erstes.» Später verfaßte er auf ihn eine Elegie, die für den zweiten Theil des Godwi bestimmt war.[4]

Es war gewiß nicht ohne den Anstoß Brentanos geschehen, daß Winkelmann sich um die schwer erkrankte, bei Wieland wohnende älteste Schwester desselben, Sophie, ärztlich bemühte (Steig I, S. 20). Sie starb am 19. September 1800, wie Clemens erzählt, «wahnsinnig.»[6] Einige Jahre später erzählt er, ein Vetter aus Mainz sei in seinem väterlichen Hause «wahnsinnig und rasend» geworden u. liege jetzt an Ketten.[7] War nun abermals ein Zufall, daß Winkelmann (Saalfeld, S. 173) [Fortsetzung fehlt]

[1]Saalfeld S. 173 [2]Steig I, S. [175] [3]Steig I, S. 19 [4]Steig S. [5][Kühl] ‹Zeichnung› S. 238 [6]Steig I, S. 20 [7]Mereau II, S. 193

BLATT 143

1801 – Winkelmann, Gundel u. ihr Bruder Clemens

Savignys Sehnsucht nach einem eigenen Heerd war nur zu sehr begründet. Auch hatte er warme Freude an der Schönheit u. Anmuth von Frauen; aber auf seinen einsamen Wegen war ihm bisher nur eine begegnet, die ihm den Gedanken an eine eheliche Verbindung mit ihr nahe gelegt hatte; aber dann sah er sich genöthigt, von ihr abzusehen.

Nun nahm allmälig ein anderes Wesen in seinen Gedanken u. Gefühlen die frei gewordene Stelle ein.

Bei seinem ersten Besuch im Goldenen Kopf hatte er Clemens' Schwester, Gunda, kennen gelernt. Nicht lange nachher war sie mit ihrem Bruder Georg nach Oßmannstedt zu ihrer schwer erkrankten Schwester Sophie gereist u. hatte hier Winkelmann kennen u. als jungen Arzt schätzen gelernt. Da ergab sich dann für Savigny u. Winkelmann als nahe Freunde genügender Anlaß, über diese Schwester Brentanos ihre Ansichten auszusprechen.

Auf der anderen Seite dachte u. sprach Gundel nicht selten unbefangen von Savigny u. Winkelmann mit ihrem Bruder Clemens. Aber der war gänzlich unberechenbar in seinen Urtheilen u. Plänen, weil dabei nie die Wünsche anderer, sondern stets nur die eigenen in Betracht kamen.

Zu Anfang des Jahres 1801 machte er, der gern den Erzieher u. Vormund der Schwestern machte, Gundel Vorwürfe, daß sie Winkelmann liebe: er fand das nicht mehr angemessen, während früher Winkelmann ihm von allen Jenenser «Freunden» am nächsten gestanden hatte. Winkelmann, so schrieb Gundel dem Bruder zurück, «habe ich lieb, weil Sophie (die verstorbene Schwester) ihn gern um sich hatte,
[Fortsetzung s. folgendes Blatt]

BLATT 144

Winkelmann, Gundel etc. (2)

er sie mit Liebe u. Zartheit pflegte u. ihr Andenken heiligt.» [Steig I, S. 22] Aber noch immer war der Bruder nicht zufrieden : ihre Art der Liebe zu Winkelmann gefiel ihm nicht u. er machte der Schwester nochmals Vorhaltungen in einem langen Briefe, dessen eine Hälfte sie nicht verstand, über dessen andere sie sich kreuzigte. «Ich habe noch nie anders geliebt», schrieb sie[1] am 21. Februar dem Bruder zurück, «als auf die Art wie ich dich liebe u. so liebe ich auch Winkelmann; also wüßte ich nicht, wie ich mein Gefühl für ihn verzuckern sollte, daß man es noch erkennen kann.»

Sehr bemerkenswerth ist, daß, wie die weitere Erklärung Gundels zeigt, die Vorwürfe ihres Bruders mit literarischen Dingen u. Gegensätzen zusammenhingen. Während auf der einen Seite Friedrich Schlegel stand, stand auf der anderen ihre Großmutter, die ebenso wie Clemens, aber nach ganz anderer Richtung auch die literarische Bildung ihrer Enkelinnen leitete.

«Siehe», so fuhr Gundel fort, «ein Mädchen wie ich darf nicht sagen: bei Schlegel u. Göthe (habe ich gelesen?), denn das ist gegen die Ehrbarkeit, die sich für unser eins schickt. Wollen wir auch einmal von gelesenen Büchern etwas anbringen, so fragen wir ganz modest: ‹kennen Sie die moralischen Erzählungen der Frau von Laroche oder dieses u. jenes Buch von dem beliebten Lafontaine›?» Und andere Werke habe sie auch nicht gelesen. Es scheint hiernach, daß ihr Bruder ihr die Lectüre von Schlegelschen u. Goethischen Schriften empfohlen hat, welche sie nicht für moralisch, sondern für gegen die Ehrbarkeit verstoßend hielt. Da ist es nun allerdings eine Satyre, daß die den Enkelinnen ihre moralischen Erzählungen empfehlende Großmutter die Freundin eines Wieland, des Mannes mit dem «stechenden» Blick, der die Günderode bei Clemens

Brentano so zurückschreckte, u. die Gönnerin eines Heinse war u. Gundel am 17. März Clemens erzählte: «Ich bin gestern mit Heinse nach Offenbach gefahren; er sprach mir von Godwi u. lobte es.»[Steig I, S. 22]

Wir wissen, was Savigny von Frau Laroche u. Lafontaine dachte: jene hielt er für «sehr Schauspielerin», «sehr verschieden» von seinem «Ideal [Fortsetzung s. folgendes Blatt]

[1]Steig I, S. 22; die weitere Erklärung Gundels zeigt, daß der ihr gemachte Vorwurf mit literarischen Dingen zusammenhing.

BLATT 145

einer Patriarchin» – er hatte also deutlich ihre Stellung als Großmutter u. Erzieherin im Auge – u. daß Jean Paul im buchhändlerischen Sinne zu sinken angefangen habe u. man nun, für ihn «schon zu gebildet», «reif für Lafontaine» geworden sei, war ihm schon 1799 wenig erfreuliches Zeichen der Zeit.

Und – welch seltsamer Zufall! – dieser Kritiker tauchte nun ganz unvermuthet in demselben Briefe Gundels auf: «Sag mir,» so schloß sie, «ob Savigny mit dir hierher kommt?»[1] Zunächst also erklärte sie, daß Clemens ihr nicht nur von Savigny als seinem intimsten Freunde erzählt hatte, sondern auch, daß er seinen Besuch in Frankfurt zu Ostern in Aussicht gestellt hatte. Es war eine seiner gewöhnlichen grundlosen Vorstellungen.

Also auch an Savignys Wiedersehen hatte Gundel Interesse.

[1]Steig I, S. 22

BLATT 146

1803 Clemens, Jena, medicin. Studenten à la Brentano, seine Großmutter u. Gundel

Mereau I, S. 38 ff.
‹Zeichnung›, S. 143, 150, 153, 154, 157 | 14, 82 | 230

Die 1798 erschienene Schrift eines Ungenannten [Kühl]: «Zeichnung der Universität Jena. Für Jünglinge, die diese Universität besuchen wollen», trifft in manchen Mittheilungen mit den cynischen Äußerungen Brentanos zusammen, die wir in seinem langen Briefe an die Mereau aus Marburg vom 10. Jan. 1803 lesen. [Mereau I, S. 38 ff.] Es sind wesentlich die auf den Verkehr und das andere Geschlecht bezüglichen Dinge.

[Randnotizen:]
Genuß des weibl. Geschlechts (S. 58) ~~unfruchtbar~~ 59
Kunst Kinder zu bekommen (S. 46 Kind der Liebe 4)

Hebammen (S. 46)
Gynäcologie 46!

1) «Der Umgang mit wohlerzogenen und vernünftigen Frauenzimmern», so sagt S. 143 die ‹Zeichnung›, «ist gewiß die lehrreichste Schule zur Bildung guter Sitten; aber diese Schule ist in Jena bis auf den Grund abgebaut.» Auch bei der Musterung der verschiedenen Stände zeigt seine Schilderung abwärts zu den Aufwärterinnen, die er als «die ausgeartete Menschengattung des weiblichen Geschlechts» charakterisirt ([Kühl] S. 152).

Brentano hat in mehreren seiner projectirten Dissertationen auch das «auf dem Tapete»: «inwiefern sind weibliche Bediente auf Akademien zur Bildung der Studenten nothwendig» ([Mereau I] S. 45).

2) «Nicht alle Professoren,» heißt es dort, «leuchten als Muster der Sittlichkeit. Einige ... durchmengen ihre Vorträge mit den schändlichsten Zoten u. geben selbst Anweisungen zur Unsittlichkeit. So hört man im Collegio reden – es sind die eigenen Worte eines Lehrers: ‹Wenn der Bruder Studio mal will, ich weiß eine Frau, die nicht concipiren kann; nennen will ich sie nicht›. Und indem er so sprach, schrieb er den Namen auf die Tafel u. lief mit lautem Gelächter zur Thüre hinaus». ([Kühl] S. 230)

Und Brentano schrieb der Mereau, die kleine Actrize in Düsseldorf habe ihn eingeladen, ihrer an zwei muthwilligen Brüstchen zu vergessen; man hätte ihm verrathen, daß sie unfruchtbar sei ([Mereau I] S. 58 f.).

[Randnotiz:] der 4. Brief u. Clemens' Gedicht

Daß jener Professor in Jena ein Mediciner war, ist selbstverständlich. Man hörte wiederholt von einem Doctor der medicinae rite promotus für seine Kunst unbrauchbar eine Wirthschaft übernahm u. diese in ein schändliches Bordell umwandelte ([Kühl] S. 82).

[Randnotiz:] Gundel S. 52, 54, 55, 56

3) die Warnung des Verfassers ([Kühl], S. 156) 14 u. Clemens' (S. 58) der Vetter u. Meline!

BLATT 147–149 [Duplikate von I, Blatt 143–145]

BLATT 150 [Stichworte: Göthe und Schiller]

BLATT 151 [redundant, s. I, Blatt 152, 153, 248]

BLATT 152

Schiller

«Schiller,» so schrieb Savigny im Sommer 1799 aus Jena, «wird wohl nächstes Jahr keinen Musenalmanach, sondern anstatt dessen ein episches Gedicht des Fräulein von Imhof in Weimar (Luise im Musenalmanach) herausgeben.»[1] Es erschien aber doch noch für 1800 ein Musenalmanach, allerdings der letzte. Derselbe brachte «die Schwester des Lesbos».[1] Savigny las das Gedicht (das Epos der Amalie von Imhoff) mit großer Freude. «Ihr habt jetzt,» so schrieb er den 12. November aus Leipzig an die beiden Creuzer, «wenn ihr diesen Brief leset, Schillers Almanach gewiß schon gelesen u. wieder gelesen, u. eben so gewiß mit inniger Verehrung und Liebe dem herrlichen Mädchen gedankt, das hier die Rechte ihres Geschlechts auf schöne Kunst so siegreich verfocht wie Keine unter uns (!) es gethan hat – wie Keine, sage ich, denn wahrlich hier ist mehr als Agnes.» Gemeint ist der von Schillers Schwägerin, K. v. Wolzogen veröffentlichte Roman: Agnes v. Lilien. «Nur eines hat mir an dem trefflichen Werk weniger trefflich erschienen als das übrige; ich sage es noch nicht und erwarte erst Euer Urtheil um zu sehen, ob wir hier vielleicht in einem Punkt uns begegnen. – Das übrige ist nicht ausgezeichnet; die Sachen von Schiller haben viel Phantasie» – es sind die Gedichte: ‹Erwartung› und ‹Die Glocke› – «die von E. (es ist Herder) außer den Wünschen viel Anmuth, in Alexanders Fest ist die Idee kühn und göttlich, aber diese gehört nicht Kosegarten, sondern Dryden und die Ausführung ist sicher unter der Idee, besonders was die hier so wichtige Versification betrifft; Matthison sollte von Policey wegen das Dichten untersagt werden. Ihr kennt doch sein Basisrelief, worin Verse wie der folgende mit dem pathetischen Anfang (‹die Nymphen in den Seen und allen Strömen baden›) stehen?»[2]

«Neulich,» so schrieb er den 20. October, «hat Tieck in einer Gesellschaft Schiller alles Genie abgesprochen . . . bei Gott, es ist himmelschreiend, wie so viele unserer besten Schriftsteller mit der Wahrheit umgehen.»[3]

[1]Stoll S. 19 [Stoll I, 124] [2]Stoll S. 29 [Stoll I, 142 f.] [3]Stoll S. 27 [Stoll I, 138]

BLATT 153

Goethe

«Ich denke noch mit Freude daran,» schrieb Savigny[1a] am 23. Juli 1799 [an Schwarz], «wie W. Meister meinem ganzen Wesen zuwider war, als ich ihn (zuerst) las»; er meinte, das Gefühl treffe bei jedem Werke zu, das uns auf eine höhere Stufe der Bildung führe.

Anfangs August schrieb Savigny[1] den Freunden: «Göthe soll außer der Vollendung des Faust eine – Fortsetzung der – Ilias bearbeiten.» Gemeint ist der Achilleis, den Goethe im März begonnen hatte, aber erst 1808 unvollendet erscheinen ließ.

Als Savigny im Januar 1800 aus Anlaß des Besprechens der Eigenschaften seines Freundes v. Bostell über die «Nachtheile der sogenannten philosophischen Behandlung des praktischen Menschen» sich ausließ, erklärte er:[2] «Ich kann mit einem Wort keine andere unter unsern Schriftstellern als praktische Philosophen erkennen, keine andern, sage ich, als Goethe u. Jacobi.

Und als er den 26. April sich über die Kunstmoral oder die moralische Kunst aussprach u. Jacobi u. Goethe verglich, schrieb er:[3] «Es ist zum Theil Jacobi selbst, den wir (in seinen Werken) vor uns sehen u. an dem wir menschlich Theil nehmen. Das ist bei Goethe anders: seine Gestalten sind vollendete Individuen, wir empfinden bei ihnen nicht was wir in der Wirklichkeit empfinden, aber das was wir empfinden ist das edelste was wir empfinden können.»

[1]Stoll S. 19 [Stoll I, 124] [1a]Stoll S. 40, Anm. 204 [Stoll I, 103] Eine Parallele ist die Erinnerung S. 36 [Stoll I, 156]! [2]Stoll S. 31 [Stoll I, 145 f.] [3]Stoll S. 34 [Stoll I, 153]

BLATT 154 [s.a. I, Blatt 110, 160]

Goethe (2).

Im Mai 1800 erhielt Savigny durch Leipziger Buchhändler zwei Schriften von Goethe: eine «gedruckte Beilage» u. die ursprüngliche Vorrede zu ‹Hermann u. Dorothea›, die Goethe «aus Rücksichten unterdrückte und die nun blos in Abschriften cursirt». Beide schickte er an einen nicht näher bezeichneten Freund oder Bekannten in Marburg. Von der zweiten war er überzeugt, daß sie dem Adressaten «so viele Freude machen wird, als sie mir gemacht hat». Die erstere, die er erst den Tag vorher von Joachim erhalten hatte, schickte er, indem er die zweite beilegte, deshalb «sogleich, weil der Termin ziemlich nahe ist.»[1] Demnach ist die Vermuthung wohl begründet, daß es sich um eine der Zeitungen handelte, in denen Goethe Anzeigen über die Preisaufgaben in den Propyläen machte.

Daß der Adressat weder einer der beiden Creuzer noch Schwarz ist, zeigt nicht nur der ganz ungewöhnliche Schluß: «Leben Sie wohl», sondern auch eine Bemerkung des Briefes, wonach der Adressat London u. Paris kannte. Aller Wahrscheinlichkeit nach ist es der Pfarrer Carrière . . . , der Vater des Philosophen Moriz [Carrière] (in Griedel im Großherzogtum Hessen), über dessen «Poesien» Savigny am 6. Dezember 1799 den beiden Creuzern seine Freude aussprach u. den er vielmals grüßen ließ.[2]

[1]Stoll S. 30 [Stoll I, 144] [2]Stoll S. 36 f. [Stoll I, 159, Anm. 2]

BLATT 155

1800 den 2. Januar Weimar G o e t h e an F. H. Jacobi (Goethes Werke 4. Abth. 15. Bd. <in Eutin> Weimar 1894) | Nr 4172 (S. 4–7). cf. S. 306)

Der Anblick einer von Hause aus vornehmen Natur, die an sich selbst glaubt u. also auch an das beste glauben muß dessen der Mensch auf seinen höchsten Stufen sich fähig halten darf, ist immer wohlthätig u. wird entzückend, wenn wir Freundschaft u. Liebe gegen uns in ihr, zugleich mit ihren Vorzügen, mit empfinden.

Seit der Zeit [da] wir uns nicht unmittelbar berührt haben, habe ich manche Vortheile geistiger Bildung genossen. Sonst machte mich mein entschiedener Haß gegen Schwärmerei, Heuchelei u. Anmaßung auch gegen das wahre ideale Gute im Menschen, das sich in der Erfahrung nicht wohl ganz rein zeigen kann, oft ungerecht. Auch hierüber, wie über manches andere, belehrt uns die Zeit u. man lernt: daß wahre Schätzung nicht ohne Schonung sein kann.

Seit der Zeit ist mir jedes ideale Streben, wo ich es antreffe, werth u. lieb u. du kannst denken, wie mich der Gedanke an dich erfreuen muß, da deine Richtung eine der reinsten ist, die ich jemals gekannt habe.

‹An Herrn Geheimen Rath Jacobi nach Eutin›

———

1805 den 1. Dez. schrieb Creuzer an Caroline: «Es ist doch sonderbar, daß auch ich während des Abschreibens von Goethes Brief an Savigny denken mußte.» (die Abschrift noch in dem Nachlaß der ‹Günderrode› erhalten: Geiger [Karoline von Günderode und ihre Freunde][XXIII] S. 2.)

BLATT 156

[Stichwort: Wieland]

BLATT 157

[Christoph Martin] Wieland (1733–1813) Der Marburger Freund

Seit 1792 in Weimar als ‹Herzogl. Hofrath›
1773–89 Redaction des ‹Deutschen Merkur›
1781 Geschichte der Abderiten
Oberon
1784–87 Auserlesene Gedichte (darunter ‹Wintermärchen›)
1788–89 ‹Lukians sämtl. Werke›

Seit	1794	Gesamtausgabe seiner Werke
"	1796	‹Attisches Museum›
"	1798	auf dem von ihm angekauften Gut Oßmannstedt bei Weimar mit seiner großen Familie

Verhältniß zur La Roche u. der Sophie Brentano.[1]
Briefe an Sophie von LR. Berlin 1820

[Heinrich] Pröhle: Lessing, Wieland, Heinse. Berlin 1877
[Bernhard] Seuffert: Biographie [Wielands], [Muncker, in: Deutsche Litteraturdenkmale des 18. Jahrhunderts, Bd. 6, S. III–XXX]. Scherer, [Geschichte der deutschen Litteratur] S. 758

Savigny: wie er schreibt (Stoll S. 12) [Stoll I, 114]
die Anzeige von Herders Metakritik (Stoll S. 19) [Stoll I, 124]

[1]Meyer xvi, 598 [Meyer, 6. Aufl., Bd. 20, Sp. 598: Wieland][XXIV]

BLATT 158 [redundant; kurzer Text zum Verhältnis Karoline und Creuzer, gehört inhaltlich zu Einheit IV 1 bzw. VI – eingefügt als Blatt 101 in Einheit IV 1]

BLATT 159

Wieland

Heigel, [Deutsche] Geschichte . . . [vom Tode Friedrichs des Großen bis zur Auflösung des alten Reiches]

Mai (Stoll S. 19)

Vor der Reise:
Am 3. Juli 1799 schrieb Savigny[1] an Friedrich Creuzer: «Der Merkur, der hier zurückfolgt, hat mich in der Verachtung gegen Wieland weiter gebracht: er erscheint hier in Wahrheit als altes Weib.»

[1]Stoll S. 12 Anm. 60 [Stoll I, 100 f.]

BLATT 160

[s.a. I, Blatt 110, 153, 154]

Göthe

Savigny 1799 den 23. Juli: ‹Ich denke noch mit Freude daran, wie Wilhelm Meister meinem ganzen Wesen zuwider war als ich ihn las›; wobei er meint, das treffe zu bei jedem Werke, das uns auf eine höhere Stufe der Bildung führe. (Stoll S. 40 Anm. 204) [Stoll I, 103, Anm. 1]
1799 im Sommer aus Jena: ‹Göthe soll außer der Vollendung des Faust eine – Fortsetzung der – Ilias bearbeiten› (S. 19) [Stoll I, 103]. Es ist der im März begonnene Achilleis gemeint.
– 17. August: Herrmann schimpft auf die Propyläen› (S. 21 f.) [Stoll I, 129]
1800 d. 3. Jan. Die praktische Philosophie von Göthe (S. 30) [Stoll I, 145 f.]
1800 d. 26. April aus Leipzig über das Kunstideal von Göthe (S. 33 f.) [Stoll I, 153]
– d. 13. Mai. Joachim (der Buchhändler) übergab mir gestern die gedruckte Beilage, die ich Ihnen sogleich zuschicke, weil der Termin ziemlich nahe ist (es war wohl eine Nummer einer der Zeitungen, in denen Göthe Anzeigen über die Preisaufgaben in den Propyläen machte). Ich lege dieser Schrift von Goethe eine andere bei, die zur Vorrede von Hermann u. Dorothea bestimmt war, die er aber aus Rücksichten unterdrückte u. die nun blos in Abschriften cursirt: sie wird Ihnen aber so viele Freude machen, als sie mir gemacht hat.› (S. 36) [Stoll I, 159]

BLATT 161

Studienreise

Die La Roche

war Virtuosin der Conversation, u. im Hinblick auf die außerordentliche Leichtigkeit, womit sie von einem Gegenstand zum andern übersprang, erfand Lavater für sie den Ausdruck ‹die Verschwebte›. (Pirazzi [Bilder und Geschichten aus Offenbachs Vergangenheit], S. 257 Anm.)

BLATT 162

[redundant, s. I, Blatt 231]

BLATT 163

Savignys Verhältniß zur schönen Literatur

Die Notizen aus Stoll in genauer Verbindung mit Steig, des Gegensatzes wegen

1) Goethe u. seine Verehrer in dem Kreise
Winkelmann (Klassiker› (Steig)
Wrangel (Steig I, S. 70)

2) Schiller

2a) Jean Paul
Savigny
Günderode (Geiger)
Clemens – hat für Humor kein Organ!
Nur Witze, wenn ____

3) Tieck
Savigny
Clemens

4) Friedrich Schlegel: Lucinde
Savigny
Clemens

BLATT 164

Savigny u. die Ehre

Die Vertheidiger der Scheinmoral berufen sich nur zu gern auf Goethe, auf ihn, der immer wieder gelehrt hat: Selbstüberwindung, Herrschaft über Temperament u. Vergnügen sei des höheren Menschen Aufgabe. ‹Das ist Recht u. Pflicht zugleich.›

‹Leb mit der Welt in Frieden›, ließ Goethe sich von der Allegorie der Wahrheit zurufen; sie wollte im Kampf mit der Welt leben. [aus: Zueignung, Goethe, Gedichte. Ausgabe letzter Hand, S. 20] Creuzer

BLATT 165

[Stichwort: Jean Paul]

BLATT 166 [s.a. I, Blatt 57, 189]

Jean Paul Friedrich Richter (1763–1825) (die Marburger Freunde)

Fr. Vischer. Kritische Gänge. Neue Folge. Bd 6 [1873], S.133: [Eine Schrift über Jean Paul]
K. Ch. Planck. Jean Pauls Dichtung [im Lichte unserer nationalen Entwicklung]. Berlin 1867
P. Nerrlich. Jean Paul u. seine Zeitgenossen. Berlin 1876

1793 Unsichtbare Loge. Berlin
1795 Hesperus. Berlin
1796 Das Leben des Quintus Fixlein. Baireuth
– Biograph. Betätigungen . . . Berlin
1796–97 Blumen-, Frucht- u. Dornenstücke oder Ehestand, Tod u. Hochzeit des Armenadvokaten Siebenkäs. Berlin, 4 Bde
– in Weimar (Charlotte von Kalb)
1797 ____ Emilie von Berlepsch
– im Oct. in Leipzig
1798 Kampanerthal oder die Unsterblichkeit der Seele. Erfurt
– auf Einladung der Herzogin Amalia wieder in Weimar
1799 im Frühling in Hildburghausen
– erhält den Titel eines Legationsraths
– geht nach Berlin[1]

Charakterisierung von Scherer, S. 673 f.; in 2 Seiten (S. 675)
Die deutsche Kleinstaaterei (673)
Roquairol (S. 675)

Savignys Lecture bis 1799 u. das Bild, was er sich von ihm machte:
a) seine Wissenschaft (Stoll S. 9) [Stoll I, 110]; Verhältnis zu Jacobi (S. 20) [Stoll I, 125]; cf. S. 28 [Stoll I, 141]
b) sein Sch_____ (S. 17) [Stoll I, 121 f.]
c) seine Gutheit, «Kindlichkeit» u. Unschuld (S. 10) [Stoll I, 110]
d) die Kupferstiche (S. 9) [Stoll I, 110]

[1]alles nach Meyer XIII, 812 f. [Meyer, 6. Aufl., Bd. 16, Sp. 904: Richter][XXV]

BLATT 167 [Quellenangaben]

BLATT 168 [vermutlich Irrläufer: über das fürstliche Paar in Birstein 1761]

BLATT 169

Hufeland von Landshut nach Danzig

Caroline (Schlegel): München den 2. April 1808 [an Luise Wiedemann]
([Schelling, Caroline. Briefe aus der Frühromantik] II, 523 f.)
«Hufeland ... ist in seine Vaterstadt Danzig als erster Bürgermeister u. Regierungs-Vicepräsident (so lange General Rapp da ist) gerufen mit einer Einnahme von 5000 rh. Sie haben es gern angenommen u. gehen anfangs des Sommers dahin ab. In Landshut konnten sie recht gern sein, u. die Vaterstadt u. Familienpaläste winkten ihm doch auch, obschon Danzig so manches erlitten. General Rapp war mit diesem Ruf ganz einverstanden: es wäre möglich, daß er ihn vormals in der Schweiz kennen gelernt hat.»
... (München, Febr.? 1809, [Schelling, Caroline. Briefe aus der Frühromantik] II, 542)
«Daß der Bürgermeister Hufeland den russischen Alexander komplimentirt, ihm zu Diensten gesessen u. viel mit ihm gesprochen hat, ist ihm doch gewiß für viele 1000 rh nicht feil.»

– – – – – – – – – –

Friedrich Ast

aus Gotha, und Schildknappe Schlegels, Privatdozent der Philologie in Jena, Professor in Landshut, nach Voß ein «dürrer Ast», (Erich Schmidt: Caroline II, 606)
Creuzer bei Steig

1806 im Febr. schrieb Creuzer von seinen [Asts] litterarischen Verdiensten.[1]

[1]Rohde S. 85

BLATT 170 [s.a. I, Blatt 235, Savignys Reisedaten]

6. Die Reise bis Weimar

Gotha
Weimar 1. bis Weimar

2. Fortsetzung: bis Prag; zurück nach Leipzig
(1799 Juli bis 1800 Juli)

Jena (Stoll, S. 13)
Leipzig (S. 20)
Meißen (S. 22)
Dresden (S. 23)

Erzgebirge (S. 23)
Fichtelberg (S. 26)
Karlsbad (S. 26)
Prag (S. 27)
zurück:
Dresden (S. 27)
Leipzig, S. 27 | als Standort
Excursion nach Jena (S. 34)

3. Savignys Befinden
a) die Hand
b) die Augen
c) die Melancholie

4. Leipzig, Halle, Jena mit den von Sav. besprochenen Lehrern;
nur ____

BLATT 171 [s.a. I, Blatt 254–256]

Studienreise
[Schrader, Geschichte der] Univ[ersität] Halle (2)

2) die philos. Facultät
Erst seit 1802 werden bei Zählungen die Studenten der Mitglieder der philos. Facultät besonders aufgeführt (Schrader I, S. 561). – Wie denn früher?
J. P. Eberhard, Metaphysik, Logik, Aesthetik (Schrader I, S. 587)
1787 hatte Wolf das Philologische Seminar geschaffen, das Vorbild für alle späteren gleichartigen Anstalten (Schrader I, S. 455)
Hier hatte Schleiermacher den Grund zu seinem Studium über Plato gelegt
(? – nachsehen S.)
1790 hatte Prof. Gren das Journal der Physik gegründet;
sein Nachfolger Gilbert 1797 (?) gab die Zeitschrift als Annalen der Physik heraus (S. 606)
Ritter u. Arnim?
Steffens (Schrader I, S. 608 f.)

3) die medicinische Facultät
Die Apotheke (Schrader I, S. 561)
Seit 1770 die bessere Verwaltung des botanischen Gartens (Schrader I, S. 577)
Seit 1777 der Anatom Meckel (Schrader I, S. 575)

1798 den 1. Febr. neue Professorenordnung für Ärzte,
Wundärzte u. Apotheker (Schrader I, S. 561)

1804 Steffens für Physiologie u. Naturphilosophie (Schrader I, S. 608)

Gesundheit u. Krankheit (Schrader I, S. 613)

BLATT 172

Zu Savignys Studienreise (Eichhorn. Schulte)
[Schulte, Karl Friedrich Eichhorn, sein Leben und Wirken]

Prag (Schulte, S. 21)
Dresden (S. 21)
Leipzig (S. 22)
Jena (S. 22)
Weimar (S. 22)
Gotha (S. 22)

BLATT 173

[Stichwort: Savigny, Einfluß der Philosophie auf die Jurisprudenz]

BLATT 174

(1799–1804) Savignys eingehende Studien über römisches Staatsrecht

werden uns bezeugt durch J. Grimm, der die von Savigny mit nach Paris genommenen Arbeiten benutzen sah u. von Creuzer, der in seinem 1824 erschienenen ‹Abriß der römischen Antiquitäten› zu dem 10. Kapitel ‹Grundzüge des römischen Staatsrechts und seiner Geschichte› (S. 239) bemerkt:

«Nicht nur in der Anordnung, sondern auch im Material dieser Capitel mache ich ... von einigen schriftlichen Mittheilungen Gebrauch, die ich der Güte des Herrn Staatsrath v. Savigny seit vielen Jahren verdanke».

Leider besitzen wir kein Heft über seine in Vorbereitung 18 .. gelesene Röm. Rechtsgeschichte. Für die spätere Kaiserzeit treten diese Studien auf in dem 1. Band seiner Geschichte.

BLATT 175

Der Rechtsunterricht im 16. Jahrhundert

[Muther, Zur Geschichte der Rechtswissenschaft]

Den elenden Zustand des Rechtsunterrichts auf deutschen Universitäten während des ersten Viertels des 16. Jahrh. hat Muther geschildert. (S. 308)

«Erst die Gründung der Wittenberger Universität macht Epoche in der Geschichte unserer hohen Schulen» (256). Freilich war es kein neuer Gedanke, daß bei Gründung dieser Universität Kirchengut dem Unterricht dienstbar gemacht wurde (S. 254). Unterschied der Kanoniker u. andere (S. 293), aber Wittenberg war eine der ersten deutschen Universitäten, bei deren Gründung man die Einholung eines kaiserl. Errichtungsbriefes für nöthig hielt, schon bevor die päpstl. Fundationsbulle erlangt war (256).

[Randnotiz:] [die allein _ __ geisteswissenschaftl. fundirte ____?] (288)

Aber bald schon zeigten auch diese Statuten Mängel genug. Schon 1516 trug die Universität dem Kurfürsten als einen großen Mangel vor, «daß keine Lection fundirt u. ewiglich also zu bleiben gestiftet sei, ausgenommen was auf die Geistlichkeit geordnet ist. Solche Stiftungen seien in allen Facultäten nöthig; insbesondere Stellen für zwei Juristen, «die leges lesen, aber gelehrt u. erfahren Leut.» (S. 288)

Heißt es doch selbst in einem Rescript vom Jahre 1538, daß sich mehrere unterstehen, in iure zu lesen, die zuvor keine ordentl. Schule durchgemacht. (S. 307)

Dazu kam, wie es bei den Verhandlungen des J. 1517 heißt, das versäumliche Lehren der Doctoren, insonderheit der Juristen. Freilich lautet die Entschuldigung, es sei nicht anders möglich, man müsse durch andere Thätigkeit erst den nöthigen Unterhalt gewinnen (296). In der That waren die Rechtslehrer nebenher Advokaten u. Rechtskonsulenten, stets bereit, bei Gelegenheit eine einträglichere Stelle anzunehmen. (S. 293)

Die Methoden (Savigny VI, S. 419); Einfluß Melanchthons (Muther 391; selbst Wien (S. 126 Anm.)

Das röm. Recht im Vordringen (S. 241, 257 f. 107, 109)

[Fortsetzung fehlt]

BLATT 176

Die Universität Jena

Schulte. [Karl Friedrich] Eichhorn: [sein Leben und Wirken] S. 1 f.

- - - - - - - - - -

Entschlüsse u. Pläne (___ zur Reise)

1) Promotion in Marburg u. Docent, zunächst für Strafrecht / Stoll S. 35 [Stoll I, 156]

2) Gedanke an ein kritisches Blatt / Stoll S. 32 [Stoll I, 146]; Steig S.

3) Gedanke an eine größere literarische Reise / Stoll S. 28 [Stoll I, 140, Anm. 1]

BLATT 177

[Goethe an Schiller]
1799 den 23 Oct. Weimar «Von Frankfurt erhalte ich die Nachricht daß [Johann Georg] Schlosser gestorben ist. Die Franzosen und sein Garten sind die nächsten Ursachen seines Todes. Er befand sich in demselben, als jene sich Frankfurt näherten. Er verspätete sich und fand das nächste Thor schon verschlossen,» etc. (II, S. 224 Schiller - Goethe)

BLATT 178–179

[Stichworte: Görresbrief 1808; Savignys Reiseüberlegungen]

BLATT 180

Savignys Gesundheit

war, als er die sächsische Reise antrat, noch nicht genügend fest; und der Zweck der Reise war auch wohl mit der, sie mehr zu befestigen.

1799 den 16. August berichtet er aus Leipzig, daß sein krankhafter Zustand sich wieder geltend gemacht u. ihn von Gotha weggetrieben habe (Stoll S. 20). [Stoll I, 126] Insbesondere machten ihm seine Augen zu schaffen. Auch hatte er eine schmerzhafte Hand, die ihm einmal stark gequetscht worden war, als er jemand beim Einsteigen in eine Kutsche behülflich sein wollte (Geiger S. 29 f.).

Nun fragte er auf seiner Reise sehr berühmte Ärzte um Rath. ‹Die meinten,› so erzählte er später, ‹ich müßte mich wohl verbrannt haben: helfen konnten sie mir nicht› (a.a.O.).

‹Meine Augen›, so theilte er den 8. Sept. 1799 mit, ‹waren wieder so schlimm geworden, daß ich diese zwey Tage größtentheils mit verbundenem Haupt zu Hause sitzen mußte›. Er hatte den Rath des guten D. Weigel gesucht (Stoll S. 23). [Stoll I, 132] Aber das Übel war nicht gehoben. Savigny sah sich veranlaßt, einen Augenarzt zu consultiren.

‹Wegen meiner Augen,› so schrieb er aus Leipzig den 1. Nov. 1799, ‹habe ich mich an den geschickten Oculisten Gabriel gewandt, der eine weitläufige Cur mit mir angefangen hat› (Stoll S. 28). [Stoll I, 140]

Unter solchen Umständen ist es verständlich, wenn sich Savignys eine gewisse Hypochondrie bemächtigte u. zwar eine Zeit lang in sehr hohem Grade. Nachdem der Oculist ihm gute Hoffnung gegeben, schrieb er, ‹die Hypochondrie, die mich fürchterlich peinigte, ist gewichen und so bin ich im Stande gewesen, manche Bekanntschaft zu machen, die mich interessirt, manche die mir wenigstens Umgang verschafft: ich sehe wieder froher u. lebendiger ins Leben hinein› (S. 28). [Stoll I, 140] Aber das Augenübel war hartnäckig. Das Schicksal, so schrieb er aus Leipzig den 3. Jan. 1800, ‹schickt mir zuweilen ein 8–14 tägiges Augenübel in die beste Arbeit hinein u. erinnert mich so an die menschliche Gebrechlichkeit› (S. 31). [Stoll I, 145] So klagte er den 14. März über ‹eine Art von Winterschlaf – soll ich es Hypochondrie nennen? – in dem ich mechanisch fortarbeitete ohne andere als dumpfe peinliche Empfindungen›; ‹ich glaube›, so meinte er dann freilich, ‹die ungewöhnliche Kälte war die Hauptursache davon›; jedenfalls war sein Augenübel nicht mehr ‹heftig› (S. 33). [Stoll I, 151] Aber am 1. Juni schrieb er aus Leipzig, er habe keinen Muth zum Reisen (S. 32), [Stoll I, 160] u. so trat er dann bald die Heimreise an.

BLATT 181

Savignys Hypochondrie[1]

Stoll S. 20 f. (20, 23) 27, 28 (31) 33, 39

[Randnotiz:] Später in Berlin
Erbliche Anlage: ‹Vater›
Der Gedanke an seine Geschwister; an seine Mutter
an seinen eignen Blutsturz
___ dann seine Pläne?
Lebensüberdruß u. These über Selbstmord

Winkelmann

[1]Meyer VIII 854 [Meyer, 6. Aufl., Bd. 9, Sp. 713: Hypochondrie]

BLATT 182

[Stichwort: Savignys Gefühl der Einsamkeit und sein Verkehrsbedürfnis]

BLATT 183

Fr. Schlegel Savigny

den 16. August 1799: ‹Über die Lucinde habe ich mich schon gegen Schwarz schriftlich geäußert, aber provisorisch; laßt nur den pars II erwarten.› (S. 21) [Stoll I, 127]
Den 20. Oct.: Jacob Böhme soll jetzt Tiecks u. Fr. Schlegels Held sein. (S. 27) [Stoll I, 138]

1800 den 3. Jan. aus Leipzig an Fr. Creuzer: ‹Der Brief an Fr. Schlegel ist nebst den Abhandlungen (wahrscheinlich Creuzers erste Abhandlung) abgeschickt; allerdings war es besser, einer unangenehmen u. zugleich ungerechten Mißhandlung zuvorzukommen u. ich sehe nicht, was selbst die strengste schriftstellerische Delicatesse daran aussetzen könnte, daß Sie einem Mann den Sie als Denker schätzen Ihre Ideen mittheilen, weil Sie sich auch von ihm gekannt wünschen.› [Stoll I, 146]

– den 26. April: ‹F. Schlegel wird Ihnen, lieber G.F., nächstens schreiben, wenn er es noch nicht gethan hat. Ich habe die beiden Schlegel nicht gesprochen.› (S. 35) [Stoll I, 155]

BLATT 184

Den 24. Juli [1799] [Stoll I, 106f.]

«Hier sitz' ich in meinem reinlichen Stübchen ... und denk' an euch, ihr Guten, deren Andenken mich überall begleitet. Ich kam zuerst durch das einfach schöne Kinzigthal, dann durch abwechselnde unbedeutende Gegenden bis vor Fuld».

«Ich war begierig, die einförmige steife Gegend und das enge finstere Mönchstädtchen zu sehen, das mir meine Phantasie vorgebildet hatte, und erstaunte nicht wenig, als ich in das anmuthige Thal einzog, in dessen Mitte das Franciskanerkloster – auf einem steilen Weinberg über der Stadt, an dem eine Reihe alter Linden herunter zieht – eine sehr romantische Würkung that. Auch die Stadt fand ich ganz anders als ich erwartete: anstatt der engen Straaßen und engen Häuser, breite reinliche Straaßen mit neuen, zum Theil schönen und großen Häusern; vor dem Schloß, das mehr groß (nicht im ästhetischen Sinn) als schön ist, stehen einige Reihen von Linden, und auf diese folgt ein großer Platz, an dessen Ende die Façade der neuen Domkirche sehr gut ins Auge fällt. Die Kirche selbst (ich sah sie nur von außen) gefiel mir nicht: sie ist in Form eines Kreuzes gebaut, auf dem mehrere runde niedrige Thürme wie Warzen aussehen, die man abbinden möchte. – Das Franciskanerkloster hatte mir so gefallen, daß ich hinaufgehen mußte, aber – ich mag das nicht allein genießen, kommt mit mir ihr Lieben! wir gehen den gepflasterten Fußsteig hinauf, freuen uns über die ehrwürdigen Linden, die ihn bald auf einer, bald auf beiden Seiten begleiten, und langen unvermerkt auf der Höhe an, die uns unsere Wallfahrt zu diesem Tempel der Natur so reichlich belohnt. Rechts an uns der fruchtbare Hügel, vor uns das freundliche Grün einer flachen Wiese, von der Fulda in krummen Linien durchschnitten – und wie sich das schöne Wiesenthal links in die Ferne zieht, zwischen Bäumen und Dörfern, und unsrer Phantasie Raum giebt zu lieblichen Bildern vom Ursprung des Flusses, den es uns herführt – und dann die hohen, eckigen Rhönberge und unter ihnen die zackigen Ruinen der Eberszwacke – und nun das schöne Halbrund geschlossen von einem andern Hügel, mit einer stattlichen Probstey bebaut – und das Ganze menschlich belebt durch das schöne Fuld zu unsern Füßen und durch die zierlichen Häuser … [Fortsetzung s. I, Blatt 185, 2. Abschnitt]

BLATT 185

[Ausschnitt aus Buchhandelskatalog mit Angebot einer Festschrift zur Feier des 500jährigen Bestehens der Universität Leipzig 1909]

– – – – – – – – – –

[Fortsetzung von I, Blatt 184]
… «durch die zierlichen Häuser u. Dörfer u. Probsteyen rechts u. links! – mit einer widrigen Empfindung hörte ich plötzlich hinter mir den Gesang der Mönche; warum verstimmt uns das, da uns eine alte Burg, ein altes Kloster selbst in einer lachenden Gegend willkommen sind und da doch beide Ruinen, die religiösen und die architectonischen, auf Ein Mittelalter hindeuten? darum, weil diese die g a n z e historische Figur in uns hervorrufen, an der nun auch und vornämlich die schlichte Kräftigkeit hervortritt und uns erfreut, anstatt daß jene uns nur noch das häßliche Gerippe zeigen, ohne das Leben und die Schönheit, die ihm die Muskeln geben.» [Stoll I, 106 f.]

BLATT 186

[s.a. I, Blatt 188]

– den 25. Juli [Stoll I, 107 f.]

«Wie lieblich ist der erste Blick nach Thüringen, von den Höhen vor Berka, und mit welchen Hoffnungen erfüllt er das Herz des Wanderers!»

– – – – – – – – – –

«Eine halbe Stunde vor Eisenach erscheint uns eine große Natur; zu beiden Seiten hohe, steile Berge und Felsen, mit Buchen und Kiefern bewachsen, und plötzlich vor uns der wilde, steile Berg, der die Wartburg trägt. Die Burg selbst erscheint von dieser Seite kleinlich und schlecht . . . Ein artiges Mädchen war meine Cicerone und zeigte mir die heiligen Reste der Zeiten, die nicht mehr sind. Sein Zimmer, und die Kanzel, auf der Er stand und sprach – und das Zeughaus mit den alten Waffen und Rüstungen . . . .

«Die Gegend ist herrlich: erst das nahe waldige Gebirge, den breiten nakten Felsen in der Mitte, wild wie die Männer die hier hausten und groß wie der, der einen größeren Kampf unternahm als sie, und ihn siegreich vollendete – an diese wilde Gegend schließen mehrere buschige Thäler, die den Übergang in die weite Ebene sanft vermitteln.

«Ich konnte den gefahrvollen Weg um die Mauern der Burg nicht vollenden und mußte an der Seite, an welcher das Hauptgebäude liegt, herabsteigen; so entdeckte ich zufällig die Seite, von welcher die Burg gesehen werden muß, die einzige von welcher sie sich würdig ausnimmt. [Fortsetzung s. I, Blatt 188, 2. Abschnitt]

BLATT 187

[s.a. I, Blatt 197]

Savigny hatte Empfehlungsbriefe von Friedrich Creuzer, der das Jahr vorher in Gotha gewesen war, an Schlichtegroll, der als Professor am Gymnasium u. verheirathet mit einer Rousseau aus Genf. Er wohnte da mit seinem Vater, dem Hofrath u. Lehnssekretär in demselben Hause.

«Im Schlichtegrollschen Hause wurde ich sehr liebevoll aufgenommen; durch ein glückliches Missverständnis kam ich zuerst zu dem alten Rath Schlichtegroll, in dem ein langes Geschäftsleben – er ist über 70 Jahre alt – die Züge der reinsten Humanität nicht hat verwischen können; wenn ich wählen müßte, ich glaube, ich gäbe ihm den Vorzug vor allen andern Gliedern dieses Hauses; glauben Sie wohl, daß er noch vor einiger Zeit Jean Pauls Schriften mit vielem Interesse hat kennen lernen? und, wohlgemerkt, das alles ist nicht Individualität – seine Bildung und sein Leben deuten gar nicht auf etwas ausgezeichnetes hin –, es ist Nationalität! oder wissen Sie mir in unsern vaterländischen Gegenden auch nur Einen zu nennen, der bey gleichen Bedingungen gleich liebenswürdige Resultate zeigte?

Sein Sohn, der Professor, hat, wie sich von selbst versteht, mehr gelehrte Bildung, aber nicht weniger Natürlichkeit und Herzlichkeit; er lebt mit seinem freundlichen gebildeten Weibe ein recht glückliches Leben.

Auch den liebevollen Lenz u. den mittheilenden [Friedrich Christian] Jacobs sehe ich hier; mit Lenz disputirt man gerne, er ist kein Stockkantianer – ‹nicht wahr, man merkt es dem Manne nicht an, daß er so gelehrt ist (nämlich Jacobs)?› das sagte J. Paul über beide Männer».[1]

[1]Stoll S. 7f. [Stoll I, 109f.]

BLATT 188

In diesem Hause lernte dann Savigny noch zwei andere Professoren des Gymnasiums kennen, den «liebevollen» Lenz u. den «mittheilenden» Jacobs, das Haupt des Gothaer Philologenkreises, aber auch Jean Paul, einen nahen Freund des Hauses, der von Weimar wieder einmal zu Besuch war. «Mit Lenz disputiert man gerne: er ist kein Stockkantianer. ‹Nicht wahr, man sieht es dem Manne nicht an, daß er so gelehrt ist›, sagte Jean Paul über beide Männer.»

«Jean Paul ließ sich gerade malen u. ich konnte ihn also nach Wunsch betrachten. Über sein Auge hat die Natur einen Schleier gezogen; tief hinter ihm entdeckt man den regen lebendigen Geist. Dies u. das unausgesetzte Spiel seiner weichen Muskeln ... [Fortsetzung s. I, Blatt 189]

- - - - - - - - - -

[Fortsetzung von I, Blatt 186]
[Die Burg] selbst erscheint von dieser Seite kleinlich und schlecht, die verfallenen Gebäude des Eingangs stehen in keinem Verhältnis mit ihrer Umgebung, besonders wenn man weiß: das ist die Wartburg!

Das erste was mir in Eisenach bei einem flüchtigen Blick auf die Straase auffiel, war die schöne Bildung der Weiber u. Mädchen, die sie durch ihre häßliche Mantelkleidung vergebens zu entstellen suchten.

Ich ging durch das Rösische Hölzchen, eine artige Anlage, ... nach der Wartburg; ein artiges Mädchen war meine Cicerone und zeigte mir die heiligen Reste der Zeiten, die nicht mehr sind. Sein Zimmer, und die Kanzel, auf der Er stand und sprach – und das Zeughaus mit den alten Waffen und Rüstungen u. dem engen Kerker, worin Prinz Friedrich (vielmehr sein älterer Bruder Diezmann) [ein Jahr lang gefangen saß], u. das Bett, worin die fromme Fürstin schlief.»

Das Bett, das Savigny als das der Hl. Elisabeth gezeigt ward, war aber nicht mehr das alte, dieses war längst in kleinen Stücken weggenommen u. durch ein neues ersetzt worden.

«Die Gegend ist herrlich: erst das nahe waldige Gebirge, den breiten nakten Felsen in der Mitte, wild wie die Männer die hier hausten und groß wie der, der einen größeren Kampf unternahm als sie, und ihn siegreich vollendete ....» [Stoll I, 108]

- - - - - - - - - -

– den 26. u. 27. Juli [Stoll I, 108 f.]
«Die Post hatte mich in Eisenach so lange warten lassen, daß ich zu spät nach Schnepfenthal gekommen wäre, ich ging deswegen gar nicht hin u. setzte es auf das Restantenverzeichniß ...

Gotha ist eine schöne, freundliche, lebendige Stadt; der Friedenstein über ihr giebt ihr ein recht vornehmes Ansehen. Auf ihm u. noch mehr auf dem Seeberg ist die Aussicht weit, aber größtentheils unbedeutend.

BLATT 189

[s.a I, Blatt 57]

[Fortsetzung von I, Blatt 188, 1. Abschnitt]
[das unausgesetzte] Spiel seiner weichen Muskeln macht das Treffen unendlich schwer, wie er denn auch hier verfehlt wurde. Alle Kupferstiche stellen uns n i c h t s von ihm dar als – sein Haar.

«Seine Bekanntschaft hat meine Meinung von ihm sonderbar modificirt: ich halte ihn für einen größeren Künstler; denn der Jean Paul, dessen Darstellung das Thema seiner Werke ist, ist nicht Fr. Richter: dieser hat n i c h t s humoristisches, das bei jenem Grundzug ist, weder das satirische noch das humoristisch liebende, sondern bloß ein ungemein sanftes, aber etwas gezwungenes oder gar affectirtes Wesen, das gegen Frauen sich dem schmachtenden nähert. Aber ich halte ihn nun auch mehr für gänzlich divergirend von unsern Ideen in gewissen Hauptpuncten, z. B. was wissenschaftliche Ansicht u. Werth der Wissenschaft überhaupt betrifft. War er nämlich humoristisch, kurz war er Jean Paul, so mußte er eine Universalität besitzen, die, wie ich jetzt glaube, gegen sein ganzes Wesen ist; er mußte über Misbrauch der kantischen Philosophie lachen können u. Ansichten von Kant u. Fichte mit Wärme ergreifen; mußte Herder verehren können u. die Metakritik rächen; mußte Sinn haben u. Interesse für jede Form, in der ein schaffender Geist erscheint, kurz, er mußte nicht so ganz bestimmte feste Puncte haben an denen er hängt u. die sein Glaubensbekenntnis ausmachen.

Er ist mir fremder geworden: Jean Paul kannte ich recht gut, aber mit ihm hätte ich erst bekannt werden müssen. Manches freilich habe ich gefunden was ich erwartete: seine Gutheit u. Kindlichkeit u. Unschuld. Aber ist nicht das viel oder wenig, was wir finden, relativ? – In Weimar hält ihn Herder, den er anbetet.» [Stoll I, 110]

BLATT 190

Die Beziehungen Richters, der «häufig von hohen Herrschaften occupirt» wurde, führten Savigny auf den Hof, den Herzog Ernst II (1772–1804), die Herzogin Charlotte, geb. Prinzessin von Meiningen, die für die Revolution schwärmte, u. den Erbprinzen Emil August (geb. 1772) u. die Erbprinzessin . . .

Der Hof lebt nicht eigentlich in häuslicher Vereinigung, aber doch in einer sehr löblichen Einfachheit: man sieht hier nichts von dem Orientalismus, der an manchen Orten, wenn nicht in der Pracht, doch in der strengen Zucht u. Furcht erscheint. Die Herzogin wohnt den Sommer über in einem schönen gothischen Hause, das sie sich nahe am Schlosse gebaut hat, u. zwar ganz allein.

Der Herzog wendet ausnehmend viel auf die Bibliothek, die auf 60 000 Bände geschätzt wird u. besonders an alten Drucken reich ist, wiewohl das älteste dieser Bücher», fügte er, um den Homer-Schwärmer Friedrich Creuzer zu necken, hinzu, «noch lange nicht so alt ist als Homer». Unter ihre vorzüglichsten Schätze gehört das Gebetbuch Carls V., das sich durch seine außerordentlich schöne Schrift auszeichnet, u.

eine deutsche Bibel vor Luther, deren Gemälde zwar zur Hälfte elend, zur andern Hälfte aber von Werth sind.

Die neuen Zimmer der Erbprinzessin muß man sehen, um sich zu überzeugen, wie sehr sich Pracht mit Geschmack verträgt, u. um z. B. die Wilhelmshöher Zimmerverzierungen höchst geschmacklos zu finden.

Ich fuhr von Gotha in einem Nachmittag nach Weimar ... Erfurt steht unter den Restanten.» [Stoll I, 112]

BLATT 191

Erst später erfahren wir, daß Savigny durch «mancherlei Ursachen, hauptsächlich physische,»[1] in einen krankhaften Zustand versetzt war, so daß er die Reise nur halb genießen konnte. «Dieser böse Geist war es, der mich von Gotha wegtrieb, von wo ich, wenn ich gewartet hätte, mit Jean Paul hätte reisen können.» [Stoll I, 126]

[1]Also nicht allein physische! Sollte die Günderode in seinen Gedanken eine Rolle spielen?

BLATT 192

– den 28. u. 29. Juli [Stoll I, 113 f.]

«Es war Nacht als ich in die heilige Stadt einzog, u. ich konnte erst am andern Tag sehen, wie häßlich sie mit meinen Erwartungen contrastirte, warum? weil sie nie das Glück hatte abzubrennen – welcher Gedanke übrigens», meinte er wieder mit einem schelmischen Blick auf Friedrich Creuzer, «nicht mir, sondern wahrscheinlich ursprünglich dem Pausanias gehört.»

«Ich ging nie aus ohne mich zu verirren ... Den Park will ich nicht durch Beschreibung entweihen; nie hat ein Werk der bildenden Kunst mit der Stärke auf mich gewirkt.»

«Nur einige subjective Regeln, für den der ihn genießen will, erlaube ich mir hierher zu setzen. Er genieße ihn nicht auf einmal u. um ihn zurück zu legen, sondern mehrmals u. zu verschiedenen Tageszeiten u. überlasse sich ganz dem Zufall. Er versäume nicht den Pfad zu suchen, der ihn an den schönen Ufern der Ilm hinunterführt in den zweiten Zaubergarten in Tieffurt, der der Herzogin Mutter gehört u. dem ersten den Rang streitig macht.»

«Ich war nur anderthalb Tage da u. schon so eingewohnt, so bekannt, so vertraut, als an andern Orten in Jahren nicht.»[1]

Auch an die hiesigen Gelehrten hatte Savigny Empfehlungen, namentlich an August Böttiger.

[1]Worauf geht das? Auf Frankfurt? Wetzlar?

BLATT 193

«Böttiger empfing mich überaus höflich, in seinem Betragen war viel glänzende Freundlichkeit, wozu seine stattliche Figur recht gut paßt, u. wenig Natur. Indessen ging es mir doch besser als Schmid, den er, ohne ihn je mündlich oder schriftlich gesprochen zu haben, umarmend auf das Sopha trug u. so in die peinlichste Verlegenheit setzte. Er bot mir einen Brief nach Osmannstädt an, den ich annahm, weil ich ihn nicht abschlagen konnte.»

In dem bei Weimar gelegenen Dorf Oßmannstedt besaß Wieland ein Gut, auf dem er wohnte.[1] Dahin wanderte nun Savigny.

«Wieland wohnt nicht in einem einfachen Landhaus, sondern in einem Schloß, das ihn allein – ohne das Gut – 22000 Thaler kosten soll. Er selbst war nicht da, u. ich unterhielt mich unterdessen mit seiner alten Jugendfreundin Laroche, die ihn besucht; eine lebhafte Frau, zwar sehr Schauspielerin u. sehr verschieden von meinem Ideal einer Patriarchin, aber sehr interessant; es war mir recht wohl bei ihr.» [Stoll I, 114]

[1]Vgl. Meyer XII 474 [Meyer, 6. Aufl., Bd. 15, Sp. 167: Oßmannstedt]

BLATT 194 [s.a. I, Blatt 226]

[Savigny, 29. Juli 1799] «Endlich kam Wieland, schon sein Äußeres machte einen widrigen Eindruck auf mich, durch eine sonderbare Reminiscenz; ich glaubte Feder vor mir zu sehen, u. diese Ähnlichkeit machte mir die Verschiedenheit umso fühlbarer. Denke sich, wer [Johann Georg] Feder gesehen hat, alle Liebe u. Güte u. Sanftheit seines Auges verwandelt in den scharfen stechenden Blick eines Mannes, der das kennt, was man (weder im höchsten, noch im niedrigsten, sondern in einem mittleren Sinn) die Welt nennt,[1] u. der ihr ganz ruhig zusieht – so hat er die Hauptzüge von Wieland vor sich.

Ich fühlte mich in seiner Gegenwart recht gepreßt u. in meinem Vorsatz bestärkt, nie wieder zu einem großen Mann zu gehen ohne Adresse an den Menschen, u. am wenigsten wenn mir der Mann so fremd ist.

Wieland sprach über die Neufranken ungefähr so wie er darüber schreibt, z. B. die Menschen müßten erst besser werden, dazu gehöre denn auch, daß sie vernünftiger würden.»[2]

Später, am 17. August, modificirte Savigny sein Urtheil: «Wieland, so schrieb er[3] an Friedrich Creuzer, ist «sehr interessant, das Tagebuch mag sagen was es will.»

«Sein ältester Sohn (Ludwig) ist Jurist, die beiden andern sind Oeconomen: für sie hat Wieland das Gut gekauft, ‹damit das Lehrgeld, was sie bezahlen müßten, noch auf seinen Beutel käme›.» – «Einige Stunden darauf fuhr ich in das sonderbare Thal von Jena ein.» [Stoll I, 115]

[1]dazu Clemens bei Geiger, [Aus Alt-Weimar: Mittheilungen von Zeitgenossen], S. [14 f.] [2]Stoll S. 12 [Stoll I, 114 f.] [3]Stoll S. 21 [Stoll I, 128]

BLATT 195 [redundant, s. I, Blatt 194]

BLATT 196 [Notiz: Savignys Empfehlung für Schmid in Jena]

BLATT 197 [redundant, s. I, Blatt 187 (Familie Schlichtegroll)]

BLATT 198

Schelling Jena

Seit 1798 lehrte Schelling in Jena, zuerst neben Fichte, dann aber auch nach dessen Abgang.[1] Savigny besuchte bei seinem ersten Aufenthalt in Jena auch seine Vorlesung u. berichtete über das was er gesehen u. gehört an seine Freunde.

«Schelling sieht ganz jung aus» – (er war auch erst 24 Jahre alt). – Mit Gleichgültigkeit u. Stolz steht er auf dem Katheder u. spricht als ob er etwas nicht sehr bedeutendes sehr schnell erzählte. Es ist schwer ihm zu folgen.» und nun theilt er «das wesentliche seines Vortrags» mit.

«Kant begeht bei der Deduction der Kategorien 3 Hauptfehler:

1) Er geht von der Logik aus, anstatt von den Kategorien.
2) Er erklärt nicht den innern Mechanismus der Kategorien (Gegensatz u. Synthesis)
3) Der Umstand, daß der Mechanismus in allen derselbe ist, hätte ihn darauf führen müssen, daß es eigentlich nur eine giebt, die der Relation, und daß es die übrigen durchaus nicht in demselben Sinn wie diese sein können, indem sich sowohl die mathematischen Kategorien (Quantität u. Qualität) als die der Modalität auf den Reflexionsact beziehen u. folglich die der Relation voraussetzen, durch die allein ursprünglich producirt wird.» [Stoll I, 117 f.]

Als Savigny dann wieder nach Jena kam, besuchte er Schelling: «ein herrlicher Mensch, so berichtete er den Freunden, mit größten weitumfassenden Ideen.» Das Gespräch umfaßte Religion, Geschichte u. Naturwissenschaft. «Die Religion, so erzählte Savigny, soll durch Mythologie dargestellt werden. Die Geschichte ist, als Kunst betrachtet, dem Zweck u. der Wirkung nach mit der eigentlich tragischen Kunst einerlei, nämlich Darstellung des Schicksals als siegend u. herrschend. Dieser Behandlung ist sie aber bloß in ihrer ersten Periode fähig, in der zweiten fällt sie zusammen mit der Naturwissenschaft, in der dritten mit Religion.» [Stoll I, 155]

Beiblatt!

Schelling war im Begriff nach Bamberg zu reisen, um hier medicinische Studien zu treiben u. dann nach Wien zu gehen. Er ist, so theilte Savigny nun weiter mit, «auf unbestimmte Zeit» verreist. «Es wäre hart für Jena, wenn er nicht wieder käme. Gegenwärtig macht Schad die meisten Zuhörer, wiewohl man nicht viel von ihm macht.» [Stoll I, 154]

[1]Überweg III, 201

BLATT 199 [redundant, s. I, Blatt 184 (Reisejournal)]

BLATT 200 [Stichwort: Das Concert in der Rose]

BLATT 201

den 30. Juli bis 2. August. «Die Gegend ist sehr originell, aber auf mich hat sie einen widrigen Eindruck gemacht: das schöne waldige Saalethal macht mit den nackten Bergen u. Felsen einen so grellen Contrast, daß eines die Würkung des andern aufhebt u. ein Totaleindruck unmöglich wird, etwa so wie bei vielen halb humoristischen halb sentimentalen Stellen von Jean Paul. Wie ganz anders ist die Gegend von der Wartburg herab behandelt, wenn es mir erlaubt ist, die Natur als einen Künstler zu betrachten; da ist auch Größe u. auch Anmuth, aber wie herrlich verschmolzen! Vorzüglicher ist die Gegend von Kunitz herab (es ist wohl die Kunitzburg auf dem Gleißberg gemeint), aber am herrlichsten die von Dornburg.... Ein Engländer, der das neue Schloß bewohnt, macht am Felsen hinauf verschiedene Anlagen, mit vieler Achtung u. Schonung dessen, was in einer solchen Natur zu achten u. zu schonen ist.» [Stoll I, 121 f.]

BLATT 202

Stoll S. 20 [Stoll I, 125]

«Den 2. August fuhr ich durch die herrliche Gegend von Camburg in das liebliche Thal von Naumburg. Aber nichts erreicht die Größe, zu der uns die Wartburg erhebt, nichts die Lieblichkeit, mit der uns die Natur in dem schönen Thal von Fulda anspricht.

Am 3. kam ich in die unendliche Ebene, saß auf dem universalhistorischen Sessel (in dem Friedrich der Große in der Nacht vor der Schlacht bei Roßbach die Nacht zugebracht hatte) in Rippach, sah den universalhistorischen Stein (den Granitblock, in dessen Nähe Gustav Adolfs Leiche gefunden ward) bei Lützen u. erreichte endlich das lebendige Leipzig, wo mich eure Briefe, ihr Lieben, freundlich begrüßten.»

BLATT 203

[16. August] Auf der Straße in Jena traf Savigny einen Bekannten, Hans von Bostel aus Wetzlar. Er besuchte ihn u. sie verabredeten, daß sie zusammen weiter reisen wollten.[1] (Zwischen dem frühern Zögling u. seinem Erzieher [Johann Karl Hauff] bestand kein gutes Verhältniß. Savigny schien es, daß v. Bostel's Urtheil über Hauff «hart lautete» u. daß er vermuthe, auch Hauff urtheile «vielleicht etwas hart» über Bostel.[2] Die Debatte, die sich daran knüpfte, werden wir später hören.) Auf dieser Reise ward das frühere, durch ein günstiges Gerede über von Bostel beeinflußte Verhältniß ein ganz anderes, ja inniges. Savigny war von dem Freunde so erfüllt, daß er am 16. August schrieb: «Mein Tagebuch zeigt, wie vieles Interessante u. Herrliche mir mein kurzer Aufenthalt in Jena zuführte – u. doch fand ich da noch etwas, was ich gegen alles übrige nicht vertauschte, einen herrlichen Menschen, den ich ehemals – gekannt hatte u. jetzt in einem andern Sinn kennen lernte, einen ehemaligen Eleven von Hauff.» [Stoll I, 127]

Es hatte sich ergeben, daß Hauff es nicht verstanden hatte, sich das Vertrauen seines Schülers zu erwerben, so daß vielmehr zwischen beiden ein sehr gespanntes Verhältniß bestand.

[1]Stoll S. 21 [Stoll I, 127] [2]Stoll S. 28 [Stoll I, 141]

BLATT 204

Hans v. Bostell

Stoll S. 31, 37, 21
v. Bippen 55 f., 61

Sohn eines Reichskammergerichts-Prokurators u. Hamburgischen Agenten,[1] eines Eleven des späteren Marburger Professor Hauff,[2] in Wetzlar mit Savigny oberflächlich bekannt geworden,[3] war im Sommer 1798 nach Jena gegangen,[4] wo er mit Gries sich befreundete, beide waren musikalisch u. spielten zusammen Mozartsche Sonaten. Das Klavierspiel von Gries begleitete v. Bostel mit seiner Violine.[5]
[Fortsetzung und Fußnoten s. folgendes Blatt]

– – – – – – – – – –

[redundant, s. I, Blatt 206]

BLATT 205

[Fortsetzung des vorherigen Blatts, 1. Abschnitt]
Hier in Jena sah Savigny ihn wieder. «Ich traf ihn ganz zufällig auf der Straße u. besuchte ihn.»[6] Da auch v. Bostel weiter reisen wollte, so schlossen sie sich aneinander an u. reisten zusammen nach Leipzig. Hier blieb er 4 Tage bei Savigny.[7]

In dieser Zeit hatte Savigny ihn kennen u. lieben gelernt. Ich fand, so schrieb er am 16. August an Leonhard Creuzer, in Jena «noch etwas, was ich gegen alles übrige nicht vertauschte, einen herrlichen Menschen, den ich ehemals – gekannt hatte u. jetzt in einem andern Sinn kennen lernte.» Dabei ergab sich, daß zwischen Hauff u. v. Bostel nicht das wünschenswerthe Verhältniß bestanden hatte.[8]

Am 5. September reisten sie zusammen weiter bis Prag, u. dann wieder zurück nach Leipzig. Während Savigny dann hier blieb, zog v. Bostel nach Marburg. Nachdem sie sich getrennt u. v. Bostel bereits in Marburg angelangt war, schrieb Savigny am 12. November an die beiden Creuzer, um ihnen seinen Freund zu empfehlen.

[1]Gries [Aus dem Leben von Johann Diederich Gries], S. 45 [2]Stoll S. 21 [Stoll I, 127] [3]Gries S. 21 [4]Steig I, S. 16 (mit Clemens! die Bekanntschaft war wohl durch den Bruder, den Dr., vermittelt, der ja in Wetzlar gewesen war) [5]Gries S. 44 dazu Stoll [I, 159 mit Anm. 5] [6]Stoll S. 21 [Stoll I, 127] [7]S. 22 [Stoll I, 127] [8]S. 28 [Stoll I, 141]

BLATT 206

In Leipzig

Durch Vermittlung des Professors der Philologie Karl Adolf Cäsar,[1] an den Friedrich Creuzer ihn empfohlen hatte, fand Savigny eine Wohnung vor dem Petersthor No. 775, in dem Hause der Frau Doctor Hermann, der Mutter des Philologen Gottfried Hermann, wofür er monatlich 12 Rthlr. bezahlte, u. die ihm «ungemein wohl» gefiel. v. Bostel blieb 4 Tage bei ihm.

Am 16. August schickte Savigny den Freunden in Marburg sein bis Leipzig geführtes Tagebuch mit einem an Leonhard Creuzer gerichteten Begleitbrief. «Die Reise, die ich mir so schön vorgestellt hatte, konnte ich nur halb genießen.» [Stoll I, 126] Der böse Geist, der ihn von Gotha fortgetrieben, hatte noch länger gewirkt, u. nur v. Bostels Gesellschaft hatte ihn aufrecht gehalten. Nach dessen Abreise «war ich größtentheils ganz unfähig, den einen Zweck meines hiesigen Aufenthalts[2] – Studium des juristischen Leipzigs – wozu nothwendig eine freie Seele gehört, zu erfüllen; was ich thun konnte, habe ich gethan: öconomische Geschäfte besorgt u. Erkundigungen eingezogen.» [Stoll I, 127]

Von seinem hiesigen Aufenthalt bat er kein Tagebuch zu fordern. Als er am folgenden Tag [17. August] dann auch an Friedrich Creuzer schrieb, bemerkte er: «Über Leipzig will ich lieber einmal mehr etwas Ganzes sagen: bis jetzt ist es sehr – unter meiner Erwartung.» [Stoll I, 129]

[1]Stoll S. 21 [Stoll I, 128] schreibt H(err) R. Cäsar, war wohl R(ath) [2]Und der andere Zweck?

BLATT 207

[17. August] «Von allen Euern Empfehlungen, so schrieb er an Fr. Creuzer, «ist mir keine so lieb als die an Cäsar (den Professor der Philosophie, der sich insbesondere mit

Staatsrecht u. Politik beschäftigte). Diesen Mann habe ich innig lieb gewonnen ... Sein Umgang ist mir bis jetzt das liebste an Leipzig.» (S. 21) [Stoll I, 129]

Auch mit Rosenmüller, dem Professor der Theologie, war er in Verbindung getreten: er «scheint mir ein sehr würdiger Mann zu sein, aber er ist mir nicht das was mir Cäsar ist.» (S. 21) [Stoll I, 129]

Mit ihm unter einem Dach wohnte Gottfried Hermann, der berühmte Philologe, ein Sohn der Hausbesitzerin. Savigny fand an ihm einen «sehr humanen Mann u. voll Feuer, aber ich kann mich noch nicht ganz in ihn finden: er schimpft z.B. auf die Propyläen.» (S. 21 f.) [Stoll I, 129]

Den Buchhändler Weigel fand er äußerst artig u. sein Benehmen das freundschaftlichste (S. 21) [Stoll I, 128]. Als Savigny von Leipzig seine Rundreise machte, empfahl er ihn an seinen Bruder, der Arzt in Meißen war (S. 22) [Stoll I, 130] u. ihn von seinem Augenleiden befreite (S. 23) [Stoll I, 132].

Wieder nach Leipzig zurückgekehrt, hörte er hier in den literarischen Kreisen hart über die Schlegel sprechen: «Hermann u. andere sind nicht etwa mit Friedrich Schlegel über irgend einen .... [Stoll I, 138] [Fortsetzung fehlt]

BLATT 208

[Stichwort: Savignys Reise nach Prag]

BLATT 209

«Mit frohem Muth verließen wir (am 5. September) die unerträgliche drückende Ebene von Leipzig u. schon nach wenigen Stunden erfreute ich mich des lang entbehrten Anblicks der Berge ...

«Das Schloß Hubertusburg, das durch den Frieden nach dem Siebenjährigen Krieg bekannt ist, war sonst auch im Innern prächtig verziert; seit der gänzlichen Zerstörung durch die Preußen dient es zum Fruchtmagazin u. nur die unversehrte katholische Kirche ist ein Zeuge seiner alten Herrlichkeit.

Erst in dunkler Nacht erreichten wir Meißen.» (S. 22) [Stoll I, 130]

Die Gegend (S. 22 f.)

- - - - - - - - - -

6. u. 7. September [Fortsetzung s. folgendes Blatt]

BLATT 210

Am 7. Sept. «Die Gegend von Meißen ist herrlich u. reich. Auf einer felsigen Höhe über der Stadt liegt das weitläufige Schloß .... mit der ehrwürdigen Domkirche, von deren Thurm herab das Auge von einer der herrlichsten Landschaften befriedigt wird. Zu unsern Füßen die breite Elbe, mit ihrer bedeckten hölzernen Brücke, zwischen waldigen

Bergen verschwindend. Über dem Fluß der liebliche Spaarberg, der sich in gefälligen Formen u. allmählich wie eine Insel aus dem Lande erhebt u. ganz mit Reben bedeckt ist, in die sich Dörfer u. einzelne Häuser mischen, ein ungemein reizender Anblick! u. hinter ihm in magischer Ferne die Thürme von Dresden u. am Horizont die eckigen Massen des Königsteins, Sonnensteins u. Liliensteins. – Von der Höhe von Proschwitz, das über dem Fluß liegt, übersieht man ungefähr dieselbe Gegend, aber hier erscheint auch das Schloß von Meißen in seiner ehrwürdigen Gestalt ...

Fünf bis sechshundert Menschen nährt die Porzellan-Fabrik, die das ganze Schloß ausfüllt. Mehr noch als die herrliche Malerey erfreuten mich die vortrefflichen Biscuit-arbeiten, die größtentheils nach Antiken gearbeitet werden u. eine große Ähnlichkeit mit Alabaster haben ... Sehr erfreulich ist die Vergleichung dieser neueren Arbeiten mit den alten geputzten bunten Schäfern und Schäferinnen, deren Geschmacklosigkeit fast überall zu sehen ist, z. B. in der ansehnlichen Sammlung in Ziegenberg (Schloß bei Münster in Oberhessen, damals Eigenthum derer von Diede zum Fürstenstein) [Stoll I, 130 f.]

Am 7. Sept. [nachfolgender Text redundant, identisch mit 1. Absatz, Zeilen 1–8]

BLATT 211 [redundant, s. I, Blatt 212 (Reisejournal)]

BLATT 212

[7. September] Der Weg nach Dresden führt über die Elbbrücke u. am lieblichen Spaarberg vorbei. Rechts über der Elbe steht auf der Höhe das alte bewohnte Schloß Siebeneichen, mit einem seltnen Ausdruck von Einfachheit u. Kraft. Bald entfernt sich der Weg von dem Fluß u. nun genießt man links einen äußerst lieblichen Anblick: eine Anhöhe begleitet den Weg, ganz mit Reben u. mit einer großen Menge von Häusern bedeckt, die in den verschiedensten Formen bald auf dem Gipfel, bald in der Mitte, bald am Fuß der Höhe erscheinen. Die Reben selbst sind größer u. belaubter als in unsern Gegenden u. diese üppigere Vegetation versetzt in Gedanken unter einen südlichern Himmel; sie trugen noch jetzt die Farbe des Frühlings, die durch die weiße Farbe der meisten Häuser äußerst lieblich erhoben wurde.

Jetzt steht Dresden vor uns, mit seinen Thürmen u. Palästen u. mit dem breiten Fluß u. der prächtigen, wimmelnden Brücke. (S. 23) [Stoll I, 131]

den 8. u. 9. Sept. (S. 23) [Stoll I, 132]

Seine Augen
Hochamt
Weiterreise ohne seinen Wagen

BLATT 213 [Stichwort: Dresden]

BLATT 214

[einige Stichworte und Namen zur Studienreise]

BLATT 215

[8. und 9. September] In das Erzgebirge zu reisen war jetzt die höchste Zeit, also – wurde Dresden verschoben ... Doch hörten wir vorher noch ein herrliches Hochamt. [Stoll I, 132]
[10. und 11. September] Eine halbe Stunde von Dresden fängt der Plauische Grund an: ein herrliches enges Thal, das sich zwischen felsigen buschigen Wänden hinzieht ... Jetzt eröffnet sich das Thal ... Nun nimmt uns wieder ein waldiges Wiesenthal auf u. führt uns bis zu dem Badestädtchen Tharant, wo die Gegend ihre höchste Schönheit erreicht hat ... [Stoll I, 132]

- - - - - - - - - -

6. u. 7. Sept. Weigel [Buchhändler] hatte mich an seinen Bruder (Karl) addressirt, der einen großen Theil von Europa durchreist u. sich nun als Arzt in Meißen fixiert hat. Wir wurden hier äuserst freundschaftlich aufgenommen ... [Stoll I, 130]

- - - - - - - - - -

... jetzt steht Dresden vor uns mit seinen Thürmen u. Pallästen u. mit dem breiten Fluß u. der prächtigen wimmelnden Brücke.

BLATT 216–217

[Stichworte, redundant, s. I, Blatt 215 (Freiberg, Plauischer Grund)]

BLATT 218

Mitte [13.–15.] September: [Stoll I, 135]
Eine Meile von Annaberg dreht sich der Weg um den Fuß des nackten Bernstein u. wir befinden uns in dem beschränkten Grund, in dem ein Bach Böhmen von Sachsen scheidet ...

Wir bestiegen früh um fünf die Spitze des Fichtelbergs, aber ein dichter Nebel lag um uns her; nur zuweilen wurde hie u. da wie ein großer Vorhang aufgezogen u. wir sahen herrliche Partieen im schönsten Glanz der Morgensonne, aber gleich zog wieder eine schwarze Masse Nebel davor.

S. 23 [Stoll I, 132 f.]

Den 10. u. 11. Sept. Eine halbe Stunde vor Dresden fängt der Plauische Grund an: ein herrliches enges Thal ... Nun nimmt uns wieder ein waldiges Wiesenthal auf u. führt uns bis zu dem Badestädtchen Tharant, wo die Gegend ihre höchste Schönheit erreicht hat ...

Freiberg ist eine ganz hübsche Stadt, etwas gröser als Marburg ... Bostell hatte einen Brief an einen jungen Herder, der hier studirt (es war August Herder, der zweite u. talentvollste von Herders Söhnen), einen sehr gebildeten u. sehr gefälligen Menschen, der uns begleitete, unterrichtete u. unterhielt ...

Wir fahren jetzt in den Churprinz Friedrich August ein; wir kleiden uns bergmännisch an, jeder hängt sein Grubenlicht vor die Brust, wir steigen auf der senkrechten Leiter hinab, alle Umstehenden sprechen: ‹Kommen Sie gesund wieder›, u. die Fallthüre über uns fällt zu ... Jetzt stehen wir neben dem ungeheuren Wasserrad, das die Pumpen bis in die Tiefe hinab in Bewegung setzt; das laute Rauschen des Wassers in der dichten [Fortsetzung s. folgendes Blatt]

BLATT 219

Finsternis und die immer gleiche Bewegung des Rades, gegen dessen Kraft jede menschliche Kraft verschwindet: ich sage euch, das ist fürchterlich, es ist als ob das unerbittliche Schicksal vor uns stände ...

In dem großen Hütten- u. Amalgamirwerk zeigten u. erklärten uns die Aufseher alle Operationen ... besonders das letzte, das erst seit einigen Jahren existirt, ist durch seine bewundernswürdige Einrichtung selbst für den Layen interessant. Die Gruben gehören fast alle Privatleuten, denen der Churfürst die Erze abkauft u. in diesen Werken reinigen läßt. [Stoll I, 133]

– – – – – – – – – –

12. Sept. Die Gegend von Freyberg u. weiter hinaus durchs untere Gebürge hindurch trägt einen sehr bestimmten Character; Hügel an Hügel, mit Feldern u. grösern oder kleinern Fichtenpartieen bedeckt, hie u. da ein liebliches Wiesenthal zwischen den Fichten hindurch ... die Dörfer sind nicht so zusammengebaut wie die in unsern Gegenden, ihre Häuser liegen malerisch zerstreut, aber nicht vereinzelt, in den Gründen u. an den Bergen hinan. Obstbäume haben sie fast gar nicht, aber jedes Dorf hat einen kleinen Hain von Eichen, Linden, Vogelkirschen u. andern Laubhölzern in u. um sich, die hier besonders schön wachsen u. gegen das traurige Dunkel der Fichten gar freundlich abstechen ... Es war Nacht ehe wir Marienberg erreichten ... [Stoll I, 134]

BLATT 220

13., 14., 15. Sept. [Stoll I, 134 ff.] Die Gegenden des oberen Gebürges sind denen des unteren sehr ähnlich, nur alles mehr in die Höhe u. Breite gezogen, die Hügel Berge, die Hügelgruppen Wälder.

Wir fanden das vortheilhafte Urtheil, das man in ganz Sachsen von dem Character der Gebürger fällt, bestätigt; überall die Einfachheit, Gutmüthigkeit u. Dienstfertigkeit ... Cultur u. Fruchtbarkeit des Landes schienen mir sehr mittelmäßig; die schlechte Cultur erklärt sich durch die große Menge der Bergwerke, die 12000 Männer beschäftigen, während die Weiber u. Mädchen in grösern u. kleinern Zirkeln zusammensitzen u. Spitzen klöppeln ...

Annaberg, der erste bedeutende Ort auf unserm Wege, ist eine sehr gut gebaute, nahrhafte Stadt, die besonders die Gebürgischen Spitzen ausführt u. [Fortsetzung s. folgendes Blatt]

BLATT 221

mehrere Kaufleute zur Frankfurter Messe schickt ...

Eine Meile von Annaberg dreht sich der Weg um den nackten Bernstein (vielmehr Bärenstein) u. wir befinden uns in dem beschränkten Grund, in dem ein Bach Böhmen u. Sachsen scheidet. Gegen uns über liegen am Feld hinan eine Menge weißer Bauernhäuser mit aschgrauen Schindeldächern, wie einzelne Meyerhöfe zerstreut; es ist die Böhmische Bergstadt Weypert, die wir zum Theil übersehen u. in die wir jetzt eintreten. Nun zieht der Weg rechts den herrlichen Wiesengrund hinan, neben dem lieblichen Gränzwasser her u. noch eine Stunde lang begleiten uns die Häuser von Weypert ... Noch immer ziehen wir hinan und wieder nach Sachsen hinüber, bis in das freundliche Städtchen Wiesenthal, wo uns das wirthliche Rathhaus Nahrung u. Ruhe gewährt.

Wir bestiegen früh um fünf die Spitze des Fichtelbergs, aber ein dichter Nebel lag um uns her ... Nachmittags gingen wir wieder hinauf u. der Nebel hatte sich verloren, aber die schlechte Beleuchtung eines dunklen Regentags ließ uns alles entfernte im einförmigen Blau erscheinen – u. doch war das was wir sahen herrlich. Um uns her in einer Entfernung von 5–6 Meilen ein Kreis von waldigen Bergen, der Horizont der Ebene; über ihn weg gerade vor uns die Ebene von Leipzig ..., links die höhern Gegenden von Franken ..., rechts in einer endlosen Ebene eine grose Zahl kegelförmiger Berge, ... u. unter unsern Füsen das freundliche Stadel (Wiesenthal) ... u. darüber der hohe Dürrenberg (? gemeint kann nur der Keilberg sein) mit seinem bebauten Abhang ... ich kenne keinen passenderen Ort zu einer schönen Abgeschiedenheit als diese Gegend.

Von Wiesenthal führt der Weg hinauf auf die Fläche, die die beiden Berge verbindet, die höchste Gegend des Gebürges. Nach einer Stunde senkt er sich steil u. tief herab in einem waldigen Thal nach dem Städtchen Joachimsthal, das eben so steil in der tiefen Schlucht herabzieht, mit ungeheuren Schachten an dem Berg hinauf. Und immer

herab senkt sich der Weg, an dem wilden Wasser hin, das noch über Joachimsthal
[Fortsetzung s. folgendes Blatt]

BLATT 222

brausend neben uns hinabstürzt, jetzt in einem engen herrlichen Thal, das sich zwischen den hohen steilen Wänden wild hindurch windet u. uns nach einem meilenlangen Herabsteigen der freundlichen Ebene übergiebt, die wieder von nahen Bergen begränzt wird. Es war schon Nacht, als wir in dem Städtchen Schlackewerda (Schlackenwerth) ankamen, das vor einigen Jahren ganz abgebrannt ist ... den andern Morgen kamen wir nach Carlsbad.»

– – – – – – – – – –

... Noch immer ziehen wir hinan u. wieder nach Sachsen hinüber, bis in das freundliche Städtchen Wiesenthal, wo uns das wirthliche Rathhaus Nahrung u. Ruhe gewährt. Wiesenthal liegt am Fuße des Fichtelberges ...

Wir bestiegen früh um fünf die Spitze des Fichtelbergs, aber ein dichter Nebel lag um uns her; nur zuweilen wurde hie u. da wie ein großer Vorhang aufgezogen u. wir sahen herrliche Partieen im schönsten Glanz der Morgensonne, aber gleich zog wieder eine schwarze Masse Nebel davor u. verstärkte das Magische dieses Anblicks; wir ahneten mehr als wir sahen. Nachmittags gingen wir wieder hinauf u. der Nebel hatte sich verloren; aber die schlechte Beleuchtung eines dunklen Regentags ließ uns alles entfernte im einförmigen Blau erscheinen, u. doch war das was wir sahen herrlich ... Ich kenne keinen passenderen Ort zu einer schönen Abgeschiedenheit als diese Gegend.

... In Wiesenthal hat die Sprache den höchsten Grad der Gebürgischen Corruptheit erreicht ... den andern Morgen kamen wir nach Karlsbad.›

BLATT 223–225 [Stichworte zur Reise: Marienberg, Karlsbad, Prag]

BLATT 226

[1. Abschnitt redundant, s. I, Blatt 210, Zeilen 1–8: am 6./7. September]

– – – – – – – – – –

[Wieland] [s.a. I, Blatt 194]
[... Blick eines Mannes, der das kennt, was man] die Welt nennt u. der ihr ganz ruhig zusieht, so hat er die Hauptzüge von Wieland vor sich. Ich fühlte mich in seiner Gegenwart recht gepreßt u. in meinem Vorsatz bestärkt, nie wieder zu einem grosen Mann zu

gehen ohne Addresse an den Menschen, u. am wenigsten wenn mir der Mann so fremd ist.»

Wieland sprach über die Neufranken ungefähr so wie er darüber schreibt, z. B. die Menschen müsten erst besser werden, dazu gehöre dann auch, daß sie vernünftiger würden.

Sein ältester Sohn ist Jurist, die beiden andern sind Oeconomen, für sie hat Wieland das Gut gekauft, damit das Lehrgeld, was sie bezahlen müsten, noch auf seinen Beutel käme.› Wieland wohnt nicht in einem einfachen Landhaus, sondern in einem Schloß, das ihn allein, ohne das Gut, 22.000 Thlr kosten soll.»[1]

«... Wieland weiter gebracht: er erscheint hier in Wahrheit als altes Weib.»[1a] Es war wohl das Maiheft (u.s.w.). Nichts desto weniger wollte Savigny nicht versäumen, seine persönliche Bekanntschaft zu machen. So suchte er ihn Ende Juli in Weimar, wo er seit dem October des vorigen Jahres lebte, auf, ohne ihn zu Hause zu treffen.

Als dann aber ein Brief von Friedrich Creuzer «den Zutritt bei Wieland» verschafft hatte, schrieb er den 17. August, Wieland sei «sehr interessant, das Tagebuch mag sagen was es will».[2]

Daß Wieland in die zwischen Herder u. Kant entstandene philosophische Fehde eingriff u. für Herder lebhaft Partei nahm, beschäftigte damals die litterarischen Kreise. Auch Savigny interessirte sich für die Sache. «Die Metakritik, so schrieb er in sein Tagebuch, soll eigentlich geschrieben sein, um einige dringende Gläubiger (dieser Form des Worts hat Savigny sich lange Jahre bedient) zu befriedigen.» [Stoll I, 124] und schon vorher: «Bekanntlich hat Wieland die im Neuen T[eutschen] Mercur im Mai 1799 versprochene Fortsetzung der [Anzeige der Metakritik ... nicht geliefert.»] [Fortsetzung fehlt]

[1]Stoll S. 12 [Stoll I, 114] [1a]Stoll S. 12 Anm. 60 [Stoll I, 101, Anm. 1] [2]das. [Stoll] S. 21 [Stoll I, 128]

BLATT 227

Rückreise von Prag nach Leipzig; der Aufenthalt in Leipzig

[27. September] In Prag waren Savignys Augen wieder «schlimm»: «ich fürchte sehr, meine Augen werden mir jeden ernsthaften Studienplan durchstreichen.» (S. 42) [Stoll I, 137] «Diese ungeheure Stadt ist man bald müde u. verläßt sie recht gern.» (S. 42) [Stoll I, 136]

Mit Sehnsucht erwartete er Briefe von seinen Freunden: «Der Himmel vergeb's Euch», schrieb er am 27. September [aus Prag] an die beiden Creuzer, «daß Ihr nicht schriebt! Und wenn Ihr wüßtet, wie sehnlich ich darauf wartete!» Da ihm so lange kein Wort von ihnen «Freude u. Trost» brachte, so richtete er nun seinerseits «wieder einmal ein Wort» an die «Lieben» in Marburg (S. 27). [Stoll I, 136]

An demselben oder dem folgenden Tage wollte er wieder nach Dresden zurückreisen (S. 27). Über diese Reise erfahren wir nichts. Der nächste Brief ist erst aus Leipzig vom 20. October. Eine fürchterliche Hypochondrie, die ihren Hauptgrund hatte in dem Zustand seiner Augen (S. 28), hatte ihn gepeinigt u. begann erst damals zu weichen (S. 28). [Stoll I, 140] «Endlich wieder ein Wort von mir, Ihr Lieben,» . . .

BLATT 228

Wieder nach Leipzig (Stoll S. 27) [Stoll I, 137]

– – – – – – – – – –

Am 3. Januar 1800 theilt er wieder mit, daß «ein ziemlich ausgebreiteter Zirkel von Bekannten» ihm «Unterhaltung u. Zerstreuung» gebe, daß aber das Schicksal ihm zuweilen auch «ein 8–14 tägiges Augenübel [schickt] in die beste Arbeit hinein u. erinnert mich so an die menschliche Gebrechlichkeit.» [Stoll I, 145]

– – – – – – – – – –

[1. November] . . . sei im Ganzen besser u. fröhlicher geworden: «Die Hypochondrie . . . ist gewichen u. so bin ich im Stande gewesen, manche Bekanntschaft zu machen, die mich interessirt, manche, die mir wenigstens Umgang verschafft: ich sehe wieder froher u. lebendiger ins Leben hinein. Wegen meiner Augen habe ich mich an den geschickten Oculisten Gabriel gewendet, der eine weitläufige Cur mit mir angefangen hat u. mir gute Hoffnung giebt.» [Stoll I, 140]

– – – – – – – – – –

[8. und 9. September] . . . zu Hause sitzen mußte (S. 23). Obgleich der Arzt zunächst die Ordnung wieder hergestellt hatte (S. 23) [Stoll I, 132], peinigte ihn doch bald die Hypochondrie wieder fürchterlich, ein Zustand, in dem er sehnsüchtig aber umsonst auf ein Wort seiner Freunde hoffte, das ihm Trost bringen sollte: «Der Himmel vergeb's Euch daß ihr nicht schriebt – u. wenn Ihr wüßtet, wie sehnlich ich darauf warte» (S. 27) [Stoll I, 136]. Nun mußte er wegen seiner Augen eine neue weitläufige Cur anfangen (S. 28) [Stoll I, 140]. Im December war er dann «ziemlich gesund» [Stoll I, 143].

BLATT 229

Den 8. u. 9. Sept. [Stoll I, 132] «Meine Augen waren wieder so schlimm geworden, daß ich diese zwey Tage gröstentheils mit verbundenem Haupte zu Hause sitzen muste. Diese Ruhe u. der Rath des guten D. Weigel stellte bald die alte Ordnung wieder her.

In das Erzgebürge zu reisen war jetzt die höchste Zeit, also – wurde Dresden verschoben, ich ließ meinen Wagen aus Respect vor den Erzgebürgischen Wegen in Dresden stehen. Doch hörten wir vorher noch ein herrliches Hochamt, von der äuserst vollständigen Kapelle aufgeführt . . . u. betrübten uns noch über die langweiligen Gesichter der churfürstlichen Familie . . .»

– – – – – – – – – –

[Abschnitt unlesbar]

BLATT 230

[6. Dezember 1799, Savigny an beide Creuzer]
[Für jetzt lebe ich ziemlich gesund] und wieder «recht vergnügt.» (S. 30) [Stoll I, 143]

Er war in seinen Ansprüchen an Gesundheit recht bescheiden [3. Januar aus Leipzig]: «Der Geist der freien gesunden Thätigkeit – der wahre Geist des Lebens – erhält mich mehr dadurch, daß ich an ihn glaube als daß ich ihn jetzt besitze. – Jetzt thue ich was ich kann u. überlasse das übrige dem Schicksal: dieses schickt mir zuweilen ein 8–14 tägiges Augenübel in die beste Arbeit hinein u. erinnert mich so an die menschliche Gebrechlichkeit.» (S. 31) [Stoll I, 145]

[18. März] Auch der Frühling, in dem eine ungewöhnliche Kälte herrschte, brachte keine wesentliche Besserung: zwar plagte ihn nicht mehr ein heftiges Augenübel, wohl aber befand er sich in einer Art von Winterschlaf: – «soll ich es Hypochondrie nennen? – in dem ich mechanisch fortarbeitete, ohne andere als dumpfe peinliche Empfindungen.» (S. 33) [Stoll I, 151] Seine Lust zu weiteren Reisen, die er früher noch geplant hatte, war dahin. (S. 37) [Stoll I, 160]

BLATT 231

Hier in Leipzig, bemerkte er [26. April], «ist es seit einigen Monaten Ton, sich umzubringen: binnen 3 Wochen haben sich sechs Menschen getödtet, unter andern ein junger Dr. Manzel aus Frankfurt, ein sehr hoffnungsvoller Mensch.» [Stoll I, 156]

«Bald hoffe ich, bei Euch zu sein, Ihr Lieben». Weiter, insbesondere nach Berlin zu reisen, hatte er aufgegeben: ich habe, wie er den 1. Juni mittheilt, «keinen Muth zum Reisen, u. dann ist das Reisen Thorheit.» [Stoll I, 160]

«Hier ist,» schrieb er den 13. Mai an [die beiden Creuzer], «in dieser Messe ein Panorama zu sehen – Sie werden das Ding schon aus London u. Paris kennen – welches eine Ansicht von London darstellt: es ist fleisig gemacht u. thut in der That eine recht täuschende Würkung. Die äusere Einrichtung ist die: das 150 Ellen lange Gemählde bekleidet die innere Wand einer runden Hütte, in deren Mitte der Zuschauer steht. Er selbst steht bedeckt u. sieht die Öffnung nicht, durch welche – zwischen ihm u. der

Wand – das Sonnenlicht hereinfällt: das wechselnde Licht, das bald glänzt, bald von Wolken gedämpft ist, gehört recht eigentlich zur Sache.» [Stoll I, 159]

Anfangs Juli trat Savigny die Rückreise an: er fuhr über Halle, wo er einige Vorlesungen hörte u. über Lauchstädt, wo er «die himmlische Marie Stuart von Schiller herrlich spielen sah», zum dritten Mal nach Jena, um hier noch einige Wochen zu bleiben. [Stoll I, 163]

– – – – – – – – – – –

Savignys Augenleiden 1799

Als ein Jahrzehnt später J. Grimm ihm über seine Augen klagte, schrieb er ihm (den 14. August 1809): «Kein Arzt hat mir geholfen, sondern Zeit u. veränderte Lebensart.» [Stoll I, 388]

BLATT 232

. . . so schrieb er an die beiden Creuzer [20. Oktober 1799], «nach einem Schweigen, das das beykommende Tagebuch verantworten mag, so gut es kann.» (S. 27) [Stoll I, 137] Wegen seiner Augen hatte er sich an den «geschickten Oculisten Gabriel gewendet», der, wie Savigny am 1. November schrieb, «eine weitläufige Cur mit mir angefangen hat u. mir gute Hoffnung giebt» (S. 28) [Stoll I, 140], vgl. S. 33.

In Leipzig blieb er nun den Winter u. auch den folgenden Sommer bis Anfangs Juni (S. 37 f.) [Stoll I, 160]

Nun Detail.

BLATT 233

Luther

[25. Juli] Auf der Wartburg sah er ‹sein Zimmer u. die Kanzel, auf der Er stand u. sprach›. (S. 7) [Stoll I, 107]

‹Die Männer, die hier hausten u. groß wie der, der einen größeren Kampf unternahm als sie u. ihn siegreich vollendete.› (S. 8) [Stoll I, 108]

[26./27. Juli] ‹eine deutsche Bibel vor Luther› (S. 11) [Stoll I, 112]

BLATT 234

[Stichwort: Besuch in Jena im April]

BLATT 235 [s.a. I, Blatt 170]

Übersicht der Daten der 20 Reisebriefe[XXVI]

1799

Den 7. Juni [aus Trages] an Leonhard Cr[euzer]

Den 3. Juli an Friedrich Cr[euzer]

Den 23. Juli [aus Trages] an Friedrich Cr[euzer]
Ende Juli aus Jena
... August aus Jena
17. August [aus Leipzig an Friedrich Creuzer]

Den 27. Sept. aus Prag an [beide Creuzer]

Den 20. Okt. aus Leipzig
Den 1. Nov. aus Leipzig
Den 12. Nov. aus Leipzig

1800

Den 3. Jan. aus Leipzig

Den 26. April aus Leipzig

Den 13. Mai

Den 7. Juli aus Jena

BLATT 236–239 [Stichworte zu Jena]

BLATT 240 [vermutlich Irrläufer: Küstenländer am Schwarzen Meer, im Jahr 561]

BLATT 241–245 [Stichworte: Jena, Leipzig]

BLATT 246–247 [Bleistiftnotizen, kaum lesbar]

BLATT 248

Leipzig, Stadt u. Universität

Savigny wollte den Freunden, wie er ihnen am 17. August 1799 versprach, «einmal etwas Ganzes sagen», kam dann aber nicht dazu, theils weil er sich in seine Arbeiten ganz vertiefte theils weil die Melancholie ihn zeitweise gefangen nahm, u. so sind wir nur auf gelegentliche Bemerkungen u. Andeutungen beschränkt. Allem Anschein nach verkehrte er mehr mit Buchhändlern als mit den Professoren der Universität. Während er nicht nur von Weigel, sondern auch von Leich u. von Joachim redet[1] u. auch eines Vertrags erwähnt, den er mit dem zur Messe erschienenen Heyer geschlossen,[2] nennt er außer dem Hermann, seinem Hausgenossen, auch nicht einen einzigen Universitätslehrer, während er doch manche Bekanntschaft gemacht hatte, die ihn interessirte oder ihm doch «wenigstens Umgang» verschaffte,[3] ja «in ziemlich ausgebreiteter Bekanntschaft» lebte.[4] Aber es war ein Zirkel, der nun «Unterhaltung u. Zerstreuung» gab.[5] Nur einmal hören wir etwas näheres: «Hier wird hart über die Schlegel gesprochen . . . Neulich hat Tieck in einer Gesellschaft Schiller alles Genie abgesprochen u. mit großer Verehrung von – Jacob Böhme gesprochen.»[6]

Über die Rechtslehrer erhalten wir nicht die geringste Andeutung, während Savigny doch von Hufeland u. Feuerbach in Jena eingehender u. mit Wärme sprach. Es scheint also bei dem Gesamturtheil zu bleiben, das Savigny am 17. August 1799 aussprach: Bis jetzt ist Leipzig «sehr unter meiner Erwartung» u. am 1. November bestätigte: «Wegen Leipzig bin ich längst im Reinen: hier habe ich zuerst mit wahrer Ehrfurcht an – Göttingen gedacht.»[7]

[1]Stoll S. 32 u. 36 [Stoll I, 140, 151] [2]S. 38 [Stoll I, 163] [3]S. 28 [Stoll I, 140] [4]S. 30 [Stoll I, 143] [5]S. 31 [Stoll I, 145] [6]S. 27 [Stoll I, 138] [7]S. 28 [Stoll I, 140]

BLATT 249

[Literaturangabe: Franz Eulenburg, Die Entwicklung der Universität Leipzig in den letzten 100 Jahren]

BLATT 250

«Straßburger Studenten im Alten Leipzig» [Zeitungsartikel, ohne Quellenangabe]

BLATT 251

R. Prévôt, «Die Festspiele im Münchner Künstlertheater» [Zeitungsrezension]

BLATT 252

Der Buchhändler Johann August Gottlob Weigel[1] Leipzig

Weigel hatte 1793 die Leitung der ehemaligen Müllerschen Buchhandlung übernommen, damit, 1795 zum Universitätsauctionator ernannt, eine antiquarische Buchhandlung verbunden u. schließlich 1797 eine eigene Verlagshandlung errichtet. Savigny, der sofort mit ihm in Verbindung trat, berichtete dann über ihn an seine Marburger Freunde, ein Brief, der verloren gegangen ist. Am 17. August 1799 verwies er auf seine frühere Mittheilung u. fügte nun hinzu: «außerdem ist er äußerst würdig u. sein Betragen gegen mich das freundschaftlichste.» [Stoll I, 128]

Als Savigny dann mit v. Bostel weiter reiste, gab Weigel ihm eine Empfehlung an seinen Bruder Karl, der sich in Meißen als Arzt niedergelassen, nachdem er einen großen Theil von Europa gesehen. «Wir wurden hier,» so berichtete Savigny aus Meißen, «äußerst freundschaftlich aufgenommen u. fanden an Weigel, an seiner Frau (einer Tochter des verstorbenen Feldmarschallieutnant Rouvroy in Wien) u. an einigen andern Personen, mit denen sie uns bekannt machten, äußerst gebildete u. liebenswürdige Menschen.» Seine Augen, die wieder so schlimm geworden, daß er am 8. u. 9. September meist mit verbundenem Haupt zu Hause sitzen mußte, wurden durch «diese Ruhe u. den Rath des guten Dr. Weigel» bald wieder in die alte Ordnung gebracht. [Stoll I, 132] Aber später kehrte doch das Augenübel wieder.

Wieder nach Leipzig zurückgekehrt, lebte er [und] gehörte zu dem ziemlich ausgebreiteten Zirkel von Bekannten, der ihm «Unterhaltung u. Zerstreuung» gab, ohne Zweifel auch die Familie Weigel. Im März 1800 erzählte er: «Mit Weigel habe ich sehr viel Umgang, u. ich freue mich sehr über die Verbindung mit ihm, besonders wegen seiner Verbindungen mit dem Auslande.» [Stoll I, 151]

[1]Meyer, XVI 484 [Meyer, 6. Aufl., Bd. 20, Sp. 474][XXVII]

BLATT 253

Schelling. Über seine Rechtsphilosophie: Merkel Holtz. 5 S. 73 f.
[Merkel, Elemente einer allgemeinen Rechtslehre, in: Holtzendorff, Enzyklopädie der Rechtswissenschaft, Erster Theil]

1799 Anfangs August aus Jena: ‹Schelling sieht ganz jung aus› – er war auch erst 24 Jahre alt – ‹mit Gleichgültigkeit u. Stolz steht er auf dem Katheder, als ob er etwas nicht sehr bedeutendes schnell erzählte.› (Stoll S. 14) [Stoll I, 117]

1800 den 26. April (aus Leipzig): ‹Schelling ist auf unbestimmte Zeit nach Bamberg u. Wien gereist.› Er war für den Sommer zum Zweck medicinischer Studien nach Bamberg übergesiedelt. Nach Wien kam er nicht, sondern kehrte nach dem Tod der Auguste Böhmer, die manche als die Braut Schellings ansehen wollen, u. nach eigener

Krankheit in sehr gedrückter Stimmung nach Jena zurück. ([Kuno] Fischer VI, S. 94–101)

Sein im März vollendetes u. noch in demselben Jahr erschienenes ‹System des transzendentalen Idealismus› u. Savignys daraus genommener Gedanke. (S. 34) [Stoll I, 153, Anm. 1]

‹Schelling habe ich gesprochen, ein herrlicher Mensch, mit großen weitumfassenden Ideen.› (S. 35 [Stoll I, 155], Näheres über Religion u. Geschichte)

Der mathematische Streit u. Savignys Gespräch mit Schelling darüber. (S. 35) [Stoll I, 155f.]
Die 13 war in den derben Wahrheiten, die Schelling der A. L. Z. gesagt hat.
(‹Schelling, durch zwei elende Rezensionen seiner ‹Ideen zur Philosophie der Natur› 1797 aufgebracht, griff auf eigne Hand neben Schlegel die A. L. Z. als Erzfeindin des neuen wissenschaftl[ichen] Zeitgeistes in seiner Zeitschrift für speculative Physik I, 1.49 ‹mit unerhörter Grobheit› an.) (Stoll S. 36f. Anm.191) [Stoll I, 159, Anm. 4]

Savignys mündl. Mittheilung von Clemens u. dessen toller Farce Gustav Wasa (Stoll S. 35 Anm. 183) [Stoll I, 155, Anm. 5]

1841 im Winter ist Savigny in Berlin sein Zuhörer
(Aus Schellings Leben III, S. 173)

BLATT 254

Die Universität Halle 1799
[Schrader, Geschichte der Friedrichs-Universität zu Halle, Erster Teil]
[Stölzel, Brandenburg-Preußens Rechtsverwaltung und Rechtsverfassung, Bd. 2]

I. Übersicht u. Allgemeines

1. ‹Die Blüte von 1700–1730› (Schrader [I, S. 129])
   1714 der juristischen Fakultät ertheilter Auftrag (Stölzel II, 57).
   1727 der Lehrstuhl für Ökonomie – Polizei u. Kammersachen (Stölzel II, 102)
   Cocceji u. Halle (Stölzel II, 134), cf. 392
2. ‹Rückgang der ursprüngl[ichen] Kraft; neue Ansätze 1730–1768› (Schrader [I, S. 273])
3. ‹Neues Aufblühen 1768–1806› (Schrader [I, S. 391])
   1770 Zedlitz (Schrader I, 536, 537)
   1787 Die Oberschulkollegien (Schrader I, 539)
   Die Juristen (Schrader I, 604)
   Nettelbladt (Schrader I, 397, 414, 421, 487)
     begann als Nettelblatt (Stölzel II, 341)
   Klein (Stölzel, Reg.; Schrader I, 397, 399, 415, 417, 423, 425)

1776 Studentenzahlen (S. 591 | cf. 593)
Die Philosophen (Schrader I, 460)
1778 Kant berufen (Schrader I, 408)
[Ludwig Heinrich] Jacob: Sitten- u. Rechtslehre (Schrader I, 405, 415, 606)
1790 der Wöllnersche Candidat (Schrader I, 407)
Geschichte! (Schrader I, 410 f., 414, 421)
Rechtsgeschichte 421
Erziehungsrecht (Schrader I, 422 f., 492, 495)
1783 Friedrich Aug[ust] Wolf (Schrader I, 438, 443, 454)
Homer [Wolfs homerische Arbeiten] (Schrader I, 444)
Herder (S. 448)
Das Philolog. Seminar (S. 455, 543)

Friedrich Wilhelm II u. [der Minister von] Wöllner [S. 513 ff.]
1788 das Religionsedikt (Schrader I, 509, 514, 520; Zedlitz auf seinen Antrag entbunden (541)
1791 Lehrbuch der Dogmatik befohlen (Schrader I, 519)
1794 die Prüfung der theologischen Facultät (S. 519)
die neu anzustellenden Professoren (520)

Friedrich Wilhelm III (S. 604)
1798 (Schrader 526)
[Minister] v. Massow (452, 452 [–562?])
1799 (S. 543, 504, 565, 574, 593, 596)
1800 (600)

BLATT 255

II. Die juristische Facultät [Halle]

Noch Übergang von Theologie zu Recht (Schrader 413)
Die geschichtliche Darstellung – verdrängt (S. 414, 385)
1744 Zahl der Studenten 379
1776 die Zahl der Studenten S. 417
Besoldung 364, 397, 424, 569, 588, 635 … Kollegiengelder 588
1787 Mangel einer Professur des öff. Rechts (S. 570, 307, 382, 561, 385)
die Neuordnung der Vorlesungen (S. 417)
1793 Aug. Wolfs Vorschlag (460): die Jurist[en dagegen?] (600)
Der einzige Klein von Bedeutung: Eintritt … (S. 585)
Die Spruchsachen (S. 565) | 386
Promotionen 589, cf. 538, 561
1799 Vorschlag zur Hebung der akad. Zucht (596 f.)

<Ordnung?> der einzelnen Lehrer:
1) Woltär – Röm. Recht 397. Sein ____ 398
2) Bathe " u. Kirchenrecht
3) Dabelow " u. Rechtsgeschichte
4) König: Jurist. ______ (393 – Kirchenrecht)
5) Klein: Kirchenrecht, Naturrecht, preuß. Recht
Der außerord. Prof. Konopak für Institutionen (635)
1800 ging Klein ab nach Berlin (/ Stölzel II, 311, 345)
1802 kam an seine Stelle Schmalz (S. 400)
Gehalt 1236 Thlr. (S. _35)
1804 Thibaut berufen, ohne Erfolg (S. 625)

S. 6 ____: Stoll S.

BLATT 256

[Universität] Halle
Landsberg [Geschichte der deutschen Rechtswissenschaft] III
Thomasius in Halle S. 78.

«Die staatsrechtlich-juristische Schule»:
v. Ludewig S. 119
Gundling S. 122
Schmauß S. 123?
«Die nicht-staatsrechtliche Schule»:
Ludovici S. 135
Beyer 137
Titius 138
Gerhard, Fleischer, Stryck, Kestner 141
Kress 142
Böhmer 145

BLATT 257

Wo u. wie war die Begeisterung für das Röm. Recht entstanden? (v. Bippen)
Vgl. über die Universitäts[prof.?]: Hugo (O. Mejer) [A.D.B., Bd. 13 (1881): Gustav Hugo Mejer]
[s.a. Mejer, Gustav Hugo, der Begründer der historischen Juristenschule]

BLATT 258–259

[Bleistiftnotizen – Stichwortsammlung zur Geschichte der Juristischen Fakultät der Friedrichs-Universität Halle, mit Quellenhinweisen überwiegend auf Schrader und Stölzel]

BLATT 260

[Stichworte und Daten zu Jena]

BLATT 261

[redundant, s. I, Blatt 186, 188]

BLATT 262

[redundant, s. I, Blatt 67]

BLATT 263

[Stichwort: Arnim, Schriften; Savigny und Winkelmann]

BLATT 264

2c. Geschichte des röm. Rechts nach Hugo (vorher schon 1801/02),
___ über das röm. Obligationenrecht nach einem eigenen Plan,
verbunden mit exegetischen Übungen (nochmals, aber anders 1803/04)
1803 Sommer
[Savigny, Vermischte Schriften Bd. 5, S. 33, cf. Bd. 2, S. 412, Anm. 1]

BLATT 265

Savigny _____ ______ Reihe

1. [Arnold] Heerens Vorschlag (1803) [Stoll I, 186 f., Anm. 7]
2. Ruf nach Greifswald u. nach Heidelberg (1803)
3. Bitte um außerord. Professur (1803)

BLATT 266

1803 Sommer
Geschichte des römischen Rechts, nach Hugo,
4 mal die Woche, um 9 Uhr morgens.
Savigny las sie zum zweiten Mal. Fortschritt dieser wiederholten Vorlesung von der ersten?

Jacob u. Wilhelm Grimm hörten zu.

BLATT 267 [viele Streichungen; Bleistiftnotizen]

Vorlesung über Methodologie
1802/03

<Sav.: Inst. S. 3: Eine Encyclopädie des civilistischen Studiums>
Syst[em des heutigen römischen Rechts] I, S. 204, 213f.

Einleitung zu der Vorlesung

__ 5, 241ff. __ II, S. 25
1668 _______
1684 ___ ____

BLATT 268

Marburg

Savigny im Sommer 1801 bis Winter 1802 (Besitz 4 (1837) S. IXf.)

\- - - - - - - - - -

Die sofortige Wiederholung einer Vorlesung im folgenden Semester, offenbar Anklang, dazu der Wille, sie nun noch reifer zu gestalten, zwei Beispiele werden uns begegnen.

BLATT 269 [redundant, s. I, Blatt 264]

BLATT 270 [Fortsetzung von I, Blatt 272, 1. Abschnitt]

2a) Sommer 1801.

«Die 10 letzten Bücher der Pandekten nach Böhmers Lehrbuch» [Böhmer, Introductio in ius digestorum]

Die Vorlesung, die er im Sommer 1801 hielt, hatte zum Gegenstand die 10 letzten Bücher der Pandekten, also die Bücher 40–50. Er las über sie nach Böhmers Lehrbuch der Pandekten.

Für die Erkenntniß von Savignys Fortgang seiner wissenschaftlichen Studien ist es unerlässlich, auf diese Bücher einen Blick zu werfen. Ihr Inhalt ist wesentlich öffentliches Recht, wenn auch untermischt mit Privatrecht. Das 40. Buch behandelt, wie wir sagen dürfen, das Personenrecht oder genauer: die Personen nach ihren rechtlichen

Abstufungen: den Ritterstand (10 de jure anscorum anulorum), die Freigeborenen (14 si ingenuus esse dicitur) u. die Freigelassenen (1–9).

Das 41. Buch die Lehre vom Eigenthums- u. Besitzerwerb[1]

Das 42. Buch vom Civilprozeß, Vermögensabtretung u. Concurs[2]

Das 43. Buch von den Interdicten des Privat- u. des öffentlichen Rechts

Das 44. Buch von dem Einreden u. ähnlichen Rechtsmitteln, ferner von gewissen actiones, insbesondere denen aus Obligationen.

Das 45. Buch von den verschiedenen Arten der Obligationen

Das 46. Buch von der Bürgschaft, der Zahlung u. anderen . . .

Das 47. Buch von den Privatdelicten u. öffentlichen Verbrechen

Das 48. Buch vom Criminalprozeß u. den Strafen

Das 49. Buch von der Appellation, dem Kriegs- u. Militärrecht

Das 50. Buch vom Stadtrecht u. einem Anhang von allgemeinen Rechtsregeln (De verborum significatione u. De diversis regulis iuris antiqui).

[1]Beziehung zum öff. Recht?
[2] » » ? Infamie

Das Resumé

. .

Die sog. libri terribiles (Krüger [Corpus Iuris Civilis] S. 334)
vor allem Staatsrecht:
Mommsen [Römisches Staatsrecht]
Savignys Studien J. Grimm
Gesch. VII, 388–394
Besitz! cf. unter System I, XLVIII

BLATT 271

Die letzten 10 Bücher
Mommsens [Römisches] Strafrecht [Leipzig 1899] auf Grund derselben (Register S. 1072–1073)

BLATT 272

2. 1801, also seit dem Anfang des (neuen) Jahrhunderts,[1] wie er selbst bezeugte (System I, S. XLVIII), begann er dann seine Vorlesungen über das röm. Privatrecht. Es war eine Vorlesung über die letzten 10 Bücher der Pandekten, u. zwar nach Böhmers Lehrbuch

(Introductio in ius digestorum) die er unmittelbar aus den Quellen ausgearbeitet hatte (Besitz: Vorrede zur 4. Auflage [1822, S. III ff.]). [Fortsetzung s. I, Blatt 270]

[Fußnote fehlt]

– – – – – – – – – – –

Savigny hielt diese Vorlesung, wie er erzählte, «mit großer Liebe» (den 20. Sept. 1846 an Rudorff) [Rudorff, Aus den Tagen der Romantik, S.162–164; Stoll III, 73 f.], aber Näheres erfahren wir nicht. Nur das liegt zu Tage, daß er einerseits durch die Besprechung der sog. Libri terribiles abermals Strafrecht u. Strafprozeß in Betracht ziehen mußte u. daß er anderseits auch die Lehre vom Besitz streifte u. so vielleicht schon damals den Gedanken erwog, diese Lehre bald monographisch zu behandeln.
Im Allgemeinen aber kommt in Betracht, was Savigny in der Vorrede zum ersten Band seines Systems schreibt: «Der Stoff zu dem vorliegenden Werk ist allmälig in Vorlesungen gesammelt u. verarbeitet worden, die der Verfasser gerade seit dem Anfang des Jahrhunderts – er datiert diesen Anfang mit Recht vor dem Jahre 1801 – über das römische Recht gehalten hat» (S. XLVIII im Sept. 1839 aus Dresden).
Diese Mittheilung findet eine Ergänzung in einer Mittheilung Jacob Grimms, der, als er später in Paris Savigny bei seinen Arbeiten half, selbst von Savigny in seinen unterbrochenen akademischen Studien gefördert ward [und] Savignys große Collectaneen zum römischen Staatsrecht kennen lernte, die ohne Zweifel bei dieser Vorlesung, wenn nicht erst begonnen, so doch weiter geführt worden sind.

BLATT 273

Diese Vorlesung hatte für Savigny u. die rechtsgelehrte Welt noch eine unerwartete Folge: als Savigny sie aus den Quellen ausarbeitete, da ward seine Aufmerksamkeit vorzüglich auf die Lehre vom Besitz gelenkt u. er überzeugte sich, daß die grade hier herrschenden Begriffe u. Meinungen aus den Quellen sehr berichtigt werden könnten. So erzählt er 1822 in der Vorrede zur 4. Auflage seines berühmten Buches [Savigny, Das Recht des Besitzes, S. III ff.], das zuerst 1803 erschien u. seinen Ruhm begründete.

BLATT 274

2-ter Winter 1801/02
Für den Winter kündigte Savigny dann zwei Vorlesungen an. Zunächst Geschichte des römischen Rechts, u. zwar nach Hugos Lehrbuch (2. Ausg. Berlin 1799) u. daneben electiv: entweder Über die letzten zwei Pandektentitel oder Criminalrecht. Von diesen zur Wahl vorgeschlagenen Vorlesungen hielt er die erstere. Die zwei Pandektentitel (50, 16 u. 17) waren in der im vorangegangenen Semester gehaltenen Vorlesung an sich

schon einbegriffen gewesen, aber bei dem großen Umfang offenbar nur flüchtig behandelt worden.

Auch die Ankündigung der Geschichte des röm. Rechts, die zum ersten Mal auftritt, war veranlaßt durch die Vorlesung des vorangegangenen Semesters. Nachdem er diese Vorlesung begonnen hatte, da, so erzählte er später selbst, «entdeckte ich, daß ich von Rechtsgeschichte nichts auch gar nichts wußte. Da schlug ich eine Vorlesung über Rechtsgeschichte an, arbeitete Tag u. Nacht u. Gott hat mir das gesegnet». Docendo discimus. Aus dem nach Hugo Lernenden ward bald der fruchtbarste Recensent von Hugos Rechtsgeschichte.[1]

[1]Verm. Schr. V, 45[XXVIII]

BLATT 275

Vorbereitung für die civilrechtlichen Vorlesungen

Wenn wir uns nun von den strafrechtlichen Vorlesungen zu den civilrechtlichen wenden, so ist zunächst festzustellen, daß Savigny zwar über Strafrecht nicht mehr gelesen hat, daß er sich aber noch einmal bereit erklärt hat, nochmal darüber zu lesen, ein Anerbieten, das in ebendieser Form geboten, keine Folge gehabt hat. Es ist gar nicht so unwahrscheinlich, daß Savignys Vorlesung, so vortrefflich er die Hörer über alle Klippen zu führen verstand, den an bequemere Kost gewöhnten Studenten zu einem etwas unbequemen Denken nöthigte, wozu der große Haufen nur geringe Lust hatte. Ein Jacob Grimm war damals nicht unter seinen Hörern. Da Listen über seine Hörer aus der Marburger Zeit überhaupt nicht zu existiren scheinen oder doch wieder nicht zugänglich sind, so kann weder über die Zahl noch die Qualität der Hörer etwas gesagt werden. Auch für die andern Vorlesungen sind wir, was die Hörer anbetrifft, auf zufällige Notizen angewiesen.

Wenden wir uns nun den civilrechtlichen Vorlesungen zu, so giebt uns Savigny selbst über die Wahl derselben Aufschluß. «Ich habe da mancherlei, meist kleine Collegien gelesen, die vielleicht manchem Studenten recht nützlich waren, die aber größtentheils in dem ganzen Studienplan keine wesentliche Lücke ausfüllten... Ich trieb das Lesen als Vorbereitung u. als Nebensache!» (An Creuzer den 13. März 1807) [Stoll I, 296]

Gleichfalls aus einem subjectiven Grunde entschloß er sich, wie wir sehen werden, einmal auch zu einer Vorlesung über Geschichte des Kurischen Rechts. Und nicht anders wird es gewesen sein mit seiner Vorlesung über Methodologie des Studiums.

Zu dem ersten subjectiven Grunde seiner eigenen Ausbildung kam anscheinend noch ein zweiter Grund, den er nicht betonen mochte in der Rücksicht auf seine Collegen. Nur ein einziges Mal las er Institutionen u. Pandekten überhaupt nicht. Die Vorlesungen, die er hielt, waren daher fast alle honorarfrei.

BLATT 276

Savignys Methodologie[XXIX]

Nach einer Einleitung, in der auf die Bedeutung der Literargeschichte u. die älteren u. neueren Gelehrten hingewiesen ist, wird dargelegt, daß die juristische Methodik in 3 Theile zerfällt: nämlich in

1) «die absolute Methodik» oder die «Darstellung der Gesetze der absoluten Bearbeitung der Rechtswissenschaft»
2) «die Methodik des literarischen Studiums der Jurisprudenz»
3) «die Methodik des akademischen Studiums zum Besuch des juristischen ... «

Die literarischen Charakteristiken, so steht es am Schluß dieser Darlegung, «müssen in den ersten Theil eingeschaltet werden. Sie zeigen uns die Gesetze der jedesmaligen Bearbeitung der Jurisprudenz, entweder positiv oder negativ: positiv, wenn jemand die Wissenschaft gut, negativ, wenn er sie auf eine unrichtige, verkehrte Weise bearbeitete.»

Der 1. Theil beginnt mit der Darlegung des Verhältnisses, in dem die Rechtswissenschaft zur Gesetzgebung steht.
«Wenn wir uns den Staat historisch als handelndes Wesen denken, so können wir uns gewisse Arten dieser Handlungen abgesondert vorstellen, wir können ihn unter anderen als gesetzgebend denken. Der Zweck der Rechtswissenschaft ist nun, die gesetzgebenden Functionen eines Staats historisch darzustellen.» Die Gesetzgebung bestimmt entweder die Rechte, die der Staat einzelnen Bürgern schützen will (Privat- oder Civilrecht) oder sie betrifft die Vorkehrungen, die Gesetze zu schützen (Criminalrecht).

So giebt es also nur 2 递 Haupttheile der Jurisprudenz: Privat- und Criminalrechtswissenschaft. Auf keine Weise aber läßt sich das Staatsrecht (die systemat. Darstellung der Staatsconstitution) in den Begriff der Jurisprudenz bringen, denn es setzt den Staat nur als existirend voraus während die Gesetzgebungswissenschaft ihn als handelnd betrachtet. Beide deuten auf einander hin, lassen sich aber nicht unter einen Begriff fassen. Hierdurch wird aber das große Interesse des staatsrechtlichen Studiums gar nicht geleugnet. Ein großer Theil des Staatsrechts muß jetzt auf ähnliche Weise wie das Privatrecht behandelt werden, z. B. ein Gutsherr hat Jurisdiction wie ein anderes Privatrecht; denn in allen neueren Staaten existirt ein Verhältniß das älter ist als unser Staatsrecht: die Lehnsverfassung. Das Staatsrecht der älteren Zeiten war reiner.» –

Nun werden die Grundsätze aufgestellt, welche für die Gesetzgebungswissenschaft maßgebend sind. Dieselbe ist 1) eine historische Wissenschaft, 2) auch eine philosophische. Sie muß also sein 3) «vollständig historisch u. philosophisch zugleich».

1) ‹Die Gesetzgebungswissenschaft ist historisch.›
Die Nothwendigkeit des Staates beruht darauf, daß etwas zwischen die Einzelnen hingestellt werde, das die Herrschaft der Willkür derselben beschränkt. Dies thut der Staat u. zwar in seiner gesetzgebenden Function. Möglich wäre auch die Anordnung, daß ein Dritter entscheide, wie weit die Willkür des Einzelnen beschränkt werden solle. Da aber

hier wieder der Willkür dieses Dritten vieles überlassen bleibt, so war es besser, daß es etwas, von aller individuellen Überzeugung völlig unabhängiges gab – das Gesetz. Dasselbe sollte also seinem Zweck nach völlig objectiv, d. h. so vollständig sein,
[Fortsetzung s. folgendes Blatt]

[Randnotizen:]
Besitz? S. 535 f.

Savigny u. der ‹Adel› (Schulin S. 32)
Das jus feudale (Schulin S. 35, 36, 44)
Das Gut bei Hanau (Schulin S. 47)
System III, S. 305 f.
Beruf S. 30, 33
Familienfideicommisse Beruf S. 33; Feuerbach

BLATT 277

daß der, welcher es anwendet, nichts von sich hinzuzuthun brauche (S. 3). Der Richter erkennt nur die Regeln u. wendet sie auf den einzelnen Fall an. (S. 4)

Diese Regeln stellt nun die Rechtswissenschaft dar (S. 4). (Also sie thut Schreiberdienste für die Praxis.) Alles Wissen von einem objectiv Gegebenen nennt man historisches Wissen (S. 3).

2) ‹Die Gesetzgebungswissenschaft ist philosophisch.›
Früh schon finden wir Versuche einer systematischen Bearbeitung der Jurisprudenz. In neueren Zeiten sind sie sehr häufig. Eine solche Behandlung würde von sehr geringem Werthe sein, wenn sie ein bloßes Fachwerk lieferte, sie wäre dann bloße Erleichterung des Gedächtnisses. Soll sie wahres Verdienst haben, so muß sie einen inneren Zusammenhang, eine Einheit produciren. Eine solche systematische Bearbeitung der Jurisprudenz aber gränzt unmittelbar an Philosophie, die durch eine vollständige Deduction den ganzen Umfang der allgemeinen Aufgabe angeben muß. «Die Jurisprudenz ist also eine philosophische Wissenschaft.»

[Randnotizen:] Richter u. ___ (S. 4); Theorie u. Praxis (S. 4 f.)

3) ‹Die Gesetzgebungswissenschaft ist historisch u. philosophisch.›
Der vollständige Character der Jurisprudenz beruht auf der Verbindung, [die] jene beiden Grundsätze haben. Interpretation (Exegese) u. System sind aber erst einzeln genau zu bearbeiten u. nicht zu früh zu trennen, sonst kann die Bearbeitung nicht anders als mißglücken». (S. 7)

Die Gesetzgebung muß aber auch in einer Zeitreihe gedacht werden u. wir kommen damit auf die vorher ausgesetzte eigentlich historische Bearbeitung der Jurisprudenz, also auf den Begriff einer Rechtsgeschichte. Man muß sich das System <der Juris-

prudenz? des Rechts?> als stets fortschreitend denken (innere Rechtsgeschichte). (S. 8)

Eine vollständige absolute Methodologie hat also 3 Theile:
a) einen philologischen, b) einen historischen, c) einen systematischen philosophischen (S. 9).

a) Ich übergehe die criminologischen Darlegungen, um nun hinzuweisen auf die hier eingeschobene ‹Geschichte der Interpretation› (S. 28 ff.). Zum Schluß die ausführliche Darstellung der Meinung des Jacob Gothofred über das Studium der Jurisprudenz (S. 33 ff.).
b) Jede Gesetzgebung ist das Resultat der früheren Geschichte der Gesetzgebung (S. 36). Justinian wollte kein eignes Gesetzbuch machen. (S. 36 f.)
   Nur Hugos RG ist ein gutes Muster. (S. 38)
   Die Nothwendigkeit der Trennung der Quellen: das Criminalrecht wird fehlerhaft behandelt. Auch Feuerbach nicht ohne Fehler (S. 39). Seidenstickers gute Kritik.
   Der andere Fehler von Hufeland gemacht (S. 40).
   Die Politik (S. 41 f.). Montesquieu (S. 42)
   Die Geschichte: Gibbon (S. 42 f.) Das röm. Recht Justinians, also das [unsere?]
   ein Recht des Verfalls? Die Zeit der Republik (S. 43)
   Die philos[ophischen] Juristen u. die Revolution gegen die Gesetzgebung! (S. 46) ____
   ‹Die gebildeten röm. Gesetzgeber› u. das barbar. Zeitalter des kanon. Rechts (S.49).
   Die Interpretation in der Kriminalistik (S. 17 f.) Bekkaria (52)
   Es fehlt eine Einleitung (S. 55)
      Im Civilrecht: Analogie: Naturrecht
      Im Criminalrecht: Analogie: unstatthaft (S. 57). Veränderung der Gesetze kann nur durch den Gesetzgeber erfolgen (S. 59). Der Präter ist Gesetzgeber (S.59)!
   Art. 159 CCC (S. 62 f.). Feuerbach (62, 63)
   Art. 178 (S. 64): Der allgem. Grund der Strafe (S. 64);
   Kriminalrecht (S. 66), Feuerbach (S. 67)

BLATT 278

[Anfang fehlt] zu sehen. Jedes hat seine gute Seite. Man findet zwar jetzt nicht mehr die allgemeine gründliche Gelehrsamkeit bei Bearbeitung der Jurisprudenz, die sonst stattfand, allein da in aller Methode vieles nicht individuell, sondern vom Zeitalter selbst gegeben ist, so findet sich dieses auch in der Jurisprudenz; vieles gebührt dem Zeitalter

u. findet sich darin wieder. Nehmen wir daher auf die neueren Gelehrten Rücksicht, so können wir an unserm Studium manches besser berichtigen u. unmittelbar unterrichten. Daher soll in diesen Vorlesungen auch mehr auf die neueren Gelehrten, jedoch nicht mit gänzlicher Ausschließung der älteren, unserer Wissenschaft gesehen werden. Bei Bearbeitung der Rechtswissenschaft läßt sich denken:

1) eine absolute Bearbeitung ohne alle Hinsicht auf das zufällige Hilfsmittel der Literatur, blos reines System zum Grund gelegt,
2) mit Rücksicht auf diese Hilfsmittel.

Die Gesetze einer absolut wissenschaftlichen Bearbeitung müssen jeder Methode zum Grund liegen; daher werden wir auch mit dieser absoluten Methode den Anfang machen. In ihr müssen auch Gesetze aufgestellt werden zur Verbindung der bloß zufälligen Hilfsmittel mit der absoluten Bearbeitung. Dann wird die Frage sein: auf welche Weise sind die bisher in unserer Wissenschaft ausgearbeiteten Schriften, wie das Bücherlesen zu den absoluten Gesetzen zu benutzen? Zuletzt soll bestimmt werden, wie ein anderes neues Hilfsmittel, das akademische Studium, zum absoluten Studium der Jurisprudenz zu gebrauchen ist.

Demnach zerfällt die juristische Methodik in drei Theile:

1) in die absolute Methodik,
2) in die Methodik des literarischen Studiums der Jurisprudenz,
3) in die Methodik des akademischen Studiums

Die literarischen Charakteristiken müssen in den ersten Theil eingeschaltet werden. Sie zeigen uns die Gesetze der jedesmaligen Bearbeitung der Jurisprudenz entweder positiv oder negativ: positiv, wenn jemand die Wissenschaft gut, negativ, wenn er sie auf eine unrichtige, verkehrte Weise bearbeitete.

BLATT 279

Erster Theil
Darstellung der Gesetze der absoluten Bearbeitung der Rechtswissenschaft.

Auf keine Weise aber läßt sich das Staatsrecht – systematische Darstellung der Staatskonstitution – in den Begriff der Jurisprudenz bringen, denn es setzt den Staat als existirend voraus, die Gesetzgebungswissenschaft aber schon als handelnd. Beide deuten auf einander hin, lassen sich aber nicht unter einen Begriff fassen. Hierdurch wird jedoch das große Interesse des staatsrechtlichen Studiums gar nicht geleugnet. Ein großer Theil des Staatsrechts muß jetzt auf ähnliche Weise wie das Privatrecht behandelt werden, z. B. ein Gutsherr hat Jurisdiction so wie jedes andere Privatrecht; denn in allen neueren Staaten existirt ein Verhältniß das älter ist als unser Staatsrecht: die Lehnsverfassung; das Staatsrecht der älteren Zeiten war reiner.

Die gesetzgebende Function ist also zwiefach: Privat- u. Criminalrechtsgesetzgebung. Die Gesetze der Bearbeitung müssen aber aus dem abgeleitet werden was beiden gemein ist, aus gemeinen Grundsätzen. Diese sind nun:
1) die Gesetzgebungswissenschaft ist eine historische Wissenschaft (hiervon müssen wir jetzt noch abstrahiren)
2) sie ist auch eine philosophische; Diese beiden sind nun
3) so zu vereinen: sie muß vollständig historisch u. philosophisch zugleich sein.

1. Die Gesetzgebungswissenschaft ist historisch.

Die Nothwendigkeit des Staates beruht darauf, daß etwas zwischen die einzelnen hingestellt [Fortsetzung s. folgendes Blatt]

BLATT 280

werde, das die Herrschaft der Willkür einzelner gegenseitig beschränke. Dies thut nun der Staat überhaupt schon selbst, er selbst ist ein solches Dazwischenstellen, unmittelbar aber thut es die gesetzgebende Function. Der Grad der Beschränkung des einzelnen muß aber von der Willkür des andern unabhängig sein, ein Dritter müßte dann entscheiden, wie weit die Beschränkung gehen solle. Da aber nun hier dieses Dritten Willkür vieles wieder überlassen bleibt, so war es besser, daß es etwas völlig Objectives, ganz Unabhängiges, von allen individuellen Überzeugungen Entferntes gäbe: das Gesetz. Es sollte also seinem ursprünglichen Zweck nach völlig objectiv sein, d.h. so vollständig, daß der, welcher es anwendet, nichts von sich selbst hinzuzuthun braucht. Alles Wissen von einem objectiv Gegebenen nennt man historisches Wissen, folglich muß der ganze Character der Gesetzgebungswissenschaft historisch sein, das heißt nun wieder
a) historisch im eigentlichen Sinn
b) philologisch.
Dieser Grundsatz muß wieder aus der Natur der Sache überhaupt hergeleitet werden.

2. Die Gesetzgebungswissenschaft ist philosophisch.

Frühe schon finden wir Versuche einer systematischen Bearbeitung der Jurisprudenz. In neueren Zeiten sind sie sehr häufig. Eine solche Behandlung würde von sehr geringem Werthe sein, wenn sie ein bloßes Fachwerk, ein bequemes Aggregat von Materien lieferte: sie wäre dann bloße Erleichterung des Gedächtnisses. Soll sie wahres Verdienst haben, so muß ihr innerer Zusammenhang eine Einheit produciren. Zu einer solchen muß es einen allgemeinen Inhalt, eine allgemeine Aufgabe für die Rechtswissenschaft, ja die ganze Gesetzgebung geben, die nichts Zufälligem unterworfen ist. Schon der Begriff der Civil- u. Criminalgesetzgebung war eine solche allgemeine Aufgabe: es ist also eine solche systematische Bearbeitung der Jurisprudenz möglich. Giebt es aber eine solche, so gränzt Jurisprudenz unmittelbar an [Philosophie] .. [Fortsetzung fehlt]

BLATT 281

Savignys Lehrweise u. Schüler (1800–1803)

Listen über Savignys Zuhörer in Marburg sind nicht bekannt, u. sofern sie in Familienarchiven beruhen, nicht zugänglich. So sind wir auf einzelne gelegentliche Mittheilungen beschränkt, u. meist nur auf Vermuthungen angewiesen.

So dürfen wir die beiden Pfeiffer, Burchard Wilhelm u. seinen jüngeren Bruder [Franz Georg], oder doch wenigstens diesen, zu seinen Schülern zählen. Vielleicht ein (jüngerer) v. Neurath, den 1800 Weis als Zuhörer rühmt, Graf Luxburg?, ferner … im Winter 1800/1801 [Karl von] Müllmann,[1a] Schotten?, Koch (J. Bang). Die noch bezeugt sind als Savigny-Schüler: so weit ich sehe, nur [Egid] v. Löhr, der von Ostern 1802 bis Ostern 1803 in Marburg die Rechte studirte,[3] u. die Brüder Jacob u. Wilhelm Grimm.

Außerdem hören wir, daß Heise, der im Frühling 1801 mit einem Freund von Göttingen zu Fuß über Cassel nach Marburg ging, um hier seinen Freund Müllmann zu besuchen u. auch einen Monat in Marburg blieb, bei der Gelegenheit Savignys Vorlesungen besuchte.[4]

[1a]v. Bippen, [G.A. Heise, S. 41; von Bippen schreibt: Mülmann] [3]… [konnte nicht ermittelt werden] [4]Justi, [Grundlage zu einer hessischen Gelehrten-, Schriftsteller- und Künstler-Geschichte, S. 405] [5][kein Verweis im Text] v. Bippen, S. 60

BLATT 282

12. 1802–1804 Savignys rechtswissenschaftliche Studien

Die Klassiker: Bang u. Creuzer

1. Seine Arbeitspläne 1803. Seine literarische Reise

2. Sein Verhältnis zu Weis' Studien. 1804 im März in Göttingen

3. Sein Verhältnis zu Heises Studien

4. Seine kritische Lektüre u. die Adversarien
(die Benutzung derselben durch J. Grimm)
Über systematisches Lesen (1804 den 8. Jan. an die Günderode) [Geiger, S. 25]

5. Seine Recensionen:
1804 Jenaische Literatur-Zeitung

6. Seine Bibliothek

BLATT 283

[redundant, s. I, Blatt 274]

BLATT 284

1805
Karl Franz Ferdinand Bucher
1786 in Rinteln geboren u. in Marburg Zuhörer des jungen Savigny

BLATT 285

1822 den 17. Juli, Cassel. W. Grimm an [David] Suabedissen

Da ich mich genau Ihrer jetzigen Wohnung erinnere u. oft, als Savigny da wohnte, aus dem Fenster in das Thal hinab gesehen, so meine ich durch diese Erinnerung Ihnen schon etwas näherzu gerückt zu sein. Die Etage oben bestand damals aus einem einzigen Zimmer, das nach drei Waldgegenden die Aussicht hatte, an den Wänden hingen schöne Kupferstiche, die heilige Familie von Holbein ... hing zwischen den beiden Fenstern, die nach dem Garten nördlich gehen. Die Treppe war aber steil, u. wenn sie noch so ist, so warne ich die Elise, daß sie nicht zu schnell hinabspringt. [Stengel, Private und amtliche Beziehungen der Brüder Grimm zu Hessen, Bd. 1, S. 210]

BLATT 286

Disposition

1. Die Schüler
2. Platzanweisung
3. Lehrweise; Arbeiten
4. Persönlicher Verkehr
5. Jacob u. Wilhelm Grimm (der aus polit. Mißstimmung die juristische Laufbahn später aufgab)
6. Savignys Genugthuung (Enneccerus, S. 71)

BLATT 287

Die beiden Pfeiffer ([Holtzendorff] Rechtslexikon [Bd. 3, Erste Hälfte], S. 53)

1) Burchard Wilhelm, geb. 1777 zu Kassel. [A.D.B., Bd. 25 (1887), S. 633–634]xxx
1802 erschienen in Marburg: Vermischte Aufsätze über Gegenstände des römischen u. deutschen [Privat]Rechts.
1806 in Göttingen: Über die Grenzen der [Civil-]Patrimonialgerichtsbarkeit.
Er übersetzte den Code Napoleon (Hugo S. 595): es ist eine amtliche Übersetzung (Zachariae, S. 27 Anm. 6).

2) [Franz Georg] jüngerer Bruder, [geb. 1784].
Dieser ist wohl der Student bei Savigny, den er 1805 den 3. Januar ins Auge gefaßt hatte u. zwar sogar v o r J. Grimm (Schulin, S. 48).

Beide zusammen ließen 1808 in Göttingen erscheinen:
[Pfeiffer, Pfeiffer] Napoleons Gesetzbuch nach seinen Abweichungen von Teutschlands gemeinem Rechte. [2 Bde.]

– – – – – – – – – –

Wer von den damals Marburg besuchenden Studierenden v o r den Brüdern Grimm Savignys Vorlesungen gehört hat, konnte bisher nicht festgestellt werden; Listen über die Zuhörer einzelner Professoren aus der Zeit Savignys haben sich, wie der Herr Staatsarchivar in Marburg mir gütigst mittheilte, nicht erhalten oder sind bisher weder in dem im Staatsarchiv deponirten Universitätsarchiv, noch in den Kastenlitteralien, soweit sie noch bei der Universität beruhen, aufgefunden worden. Aber ohne Zweifel darf Fr. Pfeiffer zu seinen ersten Schülern gezählt werden (vgl. unten).

– – – – – – – – – –

Vorlesungen

Er giebt Platzkarten aus:[1] die 1. erhielt – W. Grimm!
Die ‹Institutionen› begannen am 7. Nov., die andere am 9.
Von beiden Vorlesungen liegen Hefte Jacobs vor (aber von Wilhelm später geschrieben?)

[1]also guter Besuch!

BLATT 288

> Der mit Nr. 1 bezeichnete Platz
> ist dem Herrn Wilhelm Grimm
> in den Institutionen
> u. dem Obl. Recht angewiesen.
>
> Marburg, den 1-ten Nov. 1803
>
> D. von Savigny

Von J. Grimm eingeklebt in sein Handexemplar des [Heftes?] des Besitzes
(Gedruckter Zettel: das eingeschriebene von mir unterstrichen)

BLATT 289

[Egid] v. Löhr, 1802–03

«Von Ostern 1802 bis Ostern 1803 habe ich in Marburg ... die Rechte studirt ... meine Lehrer waren vorzüglich: Weis, Robert, u. Savigny.» [Justi, Grundlage zu einer hessischen Gelehrten-, Schriftsteller- und Künstler-Geschichte, S. 405]

«Als der Großherzog von Frankfurt im Sommer 1808 in Wetzlar eine Rechtsschule gründete, wurde ich zum Justizrath u. ordentl. Prof. der Rechte ernannt, u. lehrte dort bis Ostern 1813 die Encyklopädie, die Pandekten u. die Geschichte und Alterthümer des röm. Rechts ...»
Justi: Grundlage zu einer Hessischen Gelehrten-Geschichte. S. 405

- - - - - - - - - -

[Karl von] Müllmann

Chronologisches (v. Bippen, [Georg Arnold Heise: Mittheilungen], S. 40)

«in Jena seit ..» (v. Bippen, S. 40 f.)
1798 Ostern <S. 35> S. 40 f.
1799 Herbst (S. 45)
1799. (S. 252)
1800 im Mai: Müllmann u. Savigny (S. 41)
Ostern in Göttingen (S. 46)

Herbst verläßt er Göttingen (S. 48)
Sept. (S. 49)
Oct. (S. 51)
Nov. (S. 53)
1801 ... in Marburg (S. 41, 55)
April (S. 55, 61, 62)
1804 (S. 41)

BLATT 290–291

[Stichworte und Daten zu Müllmann, s.a. I, Blatt 289, 294–295]

BLATT 292

Schotten

«Schotten hat mir Ihren Brief überbracht,» meldete Savigny am 14. November 1802 Heise. «Er gefällt mir für die kurze Zeit, da ich ihn kenne, recht wohl u. ich danke Ihnen für seine Bekanntschaft.»

– – – – – – – – – –

Graf Luxburg

Hörer des Strafrechts?

Der junge Zweibrücker Graf Luxburg hatte sich einem Privatdocenten-Institut .. noch als Student angeschlossen, das die zwei Doctoren Creuzer mit dem Professor Carl Friedrich Hoff in Marburg errichtet hatten, u. er ‹blickte besonders zum Herrn v. Savigny, damals als Privatdocent bei uns, gleich als wäre er sein Mentor, hoch hinauf›. (S. 54)

BLATT 293

Die bekannten jungen Juristen aus Jena in Marburg

Von den jungen Juristen in Jena, welche Savigny dort kennen gelernt hatte, kamen mehrere bald nach Marburg, womöglich auch deshalb, um Savigny zu hören.

Zuerst kam Hans von Bostell, u. zwar schon zu einer Zeit, als Savigny noch in Leipzig war. Am 13. Mai 1800 legte Savigny einem Brief, den er von Leipzig aus an seine Marburger Freunde schrieb, eine Violinsaite bei, um sie Bostell zu geben. Dergleichen war also weder in Marburg noch in Wetzlar zu haben. Savigny setzte voraus, daß

Bostell nun wohl (aus Wetzlar) wieder in Marburg sein werde. [Johann Diederich] Gries erzählt, daß Bostell ihn manche Sonate, die er auf dem Klavier spielte, mit seiner Geige begleitet habe.[1]

Später, 1801, kam v. Müllmann u. nach ihm auch Heise, um Müllmanns willen. Karl Müllmann, ein Rheinländer, Senior seiner Landsmannschaft, der durch Heise, seinen Nebenmann in den Hufelandschen Institutionen, zum Fleiß bekehrt worden war,[2] glich in seinem Wesen v. Bostell u. beschäftigte wegen seiner bedenklichen Eigenschaften seine treuen Freunde Gries u. Heise eben so, wie v. Bostell Savigny.

«Du gehst nach Marburg, du gehst zu Müllmann», so schrieb Gries[3] am 13. April 1801 an Heise; «ich kann dir nicht sagen, wie sehr es mich freut. Man hat auch dich, wie mich von unserm Karl entfernen wollen; ich wußte es, aber ich war so gewiß von deiner Festigkeit überzeugt, daß ich es für völlig überflüssig hielt, dir etwas darüber zu schreiben. Du kannst ihm jetzt viel sein; ich weiß, du wirst es sein. Ruhiger würde ich ihn seinem Schutzgeiste nicht anvertrauen als deiner Freundschaft.

Du kennst Müllmann, sein Gutes u. seine Fehler.

[1]Stoll S. 37 Anm.191a [Stoll I, 159, Anm. 5] [2]v. Bippen S. 40f. [3]v. Bippen S. 55f. (verkürzt) | Clemens u. Gries: Steig I, S. 54

BLATT 294

Irre ich nicht, so steht er [Müllmann] gerade jetzt an der Scheide wegen seines Lebens, wo der Rath, die Warnung eines Freundes so unendlich wichtig sein kann. Der Keim zu allem Guten u. Schönen liegt in seiner Seele, aber dieser Keim ist noch unentwickelt. Mächtige Hindernisse streben seiner Entwicklung entgegen, nicht sowohl äußere als solche, die in seiner eignen Brust verborgen liegen. Ich brauche dir nicht zu sagen, worin diese bestehen; sie waren schon in früheren Zeiten der Gegenstand unserer gemeinschaftlichen Sorge. Ich zweifle nicht, daß endlich das Gute reuig den Sieg davon tragen sollte, aber du kannst den Sieg erleichtern, beschleunigen, sichern. Er liebt dich, er vertraut dir. Ich werde täglich mehr überzeugt, daß Leichtsinn u. Inconsequenz unendlich viel mehr Unheil stiften als die Bosheit. Leichtsinn, mit einer gewissen Kraft verbunden, ist vielleicht die gefährlichste Mischung. Ich sehe dich deshalb so gern an der Seite unseres Freundes, weil ich weiß, daß du ihm überall u. in jeder Rücksicht mehr sein wirst.»

Auch Coll war mit ihm befreundet, ja stand ihm in mancher Hinsicht näher. Als Müllmann im Herbst 1800 Jena verlassen hatte u. gar nichts von sich hören ließ, schrieb Gries[1] an Heise: «Weißt du noch immer nichts von Müllmann? Ich bin ohne alle Nachricht von ihm. Was kann ihm zugestoßen sein? Auch hier weiß man nichts von ihm, selbst Coll nicht.» Später erfuhren sie, daß er in Marburg sei.

Ende April 1801 zog nun Heise von Göttingen mit seinem Freund Bernhard Frister aus Lübeck, der von der Theologie zur Jurisprudenz übergegangen war,[3] zu Fuß über Cassel nach Marburg, um hier mit Müllmann einige Wochen zusammen zu sein,

u. dann in Wetzlar als Praktikant den Reichsprozeß zu studiren u. bei v. Bostells Vater, der Hamburgischer Agent war, ein Kolleg über den Prozeß zu hören, u. im Herbst wieder nach Göttingen zurückzukehren.[2]

[1]v. Bippen S. 51 [2]v. Bippen S. 60 ff. S. 41 [3]v. Bippen S. 46, Steig I, S. 24

BLATT 295

Über Müllmann u. Coll aber hören wir später wenig Erfreuliches. Die Hoffnung, welche Gries auf Heises gute Einwirkung gehegt hatte, ging bei Müllmann nicht in Erfüllung. Am 13. November 1801 schrieb Gries[1] aus Jena an Heise nach Göttingen: «Du hast Müllmann gesehen, du hast mit ihm gelebt. Ich erwarte mit Ungeduld, daß du mir dein Urtheil über ihn mittheilst.» Wie das Urtheil dann lautete, hören wir nicht, nur, daß Coll, dem Gries Heises Brief zu lesen gab, sehr derselben Meinung über Müllmann war.[2]

«Umstände, deren Möglichkeit Heise anfangs mit Entschiedenheit u. mit Leidenschaft von sich wies, u. von denen er selbst in späteren Zeiten nur mit schmerzlicher Wehmuth in vertraulichem Kreise sprach», lockerten das Freundschaftsbündnis. Müllmann starb schon 1804 als junger Beamter im Nassauischen.[3]

[1]v. Bippen S. 62 [2]v. Bippen S. 65 [3]v. Bippen S. 41

BLATT 296

Daß wir über das Leben u. Streben der jungen Leute in Marburg nichts Näheres erfahren, ist recht verwunderlich. Das aber hören wir, daß Savigny mit ihnen verkehrte u. sie an den gemeinsamen Spaziergängen Theil nahmen. In einem der Briefchen, die Savigny an den Pfarrer Bang nach Goßfelden zu schicken pflegte, – er ist undatirt, wird aber dem Jahre 1802 zuzuweisen sein – heißt es: «Auf unserm letzten Spaziergang haben wir bekommen wie folgt:
1. Bostell ein kleines Katarrhfieber,
2. der Professor (Friedrich Creuzer) Blutspeien,
3. ich Brustschmerzen.» [Stoll I, 202]

Ein anderer Zettel, gleichfalls aus dem Jahre 1802, offenbar dem Herbst, theilte Bang mit, der Kleine (Bostell) reise mit dem Großen (Müllmann) in der nächsten Nacht ab. «Da unsere christliche Gemeinde vorher noch ein Liebesmahl[1] feiern u. Punsch trinken will, so werden Sie schriftlich gebeten, bei guter Tageszeit hier zu sein.» [Stoll I, 202]

Über Heise erfahren wir nur, daß er Savignys Vorlesungen besuchte.[2]

Mit Bostell blieb Savigny in freundschaftlichem Verkehr. Die Reise, die er 1803 im Frühling nach München machte, auf der Clemens Brentano ihm begegnete, scheint Bostell gegolten zu haben.

[1]Clemens gebraucht den Ausdruck ungefähr um dieselbe Zeit in einem Gedicht an die Mereau (Steig I, S. 81) [2]v. Bippen, S. 60

BLATT 297

Savigny u. Goethes Wilhelm Meister

Goedeke, [Goethes Leben und Schriften] S. 371 f.
Der seit 1795 erschienene Roman Goethes ward von Savigny erst im Sommer 1800 gelesen (Vortrag S. 8.: woher?). Die Ausführung des Barons ([Goethes sämtliche Werke] Bd XVI, S. 216), daß es bisher ein deutsches Wunder gewesen, wenn ein Mann von Geburt sich den Wissenschaften widmet, mußte ihn erinnern an das Erstaunen seiner Jenenser Freunde.

In seiner Polemik gegen Fichte, die sich in seiner juristischen Methodologie findet (Heft S. 71 f.), heißt es: man fühlt, daß manche Sätze «ein Produkt der Zeit sind.» Und dann fährt er fort: «Goethe hat ein vollkommenes, ewig wahres Urtheil über alle diese Schriften gesprochen: «Wilhelm Meister Bd. 3, S. 81.»[1] [s.a. I, Blatt 139, Mazzacane, 2004, S. 173]

Der ‹Narciß› (Goedeke S. 382) u. die Narcißnatur der Günderrode: beide Frankfurter.

[1]Er kann recht wohl Bd XIX S. 164 (für den treuen Forscher) die Originalausgabe einsehen.

BLATT 298

[Stichworte: Ludwig Coll]

BLATT 299–300

[Stichworte: Die Schüler; Lehrweise]

BLATT 301

[Anfang fehlt] Savigny pflegte in seinen Kollegien den Zuhörern einzelne schwierige Pandektenstellen zu schriftlicher Interpretation vorzulegen. Dies war der Anlaß zu gesonderter Bekanntschaft, das Überbringen der Arbeit gab Gelegenheit zu Besuchen u. näherem Umgang. [Jacob Grimm, Kleinere Schriften I, S. 6]

– – – – – – – – – –

Savigny richtete zuweilen, während der Vorlesung, Fragen an die Zuhörer, schwierigere wurden schriftlich beantwortet. Ich schrieb nach, aber was ich mit nach Hause brachte, ward durch das, was in Gedanken geblieben war, ergänzt u. das Ganze überarbeitet.

Wilhelm Grimm bei Justi [Grundlage zu einer hessischen Gelehrten-, Schriftsteller- und Künstler-Geschichte, S. 171]

– – – – – – – – – –

Der Docent: [konnte nicht ermittelt werden]
Eine hohe schlanke Gestalt, das schwarze Haar schlicht gescheitelt, der Blick der dunklen Augen voll Leben u. voll Güte, seine Rede klar u. anschaulich, aber stets maßvoll, voll von tiefem sittlichem u. wissenschaftlichem Ernst, aber auch in frohem Genuß alles Schönen, nach der Arbeit sich erquickend, mit Angehörigen u. Freunden zu heiterm Scherz u. traulichem Gespräch, allem Gemeinen u. Unedlen unzugänglich.

BLATT 302 [redundant, s. I, Blatt 323, 326]

BLATT 303

Savignys Lehrweise[1]

1. Kein Ablesen eines Buchs, wie bei Schlegel (Stoll S. 15) [Stoll I, 118]

2. keine schnelle Erzählung einer nicht sehr berührenden Sache, wie bei Schelling (Stoll 14) [Stoll I, 117] oder gar ein eiliges Geschwätz wie bei Stahl (S. 16) [Stoll I, 120]

3. kein Pathos wie bei Weis

4. keine Vernachlässigung des Äußeren, wie bei Feuerbach (S. 16) [Stoll I, 120]

    1. Ordnung u. Klarheit (S. 13)
    2. Geist u. Leben (S. 15)
    3. nicht einseitiges Sprechen, sondern . . .
       (Brief an Robinson) [Stoll I, 217 f.]

[1]In Fortsetzung der Erfahrungen auf der Studienreise

BLATT 304–305 [Stichworte: Pfarrer Lindenmeyer; Persönlicher Verkehr]

BLATT 306

1803 [Johann Ludwig] Koch (Student der Rechte, Savignys Zuhörer?)

«Koch,» so meldete Savigny Bang, «wird heute examinirt, u. geht morgen früh fort.»

<1803 im Mai?> [Savigny an Bang]
«Koch hat mir vor kurzem von Frankfurt, wo er bei einem Senator u. Hofrath von Heyden[1] sehr zufriedener Hauslehrer ist, geschrieben. Er grüßt u. bittet sich von Ihnen ein schuldiges Stammbuchblatt aus.» [Stoll I, 214]

[1] Vgl. Rohde S. 18: der Hauptmann vielleicht ein Bruder des Senators? Ein anderer Koch, früher in Göttingen, war 1805 Student in Marburg (Grimm, Briefwechsel S.40)

BLATT 307

Schüler – Verkehr / Wilhelm [Grimm] erzählt

‹Für wie vieles andere hat er uns den Sinn erschlossen, u. wie manches noch unbekannte Buch ward aus seiner Bibliothek nach Hause getragen! Die anmuthige Weise, mit welcher er wohl gelegentlich etwas vorlas, eine Stelle aus Wilhelm Meister, ein Lied an Goethe ist mir noch so lebhaft in Gedanken, als habe ich ihm erst gestern zugehört.› [Wilhelm Grimm, Kleinere Schriften I, S. 11]

Wilhelm erzählt:
‹Wir beide erhielten die Erlaubnis, Savigny zu besuchen u. uns Rath bei ihm zu erholen; die Anregung, die nicht bloß von seinen Vorlesungen ausging, die Einsicht von dem Werthe geschichtlicher Betrachtung u. einer richtigen Methode bei dem Studium war ein Gewinn, den ich nicht hoch genug anschlagen kann; ja ich weiß nicht ob ich sonst je auf einen ordentlichen Weg gekommen wäre.› [Wilhelm Grimm, Kleinere Schriften I, S. 10f.]

Der Verkehr bei Savigny

Unnahbares Wesen u. falsche Behandlung der Lehrer, auch kleine Zurücksetzungen der Schule, hatten Jacob in sich selbst zurückgedrängt. Seine Dürftigkeit u. natürlicher Hang zur Einsamkeit mochten ihn auch in Marburg von dem Umgange der Altersgenossen ferner halten. Savigny in seiner ruhigen Güte befreite ihn bald von seiner Schüchternheit u. erhöhte durch ermunternde Worte sein Selbstgefühl. «Wenn ich frohen Athem bei Ihnen geschöpft hatte», schrieb Jacob nach beinahe fünfzig Jahren an Savigny, «und mich, ich wußte kaum wie, aus den Schranken gehoben fühlte, in denen meine ganze Art vorhin befangen war, schritt ich frohgemut, über Stock u. Stein springend, die Stufen hinab nach Haus in mein kleines Stübchen. Damals,» fügt er hinzu, «lag meine Seele offen vor Ihnen u. ich hätte Ihnen alles vertrauen können.» [Jacob

Grimm, Kleinere Schriften I, S. 116]. Sein Herz war ergriffen, u. der Geist folgte wohin das Herz zog. Das Wesen von Savignys milder Lehre weckte in ihm die wissenschaftliche Stimmung. Savigny u. sein Wirken wurde des Schülers Vorbild. Die gelehrte Behandlung des römischen Rechts begann ihn zu reizen.

BLATT 308

[redundant, s. I, Blatt 307]

BLATT 309

[Stichwort: Ruf Savignys nach Heidelberg]

BLATT 310–311

[vermutlich Irrläufer: Rechtsrheinische Grundsteuergesetze 1856–60]

BLATT 312

Neues Buch
Einleitung

Jurist u. Mensch (Goethes Schüler)

«Es ist noch nicht so sehr lange,» so sprach ein hochbegabter Schüler Savignys u. sein Nachfolger auf den Berliner Lehrstuhl, Ludwig Keller[1] zu seinen Schülern, «daß man sich unter einem Juristen ein obstruses unheimliches Wesen dachte, einen Mann, der in der lebendigen Gegenwart gleichsam wie ein Gespenst der Vorzeit herumwandele.»

Und nun gar ein «Cielist»! Gönner

Bis auf den heutigen Tag steht das Juristendeutsch in einem sehr geringen Ansehen, u. es ist wahr, daß selbst höchst bedeutende u. hoch verdiente deutsche Juristen bei Ausübung ihrer Wissenschaft u. Kunst [es] nicht so pflegen, wie es ihre Pflicht wäre, ja die gute oder gar schöne Form als einen ungehörigen Zierrat verachten.

Hugo (O. Mejer, [Gustav Hugo, der Begründer der historischen Juristenschule])
u. seine Goethe-Citate (S. 4, 9, 12)
Zuhörer (S. 14)
Ehrfurcht (S. 75 f.)

[1] [Ludwig Keller] Pandekten, S. XXIIIf.

BLATT 313

[Stichwort: Die Grimm]

BLATT 314

Von Savigny recensirte Arbeiten Jacob Grimms <1803/1804>

Dieselben sind, wie sich vermuthen läßt, zum größten Theil bei Gelegenheit der Vorlesung über Institutionen, zu einem kleineren Theil bei der Vorlesung über Obligationen angefertigt worden, die Jakob beide im Winter 1803/4 gehört hat.
‹Selbstbiographie› (J. Grimm, Kl. Schriften I, S. 6)

- - - - - - - - - -

1. Jacob hat die Vorlesung gehört – Wilhelm kam erst später. –
Aber Wilhelm hat das vorliegende Heft geschrieben: doch nach dem von Jacob. Uns ist dieses geblieben!
Wilhelms Heft in dessen Erbschaft auf Hermann übergegangen.
2. Was Jacob bei Savigny gelernt hat, Grammatik: in dieser Vorlesung?
Das große Ganze stets vor Augen; aber das Kleinste aufs Sorgfältigste betrachtet u. festgestellt.

- - - - - - - - - -

Die beiden Grimm in Marburg (1800–1804)

I. Jakob
1802 den 30. April immatrikulirt als Honoriensis u. juris __ (stud.)

[s.a. I, Blatt 326]
([Jacob Grimm], Kl. Schriften I, S. 4, 5 f.)
«Im Frühjahr 1802, ein Jahr früher als Wilhelm, ... bezog ich die Universität Marburg ... In Marburg hörte ich nach einander

bei Bering	Logik u. Naturrecht (ohne aus beiden wahre Frucht zu ziehen) <Sommer 1802?>
bei Weis	Institutionen, Pandekten, zuletzt auch ein lat. Examinatorium.
bei Erxleben	Pandekten u. Canonicum <wann? / Wilhelm> – munterer u. gelehrter Vortrag (S. 5)
bei Robert	Reichsgeschichte, Staatsrecht, Lehnrecht u. die Practica <wann?>
bei Bauer	Deutsches Privatrecht u. Criminalrecht ... <wann?>
bei Savigny	Winter 1802 bis 1803 Juristische Methodologie <vom 7. Nov. 1802 bis 1. März 1803>[2] sowie Intestaterbfolge

[Fußnote fehlt]

BLATT 315

Was Jakob Grimm bewogen hat, bei Savigny Vorlesungen zu hören, läßt sich also nur vermuthen. Der junge Student hatte, wie er später selbst erzählt, keine Ahnung von dem Unterschied der Universitätslehrer, hielt vielmehr alle für gut u. gleich gut. Was ihn zu Savigny hinzog, war also wohl die Jugend des Lehrers, dessen vornehmes Wesen, endlich die Unentgeltlichkeit der von ihm gehaltenen Vorlesungen.
1. Vorlesung im Sommer 1802? Welche? Jakob hört ihn nicht! (Scherer, [Jacob Grimm, 1885])

- - - - - - - - - -

Im Frühling 1803 erschien dann auch der Bruder Wilhelm! Und beide hörten bei Savigny die römische Rechtsgeschichte. Darauf hörten sie beide im Wintersemester bei Savigny Institutionen, eine Vorlesung, die Jacob ein Jahr vorher schon bei Weis gehört hatte. Für Jacob lag ein doppelter Grund vor, die Vorlesung nochmals zu hören, einmal . . .

- - - - - - - - - -

Savigny u. Pestalozzi

1803 den 9. Jan. an Robinson [Stoll I, 217 f.]

Schwarz!

1781–89 Pestalozzi: Lienhardt u. Gertrud [Roman]
1782 Pestalozzi: Christoph u. Else
Meyer xii 902, 904 [Meyer, 6. Aufl., Bd. 15, Sp. 67][xxxi]
«Allgemeine Emporbildung der natürlichen Kräfte des menschlichen Geistes»
[Goetze, Grundriss zur Geschichte der deutschen Dichtung, Bd. 12, Achtes Buch, S. 59]

BLATT 316

Jacobs juristische Vorbereitung durch den Vater

Jacob erzählt, der Vater habe ihm noch vor dem zehnten Jahr allerhand Definitionen u. Regeln aus dem Corpus juris eingeprägt; er habe auch wohl zum dereinstigen Gebrauch seiner Künste merkwürdige Fälle aus seiner Praxis mit sauberer Hand aufgeschrieben.

BLATT 317

Im Frühling 1803 war nun auch Wilhelm Grimm erschienen. Ohne Zweifel ward er von Jakob über die Verhältnisse auf der juristischen Fakultät, so weit es sie betraf, aufgeklärt.

Er meldete sich demnach bei Savigny für die Rechtsgeschichte – ein Heft ist leider nicht erhalten – u. im folgenden Winter für Institutionen u. Obligationsrecht.

Die Anmeldung geschah diesmal den 1. Nov. u. Wilhelm erhielt stillschweigend durch eine besondere Platzkarte den 1. Platz angewiesen. Offenbar war die Zahl von Savignys Zuhörern im raschen Wachsthum begriffen. Hand in Hand [mit diesem Wachsthum?] sollten Examensübungen u. eigene Ausarbeitungen stattfinden.

Die 1. Vorlesung begann am 7. November, die zweite den folgenden Tag; die erste schloß den 8. März, die zweite schon den 14. Februar. Verbunden mit diesen Vorlesungen waren Examenstage.

Den 1. März stellte Savigny, da entschlossen, die Lehrthätigkeit für längere Zeit auszusetzen, Wilhelm für die im letzten Sommer u. in dem Winter gehörten Vorlesungen ein schriftl[iches] Zeugnis aus; dasselbe lautet: ... [Stoll I, 225][XXXII]

Jakobs seminaristische Arbeiten (aus welcher Zeit?) aber erhielten von Savigny Anleitung zu einer fruchtbaren wissenschaftlichen Thätigkeit.

Savigny schloß am .. ein Ehebündniß. [am 17. April 1804]

BLATT 318

1802. J. Grimm als Student in Marburg

Am 27. Mai 1808 hatte er in einem unscheinbaren Hause der Marktgasse in Cassel im zweiten Stock mit fünf Geschwistern am Sterbebett seiner Mutter gestanden. Der letzte Kummer der Witwe war es, noch keines der Kinder versorgt zu sehen.

BLATT 319

J. Grimm 1803

«Als nach dem frühen Tod des Vaters,» so erzählte er,[1] – der Vater war bereits im Januar 1796 gestorben – «und dem Absterben beinahe aller Verwandten, der liebsten Mutter unermüdliche Sorge nicht mehr übersah, was aus uns fünf Brüdern werden sollte u. ich, mir selbst überlassen, in manchem verabsäumt, doch voll guten Willens, redlich mein vorgesetztes Studium zu betreiben, nach Marburg kam, da fügte es sich, daß ich Savignys Zuhörer wurde» ... Es «folgte bald nähere Bekanntschaft, deren liebreichen Anfang ich niemals vergesse.»

[1]In der Widmung seiner Deutschen Grammatik [Erstausgabe, Bd. 1, 1819]

BLATT 320

II. Wilhelm

1803 immatrikulirt den 1. Mai

1) bei Savigny
Rechtsgeschichte nach Hugo

die Zeit nach ______

1803/4

1) bei Savigny
  a) Institutionen.
  b) Obligationenrecht

1) Weis: Pandekten
2) Erxleben: Kirchenrecht

Platzkarte No. 1, ausgestellt den 1. Nov. 1803
Zeugnis Savignys: 1804 den 1. März [Stoll I, 225]

1804 Sommer . . .
1804/5: . . .

BLATT 321

b) Wilhelm

Er hört folgende Vorlesungen bei Savigny:
1) Rechtsgeschichte (nach Hugo); dazu die Erklärung von Ulpians Fragmenten.
Jakob hat keine Platzkarte (unnöthig?)
2) die Justinianischen Institutionen,[1] u. zwar vom 7. Nov. 1803 bis 3. März 1804: das Heft liegt vor mir: die an Jakob während der Vorlesung gerichteten Fragen; die schriftl. Arbeiten (keine erhalten)
Savigny wird bezeichnet als ‹Doctor – außerordentlicher Profeßor›.
Dazu ‹Das Obligationenrecht›, u. zwar vom 8. Nov. 1803 bis 14. Febr. 1804:
Das Heft liegt gleichfalls vor mir.

Zu den beiden letzten Vorlesungen hatte er sich den 1. Nov. gemeldet u. von Savigny den mit der Nr. 1 versehenen Platz angewiesen erhalten.
Den 1. März 1804 das von Savigny ausgestellte Zeugnis.

c) Sie beide dürfen Savigny besuchen (Wilhelms Biographie)

Ende von Savignys Marburger Docententhätigkeit. 1804 den 13. April [Fortsetzung fehlt]

[Fußnote fehlt]

BLATT 322

[redundant, s. I, Blatt 326]

BLATT 323

[s.a. I, Blatt 326]

Savignys Vortrag in Marburg

«Ich weiß nicht leicht etwas,» so schrieb später Wilhelm Grimm, «das so großen Eindruck auf mich gemacht hat als sein Vortrag. Ich glaube, es war die Freiheit u. Lebendigkeit, zugleich das Gemessene u. Ruhige dabei, was so sehr anzog u. festhielt. Rhetorische Gaben können für eine Zeit lang blenden, aber sie fesseln nicht. Er sprach frei u. blickte nur von Zeit zu Zeit auf ein einzelnes beschriebenes Blatt, u. es war bei vollkommener Klarheit u. dem Ausdruck innerer Überzeugung eine gewisse Zurückhaltung u. Mäßigung in seiner Darstellung, deren Wirkung kein rednerischer Überfluß würde erreicht haben. Seine ganze äußere Erscheinung war diesem Eindruck völlig angemessen.» [Wilhelm Grimm] Kl. Schr[iften] I, S. 10

Die Erscheinung schildert er in seinem ‹Wort des Besitzes›: «Groß war er gewachsen, .. schlank, trug grauen Oberrock, braune blaustreifige Seidenweste; sein dunkles Haar hing ihm schlicht herunter.» [Jacob Grimm] Kl. Schr[iften] I, S. 116

BLATT 324

Marburg

L. Trott u. Grimm

«Sayn Sie doch so gütig lieber Grimm, mir durch den Überbringer dieses Zettels ein Compendium über die Institutionen und ein Corpus juris zu schicken. Ich wünschte beydes nur bis morgen Mittag zu haben, wo ich Ihnen dieselben mit den übrigen Büchern auf jeden Fall zurückschicken werde. –

Ihr L. Trott[1]

Die Institutionen, die Savigny von Bang begehrt.

[1]Dieser Zettel ist in einem der Grimmschen Hefte eingeklebt.

BLATT 325

[s.a. VI, Blatt 243]

L. Trott [Ludwig von Trott zu Solz, 1784–1855]

Der Vater u. der studierende Sohn
1802/3 in dem Institutionenheft des Grimm der Zettel von Trott

1803? schreibt Savigny an Bang: ‹Herzlichen Dank für die Bücher ... Die Bücher an Trott <Vater?> werden besorgt›.[XXXIII]

– ? Auditor.

BLATT 326

[s.a. I, Blatt 314]
Er [Jacob] hörte nach einander

Bei: Bering Logik u. Naturrecht, ‹ohne aus beiden wahre Frucht zu ziehen›[1]
Bei: Weis Institutionen, Pandekten, zuletzt auch ein lat. Examinatorium[4]
Bei: Erxleben Pandekten u. Canonicum[3]
Bei: Robert Reichsgeschichte, Staatsrecht, Lehnsrecht u. die Practika[5]
Bei: Bauer deutsches Privatrecht u. Criminalrecht[2]
Bei: Savigny den Winter 1802 bis 1803 Juristische Methodologie,[8] sowie Intestaterbfolge[6]
(das im Sommer 1802 von ihm gelesene testamentarische Erbrecht wurde aus Heften anderer Studenten abgeschrieben ...)

[Fußnoten fehlen]

– – – – – – – – – –

[s.a. I, Blatt 323]
Wilhelms Selbstbiographie bei Justi, [Grundlage zu einer Hessischen Gelehrten-, Schriftsteller- und Künstler-Geschichte] S. 170 f.
Ich habe mit meinem Bruder dieselben Lehrer gehabt u. so ziemlich dieselben Kollegien gehört; auch ich darf mich Savignys Wohlwollen rühmen u. ich weiß nicht leicht etwas das so großen Eindruck auf mich gemacht hat als sein Vortrag. Ich glaube, es war die Freiheit u. Lebendigkeit, zugleich das Gemessene u. Ruhige dabei, was so sehr anzog u. festhielt. Rhetorische Gaben können für eine Zeit lang blenden, aber sie fesseln nicht. Er sprach frei u. blickte nur von Zeit zu Zeit auf ein beschriebenes Blatt, u. es war bei vollkommener Klarheit u. dem Ausdruck innerer Überzeugung eine gewisse Zurückhaltung u. Mäßigung in seiner Darstellung, deren Wirkung kein rednerischer Überfluß würde erreicht haben. Seine ganze äußere Erscheinung war diesem Eindruck völlig angemessen. Ich hörte zuerst Rechtsgeschichte nach Hugo, dann Institutionen.

BLATT 327

Savigny u. seine Marburger Schüler: Jakob u. Wilhelm Grimm

Daß Jakob 1802 u. Wilhelm 1803 die Universität Marburg bezogen u. hier Savigny gehört haben, ist bekannt genug; aber in weiten Kreisen unbekannt ist, daß ihre bei Savigny geschriebenen Kollegienhefte u. bei demselben von Jakob gemachten aporetischen Arbeiten noch erhalten sind. Über diese mir vorliegenden Hefte u. Papiere, deren Benutzung ich der gütigen Vermittlung des H. Prof. Steig in Berlin verdanke, möchte ich in Kürze hier das wesentliche mittheilen. Dabei sind die Brüder einzeln zu betrachten.

I. Jakob Grimm

Von ihm haben wir

1) ein sehr sorgfältig, ja schön geschriebenes Heft über «Juristische Methodologie» oder «Anleitung zu einem eigenen Studium der Jurisprudenz». Der erste der beiden angegebenen Titel der Vorlesung steht am oberen Rand jedes linken Blattes, der andere dagegen auf dem Titelblatt. Dieses Blatt hat folgende Aufschrift:

   Friedrich Carl von Savigny
   Dokt. der Rechte zu Marburg
   Anleitung zu einem eigenen Studium
   der Jurisprudenz.
   Vom 7 t. Nov. 1802 bis den 1 t. März 1803

2) Ein Heft von 16 Quartseiten überschrieben:

   «Exegetische Ausarbeitungen
   bei Gelegenheit
   des Vortrags über das Obligationenrecht
   vonf. K. v. Savigny»,

   nach der Schrift, soviel ich sehe, von Jakob. Das Obl[igationen]Recht aber hat Jakob ohne Zweifel in demselben Winter 1802 auf 1803 gehört. Wilhelm hörte es im folgenden Winter (s. u.). Beiblatt.

Dazu kommen

3) eine Anzahl von weiteren Heften oder Doppelblättern, im ganzen 5, welche von Savigny gegebene u. rezensirte Arbeiten aus dem röm. Recht enthalten. Von einer dieser lobenden Rezensionen spricht Jakob Grimm in seinem «Wort des Besitzes». Diese Arbeiten sind sämtlich undatirt, schließen sich aber wohl – wenigstens in der Mehrzahl – ohne Zweifel an die Vorlesungen über die Pandekten an, die Jakob im Sommer (?) bei Savigny gehört hat (! Wort des Besitzes?) Auch die Reihenfolge der Arbeiten ist nicht angedeutet. Aber sie entspricht sicherlich dem Gang der Pandektenvorlesung. Da ich aber nicht weiß, in welcher Ordnung Savigny damals die Hauptlehren vortrug – der

Heisesche Grundriß, dessen er sich später bediente, erschien erst im Jahre 1807 – so nehme ich an, daß es der in den Institutionen damals befolgten Ordnung entsprach, die wir aus den von Wilhelm Grimm im Winter von 1803 auf 1804 gehörten Vorlesungen (vgl. unten) entnehmen können. Dasselbe ist [Fortsetzung s. folgendes Blatt]

BLATT 328 [der untere Teil dieser Seite war besonders schwer zu lesen]

merkwürdig genug. Dem Aktionenrecht des ersten Abschnitts folgt das Familienrecht im zweiten, das Sachenrecht im dritten, das Obligationenrecht im vierten, das Erbrecht im fünften Abschnitt, während als Anfang u. Schluß des Ganzen «das angewandte Vermögensrecht» (heutzutage sagen wir Familienrecht) erscheint.

Von den in jenen Heften enthaltenen Arbeiten beziehen sich keine auf das Aktionen- oder Sachenrecht; wohl aber eine auf das Sachenrecht u. die 4 anderen auf das Erbrecht.

a) das sachenrechtliche hat die Überschrift:
‹Einige Bemerkungen zu Thibauts dritter Abh. von Usus›. (Thibaut ‹1798–1801›! Holtzendorf)

b) die rein erbrechtlichen:

Auf drei Heften, die einen Umschlag haben, steht der Name des Verfassers, zweimal unten rechts einfach als «Grimm», einmal auf der Mitte des Umschlags als «J. L. K. Grimm».

Das 4., nur aus 2 Doppelblättern bestehende Heft ohne bes. Umschlag könnte zu einer anderen Vorlesung gehören (zu den Institutionen?). Aber in dem Heft des Wilhelm finde ich die Stelle nicht citirt. Die einzelnen Hefte:

- eine Arbeit, die in 2 Theilen ______ (5 Quarth[efte])
- das Heft enthält 3 Arbeiten, die erste auf 1 Seite, die 2. auf 2 Seiten, die 3. auf 3 Seiten.
- wieder 3 Arbeiten (2 1/2 S.), über 3 Seiten, 2 1/2 Seiten.
- eine Arbeit (4 1/2 Seiten).

Eine Arbeit des 3. Hefts hat das Lob davongetragen, das Jakob im ‹Wort des Besitzes› mit ganzem Stolz anführt: ‹Nicht nur [vollkommen richtig entschieden, sondern auch sehr gut dargestellt.]› [Jacob Grimm, Kleinere Schriften I, S. 116] [s.a. I, Blatt 330 unten]

4) Datirbare andere Arbeiten aus der Marburger Zeit.

Erstens 2 Gruppen von Heften oder Doppelblättern

a) die erste Gruppe, aus 4 losen Lagen, die aber mit durchgehenden Zahlen (S. 1–21) bezeichnet sind, haben folgende Aufschrift:

Auszüge ___ jurist[ischen] Schriften u. Recensionen
angefangen zu Marburg 1804
von J. L. K. Grimm

Sie enthalten zwei Arbeiten, nämlich

- unter der Überschrift: ‹Über [Vertheilung der Ge____?]› (auf den Seiten steht

‹Allmendingen›)
‹Auszug aus einer [Nr.?] der Jen. A. L. Z. 1804›, S. 13 angegeben ist.
- unter der Überschrift: ‹Über Beweis u. Gegenbeweis› aus der Jen. A. L. Z., S. 264–67, 1804
Auszüge aus Hugos Schriften des Civilrechts (aus einem Heft) auf den Seiten ____
Sätze aus den S. S. 12, 24, 27, 37, 44, 47, 67, 75, 77, 154 des Hugoschen Hefts.

b) die zweite Gruppe besteht aus drei Heften, von denen das erste auf dem Vorderblatt die Aufschrift führt: ‹Rezensionen juristischer Schriften› u. auf 10 durchgezählten Seiten die Rezension [Ludwig von] ‹Almendingens zu Herborn› [über] Joh[ann] Ans[elm] Feuerbach, ordentl. Prof. zu Kiel, ‹Civilist[ische] Versuche› in der Jen. Lit. Zeit[ung] [A.L.Z.] Nr. 24, 1803 [S. 489–495] erschienen, enthält.

[Randnotiz:] die Auszüge aus den latein. Schriften mit __________

BLATT 329 [s.a. I, Blatt 330]

[Savignys Recension der Arbeiten Jacobs]
Die Entscheidungen der erbrechtlichen Fragen sind theils bezeichnet als «in den Hauptfällen richtig» oder als «recht gründlich u. gut» oder als «nicht nur völlig richtig, sondern auch sehr gut dargestellt», theils als nicht ganz richtig, wobei die Gründlichkeit der Arbeit anerkannt wird –
so heißt es bei der Arbeit De dotis collatione, zu der Savigny eine Reihe von Bemerkungen geschrieben hat, zum Schluß: «Ich muß bei dieser recht gründlichen Arbeit nur das im allgemeinen bemerken, daß das Verhältnis der collatio dotis zur Justinianischen, besser: neuen collatio, nicht ganz richtig angegeben scheint; man kann nicht sagen, daß die collatio dotis noch jetzt, wie ehemals, eine besondere collatio ausmacht, den übrigen nur ähnlich, sondern aus der (ehemals anomalischen) collatio dotis ist allmälig die neue collatio entstanden, von welcher sie also jetzt nur ein Fall überhaupt ist, ohne daß von den alten Abweichungen von der Regel die Rede sein kann.»
– theils endlich so, daß nach Zufügung kritischer Bemerkungen kein allgemeines Schlußurtheil ausgesprochen wird, offenbar der am wenigsten günstige Fall.

BLATT 330

Savignys Recension der Arbeiten Jacobs

«Einer meiner ersten Aufsätze betraf die Collation, u. ich hatte die darin aufgestellte Frage vollkommen begriffen u. richtig gelöst. Welche unbeschreibliche Freude mir das machte u. welchen neuen Eifer das meinen Studien gab, wäre zu bemerken unnöthig.» ([Jacob Grimm] Kl. Schr. I, S. 6). Noch nach vielen Jahren, als er Savigny, «dem siebzigjährigen Dr. juris», zum 31. December 1850 ‹das Wort des Besitzes› widmete, schrieb er dem Jubilar andenkend: ‹Meine erste eingelieferte schriftliche Arbeit hatte einen Fall der collatio bei der Intestaterbfolge zu behandeln. Wollen Sie wissen, wie die Worte lauteten, mit welchen Sie mich beurtheilten? Ich kann sie immer noch auswendig: «Nicht nur vollkommen richtig entschieden, sondern auch sehr gut dargestellt.» ([Jacob Grimm, Kleinere Schriften] I, S. 116).[1] «So günstig,» fügte der reife Mann hinzu, «hat mich nachher kein anderer Recensent mögen.»

[1]Nicht genau!

BLATT 331

J. Grimm

Das günstige Urtheil, welches Savigny gleich über seine erste Arbeit fällte, ließ ihn auf Erfolg hoffen u. konnte die Lust zu einem Vorsatz verstärken, woran er längere Zeit festhielt.

Es kam schließlich anders. Aber je weniger allgemeine Gedanken bis dahin in seinem Geiste Platz gegriffen hatten, desto tiefer mußte Savignys Beispiel bei ihm eindringen u. seine künftige Richtung bestimmen. Sein eigenes Wort ist: ‹Diesem Manne verdanke ich alle wissenschaftliche Anregung für mein Leben.› Bei ihm lernte er die allgemeinen Forderungen des Wissens u. der Methode kennen, die an einen Gelehrten gestellt werden.

Als Jacob Grimm mit Savigny bekannt wurde, besaß er bereits, was ihm niemand hätte geben können u. woraus seine ganze Richtung folgte: eine in engem Kreise geübte Gabe liebevoller Beobachtung. Nun wirkte Savigny auf ihn ein, verwandt im innersten Wesen, aber ihm weit voraus: niemand wird behaupten, daß trotz der Berührung die spätere Ähnlichkeit zwischen beiden nur eine zufällige sei.

Die Bekanntschaft mit Savigny war die erste große Wendung in Jacob Grimms Leben. Die zweite bereitete sich fast aus demselben Geist vor. Im Jahr 1803 erschien nicht bloß Savignys epochemachendes Buch ‹Über das Recht des Besitzes›, sondern auch die ‹Minnelieder aus dem schwäbischen Zeitalter›, neu bearbeitet u. herausgegeben von Ludwig Tieck. Jacob Grimm las das Buch u. fühlte sich mächtig ergriffen: die Minnelieder gaben ihm Einblick in eine gelehrte Bethätigung, welche den doppelten Reiz des Poetischen u. des Heimischen ausübte. In Savignys Bibliothek fand er eines Tages Bodmers Sammlung der Minnesänger u., durch Tieck neugierig gemacht, schlug er sie auf. Er wagte noch nicht das Buch zu entleihen, aber der Eindruck haftete, u. die Lust blieb wach, in diese seltsame, halb unverständliche Darstellung tiefer einzudringen.[1]

[1]Scherer: Jacob Grimm. 2. Aufl. 1885, S. 8 ff.

BLATT 332

Von den Arbeiten, welche die beiden Grimm im Anschluß an die dogmatischen Vorlesungen Savignys anfertigten, sind die Jacobs erhalten. Es sind Entscheidungen von Rechtsfällen im Anschluß an die Institutionen, insbesondere aus dem Erbrecht, exegetische Ausführungen sowohl im Anschluß an das Obligationenrecht als zu der Vorlesung über Ulpians Fragmente, endlich kritische Bemerkungen zu rechtswissenschaftlichen Schriften, so zu Thibauts Abhandlung von usus . . .

Betrachten wir zunächst die exegetischen Arbeiten, so war L. 178 § 32 de v. s. «sehr richtig u. gut» erklärt; der Versuch der Auflösung von L. 27 § 2 de pactis trotz der Nothwendigkeit einer Berichtigung in der Ausführung als «recht interessant u. scharfsinnig» bezeichnet; endlich der Versuch einer Erklärung der D. 34 § 12 in Ulpians Fragmenten trotz einer einzelnen [Ausstellung?] als «richtig» anerkannt.

BLATT 333

Die Savignyschen Recensionen der Jakob Grimmschen Arbeiten 1804?

Der Arbeiten sind zwölf (alle aus dem röm. Recht; alle auf Quartblättern geschrieben). Dem Umfange nach durchschnittlich von vier Quartseiten.

Dem Gegenstand nach beziehen [sie] sich auf dingliches Recht (den usus) (1), das Obligationenrecht (3), u. das Erbrecht (6). Der Form nach sind es theils exegetische Ausarbeitungen (Obl.Recht), theils Behandlung praktischer Fälle (Erbrecht), theils Kritiken.

Ob jene systematische Gruppierung der Arbeiten auch die historische Reihenfolge ist, kann zweifelhaft erscheinen: die auf das Obligationenrecht bezüglichen Arbeiten sind, wie auf dem Heft bemerkt ist, «bei Gelegenheit des Vortrags über das Obligationenrecht vonf. K. v. Savigny» entstanden.

[Randnotiz:] Revision nöthig!

BLATT 334

Papier aus den Akten des Vaters der Grimm, von J. Grimm benutzt als Umschlag mit der Bezeichnung «Erbrecht».

Das Blatt – ein halber Bogen Folio – hat noch die Registratur:

19__ Bescheid
in Sachen
Elsasser __ _____

<von anderer Hand:>
Taxa
gratis
W W

H ––––– (durchstrichener Name, darunter:)
Grimm (Handschrift des die Sache an Grimm zuweisenden Hanauer Rathes?)
‹Hanau am 30. 9^{br} a.c. erhalten,
u. sodann nach Gelnhausen befördert›
offenbar den Grimms (des Vaters Haus)

‹Ein anderer halber Foliobogen ist benutzt als Umschlag für ‹Novazionen›.

BLATT 335

Wilhelms Hefte
«Ich schrieb nach, aber was ich mit nach Hause brachte, ward durch das was in Gedanken geblieben war, ergänzt u. das Ganze überarbeitet.» ([Wilhelm Grimm] Kl. Schr[iften] I, S. 10)

– – – – – – – – – –

Die beiden Grimm (als Savignys Schüler)

Die Schüler Savignys in Marburg, abgesehen von den beiden Grimm, haben bisher nicht festgestellt werden können, da sich Listen über die Zuhörer einzelner Professoren aus dieser Zeit nicht erhalten haben oder doch weder in dem im Staatsarchiv deponirten Universitätsarchiv noch in den Kastenliteralien, soweit sie noch bei der Universität beruhen, aufgefunden worden sind. Auch in der Litteratur sind meines Wissens keine derartigen Angaben gemacht. Dagegen darf vielleicht angenommen werden, daß der jüngere Pfeiffer ein Schüler Savignys war: ihn faßte er an erster Stelle ins Auge, als ihm später bei seiner Einfahrt in Paris das Mißgeschick zustieß, das ihn seiner Vorarbeiten für seine Studien auf den dortigen Bibliotheken beraubte.

Als Jacob Grimm im Frühjahr 1802 die Universität Marburg bezog, hörte er bei Bering Logik u. Naturrecht u. bei Weis Institutionen, um dann im Winter die ersten Vorlesungen bei Savigny zu hören: die juristische Methodologie u. die Intestaterbfolge. Aus den beiden Beringschen Vorlesungen hatte er keine wahre Frucht gezogen, Weis' Vortrag fand er nicht nur gelehrt, sondern auch «munter», aber . . .

BLATT 336

Die beiden Grimm als Studenten in Marburg

I. Jacob

1802 den 30. April immatrikulirt als stud. juris aus Hanau. – Seine juristische Vorbereitung
durch den Vater – Er hörte:

1. Sommer 1802
   bei Bering: Logik u. Naturrecht
   bei Weis: Institutionen

2. Winter 1802/03
   bei Savigny: juristische Methodologie (1. Vorlesung, die Jacob bei Savigny hörte)

   die Savignysche Vorlesung vom Sommer 1802 von beiden abgeschrieben

3. Sommer 1803 Das Semester festzustellen für:
   1. Weis: Pandekten; später latein. Examinatoria
   2. Erxleben: Pandekten
      Canonicum (Kirchenrecht)
   3. Robert: Rechtsgeschichte, Staatsrecht
      Lehnsrecht
      Praktika
   4. Bauer: deutsches Privatrecht
      Criminale

4. Winter 1803/4
   bei Erxleben

BLATT 337

Institutionen – Methodologie

Die Eigenthümlichkeiten (Wilhelm Grimm)

1. Die Punkte etc. fehlen sehr oft (S. 1. 35)
   Die Punkte über Ü (S. 74) oder Ö (S. 78, 81, 85, 88, 104!
   Der Haken über u; der Punkt über i; das Hiat (S. 1, 10, 11, 12, 35, 42, 115, 214!
   Es fehlt ____ ____ (Method. S. 208),
   Verwandschaft (S. ____), daneben ‹Todt› (S. 61, 114, 125; Obl. S.39)

‹iezt› (S. 18, dazu Method. S. 86), nie ‹jezt›, oft ‹ietzt› (S. 111), aber ‹jemand› (S. 116),

‹juristisch› (S. 243)

‹Teutschland› (S. 89, Obl. S. 28)

‹teutsche› Geschichte (S. 24)

‹groses Intereße› (Method. S. 1, ‹sich ‹äusert›, das. S. 35; an ‹ausen› (S. 38), ‹blose Übeltat› (cf. S.36)

Schreibfehler nach Methodologie: ‹Kriminalrechtrechtsgesezgebung› (Method. S. 2), ___ S. 16, S. 19! 191!

‹filosofisch› (Method. S. 6), fisisch (S. 46)

Filologie› (S. 111)

‹Obligationen Verhältniß› (Method. S. 2)

Politik S. 41 f. Method.

‹Sprache ____ (Obl. S. 24)

‹Index ____ (Method. S. 21, 27)

‹ungünstichse› (Obl. S. 10, Method. S. 41)

‹ideelle Gesezgebung› (Obl. S. 7)

‹unbegreifliche ______› der Compilation (S. 285)

‹unbrauchbar ______› Compilation (S. __)

‹scientifisch› (S. 01 Inst.)

jus ad rem (S. 18, Obl. S. 3)

‹Kauf nahm› (S. 51)

Eigenth.f. die Steuer (S. 80)

Willkür der Handlungen (Obl. S. 3)

‹er obstirt› (S. 90)

Willkür (S. 132, Obl. S. 2 f., 10)

‹Fakt› (S. 132)

‹Hofbedienter› (S. 173)

‹Bürger› (Obl. S. 21).

BLATT 338

[Stichwort: Gundel und Bettina]

BLATT 339

Bettinas zweifache Behandlung der Günderode — Tod der Günderode

1835 in ‹Goethes Briefwechsel mit einem Kinde›[XXXIV] (‹dem Fürsten Pückler gewidmet›)
1840 in der ‹Günderode›

Ad I. (nach fast 30 Jahren)
Frau Rath sagt, sie solle die Geschichte schreiben (S. 55)
Unwahr: so Goethe über seine Mutter (Geiger)
Am Rhein kann sie es nicht (S. 69) [S. 75]
Sie hats bös mit mir gemacht. (S. 69) [S. 75]
Offenbach (S. 69) Mag die Großmutter besucht haben
72 –
129 f. Beitrag Männertracht 24 f., 26
192 Ball (Rohde)
Lesen zusammen den Werther! (__) 135
Der Chirurg! (78 f.) [S. 90] ihr Testament (79) [S. 92]
Philosophie (71) 76. Dolch (S. 80) Lorbeerkranz (S. 79 f.) [S. 92]
Bettinas Aufsätze (71)

Bettinas Krankheit.
Der Günderode Besuch (75 f.). Geschichte 50, 69
Ihre Züge ‹sehr bedeutend› (76, cf. 44, 481, 558)
Kommt sie mit in die Stadt? (26)
Also ins Stift S. 76

Sie erzählte wenig (78) [S. 90]
Daub u. Creuzer 78, u. dann 86; dazu der Brief bei Geiger:
Entzweiung (79! 82)
Sie führt ihr einen Offizier zu (80)! 100, 526. das Bureau d'esprit 127
Die Stelle ihres Todes. 77 f. 89 f. der General Brentano 131
Bettina hat sie beerbt. (78) ‹Unsere Loge› 147
Ihr Testament (79, cf. 477)

Im Chiemgau
Das Briefchen 81 ‹stechender Blick›! 141 Geiger
Die verstorbene Schwester 82
Abschied Bettinas, weil sie nach Marburg reisen wollte (82). Talent? Genie 364
ganz wie Clemens
Bettinas Briefe an sie (83, 85)
Bettinas kleines Liebesabenteuer (84). Chronik 537
‹Überspannung› (84)
anders: Gundel | Geiger
Der Name der Günderode (86)
Die Scene mit Creuzer (86, cf. 78)
Neujahr (86) [S. 103]
Brief an Günderode (86)
In Frankfurt bei ihr (87)
Meline (81 f.)

Frau Goethe (81)

Franz mit ihr zur G. (88f.); Fritz Leonhardi u. Bettinas E[rzählung?] (88) oder Geschichte Goethes an die Günderode (88); das Stift nach d. Tod der Günderode (120)

BLATT 340–341

[vermutlich Irrläufer: de peregrino ...]

BLATT 342

Gunda (Gundel, Kunigunde) war das 4. Kind aus der 2. Ehe des Peter Anton Brentano mit Maxi La Roche, jüngere Schwester von Georg, der sich ‹George› nennen ließ, Sophie u. Clemens, ältere Schwester von Christian, Bettine (Elisabeth), Lulu (Ludovica) u. Meline (Magdalena). Aus der ersten Ehe des Vaters hatte sie 3 Halbbrüder, den unverheirateten schwachsinnigen Anton, den mit Toni v. Birkenstock aus Wien verheirateten Franz, u. den unverheirateten Dominicus, Dr. juris u. Advokat, dazu eine Halbschwester Paula, die mit Ignaz von Waßmer in Pfaffendorf verheiratet war, endlich aus der 3. Ehe des Vaters mit Friederike von Rottenhoff noch einen Halbbruder August.

Geboren in Ehrenbreitstein den 8. Juli 1780 mit blondem Haar u. schwarzen Augen, hatte sie ihre Mutter in ihrem 13. Lebensjahr (den 19. Nov. 1793) verloren u. anderthalb Jahre später (den 29. Juni 1795) ihren Vater eine neue Ehe eingehen sehen. Im Kloster Fritzlar. 1798 finden wir sie in Offenbach bei ihrer Großmutter[1] u. 1800 zu Besuch bei ihrer Stiefmutter in Pfaffendorf bei Coburg.[2] Im September war sie dann bei Wieland u. sah hier ihre Schwester Sophie am 19. sterben.[3] Dann in Frankfurt, wo sie die moralischen Erzählungen der Großmutter las u. im März Heinse nach Offenbach begleitete.

[Fußnoten fehlen]

BLATT 343–345

[Stichworte/Daten: Savigny 1804; Bettina]

BLATT 346

Fritzlar [Mereau] I, 46 u. 118f. (Mereau)

Von den Töchtern des Hauses traten drei, Gundel, Bettina u. Meline, Savigny in den nächsten Jahren näher, während eine vierte, Lulu, erst im Alter wegen ihrer Schicksale seine Theilnahme erregte.

Alle vier waren Töchter aus der zweiten Ehe ihres Vaters, einer Mischehe in nationalem u. confessionalem Sinne: Gundel (Kunigunde) im Jahre 1800, von dem wir ausgehen, 20, Bettina 15, Lulu (Ludovica) 13, u. Meline (Maria Magdalena) 12 Jahre alt.

Alle vier waren in dem Kloster in Fritzlar erzogen.[1] Nachdem Gundel bereits früher das Kloster verlassen hatte – schon 1793, im dreizehnten Lebensjahre, war sie im elterlichen Hause thätig, ohne Zweifel weil die Mutter damals dem Tode nahe war (sie starb den 21. November)[2] – , kehrten die drei jüngeren gegen Ende des Jahres 1797 zurück,[3] als der Vater, der im Sommer 1795 eine dritte Ehe eingegangen hatte, schon gestorben war (den 11. März).

Die Stiefmutter, Friederike, geborene von Rottenhoff, ging bald (1799?) eine neue Ehe ein mit einem Freiherrn von Stein in Pfaffendorf bei Coburg.

Die Leitung der Mädchen fiel unter diesen Umständen bald der Großmutter in Offenbach zu,[4] einer Frau, die, ohne Herz? u. allem Natürlichen als Gemeinem abhold, die Kinder nur zur gesellschaftlichen Schaustellung abrichtete. Eine köstliche Frucht ihrer Erziehungskunst bietet uns gelegentlich Gundel dar, als sie Februar 1801 einen Streit mit Clemens hatte. Auf eine Vorhaltung, die Clemens ihr machte, die leider nicht bekannt geworden ist, sich aber wesentlich auf ihre Lectüre bezog, [Fortsetzung s. folgendes Blatt]

[1]Steig I, S. [16]. Von Gundel ist es, soweit ich lese, nicht direct bezeugt, aber doch wohl zweifellos; oder sollte sie auch bei der Möhn gewesen sein, wie Sophie (S. 10)? [2]Steig I, S. 13 [3]Steig I, S. 17 [4]Steig I, S. 16

BLATT 347

entgegnete das der Mahnungen der Großmutter eingedenke Mädchen:[1] «Ein Mädchen wie ich darf nicht sagen: bei Schlegel u. Goethe, denn das ist gegen die Ehrbarkeit, die sich für unser eins schickt. Wollen wir auch einmal von gelesenen Büchern etwas anbringen, so fragen wir ganz modest: kennen Sie die moralischen Erzählungen von Frau von Laroche oder dieses u. jenes Buch von dem beliebten Lafontaine?» Andere Werke habe sie auch nicht gelesen.

Sollte ihr Bruder es gewagt haben, ihr Friedrich Schlegels Lucinde zu empfehlen? Sicher ist, daß er nach dem Muster dieses Romans seinen Godwi zusammenstellte u. so schamlos war, im Sommer 1800 in Altenburg zwei Mädchen, mit denen er täglich drei Stunden abends (von 8 bis 11 Uhr) «allein u. recht vertraut» war.[2] Es waren übrigens Mädchen aus dem Kaufmannsstand, Töchter eines «Kommerzien-Kommissars u. Kunst- u. Handelsherrn».[3]

Was er von Goethe ihr empfohlen haben mag, muß gleichfalls dahin gestellt bleiben. Offenbar ist nur, daß die Großmutter beide Schriftsteller für Mädchen nicht für ehrbar erklärte u. dafür ihre eigenen Schriften u. die Lafontaines als geeignetere Lectüre empfahl.

Neben der Großmutter kam dann für die Erziehung der Mädchen seit dem Jahre 1798 eine Schwägerin in Betracht, die Frau des Halbbruders Franz, der eine Wienerin, Antonie von Birkenstock geheiratet hatte. Von dem Verkehr dieser Schwägerin mit den

Mädchen während ihres Aufenthaltes bei der Großmutter erhalten wir gelegentlich von Clemens ein kleines Bild, das in den Herbst 1802 fällt.

Toni hatte die drei Mädchen für einen Tag eingeladen u. war mit ihnen nachmittags vor [Fortsetzung s. folgendes Blatt]

[1]Steig I, S. 22 [2]Steig I, S. 18 [3]Mereau I, 228

BLATT 348

das Thor ins Freie gegangen in der Äpfelallee, wo in einer Hütte Pfannkuchen gebacken wurden. Dabei machten sie mit einem Manne Bekanntschaft, der im Sommer mit Flößen nach Holland fuhr u. im Herbst die Apfelbäume hütete. «Er ist katholisch u. fromm,» vergaß Brentano nicht zu bemerken. Toni selbst war ächt wienerisch fromm u. später in Frankfurt eine Patronin der alten jesuitischen Propaganda. Am Abend mußten die Mädchen dann wieder nach Offenbach.

Der Aufenthalt in Offenbach kam den Mädchen insofern sehr zu Statt, als das elterliche Haus düster u. dumpf u. die ganze Stadt der Gesundheit wenig günstig war.

Wenn nun die Kinder ihr [der Großmutter] auf einige Zeit entzogen wurden, so war ihr das, selbst [wenn] der Aufenthalt für ihre Gesundheit noch besser war als Offenbach, keineswegs recht. In dieser Beziehung bietet uns Bettina ein Bildchen, das dem Jahr 1804 angehört, als Savigny schon für die Mädchen treulichst besorgt war.

Meline, die mit Gunda auf Trages war, sollte an einem Sonntag wieder durch Lulu u. Bettina abgeholt werden. «Die Großmutter,» so schrieb Bettina,[1] «jammert gar sehr, aber es ist dumm; sie sollte froh sein, wenn Meline ein bißchen Frühling einathmet.» Und dann die Nachschrift: [Fortsetzung s. folgendes Blatt]

[1]Geiger, S. 145 f.

BLATT 349

«So eben lese ich einen lamentösen Brief der Großmutter an Franz Brentanos Toni; die Meline wird mal gré bon gré wieder nach Offenbach (müssen). Ich denke an ein Lied von Novalis:

‹Ach, wann wird das Blatt sich wenden
und das Reich der Alten enden?›

«Adieu ihr Maiblümchen, ihr Schneeglöckchen, ihr Thymianchen u. allerlei Blümchen, die ihr in Trages wachst, auf denen ich mich herumwälzen möchte.»[1]

Die Reihe der Erzieher der Mädchen ist noch keineswegs erschöpft. Neben Toni trat in Frankfurt als Erzieherin auch die Wirtschafterin.

Als die beiden Brüder, Clemens u. Christian, herangewachsen waren u. ihre geistige Überlegenheit fühlten, da begann abermals eine neue Erziehungsepoche, u. erst, als beide Brüder selbst mit den Resultaten ihrer Kunst nicht zufrieden waren, da zogen sie Savigny, dessen pädagogisches Talent ihnen nicht entgangen war, hinzu . . .

[1]Geiger, S. 148

BLATT 350

Ehe wir uns Savigny u. dieser seiner neuen Mission zuwenden, ist noch das Verhältniß der Brüder zu den Mädchen ins Auge zu fassen; wie bei Lebzeiten des Vaters, so waren sie nach dem Tod des Vaters einer weit gehenden Gewalt der Brüder unterworfen, auch wo sie den Absichten der Erziehung, wie die Großmutter u. auch der . . . sie leitete, schnurstracks widersprachen. Ganz besonders bedenklich trat das hervor bei den Liebesaffären des Clemens, der sich nicht scheute, Bettina als Vermittlerin zu gebrauchen, um bei der Schauspielerin Marianne Jung, der späteren Frau des Senators Willemer u. Freundin Goethes, seine Wünsche vorzubringen,[1] einen Dienst, den ihm gelegentlich auch seine Schwägerin Toni leistete.[2] Andererseits versprach er dann z. B. Arnim [Mai 1802], Bettina solle ihn küssen.[1a]

Eben so brauchte er (im December 1801) den Namen seiner Schwester Gundel, ohne sie zu fragen, um an die Frau Mereau, die von ihm nichts mehr wissen wollte, einen Brief aus Jena nach Kamburg zu schreiben, den er als einen spontanen Brief dieser Schwester hinstellt,[3] in dem er [nicht] nur bezeugt, wie unglücklich er sei, sondern auch, daß er «schonender geworden» u. fragt, ob er «wieder im ‹Kalathiskos› arbeiten darf». Seine Adresse ist bei Friedrich Schlegel.[4]

[1]Steig I, S. 73 [1a]Steig [I, S. 33] [2]Steig I, S. 74 [3]Mereau I, 19 f. [4][Fußnote fehlt]

BLATT 351

Savigny hatte bald die Verschiedenheiten der Mädchen erkannt: auf der einen Seite die einfachen, pflichtgetreuen, nichts prätendirenden Gundel u. Meline, u. auf der anderen Seite die ihrem Bruder Clemens im Wesen so ähnliche Betina, die sich genau so wie dieser, allen Erziehungsversuchen widersetzte u. sich wie dieser für unerziehbar erklärte, dafür aber den Anspruch auf Geist u. Genialität erhob. Dieser Gegensatz bestimmte auch Savignys Verhältniß zu den Mädchen. Er, der auf diese Art von Geist nichts gab, ihm vielmehr unmuthig den Rücken wandte, hatte an den beiden einfachen Mädchen bald ein warmes Interesse, während er Bettina, so viel er vermochte, aus dem Wege ging.

Wenden wir uns nun Gundel u. Bettina im einzelnen zu; die Meline kommt für uns erst später in Betracht.

Die La Roche	Die Großmutter in Offenbach			Mereau II
			Jan.	(I, 46, 48, 56)
		1803	Juli	(I, 95, 172, 199 f., 180 II, 3, 225)
			Oct	(II, 3, 57)
			Nov.	(II, 124)
		1805		(II, 225 f.)

BLATT 352

[Stichwort: Die Erziehung und die genialen Brentanos]

BLATT 353

2. Bettina

Die kleine rabenschwarze quecksilbrige Bettina[1] ward wie Clemens, ein unbezähmbares Sorgenkind, mit dem sich Clemens bald verbündete.

1785 den 4. April geboren, aber nicht im väterlichen, sondern im großväterlichen Hause zu Ehrenbreitstein, war sie nach dem Tod der Mutter dem Kloster der Ursulinerinnen in Fritzlar übergeben worden, aus dem sie nach dem Tod des Vaters zur Großmutter nach Offenbach kam. 1801 lernte Crabb Robinson sie in Frankfurt, wohin sie öfters zum Besuch kam, kennen. Er fand ein kleines untersetztes wildes Mädchen, die am wenigsten angenehme Enkelin der Laroche, die als grillenhaft u. unerziehbar galt. Sie schwatzte dabei gewaltig u. sprach in überschwänglich bewundernden Ausdrücken von der Mignon, dabei drückte sie die Hände gegen die Brust u. erklärte: so liege ich stets im Bett, wie Mignon.

Zur Freundin hatte sie eine Jüdin, Löwenstern,[2] genau so, wie Clemens gern mit Juden verkehrte u. an ihrem frechen Witz sich ergötzte. Diese Löwenstern hatte eine Freundin in Weimar, die sie später besuchte u. Clemens' Liebschaft mit Interesse verfolgte u. weiter erzählte.

Im December 1801 schrieb Clemens[3] der Mereau über seine Schwester Bettina, «dieses heilige Kind, ... so lange Sie nicht diese Jungfrau kennen, sind Sie nicht glücklich.» Ihr hatte er seinen Godwi gewidmet, u. eine Dedication, die er in Göttingen Arnim im Garten vorgetragen hatte.[4] An Winkelmann schrieb er[5] im Februar 1802: «Meine Schwester Bettina (du kennst sie) wird täglich lieber, mich liebender», u. im Mai, nachdem er von Bettina einen Brief erhalten, an Arnim,[6] «Des Menschen Geist kann so nicht schreiben: das ist Gott, der so spricht. Das Mädchen soll dich küssen, wenn du nach Frankfurt kommst.»

[1]Steig I, S. 24. [2]Steig I, S. 51 (falsch ‹Löwenstirn›). [3]Mereau I, 28. [4]Steig I, S. 25 [5]Steig I, S. 30
[6]Steig I, S. 33

BLATT 354

Bettina

1804

In my notes of the Brentano family, I find that Bettina pleased me this time better than before . . . When I first came to Frankfort, she was a short, stout, romping girl, the youngest and least agreeable of Madame de la Roche's grandchildren. She was always considered a wayward, unmanageable creature. I recollect seeing her climb (205) apple-trees, and she was a great rattling talker. I recollect also hearing her speak in terms of extravagant admiration of the Mignon of Goethe's ‹Wilhelm Meister›. Clasping her hands to her bosom, she said ‹I always lie thus when in bed, in imitation of Mignon›. p. 206

Diary etc. of [Henry Crabb] Robinson, I

BLATT 355

«Frauenzimmerliches zu Goethes Zeit.» [Artikel über Sophie de la Roche, undatiert]

BLATT 356

1802 (Steig I, S. 35)

[Bettina von Arnims sämmtliche Schriften, Bd. 1: Frühlingskranz][XXXV]
Bettina an Clemens (I, S. 60 f.) aus Offenbach (S. 67)

[Fortsetzung von I, Blatt 384–385]
‹Ich möchte ihr (der Walpurgis) Hohn sprechen, daß sie dich nicht küßt, lieber als hüben den Bettelmann, der über dich lacht u. drüben den Savigny, der über dich lächelt, u. der sich so offenherzig rasieren lasset . . . Der Savigny mag sie meinetwegen schon geküßt haben, im Weingarten oder am Brunnen oder sonst wo; er kommt herbei, man siehts ihm nicht an, er macht einen ganz trocknen Mund. Du aber Clemente würdest mit allen Sternen dich darüber besprechen . . .

. . . Sei doch ein kaltblütiger Dichter, der gern eine Rolle übernimmt in dem eigenen Lustspiel was er dichtet: Du u. der gelehrte Jurist, der so ernsthaft jung ist, u. der Bettelmann, der so lustig alt ist, u. ein Mädchen, das nach den Äpfeln u. Birnen sieht, ob sie heuer reifen, u. dabei den Liebhabern zublinzelt. Nun würde ich, wenn ich der Dichter wäre, das Stück oder auch den Akt so enden, daß ich den kräftigen Bettelmann u. den schmächtigen Gelehrten dem zurückgesetzten Studenten recht übermüthig gegenüber stellte, der sich eben auf seinen Philistergaul schwingt, weil die Ferien aus sind u. die beiden Nebenbuhler spottend von ihm Abschied nehmen; allein wie er u.s.w. den ganzen liebenden Frühling von 1804 . . .›

BLATT 357
[vermutlich Irrläufer: Pensionen aus Versailles]

BLATT 358
[Stichworte: Die Familie Piautaz]

BLATT 359–360
[Stichworte: Franz und Toni; Clemens Brentano]

BLATT 361–362
[Quellenangaben bei Mereau, zu Savigny und Christian Brentano]

BLATT 363–364
[Stichworte: Bettina Brentano]

BLATT 365

Bettina u. Gundel

Undatierter Brief des Clemens:

Steig, [Bettina, in: Deutsche Rundschau][XXXVI] S. 267:

Auf der inneren Seite des Adreßblattes hat er nachträglich, sich selbst corrigirend, hinzugefügt:

‹Wenn du viel darüber klagen solltest, daß dir Savigny selten schreibt, so ist dies eben so verkehrt, als wenn die Gundel klagt, ich schreibe ihr nicht genug; sind denn die Leute nur auf der Welt, einige Frauenzimmer mit häufigen Briefen zu unterhalten, so etwas ist unbescheiden zu begehren u. der Beweis von Faulheit u. Langeweile.› [Fortsetzung s. I, Blatt 369]

Toni (das. S. 264, 265)
Steig [das.] S. 274

BLATT 366
[Stichwort: Bettina und Frankfurt]

BLATT 367

(Gestern am Sonntag fuhren wir nach dem Trages).

Clemens (I [Frühlingskranz], S. 308 f.):

‹Sollte dir .. der Vorschlag gemacht werden nach Frankfurt zu kommen, so mache keine Einwendung, als höchstens daß du gern dein eignes Kämmerlein haben möchtest, denn die vielen anderweitigen Berührungen, denen du ausgesetzt bist, wenn du die Wohnung theilst mit Gundel, die ganz andere Gewohnheiten u. Verkehr hat als ein so junges Mädchen wie du sie haben kannst, würden auf deine fernere Bildung sehr verderblich wirken.›

[Randnotiz:] Savignys Unbekanntschaft mit Mädchen (Steig I, S. 291)

Clemens (I [Frühlingskranz], S. 349):
Du mußt viel von Gundel zu lernen, mit ihr auszutauschen haben ... warum mußt du nun der Familie die Abendstunden rauben, um sie wieder da zu verbringen, wo man auch dich nicht wünscht u. wo du beschwerlich fällst, wie du aus folgendem Brief ersehen kannst, in dem dargelegt ist, daß Gundel ihren ganzen Tag opfert, dich anzuregen, daß du deine Schuldigkeit thust ... Ich finde es daher sehr indiskret von dir, ihr diese Stunden, in denen sie allein sein möchte, auch noch zu stehlen.›

Bettina (I [Frühlingskranz], S. 466):
‹... es wird doch ein angenehmer Winter sein; das Heirathen der Geschwister wird nicht wenig zur häuslichen Glückseligkeit beitragen.›

Nach der Heirath:
Günderode (I, S. 5 u. 38) u. dazu II, S. 238f.

- - - - - - - - - -

«weil Gundel so breit u. eitel von dir zu erzählen weiß» ([Steig I] S. 40f.) (1802)
Also die vollste Eifersucht!

In seiner Antwort stellte Arnim die ruhige Sicherheit in Bettinas Wesen den wechselnden Kräften gegenüber, die ihn u. Clemens noch beherrschten. ([Steig I] S. 40f.)

[Randnotiz:] Clemens Besuch in Offenbach bei den 3 Schwestern u. – Toni ([Steig I] S. 50).

Im October war Bettina damals in Frankfurt ([Steig I] S. 48); als Clemens wieder einmal von Koblenz zurückkam (?), fiel ihm Bettina um den Hals. ‹Ich lese ihr›, schreibt er an Arnim, ‹deinen Brief vor: sie ist sehr lustig.› (S. 48)

‹Bettina geht heut Abend weg›, fügt er später hinzu (S. 49), also wieder nach Offenbach. ‹Bettina ist recht gut Freund mit der kleinen Löwenstern geworden, die dich freundlich grüßt. (S. 50) – Wer mag das sein? ‹Jüdin›.

Zu Weihnachten schrieb Clemens, dem Savigny in Marburg «bedrückend einfach» war, aus Düsseldorf, Bettina, «die jetzt von Offenbach weg in Frankfurt wohnt» habe ihm seit 2 Monaten keine Zeile geschrieben. ([Steig I] S. 60) «Warum: das weiß ich nicht.» Ich vermuthe, er wußte es sehr wohl: diese seine Korrespondenz mit Bettina ward von den vernünftigen Gliedern der Familie sehr mißbilligt.

Sie war jetzt in Frankfurt ganz zu Hause. Sie bewohnte, wie Clemens an Arnim schrieb, ‹die Stube, in der du mich zum ersten Mal trafst u. sie dich auch zum ersten Mal gesehen› (S. 70).
(Mit der Gundel zusammen? Werke I, S. 318, Geiger S. 147)

BLATT 368

Bettinas Freundin in Frankfurt: die Löwenstern u. deren Freundin Fumelle in Weimar. Mereau II, 235; I, 180f., 199f.

die andern Juden in Frankfurt (II, 159, 162)
Unger ([Mereau] II, 137)
Jude als Clemens' Universitätsfreund (II, 145)
= Julius ([Mereau] II, 213)

BLATT 369

Ein interessantes Licht wirft auf die Verhandlungen, die über Bettina in der Familie statt fanden, ein Brief des Clemens an Bettina aus dem Jahre 1802 (woher?):
[Fortsetzung von I, Blatt 365:] «Sage der Toni, sie solle mir verzeihen, daß ich ihr noch nicht geschrieben, ich würde ihr nächsten Posttag die Wahrheit sagen, wie ich über alles denke, worüber ich zu schreiben versprochen habe, über sie, über dich, über Gundel u. über die Möglichkeit eures Umgangs.» [Steig, Bettina, in:] Deutsche Rundschau 1892 den 11. August
Man sieht, die Stellung der Familie Brentano in Frankfurt war gesellschaftlich nicht so, daß die Mädchen einen für sie recht passenden Umgang hatten.

Erst im Winter 1803 auf 1804 war dann Bettina dahin gebracht, daß die Günderode ihren Geschichtsunterricht wieder aufnehmen konnte.[1] Schon vorher hatte Arnim ihre Bekanntschaft gemacht, ja sogar einmal, als im Goldenen Kopf für ihn kaum Raum war, mit im Stift geschlafen.

[1]Steig I, S. 140

BLATT 370 [redundant, s. I, Blatt 369]

BLATT 371

[Savigny am 23. Juli 1803]
«Sie schrieben neulich über Gunda u. sagten unter anderem, Gunda ‹redete mit einiger Würde von guten Prinzipien›. Nun sagen Sie mir um Gottes Willen, Günderödchen, was das heißt. Es läßt sich auf vielerlei Art verstehen, u. ich wollte zwei Kommentare darüber schreiben, die sich gar nicht ähnlich sehen sollten. So etwas kann einen ehrlichen Menschen um seinen Verstand bringen . . .» [Geiger, S. 21]

An dieser Stelle eröffnet sich uns ein Einblick in das gespannte Verhältniß, das zwischen Clemens u. Bettina einerseits u. der Gunda andererseits bestand, eine Spannung, an der auch die Günderode Theil nahm, die hier auf Bettinas Seite stand. Das

Treiben von Clemens u. Bettina ward, wie von der Claudine, so auch von Gunda mißbilligt. Clemens hatte früher der Gunda große Hoffnungen auf seine Liebe gemacht, dieselben aber nicht erfüllt (Steig I, S. 42). Offenbar weil sie sich seiner Leitung nicht so ergab, wie das dann Bettina that, die er z.B. dazu gebrauchte, an Marianne Jung oder auch an die Günderode seine verliebten Wünsche oder doch heimlichen Briefe gelangen zu lassen (Steig I, S. 73). Die Gundel aber, mit der Bettina in einer Kammer schlief, hatte gar «kein Verlangen» nach Bettina, wie diese der Günderode klagte (Geiger S. 147), fühlte sich von ihr nicht angezogen, sondern sah mit Sorge auf ihr Treiben, gegen das sie mit ihren ernstlichen Vorstellungen anging, das sie aber zu hindern nicht im Stande war. Kein Wunder, wenn dann auch die Günderode mit einem gewissen freigeistigen Achselzucken über Gundas Leben sich ausließ; mußte die Gunda ihr doch schon deshalb zuwider sein, weil sie den Mann gewonnen hatte, den sie selbst zu erringen gehofft. Ob Savigny selbst diesen Zusammenhang nicht erkannt oder doch geahnt hat? –

In seinem Brief vom 23. Juli fährt er fort: «Günderödchen, es hat schon viele dumme Leute gegeben, die gesagt haben: ... [Geiger, S. 22]

BLATT 372 [Daten (bei Mereau) zu Clemens und Bettina]

BLATT 373

<1802 im Juni: Steig I, S. 34>

Clemens an Bettina, aus Koblenz (cf. Steig I, S. 311).

bei Bürger Scheidel, Firmungstraße

«... Ich bin so unglücklich geworden, ich liebe so heftig, so heftig die Geliebte meines einzigen Freundes hier (Lassaulx). Gott gebe mir Kraft, daß ich entsagen kann; das Mädchen ist Benediktchen K(orbach); schreibe mir gleich; schreibe auch an sie ein paar Zeilen dazu, wenn sie dich kennt, sie liebte mich vielleicht.
Schreibe dem Savigny, was ich dir schrieb; ich kann nicht mehr.» [Frühlingskranz, S. 251]

– – – – – – – – – –

Clemens u. Bettina

Seit Savignys Heirat (April 1804)
Die Briefe des Clemens an die Jung u. an die Günderode gehen durch ihre Hände (Geiger S. 89, 99, 114, 92). Er hält für möglich, daß die Günderode ihr den [schamlosen?] Brief [Geiger] S. 108 zeigte (S. 86).

Geiger

- - - - - - - - - -

1802 Der Neuwieder Hofpoet Gesellius u. die Großmutter (Steig I, S. 56), die 3 Schwesterchen
in Offenbach (Steig I, S. 50)
Clemens aus Frankfurt: Bettina geht heute Abend weg (Steig I, S. 48)
nach Düsseldorf mit Großmutters Empfehlungen (Steig I, S. 56)
Oct. wie sonst: Clemens schreibt: Bettina ist jetzt in Offenbach, Savigny in Frankfurt (Steig I, S.60) hat ihm seit 2 Monaten nicht geschrieben (Steig I, S. 60)

- - - - - - - - - -

In dem folgenden Jahr 1802 betrieb Clemens aufs eifrigste den Kultus seiner göttlichen Schwester u. trieb auch Arnim zu demselben an. Gestern, so schrieb er ihm im Mai (aus Marburg?): «Gestern sehnte ich mich unendlich nach dir u. Bettina: ich habe außer euch keine Sehnsucht mehr. Das Mädchen soll dich küssen, wenn du nach Frankfurt kommst. Wenn du den 1. Juni nicht da bist, so sterbe ich u. Bettina vor Begierde.» [Steig I, S. 33 f.]

Als dann Arnim nach Frankfurt kam, lernte er jedoch die Günderode kennen, ja wir hören, daß er u. Bettina einmal im Stift übernachteten: offenbar war in dem vollgepfropften Haus kein Platz, um alle unterzubringen. Auch Clemens war ja da u. . . . .

[keine Verweise im Text] [1]Steig I, S. 16 [2]Steig I, S. 22 [3]Ersch u. Gruber: Encycl[opädie] 1. Sekt. Bd. 97 (1878), S. 182

BLATT 374

Und diesem Mädchen [Bettina] widmete nun der Bruder Clemens um dieselbe Zeit den zweiten Theil seines verwilderten Romans Godwi! Die Widmung hatte Clemens in Göttingen geschrieben u. Arnim vorgelegt.[6] «Bettina,» so schrieb er 1802 diesem Freund, wird «täglich mich liebender»; dann preist er sie als die ‹göttliche› Bettina u. nöthigte sie, an Arnim zu schreiben[7] u. ihm zu sagen, sie liebe ihn.[8]

[Verweise 1–5 nicht im Text] [1]Ganz richtig Meyer I, 855, bestätigt von Rudolf Jung S. 3 u. angehängte Tafel gegen Steig I, S. 349 [2]R. Jung S. 6 [3]Steig I, S. 161 [4]Steig I, S. 20 [5][Karl] Eitner, S. 287 f. [6]Steig I, S. 25 [7]Steig I, S. 33 [8]Steig I, S. 40

- - - - - - - - - -

Über sein u. Bettinas Verhältnis zu der Schwester Gunda erfahren wir aus der früheren Marburger Zeit des Clemens einiges sehr bemerkenswerthe. In einem undatirten, vor das Jahr 1802 fallenden Briefe schrieb Clemens an Bettina: ‹Ich bitte dich um des Kaisers seinen Bart willen, werde nicht empfindsam ... Ich fürchte immer, die klagende kränkliche Gesellschaft der Gundel (beide hatten ein u. dieselbe Stube) macht dich täglich zimperlicher ... meine Briefe an dich zeige niemandem. Wenn die Gundel betrübt ist, wie immer ohne Ursache, so habe Mitleid mit ihr, suche sie aber nicht etwa zu trösten, indem du dich zu ihr gesellst u. bei Licht besehen endlich eben so erbärmlich betrübt wirst.›

In demselben Briefe erwähnt er die Klage Gundels, er schreibe ihr nicht genug, nicht minder seines Toni gegebenen, bisher nicht erfüllten Versprechens, ihr zu schreiben. «Sage der Toni ... ich würde ihr nächsten Posttag die Wahrheit sagen, wie ich über alles denke, worüber ich ihr zu schreiben versprochen habe, über sie, über dich, über Gundel u. über die Möglichkeit eures Umgangs.»[1] [Steig, Bettina, in: Deutsche Rundschau, S. 267]

[Fußnote fehlt]

BLATT 375 [einige Notizen zu Clemens Brentano]

BLATT 376 [redundant, s. I, Blatt 369]

BLATT 377

1803 Savigny u. Gundel

Savigny u. Gundel wurden im Anfang des Jahres 1803 darüber einig, daß sie fürs Leben einander angehören wollten: die Korrespondenz zwischen ihnen war damals eine lebhafte. Clemens, der den 4. Januar aus Düsseldorf wieder in Marburg erschienen u. vorher bei der Toni in Frankfurt gewesen war, hatte keine Ahnung von dem Verhältniß; eben so wenig Bettina, die sich über die zahlreichen Briefe Savignys an Gundel wunderte. «Daß er der Gundel viel schreibt,» so meinte Clemens in einem undatirten Briefe, «das muß dich nicht wundern. Die Gundel hat ihn sehr nöthig, er begehrt vermuthlich oft einen Trost oder Rath von ihr; auch ist er ein genauer Freund Winkelmanns, den sie wahrscheinlich noch sehr liebt u. Savigny, der immer wohlthätig u. helfend ist, nützt ihr unstreitig viel.» [Steig, Bettina, in: Deutsche Rundschau, S. 267] Ärgerlich war es ihm freilich, daß Savigny ihn keinen der vielen an Gundel gerichteten oder von dieser empfangenen Briefe lesen ließ: «Ich lese nie eine Zeile von ihm an sie oder von ihr an ihn, wenngleich Savigny alle meine Briefe liest, die ich bekomme u. schreibe.» Aber nun wollte auch er nicht mehr so mittheilsam sein.

BLATT 378

Bettina an Clemens (I [Frühlingskranz], S. 205)

Der Savigny kann wohl ruhig dir zusehen, wie du schwärmst für ein Bildchen, das zwar nur bemalt auf ein kleines Brettchen, doch deine Schwester dir lieblicher ins Gedächtnis ruft als sie wirklich ist. Der Savigny sieht still dem zu, wie du u. andere ausgreifen nach Glück, u. tausend Mißverständnissen dadurch begegnen. Seine Glückseligkeitslehre geht ungestört über dem Gewirr eurer phantastischen Neigungen weg; er sieht eure Freuden u. Leiden wie Tag u. Nacht wechseln, denn wie könnte er Antheil nehmen an dem ausgesendeten Glück, das ihr jeden Augenblick aus dem großen Ocean der Zufälligkeiten herausfischet, u. gleichgültig wieder in diesen Ocean hineinfallen lasset, was euch im ersten Augenblick geblendet hat. Ihm aber wächst im heimlichen Grund eine Blume, die nicht verblüht. Du nennst sie seine Studirmaschine, ich nenne sie seine Muse. Was er hört u. sieht, das entgleitet seinen Sinnen wieder, sobald es nicht Bezug auf sie hat. Und das ist natürlich, was dir unnatürlich deucht. Und wo er fühlt, mag er nur sich selber in diesem Wirken fühlen, seine Muse führt ihn mit freundlichem Anstand die Berge hinan, die andre unübersteiglich finden, u. bereitet ihm die Ordnung, die er nothwendig fordert, wenn er sich einheimisch bei ihr fühlen soll; es muß ihr doch was an ihm liegen, sonst pflegte sie ihn nicht mit dieser Sorgfalt. Drum soll dich auch sein Stillschweigen nicht verdrießen, denn du u. ich sind außer aller Ordnung, das nennt er nun verschließen, daß seine Ordnung mit deiner Außerordnung die Grenzscheide zieht. Du bist ungerecht, ihm das zu verargen, aber [Fortsetzung s. folgendes Blatt]

BLATT 379

dir ist's zu verargen, daß es dich ungeduldig macht; ich bitte dich, was fragst du danach, oder wie ist's möglich, daß du nachträglich noch melancholisch darum sein kannst. – Welche Freude hab ich, wenn er mir schreibt, auch nur wenig Worte; seine Briefe sind mir Heiligtümer; aber welche Freude hab ich, auch wenn er nicht schreibt, an dem reinen Himmelsblau, das die schwarzen Schwalben durchjauchzen heute zum erstenmal ...

Ja es giebt viele Lesearten von dem was die Seele begehrt. Und alles tönt in die Wahrheit, die in dir selber erklingt, u. dazu kann Savigny immer schweigen. Was er dir wörtlich sagen könnte, das ist nur Nebensache gegen diesen Hauptinhalt des Schweigens oder Nichtssagens, worüber du klagst, dessen doch sein inneres Leben bedarf.

Ich bin nicht neugierig, was innerhalb seiner Geistesburg vorgeht, so wenig als auf das, was innerhalb von Klostermauern vorgeht. Wer einmal weiß, alles geht innerhalb der vier Wände der Ordnung, wie kann der noch Kunde davon haben wollen, u. sich kränken, wenn keine erschallt.

Weißt du, es ist heute der 7. Mai: geh in den Wald, lausch der Nachtigall, die drauf losschmettert trotz dem ‹schweigenden Haine›, sie durchschallet das Revier allein, u.

allein hört sie begeistert sich zu. Schweigt, ihr Nachbarn, denn sie antwortet eben ihr volles Leben dem Frühling, der hat sie darum gefragt. Mit Savigny u. dir ist solch Frag- u. Antwortspiel nicht, wie der Frühling u. die Nachtigall haben. Was willst du nun noch? Du bist im Unrecht, u. er ist im Recht in seiner Stummheit.

BLATT 380

[s.a. I, Blatt 382]
Bettina an Clemens (I [Frühlingskranz], S. 251). 1802 (Steig I, S. 34)
.. ‹Schreib auch an sie ein paar Zeilen dazu.› «Ei Clemens, du bist nicht recht gescheut.» ‹Wenn sie dich kennte, sie liebte mich vielleicht.› «Gewiß nicht. Wenn sie mich kennte, so würd ich ihr sagen, sei ganz ruhig Benediktchen, der Clemens wird allemal ein Narr, wenn er an den Rhein kommt; im vorigen Jahr wars so mit der Walpurgis, da brausten Reime wie Schäume . . .»
. . . «Was soll ich dem Savigny schreiben? daß du glücklich in Wochen gekommen bist mit einer neuen Liebschaft?».

– – – – – – – – – –

1802 Clemens an Arnim über Bettina (Steig I, S. 30 f.)
" " " " ihn u. Bettina (Steig I, S. 33/34)
" " " " Bettinas Brief ‹im einschlafen in seinem Bett› (Steig I, S. 33)
Juli 2: Arnim über Bettina (Steig I, S. 39)
Aug 2: Clemens über Bettinas Liebe (Steig I, S. 40, 41, 42)
Oct. Clemens u. Bettina (Steig I, S. 48) der Mistpudel auf der Burg u. Bettina (Steig I, S. 50).
Sie geht fort (Steig I, S. 49)
~~Bettina nach Offenbach (S. 49), schreibt an Clemens nicht (S. 60)~~
Bettina Ausgang in Frankfurt (Steig I, S. 70)
Sie verzehrt sich (Steig I, S. 70)
Ihr Leben so betrübt (Steig I, S. 70)
Weint über Arnims Brief (Steig I, S. 71)
Die Bettina u. die Jung zu Clemens (Steig I, S. 73, cf. 99)
Mai. Die Briefe Bettinas der Mereau gelesen (Steig I, S. 82)
Der neue Brief (S. __)
? Bettina weint über Clemens' Büste (Steig I, S. 90). Sie ist für sie! (Steig I, S. 96)
Sommer in Schlangenbad mit Toni (Steig I, S. 100)

– – – – – – – – – –

1802 im Juni war Clemens in Offenbach
Eine Zeit lang in Frankfurt, zusammen mit Gundel in einer Kammer!
Als Arnim in Frankfurt erschien, schliefen sie bei der Günderode im Stift!
Den 9. Juni schrieb Arnim, er habe sie nur 3 mal gesehen.
__ August, Clemens an Arnim über Bettina u. Gundel
Clemens' Schimpfen auf Gundel
Clemens schreibt zu Weihnachten, sie haben sich seit 2 Monaten
nicht geschrieben <aus Offenbach>

BLATT 381

Clemens an Bettina (I [Frühlingskranz], S. 211) Marburg

Liebes Mädchen! Hier ohne dich zu wohnen, wenn ich das aushalte, so darf ich mich meiner Stärke rühmen. Ach wo ists in der Welt wieder so schön als hier in diesem Frühling hoch in den Lüften zu schweben, dem Himmel so nah, daß jedes der sechs Fenster meiner Stube eine prächtige Landschaft unter Rahm u. Glas bringt. Nur das Große der Stadt berührt mich; die Thürme sehen mir in die Fenster, u. die Stadtuhren sind meine Wanduhren ...
... das Haus mitten in den Berg gebaut, aus allen Stockwerken in den Garten, selbst aus dem Keller. Wenige Schritte oben das prächtige Schloß und Eichen und alles ... daneben steht am Garten ein alter hoher Thurm, da lassen wir nun eine Treppe hinaufführen ... oben wird ein Zelt aufgeschlagen, u. da hängt man wie ein Luftschiffer über Berg u. Thal.
... Mit den andern Menschen verbindet mich nichts als ihre Seltenheit. Gute Nacht bis morgen. Sollte die Günderrode dir einen sehr wunderbaren Brief von mir zeigen, so verwundere dich nicht, ich bin begierig, was sie darauf spricht.

Derselbe an dieselbe (I [Frühlingskranz], S. 228 f.)
... Schicke mir doch mit umgehender Post einige Loth der besten schwarzen Kreide, auch etwas weiße, auch englische ist mir lieb; es ist für einen armen Jungen, der ganz vortrefflich zeichnet, schicke sie aber gleich. Von Savigny habe ich keine Grüße an dich, wenn du etwa danach fragen solltest, ob er sich deiner noch erinnert. Er hat seine Studien u. seine Freunde, u. denkt an sie, wenn sie ihm ins Gedächtnis kommen; er schreibt öfter an Gundel, vermuthlich weil er ihr manchen Rath giebt. Savigny, der immer helfend u. wohlthätig ist, nützt ihr unstreitig viel. Dir kann er in dieser Weise nicht nützlich sein, deswegen schreibt er an dich nicht; ich finde das ganz natürlich, da er in Sachen des Umgangs ganz anders denkt als ich, so würden wir uns oft stören.

BLATT 382

Clemens an Bettina (I [Frühlingskranz], S. 246 f.). Mai 1802!

Ich gebe dir in wenig Worten eine recht erfreuliche Antwort . . .
Denke dir, in vierzehn Tagen seh ich dich wieder! Den 1. Juni bin ich in Frankfurt, u. den 1. Juni ist mein lieber Freund Achim von Arnim in Frankfurt. Ritters großer Nebenmann in der Physik. – Die eigentliche große Freude, die mich hinzieht, ist, daß du meinen lieben göttlichen Arnim kennen lernen wirst . . .

Ich schreibe dir hier einige Lieder der Minnesänger aus dem Altschwäbischen her, die ich, soviel es der Reim erlaubt, übersetzt habe . . .
Adieu, lieb Kind, schreib doch dem Savigny ein oder zwei Worte, wie du sonst auch immer von Zeit zu Zeit ein Blättchen an ihn schicktest.

– – – – – – – – – –

[Bettina an Clemens] (1802)
[Daß du glücklich in Wochen gekommen bist] mit einer neuen Liebschaft? – am Rhein, was allemal so geht? – Ja, in Wochen! – Denn so lang wird's kaum dauern, denn du wirst dich gewiß schon früher wieder herausmachen . . . das erstemal Walpurgis, das zweite Mal die Gachet, u. nun Benediktchen: hinter all dem steckt nun noch Mienchen, da steckt die Günderrode, da steck ich auch, dahinter steckt auch die Eitelkeit. – Die Braut deines einzigen Freundes ! . . .

Aber dem Savigny schreib ichs nicht, genug daß es die Günderode weiß.

BLATT 383

‹Adieu lieb Kind, schreib doch dem Savigny ein oder zwei Worte, wie du sonst auch immer von Zeit zu Zeit ein Blättchen an ihn schicktest.›[1]

Dann schrieb er auf der Rheinreise, die er zusammen mit Arnim machte: ‹Schreib dem Savigny, was ich dir schrieb.›[2]

Und wieder aus Düsseldorf: ‹Hast du Savigny in Frankfurt gesehen? Wie war er?›[3]
Dann später, als er an die Rückkehr nach Marburg dachte: ‹Ich freue mich doch sehr auf den Savigny, da ich nun wieder Proviant auf die langen Winterabende habe ihm zu erzählen. Wenn er auch wenig oder gar nicht antwortet, so hört er doch mit einem Interesse zu, das entschädigt für die Antwort, die er einem schuldig bleibt. Du glaubst nicht, wie wenige man findet in der Welt, die ganz frei sind vom Schlechten u. Gemeinen, u. wie ein Mann gleich Savigny ein wahres Wunderwerk ist.›[4]

Wo? ____

‹Savigny schrieb mir heute, er habe einen Brief von Arnim an mich ... er hat ihn Christian gegeben, ihn mir zu schicken ...›[5]

‹Erstens kann Sophie nicht eher nach Trages reisen als in ungefähr vierzehn Tagen u. ich kann sie doch nicht allein hinreisen lassen ...›[6]
Weimar den 23. Juli 1803‹... ich muß wegen Savigny schreiben.›[7]

[1]Frühlingskranz, S. 250 f. [2]S. 251 [3]S. 278 [4]S. 324 [5]S. 417 f. [6]S. 417 [7]S. 423

BLATT 384

Clemens an Bettina aus Rüdesheim: 1802
‹Das schöne Mädchen Walpurgis hier im Wirtshaus› hat ihn gefangen. ‹Sie hat nicht weit davon einen Weingarten, wo sie den Gästen abends ihren Weinschoppen reicht, in Krügen mit Deckeln von blankem Zinn, u. da thun ihr die Gäste schön mit Reden, u. verlangen auch wohl einen Kuß; sie läßt sichs gefallen, das ärgert mich ... und mir hat sie nie einen Kuß gegeben, so sehr ich auch drum bat ... Savigny hat alles auch mit mir gesehen; ich dachte, hier wo seine Studiermaschine nicht fortwährend im Gange ist, werde endlich einmal sein Inneres zu Wort kommen; doch stumm wie immer marschiert er neben mir die Natur auf u. ab, u. das verdirbt mir alles Genießen. Morgens kommt der Barbier aus dem Dorf, der sein Antlitz ziemlich barsch behandelt, um ihm den Bart abzunehmen; er läßts geschehen ... Wie geht er mit mir um? viel ärger wie der Barbier. Er belächelt meine Reden, er belächelt meine Gedichte, er belächelt auch meine Verliebtheiten u. kurz sein Wesen wird mir eben nicht klar, u. wenn ich darüber klage, so meint er, alles sei ja unendlich klar ...

Walpurgis hat einige Züge von dir u. die ziehen mich vielleicht am meisten an ... Savigny ist ja gar kein Kenner von deiner Schönheit ...

Ich hab dem Savigny gesagt, er soll ein bißchen hier dran schreiben, aber der arme Mensch ist froh daß er lesen kann.›[1]

‹Savigny,› so berichtet Clemens bald, ‹ist allein zurück ... Ich habe .. mit Link, der von Frankfurt gekommen war, den Savigny bis Mainz begleitet.›[2] Am 19. (November?), so wurde später mitgetheilt, würde Clemens wieder in Marburg sein.[3]

‹Deine Briefe, so schreibt dann Clemens an Bettina, erquicken meine Seele u. nähren sie. Der Winter ist hier so traurig u. Savigny, tief in den Studien, überwintert die Saat seiner großen Zukunft unter einer Schneedecke von Verschlossenheit, die mich verzweifeln macht. Was ich mir auch die liebende [Fortsetzung s. folgendes Blatt]

[1]Frühlingskranz, S. 57 [2]das. S. 67, 69 [3]S. 107

BLATT 385

Mühe gebe, ihm mitzutheilen, er ist stumm dazu; oft denk ich mit Behutsamkeit etwas aus ihm herauszulocken, allein die Erfahrung ist nun in sich vollendet, daß ich nie den geringsten Beweis von ihm erhalten werde, daß was ich ihm sage ihn interessirt. Oft in meiner kalten Stube (was mir nun auch noch den Winter unerträglich macht, daß der Ofen nicht heizt sondern raucht) komme ich darüber in Schweiß, ins klare zu kommen über seine Klarheit, mit der bald die Tonie, bald die Gundel oder du mich plagen. Bin ich denn ganz auf den Kopf gefallen, daß mir diese gepriesene Klarheit u. Ruhe den peinlichsten Eindruck macht?[1]

‹Ich gehe nun schon lange mit Savigny um,› so heißt es in einem späteren Brief, ‹u. ringe vergebens gegen seine Verschlossenheit ... ich empfinde diese Verschlossenheit jetzt mehr als sonst ... Seine Äußerung über meine Bitte hierum war die, daß ich alles um mich herum eher verschließen als eröffnen könne; dies befremdete mich nicht, weil mir es schon mehrmals geäußert wurde. Da ich nun keinen einzigen Menschen sehe als ihn, u. unser gegenseitiges Verstummen etwas peinliches hat, so lang es mit dem Lusten zum Sprechen kämpft, so will ich diese Lusten ... nach u. nach aufheben. – Ich habe nun nichts mehr in der Welt, wovon ich gern rede als von dir, u. habe weiter auch niemand, mit dem ichs könnte. Savigny verstummt dann ganz, wenn ich von dir rede, ist es eingeborene Antipathie gegen dich oder gegen meine Art zu sprechen?›[2]

Ein ander mal: ‹Ich hab heute morgen den Savigny persuadiren wollen, dein Bild anzusehen u. es schön zu finden; ich machte einen Versuch, ihn zum sprechen zu bringen, allein er sagt partout nicht(s).›[3] [Fortsetzung s. I, Blatt 356]

[1]I [Frühlingskranz], S. 108 [2]S. 197 f. [3]S. 204

BLATT 386

Im Frühling 1803 schrieb Clemens aus Frankfurt: ‹Ei, ich kam Bettinen zu lieb; Bettina ... verzehrt sich innerlich ... ich gebe mir immer alle Mühe, sie dazu zu bringen, ihre Gedanken (!) aufzuschreiben; das nenne ich dichten bei poetischen Menschen.[1] Aber ihr Leben ist so betrübt u. so hart, daß sie sich nicht wagt, irgend etwas ihrer eignen geheimen Welt auszusprechen.› (Steig I, S. 70)
Wer ist der harte Mensch? Toni?

Sie mußte nun mit Clemens etwas für Arnim abschreiben. (Steig I, S. 70 f)
‹Ich gehe heute ins Theater (Steig I, S. 72). Da ich morgen abreise (nach Jena u. Weimar), so ließ ich der Jung durch Bettina sagen, ich würde noch an ihrer Loge stehen› (Steig I, S. 73)!

‹Bettinens Briefe› an ihn: der wunderschöne Brief (Steig I, S. 82)

Im Sommer war sie mit Toni in Schlangenbad (Steig I, S. 100), den 17. August ihr Brief (I, S. 350).

Im October war er wieder in Frankfurt, wo er seine Büste in Empfang nahm.

‹Bettina hat sie lange angesehen, bis sie weinte.› (Steig I, S. 90). Clemens fand, sie sei sehr fröhlich. (Steig I, S. 100)

[1]dazu Geiger, S. 146

– – – – – – – – – –

1803 August. Bettina aus Schlangenbad an Clemens:

Bettina (I [Frühlingskranz], S. 463) ‹In wenig Tagen gehen wir von hier ab . . . hier hab ich zum ersten Mal die Natur beklettert . . .›

BLATT 387

«Bettina zu lieb» sei er in Frankfurt.[1] Aber wie es sich damit verhält, verräth er an einer andern Stelle: sie muß für ihn schreiben,[2] in seinem Namen an die Schauspielerin Jung, die spätere Frau Willemer, Goethes Suleika, Bestellungen machen.[3] Eine Freundin von ihr war die Jüdin Löwenstein:[4] auch Clemens hatte an frechen Juden sein Wohlgefallen.

In dem ganz dem Geschäft gewidmeten väterlichen Hause hatte Bettina mit ihrer älteren Schwester Gundel die nämliche Stube,[5] wie sie selbst erzählt, ein ganzes Jahr lang.[6] Aber eine Harmonie zwischen den Schwestern bestand nicht. Clemens, der Bettina für seine Zwecke mißbrauchte, fand bei Gundel keine Unterstützung, sondern ein Hinderniß. Vermuthlich ist es ihr anzurechnen, wenn Clemens Arnim klagte, sie habe ihm zwei Monate lang nicht geschrieben u. ihr Leben sei betrübt u. hart.[8]

[1]Steig I, S. 70, cf. S. 291. [2]Steig I, S. 71 [3]Steig I, S. 73 [4]Steig I, S. 51 [5]Steig I, S. __ [6]Geiger I, S. 147 [7][kein Verweis im Text] Steig I, S. 61 [8]Steig I, S. 90

BLATT 388

An Bettina 1802?

«Gebe dich», so rieth er, «mit der Toni, mit der Lotte (Servière?)[1] ab u. freue dich ihrer vernünftigen Kälte.»

1. Aber die Servière mochte sie nicht (Geiger S. 160).

«Gieb mir immer davon Nachricht», mahnte er, «sobald irgend etwas bedeutendes im Hause vorfällt». Zugleich aber befahl er: «Meine Briefe an dich zeige niemand.»

[Fußnote feht]

– – – – – – – – – –

Bettina (I [Frühlingskranz], S. 463) aus Schlangenbad.
... es wird doch ein angenehmer Winter sein; die Heirathen der Geschwister werden nicht wenig zur häuslichen Glückseligkeit beitragen. Ich wundere mich, daß du so wenig Antheil daran nimmst.

.. wenn du schon in Marburg bist ..

BLATT 389

Clemens u. die Jung

In seinem schönen Buche über Goethe u. Marianne von Willemer (2. Aufl. 1878) hat Theodor Creizenach auch das Verhältniß des Clemens Brentano zu Marianne Jung besprochen (S. 12 ff.), aber zugleich festgestellt, daß auf Grund der ihm vorliegenden Berichte eine klare Vorstellung nicht möglich sei. Durch Mittheilungen von Reinhold Steig in seinem Werke über v. Arnim u. Clemens Brentano (1894) S. 93 ff. wird wenigstens nach einer Seite ein überraschendes Licht gewonnen, nämlich bezüglich der Rolle, welche einerseits die junge Bettina u. anderseits die Frau Antonie Brentano in dieser Liebesgeschichte des Clemens spielten: beide sind ihm behülflich in seinen Bewerbungen um die Gunst des mit Recht gefeierten Mädchens.

Der Bankier Willemer, der schon seit dem Jahre 1800, wo er durch Wahl der Actionäre Vorstand der Oberdirection des Frankfurter Nationaltheaters geworden war, mit der Mutter der Marianne Unterhandlungen zu dem Zweck gepflogen hatte, die vierzehnjährige Künstlerin der Bühne zu entziehen u. sie zu seinen beiden Töchtern ins Haus zu nehmen, erreichte dann auch seinen Zweck (wann?) (Creizenach S. 79 f.). In der Loge der Willemer besuchten sie dann selbst das Theater. Clemens, der mit seinen Verwandten gleichfalls das Theater besuchte, wagte es nicht, sich ihr zu nähern, sondern ließ das, was er ihr sagen wollte, bald durch seine Schwester Bettina bald durch seine Schwägerin heimlich zuflüstern.

Um die Mitte Mai 1803 war er im Begriffe, nach Jena zu Wrangel u. nach Weimar zu der Mereau zu reisen. Den Abend vor seiner Abreise besuchte er mit Bettina das Theater. Durch Bettina ließ er der Jung sagen, er würde noch an ihrer Loge stehen, sie solle sich doch freundlich umsehen: er ginge weg, das werde ihm wohl thun. «Sie sah mich auch – alles das erzählte er bald darauf Arnim – das liebe Kind gar freundlich an!» u. nun schrieb er «nach dem Theater» zu Haus ein Lied für sie (Steig I, S. 74, vgl. Creizenach S. 13 nach dem ‹Frühlingskranz›).

Ende Mai war er in Weimar bei der Mereau. Am 27., ‹am Sophientag›, schrieb er auf sie ein Gedicht (Steig I, S. 81). Zu dieser Zeit [Fortsetzung s. folgendes Blatt]

BLATT 390

Clemens u. die Jung

bestand wieder mit Bettina ein lebhafter Briefwechsel;
Die Briefe Bettinas las er seiner Geliebten vor, selbst erfüllt von der Herrlichkeit derselben. «O du und der schöne Brief Bettinas,» schrieb er ihr einmal, «suche die schönsten Stellen Shakespeares u. Göthes, u. immer doch der wunderschöne Brief. O welche Wahrheit, Unschuld u. Tiefe!» Dieses Entzücken galt aber seiner eignen Person. «Du weißt nicht,» fuhr er fort, «wie mir bei einem solchen Briefe wird! Es sind meine Worte, meine Gefühle aus einem klaren See abgespiegelt.» (Steig I, S. 83)

Neben seiner Weimarer Liebschaft ging die Liebelei mit der Jung nebenher: seiner Schwägerin trug er einen Gruß an sie auf, den diese ihr «unter einem Vorwand in das Ohr flüstern konnte», wie sie ihm am 28. (Mai?) berichtete: «Willemer bewacht sie mit Argusaugen.»

«Gewiß lieber Clemens, sie steht so hoch bei mir als tief in deinem Herzen. Sie kommt oft zu uns, u. bei der ausgezeichneten Vertraulichkeit, womit ich ihr entgegenkomme, zeigt sie uns durch Worte u. Blicke, daß sie es fühlt; aber es ist als wollte sie sagen, daß sie noch mehr wolle, was sie nicht sagen darf.» (Steig I, S. 75)

In denselben Tagen schnitt Clemens in Weimar seine Capriolen: warf er sich bei der Frau von Ahlefeld, in deren Zimmer ein Fußteppich mit handgewebten Krokodilen, Eidechsen, Pfauen u. Paradiesvögeln lag, auf die Knie, um still diese Kreaturen um Vergebung zu bitten, daß er [sie] mit Füßen getreten habe; saß ein ander Mal reitend auf dem Ofen, u. schlug dann wieder einige Purzelbäume, wobei er lange auf dem Kopf stehen blieb;[1] oder er schrie, wenn etwas gegen seinen Willen geschah, seinen Fluch selbst gegen die angeblich so heiß Geliebte aus, und wenn er einmal über heftiges Kopfweh klagte, u. ihm von mitleidiger Hand ein Tuch um den Kopf gebunden u. er auf das Sopha gebettet ward, so sah man ihn bald darauf in größter Heiterkeit lachen u. im Fastnachtskostüm bei der _____ erscheinen! _________ Ende u. riß sich die Haare aus! [s.a. IV 2, Blatt 82]

Mit dem Bildhauer Tieck, der damals seine Büste machte, lebte er stets «in offenem Zungenkrieg» u. «bei solchen Zwisten war Clemens stets der Beleidiger».

[1]Cardauns, [Hermann, Die Märchen des Clemens Brentanos] S. 92ff. Vgl. Steig I, S. 352 [Anm. 77]; [Mereau I, S. 226f.]

BLATT 391

[Stichworte: Clemens und Savigny]

BLATT 392

Savigny u. Bettina

Steig I, S. 291
Mereau II, 204f., 86

Aber beide genialen Brüder, die nach einander ihre Bildungskünste an ihrer Schwester übten, sahen schließlich ein, daß das Resultat nicht befriedigte. So richteten sie denn ihre Blicke auf – Savigny als den Retter in der Noth. Aus den Briefen, die Arnim später kennen lernte, ersah er, daß beide zuletzt Savigny «fast gewaltsam in ihre Bildung hineinrissen.»

Vermuthlich bedarf diese Darstellung einer Ergänzung: bei den unablässigen Mahnungen der Frauen im Brentanoschen Hause über die Erziehung u. Bildung Bettinas u. den für sie passenden Umgang scheint auch von ihrer Seite Savignys Rath in Anspruch genommen worden zu sein. Daß die Brüder sich gleich anderen, die wie z. B. Crabb Robinson in dem Goldenen Kopf verkehrten, geradezu enthusiastisch über Savigny im allgemeinen u. über sein pädagogisches Talent ausgesprochen haben, kann einem Zweifel nicht unterliegen. Und so mußte sich ihr Blick auf diesen Freund der Brüder richten. Clemens drückt das wohl auch aus, wenn er erzählt . . .

[1] [kein Verweis im Text] Steig I, S. 291

BLATT 393

Daß Bettina immer durch Clemens von Savigny hören wollte, zeigen Clemens' Briefe an sie, nicht minder aber, daß Savigny seinerseits von ihr nichts hören mochte. «Du fragst,» so schrieb er 1802 aus Marburg, «ob dich Savigny vergessen habe.» Und nun erwidert Clemens der Schwester, es sei natürlich, daß er ihr wenig schreibe, «da er in Sachen des Umgangs ganz anders als ich . . . du hast ja ohnedem genug an mir.» [Frühlingskranz, S. 234]

Bettina schrieb einmal, seine Briefe seien ihr «Heiligthümer», aber er schreibe ihr immer «nur wenig Worte». [Frühlingskranz, S. 206] Bisweilen richtete sie an ihn durch Clemens Fragen, z. B. einmal über einen Lieutnant Bode . . .

«Empfehlen Sie mich,» so schrieb darauf Savigny den 18. April 1802 an Clemens nach . . . «Ihrer Demoiselle Schwester u. sagen Sie ihr, ich hätte gestern im hiesigen Wochenblatt gelesen, der Lieutnant Bode sei Stabskapitän geworden, immer ein Schritt weiter zur Compagnie.» [Stoll I, 212]

[Randnotiz:] August Bode als Dichter, Steig I, S. 132).
Bettinas Interesse an Offizieren, insbes. an französ. ___ ___: Holzböcke

Als Clemens mit Savigny zu Pfingsten eine Rheinreise machte u. von derselben an Bettina schrieb, schreibt er am Schluß: «Ich hab dem Savigny gesagt, er soll ein bißchen hier daran schreiben, aber – der arme Mensch ist froh, daß er lesen kann.» und vorher: «Der ist gar kein Kenner von deiner Schönheit.» [Frühlingskranz, S. 57]

Clemens' Bemühungen, seine Lieblingsschwester Savigny näher zu bringen, hatten nur den Erfolg, daß Savigny es umso entschiedener abwies: er gestand, so schrieb Clemens, «daß er mit dir platterdings nicht existiren (könne) u. keine Berührung mit dir erträglich sei.» [Frühlingskranz, S. 468]

BLATT 394

1803 Bettina u. Gundels Sorge um sie; Savigny u. die Günderode

Das eigentümliche Wesen u. Treiben Bettinas machte, wie der treuen Claudine (Geiger S. 18), besonders ihrer Schwester Gundel, mit der sie in Frankfurt dasselbe Zimmer bewohnte (Geiger S. 147), Sorgen, und zwar um so mehr, als dieselbe gar keinen geeigneten Umgang mit gleichaltrigen Mädchen hatte. Als sich zwischen Gundel u. Savigny ein näheres Verhältniß ausgebildet hatte, vertraute Gundel ihre Sorgen Savigny an. Nun ward, ohne Zweifel in vollstem Einverständnis mit Claudine, deren Autorität auch Bettina anerkannte (Geiger S. 157), der Gedanke gefaßt, die Günderode, mit der Claudine näher bekannt war (Geiger S. 18), für Bettina zu gewinnen.

Damals befand sich die Günderode in Gießen bei einer Tante, einer Frau von Rabenau. Savigny, der in Gießen ein Geschäft zu erledigen hatte – vermuthlich eine Besprechung mit seinem Verleger –, übernahm es nun, der Günderode einen Brief, vermuthlich der Claudine, zu überbringen (Geiger S. 16 f.). Als er zu diesem Zweck Frau von Rabenau besuchte, erfuhr er, daß die Günderode grade den Tag vorher wieder abgereist sei; den für sie bestimmten Brief nahm er wieder mit sich u. schrieb ihr nun – woher, ersehen wir nicht – einen launigen Brief, dem er aber den ihm anvertrauten nicht beilegte. Ohne Zweifel handelte er dabei im Einvernehmen mit Claudine u. Gundel, ohne daß wir jedoch die Gründe für dieses Verfahren zu erkennen vermögen; offenbar war die mündliche Verhandlung zwischen Savigny u. der Günderode als das wichtigste ins Auge gefaßt u. der Brief nur als eine Legitimation für Savigny zu dieser Verhandlung angesehen worden.

Der Umstand, daß Savigny bei dieser Rolle als der Familie Brentano bereits nahe verbunden erschien, schreckte ihn nicht ab; vielmehr erscheint er entschlossen, ihr selbst sein Geheimniß zu offenbaren, denn er hatte, wie er ihr später schrieb, viel Vertrauen zu ihr (Geiger S. 22).

BLATT 395

Nachdem er dann, dieser Gelegenheit beraubt, später, im Juli, ihr seine Verlobung in einem Briefe hatte mittheilen wollen (Geiger S. 22), gab er dann auch diesen Gedanken auf, u. überließ es dem Himmel, wie viel ihr gute Leute erzählen wollten (Geiger S. 22).

Als sie dann sich entschloß, im Herbst mit nach Trages zu kommen (Geiger S. 23), da freute Savigny sich lebhaft, daß sie nicht bloß sein Freund, sondern auch Gundels Freund sein u. jetzt mehr u. anders als vorher mit ihr zusammen sein würde (Geiger S. 23). «Sie werden,» so schrieb er ihr, nachdem sie Trages wieder verlassen hatte, «uns nicht nur angehören, Sie werden auch Rechte auf uns haben» (S. 23). Und Karoline selbst fand es, wie sie einer Freundin (Lisette) gestand, schön, mit Savigny, dem sie sehr geneigt war, und Gunda so vereint zu leben (S. 178).

Unter solchen Verhältnissen gestaltete sich indes auch ihr Verhältniß zu Bettina

(neu?)
a) sie spricht spöttisch über Gundas ‹gute Principien› (Geiger S. 21)
lesen, denken u. schreiben (S. 25)
Studium der Geschichte (S. 33)
b) Stütze für Bettina (S. 152)
Ihr Geschichtsunterricht (S. 148f.) aber erst 1804

BLATT 396

Savigny u. Bettina (2)

«Überhaupt, so berichtete Clemens, spricht er nie von dir [Bettina] u. hört ungern von dir reden.» [Frühlingskranz, S. 329]. «Von Savigny hab ich keinen Gruß an dich.»

Aber mit den Angehörigen ward sie von Savigny auch nach Trages eingeladen. «Savigny,» so meldete sie 1803 aus Offenbach an Clemens, «ist auf dem Trages u. erwartet uns zum Diner am Sonntag. Wir (darunter ist also vor allem die Großmutter zu verstehen) werden also morgen in die Stadt fahren.» [Frühlingskranz, S. 289]. Wir hören dann, daß sie Samstag um neun Uhr nach Frankfurt fahren u. von da dann alle zusammen nach Trages. «Wir kamen an, wie eben die Krebse auf den Tisch getragen wurden, ungeheuer große Kerle aus dem Goldweiher.» [Frühlingskranz, 298]

«Es waren mehrere Hakennasen aus Savignys Familie da. Savigny war über die Maßen freundlich u. schloß alle Schleusen seines Paradieses auf u.» – sie fühlte den unüberbrückbaren Gegensatz aufs bestimmteste – «schien dennoch so einsam unter uns allen, als wären wir wie eine Horde Räuber bei ihm eingefallen.» [Frühlingskranz, S. 298]

Als Bettina dann die Reise in einem Briefe an Clemens schilderte u. Clemens Savigny den Brief zu lesen gab,[1] da hat er, so berichtete Clemens, «keine Silbe gesprochen u. nachher die Zeitung gleich weiter gelesen.» [Frühlingskranz, S. 329]

[1]Es ist offenbar der Brief, worin sie die gemeinsame Fahrt mit Leonhardi beschreibt!

BLATT 397

1803 Savigny u. Bettina

«Was das ärgste ist,»[1] schrieb Clemens im September an die Mereau, «mit Bettina kann er nicht leben: dies hat er mir selbst vertraut.» «Was mich allein ganz versteht, was mich unendlich liebt, das kann er nicht lieben! Und doch nimmt er leidenschaftlich Theil an ihr.»

[1][Mereau] II, 203, 204

BLATT 398 [s.a. V, Blatt 332, 333]

Kritisches über den Frühlingskranz als Quelle [mit Verweis auf verschiedene Ausgaben]

1) Eingeleitet von Paul Ernst, mit Anmerkungen u. Register von Heinz Amelung. (Insel-Verlag) [2 Bde., 2. Auflage, Leipzig 1909]

2) Steig, [Bettina, in] Deutsche Rundschau 1892 (den 11. August) S. 265f.
über die Umbildung eines Briefes im ‹Frühlingskranz› (3. Aufl. 1891)
[Nachdruck der 1. Ausgabe 1844, hrsg. mit Einleitung von Reinhold Steig]

BLATT 399–400 [Stichworte: Bettina Brentano]

BLATT 401

[Mitte August 1802] Gunda

[Anfang fehlt] gerühmt, du habest sehr raisonnable mit ihr über mich gesprochen.»[1] Arnim antwortete: «Was deine Schwester Gundel (nach Bettinas Angabe) von raisonnablen Gesprächen gesagt hat, begreife ich nicht ganz. Sie hat nie etwas anderes gegen dich geäußert, als daß du ihr sonst große Hoffnungen auf deine Liebe gemacht, die du nicht erfülltest.»[2] [Arnim, Freundschaftsbriefe I, S. 32]

An diesem gespannten Verhältniß der Geschwister hatten die Beziehungen des Clemens zu der Günderode einen wesentlichen Antheil.

[Fußnoten fehlen]

- - - - - - - - - -

	Savignys Aufenthaltsorte
–	nach Offenbach
Den 28.	nach Biebrich
Den 3. April, ferner	
Den 8., 24. u. 29. Mai	nach Offenbach
Den 27. August	aus Offenbach
Den 7. Sept.	__ Frankfurt
Den 21. Sept.	in Offenbach
Den 26. Sept.	aus Offenbach

Den 1. Oct.	nach Offenbach
–	aus Offenbach
Den 16. Dec.	aus Frankfurt
Den 17. Dec.	nach Frankfurt

BLATT 402

Bettina <Savigny schreibt stets ‹Betina›, ebenso seine Frau>

Übersicht

Geboren 1785 den 4. April (nicht, wie Steig will, 1788), u. zwar nicht in Frankfurt, sondern in Ehrenbreitstein bei den Großeltern; nach dem Tod der Mutter (1793 den 19. Nov.) nach Fritzlar in das Closter der Ursulinerinnen, die sich stiftungsgemäß dem Jugendunterricht widmeten.[1] Nach dem Tod des Vaters (1797 den 9. März) zur Großmutter nach Offenbach,[4] nach der Heirath des Franz (1798 im August) mit der Wienerin Toni oft in Frankfurt bei ihm.

1800 im Februar in Offenbach (mit 2 Schwestern)
1800 im Sommer mit auf der Hochzeit der Halbschwester Paula (aus der 1. Ehe des Vaters, geb. 1770) mit Ignaz von Waßmer in Pfaffendorf (bei Coburg).
1801 lernte Crabb Robinson sie in Frankfurt kennen. (Schilderung!)
– Clemens widmete ihr in Göttingen den 2. Theil seines Godwi,[2] eine Widmung, die er Arnim vorgelesen hatte.
– Verkehr mit der Günderode beginnt.[3]
1802 in Offenbach: im Juli besuchte sie Clemens hier.
– Clemens' Kultus seiner göttlichen Schwester, auch Arnim dazu angereizt
– wieder in Frankfurt; mit Gundel in einer Stube
– im August: Clemens über beide
– Toni in Offenbach (Steig I, S. 50)
1803 im April in Frankfurt – die Verkehrsfrage
– den 23. Juli: das Gebet der Bettina (Bang an Savigny) [s. V, Blatt 62]
– ? die Ankunft von Clemens' Büste u. Bettinas Weinen (Steig I, S. 90)
– ihr wunderlicher Brief (Steig I, S. 82)

[1]Meyer XVI, 16 [Meyer, 6. Aufl., Bd. 19, Sp. 967: Ursulinerinnen] [2]Steig I, S. 22 [3]Ersch u. Gruber [Allgemeine Encyclopädie der Wissenschaften und Künste, 1. Sect., Bd. 97] S. 182 [4]Vgl. Pirazzi, [Bilder und Geschichten aus Offenbachs Vergangenheit] S. 271

BLATT 403

1794 Bettinas Erziehung u. die Großmutter (Asmus, [G. M. De La Roche] S. 153)

– – – – – – – – – –

[Bleistiftnotizen, unlesbar]

– – – – – – – – – –

2) Bettina
im Kloster: ‹Mère Alatrice› (S. 197)
Die Französinnen (Briefwechsel S. 479)

Die Franzosen kann sie gut leiden (S. 21 f.)
Der schöne französ. Soldat, 138. der Franzose in Schlangenbad S. 230

Der Propst ____ (S. 208)

Die Mutter Goethes u. die französischen Nationalfarben (S. 210); der französ. Neujahrswunsch (S. 212)

der große Napoleon 293, 339, 367, 408

Das langweilige Deutschland (S. 157)
Deutsch u. Tirolisch (S. 266)
Unser liebes Kaiser- u. Vaterland (S. 274)
Baiern 294, 301
Österreich 293, 326, 332
Tirol 306
Deutscher Charakter 339

BLATT 404–405

[Stichworte, Quellenangaben zu Bettina und den Brentanos]

BLATT 406

[Stichworte: Die Halbitaliener in Deutschland u. der Ultramontanismus]

BLATT 407

Musik u. Gesang

Savigny – nichts –
Frau von Savigny? (Flöte u. Gitarre im Elternhaus)
Kirchenmusik in Dresden
Savignys Tochter – Musikalische Soirée (später mit dem jungen Rudorff)
Bettinas musikalischer Unterricht in München __________

BLATT 408

[Stichwort zu Bettina]

Anmerkungen

I Blatt 4: Bremers Angabe ist hier irreführend. Er verweist durchweg auf Adolf Stolls Schrift «Friedrich Karl von Savignys Sächsische Studienreise 1799 und 1800», die 1891 bei Gustav Fock in Leipzig veröffentlicht wurde. Erstmals ist diese Schrift 1890 im Programm des Königlichen Friedrichs-Gymnasiums zu Cassel bei Ludwig Döll erschienen. Sie ist in der digitalen Bibliothek der Deutschen Forschungsgemeinschaft online abrufbar.
URL: https://dfg-viewer.de/show?set%5Bmets%5D=https%3A%2F%2Fdigisam.ub.uni-giessen.de%2Foai%2F%3Fverb%3DGetRecord%26metadataPrefix%3Dmets%26identifier%3D2958313&cHash=d80b1ab1458773705afe4b20eab16b65 (zuletzt abgerufen am 21.06.2023).
Bremers Literaturangaben zu dieser Schrift wurden, soweit möglich, in der erheblich erweiterten Neubearbeitung von Stoll, Friedrich Carl von Savigny, Bd. 1: Der junge Savigny, Berlin 1927 verifiziert und im vorliegenden Text jeweils ergänzt in der Form: [Stoll I, xx].

II Blatt 7: Friedrich Heinrich Jacobi
URL: https://www.woerterbuchnetz.de/Meyers/Jacobi/ (zuletzt abgerufen am 21.06.2023).

III Blatt 10: Savignys «provisorische Äußerung» über Schlegels «Lucinde» ist enthalten in seinem Brief an Schwarz vom 23. Juli 1799 (Stoll I, S. 102 f.).
(s.a. I, Blatt 14, 24)

IV Blatt 12: Friedrich Schlegel, Lucinde. ein Roman, Berlin 1799.
URL: http://www.deutschestextarchiv.de/schlegel_lucinde_1799 (zuletzt abgerufen am 28.06.2023).

V Blatt 12: Briefwechsel zwischen Schiller und Goethe (Friedrich-Schiller-Archiv)
URL: https://www.friedrich-schiller-archiv.de/briefe/briefwechsel-goethe-schiller/ (zuletzt abgerufen am 21.06.2023).
(s.a. I, Blatt 21, 33, 34, 70, 106, 115, 116, 177, IV 2, Blatt 37, V, Blatt 28)

VI Blatt 15: Mit der Angabe «Mereau» verweist Bremer auf das Werk von Amelung, Briefwechsel zwischen Clemens Brentano und Sophie Mereau, 2 Bde. Im weiteren Verlauf wird dieses als Mereau I oder II zitiert.

VII Blatt 19: Atheneaum III, 1. Stück (1800), S. 4, S. 10:
URL: https://www.digitale-sammlungen.de/de/view/bsb10858563?page=12,13 (S. 4) (zuletzt abgerufen am 21.06.2023).

URL: https://www.digitale-sammlungen.de/de/view/bsb10858563?page=18,19 (S. 10) (zuletzt abgerufen am 21.06.2023).

VIII Blatt 20: Lieber G.F. – G.F. steht für Georg Friedrich. Savigny benutzt diese Abkürzung, wenn er sich in einem Brief an beide Creuzer, speziell an Friedrich Creuzer wendet.
(s.a. I, Blatt 52, 101)

IX Blatt 37: Richard M. Meyer, Der Kampf um den einzelnen, in: Deutsche Rundschau 87 (1896), S. 442–464.
URL: https://de.wikisource.org/wiki/Deutsche_Rundschau (zuletzt abgerufen am 21.06.2023).
(s.a. I, Blatt 127)

X Blatt 53–54: Karl Adolf Caesar (1744–1810)
URL: https://www.deutsche-biographie.de/pnd115651195.html#adbcontent (zuletzt abgerufen am 21.06.2023).

XI Blatt 59: Die Angaben «Sz» und «L» beziehen sich auf Stintzing, Landsberg, Geschichte der Rechtswissenschaft in Deutschland. Neuere Zeit, Bd. 18: Geschichte der deutschen Rechtswissenschaft, 1.–3. Abtheilung. Die ersten beiden Abteilungen wurden von Stintzing geschrieben, die 3. Abteilung von Landsberg. Die Angaben Bremers lassen sich nicht immer eindeutig verifizieren. Insbesondere nutzte er zum Teil auch die Angabe «Sz» für die 3. Abteilung. Sicher ist an dieser Stelle mithin nur, dass er Passagen aus dem Gesamtwerk der Geschichte der deutschen Rechtswissenschaft zitieren wollte.

XII Blatt 68: Ein Brief Savignys an Karl Friedrich von Conta, Landshut, 28. Februar 1810, in: SZ (RA) 26 (1905), S. 479 f.
URL: https://dlc.mpg.de/image/mpirg_escidoc_88341/483/ (zuletzt abgerufen am 27.06.2023).

XIII Blatt 69: Reinhold Steig, Über den Göttingischen Musen-Almanach von 1803, in: Euphorion 2 (1895), S. 319 f., 322.
URL: https://de.wikisource.org/wiki/Euphorion_:_Zeitschrift_für_Literaturgeschichte (zuletzt abgerufen am 27.06.2023).
(s.a. V, Blatt 51)

XIV Blatt 70: Schlegels Absagebrief an die A.L.Z. und die Antwort der Herausgeber finden sich laut Stoll I, 146 in der Jenaer Allgemeinen Litteraturzeitung vom 13. November 1799, S. 1179–1184. Diese Angabe konnte jedoch nicht verifiziert werden. Sicher ist lediglich, dass die Briefe im Jahr 1799 erschienen sind, da Savigny bereits Anfang Januar 1800 über diese schrieb.

XV Blatt 72–73, 75–87: Die Literaturangaben beziehen sich, von wenigen Ausnahmen abgesehen, auf Feuerbach, Anselm Ritter von Feuerbach's biographischer Nachlass, 2 Bde., 2. Auflage, Leipzig 1853.

XVI Blatt 89: Gottlieb Hufeland (1760–1817)
URL: https://www.deutsche-biographie.de/pnd117053961.html#adbcontent (zuletzt abgerufen am 21.06.2023).

XVII Blatt 90: Görres (Hg.), Historisch-politische Blätter für das katholische Deutschland, Bd. 29, Heidelberg 1810.
URL: https://de.wikisource.org/wiki/Historisch-politische_Blätter_für_das_katholische_Deutschland#1.1838_-_29.1852 (zuletzt abgerufen am 21.06.2023).

XVIII Blatt 106: Minor, Classiker und Romantiker, in: Goethe-Jahrbuch 10 (1889), S. 212–234.
URL: https://de.wikisource.org/wiki/Goethe-Jahrbuch#Goethe-Jahrbuch_1880-1913 (zuletzt abgerufen am 21.06.2023).
(s.a. I, Blatt 108)

XIX Blatt 107: Ein Brief Ludwig Tiecks vom 6. Dezember 1799, in: Euphorion, 3. Ergänzungsheft (1897), S. 211–215.
URL: https://de.wikisource.org/wiki/Euphorion_:_Zeitschrift_f%C3%BCr_Literaturgeschichte (zuletzt abgerufen am 21.06.2023).
XX Blatt 108: Novalis (Friedrich von Hardenberg)
URL: https://www.woerterbuchnetz.de/Meyers/Hardenberg/ (zuletzt abgerufen am 21.06.2023).
XXI Blatt 110: An anderer Stelle (s. I, Blatt 154) vermutet Bremer nicht die beiden Creuzer, sondern den Pfarrer Carrière als Adressaten von Savignys Brief.
XXII Blatt 141: Dieser Briefwechsel zwischen Savigny und Stephan August Winkelmann (1800–1804) wurde 1984 von Ingeborg Schnack kommentiert und herausgegeben. Schnack (Hg.), Hessische Briefe des 19. Jahrhunderts; Bd. 3: Der Briefwechsel zwischen Friedrich Carl von Savigny und Stephan August Winkelmann (1800–1804) mit Dokumenten und Briefen aus dem Freundeskreis.
XXIII Blatt 155: Soweit nicht anders angegeben, bezieht sich die Angabe «Geiger» immer auf sein Werk Karoline von Günderode und ihre Freunde, 1895.
XXIV Blatt 157: Christoph Martin Wieland
URL: https://woerterbuchnetz.de/?sigle=Meyers&lemma=Wieland#0 (zuletzt abgerufen am 21.06.2023).
XXV Blatt 166: Jean Paul Friedrich Richter
URL: https://www.woerterbuchnetz.de/Meyers/Richter/ (zuletzt abgerufen am 21.06.2023).
XXVI Blatt 235: Bremers Übersicht ist unvollständig geblieben. Nach den bei Stoll I dokumentierten Quellen (Savignys Briefe und Reisejournal) begann Savigny seine Studienreise am 24. Juli 1799 von Trages aus, verbrachte vier Tage (30. Juli – 2. August) in Jena und reiste dann weiter nach Leipzig, wo er eine Wohnung am Petersthor 775 nahm. Am 5. September reiste er über Meißen, Dresden und Carlsbad nach Prag. Hierzu liegen keine genaueren Daten außer einer Nachricht aus Prag vom 27. September vor. Der nächste bei Stoll dokumentierte Brief ist vom 20. Oktober, wieder aus Leipzig, wo er sich den Winter über und bis zum Frühsommer 1800 aufhielt. Anfang Juli ging er wieder nach Jena und verbrachte dort die nächsten Wochen bis zu seiner Rückkehr nach Trages, wo er am 16. August 1800 eintraf.
XXVII Blatt 252: J. A. G. Weigel (Buchhändler)
URL: https://www.woerterbuchnetz.de/Meyers/Weigel/ (zuletzt abgerufen am 21.06.2023).
XXVIII Blatt 274: Savignys Rezension von Hugos Rechtsgeschichte, 3. Ausgabe, 1806, in: Vermischte Schriften, Bd. 5, S. 1–36.
URL: https://www.digitale-sammlungen.de/de/view/bsb10571397?page=5 (zuletzt abgerufen am 21.06.2023).
Zuerst gedruckt in der A.L.Z. 4, Nr. 251–252 (20.–21. Oktober 1806), Sp. 129–144.
URL: https://zs.thulb.uni-jena.de/receive/jportal_jpvolume_00014624 (zuletzt abgerufen am 29.06.2023).
XXIX Blatt 276–280: Für die Transkription von Bremers teilweise schwer lesbarem Text zu Savignys Vorlesungen über juristische Methodologie wurde Friedrich Carl von Savigny: Vorlesungen über juristische Methodologie 1802–1842, hrsg. und eingeleitet von Aldo Mazzacane, Frankfurt am Main 2004, zu Rate gezogen.
XXX Blatt 287: Burkhard Wilhelm Pfeiffer (1777–1852)
URL: https://www.deutsche-biographie.de/pnd116162791.html#adbcontent (zuletzt abgerufen am 21.06.2023).

XXXI Blatt 315: Johann Heinrich Pestalozzi
URL: https://www.woerterbuchnetz.de/Meyers/Pestalozzi/ (zuletzt abgerufen am 21.06.2023).
XXXII Blatt 317: Savignys Zeugnis für Wilhelm Grimm vom 1.3.1804 (Stoll I, S. 225) lautet:

> Herr Wilhelm Grimm hat meine Vorlesungen über die R e c h t s g e s c h i c h t e, die I n s t i t u t i o n e n und das O b l i g a t i o n s r e c h t nicht nur mit ausgezeichnetem Fleiße besucht, sondern auch in den damit verbundenen Examinirübungen und p r a k t i s c h e n eigenen Ausarbeitungen vielfache Beweise von einem lebhaftesten Interesse an seinem Fache und einem eifrigen Studium desselben gegeben, welches ich hierdurch mit vielem Vergnügen bezeuge. Marburg, den 1. März 1804.
>
> Dr. Friedrich Carl von Savigny
>
> (Siegel) Professor der Rechte

XXXIII Blatt 325: Savigny an Bang, vermutlich 1803.
Briefnetzwerke der Gebrüder Grimm, Goethe-Schiller-Archiv Weimar, Bestand GSA 96/2442, XVIIII
URL: https://tudigit.ulb.tu-darmstadt.de/show/Gri-GSAW/0068 (digitales Faksimile) (zuletzt abgerufen am 21.06.2023).
XXXIV Blatt 339: Die Seitenangaben zu Arnim, Bettinas sämmtliche Schriften, Bd. 4: Goethes Briefwechsel mit einem Kinde konnten in der Erstausgabe 1835, mit leichter Abweichung der Seitenzahlen, verifiziert werden. Bremer selber hat vermutlich die Ausgabe von 1853 benutzt (siehe seine Aussage II, Blatt 49). Die Seitenangaben in den eckigen Klammern beziehen sich auf die Ausgabe von 1835.
Bd. 4, Theil 1: URL: http://www.deutschestextarchiv.de/arnimb_goethe01_1835 (zuletzt abgerufen am 29.06.2023).
Bd. 5, Theil 2: URL: http://www.deutschestextarchiv.de/arnimb_goethe02_1835 (zuletzt abgerufen am 29.06.2023).
(s.a. IV I, Blatt 27, 35, 93)
XXXV Blatt 356: Die Zitate aus dem «Frühlingskranz» (I, Blätter 356, 367, 373, 378–385, 388–389, 393, 396, 398) wurden ermittelt in der von Bremer benutzten Ausgabe Bettina von Arnims sämmtliche Schriften, Bd. 1: Frühlingskranz, 2. Ausgabe, 1853 die, soweit erkennbar, identisch mit der Erstausgabe von 1844 ist.
URL: https://www.digitale-sammlungen.de/de/view/bsb10402291 (1844) (zuletzt abgerufen am 21.06.2023).
XXXVI Blatt 365: Reinhold Steig, Bettina, in: Deutsche Rundschau 72 (Juli – September 1892), S. 262–274.
URL: https://de.wikisource.org/wiki/Deutsche_Rundschau (zuletzt abgerufen am 21.06.2023).
(s.a. I, Blatt 369, 374, 377, 398, V, Blatt 121, 322–323, 332)

Einheit II: Begegnung mit Karoline von Günderrode (insbesondere die Korrespondenz um 1804)

BLATT 1

Der Reiseplan im Ganzen
1804–1805

Savignys literarische Studienreise sollte Italien, Frankreich u. Spanien umfassen; so theilte Clemens am 1. März 1804 Arnim mit.[1] Am 2. April meldete er,[2] daß Savigny in einigen Wochen mit Gundel nach Italien reisen werde. Damals stand die Hochzeit noch erst bevor, die Reise sollte durch die Schweiz gehen. Am 19. März schrieb Creuzer, der im Begriff war, von Marburg nach Heidelberg überzusiedeln, an Böttiger, um ihn zu bitten, Savigny Adressen an seine gelehrten Freunde zu geben. «Da er mich auf der Durchreise in die Schweiz in Heidelberg besuchen wird, so können Sie Ihre Aufträge u. Briefe durch mich an ihn besorgen. Er hat mir versprochen, während der ganzen Reise mit mir in Correspondenz zu bleiben. Das Interessante daraus werde ich, wenn Sie erlauben, Ihnen zuweilen mittheilen.» [Nachlass Böttiger, Bd. 31, Nr. 12]ˡ

Der große Reiseplan kam nicht zur Ausführung; erst seine Freunde u. Schüler verwirklichten ihn nach u. nach. Ohne Zweifel waren es die politischen Verhältnisse, welche ihn nöthigten, von dem Plane Abstand zu nehmen, zumal seine Frau, die etwas unpäßlich war u. wegen eines Leidens der Schonung bedurfte, die Reise hätte mit machen müssen.

Unter diesen Umständen mußte Savigny sich darauf beschränken, in Deutschland die wichtigsten Bibliotheken zu besuchen u. nur nach Paris zu gehen.

Als Creuzer an Böttiger schrieb, war Savigny

[1]Steig I, S. 105 [2]Steig I, S. 105

BLATT 2

in Göttingen. «Dort will er,» so theilte Creuzer mit, «die Brenkmannschen Papiere vorher einsehen, weil er auf seiner Reise hauptsächlich zur Kritik der Quellen des römischen Rechts sammeln wird. Er ist», so fügte er etwas gönnerhaft hinzu, «in jeder Hinsicht dazu geeignet.»

Als Creuzer das schrieb, war Savigny schon seit einigen Tagen in Göttingen. Über die Reise dahin, seinen Aufenthalt in Kassel u. was er hier u. in Göttingen erlebte, können wir ihn selbst hören. Da er auch für Creuzer litterarische Aufträge übernommen hatte, so berichtete er getreulich an diesen Freund. [Stoll I, 225 ff.]

BLATT 3

Um dieselbe Zeit war es, daß Savigny der Günderode erzählte, er werde ihr nächstens eine Abhandlung über das Studium der Geschichte schreiben.[1] War es mit der «Abhandlung» auch ein Scherz, so doch nicht mit seinem u. ihrem Interesse an diesem Studium. Hören wir nun auf der anderen Seite von Clemens, daß die Günderode im Winter 1804 Bettina «Geschichte gelehrt» habe,[2] so liegt der Plan, den Savigny damals Caroline vorlegte, den sie annahm, klar vor uns.

[Fußnoten s. folgendes Blatt]

BLATT 4

[s.a. II, Blatt 29]

Aber auch über Clemens' Zukunft mag im Goldenen Kopf eine Berathung stattgefunden haben. In seinem zweiten an die Günderode gerichteten Briefe [2. Juni 1804] schrieb er: «Bis jetzt weiß ich noch nicht, wo ich meine Heimat finden werde. Ich möchte gerne meinem Vaterland nah oder auch in meinem Vaterlande wohnen, aber die Teuerung! Alles andere ist in Frankfurt für mich beinahe besser als sonst wo, u. auch für Sophie, welche Gesellschaft u. Vergnügungen bedarf. Wenn ich nach Frankfurt komme, wollen wir alles das überlegen u. Sie sollen ein Rathgeber sein; doch sprechen Sie nichts davon gegen die Meinigen.»[3]

Daß seine Angehörigen mit diesem Plan nicht einverstanden waren, liegt auf der Hand u. – weiter ist von ihm denn auch keine Rede mehr. Aber die Frage ist erlaubt, ob nicht, was er von den Bedürfnissen seiner Frau erzählte, nur Deckmantel für seine eigenen Wünsche war. Und derselbe Brief bietet uns die Handhabe, um die Frage mit aller Entschiedenheit zu bejahen: «Wenn Sie oder ... die Jung,» so schrieb [Clemens] [Geiger, S. 99] [Fortsetzung s. II, Blatt 29, 3. Abschnitt]

[1]Geiger S. 33 [s.a. II, Blatt 15] [2]Geiger S. 167 [3][Geiger] S. 100

BLATT 5

[kurzer Text zu: (Ludwig Johann von?) Savignys Tätigkeit in den Prozessen des Grafen Philipp Ludwig, um 1699]

BLATT 6

Die Günderode auf Trages, Mai

«Wie freue ich mich darauf,» hatte Savigny ihr am 26. Februar 1804 geschrieben, «mit Ihrem Talent Bekanntschaft zu machen.»[1] Sie hatte ihm also mitgetheilt, daß ihre «Gedichte u. Phantasien» nächstens erscheinen würden. Und nun lagen sie unter dem Namen ‹Tian› vor (Hamburg u. Frankfurt 1804). Am 10. Mai brachte Kotzebues ‹Freimüthiger› einen Aufsatz aus Frankfurt, in dem der wirkliche Name der Verfasserin mitgetheilt ward.[2]

In der zweiten Hälfte des Mai kam sie nach Trages, wohin sie wiederholt aufs herzlichste eingeladen war. Daß ihre Gedichte einen Hauptgegenstand der Unterhaltung gebildet haben, ist wohl zweifellos. Auch erkennen wir deutlich, welche Stellung Savigny dazu nahm.

Schon früher hatte Karoline ihm von dem «Bedürfnis» erzählt, «sich auszusprechen» u. Savigny ihr erklärt,[3] daß er von diesem Bedürfnis «eine sehr deutliche Vorstellung habe»: «es ist etwas Logisches darin, wodurch wir noch ganz besonders verwandt sind.»

«Noch kenne ich die Richtung nicht,» fügte er hinzu, «die Ihr ganzes Denken u. Empfinden genommen hat, aber ich werde sie kennen lernen; ich freue mich darauf. Rechnen Sie immer auf sehr herzlichen Antheil in allem, was Sie zu theilen den Wunsch haben können u. führen Sie mich nur erst selbst in Ihr Kämmerlein ein, damit ich dann selbst nach Belieben anklopfen kann.»

Nun lag ihr «Denken u. Empfinden» vor ihm. Und er fand bestätigt, was er schon vorher erkannt, aber keineswegs gebilligt hatte: «eine gewisse hingebende Weichheit» u. ein «Helldunkel», das gar nicht zu ihrem eigentlichen Wesen gehöre. [Geiger, S. 27] «Nicht zu weich sein u. zu wehmüthig u. zu sehnsüchtig,» hatte er ihr schon im Februar

[1]Geiger S. 28 [2]So nach Clemens bei Geiger S. 92 [3]Geiger S. 25

BLATT 7

zugerufen[1]: «Klar werden u. fest, u. doch voll Wärme u. Freude des Lebens.»

Was nun über ihre Gedichte verhandelt worden ist, läßt sich ahnen. Aus den Briefen einer Freundin Karolines, der Lisette Nees, erfahren wir[2] ihr merkwürdiges Verfahren, keine vorzüglichen Dichter zu lesen, aus Furcht, in Nachahmung zu verfallen. Und diese «Schonung ihrer Schwäche» hielt die einsichtsvolle Freundin, die den ganzen Ton Karolines, ihrer Poesie nicht billigte, ihr als den größten Fehler vor. Ihre Dichtungen hätten die Neigung, «ungewiß» . . schwankend ihr eigenes Ziel verlierend im unendlichen Raum zu zerflattern. Es sei nöthig, daß sie ihrem eigenen Geist Zügel anlege.

Dafür sei «kräftige Nahrung» erforderlich. Lernen sei nicht Regiren; ihr poetischer Trieb müsse noch erst die Lehrjahre der Kunst durchlaufen.[3]

Diese Auffassung stimmte genau überein mit der Savignys. «Ich glaube gewiß,» so hatte er ihr schon im Januar geschrieben,[4] «Sie müssen u. können auf einem sehr bestimmten Wege von Lesen, Denken u. Schreiben gesetzmäßig sich ausbildend sehr froh u. glücklich werden.» Und im Februar hielt er ihr ihre Lust vor,[5] «vor wehmüthiger Einsamkeit vergessen zu wollen» u. das Urtheil «ander Leut», die ihm gesagt hätten: ‹Günderödchen ist sehr gut, aber gar schwach.›

Aber wir erkennen auch, daß die Gespräche, die er nun in Trages mit ihr führte, an dieser ihrer Schwäche nichts zu ändern vermochten.

[1]Geiger S. 27 f. [2]Geiger S. 55 [3]Geiger S. 54 f. [4]Geiger S. 25 [5]Geiger S. 27

BLATT 8

Die Abreise der Günderode nach Frankfurt war, wie es scheint, keine willkürliche, sondern hatte, wie wir vermuthen dürfen, zum Grund die Nothwendigkeit, mit Angehörigen, etwa mit dem Oheim, dem Schöffen, Rücksprache über ökonomische Verhältnisse zu nehmen. Wir sehen, daß zufolge der Heirath ihrer Schwester Mine mancherlei ökonomische Dinge in Frage kamen, worüber sie dann Savigny bestens in Anspruch nahm.

‹Donnerstag› (jedenfalls im Mai) schrieb er ihr auf einen Brief: «Ich habe dir nicht geantwortet, du lieb Günderödchen, weil ich auf Nachricht wegen Meißenhausen wartete u. ich antworte auch jetzt nicht, weil ich dir etwas vorschlagen will, das alle Antwort entbehrlich macht. Du sollst nämlich Samstag morgens nach Hanau kommen, um dich im Rothen Löwen hierher abholen zu lassen. Wenn du das willst, so rede es sogleich mit der Bettinen ab (die also in Frankfurt ist?), an welche auch geschrieben wird,[1] u. schreibe mir auf der Stelle, damit ich den Brief unfehlbar noch morgen Abend (also Freitag) bekomme. Versäume ja nichts, denn sonst findet ihr keine Pferde zu Hanau.» . . (Geiger S. 34)

Als die Günderode dann kam, mit Bettina, bat Savigny sie herzlich da ____ ____ wieder zu kommen, aber sie lehnte das ab, versprach aber bei ihrer Abreise, ihm über einen nahen Freund offen u. vertrauensvoll zu schreiben. Die geschäftliche Angelegenheit war _____ ____ in der Schwebe . . . «Es ist nicht meine Schuld, lieb Günderödchen,» so schrieb Savigny den 13. Juli abermals aus Trages abends nach 10 Uhr (bald elf Uhr), «daß ich dir weder früher noch befriedigendere Antwort wegen Meißenhausen geben konnte. Ich wurde immer auf einen Amtsverwalter von Seligenstadt vertröstet, der von einer Woche zur andern zu kommen versprach, u. heute endlich, als ich ihn spreche, sagt mir der fatale Mann, man müsse sich an die Rentkammer zu Darmstadt wenden. Wenn es also noch geschehen soll, so bleibt nichts übrig, als die Sache durch den Herrn Schwager zu betreiben.» (Geiger S. 35) [Fortsetzung s. II, Blatt 40]

[1]Offenbar von der Gundel

BLATT 9

Das Verhältnis des jungen Ehepaars [Savigny] zu ihr hatte wenigstens äußerlich einen höheren Grad der Vertraulichkeit angenommen: an die Stelle des Sie war das Du getreten u. Savigny nannte sie nicht nur «lieb Günderödchen», «lieb Hämmelchen», sondern auch «unser Hämmelchen» u. vor allem «unser dumm Günderödchen».[1]

Die «Betrübniß», die sie weder zu verscheuchen noch zu verhehlen im Stande war, fand ohne Zweifel an dem Glück des Paares stets neue Nahrung.

[1]Geiger S. 32

BLATT 10 [s.a. VI, Blatt 322, 326, 328 u.a.]

Marburg, 8. Januar 1804 [Savigny an Karoline] [Geiger, S. 24–26]
Ei, ei, lieber Freund, Sie haben da einmal wunderliche Empfindungen u. Vorsätze gehabt. Sie haben ja ordentlich republikanische Gesinnungen, ist das vielleicht ein kleiner Rest von der französischen Revolution? Nun, es soll Ihnen verziehen sein, wenn Sie versprechen wollen, sich noch manchmal darüber auslachen zu lassen. Ohnehin habe ich eine nicht geringe Freude dabei, Sie haben hier anschauen gelernt, was ich schon lange weiß, wie das Gundelchen durch seine einfache Unbefangenheit viel besser ist als Sie u. ich. Sagen Sie selbst, haben wir uns nicht von jeher sehr gegeneinander geziert? Hätten wir uns nicht schon vor Jahren allerlei sagen u. schreiben können, wobei es uns etwas wohl geworden wäre, zum Beispiel daß wir etwas auf einander halten?

Ich will Ihnen etwas sagen, lieber Freund: in aller geistigen Herrschaft, in allem geistigem Besitz gilt das Recht des Stärkeren, jeder Mensch hat von jedem andern gerade so viel in seinem ausschließenden Besitz, als er von ihm haben u. fassen kann, ein Dritter kann ihn gar nicht daran hindern. Wenn sich [also so was findet], was von Natur Ihnen u. mir gemein ist u. nicht zugleich dem Gundelchen, so wird es wohl bleiben lassen, darüber zu herrschen, es wird von selbst vor der Thüre stehen bleiben, nur daß es dann meine Sorge sein würde, es hereinzuführen zu uns.

Von Ihrem Bedürfnis sich auszusprechen, habe ich eine sehr deutliche Vorstellung, es ist etwas Logisches darin, wodurch wir noch ganz besonders verwandt werden. Noch kenne ich die Richtung nicht, die Ihr ganzes Denken u. Empfinden genommen hat, aber ich werde sie kennen lernen, ich freue mich darauf, rechnen Sie immer auf sehr herzlichen Antheil in allem, was Sie mir mitzutheilen den Wunsch haben können. Führen Sie mich nur erst selbst in Ihrem Kämmerlein ein, damit ich dann selbst nach Belieben anklopfen kann. Ich glaube gewiß, Sie müssen u. können auf einem sehr bestimmten Wege von Lesen, Denken u. Schreiben gesetzmäßig sich ausbildend, sehr froh u. glücklich werden. Haben Sie nicht darin bisher etwas vagiert, u. auch in der Freundschaft? Das taugt nichts, lieber Freund.

Sie wundern sich, daß Sie das Gundelchen nicht in Ihr Kämmerchen führen konnten? Ich finde das sehr natürlich, ihr beide habt wenig individuelle [Berührung, die individuellste vielleicht ist die, daß ihr beide an mir habt Geschmack finden können . . .]

BLATT 11

[s.a. II, Blatt 8, 40]

Die Gespräche mit Karoline auf Trages

Aber auch jetzt war Karoline nicht geneigt, Savigny volles Vertrauen zu schenken, eine ‹outrirte Selbständigkeit›, über die er ihr oftmals klagte.[1]

[1]Geiger S. 35

BLATT 12

[Bettina an Karoline, Juni 1804] «. . . Schneeglöckchen, ihr Thymianchen u. allerlei Blümchen, die ihr in Trages auf den Wiesen wachst, auf denen ich mich herumwälzen möchte.» [Geiger, S. 148]

Als der Brief ankam, war Karoline schon nach Frankfurt abgereist. Bettina theilte dann ihrem Bruder mit, daß sie wieder in Frankfurt sei. Sofort schrieb er dann einen zweiten Brief, in dem es heißt: «Es thut mir leid, daß Sie jenen Brief – vorher nannte er ihn einen kleinen Brief – nun vielleicht später erhalten; [Fortsetzung s. folgendes Blatt]

BLATT 13

ich sende Ihnen daher hier einige Worte, die Sie für die Versäumniß entschädigen mögen, wenn ich wirklich so glücklich bin, daß Ihnen meine Worte Freude machen. Bettine versichert mich das letzte, u. ich will ihr gern so lange glauben, als Sie selbst gütig genug sind, ihr nicht zu widersprechen.»[1]

Der kurze Brief, der nicht weniger als neun Druckseiten füllt, schließt mit den «Ahndungen, die mir oft als heftige Wünsche erscheinen, Ihre Freundschaft u. Mittheilung auf längere Zeit u. in ungestörterer Weise als einst zu besitzen.» [Geiger, S. 97]

«Wenn ich nach Frankfurt komme, wollen wir alles überlegen, doch sprechen Sie nichts davon gegen die Meinigen.» [Geiger, S. 100]

[1][Geiger] S. 92. Der weitere Inhalt bei Besprechung der Gedichte u. der Lehren, die er ihr giebt! Und Gundel (S. 96) über sich (S. 97 f.)

BLATT 14

[s.a. II, Blatt 33, 42]

Als Karoline von Savigny in Trages Abschied nahm, um nach Frankfurt zurückzukehren, sollte es nach Savignys Wunsch nur ein vorläufiger sein.[2] Sie versprach ihm denn auch wunschselig, ihm bald zu schreiben[1] u. dabei mehr Vertrauen zu schenken als sie bisher gethan.[3]

Sie schrieb nun zwar bald einen Brief, in dem sie Auskunft über den Namen des Verfassers der Geschichte der Schweizer u. Franzosen u. um einige Lektüre bat, wie Savigny sie ihr empfohlen haben mochte, aber der Brief gefiel Savigny keineswegs, theils wegen der Stimmung, in der er geschrieben war, theils wegen eines Mangels an Offenheit.

Am 6. Juni, einem Donnerstag, schickte er ihr von Trages aus einigen Vorrath an Lektüre u. schrieb dazu: «Wir hoffen, daß du durch die gesunde frische Luft, in der du vor kurzem gelebt haben sollst, hinlänglich mit Muth u. Kraft versehen bist, um über alle Verführung u. alles Hingehnlassen hinaus stehen zu können.» Zugleich kündigte er an, daß er mit Gundel Freitag oder Samstag nach Frankfurt kommen werde.

Der Brief begann aber mit den Worten: «Günderödchen, du bist ein dumm Günderödchen, u. das wollen wir dir noch ganz anders deutlich machen u. zu diesem Behuf nach Frankfurt kommen. Bis dahin erinnere dich daran, daß wir dich gar lieb haben u. sei nur nicht mehr betrübt, wenn du mich siehst,

[1]Geiger S. 36 [2]Geiger S. 35 [3]Geiger S. 35

BLATT 15

vielmehr mußt du mir an den Hals springen u. mich küssen. Hast's gehört? ... Adieu, bis wir dich küssen,

dein Savigny u. dein Gundelchen» [Geiger, S. 32 f.]

Und dann begann auf einer neuen Seite ein neuer Brief.
«Lieb Günderödchen, du merkst wohl, daß das da drüben nur ein nachgemachter Savigny war u. daß jetzt erst der wahre auf dich los geht, um dich herzlich zu küssen u. zu drücken. Aber ein dumm abscheulich Günderödchen bist du denn doch am Schluß deines Briefs, ein Günderödchen, das gar nicht sagt, was es will, weil es das selbst nicht recht weiß. Das dummste ist, daß ich mich selbst beinahe hätte von deiner Betrübnis anstecken lassen. Sei gut, lieb Hämmelchen, u. erzähle mir, wenn ich dich sehe, daß du dumm warst.

Nächstens schreibe ich dir eine Abhandlung über das Studium der Geschichte. Vorderhand vergiß nur nicht, daß die Leute, die die Geschichte der Schweizer u. Franzosen geschrieben haben, Müller u. Froissard heißen.» [Geiger, S. 33]

BLATT 16

[Juni 1804]
Während sie die Günderode noch auf Trages vermuthete, schrieb Bettina ihr aus [Frankfurt] einen langen Brief. «Wie ist es auf dem Trages.[1] Das Herz möchte Einem recht grünen in diesen grünen Wäldern u. Wiesen. Es muß so frisch werden in den kühlen Bächlein u. Teichen, wo die Fischlein ihr junges Leben verplätschern ...»

«Was machen die Seligen, das heißt die zwei Paradiesvögel, das heißt Adam u. Eva, oder vielmehr Savigny u. Gundel? Sind sie wirklich selig in ihrer Seligkeit? ... Savigny kann nicht anders als durch die Seligkeit anderer seine eigene Seligkeit hervorbringen ...»

«Gunda hat mir einen freundlichen Brief geschrieben vor ungefähr vier Wochen. Daß ich ihr nicht geantwortet habe, kommt erstens von meiner Faulheit her u. dann leb ich auch zu viel in den Tag hinein u. kann nicht viel über mich nachdenken. Und da alles, was dieser Brief enthielt, Fragen u. Sorgen um mich waren, so ward mir wie immer etwas grau vor den Augen, wenn ich an das Antworten dachte. Sage ihr dies, daß sie nicht meine, ich habe ihre Liebe u. Sorge für mich nicht geachtet.»

In einem späteren Theil des Briefes gesteht sie: «Ich war der Gunda ein wenig böse», weil sie «kein Verlangen nach mir hatte». Und wieder an einer späteren Stelle: «Sage doch der Gunda, sie solle doch den Herrn Schwab auch einmal einladen; es thut ihm leid, daß sie nicht an ihn zu denken scheint.»

Diesem Theil des Briefes, den ich vorangestellt habe, geht ein anderer vorher, in dem Bettina von Clemens spricht u. einen Auftrag an ihn ausführt. Ehe dieser Theil zur Besprechung gelangt, ist es mitzutheilen, was Bettina von Clemens als ihrem Instructor erzählt, weil es ihre Faulheit u. ihr in den Tag hineinleben erläutert. [Fortsetzung s. folgendes Blatt]

[1]Geiger S. 144 f.

BLATT 17

«Clemens schreibt mir immer, ich soll dichten ... Oft liege ich abends oder vielmehr nachts im Fenster u. habe ganz herrliche Gedanken, wie es mir scheint. Ich freue mich dann über mich selbst, meine Begeisterung begeistert mich sozusagen. Aber da sind zwei Nachtigallen in unserer Straße, die fangen gewöhnlich an, ihre liebenden, verliebten Lieder so herrlich her zu singen, wenn ich so mitten in meinem Dichten bin, daß ich ganz alles vergesse u. denke, du wirst doch nie so schön erquicken können wie diese. Schlecht mag ich nicht schreiben.» [Geiger, S. 146]

Der Brief beginnt nun so:[1] «Hier habe ich einen Brief an dich von der Hessenpost (aus Marburg) bekommen. Ich weiß nicht, was in diesem Brief steht. Nach dem meinigen zu schließen, in welchen dieser eingeschlossen war, muß er wohl voll Lobeserhebungen sein. Unter anderm schreibt mir Clemens: ‹Ich habe die Gedichte, welche du von der Günderode glaubst, mit Entzücken gelesen. Der hohe Ernst, der Tiefsinn, die wunderschöne Sprache, die Gehaltenheit u. vor allem die oft ganz klassische Kunstvollendung – kein Weib hat noch so geschrieben, noch so empfunden.›

Hast du mit dieser Stelle genug oder soll ich dir noch andere heraus schreiben?.. Wieder sagt Clemens: ‹Ich habe durch diese Lieder eine wunderbare Hochachtung vor dieser wahrhaft begeisterten Sängerin erhalten.›«

Dann theilt sie ihre eigene Empfindung mit, die eines der Lieder in ihr erregt: «‹Wandel u. Treue› – hat mir einen großen Trost gewährt. Es hat einen herrlichen Himmel mit leicht gefärbten, leicht hinziehenden Wolken: es ist so hingeflogen, es ist eine Poesie der Poesie darin, oder vielmehr die Poesie hat sich hier vermählt u. abermals vermählt. Nehme nicht übel, wenn ich mich undeutlich ausdrücke.» [Geiger, S. 144]

Clemens aber muntert sie auf: «Wenn du wüßtest, wie viel Gutes, Veredelndes mir die Lieder vom Günderödchen [Fortsetzung s. folgendes Blatt]

[1]Alles Überflüssige u. Krause ist hier gestrichen.

BLATT 18

gewährt haben, du eiltest, auch deine Jugend u. ihre Träume zu befestigen.» [Geiger, S. 143]

Bettina selbst schreibt dann der Günderode vor, wie sie Clemens' Lobeserhebungen aufzunehmen habe. «Solche hellglänzenden Tautropfen können einer so glühend blühenden Blume nicht anders als wohlthätig sein. Öffne nur recht deinen Kelch, du holdes Gewächs u. laß dir diese Perlen in das Innere des Busens rollen.» [Geiger, S. 143]

Zwar hatte sie von Clemens die Anweisung, seinen Brief «mit keinem Menschen» zu theilen: «Also wisse, daß ich dir diese Zeilen nicht als einem Menschen mitgetheilt habe u. daß du mir also nicht verargen darfst, wenn ich sie mit zu viel Wichtigkeit u. schwesterlicher Liebe verbrämt habe.» [Geiger, S. 143]

Im übrigen kann «die arme Bettina weder zu Wasser noch zu Land Ruhe u. Zufriedenheit finden». Auch ist sie «sozusagen ganz in einen vertraulichen Ton gekommen», von dem «sie doch nicht weiß, ob er gut aufgenommen wird.» [Geiger, S. 147]

Schließlich theilt sie mit, daß sie «allem Vermuthen nach bis Sonntag mit einer Anzahl von Verwandten, nämlich mit George, Marie u. Lulu nach Trages kommen u. die Meline wieder mitnehmen werde», um sie zur Großmutter nach Offenbach zurückzubringen. «Wenn ihr sie aber nicht hergeben wollt, so werden wir sie wohl bei euch lassen müssen.» [Geiger, S. 145 f.]

«Grüße den Savigny u. die Gundel.»

Die Lobsprüche von Clemens schmeichelten ihrer [Karolines] Eitelkeit so, daß sie Lust hatte, mit ihm wieder anzuknüpfen, eine Absicht, die sie ihrer Freundin Lisette nach Sickershausen mittheilte. Am 23. Mai[1] antwortete Lisette: «Deine Erzählungen von Clemens sind mir wunderbar; ich möchte einen warnenden Zeigefinger aufheben, wenn du es auf dem Trages sehen könntest.»

[1]Geiger S. 119f. (nicht 1805, sondern 1804)

BLATT 19 [redundant, s. II, Blatt 23]

BLATT 20

Marburg, den 8. Febr. 1804 [Savigny an Karoline] [Geiger, S. 26f.]

«Ich habe die letzten Wochen dazu angewendet, Ihnen, lieber Freund, einen Beweis meiner Sympathie zu geben, indem ich Ihnen – nicht schrieb. Ich habe Ihnen nämlich in jedem Augenblick, worin Sie geküßt haben oder geküßt worden sind, nicht geschrieben, u. so ist denn dieses seit langer Zeit der erste Moment, in welchem ich Ihnen sagen kann, daß ich noch ganz wie sonst der Ihrige bin, obgleich Ihr Herz sich sehr beträchtlich von mir gewendet haben soll.

Aber im Ernst, lieber Freund, haben Sie es denn rein vergessen, daß ich auch einigen Theil an Ihnen habe u. daß Sie ganz unser sein wollten, erb- u. eigenthümlich? Und daß das eigentlich Ihrem ganzen Wesen, allem was vortrefflich u. strebend in Ihnen ist, viel angemessener ist, als – ich habe mich da in einer Periode festgerennt u. halte es für das beste, abzusteigen u. zu Fuße fortzugehen: ich meine nämlich, daß eine gewisse hingebende Weichheit u. das berühmte Helldunkel gar nicht zu Ihrem eigentlichen Wesen gehören, wenn schon viele Menschen nichts anderes von Ihnen wissen mögen als eben dieses. Ei, Günderödchen, wo bleibt denn die berühmte Seelenverwandtschaft zwischen uns beiden? Und wer soll denn um Gottes Willen in Ihr Stübchen in Trages ziehen, wenn Sie vor wehmütiger Einsamkeit vergehen wollen (den Mund ausgenommen, ohne den man freilich nicht küssen kann)? Ich erinnere mich, daß mir sonst viele Leute gesagt haben: ‹Das Günderödchen ist sehr gut, aber gar schwach›; damals habe ich Ihre Arme angesehen u. den Kopf geschüttelt, jetzt fange ich an zu begreifen.

Aber nicht so, lieber Freund, nicht die Leute vergessen, die so viel Antheil an uns nehmen, nicht bloß mit dem Herzen, sondern mit ihrem ganzen Wesen, nicht zu weich sein u. zu wehmütig, klar werden u. fest u. doch voll Wärme u. Freude des Lebens.

Was sagt denn der Freund dazu?»

(ohne Unterschrift)

BLATT 21

[Lisette Nees an Karoline, 23. Mai 1804] «.. Vertraue diesem ungetreuen Schiff nicht. Sein Brief an dich ist nichts anderes als eine verdiente Würdigung deiner Gedichte, seiner Natur gemäß ausgedrückt ... Clemens ist zu eitel, um ein Apostel der Wahrheit zu sein. Sein Brief ist eigentlich so wenig die Meinung seiner Seele, daß du dich nicht schlimmer täuschen könntest, als wenn du glaubtest, es sei wirklich sein Streben, in innige Berührung mit dir zu gelangen ... Du stolz gegen Clemens? Und wenn du nicht stolz sein kannst, was bist du dann? Ein neues Spielwerk, womit er den langweiligen Genius seiner Ehe beschwört. Lina, sei das nicht, traue den süßen Tönen des Sirenenliedes nicht.» [Geiger, S. 119f.]

Die Günderode schrieb dann nur an Bettina, aber so, daß die Antwort auch für Clemens mit bestimmt war. Wir erfahren aber,[1] daß darin ihr Mißtrauen gegen Clemens nicht verhehlt ward. Sofort schrieb Clemens nun wieder einen Brief an die Günderode, den er ohne Zweifel abermals Bettina sandte, um ihn weiter zu befördern.

«Bettine hat mir geschrieben, mein Brief habe Ihnen ein Vergnügen gewährt. Dies wäre schon hinreichend gewesen, mich zu einem zweiten Brief zu bewegen, wenn Ihre jungfräuliche, strenge u. liebevolle Antwort mich nicht selbst dazu verpflichtet hätte.» [Geiger, S. 89]

«Wie liebenswürdig müssen Ihre Briefe für jene Menschen sein, gegen die Sie sich ganz frei bewegen.» Daß er «wankelmütig» sei, sei nur ein «Aberglaube».[2]

«Meine Frau grüßt Sie, sie liebt Sie sehr u. freut sich, Sie zu sehen, wenn wir nach Frankfurt kommen, welches wohl in ohngefähr vier Wochen sein wird ...»

Als er das geschrieben hatte, erhielt er einen Brief von Bettina, daß Karoline bereits von Trages abgereist u. nach Frankfurt zurückgekehrt sei.[3] Nun schrieb er einen zweiten Brief, in dem er sein Bedauern ausspricht, daß Karoline den ersten Brief «nun vielleicht später» erhalte. «Ich sende Ihnen daher einige Worte, die Sie für die Versäumnisse entschädigen mögen, wenn ich [Fortsetzung s. folgendes Blatt]

[1]Geiger S. 89 [2]Geiger S. 90 [3]Geiger S. 92

BLATT 22

wirklich so glücklich bin, daß Ihnen meine Worte Freude machen. Bettine versichert mich das u. ich will ihr gern so lange glauben als Sie selbst gütig genug sind, ihr nicht zu widersprechen. Antworten Sie mir doch bald u. grüßen Sie Ihre Schwester.» [Geiger, S. 100] Es ist Minchen, von der Savigny, wie er Karoline gedroht, sich als Bruder habe annehmen lassen wollen, ein schönes Mädchen, das er [Clemens] im Sommer? 1802 in Düsseldorf in Dolcis Madonnen wieder erkennen wollte.[1]

[1]Steig I, S. 79

BLATT 23

Nun raffte Karoline sich auf, sie meldete sich für Trages an u. machte Andeutungen über ihre poetischen Bestrebungen.

«Ihr Brief, lieber Freund,» schrieb ihr Savigny den 26. Februar, «hat mir viele Freude gemacht, aber ich finde dabei bestätigt, was ich schon vorher fühlte, daß ich Sie noch unverantwortlich wenig kenne. Wie freue ich mich darauf, mit Ihrem Talent Bekanntschaft zu machen! Vorläufig erfreut mich Ihr Enthusiasmus an sich, u. es ist gar nicht unwahrscheinlich, daß ich in der berühmten Streitsache dieses Enthusiasmus mit dem Gundelchen die Partei des ersten ergreifen werde ...

Ich habe heute einen Pack Bücher, nach Trages bestimmt, auf die Post gegeben; gebe der Himmel, daß ich Ihren Geschmack getroffen haben möge! Wenn Sie etwa bestimmte Bücher zu haben wünschen, so schreiben Sie mir das doch gleich, damit ich sie noch schicken kann.

Wie freue ich mich, Sie, lieber Freund, bald zu sehen.» [Geiger, S. 28 f.]

Anfangs März wird sie in Trages eingetroffen sein, wo Savigny sie sah, um dann gegen die Mitte des Monats nach Göttingen zu reisen. Das Verhältniß zwischen Karoline u. Gundel ward allem Anschein nach nicht intimer. In dieser Zeit stand sie noch mit einer andern Freundin, Lisette von Mettingh, die gleichfalls Braut war, nämlich von Nees von Esenbeck, in Briefwechsel. «Sage mir nicht,» schrieb diese ihr am 5. April aus Frankfurt, «daß ich dich entbehren könne, weil ich Ersatz für die Freundschaft in der Liebe gefunden. Es ist nicht so, das weißt du, du hast noch keinen Augenblick aufgehört, mir so werth zu sein wie damals, wo ich noch außer dir gar nichts besaß. Nur der Unterschied ist zwischen uns, daß ich jetzt vollkommen befriedigt bin u. mein ganzes Herz reich ist an Liebe u. das deinige noch sucht u. sehnt. Was Freundschaft dir gewähren kann, biete ich dir u. sinne mit treuem Herzen ... Was Liebe dir vielleicht geben wird, erwarte! ...»[1]

[1]Geiger S. 47

BLATT 24

[Clemens an Karoline, 2. Juni 1804]
[Ich habe um unserhalben selbst die Gundel] mir verhaßt werden sehen, denn ihre Kuppelei u. Gelegenheitsmacherei hat für mich unsere erste Berührung verunadelt, u. ihr Jesuitenwesen hat sie nachher erstickt.» [Geiger, S. 97]

Und nun ist es von Interesse, seine Taktik bei der Werbung um die Freundschaft [zu Karoline] zu beobachten. Zunächst sagt er ihr etwas Schmeichelhaftes. «Ich bin gestern,» so schrieb er, «Ihretwegen etwas erschrocken, da mir in der Buchhandlung Kotzebues ‹Freimüthiger› in die Hand fiel u. ich im zehnten Maistück in einem Aufsatz aus

Frankfurt Ihren Namen als Verfasserin des Tians mit breitem läppischem Lobe u. ebenso gemeiner sanfter Rüge ausgeplaudert sehe. Ich kenne Sie zu gut, als daß diese Anzeige etwas anderes als Ekel in Ihnen hervorbringen könnte,» – bei dieser Gelegenheit vermochte er seinen Ärger über das ihr ertheilte Lob, das er _________, nicht zu unterdrücken – «denn der Schreiber des Aufsatzes muß ein undelikater Mensch sein, daß er Ihre Namensverschweigung ohne Erlaubnis entweihte, u. das in einem Blatt, welches jeder Ladenbursche liest, besonders, da er ein Mensch ohne Autorität ist, welches er sein muß, da er ein Schmierer ist u. Ihre Lieder lobt, welche eigentlich nur ein Mensch loben kann, der Sie selbst liebt u. Ihre Geschichte kennt, aber er sagt, er kenne Sie nicht.» [Geiger, S. 92 f.] [Fortsetzung s. folgendes Blatt]

BLATT 25

Und diesem krausen Hin u. Her setzt er dann die Krone auf, daß er ihr Vorwürfe macht, darüber macht, daß sie die Gedichte überhaupt hat drucken lassen. «Ich bin sehr begierig, von Ihnen zu hören, warum Sie sich entschlossen haben, Ihre Lieder drucken zu lassen.» Und nun tadelt er sie weiter, daß sie sich nicht unter seine Leitung begeben habe. «Ich werde oft traurig, wenn ich einen neuen Schriftsteller auftreten sehe, denn es ist ein Beweis, daß die Menschen keine Freunde mehr haben.» Er aber «weiß, wie man schreiben soll u. muß» u. werde es ihr beweisen, wenn er ihr «wieder näher komme». Freilich könne er selbst noch nicht so schreiben, wie er müsse u. «eben deshalb schreibe ich jetzt beinahe gar nicht». Und nun erscheint in hohen Worten sein Zukunftsprogramm u. seine eigene Apotheose: «Ich habe mein Gemüt u. meine Seele dahin gebracht, daß ich mich würdig fühle, neben dem Schreibtische u. in der Werkstätte jedes großen Künstlers als reine, verstehende, lehrbegierige Natur zu stehen, u. meine Werke sollen ... auch auf dem Tische, in der Werkstätte solcher Menschen ruhen dürfen, so ist mein Wille.»

«Mit einer herzlichen Freude,» so wendet er sich nun weiter an die schlecht berathene Dichterin, «wollte ich es unternehmen, Ihrer Muße manche würdige Vorschläge zu thun und» – man staune über den Großmuth dieses überreichen Dichters u. zugleich über die Bescheidenheit, mit der er sein Talent dem der eben noch gescholtenen Dichterin unterordnet – «Ihnen einen Theil des unendlichen Stoffes abzutreten, der mir täglich zuwächst, ohne daß ich es selbst wagen darf, ihn zu bearbeiten.»

Und nun sieht man, wie der Ärger des [Dichters über seine?] Natur mit dem Ärger über seine Zurücksetzung u. seine unbefriedigte Neugier kämpft: «Ich kann immer noch nicht verstehen, wie Sie Ihr ernsthaftes, poetisches Talent vor mir verbergen konnten.» [Geiger, S. 93 f.]

Ist diese Einsicht ihm durch Savigny gekommen?

BLATT 26

«Sie müssen sich bemühen, von der grauen Reflexion zur bunten lebendigen Darstellung überzugehen.»[1] Aber sie hat «wirklichen Künstlersinn», das einzige Böse, was man der Sammlung vorwerfen könne, daß sie zwischen dem männlichen u. dem weiblichen schwebt.» Dann aber folgt wieder Lob: «Sie haben einigemal die passendsten Silbenmaße getroffen», u. «ein Gedicht, das des größten Künstlers würdig [ist].» [Geiger, S. 95 f.]

Nachdem er so seine _____ [nicht lesbar, da zu schwache Kopie], kommt er wieder zu _____ seines Briefes zurück u. von den «Kindern» der Dichterin wendet er sich nun der «liebenswürdigen Mutter» zu.

Jetzt wo er von Gundel getrennt ist, kann er sich «wieder neu u. schöner, würdiger» mit ihr verbinden. «Wenn wir wieder zusammen kommen, wollen wir von der Kunst reden.» Er hat sich «nicht um ein Haar verändert», vielmehr sehe er alles bewiesen, was er «dunkel fürchtete» oder worauf er hoffte, u. «an die Stelle aller meiner Ahndungen sind wieder eine neue Summe von Ahndungen getreten, die ich wieder erfahren werde.» «Unter diesen Ahndungen, die mir oft als heftige Wünsche erscheinen, ist auch die, Ihre Freundschaft u. Mittheilung auf längere Zeit» – für immer, darauf rechnet er also selbst nicht – «u. in ungestörterer Weise als einst zu besitzen.» [Geiger, S. 96 f.]

Und nun kommt er auf Frau u. Kind zu sprechen.

«Sophie freut sich nicht weniger als ich, Sie zu sehen, u. ich glaube, Sie werden sie lieben.»

[1]Goethes Faust? – Er als «Professor»!

BLATT 27 [Stichworte: Clemens als Ehemann und Vater]

BLATT 28 [Stichwort: Frankfurt und die Brentanos]

BLATT 29 [s.a. II, Blatt 4]

«Sie [Sophie Mereau] ist die gesündeste, kräftigste Natur, die ich kenne, u. würde manches Stuben- u. Stadtwetter von Ihrer Seele ableiten.» «Vierzehn Tage nach einer sehr gefährlichen Niederkunft» hat sie «vier Stunden lang die beschwerlichsten Berge mit mir beklettert.» «Es macht mir oft einen großen Spaß, daß sie bei mir ist; sie ist ein allerliebster Kamerad, wenn sie vergnügt ist.» [Geiger, S. 98] «Jede Freude ist sie,» findet er an einer anderen Stelle, «oft wie ein Engel.»

«Mein Kind gefällt mir im ganzen sehr wohl.» Der Zusatz deutet die Schwäche des armen Wesens genügsam an u. «es recht mit allem Apparat zu lieben, wage ich nicht, denn es wäre im Stande u. ginge mit dieser Liebe in die andere Welt.» [Geiger, S. 98]

Aber mehr fast als die eigne Liebe interessiert ihn die Liebe anderer: «Wenn Sie oder Bettine oder die Jung eine rechte Liebe zu ihm gewinnen könnten, das könnte mich rühren u. entzücken.» [Geiger, S. 99] Aber er selbst ist überzeugt, daß er auch selbst «sogar mit allen seinen Manieren», mit denen er zufrieden ist, alle seine Umgebung erfreuen könnte, freilich nur dann, «wenn diese Umgebung mich herzlich liebt u. theilt, wenn sie absichtslos, unverschlossen u. nicht selbstisch ist.» So dieser von sich aufs höchste eingenommene u. selbstsüchtigste Mann.

«Bis jetzt weiß ich noch nicht, wo ich meine Heimat finden werde.» Seine Sorge ist die ‹Teuerung›. Am besten wäre es in Frankfurt. «Das wäre auch für Sophie das beste, welche Gesellschaft u. Vergnügungen bedarf.» «Wenn ich nach Frankfurt komme», wendet er sich nun wieder an Karoline, «wollen wir alles das überlegen, u. Sie sollen mein Rathgeber sein. Doch sprechen Sie nichts davon gegen die Meinigen.» [Geiger, S. 99 f.]

Eine Verbindung bestand nur mit Bettina.

BLATT 30

Es scheint, daß Savigny Bettina veranlaßt hat, Karoline zu bitten, ihr die Lehrerin zu sein. Wir erfahren endlich, daß Bettina ihr nun auch in diesem Sinne geschrieben u. ihr einen «Plan» vorgelegt hat.

«Dein Brief,» so antwortet Karoline ihr, «hat mich gefreut u. gerührt, auch glaube ich an den Ernst deines Willens u. deine Beharrlichkeit; nur eins noch macht mich bange,» oder vielmehr, «ist mir gewiß, daß mir nicht allein durch meine Verhältnisse, sondern auch durch meine Natur engere Gränzen gezogen sind.» Und wie im Hinblick auf die früher gestandene «Faulheit»[1] Bettinas, schloß sie mit den Worten: «Ermüde nicht, fleißig zu sein».[2]

Es war also der Unterricht wieder im Gange. Bettina hatte, dank der ihr gemachten Vorstellungen, nun guten Willen. Aber mit dieser Wendung war ihr Bruder Clemens wenig einverstanden.

«Clemens schreibt mir immer,» so erzählte sie, [«ich soll dichten».] [Geiger, S. 146]

[1]Geiger S. 145 [2]Geiger S. 135

BLATT 31

Bettina in Trages 1804
Vielleicht nach dem Besuch! (Geiger S. 34)

Bettina an die Günderode [Mai 1804]

«Wie wir hier leben, das will ich dir erzählen. Morgens kommen wir alle im Schlafzimmer von Savigny zusammen. Da wird gepalert u. als ein bißchen Krieg mit Kopfkissen u. Rouleaux geführt, u. im Nebenzimmer wird gefrühstückt dabei. Wir nehmen uns zwar sehr in acht, den großen Savigny zu treffen; aber er ist gescheut; wenns

Gefecht heiß wird, da zieht er sich zurück. Später zerstreut sich alles. Wir sind auch jetzt schon zwei mal geritten, ich bin beide mal heruntergefallen, einmal wie wir bergauf ritten u. einmal vor Lachen.

Nachmittags gehen wir manchmal in den Wald u. Savigny liest vor; da hab ich meine Noth mit dem Zuhören. Auf dem Waldrasen hab ich gar zu viel Zerstreuung; alle Augenblick ist ein Kräutchen oder ein Spinnchen oder ein Räupchen oder ein Sandsteinchen, oder ich bohr ein Löchelchen in die Erd u. find allerlei da. Der Savigny sagt, ich sei hoffärtig u. wollt nicht zuhören; er kanns nicht leiden. Da setz ich mich hinter seinen Kopf, da merkt ers als nicht.

Wir gehen auch als auf die Jagd ... Gestern wollte mir der Bostell lehren, nach den Vögelchen zielen; ich schoß u. das Vögelchen fiel herunter ...»[1]

«Heut haben wir den 19. Mai ... Noch vierzehn Tage bleiben wir, alles blüht, ein Abhang voll Kirschbäume ... gestern war ich mit dem Gingerich drauß am Goldweiher; da haben wir eine Hütte gemacht von Moos. Da haben die zwei jungen Wiedertäufer geholfen, der mit dem braunroten Bart, der so stolz darauf ist, der schöne Hans u. der blonde Georg. Sie ließen beide ihre Pflüge stehen u. kamen heran, uns zu helfen u. schnitten mir Tannenäste herunter ... und am Nachmittag kam der Savigny heraus u. legte sich in die Hütte, sehr [Fortsetzung s. folgendes Blatt]

[1]Günderode I, S. 38 f.

BLATT 32

vergnügt, und ich las vor, Gedichte vom Bruder Anton ... den Savigny u. alle hat die Geschichte des Anton (von einem gläsernen Esel?) höchlich amüsirt; es wurde noch viel gelacht u. zuletzt unter Gesang beim Untergehen der Sonne nach Hause gewandert.»[1]

[1]Günderode I, S. 33 f., 37 f.

BLATT 33

[s.a. II, Blatt 14–15, 42]

Savigny nach seiner Heirat an die Günderode — Die Bemühungen Savignys, 1804

Nachdem dann die Günderode bis gegen Ende Mai mit auf Trages gewesen, von Savigny sich Rath über geschäftliche Praktiken hatte geben lassen u. Gundel, wie es scheint, näher gekommen war,[1] war sie wieder nach Frankfurt[2] gereist, wo sie wieder einsam u. betrübt in ihrem Stift saß. Ein Brief nach Trages gab dieser traurigen Stimmung denn auch Ausdruck. Am 6. Juni schrieb Savigny aus Trages ihr zurück: [Geiger, S. 32]

«Günderödchen, du bist ein dumm Günderödchen, u. das wollen wir dir noch ganz anders deutlich machen u. zu diesem Behuf Freitag oder Samstag nach Frankfurt kommen; bis dahin vergeß nicht oder vielmehr erinnere dich daran, daß wir dich gar lieb haben, daß du unser Hämmelchen bist, unser dumm Günderödchen, u. sei mir nicht mehr betrübt, wenn du mich siehst, vielmehr mußt du mir, Savigny, an den Hals springen u. mich küssen. Hast's gehört!

Da schicken wir dir auch einigen Vorrath an Lektüre, worunter leicht etwas Verderbliches u. Schädliches sein könnte; wir hoffen aber, daß du durch die gesunde, frische Luft, in der du vor kurzem gelebt haben sollst, hinlänglich mit Muth u. Kraft versehen bist, um über alle Verführung u. alles Hingehnlassen hinaus stehen zu können. Adieu bis wir dich küssen.

Dein Savigny u. dein Gundelchen

Lieb Günderödchen, du merkst wohl, daß das da drüben nur ein nachgemachter Savigny war u. daß jetzt erst der wahre auf dich los geht, um dich herzlich zu küssen u. zu drücken. Aber ein dumm abscheulich Günderödchen bist du denn doch am Schluß deines Briefs, ein Günderödchen, das gar nicht sagt, was es will, weil es das selbst nicht recht weiß. Das dummste ist, daß ich mich selbst beinahe hätte von deiner Betrübniß anstecken lassen. Sei gut, lieb Hämmelchen, u. erzähle mir, wenn ich dich sehe, daß du dumm warst.

Nächstens schreibe ich dir eine Abhandlung über das Studium der Geschichte. Vorderhand vergiß nur nicht, daß die Leute, die die Geschichte der Schweizer u. Franzosen geschrieben haben, Müller u. Froissard heißen. ([Geiger] S. 32–34)

[1]Vgl. den Offenbacher Brief der sehnsüchtig dahin blickenden Bettina (Geiger S. 142–148 (ihr Maiblümchen) [2]Vielleicht Besprechungen mit dem Oheim? Ökonomische Fragen spielen in der Zeit eine Rolle.

BLATT 34

Am nächsten stand ihr [Karoline] in dieser Zeit Lisette von Mettingh, die mit Nees von Esenbeck verlobt war.[1] Auch sie war Dichterin, voll von Romantik, die sich danach sehnte, aus Frankfurt bald erlöst zu sein. Am 5. April 1804, als Karoline wieder einmal eine Reise machte, schrieb sie ihr: «Wenn du es niemand erzählen willst, so muß ich dir nun sagen, daß wir in Sickershausen (bei Würzburg) – dem Wohnsitz von Nees – noch gar nicht aufgeboten sind. Wenn du also bald kommst, triffst du uns noch hier an.»[2] «Ich lebe mit dir, wenn da auch schon viele Stunden u. Berge u. Wälder zwischen uns liegen. Laß auch mich so in deinem Geiste wohnen u. mache nicht die Trennung dadurch noch schärfer, daß du sie zu sehr als Trennung behandelst. Sage mir nicht, daß ich dich entbehren könne, weil ich Ersatz für die Freundschaft in der Liebe gefunden. Es ist nicht so, das weißt du. Du hast noch keinen Augenblick aufgehört, mir so werth zu sein als damals, wie ich noch außer dir gar nichts besaß. Und der Unterschied ist zwischen uns, daß ich jetzt vollkommen befriedigt bin ... Was Liebe dir vielleicht geben wird, erwarte» ... [3]

[1]Geiger S. 45 [2][Geiger] S. 46 [3][Geiger] S. 47

BLATT 35

[kurze Vita zu Karl Georg Bruns, geb. 1816]

BLATT 36

Fräulein Louise v. Barkhaus u. Frau Geheimrath v. Wiesenhütten

1804 den 9. März. Frau Aja an ihren Sohn [Goethe]
«Was treibt ihr denn in aller Welt mit der Frau von Stael. Der ist ja Weimar das Paradies ... Was hier von Damen nur ein wenig von gelehrtem Ton ist, z. B. Fräulein Louisa von Barkhaus. Frau Geheimde Räthin von Wiesenhütten, Frau v. Schwarzkopf usw. erzählen Wunderdinge, wie vergnügt die Dame dort ist. (S. 352)

1804 den 9. März Frau Rath an Goethe
Was hier von Damen nur ein wenig von gelehrtem Ton ist, z. B. Fräulein Louisa v. Barkhaus, Frau Geheimde Räthin v. Wiesenhütten, Frau von Schwarzkopf usw... erzählen Wunderdinge, wie vergnügt die Dame (Frau von Stael) dort (in Weimar) ist ...

Vergangenen Mittwoch hatte ich bei Schwarzkopf einen sehr vergnügten Abend. Torquato Tasso wurde vorgelesen: Alfons Herr Willmer, Leonore v. Este Frau v. Schwarzkopf, Leonore v. Sanvitale Frau von Holzhausen, Tasso Herr v. Schwarzkopf, Antonio Frau Räthin Goethe. Diese Menschenkinder grüßen dich alle herzlich.

Keil, [Frau Rath. Briefwechsel von Katharina Elizabeth Goethe] S. 352f.

BLATT 37

[Stichworte zu französischen, italienischen und spanischen Schriftstellern]

BLATT 38

Die Günderode u. ihre Lectüre

Heigel, [Deutsche Geschichte vom Tode Friedrichs des Großen bis zur Auflösung des alten Reiches]

Savigny: «Man lese Meisterwerke. Auf viel oder wenig lesen kommt nichts an, nur auf Lesen des besten, vortrefflichen, u. Übung, darüber zu urtheilen.» [Mazzacane, 2004, S. 174]

BLATT 39

I. Die Geschichte
1. Bettina u. Meline haben im Sommer 1804 einen Geschichtslehrer, Arenswald (Geiger 148, 162)
   Meline soll aber wieder zur Großmutter (Geiger S. 148)
   Clemens sagt, Bettina soll dichten (S. 146)
2. die Günderode u. die Geschichte (Geiger S. 33)
   dazu Bettina (S. 34)
   als Lehrerin Bettinas (S. 167)
3. Clemens' ‹Geschichte› (Geiger S. 91)
   nach Arnims Rath: Geschichte seiner Familie
   auf Savignys Antrieb: seine beste Geschichte
   der Günderode ‹Geschichte› (S. 93)
4. Arnim: Die Kronenwächter
5. beide zusammen: das Wunderhorn?
   vgl. Savignys alte Kirchenlieder!
6. Creuzer a) Spott über Savignys ... Studien des Feudalrechts
   b) Er: ‹das heilige Altdeutsche›

BLATT 40

[Fortsetzung von II, Blatt 8]
Den 13. Juli [1804] schrieb ihr Savigny wieder von Trages: [Geiger, S. 35f.]
[an Karoline]
«Ich wollte dir neulich schreiben, wie man meine Liebe erwerben könne. Die Bescheidenheit verbietet mir, diese als Erwerb zu betrachten, ich muß also allgemein reden, um nur antworten zu können. Was außer der Vortrefflichkeit nöthig ist, um so etwas zu erzwingen, ist das rechte Verhältniß der Selbständigkeit zur Hingebung. Ich habe dir oft über Mangel an Vertrauen, das heißt über outrirte Selbständigkeit geklagt; daß sie aber jemals so weit gehen könnte wie jetzt, da du auf mein herzliches Bitten dich nicht ent-

schließen kannst, hierher zu kommen – das hätte ich nie gedacht. Ich könnte noch viel darüber sagen, wenn es nicht bald 11 Uhr wäre: aber die Bemerkung kann ich doch nicht unterdrücken, daß du mir auch nicht ein einziges Mal so geschrieben hast, wie es bei deinem Weggehen heilig versprochen wurde, daß du mir bald schreiben sollst u. daß du dem S[avigny] sein Günderödchen bist, sobald du selbst willst. Gunda grüßt dich. Leb wohl.

Dein Freund Savigny»

BLATT 41

Im Frühling 1804 las sie Schellings Schriften, worüber Nees von Esenbeck sich herzlich freute,[1] während Savigny es schwerlich billigte.

Im August ging sie nach Heidelberg:[2]
In einem andern Zusammenhange werden wir ihr da wieder begegnen.

[1]Geiger S. 66 [2]Rohde S. 2 f.

BLATT 42

[s.a. II, Blatt 14/15, 33]

[Karoline] In Korrespondenz mit Savigny wegen geschäftlicher Dinge (Geiger S. 34); Heirat ihrer Schwester Mine (S. 7, 21); ihr ‹Schwager› (S. 35); Einladung nach Trages, zusammen mit Bettina (S. 34); im Mai auf Trages,[1] aber Anfangs Juni wieder in Frankfurt, . . .

[im Original linksseitig: 1. Textentwurf]
... wo das Ehepaar [Savigny] sie aufsuchen wollte.[2] «Da schicken wir dir auch einigen Vorrath an Lektüre, worunter leicht etwas Verderbliches u. Schädliches sein könnte; wir hoffen aber, daß du durch die gesunde frische Luft, in der du vor kurzem gelebt haben sollst, hinlänglich mit Muth u. Kraft versehen bist, um über alle Verführung u. alles Hingehnlassen hinaus stehen zu können.»

In ihrem Briefe hatte sie bemerkt, daß sie Geschichte treiben wollte u. sich nach den Verfassern gewisser Bücher erkundigt. «Nächstens,» bemerkt dazu nun Savigny, «schreibe ich dir eine Abhandlung über das Studium der Geschichte. Vorderhand vergiß mir nicht, daß die Leute, die die Geschichte der Schweizer u. Franzosen geschrieben haben, Müller u. Froissard heißen.» [Geiger, S. 33]

[1]Geiger S. 34 (kein Beweis!), aber S. 33 [2][Geiger] S. 32

[im Original rechtsseitig: 2. Textentwurf]
... von wo sie sehr traurig geschrieben hatte. Savigny, der sich von ihrer Betrübniß beinahe hatte anstecken lassen, las ihr am 6. Juni in einem launigen Brief den Text: «Ein

dumm abscheulich Günderödchen bist du am Schluß deines Briefes, ein Günderödchen, das gar nicht sagt, was es will, weil es das selbst nicht recht weiß.» Am Freitag oder Samstag komme er mit Gundel nach Frankfurt, da wollen sie ihr noch ganz anders deutlich machen, daß sie ein dumm Günderödchen sei; «bis dahin vergiß nicht oder vielmehr erinnere dich daran, daß wir dich gar lieb haben, daß du unser Hämmelchen bist.»

BLATT 43

Seit seiner Verlobung hatte Savigny sich in der freundlichsten Weise bemüht, Karoline in ein näheres Verhältniß zu seinem Gundelchen zu bringen: seine Briefe vom 23. Juli,[1] 28. Dezember 1803,[2] 8. Januar[3] u. 8. Februar 1804[4] sind dafür rührende Beweise. Auch in Trages war für sie stets ein Stübchen bereit.[5]

[Fußnoten s. folgendes Blatt]

BLATT 44

~~Aber~~ wo war sie [Karoline] Anfangs April? Nicht in Frankfurt, denn von da sah die mit Nees von Esenbeck verlobte Lisette von Mettingh ihrer Rückkehr entgegen.[6] Damals waren ihre Gedichte erschienen, die im April u. Mai in verschiedenen Zeitschriften recensiert wurden.[7] Auch ihre Freundin Lisette, die jetzt in Sickershausen wohnte, sprach in einem ausführlichen Brief ihr Urtheil über ihre dichterischen Versuche aus. Der Rath, [an] dem sie es dabei nicht fehlen ließ,[8] stimmte in einem wichtigen Punkte mit Savignys Rath überein.

[Fußnoten 1–5 beziehen sich auf das vorherige Blatt] [1]Geiger S. 21 [2]Geiger S. 23 [3]Geiger S. 25 [4]Geiger S. 27 (‹ganz unser›) [5]Geiger S. 27 [6]Geiger S. 46 [7]Geiger S. 77 f. [8]Geiger S. 53 f. [vgl. II, Blatt 7]

BLATT 45

1) Sie [Karoline] erhielt (1804 im Mai) einen Brief von Clemens aus Marburg an die Günderode auf Trages, eingeschlossen in einen Brief an Bettina selbst, der voll Lobeserhebungen war über Karoline. [Geiger] S. 142 f.
2) Brief der Bettina aus Frankfurt an Clemens über die Aufnahme, welche dessen Brief bei der Günderode in Trages gefunden hatte (Geiger S. 89)

3) Brief der Bettina aus Frankfurt an Clemens in Marburg, mit der Meldung, daß die Günderode wieder in Frankfurt sei (Geiger S. 92). Über Bettinas Versicherung ihrer Freude an seinem Brief (S. 92)
4) Savigny an die Günderode in Frankfurt: Bettina solle mit ihr wieder nach Trages kommen (Geiger S. 34). An die Bettina «wird auch geschrieben» (Geiger S. 34), wohl von Gundel.

BLATT 46

1804 Jan.: Günderode u. Gundel stimmen nicht [überein] (Geiger S. 25, 26, der Streitpunkt)
(Geiger S. 28 – ‹Schiller› S. 38)
Febr.: Günderode will nicht nach Trages kommen (ihre Wehmuth, Geiger S. 27)
März 1: Clemens' Mittheilung über Savignys Heirath mit seiner Schwester (Steig I, S. 105: nichts weiter!)
März 4: Das eheliche Aufgebot in Frankfurt
Clemens darüber den 2. April (Steig I, S. 105)
Sein Verlust (Steig I, S. 106: nichts weiter!)
April [17]: in Meerholz die Trauung

BLATT 47

April 17 [1804]: Savignys Heirat

Mai: Clemens an die Günderode: ‹Savigny u. seine Frau können mir nie wieder nahe kommen . . .› (Geiger S. 99)
Mai 23: Clemens an Arnim (Steig I, S. 108): ‹Ich gehe in 2 Monaten von hier, zuerst nach Frankfurt . . . um Bettina Frau u. Kind zu zeigen› (Steig I, S. 108)
Juni 4: Schiller an Sophie Mereau (Steig I, S. __2)!
Juni 15: Creuzer aus Heidelberg über Brentanos bevorstehende Ankunft
Juli: ‹Über Frankfurt nach Heidelberg› (Steig I, S. 110)
Die Aufnahme in Frankfurt? (Steig I, S. 291)

April 28: an Arnim: ‹Ich komme bald zu dir . .› das Kind ist tot. (Steig I, S. 110 f.)

BLATT 48

Karoline auf Trages

1) 1803 im Herbst (Geiger S. 23), wo auch Gundel da war?
ihr Stübchen
ihr Weggang u. Versprechen (Geiger S. 36)

2) 1804
a) ? eingeladen mit Bettina (Geiger S. 34)
ist nichts geworden (Geiger S. 35)
doch? (Geiger S. 92, 119)
b) Clemens schreibt ihr nach Trages (Geiger S. 92, 100)
sie war schon wieder in Frankfurt (Geiger S. 92)

3) 1805 (Geiger S. 112) ›

BLATT 49

[Arnim, Bettinas sämmtliche Schriften, Bd. 2 und Bd. 3: Die Günderode, Theil 1 und Theil 2]

Auch ihr [Bettinas] eigenes Verhältniß zu Savigny wird unendlich öfter erwähnt als das ihrer Freundin zu demselben: die Stellen der ersten Klasse sind (ich benutze die Ausgabe: Berlin 1853):
I, S. 28 f., 34, 37; II, S. 30 f., 72, 76, 78, 107, 114; in der zweiten Klasse nur folgende: I, 5 (‹Grüße den Savigny recht freundlich von mir, erinnere ihn doch zuweilen an mich, ich habe ihn sehr lieb, aber nach Trages komme ich doch nicht.› und in der Nachschrift: ‹Grüße doch auch die Gundel von mir.›), II, S. 31 (Bettina schreibt: ‹Der Savigny schreibt, ich soll dir sagen, daß er in den Sternen gelesen habe, du werdest nach Marburg kommen›), II, S. 61 f. (Karoline schreibt: . . . ‹welche Lage deucht dir edler, jene in der winterlichen Einsamkeit in Marburg . . . aber mit dem lieben Savigny, der so viel höher steht wie andere, der dir dann so nah ist u. deine Gegenwart auch zu seinen freundlichen erquickenden Momenten rechnet u. dich gegen deine eignen Launen vertheidigen wird, die so oft ins Träge u. Melancholische spielen›), II, S. 129 (Karoline: ‹er›, nämlich Clemens, schreibt, Savigny habe die Nachricht aus Paris, daß eine Übersetzung dort vom Tian gemacht sei, ihm mitgetheilt, frag ihn doch u. schreib mir etwas Näheres darüber›), II, S. 147 (Bettina: ‹Weißt du noch jenen Abend im Frühjahrsanfang, wo der Arnim auf dem Trages seine Gedichte uns vorlas?›), II, S.171 (Karoline: ‹Savigny hat mir selbst geschrieben. Thue mir doch den Gefallen u. schicke mir doch gelegentlich die Übersetzungen ins französische, von denen er mir gesagt u. sie mir auch versprochen hat›), II, S. 196 (Karoline: ‹Du schreibst mir gar nichts von Gundel

u. Savigny, thue es doch.›), II, S. 274 (Karoline: ‹Jene nachlässige Zuversicht in dich selber, was Savigny allenfalls Hochmuth nennen würde›; dazu II, S. 75)

BLATT 50

‹Grüße den Savigny recht freundlich von mir, erinnere ihn doch zuweilen an mich; ich habe ihn sehr lieb, aber nach Trages komme ich doch nicht ... Thue mir den Gefallen u. frage die Sanchen, ob ich nicht einen Chignonkamm u. eine Kette in Trages hätte liegen lassen›.[1]

[1]Günderode I, S. 5

Anmerkungen

I Blatt 1: Bremer bezieht sich an mehreren Stellen auf Briefe von Friedrich Creuzer an Carl August Böttiger, die sich im Nachlass Böttiger in Dresden (SLUB Dresden, Signatur: Mscr.Dresd. h.37,4°) befinden und auch im Kalliope-Verbund nachweisbar sind (ohne Digitalisat).
ULR: https://kalliope-verbund.info/de/findingaid?fa.id=DE-611-BF-38689&htmlFull=false&lang=de&fa.enum=14735&q.page=0&lastparam=true#1 (zuletzt abgerufen am 28.06.2023).
Im Folgenden wird der Nachlass lediglich mit dem entsprechenden Band und der Nr. angegeben. So findet sich der Brief vom 19. März 1804 in Band 31, Nr. 12.
(s.a. III, Blatt 38, IV 1, Blatt 6, 7, 17, 41, VI, Blatt 144, 204)

Einheit III: Bibliotheksreise nach Paris (1804/05)

BLATT 1–3

[Stichworte zum Pariser Aufenthalt]

BLATT 4

Das französische Weltreich u. die deutschen Universitäten.
Die Propaganda für französ. Recht (1808–1810) u. der Rechtsunterrich[1]

I. Französ. Kaiserreich

II. Der Rheinbund (Häusser III, 213 ff., 291, 360, 470 ff., 471, 481; Zach[ariae] S. 6 Anm., S. 58, 391 Anm., 495; Stobbe II, 484 Anm.)

1. Königreiche
   a) Baiern (Häusser III, 217, 221, 270, 346, 350, 353)
      Landshut (Zach S. 157)
   b) Sachsen (Häusser III, 363, 402)
      Leipzig (Zach, S. 27 Anm., 40, 47)
   c) Westfalen (Häusser III, 235, 243; Zach 13, 30, 140, 157 f., 495; Perthes 415 f., 417 f.)
      Göttingen (Zach, S. 152, 154, 157, 225, 343, 439, 578; Stobbe II, 486)
      Marburg (Häusser III, 27, 237, 365; Zach 4, 47, 154, 157; Stobbe II, 486 Anm.)
      Halle (Zach S. 154)
         Wilh[elm] Grimm
      Braunschweig (Häusser III, 29, 30, 402, 406; Perthes S. 430; Zach 157, 397)
         Univ. Helmstädt (Hugo S. 552; Zach 83 Anm., 142; Stobbe II, 486 Anm.)
      Hannover (Häusser III, 471)
   d) Württemberg (Häusser III, 223; Perthes
      Tübingen (Zach S. 3, 147; Stobbe II, 482)

2. Großherzogthümer
   a) Baden (Häusser III, 228; Zach S. 4, 28 f., 496)
      Heidelberg (Zach S. 44, 58, 72, 154)
   b) Berg (Häusser III, Perthes I, S. 416, 420, 495; Zach 13 Anm. 6, 57 Anm., 495)
      Düsseldorf (Zach S. 40)
   c) Frankfurt a. M. (Häusser III, 472; Zach 13, 29
      Wetzlar (Zach . . .   383, 422 f.)
   d) Hessen-Darmstadt (Zach 13 Anm. 14; Perthes I, 403)
      Gießen (Zach 13, 31 Anm. 14, 150, 152, 153)
   e) Würzburg

3. Herzogthümer
   a) Mecklenburg
      Rostock
   b) Sächs. Herzogthümer
      Jena (Häusser III, 60; Stobbe II, 496; ___ S. 580 f.
   c) Herzogthum Cittau (Stobbe II, 484; Zach S. 30)
   d) Herzogthum Nassau (Zach S.   ; Stobbe II, 485; Perthes I, S. 414 f.)
   e) Warschau

4. das Fürstenthum Arenberg (Zach 13, S. 28; Meyer I, 781: seit 1810 zum K. Westfalen)

III. Kaiserthum Österreich (Häusser III, 247 ff., 263–294, 438, 454, 459)
     Wien

IV. Königreich Preußen (Häusser III, 177, 366 f., 439, 460)
    Berlin (Häusser III, 170, 180, 461; Zach 32, 59)

V. Republik Danzig (Häusser III, 89 f.)
   Königsberg (Häusser III, 185)

VI. Herzogthum Warschau (Zach 13, S. 27)
    – K. Gotland (Häusser III,   488, 494)

VII. Helvetische Republik

BLATT 5

[Stichworte zu Arnim 1808/09]

BLATT 6

[Stichworte zum Pariser Aufenthalt]

BLATT 7

Übersicht

1. Hinreise
2. Einfahrt u. Mißgeschick. – Bostell. – Weis –: [Pfeiffer] oder Grimm
3. Wohnung
4. J. Grimm kommt
5. Die Verhältnisse auf der Bibliothek u. Arbeit
6. Die Arbeiten
7. Berichte an Weis u. Creuzer
8. Theater etc. – das Volk, Gesetzbuch
9. Bekannte
10. Frau u. Schwägerin
11. Die Brentanos
12. Die Universitäten Marburg u. Heidelberg
13. Ruf nach Jena
14. Rückreise

BLATT 8

1803–1808

Übersicht

1. 1803 um Ostern erscheint das «Recht des Besitzes» ohne Vorrede
   außerord. Professor. – Urlaub
2. der Winter 1803/04 . . . Verlobung; Creuzers [höhnische?] Bemerkung
   1804 im März Arbeiten in Göttingen – u. in Heidelberg?
3. 1804 den 17. April Heirat, nicht in Trages, sondern in [Meerholz]
   nur protestant. Trauung
   die Frau bleibt Frankfurterin (s. Berlin)
   die nicht gerade erfreuliche Zugabe (der 3 genialen Geschwister der Frau)
4. 1804 April – Juli auf Trages
5. Arbeiten in Süddeutschland
   1804 Mai in Würzburg
   – Sept. in Tübingen
   – Marburg?

6. Reise nach Paris
   a. Haltestellen in Heidelberg (1804 . . . bis 19. Oct.)
   b. Abreise nach Paris
   c. In Paris (1804 Dez. – 1805)
      - Arbeiten – Cujas
      - Geburt einer Tochter; in Paris nicht getauft
      - Was in der Heimat geschah
      - Rückreise 1805
7. Wieder in der Heimat
   a. Auf Trages festliche Taufe (durch wen? Schwarz?)
   b. Marburg 1805/06

BLATT 9

[Stichworte: hessische Freunde 1802]

BLATT 10

Ende October ward die durch den Aufenthalt in Heidelberg unterbrochene Reise nach Paris wieder aufgenommen u. von nun an in eigenem Wagen mit einem Bedienten gemacht. Das nächste Ziel war Straßburg. Hier ward Savigny aufs beste empfangen.

BLATT 11

«Die Bekanntschaft der meisten unter den hiesigen Gelehrten,» berichtete Savigny am 2. November an Creuzer, «hat mir viele Freude gemacht: sie sind bieder u. einfach, u. dabei äußerst gefällig u. zuvorkommend gegen Fremde. Der alte Oberlin, der alle Bibliotheken dirigiert, ist besonders dienstfertig; er hat mich beständig auf seiner Stube arbeiten lassen. Die Universitätsbibliothek ist reich an Manuscripten u. alten Drucken, u. auch die Centralbibliothek, die jetzt der Stadt gehört, aber noch nicht geordnet ist, scheint eine nähere Untersuchung gar sehr zu verdienen.» [Stoll I, 241]

«Ich habe mich nicht besonders nach Ihren Bedürfnissen umgesehen, da Sie gewiß selbst hierherkommen u. auch durch Oberlin alle Wünsche befriedigt erhalten können.»

~~Noch lange nachher betonte Hugo,[1] daß «Straßburg gewissermaßen doch immer noch als eine deutsche hohe Schule angesehen werden kann».~~

«In zwei Tagen gehe ich nach Nancy u. Metz.»

«Gott sei mit Ihnen, lieber Creuzer,» so schloß der Brief mit seiner stillen Mahnung.

[1] [Hugo, Lehrbuch der] Gesch. des röm. Rechts seit Justinian. 3. Versuch 1830, S. 593

BLATT 12

In Metz, wohin er die Briefe an die Adresse von Mr. Possel, Receveur général du département de la Moselle richten ließ,[1] machte Savigny gleichfalls «recht liebe Bekanntschaften». Am 18. November gedachte er in 10 bis 14 Tagen in Paris zu sein. [Stoll I, 242]. Dahin waren die Briefe zu richten an die Adresse von

Mr. le Baron de Dalberg, Ministre de Bade, rue Concorde no. 25.

[1]eine Brentanosche Bekanntschaft

BLATT 13

[2 Stichworte zu Paris]

BLATT 14

Am 2. Dezember [1804] fuhr der Wagen in die Weltstadt ein. Als in der Wohnung das Gepäck revidirt ward, fand sich, daß ein Koffer Savignys mit seinen Vorarbeiten fehlte u. seine Bestürzung war grenzenlos. Die ganze Reise schien verfehlt.

Auf der Stelle wurden alle möglichen Wege eingeschlagen, um das Verlorene wieder zu erlangen. Die größte Wahrscheinlichkeit sprach dafür, daß der Koffer bei der Einfahrt in das Thor gestohlen worden sei. «Ich wandte mich», so erzählte Savigny, «an die Polizei; ich setzte öffentlich einen Preis von 100 Louis d'or auf den ganzen Koffer u. von 45 auf die bloßen Papiere: alle Bemühungen blieben ohne Erfolg.»

Savigny war wie gelähmt, u. konnte keine Feder anrühren. Am 4. Dezember gab seine Frau ihrem Bruder Christian[1] in Marburg Aufträge u. an Creuzer schrieb sie: «Von uns armen unglücklichen Leutchen nur ganz kurz einen freundlichen Gruß. Wenn Savigny wieder ruhiger ist, wird er Ihnen schreiben. Unterdessen vergessen Sie uns nicht, u. schreiben Sie bald.» [Stoll I, 243]

An demselben Tage raffte Savigny sich auf, um selbst an Bostell in Marburg zu schreiben, der ihm bei den Vorarbeiten so treu geholfen hatte. Auf der Bibliothek hatte er inzwischen schon Umschau gehalten u. den reichen Schätzen gegenüber war er doppelt unglücklich.

[1]Vgl. Schulin [Drei akademische Vorträge] S. 40, 44

BLATT 15

[Savigny aus Paris an Bostell, 4. Februar 1805] [Stoll I, 243–245; Enneccerus, Friedrich Carl von Savigny und die Richtung der neueren Rechtswissenschaft, S. 56f.]

«Wie unglücklich unsere Ankunft war,» schrieb er an den Freund, «weißt du (durch Christian): Nicht alle meine Papiere habe ich verloren, im Gegentheil: von meinen eigenen Arbeiten gar nichts, aber alles was auf die Reise Beziehung hatte: ... den

Index Bibliothecarum, woran du so viel gearbeitet hast, den Index Editionum, u. die Collatio Codicem Manuscriptorum: also alles was ich im vorigen Winter, was ich in Göttingen u. was ich auf der Reise besonders in Schwaben u. Metz, zusammen getragen hatte. Da war ich nun in Paris, wo ich mehr zu finden hoffte, als irgendwo in der Welt, u. wo ich gleich auf den ersten Blick viel mehr fand als ich erwartet hatte – da war ich, hatte Arbeit genug, u. die herrlichste Arbeit, neue Entdeckungen auf jedem Schritt . . .

Du kannst dir denken, wie mich mein Verlust schmerzte. Ich habe dabei erfahren, wie viel leichter ein Unglück dem zu tragen ist, der es nicht allein zu tragen hat. Ich habe mich auch nach u. nach an den Gedanken gewöhnt, u. es hat aufgehört, mir wehe zu [Fortsetzung s. folgendes Blatt]

BLATT 16

thun. Aber die Sache selbst ist dadurch um nichts besser geworden. Es ist nichts geringes, lieber Bostel, in einer Arbeit, die auf Jahre berechnet war, so völlig unterbrochen zu werden. Du kennst die Art von Sammlerfleiß, die ich hatte; sie gehörte zu mir, u. ich hatte eben deswegen nicht zu fürchten, daß sie mich zu einer kleinlichen Liebhaberei verführen möchte; sie gab mir ein Gefühl von Sicherheit, Gewißheit u. Progression, welches sie selbst wechselseitig lebendig erhielt. Jener Verlust hat mir im Gegentheil ein Gefühl von Unsicherheit u. Unvollständigkeit gegeben, das mir vielleicht lange anhängen wird. Tausend Notizen, zufällig gefunden oder componirt, waren mir wichtig, weil sich in meinen Gedanken eine Menge unaufgeklärter Fragen daran knüpften. Und das alles ist fort.» [Fortsetzung s. III, Blatt 17]

– – – – – – – – – –

Sofort [19. Januar 1805] erbot sich Bostel, obwohl er als Rechtsanwalt sehr beschäftigt u. mit seinen Erfolgen sehr zufrieden war, nach Paris zu kommen, um wieder zu helfen. ‖ Aber Savigny war entschlossen, zunächst andere Hülfe in Aussicht zu nehmen, u. nur, wenn diese versage, um die seines Freundes zu bitten. Erst als dieser Plan im Gange war, antwortete Savigny v. Bostell. Die Briefe brauchten lange Zeit: der an Creuzer gerichtete Brief kam erst am 14. Dezember in seine Hände, u. erst am 4. Februar konnte Savigny an Bostel den Stand der Dinge mittheilen. «Ich wollte, du hättest selbst sehen können, wie herzlich uns alle dein lieber Brief gefreut hat.»

BLATT 17

[Brief an Bostell, Fortsetzung des vorherigen Blatts, 1. Abschnitt]
«Du hast recht gerathen, warum ich dich nicht gebeten habe, zu kommen. Daß du es dennoch thun würdest, daran habe ich nicht gezweifelt, weil ich deine ehrliche Freundschaft kenne. Ich habe schon dem Christian geschrieben. Kann einer der zwei jungen Leute kommen, gut. Ist es nicht möglich, so komme du, u. sobald du nur immer kannst.

Ich nehme dann eine Aufopferung von dir an, die mich zwar nie drücken könnte, weil ich dich lieb habe, die ich aber nicht annehmen kann und darf, so lange mir ein andrer Ausweg möglich ist. Du müßtest aber dann erst nach Marburg gehen, um dort zu besorgen, was ich dem Christian geschrieben habe. – Ich wollte, du theiltest diesen Brief dem Christian mit; ich habe ihm so viel über mich und über meinen Auftrag schreiben müssen, daß ich nicht viel von mir sagen konnte, u. er hat uns so lieb, daß er nothwendig wissen muß, wie es uns geht.» [Fortsetzung s. folgendes Blatt]

– – – – – – – – – –

Die Verhältnisse auf der Bibliothek hatte Savigny nichts weniger als erfreulich gefunden.
«Denke dir, die Einrichtungen dummer u. schlechter, u. die Menschen ungefälliger, als ich es noch irgendwo gefunden habe.» [Stoll I, 244]
«Man kann nicht anders», erzählte er später (den 20. Februar) Creuzer, «als im Kalten arbeiten, u. nur von 10–2 Uhr. Sehr wenig Aufseher, meist sehr unwissend, oder sehr faul u. vornehm, besonders die Conservateurs des manuscriptes. Über die Manuskripten kein einziger allgemeiner Catalog, u. die partiellen, etwa so wie die der Bücher, miserabel.» [Stoll I, 245 f.]

BLATT 18

[Brief an Bostell, Fortsetzung des vorherigen Blatts, 1. Abschnitt] [Stoll I, 245]
«Wenn du kommst,» deutete Savigny schließlich an, «wirst du wohl gerade recht kommen zu einer gewissen häuslichen Begebenheit, die uns alle gar sehr beschäftigt u. die du selbst errathen mußt.»

Seine Frau schrieb darunter: «Sie sind ein gar lieber treuer Freund von meinem Savigny; uns alle hat Ihr Antheil an unserm Unglück gerührt u. getröstet; dafür sollen Sie nun auch Antheil an unserm Glück haben u. sich mit uns freuen.»

BLATT 19

Die schlechte Wohnung

Das Unglück war nicht allein gekommen: auch die Wohnung brachte bei der schlechten Witterung Noth u. Krankheit. Sie lag nicht nur ziemlich entfernt von der Bibliothek, sondern war auch ungesund; im März ward eine bessere u. bequemer gelegene Wohnung im Hotel du Nord bezogen (rue de la loi, ci devant Richelieu, au coin de la rue neuve S. Marc). In demselben Hotel wohnte auch der hessische Minister v. der Malsburg, mit einem Neffen, dem Regierungsassessor Otto v. d. Malsburg.

Als Frau Savigny an Creuzer schrieb, war sie seit acht Tagen auf einem Auge blind, u. Paris war «immer feucht, trüb u. voll Nebel; die ganze Familie war fast immer krank, abwechselnd oder gemeinschaftlich.» Savigny selbst hatte beinahe zwei Monate lang eine Unpäßlichkeit, die «Folge des warmen feuchten Klimas». Er fühlte sich, wie er an Creuzer schrieb (den 20. Februar), in Verbindung «mit dem Eindruck meines Unglücks und aller hiesigen Nichtigkeiten völlig gelähmt, so daß mich die geringste Thätigkeit große Überwindung kostete u. ich auch für mich so gut als gar nichts arbeitete.» [Stoll I, 245]

BLATT 20

Am 3. Januar hatte Savigny Weis[III] mitgetheilt, er lasse sich Pfeiffer[1] oder Grimm zu Hülfe kommen, u. zwar sogleich.[2] Die Vermittlung hatte Savigny seinem Schwager Christian übertragen. Nun aber hatte der an erster Stelle in Aussicht genommene Pfeiffer, es wird der jüngere, Franz Georg gewesen sein – derselbe hatte Aussicht, an Stelle des verstorbenen Wiegand Hofarchivar in Cassel zu werden, was ihn hinderte, den Antrag anzunehmen.

So kam der Antrag an Jacob Grimm, der im letzten Semester seines akademischen Studiums stand.

[1]Über Burchard Wilhelm Pfeiffer: Holtz[endorff, Rechtslexicon, Bd. 3, Erste Hälfte] S. 53 u. Hugo [Lehrbuch der Geschichte des römischen Rechts], S. 595, dort auch der Bruder [2]Schulin S. 41 [SZ (RA) 48 (1928), S. 148 f.]

– – – – – – – – – –

Die Tante [Jacob Grimms] wünschte einen baldigen Abschluß der Universitätsstudien u. machte sich Gedanken über die Folgen der Unterbrechung dieser Studien, die jenen Abschluß u. das Examen hinausschoben.

BLATT 21

Jacob, der seinen Vater schon seit Jahren (1796) verloren hatte, fragte am 20. Januar seine in Cassel lebende Mutter u. die Schwester des Vaters, Witwe des Liederschreibers Schlemmer, nun Kammerfrau der Kurfürstin, um ihren Rath. «Noch niemals,» so schrieb er am 20. Januar an die Tante, «schrieb ich Ihnen vielleicht in größerer Ungewißheit als diesen Brief. Der Herr von Savigny nämlich hat mir aus Paris, wo er sich jetzt aufhält, sehr annehmliche Vorschläge gethan, auf ein halbes Jahr dorthin zu kommen, u. ihm in juristischen Sachen zu helfen. Ich bekomme 10 Carolin zur Hinreise, dort freies Logis u. Kost, u. freie Rückreise.

Die Bedingungen sind sehr vortheilhaft. u. werde künftigen Herbst vielleicht umso leichter bei meiner Zurückreise angestellt. In acht Tagen muß ich vielleicht schon abreisen.» [Grimm, Jugendbriefe, S. 5][IV] Jacob selbst war, wie er erzählt, die Aussicht einer näheren Verbindung mit Savigny u. die Reise nach Frankreich reizend genug. Die Einwilligung von Mutter u. Tante kam, wenn auch nicht ohne Sorgen, u. so saß der Student, für den noch vielerlei besorgt werden mußte, erst nach Wochen im Postwagen, um über Mainz, Metz u. Chalons nach seinem Bestimmungsort zu fahren.

BLATT 22

Inzwischen hatte Savigny auch die Hülfe seines Lehrers u. Freundes Weis in Anspruch genommen. «Jetzt geht es,» schrieb er ihm am 3. Januar [1805], «wieder frischer, u. ich will mich bald zwingen, über den neuen Arbeiten die alten verlorenen zu vergessen.»[V] Dann aber machte Savigny in seiner begreiflichen Ungeduld dem Freunde über eine vermeintliche Saumseligkeit Vorwürfe. «Was soll ich Ihnen sagen? Sie haben alle meine Bitten nicht geachtet, u. wenn Sie es nicht thun, helfen Sie die Noth vermehren.» Pfeiffer oder Grimm müsse

BLATT 23

«drei Sachen unfehlbar mitbringen:

a) Sarti von Erxleben, dem ich mich bestens empfehle u. welchem ich das Buch in specie oder in genero, d. h. mit gleichem Einband restituire. In Paris ist Sarti nicht einmal dem Namen nach bekannt. [Sarti, De claris Archigymnasii Bononiensis professoribus, Bd. 1, Teil 1]
b) Glücks Praecognita juris canonici; wenn ich sie nicht habe, aus Ihrer Bibliothek.
c) Copie Ihres Index editionum. Dafür aber sorgen Sie sogleich; vertheilen Sie es lieber unter mehreren Abschreibern, sorgen Sie aber doch für Correctheit.»

Zu diesen Desiderien kamen noch andere hinzu: «Alle Antworten, um die ich Sie jemals gebeten habe, sind mir jetzt nur um so nöthiger, ja selbst alle Fragen u. Notizen aus meinen Briefen sind mir unentbehrlich, weil ich sie selbst nicht mehr habe u. sie mir jetzt noch vieles wieder in das Gedächtniß rufen können. Sie finden gewiß einen Studenten, der mir den Gefallen thut, diese paar Sachen zu extrahiren, u. ich bitte Sie höchst angelegentlich, es dann gleich dem Christian zu geben, der es mir schicken wird.

Die biographischen Notizen vom Jure consultiis wären mir auch sehr willkommen, besonders aber mit kleinen literarischen Notizen über ihre Biographen, Briefe etc., besonders bei den Franzosen, wie Contius etc., doch darum wage ich gar nicht zu bitten.» [Schulin, S. 41 f.]

BLATT 24

Aber Weis besorgte alles treulich. Erxleben aber schlug die Bitte, Sarti an Savigny zu überlassen, ab. Savigny fand diese Illiberalität groß. [an Weis, 3. März 1805][VI] Erst nach Monaten, im Juni, entdeckte er das Werk zufällig bei einem Bekannten in Paris; [Schulin, S. 46] seine Freude war groß u. mit großem Gewinn für seine Arbeit las er das Werk von Neuem.

– – – – – – – – – – –

Seltsam mutet es uns an, wenn wir sehen, mit wie geringer Theilnahme Creuzer u. v. Arnim Savignys Mißgeschick betrachteten.

«Nun denken Sie sich einmal,» schrieb Creuzer an die Günderode am [16. Dezember 1804], «den Savigny nach einem solchen Verlust. Vielleicht wird er gar genöthigt, wieder umzukehren.» [Preisendanz, S. 48 f.] Später besann er sich: «in der That, nichts Ärgeres hätte ihm widerfahren können, u. es ist möglich, daß dieser Vorfall seinen ganzen Zeitplan verändert. Doch habe ich immer noch Hoffnung, daß die gute Polizei dort ihm noch zu dem Seinigen verhelfen wird.»

Arnim, dem Clemens geschrieben hatte, Savigny sei untröstlich u. die Wissenschaft könne es mit ihm sein, warf am 14. Januar die Frage auf, ob wohl etwas in der Welt sein sollte, was durch einen solchen Zufall vernichtet werden kann?» [Steig I, S. 128]

BLATT 25

Anfangs Februar traf Jacob Grimm in Paris bei Savigny ein. So geschah es, daß zwischen dem jungen Rechtslehrer u. seinem Schüler sich ein ähnliches Verhältniß anbahnte, wie es zwischen den Vätern beider Theile bestanden hatte: . . .

Die kommissarischen Besitzer von Trages hatten in freundlichen geschäftlichen Beziehungen zu dem . . . Grimm gestanden u. hatten diesen gelegentlich zum Mittagstisch gebeten. Zwischen den Söhnen dieser Männer sollte sich ein freundschaftliches Verhältniß entwickeln, wie es schöner nicht gedacht werden kann, bis die Revolution von 1848 eine gewisse Entfremdung herbeiführte.

Am 10. Februar schrieb Jacob an seinen Bruder Wilhelm, gleichfalls Student der Rechte, mit dem er bisher auch in Marburg zusammen gelebt hatte: «Savigny ist noch ganz wie sonst, u. erstaunlich gelehrt. [Grimm, Jugendbriefe, S. 12] Seine Frau ist eine der liebens- [Fortsetzung s. folgendes Blatt, Zeile 3]

BLATT 26

«Savigny,» so schrieb er am 10. Februar an seinen Bruder Wilhelm, mit dem er zusammen in Marburg als Student gelebt hatte, «ist noch ganz wie sonst u. erstaunlich gelehrt. [Grimm, Jugendbriefe, S. 12] Seine Frau ist eine der liebenswürdigsten Weiber; daß sie gescheidt ist, darf ich dir nicht erst sagen, da sie eine Brentano ist. Schön ist sie nicht, aber sehr interessant: die schönsten Augen, die man sich denken kann.» [Grimm, Jugendbriefe, S. 17]

Die dritte Hausgenossin, Meline, wird mit keinem Wort erwähnt. Daß sie den Jüngling aber im Stillen beschäftigte, davon giebt Zeugniß ein noch erhaltenes Löschblatt, auf dem er, vielleicht unbewußt, ihren Namen in großen Zügen, den Namen Meline niederschrieb. Bekannt ist, wie Bettina, die ältere Schwester, die Schönheit Melines rühmte.

BLATT 27

Savigny aber athmete förmlich auf. «Jetzt,» so schrieb er am 20. Januar [richtig: 20. Februar] an Creuzer, «bin ich wieder wohl; der ältere Grimm hilft mir sehr brav u. nun geht Arbeit u. alles Übrige wieder ganz lustig seinen Gang.» [Stoll I, 245]

Ein Wechsel der Wohnung u. die durch Savignys ganzes Wesen herbeigeführte Umstimmung der Bibliotheksbeamten hatten den günstigsten Einfluß. Die zuerst gewesene Wohnung lag nicht nur weit von der Bibliothek, sondern hatte sich auch als ungesund erwiesen, so daß Savignys Frau eine Zeit lang auf einem Auge blind war. Nun war in dem Hotel du Nord, in dem auch der hessische Gesandte Malsburg wohnte (Rue de la loi, ci devant Richelieu, au coin de la rue neuve S. Marc), eine bequemer gelegene u. bessere Wohnung gefunden, u. zwar in einem Gartenhause, das für den Frühling die größte Annehmlichkeit gewährte. Am 14. März [richtig: 19. März] erzählte Savigny Creuzer von den schönen Frühlingstagen, die sie in der neuen Wohnung genössen, ja daß sie schon einige Tage hindurch zu warm hatten. «Haben Sie auch ein solches Frühjahr? In unserm Garten haben wir schon seit acht Tagen Laub, u. viele Bäume stehen hier schon in der Blüthe.» [Stoll I, 252]

Schon drei Wochen vorher, am 20. Februar, konnte Savigny von einer «Gefälligkeit» der Bibliotheksbeamten sprechen, die freilich nur «sehr mäßig» sei; [Stoll I, 246] aber er bekomme doch schon gedruckte Sachen nach Hause. Und am 19. März konnte er dann mittheilen, mit der Bibliothek [Fortsetzung s. folgendes Blatt]

BLATT 28

gehe es immer besser: «Ich habe es jetzt dahin gebracht, daß man mir auch Manuscripte nach Hause giebt.» [Stoll I, 251] Und welche Schätze harrten seiner. Zwar war, wie er später urtheilte, die Sammlung von gedruckten Büchern an Plan u. verständiger Anlage mit der Göttinger nicht zu vergleichen, aber sie sei doch sehr reich, besonders an alten Drucken; die Sammlung von Manuscripten aber geradezu ungeheuer. –

- - - - - - - - - -

Savigny war sich wohl bewußt, daß er, als er Jacob mitten in seinem Universitätsstudium zu sich zog, die eigensten Interessen des Jünglings nicht außer Augen lassen dürfe. Wenn er ihn nun in Paris für die seiner wartenden Arbeiten in der Diplomatik unterwies, so sorgte er auf der andern Seite auch dafür, daß Jacob in den für das Staatsexamen von ihm geforderten Kenntnissen voranschreiten u. seine Meldung zum Examen nicht nothwendig aufgeschoben werden müsse. Gleich nach seiner Ankunft erklärte er Jacob, daß er ihm seine Hefte für die Marburger Vorlesungen zur Benutzung mittheilen werde, was am 10. Februar freudig an Wilhelm berichtet ward. [Grimm, Jugendbriefe, S. 12] Jacobs Nachlaß aber zeigt, daß Savigny ihm auch seine Adversaria zur Verfügung stellte: aus ihnen machte er sich Auszüge über das Sachenrecht, Obligationen-, Erbrecht u. Actionenrecht, u. im Mai schrieb er ein ganzes Heft über Novationen für sich ab.

BLATT 29

Für Savigny handelte es sich vor allem um die Herstellung der Vorarbeiten für seine bibliothekarischen Forschungen; Jakob unterrichtet uns genau über den Umfang der Verluste, die Savigny erlitten hatte u. über das was ihm geblieben war. «Savignys Verlust,» erzählte er, «habe ich mir doch ärger vorgestellt. Zwar sind Sachen von beträchtlichem Werth verloren gegangen u. sehr viele Literalien, allein letztere doch meist nur Reisepräparate u. solche Sachen, die er mit geringem Aufwand von Zeit u. Mühe wieder erhalten kann. Freilich waren darunter auch verschiedene Aufsätze, besonders Vergleichungen vieler Ausgaben, die er in seinem Leben nie wieder haben wird. Allein was ihn doch noch weit mehr würde geschmerzt haben zu verlieren, seine meisten Aufsätze u. Hefte über durchdachte Materien, sind ihm geblieben. So hatte er namentlich über das römische Staatsrecht vielleicht hundert Schriften durchgelesen u. sich daraus u. aus den Quellen Resultate gemacht.» [Grimm, Jugendbriefe, S. 17]

Von Savigny aber hören wir, wie rasch das Verlorene wieder neu hergestellt ward. «Meine verlorenen Papiere,» schrieb er an Creuzer, «werden in Kürze, soweit sie mir zur Reise nöthig sind, wieder hergestellt sein: ich wundere mich selbst, wie das in so kurzer Zeit möglich ist. Einige Stücke werden mir freilich immer wehe thun, aber was ich auf der Reise gesammelt habe, kann ich auf der Rückreise größtentheils wiederholen: mein Gedächtniß kommt mir sehr zu statten.» [Stoll I, 248] und an Weis (am 3. März [1805]): «Mein Reiseapparat ist schon fast ganz restituirt, nur viel vollständiger u. bequemer als vorher. Und daneben beständig auf der Bibliothek. Was sagen Sie dazu, Sie besonders? Grimm hilft mir überaus brav.» [Schulin, S. 42; s.a. SZ (RA) 48 (1928), S. 149 f.]

BLATT 30

Die Wiederherstellung der Vorarbeiten gingen Savignys Forschungen in den Schätzen der Bibliothek zur Seite. Der wichtigste Gegenstand dieser Forschungen waren für ihn die Schriften der Glossatoren. Deren Darstellung war für ihn der Ausgangspunkt der von ihm geplanten Literärgeschichte des römischen Rechts von Irnerius bis auf unsere Zeiten.[1] Die Anregung zu diesem Werke war durch seinen Lehrer Weis gegeben, der mit gründlicher Kenntniß einen unglaublichen Eifer für diese Literatur verband. Kein Wunder, daß Savigny bei seinen Forschungen auf der Pariser Bibliothek [mit ihm] in engster Verbindung stand, dem er stets sofort seine Resultate mittheilte, aber auch über ihm dunkle Dinge um Belehrung bat. Am 3. März drückte er seine Hoffnung aus, «lauter Neues zu entdecken u. viel wichtiges: das will ich recht machen, dabei bleibt nichts anderes unbeachtet.» [Schulin, S. 42; s.a. SZ (RA) 48 (1928), S. 149f.]

Bei der erneuten Lectüre Sartis war ihm der Reichthum der Pariser Bibliothek an Schriften der Glossatoren wieder neu aufgefallen: «es sind wenige Glossatoren, zu welchen ich nicht sehr bedeutende Zusätze u. Berichtigungen liefern kann.» [Schulin, S. 46]

[1] [Rudorff, Friedrich Carl von Savigny: Erinnerung an sein Wesen und Wirken, S. 36]

BLATT 31 [redundant, s. III, Blatt 32]

BLATT 32

Im März hatte Savigny von Huguccio zwei Manuscripte in Arbeit. Es traf sich nun, daß Wachler in Marburg eine merkwürdige Handschrift auf der dortigen Universitätsbibliothek angezeigt hatte,[2] die das Dekret des Gratian enthielt, eine Mittheilung, die Savigny nicht entgangen war. Da Savigny diese Handschrift für die Lösung gewisser, bei dem Studium des Huguccio aufgetauchter Fragen von Wichtigkeit erschien, bat er Weis um Auskunft über bestimmte Punkte. Da diese Auskunft nicht so schnell eintraf, als er gehofft hatte, schrieb er ihm am 7. April [1805]: «Von den zwei hiesigen Manuscripten des Huguccio sollen Sie kein Wort erfahren, bis Sie mir über [folgende] Fragen das Marburger Manuscript betr. geantwortet haben.»[VII]

Auch mit Placentinus war Savigny beschäftigt. Da er dessen opera omnia (. . . .) in seiner Bibliothek in Marburg besaß, bat er seinen Schwager Christian Brentano, ihm das Werk zuzusenden; es ergab sich aber, daß Christian nicht mehr in Marburg war u. so ward nun im April wieder Weis um die Besorgung gebeten.

[1] [kein Verweis im Text] Schulin S. 41 [2] Justi, Hessische Denkwürdigkeiten, IV, 2. Abth. (1805), S. 198

BLATT 33

Savignys Augenmerk beschränkte sich aber keineswegs auf die Glossatoren, sondern war mit derselben Sorgfalt den großen französischen Juristen des sechzehnten Jahrhunderts zugewandt. Und auch hier ward seine Mühe aufs reichste belohnt.

Im Juni war er mit Contius' (le Conte) Briefen beschäftigt. Als ihm bei der Lectüre eine wichtige Stelle unverständlich blieb, bat er Weis um Auskunft, die er auch erhielt:

«Ihr Brief, mein Theuerster,» so schrieb ihm Savigny (am 26. Juni)VIII zurück,[1] «hat mir gar große Freude gemacht.»

[1]Schulin S. 45 [2][kein Verweis im Text] Vgl. Savigny, Gesch[ichte des römischen Rechts] III², 450

BLATT 34

[redundant, siehe III, Blatt 118/119]

BLATT 35

Savignys Selbstbeherrschung

Seine Frau hat bezeugt, daß er selbst bei höchst unangenehmen Begebenheiten nie heftig ward u. führt als Beispiel an, als ihm in Paris sein Koffer mit allen Papieren abgeschnitten worden war: «er wurde nie traurig.» Auch seinen Domestiken gegenüber betonte er kein Wort heftiger, unterstrich es nicht, wie seine Frau sagte.[1]

[1]Rudorff den 22. Dec. 1861 an Frau Pastorin Hoffmeister, geb. Lichtenstein [konnte nicht ermittelt werden]

BLATT 36

[s.a. VI, Blatt 82ff.]

Die Ehescheidung

Im September verhandelte Creuzer die Scheidung von seiner Frau auch mit Frau von Heiden. Dieselbe konnte nach Lage der Sache eigentlich nur von der Frau ausgehen, u. doch sollte die Sache so behandelt werden, daß nicht sie, sondern vielmehr Creuzer die Klage erhebe, u. zwar so, daß ihr der Scheidungsgrund womöglich vorenthalten werde, u. so der eigentliche Scheidungsgrund nicht bekannt würde, hatte Creuzer deshalb manche Besorgniß, namentlich mit Rücksicht auf Caroline, die er in jeder Hinsicht schonen wollte. «Schwerer,» «so schrieb er nun am 5. September im Zusammenhang solcher Betrachtungen an Frau v. Heiden, «wo nicht ganz unthunlich, wird es sein zu verhindern, daß man sich nicht den Grund des Scheidungsgesuchs laut oder leis ins Ohr sage. Leute wie die Feindselige (so nannte er Frau Daub) werden geschäftig genug sein, die Sache auszubreiten. Daß Sophie der letzteren nicht mehr traut, habe ich allen Grund zu glauben. Aber wird sie nicht doch natürlich auf die Ursache der Scheidung schließen? Doch darüber wird wohl mündliche Berathschlagung gepflogen werden müssen.» [Preisendanz, S. 150f.]

– – – – – – – – – –

Aber Savigny verstand es, der Schwierigkeiten auf der Bibliothek Herr zu werden. An demselben 20. Februar konnte er schon von «Gefälligkeit» der Beamten sprechen, wenn auch nur von einer «sehr mäßigen,» [Stoll I, 246] aber «gedruckte Sachen bekomme ich schon nach Hause». Und am 19. März konnte er schreiben: «Mit der Bibliothek geht es immer besser: ich habe es jetzt schon dahin gebracht, daß man mir Manuscripte nach Hause giebt.» [Stoll I, 251]

Und welche Schätze harrten nicht seiner.

BLATT 37

Cujacius

Besonders groß aber war seine den größten der französischen Rechtsgelehrten, Cuiacius (Cujas) betreffende Freude. «Was ich über Cujas finde,» schrieb er am 11. August [1805] an Weis,[IX] «übersteigt alle meine Erwartungen.» Aus einer Handschrift (Codex Dupuy 700) ließ er die Briefe des Cujas an Pithou abschreiben.[1] <Um diese Arbeit bemühten sich trotz der schwer zu entziffernden Handschrift auch Savignys Frau mit Meline mit ihren guten Augen.>[1]

Sein Aufsatz in der französ. Zeitschrift Thémis. Von den über Cujas' Tochter handelnden Briefen erzählte Savigny nach seiner Heimkehr v. Arnim, der sie lebhaft zu lesen wünschte. [s.a. IV 1, Blatt 5]

[1]vgl. Rudorff, [Friedrich Carl von Savigny, Erinnerung an sein Wesen und Wirken] S. 20f. Die Briefe des Cuiacius an Pithocus: Abschrift aus der Pariser Handschrift Mss. Dupuy n. 700 u. aus einer Münchener Handschrift (Savigny in Thémis T. IV) Biener, Beiträge [zur Revision des Justinianischen] Codex, S. 12

BLATT 38 [s.a. IV 1, Blatt 5f.]

Über die Schriften des Cujas hatte Savigny mit einem französischen Professor ein Gespräch, ohne Zweifel auf der Bibliothek. Der liebenswürdige Mann, der den jungen deutschen Gelehrten sich mit einer so großen Arbeit abmühen sah, hielt es für seine Pflicht, ihn darauf aufmerksam zu machen, daß er sich diese Arbeit ersparen könne: was von Cujas brauchbar sei, habe bereits Pothier zum Gebrauch hingestellt.

[Randnotizen:] Übrigens hatte Savigny schon in seinem ‹Besitzrecht› seine genaue Kenntniß der Werke des Cujas dargestellt.

Savigny aber ließ nicht nur die Briefe des Cujas abschreiben, sondern machte auch Studien über das Leben des Cujas. Vgl. Creuzer an Böttiger den 12. Dezember 1805. [Nachlass Böttiger, Bd. 31, Nr. 14, s.a. II, Blatt 1]

BLATT 39

[redundant, s. III, Blatt 38]

BLATT 40

Andere Funde sollen hier nur erwähnt werden, so ein bisher unbekannt gebliebener Anhang zur Lex zum Westgothischen Gesetzbuch (Lex Romana Visigothorum),[1] u. die Schrift des Raimundus Lullus, De inventione iuris.[2] Auf die im Zusammenhang mit dem römischen Recht stehenden päpstlichen Dekretalen, die Savigny sorgfältig auf jenen Zusammenhang prüfte, u. wobei er fortwährend die Hülfe seines Lehrers u. Freundes [Weis] genoß,[3] kann hier nur hingewiesen werden.[4]

[1]Legis Romanae Visigothorum Appendices. ‹Ante Haenelium Savigny unius Appendicis fragmentum in codice Parisiensi 4403 invenerat› (Krüger III p. 250 __) Sav[igny], Gesch[ichte des römischen Rechts] II, 28. 9. [2]Savigny, Geschichte [des römischen Rechts] Dazu sein Brief an J. Grimm aus München den 26. Oct. 18[06]. [Stoll I, 290f.] [3]Savigny, die Briefe vom 7. April u. 26. Juni 1805 [an Weis] (Schulin S. 43f., 45f.) [4]Savigny, Geschichte [des römischen Rechts]

BLATT 41

Paris: literarhistorische Frage; [Wilhelm] Münscher.
Savigny, den eine literärhistorische Frage beschäftigte, die er in Paris nicht zu lösen vermochte, schrieb am 26. Juni an Weis: «Sehen Sie doch, ob Sie nicht irgend etwas herausbringen können, vielleicht mit Hülfe des Consistorialraths Münscher,[1] den ich schönstens zu grüßen bitte.»[2]

[1]die verschiedenen Gelehrten dieses Namens: Eckstein, [Nomenclator] S. 390 [s.a. III, Blatt 276] Von der Geburt des Friedrich M. [Münscher], eines Sohnes unsers Wilhelm, redet auch Wilhelm Grimm den 24. März 1805. [Grimm, Jugendbriefe, S. 29]x [2]Schulin S. 46

– – – – – – – – – –

Grimms Aufgabe war im Februar, Excerpte aus Druckschriften u. dann auch aus Handschriften anzufertigen, dann im März verschiedene Manuscripte zu vergleichen, u. zwar die Bestandtheile des Justinianischen Corpus iuris, des Codex Theodotianus, des Decretum Gratiani, u. anderer Werke. Jacob fand diese Arbeit nicht langweilig, sondern sogar «recht interessant», weil sie auch «Varianten der Florentina», der wichtigsten Handschrift der Pandekten, führe, Varianten, die theils an sich viel Aufschluß gäben, theils mit zur Entscheidung des Streits über die Originalität oder Nicht-Originalität anderer

Handschriften dienen könnten.[1] Hier haben wir die Vorarbeiten, auf denen Savigny später die Geschichte der Pandekten aufzubauen unternahm.[2]

[1] [Grimm], Briefwechsel aus der Jugendzeit [S. 16] [2] [Savigny] Geschichte [des römischen Rechts] III

BLATT 42

1805 ___

Aug. 28 Clemens' Frau ([Mereau] II, 172 f.)
Creuzer 173
Christian 174
die Bücher aus Paris [Mereau II] 174, 180
Sept. 1 Cl. an seine Frau ([Mereau] II, 176 f.; Steig I, 144)
Georgs Frau [Mereau II] 177
Arnim u. Bethmann 177
Christian [Mereau II] 179
Weis 181
Toni 181
Sept. 4 die Frau an Cl.
Baron v. Beughem in Frkf. ([Mereau II] 183)
Christian [Mereau II] 184
– 7. Cl[emens] an die Frau ([Mereau] II, 185; Steig I, 145)
22. Ankündigung des Wunderhorns (Steig I, 158)
? die Wanderung von Cl., Arnim u. Frau (Steig I, 145 f.)
? Creuzer (Rohde 60 ff.) Walldürn?
Rückkehr (der Franzosen) (Steig I, 145 f.)
Savignys Rückkehr erwartet (Steig I, 147)
Oct. Arnim über Gundel u. Savigny (Steig I, 146)
15. Cr[euzer] u. der traurige Brief der Günderode ([Rohde] S. 63)
15? Cl[emens] aus Trages an die Frau (II, 188; Steig I, 148; Rohde S. 64 f.)
das Kind (158)
Bostel ([Mereau II] 189; Steig I, 170)
die Lectüre der Goetheschen Briefe (Steig I, 179)
20. Savigny in Heidelberg erwartet (Rohde S. 64, 66)
? Bettina an die Günderode (Geiger S. 153)
Nov. 4 Cr., Schwarz, Savigny (Rohde 66 –)
12. Savigny wieder fort (S. 66)
Savigny 68
Savigny in Frankfurt bei Frau v. Heyden (S. __)
22. Frau Cr[euzer] an Savigny ([Rohde] S. 74)

29. S[avigny?] an die Günderode ([S. 36f.?]) [Weißenborn, S. 275f.]
[7.] Dec. Cr[euzer] über Savigny (S. 79)
Arnim geht ab (Steig I, 149)
16. Arnim in Jena (Steig I, 152f.) Winkelmann (152)
17. die Aufforderung wegen des Wunderhorn (Steig I, 150)
23. Cl's Brief über den Fehltritt der Frau (Steig I, 155)
Winkelmann (156)
Der Prof. d. Aesthetik in Heidelberg, [Alois] Schreiber: – Clemens ([Steig I] S. 186)

BLATT 43

[Notiz zu Creuzer]

BLATT 44

Anton Bauer

Hugo [Lehrbuch der Geschichte des römischen Rechts] S. 610; [Holtzendorff] Rechtslexicon I, S. 236
1805 [Bauer] Grundsätze des Criminalprozesses. Marburg
1808 Lehrbuch des Naturrechts. Marburg (3. Aufl. Gött. 1835)
? Lehrbuch des Napoleonischen Rechts. 2. Aufl. 1812

Briefwechsel [Grimm, Jugendbriefe]

1805	den	2.	Febr.:	W. Grimm	S. 6
		10.	–	–	S. 9
			–	Jakob.	S. 12
		20.	–	Wilh.	S. 14
		23.	–	–	S. 15
		24.	März	–	S. 28
		24.	Juni	–	S. 55
		10.	Aug.	–	S. 65, 67
1809	den	28.	Juli:	Jakob	S. 137

BLATT 45

[s.a. III, Blatt 387]

Zufolge des Reichsdeputationshauptschlusses von [1803] war die altberühmte, aber nun längst in kläglichen Verfall gerathene Heidelberger Universität an das neue Kurfürstenthum Baden gefallen. [Großherzog] Karl Friedrich war entschlossen, sie nach Maßgabe der ihm zu Gebot stehenden Mittel wieder empor zu bringen u. der Staatsminister v. Edelsheim u. der Geheime Referendar Hofer mit der Ausführung betraut.[1]

Die Schwierigkeiten waren mannigfach u. groß. Zu dem Widerstand u. den Intrigen der bisher maßgebenden Partei kam die finanzielle Noth, welche die Bedürfnisse der Universität zu befriedigen nicht gestattete; damit verband sich das Bestreben, vor allem Landeskinder als Lehrer zu gewinnen.

Auf die drei christlichen Konfessionen sollte gleichmäßig Rücksicht genommen werden u. neben das katholische Kirchenrecht nicht nur das protestantische vertreten, sondern außer den Reformisten auch die Lutheraner berufen werden.

[Fußnote fehlt]

BLATT 46

Die Arbeiten Savignys u. seiner Gehülfen schlossen sich mit der Thätigkeit auf der Bibliothek [nicht] ab, sondern wurden zu Hause fortgesetzt. Hier wurden, wie Jacob am 1. März [1805] an Wilhelm schrieb, «Präparate» zu den Bibliotheksarbeiten gemacht. [Grimm, Jugendbriefe, S. 17]

BLATT 47

Auch Savignys Frau u. Schwägerin machte es Freude, sich nach dem Maß ihrer Kräfte an den Arbeiten zu betheiligen. Sie schrieben Briefe des Cujas u. seines Sekretärs u. des Contius ab, die vielfach schwer zu entziffern [waren]. Als Savigny am 26. Mai [richtig: 29. Mai] Weis über die Briefe des Contius Nachricht gab, schrieb seine Frau darunter: «Ich die Frau, schreibe alle diese wichtigen Briefe von Contius u. Compagnie.[1] Sie müssen also in wissenschaftlicher Hinsicht zuweilen auch an mich denken.» [Stoll I, 258] Zugleich gab sie ihr Gutachten darüber ab, wie ein verzweifeltes Wort zu lesen sei: meiner Meinung nach muß es «micren» heißen.

[1]die Nachschrift hat «Contius u. &», was ich wie oben geschehen, auflöse: gedacht ist dabei wohl an die Briefe des Cujas.

BLATT 48

Zu den Arbeiten für Savignys Zwecke kamen Creuzers Aufträge hinzu, die sich auf eine projectirte neue Ausgabe von Cicero De ..... bezogen. Creuzer wünschte die Abschrift einer Handschrift, wofür Savigny eine geeignete Person suchte, aber vergeblich. Mit dem Cicero, so berichtete er dann am 19. März, «ist es mir närrisch ergangen. In der Verzweiflung suchte ich einen Arbeiter durch die Petites affiches u. in wenig Tagen hatten sich 30–40 Menschen gemeldet, wovon die meisten gar nicht begreifen konnten, wovon die Rede sei. Einige, z. B. Lacombe, der accoucheur, wären wohl brauchbar gewesen, aber Ihr Brief vernichtete alles, denn für 27 fl. hätte kaum ein Ms. verglichen werden können. Deswegen habe ich nun beschlossen, sämtliche Mss. mit Grimms Hülfe selbst zu vergleichen. Schreiben Sie mir bald, wann Sie alles haben müssen.» [Stoll I, 251]

Creuzers Antwort liegt nicht vor; Savigny konnte die verheißene Arbeit aber nur in freien Stunden ausführen, während Creuzer eine gewisse Ungeduld verrathen haben u. eine Zusendung der fertigen Stücke gewünscht haben muß. Am 26. Juni schrieb ihm Savigny: «Von Cicero habe ich noch nichts abgeschickt, u. ich ziehe es aus manchen Gründen vor, alles was ich Ihnen werde geben können, selbst mitzubringen, indem ich in 3 Monaten in Deutschland zu sein gedenke. Was halten Sie davon? Auf ein paar Wochen kommt es ja doch dabei nicht an, fertig werde ich schwerlich vor meiner Abreise von Paris werden, u. stückweise kann ich Ihnen die Arbeit nicht schicken. Zudem sparen Sie Porto u. die Gefahr des Verlustes auf der Post.» [Stoll I, 258]

BLATT 49

[26. Juni 1805, an Friedrich Creuzer] Dabei ließ sich Savigny über seine eigene bedrängte Lage aus:

«Ich bin seit langer Zeit allen Menschen Briefe schuldig u. besonders Ihnen, lieber Creuzer: wenn man so mitten in einem langen Stück Arbeit steckt, wie ich hier, u. wenn man dieser Arbeit gern ein Ende sehen möchte, ist man solch einer Sünde nur zu sehr ausgesetzt.» [Stoll I, 258]

Savigny hatte den Besuch von Karl Leske gehabt u. diesem Briefe an Creuzer u. seinen Schwager Clemens u. ein Päckchen Bücher für Weis mitgegeben. «Das scheint,» so bemerkte er, «nicht angekommen zu sein: seien Sie doch so gut, den Karl darum zu fragen.» [Stoll I, 258]

BLATT 50

[Text zum Römischen Bürgerrecht]

BLATT 51

[lateinischer Text: Tiberio principe . . Gaius . . Claudius]

BLATT 52

[Daten von Grimm-Briefen]

BLATT 53

[lateinische Stichworte]

BLATT 54

[einige Bemerkungen zu Heidelberg]

BLATT 55–56

[Stichworte/Literaturangaben: die Juden und das römische Recht]

BLATT 57–65

[überwiegend Stichworte zur Geschichte des 5.–9. Jahrhundert]

BLATT 66

Durch Jacob Grimm erfahren wir, daß Savigny in Paris keine Zeitungen hielt [Grimm, Jugendbriefe, S. 22] – er wollte sich die stets neue politische Erregung fern halten, um seiner Arbeit ungetheilt leben zu können.

BLATT 67–68

[Notiz/Überschriften zu Savignys Briefsammlungen und seinem Zeitungsverzicht in Paris]

BLATT 69

[redundant, s. III, Blatt 70]

BLATT 70

Dafür hatte er, wie wir gleichfalls von Grimm hören, zwei sehr interessante Briefsammlungen mit nach Paris genommen. Die eine bestand aus Briefen deutscher Gelehrter an den Redacteur der ehemaligen Erlanger Literatur-Zeitung, Professor Mehmel, die Savigny nach den Originalen hatte abschreiben lassen. Es waren Briefe von A. W. Schlegel, Schelling, Fichte, Schleiermacher, Eschemaier u.s.w.

Jacob, der sie gleichfalls las, fand sie «traurig u. lustig: lustig, indem man sieht, wie sie diesem Mehmel, den sie sicher alle für den untüchtigsten Kerl auf der Welt halten, schmeicheln u. gleich darauf ungeheure Grobheiten sagen; traurig, indem man sieht, wie es unehrlich dabei zugeht, sie sich gegenseitig Recensionen für ihre Schriften bestellen u. verwerfen.»

Die zweite Sammlung bestand aus Originalbriefen von Goethe, Wieland, dem Herzog u. der Herzogin von Weimar, Nikolai, Boie, dem Kupferstecher Wille u. mehreren anderen. «Die von Wieland sind die meisten, auch wohl die unterhaltendsten». Savigny hatte sie, wie Jacob seinem Bruder erzählte, zur Hälfte für eine beträchtliche Summe gekauft. «Wir schreiben sie (die nicht gekaufte Hälfte?) in den Abenden ab, hernach werden sie gleich wieder verschlossen.»

Was Jacob seinem Bruder am 2. April von diesen Briefsammlungen erzählte, geschah nur in tiefstem Vertrauen: «Du behältst das alles für dich»; «ich habe heilig versprochen,» bemerkte er mit Bezug auf die zweite Sammlung, «es nicht zu entdecken.» [Grimm, Jugendbriefe, S. 32 f.]

BLATT 71

Verkehr; Bekannte [in Paris]

Dalberg
v. Malsburg
Bast, Sekretär der Hessischen Gesandtschaft
Friedrich Schlegel
1. März Jacob. 27. Mai Jacob
die beiden Tieck
1. März Jacob
[Ludwig von] Lichtenberg
Karl Leske

BLATT 72

Dalberg – Malsburg Briefverkehr

Emmerich Joseph v. Dalberg, Sohn des Intendanten des Mannheimer Theaters u. badischen Ministers, in Mainz geboren, war 1803 gleichfalls in badische [Dienste] getreten u. ging ... als badischer Gesandter nach Paris, wo er mit Talleyrand in nähere Beziehung trat.[1]

An Dalbergs Adresse, rue Concorde No 25, ließ Savigny die für ihn bestimmten Briefe senden. Als Weis am 21. April in dieser Weise an Savigny schrieb, war der Gesandte abgereist u. so ging der Brief nach Cassel zurück, von wo er dann erst am 26. Mai in Savignys Hände gelangte.[2]

Während wir von einem Umzuge Savignys mit Dalberg nichts hören, entstand zu dem hessischen Gesandten v. Malsburg ein näheres Verhältniß. Der alte Herr, der mit einem Neffen, dem Regierungsassessor Otto v. Malsburg in demselben Gasthof (Hotel du Nord) wohnte ~~u. dessen Sohn wie die Grimms in Marburg studirte,~~[3] war längere Zeit krank. Am 11. April schrieb Jacob an Wilhelm, die Savignys hätten ihm sehr viel Freundschaft erzeigt u. jetzt sei er wieder auf gutem Fuß. Als sein Neffe anfangs Juni nach Hessen zurückkehrte, gab Jacob ihm einen Brief für Wilhelm mit (den 30. Mai). [s.a. III, Blatt 303, 1. Abschnitt]

[1]Meyer S. 422 [Meyer, 6. Aufl., Bd. 4, Sp. 424] – die Brentanos u. die Dalbergs. – Sav[igny] bei Dalberg in Mannheim: Heidelberg [2]Savigny an Weis: Paris den 29. Mai 1805 [Stoll I, 258] [3]Oder studirt hatte?

BLATT 73

Das Spruchkolleg 1804–1805

I.

1. Die Strafsachen 1804 im Nov. (Thal Ehrenbreitstein)
   (Rotenburg an der Fulda)
2. Lehnrecht 1805 d. 6. Jan. (Stolberg – Wernigerode)
3. Hypothek : Schlitz (Bauer als Referent)
   dazu Weis
4. –

II. Bemerkenswerthe Gerichte, welche die Sachen verschicken

1. die neue Regierung u. Recklinghausen (07. August 1805)
2. Bocholt (Klage gegen Grafen v. Merwald)
3. Reichsstadt Frankfurt (1804 Dec.)

III. Der gehetzte Weis

Den 16. Dec. 1804 alle seine Sachen aus dem 4. Quartal 1803 erledigt

Von den im	2. Quartal	1804 zugetheilten	11 Sachen	noch	2	rückständig (__ aber zur Relation gebracht)
– – –	3.	– – –	12	–	– 1	–
– – –	4.	– – –	4	–		alle erledigt
– – –	1. Quartal	1805 wurden ihm zugetheilt	3 Sachen,			am 14. Juni alle erledigt
– – –	2.	– – – – –	8 Sachen;			Rückstände:

den 18. Sept. Entschuldigung wegen ‹fatalem Kopfweh›

IV. Anerkennung des Fleißes durch die Regierung den 15. Juni 1805 für Bucher, Weis u. Bauer.

BLATT 74

Bast

Der gelehrte Sekretär der hessischen Gesandtschaft, Friedrich Jacob Bast aus Buchsweiler,[2] der in Jena studirt hatte,[1] war Savigny «ganz fatal». «Ich möchte lieber», schrieb er an Creuzer (den 20. Februar 1805), «völlig unwissend sein als um diesen Preis gelehrt». [Stoll I, 246] Creuzer selbst aber betonte[1a] in seiner Selbstbiographie, Bast habe sich bekanntlich um die griechische Literatur verdient gemacht.

Grimm war entsetzt über einen jungen von Ramdohr. «So dumm,» schrieb er am 4. August,[3] «hätte ich ihn mir doch nicht gedacht. Er hat sich gegen Savigny sehr naiv dahin geäußert, daß er im Studium der Philosophie nur bis Garve gekommen u. bei diesem stehen geblieben sei.» Im folgenden Jahre ward dieser adlige Philosoph Kammerherr, um es 1816 zum Gesandten zu bringen.

[1]Nomenclator, S. 29. (Passow in der Allg. Encyclop. [der Wissenschaften und Künste] I, Bd. 8, S. 58) [1a]Leben [Creuzer, Creuzer's Deutsche Schriften, Bd.1: Aus dem Leben eines alten Professors] S. 18 Anm.1 [2]Kayser in Heidelberg. War in Grünstadt u. Buchsweiler gebildet (Nomenclator S. 283) die französ. Sprache – cf. Mömpelgard! [3]Briefwechsel [Grimm, Jugendbriefe] S. 63

BLATT 75 [Stichworte zur römischen Geschichte, kaum lesbar]

BLATT 76

Wackernagel II, S. 558; Steig I, S. 96, 105, 116, 117;
Perthes, [Politische Zustände und Personen in Deutschland] S. 332, 334, 333
Friedrich Schlegel

«Savigny,» so schrieb Jacob am 1. März an Wilhelm, «kennt ihn von Jena her, sieht ihn aber weiter nicht, indem er selbst u. seine Schriften ihm jetzt nicht mehr so sehr gefielen.»[1] Es möge dabei, so meinte er, «wohl etwas Parteilichkeit für Clemens Brentano zum Grunde liegen, mit dem Schlegel auf eine eclatante Art (seit einem Jahr vielleicht) brouillirt ist.»[1] [Grimm, Jugendbriefe, S. 22]

Er «sollicitirt, wie man sagt, um eine Professur in Cöln». Am 27. Mai schrieb er: «Fr. Schlegel ist wieder in Cöln, wie ich aus einer Cölner Zeitung entnehme, worin er immer noch als Dr. philol. Vorlesungen über die deutsche Literatur u. Sprache ankündigt . . der Preis von 4 Kronenthalern für zwei Stunden wöchentlich ist nicht gering, indes möchte ich's gern hören.»[1] [Grimm, Jugendbriefe, S. 43]

[1][Bleistiftnotiz:] Wackernagel II, 557 (ganz vorbildlich __ ____)

BLATT 77

«In einiger Zeit,» so meldete Jacob Grimm am 1. März, «sollen die beiden Tieck u. S. Bernhardi, ihre Schwester, hierher kommen, welche wir wohl kennen lernen werden, da Savigny recht begierig ist, diese Bekanntschaften zu machen.» [Grimm, Jugendbriefe, S. 22]

BLATT 78 [Zeitangabe: den 15. November? oder Dezember]

BLATT 79

Paris. [Ludwig v.] Lichtenberg u. Savigny

Einladung Savignys

1805 April. Frankfurt. Clemens[1]

«Als ich durch Darmstadt kam, brachte ich den Abend bei Lichtenberg [zu]; er war so eben von Savigny nach Paris eingeladen worden; ich habe mich recht an diesem lieben Jungen u. seinem ähnlichen Vater erfreut.»

<Ein .. Professor Schaumann von Gießen schreibt an Lichtenberg, ob er nichts näheres wisse, daß die geliebte Sophie sich von ihrem Manne trenne u. nach Jena zurückkehre .. >

[1]Mereau II, 156 – der Sohn «Provinzial-Kommissär» ([Mereau] II, 235) der Vater ist ja schon 1799 gestorben! (Meyer X, 766). Also wer ist das?[XI]

BLATT 80

Besuch des Karl Leske in Paris

Im Frühling erschien Karl Leske, der Stiefsohn Creuzers bei Savigny. Am 19. April war er im Begriff wieder abzureisen u. Savigny gab ihm, obschon ihm das Briefschreiben noch nicht recht von der Hand gehen wollte, einen Brief für Creuzer mit, in dem er bat, Schwarz zu grüßen. «Er soll nicht böse sein, daß ich ihm nicht schreibe.» [Stoll I, 254 f.]

An Weis gab er Bücher mit, über deren Ankunft er sich am 26. Juni [bei Creuzer] erkundigte,[1] da Weis nichts davon geschrieben hatte.

Im Herbst heiratete Leske in Darmstadt,[2] wo er ein Verlagsgeschäft gründete.

[1]Schulin S. 45 [2]Rohde S. 66

BLATT 81 [Notiz: Der «Bekannte» in Paris, der den Sarti hat. Schulin, S. 46]

BLATT 82

Im August hatten zwischen den Eheleuten [Creuzer] die heftigsten Stürme stattgefunden. «Die Gutmüthige wollte», wie ein späterer Brief sagt, «durch Sturm erzwingen, was die Natur versagte.» [Preisendanz, S. 173] Als der Gatte standhaft blieb, verließ sie das Haus u. ließ den rathlosen Mann allein zurück. So sollte aber nach seinem Willen die Trennung nicht geschehen u. eine neue Verbindung nur mit Willen der ‹Gutmüthigen› geschlossen werden. In diesem Sinne schrieb er ihr u. darauf antwortete sie, sie habe gegen eine andere Verbindung nichts, sie wolle alles, was ihn beglücke u. – kehrte zu ihm zurück, bis zur neuen Verbindung, wie sie selbst schrieb. [Preisendanz, S. 174]

Was Karoline von diesem Stand der Dinge wußte u. wie sie sich jetzt zu Creuzers neu erwachtem Wunsch, trotz all der von ihm selbst früher dargelegten Unzweckmäßigkeitsgründe, eine Ehe mit ihr einzugehen, verhielt, ist nicht zu erkennen. Aber ihr Wunsch, ihn am 18. September in Kitzingen heimlich wiederzusehen, war lebhaft, hatte sie ihm doch das erforderliche Reisegeld angeboten. Und diesen ihren Wunsch konnte dann Creuzer, wie er in einem undatirten Briefe ... darlegte, kaum erfüllen: wiederum traten die finanziellen Hindernisse stark in den Vordergrund.

«Ich fürchte, ich fürchte», so schrieb er den 8. August [richtig: 29. August], «ich werde der süßen Hoffnung entsagen müssen ... Ich werde den 18. September vermuthlich noch nicht frei sein ... Zweitens gestehe ich frei, noch nicht zu wissen, [wovon ich diese weitere Reise bestreiten soll.] [Preisendanz, S. 147 f.]

BLATT 83 [Geschichte im 4./5. Jahrhundert]

BLATT 84 [Stichworte: Savignys Kontakte nach Hessen in der Pariser Zeit]

BLATT 85

Savigny im ‹Institut› (‹Institut national›)

Meyer I, 247 [Meyer, 6. Aufl., Bd. 1, Sp. 217: Institut][XII]

Savignys Besuch des Instituts

Den 20. Februar 1805 an Creuzer

Neulich war ich in der dritten Klasse des Instituts (alte Literatur). Pastoret[1] las eine elende Abhandlung über den Luxus der Römer u. darüber erhoben sich zwei sehr lange Debatten: eine über die Aussprache von Bais (Bajae), die andere, noch längere, über die Möglichkeit eines Festes, wobei ich weiß nicht wie viel tausend Fische verzehrt worden sein sollen. Einer meinte, da müsse die Hälfte über der Zubereitung verfault sein, aber der kam schön an, denn nun wurden von allen Seiten Geschichten von Fischen erzählt, die von Straßburg, Marseille lebendig hierher gekommen waren und lauter eigene Fischerfahrungen!

Der Kurerzkanzler, der Mitglied dieser Klasse ist, hat mit großem Eifer eine bibliothèque germanique durchgesetzt, die von einer Commission redigirt wird.

Berühmte Männer sieht man bei solchen Gelegenheiten genug, auch wohl große Gelehrte; aber noch keinen einzigen habe ich gesehen, dessen Erscheinung mir lieb u. achtenswerth gewesen wäre.» [Stoll I, 246]

[1]Hugo [Lehrbuch der Geschichte des römischen Rechts] S. 577 (jurist. Schriftsteller, 1830 Vice-Präsident der Kammer der Pairs)

BLATT 86

[Stichwort: Savignys Bibliothek]

BLATT 87

S[avigny]'s Bibliothek – – Weis

Die Baldinger'sche Auction in Marburg
(dat.) –: «Hat .. Baldinger das Vetus, so lassen Sie mir es ja nicht weg, wenn ich auch noch etwas dazu nehmen muß: ich kann es einmal vertauschen.»

Käufe in Heidelberg
[Savigny an Weis, 7. April 1805] [Schulin, S. 43]
(dat.): «Auch habe ich das Corpus juris contianum 12^0. Das alles in Heidelberg me absente gekauft. Das sind gute Freunde. Jetzt auch wahrscheinlich Codex mog. 1475 u. Ihr Digestum novum von Koberger. – Geben Sie mir ja unverzüglich von den Heidelberger Büchern (d. h. den Feudalisten) Nachricht, wenn Sie diese nicht schon unmittelbar nach H[eidelberg] geschrieben haben, was mir noch lieber wäre.

– In meiner Bibliothek G. 1–8 finden Sie einen Quartband Ms.: Schlegels Aesthetik...

Dazu Stoll [Stoll I, 255f., Savigny an Clemens in Heidelberg, 15. Mai1805]

– 8. Juni. Heidelberg. Clemens an den Antiquar Joh. Mozler in Freysing: «Ich habe in Erwartung der Nachricht des Herrn v. Savigny, wohin seine Bücher zu versenden, etwas mit der Antwort gezögert. Zugleich schreibt mir heute mein Bruder, Herr Franz Brentano, daß er einen Handelsfreund in Freysing habe, bei dem er Ihnen für mich anweisen könne ..

für Herrn v. Savigny 26 fl. 9 kr.

Herr v. Savigny bittet Sie, die Bücher an mich zu übersenden ..

(Max Koch: Arnim, Klemens ... I, S. XXIX)

– – – – – – – – – – –

1805 den 7. April Paris. Savigny an Weis: «Sie sagten mir einmal von einem wichtigen Werk von Calmet, Seine bibliothèque de Lorraine (1 vol.f.) habe ich gekauft: meinten Sie etwas andres? Doch nicht gar seine große Histoire de Lorraine? – Das Dekret zu Metz ist vielleicht die Sammlung von Deusdedit oder Anselmus (s. Doujat): ich denke das noch hier auszumitteln.» (Schulin, S. 43) [SZ (RA) 48 (1928), S. 150f.]

BLATT 88

[Stichworte zu den Anfängen der Bonner Universität, bis 1794]

BLATT 89

Die Briefe des Ivo

1805 den 7. April schrieb Savigny aus Paris an Weis: ‹Ich habe Ivonis epistolae, Manuscript (angeblich sec. XIII) in Köln gekauft, aber noch nicht gesehen: sie liegen in Heidelberg›. [Schulin, S. 43; SZ (RA) 48 (1928), S. 150f.]

BLATT 90

Die Arbeiten auf der Pariser Bibliothek

I. Für Savigny
   1. Jacobs Arbeit
   2. Frau u. Schwägerin
   3. Savigny – Gegenstände

II. Für andere
   1. Weis – Gegenstand
   2. Creuzer – Gegenstand

1. gemeinschaftliche (?) Wünsche Weis' u. Savignys
2. Savignys Sonder-Arbeiten
3. Creuzers Wünsche

Die Bibliothek des Villoison in Paris (den 26. April 1805)
Savigny an Creuzer den 26. Juni 1805 [Stoll I, 259]

BLATT 91

Görres Heidelberg

Steig Kleist. 286, 491 [Steig, Heinrich von Kleist's Berliner Kämpfe]
Perthes [Politische Zustände und Personen in Deutschland] S. 333–340

Übersicht

I. 1) in Heidelberg bis . . [1806–1808] [A.D.B., Bd. 6 (1877), S. 532]
   Wunsch nach Landshut
   2) wieder in Koblenz [1808]

II. Seine [Görres] Mythengeschichte [der asiatischen Welt, 2 Bde.]
Recension (s. Jahrb.) [Heidelbergische Jahrbücher][XIII]

BLATT 92

Heidelberg

Bibliothek des Villoison[1]

Villoison Prof. der griech. Sprache (ancienne et moderne)
am Collège de France, wo er am 26. April 1805 starb.

Den 26. Juni 1805 an Creuzer:

«Die Bibliothek des Villoison wird in wenigen Monaten verkauft werden. Man schätzt sie auf 60.000 Livres. Über seine Mss. soll noch nichts bestimmt sein. Seine sehr beträchtliche Erbschaft fällt an Leute, die auf der Straße die Schuhe putzten (décrotteurs) u. deren Verwandtschaft mit ihm erst nach seinem Tode u. durch Zufall soll entdeckt worden sein. Sehr stolz scheint man nicht auf ihn zu sein, denn wenn von ihm die Rede ist, so wird nichts bemerkt als das ungeheure Gedächtniß, das Ungeordnete in seinen Kenntnissen u. die Geschmacklosigkeit in ihrer Anwendung. Kurz, man spricht von ihm wie von einer Kuriosität, ohne ihn weiter zu verehren oder zu regrettiren.» [Stoll I, 259]

[1] [Eckstein] Nomenclator, S. 592

BLATT 93

[lateinische Stichworte und Quellenangaben]

BLATT 94–95

[Stichworte und Literaturangaben]

BLATT 96

Parteiwesen [Jacob Grimm, Paris, Mai 1805]

«Wir wollten schon lange einmal eine première représentation sehen, weil es dabei gewöhnlich sehr durcheinander u. im höchsten Grad unruhig zugeht u. es im Grunde nicht auf die Beschaffenheit der Stücke ankommt, sondern blos auf Parteien u. Kabale. Am schlimmsten ist es, wenn die Parteien gleich sind ... Ist eine Partei viel stärker, so muß die andere einstimmen oder sie wird hinausgeworfen. Wir wollten also en français die nouvelle tragédie: les templiers sehen. Da ins Parterre erst denselben Tag Billets ausgetheilt wurden, so schickten wir schon um 2 Uhr einen Commissionär vor die Kasse. Wie wir hinkamen, war die Straße ganz gedrängt voll Menschen ... die Chasseurs mit ihren Pferden u. Säbeln konnten mit Mühe Ordnung erhalten. Viele Leute, welche die ersten Billets ins Parterre bekamen, verkauften sie an andere, manche für 1 Karolin, da sonst das Billet nur 40 sol., also keinen Gulden kostet. Vielleicht hatte es auch unserer so gemacht, denn er kam ohne Billets, er hätte keine bekommen können. Kurz, wir kamen nach Hause, ohne diese Vorstellung sehen zu können . . .»[1]

[1][Grimm, Jugendbriefe] im Mai (S. 41)

BLATT 97

Jacob [Grimm]

Im ganzen fand er die Theater weit unter seiner Erwartung.

– – – – – – – – – –

Savigny über die Schauspiele [an Bostell, 4. Februar 1805]

«Die Schauspiele, so berühmt u. so ausgebildet von manchen Seiten sie sind, ennuyiren mich. Wie kann das auch anders sein bei einem Volke ohne alle Phantasie u. das geschmacklos genug ist, als vornehmstes Schauspiel eine Oper zu unterhalten, die in jeder deutschen Stadt [nicht wagen dürfte] aufzutreten.» [Stoll I, 244]

BLATT 98

[Ablichtung eines Briefkuverts]

Portopflichtige Dienstsache!
An
Herrn Professor Dr. Bremer
Hochwohlgeboren
Bonn

G. St. A. 3070

BLATT 99

[redundant, s. III; Blatt 100]

BLATT 100

Jacob

1. Das Theater [Jacob an Wilhelm Grimm]

«Ins [französische] Theater hat mich Savigny schon einige Male mitgenommen, u. einigemal habe ich es abgelehnt, da er beinahe stets auf den ersten Platz geht, wo es immer 9 bis 11 Livres für die Person kostet.»[1]

«Zwei mal war ich im italienischen Theater (opera buffa). Ich habe mich an der Musik einmal erquickt. Es wurde gegeben das erste Mal: Il matrimonio segreto, Musik von [Giuseppe] Sarti; das zweite Mal zweierlei: La passione von Paisiello, ziemlich ermüdend, u. das Stabat mater von Pergolesi, welches mir, einiges ausgenommen, sehr gefallen hat. Du kennst die unlateinischen, aber herrlich lautenden Verse: Stabat mater dolorosa, luxta crucem lacrimosa».[2]

[1][Grimm, Jugendbriefe] S. 19 [2]So schrieb er den 11. April (S. 37)

BLATT 101

Frankfurt a. M. u. der Fürst-Primas

1. Während fast alle Reichsstädte 1803 ihre Reichsunmittelbarkeit verloren hatten, war Frankfurt Reichsstadt geblieben, u. hatte dazu alle in seinem Gebiet liegenden geistlichen Besitzungen erhalten. Mit der Stiftung des Rheinbundes aber verlor sie ihre Selbständigkeit u. ward den Staaten des Fürsten-Primas einverleibt.[1]
2. Karl Theodor Anton Maria Freih. von Dalberg, seit dem 25. Juli 1802 Kurfürst von Mainz, aber nur in dem Überrest des Kurstaates, dem Fürstenthum Aschaffenburg, dem Gebiet Erfurt u. dem Eichsfeld; durch die Protection Frankreichs der einzige geistliche Fürst, dem der Reichsdeputationshauptschluß mit der Würde eines Reichserzkanzlers und den Fürstenthümern Regensburg u. Aschaffenburg u. der Grafschaft Wetzlar einen neuen Staat übergab, bei Napoleons Kaiserkrönung in Paris vom Papst zum Metropoliten von ganz Deutschland, mit Ausschluß von Preußen u. Österreich, ernannt, verlor bei der Errichtung des Rheinbundes sein Amt als Kurerzkanzler, ward dafür aber, unter Beibehaltung seiner erzbischöflichen Würde, souveräner Primas jenes Bundes u. Vorsitzender in der Bundesversammlung. Gleichzeitig ward ihm außer anderen Gebieten die Stadt Frankfurt zugesprochen, die als Sitz des Rheinbundes seine Residenz ward.[2] [s.a. V, Blatt 109]
3. Am 6. September 1806 hatte er die Regierung angetreten u. den Sieg von Jena gefeiert[3] u. dem König von Westfalen, ehe er von seiner rechtmäßigen Gattin gesetzlich geschieden, einer zweiten Ehe, mit der Tochter des Königs von Würtemberg, einer Bigamie, die kirchliche Weihe gegeben.[5] Dieser nicht scrupulöse Fürstbischof erklär-

te in seinem Reiche, insbesondere also in Frankfurt, alle Religionsparteien für fähig zu Staatsämtern u. gewährte selbst den Juden bürgerliche Rechte.[1]
Im Sommer 1808 wurden zu dem Krieg in Spanien auch von Frankfurt Hilfstruppen requirirt.[4]

[1]Meyer VII, 502 [Meyer, 6. Aufl., Bd. 6, Sp. 834: Frankfurt][XIV] [2]Meyer IV, 421 [Meyer, 6. Aufl., Bd. 4, Sp. 424: Dalberg, Karl Theodor][XV] [3]Häusser [Deutsche Geschichte] III, 214 [4]Häusser III, 215 (dazu die Spanier bei Savigny) [5]Häusser III, 232

BLATT 102

Jacob Grimm in Paris

1. der Regierungsassessor Otto von der Malsburg
2. Besuch der Gemälde-Gallerien
3. Ankauf von Bildern?
4. Preis der Bücher u. Ankäufe
5. Savignys Hefte u. Adversaria
6. Gespräche mit Savigny
    a) über die Städte u. Kirchen
    b) Über Platner (Lebensgeschichte) [s. III, Blatt 105]
7. Die Sorge der Tante u. Mutter: Rückkehr
8. Jacobs angenehme u. lehrreiche Existenz

BLATT 103

[Anfang fehlt] aber auch in jeder anderen Weise gefördert. «Ich befand mich,» so erzählte er [Jacob] später, «vortrefflich aufgehoben u. verlebte das Frühjahr u. den Sommer auf die angenehmste u. lehrreichste Weise.» [Jacob Grimm, Selbstbiographie, in: Justi, Grundlage zu einer Hessischen Gelehrten-, Schriftsteller- und Künstler-Geschichte, S. 154]. Hier sei vorab nur ein Punkt erwähnt, die Gespräche, welche er mit Savigny über die Städte u. schönen Kirchen führte, die er auf seiner Reise nach Paris gesehen. «Die Kathedrale von Metz,» schrieb er an Wilhelm, «ist eine herrliche Kirche u. hier in Paris ist keine, die ihr gleichkommt; auch Savigny sagt, er habe nie eine schönere gesehen.» [Grimm, Jugendbriefe, S. 11]

Rührend ist es zu hören, wie der anspruchslose Jüngling sich Sorgen macht um die Kosten, die er Savigny verursachte: «Ich glaube,» so schrieb er am 10. Februar an Wilhelm, «ich koste den Savigny im ganzen sehr viel; denn Holz, Essen etc. ist hier erschrecklich theuer.» [Grimm, Jugendbriefe, S. 12]

BLATT 104

[Allgemeines Landrecht]

[Anfang fehlt] .. (882–86) oder die Sache nur an Gute u. Brauchbarste verloren hat, das Vermögen also nur um einen Theil des Werths der Sache vermindert worden (889–91). Bei Feststellung des Schadens kann ein verschiedener Maßstab zu Grunde gelegt sein. Das ALR unterscheidet zwischen gemessenem, außerordentlichem Werth u. dem Werth der besonderen Vorliebe (I, 28112–115). Der erste beruht auf der Tauschfähigkeit der Sache (Marktpreis), der 2. ist der Werth, den die Sache «nur unter gewissen Bestimmungen oder Verhältnissen» hat, der 3. ist überhaupt kein objectiver Werth mehr.

An einzelnen Stellen redet das ALR noch von einem mittleren u. einem höheren Werth. Beide beruhen auf dem Schwanken des Marktpreises, der erste ist der Durchschnittswerth, also der gemeine, der höhere dagegen der höchste innerhalb eines Zeitraums. [Förster, Theorie und Praxis des heutigen gemeinen preußischen Privatrechts, Bd. 1, S. 110, 541]

Von dem wirkl[ichen] oder polit[ischen] Schaden ist zu unterscheiden der entgangene Gewinn (lucrum cessans). Auf beides zusammen geht das s.g. Interesse, auch ganzes oder volles Interesse, vollständ[ige] Genugthuung als Schadloshaltung u.dgl. (Förster I, S. 693 ff.)

Das beschädigende Ereigniß kann gleichzeitig mehrere Vermögensschäden treffen. Förster I, S. 526 f. Wiederherstellung, Schadensersatz S. 568 ff. Heyd[emann], S. 242 ff., 298 ff.

– – – – – – – – – –

[Anfang fehlt] .. des Examens. Als die Tante im Sommer zur Rückkehr drängte, schrieb Jacob ihr am 13. Juli: «Ich kann den Savigny nicht verlassen, bis er fertig ist.» [Grimm, Jugendbriefe, S. 57] Auch sein Bruder Wilhelm verschob gewisse Dinge auf die Zeit nach Jacobs Examen: «Ich will nun warten,» schrieb er ihm am 18. Juni, «bis du examinirt bist.» [Grimm, Jugendbriefe, S. 55] «Wahrscheinlich,» so hatte Jacob an Wilhelm geschrieben (den 11. April 1805), «werde ich Ende Juli oder im August zurückkommen, u. dann laß ich mich nach einigen Wochen examiniren.» [Grimm, Jugendbriefe, S. 70]

BLATT 105

Wie Savigny persönlich ihn leitete u. förderte, davon erzählt Jacob nichts näheres. Aber wie er ihm für die deutsche Literatur Winke gab, davon haben wir eine Nachricht.

– – – – – – – – – –

«Der Savigny,» so erzählte er am 11. April [1805] dem Bruder, «hat mir neulich sehr viel Schönes von einem alten deutschen Buche erzählt, welches . . . aus dem Anfang des 16. Jahrhundert und Lebensgeschichte eines Philologen Platner aus Basel [konnte nicht ermittelt werden], glaub ich, von ihm selbst geschrieben u. von seinem Sohne Felix Platner, einem Arzt, bekannt gemacht ist. Es soll recht deutsch, d.h. treuherzig, ehrlich u. gescheidt sein [Grimm, Jugendbriefe, S. 35] . . . man muß so etwas kaufen, ehe man's vergißt. Ich wollte, man hätte einmal über die deutsche Literatur (ich meine hier bloß schöne Käufe etc.) ein recht gelehrtes complettes Werk, man kennt so manches nicht u. lernt es auch nicht kennen. Wachlers Compendium hält Savigny für sehr schlecht u. den Meusel für viel besser.»

BLATT 106

[Anfang fehlt] . . mehr Schwierigkeiten bei der Ausübung gefunden als die niederrheinischen. Die Ursachen hiervon waren, daß die Zweifel, welche wegen des auf dem Jülichschen Lande haftenden Kreisdirectoriums durch den Jülich- u. Bergischen Erbfolgestreit seit 1609 entstanden waren, theils daß die ausschließl. Ausübung des Präsentationsrechts, wozu der Kreis aufstrebender Fürsten sich berechtigt hielt, von den übrigen Mitständen bestritten wurde. In Ansehung des evangel. Kreistheils sind diese Streitigkeiten durch eine Conclusion vom 26. Oct. 1779 gehoben worden. Man hat darnach folgenden Turnus festgesetzt:

1. Kleve
2. Osnabrück alternative mit Verden, wenn jenes Hochstift einen evangel. Bischof hat
3. Die Kgl. preuß. Fürstenthümer im westfälischen Kreis u. die Nassauischen Häuser alternativ
4. Die gesamten evangel. Grafen nebst der Stadt Dortmund. Conjunction, nach der Mehrheit der Stimmen. Bald nach Errichtung des Vergleichs machte Kur-Brandenburg als Herzog von Kleve den Anfang, das Präsentationsrecht der evangel. Reichsstadt jenem Turnus zufolge auszuüben. Der 1780 präsentirte Hessen-Darmstädtische Oberappellationsgerichtsrath, Johann Friedrich Albrecht Constantin von Neurath,[1] hat auch bereits am 1. Juni 1782 ausgeschworen.

   v. Bostells Beiträge zur Kammergerichtl. Litteratur u. Praxi, Th. 2 [1786] St. 2, S. 284

[Fußnote fehlt]

– – – – – – – – – –

Auszüge aus Savignys Adversaria gemacht von Jacob Grimm 1805

Jacob an Wilhelm: Paris 1805 den 10. Febr.
«Er (Savigny) hat mir seine Papiere, unter anderem auch die Hefte über seine Marburger Vorlesungen zur Benutzung versprochen, worüber ich mich sehr freue.» [Grimm, Jugendbriefe, S. 12]

Im Mai schrieb er dann ein Heft (35 Quartseiten) «Novazionen», offenbar aus Savignys Heften.

Es folgten die Auszüge, die er ausdrücklich als ‹par ordre Savignyi› bezeichnet, bei denen dann aber auch die Pariser Handschriften-Studien bewerthet wurden (Heft: ‹Obligationenrecht› Randbemerkung!)

BLATT 107 [redundant, s. III, Blatt 109]

BLATT 108 [Stichworte, betreffend 1808/09]

BLATT 109

Die Bücher in Paris Jacob Grimm

Briefe, 1. März [1805]

‹... Ich begreife nicht die Wohlfeilheit der meisten neuen Bücher in Frankreich, besonders der stereotypes, welche auf weißes Papier sehr nett gedruckt sind ... Ich habe diese Woche die beste Ausgabe des glossirten Corpus iuris, welche Savigny in Deutschland mit 4 Karolin bezahlt hat, ... edid. Contius, Paris 1576 in 5 Folianten für 5 1/2 Laubthaler gekauft u. dazu noch einen andern Folianten Index zu der Glosse, der gar nicht dazu gehört, obendrein erhalten.
... andere Bücher sind, wenn sie gerade gebraucht werden, entsetzlich theuer, z. B. unglossirte Corpus iuris – derselbe libraire, bei dem ich gekauft habe, hatte eine gothofredische Edition, wofür er 4 1/2 Karolin forderte ...› [Grimm, Jugendbriefe, S. 21 f.]

BLATT 110

... In Paris besuchte er dann die Sammlungen der Gemälde u. Antiken. Im Februar hatte er sie wegen des dunkeln Wetters nur einmal flüchtig durchlaufen, d. h. «in 3 Stunden». «Leider ist es wahr, daß man den Laokoon u. den Apoll in Nischen gestellt hat, so daß man sie nicht von hinten u. der Seite sehen kann. ... Wenn ich jetzt wieder einmal hingehe, so thue ich nichts, als vor Rafael u. Laokoon u. Apoll zu stehen u. im Herzen niederzuknieen.»[2] [Grimm, Jugendbriefe, S. 18 f.] Dann war er an einem Sonntag im Palais Luxembourg,[3] [Grimm, Jugendbriefe, S. 32] .. Im Sommer ging er dann oft in die Galerien.[4] [Grimm, Jugendbriefe, S. 62]

[Fußnoten fehlen]

- - - - - - - - - -

[s. III, Blatt 72, 303]

Jacob Grimm u. der Neffe des Ministers v. der Malsburg, Regierungs-Assessor Otto von der Malsburg, ein Schul- u. Studienfreund von Hanau her.

BLATT 111

Die Gemäldegallerien u. Antiken/Libr[airies]

Im Februar hatte er sie wegen des dunkeln Wetters nur flüchtig, in drei Stunden durchlaufen. «Leider ist es wahr, daß man den Laokoon u. den Apollo in Nischen gestellt hat, so daß man sie nicht von hinten u. der Seite sehen kann. ... Wenn ich jetzt wieder einmal hingehe, so thue ich nichts, als vor Raphael u. Laokoon u. Apollo zu stehen u. im Herzen niederzuknieen.» [Grimm, Jugendbriefe, S. 19]
Ende März besuchte er das weit entlegene Palais Luxembourg.

- - - - - - - - - -

[Friedrich Creuzer an seinen Vetter Leonhard, 2. bzw. 3. Mai 1805]
[Anfang fehlt] ... ist es mit mir in jeder Beziehung. Das Übermaß ist Gebot u. Sinn meines Lebens geworden. Das fühlte ich schon längst, jetzt aber weiß ichs. Ohne Maß lieben, hoffen ohne Maß, verzagen ohne Maß ist der Ton meines Lebens innerlich betrachtet, u. ohne Maß arbeiten ist das äußerliche Gebot. [Preisendanz, S. 85] ... So viel siehst du aus meiner dürftigen Mittheilung, daß ich in der Seligkeit unglücklich bin. [Preisendanz, S. 88] Er schließt mit dem bittern Wort [Fortsetzung fehlt]

BLATT 112

Jacob [an Wilhelm, 19.? Mai 1805]

Von Anfang an ging er auf künstlerische Entdeckungsreisen aus. Im Mai konnte er melden, er habe bei einem Bilderhändler «16 Blätter von Dürer u. 8 von Lucas von Leyden entdeckt» u. die größte Lust sie zu kaufen. «Was meinst?» fragte er Wilhelm. [Grimm, Jugendbriefe, S. 40 f.]

BLATT 113

[diverse Notizen, jede Zeile durchgestrichen]

BLATT 114

[redundant, s. III, Blatt 237]

BLATT 115

[Juden und Römisches Recht]

BLATT 116

[Stichwort: Frau Savigny und ihr Kind]

BLATT 117

Das 1. Kind

Das süße Geheimniß, das Frau Savigny dem bewährten Freund anvertraut hatte, mußte sich nun bald offenbaren. Savigny war in rechter Sorge, die auch Grimm theilte: ihm war, wie er seinem Bruder schrieb, bang vor dem Moment der Niederkunft: die junge Mutter sei keine der stärksten Frauen. [Grimm, Jugendbriefe, S. 34] Savigny, der am 3. März Weis «mit Frau u. Kind» herzlich grüßte, bemerkte dazu: «Bald sollen Sie mir eben so sagen können.» [Schulin, S. 43] An Creuzer berichtete er um dieselbe Zeit, Gunda u. Meline seien «ziemlich wohl», u. meinte, «Gunda hätte sogar das Recht, noch viel weniger wohl zu sein, da sie uns in etwa 6 Wochen viel Sorge u. noch viel mehr Freude zu geben verspricht.» [Stoll I, 248]

Am 11. April morgens ward Frau Savigny sehr glücklich von einem Mädchen entbunden. «Das Kind,» schrieb der glückliche Vater an Weis (den 18. April) «ist hübsch u. gesund, wie er es nur wünschen kann. Meine Frau ist vorher u. seit der Geburt außerordentlich wohl gewesen u. schon am dritten Tag wieder aus dem Zimmer gegangen. So tragen alle die Umstände dazu bei, meine Freude zu erhöhen u. sogar die Betrachtung, daß das Kind nun kein Jurist werden kann, stört mich nicht im geringsten. Gewiß», fügte er mit einem Blick auf die dem Freund so oft vorgeworfene Saumseligkeit bei Erledigung literarischer Wünsche hinzu, «ich muß Ihnen gestehen, daß ich jetzt etwas nachsichtiger gegen Sie zu sein mich geneigt fühle, wenn ich nicht fürchten müßte, durch dieses Geständniß zu Ihrer Verstockung beizutragen.» [Schulin, S. 45] Und an Creuzer, der Savignys früher nicht ganz seltene .... Stimmung kannte, schrieb er am folgenden Tag: «Ich fühle mich wärmer ans Leben gebunden als jemals: die Gelehrsamkeit ist gänzlich vernachlässigt gewesen [Fortsetzung s. folgendes Blatt]

BLATT 118

u. ich fürchte sehr, daß es ihr auch in Zukunft manchen Eintrag thun wird, doch im wesentlichen nicht, u. wenn ihr manche Zeit entzogen wird, so wird dafür in der übrigen Zeit mit doppelter Lust u. doppeltem Muth gearbeitet.» [Stoll I, 254]

Als im April die jungen Eltern den Frankfurtern ihr Glück geschildert hatten, schrieb Clemens, der seine Frau wieder allein gelassen hatte u. in Frankfurt wieder in geschäftigem Müßiggang saß, an seine Frau:[1] «Savigny u. Gundel sind ganz ersoffen in Glück.»

Schon vor der Geburt war von dem Ehepaar erwogen worden, wer Pathe oder Pathin des Kindes werden u. ihm seinen Namen geben solle, u. für einen Knaben war Christian, für ein Mädchen Bettina gewählt worden.[2] Durch solchen Beweis der Liebe mochte Savigny hoffen, einen größern Einfluß auf die schwer zu behandelnden Geschwister seiner Frau zu erlangen u. nicht zu ihrem Schaden.

Mit der nun für Bettina erfolgten Entscheidung war aber über die Zeit der Taufe noch nichts bestimmt: in Paris sollte sie unter keinen Umständen geschehen, wenn sie dadurch auch eine ungewöhnlich lange Zeit hinausgeschoben wurde;[3] sie sollte in der Heimat erfolgen, u. zwar auf Trages, dem Gute, an dem so viele seelige Erinnerungen an seine Eltern u. Geschwister hafteten. Inzwischen berichtete Savigny auch seinen nächsten Freunden über die erfreuliche Entwicklung des von der Mutter genährten Kindes. «Bei uns ist alles frisch u. gesund,» schrieb er am 29. Mai an Weis, «mein Kind wird alle Tage größer u. dicker u. artiger u. macht mir tausend Freude. Sie müssen sich auch ein wenig darauf freuen,

[1]Mereau II, 161 [2]Clemens an seine Frau, Frankfurt gegen Mitte April. Mereau II, 156 [3]Vgl. Arnim: Steig II [S. 12]

BLATT 119

es zu sehen, sonst lasse ich es Sie an Huguccio entgelten,[1] oder sonst an einem empfindlichen literarischen Fleck.» [Stoll I, 257][XVI] und am 26. Juni meldete er Creuzer: «Bei mir geht alles so gut als ich es nur wünschen mag, das Kind besonders zeigt schon einen Haufen guter Eigenschaften, unter denen seine Gesundheit u. seine Vergnüglichkeit oben ansteht.» [Stoll I, 259]

[1]S[iehe] oben. Also Huguccio war für Weis damals noch wichtiger als für Savigny?

BLATT 120 – 122 [Stichworte zum 7. Jahrhundert]

BLATT 123 [Notiz: Savignys Aufenthalt in Paris «unerfreulich»]

BLATT 124

Der Aufenthalt selbst nicht erfreulich

Der Aufenthalt in Paris war aber dem Ehepaar u. Meline an sich nichts weniger als erfreulich. «Savigny,» so erzählte Jacob am 6. März seinem Bruder, «sucht so viel möglich bald von Paris wegzukommen, wo es sehr theuer ist u. weder ihm u. seinen Frauenzimmern eigentlich gefällt.» [Grimm, Jugendbriefe, S. 23] «Ich glaube nicht, daß ich so lange hier bleiben werde, als wir dachten.»

[Randnotiz:] Die Kinder des Franz
Das ‹Amen› (Bettina)
Ein Schwiegersohn ist wieder ein Brentano (Steig I, S. 349)

BLATT 125

Savigny über das französische Volk.

Den 20. Februar 1805 schrieb er an Creuzer: [richtig: an Hans von Bostel, 4. Februar 1805]
«das Volk bis zum Ekel egoistisch, befangen in leerem nichtswürdigem Treiben, ohne Sinn, ohne lebendiges Interesse, ohne Enthusiasmus, gerade mit so viel Bildung als nöthig ist, um vor der dem Menschen so natürlichen Progression[1] bewahrt zu bleiben. Die Gesellschaften erklären die meisten Leute selbst für sehr langweilig.» [Stoll I, 244]

[20. Februar 1805] «Nichtigkeit u. Egoismus theilt sich hier mehr oder weniger allen mit; ja ich werde mich freuen, wenn ich selbst unverändert zurückkomme,[2] denn ich habe Deutsche gesehen, die in wenig Jahren angesteckt worden sind.» [Stoll I, 246]

[1]Auch Clemens braucht den Ausdruck [2]Bestätigt von Clemens

BLATT 126

Bei den Savigny-Papieren:

Eine Visitenkarte mit folgenden gestochenen Worten:

Mr. Turpin de Jouché

Auf der Rückseite mit sehr schönem Siegelabdruck

[Handskizze des Siegels]

Darüber steht geschrieben:
v. Savigny
Paris 1805

Es ist eine neunzinkige Krone – doch nach dem Savignyschen Wappen?
Er hat auf seinem Siegel ein ganz anderes Wappen mit 5-zinkiger Krone.

(Wenden wir uns den Franzosen zu,) so hat sich eine Visitenkarte Mr. Turpin de Jouché erhalten, die bei Savigny damals in Paris abgegeben worden ist.

– – – – – – – – – –

Code civil zu Weis
[Jacob an Wilhelm Grimm]
Auch die juristischen Angelegenheiten vergaß er nicht ganz. «Vom Code civil,» so erzählte er am 1. März, «sind über zwei Millionen Exemplare abgesetzt.» [Grimm, Jugendbriefe, S. 22] Ein nicht geringer Theil fiel auf Deutschland. Der junge Malsburg in Marburg hatte ein Exemplar, das 12 Kreuzer kostete. [vgl. III, Blatt 303]

BLATT 127–128 [einzelne Stichworte, um 1805]

BLATT 129

[s. III, Blatt 133, 135]
Savigny als Vasall, sein Pächter u. die servitutpflichtigen Gemeinden

Das Regulativ vom 7. März 1803 über die Weideservituten hatte nicht vermocht, die Streitigkeiten mit den benachbarten Dörfern[1] zu beseitigen. Was sich im Juli 1804 bei dem Sommerfeld zugetragen hatte, wiederholte sich im September bei dem Winterfeld. Am 2. September hatte der Pächter Schönebeck angezeigt, daß die Somborner, Neusaßer, Altenmittlauer u. Bernbacher die Winterstoppelfelder gegen das Reglement ganz mit Futterkräutern bepflanzt hatten, so daß der lehnbaren Schäferei zu Trages, die bei dieser Gemarkung das Hütungsrecht habe, ein großer Schaden zugefügt ward, den sie nicht leiden werde. Als deshalb eine Klage gegen jene Gemeinde in Aussicht genommen ward, erstattete der Ortsvorsteher (?) von Somborn, Fr. Spiehl, am 14. September über die thatsächliche Lage an die Regierung . . . Bericht.

[1]Schulte, Joh. Fr. Eichhorn, [Sein Leben und Wirken] S. 174f.

\- - - - - - - - - -

Bangs Besuch auf Trages

An demselben Tage dankte S[avigny] Bang, der den Auftrag hatte, in Savignys Abwesenheit Trages unter seine Obhut zu nehmen, für seinen lieben Besuch zu Trages, der «uns allen u. mir besonders gar herzliche Freude gemacht hat».

BLATT 130

Als dann Karl Leske, Creuzers Stiefsohn, . . . Savigny in Paris besuchte, brachte er ihm aus Meerholz u. Somborn «zwei offene Briefe vom November 1804». [Stoll I, 247] Savigny fand bei Prüfung der Verhältnisse, daß noch andere, etwas neuere Briefe bei Creuzer liegen mußten, insbesondere ein zweiter Brief aus Meerholz, weshalb er Creuzer um Auskunft bat. Da Creuzer aber keine Auskunft ertheilte, schrieb Savigny ihm am 14. März 1805 [richtig: 19. März] abermals um Auskunft. [Stoll I, 252]

Am 4. Juli [1805] machte der Pächter Schönebeck in Meerholz bei Kroeber die Anzeige,[1] daß die Brachfelder jener vier Gemeinden wieder so bepflanzt seien, daß der Trageser Schäfer nicht im Stande sei, die Gemarkungen zu behüten, wie rechtens sei. Und am 17. Juli ward von dem Schäfer in Meerholz angezeigt, er habe dem kurfürstlichen Amtsbefehl gemäß, mit der Trageser Schafheerde das Neusaßer Brachfeld hüten wollen, der Landschütz Wegener habe aber mit der ganzen Gemeinde Neusaß an der Gränze des Sommerfeldes im Schifferweg gestanden u. ihm das Treiben der Heerde in das Neusaßer Brachfeld nicht nur untersagt, sondern auch die Heerde zurückgetrieben, so daß er, der Schäfer, wieder nach Hause haben gehen müssen.

[1]oder hatte er sie gemacht.

BLATT 131

1805 Sommer – später

Bang an Savigny

«Mein lieber Savigny,» so schrieb Bang in einem undatirten Briefe (1805), «Es ist eine lange Zeit, gewiß über ein Vierteljahr verstrichen, daß ich von Euch u. Euren Sachen gar nichts weiß. Seit der Abreise Christians von Marburg ... ist mir auch die sonst noch einzig übrige Quelle verstopft, aus welcher ich Kunde von Euch erhalten konnte. Auch von diesem, von seinen u. Euren Unternehmungen ... u. von vielem andern, das mich kraft meiner Euch bekannten Theilnahme interessiren muß, weiß ich kein Wort. Ist das recht? Ihr werdet Eure Verpflichtungen erkennen, mir nun recht bald u. ausführlich zu schreiben von Euch u. von Eurer Frau Liebsten, von den Kindern,[1] von Trages etc. ... [konnte nicht ermittelt werden]

[1]Ist doch möglich: er meint Savignys Kind u. Meline!

BLATT 132

[redundant, s. III, Blatt 133, 1. Abschnitt]

BLATT 133

Proposition (Kroeber) (Marburger Staatsarchiv) Trages

Meerholz 1805 den 26. Juli

Erst heute zeigte mir der Pfachter Schönebeck von Trages an, daß ohngefähr 15 Bernbacher Einwohner nebst dem Schütz, als der Trageser Schäfer am 18. J. dem kurfürstl. Amtsbefehl gemäß das Bernbacher Brachfeld habe behüten wollen, zu ihm gekommen seien u. gesagt hätten, daß er sich nicht unterstehen solle, das bepflanzte Brachfeld zu behüten, ansonsten es zu Thätlichkeiten kommen würde. Besonders sei der Feldschütz sehr grob gewesen u. habe dem Schäfer mit dem Stock vor das Gesicht haltend angekündigt, daß, wenn er wieder in das Brachfeld fahren würde, der Schäfer so geschlagen würde, daß er in einem Backtrog nach Hause getragen werden müsse, ___ ___ ___ ___. Männer u. Weiber hätten ihn bei dem Nachhaustreiben durch das Dorf geschimpft.

– – – – – – – – – –

[Abschnitt redundant, s. III, Blatt 130]

– – – – – – – – – –

Somborn den 2. Sept. 1805 Propos.
Heute zeigte der Pfachter Schönebeck vom Hof Trages an, weil die Somborner, Neusaßer, Altenmittlauer u. Bernbacher die Winterstoppelfelder ganz gegen die neue Regulation [vom] 7. März 1803 mit Futtergewächsen bepflanzt hätten, daß dadurch der lehnbaren Schäferei zu Trages, welche in der Gemarkung zu hüten das Recht habe, ein großer Schaden zugefügt werde, den sie zu leiden nicht schuldig sei noch werde.
Meerholz den 10. Sept. 1805 (Erinnerung an die Erledigung der Beschwerde)

– – – – – – – – – –

Propos. I (Marb[urger] Staatsarchiv)

Ein Bericht aus Somborn den 14. Sept. 1805 sagt:

Da seit seiner Dienstanstellung die Unterthanen nicht so wenig als dieses Jahr mit Rüben u. Wicken angesäet u. der Trageser Schäfer, wenn er seine Tage in hiesiger Gemarkung zu hüten hat, nicht im Stande ist, die Dürreflecken in beiden Stoppelfeldern, wenn solcher nicht seine Schafheerde zu Todt jagen will, [zu] betreiben, so kann ich nicht begreifen, wie der Trageser Schäfer oder dessen Herr so eine unbeschämte Klage [erheben könne], welche von jedem Kenner gewiß als zur Ungebühr angesehen werden muß, bei einem Kurhessischen Justizamt gegen unsere Gemeinde, die in Ansehung der Behütung der Trageser Schaafherde gewiß die einzige ist, wo derselbe sein Schafvieh so hüten kann, daß solches sich in seinem Pferch ruhig verhalten wird.

Dieses haben berichten u. respectvoll erharren sollen

Somborn, den 14. September 1805 F. Spiehl

Auszüge aus Kroebers Anzeigen: . . .

BLATT 134

Der Anzeiger des Kroeber (Marburger Staatsarchiv)

Meerholz den 17. Juli 1805
So eben bringt mir der Trageser Schäfer Rußwig die Nachricht, er habe dem kurfürstlichen _____ Amtsbefehl gemäß heute mit der Trageser Schaafheerde das Neusaßer Brachfeld hüten wollen, der Landschütz Wegener mit der ganzen Gemeinde Neusaß sei aber an der Grenze des Somborner Sommerfeldes im Schifferweg gestanden u. hätte ihm das Forttreiben in das Neusaßer Brachfeld nicht nur untersagt, sondern sogar die Heerde selbst zurückgetrieben mit dem B_____, daß sie den Trab durch ihr Sommerfeld nach ihrem Brachfeld recht leiden würden. Der Schäfer habe daher nach Hause fahren müssen!

– – – – – – – – – –

[Abschnitt redundant, siehe III, Blatt 130]

BLATT 135

Am 2. September 1805 machte der Pächter Schoenebeck die nämliche Anzeige. Der am 10. September in Meerholz zur Erledigung der Beschwerde aufgeforderte Ortsvorsteher von Somborn, Spiehl, erstattete dann am 14. September einen Bericht, der den «Trageser Schäfer oder dessen Herr» ins Unrecht zu setzen unternahm. Seit seiner Dienstanstellung hätten die Unterthanen nicht so wenig Rüben u. Wicken angesät als dieses Jahr u. der Trageser Schäfer sei an den Tagen, an denen er die Somborner Gemarkung zu hüten habe, nicht im Stande, die dürren Flecken in beiden Stoppelfeldern zu betreiben, wenn er seine Schafheerde nicht zu Todt jagen wolle. Demnach könne er nicht begreifen, wie der Schäfer oder sein Herr «eine so unbeschämte Klage» bei einem Kurhessischen Justizamt erheben könne, die von jedem Kenner gewiß als ungebührlich angesehen werden müsse: die Gemeinde Somborn sei in Ansehung der Behütung der Trageser Schafheerde gewiß die einzige, wo der Schäfer das Schafvieh so hüten könne, daß solches sich in seinem Pferch ruhig verhalten werde. «Das habe er berichten u. respectvoll erharren sollen.»

Bei seiner Rückkehr hatte Savigny die Angelegenheit zu erledigen.

BLATT 136

1805 October

Er [Savigny] konnte als Lehnträger nicht anders, als dem Befehl der Regierung gemäß die Klage gegen die Gemeinde erheben. Er betraute damit den Advokaten Neuhof zu Hanau.[1] Der weitere Verlauf der Dinge ist mir nicht bekannt.

[1]Brief [aus Wiesbaden] vom 6. Oct. 1805 an Weis[XVII]

BLATT 137

[vermutlich Irrläufer: Die Romanen]

BLATT 138–139

[Stichworte und kurze Notizen]

BLATT 140

Bisthum Eichstädt u. Stadt

Der Bischof stand unter dem Erzstift Mainz u. saß im Reichsfürstenrath zwischen den Bischöfen von Worms u. Speier. (Meyer V, 364) [Meyer, 6. Aufl., Bd. 5, Sp. 430: Eichstätt][XVIII]

Das Landgericht Hirschberg (das.). Prantl [I, S. 550]

Roth [Kurhessisches Privatrecht I] S. 59 f., 68 f.;
Schulte [Die Geschichte der Quellen] III, S. 219

2. Das Recht im Bisthum (Roth S. 69) [konnte nicht ermittelt werden]

Treitschke [Deutsche Geschichte] II, 346, 349, 350.
[Julius] Sax: Die Bischöfe u. Reichsfürsten von E[ichstädt] 745–1806. Landshut 1884

Privatrecht (Hufeland, Einleitung [in die Wissenschaft des heutigen Deutschen Privatrechts]; ____)

a. Institutionen u. Pandekten
b. Deutsches Privatrecht. Handelsrecht. Lehnrecht. Privatfürstenrecht
c. Bairisches Landrecht
d. Der neue Entwurf Feuerbachs
e. Code Napoléon, Code de commerce

BLATT 141–144 [Stichworte und kurze Notizen]

BLATT 145

Der größere Kopf

Bei einer andern Gelegenheit, wo Schwab in Frankfurt war, schrieb Clemens (in einem undatirten Brief) an seine Schwägerin Toni:
«Ist der arme Schwab krank u. du läßt ihn malen? ... Ich besitze einen prächtigen Rosenkranz ... wenn ich wüßte, daß er dem Schwab Freude machte, ich wollte ihn ihm durch Bettinen schenken lassen.» (Schriften I, S. 124) [Brentano, Gesammelte Schriften, Bd. 8: Gesammelte Briefe, Bd. 1, S. 124]

BLATT 146

[Clemens Brentano und Auguste Bussmann]
[Anfang fehlt] ____ aus, u. so fand dann am 21. August [1807] die Trauung statt. Vorher hatte Clemens, der es selbst erzählt, bei dem Geistlichen in Fritzlar (ist es festzustellen?) gebeichtet u. kommunicirt.

Trauzeugen waren Christian u. Jordis, also derselbe, welcher auch bei der Entführung schon Beistand geleistet hatte.

Nun zog das Ehepaar wieder nach Cassel u. führte eine Zeit lang ein gar fideles Leben bei Jordis ... alle Freitag ... Aber die Freude dauerte nicht lange: bald stritten die Eheleute, die außer einem großen Interesse an der Litteratur nichts gemeinsam hatten als ungezügelten Egoismus, aufs widerwärtigste zusammen.

Daß Clemens keine Stellung, weder Amt noch Geschäft hatte, verbesserte die Sachlage nicht, zumal seine Mittel sehr knapp waren. Bethmann bestand darauf, daß er einen ‹besonderen Stand› ergreife, versprach ihm dabei seine Empfehlung. Aber Clemens konnte nicht, wie er seinem Freund Arnim gestand, er wollte auch nicht. (Steig I, S. 224)

Bald entwarf der Ehegatte, der seinerseits die schärfste Kritik herausforderte, [von] seiner Frau ein abschreckendes Bild. Hatte er früher einen herrlichen Enthusiasmus bei ihr gefunden (Steig I, S. 222f.), sie still, sanft, ja tiefsinnig gefunden, so fand er sie jetzt nicht nur ärgerlich, sondern ungewöhnlich starrsinnig, ohne Reiz des Leibes u. der Seele.

BLATT 147 [redundant, s. III, Blatt 227 bzw. 154]

BLATT 148 [redundant, s. III, Blatt 150, Stichworte zum Goldenen Kopf 1805]

BLATT 149 [Notiz zu Clemens Brentano]

BLATT 150

Der Goldene Kopf Zur Zeit der Pariser Reise

Mereau II, 116, 154, 155, 161, 163, 165, 168, 169, 171, 172, 177, 181
Clemens u. Christian besonders

1. die Großmutter in Offenbach
   a) Bettina geht nach Frankfurt
   b) Lulu – heirathet

   Sie hat also keine Enkelin mehr bei sich.

2. Toni u. Franz
   Die Kinder:
      Georg (geb. den13. Jan. 1801) 1806 in Offenbach im Erziehungs-Institut! (M II, 199)
      Maxi (geb. den 8. Nov. 1802) den 10. August 1805 (Mereau II, 168)
      Josepha (geb. den 29. Juni 1804)
   Toni will im April 1805 für Clemens' Frau einen Hut besorgen (M[ereau] II, 156)
   den 23. April ihr Charakter (M II, 161)
   Das Paar im August bei Clemens' Frau in Heidelberg (M II, 163)

3. Georg u. Maria: Jung giebt keine Kinder an. Aber Mereau:
   (der russische Graf: Billard u. Champagner. 1804 Jan: M II, 87)
   Georg u. Bethmann: Aug 1805 (M II, 169)
   a. Kind den 3. Nov. 1804 (M II, 214)
   b. 1805 Aug. ____ ____ (M II, 177)

4. Claudine [Piautaz]
   15. April 1805 (M II, 155)
   Ihre Schwester in Paris bei Talleyrand (M II, 199)

- - - - - - - - - - -

Arnim schrieb[2] den 1. Sept. 1805 an Clemens' Frau:
«Sie (die Großmutter de la Roche) hat gegen mich keine der rührenden
Intermezzos ausgehen lassen; sie warnte Bettina, als wir in den Garten gingen,
vor den unreifen Aprikosen.»

[1][kein Verweis im Text] Mereau II, 118 [2]Steig I, S. 144

BLATT 151

Der Brentano in Würzburg 1805

August Brentano beim Großherzog von Würzburg, Ferdinand

Ein Halbbruder Brentano aus der dritten (im Juni 1795 geschlossenen) Ehe ihres Vaters mit [Anna Friederike von Rottenhof][2] (eine Ehe, die den 11. März 1797 durch den Tod des Vaters gelöst ward), August (also 1796 oder 1797 geboren), ward spätestens 1809 (also mit 13 oder 14 Jahren) «Lieutnant bei den Würzburgern».[3]
1805 war das Fürstenthum Würzburg von Baiern an den ehemaligen Großherzog Ferdinand von Toskana, den zweiten Sohn des Kaisers Franz abgetreten u. zum Kurfürstenthum erhoben worden. Am 30. September 1806 war der Kurfürst Ferdinand dem

Rheinbund beigetreten u. hatte dann den Titel Großherzog von Würzburg angenommen.[4]

[Fußnoten fehlen]

BLATT 152–153 [2 Stichworte zu den Brentanos]

BLATT 154

Die Laroche[1] (eigentlich) Frank v. Lichtenfels)[XIX]
Graf Stadion (Steig II, 154; Perthes [Politische Zustände und Personen in Deutschland] S. 19f.)
Rosenstiel (Mer[eau] II, 120)
1784 ihre Schule (Steig I, 86)
1789 (Steig I, 194)
Marburg 189, 190, 191, 192, 194, 199
Brentano 196
Offenbach 188
1793 (Steig I, 15)
1796 (Steig I, 15)
1797 (Steig I, 16)
1799 (Steig I, 17f.)
1801 (Steig I, 22) ‹Die moralischen Erzählungen›. 1782 Leipzig s. Meyer 523
(Karoline II, 44)
1802 (Steig I, 56)

1803 (Steig I, 43, 90)
Oct. (Mereau II, 57)
1805 (Steig I, 144)
‹Herbsttage› (Rohde S. 53)
1806 Sommerabende (Steig II, 374)
Maskenball (Rohde S. 107 Anm.)
1807 (Steig II, 154)
Oct (Mereau II, 3)
1808 (Steig II, 184)
28. Juni: Bettina (Steig II, 165)

Karoline. Wer ist K im Register, S. 699f., nichts S. 666. dazu Schulte [Die Geschichte der Quellen] III, 281f., 290. [1]Meyer 523 [Meyer, 6. Aufl., Bd. 12, Sp. 199][XX] Goethes Briefe an Sophie L[aroche] u. Bettina Br[entano]. Hrsg. G. Löper, Berlin 1879.

BLATT 155–156 [Stichworte zur Laroche und Bettina]

BLATT 157

Bettina

1) Im August Savigny an Bettina über das Pathenkind.[1]
Bitte von Clemens' Frau, an sie zu schreiben.[2]
In Offenbach bei der Großmutter. Arnims Besuch u. was er da beobachtet.[3]
Bettinas Erzählungen an Arnim von Cl[emens].[4]
In Frankfurt; macht hübsche Lieder u. Melodien. (Steig I, 144).
Reise mit Franz u. Toni in Begleitung eines Wiener Herrn an den Rhein. (Mer[eau] II, 171)

2. Sept. Ihre Erzählung an Clemens von der femme cocote – Georges Frau (Mer[eau] II, 176)

October auf Trages (Mer[eau] II, 189)
Steig I, 148; II, 12

Den Winter nahm Savigny sie mit der Meline nach Marburg.

[1]Mereau II, 168 [2]Mereau II, 171 [3]Steig I, S. 144 [4]Steig I, S. 146 [5][kein Verweis im Text] Mereau II, 177

BLATT 158

Die Günderode u. Cl[emens] u. Bettina. Frankfurt 1805

2) Es kann meines Erachtens keinem Zweifel unterliegen,
daß Savigny es war, der erwirkte, daß die Günderode der Bettina
einigen Geschichtsunterricht ertheilte.

BLATT 159

1804/1805

Bettina unterrichtet von der Günderode in Geschichte.[2] – Savignys Anregung?

«In Bettinen gehen, wie mir ein Brief von ihr zeigt,» schrieb Clemens um die Mitte Februar an Arnim,[1] «wunderbare Dinge vor: ich glaube, sie studirt Philosophie: ich begreife sie nicht, schreibe ihr nicht mehr. Den Brief lege ich dir bei.»

Savigny gab ihr sofort nach der Geburt seiner Tochter (den [11.] April) Nachricht u. wählte sie zur Pathin. Wäre das Kind ein Knabe gewesen, so hätte er Christian zum Pathen gewählt.[3]

[1]Steig I, 132. Arnim geht nicht darauf ein?[XXI] [2]Steig I, 140 [3]Mereau II, 156

BLATT 160 [Stichwort zu Franz und die beiden Brentano]

BLATT 161

1804

Oct. 16. Creuzer über Clemens
17. Clemens über Goethe u. die Günderode (Rohde S. 10). Nächstens nach Frankfurt (S.10).
25. Clemens an Arnim: über Würzburg nach Berlin (Steig I, S. 115f.)
in Ziebingen bei Tieck (Steig I, S. 355 Anm. 123)
27. Clemens reist ab von Heidelberg (Steig I, S. 117). Das Abschiedsbillet an Creuzer!
mit dem Medicus _ Julius (Rohde S. 107)
Die Behandlung der Frau u. der Hulda (Steig I, S.117f.)
Das Isenburgische Hotel (Steig I, S. 118)
Die zurück gelassene Frau (Steig I, S. 121; cf. Creuzer!)
in Gotha (Steig I, S. 118f.)

Nov. 2. Clemens u. der Schlichtegroll (Steig I, S. 119)
8. Clemens reist von Gotha (Steig I, S. 119)
9. Clemens in Leipzig (Steig I, S. 119)
13. Clemens in Berlin (Steig I, S. 120f.)
21. Sophie an Clemens (Steig I, S. 356 Anm. 172)
24. Clemens über Berlin (Steig I, S. 121f.)
27. reist Clemens mit Arnim nach Ziebingen (Steig I, S. 122f.)

Dec. 4. Creuzer über Clemens' Brief
16. Cr. über die Frau des Clemens
17. Clemens an die Frau (Steig I, S. 122)
Weihnachten: Clemens in Gotha (Steig I, S. 124)
– Creuzer über Clemens' Rückkehr
28.–30. Creuzer über die Mereau

Bang an Clemens (Steig I, S. 366 oben)

BLATT 162

Bettina in Frankfurt 1805

Erhält Unterricht von der Günderode:

Am 15. Februar 1805 theilte Clemens Arnim mit,[1] in Bettina gingen, wie ein Brief von ihr zeige, wunderbare Dinge vor. «Ich glaube, sie studirt Philosophie. Ich schreibe ihr nicht mehr.[2] Den Brief lege ich dir bei.»

April (Steig I, 132; Mereau II)

Im April theilte er mit, die Günderode, «die Vertraute Bettinens», habe diese den Winter Geschichte gelehrt, u. nach einigen Tagen: «mein Anblick macht sie selbst nicht verlegen.»[3]

August (Mereau II, 171)
Sept. (Steig I, 144, 146)
Oct. (Mereau II, 189)

Im August gab er Genaueres über ihre Studien an: «Betine hat bis jetzt griechische Geschichte studirt», aber «mit unsäglich mannigfachem, zerstreutem, unterbrochenem Fleiß; die Günderode hat sie auch etwas zur Philosophie angerüttelt gehabt, es hat aber nicht weiter gefangen, als daß sie ein paar schlechte platonische Gespräche geschrieben, über die sie jetzt lacht. Sie hat eine große Leichtigkeit zu dichten.»

Nun machte sie mit Franz u. Toni eine Reise an den Rhein.[4]

[1]Steig I, S. 132 [2]Mereau II, 153f., 160 [3]Mereau II, 168f., dazu Steig I, S. 144 [4]Mereau II, 177, Steig I, S. 145

BLATT 163–165 [Stichworte zu Clemens, Bettina, Günderode]

BLATT 166 [Namen: «Gesellige Beziehungen» Savignys in Paris]

BLATT 167

[Clemens an Arnim, «auf Weihnachten» 1802]
[Anfang fehlt] Heiligthum; auch er [Savigny] ist mir drückend einfach.› . . . ‹Schreibe bald wieder nach Marburg.› ([Steig I] S. 59f.). ‹Rafaels Johannes in der Wüste . . . o könnte ich ihm im Leben gleichen, dem nur Savigny gleicht.› [Steig I, S. 59]

Und an die Bettina ebenso: ‹Ich hoffe von dir einen Brief in Marburg zu finden, wohin ich in wenigen Tagen abreise› (I [Frühlingskranz], S. 320). ‹Den 2. oder 3. Januar bin ich wieder in Marburg› (I [Frühlingskranz], S. 323). ‹Ich freue mich dies Jahr auf den Savigny,› etc. (I [Frühlingskranz], S. 324)

Den 5. Januar [1803] schrieb er aus Marburg an Winkelmann: ‹Ich bin seit gestern hier in Düsseldorf wegen dem Intriguenstück› [Ponce de Leon], das er dem Herzog von Arenberg, den er seinen großen Freund u. Gönner nennt, dediciren will. ([Steig I] S. 62)

Winkelmann antwortete, ‹daß die Lieder, Dedication u. Vorbericht Savigny gefallen (das hatte also Brentano behauptet), ist mir unbegreiflich› ([Steig I] S. 62). Es war auch wohl der Wahrheit kaum entsprochen!

Den 10. Januar Clemens' Brief an die Mereau (Steig I, S. 79).

Savigny als Johannes, etc.

Den 17. April Arnim an Savigny über Clemens; der Brief ward nach Frankfurt geschickt (S. 69 f.)

Oder war es ‹Bettinen zulieb› (Steig I, S. 70)

Das Singspiel, das Savigny liebt ([Steig I] S. 71)

Im Mai ist Clemens in Jena bei Wrangel (Steig I, S. 81), dann längere Zeit in Weimar (S. 81 f.)

Den 17. Juli Savignys Brief an Clemens ‹Über das Zusammen leben›.

Die Absicht, mit der Mereau nach Marburg zu ziehen (Steig I, S. 84 f.)

Im November ihre Schwangerschaft (Steig I, S. 91)

Den 29. desselben Monats Trauung in Marburg ([Steig I] S. 92)

BLATT 168

Clemens der geschäftige Müßiggänger

Nach Savignys Abreise von Heidelberg begab sich Clemens wieder auf Reisen, angeblich um für seine Arbeiten gleichfalls auf Bibliotheken Material zu sammeln, zunächst mit dem jüdischen ‹Medicus› nach Würzburg,[1] dann nach Gotha, wo er Schlichtegroll u. die Bibliothek besuchte. Da sind «für mich», schrieb er[2] seiner Frau, «die vortrefflichsten Sachen, besonders schöne Manuscripte. Die Leute selbsten verstehen sie nicht zu achten; auch schien ihnen meine große Entzückung darüber sehr wunderlich. Ich gehe morgen wieder hinauf.» Und später: «Täglich war ich auf der Bibliothek, wo ich bin wie zu Hause.»[1a]

«Ich habe unsägliche Liebe bei Geißler genossen; er war den ganzen Tag mit mir zusammen, ja er bediente mich beinahe wie ein Diener; es rührt mich sehr, daß er mich zu lieben scheint. Sein Unglück ist, daß er ohne Enthusiasmus u. eigentlichen wissenschaftlichen Sinn ist; die Langeweile plagt ihn. Er will nun den Winter auf mein Anrathen den Tristan studiren. Vielleicht freut es ihn, u. er hilft, daß die Gothaer poetischen Manuscripte gedruckt werden. Er hat immer noch große Lust, nach Heidelberg zu ziehen, es wäre dies für uns sehr vortheilhaft . . «[3] Geißler läßt dir eine seltene gedruckte Geschichte abschreiben u. schickt sie dir; ich glaube du kannst sie gut unter deinen Aufsätzen bearbeiten. Sieh, wie ich immer an dich denke.»[4]

Der Herzog von Gotha hat den Maler Grassi bei sich, der ihm alle die Personen zu einem Roman malen muß, an welchem er arbeitet.»[5]

Von Gotha ging er nach Weimar – «Tieck kam zu mir; er sieht noch elender aus als sonst, war aber ziemlich freundlich u. froh mich zu sehen,» – nach Leipzig? endlich nach Berlin: «Mein u. Arnims Wiedersehen war rührend für beide.» «Es ist sehr möglich, daß wir plötzlich kommen u. dich entführen.»[6] «Was meine poetischen Wünsche angeht, so ist Arnim zu allem bereit, wenn ihn nur nicht das unendliche Quellen eigner Produktion daran stören mag.»

[1]Mereau II, 97ff. [1a][Mereau] II, 112 [2][Mereau] II, 105; Steig I, S. 119 [3][Mereau] II, 112; warum nicht bei Steig? [4][Mereau] II, 113 [5][Mereau] II, 117 [6][Mereau] II, 117f.

BLATT 169–170 [Stichworte zu Clemens und Arnim]

BLATT 171

Clemens' Treiben während Savignys Aufenthalt in Paris

Als Savigny Ende October (1804) von Heidelberg aus die Reise nach Frankreich antrat, hatte auch Clemens kein Interesse mehr an der Musenstadt: u. er machte gleichfalls eine Reise, deren Ziel Berlin, deren Zweck ein Zusammenarbeiten mit Arnim sein u. die einen Zeitraum von mehreren Monaten umfassen sollte. Seine Frau drängte ihn zur Reise (Mereau II, 133), Plan mit Tristant (Mereau II, 125).
Die Reise trat er an in Begleitung eines jüdischen Studenten der Medicin aus Hamburg, der journalistisch thätig war,[2], in Heidelberg studirt hatte u. _____ sein Studium u. _____ fortsetzen wollte.[3] «Von diesem Wiedersehen,» schrieb er an den Freund [Arnim],[1] «muß der ganze unerschütterliche Plan meines Lebens ausgehen ... meine Chronik eines fahrenden Schülers soll in Berlin unter deiner Leitung fortgesetzt werden.» Seiner Frau aber theilte er mit, er sei in einem vortrefflichen Wirthshaus u. habe in Waldthürn am Sonntag den Gottesdienst in der prächtigen Kirche besucht, die voll Krücken, wächsernen Gliedmaßen u. gemalten dort geschehenen Wunderwerken hängt u. voll von Bauern war, die in schöner Ordnung knieten. «Ich gieng gleich nach dem Altar, in welchem das wunderthätige Kelchtuch hinter Lichtern aufgestellt ist. Ich ging hin, um nach einem Opfer zu sehen, welches ich u. Sophie vor ungefähr zehn Jahren mit dem Papa einem kleinen hölzernen Engel gethan hatte, einen Kranz von weißen gemachten Rosen u. einige Ähren, u. fand es unter den vielen Opfern durch den ungewöhnlichen Ort des Engels, welchem ich es mit einem Lichthörnchen aufgesetzt hatte, noch vorhanden, was mich sehr rührte.»

Beiblatt [s. folgendes Blatt]

In Würzburg, das zwar winklicht, aber voll schönerer u. prächtigerer Kirchen als Erfurt sei, sei er mit Niethammer in ein Gespräch vom Universitätswesen u. Friedrich Schlegel gerathen u. habe von dessen Schulden gehört u. daß er die weit in Cöln gelassen habe.

München [Steig I] 116; Würzburg 118; Bamberg 118

[1]Steig I, 116ff. [2]Rohde S. 107 [3]Steig I, 354: vgl. dazu die Studien von Gries u. von Zimmer in Heidelberg!

BLATT 172

Auf der Reise nach Berlin, den 31. Oct. 1804 (Forts.) Beiblatt

«Da ich die Kirche verließ, kaufte ich bei einer nahe wohnenden Frau, deren Sohn ein Maler ist,[1] beiliegende Bilderchen u. Büchelchen. Die Frau erzählte recht interessant von der Mundmalerei, bei der vorigjährigen Wallfahrt von gegen 2000 Menschen geschehen, u. wie zwei vom Teufel besessene sehr schöne Bauernmädchen[2] von 20 u. 24 Jahren, reicher Leute Kinder, von ihren Eltern hingebracht worden, um sich von den Mönchen exorziren (!) zu lassen. Während sie im Ort waren, hatten sie drei Tage keine Anfälle, aber sie weinten, da sie von den Mönchen ausgefragt wurden u. den Anfall als fürchterlich schmerzlich beschrieben. Sie wurden aber nicht übernommen u. ungeheilt wieder zurückgeschickt. Den Mönchen ist nämlich dieses Teufelaustreiben längst verboten, seit die Ärzte, der Weißmann besonders[3] es mit Senf kann.»

[1]dazu später München: Ludwig Grimm u. Bettina werden «Maler». Mereau II, 100. Das sehr schlechte Deutsch habe ich lesbar gemacht. [2]Ringseis über die «Besessenheit» [3]berühmter Gynäkologe

BLATT 173

Mit Niethammers Frau aber habe er noch lang von ihr, Sophie gesprochen u. gehört, er halte sie zu streng u. mißhandle die Hulda. Als er dann an dem table d'hôte aß, habe ein Mensch, der seinen Namen gehört, ihn gefragt, ob er verwandt sei mit dem Brentano, der die Mereau geheiratet, u. als er das verneinte, sei er über ihn hergezogen u. habe auch ziemlich keck von ihr, Sophie angefangen. Nun habe er sich zu erkennen gegeben u. der häßliche Mensch, Rousseau von Gotha, ein Schwager Schlichtegrolls, «lasse sie grüßen».

Nach Tisch habe er seine Geldgeschäfte gemacht – eine Geldsendung an seine Frau – u. dann die Stadt durchlaufen, so daß der Rest ihm toll geworden sei über den großen Kirchen, Heiligenbildern u. der neuen Aufklärung.

Aus Gotha schrieb er dann [2. November] seiner Frau: er sei aus Liebe zu ihr im Wirthshaus Stadt Altenburg eingekehrt, habe Schlichtegroll u. die Bibliothek besucht, wo es schöne Manuscripte gebe, die die Leute nicht zu achten verstünden, so daß seine große Entzückung darüber ihnen sehr wunderlich schien. [Steig I, S. 118f.]

In Weimar sei Tieck zu ihm gekommen, sein Schwager Müller aber nach Münster zu dem katholischen Stolberg gereist. Tieck sehe noch elender aus als sonst, sei aber ziemlich freundlich u. froh gewesen, ihn zu sehen.

In Leipzig [9. November] endlich klagte er über die Thorheit, seine Frau verlassen zu haben, wozu sie ihn aber gezwungen habe: er sei in ewiger Unruhe u. Eifersucht, sei aber fest entschlossen, in höchstens drei Monaten wieder in ihren Armen zu liegen. [Steig I, S. 119f.]

Am 13. November in Berlin angekommen fand Clemens, «daß Arnim für ihn ein weiteres Quartier gemietet hatte, vier Stuben im Levischen Hause u. dazu alles Geräthe für ihn eingekauft.[1] «Arnim,» so schrieb er den nächsten Tag seiner Frau, «möchte, du kämst auch noch zu uns,

[1]Mereau II, 117

BLATT 174

aber die Ausführung ist so schwer u. es könnte unsere Umstände verwirren; doch ist der Plan noch nicht aufgegeben u. es ist sehr möglich, daß wir plötzlich kommen u. dich entführen. Arnim zweifelt sehr, wozu er auch ein großes Recht hat, daß ich auf längere Zeit von dir entfernt fröhlich sein könnte. Ich muß wenigstens nächster Tage kommen u. fühlen, ob mein Kind unter deinem Herzen hüpft.

Was meine poetischen Wünsche angeht, so ist Arnim zu allem geneigt, wenn ihn nur nicht das unendliche Quellen eigner Produktion daran stört. Ich lese ihm den Tristant vor, er will ihn bearbeiten, u. ich hoffe beinahe, vortrefflich. A. W. Schlegel hat ihn auch schon begonnen, aber sehr süß u. geschniegelt, wie ich höre.» «Wir sitzen viel bei einander,» fügte er am 17. hinzu, «u. sinnen über guten Plänen, aber es ist schwer, etwas auszuführen.» [Steig I, S. 121]

«Übrigens sehe ich, wie unnütz mir vieles Reisen sein würde. Es ist alles sehr theuer hier. Was deine Verrechnung bei Willmanns angeht, wünscht Arnim dir einige Beiträge schicken zu dürfen: es erleichtert dir deinen Gewinn.[1] Du sollst mich wiedersehen wie einen neuen feurig liebenden Jungen. Schreibe mir auch bald von deinem Auskommen: hast du das Geld, die 4 Karolins von Würzburg erhalten?»

Mit Arnim nahm er an den jüdischen Gesellschaften der Madame Levi Theil, fand sie aber «verflucht vornehm u. dreckigt». Gern u. oft war er bei Pistor, dem Universitätsfreund von Halle her. [Steig I, S. 122]

Am 23. November besuchte er mit Arnim den Prediger [Johann Ludwig] Koch in seiner Eigenschaft als Litterator «wegen seiner großen Kenntnisse u. Büchersammlung». Dazu Mereau II, 133.

[1]über die Gütertrennung eine Darlegung

BLATT 175

«Ich lese Arnim den Schelmufsky u. den Tristant vor; er will den Tristant bearbeiten. A.W. Schlegel hat ihn auch schon begonnen, aber sehr süß u. geschniegelt, wie ich höre».[1] «Wir sitzen viel bei einander u. sinnen über guten Plänen, aber es ist schwer, etwas auszuführen.»[2]

«Arnim wünscht dir einige Beiträge schicken zu dürfen; es erleichtert dir deinen Gewinn».[2a] Später schrieb er, Arnim, der selbst nie Honorar empfangen, freue sich, einen kleinen Beitrag «zu dem Interesse unseres Hausstandes zu machen». «Wir könnten leicht das Ganze in ein Journal hinüberspielen, ich wollte dann auch was arbeiten.»[2b]

Der Onkel [Carl] LaRoche, bei dem er in Schönebeck war, der nun in Berlin lebte, nahm ihn mit in das Haus des Geheimen Finanzrats Rosenstiel, eines alten Freundes der Familie. «Dieses Haus soll den wahren lupenfeinen Berliner Ton haben. Alle diese Leute können doch bei der Gundel in die Schule gehen.»[3]

«Arnim u. ich arbeiten jetzt, den Ponce zusammen zu ziehen, um ihn aufs Theater zu bringen; auch haben wir einen Plan, unsere Lieder zusammen herauszugeben.»[4]

Wir hören, daß er den Prediger u. Literaten Koch besuchte, u. zwar «wegen seiner großen Kenntnisse u. Büchersammlung».[4]

«Berlin langweilt mich von oben bis unten, irgendetwas zu lernen habe ich hier gar keine Gelegenheit. Aus den poetischen Plänen mit Arnim wird wohl nichts mehr werden: er scheut jede größere Arbeit; u. so bleibt für Tristant keine Hoffnung als durch mich oder dich.»[5] Und später: «Der Tristant ist also für dich.»[5a] «Arnim wird uns das Frühjahr besuchen; hier kann ich nichts mit ihm beginnen.»[6] «Mit Arnim etwas zu versuchen, ist nichts mehr als eine schöne Versuchung auf dem Sopha gewesen.»

«Ich will nicht sterben in der Fremde, in Halle sind schon ein paar Leute am gelben Fieber gestorben.»[7] Inzwischen sang er einen Abend bei einem «Universitätsfreund», bei Pistor, während er an einen andern «Universitätsfreund», einen Juden, mehr Körner türkisches Rauchwerk schickte,[8] u. dann lief er den ganzen Tag auf den Weihnachtsmarkt, ihr etwas zu kaufen: «Auch habe ich etwas, wenn es nur nicht zerbricht.»[9]

[1][Mereau] II, 119; vgl. 130 u. II, 120 [2]II, 120; [2a]II, 122, dazu S. 131. [2b]II, 131 f. [3]II, 132. [4]II, 133. [5]II, 134, 136. [5a]II, 145. [6]II, 140. [6a]II, 143. [7]II, 143. [8]II, 145. [9]II, 153

BLATT 176

Clemens' Unzufriedenheit mit Arnim

«Aus den poetischen Plänen mit Arnim,» schrieb er an seine Frau, «wird wohl nichts werden: er scheut jede größere Arbeit, u. so bleibt für Tristant keine Hoffnung als durch mich oder dich.» «Arnim wird uns das Frühjahr besuchen. Hier kann ich nichts mit ihm beginnen; daß ich zu Hause werde arbeiten können, daran zweifle ich nicht.»

Mereau II, 134, 143, 141 Steig I, 120

Bei Tieck (Steig I, 123)

Seine Absicht, seiner Frau etwas zu kaufen (Steig I, 123)
Aber nur für Bettina (125)
Alles liebt ihn

BLATT 177

Die Günderode u. ihre Beziehungen zu Clemens u. zu Bettina (1805)

Nachdem Clemens Heidelberg verlassen hatte, besuchte Creuzer auf seine Bitte öfters seine Frau.[1] Im Januar war Clemens wieder da, voll von Verachtung gegen Berlin, aber zärtlicher gegen seine Frau als jemals.[2]

Als er im April in Frankfurt war, berichtete er seiner Frau, die Günderode habe daselbst «einige Liebesverhältnisse», die ihm aber unbekannt seien.[3] Auch sah er sie einmal, wie es scheint, im goldenen Kopf, denn er fügt hinzu: «Sie geht ungern in unser Haus.» Vermuthlich redete er mit ihr über Mahomet, der damals gedruckt ward.[3b] An diesen Liebesverhältnissen wollte er gern Theil haben: er schrieb ihr in das Fräuleinstift einen bacchantisch tobenden Brief. Der Venusberg, in den er sie in Begleitung seiner Schwester Bettina eingehen sah,[3a] war noch immer das Ziel seiner ewigen Wanderungen.

Im Juni erzählte Creuzer der Günderode, Frau Daub hielte es für das größte Verbrechen des Clemens, daß er nach seiner Verheiratung noch an sie, Karoline, gedacht habe.[4] Um dieselbe Zeit erklärte Clemens einem Bekannten Creuzers, es sei recht, daß Tians Mohammed im ‹Freimüthigen› so herabgesetzt werde, denn er sei nichts werth.[5] Nichts desto weniger verfolgte er jeden ihrer Schritte mit Argusaugen: als er im August wieder in Frankfurt war, meldete er seiner Frau: «Die Günderode, welche ich nicht gesehen, ist auf das Gut einer Freundin des Doctor von Nees ins Würzburgische gereist.»[6]

[1]Rohde S. 21 [2]Rohde S. 28. [3]Mereau II, 157; Steig I, S. 140. [3a]Rohde S. 32. [3b]Mereau II, 157
[4]Rohde S. 48 [5]Rohde S. 13 [6]Mereau II, 168 f. Creuzers Brief an sie dahin: Rohde S. 17 f. Clemens' Interesse an Nees: Geiger S. 113

BLATT 178

Die Günderode

1805 im Mai schrieb Clemens aus Frankfurt an seine Frau: «Die Günderode, die Vertraute Bettinas, welche einige ... Liebesverhältnisse hier hat, hat dieser den Winter Geschichte gelehrt.»[1] Schmerzlich war es Clemens, daß diese Liebesverhältnisse ihm im übrigen «unbekannt» blieben.

Steig I, S. 140; cf. Geiger 148

[Fußnote fehlt]

BLATT 179–182 [Stichworte zur Geschichte im 14. Jahrhundert]

BLATT 183

Zu Clemens u. Schlegels Aesthetik

Savigny in Paris hatte er im März 1805 um sein Manuscript von Schlegels Aesthetik gebeten u. Savigny am 7. April Weis beauftragt, den Quartband an Christian zu schicken u. ihm sagen zu lassen, den Band durch Gelegenheit Clemens zukommen zu lassen, falls aber Christian nicht mehr da sei u. er keine andere Gelegenheit finde, das Buch auf die fahrende Post zu geben.[1]

Clemens war damals in Frankfurt, gleichzeitig mit Christian, in welcher Stimmung haben wir gesehen. Er schrieb seiner Frau,[2] es sei ein Brief Savignys an Bettina angekommen, der sie als Pathin gebeten habe; Christian sei als Pathe in Aussicht genommen gewesen, falls das Kind ein Knabe gewesen sei.

Clemens will lernen – ____ für Aesthetik

[1]Schulin S. 44 [2]Mereau II, 156

BLATT 184 [redundant, siehe III, Blatt 175]

BLATT 185 [Stichworte zu Clemens' Ausgaben]

BLATT 186–187 [Stichworte zu: Das kanonische Recht und das jüdische]

BLATT 188–189 [Die Alamanen und Burgunden]

BLATT 190 [Notiz zu Arnim]

BLATT 191

Den 11. Juni [1805] war er [Creuzer] abends mit Clemens Brentano u. Arnim spazieren gegangen ([Rohde] S. 48). ‹Die Brentano war doch sehr krank ... jetzt ist sie wieder ziemlich wohl, aber das Kind ist sehr krank.› [Preisendanz, S. 119] Am Abend desselben Tages waren sie beide bei Creuzer, unempfindlich für Arnims heitere Scherze. ‹Endlich gingen sie.› Den 18.: ‹Dem Clemens ist gestern sein neugebornes Kind gestorben. Es dauert mich doch, daß er nicht Eine Frucht seiner Jugend aufbringen kann. Weder ihn noch seine Frau sah ich seit der Zeit. Sie sind mit Arnim nach Weinheim, wo sie Bekanntschaft gemacht haben mit einer adligen Familie, welche Clemens jetzt – er war neulich schon da – über alle Maßen lobt, weil sie ihn spazieren gefahren, seine Witze u. Lieder angehört u. dergl.› [Preisendanz, S. 120]

– – – – – – – – – –

(1805) Juni etc.
‹Die Brentano,› so schrieb Creuzer den 15. Juni [an Karoline], ‹war doch sehr krank. Jetzt ist sie wieder ziemlich wohl, aber das Kind ist sehr krank.› [Preisendanz, S. 119] Und den 18. meldete er: ‹Dem Clemens ist gestern sein neugebornes Kind gestorben.› [Preisendanz, S. 120] Und aus Paris schrieb J. Grimm den 12. Juli an seinen Bruder Wilhelm: ‹Etwas sehr trauriges ist, daß das Kind von Clemens schon wieder gestorben ist. Am meisten betrübt, beinahe schrecklich, ist die Lage u. das sonderbare Verhältniß der Frau, die fast schon zu alt ist, um noch viel Kinder bekommen zu können.› [Grimm, Jugendbriefe, S. 60]

Creuzer, der sein Bedauern darüber ausgesprochen hatte, daß Clemens ‹nicht Eine Frucht seiner Jugend aufbringen kann,› fügte später hinzu, Clemens affectire, als mache er sich nichts daraus. [Preisendanz, S. 121]

BLATT 192 [redundant, s. III, Blatt 212: Savignys Glück wünschender Brief]

BLATT 193

Die Niederkunft von Clemens' Frau 1805 Mai

Am 2. April hatte Clemens an Arnim geschrieben: «Du sollst Ende April hier eintreffen, ein paar Tage hier u. dann nach Frankfurt mit mir gehen, bis Sophie niedergekommen ist, dann eilen wir hierher zurück u. du hältst mein Kind zur Taufe.» [Steig I, S. 137] Arnim aber hatte geantwortet: «Vor dem Ende Mai kann ich nicht bei dir sein, also zur Taufe, – die erste, der ich beiwohne.» [Steig I, S. 143]

Am 13. Mai ward das Kind geboren: es war ein Mädchen. So mußte eine Pathin gebeten werden. [Für] die Taufe wurden von Clemens schriftlich u. mündlich die mannichfachsten Pläne entwickelt. Um Creuzer zu strafen, daß er versäumt hatte, als er in Frankfurt war, den goldenen Kopf zu besuchen, gab er in dessen Beisein Daub[1] den Auftrag, das Kind «in Savignys, Arnims u. des alten Schwabs Namen»[2] aus der Taufe zu heben. [Preisendanz, S. 102] Aber dieser Plan mußte einem anderen weichen: das Kind wurde durch die Rudolphi u. Daub aus der Taufe gehoben, Creuzer aber nicht zu der Feier geladen. [Preisendanz, S. 108]

Mereau I, XXIX [1]Wie wagt er es, das Kind protestantisch zu taufen, er, der doch katholisch war? [2]Christian u. Bettina?

BLATT 194

[redundant, s. III, Blatt 205]

BLATT 195

Clemens 1805

bis zum Tode des 2. Kindes

«Clemens ist wieder da,» schrieb Creuzer am 5. Januar 1805,[1] «voll von Verachtung gegen Berlin, u. von Neuigkeiten über Tieck, den er jetzt wieder etwas mehr verehrt als sonst. Arnim kommt im Sommer her. Clemens ist zärtlicher gegen seine Frau als jemals.» Clemens theilte Arnim mit,[2] Sophie sei recht gütig u. leidenschaftlich geworden. «Der Unsichtbare, der deine Liebe erwartet, bewegt sich, wenn ich von dir rede.»

«Ich habe Bettinen die Tasse geschickt, aber noch keine Antwort: ich vermuthe sehr, daß sie nun gänzlich mit Christian verbunden ist, dem sie bei seinen neuesten Abenteuern genug wird zu schreiben haben.» –

[Randnotiz:] (Über dieses Abenteuer s. Christian [III, Blatt 241–243])

«So etwas wie dieses Mädchen lebt nicht mehr u. Christian beweist mir in dieser Handlung unsäglichen Muth: ich habe nie etwas aus meiner Familie gehört, was mich herzlich erfreut hätte, als dieses.»

«Von Savigny haben wir die traurige Nachricht, daß ihm bei seinem Einfahren in Paris sein Koffer abgeschnitten wurde, mit welchem alle seine Manuscripte, alles was er seit mehreren Jahren zu seiner Reise vorgearbeitet hat, verloren gegangen ist: er ist darüber untröstlich u. die Wissenschaft kann es mit ihm sein.»

[1]Rohde S. 28; Arnims Tasse für Bettina u. dazu Steig I, 125 [2]Steig I, 124f.

BLATT 196

Arnims u. Clemens' merkwürdige Einsicht

Die beiden Dichter, die nichts als Dichter waren, waren zu einer merkwürdigen Einsicht gelangt. «Ist es denn so unumgänglich nöthig, daß ich dichte?» hatte Clemens[1] schon aus Berlin (den 26. November) geschrieben. «Ich habe noch viel zu lernen.» Hören wir hier nicht eine Mahnung Savignys? Und als Clemens wieder bei seiner Frau war, schrieb Arnim an diese:[2] «Nichts ist unpoetischer in der Welt als das Leben eines Dichters. Dichter sind nur Lichter, wenn sie wirklich nothwendig der Welt.»

Und nun meint er: sie beide sollten zusammen promeniren in Heidelberg, zusammen Collegia lesen über die Literatur aller Welt. Auch hier klingt ein Gedanke wieder an, den Clemens in vorsichtiger Verhüllung einmal angedeutet hatte:

Jetzt hören wir denn auch ____, daß Clemens[3] die Absicht äußerte, bei Daub Philosophie zu hören, eine Äußerung, die Creuzer für einen ‹bloßen Einfall› erklärte, die dann in der That auch keine Folge hatte.

[1]Mereau II, 140 [2]Mereau I, XXVIII [3]Creuzer an die Günderode den 27. Februar 1805 (fol. 99)

BLATT 197

Görres [Gesammelte Briefe, Bd. 1: Familienbriefe]

– Den 5. März [1807] (S. 485)
Brentano steht gepackt u. reisefertig da, wohl höchstens vierzehn Tage noch wird er hier bleiben, u. dann zieht er ab nach Frankfurt. Es ist uns lieb, daß wir den Sommer vor uns haben, sonst würden wir seine Abreise noch schmerzlicher empfinden. Wir haben durch ihn Heidelberg kennengelernt, als ob wir zehn Jahre dort gewohnt hätten. Daß er den Titan liest, dazu haben wir ihn gebracht u. amüsiren uns nun höchlich, wie er abwechselnd in großer Erboßung u. wieder in Erstaunen u. Bewunderung hingerissen ist.

– [Den] 30. März [1807] (S. 485)
An meinem Namenstage haben wir einen Schinken gebraten u. am Abend bin ich auf den Fischfang gegangen u. habe Creuzer u. Zimmermann gefischt . . Zimmer u. Brentano waren denn auch dabei . . . wir haben viel dabei gelacht, Brentano u. ich, wir hatten eben eine Concert-Anzeige in der Arbeit, die nun zum Büchelchen angeschwollen ist: Begebenheiten des Uhrmachers Bogs, die ihr in einigen Wochen durch Zimmer erhalten werdet . .

- - - - - - - - - - -

[Abschnitt redundant, siehe III, Blatt 193]

BLATT 198

Clemens nach Frankfurt u. die Günderode 1805

Am 4. März (?) theilt Creuzer der Frau v. Heyden mit, Clemens werde wohl in einigen Tagen nach Frankfurt kommen. «Sagen Sie dies der Karoline u. vielleicht ist es ihr lieb, das zu hören;» er werde sie ohne Zweifel sehen. [Preisendanz, S. 75, mit Datum 4. April]

Mereau II, 156 f.

den 24. April über die Angehörigen
in Frankfurt (Mereau II, 162 f.)

BLATT 199

Clemens, der im April 1805 in Frankfurt war, ganz zerfallen mit den meisten seiner Angehörigen, schrieb in der ingrimmigsten Stimmung an seine Frau: «Savigny hat nebst Gundel ans ganze Haus geschrieben: sie sind ganz ersoffen in Glück.» [Mereau II, S. 161]

- - - - - - - - - - -

Toni u. Clemens in Frankfurt

Als Clemens im April 1805 in Frankfurt war, kam aus Paris ein Brief seiner Schwester Meline an. Clemens bat, wie er erzählte, seine Schwägerin, ihm den Brief zur Abschrift für seine Frau zu leihen, da er hoffte, daß er ihr Muth u. Freude bereiten würde. Als darauf Toni ihm den Brief schenkte, war er über diesen «Hohn» empört u. nannte Toni ein «verläumderisches»[1] Weib. Den Inhalt des Briefs erfahren wir nicht, aber Clemens bezeichnet selbst den Brief «schön u. liebevoll», u. als er ihn seiner Frau schickte, schrieb er: «So gehört dieser liebevolle Brief uns, so ist er durch die rechten Leute gekommen, hebe ihn gut auf.» [Mereau II, S. 155–163]

Warum er bei dieser Gelegenheit seine Schwägerin «verläumderisch» nannte, bleibt unklar: und so viel ist deutlich, daß sie ihn einer nicht guten That beschuldigte. Ob sie von seinem schamlosen Brief an die Günderode (durch Claudine) erfahren hat?

‹Spaß› Witz

[Fußnote fehlt]

BLATT 200

[Anfang fehlt] war er im April 1805 wieder in Frankfurt, höchst empört über das «Geräusch u. Geschwätz», was «womöglich noch größer als vorher» sei, so oft «keine Lectüre» zu Stande käme. «Ich könnte, wie jeder Verdammte dieser Hölle mich an mir selbst freuen u. die andern ruhig krepiren sehen.»[5] «Von der Gesinnung Bettinas zu mir ist auch kein Feuerchen mehr übrig.»[6] «Ich will lieber unter dem lichten Galgen leben.»[7]

[Verweise zu Fußnoten 1–4 fehlen im Text] [1]Steig I, S. 110 (‹mit der Frau›? Falsch: noch im August war sie allein) [2]Mereau II, 96 [3]Mereau II, 141 [4]Mereau II, 155. [5]Mereau II, 156 [6]Mereau II, 158 [7]Mereau II, 163

– – – – – – – – – – –

1805 den 25. Mai. Heidelberg, Fr. Creuzer an Prof. Justi in Marburg [Nachlass Justi][XXII]

Mad. Brentano, von der Sie sowie von ihm gegrüßt werden, hat ihrem Mann nämlich nur Mädchen geschenkt u. befindet sich sehr wohl. Brentano erwartet seinen Freund, den H. v. Arnim aus Berlin.

BLATT 201

Creuzer über Clemens' Neid – die ‹Studien›[XXIII]

1805 im Frühling? An Frau von Heyden[1] [Preisendanz, S. 77 f.]

«Das führt mich .. auf Clemens, von dem ich Ihnen doch geradezu sagen muß, daß er neidisch ist auf Linas Poesie. Hören Sie die Geschichte.

Ich wußte, er besitze gute alte geistliche Lieder. Darum bat ich ihn um dieselbe Zeit, wo ich zum ersten Mal wegen der poetischen Stücke in den ‹Studien› schrieb. Er versprach den einen Tag, den andern nahm er's wieder zurück. Seitdem nun Caroline mildthätig gegen uns gewesen war, schwieg ich über das alles gegen ihn, bat auch Daub ein gleiches zu thun.

Neulich, vor 8 Tagen, fragt er nach den ‹Studien›, u. Daub sagt, jetzt sei es noch Zeit, ein u. das andere geistliche Lied, das er habe, zu geben. Er versprach bestimmt, in wenigen Tagen etwas zu liefern. Nun sagte ihm aber Daub in meiner Gegenwart, auch die Caroline hätte uns beschenkt. Dies hatte die Wirkung, daß er schnell unsere Gesellschaft verließ u. den andern Tag alles aufkündigte, auch an andern Orten unser ganzes Unternehmen bitter tadelte, das Journal werde nicht den zweiten Band erleben .. die Poesie der Lina aber zu verachten, macht er sich immer zum Geschäft ...

Überhaupt sehe ich eines schmerzlicher, wie ihm die innere Würdigkeit fehlt ... er verachtet bei jeder Gelegenheit das Heilige in den Bestrebungen der Philosophie u. es ist ihm eine Thorheit, in Ideen zu leben. Seine Person, sein Talent in einer Gesellschaft zur

Schau zu legen, ist sein häufigstes Bemühen. So läuft er z. B. jetzt viel zur Rudolphi, weil er dort zahlreiche Gesellschaft findet, die sein Vorlesen, sein Singen, seinen Witz bewundert.»

[1]Das 1. Blatt folgt.

BLATT 202

Creuzer über Clemens (2)

«Neidisch ist er nicht blos gegen Lina, auch kräftig gegen Tieck, Schlegel, Göthe u. alle. Es verdrießt ihn zu sehen, wie diese immer neue Schöpfungen produciren, während er diesen ganzen Winter fast nichts gethan hat als – Auctions-Cataloge zu lesen oder Bücher zu kaufen, die er nicht liest.

Auch preiset er jetzt den Savigny wieder hoch u. selbst der Kunigunde hat er geschrieben ...

Er redet oft so, daß man sieht, er wünsche durch seine Poesie einen Fürsten zu gewinnen.

Das alles sei einzig Ihnen vertraut. Sagen Sie der Lina nichts davon: es würde sie betrüben. ... Vielleicht sehen Sie ihn einmal: er ist jetzt dorten. Er wollte mich mit haben nach Frankfurt. Sie aber werden es billigen, daß ich in seiner Gesellschaft nicht dort sein mag.» [Preisendanz, S. 77 f.]

BLATT 203

Karoline neben Savigny u. Frau

[Lisette Nees an Karoline]
Lisette (oder ist es Susanne?) schrieb in einem undatirten Brief, der aus dem Ende des J. 1805 stammt, an Karoline (Geiger S. 177 f.):

«Du sagtest mir ... früher einmal, daß du Wohlgefallen an einem Leben haben könntest, das Tod für alles, aber desto frischeres Leben für alles Schöne u. Große enthielte; ich freute mich damals selbst dieses Gedankens .. Erinnere dich dabei, wie er damals auf Veranlassen deiner Neigung zu Savigny entstand u. du es schön fandest, mit ihm u. Gunda so vereint zu leben.» [Weißenborn, S. 265]

dann bei Creuzer über das Afterbild davon ([Geiger] S. 178)

BLATT 204

[Notiz zu Clemens und Georg mit seiner Frau]

BLATT 205

Clemens: die lustigen Musikanten

Im März [1805] hören wir von einem «Programm des Brentano», das Savigny nicht erhalten hatte u. er nun Wilhelm gebeten hatte, durch die Tante schicken zu lassen. Wilhelm aber schrieb am 24. dem Bruder: «Das Programm konnte die Tante unmöglich dir schicken, da es allzu viel war. Du wirst mich daher beim Savigny entschuldigen, indem eine andere Gelegenheit abzuwarten.» [Grimm, Jugendbriefe, S. 25]

Es handelte sich ohne Zweifel um Brentanos Singspiel ‹Die lustigen Musikanten›.

Am 28. Mai theilte Wilhelm mit, es sei, wie die Zeitung für die elegante Welt mittheile, in Warschau von einer sehr schlechten Truppe gespielt worden. [Grimm, Jugendbriefe, S. 47]

Steig I, 127, 132

BLATT 206

Schwab, der Lehrer u. Freund des Clemens (1805)

Am 15. Febr. theilte Clemens mit,[1] der alte Schwab sei vom goldenen Kopf in seine Heimat in Miltenberg zurückgekehrt. «Jetzt habe ich keinen geliebten Mann mehr zu Haus. Sobald das Wetter gut ist, besuche ich ihn.»

Die vielen Heiligenbilder bei Schwab (Steig II, 118)

Erst im Juni 1806 kam er hin.[2]

[1]Steig I, 132 (180). – Nach der Wallfahrt zu Wallthürn auch zu Schwab (Steig I, 180). Steig II, 114, 118. 1808 auch Bettina mit Toni (II, 114) [2]Steig II, 180 – Mereau II, XXXf.

BLATT 207

Clemens, der Kauf alter Bücher u. Savignys Hülfe 1805

«Grüßen Sie von uns allen den Clemens mit seiner Frau recht herzlich,» schrieb Savigny den 19. März 1805 an Creuzer. «Sagen Sie ihm, daß er uns schreiben soll u. daß ich angefangen habe, alte Bücher für ihn zu finden. Man muß damit Geduld haben u. Gelegenheit abwarten, denn die alten Sachen sind selten u. jetzt wieder sehr theuer, besonders die Classiker, die durchaus bei Weigel viel wohlfeiler zu haben sind.» [Stoll I, 251]

Clemens theilte dann Arnim mit (2. April):[1] «Savigny hat mir den Lancelot gekauft, den du so sehr liebst.»

[1]Über Savigny, Steig I, 138 f.

BLATT 208

Clemens u. das wunderthätige Bild 1805

Am 15. Febr. theilte Clemens mit, er habe die Romanzen wieder vorgenommen u. «bei keiner Arbeit so gearbeitet» u. das Ganze werde jetzt «ein wirklich wunderbares erschütterndes Gedicht». Der Titel sei: «Das wunderthätige Bild unserer lieben Frau von den Rosen, wie auch die Erfindung des heiligen Rosenkranzes». (Steig I, 131 f.)

BLATT 209

1805 Ende Juni oder Anfang Juli in Frankfurt
Gesellschaft bei Bethmann, wo der Wilken mit seinem Grafen seine Göttinger Bekannten Achim von Arnim u. Cl. Brentano wieder sah. (Stoll, [Der Geschichtsschreiber Friedrich] Wilken, S. 32)
(Stimmt nicht ganz mit Steig I, S. 144; aber Clemens hat vielleicht Arnim in Frankfurt abgeholt?)

BLATT 210

[Anfang fehlt]
Bettina jetzt ganz mit Christian verbunden: das wunderschöne Erdbeermädchen (Steig I, 125)
Dazu Bettina, die mit ihr in demselben Zimmer geschlafen hat ( )
– auf Christians Weisung? | Arnim [Steig I] S. 125
Savignys Mißgeschick ([Steig I] S. 126)
Die dicke Frau, ausgestellt bei der hies[igen] Humanen Gesellschaft ([Steig I] 127)
Kauf alter Bücher ([Steig I] 131 cf. 138)
Bettinas Studium ([Steig I] 132)
Zu Schwab ([Steig I] 132)
25. März: Clemens' zu erwartendes Familienglück ([Steig I] 131)
2. April: nach Frankfurt bis Sophie niedergekommen: Arnim u. die Taufe
15. April: Mereau II, 165
Savigny ([Steig I] 138 – hofft dich zu finden)
Geschenk des Lancelot ([Steig I] 138 f.)
Winkelmann als Privatdocent für Poesie u. Aesthetik ([Steig I] 139)

Tiecks Liebesverhältniß (S. 139); Clemens liebt die schöne Sünderin (Mereau II, 124)

Sein Freund [Bernhard Joseph] Docen an der Münchner Bibliothek ([Steig I] 139)

[keine Verweise im Text] [1]Rohde S. 18 [2]Steig I, 117–124; Mereau II, 96 – [3]Universitätsfreunde Mereau II, 14 Alle Leute lieben mich (Mereau II, 153) in allen Gesellschaften ([Mereau] II, 141)

– – – – – – – – – –

1805 den 8. Juni Clemens aus Heidelberg an Joh. Mozler [Antiquar] in Freising:

«In Erwartung der Nachricht des Herrn v. Savigny, wohin seine Bücher zu versenden.»

«Herr v. Savigny bittet Sie, die Bücher an mich zu übersenden; denselben legen Sie gütigst . . . folgendes für mich . . . bei.»

BLATT 211

Cl[emens] 1804/5
23. April. Clemens wieder in Frankfurt (Mereau II, 160)
Ende April nach Frankfurt: die Verlobung der Lulu ([Steig I] S. 139)
Bettina zurück (Briefwechsel)
Savignys Mittheilung von der Geburt seines Kindes ([Steig I] 140)
____ zu Bettina u. Christian ([Steig I] 140)
Mereau
Die Günderode u. ihre Liebesverhältnisse ([Steig I] 140)
Mai ? Arnim kommt ([Steig I] S. 140)
Bettina u. «das Glas, aus dem wir trinken» ([Steig I] 143)
Das Polischinelltheater für die Frau im Wochenbett ([Steig I] S. 143)
– das Kind des Clemens ([Steig I] S. 145)
Der Brief an die Günderode. Seine Behandlung des Kindes u. die Ernährung
Es stirbt (Mereau II, 167, 168)

– – – – – – – – – –

1805 9. Jan. wieder in Heidelberg voll Verachtung gegen Berlin
7. Febr. Creuzer über Clemens' Leben mit seiner Frau
10. Febr. Jacob an Wilhelm über Clemens
15. Febr. Er hat die Romanzen wieder vorgenommen
27. Febr. Creuzer über Clemens' Pläne
5. März Hat gepackt, um nach Frankfurt zu reisen
14. März Savigny an Creuzer für Clemens

19. März Savignys Gruß an ihn u. seine Frau
24. März Sein ‹Programm›
Im April in Frankfurt. – seine Nachricht über die Verliebtheit des Tieck!
‹Savigny ganz ersoffen in Glück›
2. April an Arnim über den von Savigny für ihn gekauften Lancelot.
Im Mai Clemens an seinen Freund über die Günderode
13. Mai Geburt des Kindes – die Pathen bei der Taufe
25. Creuzer darüber an Justi
28. Wilhelm an Jacob über die Aufführung der Lustigen Musikanten
Juni. Bei dem alten Schwab in Miltenberg
8. Juni. An Mozler wegen Savigny
11. Creuzer mit ihm spazieren mit Arnim
15. die Frau ist krank
17. das Kind ist tot.
Das 1. schon 5 Wochen nach der Geburt im Mai 1805 (Mereau I, S. XXII)
(Arnim war noch nicht da)
Juli Mit Arnim auf eine Gesellschaft bei Bethmann
August 8. Clemens wieder nach Frankfurt
– Zum [Zeitvertreib?] wieder an d__ _____

BLATT 212

Und [Arnim] an Sophie selbst: «Ich übe mich täglich im Gevatterstehen bei allem Herrlichen, was geboren wird.» ([Steig I] S. 143)

Creuzer mit ihr in Mannheim im Theater
Über seine Herabsetzung bei der Taufe

Den 29. Mai schreibt Creuzer an Caroline: Clemens habe seine Ungnade in dem Maße fortgesetzt, daß er sein Kind, ohne ihn einzuladen, durch Daub u. Rudolphi habe aus der Taufe heben lassen [Preisendanz, S. 108] (also auch Arnim nicht erschienen?)

Mittheilung an Savigny. (Wieder sehr schwere Geburt.)

Savignys Glück wünschender Brief mit dem Kleidchen (undatirt; woher?)

<1805 im Mai?>

Lieber Clemens! Wir haben die Nachricht von der glücklichen Geburt Ihrer Tochter mit der herzlichsten Theilnahme gelesen. Gott erhalte Ihnen Frau u. Kind gesund. Daß ich gar gerne Ihres Kindes Pathe sein will, wissen Sie schon, wenn mein Brief nicht verloren ist. Ich schicke Ihnen ganz eilig das Kleidchen, damit das Kind von dem Pariser Pathen auch Pariser Sitten annehmen kann, wenn es will. Hier ist es nämlich gewöhnlich, dem Kind so ein Kleid über seine übrigen Geschichten anzuziehen. Wie das Kind heißen soll, haben Sie mir noch gar nicht geschrieben, auch nicht, wann es getauft wird. Übrigens werden seit einiger Zeit so viele Mädchen geboren, daß ich nicht sehe, wo sie alle Männer hernehmen sollen: nur allein in unserer Familie vier in Einem Jahr!

Gunda grüßt Sie u. Ihre Frau herzlich, Meline auch, ich bleibe nicht dahinter, nur mein Kind ist noch gar zu dumm dazu. Lassen Sie uns bald wieder gute Nachrichten hören. Ihr S.

N.S. Der Pack ist für die Post zu dick geworden, ich muß ihn also auf andere Gelegenheit warten lassen, das in 8 Tagen sich finden wird.[XXIV]

(Ohne Datum. u. Adresse)

BLATT 213

[Creuzer und Günderode, ab Herbst 1804]

[Anfang fehlt] Aber dieser Zuspruch vermochte die aufstürmende Leidenschaft nicht zu bannen: wieder u. wieder mußte sie sagen: er liebe sie nicht ruhig genug ([Rohde] S. 4).

Als die zweite Besuchszeit für Karoline abgelaufen war, reiste sie zu ihrer Freundin Heyden, die sich vermuthlich in dem benachbarten Badeort befand (Rohde S. 16), u. kam dann im September nochmals nach Heidelberg (Rohde S. 4, 16). Nun hatte er den Muth, von Liebe zu reden, ein Anspruch, den sie aber zurück wies. (Rohde S. 16f.)

Den Charakter aber, den das Verhältniß auf Creuzers Seite annahm, hatte sie nicht vorausgesetzt. Wir hören gelegentlich von einsamen Spazirgängen u. wie Creuzer wohl vor Karolines Füßen lag (Rohde S. 103). Seinem treuen Vetter schüttete er in dieser Zeit sein Glück u. seine Qual aus (Rohde S. 4). Diese Dinge spielten sich, wie es scheint, zu der Zeit ab, als Savigny sich mit seiner Frau in Karlsruhe aufhielt.

Als dann Karoline gegen Ende Sept. wieder nach Frankfurt zurückgekehrt war (das geschah während Savignys Abwesenheit in Karlsruhe), zählte er voller Ungeduld die Tage, bis er den von ihr versprochenen Brief erhielt; der Mereau, die er damals in Schwetzingen allein sah, klagte er sein Herzeleid. (Rohde S. 5)

Als dann der am 2. Oct. angelangte Brief infolge eines Versehens erst am 3. in seine Hände gelangte, eilte er, wie jemand, der ein kostbares Kleinod entwendet hat, ins Freie (Rohde S. 5). Dann hatte er ein längeres Gespräch mit Savigny u. seiner Frau, die eben von einer Reise nach Heidelberg zurückgekehrt waren. Die Darstellung des Gesprächs! (Heft S. 8). Am 4. antwortete er ihr: ‹Sie werden wieder und wieder sagen, ich liebe Sie nicht ruhig genug! Vielleicht wird mir noch einmal die Gnade geschenkt, mehr Gewalt verliehen zu bekommen gegen diese mir so ungünstige Besonnenheit Ihres dem seligen Wahnsinn sonst so holden Gemüthes.» (Rohde S. 56)

Um dieselbe Zeit, offenbar in den Herbstferien, kam der Vetter aus Heidelberg; er sollte rathen u. helfen, wie das verworrene Verhältniß zu ordnen sei. Wir sehen, daß er dem Vetter wiederholt versichert, daß Lina sich nicht zu einer ehelichen Verbindung schicke u. wie es eine solche willige ward, daß sie vielmehr bloß liebende Frau, die im Kopfsinn des Wortes für ihn sein wolle. Diese Versicherungen beruhigten ihn einigermaßen. Der Sophie war ein Verhältniß angeboten, das Creuzer erlaubte, Karoline öfter zu sehen (Geiger S. 180). [Er hatte] sogar die Hoffnung gehegt, Creuzers Frau werde sich bestimmen lassen, wo nicht seinem Besitz ganz zu entsagen, doch wenigstens seine neue Liebe zu dulden. (Rohde S. 7)

BLATT 214

[redundant, s. III, Blatt 222]

BLATT 215

[Stichwort: Das semitische Recht in der Kaiserzeit]

BLATT 216–217

[Stichworte zu Clemens]

BLATT 218–219

[Stichworte: Der syrische und lateinische Bibeltext]

BLATT 220

[Stichwort: Clemens in Wiesbaden]

BLATT 221

Clemens u. die bestellten Bücher

Die in Paris durch Savigny bestellten Bücher

Am 28. August [1805] schrieb seine Frau aus Heidelberg an ihn:
«O weh, o was! Eben kommt eine große Kiste u. die Fracht kostet 20 fl. Das hat meinen Beutel so in Schrecken gesetzt, daß er ohnmächtig darniederliegt. Thu nun was du willst, ihn zu retten: es sind Bücher u. kommen von Paris.»
Mereau II, 174

BLATT 222

1805 August [Preisendanz, S. 143–146]

Am 8. August erzählte Creuzer von dem ununterbrochenen Zustrom von Fremden, die er unterhalten u. herumführen müsse; er werde abgefragt über statistische Notizen u. dgl. «auf dem heiligen Altan, auf diesem Ehrensaal meines innern Daseins, wo das volle Herz überströmen möchte in die zeitlose Unendlichkeit.» Auch von Clemens hatte er wieder etwas zu melden: «Früher als Sie diesen Brief lesen, sehen Sie vielleicht Clemens, der heute Morgen mit Arnim nach Frankfurt reiste.» Clemens hatte diese Absicht seiner Schwägerin Toni mitgetheilt u. dabei die Hoffnung ausgesprochen, auch Karoline in Frankfurt zu finden.[1] Während Arnim in Frankfurt blieb, um hier den Druck des Wunderhorns bequemer überwachen zu können, ging Brentano nach Wiesbaden, um hier seine erschütterte Gesundheit wieder herzustellen.[2] Ob er vorher Karoline noch in Frankfurt gesehen hat, ist sehr zweifelhaft. Bettina läßt in ihrem Buch ‹Die Günderode› Karoline mit Bezug auf Clemens' Wunsch, sie zu sehen, schreiben:[3] ‹ich kann's nicht ändern, daß ich fortgehe.› In Wirklichkeit reiste Karoline aber erst den 12. August ab: es ist also offenbar, daß sie den angekündigten Besuch des Clemens abgelehnt hat!

«Wie wäre es,» so schrieb Creuzer, den 8. [August] mit griechischen Buchstaben, «wenn unsere Heyden bei ihrer Ankunft hier zuerst den Schwarz zu sich kommen ließe, der mich dann davon benachrichtigte. Dieser würde auch am besten die Bekanntschaft mit der Gutmüthigen (so nannte er seine Frau) veranstalten.»

[1]Bettina: Günderode I, 347. (Rohde S. 57) [2]Steig I, S. 144 [3]An wen denn? An Bettina? Die mußte dann in Offenbach sein!

BLATT 223–224 [Stichworte zu Clemens und Savigny und Trages]

BLATT 225–226 [Stichworte zum jüdischen Recht]

BLATT 227

Clemens u. die Großmutter

Sophie La Roche: Herbsttage. Leipzig 1805
Auch die Günderode mit ihr in Beziehung. Rohde [S. 53, Anm.]

1805. Clemens dedicirt der Großmutter eine Schrift (Steig I, S. 123)

Sept. 1. Arnim über die Großmutter (Steig I, S. 144)

BLATT 228

[1805]

Aug. 10. Mereau II, 163
Christian u. Bang [Mereau] II, 166

16 Aug. über Savigny ([Mereau] II, 166), die Günderode ([Mereau] II, 168), Christian wacht auf;
Sav. aus – will nach Heidelberg [Mereau] II, 170 ff.
Die von Cl[emens] bestellten Bücher aus Paris [Mereau] II, 174
18 Aug. seine Frau

Aug. Arnim in Frankfurt ([Steig I] S. 144)
in Offenbach ([Steig I] S. 144)
[weilt?] in Frankfurt in der Gesellschaft [Steig I] 144; Erdbeben [Steig I] 144
Cl[emens] in Wiesbaden ([Steig I] 144 – den 22. (Mereau II, 171)
die Besuche ([Steig I] 145). Lichtenberg ([Steig I] 145)
Sav. in Paris (Mer[eau] II, 156, 172)
Wiesbaden; Clemens u. seine Sehnsucht nach ehrlicher Theilnahme ([Mereau] II, 171)
Sept. Clemens' Ausflüge; tanzt ([Steig I] S. 145)
Sophie der arme Schelm ([Steig I] 145)
wohnt in Heidelberg ([Steig I] 145)

Savigny wird erwartet ([Steig I] S. 147)
Brief aus Metz ([Steig I] S. 147)
Oct. Clemens ([Steig I] 147)
Plan
Arnims Meldung ([Steig I] S. 147)
Clemens nach Trages ([Steig I] 148)
Savignys Plan ([Mereau] II, 188 f.). Mereau, Sav. [Mereau] II, 188

BLATT 229

[Stichwort: Clemens]

BLATT 230

[Anfang fehlt] Die arme Frau [Mereau] saß nun wieder bei einer litterarischen Arbeit: die Übersetzung der Fiammetta des Boccaz (Steig I, S. 158 f.). Clemens aber ging nach Wiesbaden, um sich hier zu erholen. Den 30. August die Frau an ihn tröstend (Steig I, S. 144).

Im Sept. erwartet er «den armen Schelm» (Steig I, S. 145). «Walpurgis, die noch sehr schöne, ist die ganze Badezeit hier, ich habe mit ihr zweimal getanzt.» (Steig I, S. 145)!

Beide dann wieder (noch im September?) in Heidelberg. (Steig I, S. 145 f.)
(die Stimmung der Heidelberger gegen Clemens: Steig I, S. 290). (cf. S. 150)

Savigny wird erwartet: «Unendlich gern möchte ich bei der Ankunft Savignys zugegen sein, wenn mir gleich der Anblick seines Kindes eine schmerzliche Erinnerung ist.» (Steig I, S. 147)

Er reist hin nach Trages: Bericht an seine Frau. «Im Vertrauen sage ich dir, daß er (Savigny) die ‹Studien› für sehr schlecht hält, besonders Creuzers u. Heises Aufsätze. In höchstens zwei Tagen werde ich kommen.» [Steig I, S. 148] Arnim darüber: «Wir sehen uns wieder – Dienstag um halberneune.» (Steig I, S. 148)

Den 27. October?

Der Sturz der armen Sophie u. ihre gefährliche Krankheit. Darüber den 23. Dec. Clemens (Steig I, S. 155).
Der 2. Band der Novellen (Steig I, S. 158)
[Brentano, Spanische und Italienische Novellen, Bd. 2]

– – – – – – – – – –

Clemens' Faulheit u. Creuzers Mahnung Heidelberg
Rohde S. 32 [nur Überschrift]

BLATT 231

Arnim

1805 ‹Von Volksliedern› (M. Koch [Deutsche National-Litteratur historisch kritische Ausgabe, Bd. 146] I [Arnim, Klemens und Bettina Brentano, J. Görres], S. 47 f.)
‹An Herrn Kapellmeister Reichardt› (S. 49)
‹Berlin im Januar 1805› (S. 78)
‹Nachschrift an den Lehrer› (S. 78)
‹Heidelberg im Juli 1805› (S. 79)

– – – – – – – – – –

Clemens

Die Verdichtung der Romanzen (Rohde S. 32)
Über die Günderode (S. 38 .. 48)

– – – – – – – – – –

Die Schöngeister Frankfurt 1805

‹Taschenbuch [für das Jahr 1806]› bei Wilmanns (Steig I, S. 239)

[Ausschnitt aus Buchhandelskatalog:]
Steigentesch .... Gedichte 1805

v. Seckendorff (Rohde)
Bethmann vergleicht ihn mit Arnim! (Steig I, S.186)
Vic. Vogt

BLATT 232 [Stichwort zu: Meline, ihr Brief]

BLATT 233 [Das Project des Österreichischen Gesetzbuchs, 1749]

BLATT 234 [Notizen: Lulu und Jordis]

BLATT 235

1805

Clemens

1804 Clemens' Leben mit der Frau – nicht gut.
Im Oct. über Würzburg (Rohde S. 18) – nach Berlin
Nov. Creuzer über die Mereau (an die Günderode)
– Cl.'s Eifersucht

1805 zu Neujahr wieder in Heidelberg
Febr. Das Leben mit der Frau ist besser als vorher.
10. Jacob läßt auch Brentano grüßen
15. Er hat die Romanzen wieder vorgenommen.

27. Einfall, bei Daub Philosophie zu hören; seine Faulheit.
Er will Schwab in Miltenberg besuchen.
März will nach Frankfurt
14. Sav. an Creuzer: die Bücher für Clemens
Cl.'s Programm (Die lustigen Musikanten?)

April 2: sein Plan mit Arnim: ‹der Lancelot, den du so sehr liebst› |
der Piast u. seine u. S's Späße
soll als Pathe kommen
der Freund [Bernhard Joseph] Docen in München
Tieck hat sich verliebt
Mai 13: Geburt eines Mädchens, die Frau sehr krank; die Pathen; Schwab;
Creuzer wird gestraft
19: Creuzer sagt Caroline, er sei sehr vorsichtig gegen Clemens;
Clemens in Frankfurt: über die Günderode
?: Savignys Gratulation
28: Wilhelm über die Aufführung der Lustigen Musikanten in – Warschau! cf. Creuzer
Juni 8: Clemens an Mozler [Antiquar]; Savigny
15: Frau u. Kind doch sehr krank gewesen, das Kind noch.
17: das Kind stirbt | die Frau bei der Arbeit.
Juli? Arnim soll kommen: Denkmal für Sophie
Aug. 8: Mit Arnim nach Frankfurt | Gesellschaft bei Bethmann
Seine erschütterte Gesundheit soll in Wiesbaden gestärkt [werden].
Sept., Oct.
Nov. Wieder in Heidelberg | Tod der Frau?

BLATT 236

Lulu

Im Frühling 1805 ward im Goldenen Kopf die Verlobung der Lulu mit dem Handelsmann Johann Jordis, Sohn des verstorbenen Bankiers u. Legationsraths Johann, berathen[1] – auch Clemens ging deshalb Ende April von Heidelberg nach Frankfurt – u. ward genehmigt. Am 7. Juli fand die Proklamation in Frankfurt statt; die Trauung aber geschah nicht in Frankfurt, demnach ohne Zweifel in Cassel ... wo Jordis sich niedergelassen hatte.

Clemens aber schrieb Mitte August aus Frankfurt an seine Frau:[2] «Die Heirat Lulus mißfällt mir höchlich: er ist ein sehr gemeiner Patron.» Aber dieses Urteil hinderte ihn nicht, seinen Schwager für einen ganz guten Kerl zu erklären; weil er in Cassel Hofbanquier u. in seinem Hause ein lustig Leben geführt ward, in dem man einige Franzosen u. die Familie Brentano sah.[3] Da aber Lulu u. Jordis, wie Clemens hörte,[4] sich schon in Cassel zuweilen wie die Ratzen aufführten, so kam es in einem noch nicht bestimmten Jahre zu einer Scheidung [von] Jordis. Lulu ging mit dem Franzosen

Richard Rozier des Bordes in Paris eine neue Ehe ein. Jordis starb den 12. Nov. 1839 zu St. Gratien in Frankreich.

[1]Steig I, 139f. [2]Mereau II, 103 [3]Steig I, 224 [4]Steig II, 17 [Fußnoten 5 und 6 kein Verweis im Text] [5][Rudolf] Jung [6]S. den Reputationsschein

BLATT 237

Meline (Magdalena) in Paris

Ein Bild von ihr aus dem Jahr 1805 aus Paris u. dieselbe aus dem Jahr 1820, von Ludwig Grimm:
s. Stoll, Ludwig Grimm [Erinnerungen aus meinem Leben], S. 272 (320); S. 321, 323.

«Meline, die mir in Paris alle Morgen Thee eingeschenkt hat, von der ich so viel Reines u. Schönes weiß.» (Jacob, den 1. Nov. 1811, bei Stoll, [Grimm, Erinnerungen aus meinem Leben] S. 321, nach Steig III, 152).

- - - - - - - - - -

[Jordis und Lulu] Ende April 1805 ward die Verlobung in Aussicht genommen (Steig I, S. 139f.)

(Auszug aus der deutsch-, damals niederländisch reformierten Gemeinde) Frankfurt
Proklamationsbuch 1805, 7. Juli:

Johann Carl Daniel Jordis, hies. Bürger und Handelsmann, des verstorbenen hies. Bürgers und Banquiers und Churhessischen Legationsrat Herrn Joh. Heinrich Jordis mitgelassner ehelicher Sohn und Jungfer Maria Catharina Ludovica, des verstorbenen hies. Bürgers, Banquiers und Churtrierischen Geheimden Raths und Residenten Herrn Peter Anton Brentano mitgelassene eheliche Tochter.
Die Trauung hat hier nicht stattgefunden.[1] Herr Jordis ist laut Marginalbemerkung am 12. November 1839 zu St. Gratien in Frankreich gestorben.

(mitgetheilt von H. Pfarrer Förster in Frankfurt: 1903 den 12. Oct.)

[1]also wohl in Cassel? Denn hier ließ Jordis sich nieder. Vgl. Steig I, S. 218, 165

BLATT 238–240 [Stichworte: Christian]

BLATT 241

Christian u. das Erdbeermädchen

«In Marburg bewunderten wir,» erzählte Creuzer der Günderode,[1] «ein Bauernmädchen aus der Nachbarschaft wegen seiner Schöne u. sittsamen Klugheit. Weil es Erdbeeren zum Verkauf brachte, nannten wir es das Erdbeermädchen.» [Preisendanz, S. 53] (Heidelberg, den 5. Januar 1805). Bettina erzählt, daß ... (Steig II, 13)

Nun hören wir Anfang des Jahres 1805 von Christians Verhältniß zu diesem Mädchen: «Man schreibt mir», berichtete Creuzer am 5. Januar der Günderode, «Christian Brentano habe es dem Bang zur Erziehung übergeben.» Clemens[1] schrieb um dieselbe Zeit an Arnim über die Sache u. Bettinas vermutliches Verhältniß zu ihr. Er habe Bettinen die für sie ihm aus Berlin mitgegebene Tasse geschickt, aber noch keine Antwort erhalten, u. vermuthe, daß sie nun gänzlich mit Christian verbunden u. ihm bei seinen Abenteuern genug zu schreiben habe. «Christians neuestes Abenteuer» sei ihm aus dem Herzen gehandelt u. spreche ihm «abermals für die große Liebe u. das Vertrauen», das er zu ihm habe.

«Ich habe nehmlich von Marburg aus gehört, daß er das wunderschöne Erdbeermädchen, welches er u. ich u. Savigny von jeher geliebt haben u. welches nur zu selten Erdbeeren brachte, ein wirkliches Ideal bäurischer Unschuld, milder adliger Schönheit, jungfräulicher Jugendblüte, kurz das wunderbarste holdseligste Geschöpf von fünfzehn Jahren, von ihrem Dorf weggenommen, ihre Kleidung verändert u. sie zu einer einfachen Erziehung unserm Freunde, dem Pfarrer Bang, übergeben hat; ich zweifle nicht: mit dem festen Entschluß, sie einstens [Fortsetzung s. folgendes Blatt]

[1]Steig I, 125 f. [Preisendanz, S. 53]

BLATT 242

zu seinem Weib zu machen. Wie gefällt Ihnen das, Herr Bruder Graf? Ist das nicht ein rechter Brentanostreich? Ich sage dir Arnim, so etwas wie dieses Mädchen lebt nicht mehr, u. Christian beweist mir in dieser Handlung unsäglichen Mut; denn es gehört mir viel Mut dazu, seine Augen zu einer solchen Himmelsgestalt zu erheben.[1] Ich habe nie etwas aus meiner Familie gehört, was mich <so> herzlich erfreut hätte als dieses.»

Arnim aber theilte diese Begeisterung nicht, antwortete vielmehr sehr entschieden:[2] «Deines Bruders Heirathserziehung gefällt mir nicht, er hätte lieber eine Erziehungsheirath machen sollen, ich meine, mit dem Heirathen anfangen. Es gehört eine verfluchte Resignation dazu, seine Geliebte zum Heirathen zu dumm zu halten. Glückauf indessen sage ihm von mir.» Daß das Mädchen nicht dumm war, bezeugte Creuzer.

Die Tage, in denen Christian dieses Abenteuer unternahm, waren die, in denen Savigny über das bei der Einfahrt in Paris erlebte Mißgeschick tief bekümmert an

Christian geschrieben u. ihm Aufträge ertheilt hatte, Briefe, die ihn aber nicht mehr in Marburg trafen. Ohne Zweifel ward Savigny von Bang über Christians Plan unterrichtet; das ihm selbst angebotene Erziehungsgeschäft mußte er schon deshalb ablehnen, weil Christian nicht großjährig war, u. daß das Frankfurter Kuratelamt seinem Plan zustimmte, ist doch zweifelhaft, ganz abgesehen von dem Verhalten der Eltern oder des [Fortsetzung s. folgendes Blatt]

[1][Geringerer?], so wußte er, als zu schönen Sünderinnen, woran er selbst besondere Freude hatte, wie die Mereau bezeugte (II, [124]) [2]Steig I, 128

BLATT 243

Vormundes des Mädchens.

Wir hören dann auch von dem rechten Brentanostreich nichts mehr: er mußte mit zahllosen andern ohne Sang u. Klang begraben werden. Die von Savigny an seinen Schwager [Christian] gerichteten Briefe sind unzugänglich. Daß Savigny ihm viel «über sich» schrieb, wird in dem Brief vom 5. [richtig: 4.] Febr. [an Hans von Bostel, siehe Stoll I, 245] erwähnt. Und daß Christian das von ihm aus seinen natürlichen Verhältnissen herausgerissene Mädchen später nicht heiratete, steht fest.

BLATT 244 [redundant, s. III, Blatt 205]

BLATT 245 [redundant, s. III, Blatt 251]

BLATT 246 [Notiz zu möglichem Paten von Savignys Kind]

BLATT 247 [redundant, s. III, Blatt 131]

BLATT 248 [Die Römer bei den Burgunden]

BLATT 249

Am 18. Juli schrieb Clemens aus Frankfurt an seine Frau die höchst merkwürdige Geschichte, daß Christian u. Bettina beinahe gar keine Verehrung mehr für Savigny haben. Ersterer halte so gar nichts auf seine Gelehrsamkeit, sein Urteil, letztere findet ihn langweilig:[1] beide waren offenbar in ihrer Eitelkeit durch sein Verhalten zu beiden gekränkt.

[1]Mereau II, 193

BLATT 250

[redundant, s. III, Blatt 253]

BLATT 251

[Abschnitt redundant, s. III, Blatt 205]

– – – – – – – – – –

1805 Christian Brentano

24. März – Marburg – Wilhelm

Die Frau Hofräthin Gr . . . da ich die Madam erwähnte, fällt mir ein Spaß ein, den mir neulich der Brentano erzählte. Sie wohnt jetzt da, wo Clemens gewohnt hat, u. bedient sich oft der Treppe, die zum Hof des Christian führt. Dies genirte ihn, weil er jetzt beständig vor der Thür arbeitete, weshalb er inwendig hinschrieb mit Kreide: ‹Man wird gebeten zurückzukehren, weil die Thür zugemacht ist›, worauf er sie zunagelte. Kaum ist er fertig, so erscheint sie von einem Spaziergang vor seinem rothen Thor u. will durch seinen Hof wieder die Treppe zurück in ihr Logis. Er springt aber sogleich auf u. ruft ihr zu, sich den Weg zu sparen, nemlich von seinem Thor bis zu der Treppe: ‹Das hatte ich nicht von Ihnen erwartet.› ‹Desto angenehmer wird es Sie überraschen.› ‹Es war mir ein soulagement.› ‹Es ist nicht alles in der Welt soulagement.› ‹Das ist recht brentanoisch›. ‹Ja, es steckt im Blut.› Hierauf will sie zur Thüre u. aufschließen, ohne sich aufhalten zu lassen. Brentano aber sagt: ‹Madam, wenn Sie keine Beißzange sind, so bleiben Sie weg, denn die Thür ist vernagelt.› Worauf sie erbost abgegangen. ([Grimm, Jugendbriefe] S. 28)

BLATT 252

[redundant, s. III, Blatt 241–243]

BLATT 253

[Christian] 1805 wieder in Marburg: der Conflict mit der Madam ist wegen der Treppe zu Christians Hof (Grimms Briefwechsel, S. 28).
Ende April ist er wieder in Frankfurt, gleichzeitig mit Clemens: sie wohnen zusammen «in einer schlechten Kammer». Da Clemens stets mit seinem Freund Arnim prahlte, so

war das für Christian Grund genug, ihn damit zu ärgern. Er schrieb, er könne sich nicht räuspern, ohne Achim zu sagen, u. fange schon in aller Frühe damit an (Steig I, S. 140)

Im Sommer wo?

Im October etwa schrieb Clemens: ‹Savigny geht den Winter über nach Marburg u. also kehrt auch Christian zurück dahin.› (Steig I, S. 148) [Mereau II, S. 189]

- - - - - - - - - -

[Notizen zu Christian]

BLATT 254–255 [Stichwort: die Bibel, weiteres nahezu unlesbar]

BLATT 256 [Das Eigenthum – nahezu unlesbar]

BLATT 257 [Stichwort: Kurhessen und Universität Marburg]

BLATT 258

Marburg
Steig III, 284, 288

- - - - - - - - - -

Savigny an Weis [18. April] 1805

N.S. Sollten die Bücher nicht durch Tiedemann kommen können, so bitte ich Sie, dieselben durch meinen Schwager Christian zu Frankfurt (im goldenen Kopf) zu schicken, u. zwar bald, damit dieser andere Gelegenheit benutzen könne.[1]

[1]Diese Nachschrift fehlt bei Schulin S. 44 f.[XXV]

BLATT 259

Savigny u. Weis in Marburg 1805

Am 10. April hatte Savigny seinem Schwager die Geburt seiner Tochter angezeigt u. ihn gebeten, die Nachricht auch Weis mitzutheilen. Als er nun erfuhr, daß Christian nicht in Marburg sei, schrieb er den 18. April an Weis:

«Daß meine Frau heute vor 8 Tagen von einer Tochter sehr glücklich entbunden worden ist, wissen Sie vielleicht schon. Ich hatte gleich an demselben Tag meinen Schwager gebeten, es Ihnen zu sagen, u. nun erst zu spät erfahren, daß dieser nicht in Marburg sei . . .» [Schulin, S. 44]

BLATT 260 [Stichworte zum Pfandrecht]

BLATT 261–263 [einzelne Stichworte: Justi, ‹Wachlerisches› u. a.]

BLATT 264

Hessen

Dieser Partikularismus also sollte jetzt ein Ende haben.

Die nun eingesetzte Kommission –

sollte dem Gesetzbuch, das den Titel Codex Electoralis Hassiacus Wilhelminus führen sollte, das preußische Landrecht zu Grunde legen u. über jeden Titel mit Beifügung eines Gutachtens berichten.[1]

Am 14. Mai 1805 berichtete Wilhelm Grimm über dieses neue Gesetzbuch.[2] Neben dem zunächst ins Auge gefaßten Civilgesetzbuch sollte auch ein hessisches Kriminalrecht entworfen werden, wie Wilhelm Grimm weiter meldete.[3]

Um dieselbe Zeit war in Heidelberg bei Creuzer in einer Gesellschaft, zu der auch Madame Erxleben gehörte, ein breites Gespräch über Hessenland.[4]

[1]Roth, [Kurhessisches Privatrecht, Bd. 1], S. 54 [2][Grimm], Briefwechsel, S. 40 [3][Grimm, Jugendbriefe] S. 49 [4]An die Günderode den 17. Mai 1805 [Preisendanz, S. 96]

BLATT 265 [redundant, s. VI, Blatt 57]

BLATT 266

a. Hessen

Hessen u. Marburg

Daß Savigny, der Hanauische Vasall u. Marburger Professor, den Gang der Dinge in Hessen mit gespanntester Aufmerksamkeit verfolgte, bedarf keines Beweises, tritt aber gelegentlich hervor. Von seinen hessischen Freunden hören wir weniger – über politische Dinge waren ihre brieflichen Äußerungen mit gutem Grund sehr zurückhaltend –

aber von dem Bruder seines jungen Gehülfen, von Wilhelm Grimm, der in Marburg studirte u. mit offenen Augen seine Beobachtungen machte u. unbesorgt mittheilte.

Als Napoleon im September 1804 in dem neuen Kaiserprunk auf dem linken Rheinufer erschien u. in Mainz die Huldigung der Fürsten des deutschen Südens u. Westens entgegennahm, da hatte sich auch der Landgraf von Hessen-Cassel, Wilhelm I, auf den Weg gemacht, war aber in Hanau erkrankt.[1] Im Frühling des folgenden Jahres ward von ihm beschlossen, ein Civil-Gesetzbuch für seine gesamten Lande zu erlassen,[2] also insbesondere das Hanauische Partikularrecht zu beseitigen. Seit 1786 waren die Landgrafschaft Hessen-Cassel u. das Fürstenthum Hanau – diesen Rang hatte die bisherige Grafschaft im Reichsdeputationshauptschluß erhalten[3] – zwar der Verwaltung nach in einer Hand vereinigt u. die Kompetenz des Geheimraths zu Cassel nun auch auf Hanau erstreckt, aber Hanau hatte noch immer eine besondere Regierung. Die Gesetzgebung war nur dann dieselbe, wenn die Gesetze in Hanau besonders publicirt wurden.[4] Noch Ende des Jahres 1804 geschah es, daß auf Einspruch der Regierung zu Hanau eine hessische Verordnung vom 24. November 1804 über die Vormundschaft u. den Nießbrauch der Mutter die Publication dieser Verordnung in Hanau unterblieb.[5]

[1]Häusser, [Deutsche Geschichte] II, 438f. [2]Roth I, S. 54. [3]Roth I, S. 15 [4]Roth I, S. 72f. [5]Roth I, S. 72 Anm. 9

BLATT 267

Dann machten sich die ritterschaftlichen Händel, die den Reichstag beschäftigten,[1] auch in Hessen u. Hanau geltend: dem Beispiel der Großen waren auch die Kleineren, namentlich Darmstadt gefolgt,[2] u. nun griff die Angelegenheit auch nach Hanau über. Da kamen denn auch die Savignyschen Güter Trages u. Hüttelngesäß zur Sprache. Wieder war es das Freigericht u. der Streit mit Kur-Mainz, der hier Anstoß gab.

Am 8. Mai 1805 stellte die Regierung zu Darmstadt der Hanauischen Regierung vor, daß ein Prozeß mit der Reichsritterschaft über die angebliche Unmittelbarkeit eines adligen Guts zu Wasserlos in Folge des Erwerbs (!) ‹der Theilung› des Freigerichts von Kur-Mainz mit dem Freigericht an ... Hessen übergegangen sei. Die im Darmstädtischen Theil des Freigerichts gelegenen Güter seien notorisch mittelbar. Man wünsche nun zu erfahren, ob sich in dem Hanauischen Theil Adlige befinden u. wie deren Verhältniß zum Landesherrn sei. Ritterschaftlicherseits habe man sich erkühnt, dem Reichshofrath die Meinung beizubringen, alle adligen Güter in Freigericht seien den unmittelbaren Reichsritterschaften inkorporirt. Das Schreiben eines Hanauischen Beamten in Freigericht [Fortsetzung s. folgendes Blatt]

[1]Häusser II, 424f. [2]Häusser II, 493

BLATT 268

behaupte, auch in den Hanauischen Landen seien die Güter, auf welchen der reichsritterliche Nexus hafte, der landesherrlichen Hoheit u. Gerichtsbarkeit unterworfen, eine Angabe, worüber um eine bestimmte Auskunft gebeten werde.

Auf das demzufolge an den Amtmann Weil zu Altenhaßlau gerichtete Ersuchen um Bericht erfolgte am 28. Mai die Mittheilung, daß in dem Hanauischen Antheil des Freigerichts deren aber keine adligen Güter seien, «denn der Hof Trages u. Hüttelngesäß sind in den Gränzen des Amtes Bucherthal eingezogen.»

«So viel mir außerdem bekannt ist, sind die Gelnhauser Burgmanns-Güter, welche in ritterschaftlichem Nexu haften, der landesherrlichen Hoheit u. Gerichtsbarkeit unterworfen.» Die Verhältnisse in den andern Ämtern seien ihm unbekannt.

BLATT 269

Während dieser Nachforschungen erging am 14. Mai 1805 eine Verordnung des Kurfürsten, daß an den adlig freien Allodialgütern, die an Personen des bürgerlichen oder Bauernstandes veräußert werden, der Landes-Ritterschaft ein zehnjähriger Retract zustehe; «dem Staate» sei daran gelegen, daß die Freigüter dem Stande, von welchem sie ursprünglich herrührten, möglichst erhalten würden.

Um dieselbe Zeit ward in der Stadt Gelnhausen umständlich verhandelt «über das gründliche Ausmerzen des Reichsadlers»[1] u. im folgenden Jahr veröffentlichte Burchard Pfeiffer eine Schrift über die ‹Grenzen der [Civil-]Patrimonial-Jurisdiction› (Göttingen).

[Fußnote fehlt]

– – – – – – – – – –

7. ‹Hessen›

1805 den 18. April
Kurfürst u. die Tante [Grimm, Jugendbriefe] (S. 38 f.)
Minister in Marburg (S. 39 f.)
die drei Minister (S. 39)
Oberappellationsgericht (S. 39 f.)
19. Mai
Das Hessische Gesetzbuch [Grimm, Jugendbriefe] (S. 40)
Hessisches Kriminalrecht (S. 49)

19. Juli
‹Das neue Gesetzbuch› [Grimm, Jugendbriefe] (S. 57)
‹Hessen› (S. 57)

4. August
‹étudiant en droit en l'univ[ersité] Marbourg, pays de Hesse› [Grimm, Jugendbriefe] (S. 64)

7. Sept.
‹Electorat de Hesse› [Grimm, Jugendbriefe] (S. 70)

Dillenburg [Grimm, Jugendbriefe] S. 47, 51

BLATT 270

[hier nur Notizen: Universität Marburg]

– – – – – – – – – –

Als Jacob im Mai 1805 aus der Heimat erfahren hatte, daß auch in Hessen ein Gesetzbuch angefertigt werden solle, u. zwar «unter dem Triumvirat eines Ledderhose, Schmerfeld u. noch eines dritten», da rief er empört aus: «Muß denn alles was aus dem flachen preußischen Sand herauskeimt, nachgeahmt werden? Vielleicht,» so tröstete er sich, «wird es noch gehindert u. bleibt stecken.» [Grimm, Jugendbriefe, S. 40]. Seine Hoffnung ging zwar in Erfüllung, aber doch anders als er gemeint hatte: die französische Occupation machte der begonnenen Arbeit ein Ende.

BLATT 271

[Stichworte: Die Klerisei in Landshut]

BLATT 272

[Stichwort: Universität Marburg]

BLATT 273

Univ[ersität] Marburg

1. Reform der akad. Gesetze (1805)
2. Die medicinische Fakultät
   Christian

3. Die juristische Fakultät im Ganzen [s. III, Blatt 283]
   a) Personal
   b) Spruchkolleg
   c) Vorlesungen – neuer Lehrplan
   d) Examen, Selbst_____
   e) Promotion
4. Weis
   sein erweiterter literarischer Plan
   Savignys Anfragen
5. Wilhelm Grimm
   seine Vorlesungen
   Platz neben [Karl Franz Ferdinand] Bucher [s.a. III, Blatt 292 f.]
   Examen
   der Kamerad [Paul] Wigand; die Hess. Zeitung
   Wilhelms Briefe an Jacob über
   Anton Bauer Hugo
   [Georg] Robert der Stud. Müller
   Böttcher aus Herborn [s. III, Blatt 310] Brentano
   Reitemeyer
   Savigny w___ ___ ___; Jacobs Rüge
   Wigand an Jacob (Juni)
   über Robert
   Jacob an Wilhelm Cod____
   Savignys Aufträge an Wilhelm (19. Mai)

BLATT 274

[Stichwort: Die Seide beim Klerus]

BLATT 275

Die Universität Marburg: Allgemeines

In der 2. Hälfte des Jahres 1805 war, wie es schien, eine Reform der akademischen Gesetze in Aussicht genommen; wenigstens hatte Professor Robert sich ein Exemplar der Heidelberger akademischen Gesetze erbeten, die Fr. Creuzer am 4. September für ihn übersandte. Die Absicht stand in Zusammenhang mit einer Untersuchung über studentische ‹Orden›, die seit dem Winter 1804 schwebte u. die Robert mit Strenge führte. Von Wilhelm Grimm hören wir, daß dabei allein die «Göttinger» die Hauptrolle spielten (Walzer, Wangemann, Koch).[1] Aber die Vermuthung Wilhelms, daß sie sämtlich relegirt werden würden, ging nicht in Erfüllung: sie kamen mit 8 Tagen Carcer davon; nur einer, Walzer, ward relegirt.

Unter den betreffenden Studenten war auch ein Candidat, für den Savigny sich interessirte, Koch. An Bang schrieb er damals: «Koch wird heute examinirt u. geht morgen früh fort.»[2]

Auch die «Koruscationsfälle» machten wiederholt zu schaffen; die Buße waren Geldstrafen, die nicht selten nicht entrichtet werden konnten, so daß später (im April 1806) die Regierung über die Frage verhandelte, wie die Studenten, welche keine Strafgelder entrichten können, bestraft werden sollten.

Nach dem Tod des Professors der Medicin, Baldinger, machte die Behandlung eines Theils seiner Bibliothek, die öffentlich verkauft werden sollte, Verhandlungen erforderlich, nämlich die der «obscönen Bücher».

[1]Über die geheimen Orden in Göttingen: Saalfeld S. 610 [2]Sollte er ein Sohn des Berliner Predigers Koch sein? Mereau II, 133; Steig I, S. 121.

BLATT 276

Die Theologische Fakultät

Die nach Heidelberg berufenen u. dahin übergesiedelten Lehrer

1. Wilhelm Münscher.[1]
(Sohn: Friedrich M. geb. den 24. März [180]5)
Dogmengeschichte, 2. Aufl. 1805, Mai

Johann Friedrich Ludwig Wachler
aus Gotha, früher Professor in Rinteln, dann
Pastor in Herford, seit 1794 wieder in
Rinteln als Professor der Theologie, war 1801
nach Marburg berufen[1] mit der Stellung eines
Consistorialraths.

Für diesen Sommer 1805 kündigte er ein Latinum an (Wilh. Grimm) u. ein ‹Zeitungskolleg›.
Streit mit Justi.

Justi sah sich 1805 veranlaßt, Wachler zu verklagen.

[1]Eckstein, [Nomenclator] S. 390

BLATT 277

Philosophische Facultät

1. [Johannes] Bering

Bei ihm hatte Jacob Grimm Logik u. Naturrecht gehört, «ohne aus beiden wahre Frucht zu ziehen». (Selbstbiographie) [Jacob Grimm, Kleinere Schriften I, S. 5]

2. Dietrich Christoph Rommel

aus Cassel, 1804 auß. Professor, erhielt 1805 als Nachfolger Creuzers die ord. Professur der Beredsamkeit u. der griech. Sprache.

BLATT 278

Medicinische Facultät

1. [Ernst Gottfried] Baldinger

‹Geheimer Rath›[1]
Seine Redensarten, die auch Creuzer wohl anwandte[2]

Die Bibliothek nach seinem Tod:

1805 den 7. April (Schulin S. 43)
([Grimm] Briefwechsel S. 35)

In den Akten der Universität im Jahre 1805 (fol. 2521) ist die Rede von den obscönen Büchern aus dem Baldingerschen Nachlaß)

[1]Schulin S. 31 (1788) [2]Rohde S. 53 (1805 Juli)

BLATT 279–280 [Stichworte: Medizinische Fakultät]

BLATT 281–282 [Stichworte: Juristische Fakultät]

BLATT 283

Die Professoren [Marburg, Juristische Fakultät]

1. Erxleben
2. [Georg] Robert
    a) Vater: Staatsrecht
    b) Sohn
3. Joh. Peter Bucher (Sohn [Karl Ferdinand] Student: W. Grimm)
4. Weis
5. Bauer

BLATT 284

[Stichworte: Lehrer, Spruchcolleg]

BLATT 285

[Abschnitt redundant, siehe III, Blatt 288]

– – – – – – – – – –

Nov. 1804. Akten des Staatsarchivs. Frankfurt

Decanalien 1804 (fol. 19)
Fürstlich Nassau-Weilburgischer Amtsverweser (dazu fol. 255)

– – – – – – – – – –

Die Marburger Rechtslehrer

Anton Bauer. [Grimm] Briefwechsel aus der Jugendzeit, S. 6, 9, 12, 14, 15, 28, 65, 77, 137
A.D.B. II, 139 (Spehr)

1) das ‹Deutsche Privatrecht› (‹Germanicum›), was Bauer las, war J. Grimm ‹ein wahrer Ekel› (Stengel [Private und amtliche Beziehungen der Brüder Grimm zu Hessen] I, 109); (cf. Justi [Grundlage zu einer Hessischen Gelehrten-, Schriftsteller- und Künstler-Geschichte] S. 152)
   Er examinirte Wilhelm Grimm pro advocatur auch im peinl[ichen] Recht (Stengel [Private und amtliche Beziehungen der Brüder Grimm zu Hessen] II, 395)

2) Criminalrecht hörte J. Grimm auch bei ihm (Justi, 152)
   1805 im Febr. sagt Wilhelm: ‹Langweiliger habe ich kein Kolleg das halbe Jahr; das ist viel gesagt.› (Briefwechsel [Grimm, Jugendbriefe] S. 9). 1805 kommt sein Lehrbuch [Grundsätze] des Kriminalprozesses ([Grimm, Jugendbriefe] S. 14, 67).
   (Was er [als?] Prof. für Nassauisches Recht bekleidete)
   Grolmanns Absicht ihn zu recensiren ([Grimm, Jugendbriefe] S. 55). A.D.B. IX, 713

1812 nach Göttingen berufen (Justi, S. 433 f.)
† erst 1843.

[Johannes] Bering (Justi, S. 152)

Jacob hört bei ihm: 1. Logik
2. Naturrecht. ‹ohne aus beiden wahre Frucht zu ziehen.› (Justi, 152)

BLATT 286

[Georg] Robert: Justi [Bd. 5], S. 152, 25, 433; Briefwechsel [Grimm, Jugendbriefe] S. 9, 55, 60; Stengel II, 395

Jacob Grimm hörte bei ihm: 1. Reichsgeschichte, 2. Staatsrecht, 3. Lehnrecht, 4. die Practica.
Wilhelm 1805 im Febr[uar] meldet, daß er, der Herr Prorector, ein Staatsrecht schreibt (S. 9).
Robert u. die Praktikanten (S. 55)
1830 Vicekanzler (Justi, S. 433)

Erxleben: Stengel II, 395; Justi S. 152, 171, 433. A.D.B. (Steffenhagen)

Jakob hörte bei ihm:
1. Pandekten (___ 2 mal, ___ ___ Savigny!)
2. Canonicum (Kirchenrecht)

Wilhelm: bei Erxleben, der Kirchenrecht vortrug, herrschte «eine langweilige abgelebte Zierlichkeit des Ausdrucks, die für den Inhalt entschädigen sollte» (Justi, S. 171).
Jacob: der Vortrag leidet an Eintönigkeit u. «einer bereits veraltenden Manier».
([Jacob Grimm] Kl. Schr. I, 5)
1811 Vizekanzler, in demselben Jahr gestorben (Justi, S. 433)

- - - - - - - - - -

[Abschnitt redundant, siehe III, Blatt 288]

BLATT 287

December:

3. Dec.	Koesfeld: Rheingräflich, zur Regierung verordneter Präsident, Director, Regierungsräthe u. Assessoren
7. Dec.	Hannover: Zum Calenberg Hopaischen Hofgericht verordnete Hofrichter, Räthe u. Assessoren (Untersch. ____) (gedrucktes Formular)
8. Dec.	Detmold: wie zuletzt ______
13. Dec.	Weimar (wie oben)
fol. 364 ff.	die Sache von Weis zusammengestellt; ebenso fol. 382 ff.
fol. 366 ff.	interessante Erörterungen über Hypothekenrecht, fol. 367 f. von Weis; Erxleben wird überstimmt, will aber als dissentirend bezeichnet werden. fol. 368
16. Dec.	Die Feststellung des Decans Erxleben über Weis (s. das.)

- - - - - - - - - -

1804 im Dec[ember] Urtheil

‹In Sachen des Handelshauses Gebrüder Picard in Straßburg, Kläger u. Provocant, an einem wider das Handelshauß Reer u. Compagnie zu Glasgow, Beklagter u. Provocat, am anderen Theil, die Erfüllung eines respective Tausch- u. Kaufhandels betr., erkennen Schultheiß u. Schöffen der Reichsstadt Frankfurt ... nach eingeholtem Rath auswärtiger Rechtsgelehrter, fol. 327 f.

BLATT 288

Werfen wir noch einen Blick auf die Spruchsachen, so mögen von Strafsachen erwähnt werden, daß im November. 1804 für Rotenburg an der Fulda bestimmt war, daß die eine Inculpatin, deren Delict nicht angegeben ist, zu einer halbjährigen Zuchthausstrafe mit Willkommen u. Abschied zu verurtheilen, vor der Abführung ins Zuchthaus aber zu Rotenburg öffentlich an den Pfahl zu stellen sei, u. für Nassau-Weilburg, daß der Schutzjude Authur Abraham als überwiesener Unterhändler mit Dieben u. Ankäufern gestohlener Sachen der ihm ertheilten Geleite für verlustig zu erklären u. mit einer dreijährigen Zuchthausstrafe zu belegen sei. Die gestohlenen Waaren waren auf 1600 Reichsthaler geschätzt.

Am 6. Januar [1805] fragte der Gräflich Stolberg Wernigerodische Justizamtmann Petri aus Schwerz bei Wenninger an, ob in neueren Zeiten Urtheile u. Rechtssprüche ergangen seien, daß uneheliche aber durch nachfolgende Ehe legitimirte Söhne zur Succession in Lehen zugelassen worden seien. Von besonderem Interesse würden in den sächsischen Landen gesprochene Urtheile sein.

Aus dem December 1804 ist erwähnenswerth ein für Schultheiß u. Schöffen der Reichsstadt Frankfurt verfaßtes Urtheil in Sachen der Handelshäuser Gebrüder Picard in Straßburg wider das Handelshaus Reer u. Compagnie in Glasgow wegen Erfüllung eines Tausch- u. Kaufgeschäfts, ferner ein Urtheil für Behringen in Sachen eines Hofconditors wider die Kaufmannsgilde wegen Aufnahme des Klägers in ihre Innung, ein Gutachten nach Wetzlar, dem Kurbadischen Obervogt Spinner zu Rastadt über eine letzte Willensmeinung, endlich vier Spruch für Weimar für Herzog Karl August.

BLATT 289

Spruchkolleg (Savigny u. Weis 1805)

1. Weis im Spruchkolleg

a. Am 16. März stellt Erxleben (als vorjähriger Dekan) fest, die alten Sachen des Jahres 1803 seien noch immer mangels der Acten unerledigt; desgleichen zu einer Sache aus dem 3. Quartal des verflossenen Jahres (1804), dazu alle Sachen des 4. Quartals erledigt. Er erhielt drei neue Sachen, darunter eine Strafsache (Verwundung) aus ‹Homburg an der Mark›, u. ein ‹Gutachten für Wetzlar›.
b. Den 14. Juni hören wir, daß Weis alle Sachen erledigt hat. Den 15. Juni ward den Professoren Bucher, Weis u. Bauer durch die Regierung eine Anerkennung des Fleißes ausgesprochen. Im 2. Quartal erhielten sie nicht weniger als acht neue Sachen, dann aber ist bald wieder von rückständigen Sachen des Weis die Rede: den 18. September entschuldigt sich Weis mit einem ‹fatalen Kopfweh›.
c. Im 3. Quartal hatte er wieder fünf neue Sachen erhalten. Bucher stellt (im Oct.?) fest, daß nur eine Sache, Wechselforderung betreffend, rückständig sei.

Die Verhandlungen über die Hypothekenfrage: im Januar – Juni. Die Ausführung von Weis.

2. Die litterarischen Arbeiten u. Savignys Drängen.

   Den 18. April: Savigny bei der Geburtsanzeige: ‹seitdem etwas weniger . .nachsichtiger gegen Sie zu sein . . . geneigt›. [SZ (RA) 48 (1928), S. 152 f.]

<Weis als Vater>

BLATT 290

Vorlesungen 1804/1805

Kriminalprozeß: Anton Bauer (Wilhelm 2. Febr. u. 24. Febr.) [Grimm, Jugendbriefe, S. 6]

‹Kanonikum›: Erxleben (Wilhelm 12. Febr.) [Grimm, Jugendbriefe, S. 10]

Handel mit Kollegheften (W. Grimm 10. Febr.) [Grimm, Jugendbriefe, S. 8]

1805 Sommer

Kirchenrecht: Bucher

Staatsrecht: Bucher nach Leist

Lehnrecht: Bauer? (W. Grimm d. 18. Juni) [Grimm, Jugendbriefe, S. 52]

1805/6

Erxleben hat nicht angezeigt, die Frau in Heidelberg

BLATT 291

Die Lehrer	Jurist. Fakultät

1. Erxleben
   Für 1805 im Winter nicht angezeigt.
   Seine Frau in Heidelberg

2. Robert, [Georg]
   a) der Vater als Staatsrecht[ler]
   b) der Sohn
      im Sommer 1804 sein Federkrieg mit einem der Herren Praktikanten

3. Bucher, Joh. Peter <A.D.B. III, 477 (Stintzing)>
   – der Sohn, Karl Ferdinand (Holtzendorf [Rechtslexicon, Zweiter Theil, Bd. 1] S. 425):
   Student in Marburg (mit Wilh. Grimm) u. Halle (Hugo [Lehrbuch der Geschichte des römischen rechts] S. 600),
   dann Erlangen

4. Weis

5. Bauer 1805. Grundsätze des Kriminalprozesses. Marburg
   den 10. Febr. Wilh. Grimm darüber [Grimm, Jugendbriefe, S. 9]

BLATT 292

Der junge Bucher [Karl Franz Ferdinand Bucher]

Ende Mai klagte Wilhelm Grimm, das Unglück habe es gewollt, daß er im Kolleg wieder einen Platz neben Bucher erhalten habe: «Und da schwätzt er beständig von ‹seicht, erbärmlich, trist›.» [Grimm, Jugendbriefe, S. 50] Welche Vorlesung so kritisirt ward, hören wir nicht, vielleicht war es das Lehnrecht, das Wilhelm im Sommer hörte.

Im August theilte Wilhelm mit: «Bucher wird promoviren; Wigand muß dabei opponiren.» [Grimm, Jugendbriefe, S. 65]

Schon den 16. Mai hatte Professor Bucher, der damals Decan war, der Facultät Mittheilung gemacht von dem Vorhaben seines Sohns. Während Weis schon im Voraus von ganzem Herzen gratulirte, «da der ausnehmende Fleiß, womit unser Candidat den Studien obgelegen, zu der angenehmen Erweiterung berechtigt, daß er das Examen ruhmvoll bestehen werde», bemerkte Robert «nur der Vollständigkeit halber», daß der Candidat das Praktikum «nicht absolvirt, sondern nur die beiden ersten Abtheilungen besucht u. bearbeitet hat.»

Der Vater hatte angenommen, daß an seiner Statt der Exdecan, Erxleben, das Examen abhalten u. die Promotion vornehmen würde. Aber Erxleben schrieb: er könne keinen Grund auffinden, warum der Decan bei der Sache ausgeschlossen werden müßte. «Hätte ich einen in meinem Decanat promoviren wollenden Sohn, so würde ich mir wahrlich die Freude, dasjenige, wobei das Geschäft gar nicht leicht, solches zu thun, nicht gern rauben lassen. Eben so handelte Georg Ludwig Böhmer bei der Promotion seines Sohns, eben so auch mehrere mir sehr achtungswerthe Männer. Wenn daher unser Herr Decan [Fortsetzung s. folgendes Blatt]

BLATT 293

die mir so süß dünkende Freude zu genießen wünscht, so halte ich es für unbedenklich, daß durch ihn der ganze Act vorbereitet u. geleitet werde. Nur beim Votiren würde die Theilnahme wegfallen u. wenn während der Abstimmung der H. Decan etwa das Sessionszimmer verläßt, so wird das von ihm angefangene Protokoll durch den Exdecan fortgesetzt.»

Nun bat in der That Bucher, daß es so gehalten werden möge. Der so promovirte junge Doctor, Karl Franz Ferdinand, der 1786 zu Rinteln geboren war, ward 1818 Professor in Erlangen, nachdem er 1808 ein System der Pandekten, 1809 eine Darstellung des in Westfalen geltenden Napoleonischen Rechts veröffentlicht hatte.[1]

[1] Holtzendorf [Rechtslexicon, Zweiter Theil, Bd. 1] S. 425; (Stintzing: A.D.B. III, 477)

BLATT 294 [Stichworte zur juristischen Fakultät Marburg]

BLATT 295

Anton Bauer

Über Bauer, dessen deutsches Privatrecht (‹Germanicum›) J. Grimm «mit wahrem Ekel» gehört hatte, berichtete Wilhelm, dem der Lehrer gleichfalls widerwärtig war, am 10. Februar, er gebe ein Opus heraus: Kriminalprozeß. «Nun», so fügte der junge Kritiker, der damals eine Vorlesung über den selben Gegenstand bei ihm hörte, hinzu, «ich kenne das triviale Zeug schon; dero langweiliger habe ich kein Kolleg das halbe Jahr; das ist viel gesagt.» [Grimm, Jugendbriefe, S. 9] Am 20. Juni aber schrieb er: «Der Bauer dauert mich: ich habe gehört, daß der Grolmann (in Gießen) den ‹Kriminalprozeß› fast nicht erwarten kann, um darüber herzufallen, da er schon im Voraus gesagt, es werde eine schlechte Compilation sein.» [Grimm, Jugendbriefe, S. 55]

Am 24. Februar [richtig: 24. März] hatte Wilhelm mitgetheilt, ‹Anton› habe aufgehört, den Kriminalprozeß zu lesen, aber ihn «nicht geschlossen.» [Grimm, Jugendbriefe, S. 28]

BLATT 296

[Georg] Robert

Jacob Grimm hatte bei ihm Reichsgeschichte, Staatsrecht, Lehnrecht u. Praktika gehört.

Der Herr Prorector, so theilte Wilhelm Grimm am 10. Februar 1805 mit, gebe ein Staatsrecht heraus: «Das wird zum Erbarmen gründlich sein.» [Grimm, Jugendbriefe, S. 9]

Der junge [Paul] Wiegand schrieb im Juni an Jacob, Robert lebe in einem «Federkrieg mit einem der Herren Praktikanten.» [Grimm, Jugendbriefe, S. 55]

BLATT 297

Die Wilhelm ertheilten Aufträge

Über Bücher:
Dabei aber mahnte er seinen Bruder Wilhelm [den 10. Februar], dem er, wo es nöthig sei, viele Empfehlungen auftrug, z. B. an Weis u. Bauer: «Sag ihnen also weiter nichts, z. B. nichts von dem, was ich arbeite bei Savigny.» [Grimm, Jugendbriefe, S. 12]

– – – – – – – – – –

Robert u. die Praktikanten.
Wiegand schrieb im Juni an Jacob, Robert lebe in einem «Federkrieg mit einem der Herren Praktikanten.» [Grimm, Jugendbriefe, S. 55]

BLATT 298

Der junge [Paul] Wiegand (Wigand?)[XXVI]

Derselbe erzählt manche literarische Nachricht von Wachler, u. Wilhelm Grimm, dem er sie mittheilte, berichtete sie an Jacob, zum Theilen, mit dem Auftrag, sie auch Savigny mitzutheilen.

[Verweis nicht im Text] [1]der Vater? A.D.B.? [Bd. 55 (1910), S. 89–91]. Meyer XVI, 626: Paul W. Nein; vielleicht Onkel! vgl. Eckstein, [Nomenclator] S. 617

BLATT 299

Joh. Friedrich Reitemeyer[1]

Er war ‹Legationsrath› in Frankfurt a. D.

Seine auf ein Allgemeines deutsches Gesetzbuch bezüglichen Schriften, besprochen in Jenaer A.L.Z, Nr. 4–6, 4.–7. Jan. 1805, S. 25–48.
Vgl. die Grimm Jugendbriefe, S. 27.

Am 28. Mai 1805 berichtete Wilhelm Grimm: «Reitemeyer geht von Frankfurt a.O. nach Kiel.»[2]

[1]Hugo [Lehrbuch der Geschichte des römischen Rechts] S. 581 f., 585 [2]Hugo S. 615 [Grimm, Jugendbriefe, S. 47]

BLATT 300

[Stichwort: Material]

BLATT 301

Vorlesungen Wilhelm Grimm 1804–1808

Übersicht (Briefwechsel)

Winter 1804–1805 als Student in Marburg

1805 den 2.	Febr.	die Vorlesung über Kriminalprozeß bei Bauer ([Grimm, Jugendbriefe] S. 6). cf. 9, 13
10.	Febr.	der Handel mit Kollegienheften (S. 8)
12.	”	das Kanonikum (von Erxleben) u. die ‹dausend Späße› (S. 10)
20.	”	über Malsburg u. seine ‹ehemalige Thür› (S. 13)
21.	”	Es hat wieder Zulagen gegeben: Bauer 100 Th., Münscher u. Wachler jeder 200 Thlr.› (S. 15)
24.	”	‹Das Programm des Brentano <Christian?> konnte die Tante unmöglich dir schicken, da es allzuviel war . .› (S. 25) ‹Anton hat aufgehört, den K<riminal>P<rozeß> zu lesen, aber ihn nicht geschlossen . .› (S. 20) Der ‹Spaß, den mir neulich der Brentano erzählt hat› (S. 28) nämlich Christian

– – – – – – – – – –

Wilhelm [Grimm]
Wilh. Münscher kündigte für den Sommer 1805 ein Graecum an.
Schon im Mai hatte er eine zweite Auflage der Dogmengeschichte besorgt
(Wilhelm Grimm den 28. Mai) [Grimm, Jugendbriefe, S. 47]

– – – – – – – – – –

Dietrich Christoph Rommel[1]
aus Cassel, ward 1804 außerordentlicher Professor in Marburg
u. erhielt 1805 als Nachfolger von Friedrich Creuzer die ordentliche
Professur der Beredsamkeit u. der griechischen Sprache.
Am 24. März 1805 theilte Wilhelm Grimm mit, Wachler habe ein Latinum
angeschlagen, «um den Herrn Rommel lahm zu legen.» [Grimm, Jugendbriefe, S. 29]

[1]Meyer [Meyer, 6. Aufl., Bd. 17, Sp. 125]

BLATT 302

Wachler[1] u. Justi

~~Für den Sommer 1805 hatte er ein Latinum angeschlagen~~, wie Wilhelm im März mittheilte.
~~1805 war er mit seinem Kollegen Justi in Streit geraten, so daß Justi sich veranlaßt sah, ihn zu verklagen~~. Jacob Grimm, der davon erfahren hatte, mahnte seinen Bruder am 1. März [richtig: 2. April] 1805: «Schreib mir doch als die Marburger Universitätssachen weitläufiger, namentlich wie es kommt, daß Justi den Wachler verklagt hat.» [Grimm, Jugendbriefe, S. 33] Seinerseits theilte dann Jacob am 6. März [mit]: «Wachler hat eine Vocation [nach Heidelberg] erhalten.» [Grimm, Jugendbriefe, S. 23]
Im Sommer las er wieder ein ‹Zeitungskolleg›. Wilhelm, der es hörte, fand es «sehr langweilig». (den 24. Juni)

[1][Eckstein,] Nomenclator, 600. Häusser [Deutsche Geschichte] III, S. 244.

– – – – – – – – – –

Hugo u. Savigny

Savignys Aufträge an Wilhelm

- Sonntag, 19.? Mai [1805], Paris. Jakob [an Wilhelm]
  «Savigny läßt dich grüßen u. bittet dich über folgende Bücher nähere Nachricht zu geben . . .
  [über] Hugos RG [Lehrbuch der Geschichte des römischen Rechts], 4. Aufl. Viel Neues?» ([Grimm, Jugendbriefe] S. 42)

- 24. Juni, Marburg. [Wilhelm an Jacob] [s.a. III, Blatt 308]
  «Hugos Civil-Magazin sah ich neulich, ich meine das neu erschienene, beim Krieger liegen . . . Es wundert mich, daß es nicht im Leipziger Meßkatalog gestanden . . .» (S. 55)

BLATT 303

[s.a. III, Blatt 72]
Bekannte

Der alte Malsburg in Paris[1]

1805 den 11. April schrieb Jacob: «Der alte Malsburg ist wieder auf gutem Weg . . . er hat 2 Ärzte, die ihn täglich zwei mal besuchen. Savignys haben ihm sehr viel Freundschaft erzeigt.» [Grimm, Jugendbriefe, S. 35] Savignys wohnten mit ihm in demselben Hotel du Nord!

Ein Sohn studirte mit den Grimms. 1805 d. 1. März schrieb Jacob: «Die Stereotyp-Ausgabe <des Code Civil>, die der Malsburg in Marburg hatte, kostete 30 Kreuzer.» [Grimm, Jugendbriefe, S. 22]

[1]Ist Ernst Friedrich Georg Otto (1786–1824), der Romantiker (Meyer XI, S. 176), ein Sohn? [Meyer, 6. Aufl., Bd. 13, Sp. 188; A.D.B., Bd. 20 (1884), S. 148] Über die alte hessische Familie: Stölzel [Brandenburg-Preußens Rechtsverwaltung und Rechtsverfassung] I u. II (Ind.)

– – – – – – – – – –

Reitemeier u. das (allgem.) Gesetzbuch

Wilhelm an Jacob: Marburg am 24. März:
‹Das Programm des Brentano konnte die Tante unmöglich dir schicken, da es allzuviel war. Du wirst mich daher beim Savigny entschuldigen, indem eine andere Gelegenheit abzuwarten . .›[3]
‹Recensionen in dem ersten Monat Januar der Jenaischen L.Z. (denn weiter ist jetzt im März noch nichts gekommen) sind alle, die uns angehen, ziemlich unbedeutend. Reitemeiers Schriften haben eine ziemlich lange Abhandlung erhalten; da er glaub ich die

Idee hat, aus dem jetzt geltenden Recht, wie es vorliegt, ein praktisches Gesetzbuch zu errichten . . .›[4] [Grimm, Jugendbriefe, S. 25, 27]

[Fußnoten fehlen]

BLATT 304 [redundant, identisch mit III, Blatt 305]

BLATT 305

Chirurgie [in Ingolstadt]

Prantl . . . 680, 715, 714, 701, 682, 683, 681, 680, 678, 677
Meyer IX, 39

Nirgends hatte die Chirurgie mehr darnieder gelegen als in Deutschland. Epochemachend ward für sie die Gründung der Akademie der Chirurgie in Paris 1731.

In Ingolstadt ward 1670 ein Kurfürstlicher Leibarzt für Chirurgie u. Anatomie angestellt (Prantl, S. 501), cf. S. 405, 496, 502. Im Jahre 1700 verfügte die Facultät, daß für Chirurgie auch ein außerordentlicher Professor angestellt werde (S. 497 – was heißt «auch»?). Der Beschluß 1520 über die Prüfung der Wundärzte (S. 533). In dem 1733 in Angriff genommenen medicinischen Gebäude war auch ein Raum für Chirurgie vorgesehen (S. 501).

1751 ward Leonhard Obermayer für Anatomie u. Chirurgie angestellt (607), der aber schon im Herbst 1752 nach München ging. 1754 ___ ____ ____ ein med. Studium (599): den 14. Nov. die Instruction: der Institutionsarzt soll Anatomie u. Chirurgie nach Scharschmid lehren: angestellt dafür ward nun wieder Obermayer (S. 608)!

Ein Bruder, Joseph Anton Obermayer, bisher Prosector, ward 1759 ebenfalls für Anatomie, Chirurgie u. Physiologie angestellt u. sollte in deutscher Sprache lehren (S. 609). Nach seinem Tod trat an seine Stelle Palmatius Leveling (S. 609).

Nach dem Studienplan von 1777 sollte Chirurgie nach Plattner gelesen werden (S. 677), was auch in dem Studienplan von 1784 beibehalten ward (677). Dazu kam Veterinär-Chirurgie (S. 677).

1782 ward der Churfürstl. Leibchirurg Philipp Fischer zum Professor der Chirurgie ernannt, blieb aber, da weder eine Stelle frei noch Geld für Besoldung da war, in München, bis er 1789 in eine durch Tod erledigte Stelle – der Verstorbene war der Leibarzt des Cardinals Carl Theodor in Lüttich (S. 605 ff.) – ein[trat], aber für Chirurgie (S. 682). Aber schon 1788 hatte die Facultät den Grad eines Doctors der Chirurgie ertheilt (S. 680) – durch Palmatius Leveling?

BLATT 306

Hessen u. Marburg

Jacobs Gedanken

1805 den 6. März
In einigen Tagen ziehen wir aus in das Hotel du Nord, rue de la loi ci devant Richelieu, wo ... der Malsburg wohnt. Übrigens bin ich auch aus anderen Hinsichten über diese Veränderung erfreut, weil wir z. B. näher zur Bibliothek haben ...

Über die Literatoren, die in Marburg auferstehen wollen, habe ich mich sehr gewundert. Ich fürchte, daß beide dadurch nicht berühmt werden. Wachler hat eine Vokation nach Heidelberg erhalten ..

.. Savigny sucht so viel möglich bald von Paris wegzukommen, wo es sehr theuer ist u. weder ihm noch seinem Frauenzimmer eigentlich gefällt. [Grimm, Jugendbriefe, S. 22 f.]

Den 24. März Marburg, Wilhelm an Jakob:
‹In dem ersten Monat Januar der Jenaischen L. Z. ... Reitemeiers Schriften haben eine ziemlich lange Abhandlung erhalten; da er glaub ich die Idee hat, aus dem jetzt geltenden Recht, wie es vorliegt, ein praktisches Gesetzbuch zu errichten, so habe ich es uninteressant u. langweilig gefunden.› [Grimm, Jugendbriefe, S. 27]

– – – – – – – – – –

Jacob u. Wilhelm Grimm u. die projectirten neuen Gesetzbücher, 1805

1805 den 24. März schrieb Wilhelm aus Marburg von Paris:
«Recensionen in dem ersten Monat Januar der Jenaischen L. Z. (denn weiter ist jetzt im März noch nichts gekommen!) sind alle, die uns angehen, ziemlich unbedeutend.
Reitemeiers Schriften haben eine ziemlich lange Abhandlung erhalten; da er glaub ich die Idee hat, aus dem jetzt geltenden Recht, wie es vorliegt, ein praktisches Gesetzbuch zu errichten, so habe ich es uninteressant u. langweilig gefunden (!)» [Grimm, Jugendbriefe, S. 27]
Über Reitemeier, s. Hugo [Lehrbuch der] Geschichte [des römischen Rechts], S. 581 ff., damals in Kiel (Hugo S. 616)

Er hatte u. a. edirt (Holtzendorff [Rechtslexicon, Bd. 3, Erste Hälfte] S. 421):

1800: Über die Redaction eines deutschen Gesetzbuchs. Frankfurt
1801: Allgemeines deutsches Gesetzbuch
1802: Justizverbesserungen
1803: Über den Gebrauch fremden Rechts
1804: Das gemeine Recht in Deutschland

BLATT 307

1805, den 11. April (Forts.) Jacob Grimm
... ganz lieb sein wird ... Es versteht sich, daß du niemand davon sagst?
Wahrscheinlich werde ich Ende Juli oder im August zurückkommen. Dann laß ich mich nach einigen Wochen examiniren. Meinst du wohl, daß ich auch in Marburg dran muß? [Grimm, Jugendbriefe, S. 36]

Der junge Wiegand u. die Hessische Zeitung
Am 24. Juni 1805 erzählte Wilhelm, Wiegand hoffe, die Hessische Zeitung zu bekommen. [Grimm, Jugendbriefe, S. 53]

- - - - - - - - - -

[Abschnitt redundant, s. III, Blatt 332]

BLATT 308

[Wilhelm an Jacob] 20. Juni 1805 [richtig: 24. Juni]

... da jetzt diese schon fertigen Candidaten zum Examen sich von Neuem melden werden, überdies hier eine große Anzahl fertig wird, ... so bitte ich dich, dich noch eher examiniren zu lassen ..., weil sonst immer doch mehr Schwierigkeiten zur Anstellung wegen dieser starken Konkurrenz entstehen. Schreib doch einmal deshalb der Tante u. entschließe dich, denn die liebe Mutter wird auch darauf hoffen. Ich will nun warten, bis du examinirt bist.

Hugos Civil-Magazin sah ich neulich ... den Aufsatz von Savigny habe ich sogleich gefunden, von dem du mir geschrieben. [Grimm, Jugendbriefe, S. 55][XXVII]

- - - - - - - - - -

Wilhelm u. die Vorlesung über Lehnrecht

Am 18. Juni theilte Wilhelm mit, «Wiegand sein Vater» sei gestorben: «Wie ich ins Lehnrecht kam, war er schon da u. wußte noch nichts davon.» [Grimm, Jugendbriefe, S. 52]

BLATT 309

[Stichwort: Jacob und Wilhelm Grimm]

BLATT 310

[Johannes Reinhard Große] (1805, den 30. Mai, Forts.) [Wilhelm aus Marburg] [das Magazin für Kriminalrecht, erstes Heft 1804, von Johannes Reinhard Große, das er nur aufs] hessische Kriminalrecht beschränken will, doch weiß ich nichts gewiß; daß ihn inzwischen derlei Geist beseelt, zeigt ja seine Inauguraldissertation. Bekannt wird es dir sein, daß er ein Kriminalrecht nach den Principien der Wissenschaftslehre angekündigt, das aber bis jetzt noch nicht erschienen ist.» [Grimm, Jugendbriefe, S. 49 f.]

Gruß an Savigny u. Empfehlung

– – – – – – – – – –

Am 10. Februar meldete ihm Wilhelm «einige litterarische Neuigkeiten, die vielleicht auch den Savigny interessiren. Anton Bauer, P. P. O., giebt ein Opus heraus: den Kriminalprozeß. Nun,» so fügt der junge Kritiker hinzu, «ich kenne das triviale Zeug schon, denn langweiliger habe ich kein Kolleg das halbe Jahr; das ist viel gesagt.» [Grimm, Jugendbriefe, S. 9]

– – – – – – – – – –

Das Dillenburger Recht

Univ. Herborn

1805 den 16. Juni schreibt Wilhelm aus Marburg an Jakob:
«Der Prof. Böttcher aus Herborn, der als Justizrath jetzt von dort wegkommt» (wohin?), habe dem Verleger Krieger in Marburg etwas gegeben, «das in das Dillenburger Recht einschlägt, wovon mir der Titel entfallen.» [Grimm, Jugendbriefe, S. 50 f.]

– – – – – – – – – –

Weis ([Grimm] Briefwechsel aus der Jugendzeit, S. 12, 41, 43, 44, 48, 61, 64, 347)
Justi, S. 152, 171
J. Grimm fand den Vortrag ‹munter u. gelehrt› (Justi S. 152)
Er hörte bei ihm: 1) Institutionen
2) Pandekten
3) zuletzt ein latein. Examinatorium

Savigny: Justi S. 171, 152
Jakob hörte bei ihm:
1802/03: Juristische Methodologie, Intestaterbfolge
1803 Sommer: röm. Rechtsgeschichte
1803/04: Institutionen, Obligationenrecht

Wilhelm kam im Frühjahr 1804 (Justi [S. 170 f.])
Sommer 1804: Rechtsgeschichte (nach Hugo)
? Institutionen
? bei Weis Pandekten
? bei Erxleben Kirchenrecht
1805 im Winter: Kriminalprozeß ([Grimm, Jugendbriefe] S. 11, 13 u. Schluß S. 28)
Examinatorium ([Grimm, Jugendbriefe] S. 11)
? Canonicum ([Grimm, Jugendbriefe] S. 10)
? Eherecht ([Grimm, Jugendbriefe] S. 10)
? Lehnsrecht ([Grimm, Jugendbriefe] S. 52)

BLATT 311

Doctor Examen in Absentia

1805 den 6. Mai richtete aus Göttingen der Advokat Joh. Geo. W. Holle an die Facultät das Gesuch, ihn in absentia zu promoviren. Er hat in Wien sehr lang die Rechte studirt, ist 1802 den 5. Mai in die Matrikel als Advokat beim Kgl. OAGericht zu Celle eingetragen, hat seitdem die Praxis geübt, möchte gern den Doctorgrad, ‹dessen Erlangung auf der hies. Academie allzu theuer ist› u. hat sich ‹solcherhalb von dem Pfalz- u. Hofgraf Schaumann in Hannover, welcher von der größeren Comitiva begnadigt u. also Doctores zu creiren befugt ist, im Juni d.J. maestitis maestandis die Doctorwürde erlangt›.

‹Weil hiedurch die hiesige Stadtobrigkeit solche Promotion nicht eher anerkennen wolle, als bis von mir beigebracht werde, daß unsere höchste Landesbehörde, welche, seitdem unsere Lande von den Franzosen occupiret sind, statt der aus dem Lande gegangenen bisherigen Landes-Regierung (in) eine sogenannte Exekutiv-Kommission gebildet hat, solche mit Promotion belästiget haben würde, so habe ich nach solcher Gestalt mich an diese Behörde gewandt ... welche ____ aber laut ... ihrer Resolution vom 8. Sept. gegen alle Erwartung nicht deferirt worden. Ein Entscheidungs- oder Beweggrund ist darin nicht enthalten, u. da ich ohnmöglich glauben kann, daß diese sich berechtigt hielt, sich den bekannten u. bisher unbestrittenen Vorrechten des Kaysers widersetzen zu können, ... so scheint mir daher der geheime Grund solcher Resolution darin zu liegen, daß sich solche hohe Executiv-Kommission weil sie keine von unser aller gnädigsten Landesherrn angesetzte Behörde ist, sich nicht für befugt hält, in dieser wichtigen Angelegenheit namens unseres Landesregenten eine förmliche Resolution ... zu ertheilen. Nun wird zwar nach Eintritt eines erwünschten Friedens unsere legitime Landesregierung ins Land zurückkommen, da ich aber dann wahrscheinlich eine gewierige Resolution erhalten würde, allein so lange mag ich ... nicht warten.

So schmachte ich mich mit der Hoffnung, daß Ew. Wohlgeb. eine solche praescanda nicht weiter abfordern, sondern _____ _____ genügen werde, gegen prompte Übersendung des billigmäßigen Geldbetrags u. Unterschreibung des Doctor-Eids das Doctor-Diplom gnädigst zu ertheilen, wie ich denn daneben baldieglichst bei erster Muße in meiner Praxis eine behütige Dissertation Ew. Wohlgeb. zu präsentiren mich auf jeden Fall verpflichte.

Unter den Anlagen (Litt B).
Ich, Otto Friedrich Schaumann, Reichs-Pfalzgraf u. Hofgraf, füge hiemit zu diesem, demnach kraft erhaltener Gewalt, im Nahmen Römisch Kais. Majestät u. des Reichs des Durchlauchtigsten Fürst u. Herr, Herr Ludwig Günther, Fürst zu Schwarzburg, der vier Grafen des Reichs,

BLATT 312

Graf zu Hohenstein, Herr zu Arnstadt, Sondershausen, Leutenberg, Lohra, Clettenberg ___ Inhalts ertheilten Diplomatis vom 22. Febr. 1775 zu der hohen Würde eines Reich-Pfalz- und Hofgrafen noch erhoben u. außer den andern Pfalz-Hofgrafen ____. _____ _____ _____ Begnadigung u. Recht auch noch ___ ___ ___ statt___ _____ Recht _______ habe, mithin auch u. zugleich ____ ___ ___ vollkommene Macht u. Gewalt ertheilet, daß ich unter anderem auch das Recht Doctores im Reich Majestät Nahmen von dero Stadt creiren u. machen sollen ____, welche ____ die Rechte anzeigen haben sollen, als das auf denen nachbenannte _______ creirt . . .

Aber habe Nahmen etc. nach hinlänglich gepflegtem Rath u. wohlbedachtem Deutsch erfragen wollen ich, vorbemeldeter Advocat . . zu dem Stand u. Grad eines Doctoris beider Rechte promovirt . . . , auch nachdem zuvor . . . , ____ beeidigt u. darauf ____ _____ eines Doctoris beider Rechte ____, ____ ____ u. Gewalt verliehen auf allen guten Universitäten zu lesen, zu lehren, zu _____, zu consultiren, . . . folglich ____ . . . declariren, daß er . . . alle u. jede Gnade, Freiheit, Vortheil, Recht, Gerechtigkeit u. Güte _____ haben solle u. möge, als andere Doctores beider Rechte, so auch der wie zu Paris, Bon___, Padua, Perusa, Pisa, Loewen, Wien, Ingolstadt, Prag, Leipzig, Wittenberg, Tübingen, Würzburg, Marburg, Gießen, Straßburg, Helmstedt, Rostock, Königsberg, Halle, Jena u. andere dergleichen zu Doctores beider Rechte promovirt . . . werden, _______ habe, _____ ______ . . .

In der Facultät erklärte Weis (den 20. Mai):
Dem Advocat Holle ist _______ zu antworten: wir seyen allein nicht in dem Stande, sein Gesuch zu deferiren, sondern es müsse deshalb eine landesherrliche Dispensation ausgesprochen werden. Er habe indeß nicht nöthig, sich deshalb an die ____ Behörde zu wenden, sondern es könne das von uns geschehen. Wenn aber auch die Dispensation erfolge, so werde es kaum erforderlich, daß er hier einen mit einer ganz speciellen Vollmacht versehenen Procurator bestelle, um den persönl. Eid abzulegen.

Ich glaube übrigens, daß wenn der Candidat diese Nachricht liest, er selbst von seinem Gesuch, auf der hiesigen Akademie zu promoviren, abstrahiren wird, indem er auf anderen Akademien seine Zwecke wohlfeiler u. kürzer erreichen kann.

BLATT 313

(Holle)

Erxleben schreibt:
... ist u. bleibt uns doch die ganze Sache räthselhaft. Warum promovirt dieser nicht zu Göttingen?
Warum würde er erst Doctor bellatus sein und, nachdem dies die gewünschte Folge nicht hatte, den Grad auf einer fremden Universität erlangen? Ich meyne, wir können Serenissimi Electoren kaum mit voller Überzeugung der Zweckmäßigkeit einer solchen Promotion um die Dispensation angehen. Es dürfte wohl gebothener sein zu antworten: wir könnten uns auf die Promotion eines abwesenden, von der Facultät nicht geprüften Candidaten im vorliegenden Falle nicht einlassen. Aber Bauer u. Bucher stimmten Weis zu, nach dessen Votum dann das Antwortschreiben verfaßt wurde.
1805 den 31. Mai forderte der Advokat eine Herabsetzung der Gebühr: ‹fast alle u. jede Erwerbszweige, sowie Handel u. Wandel in den hiesigen Landen fast gänzlich gegenwärtig darnieder liegen u. auch bei dem hiesigen theuren Promotions-Collegio nur (!) eine gleich hohe Summe betreffs jener Würde festgesetzet.›
Die Gebühren betrugen 120 Rt. 4 Gr. in Pistolen zu 5 Rt. gerechnet (fol. 44), dazu die für die Dispensation, wie Weis erinnerte, noch ungefähr 6 Rthlr (fol. 43).
Sein Gesuch ward abgelehnt: die Papiere wurden ihm zurückgeschickt (10. Juni | fol. 79).

BLATT 314

Ein Promotionsgesuch eines Göttinger Advokaten

Am 6. Mai 1805 richtete der Advokat W. Holle in Hannover an die Facultät das Gesuch, ihn in absentia zu promoviren. Zur Begründung führte er an, er habe Jahre lang in Wien die Rechte studirt, sei den 5. Mai 1802 als Advokat beim Oberappellationsgericht zu Celle in die Matrikel eingetragen worden u. habe seitdem die Praxis getrieben. Nun möchte er auch den Doctorgrad erwerben. Zwar habe er bereits von dem Pfalz- u. Hofgrafen Schaumann in Hannover, der mit der größern Comitiva begnadigt auch Doctoren zu creiren befugt sei, bereits die Doctorwürde erlangt; aber die Obrigkeit der Stadt Göttingen habe diese Promotion nur anerkennen wollen, wenn die an Stelle der früheren Landesregierung gebildete Executiv-Kommission dieselbe bestätige. Diese Bestätigung sei jedoch am 8. September abgelehnt worden. Auf der andern Seite aber sei ihm der Erwerb der Doctorwürde bei der Akademie Göttingen allzu theuer. Er schloß mit der Hoffnung, daß ihm weitere praescanda nicht abgefordert werden, sondern daß es für die Ertheilung des Doctordiploms genüge, wenn er den billigmäßigen Geldbetrag prompt übersende.u. den Doctor-Eid unterschreibe. Eine Abschrift der von Schaumann im Namen von Kaiser u. Reich durch Ludwig Günther,

Fürst zu Schwarzburg, am 22. Februar 1775 ertheilten Würde eines Pfalz- u. Hofgrafen fügte er dem Gesuche bei.

Weis war der Meinung, die Facultät sei allein nicht im Stande, seinem Gesuch zu entsprechen: es bedürfe vielmehr einer landesherrlichen Dispensation. Erxleben fand die Sache dieses Doctor bellatus räthselhaft u. glaubte, man könne dem Kurfürsten weder eine solche Promotion noch die Dispensation empfehlen u. schlug vor, zu antworten, [Fortsetzung s. folgendes Blatt]

BLATT 315

die Facultät könne sich auf die Promotion eines abwesenden, von ihr nicht geprüften Candidaten nicht einlassen. Da aber Bauer u. Bucher wie Weis stimmten, so ward darnach die Antwort beschlossen.

Weis hatte seinem Votum die Bemerkung hinzugesetzt, der Candidat werde unter diesen Umständen selbst von seinem Gesuch Abstand nehmen, indem er auf anderen Akademien seinen Zweck wohlfeiler u. kürzer erreichen könne. Die Gebühren betrugen nämlich 120 Reichsthaler 4 Groschen, in Pistolen zu 5 Reichsthaler gerechnet, u. die Kosten der Dispensation noch ungefähr 6 Reichsthaler. In der That war diese Summe dem Candidaten zu groß, aber er zog sich deshalb nicht zurück, sondern versuchte zu handeln. Diese Zumuthung begründete er mit Hinweis darauf, daß Handel u. Wandel u. fast jeder Erwerbszweig in den hiesigen Landen gegenwärtig fast gänzlich darnieder liege. Aber auf dieses am 31. Mai eingereichte neue Gesuch wurden ihm seine Papiere zurückgeschickt (10. Juni).

BLATT 316

[redundant, s. III, Blatt 308]

BLATT 317

Savigny, der alle Nachrichten aus Hessen mit lebhaftem Interesse entgegennahm, las dann auch wohl Stellen aus Wilhelms Briefen an Jacob. Da geschah es dann wohl, daß Jacob Flüchtigkeiten seines Bruders in der Rechtschreibung bekümmerten. «Warum,» so hielt er[1] ihm am 29. Mai [richtig: 27. Mai] vor, «schreibst du mir schon 4 oder 5 mal von Goethes Recitiv statt Recidiv? So eine Erinnerung ist im Grunde einfältig, ob ich gleich die Gewohnheit an mir habe; zufällig sah aber der Savigny einmal die Stelle u. ich habe ihn wirklich überredet, daß es ein weiches d sei.»

Als Savigny in Paris an eine zweite Auflage seines ‹Besitzes› dachte, war davon die Rede, daß Wilhelm die Korrectur besorgen könne. «Die Arbeit,» so schrieb ihm Jacob[2] am 11. April, «ist freilich unangenehm, da du besonders in Ansehung der Punkte, Komma etc. eben nicht gewissenhaft bist.»

[1][Grimm, Jugendbriefe] S. 44 [2][Grimm, Jugendbriefe] S. 36

BLATT 318–319 [Stichworte zum 5. Jahrhundert]

BLATT 320 [Stichworte zu Savignys Arbeiten, redundant, s. III, Blatt 40]

BLATT 321 [redundant, s. III; Blatt 118]

BLATT 322

Ysenburg

Am Neujahrstag hat Bettina ein Ballet mit aufgeführt.

‹Es ging passabel, bis wo wir einen Ringeltanz um das Ysenburgische Wappen tanzten, an dem wir unsere Kränze aufhängen sollten›. ([Arnim, Bettinas sämmtliche Schriften] I [Frühlingskranz, Theil 1], 135)

Es sollten endlich alle Nationen kommen dem Fürst Ysenburg gratuliren. (I [Frühlingskranz], 106)

‹Nun kam eine große Pastete, der Deckel wurde abgehoben, da sprang ein kleines Hündchen heraus ... der Herzog hatte es ... aus dem südlichen Frankreich verschreiben lassen, zum Neujahrsgeschenk für die Fürstin von Ysenburg›. (I [Frühlingskranz], 138 f.)

‹Vom Feuer war viel die Rede, man besuchte die Großmama, um ihr zu gratuliren, daß ihr der Schreck nichts geschadet habe .. die Fürstin von Ysenburg war zuerst bei ihr gewesen, da war es gleich Mode geworden›. (I [Frühlingskranz], 285)

‹Bei der Großmama ist ewiger Besuch, heute spazirte man zu siebzehn Fürstlichkeiten im Garten auf u. ab ... Ysenburg, Reuß, Erbach u. etliche Hessische Durchlauchten›. ([Arnim, Bettinas sämmtliche Schriften] II [Die Günderode, Theil 1], S. 411)[XXVIII]

BLATT 323 [Stichworte zu Weis]

BLATT 324

Weis

1. Spruchsachen bis (d__ das Institut _____)

   17. Febr. 1805 seine Entschuldigung wegen Vergeßlichkeit

2. neuer Lehrplan

   17. Febr. 1804 sein Gutachten

3. Examensfurcht

   Müller – Weis [s. III, Blatt 332]

4. Promotionsgesuch
Weis
5. Savignys Wünsche
für Paris
6. sein erweiterter literarischer Plan

BLATT 325

Weis
Die ihm zugeteilten Spruchsachen[XXIX]

1. im 3. Quartal 1804 9 Sachen
im 4. – 3 Sachen
Im 1. – 1805 3 Sachen
2. Dann ward
a) im December 1804 festgestellt: er habe noch zu beantworten
aus dem 3. Quartal . . . ?
aus dem 4. Quartal noch 3
b) am 16. März 1805: er habe noch zu beantworten: eine.
c) am 14. Juni 1805: die im 1. Quartal zugewiesenen Sachen seien erledigt.

1805 den 25. Juni: Anerkennung seines Fleißes durch die Regierung.
– den 18. Sept.: Entschuldigung wegen eines ‹fatalen Kopfwehs›

Die Regierungen, welche die ihm zugeteilten Sachen eingesendet haben:
1. die Fürsten zu Wied (Runkel?) (Nov. 1804: dazu Dez. 1804; März 1805)
2. die Fürsten von Nassau-Usingen (Nov. 1804)
3. die Grafen von Wallmoden Gimborn (Nov. 1804)
4. v. Wolfenbüttel (Nov. 1804)
5. die Reichsstadt Frankfurt (Nov. 1804, Dez. 1805, März 1805)
6. die Herzoge von Sachsen-Weimar (Nov. 1804)
7. die Grafen Görtz-Schlitz (von 1804)
8. Corvey (Dez. 1804)
9. Erbach (Dez. 1804)
10. Sayn-Altenstein (Dez. 1804)
11. Güstrow (Dez. 1804)
12. Bocholt (Dez. 1804 – die Parteien. 1805 März)
13. Bockelnhagen (Dez. 1804)
14. Camberg (Dez. 1804)
15. Bückeburg (1805 März)
16. Behringen (1805 März)
17. Hannover

18. Rhode (1805 Jan.)
19. Homburg an der Mark (1805 Juni)
20. Wetzlar (1805)
21. eine Regierung in [Stedtlinghausen?]

BLATT 326

Die Weis zugeteilten Spruchsachen 1804/5

Im November 1804 waren ihm sieben Spruchsachen zugetheilt, während, wie am 16. Dezember vom Dekan festgestellt ward, er aus dem 4. Quartal 1803 noch mit 12 Sachen rückständig war, eine Zahl, die im März 1805 auf 7, im Juni auf 5 mindert war.

Die Regierungen, welche die Sachen eingeschickt hatten, waren:
1. die der Fürsten Wied zu Runkel
2. die Fürsten Nassau-Usingen zu Altenkirchen in der Reichsgrafschaft Sayn
3. die Grafen zu Gimborn-Neustadt
4. von Wolfenbüttel
5. die Reichsstadt Frankfurt
6. die Herzoge zu Sachsen-Weimar
7. die Grafen Görtz-Schlitz

BLATT 327

Weis

Die Art der Sachen:
I.

Erbschaftstheilung in Corvey (1803 in 4 Händel)
Eigenthum eines Gartentheils
Wechselseitige Forderungen (Forderung u. Gegenforderung)
Verlassenschaft
Erbpacht u. Besetzrecht
Güterverkauf
Kaufcontract
Schuldforderung
Schadensersatz
Aufnahme in die Kaufmanns-Innung
Anvertraute Gelder
Letzter Willens-Verrath

II.

Beleidigung
Verleumdung

Parteien:

Verklagte:

Graf von Merwald (1803 ____)
Hofagent Sal. ___ in Herford (__)

Kläger u. Beklagte:

Hofkonditor u. Kaufmannsgilde in Behringen

BLATT 328

Weis den 17. Febr. 1805:
Ich hielt, als ich die vorliegende Sache bekam, anfangs dieselbe nicht für sehr dringend u. nachher kam sie mir bei meinen sonstigen vielfältigen Geschäften in Vergessenheit. Weit entfernt jedoch, die Verzögerung rechtfertigen zu wollen, bitte ich vielmals deshalb um Verzeihung, welche mir (Forts. fol. 19) um deswillen, wie ich hoffe, nicht entstehen dürfte, weil ich, wie ich mir bewußt bin, sonst dergleichen Mission nicht aufzuhalten pflege.

Im Ganzen bin ich, um auf die Sache selbst zu kommen, mit dem anstehenden Voto einverstanden, nur wünsche ich, daß a) der deutsche Theil in das erste halbe Jahr, b) der lateinische Theil in das zweite Semester verlegt, sodann c) in dem dritten Semester ein Collegium über einen römischen Klassiker hinzugefügt, ferner d) in das vierte Semester die Physik, endlich e) in das fünfte die Reichsgeschichte gesetzt werde, damit sie den Vorlesungen über das einheimische Privatrecht vorangehe.»

BLATT 329

Lehrplan

Ein neuer Lehrplan für die juristische Facultät war seit 1804 am Werk. Am 17. Februar gab Weis darüber sein Gutachten ab. Ich wünsche, so schrieb er, «daß a) der deutsche Theil in das erste halbe Jahr, b) der lateinische Theil in das zweite Semester verlegt, sodann c) in dem dritten Semester ein Collegium über einen römischen Klassiker hinzugefügt, ferner d) in das vierte Semester die Physik, endlich e) in das fünfte die Reichsgeschichte gesetzt werde, damit sie den Vorlesungen über das einheimische Privatrecht vorangehe.»

BLATT 330

Weis. Weis' literarischer Plan

Trotz seiner Belastung mit vielfältigen Geschäften, die Savigny, wie es scheint, im heiligen Eifer seiner literarischen Forschungen kaum genügend würdigte, hatte Weis sich entschlossen, seinen eigenen literarischen Plan zu erweitern u. theilte das am 17. März Savigny mit.xxx «Daß Ihr Plan ausgedehnter u. zugleich lebendiger geworden ist,» antwortete er[1] am 7. April, «hat mir unbeschreibliche Freude gemacht! Der liebe Gott gebe diesem löblichen Vorsatz Stärke u. Gedeihen. Rechnen Sie auf meinen thätigen Antheil.» [SZ (RA) 48 (1928), S. 150f.]

[1]Schulin, S. 43. Das Sachliche (S. 41 u. 43) später!

BLATT 331

Es hat übrigens ganz den Anschein, daß Savigny, ganz von seiner großen Aufgabe erfüllt, nicht immer gegenwärtig hatte, welche amtlichen Arbeiten Weis oblagen. In dieser Hinsicht nahmen die Spruchsachen ihn mehr in Anspruch, als gut war.

Im December 1804 hatte er eine Sache zu bearbeiten; im Januar darauf war eine lange Sitzung des Spruchkollegs. Am 16. März 1805 ward festgestellt, daß Weis mit einer Sache aus dem letzten Quartal des vorletzten Jahres rückständig sei. In dem 1. Quartal 1805 waren ihm drei neue Prozesse dazu überwiesen. Am 14. Juli ward festgestellt, daß seine Sachen, sämtlich ausgearbeitet u. expedirt seien. Aber im Herbst ist dann wieder von rückständigen Acten die Rede; am 18. September entschuldigte Weis sich wegen eines «fatalen Kopfwehs». Im December hören wir, daß diese Sache – es war eine Wechselforderung aus Wolfenbüttel – erledigt sei.

Zum 3. Quartal 1805 hatte Weis dann nichts weniger als sechs neue Sachen erhalten: darunter eine Wechselforderung aus Wolfenbüttel, ein Eheversprechen aus Dillenburg, einen Bauprozeß wieder aus Wolfenbüttel.

Diese große Zahl von Arbeiten – mindestens etwa 30 in einem Jahr – mußten seine Zeit doch in recht erheblichem Maße in Anspruch nehmen, u. konnten auch eine etwas langsamere Erledigung von Savignys zahlreichen Aufträgen wohl entschuldigen.

BLATT 332

Examensfurcht

Müller, in Examensnoth

Weis theilte in einem Brief an Savigny mit, daß ein Studiosus Müller sich erschossen habe. Jacob Grimm, der das erfuhr, fragte Wilhelm den 4. August: «Sollte das unser Jurist sein?» und Wilhelm bestätigte das (den 10. August):

«Der Müller, dieser leidenschaftslose, beschränkte Mensch hat sich erschossen, wie man behauptet, aus Furcht vor dem nahen Examen. Tags vorher war er noch im Examinatorium beim Weiß, worin er, wie natürlich, antwortend bestanden, auch beim Bauer, hatte sich Sonntags bei beiden nach ihrer Meinung erkundigt, wie es gehen werde, u. recht tröstende Antwort erhalten. Den folgenden Montag besteht er aber nicht sonderlich, u. Dienstag morgen um halb acht erschießt er sich.» [Grimm, Jugendbriefe, S. 64 f.]

BLATT 333

[Ablichtung eines Briefumschlags, adressiert an «Dr. Bremer» in Bonn]

BLATT 334

[einige Stichworte zu Jacob Grimm]

BLATT 335

November

2. Nov.	Runkel: Fürstlich Wiedisch zur Regierung verordneter Director, Regierungsräthe u. Beisitzer (____: Philippi)
	Ref. Weis
	Coref. Erxleben (__)
" "	Altenkirchen in dem Reichsgrafschaftl. Sayn: Fürst Nassau Usingischer Regierungskanzlei-Director, Hof- u. Kanzleiräthe
5. Nov.	Schloß Gimborn: ‹namens des regierenden Landesherrn Johann Ludwig, des Heil. Röm. Reichs Graf von Wallmoden-Gimborn, regierende Grafen zu Gimborn-Neustadt› (fol. 318)
15. Nov.	Wolfenbüttel (wie oben)
" "	‹Schultheiß u. Schöffen der Reichsstadt Frankfurt› (wie früher) (fol. 326) (Ist es das nämliche Formular . .)
16. Nov.	Weimar: Carl August, Herzog zu Sachsen-Weimar
23. "	Schlitz bei Gersfeld: Gräflich Görtzisches Justizamt

BLATT 336

1804 den 16. Dec. stellt Erxleben als Decan fest (fol. 364):
Der Prof. Weis hatte aus dem 4. Quartal 1803 noch zu bearbeiten:

1) nach Michelstadt (____ _____)

‹Die Acten konnten aber nicht vorgenommen werden, weil auf Einsendung der dazu gehörigen weiteren Acten gewartet werden mußte.

Sodann waren rückständig aus dem 2. Quartal 1804:

2) nach Corvey (Erbschaftssache)
3) nach Erbach (Eigenthum eines Theils eines Gartens betr.)

Die beiden Sachen sind jetzt erledigt.

Zugestellt sind demselben in dem 3. Quartal 1804:

4) nach Sayn Altenkirchen, i. S. des Handelsmanns Bürgen, Bekl., Widerkläger u. Appellanten wider den Schutzjuden David Kelmann, wechselseitige Forderungen _____.
5) nach Güstrow, i. S. der Ehefrau des Pensionarii _____ Beklagter u. Imploranti contra den Pensionari von Krüger, Verlassenschaft betr.
6) nach Güstrow, i. S. des Pächters ____ Kläger, contra den Postmeister Rosenow u. Konsorten, wegen angeblicher Beleidigungen
7) nach Bocholt, i. S. Johannes Masthof, Kläger, wider den Herrn Grafen von Merwald, Erbpacht u. Besetzungsrecht betr.
8) nach Runkel, i. S. des Bäckermeisters Ebel, Revident, wider die ____ Christ. Dict., Güterverkauf betr., vgl. Nov. 1804
9) nach Runkel, i. S. der nehmlichen Partheyen, Kaufcontract betr.
10) nach Frankfurt, i. S. Joh. Jac. Gruber, Bekl. u. Revident, c. J. H. Schule, pto. debiti.
11) nach Bockelnhagen, i. S. Fried. W____, Kl. contra dessen Schwiegersohn, J. H. Koch, pto. debiti
12) nach Camberg, i. S. der Schauf. Gemeinde, Klägerin, wider J. Bogner, Schadensersaz betr.

Hiervon sind die Nummer 7 u. 11 noch rückständig. Inzwischen ist nro. 11 bereits zur Relation gebracht worden.

Den 16. Dec. stellt Erxleben fest (fol. 364): der Prof. Weis habe aus dem 4. Quartal 1803 noch zu bearbeiten: (folgt die alte Nr, dessen Acten noch immer nicht da sind).

Sodann waren rückständig aus dem 2. Quartal 1804 (folgen 11 Nr: gezählt 2–12). «Dann sind die Nr. 7 u. 11 noch rückständig. Inzwischen ist Nr. 11 bereits zur Relation gebracht.»

BLATT 337

1805 den 16. März stellt Erxleben als vorjähriger Decan fest (fol. 382 f.):
Der Prof. Weis hatte aus dem 4. Quartal 1803 noch zu bearbeiten:
1) nach Michelstadt (noch immer wie früher auf die zugehörigen Acten gewartet).
Sodann aus dem 3. Quartal 1804 rückständig:
2) nach Bocholt (Erbpacht u. Besetzungsrecht betr.)
3) nach Frankfurt (pto. debiti);

davon ist nro. 3 ____ erledigt; hingegen nro. 2 noch rückständig.

Sodann sind demselben im 4. Quartal 1804 zugetheilt:

4) nach Bückeburg, in S. des Oberforst[amtes?] von Münchhausen, Imploraten u. Supplicanten, contra den ____________, Herford, Schuldforderung betr.
5) nach Behringen, in S. des Hofconditors Bauer, Revident, wider die Kaufmannsgilde Künzelsau, die Aufnahme des Unterz. in die Kaufmanns-Innung betr.
6) nach Runkel, in S. P. Rodenbach, Kläger u. Revident contra Simon Hachenberg, puncto debiti.
7) nach Hannover, in S. des Advokat Oldenburg, Bekl., jetzt Supplicanten, wider den Berginspector Fröhlich, angeblich anvertraute Gelder betr.

Diese Sachen sind insgesamt bearbeitet u. erledigt.

BLATT 338

zur Fakultät

1805 Spruchsachen

Juni

den 14. Übersicht der von Weis noch zu bearbeitenden Sachen: fol. 88 u. 90

den 6. Anfrage aus ______ über Mittel u. Responsa der Facultät (fol. 128)!

den 25. Anerkennung des Fleißes von Bucher, Weis u. Bauer durch den Kanzler (fol. 135)

Juli

den 11. werden erwähnt 2 Sachen (fol. 136):

a) von der Gräflichen Justizkanzlei zu Homburg an der Mark

b) von dem Fürstl. Lippe-Detmoldischen Hofgericht

Aug.

den 8. andere ähnliche: Akten nach Runkel (fol. 177)

den 17. wird die ‹inzwischen eingetretene neue Regierung› von Recklinghausen erwähnt (fol. 190); fol. 195 der rückständigen Akten an Weis

(Den 18. Sept. entschuldigt sich Weis wegen eines ‹fatalen Kopfwehs›: fol. 209)
(fol. 267a, die rückständigen Akten von Weis)

Fol. 272, Akten von Camberg in Sachen des Kreisgesandten Grafen [Taube?], . . .
fol. 318. Akten von Weis

NB. [Übersicht?] der adligen etc. Parteien zusammenstellen.

BLATT 339

S. 370 des ersten Stückes der Sache

Wohlgebohren, hochgelehrter, hochzuverehrender Herr Dechanus (Bucher)

Indem ich im Begriff bin, das Urtheil in der gestern vorgetragenen Schlitzer Sache zu entwerfen, werde ich auf einen Umstand aufmerksam, welcher umso erheblich scheint, als er wahrscheinlich eine Änderung der conclusio facultatis bewirken wird u. ich mich folglich als verpflichtet ansehe, solche zur Kenntniß des Collegiums zu bringen, zumal da ich dieses gestern durch einen Lapsus memoriae inzwischen verlassen habe.

Die Forderung des Revidenten aus dem hypothekar. Schuldschein vom 21. Juni 1781 ist zwar älter als die des Pachtbriefs von 1795 der gräfl. adm. constituirten Conventions-Hypothek, auch älter als die (laut der Berechnung vol. I. fol. 17) erst seit dem Jahre 1787 entstandene Forderung der Administration. Da indeß der Cridarius schon seit dem Jahr 1778 das Wirthshaus in Pacht gehabt hat, mithin die der Administration als gräfl. fisci u bonis eius cum quo contraxit gebührende Legalhypothek im Augenblick der vorangegangenen Pacht, also mit dem Jahr 1778 beginnt, so ist sie offenbar älter als die dem Revidenten im Jahre 1781 ertheilte Pfandverschreibung, mithin letzterer vorzuziehen.

Diesemnach halte ich dafür, daß ex hoc capite der Administration allerdings die Priorität gebühre u. es also bei vorliegenden Erkenntnissen einem Antrag gemäß zu leisten sei.

Ich ersuche daher Ew. Wohlgeb[oren], dies novum der Facultät vorzutragen u. mir den Beschluß

mitzutheilen, damit ich das Urtheil danach abtreten kann.

Marburg, den 16. Juni 1805 . . . Bauer

Votum Coreferentis

Ich trete dem H. Ref., welcher in der Relation gleich anfangs bemerkt hat, daß der Cridarius bereits seit dem Jahr 1778 das Wirthshaus in Pacht gehabt hat, in Ansehung der aus dem Umstand abgeleiteten Entscheidungsgründe bei.

Den 17. Juni 1805 J.P. Bucher

BLATT 340

Decanalium vom J. 1804. fol. 366 f.

An den H. Professor Weis Wohlgeb. wie auch an den H. Prorector Robert u. H. Vicekanzler Erxleben, ____ ______

Akten, die H. Prof. Bauer als Referent in beigehender Sache nach Schlitz gegen die neulich in sessione facultatis per maiore festgesetzte Conclusion an mich gelangen lassen, nebst dems., was ich als Coreferent deshalb geäußert habe, solches lege ich zu weiterem schriftlichem Votum hiebey gehorsamst vor.

Marburg, den 17. Juni 1805 J.P. Bucher als . . Decan

Aus dem von dem Herrn Referenten vorgetragenen Grund wird nach meiner Meinung ___ der Relation unterstellte Antrag anerkannt, u. nur die in der Session vorgetragenen Entscheidungsgründe [künden?] die durch vota majora beschlossene Abänderung, wonach die revidentische Forderung als eine hypothekarische zu betrachten ist.

Weis 18 [d.M.?]
Robert (Cor.)

Auch in dieser, in dem vorjährigen Decanat geförderten Sache haben der jetzige Herr Decanus Wohlgebohren meine Stelle gütigst vertreten, wofür ich gehorsamst danke. Quod causam kann ich mich von den Gründen des H. Referenten, ungeachtet daß diese unanimiter gebilligt sind, nicht überzeugen. Es wird nämlich in facto angeführt: die Forderung des Revidenten aus dem hypothekarischen Schuldschein vom 21. Jan. 1781 sei älter als die (laut der Berechnung vol. I, fol. 17) erst seit dem Jahre 1787 entstandene Forderung der Administration. Aber, meint der H. Referent, weil der Cridarius schon seit 1778 das Wirthshaus in Pacht gehabt, so beginne die der Administration als gräfl. fisci gebührende Legalhypothek mit dem Verpachtungsgute 1778 u. sei deswegen älter als die dem Revidenten 1781 ertheilte Pfandverschreibung.

Mir scheint es hingegen: eine Hypothek könnte niemals früher [ergehen?] als der Credit, welcher dadurch gesichert werden soll. Wenn es in [substratu?] gleich möglich war, daß die gräfl. Administration bereits 1778 ein legales Pfandrecht erwarb, so würde es ihr doch nicht früher als 1787 wirklich zu Theil, weil sie dann erst die [befragte?] Forderung an den Cridarius bekam. Indeß wird solcher Gestalt der Revident die Priorität der Zeit von wegen der 100 fl. in Anspruch
nehmen dürfen. L. 11 __ ff. u. L. 8 C qui potiores in pignore möchte wohl meine

BLATT 341

Meinung begründen; u. ich wünsche, daß der H. Decan, nachdem dieser sich mit der Sache bemüht habe, damit die Ordnung des Geschäftsgangs nicht unterbrochen werde, sie nun noch einmal vor Ziehung einer conclusio diesem Collegio ad alteribus votandum vorzulegen die Güte hätte.

Erxleben

Dem vorstehenden Votum des H. Vicekanzlers gemäß ersuche ich die H. Referenten gehorsamst, ihre Erklärung über die darin enthaltenen Gründe abzugeben.

Den 19. Juni 1805. J.P. Bucher

Schon als ich das Schreiben, welches für diese wiederholte Deliberation Veranlassung gegeben hat, an den H. Decan Wohlg. erließ, konnte mir der Zweifel nicht entgehen, daß die Hypothek als ein bloß accessor. Geschäft nicht eher als mit der Sache einer Schuldforderung als deren Hauptgeschäft beginnen könne, u. daß also die gräfl. Adm. demnach vielleicht dem Revidenten _____ u. ____, weil ihre Forderung erst aus dem J. 1787 ____ herrührte. Ich halte indeß diesen Zweifel nicht für bedenkend genug, um ihn besonders anzuführen, u. das aus folgenden beiden Gründen: 1) So wie der Pachtcontract im Jahre 1778 geschlossen war, hatte die Adm. bereits wirkliche Forderungen an den Revidenten, nämlich auf die Erfüllung der Pachtbedingungen; es existirt mithin ein Debitum, u. also begann auch die Hypothek. Wollte man aber auch 2) die gleich anfangs entstandene Hypothek als bedingt ansehen (nämlich auf den Fall eines in der Folge entstehenden Rückstands), so würde doch für diese hinzugefügte Bedingung nicht das Dasein, sondern nur die Wirksamkeit der Hypothek hinzuaddirt u. dann [zuertheilt ?], ja das Eintreten der Bedingungen des Vertrags mit rückerkanntem Recht: L 11 __ __, qui potiores in pignore.

Ohnerachtet nun uns obiger Zweifel durch die Belehrung des H. VK sehr bedeutend geworden ist u. ohnerachtet ich sehr wünschte, daß es ein Weg würde, auf welchem dem Revidenten gerechter Weise zum Seinigen geholfen werden konnte, so bin ich doch noch nicht von dem Recht [gemäß?] der Ansicht des H. VK überzeugt; vielmehr scheint mir die Sache so zweifelhaft, daß ich mich deshalb veranlaßt sehe, mein Votum auszusetzen, bis erst meine übrigen hochzuehrenden Herren Collegen, welche sich hierüber noch gar nicht geäußert haben, mit ihren belehrenden votis vorangegangen sind, [dienten?].

Bauer (Cor.)

BLATT 342

(Hypothek Sachen 1804) (Forts.)

Da es in diesem bestimmten Falle auf den Rang der Privathypothek u. darüber auf das Alter ihrer Entstehung ankommt, so ist nach [der als des Corref. ______?] Ermessen die de fisco gebührende als die ältere anzusehen, weil die vom Cridarius mit demselben gesetzlichen Contract, woraus solche erwachsen, älter ist als die Schellingsche Forderung darauf, daß die de fisco gebührende erst nach der quaest dem Schelling ausgestellten Obligation entstanden, darauf scheint es mir noch anzukommen.

In praerogativa sui temporis non principalis obligationis, seu hypothecae constitutae tempus spectatur, ita ut nihil intersit, pure an sub condicione hypotheca priori ut devinctum.

van Eck, Princ[ipia] i[uris] civ[ilis] L. 20 Tit. 37, cf. etiam ___ ad ____
Donell[us], [Tractatus] De pignoribus et hypothecis, p. 12

Dem möchte ich noch das Argument beifügen, daß auch bei der in dem Vermögen des Vormundes u. Verwalters des Gutes den pflegebefohlenen Kindern (!) zustehenden Hypothek die Priorität nicht nach der Zeit, ex quo male gestum als quid fuerit, sondern nach dem Anfang der zu führenden Administration zu bestimmen sei.

L 6 ist 4 C. de bonis quae liberis

Auch glaube ich, daß

L 9 pr. u. L 11 pr. cf. S. 11 ff. qui potiores in pignore

zur Unterstützung der Behandlung angewendet werden könnte.

Den 20. junio J. P. Bucher

Der Satz: bei Bestimmung des Alters ist d__ F______ das Vermögen des Mitcontrahenten zustehenden legalen Hypothek mit auf die Zeit der perfect gewordenen Convention Rücksicht genommen worden, hatte meiner völligen Überzeugung nach die Analogie der Gesetze, namentlich

L 9 m L 11 m __ D u. L 8 C qui potiores in pignore

u. die Auctorität bewährter Praktiken.

Hellfeld, De hypotheca fisci, praesertim in bonis post contractum quaesitis __ 8

(in opus C. p. 237)

Gmelin in der ‹Ordnung der Gläubiger›, Cap. 4, __ 21, S. 331 der dritten Ausgabe

für sich die Worte des angeführten L 9, Lices eum eo tempore ... quo nondum

BLATT 343

quamquam pro conductione deberetur, quamquam tamen sind sehr entscheidend u. die beiden anderen angeführten Stellen stehen [dem] so wenig entgegen, daß ich darin _____ eine weitere Stütze für den oben aufgestellten Satz zu finden glaube. Sie reden nemlich offenbar von einem Darlehen. Das Gesetz aus dem Codex, mit diesen Worten, u. das aus den Pandekten, weil der Ausdruck credere pecuniam eine ganz wesentliche Bedeutung, wie schon die Rubrik des Liber de rebus creditis beweist, nichts andres als Geld in Darlehn gebe, bezeichnet das Mutuum als einen Real-Contract, wird aber nicht eher als durch wirkliche Leistung des Gegenstands perfect.

Da bei der in dem vorliegenden Falle eintretenden Relocation im J. 1795 das Pfandrecht des Locatoris unverändert blieb, so wie er es im J. 1778 erworben hatte, ist die klare Verordnung des

L. 13 § 11. locati anzuwenden.
Diese Gründe bestärken mich, mein Voto vom 18. des Monats lediglich zu relaxiren.
Marburg Weis 25 [junio?]

Nach nochmaliger genauester Überlegung der Sache relaxire ich ebenfalls mein Voto vom 18. d. M., u. es ist mir dabei insbesondere das von dem H. Coref. angeführte L 6 § 4 C. de bonis quae liberis entscheidend. Selbst der Anfang einer Hypothek bei dem Darlehen kommt in der That mit der Entscheidung überein, indem, wie auch schon in dem nächst vorstehenden Voto bewirkt werde, diese mit der Perfection des Geschäfts, wohl aber erst dann angehet, wenn der Debitor mit der Restitution des empfangenen Geldes säumig ist.
26 [junio?] ___ Robert

Ich kann u. muß mich bei dem [Stand der?] Wahrheit beruhigen, wünsche aber beim Eintragen der Sache in das Sessionsprotokoll als dissentirend aufgeführt zu werden.

Erxleben

BLATT 344 [Stichwort: Baden und die Universität Heidelberg]

BLATT 345–347 [Stichworte: Clemens, Creuzer, Günderode]

BLATT 348

[Anfang fehlt] Karoline unterließ nicht, ihn [Creuzer] weiter vor Clemens zu warnen. «Ich bin in dem Betragen gegen Clemens», so schrieb er zurück (am 19. Mai), «sehr vorsichtig.»[1] Aber los war Creuzer keineswegs von Clemens. Gegen Ende des Monats erhielt er seinen Besuch, aber nur, wie Creuzer berichtete, um über zwei Gedichte Karolines, Udohla u. Magie des Schicksals, seine Kritik anzubringen. «Ich sagte ihm darauf bloß: seine Frau mache viel zierlichere Gedichte.»[2]

[Randnotiz:] «In dem Maße hatte Clemens seine Ungnade festgesetzt.» [Preisendanz, S. 108]

[1]Rohde S. 44 [2]Rohde S. 48

– – – – – – – – – –

18. Juni

Und am Rande fügte Creuzer noch hinzu, wie Clemens sich zu Karoline als Dichterin stelle: «Neulich hat Clemens gegen einen Bekannten von mir gesagt, es sei recht, daß Tians Mahommed so herabgesetzt worden im Freimüthigen; denn er sei

nichts weiter werth. Dieser hat ihm ganz trocken erwidert: ein gleiches Schicksal habe Clemens ja selbst in der Leipziger Literaturzeitung erfahren (wo so eben eine ganz wegwerfende Recension des Ponce erschienen ist), worauf er nicht wenig verlegen geworden, die Leipziger Zeitung herabgesetzt hat u. dgl.
Das sieht ihm ähnlich. Doch dauert er mich sonst über den Verlust seines Kindes, wiewohl er affectirt, als mache er sich nichts daraus.» [Preisendanz, S. 121]

BLATT 349

Den 15. Juni '5 (S. 93)
Die Brentano war doch sehr krank ... wenigstens schmerzhaft krank. Jetzt ist sie wieder ziemlich wohl. Aber das Kind ist sehr krank. Lange war ich nicht dort. Zuweilen aber treffe ich Clemens u. Arnim am dritten Orte.

Abends.

Die beiden waren wieder bei mir. Sie saßen lange – zu lange. Den Tag zuvor hatte mir der getreue K[ayser] ein Briefchen zugesteckt, das konnte ich nicht lesen. Ich mußte aushalten, obwohl unempfänglich für Arnims heitere Scherze. Endlich gingen sie und las ich ... [Preisendanz, S. 119]

[18. Juni] Dem Clemens ist gestern sein neugebornes Kind gestorben. Er dauert mich doch, daß er nicht Eine Frucht seiner Jugend aufbringen kann. Weder ihn noch die Frau sah ich seit der Zeit. Sie sind mit Arnim nach Weinheim, wo sie Bekanntschaft gemacht haben mit einer adlichen Familie, welche Clemens jetzt (er war neulich schon da) über alle Maßen liebt, weil sie ihn spaziren gefahren, seine Witze u. Lieder angehört u. dergl.

(Am Rand)

Neulich hat Clemens gegen eine Bekannte von mir gesagt, es sei recht, daß Tians Mahomed so herabgesetzt worden im Freimüthigen, denn er sei nichts weiter werth. – Dieser hat ihm ganz trocken erwidert: ein gleiches Schicksal habe Clemens ja selbst in der Leipziger Literaturzeitung erfahren (wo so eben eine ganz wegwerfende Recension des Ponce erschienen ist) – worauf er nicht wenig verlegen geworden – die Leipziger Zeitung herabgesetzt hat u. dgl. Das sieht ihm ähnlich. Doch dauert er mich sonst über den Verlust seines Kindes, wiewohl er affectirt, als mache er sich nichts daraus. [Preisendanz, S. 120 f.]

BLATT 350–351

[Stichworte: Meline, etc.]

BLATT 352–356

[Stichworte: Universität Heidelberg, Creuzer, etc.]

BLATT 357

Creuzer und Ast

In diesen Tagen [Juni 1805] erhielt Creuzer wieder einen Brief von Savigny (‹Donnerstags›, den . . .):
«Er kommt in drei Monaten; ich lege diesen Brief dem ‹Crösus› bei, den ich nächstens schicke.» [Preisendanz, S. 117]. Es war das Buch eines Freundes, des Professor Ast, von dem er früher erzählt hatte.

– – – – – – – – – –

In Paris hatte Savigny die guten Nachrichten über die Universität Heidelberg mit großem Interesse entgegengenommen.

19. März, Savigny an Creuzer («Ihre 2 Briefe habe ich mit großer Freude gelesen. Viele vortreffliche Begebenheiten! u. welch einen Historiker haben Sie gefunden! Ich wünschte, daß meine gerechte Bewunderung Sie anfeuern möge, in Zukunft eben so ausführlich u. vollständig zu erzählen.»)

«Was Sie von Heidelberg schreiben, war mir in der That fast eben so unerwartet als erwünscht. Daß Thibaut hingeht, ist mir am meisten aufgefallen, so daß ich noch nicht einmal ganz daran glaube. Ist es wahr u. könnten Sie noch Cramer bekommen, so wäre keine juristische Facultät in Deutschland so gut componirt, als die Ihrige. Schreiben Sie bald mehr davon!» [Stoll I, 250]

BLATT 358

[Savigny an Friedrich Creuzer] Pariser Reise

«Was Sie mir von den Universitätsangelegenheiten schreiben,» antwortete ihm Savigny am 18. November 1804 aus Metz, «hat mich sehr überrascht. Geben Sie mir doch ja bald fernere Nachricht davon, u. schicken Sie mir doch auch eine Abschrift des Zeitungsaufsatzes. Vielleicht nehme ich davon Gelegenheit, an Edelsheim zu schreiben. Was halten Sie davon?»[1] [Stoll I, 242]

[1]v. Bippen, S. 113f.

– – – – – – – – – –

1805? Monat Heidelberg

Rohde 14, 26

[Savigny an Creuzer, 20. Februar 1805] [Stoll I, 247f.]

Und nun komme ich auch mit Prätensionen. Sie sollen mir nämlich alle Ihre bisherigen Begebenheiten, die ich nur fragmentarisch u. summarisch gehört habe, von der

Vocation nach Landshut an (die ich aus Ihrem letzten Briefe weiß) mit etwas Detail erzählen. Wollen Sie noch andre Neuigkeiten hinzufügen, literarische u. Heidelbergische, so werden Sie um so viel liebenswürdiger sein.

Außer den obengenannten Briefen von Meerholz müssen auch noch andre, etwas neuere, bei Ihnen liegen, um die ich Sie bitte.

Ich habe einige Briefe beigelegt, u. einen Zettel an Meurers, dem Sie ja vielleicht einmal schreiben.

BLATT 359

Frühling 1805? Monat?

[Creuzer an Karoline, 29. Mai 1805]
[Anfang fehlt] einigen Tagen wieder bei mir, vielleicht zum Theil in der Absicht nur mir zu sagen, woran des Tians Udohla (?) fehle ... Ich sagte ihm blos das Eine darauf: «seine Frau mache viel zierlichere Gedichte». Er möchte oft recht ärgerlich werden, daß meine höfliche Ruhe oder ruhige [Art] gegen ihn, ihm keinen Anlaß giebt <abgeschnitten> [Preisendanz, S. 108]

(am Rand)

Savigny, so sagt man sich hier, kommt diesen Sommer hierher. Er könnte mein Retter werden, wenn er mich verstünde – so aber, da er mich nicht kennt, ist mir dieses Kommen zuwider. In jedem Fall: stumm u. verschlossen. Leb wohl, du Süße. Komm du nur mit der H! ... ich meine immer, diesen Sommer müsse vieles reifen! [Preisendanz, S. 110]

‹Mittwochs› (S. 87)

[5. Juni] Können Sie sich wohl denken, in welcher Gesellschaft u. an welchem Ort ich dieses schreibe.

Auf dem öffentlichen Senatszimmer in dem Universitätsgebäude, während 2 alte juristische Kollegen mit dem Syndicus in Acten stöbern – an einem langen schwarzen Tisch – dem Bilde des Baierischen Churfürsten Carl Theodor gegenüber. Die alten Herrn da drüben denken jetzt gewiß nicht, daß ich in diesem Augenblicke an die Poesie schreibe .. [Preisendanz, S. 111]

[Randnotiz:] Heidelberg 1805 Mai?

‹Donnerstags› (S. 91_)

[6. Juni.] Von Savigny habe ich einen Brief soeben erhalten. Er kommt in drei Monaten. Ich lege diesen Brief dem ‹Crösus› bei, den ich nächstens mit der fahrenden Post schicke. Ast
[Preisendanz, S. 117]

– – – – – – – – – –

Thibaut?

Creuzer an? [evtl. an Leonhard Creuzer][XXXI]

Heidelberg... Was du von Eichstädt schreibst, war mir bereits (undatirt: S. 46) aus Vossens Gesprächen bekannt. Dieser erzählte mir Eichstädts Wünsche, deliberirte auch darüber, allein scheint sich jetzt überzeugt zu haben, daß die Transplantirung der J. L. Z. keine Kleinigkeit ist.

Es gehört dazu die unbedeutende Summe von 15000 Gulden jährlich; es wird Thibaut u. die übrigen Jenenser die hier sind oder noch herkommen (wie Voß selbst sagt) alles mögliche thun, um Eichstädts Hierherkommen zu hintertreiben, denn es ist auch nicht Einer, der ihn nicht haßt.

(Mahler). Es berührt mich nicht... Jacobi, den ich über ihn sprach, äußerte auch eine sehr geringe Meinung über seine wissenschaftlichen Kenntnisse u. Jacobi (der doch eigentlich kein sehr tiefer Mensch ist) thut ihm gewiß nicht Unrecht.

BLATT 360

[Abschnitt redundant, s. III, Blatt 366, 20. Februar 1805]

- - - - - - - - - -

Heidelberg

Savigny, der mit großem Interesse die Reformen der Universität verfolgt hatte, daß er im Sommer 1805 an Creuzer schrieb:
«Die Nachrichten von Heidelberg sind jetzt fast alle so gut, so über Erwartung gut, daß sie einen Menschen, der weniger unstät wäre als ich, das Maul könnten wässern machen.» [Stoll I, 258]
Die Äußerung, welche Creuzer zu verbreiten beflissen war, erregte eine lebhafte Bewegung. Auch die Juristen begrüßten die Aussicht, Savigny bald als Kollegen zu gewinnen u. Reitzenstein setzte sich schon mit Karlsruhe in Verbindung, um die Wege zu bereiten.

- - - - - - - - - -

Den 19. April 1805 an Creuzer:
«Ihr freundlicher Brief, der so schön ins Detail geht, hat mir viele Freude gemacht; die Nachrichten darin sind freilich nicht alle tröstlich. Nach Deutschland komme ich sicher zu Ende des Sommers zurück, mehr ist darüber noch nicht beschlossen.» [Stoll I, 254]

BLATT 361

Heidelberg. 1805 Jan. bis Sept.

Voß

1805 den 11. April Paris Jakob
Meine Neuigkeiten aus Deutschland kommen fast alle aus Heidelberg ... dieses H[eidelberg] scheint mit Macht aufgehen zu wollen. Es ist gewiß, daß Voß dorthin geht. ([Grimm, Jugendbriefe] S. 35)

10. August. Marburg [Wilhelm]
Gehst du wohl mit Savigny nach Heidelberg, um es einmal zu sehen? Oder wird er selbst nicht hingehen? Heidelberg kommt sehr in Aufnahme, Michaeli werden viele von hier dahin gehen (auch von Göttingen, [Christoph] Martins halber, [Grimm, Jugendbriefe] S. 68)

– – – – – – – – – –

[Abschnitt identisch mit dem folgenden Abschnitt]

– – – – – – – – – –

4. Thibaut

1805 den 9. April Karlsruhe. Hofer: In Ansehung der juristischen Lehrstelle [in Heidelberg], für welche man den H. Prof. Feuerbach gesucht hatte, trat man sogleich mit H. Prof. Thibaut in Jena in Unterhandlung, u. dessen erfolgte Zusage füllt nun auch diese Lücke aus.
– Feuerbach wurde von der baierischen Regierung in Landshut festgehalten.[1] Seinem Vater schrieb er im April, er habe ‹vor sechs Wochen einen Ruf nach dem herrlichen Heidelberg mit sehr vortheilhaften Bedingungen abgelehnt. Prof. Thibaut in Jena geht nun statt meiner hin›. (I, S. 103)
[Feuerbach (Hg.), Paul Johann Anselm Ritter von Feuerbachs Leben und Wirken, Bd. 1, S. 103 f.]

– Den 24. Juni. Marburg. Wilhelm. ‹Ist Thibaut schon in Heidelberg? In der L.Z. steht, er gehe erst Michael dahin.› ([Grimm, Jugendbriefe] S. 56)

[Fußnote fehlt]

BLATT 362

Paris. [Friedrich] Wilken[1]

«Ihre zwei Briefe, lieber Creuzer,» schrieb Savigny am 19. März 1805 aus Paris, «habe ich mit großer Freude gelesen. Viele vortreffliche Begebenheiten! u. welch einen Historiker haben Sie gefunden! Ich wünsche, daß Sie meine gerechte Bewunderung anfeuern möge, in Zukunft eben so ausführlich u. vollständig zu erzählen.» [Stoll I, 250]

[1]v. Bippen, S. 119

- - - - - - - - - -

[Abschnitt redundant, s. III, Blatt 360: 19. April 1805 an Creuzer sowie VI, Blatt 86: Creuzer an Karoline]

BLATT 363

Creuzers Journal [Die Studien]: Savigny [ist] genannt
Den 14. März [richtig: 19. März 1805]: ‹Ihrem Journal wünsche ich von Herzen den glücklichsten Fortgang. Daß Sie mich genannt haben, ist mir, so ehrenvoll es für mich auch ist, doch leid; denn ich sehe voraus, daß meine andern Arbeiten mich nicht zur Erfüllung dieses Versprechens kommen lassen.› [Stoll I, 251]

- - - - - - - - - -

1805 den 14. März [richtig: 19. März 1805], Sav[igny] an Creuzer. [Stoll I, 252]
Herzliche Grüße von mir u. den Meinigen an Sie u. Ihr ganzes Haus u. alles was sich in Heidelberg unser erinnert, besonders Schwarz, Daub u. Mieg. Leben Sie wohl u. behalten Sie lieb

Ihren Freund Savigny (Enn[eccerus])

- - - - - - - - - -

Paris [19. März 1805] Thibaut

Was Sie von Heidelberg schreiben, war mir in der That fast eben so unerwartet als erwünscht. Daß Thibaut hingeht, ist mir am meisten aufgefallen, so daß ich noch nicht einmal ganz daran glaube. Ist es wahr u. könnten Sie nur noch Cramer bekommen, so wäre keine juristische Facultät in Deutschland so gut componirt, als die Ihrige. Schreiben Sie bald mehr davon! [Stoll I, 250 f.]

BLATT 364

Daub als Philosoph

Am 29. Juli [1805] schrieb Creuzer an [Karoline]
Der Daub liest in seiner Art vortrefflich Kolleg; aber soll ich aufrichtig sein, je länger ich das alles höre, desto fester überzeugt ich mich, daß die Philosophie so, durch logisches discursives Vortragen, nicht gelehrt werde noch gelehrt werden könne! [Preisendanz, S. 142]

- - - - - - - - - -

Daub 13. Mai
Für den Sommer hatte Daub auch ein philosophisches Kolleg angekündigt.

- - - - - - - - - -

Daub 25. Mai.

«Daub ist neulich Kirchenrath geworden. Zugleich erster Professor der Theologie reform. Seits.» Er ist dadurch auch ökonomisch geborgen, indem er gegen 2000 fl. jährlich stehen wird.»[1]

[1]Creuzer an Justi in Marburg den 25. Mai 1805 [Nachlass Justi, s.a. III, Blatt 200]

BLATT 365

Am 13. Mai begann er [Daub] die Vorlesung im Hause Creuzers vor vielen Zuhörern, zu denen Creuzer sich gesellte. Er sprach, wie Creuzer später an Karoline [den 19. Mai] berichtete, «von der kritischen Philosophie im Gegensatz gegen die Schellingsche». Jene habe nichts höheres gekannt als in der Philosophie den Menschen zu suchen u. die menschliche Vernunft; diese suche den Himmel u. die Gottheit. Er brauchte das Gleichnis: der Kriticismus sei ein Teleskop, durch das der hineinschauende Mensch sich nun selber suchen wolle: die neue Philosophie sei ein Teleskop, durch das man in die Tiefen des Himmels schaue.

Hat er wohl ganz recht? Ich glaube nicht . . . [Preisendanz, S. 101]

- - - - - - - - - -

Paris. [Savigny] 19. April an Creuzer
Ich muß aufhören, selbst das Briefschreiben will mir noch nicht recht von der Hand gehen, (u. doch will Karl <Leske> auch diesen Morgen die Briefe haben). Grüßen Sie

Schwarz herzlich, er soll nicht böse sein, daß ich ihm nicht schreibe. Grüßen Sie Ihr ganzes Hauswesen u. bleiben Sie mir gut. Ihr Savigny [Stoll I, 255] (Enn[eccerus])

- - - - - - - - - -

Den 25. Mai [richtig: 25. Juni] [Wilhelm an Jacob Grimm]
Weißt du etwas Näheres von den ‹Studien›, die Creuzer u. Daub in Heidelberg herausgeben wollen . . . Die Tian soll auch Gedichte dazu liefern. Ist Thibaut schon in Heidelberg? In der L.Z. steht, er geht erst Michael hin? [Grimm, Jugendbriefe, S. 56]

BLATT 366

[20. Februar 1805] [Stoll I, S. 248]
Leben Sie wohl, lieber Creuzer. Seien Sie mit Frau u. Kind von mir u. was dazu gehört recht herzlich gegrüßt u. lassen Sie mich bald recht ausführliche Nachricht von sich lesen. Savigny
Herzliche Grüße an Schwarz (der nicht böse sein soll, daß ich nicht schreibe), Mieg, Daub u. Pätz.

- - - - - - - - - -

1805 den 25. Mai, Creuzer an Justi
[Nachlass Justi, s.a. III, Blatt 201]
Unser Heidelberg ist in diesen Tagen in dem ganzen Glanz seiner Schönheit, die ihm die Natur so reichlich verliehen. Es freut mich für die Frau Vicekanzler Erxleben, daß sie für das bisherige schlechte Wetter diesen Ersatz gefunden hat. Ich für meine Person werde dieser Schönheiten wenig froh. Erliegend unter der Last meiner Arbeit, da ich mehrentlich täglich 3 Collegia habe u. sonst Plackereien ohne Zahl.

- - - - - - - - - -

Savigny an ihn [Creuzer] [aus Metz, 18. November 1804]
«In 10 bis 14 Tagen denke ich in Paris zu sein, was mir eine kleine Heimat sein wird.» [Stoll I, 241]

«Grüßen Sie Schwarz (dessen Brief mir große Freude gemacht hat[1]), Daub, Heise, Pätz u. Mieg recht herzlich.» [Stoll I, 242]

[1]Absichtliche Mittheilung! Später benutzen für die Günderode-Affaire.

BLATT 367–368 [Stichworte: Creuzer und die Günderode]

BLATT 369

Karl Daub (1804–1808)

Seine Frau (Geiger S. 171), geb. Blum aus Hanau (Rohde S. 3).
1804 den 4. Oct. Creuzer beneidet ‹die Daub› (Rohde S. 5)

1805 die ‹Studien› mit Creuzer, ursprünglich ‹Museum› getauft.
den 20. Januar Creuzer an Karoline: ‹unser Museum ... | ‹Studien› (Rohde S. 29)
Febr.: ‹die Daub› (Rohde S. 33)
das Blatt Karolines an den Daub (Rohde S. 49)
Juni: ‹was die Feindselige geredet ... (Rohde S. 53)
Zwischenträgerin die Frau Daub (Rohde S. 48)
Sept. Auch Daub, der bisher zu den Zweiflern gehörte, ist nun von Creuzer gehörlich vom Stand der Dinge unterrichtet. (Rohde S. 60)
– 14 Karolines Brief an Daub (Rohde S. 61)

– – – – – – – – – –

5. Sept. An Frau v. Heyden. – Daub hat sich neulich gegen jemand beklagt, daß ich aufgehört, sein Freund zu sein ... Ich meide seit langer Zeit sein Haus u. schweige gegen ihn über das was mir alles wichtig ist seitdem ich L[ina] kenne ... denn kann ich wissen, ob er seiner Frau nichts sagt? u. diese darf nichts wissen. (S. 219) [Preisendanz, S. 151]

– – – – – – – – – –

Anfangs [13.] September stand Creuzers Absicht der Scheidung von seiner Frau fest.[5]
«Ich erkranke vor Sehnsucht nach Karolines Küssen.»[6] [Rohde, S. 61]

[Fußnoten fehlen]

BLATT 370

[1805 den 5. September] Ein Vertrauensmann der Frau von Heyden, der die Scheidung einerseits u. die vermögensrechtliche Auseinandersetzung mit den Verwandten Karolines andererseits betreiben sollte, u. dessen Brief Frau von Heyden an Creuzer geschickt hatte, machte auf eine neue Schwierigkeit aufmerksam, deren Bedeutung Creuzer anerkannte. «Schwerer,» so schrieb er am 5. September zurück, «wo nicht ganz unthunlich wird es sein zu verhindern, daß man sich nicht den Grund des Scheidungsgesuchs laut oder leis ins Ohr sage. Leute, wie die Feindselige – so nannte er die Frau Daub – werden geschäftig genug sein, die Sache auszubreiten. Darüber wird wohl mündliche Beratschlagung gepflogen werden müssen.» [Preisendanz, S. 150 f.]

- - - - - - - - - - -

1805 den 14. Sept. Frankfurt. Karoline an Daub (Westermanns Monatshefte, Dez. 1895, S. 353 f.)[XXXII]
«Schon lange war es mein herzlicher Wunsch, Sie, lieber Daub, möchten von meinem Verhältniß zu Creuzer unterrichtet sein, ... ich will es mit der größten Aufrichtigkeit thun. Ich fühle zwar wohl, daß ich den Vorwurf eines unbesonnenen leidenschaftlichen Betragens verdiene, aber ich liebe Cr. so sehr, daß ich es nicht bereuen kann ... darf ich eine Bitte an Sie richten? Es ist von äußerster Wichtigkeit für mich, daß meine Absichten noch eine Zeitlang meinen Verwandten verborgen bleiben; nach Briefen, die ich erst gestern erhielt, hängt vielleicht die Erhaltung meines Vermögens davon ab. Ich habe Cr[euzer] schon davon geschrieben, aber ich fürchte, er ist doch nicht vorsichtig genug. Ich bitte Sie ... suchen Sie das Ihrige dazu beizutragen, daß diese Sache noch eine Zeitlang verschwiegen bleibe, besonders auch für Clemens, der wie ich weiß bald wieder nach Heidelberg zurück kommt.

Wenn Sie einigen Antheil an meinem Schicksal nehmen, wie will ich mich darüber freuen, wie dankbar Ihnen immer sein. Sofie hat mir so lange nicht das kleinste Zeichen ihres Andenkens gegeben. Ist sie uns gar nicht mehr gut? Grüßen Sie sie doch von mir.» [Weißenborn, S. 238]

BLATT 371–373

[Das römische Recht in Deutschland: Romanen und Burgunden]

BLATT 374

[Stichwort: Rückreise von Paris]

BLATT 375

Rückreise

Die Arbeiten auf den Bibliotheken in Paris näherten sich ihrem Ende. Was nun? Sollte die früher in Aussicht genommene Reise nach Italien angetreten werden? Die neuen politischen Verhältnisse konnten dazu nicht locken u. die Rücksicht auf das Wohl der Familie gab den Ausschlag: zunächst ward die Rückreise beschlossen u. die Fortsetzung der Forschungsreise auf günstigere Zeiten vertagt.

Schon vor der Geburt des ersten Kindes war, wie es scheint, der Beschluß bereits gefaßt. Am 18. April fragte Savigny[1] Weis: «Habe ich Ihnen schon geschrieben, daß ich den Sommer wieder nach Deutschland komme?» Am 11. August dachte er an den Aufbruch u. versparte alles, was er an neuen Funden mitzutheilen hatte, «auf unser Wiedersehen in Deutschland.»[2] «Mein weiterer Reiseplan,» schrieb er an Weis, «ist noch nicht fest bestimmt.»

~~Einige Tage später, den 16. August, hören wir (von Clemens Brentano,[3] der damals in Frankfurt bei den Seinen lebte, der Nachricht von Savigny erhalten hatte)~~, daß Savigny nach Havre gereist war, den Seehafen zu sehen.[3] Dann war es eine Zeitlang zweifelhaft, welchen Weg er für die Rückreise nehmen solle: auf der einen Seite hatte er noch Orleans u. Tours, auf der anderen Brüssel im Auge. Und jedenfalls sollte Metz nochmals besucht werden[4] u. hier sollte das, was er auf der Hinreise gehandelt u. gesehen, dann aber in Paris verloren hatte, wieder erneuert werden: wozu ihm, wie er an Weis schrieb, sein Gedächtniß sehr zu Statten komme. Jacob Grimm, der das mittheilte, hatte am 7. September seinen Reisekoffer abgeschickt.

Die Reise ging wieder mit eigenem Wagen, jetzt aber mit einem französischen Bedienten, Antoine.

[1]Schulin S. 45. [2]Schulin S. 47 [3]Mereau II, 168 [4]Vgl. Schulin S. 41 u. 43

BLATT 376

Noch immer war der Reiseplan, der vielfach geändert worden, nicht definitiv bestimmt. Es war davon die Rede gewesen, über Tours nach Metz zu reisen, dann hören wir, daß es noch von verschiedenen Umständen abhing, ob die Reise über Metz, Straßburg oder Brüssel gehe. Schließlich aber ging es doch nach Metz. [Stoll I, 258]

BLATT 377

[redundant, enthalten in III; Blatt 378]

BLATT 378

In der zweiten Hälfte des September [1805] finden wir die Familie in Metz, wo für mehrere Tage Aufenthalt genossen ward. Savigny mußte seine auf der Herreise hier gemachten Arbeiten, die in Paris verloren gegangen waren, erneuern, aber auch für Weis noch wichtige Sachen. Auch trat er mit [Pierre Amédée] Jaubert[2] in Verbindung. [s.a. IV 1, Blatt 49]

Auch zu Creuzer.[1] Am 24. Sept. fragte Savigny aus Metz Creuzer: «Schreiben Sie mir, ob Sie den Cicero sehr bald brauchen, in 8 Tagen bin ich in Frankfurt... Wir sehnen uns sehr nach der Heimat, auch der Ruhe wegen, denn die Reise mit den Kindern»[XXXIII] – dazu zählte er seine jugendliche Schwägerin Meline – «ist nicht ohne Beschwerde.» [Stoll I, 262]

Nun ging es nach Trier, wo wieder gute Funde, auch für Weis, gemacht wurden, dann nach Coblenz, wo Savigny u. Jacob Grimm Görres sahen,[3] den flüchtig, u. Jacob sich verabschiedete, um nach Cassel zu reisen u. die Vorbereitungen zu seinem Examen zu treffen.

Savigny traf in Frankfurt in den ersten Tagen des October ein.

[1]Steig I, S. 147 [2]Meyer IX, 174. also Biogr. universelle! [Meyer, 6. Aufl., Bd. 10, Sp. 206][XXXIV]
[3]Franz Schultz: [Joseph] Görres, S. 10

BLATT 379

Sorge für die bedeutendsten Freunde
Paris 3. März 1805
Schulin S. 42
Einlage: ‹An Herrn Professor Weis›, nicht von Savigny, sondern, wie es scheint, von der Hand seiner Frau geschrieben.

– – – – – – – – – –

Den 25. Juni an Creuzer: [Stoll I, 259]

«Bei mir geht alles so gut ich es nur wünschen mag. Das Kind besonders zeigt schon einen Haufen guter Eigenschaften, unter welchen Gesundheit u. Vergnüglichkeit oben an steht.»

Alles grüßt Sie u. die Ihrigen herzlich u. ich bin Ihr Freund
Savigny (Enn[eccerus])

– – – – – – – – – –

Und nun die Franzosen [4. Februar 1805 an Hans von Bostell]
«Das Volk bis zum Ekel egoistisch, befangen in leerem, nichtswürdigem Treiben, ohne Sinn, ohne lebendiges Interesse, ohne Enthusiasmus, gerade mit so viel Bildung als nöthig ist, um vor der den Menschen so natürlichen Progression bewahrt zu bleiben. Die Gesellschaften erklären die meisten Leute selbst für sehr langweilig, [Stoll I, 244]

– – – – – – – – – –

1805 den 20. Febr. [an Creuzer]
Nichtigkeit u. Egoismus theilt sich hier mehr als weniger allem mit, ja ich werde mich freuen, wenn ich selbst unverändert zurückkomme, denn ich habe Deutsche gesehen, die in wenig Jahren angesteckt worden sind.» [Stoll I, 246]

BLATT 380

Der Code Civil [Jacob an Wilhelm Grimm, Jugendbriefe, Februar–Mai 1805]

Von einem juristischen Professor, den er wenigstens äußerlich kennen lernte, erzählt Savigny später[1] gelegentlich, ohne den Namen zu nennen. Er hatte ihn «sagen hören, die Werke des Cujaz dürften zwar in einer sehr vollständigen Bibliothek nicht fehlen, gebraucht würden sie indessen nicht mehr, weil alles Gute aus ihnen bei Pothier stehe».

Seit ungefähr einem Jahr stand der Code Civil in Geltung, ein Werk, das von den Einen mit Begeisterung, von den andern mit Entsetzen aufgenommen worden war. «Vom Code Civil,» so erzählte Jacob[1] den 1. März, «sind über 2 Millionen Exemplare abgesetzt.» ein nicht geringer Theil fiel auf Deutschland. Wir hören bei dieser Gelegenheit, daß auch der junge Malsburg in Marburg ein Exemplar gehabt hatte, das 12 Kreuzer kostete.

[Fußnote fehlt]

\- - - - - - - - - -

Den 12. April

Ich habe dir vergessen zu schreiben, daß ich neulich zweimal im italienischen Theater (opera buffa) war. Ich habe mich an der Musik einmal erquickt, welche recht italienisch war ... Es wurde gegeben : das erste Mal Il matrimonio secreto, Musik von Sarti ... das zweitemal zweierlei: La Passione von Paesiello, ziemlich ermüdend, u. das Stabat mater, von Pergolesi, welches mir einiges ausgenommen sehr gefallen hat ... du kennst die unlateinischen, aber herrlich lautenden Verse: stabat mater dolorosa juxta crucem lacrimosa ...

\- - - - - - - - - -

‹Ich glaube,» so schrieb Jakob den 10. Februar. an Wilhelm, «ich koste den S[avigny] im Ganzen recht viel; denn Holz, Essen etc. ist hier erschrecklich theuer› (S. 12). Und den 1. März, ‹die Gemälde u. Antiken habe ich wegen des dunkeln Wetters nur einmal flüchtig durchlaufen, d.h. in 2 Stunden› (S. 18).

Ende März war Jakob in dem weit entlegenen Palais Luxembourg (S. 32); auch in die Galerien geht er oft (S. 62).

Das italienische Theater (S. 37). ______ ______ (S. 41)

Den Savigny kennst du, ich brauchte dir also von seinen Eigenschaften nichts erst zu sagen, aber das muß ich dir doch vor allem sagen, daß seine Frau eine der liebenswürdigsten Weiber ist, die ich – ich will nicht sagen: kenne, denn wo kenne ich viele? – mir selbst oder in den Beschreibungen anderer gedacht habe. Daß sie gescheidt ist, darf ich dir nicht erst sagen, da sie eine Brentano ist u. dies schon alles sagt; aber sie ist uns so wenig das, was wir uns vielleicht sonst unter ihr dachten, daß man gerade das Gegentheil davon annehmen kann. Schön ist sie nicht, aber sehr interessant, die schönsten Augen, die man sich denken kann. In kurzer Zeit wird sie wahrscheinlich [niederkommen] [S. 17] [Fortsetzung fehlt]

BLATT 381 [redundant, s. VI, Blatt 110]

BLATT 382

Jacobs Entdeckungsreisen u. Ankäufe
[19.? Mai, an Wilhelm]
Von Anfang an war er auf Entdeckungsreisen ausgegangen u. konnte im Mai melden, daß er bei einem Bildersammler 16 Blätter von Dürer u. 8 von Lucas von Leyden entdeckt habe, u. hatte die größte Lust sie zu kaufen. «Was meinst?» fragte er Wilhelm. [Grimm, Jugendbriefe, S. 40 f.]

– – – – – – – – – –

Jacobs Aufgabe
Den 1. März: «Ich habe ziemlich viel zu thun, alle Tage außer Sonntag von 10–2 auf der Bibliothek. Hier habe ich Manuscripte, besonders das Digestum, Codex, Instit. Volumen, Codex Theodosianus, Duretum etc. zu vergleichen, welches eine recht interessante Arbeit ist, indem sie auf Varianten von der Florentina führt, welche theils an sich sehr viel Aufschluß geben, theils mit zur Entscheidung des bekannten Streits über die Originalität oder Nichtoriginalität anderer Handschriften dienen können.
Sodann excerpire ich Schriften u. Handschriften der Glossatoren. Zu Hause haben wir die übrige Zeit sehr viele Präparate zu allen diesen Arbeiten machen müssen, sodann muß ich ein wenig Diplomatik treiben etc. [Grimm, Jugendbriefe, S. 16 f.]

BLATT 383 [redundant, s. III, Blatt 85]

BLATT 384

[Abschnitt redundant, s. III, Blatt 382 oben]

– – – – – – – – – –

Frau von Savigny interessirte sich damals mit andern Damen der Wiener Gesellschaft aufs lebhafteste für die Frage, ob Goethes Ankunft zu erwarten sei. Frau von Savigny, die Goethe noch nicht kennen gelernt hatte, brannte vor Ungeduld, die Bekanntschaft zu machen. Schließlich ward, um Gewißheit über seine Reisepläne zu erlangen, Contas Intervention in Anspruch genommen. Derselbe schrieb dann am 17. Juni [1807] an Goethe folgenden Brief.

«Ew. Excellenz werden mit solchem Verlangen hier erwartet, daß man mich von allen Seiten bestürmt, ob ich noch keine Nachricht von Ihrer baldigen Ankunft habe. Eine davon besonders treibt dieses so weit, daß sie mir endlich geradezu Auftrag gegeben hat, Ihnen ihre Wünsche vorzutragen. Es ist Frau von Savigny, Tochter der Maxe Brentano, wie ich sie Ew. Excellenz nennen soll, die gar nicht aus der Art ihrer Mutter geschlagen sei, deren unbegrenzte Hochachtung für Ew. Excellenz sie geerbt habe, u. die keinen größeren Wunsch hege, als den, Sie gehörlich kennen zu lernen. Sie läßt daher Ew. Excellenz bitten, mir gnädigst zu schreiben, ob Wien sich Ihrer Gegenwart erfreuen wird; denn im entgegengesetzten Fall will sie selbst auf einige Tage nach Karlsbad gehen. Sie meint, sie sei schon oft weiter nach einer schönen Gegend gereist, u. könne wohl um so mehr diese Reise unternehmen, um den größten Mann . .» [Fortsetzung fehlt] [Karl Friedrich Conta an Goethe; Goethe-Jahrbuch, S. 19][XXXV]

BLATT 385

[Grimm, Jugendbriefe]
‹Wenige Wochen darauf,› so erzählte er, ‹saß ich schon im Postwagen u. traf über Mainz, Metz u. Chalons anfangs Februar glücklich zu Paris ein.›[3] Von da schrieb er nicht nur an Tante u. Mutter, sondern auch an Wilhelm.
[6. März 1805] Die Wohnung, die Savigny in Paris zunächst hatte, lag ziemlich weit zu der Bibliothek. Schon im März zog er in eine näher gelegene Wohnung, in das Hotel du Nord, rue de la loi, ci devant Richelieu (S. 22), in dem auch der Hess. Minister v. der Malsburg u. sein Neffe, der Regierungsassessor Otto v. der Malsburg, ein in Hanau geborener Schul- u. Studienfreund der Brüder Grimm (S. 496 [Anm.] u. S. 22), Wohnung zusammen genommen hatten.

[Fußnote fehlt]

– – – – – – – – – –

Den 2. April [richtig: 7. April] 1805 [Savigny] an Weis [Schulin, S. 44; SZ (RA) 48 (1928), S. 150 f.] Schließlich bitte diesen unordentlichen Brief nochmals durchzusehen wenn die Antwort geschrieben ist. Meine Frau grüßt herzlich u. dankt für Ihre guten Wünsche.

H. Grimm grüßt bestens. Ihr S[avigny]

BLATT 386

[s. III, Blatt 389: 7. April an Weis]

- - - - - - - - - -

Paris 26. Juni 1805

Schulin S. 46 f. [SZ (RA) 48 (1928), S. 156 f.]
Weis hat nach dem Worte ‹heruntergesetzt› so ein Verweisungszeichen (___) gemacht u. unter dieser von Schulin mitgetheilten Bemerkung unter Wiederholung jenes Zeichens geschrieben:

‹Die Decretale steht im Auszug bei Gratian c. 21. C. 17. qu. 4. Sie ist aus dem 9. Jahrh.›

Savigny schreibt auf ganz kleinem Bogen u. dünnem Papier. Der Brief an Weis ist offenbar eine Einlage. Die Adresse lautet:

‹Herrn
Professor Weis›

BLATT 387 [s.a. III, Blatt 45]

Creuzer sprach nun mit Hofer u. dabei kam die Frage <zur Erörterung, ob Heise auch wohl das protestantische Kirchenrecht übernehmen werde. Ob dann Creuzer Savigny darüber berichtet u. dieser mit Heise gesprochen hatte.> hielt Savigny es für angemessen, sich mit Hofer in direkte Verbindung zu setzen. Am 28. Mai richtete er aus Trages an ihn folgendes Schreiben:[XXXVI] [Fortsetzung fehlt]

BLATT 388 [redundant, s. III, Blatt 47]

BLATT 389

Contius

Eine Savigny unverständliche Stelle, über die er von Weis Auskunft erbat.

«Ihr Brief, mein Theuerster,» schrieb Savigny den 26. Juni an Weis, «u. der Aufschluß, den er mir über die Stelle des Contius gibt, hat mir große Freude gemacht.»[1]

[1]Schulin S. 45 [SZ (RA) 48 (1928), S. 156 f.]

- - - - - - - - - -

Huguccio

Den 7. April an Weis (Schulin S. 43 f.)
Huguccio schrieb bloß bis causa 22 qu. 4 Can. est injusta.
Joannes de De_ schrieb Fortsetzung von causa 23–26, außerdem stehen noch andere _____ extraordinari__ ____ Petrus? in dem Huguccio.
Ist von dem allen eine Spur:
a) zu Ende von Causa 22
b) zu Anfang von Causa 23
c) hinter Can. est injusta
d) Zwischen causa 26 u. 27

BLATT 390 [einige Stichworte und Seitenangaben, kaum lesbar]

BLATT 391

[Friedrich Creuzer][XXXVII]
Und nun schrieb er den 29. Juli [1805] wieder: «Sie dürfen mir direct schreiben.» [Preisendanz, S. 142] Neu hören wir aber auch von Creuzer Grundsätze aufstellen, die für ihn die Rückkehr einer geradezu auffallenden Besonnenheit u. eine starke Ernüchterung bekunden. «Ein gemessenes bürgerliches Wollen,» so schrieb er dienstags spät (nach dem 29. Juli) [richtig: 23. Juli], «ziemt dem Manne, der nicht reich genug ist, um frei sein zu können ... Diese Betrachtungen sind die Frucht der letzten 8 Tage u. ich schäme mich, der Poesie vor Augen zu treten ... Freund! Freund! lerne es einsehen, daß nicht bloß Gleichartigkeit der inneren Wünsche dazu gehört, einander anzugehören u. mit einander im Gemüthe vermählt zu werden, sondern auch eine Gleichartigkeit des äußeren Schicksals, des Standes, des Güterbesitzes, kurz der ganzen Lage.»

«Hat der Freund wohl je etwas empfunden von der stillen Macht der Gewohnheit.»[1] [Preisendanz, S. 136 f.]

[1]Späterer Brief an den Vetter vom 29. oder 30. Sept. [1805] [Preisendanz, S. 162 f.]

Anmerkungen

I Blatt 4: Bremer benutzte folgende Quellen für die Aufstellung:
Häusser, Deutsche Geschichte vom Tode Friedrichs des Großen bis zur Gründung des Deutschen Bundes, Bd. 3.
Zachariä, Handbuch des Französischen Civilrechts, Bd. 1, 1808 (die Seitenzahlen wurden in der 3. Ausgabe ermittelt).
Stobbe, Geschichte des Deutschen Rechts in sechs Bänden, Bd. 1, zweite Abtheilung: Geschichte der Deutschen Rechtsquellen.

Perthes, Politische Zustände und Personen in Deutschland zur Zeit der französischen Herrschaft. Das südliche und westliche Deutschland.

II Blatt 16: Bostell aus Wetzlar an Savigny, 19. Jan. 1805 (UB Marburg, Ms. 725/169)
URL: https://www.kalliope-verbund.info/ead?ead.id=DE-611-HS-3605143 (digitales Faksimile) (zuletzt abgerufen am 30.06.2023).

III Blatt 20: Bremers Quelle für Savignys Briefe an Philipp Weis ist meist Schulin, Drei akademische Vorträge. Die Briefe der Jahre 1804–1807 wurden 1928 in der Zeitschrift der Savigny-Stiftung für Rechtsgeschichte veröffentlicht: Felgentraeger, Briefe F.C. von Savignys an P.F. Weis, 1804–1807, in: SZ (RA) 48 (1928), S. 114–169. Neu erschienen bei de Gruyter 2013.
URL: https://doi.org/10.7767/zrgra.1928.48.1.114 (zuletzt abgerufen am 21.06.2023).

IV Blatt 21: Mit der Angabe [Grimm, Jugendbriefe] ist immer folgendes Werk gemeint: Herman Friedrich Grimm, Gustav Hinrichs (Hgg.), Briefwechsel zwischen Jacob und Wilhelm Grimm aus der Jugendzeit.

V Blatt 22: Savigny aus Paris an Weis, 3. Jan. 1805 (UB Marburg, Ms. 444/11)
URL: https://www.kalliope-verbund.info/ead?ead.id=DE-611-HS-28265 (digitales Faksimile) (zuletzt abgerufen am 21.06.2023).
Auch nachzulesen bei Schulin, S. 40 f.

VI Blatt 24: Savigny aus Paris an Weis, 3. März 1805 (UB Marburg, Ms. 444/12)
URL: https://www.kalliope-verbund.info/ead?ead.id=DE-611-HS-28266 (digitales Faksimile) (zuletzt abgerufen am 21.06.2023).
Auch nachzulesen bei Schulin, S. 42 f. und in der SZ (RA) 48 (1928), S. 149 f.
(s.a. III, Blatt 29, 30, 117)

VII Blatt 32: Savigny aus Paris an Weis, 7. April 1805 (UB Marburg, Ms. 444/13)
URL: https://www.kalliope-verbund.info/ead?ead.id=DE-611-HS-28267 (digitales Faksimile) (zuletzt abgerufen am 21.06.2023).
Auch nachzulesen bei Schulin, S. 43 f. und in der SZ (RA) 48 (1928), S. 150 f.
(s.a. III, Blatt 87, 89, 330, 385, 389)

VIII Blat 33: Savigny aus Paris an Weis, 26. Juni 1805 (UB Marburg, Ms. 444/15)
URL: https://www.kalliope-verbund.info/ead?ead.id=DE-611-HS-28269 (digitales Faksimile) (zuletzt abgerufen am 21.06.2023).
Auch nachzulesen bei Schulin, S. 46 f.
(s.a. III, Blatt 386, 389)

IX Blatt 37: Savigny aus Paris an Weis, 11. August 1805 (UB Marburg, Ms. 44/16)
URL: https://www.kalliope-verbund.info/ead?ead.id=DE-611-HS-28270 (digitales Faksimile) (zuletzt abgerufen am 21.06.2023).
Auch nachzulesen bei Schulin, S. 47 und in der SZ (RA) 48 (1928), S. 157 f.

X Blatt 41: Friedrich Münscher, 1805–1893, Sohn des Wilhelm Münscher (Grimm, Jugendbriefe, 29).
Es bestanden verwandtschaftliche Beziehungen zur Familie Grimm. Wilhelm Münscher war ein Neffe von Friedrich Grimm, dem Großvater der Brüder Grimm.

XI Blatt 79: Ludwig von Lichtenberg, 1784–1845, hessischer Verwaltungsbeamter. Dies ist offenbar eine Verwechslung Bremers mit dem Aphoristiker Georg Christoph Lichtenberg, der bereits 1799 starb.
(Hessische Biografie, URL: https://www.lagis-hessen.de/pnd/128768452 (zuletzt abgerufen am 21.06.2023)

XII Blatt: 85: Institut National
URL: https://www.woerterbuchnetz.de/Meyers/Akademie (zuletzt abgerufen am 21.06.2023).

XIII Blatt 91: Görres, Mythengeschichte der asiatischen Welt, 2 Bde.
Rezension in: Heidelbergische Jahrbücher der Literatur, 5. Abteilung, 3. Jahrgang, 11. Heft (1810), S. 113–134.
URL: https://digi.ub.uni-heidelberg.de/diglit/hdjb1810_2/0119/image,info (zuletzt abgerufen am 29.06.2023).

XIV Blatt 101: Frankfurt zur Zeit des Rheinbundes
URL: https://www.woerterbuchnetz.de/Meyers/Frankfurt/ (zuletzt abgerufen am 21.06.2023).

XV Blatt 101: Karl Theodor Dalberg
URL: https://www.woerterbuchnetz.de/Meyers/Dalberg (zuletzt abgerufen am 21.06.2023).

XVI Blatt 119: Bremer lässt Savigny in seinem Brief an Weis, 29. Mai 1805 (Stoll I, 257) «Huguccio» sagen. Stoll betont jedoch, dass an der betreffenden Stelle des Briefes «Huggacio» steht und erläutert die Schreibweise auf S. 257, Anm. 8: vermutlich eine scherzhafte Drohung Savignys an Weis.

XVII Blatt 136: Savigny aus Wiesbaden an Weis, 6. Oktober 1805 (UB Marburg, Ms. 444/17)
URL: https://www.kalliope-verbund.info/ead?ead.id=DE-611-HS-28271 (digitales Faksimile) (zuletzt abgerufen am 21.06.2023).
Auch nachzulesen in der SZ (RA) 48 (1928), S. 159f.

XVIII Blatt 140: Bistum Eichstätt
URL: https://www.woerterbuchnetz.de/Meyers/Eichstätt (zuletzt abgerufen am 21.06.2023).

XIX Blatt 154: Mit «die Laroche» meint Bremer zum einen Sophie de La Roche und zum anderen Georg Michael Anton Frank de La Roche, der eigentlich Frank von Lichtenfels hieß.

XX Blatt 154: Sophie de Laroche
URL: https://www.woerterbuchnetz.de/Meyers/Laroche (zuletzt abgerufen am 21.06.2023).

XXI Blatt 159: Arnims Kommentar dazu, am 27. Februar: «Wo mich die Gedanken nicht zu dir hinführen, da thun es die Bücher.» (Steig I, S. 132).

XXII Bremer bezieht sich an mehreren Stellen auf Briefe, die sich im Nachlass von Karl Wilhelm Justi in der Universitätsbibliothek Marburg befinden (Signatur: Ms. 795/6) und auch im Kalliope-Verbund nachweisbar sind. Im Folgenden wird dies durch die Anmerkung [Nachlass Justi] kenntlich gemacht.
Der Nachweis zum hier zitierten Brief findet sich unter folgendem Link (ohne Digitalisat):
URL: https://www.kalliope-verbund.info/DE-611-HS-519567 (zuletzt abgerufen am 29.06.2023).
(s.a. VI, Blatt 7, 185, 188, 190, 191, 199)

XXIII Blatt 201: «Die Studien» waren ein von Carl Daub und Friedrich Creuzer herausgegebenes Journal, das von 1805 bis 1811 erschien und Vorläufer der Heidelbergischen Jahrbücher war.
(s.a. III, Blatt 363)

XXIV Blatt 212: Der Brief liegt als Handschrift im Freien Deutschen Hochstift, Goethe-Museum Frankfurt, Signatur: 7725 und wurde bisher nicht digitalisiert. Im Folgenden werden derartige Fundstellen im Text ergänzt.

XXV Blatt 258: Savigny an Weis, 18. April 1805 (UB Marburg, Ms. 444/14)
URL: https://www.kalliope-verbund.info/ead?ead.id=DE-611-HS-28268 (digitales Faksimile) (zuletzt abgerufen am 21.06.2023).
Auch nachzulesen bei Schulin S. 44f. (ohne Nachschrift) und in der SZ (RA) 48 (1928), S. 152f.
(s.a. III, Blatt 289)

XXVI Blatt 298: Paul Wigand, Rechtshistoriker. (A.D.B., Bd. 55 (1910), S. 89–91).
URL: https://www.deutsche-biographie.de/pnd113667485.html#adbcontent (zuletzt abgerufen am 21.06.2023).

XXVII Blatt 308: W. Grimm bezieht sich auf Savignys Aufsatz «Authenticae in den Institutionen», der zuerst in Gustav Hugos Civilistischem Magazin, Bd. 3, Heft 3 (1805), S: 282–301 abgedruckt wurde (Savigny, Vermischte Schriften, III, S. 1, Vorbemerkung).
URL: Vermischte Schriften III: https://www.digitale-sammlungen.de/de/view/bsb10571395?page=5 (zuletzt abgerufen am 21.06.2023).
(s.a. IV 1, Blatt 11)

XXVIII Blatt 322: Die Zitate aus dem «Frühlingskranz» wurden in der Ausgabe von 1844 ermittelt:
URL: https://www.digitale-sammlungen.de/de/view/bsb10402291 (1844) (zuletzt abgerufen am 21.06.2023).
Das Zitat aus «Günderode, Theil 1» wurde in der Ausgabe von 1840 ermittelt: (s.a. IV 1, Anm. 4)
URL: https://www.deutschestextarchiv.de/book/view/arnimb_guenderode01_1840?p=7 (zuletzt abgerufen am 21.06.2023).
Beide Ausgaben sind 1853 als Band 1 bzw. 2 von Bettina von Arnims Sämtlichen Schriften (Ausgabe letzter Hand) erschienen. Bremer selber hat nach eigenem Bekunden, siehe Einheit II, Blatt 49, die Ausgabe 1853 benutzt.

XXIX Blatt 325: Zum Spruchcolleg der Universität Marburg und den Spruchsachen, siehe u.a. III. Blatt 73, 113, 288–289, 324–328, 331, 336–343 sowie IV 1, Blatt 75–77, 79, 82, 84–86.

XXX Blatt 330: Weis an Savigny, 17. März 1805 (UB Marburg, Ms. 838/156)
URL: https://www.kalliope-verbund.info/de/ead?ead.id=DE-611-HS-3628037 (digitales Faksimile) (zuletzt abgerufen am 21.06.2023).

XXXI Blatt 359: Es handelt sich wahrscheinlich um Friedrich Creuzers Brief vom 31. Oktober 1806 an Leonhard Creuzer. Dafür spricht Rohde, S. 116, Anm. 2, betreffend die Entwicklung an der Universität Heidelberg.
Dafür spricht auch der Aufsatz von Steig, Zeugnisse zur Pflege der deutschen Litteratur in den Heidelberger Jahrbüchern, in: Neue Heidelberger Jahrbücher, Jahrgang XI, Heft 1 (1902), S. 180–284.
URL: https://doi.org/10.11588/diglit.29093#0194 (zuletzt abgerufen am 30.06.2023).
(s.a. V, Blatt 14, 33, 349)

XXXII Blatt 370: Dittenberger, Karoline von Günderode, in: Westermanns illustrierte deutsche Monats-Hefte 79 (1895/96), S. 352–357.
URL: https://de.wikisource.org/wiki/Westermanns_Monatshefte (zuletzt abgerufen am 21.06.2023).
(s.a. VI, Blatt 61, 66, 94)

XXXIII Blatt 378: Savigny aus Metz an Friedrich Creuzer, 24. September 1805 (Stoll I, 262).
Laut Stoll schreibt Savigny von der Reise «mit dem Kinde» – gemeint also nur ein Kind.

XXXIV Blatt 378: Pierre Jaubert
URL: https://woerterbuchnetz.de/Meyers/Jaubert (zuletzt abgerufen am 21.06.2023).

XXXV Blatt 384: Max Hecker (Hg.), Goethe und Carl Friedrich v. Conta. Neununddreißig Briefe von Goethe an v. Conta, Fünfzehn Briefe v. Conta's an Goethe, in: Goethe-Jahrbuch 22 (1901), S. 19–73.
URL: https://de.wikisource.org/wiki/Goethe-Jahrbuch (zuletzt abgerufen am 21.06.2023).

XXXVI Blatt 387: Ein späteres Schreiben von Savigny an Hofer, vom 18.6.1804, das offenbar denselben Sachverhalt (Heises Berufung nach Heidelberg) betrifft, ist abgedruckt bei Stoll I, 233.
(s.a. III, Blatt 45)

xxxvii Blatt 391: Zum Verhältnis Friedrich Creuzer und Karoline von Günderode, das vor allem in Einheit VI behandelt wird, hat diese Einheit mehrere Blätter, u.a. 213, 348, 359, 369f., 391. Viele Briefe aus den Jahren 1804–1806 sind vorhanden und digitalisiert in der Universitätsbibliothek Heidelberg, Signatur: Heid.Hs.774 (Heidelberger historische Bestände – digital)
URL: https://doi.org/10.11588/diglit.8621 (zuletzt abgerufen am 21.06.2023).
(s.a. VI, Blatt 153, Anm. XIV)

Einheit IV 1: Nach der Rückkehr aus Paris. Savigny in Marburg (1805/06)

BLATT 1

Marburg 1805/06

1. im November 1805 Umzug (von Trages?) nach Marburg.
   Bettina u. Meline mit nach Marburg
   für den Winter
2. Neu-Ordnung u. Revision der Bibliothek; Auction
3. Savignys Arbeitsstube
4. Sorge um die beiden Grimm
4. Christian – Clemens
5. Creuzer u. die Günderode (Verweisung auf Heidelberg?)
6. Creuzers Besuch (1806 April) u. Bettina

BLATT 2

[Stichwort: Savignys Studierstube 1805/06]

BLATT 3

[4 Stichworte zu Savigny]

BLATT 4

1805, Brenkmanns Papiere zu Göttingen[1]

Auch dieser Aufsatz entsprang den Studien, welche Savigny auf der Göttinger Bibliothek gemacht hatte. Es ist bekannt, daß Heinrich Brenkmann vor hundert Jahren den Entschluß faßte, eine kritische Ausgabe der Pandekten zu veranstalten u. daß er diesen Plan sein übriges Leben hindurch mit großer Anstrengung verfolgte, ohne ihn auszuführen. Sein ganzer Apparat kam an Bynkershoek, aus dessen Nachlaß kaufte ihn Gebauer, u. nach dem Tode desselben ist er in Göttingen geblieben.» Obgleich Gebauer in seiner Biographie Brenkmanns (1764) diese Papiere beschrieben hatte, schien Savigny eine neue Erinnerung daran nicht ganz überflüssig zu sein.

«Die ganze Sammlung zerfällt in drei Klassen: ein Apparat zur Ausgabe selbst, eine kritisch-exegetische u. eine grammatisch-kritische Sammlung.» Eine Untersuchung über den Werth des Apparats «kann nur im Zusammenhang einer Geschichte der Pandektenkritik ihre Stelle finden.» Die Stücke der kritisch-exegetischen Sammlung «lassen sich mit den meisten Observationen-Sammlungen holländischer Juristen vergleichen: ganz derselbe Fleiß, dieselbe Richtung auf ein Detail, das nicht selten belehrend u. brauchbar ist,» aber «ohne daß die wissenschaftliche Kenntniß des römischen Rechts um einen Schritt weiter gebracht würde.» Die Stücke der mit unglaublichem Fleiß durchgeführten grammatisch-kritischen Sammlungen sind am meisten vollendet, obgleich Brenkmann «durch literarische Gelehrsamkeit gar nicht ausgezeichnet ist u. in seiner ganzen übrigen Richtung wenig Eigenthümliches hat.»

[1][Savigny, Vermischte Schriften] III, 22

BLATT 5

1805. Beitrag zur Lebensgeschichte des Cujas[1]

Eine durch seine Pariser Studien angeregte Frage. Ein sehr heftiger Gegner des Cujas, Donell [Hugo Donellus], erzählt in einer Schrift [Tractatus de pignoribus et hypothecis], die er unter dem Namen Zacharias Furnesterus veröffentlichte, Cujas sei über das Gerücht, daß seine Tochter mit dem Bischof Monluc von Valence «ein Verhältniß gehabt» habe, wahnsinnig geworden. Savigny theilt den Zusammenhang der Dinge mit, nämlich politischen Streit des Donell mit Monluc, in dem auch Cujas das Wort ergriff, um dann gleichfalls von Donell angegriffen zu werden. In dieser seiner Streitschrift nun betont Donell, es sei allgemein bekannt, daß Cujas vor Jahren verrückt geworden sei u. davon sei er, wie sich nun zeige, noch nicht ganz geheilt (factum fit superioribus annis ... ut in illam alienationem mentis, quam omnes seiunt, incideres, a qua quantum video, nondem plane es recreatus).
«Wäre Cujas wirklich wahnsinnig gewesen, so läge darin ein neuer Beweis, daß zu seiner Biographie die Materialien erst noch gefunden oder doch gesammelt werden müssen ... doch vielleicht ist jene Stelle nicht ganz buchstäblich zu nehmen: sie kann sich auf ein anderes, auch nicht ganz klares Factum beziehen, auf die Apostasie des Cujas nämlich, die ihm auch in dieser Schrift mit großer Bitterkeit vorgeworfen wird.»

1[Savigny, Vermischte Schriften] IV, 169

BLATT 6

Creuzer[1] Paris Cicero

[12. Dezember. 180]5. Um die Mitte November fand dann der Umzug der Eheleute [Savigny], die Meline wieder mitnahmen, [von Trages] nach Marburg statt, wo Savigny den Winter zubringen u. die Früchte seiner Pariser Arbeiten u. Erwerbungen ordnen wollte. Den 12. December schrieb Creuzer aus Heidelberg an Böttiger, Savigny sei dabei, «die Ausbeute seiner literarischen Forschungen in Paris, welche sehr reich ausgefallen ist u. nebenbei auch für meine Ciceronische Arbeit Collationen geliefert hat, zu verarbeiten.» Schon fielen einige Untersuchungen ab, die veröffentlicht werden konnten. So insbesondere die Studien über das Leben des Cujas. Auch die zweite Auflage des ‹Besitzes›, die schon in Paris ins Auge gefaßt worden war, wurde abgeschlossen u. gedruckt.
[Nachlass Böttiger, Bd. 31, Nr. 14, s.a. II, Blatt 1]

\- - - - - - - - - -

[Abschnitt in fremder Handschrift]
Creuzer an Böttiger, Heidelberg, 12. April 1806 Königl. Bibliothek Dresden
(war in Marburg zu Besuch gewesen)
In Marburg fand ich viele alte Freunde. Vorerst H. v. Savigny sehr glücklich im Besitz seiner Gattin, die ihm in Paris eine Tochter geschenkt hat, glücklich auch durch die bedeutenden handschriftlichen Acquisitionen, die er für die Literargeschichte der Rechtsquellen und für ihren Text daneben gemacht hat. Er hat sich diesen Winter in Marburg aufgehalten, um in seiner treflichen Bibliothek die Pariser Schätze zu verarbeiten.
[Nachlass Böttiger, Bd. 31, Nr. 15, s.a. II, Blatt 1]

BLATT 7

1805 Dec. Savignys italienische Reise
Königl. Bibliothek Dresden

[Abschnitt in fremder Handschrift]
Creuzer an Böttiger, Heidelberg, 12. December 1805

Von dem Kriege haben wir bis jetzt hier, außer einigen Durchmärschen, nichts empfunden. Indessen hat doch dieser Sturm der Zeiten meinen Freund H. v. Savigny veranlaßt, seine weitere Reise nach Italien einstweilen aufzuschieben u. vorerst die Ausbeute seiner literarischen Forschungen in Paris, welche sehr reich ausgefallen ist u.

nebenbei auch für meine Ciceronische Arbeit Collationen geliefert hat, zu verarbeiten. Er lebt gegenwärtig in Marburg, wo seine Bibliothek aufgestellt ist.
[Nachlass Böttiger, Bd. 31, Nr. 14, s.a. II, Blatt 1]

Die Ciceronischen Studien

Steig

BLATT 8

Marburg – Savignys Bibliothek

Von Trages aus war dann auch der Katalog über die von Savigny zur Auction bestimmten Bücher seiner Bibliothek versandt worden. «Sie haben ihn wohl erhalten, u. sind wohl so gütig, ihn auch andern mitzuschreiben,» schrieb er am 4. Juli [1806] an Weis.
[konnte nicht ermittelt werden]

BLATT 9

~~1752 den 9. August schrieb [Johann Adam Freiherr von] Ickstadt an den Churfürsten~~: Es «ist eine gottlose [Inzucht?] und grundfalsches Vorgeben,» so schrieb er, «als ob ich oder einig anderer wirklicher Professor iuris ... [Johann Paul] Reinhards Einleitung zu denen weltlichen Geschichten der Staaten u. [Johann David] Köhlers Reichshistoria denen Juristen in die Hände gegeben oder als ordentliche Lehrbücher vorgeschrieben habe, ja wir betheuern vor Gott, daß keiner von uns Angeführten Reinhards Weltgeschichte in seiner Bibliothek besitzen ... Wahr ist es, daß ich einem oder zweien Cavaliers, welche in dem iure publico sich sonders distinguiret, Köhlers Compendium der Reichshistoria mit der ausdrücklichen Warnung recommendirt habe, daß der Autor als ein Akatholiker zuweilen gegen die römischen Päpste allzu hitzig schreibe, mithin bei denen Streitigkeiten zwischen dem römischen Stuhl u. denen Kaysern ein kluges Medium zu wählen wäre.

Den Abgang eines tüchtigen katholischen Compendii von den Kayser- u. Reichshistorien habe ich bereits vor vielen Jahren, da ich noch auf der hohen Schule zu Würzburg das teutsche Staatsrecht docirt, empfunden; es war zwar ein Professor historiae daselbsten aufgestellt, allein seine Collegia waren so leer u. unbrauchbar, als die hiesigen Professores historiarum seien: es will von denen Juristen kein einziger ein ganzes Jahr mit Nachschreibung der Geschichten eines, höchstens zweyer Kaysern zubringen, dazumalen solche dictata öfters male in Lästerung der geheiligten Kayserlichen Majestät u. Schmähungen gegen die weltliche Obrigkeit nebst einem langen Register von Wunderwerken u. gütlichen Fundationen bestehen, welcherley Historien sich für Publicisten Blutschlacht schicken, u. habe ich aus der Erfahrung erlernet, daß derley Leute, wenn sie an Höfe u. hohe Reichs- oder andere Dicasteria kommen, andern, so auf eine praktische Art studiret haben, nur zum Hohn u. Gelächter dienen.

In der That finde ich Leute, die die Verwendung obhabender sonderer Pflichten sich berechtigt zu sein glauben, Kayser- u. Weltgeschichten, so wie sie ihrem Kram dienen, in ihrem eigenen Gehirn auszuspinnen, alle autoritates coaevat so wie das Blaue vom Himmel hinweg zu läugnen, u. gottselige Kayser u. Fürsten als Ketzer u. Tyrannen vorzuschreiben . . .

«Wo kein Mittel getroffen wird, wo ich alles, was Gregorius VII [Fortsetzung fehlt]

BLATT 10

1805 Verbindung der Centurien mit den Tribus.[1]

«Seitdem das römische Volk für die Geschichte bedeutend zu werden anfängt, liegen allen seinen Verhandlungen zwei Eintheilungen zum Grunde, welche zwei verschiedenen Arten von Volksversammlung den Namen gegeben haben: die Eintheilung in Tribus u. die in Centurien.»

In der Absicht des Verfassers ist nun, die mehrmalige Änderung, welche die von Servius getroffene Einrichtung der Centurien in den besten Zeiten der Republik erfahren hat, u. die Livius ‹nur sehr kurz u. sehr dunkel› bezeichnet, u. auf welche unter den neuern Schriftstellern nur wenige Rücksicht nehmen, anzugeben u. zu beweisen.

Die Erklärung, welche er uns nun liefert, ist die, welche zum größten Theil Octavius Pantagathus gegeben u. Fulvius Ursinus bekannt gemacht hat, aber so kurz u. so undeutlich, daß auch nicht ein späterer Schriftsteller darauf Rücksicht genommen hat. Eben deshalb hielt Savigny eine neue Entwicklung der Erklärung nicht für überflüssig.

«Das Interesse dieser Untersuchung für die römische Geschichte ist nicht gering.» Der Gegensatz der beiden Arten von Comitien könne nicht mehr so sehr in der Composition der Comitien als in ihrer Function gelegen haben, «u. diese Bemerkung führt auf das Bedürfnis einer genauern Geschichte der politischen Parteien in Rom, wozu wir bis jetzt höchstens Bruchstücke aufzuweisen haben».

[1] [Savigny, Vermischte Schriften] I, S. 1

BLATT 11

1805 Authenticae in den Institutionen.[1]

Der Aufsatz war das Resultat von Studien auf der Göttinger Bibliothek, u. zwar der sechs Foliobände von Handschriften, welche aus der Schwarzischen Sammlung dahin gekommen sind. «Drei davon enthalten die ganzen Pandekten nach der bekannten Abtheilung, ein vierter nochmals die 15 ersten Bücher der Pandekten, der fünfte den Codex u. in dem sechsten sind, wie gewöhnlich, die übrigen Stücke des Justinianischen Rechts

u. der libri feudorum zusammengestellt, welche Sammlung den Namen Volumen zu führen pflegt. Dieses Volumen enthält dasjenige, wovon hier die Rede sein soll.»

Das erste Stück dieser Sammlung, die Institutionen, enthält auf dem für die Glosse bestimmten Raum Berichtigungen der Institutionen aus den Novellen,» also das, was im Codex unter dem Namen Authenticae längst bekannt ist. Aber auch für die Institutionen sei der Gedanke einer solchen Berichtigung «gewiß nicht weniger natürlich als bei dem Codex, u. es ist vielleicht nur der geringen Sorgfalt zuzuschreiben, die man bisher auf juristische Handschriften verwendet hat, daß man bis jetzt auch nicht eine Spur davon gehabt hat.»

Als den Verfasser dieser Berichtigungen vermuthete Savigny den Martin Gosia, der wenigstens an einer Stelle mit der Sigle M. ausdrücklich als solcher bezeichnet wird: «In der ganzen Periode vor Accurs ist durchaus kein anderer Jurist bekannt, auf welchen sie passen könnte.»

Hugo, für dessen Civilistisches Magazin der Aufsatz bestimmt war, legte den Correcturbogen einem seiner Zuhörer, [Egid] von Löhr aus Wetzlar vor, von dessen ausgezeichnetem Scharfsinn er sich sehr viel [Fortsetzung s. folgendes Blatt]

[1][Savigny, Vermischte Schriften] III, 1. Über den Professor Tychsen, den «Kenner» alter Handschriften, vgl. aber Savigny bei Schulin [Drei akademische Vorträge], S. 35. Im allgemeinen: Saalfeld [Versuch einer academischen Gelehrten-Geschichte von der Georg-August-Universität zu Göttingen, Dritter Theil], S. 338 f.

BLATT 12

versprach, u. dieser stellte etwas fest, was beiden Rechtslehrern, Hugo u. Savigny, entgangen war: «Nicht nur, daß es Authenticae in den Institutionen gebe, sondern auch ein Abdruck dieser Authentiken steht in einem Buche, welches gewiß nicht unter die Seltenheiten gehört: in den Werken des Cujas.»

Hugo seinerseits trat der Hypothese Savignys, Martinus sei der Verfasser aller dieser Authentiken, entgegen. Höchstens könne das von der mit M. bezeichneten gelten. Aber er bezweifelte nach «Vergleichung mit andern von unsern hiesigen Handschriften», daß die Sigle wirklich ein M. sei.

Im übrigen erklärte Hugo, daß es doppelte Unbescheidenheit wäre, Herrn Professor von Savigny loben zu wollen, der einen «so thätigen u. für das Magazin so ehrenvollen Antheil an demselben zu nehmen anfängt.»

BLATT 13

[Notiz zur Umwandlung der Universität Dillingen in ein Lyceum, 1803]

BLATT 14

Die Authentiken

1) Heises Arbeit darüber (S[avigny] den 19. März 1805 an ihn)"
4. August 1804 an ihn [von Bippen, S. 104]

2) Savignys Aufsatz 1805 [Authenticae in den Institutionen, in: Civilistisches Magazin, Bd. 3, Heft 3 (1805), S. 282–301]

BLATT 15

I. Zur Geschichte des Röm. Rechts u. seiner Literatur [alle Angaben auf diesem Blatt beziehen sich auf: Savigny, Vermischte Schriften]

A. Geschichte des Rechts
1805 Verbindung der Centurien mit den Tribus [Bd. 1, S. 1]

B. Die Literatur
1805 Authenticae in den Institutionen [Bd. 3, S. 1]
Brenkmanns Papiere zu Göttingen [Bd. 3, S. 22]
Zur Lebensgeschichte des Cujas [Bd. 4, S. 169]

C. Hugos Rechtsgeschichte
1806 Recension [der 2. und 3. Ausgabe] [Bd. 5, S. 1]

II. Zum System des Rechts
1804 [Christian Friedrich] Glücks Intestaterbfolge [1803]
1808 [Ludwig Friedrich] Griesingers Suität [1807] [Bd. 5, S. 37]
[1807] [Johann Anton Ludwig] Seidenstickers Pandektenrecht [1807] [Bd. 5, S. 49]

III.
1808 Schleiermachers [Über] Universitäten [Recension] [Bd. 4, S. 255]

IV.
Neue Ausgabe des [Recht des] Besitzes [1806]

BLATT 16

Marburg (Schluß) 1806

Der Zweck der winterlichen Pause in dem Reiseplan war erreicht; die in den Pariser Bibliotheken gesammelten Früchte waren geordnet in den Scheunen untergebracht u.

die bedeutend vergrößerte Bibliothek neu geordnet. So konnte nun die unterbrochene Reise wieder aufgenommen werden.

Aber vorher verlangten noch gewisse schwierige Verhältnisse auf Trages hier für einige Zeit seine Anwesenheit. Und dann war es noch fraglich, ob die Reise nun nach Italien gehen solle.

Dabei kam der Zustand seiner Frau wesentlich in Betracht, die wieder guter Hoffnung war u. in jeder Hinsicht große Sorgfalt u. den Beistand eines tüchtigen Arztes verlangte.

So kam das vorläufige Programm zu Stande, nach einem Aufenthalt auf Trages nach Nürnberg zu reisen u. hier die weitere Entwicklung der Dinge abzuwarten u. darnach den schließlichen Plan zu treffen.

BLATT 17

1805 Dez.

Savigny wollte den Winter wieder in Marburg verleben u. hier in seiner Bibliothek die Pariser Schätze verarbeiten.[1] Ein passendes, wenngleich sehr enges Quartier fand er bei Weis, den Freund aber beträchtlich gealtert. Aber die zwei ungedruckten Novellen, die Savigny ihm mitbrachte, regten ihn zu neuem Enthusiasmus an. Savigny erkannte nicht, daß eine böse Krankheit im Anzug machte.

Im December (1805) war die bedeutend vergrößerte Bibliothek aufgestellt. Aber bald sah Savigny sich genöthigt, alles nicht durchaus nöthige auszuscheiden, um Raum zu gewinnen. 1500 Bände sollten in einer Auction verkauft werden. In Frankfurt ward ein Katalog gedruckt: auch Jacob Grimm erhielt ein Paket Exemplare, «die Sie vielleicht in Cassel, vielleicht in Göttingen, Ihren Bekannten mitzutheilen Gelegenheit haben».[2]

Zur Gesellschaft für Frau u. Kind war wieder Meline eingeladen, der sich dann auch Bettina anschloß. Beide mußten zusammen mit einer Stube vorlieb nehmen. Am 30. März 1806 schrieb Savigny an Clemens: «Ich hätte mich sehr gefreut, Sie hier zu sehen, u. doch ist es mir auch wieder lieb, daß Sie nicht gekommen sind, wir sind so eng auf einander gepackt, daß Sie nicht einmal bei uns hätten wohnen können.» [Handschrift im Freien Deutschen Hochstift / Goethe-Museum Frankfurt. Signatur: 7726]

[1]Clemens [an Sophie] (Mereau II, 189), genauer Creuzer an Böttiger den 12. April 1806 [Nachlass Böttiger, Bd. 31, Nr. 15, s.a. II, Blatt 1] [2]An Jacob Grimm den 2. Januar 1806 [Stoll I, 280, datiert auf den 22. April 1806]

BLATT 18

[Stichwort: Auf Trages 1805 Oktober]

BLATT 19

[diverse Notizen zur Günderode und zu Gunda]

BLATT 20

Auf Trages
Am 8. October [1805] zog Savigny mit den Seinen in Trages ein, wo er einige Wochen zu leben gedachte.[1] Und bald erschienen auch die Verwandten u. eingeladene Freunde: zunächst Christian u. Bettina, Arnim u. Bostell, dann Clemens.[2] Clemens schrieb an seine Frau, er habe den Savigny «angetroffen, als wenn sie nie in Paris gewesen wären: sie sind nach wie vor gut u. lieb u. selbst um kein Kleidungsstück verändert;[3] ja es ist so arg, daß man sogar nie nach etwas von Paris zu fragen Lust hat. Das Kind ist dick u. stark, die Gundel säugt es noch, es sieht aus wie ein schöner Savoyarde.» [Mereau II, S. 188]

«Wir thun hier nichts als den ganzen Tag auf dem Felde mit der Flinte hin u. her gehen; unter den Jägern ist Arnim der unermüdlichste. Ich schlafe wieder in dem kleinen Häuschen.» [Steig I, S. 148]

Von Arnim wollte er erzählen, wie Bostell seinen Körper wusch,[4] was er dann vergaß.

[1]Savigny an ...[Friedrich Creuzer] den [24. September 1805] [Stoll I, 261 f.] [2]Mereau II, 188; Steig I, 148 [3]der Werth, den er auf Kleider legt. [4]Steig I, 170

BLATT 21

Auf Trages

Erst später erschien die Günderode u. nun hatte Clemens Gelegenheit, seine gesellschaftlichen Künste zu üben: nun konnte er sie «mit Augenbrauen von berußtem Kork» sehen, so daß er, wie er ihr später schrieb, ganz verloren gewesen sei, was er übrigens immer in ihrer Nähe sei.[1]

Creuzer war schon von Paris aus guten Gründen nicht gebeten, vielmehr Savigny entschlossen, ihn allein in Heidelberg zu besuchen.[2]

Savigny hatte schon von Paris aus für ernstere abendliche Unterhaltung Vorsorge getroffen u. an Creuzer geschrieben [24. September 1805]: «Können Sie mir durch Karl (Leske) oder sonst brochirte Exemplare von Goethes Winckelmann, Vetter Rameau u. was sonst etwa sehr gutes existiren mag, verschaffen, so machen Sie mir eine große Freude.» [Stoll I, 261 f.] Von Clemens hören wir gelegentlich, daß auch Briefe Goethes, die Savigny von dem Sohn des Kriegsraths Merck in Darmstadt erhalten hatte, abends – auf Trages (?) – vorgelesen wurden.

[1]Clemens an Karoline ... etwa November 1805 (Geiger S. 112); vgl. Rohde S. 65 [2]Clemens an seine Frau (Trages im Oct. 1805) Mereau II, 189

BLATT 22

[Savigny an Weis, 6. Oktober 1805][III]
Auch Weis war von Wiesbaden aus dringend gebeten (6. October), um mit ihm schon jetzt über ihre gemeinsamen litterarischen Interessen zu sprechen: «Schreiben Sie mir,» so bat Savigny, «recht bald nach Trages, besonders aber kommen Sie selbst, was ich wiederholt bitte, ja was für die Sachen, die ich Ihnen mitzutheilen habe, fast nothwendig ist.» Aber Weis erschien nicht u. die Besprechung mit ihm wurde verschoben auf die Zeit, wo Savigny wieder nach Marburg zog.[1]

[1]vgl. Mereau II, 189

BLATT 23

Die Taufe des ersten Kindes

Auf Trages fand nun auch die lange verschobene Taufe von Savignys erstem Kind statt. Daß die Pathenschaft Christian zugedacht war, wenn es ein Knabe gewesen wäre, erinnern wir uns. Nun ward Bettina Pathin u. das Kind nach ihr benannt, neben ihr aber Arnim, der ein Taufgedicht machte.[1] Leider erfahren wir im übrigen nichts näheres über die Taufe, die doch einen besondern Charakter an sich trug. Das aus einer confessionell gemischten Ehe stammende Kind ward, wie keinem Zweifel unterliegt, protestantisch getauft, <hatte aber ein katholisches Mädchen als Hauptpathin u. einen Protestanten als zweiten Pathen>, von dem Pfarrer aber, der die Taufe vornahm, hören wir nichts: es wird der Pfarrer der protestantischen Gemeinde gewesen sein, zu der Trages gehörte. Mit ihm mußten aber wohl Vorbesprechungen stattgefunden haben, da bei dieser Taufe Fragen entstanden, die, was die erforderlichen Eigenschaften der Pathen anbetrifft, nicht unumstritten waren. Die vorherrschende Ansicht der evangelischen Kirchenordnungen war allerdings, daß bei einer protestantischen Taufe auch katholische Pathen statthaft seien, aber immer ein Pathe dem protestantischen Bekenntnisse angehören müsse.[2]

Bemerkenswerth ist, daß von den andern Frankfurter Schwägern u. Schwägerinnen Savignys keiner bei der Taufe zugegen war : nach den für sie geltenden Bestimmungen mußten auch bei einer gemischten Ehe nothwendig alle Kinder der katholischen Kirche zugewiesen werden.

[1]Steig II, 12 [2]Richter, [Lehrbuch des Kirchenrechts] S. 253

BLATT 24

[unvollständiger Satz zu Clemens und Christian]

BLATT 25

[Stichworte zu Bettina 1805/06 in Marburg]

BLATT 26

1805/06 Marburg

Bettina 4 Monate in Marburg bei Savigny ([Arnim, Bettinas sämmtliche] Schriften III [Die Günderode, Theil 2])[IV]
S. 61, 263 (Neujahrsnacht), S. 296 (4 Monate)

Das kann nur sein der Winter 1805 auf 6, etwa November, December, Januar, Februar, oder auch December, Januar, Februar, März.

Im Frühjahr denkt B[ettina] auf Trages zu sein ([Günderode II] 297), wo Savigny dann auch im April 1806 war. Vorher will sie mit Lulu nach Cassel (291); am 17. will Lulu sie abholen (293), so daß der 17. März gemeint sein kann?

‹Und auf 3 Wochen› ([Günderode II] 291). Am 18. März 1806 schreibt Clemens: ‹Bettina war in Cassel mit Jordis u. Lulu› (Steig I, 165) (______?). Aber im April war sie wieder in Cassel, jetzt mit den Eheleuten (Steig I, 218).

In Frankfurt wußte man nicht, ob man Bettina mit der Meline nach Marburg geben sollte, da man Savignys Antipathie gegen sie genügend kannte ([Günderode II] 72), I, 468, 57. Bettina redet nirgends von Savignys Studenten – er las damals anscheinend, arbeitete aus – aber merkwürdiger Weise erwähnt sie auch mit keinem Wort sein Töchterchen!

Dagegen die Scheltworte ihrer Schwester, der Frau von Savigny (206; dazu Geiger S. 155)

Die Facultät ([Günderode II] 76)

Savigny (114, 205)

Ihr ‹Hochmuth› (74, 75)

Nachricht aus Paris (129)

‹Der alte Professor Weis› (103) war erst 40 Jahre! Die Vorlesung, die er schon ‹im 21. Jahre jährlich zwei mal vorbringt› (105) um 8 Uhr morgens (115).

Seine Gespräche mit ihr über die Sterne (103)

Ihre botanischen Studien (104)

Die Frau Professor Weis (67)

‹ihre Kinder› (67)

Pfarrer Bang (148, 236, 238)

Das Erdbeermädchen. Cf. Steig I, S. 125

Der Brief [Bettinas] an Günderode, also erst im ‹Herbst› (Geiger S. 153). Er muß ungefähr gleichzeitig sein mit dem Savignys am 29. November (Geiger S. 36)

BLATT 27

[s.a. IV 1, Blatt 60]

Meline

Auch der junge Jacob Grimm widmete ihr in Paris seine stille Huldigung. Und wiederum in Trages (Steig I, S. 148), nach seiner Rückkehr von Paris, nahm Savigny sie für den Winter 1805 auf 1806 mit nach Marburg. Als Zugabe erhielt Savigny zu dieser damals dann auch noch Bettina auf deren eigenen Wunsch (vgl. Briefwechsel [mit einem Kinde, Theil 1, S. 97] S. 82)[V]. Bettina, die mitging, redete viel von sich, von ihrer Schwester aber, um zu erzählen, daß sie schlief, während sie selbst in der Nacht auf die Thürme kletterte (S. 84 [Briefwechsel mit einem Kinde, S. 100]). ~~Savigny aber schrieb 1806 den 12. Januar an J. Grimm: ‹Meline ist in Trages krank gewesen, jetzt ist sie wieder . . . wohl.›~~. Und wieder nahm Savigny die Meline im Frühling 1806 mit nach Trages. Den 30. April, kurz nach seiner Ankunft in Trages, schrieb er an Weis: «Unsere Reise ist überaus glücklich gewesen, selbst mehr als ich hoffte. Meline war den ganzen Tag völlig wohl – offenbar kränkelte sie also wieder –. In Friedberg haben wir uns von ihr u. Bettina getrennt u. sind dann um halb neun sehr glücklich hier angekommen.»[VI]

Und an Bang, dem er den 2. Mai gleichfalls seine glückliche Ankunft mittheilte, schrieb er: «Meline ist gesund gewesen u. auch diese Zeit über so ziemlich geblieben.» [Stoll I, 281] Dann aber erkrankte sie wieder. In einem undatirten, aber ohne Zweifel dieser Zeit angehörigen Briefchen theilte Savigny mit, daß er den von Bang erwarteten Besuch mit seiner Frau nicht machen könne, «weil die Meline ordentlich krank ist. Sobald sie gesund ist, fügte er hinzu, reden wir gewiß.» Und als er dann Anfang Juni von Trages aufbrach, um nach Nürnberg zu reisen, schrieb er an J. Grimm: «Übermorgen reise ich mit Sack u. Pack, doch diesmal ohne Schwägerin.» [Stoll I, 287, datiert 3. Juli 1806]

Bettina u. die Meline in Beziehung auf die Günderode (Briefwechsel [mit einem Kinde, Theil 1] S. 87 [S. 104 f.])

1807 im October in Cassel (Steig I, S. 225) u. Weimar ([Steig I] S. 225)

BLATT 28

Der Winter 1805/6 Marburg

Bettina u. Meline nahm Savigny mit nach Marburg, um sie den Winter bei sich zu behalten. Dabei war für Fortsetzung ihres Unterrichts gesorgt.[1]

[Zu] Bettina hatte Savigny gleich anfangs gesagt: ihr Vertrauen würde ihn freuen. Aber sie war damit unzufrieden, da er sie nicht aufforderte, ihm ihre ‹Gedanken› mitzutheilen. «Indessen ist er doch immer der Beste unter den Menschenkindern u. man mag ihn mit Recht den Engel nennen. Sein Anblick fordert mich auf, gut zu sein u. Gedanken zu haben, die seiner Theilnahme werth sind.» [Geiger, S. 156]

«Wenn er sein Kind betrachtet u. Freude an ihm hat, so betrachte ich ihn u. wünsche dabei, ich hätte auch einen Vater, der mich betrachtet u. Freude an mir hätte. Wie wollte ich mich ihm zu Gefallen so freundlich u. artig gebärden.» [Geiger, S. 158]

Im übrigen lesen wir: «Savignys Liebe zu mir scheint auch nichts Bedeutendes hervorzubringen,» [Geiger, S. 156] ein Wort, das sie sich angewöhnt hatte. Bald darauf heißt es: «Dem alten Klausner – Claudine – theile meine Briefe... mit, wenn du glaubst, daß sie bedeutend genug sind, um ihm Freude zu machen.» [Geiger, S. 157]

Auch von der Günderode wußte sie, daß sie nicht «zu meinen Ideen einginge», hoffte aber, daß sie «doch eine Art von Achtung vor denselben» hätte, «wie vor aller Phantasie der Dichter hat.» Zum Schluß lesen wir: «Wie hab ich doch so viel mit dir geplaudert», aber «mir zu Gefallen».[1]

[1]Bettinas (undatirter) Brief an die Günderode von hier (Geiger S. 153), etwa vom November (‹Nebel›) (Vorstellungen ihrer Schwester Kunigunde: [Geiger] S. 155; das ‹Lernen› S. 157, 158)

BLATT 29 [Notiz über das Erdbeermädchen, 1805 Dezember]

BLATT 30 [Notiz über Bettina 1806 in Marburg]

BLATT 31

[Bettina in Marburg, Winter 1805/06]

[An die Günderode] ‹Die Meline geht mit Savigny nach Marburg u. sagt, ich soll auch mit; ich sag nicht ja, aber die Meline sagt, wer soll für dich sorgen, wenn ichs nicht thue: du wirst hier alles verschlampen, alles vergessen, alles verreißen, alles verschenken, alles verderben: du mußt mit.›[1]

‹ ... der Savigny schreibt, ich soll dir sagen, daß er in den Sternen gelesen habe, du würdest nach Marburg kommen.›[2]

‹Ich sagte ihr (der Großmama), ich werde, wenn sie es erlaube, nach Marburg gehen werde mit der Meline... sie gab mir ihren besten Segen dazu.›[3]

‹Manchmal zweifle ich, ob ich noch nach Marburg mitgehen soll; meinst du nicht auch, es wär besser ich blieb hier›...[4]

‹Marburg,› so schrieb die Günderode, ‹ist... ein Nest, wo du ganz als Einsiedler wirst leben können,... aber mit dem lieben Savigny, der so viel höher steht wie andre, der dir dann so nah ist u. deine Gegenwart auch zu seinen freundlichen erquickenden Momenten rechnet u. dich gegen deine eignen Launen vertheidigen wird, die so oft ins Träge u. Melancholische spielen.›[5]

‹Ehe wir abreisten, hatte ich noch manchen Kampf mit den andern; man war nicht einig, ob ich dem Savigny nicht lästig sein würde, weil man glaubt u. gewiß weiß, daß er nichts auf mich hält. Ich hab ihn immer noch wie sonst lieb u. so scheu ich mich gar nicht, mit ihm zu leben, obwohl er einen Widerwillen gegen meine Natur zu haben scheint .. er behauptet, ich sei hochmüthig ... manchmal glaub ich's gar, weil er doch gescheuter ist als wir alle u. kann also einen Charakter besser beurtheilen ... [5a]

‹... ich bin so lustig, daß ich fortgehe; ich freu mich so drauf, auf die schöne Winterlandschaft, die mir ins Fenster hereinsehen wird.›[6]

Marburg. ‹Meline wohnt mit mir ganz hoch oben am Berg, Savignys unten; alles ist hier terrassenförmig.›[5b]

... ‹Unser Hauswirth, der Professor Weis, rief mich u. sagte: ‹Wollen Sie einen schönen Juden sehen, so kommen Sie in meiner Frau ihr Zimmer; sie verhandelt ihm eben ihr Hochzeitskleid.› Die Meline wollte nicht mitgehen u. war verwundert, daß Weis uns einlud, einem Handelsjud die Aufwartung zu machen.›[7]

‹Ich lach – über was? Daß der Savigny nichts weiß von meiner zärtlichen Neigung für den Jud, u. wie ich alle vornehme Leut nicht leiden kann, weil sie mir zu gemein sind›[8] .. ‹Wer mag nun schärfer sehen, der Savigny meinen Hochmuth oder der Jud meinen vorurtheilsfreien zutraulichen Blick? Ich geb aber dem Savigny nicht unrecht, denn was ist doch die überglückliche übermüthige Lust, daß ich ihn mit dem Jud anführ, als nur Hochmuth.›[9]

‹Ich hab .. im dichtesten Laubregen den Wald durchwallfahrtet .. Bäume sind Bäume, aber sie sehen doch verächtlich auf die Menschen herab, die um der Gesundheit willen so hastig unter ihnen herlaufen u. nicht einmal den Blick zu ihnen hinauf richten. Ich hab dort mit dem Savigny die ganze Motion [Fortsetzung s. folgendes Blatt]

[1]Günderode II [1840], S. 30 f. [2]II, 31 [3]II, 42 [4]II, 57 [5]II, 61 [5a]II, 72 [5b]II, 75, dazu II, 78 [6]II, 65 [7]II, 67 [8]II, 74 [9]II, 74

BLATT 32

machende Facultät begegnet: im mottenfräßigen Pelz, Nebelkappe, großen Filzschuhen u. antiken Stiefelmanschetten durchkreuzten sie die Wege.›[1]

‹Es haben sich frühe Wintertage eingestellt: Meline leidet an Halsfieber, woran hier alles krank liegt. Gundel auch geht wegen Unwohlsein alle Tage vor Sonnenuntergang zu Bett.›[2]

‹Der alte Professor Weis .. klopft an der Thür, da steht er mit der Zipfelmütz im Schlafrock u. will gern noch seine Pfeife anzünden, weil bei ihm noch kein Licht brennt. Ich spazier noch ein bißchen mit in den Garten, wo er die Pfeife raucht; er zeigt mir die Sternbilder am Himmel ... er pafft mir den Rauch ins Gesicht. So hat er mich die drei Wochen unterhalten, so oft gut Wetter war ...›[3]

‹Der alte Herr hat ein klein Treibhaus, eine Kammer mit zwei Fenstern nach der Sonne hin, wo er selbsterzogne und Jahre lang gepflegte Gewächse vermehrt. Ich bin mit ihm gewesen ... der Weiß hat mir ein botanisch Buch gegeben, wie er sah, daß ich so viel Freud hab an Pflanzen.›[4]

‹Er . . hat viele Kinder . . . er ist kränklich . . . dabei geht als sein altes ledernes Kolleg, was er nun schon im 21. Jahr jährlich zwei mal den Studenten vorträgt . . . den gewohnten Weg . .›[5]

‹Um halb acht kamen die Studenten den Berg herauf gejubelt, es war noch Dämmerung u. der Nebel so dicht, daß sie wie Schatten bloß durchschimmerten. Die Meline u. ich sehen jeden Morgen mit großem Gaudium, wie sie zu unserm Professor Weis ins Kolleg marschieren.›[6]

‹. . . Es war Studentencomödie u. wir waren drin, unter dem Schutz von einer großen Begleitung. Das Stück war eine Selbsterfahrung der Studenten, worin drei Duelle vorkamen von Schuß, Stich u. Hieb. Wie der Schuß vorkam, war die Meline schon nicht wohl zu Muth, wie der Stich vorkam, ward uns grün u. blau vor Augen, wie aber der Hieb kam, gabs ein Lärm u. Gepolter u. man sprang übers Orchester hinüber, über die Öllampen weg, hinauf aufs Theater . . . die Verwirrung war daher entstanden, daß der Pedell dem Rector, der inmitten des Saals auf einem Ehrensessel zusah, steckte, das Duell mit den Hieben sei ein wirkliches . . . am andern Tag hörten wir von unserm Professor Weis den Ausgang der Kriegskomödie: es sei in dubio geblieben, ob wirklich ein ernstlich Duell habe sein [Fortsetzung fehlt]

[1][Günderode] II [1840], 76 [2]II, 78 [3]II, 103 [4]II, 104 f., 106 [5]II, 104 f. [6]II, 115

BLATT 33

Bettina an die Günderode ([Günderode] II, S. 30). 1805 [Bettina in Marburg]
Die Meline geht mit Savigny nach Marburg u. sagt, ich solle auch mit.
Es ist hier alles beschäftigt mit dem Empfang von Bonaparte. (S. 58)

Die Günderode an Bettina ([Günderode] II, 59 f.)
Marburg ist . . . ein Nest, wo du ganz als Einsiedler wirst leben können . . . in der winterlichen Einsamkeit in Marburg in dem engen beschränkten Kreis, aber mit dem lieben Savigny, der so viel höher steht als andre, der dir dann so nah ist . . . u. dich gegen deine eignen Launen vertheidigen wird, die so oft ins Träge u. Melancholische spielen›. (S. 61 f.)
Die Gegend um Marburg ist sehr schön – lacht einem zum Fenster hinein. (S. 62)

Bettina ([Günderode] II, S. 63)
Buonaparte ist durch u. hat seinen Tempel nicht gesehen; der Galgen ist abgeschlagen worden u. auf das alte Postament ein Tempel gebaut . . . daß das Galgenfeld zu diesem Platz ausersehen war, machte besonders den Sachsenhäusern Spaß.
Klödchen [Claudine Piautaz] ist krank. (S. 63)
. . . ja ich geh, ich bin in Gedanken schon unterwegs; die Meline hat auch schon alle Vorkehrung getroffen, ja ich geh! (S. 65)
Marburg ([Günderode II] S. 66)

BLATT 34

Bettina in Marburg (vier Monate, [Günderode II], 296)

[Günderode II], S. 72, 74, 75, 76, 78, 97, 107, 180 f., 114, 122 f., 129, 153 f., 171, 196, 205 f. (cf. Brief an Cl[emens] über S[avigny]), 220, 221, 274, 292, 297

S[avignys] Briefsammlung: Brief Goethes ([Günderode II], 242)

Die Magd ([Günderode II], 299)
Der Bediente ([Günderode] II, 98; cf. Grimm)
Christian ist auch da ([Günderode] II, 100, 109; cf. Steig)
Weiß (II, 67 f., 103, 104, 106, 126 f., 145)
Die Studenten (II, 115)
Komödie (II, 124)
Hausarzt (II, 78)

Der Jud (II, 66 f.)
Die Schüler von Weiß (II, 251)

Elisabetherkirch (II, 178)
Beichtstuhl (II, 188)
Predigt von Bang (II, 236 f.)

Der Erziehungsplan (II, 87 f.)
Geschichte (II, 100, 107, 196)
Mathematik (II, 196, 201, 207, 209)
Das botanische Buch (II, 106, cf. 151)
Winkelmann (II, 109)
Generalbaß (II, 174, 203)
Gesellschaft bei S. (II, 107, 122, 145?)
Hölderlin (II, 242)

Weihnachtsbescherung (II, 243)
Bettina u. der Kaiser (II, 96, 117, 119, 215)
Bettina u. Claudine (II, 144 f., 152, 195, 202, 266)
Bettina u. Clemens (II, 147 f., 159, 169, 190)
Bettina u. Günderode (II, 152, 158, 170, 297)
Bettina liest Wilhelm Meister (II, 194)
Bettina u. die Frankfurter (II, 201 f., 291, 29_)

BLATT 35

Bettina in Marburg [Winter 1805/06]

‹Ich war gekommen, um Abschied zu nehmen, weil ich mit Savigny(s) nach Marburg reisen wollte.›[1]
‹Jetzt kam Creuzer nach Marburg, um Savigny zu besuchen.›[2]
Am 15. März an Göthe:
‹Unlängst (am 21. Februar) hatten wir ein kleines Fest im Hause wegen Savignys Geburtstag. Deine Mutter kam mittags um 12 u. blieb bis nachts um ein Uhr ... bei der Tafel war große Musik von Blas-Instrumenten, auch wurden Verse zu Savignys Lob gesungen, wo sie so tapfer einstimmte, daß man sie durch den ganzen Chor durchhörte. Da wir nun auf deine u. ihre Gesundheit tranken, wobei Trompeten u. Pauken schmetterten, so ward sie feierlich vergnügt. Nach Tische erzählte sie der Gesellschaft ein Märchen ... Nach dem Souper tanzte man ...›[3]

Bettina an die Günd[erode]: Günderode II, 220 f.

Nach München u. Landshut:
Göthes Br[iefwechsel mit einem Kinde] I, S. 342 [S. 334]

[1]Goethes Briefwechsel [mit einem Kinde] I, S. 105 [S. 97] [2]das. I, S. 110 [S. 102] [3]I, S. 200 f. [S. 202]

BLATT 36

[Stichworte zu Creuzer und Karoline]

BLATT 37

1805 Savignys Leben in Marburg

Bettina an die Günderode ([Arnim, Bettinas sämmtliche Schriften] II [Die Günderode, Theil 1, 1 f.], S. 1 f.)
Der Plaudergeist in der Brust hat immerfort geschwätzt mit dir, durch den ganzen holperigen Wald bis auf den Trages, wo alles schon schlief. ... Wie ich erzählte, daß du mitgefahren warst bis Hanau, da hätten sie dich alle gern hier haben wollen ...
Alles ist heut nach Meerholz gefahren zum Vetter mit der zu großen Nas'; ich bin allein zu Haus, ich hab gesagt, ich wollt schreiben, aber die Hauptursach war die Nas'.
Eben komm ich aus der Lindenallee ... ich hab den ganzen Nachmittag verlaufen, eben kommen sie schon angefahren.

Sonntag

Gestern ging ich noch allein in der Dunkelheit durchs Feld. Da fiel mir wieder ein alles was wir am Sonntag von Frankfurt bis Hanau im Wagen zusammen geredet haben ... jetzt bin ich schon acht Tage hier.

(November)

Die Günderode (I, S. 4f.)

Gestern Abend ist Clemens hier (wo?) angekommen ... ich glaube, wenn du nicht bald hierher kommt, so geht er nach Trages ...(Clemens in Marburg)
Grüße den Savigny recht freundlich von mir, erinnere ihn doch zuweilen an mich, ich habe ihn sehr lieb, aber nach Trages komme ich doch nicht. (nächster Frühling)
Thue mir den Gefallen u. frage die Sanchen, ob ich nicht einen Chignonkamm u. eine Kette in Trages hätte liegen lassen. Grüße doch auch die Gundel von mir. Auf meiner Heimfahrt von Hanau hab ich das Gespräch gedichtet ...

Bettina ([Günderode] I, S. 12)
Du weißt, daß der Bostell hier ist.
(Die alten Familienportraite. Die alten gemalten Perücken.)
Der Clemens wollte das ... nicht haben, sie redeten so heftig ... u. im kleinen Häuschen, wo sie zusammen hingegangen waren, ward es so laut, daß es sich von weitem wie Streit anhörte. (Mereau II, 188f.)

BLATT 38

Günderode an Bettina ([Günderode] I, S. 21)
Schlosser wollte zwei große Folianten, die er für dich von der Stadtbibliothek geliehen hat u. die du schon ein Vierteljahr hast, ohne drin zu lesen ...

Bettina an die Günderode (I, S. 28)
Wie wir hier leben, das will ich dir erzählen. Morgens kommen wir alle im Schlafzimmer von Savignys zusammen ...
[Günderode I, S. 30] Eben kommt dein Brief an; deinen Kamm u. die Kette hast du wohl erhalten. Ich hab sie an Mienchen geschickt in der kleinen Schachtel; Clemens hat einen kleinen Brief beigeschlossen an deine Schwester u. ein paar Zeilen an dich. Mein Zimmer gefällt mir wohl in seiner Unordnung u. ich gefalle mir also auch wohl, da du meinst, es stelle meinen Charakter vollkommen dar.
[Günderode I, S. 33] Heut haben wir den 19. Mai ... Noch vierzehn Tage bleiben wir.
[Günderode I, S. 34] (Mit deiner Haiden, deiner Nees, deiner Lotte Serviere)
(der Goldweiher u. die zwei jungen Wiedertäufer) .. am Nachmittag kam der Savigny heraus ..

(Frankfurt u. der Römer __)

Günderode aus Frankfurt ([Günderode] I, S. 43)
Melonen, Ananas, Feigen, Trauben, Pfirsich u. die Fülle südlicher Blüthen, die eben in euerm Hause sorglich verpackt werden, haben mir Lust gemacht, dir das Violen- u. Narcissensträußchen (Wandel u. Treue) beizulegen. Ich hätte mich gern selbst hineingelegt ... ich bitte dich, schreibe wie lange ihr bleibt oder zu bleiben gedenkt.

[Günderode I, S. 44] Der Sommer in der Stadt . . . auch die Engländer wollen euch diese Woche noch besuchen . . .
[Günderode I, S. 48] Clemens . . mahnt in seinem Schreiben an mich . . . es wird ihm sehr überraschend sein, wenn er deinen Aufenthalt in Schlangenbad erfährt.
Bettina (I, S. 52) (aus Schlangenbad). Den ersten Tag, als wir ankamen, wars so heiß . . .

BLATT 39

[Stichwort zu Savignys Leben mit Familie in Marburg]

BLATT 40

Savignys Versammlung in Marburg

Mit der liebevollsten Freundlichkeit erzählte Savigny ihm [Jacob Grimm] genau von sich u. seiner Familie, vor allem aber von dem Kind, dessen Entwicklung der glückliche Vater ihm Schritt für Schritt mittheilte. «Wir sind nun,» so schrieb er ihm am 30. [November 1805] aus Marburg, «seit mehr als 14 Tagen hier u. ich bewohne wieder meine alte Stube u. alles ist wohl, besonders auch das Kind, das mir merklich vorwärts zu gehen scheint, was Sie denn freilich deutlicher empfinden müssen, wenn Sie es einmal wieder sehen.» [Stoll I, 263] Den 11. December: «Das Kind ist heute 8 Monate alt; es wird immer größer u. ist vor einigen Tagen abgewöhnt worden.» [Stoll I, 264] Den 31. Dec.: «Das Kind befindet sich aufs vortrefflichste.» [Stoll I, 265] Am 25. Februar 1806: «Das Kind ist wohl u. hat einen Zahn.» [Stoll I, 278]

Bettina, die den glücklichen Vater beobachtete, schwoll das Herz: «Wenn er sein Kind betrachtet,» schrieb sie an die Günderode,[1] «so betrachte ich ihn u. wünsche, ich hätte auch einen Vater, der mich betrachtet u. Freude an mir hätte.» [Fortsetzung fehlt]

[1]Geiger S. 158

BLATT 41

Der französische Bediente

Auch nach dem Bedienten, den Savigny mit aus Paris genommen hatte, erkundigte sich Jacob gelegentlich u. erhielt auch stets Auskunft. «Antoine,» so schrieb Savigny am 25. Februar 1806, «dankt sehr für Ihr Andenken, er kann schon recht gut deutsch.» [Stoll I, 278]

– – – – – – – – – –

Savigny wieder in Marburg

Das behagliche Familienleben

Creuzer konnte nicht umhin, im Frühling 1806 an Böttiger zu schreiben, wie glücklich Savigny in Marburg lebe mit seiner Gattin, die ihm in Paris eine Tochter geschenkt habe. (den 12. April)
[Nachlass Böttiger, Bd. 31, Nr. 15, s.a. II, Blatt 1]

BLATT 42

[vermutlich Irrläufer, über die römischen Eroberungen in Arabien]

BLATT 43

Savignys Kind

Am 10. October [1805] aus Trages [an Jacob Grimm]: «Alles wohl, besonders auch das Kind, das heute 6 Monate alt ist.» Am 6. November: «Das Kind hat sich hier auffallend geändert u. wird zusehends weißer u. dicker; die Landluft hat sich trefflich an ihm bewährt.» [Stoll I, 262]

– – – – – – – – – –

[s.a. IV 1, Blatt 47] 1805 den 11. Dec., Savigny an J. Grimm

«Andre Nachrichten dagegen scheinen Sie mehr als recht ist vorzuenthalten. So sagt man hier seit 8 Tagen, Sie seyen als Secretär bei dem Kriegskollegium angestellt, u. mir schreiben Sie kein Wort davon, da Sie doch leicht denken können, daß es mich sehr interessiren würde zu wissen, welche Aussichten, Vortheile u. Arbeiten Ihnen diese Stelle bringt. Suchen Sie also noch jetzt das versäumte bestens nachzuholen. . .»
Werden Sie nicht ungeduldig über meine vielen Wünsche, Sie kennen meine Unersättlichkeit. Alles ist wohl, u. grüßt Sie. Ihr Savigny [Stoll I, 263 f.]

An
Herrn Grimm den Älteren
Der Rechte Candidaten
Bei dem Kurfürstl.
Mundkoch Herrn Zu Cassel
Vollbrecht zu erfragen

BLATT 44

1806 den 22. April, Marburg, Savigny an J. Grimm

Leben Sie wohl, lieber Grimm, seyen Sie mit Ihrem Bruder von uns allen auf das herzlichste gegrüßt, u. behalten Sie mich in gutem Andenken. [Stoll I, 280 f.]

Savigny

Herrn
Kriegssecretär Grimm
Zu Cassel

BLATT 45

Die beiden Grimm 1805/6 Marburg

1. ihre veränderte Stellung
   a. Jacob als Beamter
   b. Wilhelm?
2. Jacobs wissenschaftliche Hülfe für seine Arbeiten über die Glossatoren
   a. Odofred
      1805 den 11. Dez.
      1806 den 25. Febr.
   b. Azo
      1805 den 11. Dez.
      1806 den 25. Febr.
   c. Auth[entica] ‹Sacramenta puberum›
      1805 den 31. Dez.
   d. Eine Einsicht in die Casseler Bibliothek
      1805 den 11. Dez.
   e. Joannis de Blanasco
      1805 den 31. Dez.
3. Persönliches Verhältniß Jacobs zu Savigny
   Savignys Geburtstag (Sav. den 25. Febr. an Jacob) [Stoll I, 277]

BLATT 46

Die Grimm Jacob Grimm

«Wer jung ins Leben eintrat u. dem Glückssterne der rheinbündischen Untreue nicht folgen wollte, fand nirgends eine Stätte zu fröhlichem Wirken; man wußte in diesen napoleonischen Tagen nichts mit sich anzufangen,» wie [Friedrich Christoph] Dahlmann (der spätere Freund der Brüder Grimm), seiner harten Jugendzeit gedenkend, sagte.[1]

[1]Treitschke [Deutsche Geschichte im 19. Jahrhundert] I, 258

– – – – – – – – – –

Jacob Grimms Entschluß

J. Grimm: Wort des Besitzes, S. 6

.. das römische Recht hätte mich fort (ein Handexemplar: ‹länger›) angezogen, doch eine innere Stimme u. der Drang äußerer Ereignisse lenkten mich von ihm ab. Es waren meines Lebens härteste Tage, daß ich mit ansehen mußte, wie ein stolzer höhnischer Feind in mein Vaterland einzog u. die muthigen Hessen, die damals noch stark an ihrem Fürsten hiengen, das Gewehr, dessen rechter Gebrauch ihnen unvergönnt war, nieder auf die Pflastersteine warfen ... damals, weil uns die Übermacht erdrückte u. selbst unsern Namen mit einem andern zu vertauschen zwang, der uns gar nichts angieng, wurde alles römische u. deutsche Recht mit einem Streich aufgehoben u. der Code Napoleon eingeführt, wie hätte mir das die Rechtsstudien überhaupt nicht verleiden sollen. Ich tröstete u. labte mich immer stärker am Alterthum unsrer edlen Sprache u. Dichtkunst, aus welchem auch Seitenpfade in das altheimische Recht einschlugen, zu welchem Sie mich nicht hingeführt hatten, dem Sie selbst sich erst später näherten ...

BLATT 47

Jacob Grimms Entschluß [Savigny an Jacob Grimm, November 1805 – Januar 1806]

Nachdem Jacob noch im October in Marburg bei dem Pedell Rudolph eine Wohnung gefunden hatte, finden wir ihn im November in Cassel, wo er bei dem Handelsmann Wille in der Marktgasse wohnte. Soll er das Rechtsstudium aufgeben wegen des verhaßten französischen Rechts?

«Schreiben Sie mir doch», mahnte ihn Savigny den 30. November 1805, «wie es mit ihrer Anstellung geht, was Sie werden sollen.» Und den 11. December schrieb er: «Man sagt hier (in Marburg) seit acht Tagen, Sie seien als Sekretär bei dem Kriegskollegium angestellt, u. mir schreiben Sie kein Wort davon, da Sie doch leicht denken können, daß es mich sehr interessiren würde zu wissen, welche Aussichten, Vortheile u. Arbeiten Ihnen diese Stelle bringt. Suchen Sie also noch jetzt das versäumte bestens nachzuholen.» [Stoll I, 263] Am 30. Januar mußte Savigny nochmals mahnen u. fragte, ob er nicht bald einmal nach Marburg komme. «Alles grüßt Sie vielmals, ich auch noch Ihren Bruder, von dem Sie mir auch sagen müssen, was er treibt u. vorhat.»

Jacobs Stillschweigen hatte seinen Grund, daß sein Wunsch auf einen Posten bei der öffentlichen Bibliothek in Cassel gerichtet war, ein Wunsch, der nicht in Erfüllung ging, u. daß ihm dafür «der Acceß beim Secretariat des Kriegscollegiums» angeboten ward, ein Amt, das ihm wenig sympathisch war. Steig I, 185 f.

BLATT 48

[Abschnitt redundant, siehe IV 1, Blatt 43]

- - - - - - - - - -

Einen kleinen Posten am Hessischen Kriegskolleg, den Jacob Anfang 1806 erhalten hatte, hatte er wegen Überlastung unter dem westfälischen Regiment im Frühjahr 1807 aufgegeben u. bei der Bewerbung um ein anderes Amt wurde er wiederholt enttäuscht.[1] Dann aber ward er Bibliothekar des Königs Jerome, vermuthlich ni~~cht ohne Zuthun Savignys~~. [Savigny] schrieb ihm am 4. Februar 1806: «Wahrscheinlich giebt Ihnen nun Ihre neue Stelle viel zu thun: ich bin sehr begierig, über die Art u. Weise Ihrer Geschäfte etwas zu hören.» Von dem Gehalt, das Jacob bezog, wußte er noch nichts. «Trägt Ihnen denn die Stelle,» fragte er, «jetzt noch gar nichts ein? Und ist die Hoffnung auf Einkommen nahe u. bedeutend?» [Stoll I, 277]

[1] [Fußnote nicht lesbar]

BLATT 49

Jacob Grimm (seit der Rückkehr von Paris bis 1808)

[Ausschnitt aus einem Buchhandelskatalog:]
Stengel, E. Private u. amtliche Beziehungen der Brüder Grimm zu Hessen. Eine Sammlung von Briefen u. Actenstücken, als Festschrift zum 100. Geburtstag Wilhelm Grimms den 24. Febr. 1886 zusammengestellt u. erläutert. 2 Bde 420 u. 443 S.

Jacob Grimm in Hessen angestellt (1805–1807).
Den 6. Nov. in Cassel als Candidat.
Jakobs Anstellung.

- - - - - - - - - -

1805 den 11. Dez. Marburg Savigny an J. Grimm

Bei der Summa Azonis (Ms. N. 9) bitte ich noch um Folgendes. In der Materia ad pandectam, besonders in dem Infortiatum, kommen in mehreren Mss. am Ende der Titel Siglen (H. Hyrne) vor. Ich wünschte zu wissen, welche Titel in Ihrem Ms. Siglen haben u. welches diese Siglen sind... [Stoll I, 263 f.] [Fortsetzung s. IV 1, Blatt 55]

1806 den 25. Febr. Marburg. Savigny an J. Grimm

Gestern schreibt mir [Pierre Antoine] Jaubert aus Metz, daß die von mir ausgesuchten Bücher schon unterwegs seien: er überläßt es mir, irgend ein deutsches Buch dagegen zu schicken. Das heißt Artigkeit! Unter den Büchern sind drei edd. des Azo, zwei andere habe ich schon, u. die zwei ältesten (1482 u. 1484) habe ich große Wahrscheinlichkeit nächstens zu bekommen.

1804 sind in Parma ein paar hundert ungedruckte Briefe von Augustin herausgekommen. Sie können denken, ob ich begierig bin!

Die Briefe von Donellus u. Giphanius waren mir höchst interessant, um so mehr, da ich so etwas gar nicht erwartete. Ich bitte Sie sehr, nach Gelegenheit u. Bequemlichkeit die Briefsammlungen ganz durchzugehen, u. mir von den juristischen Briefen wenigstens ein vollständiges Verzeichnis zu schicken. [Stoll I, 277 f.]

[Anfang dieses Briefes sowie Fortsetzung s. IV 1, Blatt 56]

[Randnotiz:] Zeitschr. der Savigny-Stiftung

BLATT 50

Odofred 1805 1805 den 11. Dec. Marburg Savigny an J. Grimm (Forts.)

Die von Ihnen entdeckte Handschrift des Odofred weicht auf mancherley Weise von den gedruckten Ausgaben ab. Die Stelle über den Burgundio steht mit einigen Varianten von Ihrem Ms. bei Sarti, aber auch da heißt es b. c. r. u. Berguntio, u. am Ende: «qui fuit avus domini Leonis pp.» [Stoll I, 263] [Fortsetzung s. IV 1, Blatt 49, 2. Abschnitt, 1. Teil]

Odofred 1805/6 1806 den 25. Febr. Marburg Savigny an J. Grimm (andres Stück/Forts.)

«Herzlichen Dank . . . für die beigelegten Auszüge aus Odofred. Diese letzten sind mir sehr interessant, u. ich habe erst dadurch manches verstehen u. deuten können, was ich in Paris gesehen habe. Dennoch bitte ich Sie, den Codex für mich ja nicht durchzugehen, da es Ihnen viel Zeit stehlen würde, u. da ich doch nicht ruhe, bis ich einen Odofred erlangt habe.» [Stoll I, 277] [Fortsetzung s. IV 1, Blatt 49, 2. Abschnitt, 2. Teil]

BLATT 51

1801. ~~Savigny an Henke~~ 1802

Nach der Niederlage bei Hohenlinden (1800 den 3. Dec.) am 9. Febr. der Friede zu Lunéville: Abtretung des linken Rheinufers.

Die Mainzische Regierung nach Aschaffenburg verlegt.

Den 5. Mai die fürstliche Rentkammer in Hanau (wg. ____) über das Hochholz!

Den 15. Dec. über den Schäferei-Weidgang (Burg Friedberg u. Edelsheim)

Die Universität u. die Juristische Facultät
Im Sommer liest Savigny Civilrecht nach Hugos Methode.[1]

Savignys Plan, eine kritische Zeitschrift zu gründen (mit [weiter nicht lesbar]
A.W. Schlegel u. Clemens
Die Vorlesung für den Winter 1801/1802

[Fußnote fehlt]

BLATT 52

Auth[entica] Sacramenta puberum
1805 den 31. Dec. Marburg, Savigny an J. Grimm [Stoll I, 264]

In dem Codex interessirt mich die Glosse mit gz. zu Auth. Sacramenta puberum gar sehr. Ich wüßte nicht, von wem sie sein könnte als von Garzavilanus. Ich bitte Sie, bei Gelegenheit
1) die Sigle nochmals genau zu betrachten
2) nachzusehen, ob Sie keine historischen Spuren, z.B. Citate in dieser Glosse finden
3) die Stelle, welche von der Geschichte der Auth. sacr. pub. handelt, ganz abzuschreiben.
Finden sich keine so signirte Glossen außer der Auth. Sacr. puberum? [Fortsetzung s. IV 1, Blatt 54, 2. Abschnitt]

BLATT 53 [Die 3 Brüder Grimm: nur zeitliche und bibliographische Angaben]

BLATT 54

Um den heiligen Eifer Savignys in dieser Zeit richtig zu würdigen, ist daran zu erinnern, daß er im Begriff stand, seine große Forschungsreise anzutreten, zu der er sich aufs beste vorzubereiten entschlossen war.

- - - - - - - - - -

[Fortsetzung von IV 1, Blatt 52]
1805 den 31. Dec., Marburg S[avigny] an J. Grimm [Stoll I, 264 f.]
Kürzlich habe ich gekauft Joannis de Blavasco (Blanosco) ordo judiciarius Lugd. 1514. 4. Das ist aber nichts anderes als die erste Ausgabe des Tancred, die durch den falschen Titel ganz unbekannt geblieben ist. Dagegen hat man eben wegen dieses Titels dem Blanasco ein Buch zugeschrieben, das gar nicht existirt. Von Heidelberg habe ich viele

rare Sachen erhalten, z. B. Epistolae Ivonis, ms. sec. 13, sehr schön – Originalbriefe von Jac. Gronov, Laur. Theod. Gronov, an Gray (sic), ungedruckt.

BLATT 55

[Fortsetzung von IV 1, Blatt 49, 2. Abschnitt, 1. Teil]
Die Casseler Bibliothek

1805 den 11. Dez Marburg, Savigny an J. Grimm [Stoll I, 264]

Endlich noch eine Bitte. Nach den Hessischen Beyträgen [zur Gelehrsamkeit und Kunst] Bd 2, S. 344, Num. 39 hat die Kasselsche Bibliothek eine edit. s. l. et anno der Casus longi super Institut. Ich habe auch eine solche ed., deren Charakteristik hier folgt:

Char. goth., sine cust., cum num. fol. (von Fo. I. bis Fo. LII.) et signatura (von Aaa 2 bis J i j 4, dann folgt noch ein unsignirtes Blatt).

Das letzte Blatt (LII) fängt an: «Qui ipse palam surripuit» pp. Die Rückseite dieses Blatts enthält blos tabula rubri. Institut. Trifft Ihre ed. damit überein, so ist es dieselbe u. ich brauche weiter nichts. Wo nicht, bitte ich

1. um typographische Beschreibung der ed.
2. um Beantwortung folgender Fragen:
   a. ist das prooem. unterschrieben: Guillermus Accursii?
   b. der tit. de jure nat. ebenso?
   c. vielleicht auch noch mehrere Titel?
   d. was steht unter dem tit. de pub. jud.?
   e. folgen dann noch formationes libell.?
   f. wie sind diese unterschrieben?

BLATT 56

[Dieser Brief ist überwiegend auf IV 1, Blatt 49, 2. Abschnitt enthalten]
Marburg, 25. Febr[uar] <1806> <S[avigny] an J. Grimm> [Stoll I, 277 f.]

Herzlichen Dank, l[ieber] Gr[imm], für Ihr freundliches Andenken an meinem Geburtstag. [...] Antoine[1] dankt sehr für Ihr Andenken, er kann schon recht gut deutsch. Das Kind ist wohl, u. hat einen Zahn. Alles grüßt Sie aufs freundlichste. Ihr Savigny

Grüßen Sie Ihren Bruder vielmals.

Von Paris habe ich lange nichts gehört. (1806 den 12. Jan. schrieb S[avigny], es sei «ein Plan von Paris» angekommen. [Stoll I, 273])

Herrn
Kriegssecretär Grimm
zu Cassel

frei

[1]der aus Paris mitgekommene Diener.

BLATT 57 [Stichwort: Bettina und Meline bei Savigny in Marburg 1805/6]

BLATT 58 [Stichworte, Zeitangaben, bibliographische Notizen zu Meline]

BLATT 59

Der deutsche Verkehr in Paris

1. Dalberg, Malsburg u. Bast
2. v. Ramdohr u. [Ludwig von] Lichtenberg
3. Friedrich Schlegel u. Tieck
4. Karl Leske
5. der Bekannte, der Sarti besaß

BLATT 60

Meline Marburg 1806 den 12. Jan.

Meline, die wegen ihres einfachen Wesens u. warmen Herzens Savigny besonders sympathisch war, aber eben deshalb von der eifersüchtigen Bettina[1] nur sehr selten erwähnt wird, obgleich sie ein gemeinsames Schlafzimmer hatten u. gemeinsam auch lernten (Geiger S. 157, 148), [wird von] Clemens aber überhaupt niemals erwähnt. Umso mehr gefiel sie Savignys Freunden Weis u. Bang.

Sie kränkelte vielfach u. nahm damit doppelt Savignys u. seiner Frau Sorge in Anspruch. An Jacob Grimm, der sie von Paris her kannte u. still verehrte, schrieb er am 12. Januar 1806: «Meline ist seit 14 Tagen krank gewesen, jetzt ist sie wieder eben so wohl wie wir übrigen alle.» [Stoll I, 274] Aber dann erkrankte sie im Februar von neuem.

Als Bang das Ehepaar Savigny um diese Zeit zu Besuch erwartete, schrieb Savigny, sie könnten nicht kommen, weil die Meline «ordentlich krank ist. Sobald sie gesund ...

[1]Geiger S. 157, Vergleich mit der Kunigunde, mit der sie auch ein gemeinsames Schlafzimmer gehabt hatte (S. 147). Und aus jenem gemeinsamen Schlafzimmer machte sie angeblich des nachts Ausflüge (Briefwechsel [mit einem Kinde, Theil 1, S. 100])

BLATT 61 [redundant, s. IV 1, Blatt 60 und 68, 2. Abschnitt]

BLATT 62 [vermutlich Irrläufer: Karl der Große und der Klerus]

BLATT 63

Meline 1805/6

1806 März: Arnim an Bettina:[2] «Clemens schreibt mir, daß die arme Meline krank gewesen: auch davon <sagten Sie> kein Wort.»

- 18. Juli: Frankfurt. «Clemens ... Betine u. Meline sind hier.»[1]
  «ein ganz seltsamer gräßlicher Roman u. Briefwechsel eines vor einigen Wochen aus Liebe zu Meline in unserm Hause wahnsinnig u. rasend gewordenen Vetters aus Mainz, der jetzt an Ketten liegt.»[3]
- den 24. Sept. Frankfurt: Clemens ... «Tieck u. Rumohr gestern abgereist: beide die ganze Zeit vom Morgen bis in die Nacht in unserm Haus. Tieck .. Betine hat sich in ihn u. er in sie verliebt u. beinah weit übers Ärgerniß hinaus, Rumo[h]r verliebte sich in Meline.»[4]

[1]Steig I, 148 Mereau II, 189 [2]Steig II, 18 [3]Mereau II, 193. Zu dem Vetter: Steig I – Im ____ in Mainz in «Ketten»? Vgl. bair. Gesetz unter Montgelas! [4]Mereau II, 197. Über [Carl Friedrich von] Rumohr s. [Schelling] Caroline [Briefe aus der Frühromantik, II, diverse Seiten]

BLATT 64 [Stichwort: Churhessen und die Universität]

BLATT 65

Savigny, der mit den Augen eines Beobachters die Vorgänge ins Auge faßte, sah hier mehrere seiner Schüler, insbesondere Pfeiffer, vor allem aber Jacob u. Wilhelm Grimm u. lernte nun wohl auch ihren jüngeren Bruder Ludwig kennen.

Ohne Zweifel war es sein lebhaftester Wunsch, Johannes (von) Müller[VII] kennen zu lernen; ob dieser Wunsch aber in Erfüllung gegangen ist, muß dahin gestellt bleiben.

[1][kein Verweis im Text] Häusser [Deutsche Geschichte] III, 235, 237 ff., 241 f., 244 Perthes [Politische Zustände und Personen in Deutschland] S. 422, 425 ff., 429 f.

BLATT 66 [Der Fürst Primas: Notiz über seinen Sekretär Nicolaus Vogt]

BLATT 67 [Johannes Müller: nur einige bibliographische Angaben]

BLATT 68

[Abschnitt redundant, s. IV 1, Blatt 82]

– – – – – – – – – – –

1806 Februar

Der gesellige Verkehr mit den alten Freunden, insbesondere Bang, bestand fort. Als Bang Savigny zu seinem Geburtstag gratulirt hatte, dankte er ihm für seine freundlichen Wünsche. «Mögen sie Euch auf Euern Kopf vergolten werden! Es thut mir herzlich leid, daß Ihr uns vergeblich erwartet habt, aber wir sind dabei außer Schuld. Schon vor vier Tagen haben wir den Professor Weis nebst seiner Frau auf heute eingeladen. Selbst wenn das nicht wäre, könnten wir doch nicht kommen, weil die Meline ordentlich krank ist. Sobald sie gesund [...] [Fortsetzung fehlt] [Stoll I, 223, datiert auf 1804]

– – – – – – – – – – –

1806

fol. 18__: Die jetzigen Zeitumstände: Säcularisationen u. Mediatisirungen

fol. 196. Truppenmärsche
fol. 200. ‹das im Lande befindliche kaiserlich französische Armee-Korps›
fol. 202. ‹das hiesige kaiserlich französische Gouvernement›
fol. 207. Napoleon der Kaiser im Lager von Berlin

BLATT 69

Eine neue Zeit war auch für das Churfürstenthum Hessen u. seine Universitäten gekommen. Die Universität Helmstedt war 1805 beseitigt, 1806 (?) erging eine Verordnung über das Universitätsstudium in Marburg u. Rinteln.

[Randnotiz:] Die med. Fakultät

Von Trages aus theilte Clemens seiner Frau mit, da Savigny den Winter nach Marburg gehe, weil es dort ruhig sei, kehre auch Christian dahin zurück.[1] Er wollte hier sein medicinisches Studium fortsetzen. Im Frühling 1806 hatte Savigny mit Clemens eine Verhandlung über ein von diesem angebotenes u. für Christian bestimmtes Mikroskop. «Christian,» so schrieb er am 30. März an Clemens nach . . «kann das Mikroskop nicht brauchen, wenn es nicht ein Sonnen- oder Lampenmikroskop ist. Dann aber bittet er sehr um nähere Beschreibung.» Im Sommer waren Clemens u. Christian in Frankfurt, wo [Franz Joseph] Gall seine Schädellehre vortrug: «Es ist merkwürdig,» schrieb Clemens am 18. Juli an seine Frau, «was alle Geschwister hier ruhig u. aneinander ausgetobt sind. Gall ist der einzige Gegenstand des Gesprächs: Georg hat einen Schädel vor sich, Christian ist leidenschaftlich für Gall. Er fängt Montag seine Vorlesungen wieder an.»[2]

In demselben Brief aber hören wir von Clemens, daß das Verhältniß Christians zu Savigny einen starken Stoß erlitten hat: Christian habe «beinahe gar keine Verehrung mehr für Savigny u. halte so gar nichts auf seine Gelehrsamkeit.»[3]

[1]Steig I, 148 [2]Mereau I, 192 [3]Mereau I, 193

BLATT 70 [Stichworte zur Universität Marburg, Juristische Fakultät]

BLATT 71

Die juristische Fakultät [Marburg]
Rechtslehrer waren jetzt, nach Erxlebens wegen Krankheit erfolgter Emeritirung (?)[3] (vielmehr Dispensirung von Vorlesungen. s. Spruchkolleg), Ende des Jahres 1805, 6 ordentliche Professoren:

1. Erxleben
1a. Arnoldi,[1] Exprorector
2. Robert[2]
3. Bucher
4. Weis
5. Bauer

Dazu kam Savigny als außerord. u. beurlaubter Professor. Der im Sommer aufgeführte auß. Prof. Müller, Lehrer des kathol. canonischen Rechts, ist verschwunden.

Seinen Lehrer u. Freund Weis fand Savigny «beträchtlich älter», «doch ist er,» schrieb Savigny an Jacob Grimm (den 2. Januar 1806), «durch die zwei ungedruckten Novellen, die ich mitgebracht habe, zu neuem Enthusiasmus aufgeregt worden.» [Stoll I, 311, datiert auf den 2. Januar 1808]
Aber der treffliche Mann war von einem schweren Leiden ergriffen: für den nächsten Sommer durfte er keine Vorlesungen ankündigen u. bald nahm sein Leiden, Schwindsucht, eine Wendung, die alle Hoffnung auf Genesung vernichtete.

[1]nicht bei Landsberg [3. Abtheilung, 2. Halbband: Register, S. 983] [Albert Jakob Arnoldi: A.D.B., Bd. 1 (1875), S. 589][VIII] [2]Häusser [3]Er starb erst den 19. April 1811 (Saalfeld S. 256) wo? [gestorben in Marburg: A.D.B., Bd. 6 (1877), S. 335] Frau Erxleben erscheint als Freundin der Frau Creuzer ([Mereau] II, 218)

BLATT 72

Im Sommer 1805 war in der juristischen Fakultät neben Savigny ein zweiter außerordentlicher Professor aufgeführt: Johann Caspar Müller,[IX] Dr. der Philosophie u. Theologie, außerordentlicher Professor der Philosophie u. des kanonischen Rechts der Katholiken, der dieses Recht nach Fleury's Institutionen des Kirchenrechts lese.
Ausdrücklich aber war dieser Lehrer nur als für eine Übergangszeit (interim) beauftragt bezeichnet, nämlich bis das päpstliche Concordat ergangen sei u. Gesetzeskraft erlangt habe.[1] Daß Fleury's Institutionen auf dem Index stand (seit dem 21. April 1693),[2] war für die hessische Regierung nicht in Betracht gekommen.

In dem Vorlesungsverzeichniß für den Winter 1805/6 ist dieser Rechtslehrer nicht mehr erwähnt.

[1]nicht bei Schulte [Die Geschichte der Quellen] III (Reg[ister] S. 398) [2]Schulte [Die Geschichte der Quellen] III, 629

BLATT 73

[Karl Franz Ferdinand] Bucher erhielt gegen 1805 in Halle den juristischen Doctorgrad u. versah nach dem Kriege kurze Zeit das Amt eines Sekretärs bei Joh[annes] v. Müller. Diesem verdankte der 22-jährige die Anstellung als ord. Professor in Halle, mit dem besonderen Auftrag, über den Code Napoleon Vorlesungen zu halten.

[Randnotiz:] Über Bucher?[X]
Ein Bucher als Prof. in Erlangen
Holtzendorff [Rechtslexicon, Bd. 1], 425

Schrader, Geschichte der Universität Halle II, S. 26 u. S. __
Seit wann in Marburg?

- - - - - - - - - - -

Bei Savigny wird in dem Verzeichnis bemerkt, er sei außerordentlicher Assessor (des Spruchkollegs),[2] aber wegen einer literarischen Reise auch in den Wintermonaten [1805] von der Haltung von Vorlesungen dispensirt.[1] [siehe diese Aussage in Latein, auf IV 1, Blatt 83]

[1]Irrig: Landsberg III, .. [3. Abtheilung, 2. Halbband, Text, S. 197][XI] [2]Also für früher zu benutzen

BLATT 74

Für das neue Jahr 1806 war, wie es scheint, den Professoren die Einreichung ihres curriculum vitae mit Angabe ihrer Schriften auferlegt. Savigny wenigstens schrieb ein solches am 12. Januar 1806 nieder, das für uns nichts Neues enthält. In mehr zusammengedrängter Form finden wir sie in Jacob Grimms Papieren: er gedachte es wohl für ein biographisches Werk zu benutzen – für Strieder? [Strieder, Grundlage zu einer hessischen Gelehrten- und Schriftsteller-Geschichte, verschiedene Bände]

BLATT 75

[die Aufstellung entspricht der auf IV 1, Blatt 84]

Das Spruchkolleg [Marburg] 1805/6
Im dritten Quartal des Jahres 1805 stellte Bucher als ... [Dekan] fest, Weis habe aus dem vorigen Quartal keine Rückstände gehabt u. seien ihm dann 8 Spruchsachen zugewiesen worden:

1. nach Bernburg im Anhaltischen: Räumung der Klägerischen Wohnung u. Zinsen betr.
2. Ebendahin: angebliches Versprechen, 200 Rt. betr.
3. nach Dillenburg: Untersuchungssache, Diebstahl betr.
4. nach Frankfurt a.M.: in Sachen des Gastwirths Melchior Frieß, Bekl., Provokanten u. Revidenten c/a den Schutzjuden Wolf Gumbert (?) Friedberger, Kl., Provokant u. Revisor, angebliche Waarenschuld betr.
5. nach Willmars: Gewährung eine Kuh betr.
6. nach Runkel: in Sachen des Juden Lekisch Moser, Bekl. u. Revidenten, puncto doli
7. nach Wolfenbüttel: Wechselforderung
8. nach Wiedenbrück: wechselseitige Ansprüche an einem Wohnhause betr.

   Diese Sachen seien, außer No. 7, referirt u. ausgearbeitet.

Am 13. Januar 1806 stellte Robert[1] bei der Fakultät in einem Zirkular den Antrag, gegen die große Strenge, welche schon einige Mal in betreff der Rückstände eingetreten, devoteste Vorstellung geschehen möge, da in der Quartalsbescheinigung die legitimsten Ursachen von Rückständen angezeigt worden, es aber [Fortsetzung s. folgendes Blatt]

[1]welcher von beiden

BLATT 76

äußerst schmerzhaft sei, daß das alles nicht mehr geachtet werde. Er sei fest überzeugt, daß diese Behandlung von einem ihm ganz u. gar unrichtig scheinenden Vergleich der Fakultätsgeschäfte mit denen der Kurfürstlichen Justizkollegien herrühre u. die nachtheiligsten Folgen haben könne.

Erxleben, dessen Rückstände am 7. Januar zu einer Bemerkung des Geh. Raths Anlaß gegeben hatten, erklärte, er sei ganz einverstanden. «Mein Gewissen spricht mich von jeder Pflichtversäumung völlig frei. Ich habe früher weit mehr ernstlich gearbeitet als es der Arzt erlauben zu können vermeint; die mir abgenöthigten (aus Noth entstandenen) Rückstände sind, ungeachtet es lauter weitläufige u. schwierige Sachen waren, bis auf eine einzige erledigt. In Hinsicht auf meine Gesundheit wünsche ich ex post, weniger fleißig gewesen zu sein, u. ich weiß vor der Hand noch nicht, was werden wird, wenn die legitimsten Entschuldigungen in gar keine Betrachtung kommen sollen.» Weis setzte einfach seinen Namen hin. Das von Robert dann vorgelegte Concept der Vorstellung an die Regierung ward von allen genehmigt u. Ende März abgesandt.

Darauf erging am 11. April folgende Resolution. «Da Seine Kurfürstliche Durchlaucht es für die erste Regentenpflicht halten, bei allen Justizbehörden im Lande, mithin auch bei denjenigen, wohin auswärtige Rechtsangelegenheiten zur Entscheidung angebracht werden, jederzeit eine eben so prompte als unparteiische Justiz administriren zu lassen, in den Fällen aber, wo besondere u. erhebliche Umstände die Entscheidung der Sache verzögern, seine gnädigste Nachsicht nie versagen werden, [Fortsetzung s. folgendes Blatt]

BLATT 77

so können jedoch höchstdieselben eine Erinnerung an die Beförderung der Rückstände alsdann nicht überflüssig finden, wenn uns bei einem oder dem andern Mitglied eines Justizkollegiums oder einer Rechtsfakultät öfter Rückstände wahr geworden werden . . .„

da nicht zu vermuthen steht, daß alle verworrenen weitläufigen Sachen gerade nur an einen u. denselben Referenten kommen sollten . .

v. Schmerfeld[1]

[1]vgl. über ihn Steig III?

BLATT 78 [Notiz zu den Vorlesungen im Winter 1805/06]

BLATT 79

Cassel den 8 Oct. 1805. Strafrecht

20) Bericht hiesiger Regierung . . . mit dem Antrag, daß die bei Fornicationsfällen für unvermögende Personen bisher statt gefundene vierwöchige Gefängnisstrafe auf acht Tage bestimmt, daß die Geldstrafe bei vermögenden Personen von zehn Rth. [__] beibehalten, auch die bei weiblichen Fornicanten beim 3.ten respective 4.ten Fornicationsfall übliche Ausstellung an den Strafpfahl unverändert geblieben, hiernächst die bei der anticipirten, für Beischlaf für unvermögende Personen bisher üblich gewesene 14-tätige Gefängnisstrafe auf 48 Stunden verändert werden.

Re__ wird die angetragene Abänderung gnädigst genehmigt.

L. __ __ Schmerfeld (auch sonst wohl nicht ____ sond. __)

BLATT 80

Von den neu immatrikulirten Studenten der Rechtswissenschaft sind von Interesse: Ludwig von Trott aus Schwarzentraßla (?) (31. Oct. 1805) u. Clemens Lasaulx aus Coblenz (30. Nov.). Der dem jüdischen Adel angehörige von Trott erhielt 1807 das consilium abeundi.[1]

[1]das Heft des Grimm

BLATT 81 [Stichwort: Clemens 1803/4]

BLATT 82

5. Das Spruchkolleg. Den 8. Oct. Kassel: die Fornikationsfälle.

Den 5. Dec. Der Exprorector Arnoldi an die juristische Fakultät wegen der obscönen Bücher des verstorbenen Baldinger (die ‹Baldingersche Auction›;

Creuzer 1805 den 20. Nov.). Professor Robert u. die akadem[ischen] Gesetze von Heidelberg.

- - - - - - - - - - -

Wiesbaden den 6. Oct. 1805. <an Weis> [SZ (RA) 48 (1928), S. 159f.; s.a. IV 1, Blatt 22]

Meine letzten drey bis vier Briefe an Sie, mein theuerster Freund, haben sich keiner Antwort zu erfreuen gehabt. Ich schreibe Ihnen auf der Durchreise nach Frankfurt. Übermorgen bin ich in Trages, schreiben Sie mir, ich bitte, recht bald dahin. Adresse Advocat Neuhof zu Hanau. Besonders aber kommen Sie selbst, was ich wiederholt bitte, ja was für die Sachen, die ich Ihnen mitzutheilen habe, fast nothwendig ist. Ferner schreiben Sie mir wegen Cramer. Ferner, ob Einer meiner Briefe an Sie verloren gegangen ist: er war zwischen dem 20. u. 30. April geschrieben u. enthielt einen Entschluß an Pfarrer Bang, der nicht angekommen sein soll.

So viel in der Eile, hoffentlich bald mehr mündlich. Bey mir ist alles wohl. Herzliche Grüße an die Ihrigen.

Savigny

BLATT 83

Trostlos stand es mit Weis. Den 2. Januar [1808] schon hatte Savigny an Jacob Grimm geschrieben: «Den Weis habe ich beträchtlich älter gefunden. Doch ist er durch die zwei ungedruckten Novellen, die ich mitgebracht habe, zu neuem Enthusiasmus aufgeregt worden.» [Stoll I, 311] Es war, was Savigny nicht ahnen konnte, ein letztes Aufflackern seines lebhaften Geistes. Für den Sommer durfte er keine Vorlesungen anzeigen (sein Name fehlt in dem Vorlesungsverzeichniß, während Savignys noch wie früher aufgeführt wird); sein Leiden nahm bald eine Wandlung, die alle Hoffnung auf Genesung vernichtete.

- - - - - - - - - - -

5) per semestre hybernum anni MDCCCV (Rückkehr aus Paris) [im Herbst 1805]
III iuridicae Winter 1805
Bucher
Weis
Bauer
VII Extraordinariae
D. Fr. Car. de Savigny, Prof. publ. nec non Ord. IC. Assessor extraord. iter faciens literarium, hoc etiam semestri a lectionibus habendis vacabit.

BLATT 84

[s.a. IV 1, Blatt 75; mit Bleistift geschrieben]

1805 im December.   Bucher:
Prof. Weis hatte aus dem vorigen Quartal Rückstand:

1. nach Wolfenbüttel Wechselforderung
   Diese Sache ist vielmehr erledigt. Weiter[e?] sind dort im 3. Quartal zugetheilt.
2. Nach Dillenburg (Ehe[versprechen?])
3. Nach Rheda (Forderung von 200 R betr.)
4. Nach Homburg in der Mark (Liquidation__ Forderung __)
5. Nach Riethberg (Erstellung des Werths 2 Kühe)
6. Nach Wolfenbüttel (_____ betr. vorstehende Sachen sind sämtlich referirt u. ausgearbeitet

– – – – – – – – – –

[die Aufstellung entspricht der auf IV 1, Blatt 75]
1805 schreibt Bucher (fol. 195)   <etwa im Oct.?>
Prof. Weis hatte aus vorigem Quartal keinen Rückstand u. wurde diesem im 2. Quartal d. J. zugetheilt:

1. nach Bernburg im Anhaltischen: Räumung der Klägerischen Wohnung u. Zinsen betr.
2. Ebendahin: angebliches Versprechen, 200 Rthl. betr.
3. nach Dillenburg: Untersuchungssache, Diebstahl betr.
4. nach Frankfurt a. M.: in Sachen des Gastwirths Melchior Frieß, Bekl., Provokanten u. Revidenten c/a den Schutzjuden Wolf Gumbert (?) Friedberger, Kl., Provokant u. Revisor, angebliche Waarenschuld betr.
5. nach Willmars: Gewährung eine Kuh betr.
6. nach Runkel: in Sachen des Juden Lekisch Moser, Bekl. u. Revidenten, puncto doli
7. nach Wolfenbüttel: Wechselforderung
8. nach Wiedenbrück: wechselseitige Ansprüche an einem Wohnhause betr.?
   Die Sachen sind, unter [N. I.?], referirt u. ausgearbeitet.

BLATT 85

1805 den 22. Dec. ward erledigt ‹Sache des Handelsmann Christian Haßfeld zu Rühle, Revidenten c. die Handlung Caspar Cratz u. Söhne zu Elberfeld. Revision Wechselregreßforderung betr. (fol. . ?)

<aber wie kommt die Sache nach Frankfurt?>

BLATT 86 [wie IV 1, Blatt 75–78, jedoch nicht identisch im Wortlaut]

Die Rückstände der Urtheile

1806 den 13. Januar [drängt?] Robert bei der Facultät darauf, daß .. gegen die große Strenge, welche nun schon einigemal in betr. der Rückstände eingetreten, devoteste Vorstellung geschehen möge, da die legitimsten Ursachen bisheriger Rückstände in der Quartalsbescheinigung angezeigt worden sind, es aber äußerst schmerzhaft sei, daß das alles ‹nicht mehr geachtet wird›. Er ist fest überzeugt, daß die strenge Behandlung von einer nun ganz u. gar unrichtig scheinenden Vergleichung unserer Fakultätsgeschäfte mit denen der Kurfürstlichen Justizkollegien herrühre u. die nachtheiligsten Folgen haben könne:

Erxleben, dessen Rückstände zunächst zu der Bemerkung in dem Extract Geh. Raths Protokolls am 7. Januar Anlaß gegeben hatten, schreibt darüber den 13. Januar, er sei ganz einverstanden: «Mein Gewissen spricht mich von jeder Pflichtversäumung völlig frei. Ich habe früher weit mehr ernstlich gearbeitet, als es der Arzt erlauben zu können vermeint; die mir abgenöthigten Rückstände sind, ungeachtet es lauter weitläufige u. schwierige Sachen waren, bis auf eine einzige beseitigt. In Hinsicht auf meine Gesundheit wünsche ich ex post, weniger fleißig gewesen zu sein, u. weiß vor der Hand noch nicht, was dann aus den übrigen Acten ... werden wird, wenn die legitimsten Entschuldigungsgründe in gar keine Betrachtung kommen sollten.»

Bauer schreibt den 17., es sei v. a. zu bemerken, daß während durch Säcularisation, Mediatisirung ... privilegia de non appellando die Actenversendung viel seltener geworden, dennoch die Zahl der an unsere Facultät transmittirten Acten eher zu als abnehme, mithin die Zufriedenheit der auswärtigen Justizcollegien mit unsern Arbeiten keinem Zweifel unterworfen sei. Weis setzt den 18. einfach seinen Namen darunter.

Robert legte den 28. März das Concept der Vorstellung vor (absichtlich so spät, weil er bis zum nächsten Quartalsbericht damit warten wollte), das von allen genehmigt ward. Darauf erging [in] Cassel den 11. April folgende Resolution.

«Da Seine Kurfürstliche Durchlaucht es für die erste Regentenpflicht halten, bei allen Justizbehörden im Lande, mithin auch bei denjenigen, wohin auswärtige Rechtsangelegenheiten zur Entscheidung angebracht werden, jederzeit eine eben so prompte als unparteiische Justiz administriren zu lassen, in den Fällen aber, wo besondere u. erhebliche Umstände die Entscheidung der Sache verzögern, seine gnädigste Nachsicht nie versagen werden, so können jedoch höchstdieselben eine Erinnerung an die Beförderung der Rückstände alsdann nicht überflüssig finden, wenn uns bei einem oder dem andern Mitglied eines Justizkollegiums oder einer Rechtsfakultät öfter Rückstände wahr geworden werden, bei den übrigen ____ dergleichen uns selten oder vielleicht nie erscheinen, da nicht zu vermuthen steht, daß alle verworrenen weitläufigen Sachen gerade nur an einen u. denselben Referenten kommen sollten. Übrigens können Seine Kurfürstliche Durchlaucht Sich den Fall nicht möglich denken, daß nach der in dem unterthänigsten Bericht mit eingeflossenen Äußerung das Mitglied der F[akultät] sich befugt erachten wollte, eine ihm _____ zugetheilte Sache nicht anzunehmen oder gar zurück zu geben.

v. Schmerfeld
(Briefwechsel ‹Gesetzbuch›)

– – – – – – – – – –

[Notiz zu Ludovicus de Trott: Consilium abeundi punitus anno 1807]

BLATT 87 [3 Worte auf der Rückseite eines Briefumschlags]

BLATT 88

1806 (?) [Universität Helmstädt]

fol. 128. Verordnung des Churfürsten über das Universitätsstudium in Marburg u. Rinteln.
Die Universität Helmstädt, 1805 beseitigt; [Goethes] Briefe an die Stein, II ___,XII
Hugo, [Lehrbuch der Geschichte des römischen Rechts] Reg[ister] 644.
Unter den protestantischen eine der bedeutendsten, auf welcher stets ein Geist der Versöhnlichkeit herrschte (Meyer VIII, S. 368) [Meyer, 6. Aufl., Bd. 9, Sp. 156: Helmstedt]
[Heinrich] Kunhardt, Beiträge zur Geschichte der Universität Helmstedt. Helmst. 1797.
[Friedrich August] Ludewig, Geschichte der ehemaligen Hochschule zu Helmstedt. Das. 1876.

– – – – – – – – – –

Studenten in Marburg (Matrikel)

1805.	9	Tübingensi	(Nassau)
	25	Rinteln	(Cassel)
	36	Tübingensi	(Augustanas)
	57	Halensi	(Bückeburg)
	63	Göttingensi	(Cassel)
	70	"	(Waldeck)
1806.	22	Halensi	(____burg)
	48	Giessensi	(Nassau)
	65	Wurceburg __ Giessensi	(Nassau)
	68	Götting. u. Heidelberg	(Allendorf)
	77	Würzburgensi	(Frankfurt)
	81	"	(Fulda)

BLATT 89

Die theologische Fakultät

Der Theologe, Consistorialrath Wilhelm Münscher in Marburg

1805 den 20. Febr. theilt Wilhelm dem Jacob mit: ‹Es hat hier wieder Zulagen gegeben: Bauer 100 Rthl., Münscher u. Wachler jeder 200 Rthl.› ([Grimm, Jugendbriefe] S. 15).
Den 24. März:

‹Consistorialrath Wachler hat ein Latinum, Münscher (dem vorgestern, wie ich gehört, ein junger Sohn geboren) ein Graecum angeschlagen, um den Herrn Rommel lahm zu legen.› ([Grimm, Jugendbriefe] S. 29)

Wilhelm Münscher

Consistorialrath

«Münscher,» so bemerkte Wilhelm am 28. Mai, «hat eine zweite Auflage der Dogmengeschichte besorgt.» [Grimm, Jugendbriefe, S. 47]

1805~~ den 20. Februar, Briefwec~~hsel S. 15
- de~~n 24. März~~ [Grimm, Jugendbriefe] S. 29
- den 2. April [Grimm, Jugendbriefe] S. 33
- den 28. Mai [Grimm, Jugendbriefe] S. 47
- den 26. Juni (Schulin S. 46)

Marburger Matrikel

1805 Juristen Nr.: 9, 10, 12, 14, 15, 16, 20, 22, 24, 25, 27, 28, 36, 47, 48, 50, 51, 55, 56, 60, 62, 63, 64, 67, 70, 73, 74 = 27

Hessen	Nichthessen
Hanau 14, 15 -?- 62.	Nassau 9, 10, 24 (Weilburg) 27 (Weilburg) 50
Treysa ad lumbdam ____ 16.	Degenfeld 12
Sontra 20.	Augustanas? 36
Marburg 22, 56.	Berlin 47
Cassel 25, 28, 48, 63.	Schaumburg (Bückeburg) 51
Rotenburg 55.	Dierdorfis-Wedanas 64
Kirchheim 60.	Waldeck 70
Schwarzen[faßla?] 67	Coblenz (Confluus) 73
	Ehrenbreitstein 74

BLATT 90

Frankfurter auf der Universität Marburg

1805.	6.	Christ. Frid. Bayrhoffer.	med. († zu Frankfurt 1813 den 12. Mai an Typhus)
1806.	77.	Frid. Car. Hoff	jur. stud. (ex acad. Würzburgensi)
1807.	3.	Casp. Wüstefeld	jur. candidatus
1808	keiner		
1809	37.	Wilh. Jac. Frid. Wetzel	jur. stud. (ex acad. Heidelbergensi)

– – – – – – – – – –

[Abschnitt redundant, s. IV 1, Blatt 69]

BLATT 91

[Stichwort: Creuzer in Marburg]

BLATT 92

[Auflistung von Briefen an Karoline, April/Mai 1806, s. IV 1, Blatt 93 ff.]

BLATT 93

[Stichwort zu Bettina]

– – – – – – – – – –

Frühling 1806.

«Jetzt kam Creuzer nach Marburg, um Savigny zu besuchen. Häßlich wie er war, war es zugleich unbegreiflich, daß er ein Weib intereßiren könne. Ich hörte, daß er von der Günderode sprach, in Ausdrücken, als ob er ein Recht an ihrer Liebe habe. Ich hatte in meinem, von allem äußern Einfluß abgeschiednen Verhältnis zu ihr, früher nichts davon geahnt, u. war im Augenblick aufs heftigste eifersüchtig. Er nahm in meiner Gegenwart (sie ging fort: Rohde . .) ein kleines Kind auf den Schoß u. fragte, wie heißt du: Sophie. Nun, du sollst, so lange ich hier bin, Karoline heißen. Karoline, gieb mir einen Kuß.» Da ward ich zornig; ich riß ihm das Kind vom Schoß u. trug es hinaus. (S. 110 f. Ihres Buchs) [richtig: S. 102 f.]

.. da ich herunter kam (vom Thurm), begegnete mir Creuzer. Ich sagte: Weg aus meinem Weg, fort (___: ‹brentanoisch›) [Briefwechsel mit einem Kinde, Theil 1, S. 102 f.]

[Randnotiz:] (Und der wahre Charakter Frid. Creuzers S. 210, 211; Bettina später selbst: S. 215)

Im März 1806 kehrte Bettina von Marburg nach Frankfurt zurück. (Düntzer: Frauenbilder aus Goethes Jugendzeit, S. 558)

- - - - - - - - - - -

[Stichworte zu Clemens]

BLATT 94

1806. 10. April? [Preisendanz, S. 248 f.]

Auf der Rückreise sah Creuzer dann Karoline abermals, u. zwar den Abend. Allem Anschein nach war er früher nach Frankfurt gekommen, als er anfangs glaubte, nämlich schon Mittwochs.[1] Vor seiner Abfahrt aus Frankfurt, die Donnerstag statt fand, sah er auf der Straße nach ihr aus. «Ich habe mich sehr bemüht,» so schrieb er später, «ihn (den Freund) noch einmal zu sehen u. glaube, es ist mir gelungen. Was hatte er für ein Kleid an! Es war gegen halb fünfte, an der bekannten Thür. Trifft das?»

Vor seiner Ankunft in Darmstadt, wo er Frau u. Tochter abholte, nahm er ein etwas volles Maß von Wein, das ihm «eine äußere Lustigkeit» gab, aber auf Sophie den besten Eindruck machte. «Ich hatte das kaum weg, so outrirte ich das Betragen mit solchem Glücke, daß ich niemals mit so guter Manier vom Freunde zurückgekehrt bin.»

In Darmstadt mußte er dann abermals in einem Wirthshaus (übernachten?). In einem einsamen Kämmerchen schrieb er auf dem letzten Blatt eines alten Buchs, das er mit sich führte, an Karoline: «Da sehe ich nun durchs Fenster nach den Sternen u. denke traurig an den gestrigen Abend, wo ich ihren Wiederschein in deinen lieben Augen sah ... Heiliger Engel, bete für mich, daß ich mich wieder fügen lerne in mein Schicksal. Nein, bete nicht, es ist doch süßer Trost, daß du in gleicher Trauer versunken ..

Nicht wahr, ich darf Pfingsten wieder kommen? Versags doch nicht ...»

[1]Hängt das mit dem Marburger Conflict zusammen? Das wäre sehr möglich.

BLATT 95

[redundant, s. IV 1, Blatt 96]

BLATT 96

Undatirter Brief <12. April?> aus Darmstadt? an Karoline (fol. 321, Rohde S. 89) (hat die Frau wieder in Darmstadt gesehen u. schreibt aus einem Wirthshaus auf der letzten Seite eines alten Buchs. [Preisendanz, S. 248]

‹Nicht wahr, ich darf Pfingsten wiederkommen? . .› [Preisendanz, S. 249]

‹Sonntags›. (Griechisch) (fol. 322. Rohde S. 90)

‹Seit gestern bin ich wieder hier <in Heidelberg>

‹Sicher wäre ich noch Donnerstag in Frankfurt herumgeirrt, hätte nicht der Zufall mich aus der Unentschlossenheit herausgeführt. Ich mußte ihn benutzen u. noch an demselben Abend sah ich mich im Wagen.› [Preisendanz, S. 249]

‹Mittwochs› (fol. 323. griech. Rohde S. 90)

‹Später› (fol. 323, Rohde S. 91)

‹Donnerstag› (fol. 323, Rohde S. 91)

Samstag den 26. April (fol. 324, Rohde S. 91) (griech.) [Preisendanz, S. 257]

‹Erst heute erhielt ich noch ein Blättchen von deiner Hand, das ich in Marburg noch erhalten sollte; die Flügel der Liebe hatten mich schneller hinweggeführt als es dort ankam.

Später

Aber wir wollen (Rohde . .)

Du bist doch wieder ganz gesund? Vergiß auch nicht, mir über die Zusammenkunft in Winkel näher zu schreiben . .

Montags den 28. April (fol. 326) [Preisendanz, S. 258 f.]

(von einem Streit mit unserer H[eyden], als sie (die Freundin) dorten gewesen. ‹Ohnehin ist jetzt, wie man in Unmuth zu sagen pflegt, wieder der Teufel los. Man kommt gar nicht aus der Amtsmiene heraus (der Schüler in F____). Ich möchte mit ihm < dem Schüler > fort. Lassen Sie das unsere H[eyden nicht lesen].›

– – – – – – – – – –

<Besuch in Marburg 1804 im Mai?> Creuzer u. die Familie Savigny in Marburg. Creuzer erzählt später (1806 den 11. Mai), Savignys Frau habe ihm in Marburg <also bei seinem Besuch?> «ins Gesicht die stärksten Schmeicheleien über meine Gelehrtheit» gesagt u. er selbst ihn in Marburg gebeten, ihn doch in Trages zu besuchen. [Preisendanz, S. 265 f.]

(Die [Zeit?] zu bestehen: es ist geschehen spätestens im Frühjahr ~~1804~~ 1805)

BLATT 97

Am 13. März [1806] theilte Creuzer der Günderode mit, für den April habe er eine Reise nach Marburg im Auge: er komme theils Savignys wegen, theils seines Vetters, der ihr, Karoline, von Herzen gut sei, «um meinetwillen nicht bloß, sondern weil er mehrere deiner Sachen gelesen». Das waren also die beiden Personen, deren Schicksal Creuzer am meisten am Herzen lag u. von denen er, wie es scheint, Hülfe u. Beistand in seinen Plänen erhoffte. «Clemens, dem Gott weiß wer von meiner Reise gesagt, will durchaus mit nach Marburg fahren; ich bin aber entschlossen, ihn nicht mitzunehmen, wenn mirs gelingt, meine Abreise vor ihm geheim zu halten.»

«Sollte ich nun zweimal in Frankfurt sein, ohne dich einmal sehen zu dürfen? Ich flehe die Hülfe unsrer Heyden, ich flehe deinen Scharfsinn u. Hülfe an, damit es möglich werde, dich zu sehen.» <Ohne Zweifel hatte Clemens die eigentliche Absicht Creuzers erkannt.> «Ich werde die Adresse deines Bruders so gut ich kann nachmachen, allein ich verzweifle an meiner Fähigkeit.»
Sophie, so fügte er am Rand hinzu, grüßt dich sehr. Es ist alles wieder gut.» [Preisendanz, S. 245 f.]

25. März an den Vetter.

<Die Reise mit Frau u. Tochter bis Darmstadt. In Frankfurt sah er Karoline bei Frau von Heyden.>

Zu derselben Zeit stand Karoline mit Savigny im Briefwechsel. Um die Mitte März machte sie ihm den Vorwurf, er habe ohne persönlichen Antheil an sie u. ihr Schicksal in jener Sache «gehandelt u. gesprochen». <Worauf sich das bezieht, vermag ich nicht zu sagen: vielleicht ist es der, wie es scheint, von Creuzer u. Karoline gehegte Plan, nach Heidelberg zu kommen.> Den 19. März schrieb Savigny an sie. [Geiger, S. 40]

– – – – – – – – – –

[kurze Notizen]

BLATT 98

[redundant, s. IV 1, Blatt 97]

BLATT 99

[4 kurze Notizen zu Creuzer und Karoline; redundant, s. IV 1, Blatt 94–96]

BLATT 100

1806 April

Im ersten Drittel des April reiste dann Creuzer über Frankfurt nach Marburg. Bis Darmstadt begleiteten ihn Frau u. Tochter. In Frankfurt sprach er Karoline, wie es scheint, zweimal, einmal bei Frau von Heyden, ein zweites Mal im Stift. Die Unterhaltung war keine erfreuliche: wir hören von Streit mit Frau v. Heyden u. mit Karoline, die ihre Eifersucht auf seine Frau nicht verbarg.

Karoline warf ihm vor: er möge wohl gegen Sophie gleiche Gesinnung hegen wie gegen sie, u. wiederholte diesen Vorwurf! Creuzer aber jammerte: «Sonderbares Los, das mich getroffen: ich selber mache mir Vorwürfe, daß ich gegen Sophie nicht ganz mehr sein kann, daß ich ihr zuweilen in einem Ton schreiben u. reden muß, den ich mir um des Freundes willen u. ihrer eigenen Ruhe wegen künstlich bilde; ich klage mich deshalb der Heuchelei an . . . u. du machst mir den Vorwurf, als wisse ich nicht zu unterscheiden zwischen Lieben u. Guthsein!» so schrieb er nach seiner Rückreise aus Heidelberg, wo jenes Wort ihn noch immer recht betrübte. [Preisendanz, S. 250]

– – – – – – – – – –

[Abschnitt vermutlich Irrläufer: Geltungsgebiet d. Lex salica]

BLATT 101 [verschoben von Einheit I, Blatt 158]

Karoline ~~Nach dem Aufenthalt~~ auf Trages: 1805, Oct.

Rohde S. 64, 66 Geiger S. 175
Karoline, die im October 1805 auf Trages war (Rohde S. 64), kehrte gegen Ende des Monats nach Frankfurt zurück (Rohde S. 66). Ihre bevorstehende Rückkehr hatte sie der Frau von Heyden[1] schon eine geraume Zeit vorher angekündigt u. zugleich mitgeteilt, daß Creuzer später nach Frankfurt kommen werde. ~~Er hatte die Hoffnung geäußert, sie Weihnachten zu sehen~~ (Rohde S. 66). Die Frau v. Heyden, die am 29. Oct. in Wiesbaden war, war, als sie den Brief erhielt, noch in Frankfurt u. hatte auch von Creuzer einen Brief erhalten, nachdem er die Hoffnung auf ein Wiedersehen mit Karoline aufgegeben zu haben schien.

Die Vorschläge der Heyden (Geiger S. 175 f.)

[1]Rohde S. 19 Anm., schreibt es mit Recht ihr zu (unrichtig denkt Geiger S. 175 an die Barkhausen); aber unrichtig ist es von Geiger, der vom 11. August dachte, ‹mindestens um ein Vierteljahr zu früh datirt› sei: die Rückkehr kann sich doch nur auf die Abreise von Trages beziehen u. die fällt früher (Rohde selbst S. 66).

Anmerkungen

I Blatt 6: Bremer bezieht sich auf mehrere Briefe von Creuzer an Böttiger, die sich im Nachlass Böttiger in Dresden befinden und auch im Kalliope-Verbund nachweisbar sind (ohne Digitalisat). Auf Blatt 6 und 7 (Einheit IV 1) finden wir zudem Bremers Notiz: «Königl. Bibliothek Dresden». (s.a. IV 1 Blatt 7, 17, 41, etc.; II, Blatt 1; III, Blatt 38; VI, Blatt 144, 204)

II Blatt 14: Savigny an Heise, 19.3.1805, S. 108 f. bei Lenel, Briefe Savignys an Georg Arnold Heise, in: SZ (RA) 36 (1915), S. 96–156.
URL: https://dlc.mpg.de/!image/mpirg_escidoc_88285/1/ (zuletzt abgerufen am 21.06.2023).

III Blatt 22: Savigny aus Wiesbaden an Weis, 6. Oktober 1805 (UB Marburg, Ms. 444/17)
URL: https://kalliope-verbund.info/ead?ead.id=DE-611-HS-28271 (digitales Faksimile) (zuletzt abgerufen am 21.06.2023).

Auch nachzulesen in der SZ (RA) 48 (1928), S. 159f.
(s.a. IV 1, Blatt 82)

IV Blatt 26: Arnim, Bettinas sämtliche Schriften, Bd. 2: Die Günderode, Theil 1 wird im Folgenden als Günderode I zitiert.
Arnim, Bettinas sämtliche Schriften, Bd. 3: Die Günderode, Theil 2 wird im Folgenden als Günderode II zitiert.
Günderode I: https://www.deutschestextarchiv.de/book/view/arnimb_guenderode01_1840? (zuletzt abgerufen am 21.06.2023).
Günderode II: https://www.deutschestextarchiv.de/book/view/arnimb_guenderode02_1840? (zuletzt abgerufen am 21.06.2023).
(s.a. IV 1, Blatt 31–35, 37–38 sowie IV 2, Blatt 68–70)

V Blatt 27: Bremer hat wahrscheinlich auch hier die Ausgabe von 1853 benutzt. Die Seitenangaben konnten jedoch erneut mit leichter Abweichung in der Ausgabe von 1835 verifiziert werden.
(s.a. I, Blatt 339, Anm. XXXIII, IV 1, Blatt 35, 93; I, Blatt 339)

VI Blatt 27: Der Brief von Savigny an Weis, 30. April 1806, kann im Original eingesehen werden, das erste Blatt ist jedoch nicht lesbar. (UB Marburg, Ms. 444/18)
URL: https://kalliope-verbund.info/ead?ead.id=DE-611-HS-28272 (digitales Faksimile) (zuletzt abgerufen am 21.06.2023).
Auch nachzulesen in der SZ (RA) 48 (1928), S. 160f.

VII Blatt 65: Johannes von Müller (seit 1791 Edler von Müller zu Sylvelden), 1752–1809, Geschichtsschreiber, Publizist und Staatsmann (N.D.B., Bd. 18 (1997), S. 315–318)
URL: https://www.deutsche-biographie.de/sfz66604.html (zuletzt abgerufen am 21.06.2023).
(s.a. IV 1, Blatt 73)

VIII Blatt 71: Albert Jakob Arnoldi war Theologe und Orientalist, zeitweise (Ex-)Prorector, aber nicht Professor für Rechtswissenschaft.
URL: https://www.deutsche-biographie.de/pnd116352043.html#adbcontent (zuletzt abgerufen am 21.06.2023).
(s.a. IV 1, Blatt 82)

IX Blatt 72: Johann Kaspar Müller, in: Hessische Biografie
URL: https://www.lagis-hessen.de/pnd/104147873 (zuletzt abgerufen am 21.06.2023).

X Blatt 73: Gemeint ist Karl Franz Ferdinand Bucher, 1786–1854, Sohn von Johann Peter Bucher, dem Marburger Rechtswissenschaftler. Er promovierte in Marburg bei seinem Vater, erhielt 1808 einen Ruf nach Halle und ging 1818 nach Erlangen.
(s.a. III, Bl. 292)

XI Blatt 73: Als «irrig» bezeichnet Bremer die Aussage von Landsberg, wonach Savigny nach der Rückkehr aus Paris nicht in das «untergeordnete Marburger Extraordinariat» zurückgekehrt ist (Landsberg, Geschichte der deutschen Rechtswissenschaft, 3. Abtheilung, 2. Halbband, Text, S. 197).

XII Blatt 88: Schöll (Hg.), Goethes Briefe an Frau von Stein, Bd. 3, S. 362.
Am 12.8.1805 kündigt Goethe seinen bevorstehenden Besuch in Helmstädt an.

Einheit IV 2: Vermischtes aus der Zeit um 1799

BLATT 1

[Stichwort: Die Studienreise 1799]

BLATT 2

[fehlt]

BLATT 3

[26. April 1800, an beide Creuzer und Schwarz]
.. sei wenig werth. «Ganz unbegreiflich war es mir, daß Sie, lieber Leonhard, mir nicht aus allen Kräften beistanden, was Sie, wie ich dachte, quasi ex officio – Leonhard Creuzer war Lehrer ... – thun mußten, sondern vielmehr viele Neigung für die Gegenpartei blicken ließen.»
Inzwischen war die Gegenpartei, Professor Schmid gestorben ... u. nun gedachte Savigny «mit Lächeln jenes großen Streits.» [Stoll I, 156] [s.a. I, Blatt 11]

Im Anschluß an diese Erzählung erfahren wir, daß «in der letzten Zeit», vor Savignys Reise, allgemein über Moral mit den andern Freunden verhandelt worden ist. Jetzt hören wir von ihm das Geständnis:[1] «Ich kann mich von der absoluten Verwerflichkeit der Leidenschaften durchaus nicht überzeugen.» Er glaubte vielmehr, daß es Fälle gebe, «worin eine Leidenschaft irgend einer Art (versteht sich, unter gewissen Bedingungen in Ansehung des Gegenstands) sehr wohlthätig wirken könnte.» Und als er dann von der «philosophischen Behandlung des praktischen Menschen» sprach – [Johann Karl Friedrich] Hauff hatte nach Savignys Überzeugung einen Eleven, den Savigny damals kennen lernte, nicht richtig behandelt –, rief er[2] schließlich aus: «Ich kann mit einem Wort keine andere unter unsern Schriftstellern als praktische Philosophen erkennen, keine andern, sage ich, [als – Göthe und Jacobi, den Verfasser des Allwill]. [s.a. I, Blatt 10f., 18]

[1]Stoll S. 29 [Brief vom 12. November 1799; Stoll I, 142] [2]Stoll S. 31 [Brief vom 3. Januar 1800; Stoll I, 146]

BLATT 4

[redundant, enthalten in IV 2, Blatt 11]

BLATT 5

Savigny über die Wissenschaftlichkeit der Frauen[1]

Auf ein Blättchen, das Schwarz geschickt hatte, schrieb Savigny seine Antwort ... den eigentlichen Gegenstand erfahren wir nicht, wohl aber, daß Savigny bei dieser Gelegenheit auch sein Urtheil über die «Wissenschaftlichkeit der Frauen» aussprach. Und es fiel nicht zu Gunsten des schönen Geschlechts aus.[1]

Was den Anlaß zu dieser Bemerkung gegeben haben mag? Vielleicht Schwarz's Studien über die Erziehung?

[1]Creuzer an die Frau von Heyden den 25. December 1804 in einer der vielen Stellen, die Rohde S. 26 als zu seinem Thema nicht gehörig getilgt hat.

BLATT 6

Wir lernen die große Schaar von Männern kennen, die als Lehrer der Philosophie, der Philologie, der Rechtswissenschaft oder als Dichter, im guten oder schlechten Sinne, sein Interesse erregten u. über die zum Theil seine Freunde, die in Jena u. Leipzig studirt hatten, ihm berichtet hatten, u. die auch er bald kennen zu lernen hoffte. Da die Briefe, welche uns diese Männer nennen, die ersten sind, die wir überhaupt kennen, u. andere Quellen uns für diese Jahre über Savigny nur Allgemeines berichten, so erscheint es unerläßlich, jene Männer wenigstens namentlich vorzuführen. Es sind dies Kant, ... der Kantianer Carl Christian Erhard Schmid, Fichte, Schelling, Jacobi; die Philosophen Friedrich Jacobs, Gottfried Hermann u. Johann Georg Lenz, der Historiker u. Numismatiker Schlichtegroll; der Lehrer der Poesie u. Beredsamkeit Christian Gottfried Schütz.

[Randnotiz:] (Paulus, Voigt)

Die Rechtsgelehrten Feuerbach, Grolman, Hufeland; die Dichter Wieland, Jean Paul, Goethe, Schiller, Tieck, Kosegarten, ferner Dryden, der einzige Ausländer, dazu die Dichterinnnen: Karoline v. Wolzogen, die v. Imhoff u. die Mereau, die Literarhistoriker August u. Friedrich Schlegel.

Diesen bedeutenden oder tüchtigen Männern gegenüber stehen ... der platte Nicolai,[1] u. Matthison, dem, wie Savigny meinte,[2] «von Polizei wegen das Dichten untersagt werden sollte. Ihr kennt doch sein Basrelief, worin Verse wie der folgende in dem pathetischen Anfang stehen: ‹Die Nymphen in den Seen u. allen Strömen baden›?»

Lafontaine, für den man in Leipzig, wo man «schon zu gebildet» für Jean Paul sei, nun reif sei: «er wird allgemein angebetet.»[3]

[Randnotiz:] Lessing?
Shakespeare – noch nicht Zeit

[1]Stoll S. 24 [Stoll I, 84] [2]Stoll S. 29 [Stoll I, 143] [3]Stoll S. 30 [Stoll I, 125]

BLATT 7

Diese Namen waren für Savigny nicht bloße Namen; er kannte ihre Schriften genau, wenn das auch nur für einzelne direct bezeugt ist. Von Jacobi erwähnt er den philosophischen Roman «Eduard Allwills Briefsammlung»,[1] bei der Schilderung des Saalethals mit dem grellen Contrast der schönen Wälder u. der nackten Berge u. Felsen verweist er[2] auf die Analogie der «halb humoristischen, halb sentimentalen Stellen von Jean Paul», bei Herder erinnert er nicht nur an die Metakritik,[2a] sondern auch[3] daran, wie er «vor einigen Jahren so stark gegen die anonymen Recensionen gesprochen». Auf der Rückreise sah er «die himmlische Maria Stuart von Schiller» spielen.[4]

Daß er Goethe neben Jacobi als den einzigen praktischen Philosophen «unter unsern Schriftstellern» betrachtete, haben wir gesehen. Hier ist nun hinzuzufügen, daß er das 1790 veröffentlichte Fragment des Faust (der siebente Band von Goethes Schriften) kannte,[5] was freilich ohnehin niemand hätte bezweifeln dürfen, ferner Hermann u. Dorothea,[5a] eine Dichtung, die im September 1798 als «Taschenbuch für 1798» in den Händen des Publikums war.[5b]

Endlich hören wir, daß er zwar von Hufeland Schriften gelesen, aber sie «nicht mit eigenen Augen» betrachtet habe. Das macht er sich jetzt, wo er Hufeland persönlich kennen gelernt hatte, recht zum Vorwurf. «Warum verließ ich mich auch auf Gläser, die ich schon als trüb kannte?»[6] Wer ihm die trüben Gläser vorhielt, kann kein anderer sein als Bauer in Marburg.

[Randnotiz:] Wünsche u. Gedanken, S. 32 [Stoll I, 147]

[1]Stoll S. 31 [Stoll I, 146]; Überweg III, 186 [2]Stoll S. 17 [Stoll I, 122], [2a]S. 19 [Stoll I, 124] [3]Stoll S. 19 [Stoll I, 123] [4]Stoll S. 38 [Stoll I, 163] [5]Stoll S. 19 [Stoll I, 124]; [5a]S. 36 [Stoll I, 159]; [5b]Goedeke S. 389 [6]Stoll S. 13 [Stoll I, 116]

BLATT 8

[30. Juli – 2. August 1799] Einen gewissen Einblick in seine philosophischen Studien erhalten wir durch eine gelegentliche Bemerkung. Als Savigny Karl Christian Erhard Schmid in Jena kennen lernte, fand er ihn ganz so, wie er gewünscht u. gehofft hatte, nämlich über seinen Schriften.[1] Diese Schriften hatten ihn also stark angezogen, während Fichte den Verfasser hatte «ecrasiren» wollen. [s.a. I, Blatt 133]

Schmid, der 1786 einen «Grundriß der Kritik der reinen Vernunft nebst einem Wörterbuch zum leichteren Gebrauch der Kantischen Schriften» herausgegeben hatte, vertheidigte in den späteren Auflagen die Kantische Lehre gegen einen Jacobischen Einwurf, ohne ihn doch zu widerlegen.[2] Savigny, dem Schmid recht gefiel – ich bin ihm «recht gut geworden» – , obgleich er «nie anders als kalt» war, «aber seine Kälte that mir nicht weh, denn sie schloß Theilnahme u. Mittheilung nicht aus», fand, in seinem Benehmen sei «alles Natur». Aber nun hören wir auch seine Kritik: «Ich möchte sagen, zu viel Natur, so sehr ist alles, was Phantasie dabei thun kann, verbannt. Mir kommt es vor, als ob der gute Schmid recht absichtlich allen Zusammenhang der Phantasie u. des Gefühls mit der Denkkraft abgeschnitten u. damit zugleich dem Sinn u. Gefühl für helle klare Einsicht u. Überzeugung das Herz ausgerissen u. ihn sich selbst verdächtig gemacht hätte. Ich meine, auch hier zeigt es sich, daß der Mensch ein Ganzes sein u. werden müsse.»

So finden wir ihn denn ganz auf den Wegen Jacobis. Davon später.[3]

[1]Stoll S. 13 [Stoll I, 115] [2]Überweg III, 185, 187 [3]Stoll S. 25 [Stoll I, 84] u. Überweg III, 186

BLATT 9 [Stichworte: Mathematik; Hauff als Erzieher]

BLATT 10

[Friedrich Heinrich Jacobi] Allwill[1] ‖

Wackernagel, [Geschichte der deutschen Litteratur] II, 484 f.

1775 den 10. Nov. Wieland anf. H. Jacobi:

«Wenn Sie Allwills Papiere in e i n e m Feuer fortschreiben könnten, sagt Goethe, u. Wieland mit ihm, so würde es ein gar herrliches Werk werden. O daß ich Ihnen nur auf vier Wochen meine Muße geben könnte.» (Rob. Keil, Frau Rath, S. 71 Anm.)

1776 den 31. Dez. Wieland an Frau Rath (Keil, S. 71):

«. . . Schreibt mir doch . . . was die gescheidten Leute bei Euch zu Allwills Papieren sagen? – den Verfasser kennt Ihr doch.»

[1]Stoll S. 31 [Stoll I, 146]

BLATT 11

F. H. Jacobi

Stoll S. 31 f. [Stoll I, 146], Windelband, S. 474, 447 f., 451 f., 467 (Stoll S. 28) [Stoll I, 141]
Creuzer

1799:

[30. Juli – 2. August] «In Fichtes Sache wird nächstens etwas höchst wichtiges erscheinen: eine Correspondenz zwischen ihm u. Jacobi, worin sich dieser – für Fichte erklärt!» (Stoll S. 20) [Stoll I, 125] [s.a. I, Blatt 122]

Den 1. Nov.: «Im Fach der Litteratur habe ich Euch etwas herrliches anzukündigen: Jacobi an Fichte.[1] Der wissenschaftliche Theil muß tief studirt werden, aber der Mensch, der darin auftritt, erscheint mir als ein hohes, heiliges Wesen. Man hat Toleranz gesehen u. Vielseitigkeit in Verbindung mit seichter Gleichgültigkeit – Gründlichkeit u. inniges Interesse in Verbindung mit einseitiger, unduldsamer Härte – – – aber jene Toleranz mit dieser theilnehmenden Gründlichkeit vereinigt ist mir hier zuerst erschienen, u. ich ehre darum Ihn wie keinen unserer litterärischen Grosen. Wie hoch erscheint er über Fichte! wie hoch über J. Paul! wie hoch auch überf. Schlegel! – – und daß der heilige Mann mitspricht über die Sache die unter uns verhandelt wird, wer wollte sich nicht darüber freuen? ‹Ich lasse mich nicht befreien von der Abhängigkeit der Liebe, um allein durch Hochmuth seelig zu werden›.» (Stoll S. 28) [Stoll I, 141] [s.a. I, Blatt 119]

1800, den 3. Januar: «... ich kann mit einem Wort keine andere unter unsern Schriftstellern als practische Philosophen erkennen, keine andern, sag ich, als – Göthe u. Jacobi (ich meine gar nicht Jacobi den Briefsteller, sondern den Verfasser des Allwill)[2] ... jene beide sind u. bleiben die Systematiker in der Moral. Das alles läßt sich auch als totaler Widerspruch gegen Schleiermachers Ansicht der Moral betrachten ... (Stoll S. 31). [Stoll I, 146] [s.a. IV 2, Blatt 3]

[1]der Brief steht in Jacobis Werken 1816. Bd III, S. 3–57. [2]»Eduard Allwills Briefsammlung». 1775 u. 1781

BLATT 12

Recht u. Gewalt 1777

Jacobi: ‹Über Recht u. Gewalt, oder philosophische Erwägung eines Aufsatzes von dem Herrn Hofrath Wieland: Über das göttliche Recht der Obrigkeit, im deutschen [Teutschen] Merkur November 1777 (Deutsches Museum [Bd. 1: Jänner–Junius] 1781, Stück 6, S. 522–54). <Jacobis Werke VI, S. 419 ff.>

[Zoeppritz (Hg.), Ausf. H. Jacobis Nachlaß, Bd. I]
1781 den 17. August. Pempelfort, Jacobi an Sophie LaRoche (I, S. 46):

‹Hier . . . etwas von mir, worüber ich mir besonders das Urtheil von Laroche, u. wenn er mich recht sehr verbinden will, seine Anmerkungen ausbitte. Ich kann mir nicht wohl vorstellen, daß Sie es nicht schon gelesen haben sollten, da es schon vor 3 Monaten im Museo erschienen ist. . .›

[1781] den 18. December, Berlin, Dohm an Jacobi (I, S. 50):

‹Es ist mir sehr lieb, daß Sie Ihre Abhandlung im Museo fortsetzen wollen. Bleiben Sie doch ja bei dem Vorsatz. Als alter Freund von Wieland mögen Sie ihn zu hart behandelt haben, aber die Rechte der Menschheit haben noch höheren Anspruch auf uns, als die Freundschaft. . . Sein Schweigen erkläre ich ganz einfach durch Unvermögen zu antworten. Sie haben ihm zu deutlich gezeigt, daß er über die Dinge nie hätte schreiben sollen. Indeß polemisch oder nicht, liefern Sie nun bald die Untersuchung: Was ist Freiheit? Gewiß ist es Itzt nöthig für die Rechte der Menschen den Kopf zu erleuchten, das Herz zu erwärmen, da so viele Menschen fast zweifeln, ob die Menschen überall auch Rechte haben.›

(von Jacobi ward der Aufsatz nicht fortgesetzt)

1782 den 25. Februar. Berlin, ders[elbe] an dens[elben] (I, S. 51 f.)
– den 31. Mai, Jacobi an Gleim (I, S. 54)
1785 den 17. November, Düsseldorf, Jacobi an Hamann (I, S. 73 f.):

‹Das Fragment über Recht u. Gewalt habe ich weder aus Animosität gegen den Merkur, noch in irgend sonst einer persönlichen Rücksicht geschrieben. Wielands Aufsatz hatte mich dergestalt revoltirt, daß ich ihm gleich bei der Erscheinung schrieb, um ihm die Freundschaft aufzukündigen. . . Durch diesen Aufsatz wurde er mir ekelhaft u. abscheulich. . . Die Fortsetzung blieb aus, weil eine Unpäßlichkeit, eine Reise, u. andere Hindernisse dazwischen kamen – hernach schien es mir auch besser, es dabei zu lassen . . .›

[Bleistiftnotiz:] Recht u. Pflicht
Jacobi bei Überweg III, 186
Das röm. Recht (Stoll S. 13) [Stoll I, 116]

BLATT 13

[Stichwort: Die Literatur-Zeitschriften und die Critik]

BLATT 14

Savignys Gedanken über Menschen im Allgemeinen u. Dichter u. Gelehrte im Besonderen.

Savignys Meinung war, «daß der Mensch ein Ganzes sein u. werden müsse» (S. 13) [Stoll I, 116], eine «Individualität» (S. 9). «Gegen Einseitigkeit» verordnete er sich selbst ein «Gegengift» (S. 31) [Stoll I, 145].
Keine Wachsfiguren (S. 17) [Stoll I, 121], keine Schneemänner (S. 16) [Stoll I, 145], auch keine Schauspieler (S. 12) [Stoll I, 114], sondern natürliche Menschen (S. 11, 13), humane (S. 8, 21), einfache (S. 25, 10), anspruchslose (S. 16).

Das idealische Auge Schlegels (S. 14) [Stoll I, 118], der scharf stechende Blick Wielands (S. 12) [Stoll I, 115], die höchst bestimmten Gesichtszüge des Paulus (S. 16) [Stoll I, 119],

Jean Pauls «Gutheit, Kindlichkeit u. Unschuld» (S. 10) [Stoll I, 110]. In Schlegels Gesichtszügen «die Wirkung einer zerstörenden Gewalt» (S. 15) [Stoll I, 118]. Das einfältige Gesicht des Stahl (S. 16) [Stoll I, 120], die langweiligen Gesichter der churfürstlichen Familie (S. 23) [Stoll I, 132].

In Böttiger «wenig Natur» (S. 11) [Stoll I, 113].

Grolmans u. Bauers arrogante Armuth» (S. 30) [Stoll I, 144 f.]

Jean Paul: Friedrich Richter (S. . .)

Bostel (S. 28 f.) [Stoll I, 141 f.]

BLATT 15 [s. VI, Blatt 204]

Savigny u. das Brautpaar [Creuzer und Sophie Leske]
30. Nov. 1799 [Creuzer an Böttiger] nach der Studienreise

[Abschnitt in fremder Handschrift]

«Ob nun gleich viele Umstände in unserer Lage hier und der Wille unseres Freundes, der nicht genannt seyn will, mir eigentlich ein Stillschweigen über den Urheber meines gegenwärtigen Glücks auflegen, so ist es doch für mich eine gewisse Befriedigung Ihnen theuerster Mann den Namen dieses Freundes zu nennen. Es ist ein junger H. v. Savigny der im letzten Sommer auf seiner Reise durch einen Brief von mir Ihnen empfohlen worden ist. Damals war er noch nicht in diesem Grad mein Wohlthäter und was ich also von ihm schrieb, kann Ihnen um so mehr als meine damalige Überzeugung von ihm gelten.»

vorher in demselben Briefe:
[Nachlass Böttiger, Bd. 31, Nr. 6, s.a. II, Blatt 1]

BLATT 16

[Abschnitt zu von Coll; redundant, s. IV 2, Blatt 48]

- - - - - - - - - - -

Dr. [Jacob Friedrich] Fries in Jena

1802: Fries u. Winkelmann (Steig I, S. 27)

1803 Dr. Fries: Adresse für Brentano ([Steig I] S. 73)
Brentano wohnt bei ihm ([Steig I] S. 81)
a) Clemens (Steig)
b) die Wette ([Karl G.] Lenz I, 392, 571 ff., 578 f.,
___, 575, 576, 577, 578)
1806 Fries
Clemens wandert mit ihm ([Steig I] S. 173, 174)
Fries' Brautfahrt ([Steig I] S. 180)
Fries nach dem Tod von Clemens' Frau (S. 215) [Steig I, S. 217]
1808 Fries kränklich ([Steig I] S. 236)
Winkelmann u. [Wilhelm Arnold] Eschenburg ([Steig I] S. 157)
Braunschweig ([Steig I] S. 175)
[Konrad Friedrich] Heyer ([Steig I] S. 215)
seine weit greifenden Studien
bei Fries
bei dem Juristen Hufeland

BLATT 17

Ludwig v. Wrangel

Aus Reval (Liefland), ein früherer russischer Offizier, der wegen seiner im Kriege erhaltenen Wunden seinen Abschied hatte nehmen müssen u. nun Medicin studirte, warmer Verehrer Goethes, an den sich Brentano mit seinem Witz nicht heranwagte. Savigny lernte ihn erst später (1802) kennen.

BLATT 18

L[udwig] v. Wrangel

Angeblich Clemens' «bester Freund». «Wrangel u. ich,»[1] so schrieb er[2] an Winkelmann, «sind die einzigen, die dir Gerechtigkeit widerfahren lassen.»

In Wrangels Begleitung kam er kurz nach Neujahr 1802 nach Marburg.[3] Daß Wrangel Savignys wegen kam, darf als sicher gelten. Leider erfahren wir aber über ihre Beziehungen nichts Näheres. Nur so viel ergiebt sich, daß Goethes Schriften auch Wrangel tief fesselten. Im Frühling 1803 erfahren wir durch Brentano[4] von einem langen Briefe Wrangels an Savigny, in dem er über Goethes Eugenie in der natürlichen Tochter[5] sich eingehend ausließ.

Am 2. April hatte in Weimar die erste Aufführung des ersten Theils stattgefunden,[6] der Wrangel beiwohnte. Nachdem er Savigny den Gegenstand des Trauerspiels dargestellt hatte, urtheilte er schließlich: «So schließt sich dieser erste Theil des Trauerspiels, der in mir einen ganz reinen u. hohen tragischen Effect hervorgebracht hat.» Darin stimmte er mit den besten der Zeitgenossen überein. «Die feinen Seher wollen schon darin ein Gegenstück zu Wilhelm Meister entdeckt haben. Ich halte dafür, daß es eine würdige Critik ist der neuesten Bemühungen Schlegels u. Schillers, moderne Sujets in modernem Gewande ganz antik bearbeitet auf die Bühne zu bringen.»

«Man sagt, die folgenden Theile sollen noch gar nicht in der Arbeit sein. Auch soll es einen französischen Roman Eugenie geben, dem eine Begebenheit der letzten französischen Hofgeschichte zugrunde liegt. Ob Goethe seinen Stoff daraus genommen, weiß man nicht.»

Im Mai ging Clemens nach Jena, angeblich,[7] um einen seiner treuesten Freunde, Wrangel, der nach Rußland (Estland) zurückkehrte, «noch einmal recht zu lieben». Bald darauf lebte er in Riga.[8] Über seine Beziehungen zu Savigny erfahren wir vieles nicht: die Correspondenz, die Aufschluß geben könnte, ist wieder unzugänglich, u. Clemens hatte nichts mehr über ihn mitzutheilen.

[1]Steig I, S. 350, 17, 18, 26 [2]Steig I, S. 26 [3]Steig I, S. 27 [4]Steig I, S. 70f. [5]Bielschowsky II, 55, 59 [6]Goedeke S. 405 [7]Mereau I, 78; Steig I, 78, 81 [8]Steig I, S. 103

BLATT 19–20

[Blatt 20: «Beiblatt» zu Blatt 19, siehe unten]

[Johann Wilhelm] Ritter[1]

Steig I, S. 27, 322

Der junge Physiker bildete den Mittelpunkt eines Kreises, zu dem nicht auch Arnim u. Brentano gehörten. Eckstein, der spätere Buchhalter der Schaumburgischen Buchhandlung, ein alter Jenenser, hatte Brentano bei Ritter gesehen,[2] der Chemiker Kastner, der später ein paar Fabriken regirte, eine Zeit lang mit Ritter zusammengelebt.[3]

Arnim, der wissenschaftlich mit ihm in Streit gerieth,[3a] klagte, daß seine physikalischen Gedanken ihm von Ritter meist vorweg genommen seien. Seinen Stil konnte er nicht loben.

Als Kraftgenie führte Ritter ein ganz apartes Leben: langes Arbeiten für einige Tage ohne volle Nahrung, dann starkes Essen, Trinken u. Schlafen, eine Methode, die Winkelmann gleichfalls befolgte.[4]

Mit Savigny bestand keine engere Beziehung, aber die Mittheilungen Brentanos, der ihn durch Winkelmann grüßen ließ,[5] u. eine Zeit lang von ihm Briefe erhielt, gaben ihm Anlaß, sich manchmal über ihn zu äußern.

Im Herbst 1801 schrieb Brentano[6] an Arnim: «Mit Ritter (den die Veit nicht mehr so sehr liebte, weil er sein eigen geworden sei), bin ich . . bis Gotha gereist»; er «ist der größte Mensch unsrer Zeit.» Und er mußte erleben, daß dieser Ritter unter das famose Distichon,[III] das Friedrich Schlegel im December desselben Jahres in ein Exemplar des Godwi schrieb, seinen Namen setzte[7] u. nichts desto weniger glaubte er[8] im Mai 1802 Arnim mittheilen zu dürfen, daß «der liebe Ritter» ihm viel schreibe. An Savigny hatte er einen Brief Ritters mitgetheilt, über den ihm Savigny am 18. April [1802] nach Jena (Steig I, S. 3_) schrieb:

[Blatt 20, Beiblatt zu Blatt 19:] «In Ritters Brief liegt unendlicher Reichthum u. Größe. Ich habe mich herzlich für Sie gefreut über diesen Brief u. über das Vertrauen, das Sie durch ihn haben müssen.» Dann aber folgte die Frage: «Aufrichtig! können Sie noch sagen, ‹bis auf einen gewissen Punkt sind diese Leute alle einig›?» [Stoll I, 211]

Aber im September klagte Clemens[9] schon: «Ritter hat mir keine Zeile mehr geschrieben : er ist auch hoffärtig.» Und im Winter fürchtete er,[10] wenn Arnim, wie er beabsichtige, in Paris mit Schlegel zusammen wohne, so werde er bei ihm so über Ritter triumphiren, «daß du mich leicht vergessen wirst.»

[1]A.d.B.? [Bd. 28 (1889), S. 675–678][IV] [2]Steig I, S. 322 [3]Steig I, S. 167 [3a]Steig I, S. 28 f. [4]Steig I, S. 187 [5]Steig I, S. 18, 19 [6]Steig I, S. 27 [7]Steig I, S. 351 [8]Steig I, S. 34 [9]Steig I, S. 45 [10]Steig I, S. 59

BLATT 21

[lose Stichwortsammlung zu Savignys Jenaer Freunden etc., mit Bleistift, schwach lesbar]

BLATT 22

[Stichworte zu Winkelmann, Savigny, Clemens]

BLATT 23

[Notizen zu Garlieb Merkel]

BLATT 24

[Notizen zur Nassau-Weilburgischen Regierung in Ehrenbreitstein]

BLATT 25

[Notiz über Promotionen in Göttingen und Jena]

– – – – – – – – – –

Jena. Stoll S. 12, 21, 34. Studentenschaft

‹Seit 1789 etwa war nicht bloß durch Relegationen, sondern auch durch den Einfluß von Paulus, der noch über die Rohheit des Studentenpöbels klagte, Reinhold, Griesbach, Döderlein, besonders aber von Schiller u., anfangs wenigstens, von Fichte allmälig ein besserer Geist unter den Studenten sichtbar geworden; doch machten sie noch 1792 eine förmliche secessio nach Nohra u. begingen 1795 gegen Fichte wüste Ausschreitungen. Auch Merkel wurde 1796 durch den rohen studentischen Ton widerwärtig berührt, ja noch 1798 fühlte sich der eben angekommene Steffens vom studentischen Jenaischen Treiben so zurückgestoßen, daß er Jena wieder für mehrere Monate verließ. Gleichwohl war eine entschiedene Wandlung zum besseren wahrzunehmen.› (Stoll S. 18 Anm. 81) [Stoll I, 122, Anm.6]

BLATT 26

Die jüngeren Juristen Jena

1. Hans v. Bostel
2. Gries
3. Heise
4. v. Müllmann
5. v. Coll
6. Klingemann (Stoll S. 40)

BLATT 27

Arnold Heise (1798–1804)
(v. Bippen) [Georg Arnold Heise. Mittheilungen aus dessen Leben], bes. S. 41, 39, 330, 326 45, 42, 40, 12, 29

Mereau!

1798 Oct. 19 in Jena immatrikulirt ([von Bippen] S. 35) die Wohnung (S. 37):
Prof. Stahl (S. 37, 39)
Dietr. Gries (S. 37–39, selbst Jurist S. 68 f.), Lichtenstein (S. 37, 69)
hört bei Schnaubert (Staats-, Kirchen- u. Lehnrecht, S. 38) 66 f.
Hufeland (S. 38)
Heises Nebenmann: Müllmann (S. 40)
Feuerbach (S. 38, 65)
1799 die Hamburger Katastrophe (S. 42)
Hufeland (S. 38)

1800	Ostern	Heise schließt sein hiesiges Studium (S. 38, 46 <aber ist ja vor Sav's Ankunft fort!)
		wann? bei Hufeland? (S. 39)
	Mai	Savigny erscheint (S. 39, 41): sein Kreis: Winkelmann (S. 39, 64), Ritter (S. 39),
		Klingemann (S. 39), Horn (S. 39), Cl. Brentano (S. 39), Steffens (S. 39, 40, mit Gries befreundet S. 52)
	Mai 3	Göttingen, Heise immatrikulirt (S. 46)
	Mai 14	Hamburg: Gries' Bruder ist Syndicus geworden (S. 47)
	Sept.?	Frankfurt: Gries: ‹wie Herkules am Scheidewege› (S. 49)
	Sept. 24	Bamberg. Gries: mit Schelling über Jena? (S. 49), Schelling u. Heises Brief (S.50)
	Oct. 13	Jena u. Gries (S. 50): zu Ostern den 2. Theil des Tasso? (S. 50); seine neue
		Wohnung (S.52); Schellings Rückkehr (S.52); Friedr. Schlegels Verlobung (S.52 f.)
	?	Marburg. Müllmann (S. 60), Creuzer S. 106
1801	März 27	Hamburg. Der Vater an Heise (S. 57)
	April 10	Göttingen. Hufelands Zeugniß für Heise (S. 38, 62)
	April 10	Gries an Heise (S.54): über Marburg u. Müllmann (S.55 f.), Martin (S. 56,62)
	Ende	Göttingen: Heise geht fort (S. 60, zu Fuß über Kassel nach Marburg (S. 60)
		Marburg: Heise, Müllmann, Savigny (S. 62)
	Mai.	Wetzlar (S. 61); v. Bostel (S. 61)
	Herbst	Göttingen: Heise (S. 61)
	Nov. 13	Jena. Gries an Heise (S. 61)

BLATT 28

1802	Jan. 16	Göttingen. Heise promovirt (S. 62) Martin (S. 75, 76, 81)
	Jan. 19	Jena. Gries über Winkelmann (S. 64) Hufeland (64) Thibaut (69)
	Febr.	Göttingen. Zahlung an Heise für Spruchsachen (75)
1803	Ostern	Göttingen. Heises Vorlesungen (S. 82)
		Eichhorn neben ihm (S. 82)
	Oct.	Isenbart, der Schwiegervater Heises (S. 81)

1804	März 27	Gotha. Hoppenstedt, Vertreter für Ziegesar, bietet Ruf nach Jena an (S. 84)
		Thibauts Rath durch Gries eingeholt (S. 84 f.)
	April 5	Kiel: Paetz für Heise (S. 89)
	April 9	Göttingen: Brandes an Heise (S. 88)
	April 27	Trages: Savigny an Heise für Heidelberg (S. 92)
	Juni	Savigny an Heise (S. 92)
	Juli	Gries aus Liebenstein (S. 97
		Pätz (S. 100, 102)
	August	Grolman in Gießen (S. 103)
		Heises Recension (S. 82)
		Savigny (S. 104 f.)
	Sept.	Heises Recensionen (S. 82)
		Heises Recensionen (S. 83), Entlassung (111). Hochzeit (113, cf. 105)
		Gries aus Heidelberg (S. 106); Savigny (107); Hofer (108)
	Oct.	Heises Recensionen (S. 83)
		Abreise aus Göttingen (S. 113)
		In Heidelberg (S. 114)

BLATT 29

Georg Arnold Heise

Sohn eines Hamburgers, der in Havre de Grace die Handlung erlernt, Jahre lang in Frankreich gelebt hatte, um dann mit einem Genossen in seiner Vaterstadt eine Handlung zu errichten, u. seiner Frau zweiter Ehe, der Tochter eines Hamburger Senators,[1] geboren 1778 den 2. August. Von Natur klein u. schwächlich, ward er von der Mutter aufs ängstlichste verzärtelt.[2] Später zunächst von tüchtigen Hauslehrern unterrichtet,[3] worauf er 1796 das Gymnasium bezog,[4] aber auch schon an dem lebhaften geselligen Verkehr auf Wunsch der Mutter Theil nahm.[5] Der Umstand, daß sein Vater für die französische Nation eine große Vorliebe hatte,[6] zog eine Anzahl von Emigranten, die auch Hamburg überschwärmten, ins väterliche Haus, das es an dem bei den Kaufleuten üblichen Luxus nicht fehlen ließ.[7] Es verstand sich von selbst, daß der Gymnasiast schon ein Reitpferd hatte.[7a]

So auch weltmännisch gebildet, zog der talentvolle u. ehrgeizige Jüngling im Herbst 1798 nach Jena, um Rechtswissenschaft zu studiren u. später in der Vaterstadt eine maßgebende Stellung einzunehmen.[8]

In Jena bezog er mit seinem Vetter Johann Hermann, Sohn des Bürgermeisters, eine Wohnung in dem großen Richterschen Hause am Löberthore, in dem mit ihm noch andere Frankfurter[V] wohnten, insbesondere die beiden Gries, Dietrich, der Übersetzer des Tasso, Ariost u. Calderon, u. Karl, der spätere Syndicus in Hamburg, u. Martin Heinrich Karl Lichtenstein, der Reisende u. Naturforscher. In demselben Hause wohnte der unverheirathete Professor Stahl.

Die Hamburger Jünglinge, verwöhnt in dem üppigen Leben ihrer Vaterstadt, waren entsetzt über die Tafel, die ihnen nun in Jena geboten ward:

[1]v. Bippen S. 9f. [2]S. 12 [3]S. 13, 15, 16, 26 [4]S. 29ff. [5]S. 31 [6]S. 9 [7]S. 31 [7a][Fußnote fehlt] [8]S. 32, 35, 37

BLATT 30

Der erste Gasthof, den sie besuchten, wird von dem Dichter Gries als ein Ort geschildert,

«wo man in dem engen Topfe
dir aus einem Heringskopfe
fünferlei Gerichte macht.»

Unter solchen Umständen besuchte man dann meist sofort den Conditor, um hier mit Fleischpasteten sich zu entschuldigen. Auch der Wein schmeckte gar nicht.[1] Abends versammelte man sich zu Hause um einen gemeinschaftlichen Theetisch.[2]

Wie in Hamburg, so hielt Heise auch in Jena ein Reitpferd.[3] Aber nun kam wie ein Blitz aus heiterm Himmel eine böse Wendung: im Herbst 1799 traf Hamburg die allgemeine Handelskatastrophe, die Heises Vater vor den Bankrott stellte u. ihn nöthigte, bei einer Assecuranzgesellschaft einen neuen Erwerb zu suchen.[4] Da mußte auch der Student sich anders einrichten[5] u. vor allem sein Reitpferd abschaffen.[6] Der Aufenthalt in Jena, wo dieser Umschwung seiner Lebensweise so zu Tage trat, war ihm nun gänzlich verleidet.[7] Aber er blieb drei Semester lang u. warf sich nun mit doppeltem Eifer auf das Studium.

Bei Hufeland hörte er ‹Institutionen des gesamten positiven Rechts›, die römische u. die neuere Rechtsgeschichte, Pandekten u. deutsches Privatrecht. Den eifrigen Schüler zog Hufeland auch in sein Haus, wo eine anziehende Geselligkeit gepflegt ward. Als er dann Heise bei seinem Abschied von Jena ein Zeugniß ausstellte, rühmte er seine «durch Privatumgang erprobten juristischen Kenntnisse u. seine untadelhafte u. empfehlungswürdige Aufführung», ja zählte ihn «unter die ausgezeichnetsten jungen Männer», die ihm je unter seinen Zuhörern bekannt geworden.[8]

[1][von Bippen] S. 36 [2]S. 37 [3]S. 45 [4]S. 42, 10 [5]S. 43 [6]S. 45 [7]S. 45 [8]S. 38

BLATT 31

In Hufelands Haus war es dann auch, wo Savigny im Frühling 1800 zuerst Heise sah.[1] Und nun bildete sich zwischen beiden bald ein freundschaftliches Verhältniß aus.[2] Aber zu einem regelmäßigen Verkehr in den Wochen (?), die Savigny damals in Jena zubrachte, kam es nicht, weil Heise sich nicht entschließen konnte, sich in dem

Kreise näher zu treten, in dem Savigny sich mit Vorliebe bewegte.[1] Um Ostern zog dann Heise nach Göttingen.[3] Erst im Frühling 1801 sahen sie sich wieder.[4]

[1][von Bippen] S. 39 [2]S. 41 [3]S. 46 [4]S. 60

BLATT 32

[Stichworte: Lichtenberg, Savigny und Clemens, mit Quellenhinweisen in Mereau II]

BLATT 33

[s.a. IV 2, Blatt 36, 45–46]

Johann Diederich Gries,
einer kaufmännischen Familie Hamburgs angehörig, hatte, gegen seine Neigung zum Kaufmannsstand bestimmt, erst in seinem 20. Lebensjahre im Herbst 1795 die Universität Jena beziehen dürfen, um das Recht zu studiren, ein Studium, das seiner Absicht, eine freiere Bildung zu erwerben, am wenigsten hinderlich zu sein schien. In Göttingen hatte er das Rechtsstudium fortgesetzt u. hier seit dem Frühling 1799 bei Seidensticker ein Privatissimum über die Pandekten gehört, da er zu Ostern 1800 in Jena promoviren wollte. Am 28. März 1800 in dem lieb gewonnenen Jena wieder angelangt, bewog Hufeland ihn, die Promotion rasch zu erledigen, da er die Dissertation nachliefern könne. Die schriftliche Probenarbeit ward mit Heises Hilfe erledigt, u. auch das mündliche Examen, das in lateinischer Sprache gehalten ward, glücklich überstanden. Die auf die von einem der Examinatoren gestellte Frage: ‹Wann lebte Ulpian?› von Gries gegebene Antwort: ‹Vor Justinian› galt als genügend. Am 28. April konnte der neue Doctor beider Rechte fröhlich von dannen ziehen, um bald ganz seinen Neigungen zu leben.

Später schrieb er über sich selbst: « . . die Pandektenhefte
deuten auf geringe Kräfte
für Gericht u. Tribunal.»[2]

Eine Dissertation lieferte er in demselben Jahre nach; sie handelte über die Annahme eines Wechselbriefs, u. erschien zwei Jahre später in Quedlinburg in deutscher Übersetzung.[1]

In den vier Wochen, die Gries im Frühling 1800 in Jena zubrachte, lernte er den 4 Jahre jüngeren Savigny kennen, von dem die Freunde ihm schon viel erzählt hatten.

[1]Koch, Preuß. Recht II, 334 [Lehrbuch des preußischen gemeinen Privatrechts] [2][Frommann] Das Frommannsche Haus [und seine Freunde]. 1870, S. 116

BLATT 34

[Namensliste: Ordo iuris consultorum alphabeticus]

BLATT 35

[redundant, s. IV 2, Blatt 33, 36, 45–46]

BLATT 36

Joh. Dietrich Gries (geb. 1775 den 3. Februar zu Hamburg, also 3 Jahre älter als Clemens u. 4 Jahre älter als Savigny), auf dem Johanneum seiner Vaterstadt ausgebildet, ~~durfte er erst 1795 die Universität Jena beziehen, um die Rechte zu studiren~~. Nachdem er den Sommer 1798 in Dresden gelebt, kehrte er in Schellings Begleitung nach Jena zurück, setzte dann in Göttingen sein Rechtsstudium ein Jahr fort u. begab sich 1800 wieder nach Jena, wo er von nun an ganz seinen Neigungen lebte. 1800–1803 erschien hier seine Übersetzung von Tassos Befreites Jerusalem, seit 1804 die von Ariosts Rasender Roland. Seine großen Verdienste hat sich später [Karl] Streckfuß zu Nutze gemacht u. ihn selbst zurückgedrängt[1] (1.1. 1818 in Halle der Rasende Roland, seit 1822 in Leipzig das Befreite Jerusalem). Hermann Kurz schreibt in der Vorrede zu seiner Übersetzung des Ariost (Stuttgart 1855, S. XIX:) ‹Ich will hier . . . meinen Dank gegen den ehrwürdigen Gries aussprechen, dem ich sehr viel schuldig geworden bin. Ich habe seine Übersetzung häufig benutzt, auch da, wo kein Reim, kaum ein Ausdruck derselbe ist; oft aber ist dies der Fall. . . . wo ich seine Übersetzung unverbesserlich fand . . . Griesens Verdienst kann nur der ermessen, der ihm seinen Weg Schritt für Schritt nachgeht: wie viel war hier urbar zu machen . . . wie leicht hat es ein Späterer nach einem solchen Vorgänger›.

[Karl] Solger sagte von ihm, ‹er arbeitet in seinem Beruf!› [Holtei (Hg.), Briefe an Ludwig Tieck, Bd. 1, S. 253], ein Wort, das ihn ermunterte ‹auf einer Laufbahn, die nicht zu den belohnendsten gehört›. Sein Fleiß u. seine Sorgfalt war unvergleichlich. Der bescheidene Mann litt mehr u. mehr an Harthörigkeit, das ihm, wie er 1827 schrieb, den größten u. besten Theil seines Lebens verpfuscht habe. ____ _____, mit ganzer Liebe hing er an Jena u. gedachte gern jener unvergeßlichen Zeit von 1797–1799 noch im J. 1827 ‹nicht ohne Sehnsucht› (Briefe an Tieck I, S. 261). Ein ihm sehr nahe stehender Bruder, der in Frankfurt lebte, war nach langem u. schwerem Leiden 1827 gestorben.

[1]Über ihn [Streckfuß] siehe was Gries selbst in einem Brief an Tieck 1827 den 1. Juli mittheilt ([Holtei (Hg.).] Briefe an [Ludwig] Tieck I, S. 256)

BLATT 37

Gries

Schiller – Goethe I, S. 327, 333, 339
II, S. 90, 91, 106, 159, 252–284[VI]

1797 8. Sept. Jena. ‹Hier ist auch wieder ein poetisches Genie, von Schlegels Art u. Weise <Gries>. Sie werden ihn im Almanach finden. Er hat Schlegels Pygmalion nachgeahmt u. in demselben Geschmack einen symbolischen Phaeton geliefert. Das Product ist närrisch genug, aber die Versification u. einzelne gute Gedanken geben ihm doch einiges Verdienst›. (I, 32)

– den 25. Sept. Goethe . . ‹der Phaeton ist gar nicht so übel gemacht› . . (S. 333) <Steig I, S. 17>

1798 den 11. Juni. Jena. ‹Gries schickt mir so eben ein mächtig großes Gedicht aus Dresden.› (II, 90)

– 14. Juli. Weimar. ‹Die jungen Herren lernen Verse machen, so wie man Düten macht . . .
Das Publicum, besonders das weibliche, liebt solche hohle Gefäße› . . . (II, 91)

– 24. Aug. Jena. ‹Gries hat einiges an kleinen Sachen gelandet, was sich brauchen läßt.› (II, 106)

1799 den 1. März. Jena. . . ‹die Nachricht, die mir Gries mittheilte› (über die Aufführung des Piccolomini durch Iffland) (II, 159)

1800 den 29. Juli. Weimar. ‹Frommann <gab>: Griesens Tasso . .› (II, 252)
(Steig I, S. 23)

1801 den 20. März. Jena. . . ‹Herrn Gries aus Hamburg, der sich noch hier aufhält› (II, 284)
(Trauerspiel ‹Ugolino› II, 279, 280, 284)

BLATT 38

Joh. Dietrich Gries (1800–1804)

In Jena . . Conflict mit Clemens (Steig I, S. 17). Seine Concurrenz mit Gries ([Steig I] S. 356)!
1800 in Sommer bei Savigny auf Trages ([Steig I] S. 23).
1802 den 6. März: Arnim über ihn ([Steig I] S. 32)
1802 den 18. Nov.: Arnim über ihn u. Clemens ([Steig I] S. 54)

[keine Verweise im Text] [1]Weitere Beziehungen von Savigny zu Gries, dem er immer theuer blieb, s. das[elbst] [Aus dem Leben von Johann Diederich Gries] S. 46, 56, 90 [2]Steig I, S. 23 [3]Steig I, S. 54, über seine schon in Jena begonnenen Übersetzungen italienischer u. spanischer Dichter, die durch Schlegel u. Gries angeregt waren, s. [Steig I] S. 356.

– – – – – – – – – –

[Abschnitt redundant, s. IV 2, Blatt 45]

BLATT 39

[Stichworte zu Dietrich Gries in Jena 1799–1801]

BLATT 40

[Stichworte und Quellenangaben aus von Bippen zu den Brüdern Gries]

BLATT 41

[Stichwort zu Karl Gries und Quellenangaben aus von Bippen]

BLATT 42

[vermutlich Irrläufer: Text zu Cn. Arulenus Caelius Sabinus]

BLATT 43

Gries
Seine Grundsätze der Übersetzung ([Holtei (Hg.)] Briefe an Tieck [Bd. 1, S. 254 ff.])
Clemens' Stellung zu ihm (Steig I, S. 17) [s.a. V, Blatt 25]
Savignys Stellung zu ihm (die Schrift über Gries)
Clemens' unverschämte Behandlung des Gries ____: II, S. 15, ‹Die Laube›, S. 16–17, 328 (‹Gossenschleim›): Clemens' Übertreibungen: Savignys Verurtheilung (S. 115 f.)
Gespräche 1) über das Romantische (____ II, S. 38 f.)
2) die Übersetzung des Tasso (S. 61 f., 147, 149 f., 152 f.)
Savigny S. 62 f., 153
3) der Übersetzerkampf zwischen Clemens u. Gries (S. 149, 184)
Petrarca (S. 65)
Dante (S. 65)
Shakespeare (S. 65)

Savignys [Warnung?] an Clemens (S. 143)

BLATT 44

[redundant, s. IV 2, Blatt 45]

BLATT 45

[Gries, Aus dem Leben von Johann Diederich Gries]

[Anfang fehlt] Gries in Göttingen 1799/1800 (S. 37 f.) ernstlich mit der Jurisprudenz beschäftigt, um Ostern promoviren zu können. Er hörte bei dem Professor Seidenstikker ein Privatissimum über die Pandekten. Um Weihnachten ward der Gedanke in ihm rege, um dieselbe Zeit seinen Tasso im Druck erscheinen zu lassen. Die erste Ausarbeitung des Tasso war schon vor Ende des Jahres fertig geworden; er arbeitete aber alle fünf Gesänge nochmals durch. Die Jurisprudenz mußte freilich darunter etwas leiden, aber Seidenstickers Vorträge besuchte er doch regelmäßig. Am 23. März war die Arbeit glücklich vollendet. Mit derselben reiste er nach Jena, wo er den Druck überwachen wollte. Am 28. März kam er hier an. Frommann aber konnte den Druck nicht sogleich in Arbeit nehmen, sondern mußte ihn bis nach der Messe verschieben. An die Stelle der Arbeit trat die Pflege der alten freundschaftlichen Beziehungen.

Der Krieg zwischen August Wilhelm Schlegel u. Hufeland war ausgebrochen; mit beiden Familien nahe befreundet, bedurfte es der strengsten Neutralität. Karoline Schlegel war anfangs krank. Nach ihrer Wiederherstellung war er ein gern gesehener Gast in dem literarisch bewegten Kreise, den Karoline um sich versammelte. Friedrich Schlegel u. seine spätere Frau, die Madam Veit, u. Ludwig Tieck waren damals auch in Jena; u. mit letzteren ward Gries näher bekannt.

Zu derselben Zeit machte er die Bekanntschaft Savignys. Die Freunde hatten ihm von demselben schon im Voraus viel Gutes verkündet. Der Ernst u. das fast Feierliche seines Charakters erinnerten ihn oft an Berger,[1] wenn er auch das Positive, was Savigny in Leben u. Wissenschaft offenbarte, als einen Vorzug anerkennen mußte. Daß er (Savigny) die ihm zu Gebote stehenden Mittel auf die Ausbildung seiner weniger wohlhabenden Freunde verwandte, wie Gries die Beweise vor Augen hatte,[2] machte ihm Savigny noch werther. Endlich erfuhr Gries zu seiner größten Verwunderung, daß Savigny nach Marburg gehen wollte, um Criminalrecht zu lesen. Es war ihm eine merkwürdige Erscheinung, daß ein junger reicher Mann von Adel, der auf die [Fortsetzung s. folgendes Blatt]

[1]gemeint ist Johann Erich von Berger (S. 6). Cf. Meyer II, S. 734 [Meyer, 6. Aufl., Bd. 2, Sp. 673][VII]
[2]War also Friedrich Creuzer damals auch da? Und etwa auch der Vetter?

BLATT 46

ersten Stellen in jeder Hinsicht Anspruch machen konnte, nur den Wissenschaften und sich selbst leben wollte›.» Gries [Aus dem Leben von Johann Diederich Gries, S. 40] [Stoll I, 168]

BLATT 47

Louis [Ludwig Hermann] von Coll [1776–1811]

Aus einer Beamtenfamilie – 1730 u. die nächsten Jahre finden wir H. M. Coll als einen Vertreter des Chur-Rheinischen oder Oberrheinischen Kreises in Frankfurt a.M.[1] – in Coburg geboren,[2] finden wir ihn im Sommer 1800 in Jena, das er im Herbst verließ,[3] um später wieder dahin zurückzukehren.[3a] Freund von Heise u. Gries,[4] mit Fries bekannt,[4b] der auch Brentanos Interesse erwirkt hatte[5] u. dessen Bekanntschaft er auch Arnim wünschte.[6]

Savigny nahm sich später seiner freundschaftlich an.

1802 im Jan. in Jena (v. Bippen, S. 65)
1805 wieder in Jena, wie er schrieb
(Steig I, S. 158) Mereau II, 161

[1]Kopp, Reichskreise. Beilage S. 160 u. 167 [Kopp, Gründliche Abhandlung von der Association derer vordern Reichs-Craysse] [2]Steig, Arnim – Brentano [Steig I], S. 370 [3]Steig I, S. 19 [3a][Fußnote fehlt] [4]v. Bippen S. 51; Mereau II, 161 [4a][kein Verweis im Text]v. Bippen S. 65 [4b]Henke [Jakob Friedrich Fries], S. 72 [5]Steig I, S. 158

BLATT 48

1730 in Frankfurt
von wegen des Chur-Rheinischen Kreises:
Karl Freih[err] von Großschlag, J.f. W. von Löhr J. M. Coll
Kopp Reichskreise Beil[age] S. 160

173_ in Frankfurt
von wegen des Ober-Rhein[ischen] Kreises:
A.f. von Brasseur [__ Munshangen?] J. M. Coll C. C. von Pfuhl S. Lucius J. L. Burgk
Kopp, das[elbst] S. 167

– – – – – – – – – –

Coll 1800

1803? erscheint ein von Coll als Regierungsrath des Fürsten von Nassau-Weilburg (Menzel [Geschichte von Nassau] VII, S. 623). 1806 hat ein v. Coll das Schuldepartement (Menzel VII, S. 625, 628). Ist es der Vater? Ein Onkel?

[Bleistiftnotiz:]
(Ist also ein anderer als der spätere Jenenser Professor? Dazu aus Coblenz geboren war? (Zitelmann _____)

BLATT 49

August Klingemann[1]

Wie Winkelmann ein Braunschweiger, geboren 1773 [richtig: 1777] den 31. August, aber in Jena nicht Student der Medicin, sondern der Rechte, jedoch zunächst mehr von der schönen Literatur angezogen, selbst Poet u. Herausgeber eines poetischen Journals ‹Memnon›,[VIII] zu dem auch Brentano unter dem Namen «Maria», einem seiner Vornamen, Beiträge lieferte.[2] Im Sommer 1800 schrieb Brentano aus Altenburg an Winkelmann, nächstens werden Klingemanns Werke auf dem Liebhabertheater aufgeführt.[3] Später fand er Klingemanns ‹Luther› miserabel.[4] Klingemann seinerseits erinnerte sich noch 1817 in ‹Kunst u. Natur› des originellen Zusammenlebens mit Brentano.[5]

Nähere Beziehungen zu Heise u. Savigny bestanden nicht.[6]

[1]Meyer IX, 847 [Meyer, 6. Aufl., Bd. 11, Sp. 141][IX] [2]Steig I, S. 17, 350 [3]Steig I, S. 19 [4]Steig I, S. 190 [5]Steig I, S. 17 [6]v. Bippen, S. 39

BLATT 49a [redundant, s. IV 2, Blatt 49]

BLATT 50 [redundant, s. IV 2, Blatt 51]

BLATT 51

Karl Friedrich v. Müllmann aus Runkel an der Lahn

Kam im Frühling 1798 nach Jena,[1] wo Fichte ihn begeisterte. Er gehörte zu den paar Studenten, die 1799 mit Heise den Gedanken äußerten, dem hochverehrten, aber vielfach angegriffenen Lehrer zu Ehren von seinen Schülern ihm eine Medaille zu verehren, ein Plan, dessen Ausführung dann Steffens in die Hand nahm.[2]

[Randnotiz:] die Studiengebühr für Fichte (Steig I, S.17)

[Randnotiz:] bei Heise darlegen!

Als Heise ihn kennen lernte, war er Senior einer Burschenschaft, der Rheinländer, mit grünem Collet, Stürmer u. Kanonen, er fand nur selten Zeit, die ‹Institutionen› bei Hufeland zu besuchen. Dann durch den Fleiß Heises, seines Nebenmannes im Hörsaal, zum Nachdenken gebracht, bat er ihn um gute Rathschläge, wie er das Rechtsstudium, das er nun auch ernstlich betreiben wolle, anzufassen habe.

[Randnotiz:] weiter Heise S. 40/46.

Und als Heise, der an dem begabten u. liebenswürdigen Jüngling seine Freude hatte, sich treulich seiner annahm, ja selbst seinen Unterricht übernahm, da war bald ein inniger Freundschaftsbund geschlossen, der sich auch auf die andern Hamburger erstreckte.[3]

Das Beispiel Müllmanns, der unter den freien Burschen ein hohes Ansehen genoß, war von unglaublicher Wirkung: Duelle wurden seltener u. der bisher seltene Fleiß der jungen Juristen häufiger.[3] Am Ostern 1800 verließen Heise u. Müllmann Jena, um ihre Studien in Göttingen fortzusetzen.[4]

Savigny lernte ihn in Jena durch Heise kennen u. bald entstand auch zwischen ihnen ein näheres Verhältniß. Befestigt ward es dadurch, daß Müllmann im Herbst

1800 nach Marburg kam, wo er sich der freundschaftlichen Fürsorge des jungen, eifrigen Docenten erfreute.[5]

[1]am 1. Mai immatrikulirt [2]v. Bippen, S. 252 [3]v. Bippen, S. 40f., 45 [4]v. Bippen, S. 46 [5]v. Bippen, S. 41

BLATT 52

1799

«Hufeland, so schrieb Savigny im Sommer aus Jena [Stoll I, 116], ist ein ganz herrlicher Mann. Sein Vortrag gefiel mir seiner Ordnung u. Klarheit wegen ungemein wohl. Ich wollte den Conspectus über seine Vorlesungen haben u. schickte meinen Bedienten darnach aus, der, da man ihm sagte, daß bloß Hufeland selbst ihn austheile, gerade zu ihm ging u. den Conspectus holte. Nicht wahr, nun mußte ich doch auch hingehen, um mich zu entschuldigen u. zu bedanken? Er empfing mich mit vieler Artigkeit u. doch natürlich, u. ich brachte einige selige Stunden bei ihm zu, denn wir kamen natürlich sogleich auf unsere Wissenschaft u. da fand ich bei ihm Ideen u. Ansichten, die mich entzückten u. die ich gar nicht bei ihm erwartete. Ich mache es mir jetzt recht zum Vorwurf, daß ich ihn als Schriftsteller noch nicht mit eigenen Augen betrachtet habe, warum verließ ich mich auch auf Gläser, die ich schon als trüb kannte? Er hat große Achtung vor dem römischen Recht u. diese ist bei ihm erst seit der genaueren Kenntniß desselben entstanden! Auch seine Urtheile über andere, z. B. über Hugo u. Runde,[1] waren ganz so wie ich sie wünschte, ganz aus einem höheren Standpunkt gefällt.

Hufeland ist ein Mann von universeller Bildung; außer seinen Hauptwissenschaften treibt er die Geschichte des Tags u. die Politik mit besonderem Interesse u. ist mit der schönen Literatur sehr vertraut (auch mit ihrem Repräsentanten in Jena, A. W. Schlegel). Auch hat er die Bildung des Weltmanns u. des Gesellschafters. Seine Zuhörer schätzen ihn sehr hoch. Man wirft ihm Ruhmsucht vor; wenigstens ist diese, wenn sie vorhanden ist, nicht auffallend u. nicht so, daß sie seinem wissenschaftlichen Werth Eintrag thut, wie z. B. Hugos Eitelkeit.

[1][mit Bleistift:] wer ist Grunde? [Justus Friedrich Runde][x]

BLATT 53

[Stichworte zu 1799]

BLATT 54

Savignys Absicht, Berlin zu besuchen

Bielschowsky, S. 324 f.

Eine Zeit lang war S[avigny] unsicher, wo er Docent werden solle, denn

1. negativ: nicht in Leipzig (Hälschner I)
2. vielleicht in Göttingen?
3. nun in Marburg (Stoll S. 35) [Stoll I, 156]

BLATT 55

Disposition der Studienreise

A. Einleitung
   1. die besten Universitäten in Deutschland S. 18 f. [Stoll I, 123]
   2. die norddeutschen ____ Jena ___ auf den beiden ___ ____
   3. Zweck der Reise: a) Bildungsgrund: Welt u. Menschen kennenlernen
      b) Studium der besten Lehr______
         z.B. Physik, S. 16 [Stoll I, 119]
         Art des Vortrags
      c) Entscheidung über den Ort seiner Promotion
         u. das Thema der Schrift
   4. die Empfehlungen
   5. die Art der Reise: eigener Wagen u. Bedienter

B. Die Reise
   1. die Route u. ____
   2. Hypochondrie
   3. die Universitäten; die Lehrer, Professoren _____ _____
      a) die Lehre_
   4. die Studenten
      c) der Vortrag
   5. Savignys juristische Studien, die _____ Arbeit
   6. die Freunde; Rückkehr

– – – – – – – – – – –

[Stichwort: Zur Studienreise]

BLATT 56

[Stichworte zur Bildung der alten Rechtslehrer]

BLATT 57 [Notiz zum Reisen im eigenen oder im Postwagen]

BLATT 58

[Bleistiftnotizen, kaum lesbar]

- - - - - - - - - - -

1803. Zu Savigny als der Philosophie abgeneigt (Scherer bei Stoll S... [Stoll I, 59] u. zahllosen andern)

1863 schrieb Ranke: «Daß es mir an philosoph[ischem]... Interesse fehle, ist lächerlich zu hören ..» [Ranke, Zur eigenen Lebensgeschichte, S. 239]

Was ist der Unterschied der philos. u. der histor. Schule? Ganz allein der, «daß jene aus einer geringfügigen, oberflächlichen Kenntniß, die alles vermengt, mit keckem Finger erzwungene Resultate ableitet, diese dagegen die Dinge in ihrer Wesenheit zu begreifen sucht, ihrem Zuge nachgeht u., eingedenk der Unvollkommenheit der Überlieferungen, die höchsten Ergebnisse ahnen läßt.» ([Ranke] Zur eigenen Lebensgeschichte, S. 570)

BLATT 59 [Stichworte und Daten zu 1684]

BLATT 60 [allgemeines Stichwort: Goethes Recensionen]

BLATT 61

[Savignys] Großjährigkeit

Und Abschied aus Wetzlar. – Sein eigenes selbständiges Domicil in Trages. – Landwirthschaftliche Studien, praktisch u. theoretisch. – Bang junior als Berather.

BLATT 62

C. Der [Parroin?] u. der Savigny

1. Allgemeines; die Herrschaft
2. Verhältniß zu Bar [Herzogtum in Lothringen] u. zu Lothringen.
3. ihre dienstlichen Stellungen
4. Privatrechtliches
5. die Einzelnen

1. Großjährigkeitserklärung
(1799 den 5. April)

BLATT 63

Als der zwanzigste Geburtstag Savignys sich näherte, fanden seine Vormünder es wünschenswerth u. durchaus gerechtfertigt, die Großjährigkeitserklärung ihres Mündels zu beantragen, wie das Hessische Recht sie bei diesem Alter gestattete.[1] Demnach schrieb v. Neurath am 20. Februar folgende Erklärung nieder.

[Fußnote siehe folgendes Blatt]

BLATT 64

«Herr Friedrich Carl von Savigny ist nach seiner Eltern Ableben 2 1/2 Jahre in meinem Hause unter meiner Aufsicht gewesen, hat darauf auf der Universität Marburg drei Jahre u. zu Göttingen ein halb Jahr, u. zwar bei seinen vorzüglich guten natürlichen Talenten u. seinem mehr als gewöhnlichen Fleiße mit großem Nutzen zugebracht. Seine Aufführung in jedem Betracht war die eines ausgezeichnet ordentlichen u. soliden jungen Mannes u. ich, der ich von allen Geld-Remessen Kenntniß erhalten habe, kann bezeugen, daß er im Verhältniß seines Vermögens, ohne unter der Aufsicht eines Hofmeisters zu sein, sehr ordentlich u. genau gewirthschaftet hat. Wenn in den letzteren Jahren von Verpachtungen der Güter oder (von) öconomischen Einrichtungen die Frage war, so wurde dessen Meinung vernommen u. von ihm auf eine Art geäußert, welche gute Beurtheilungskraft voraussetzt.

Bei der genauen Kenntniß, welche ich von den Talenten, der Denkungsart u. Handelsweise des H. v. Savigny habe, kann ich mit der strengsten Gewissenhaftigkeit u. aus voller Überzeugung äußern, daß ich als testamentarischer Ehrenvormund, welchem die Direction der Erziehung vorzüglich nach beider Eltern Willen anvertraut gewesen, denselben vollkommen geschickt u. fähig halte, sein Vermögen selbst, u. ohne daß es weiter meiner vormundschaftlichen Pflege bedarf, zu verwalten.»

[1]Roth u. Meibom [Kurhessisches Privatrecht] I, S. 130

BLATT 65

Die beiden andern Vormünder, Blum u. Kroeber, denen diese Erklärung nach Hanau u. Meerholz mitgetheilt wurde, unterschrieben sie am 28. Februar u. 4. März mit folgenden Worten: «Wir unterschriebene verpflichtete administrirende Vormünder treten vorstehendem Urtheil aus voller Überzeugung bei.»

Nun richtete Savigny selbst am 12. März von Hanau aus an den Landgrafen das Gesuch um Großjährigkeitserklärung. Es lautet:

«Durchlauchtigster Landgraf, gnädigster Fürst u. Herr!

Da ich das Glück habe, Ew. Hochfürstlichen Durchlaucht wegen mehrerer in der Grafschaft Hanau gelegener Besitzungen als Unterthan[1] u. Vasall unterworfen zu sein, so wurde mir bei dem vor einigen Jahren erfolgten Ableben meines Vaters von Ew. Hochfürstljchen Durchlaucht nachgesetzter Regierung in Hanau eine Vormundschaft angeordnet.

Gegenwärtig würde mir, nachdem ich das akademische Studium der Rechtswissenschaft vollendet habe, die eigene Verwaltung meines Vermögens aus verschiedenen Gründen zu großem Vortheil gereichen.[2] Da ich nun einerseits das gesetzliche Alter noch nicht erreicht habe u. andererseits aber [auf] eine gnädigste Volljährigkeitserklärung hoffen darf, indem ich theils das hierfür erforderliche zwanzigste Jahr, laut der unterthänigst angebogenen öffentlichen Entscheidung zurückgelegt, theils auch das gleichfalls unterthänigst angebogene Zeugniß meines Herrn Vormundes über meine bisherige Aufführung diese Hoffnung begünstigt, so unterstehe ich mich, die Gnade Ew. Hochfürstlichen Durchlaucht um Erfüllung der unterthänigsten Bitte zu erflehen:

mir durch Erklärung der Volljährigkeit die eigene [Fortsetzung s. folgendes Blatt]

[1]das Wort noch später geläufig [2]denkt er an die Unterstützung seiner Freunde?

BLATT 66

Verwaltung meines Vermögens nebst den übrigen, vom gesetzlichen Alter abhängigen Rechten gnädigst zu ertheilen.

Ich ersterbe in tiefster Ehrfurcht
Ew. Hochfürstlichen Durchlaucht
unterthänigster D[iene]r
Friedrich Carl von Savigny

Nachdem die Regierung zu Hanau auf dieses Gesuch einen befürwortenden Bericht erstattet hatte, erließ Landgraf Wilhelm IX. am 5. April zu Cassel ein genehmigendes Dekret, jedoch auf ungewöhnliche Art, mithin dergestalt, daß der Bittsteller ‹dem Rechte nach, so lange er die natürliche Volljährigkeit noch nicht erreicht, von unbeweglichen Gütern oder Grundstücken ohne obrigkeitliche Erlaubniß nicht veräußern› darf. Am

12. April ward [dieses] von der Regierung in Hanau an Savigny abgeschickt, der dafür an Gebühren 19 fl., 21 Kr. u. 6 Batzen zu entrichten hatte.

BLATT 67

[Stichworte und Daten zu Leonhardi]

BLATT 68

Savignys Verkehr

Die Familie Leonhardi in Frankfurt (u. der Ausflug Bettinas u. Leonhardis nach Trages)

Zu den begüterten u. hervorragenden Familien Frankfurts gehörte auch die Leonhardische. Dieselbe wird in Bettinas Schriften öfters erwähnt. Offenbar bestand mit der Familie Brentano kein näheres Verhältniß.

Neben einer (mehreren?) Tochter tritt auch ein Sohn hervor, der für uns von einigem Interesse ist, namens Fritz ([Arnim, Bettinas sämmtliche Schriften] II [Günderode, Theil 1] S. 64). Er war ungefähr in demselben Alter wie Clemens Brentano u. der junge Savigny u. mit beiden bekannt. Der junge Leonhardi verkehrte u.a. mit der Familie (von) Barkhausen (Bettina[s sämmtliche Schriften] I [Frühlingskranz], 297) u. [wegen?] Günderode. Wie es scheint, erregte das die Mißgunst von Clemens Brentano! Nach Bettinas Angaben hatte er (etwa im J. . . . .) an Clemens geschrieben, er habe Bettina zweimal gesehen u. wenn die Zeit schöner werde, wolle er öfter nach Offenbach kommen (I [Frühlingskranz], 151 f.). Aber, so läßt Bettina den Clemens fortfahren: ‹ich finde das nicht weiter wünschenswerth, weil unbedeutende Menschen oft einen Einfluß haben›. Jedenfalls, so lautete angeblich der Rath des Clemens, solle sie ‹dem Leonhardi doch nur höchstens scherzend begegnen›: ‹auf andern Wegen würdest du ins Philisterthum gerathen; denn er ist ein hypochondrischer Mensch, der sich leicht einbilden kann, er sei dies oder jenes u. müsse dich wärmen oder schützen oder dir Weltansichten eröffnen : ein solches Pfuscherwesen lasse dir nicht in den Weg treten.› (I [Frühlingskranz], 152)

[Randnotiz, s.a. IV 2, Blatt 69 unten]

‹Seine diplomatische Ambition› (II [Günderode I], S. 80)

also von Savignys Vater! u. zwar in Hessischen Diensten (II [Günderode I], 82)!

Bald darauf war dann Bettina ‹bei Leonhardi› irgendwo in einer Abendgesellschaft. ‹Ich habe mich›, so schreibt ihr Clemens, ‹nicht wenig geärgert, daß du mir nicht erzähltest, daß du bei Leonhardi getanzt u. wie du dort warst› (I [Frühlingskranz], 168). Aber Clemens brauchte sich um Bettinas Schicksal nicht zu ängstigen. Bald durfte er ihr selbst mittheilen, daß der junge Leonhardi ‹offenbar einen Widerwillen gegen dich hat› u. er schwingt sich sogar zu dem Zugeständniß auf, es wundere ihn das nicht, ‹da mir selbst in einzelnen Minuten deine Erscheinung nicht ganz gefällt u. mich drückt› (I [Frühlingskranz], 302). Dann schreibt Bettina: ‹Hier hat Fräulein Leonhardi einen ~~Homer gezeichnet~~ [Fortsetzung s. folgendes Blatt]

BLATT 68a

einen ‹Homer› gezeichnet: er ward sehr geschätzt: ich›, so fügt sie klagend hinzu, ‹werd's nie dahin bringen, einen Kopf zu zeichnen, der so viel Lob verdient u. so wenig Neid (I [Frühlingskranz], 332). Wie Bettina über den Bruder der Zeichnerin spottet u. ihn zu ärgern sucht, werden wir später sehen. Merkwürdig ist, daß Clemens sich nicht scheut, Freundlichkeit von Leonhardis zu beanspruchen. ‹Er hat Bücher›, so schreibt er einmal an Bettina, ‹u. kann dir die geben, die ich will› (I [Frühlingskranz], 152). Und ein ander Mal: ‹Als Geschichte rathe ich dir Müllers Schweizer Geschichte ... ich glaube, Leonhardi hat sie.› (I [Frühlingskranz], 232) Der junge Leonhardi las eifrig Chroniken u. nahm selbst bei einer Fahrt nach Trages einen Folianten mit (I [Frühlingskranz], 296 f.)

Savigny, der selbst auf dem Gut des Leonhardi im Odenwald die Günderode zum ersten Mal gesehen u. offenbar an ihr Gefallen gefunden hatte, hörte im J. 1799 in sehr großer Mißstimmung, daß derselbe mit der Günderode verlobt sein solle! Es war, wie es scheint, ein bloßes Geschwätz. Nach wie vor blieben gesellschaftliche Beziehungen zwischen Savigny u. Leonhardi bestehen: wir erfahren durch Bettina, daß Savigny im Sommer des Jahres auf seinem Gut in Trages ein Diner gab, auf [das] nicht nur die Frau von Barkhausen, sondern auch Leonhardi geladen war u. der letztere auch erschien (I [Frühlingskranz], S. 295 f.). Es war an einem Sonntag. ‹Schon um sieben waren die Wagen vorgefahren› ([bei?] Brentano?). Alles was mitfuhr, hatte sich im Saal versammelt, alles war eingestiegen .. da war kein Platz mehr für mich› (I [Frühlingskranz], 295 f.). Da die Frau Barkhausen [Fortsetzung fehlt]

BLATT 69

Fritz [Friedrich] von Leonhardi

Freund von Savignys (Ersch u. Gruber[XI]),
Bekannter von Leonhard Creuzer, an den er schreibt: Savigny (vor der sächs. Reise): [Savigny an Leonhard Creuzer, 7. Juli 1800:] ‹Worauf bezieht sich das was Leonhardi schreibt? .. Ich glaube nicht, daß sie (die Günderode) für L. taugt.› (Stoll S. 5, Anm. 20) [Stoll I, 162 f.]

Einmal fragt Charlotte (gest. 1801), Karolines Schwester, ob sich Karoline mit Leonhardi verlobt habe, in Hanau sei am Hofe das Gerücht davon verbreitet. (Geiger, S. 6) Seine Familie ist bekannt mit Brentanos.

Clemens nennt ihn einen hypochondrischen Menschen (Bettina I [Frühlingskranz], 152). Savigny hat ihn beauftragt, eine Einladung für Brentanos nach Trages auszurichten u. Leonhardi bietet einen Platz in seinem Wagen an für die Fahrt dahin (I [Frühlingskranz], 289). Er wollte fahren mit seiner Schwester, Frau von Barkhausen; da diese nicht kam, so fuhr an ihrer Statt Bettina mit Leonhardi. (I [Frühlingskranz], 295 f.)

Schilderung der gemeinsamen Fahrt (S. 295 ff.). Für die Rückfahrt mit ihr dankte er (I [Frühlingskranz], 298).

Auch in Schlangenbad trifft Bettina mit ihm zusammen: ‹er stählt sich mit Stahlbädern› (I [Frühlingskranz], 448). Der Mann mit der Flugmaschine (I [Frühlingskranz], 463 f.).

‹Wie ich nach Hause kam, waren alle bei Leonhardi versammelt u. tranken Chocolade› (II [Günderode I], S. 63).

‹L. H.› (doch wohl = Leon – hardi) war noch da (neulich auf dem Ball) mit seiner Schwester, wird alle Tage blauschwärzer von seinen Stahlbädern.› (II [Günderode I], 80) Seine gesuchte Kleidung u. seine ‹diplomatische Ambition› (II [Günderode I], 80 f.) Die Entdeckung seines ‹Joppels› anstatt eines Fracks: II [Günderode I], 81 f.

BLATT 70

Die Familie von Leonhardi in Frankfurt a. M. gehörte mit zu den ‹ausgezeichnetsten›, wie Janssen, ([Joh. Friedrich] Böhmer[s Leben] III, S. 470) sagt. Da er sie neben den Brentanos nennt, so war sie vielleicht katholisch? Bettina erwähnt sie oft.

Sie hatte ein Gut im Odenwald, in Lengfeld.

[Randnotiz:] Ersch u. Gruber nachsehen

[Erbe?] der Eltern?

Ein Sohn . . , vielleicht von Leonhard Creuzer unterrichtet, jedenfalls stand dieser mit ihm in 1799 im Briefwechsel (Stoll S. 5 Anm. [20]) [Stoll I, 162]. Eine Tochter, Karoline, verheirathet mit einem ‹von Barkhausen›. Die Familie hatte offenbar einen großen Verkehr; zu demselben gehörte auch die Stiftsdame Karoline von Günderode; der junge Leonhardi bewies ihr so viel Aufmerksamkeit, daß man sich bald erzählte, er sei mit ihr verlobt (Geiger, S. 6).

Der junge Savigny verkehrte im Jahr 1799 mit der Familie im Hause, er war z. B., wie wir wissen, zu einem Fest auf seinem Landgut geladen. Die Frau von Barkhausen insbesondere hatte ein ganz bestimmtes Urtheil über ihn, ohne Zweifel auf Grund von eingehenden Unterhaltungen mit ihm. Sie selbst erzählte Anf[ang] Juli 1799, daß er an ihrem ganzen Schicksal aufrichtige Theilnahme bewiesen, nicht minder aber, daß sein ‹einsames Leben› – gemeint ist ohne Zweifel sein eltern- u. geschichtsloses Dasein – seine Gefühle sehr hochgespannt habe, so daß er alles ‹aus einem ganz andern Gesichtspunkte ansehe›, endlich, daß er ‹über seine künftige Bestimmung noch völlig unentschieden› sei. (Geiger, S. 14)

Über das Verhältniß des Haussohnes (wie heißt er?) zu Savigny erfahren wir nichts näheres.

BLATT 71

[diverse kurze Notizen]

BLATT 72

[Abschnitt redundant, siehe VI, Blatt 284–285]

– – – – – – – – – –

Die Frankfurter adligen Damen

1. Susanne von Mettingh, Schwester der Lisette Nees von Esenbeck (Rohde S. 18), später Frau des Hauptmanns von Heyden in Frankfurt ([Rohde] S. 18 Anm. 2), erst 1860 gestorben (das.)

   Es ist also ‹die Frau von Heyden› (Rohde S. XIIIf.), ‹Unsere H.› (S. 16, 18, 34, 38, 47, 84). Dieselbe will mit Karoline ‹lateinisch treiben› (Rohde, S. 41)

2. ‹die geschiedene Frau› Lisette Nees von Esenbeck (Rohde S. XIV)

   diese ‹Lisette›: Rohde S. 17
   ihre italien. Studien (Rohde S. 85)
   ‹der Gegenstand ihres Liebens u. Leidens› (Rohde S. 110)

BLATT 73

[Notiz zur Pröbstin Fichard]

– – – – – – – – – –

Kehren wir zu der Gesellschaft zurück, die auf dem Gute im Odenwald ihr Wesen trieb. Ein Sohn des Hauses, Friedrich von Leonhardi, war ein Jugendfreund Savignys, eine Schwester des ‹Fritz›, Karoline, mit einem Herrn von Barckhaus oder Barkhausen verheirathet; ohne Zweifel waren diese Geschwister mit in der Gesellschaft, nicht minder eine Schwester der Günderode, Mienchen. Auch Savigny hatte an der Schließung des Bruder- u. Schwesternbundes Theil genommen, wie aus seinen u. der Günderode Briefen [hervorgeht]. [Ende fehlt]

BLATT 74

[Anfang fehlt] braunes Haar, aber blaue Augen, die waren gedeckt mit langen Augenwimpern›. Savigny selbst erinnerte sie in einem späteren Brief (etwa vom März 1804) daran, wie er sie einmal gesehen mit einer kleinen goldenen Uhr, die sie an einer goldenen Kette um den Hals trug, nicht minder aber mit einem weißen Schürzchen, ‹das Sie ehemals gehabt haben;[2] aber das ist wohl schon längst zerrissen.› Geiger S. 31.

Auch über ihren Charakter fällte Savigny noch später ein günstiges Urtheil: ‹Du bist ohne Koketterie›, so schrieb er ihr später bei einer gewissen Gelegenheit, ‚u. voll Sinn für das Vortreffliche. Deiner Redlichkeit traue ich so sehr, daß ganz neuerlich der bestimmte Widerspruch wahrheitsliebender Menschen, die ihrer Sache sehr gewiß sein wollten, mich nicht irre machen konnte.› (Geiger S. 38) Aber er schickt auch den Satz voraus: ‹Du bist wahrhaft, so weit es auf dein Bewußtsein u. deinen Willen ankommt›. Damit wies er hin auf die Täuschungen, in welche ihre überspannte u. romanhafte Empfindung u. Phantasie sie einst versetzten: die passiven Naturen, so setzte er ihr auseinander, sind [Fortsetzung s. folgendes Blatt]

[Fußnote fehlt]

BLATT 75

meist in Gefahr, ‹das Tiefe u. Bedeutende mit dem Außerordentlichen zu verwechseln. Flache Menschen werden dann ganz geschmacklos, u. selbst der Pöbel thut ihnen nicht unrecht, indem er sie überspannt u. romanhaft nennt. Bei bedeutenderen Menschen ist derselbe Irrthum fast noch gefährlicher, indem er sich bei ihnen mit der wahren Empfindung, die sie haben, vermengt u. so unergründlicher wird. So bist du›.[2] In diesem Zusammenhang redet er geradezu von einer ‹sinnlichen Schwäche› ihres Gemüths. ‹Alles nämlich, was deine Seele augenblicklich reizt, unterhält u. erregt, hat einen solchen absoluten Werth für dich, daß du ihm auch die schlechteste Herkunft leicht verzeihst. Etwas recht von Herzen lieben, ist göttlich ... aber daran künsteln, diese Empfindung durch Phantasie höher spannen, als ihre natürliche Kraft reicht, ist sehr unheilig.› Geiger S. 36 f. ... 43

Richtig ist hervorgehoben worden, daß Savigny sich in seinen Briefen an die Günderode nur mit dem Weib, nicht mit der Dichterin beschäftigt. Daß er von der letzteren wenig gewußt habe, ist sehr unwahrscheinlich, da er die Litteratur im weitesten Umfang verfolgte; aber ihm behagte, wie ich keine Bedenken trage zu behaupten, das litterarische Treiben der Frauen überhaupt nicht.

die Narzißnatur (in dem Gedicht?)
Das Gerede von der Verlobung mit Fritz!

[Fußnote fehlt]

BLATT 76

Savigny u. die Günderode

Etwa im Sommer 1799 hatte Savigny Karoline von Günderode kennengelernt. Sie stand damals in ihrem 19. Lebensjahr (geb. 1780 den 11. Februar) u. lebte als Stiftsdame in dem für weibliche Mitglieder der adligen Familien aus dem Hause Alten-Limpurg bestimmten von Cronstetten-Hynspergischen evangelischen Damenstift in Frankfurt a. M. als völlig freie Herrin ihrer Zeit u. Muße. Die Mutter wohnte nach dem Tod des Vaters (1786) in Hanau, zusammen mit einem jüngeren Bruder, Hektor, der später (1804) in Heidelberg studirte.

[Bleistiftnotiz:] mehrere Schwestern ([Rohde] S. IX Anm. u. X)

- - - - - - - - - -

[Stichworte zum Verhältnis Savigny und Günderode: Die Lage 1799]

BLATT 77–78 [fehlen]

BLATT 79

[Notizen zur äußeren Erscheinung der Günderode]

- - - - - - - - - -

Savigny u. die Günderode. 1799 im Sommer (S[avigny] in Trages zur Erholung)

Sie wurden durch die beiderseitige Freundschaft mit der Familie von Leonhardi einander nahe geführt. Friedrich von Leonhardi (‹Fritz›) war ein Jugendfreund Savignys; u. Leonhardis Schwester, der Frau Karoline von Barckhaus (in Hanau?) trat der junge Savigny gleichfalls näher.

Die Familie von Leonhardi besaß im Odenwald ein Gut, nämlich den Marktflecken Lengfeld (Kreis Driburg, Provinz Starkenburg). Hier lernten im Sommer 1799 die Günderode u. Savigny sich kennen: am 17. Juni war, wie es scheint, eine größere Anzahl von jüngeren Männern u. Jungfrauen auf dem Gute beisammen. Eine Anzahl derselben schloß bei der Gelegenheit, wie es zu jener Zeit oft geschah, einen ‹geschwisterlichen› Freundschaftsbund. Dabei wurden die Namen der so Verbündeten in die Rinde eines Baumes eingeschnitten. Zu diesen Brüdern u. Schwestern gehörten insbesondere Savigny u. die Günderode.

BLATT 80

Die sächsische Studienreise
1799–1800.

[Randnotiz:] Vgl. Hugos Studienreise (Mejer, Heise, etc.)

1. die Reise; Natur u. Studien; in Leipzig
2. Savignys Befinden
2a. Gotha, Halle, Leipzig, Jena
3. Die Marburger Freunde u. die philosophische Korrespondenz
4. Die Dichter u. Schriftsteller
5. Die Gelehrten als Lehrer; der Vortrag
6. Die jungen Gelehrten in Jena
7. Savignys juristische Studien; Freunde, Pläne
8. Facit der Reise u. Charakteristik Savignys
9. Rückkehr nach Marburg

Andere Ordnung

I. die Reise an sich; Natur etc.; Befinden
   Gotha – Weimar
II. Fortsetzung
   Jena – Leipzig – Halle
III. die philos. Korrespondenz
IV. Studium u. Pläne
V. Facit u. Rückreise

BLATT 81

Am 23. Juli [1803] theilt Clemens von hier aus Bettina mit, er müsse noch an Savigny schreiben: drum lebe wohl. [Frühlingskranz, S. 423] Und nun hören wir von einem Brief des Clemens, in dem er nicht nur von Göthe erzählt, sondern auch seinen Plan vorlegt, die Mereau als seine Gattin nach Marburg zu bringen u. – mit ihr in demselben Hause wie Savigny zu wohnen.

– – – – – – – – – –

Juli 1803 Clemens' Pläne auf Trages

Clemens[1] an Bettina: «Sie (Sophie Mereau) wird deinetwegen expreß nach Trages kommen . . .»

? «es kann Sophie nicht eher nach Trages kommen als in 14 Tagen.»[2]

? Clemens an Bettina:[4] «Nun waren wir schon entschlossen, in ein paar Tagen nach Trages zu reisen, damit du sie dort sehen könnest, u. nun gehst du auf einmal nach Schlangenbad.»

Den 17. Juli Savigny an Clemens: «Daß die Gundel nicht nach Trages gehen kann, weil sie schon lange verreist ist,[3] werden Sie wissen; ich glaube, ich habe es Ihnen selbst geschrieben, noch ehe ich Ihren letzten Brief erhielt». [Handschrift im Freien Deutschen Hochstift/Goethe-Museum Frankfurt. Signatur: 7723]

[1]I, S. 415 (Frühlingskranz) [2]I, S. 417 [3]nach Schlangenbad? Auch Bettina ist ja da. [4]I, S. 434

BLATT 82

[Anfang fehlt] Dann ein undatierter Brief Savignys: (Juni)? 1803 [Stoll I, 211: 1802]

Lieber Clemens. Warum höre ich nichts von Ihnen? u. von Ihrem Stück? Ist es weggeschickt? Nach Personen traue ich gar nicht zu fragen, da ich, wie Sie sehen, noch immer ein Schuft bin, aber bei Gott ich will's nicht lange bleiben...

Eben schreibt Winkelmann, daß er jetzt gar nicht komme, aber vielleicht zu Ende der Ferien.

Schreiben Sie, lieber Clemens, von mir hören Sie bald mehr. S.» [Stoll I, 211]

Am 3. Juli theilte Savigny Kretzer [Advokat] in Coblenz mit: «Das Neueste, was uns angeht, ist, daß Br(entano) in Weimar bei Madame Mereau sich aufhält.» [Stoll I, 222]

1803 den 17. Juli schrieb S[avigny] an Clemens: «Will denn die Lotte Serviere [Jiepchen?]?» (nach Trages, wohin die Gundel nicht gehen kann? wegen der Mereau!) [Handschrift im Freien Deutschen Hochstift / Goethe-Museum Frankfurt. Signatur: 7723]

[Die Fußnoten beziehen sich offenbar auf Stellen im Textanfang, der hier fehlt] [1]Jung, S. 29f. [2]Jung. S. 44 [3]Jung, S. 51

\- - - - - - - - - -

[s.a. I, Blatt 390]
Die zwischen Savigny u. Brentano gähnende Kluft

Zu fröhlichem Scherz u. heiterer Geselligkeit war auch Savigny sehr geneigt, wie seine Marburger Briefe hinreichend beweisen. Aber an Bajazzokünsten u. Witzen auf Kosten anderer, wie Clemens Brentano sie unausgesetzt in Gesellschaft übte, konnte er unmöglich Geschmack gewinnen. Wir hören aber, daß er z.B. noch 1803, wenn er erst anscheinend ruhig am Tische saß, dann einige Augenblicke später auf dem Ofen ritt

oder bald Purzelbäume schlug, bald lange auf dem Kopf stehen blieb, oder auch, wenn er auf einen Teppich trat, auf dem Thiere abgebildet waren, er sich auf die Knie warf, und die Creaturen um Verzeihung bat, daß er sie mit Füßen getreten! Diese Scenen schildert uns eine Dame, Frau von Ahlefeld, die sie in Weimar bei sich erlebt hatte.[1]
[Cardauns, Die Märchen Clemens Brentanos, S. 92 ff.]

[Fußnote fehlt]

BLATT 83 [Stichwort: Clemens und die Mereau]

BLATT 84

Am 4. August [1803] schrieb er[1] an – Bettina, die sich damals in Schlangenbad befand: «Sophie wird mein Weib nicht, aber meine liebe, sehr liebe Freundin. Sie selbst hat freiwillig dieser Verbindung entsagt, aber sie kann nicht leben ohne mich, u. ist fest entschlossen, nach Marburg zu ziehen, um meiner u. Savignys Gesellschaft zu genießen. Liebe kann ich nicht für sie empfinden, aber ein Vertrauen, eine Neigung, die nahe an Liebe gränzt!»

<Und dann theilt er mit, seine bei dem Bildhauer Tieck bestellte Büste werde in einigen Tagen fertig u. «dann reise ich in ungefähr zehn Tagen nach Marburg u. von da nach Schlangenbad zu dir.»> [Frühlingskranz, S. 428 f.]

Im August wollte er mit ihr nach Marburg, ging dann aber doch zunächst allein hin. ([Steig I] S. 84, 98)

[1]Frühlingskranz I, 427 f.

BLATT 85

In [Ferdinand] Walters Kirchenrecht (2. Aufl. 1823, S. 512) liest man: «Ob ein Katholik eine geschiedene Protestantin heirathen dürfe, ist bestritten, wird aber richtiger verneint, weil nach der Ansicht der Katholiken der Protestant nicht als ledig zu betrachten ist. Diese Entscheidung gab auch ein durch den Fürsten Primas veranlaßtes päpstliches Breve vom 8. October 1803, wodurch der Streit, wenigstens für die katholischen Behörden, beendigt worden ist.»

Der mit Franz Brentano befreundete Sekretär des Fürsten Primas, Niklas Vogt, hatte also, wie es scheint, einen Versuch gemacht, eine katholische Trauung in Frankfurt zu ermöglichen.

BLATT 86

[s.a. IV 2, Blatt 89]

Sein Brief an die Bettina

An Bettina schrieb dann Clemens in seiner Bedrängniß in geradezu ehrloser Gesinnung die Lüge: die Mereau habe den Wunsch gehabt, ihn zu heirathen, er aber sie abgewiesen. Und Bettina zeigte dann, ohne Zweifel in seinem Sinne, den Brief andern, u. auch hatte die Großmutter nichts eiligeres zu thun, als das nach Weimar zu berichten. Der Adressat – sein Name wird nicht genannt – «las es laut bei der Herzogin» u. so – das schrieb das von ihm angeblich so heiß geliebte Wesen, «erfuhr ich es wieder, nebst tausend andern deiner Äußerungen» – es war wirklich seine Leidenschaft, «öffentlich», an der Wirthstafel, oder in Gesellschaften von diesen Dingen zu erzählen ([Steig I] S. 83) – weil man mein Verhältniß mit dir für ganz getrennt ansieht u. erschrickt, wenn ‹ich vom Gegentheil spreche›. ([Steig I] S. 90)

Und diese Aufdeckung seiner erbärmlichen Feigheit beantwortet dieses ‹Genie› nun mit kindischen Witzeleien u. einer Schelte auf – Weimar: das «jämmerliche Nest» ([Steig I] S. 90).

Während Sophie nach wie vor an ihrem Entschluß, mit Clemens eine Ehe nicht einzugehen, festhielt, drang er jetzt wieder darauf. Seit dem 8. Sept. sei er volljährig u. könne über sein ansehnliches Vermögen frei verfügen; seine Mittel reichten zu einer bequemen Lebensführung hin. Aber Sophie blieb ihrer Entscheidung treu. ([Steig I] S. 90)

BLATT 87

Mai. Die Mereau

Den 2. Mai [richtig: 2. Januar] [1802] bei der Aufführung des Ion in Weimar sah u. umarmte er [Clemens] sie (Steig I, S. 78).

? Er schimpft über die ‹schöne Hexe›; sein Bruder Christian in Jena solle sie ‹ansehen› ([Steig I] S. 78 f.).

Clemens in Weimar bei [Friedrich] Majer ([Steig I] S. 78)

– – – – – – – – – –

[s.a. IV 2, Blatt 82]

1803 den 3. Juli

«Das Neueste, was uns angeht», schrieb Savigny an Kretzer, «ist, daß Brentano in Weimar bei Mad. Mereau sich aufhält.» [Stoll I, 222]

Den 3. Juni – Clemens aus Weimar an Dietrich [Buchhändler] in Göttingen: «Auch Arnim klagt Sie durch mich von Paris aus der Verzögerung an.»[3]

Den 17. Juli: Savigny an Clemens: «Vor 2 Tagen hat Arnim geschrieben u. unsere Bücher geschickt» – «Arnim ist nicht sehr lästig mehr.» [Handschrift im Freien Deutschen Hochstift / Goethe-Museum Frankfurt. Signatur: 7723]

December, Christnacht: Arnim aus London an Clemens[1] | Planmacher | Arnims Vater stirbt[2]

[1]Steig I, S. 103 [2]Steig I, S. 105 [3]Katalog Hugendubel in München

BLATT 88 [diverse Stichworte zu Clemens und der Mereau]

BLATT 89

1803 Clemens' Brief an die Bettina über die Mereau u. die Folgen.

«Das ist nun auch vorbei: ich habe die Mereau geliebt, ich liebe sie nicht mehr; an Heurath ist gar nicht zu denken, aber sie will meine Freundin[1] sein, u. sie wird mir durch die ganze Welt nachlaufen.»[2]

Bettina zeigte den Brief andern, insbesondere ihrer Großmutter. Diese schrieb es dann mit einem Anstrich gutmüthiger Besorglichkeit für die Mereau nach Weimar; «ihr Correspondent las es laut bei der Herzogin», u. nun erfuhr es auch die Mereau selbst.[3]

Und was antwortete Clemens, als die Mereau [ihn] zur Rede stellte?

«Die Hauptquelle, ja der eigentliche Ursprung des ganzen Gehetzes über dich,» schrieb er aus Frankfurt den 20. September [1803], «ist meine Schwester Gundel, die am mehrsten [gegen] dich geeifert, u. das aus reiner langen Weile u. da sie fürchtet, du mögtest ihr den Savigny in Marburg etwas abspenstig machen, dann noch die edle Frau von Laroche, die an sich eines der niederträchtigsten Weiber ist: sie sprach immer leidenschaftlich Gutes von dir u. hängte dann mitten die lächerlichsten Verleumdungen hinein.»[4] Und den 22. September faselte er Folgendes zusammen: «Ich ehre u. liebe alle Menschen, aber ich kann ihr Leben nicht verstehen: sie haben keine Frömmigkeit, keinen Sinn, keine Tugend ... ich gebe ihnen mein Heiligstes, aber sie wollen mich in Versuchung führen u. sind mit mir wie der Teufel mit Jesus auf dem Felsen war, oder sie ehren mich nicht, u. schimpfen, weil sie mich für einen Protestanten halten, auf meine Religion, die sie nicht kennen.»[5]

Hier machte sich zum ersten Mal ein Gegensatz der Confession in der Familie geltend. Daß Clemens die Dogmen u. Lehren seiner Kirche in frechster Weise verhöhnte, liegt klar zu Tage; aber man möchte wissen, wer von seinen Angehörigen ihn deshalb einen Protestanten nannte. Am ersten darf man an seine Wiener Schwägerin Toni denken.

[1]S[avigny] nennt die Günderode ‹Freund›. Vgl. [Savigny?] über ‹Freundin›! [2]Mereau I, 171 [3]Mereau I, 172 [4]Mereau I, 180 [5]Mereau. I, 184

BLATT 90

Aber welcher Abgrund öffnet sich, wenn wir das, was er hier Frömmigkeit, Tugend u. Religion nennt, mit dem vergleichen, was der wirkliche Protestant Savigny unter diesen Worten verstand.

BLATT 91 [diverse Stichworte: Contius; Clemens]

BLATT 92

Clemens' Großzügigkeit u. ihre Folgen

1) das Ende des Kuratelamts[1]
Übertragung der Verwaltung seines Vermögens an Franz ([Mereau] II, 57)

2) die Leistung des Bürgereides in Frankfurt: 19. Januar 1804[2]

[1]Mereau [II, S. 23] [2]Mereau II, 212

BLATT 93 [Stichwort: Clemens' Großjährigkeit (8. September 1803)]

BLATT 94 [Stichwort: Clemens' Großjährigkeit, in Briefen an die Mereau]

BLATT 95

Savigny als Eckart des Clemens 1803/1804
Diel, [Clemens Brentano: ein Lebensbild] II, 147, 173, 178
Steig I, S. [s. IV 2, Blatt 96]
Sein Romanzencyklus [Brentano, Gesammelte Schriften, Bd. 3: Romanzen von Rosenkranz]
1805 den 1. Febr. berichtet Creuzer: Clemens habe dieses «eine/einige! neue gemacht» – stellt fest, daß Karoline die schon früher gemachten kenne. (Rohde S. 32)
Wir werden also damit in das Jahr 1804 verwiesen.

Als Creuzer schrieb, nahm er an, es würden «etwa zwölf» Romanzen werden, die Clemens in einem besonderen Bändchen herausgeben wolle. Es ist dazu bekanntlich nicht gekommen.

Von dem damals gesetzten Plan ist der später – (seit dem Ende des J. 1809 (Diel I, S. 321),

[Randnotiz:] wesentlich 1810 (Diel I, S. 310) (noch in Landshut?)
oder? (Dohmke S. XIVf.) Berlin! (Dohmke S. XVI) –

ausgeführte, bei dem 20 Romanzen entstanden (Ges. Schriften, Bd III), gänzlich verschieden.

Zu dem früheren Plan gehörte, wie wir annehmen dürfen, die ungeschrieben gebliebene ‹Einleitung›,[1] von der eine Skizze von Clemens' Hand in dem Böhmer'schen Nachlaß[XII] erhalten ist: dieselbe lautet:

«Zug in den Venusberg – Eckart-Savigny warnt mich. Ich sitze vor dem Venusberg u. sehe die bruderliebende Bettina u. die Günderode eingehen. – Eckart-Arnim ruft. – Zu der Geliebten (Diel I, S. 320f. Vgl. die Histor[isch]-polit[ischen] Blätter XV [1845], 31.)[XIII]

Die Historisch-politischen Blätter XV, 31 gaben die Skizze etwas eingehender:

«Zug in den Venusberg. Eckart Savigny warnt mich; dann die Jugend als Eckart Arnim. Der Geliebte ruft; Eckart Arnim ruft, Verzweiflung, Verführung, schreckliches Elend. Flucht nach dem Venusberg, Vorhölle – Eckart erzählt u. ich lese die Schriften, ich sehe die Todten, Eckart gibt mich frei.» (so Bartsch, [Romantiker und germanistische Studien in Heidelberg 1804–1808] S. 42f., auch Stoll S. 40 [Stoll I, 169])

Für uns ist von Interesse die hier von Clemens selbst bezeugte Thatsache, daß Savigny mit allem Ernst den Versuch gemacht hat, seinem Schwager vor seinen frivolen Liebeleien Einhalt zu thun. Freilich, wie das bei der Natur des Clemens nicht anders zu erwarten war, für die Dauer ohne Erfolg.

Aber auch die später wirklich gedruckten Romanzen sind für uns von Interesse: sie zeigen auf der einen Seite eine gewisse Beschäftigung des Clemens mit den Werken, die Savigny so eifrig studirte, auf der anderen Seite illustriren sie [uns diese?] Savignyschen Studien.

(zunächst in jenen ersten Seiten)

[1] [Julie] ~~Dohmke, Brentanos Werke. Leipzig, S. 3Anm. weiß offenbar nichts~~! Die neue Einleitung bei Dohmke S. 3ff. (die ‹Mutter Gottes› an Stelle der Venus). Dazu S. XXVI. [die Seitenangaben konnten nicht verifiziert werden]

BLATT 96

1803/4

Clemens' Project des Romanzencyclus u. die Rolle des Savigny darin (1804 f.) (Venusberg)

Diel, Clemens Brentano [ein Lebensbild.]
[vgl.] Historisch-politische Blätter [für das katholische Deutschland] XV [1845], S. 31
Rohde S. 32
Steig, [Rezension von: Rohde, Friedrich Creuzer und Karoline von Günderode, in:] Euphorion[XIV]
[Julie] Dohmke, Brentanos Werke, S. XXIVf.
Eckart – Savigny (Diel I, 321), als Jacopone (Diel I, 128 f., 331 f.)
Der Name ist entlehnt von dem Verfasser der ‹Stabat mater dolorosa›, Jacopone da Todi (gest. 1306). [Holtzmann] Zöpffel, [Lexikon für Theologie u. Kirchenwesen], S. 343.
Die Studien über den mittelalterlich katholischen Dichter: so feiert Görres den Ordenstifter Franciscus wegen seines ‹Sonnengesanges› als Troubadour (Sepp, Görres. 1896. S. 195).
In Bologna spielt die Fabel (Dohmke S. XXV). Savignys Studien über Bologna, die selbst seine Frau verfolgte, die dann auch als ‹Rosarosa› mit in den [Irrsinn?] aufgenommen ist.

Die Bekanntschaft Savignys mit seiner späteren Frau <u>vor</u> der Promotion? (Dohmke, S. XXVI).

Die religiöse Mischehe – später als Unkeuschheit betrachtet?

Theater, Nonnen, Verführung, Blutschande – das sind die Elemente der phantastischen Dichtung (XXVIf.)

[Randnotiz:] (beim Jahr 1805 wieder aufnehmen)

– – – – – – – – – –

Clemens, Die Romanzen. Ihre Geschichte 1803/4

Steig I, S. 131–132, 152–156, 255, 272, 286–287
Rohde S. 32, dazu Steig in Euphorion IV [1897], 363
Clemens hatte seine Romanzen spätestens 1803 in Marburg begonnen (Goedeke[2], [Bd.] 6, S. 54)
Steig, Euphorion IV [1897], S. 363, dann entstand eine Pause.

BLATT 97

[Stichwort: Christian]

BLATT 98

Christian

1802	Oct.		Frankfurt Clemens über Christian: ‹er ist durch Savigny vortrefflich gewendet›. [Steig II, S. 51]

1802	den	10. Dez.	aus Jena	an	die	Mereau		([Mereau] I, 33)
1803	den	10. Sept.	Marburg.	Clemens	über	ihn		([Mereau] I, 157)
1804	den	16. Jan.	Frankfurt.	Clemens	über	ihn		([Mereau] II, 87)
		17. "	Marburg.	"	"	"		([Mereau] II, 88)
		18. "	"	"	"	"		([Mereau] II, 89)
		24. "	Frankfurt.	"	"	"		([Mereau] II, 95)

1805	April	Frankfurt	Clemens über Savigny u. Christian [Mereau] II, 156, 157, 160)

	Aug.	Frankfurt	Clemens	[Mereau] II, 166, 170
	–	Heidelberg	Clemens	[Mereau] II, 174
	Sept.	Wiesbaden	Clemens	[Mereau] II, 179, 184
	Oct.	Trages	Clemens	[Mereau] II, 189
1806	Juli	Frankfurt	Clemens	[Mereau] II, 192, 193

BLATT 99

Christian

Das 5. Kind u. der 3. Sohn aus der zweiten Ehe des Vaters, geboren den 24. Januar 1784, ungefähr 6 Jahre jünger als Clemens, 2 Jahre jünger als Gundel, aber ein Jahr älter als Bettina,[1] ward mit sieben Jahren einem Geistlichen [anvertraut], dem Dechant von Tauberbischofsheim (im heutigen badischen Kreis Mosbach), einem Churmainzischen Oberamt, das Graf Friedrich von Stadion, der spätere Mainzische Staatsminister u. Gönner Wielands als Statthalter dreißig Jahre lang (1720–1750) verwaltet hatte, u. wo Georg Michael Frank von Lindenfels [richtig: Lichtenfels], der spätere Herr von Laroche, der Ehemann der Sophie Gutermann, der ehemaligen Braut Wielands, also Christians Großmutter geboren war.[2]

Hier besuchte nun 1791 ihr Enkel das Gymnasium, um nach zwei Jahren (1793) davon zu laufen. Noch im März hatte seine Schwester Sophie an Clemens geschrieben:[3] «‹Was ein Haken werden will, das krümmt sich bei Zeiten›, dies beweist uns Christian.»

Nun . . .

1797 ward er nach Hamburg in ein Handlungshaus in die Lehre gethan.[4] Als im Herbst 1799 das Hand. Hamburg von der allgemeinen Handelskatastrophe getroffen wurde, bei der mit einer Menge Geschäftshäuser auch das, in dem Christian beschäftigt war, bankrott machte,[5] da kehrte Christian nach Frankfurt zurück, nur um bei einem Lehrer der Mathematik in Grimma in Pension gethan zu werden. Bettina rühmte später seine Rechenkünste. Von hier aus erlangte er das Diplom eines Elève de la République für die französische Marine!

[1]Steig I, S. 10, falsch S. 349 [2][Bader?], S. 960 [konnte nicht ermittelt werden] [3]Steig I, S. 13 [4]Also – die Hamburger in Jena! [gemeint sind Heise, Gries, Lichtenstein] [5]v. Bippen, S. 42

BLATT 100

Bis 1802 blieb er in Grimma, um sich für die Universität vorzubereiten, wo er Medicin studiren wollte. Im Frühling 1801 finden wir ihn in Frankfurt in Verbindung mit dem Engländer Crabb Robinson. Auch sein ältester Bruder Georg, der neben dem Halbbruder Franz in dem Geschäft angestellt war,[1] gerirte sich selbst als Engländer, wie Bettina erzählt.[2]

Im Juni machte Christian mit Robinson eine Fußreise nach Göttingen, wo damals Clemens als «Student der Philosophie» lebte.[3] Im folgenden Herbst (1802) kam er dann mit Robinson auch nach Marburg, wohin Clemens wieder übergesiedelt war.[4]

[1]Steig I, S. 13 [2]Bettina [Frühlingskranz, S. 367] [3]Steig I, S. 22; Mereau I, 218 [4]Steig I, S. 43

BLATT 101

Christian Brentano 1801–1802

Nach Crabb Robinson (Eitner [Robinson, Ein Engländer über deutsches Geistesleben, hrsg. von Karl Eitner], S. 174 ff.)
1801. Persönlich stand ich <in Frankfurt> in engem Verkehr mit einem jungen Bruder <des Clemens>, dessen Erziehung noch nicht vollendet war, u. der, als er erfuhr, daß ich noch keinen festen Wohnsitz hatte, mir <etwa im Frühling> den Vorschlag machte, ihn zu Fuß ins Sächsische zu begleiten, wo ich in meinen Studien fortfahren könnte, während er die seinigen vollendete ... Es verflossen jedoch noch einige Monate, bevor unser Plan in Ausführung gebracht wurde ... Meine Wanderung mit Christian Brentano begann am 14. Juni (zwei Tage in Göttingen). «Christian Brentano u. ich wanderten nun weiter, um die berühmten Grubenwerke des Harzes zu sehen ... Der Ort, in welchem Christian studirte ... war Grimma ... Er hatte ein großes Gymnasium oder eine

sog. Fürstenschule. Der Lehrer der Mathematik an derselben, ein gewisser Töpfer, nahm Brentano in seinem Haus auf. [Fortsetzung s. V, Blatt 46]

– – – – – – – – – –

Christian u. Crabb Robinson
[Robinson, Diary, Reminiscences, Correspondence, 3 Bde.]

1801. Winkelmann
Die Reise mit ihm begann am 14. Juni. Zunächst wollte Christian seinen Bruder Clemens in Göttingen besuchen ([Robinson I] S. 87). Hier lernte er Clemens' Freunde kennen.

Of these the principal was a young man of great promise – a poet and scholar. He lectured on poetry, and strengthened the interest I already felt in German philosophy and literature. His name was Winkelmann. He died a few years later, still a young man. It was he who first distinctly taught me that the new German philosophy – . . Winkelmann urged me to study Fichte's ‹Wissenschaftslehre›, which he said was in its elements the philosophy of Plato, Spinoza and Berkeley.[1]

These two days, like the preceding weeks, served as a hot-bed to me. In my letter to my brother I noticed what then was a novelty to me: «I must not forget a curious trait of the new school. They are all poetico-metaphysical religionists. Clemens Brentano declared religion to be ‹philosophy taught through mystery›. And the reading of one of Winkelmann's lectures on poetry was ‹the virgin Mary as the ideal of female beauty and perfection› ([Robinson I] p. 88). [Fortsetzung fehlt]

Nun in den Harz; Brocken

The place at which Christian Brentano was studying, and at which I was for a time to reside, was Grimma, a small [Fortsetzung fehlt]

[Fußnote fehlt]

BLATT 102

Als Clemens im October 1802 von Frankfurt aus an Arnim schrieb, berichtete er in seiner Weise auch über den Bruder: «Christian ist mir sehr lieb geworden; er ist durch Savigny vortrefflich gewendet u. ich erwarte viel von seiner Liebe».[1] Wie das gemeint war, werden wir bald sehen.

Im Herbst ging Christian nun nach Jena, wo er als Student der Medicin immatrikulirt ward.[2] An Savigny zu schreiben, hielt er nicht für nöthig. «Von Christian, so theilte Savigny am 8. December Clemens noch mit, habe ich nichts gehört. Robinson schreibt, er sei ungemein liirt mit Coll u. verachte Schelling über die Maßen.»[2a] [Stoll I, 212]

Savigny konnte nicht ahnen, wie Christian für Clemens in seiner Liebesaffäre beschäftigt war. Clemens hatte ihn beauftragt, in seinem Namen an die Mereau zu schreiben. Am 10. December führte er den Auftrag aus, wobei er Clemens' Brief an ihn auszugsweise mittheilte. «Er schreibt mir: sage ihr, es schmerze noch, daß sie meine Lieder, die nicht die schlechtesten dieser Zeit gewesen seien u. die ich ihr durch Winkelmann geschickt habe, nicht in ihren Almanach aufgenommen habe.»

Und nun folgt eine Hymne auf den Bruder, die für den Schreiber selbst charakteristisch ist: «Eine gränzenlose rücksichtslose Wahrheit macht den heiligen Grund seines Charakters u. löst sich in der innern tiefen Güte seines Herzens zu einer schönen Reflection. Sein Charakter ist so vollendet, so schön, daß er für die Welt beinah zu zart, beinah zu tief ist.»

«Ich habe letzten Sommer mit ihm in Marburg verlebt u. da habe ich ihn kennen u. lieben gelernt. Er schloß sich schön u. stark an den vortrefflichen Savigny an, seine genialische Thätigkeit u. seine göttliche Ruhe . . .»

«Daß Resignation ihm so schwer wird, erniedrigt ihn wohl nicht, denn erzwungene Resignation ist nicht Stärke, ist Schwäche. So lebt er, Madame! Er klagt, daß Sie ihn zu Friedrich Schlegel hingewendet hätten, Trost zu holen, der seine sich selbst aufopfernde Uneigennützigkeit freudig gebraucht habe, sich ihm verächtlich zu machen, denn wie Sie (er schreibt es, Madame!), wie Sie Ihre Menschlichkeit durch coquette Sentimentalität divinisirten, so brutalisire er seine Unmenschlichkeit durch coquette honeteté. Mehr sage ich nicht.»[3]

[1]Steig I, S. 51. [2]Steig I, S. 51, 79 [3]Mereau I, 34 f. [2a]dazu Clemens bei Steig I, S. 27, 59!

BLATT 103

[Notiz der Mereau zu Christian]

BLATT 104

1803

Als Clemens von . . . aus Savigny wieder um Bücher bat, u. mit Ungeduld sie erwartete, schrieb ihm Savigny den 17. Juli 1803: «Ich habe alle (Bücher) zusammen dem Christian gegeben, weil ich nicht gleich schreiben konnte. Christian wird dazu geschrieben haben.» [Handschrift im Freien Deutschen Hochstift / Goethe-Museum Frankfurt. Signatur: 7723]

[Randnotiz mit Bleistift:]
Das Erdbeermädchen (Steig I, S. 125)

– – – – – – – – – –

[Anfang fehlt] Als die Brüder im September 1803 in Frankfurt zusammentrafen, da tönte das Lied anders; an die Mereau schrieb nun Clemens:[6] «Der Aufenthalt in Frankfurt wird mir in jedem Fall unangenehm sein, besonders da seit einigen Tagen Christian hingegangen ist, der für mich überall etwas sehr Fatales durch seine drückende Eitelkeit u. Bizarrität hat ... seine Briefe an mich ... waren reine Producte der Faulheit u. Eitelkeit u. insofern solche Sachen zu schreiben gar nicht in seinem Charakter liegt, sind sie eigentlich Lüge.»

[Fußnoten 1–5 ohne Verweise im Text] [1]Mereau I, 34 (wo er über Cl[emens'] Verhältniß zu Savigny spricht) [2]Steig I, S. 22 [3]Steig I, S. 43 [4]Steig I, S. 43, 57 [4a]Steig I, S. 79 [5]Mereau I, 33ff. [6]Mereau I, 157

BLATT 105

Christian u. Bettina 1804

Steig I, S. 125 (128) (140) (79) (291)
Mereau II, 193! 160. I, 157

Daß das extravagante, im Grunde höchst egoistische Verhältniß des Clemens zu Bettina keine Dauer haben konnte, liegt auf der Hand. Bettina selbst zog nun bald den jüngeren Bruder Christian vor, der ihr andere interessante Dinge erzählte u. sie für seine neuesten Abenteuer als seine Sekretärin gebrauchte. «Ich vermuthe sehr, schrieb Clemens[1] nach Neujahr 1804 an Arnim, daß sie nun gänzlich mit Christian verbunden ist». Nun hatte sie an diesem genialen Bruder einen literarischen Rathgeber für ihre Lectüre u. ihre literarische Arbeit. Arnim, der nach seiner Heirat die Briefe Christians an Bettina las, fand[2] dann, daß er fast nichts Taugliches ihr anzurathen wußte. Clemens, der sich in die Änderung ergeben hatte, urtheilte darin anders: er meinte,[3] der Bruder mit seiner Mischung von Ernst u. Güte u. Gassenbuberei sei Bettina «sehr wohlthätig». Über die Art Christians belehrt uns gleichfalls Arnim: er theilte ihr vieles mit, «wozu ihr eigentlich die Prämissen fehlten», u. that das «ganz hochtrabend kalt». Diesen ungenießbaren Stil zeigt uns aufs deutlichste schon der Brief, den er auf Clemens' Bitte im December 1802 in Jena an die Mereau schrieb.[4]

(1806: M[ereau] II 193)

[1]Steig I, S. 125 [2]Steig I, S. 291 [3]Mereau II, 160 [4]Mereau I, 33ff.

BLATT 106 [Notiz zu Christian als Student der Medizin in Marburg ab 1803]

BLATT 107 [Christian und Savigny 1802–1806: nur bibliographische Daten]

BLATT 108

Christian Brentano (1801, 1802, 1803) als stud. medicinae

A.d.B. III [1876], 309–310 (v. L<oeper>[XV]
Seine Hakennase (Steig I, S. 305), seine Gestalt ([Steig I] S. 99), sein Gesicht ([Steig I] S. 278).
In Bischofsheim auf der Schule.
Bläst die Flöte.
Ist unpünktlich, rechnet aber gut (Bettina I, 210)

- - - - - - - - - -

[Stichwort: Christian und Bettina]

- - - - - - - - - -

[Ausschnitt aus einem Antiquariatskatalog:
Angebot eines undatierten eigenhändigen Briefes von Christian Brentano aus Aschaffenburg, an eine Dame in Wiesbaden]

BLATT 109

Franz Dominikus Christian [Brentano] (1784–1851)[XVI]

Nach einer ähnlich planlos u. wechselvoll verbrachten Jugend, wie sie sein 6 Jahre älterer Bruder Clemens erlebt hatte, studirte er etwa 1802–8 Medicin in Jena u. Marburg. Ohne dieses Studium abgeschlossen zu haben, bewirthschaftete er dann eifrig etwa 7 Jahre lang das eben angekaufte böhmische Familiengut in Bukowan im Praginer Kreise, lebte nach dessen Verkauf, wie Clemens, – gleichzeitig mit ihm zu streng katholischen Anschauungen zurückgekehrt – bald in der Schweiz bei einem Priester Siegrist, bald in Landshut bei Sailer, bald in Frankfurt, von wo er Clemens zur Nonne Emmerick in Dülmen brachte, die er dreimal besuchte, Clemens aber bis zu ihrem Tod nicht mehr verließ. Mit dem Bonner Professor Freudenfeld ging er dann nach Rom, wo dieser katholisch ward, u. er selbst 1823–27 Theologie studirte, ohne indessen Priester zu werden.
1828 zurückgekehrt lebte er, schriftstellerisch thätig, auf dem Marienberg, im ehemaligen Kloster bei Boppard. Heiratete 1835 in Nizza die Tochter eines Nassauischen Landraths, Emilie Genger, ging aber bald wegen der Kölner Wirren nach Aschaffenburg. [Stoll I, 419, Anm. 1]

Stoll, Ludwig Grimm, S. 324

BLATT 110

[Savigny und Franz Brentano in Bezug auf Clemens: nur 2 Daten von 1802/03]

BLATT 111

[Stichwort: Savignys Reisen an den Rhein, mit bibliographischen Daten]

- - - - - - - - - -

Franz u. seine Frau Toni (Antonie) (– 1804)

Geb. 1765 (Steig I, S. 12)
Seit 1797 Leiter des Geschäfts
1798 den 23. Juli heiratet er eine Tochter des Hofraths Melchior von Birkenstock in Wien, Antonie (Steig I, S. 18) u. gründet später in Wien ein Zweiggeschäft.
Er war Vormund seiner minderjährigen Geschwister, also insbesondere des Clemens ([Brentano, Gesammelte Schriften, Bd. 8:] Briefe I, S. 66) u. der Bettina (II, S. 21 f.), nicht minder ohne Zweifel der Gundel.
1804 im Januar erhält er [Clemens] von ihm [Franz] einen Brief mit Rechnungen (Briefe I, 117 f.)

- ? [Januar 1804] schreibt Clemens aus Marburg an sie [eine Verwandte] (I, 117 f.)
- den 22. Febr. (I, 120)
- den 28. Mai. (I, 121)
- den 29. Juni das 4. Kind geboren, ein Mädchen: Josepha

- - - - - - - - - -

[Stichwort: 1804, Toni Brentano an ihren Vater, Johann Melchior von Birkenstock]

BLATT 112

Savigny in Frankfurt erwartet u. von Franz

1802 den 18. April aus Marburg Savigny an Clemens:[1] [Stoll I, 211]

> ‹Wer hat Ihnen denn aufgebunden, daß ich nicht kommen wollte? Ich selbst vielleicht?
> Ja, ja, wer wird sowas glauben!›

‹Schreiben Sie mir mit umgehender Post, ob ich an Franz schreiben soll wegen Trages?
Ich glaube wohl es ist besser schwarz auf weiß.›

[1]Der Brief aus dem Marburger Museum

BLATT 113

1803

«Wie stehen Sie denn», schrieb Savigny am 17. Juli ihm zurück, «mit Franz, lieber Clemens? Haben Sie ihm schon Ihren Plan gesagt? Sie schreiben mir kein Wort davon u. ich frage also vielleicht nach Dingen, die längst ausgemacht sind. Wären sie das nicht, so scheint es mir doch sehr nöthig, daß Sie sich noch vorher auf ein recht klares Verhältniß mit Ihren Geschwistern verständigten. Vielleicht wäre es gut, wenn Sie selbst erst einmal in Frankfurt wären.»

Schon vorher setzte Savigny ihm auseinander, wie er selbst zu dem Plan stehe: «Ihr letzter Brief ist so voll froher Hoffnung u. so ruhig dabei, daß es recht ansteckt u. daß ich gar nicht Sie zu stören fürchte, wenn ich Sie auf einige Nebendinge aufmerksam mache, die Sie sich anders gedacht haben».

«Zuerst das Zusammenleben. Ich wüßte nicht, was wünschenswerther wäre als mit Menschen zu leben, die man nicht blos liebt, sondern in deren Liebe man recht froh wird, weil sie selbst glücklich sind. Aber in der Art wie Sie meinen, wird es schwerlich ausführbar sein. Sie wissen, daß es im vorigen Jahr meine ernste Absicht war, hier im Hause bauen zu lassen, daß ich Weis darum bat, u. daß er es nach genauer Überlegung nicht thun wollte, noch ehe Sie sich dagegen erklärten. Es ist bisher nichts geschehen, was ihn auf andere Gedanken bringen könnte.»
[Handschrift im Freien Deutschen Hochstift / Goethe-Museum Frankfurt. Signatur: 7723]

[Randnotiz:] <Clemens will bei Sav. wohnen!>

BLATT 114

1803 Oct. Franz' u. Savignys Mahnungen an Clemens

Der Briefwechsel des Clemens mit der Mereau läßt aufs deutlichste die treuen Mahnungen seines Halbbruders u. Vormundes Franz einerseits u. Savignys anderseits erkennen, Mahnungen, die zunächst auch einen Eindruck machten u. gute Vorsätze erzeugten. Während Franz zunächst die ökonomischen Verhältnisse ins Auge faßte, war es Savigny, der dem künftigen Schwager klar machte, daß er die Pflicht habe, an Stelle des zwischen ihm u. der Mereau vereinbarten Konkubinats ein eheliches Verhältniß zu setzen.

Während der Wochen, die Clemens in Frankfurt zubrachte (September u. October), ward die mit seiner Großjährigkeit gebotene vormundschaftliche Rechnungslage vorgenommen u. eine Vereinbarung über die fernere Verwaltung von Clemens' Vermögen getroffen.

«So eben», schrieb er in der Mitte October an die Mereau,[1] «komme ich von meinem Bruder Franz zurück, mit dem ich von meiner Abrechnung gesprochen habe. Es ist mir wunderbar, wie es mich immer angreift u. bewegt, mit diesem unendlich guten, genialischen Menschen über ernsthafte Gegenstände zu reden, nachdem er mir mit einer stillen, treuen Darstellung auseinandergesetzt hatte, welche Wege ich bei der Obrigkeit – dem Kuratel-Amt – gehen muß, nachdem er mir mit der Besorglichkeit eines Vaters über die nun nunmehrige Nothwendigkeit, mein Vermögen selbst zu verwalten, gesprochen hatte, mußte ich weinend aus der Stube gehen.» [Mereau II, S. 24]

Aber war er zu dieser eigenen Verwaltung fähig? Wir hören durch, was sein Bruder ihm vorher dargelegt hatte: «Ich empfinde, daß ... meine Fehler, meine Unruhe, meine Unzufriedenheit ihren Ursprung aus der Unordnung herzuleiten haben; ich habe bis jetzt mit ... meinem Besitz ... in einer gewissen Unordnung gelebt, die ganz darauf hinauslief, mich in allen meinen Verhältnissen ... zum Verderben zu bringen ... Ich will mit dir verbunden auf alle Weise zur Ordnung streben ...» [Mereau II, S. 21]

[1][Mereau] II, S. 24; 23 [richtig: 21]

BLATT 115

«... Meine Verbindung mit dir wird mir bald der schrecklichste Vorwurf sein, wenn ich nicht zugleich mit ihr in die größeste, wohlthätigste Ordnung eintrete.»[1] Und die Mereau schrieb zurück: «Ich will die Ordnung deines Lebens nicht stören: ich will sie sichern, dich der Unordnung entreißen.»[2]

Aber nun entschloß sich Clemens, die Verwaltung seines Vermögens seinem Bruder Franz zu übertragen, da er bei seiner höchsten Unkunde in Geldgeschäften sicher betrogen werden würde. Als er das am 24. October der Mereau mittheilte,[3] fügte er hinzu, er könne seine Zinsen («Intressen») zu jeder Stunde beziehen; sein Bruder werde sie ihm «überall anweisen». Damit waren die «Nahrungsfragen», auf die er selbst früher[4] hingewiesen, wenigstens gemindert. Auch das Wort ‹sparen› spielte eine Rolle: «Ich selbst werde durch die Ordnung, die ich von deiner Liebe hoffe, noch (!) weniger brauchen als bisher».[5]

Die Mereau war, ohne allen Zweifel mit Rücksicht auf Clemens' Charakter, nicht gesonnen, mit ihm eine Ehe einzugehen. Aber Clemens, der bisher mit einem Konkubinat durchaus einverstanden gewesen, war inzwischen belehrt worden, daß ein solches Verhältniß weder mit Rücksicht auf die heranwachsende Tochter der Mereau, noch mit Rücksicht auf seine eigenen Angehörigen, insbesondere seine Schwestern, unstatthaft sei.

Hatte er vor kurzem noch von seiner «Kälte gegen Savigny» gesprochen,[6] so sprach er nun am 27. October wieder von dem «guten, stillen, wunderbaren, edlen Savigny». «Ich halte es für unsere Ruhe u. Zufriedenheit,»[7] so belehrte er nun die Mereau, «für durchaus nöthig, unserm Umgang eine feste bestimmte Form vor der Welt zu geben u. darum sei mein Weib. Das giebt uns Ruhe, Würde, Sicherheit u. die Wohlthat bürgerlichen Schutzes.»[8]

[1][Mereau] II, 21 [2]II, 38 (zusammengezogen) [3]II, 57f. [4]II, 20 [5]II, 15 [6][Mereau] I, 196
[7][Mereau] II, 68 [8]II, 68

BLATT 116 [vermutlich Irrläufer: Das Fahren in der Stadt Rom (Senatoren)]

BLATT 117 [redundant, s. IV 2, Blatt 124; Notizen zu Wasser und Feuer]

BLATT 118

Zum ‹Besitz› 1803

Auch über die Lehre vom Besitz geben Thibauts u. Savignys Schriften bei ihrem Zusammensein in Göttingen rechten Anlaß zu wissenschaftlichen Erörterungen. Nachdem Thibaut Savignys Schrift in der Allgemeinen Literaturzeitung von 1804 No. 41 (Monat?) [8. Februar] besprochen[XVII] u. dabei Bemerkungen über possessio civilis u. naturalis gemacht hatte,[1] die er dann in demselben Jahr in dem Anfang seiner neuen Ausgabe von Cuperus' (1789 in Leyden erschienener) Schrift De natura possessionis näher ausführte,[2] (‹adiectis de naturali et civili possessione observationibus›), entschloß sich Heise, diese Schrift Thibauts in den Göttinger Gelehrten [Anzeigen] [Fortsetzung fehlt]

[Fußnoten fehlen]

Ranke über Savigny als Justizminister 1848

.. «Absicht, der Reform der Gesetzgebung eine des Königs Sinn, den wir als liberal-conservativ begreifen können, entsprechende Durchführung zu geben. Doch war er nicht der Mann, um unserer Zeit, die sich in raschen großen Erschütterungen bewegt, zu genügen; er war ihr zu methodisch, langsam, nachgiebig. Das Jahr 1848 brach seinen Muth, denn das destructive Element, das er immer gefürchtet u. bekämpft hatte, ließ er dadurch zur Herrschaft gelangen.»

[1][kein Verweis im Text] Abhandlungen [und Versuche] (1888), S. 499

BLATT 119

Zum ‹Besitz›

Die Mängel, die man an dem Buch mit Rücksicht auf die Praxis gerügt hat, fußen auf einer ganz falschen Grundauffassung: er wollte nicht für die Praxis Recht liefern, sondern nur darthun, wie die Römer die Institutionen aufgeführt u. behandelt haben: eine rein historisch-kritische Arbeit – genau so wie [Moritz August Bethmann-]Hollwegs u. [Friedrich Ludwig] Kellers Schriften über den römischen Prozeß, ___.

Beweis: soweit es nicht das Buch selbst zeigt, ist der Hinweis auf das entscheidend, was S[avigny] Keller über seinen Plan wegen Fortsetzung seines Buchs ‹Über Litis Contestation› [1827] entgegenhält.

– – – – – – – – – –

Im Winter 1802 Abfassung des Rechts des Besitzes
(Fortsetzung der Mittheilung über die Vorlesung nach den 10 letzten Büchern).

«Andere Arbeiten verzögerten die Ausführung dieses Plans bis in den Winter 1802, in welchem das Buch ausgearbeitet wurde. Die erste Ausgabe erschien im Jahr 1803». [Aus Savignys Vorrede zur 5. Auflage (1827) des «Recht des Besitzes», Seite V.]

BLATT 120

Zum ‹Besitz›

Der Plan S[avigny]'s (System I, S. XLVI) im Vergleich zu dem im ‹Besitz› ausgeführten Plan führt direkt oder doch im gewissen Sinn zu der Arbeit von Bruns hin!

Damit ist das Bedürfnis der Ergänzung des Werks von selbst anerkannt. Aber hat Savigny [damals?] ein [Bewußtsein dafür?] gehabt?

Zur 1. Ausgabe!

Der Blick auf die Zeit bis zum Erscheinen von Bruns' ‹Besitz› im Jahr 1848,
also 45 Jahre wissenschaftlicher Arbeit in Deutschland!

– – – – – – – – – –

Savignys ‹Besitz› [Savigny aus Teplitz an Ludwig Friedrich Keller, 5. August 1844]
Zu der Aufgabe, die er sich gestellt u. die Grenze, die er sich dafür gezogen, vgl. Savigny an Keller über die von ihm 1844 ins Auge gefaßte neue Ausgabe u. dabei zugleich über Bruns als den 2. Theil seines (S's) [Savigny's] Buchs! [Handschrift in der Landesbibliothek Dortmund, Signatur: 4365]

BLATT 121

[Stichworte zur römischen Geschichte]

BLATT 122

Savignys ‹Besitz›

Um den m.E. allein richtigen Standpunkt für die Beurtheilung des Werkes zu gewinnen, muß man es betrachten als ein nach anderthalb Jahrtausend wieder zu einem gewissen Leben erwecktes wichtiges Stück der antik-römischen Rechtsordnung, als ein Beispiel, wie gewisse Bedürfnisse des röm. Rechtslebens durch den Praetor u. die Rechtsgelehrten vor anderthalb Jahrtausend befriedigt worden sind, eine rechtshistorische Untersuchung, die nicht im entferntesten daran denkt, für unser heutiges Rechtsleben Vorschriften aufstellen zu wollen.

Wie [Christian Gottlob] Heyne u. [Friedrich August] Wolff [richtig: Wolf], so vertiefte sich auch Savigny ganz in das Alterthum, um es für sein Verständnis wieder zu erwecken u. mit vollem Leben zu erfüllen – daß es eine juristische Arbeit ist, ist in gewissem Sinn nur ein Zufall : Savigny betrachtete sich eben so sehr als Alterthumsforscher wie jene Männer, nur [daß] sein besonderes Arbeitsgebiet [ein] andres war als das der Philologen.

Darum die hohe Freude Heynes (oder was ist es) u. der Savigny gemachte Antrag.

BLATT 123

1803. Besitz

1847 den 21. März. Savigny an Rudorff: [Stoll III, S. 79]

Heute vor 44 Jahren: ich war damals mitten in der Arbeit, das Buch über den Besitz nieder zu schreiben, das einige Wochen später heraus kommen sollte.

BLATT 124

Der Anstoß

a. die häufigen Besitzprozesse, auch in seiner Familie?
b. Hommel. [Beccaria, Des Herrn Marquis von Beccaria unsterbliches Werk von Verbrechen und Strafen, mit Vorrede von Hommel, S. III–XVII–LV]
c. die Vorlesung über die letzten 10 Bücher [der Pandekten]

Ausarbeitung

1803 ‹den 3. Mai das Msc. vollendet.› (Rudorff II, S. 18) [Zeitschrift für Rechtsgeschichte][XVIII]

1802 den 12. November an Heise: «Auf Ostern werde ich wohl als Schriftsteller auftreten.
Davon wohl ein andermal.» [SZ (RA) 36 (1915), S. 102] Nichts bekannt.

1803 fertig; keine Vorrede

Versendung des Buchs

1803 den 3. Juli an Kretzer [Advokat] in Koblenz [Stoll I, 221 f.]

Die Aufgabe, die sich Savigny gestellt hat, vgl. S[avigny] über Kellers ‹Litis contestation› [1827]. In sofern das Thema ‹ganz naiv› gewählt u. behandelt, wie Bruns in seiner Rede S. [442] sagt.[XIX]

Die zeitlichen Beziehungen in dem Werk

Die Eigenart, Sprache, etc.

Die Philosophie? Sokolowski [Die Philosophie im Privatrecht, 2 Bde.]

5. Besprechungen
   a) 1804 den 23. Febr. in den Gött. Gelehrten Anzeigen, von Hugo [30. Stück (1804), S. 289–296][XX]
   b) Thibaut [A.L.Z. 41–43 (1804), S. 321 ff.] [s.a. IV 2, Blatt 118]
   c) Bruns [Kleinere Schriften, Bd. 2, S. 432–451]
   d) Gans (Enn[eccerus] S. 51)

6. Wirkung auf die Praxis

BLATT 125

Das Recht des Besitzes (1802/1803)

1801. die Vorlesung über die letzten 10 Bücher der Pandekten

1802. im December die Vorarbeiten begonnen <aber schon im Nov. an Heise!>

1803. am 3. Mai das Msc. fertig

– ‹Gießen bei Heyer› [Verleger]

– 3. Juli: Savigny schickt das Buch an Kretzer <nach Koblenz?> [Stoll I, 221 f.]

[1804] Savigny an Bang: ‹[Arnold] Heeren hat sogar mein Buch gelesen . . .› [Stoll I, 215]

1804. den 23. Febr.: Hugo in den Göttinger Gelehrten [Anzeigen] (30. Stück, S. 289–296)

– Thibauts Ausgabe von Cuperi Observationes.

Anmerkungen

I Blatt 5: Dieses Urteil kann so nicht bestätigt werden. Es gibt mehrere Anhaltspunkte, die eher auf das Gegenteil schließen lassen: Der junge Savigny hatte Respekt vor der wissenschaftlichen Tätigkeit von Frauen und wollte sie, nicht anders als Clemens Brentano oder Friedrich Schlegel, zu literarischer und künstlerischer Arbeit anspornen. So lobte er im Briefwechsel mit Karoline von Günderode z. B. deren literarisches Wirken und ihr Interesse an wissenschaftlichen und politischen Themen (z. B. II, Blatt 6). Karoline war keineswegs die einzige Schriftstellerin, die sich Savignys Anerkennung verdient hat. Auch Caroline von Wolzogen oder Bettine von Arnim wären zu nennen. Ferner lassen die Äußerungen über Friedrich Schlegels Essay "Ueber Philosophie" (1799) und seinen Roman "Lucinde" (1799) erkennen, dass Savigny den zeitgenössischen Versuchen einer Beschränkung der Frauen auf den häuslichen Wirkungskreis mit Zurückhaltung begegnete und ihrer Partizipation in Literatur, Kunst oder Wissenschaft nicht abgeneigt war, dazu näher Meder, Savignys Weg in die juristische Moderne. Romantik, Gender, Religion, Wissenschaft, 3. Kapitel III, V und VI.

II Blatt 10 ff.: Jacobi, Eduard Allwills Briefsammlung. Mit einer Zugabe von eigenen Briefen. URL: https://www.deutschestextarchiv.de/book/show/jacobi_allwill_1792 (zuletzt abgerufen am 21.06.2023).

III Blatt 19: Das Distichon, das Friedrich Schlegel in sein persönliches Exemplar des Romans «Godwi» von Clemens Brentano schrieb, lautete:
«Hundert Prügel vorn Arsch, die wären dir redlich zu gönnen,
Friedrich Schlegel bezeugt's, andre Vortreffliche auch.
Schlegel sammelt noch Unterschriften dazu.»

IV Blatt 19/20: Johann Wilhelm Ritter
URL: https://www.deutsche-biographie.de/pnd118745468.html#adbcontent (zuletzt abgerufen am 21.06.2023).

V Blatt 29: Lichtenstein und die Brüder Gries sind keine Frankfurter; sie sind aus Hamburg.

VI Blatt 37: Schillers Briefe an Goethe, Friedrich Schiller Archiv:
URL: https://www.friedrich-schiller-archiv.de/briefe/briefwechsel-goethe-schiller/ (zuletzt abgerufen am 21.06.2023).
(s.a. I, Blatt 12, Anm. V)

VII Blatt 45: Johann Erich Berger
URL: https://www.woerterbuchnetz.de/Meyers/Berger/ (zuletzt abgerufen am 21.06.2023).

VIII Blatt 49: August. Klingemann (Hg.), Memnon: eine Zeitschrift, Jahrgang 1, 1800, 190 S. Gegründet 1800 von August Klingemann, Clemens Brentano und Achim von Arnim. Nur ein Band erschienen.
URL: https://babel.hathitrust.org/cgi/pt?id=mdp.39015059761950&view=1up&seq=2 (zuletzt abgerufen am 21.06.2023).
(s.a. V, Blatt 40)

IX Blatt 49: Ernst August Friedrich Klingemann, geboren 1777
URL: https://www.woerterbuchnetz.de/Meyers/Klingemann/ (zuletzt abgerufen am 21.06.2023).

X Blatt 52: «Grunde» ist ein Lese- oder Hörfehler von Bremer. Es handelt sich um Justus Friedrich Runde, (1741–1807), Savignys Lehrer in Göttingen, Vater von Christian Ludwig Runde, der das Buch «Deutsches eheliches Güterrecht» (1841) schrieb (s. Stoll I, 116, Anm. 6).

XI Blatt 69: In Ersch, Gruber (Hgg.), Allgemeine Encyklopädie der Wissenschaften und Künste, ist kein entsprechender Eintrag zu Fritz von Leonhardi enthalten. Systematisch müsste er in der 2. Sektion, Bd. 43 stehen.

XII Blatt 95: Johann Friedrich Böhmer, 1795–1863, Historiker und Archivar
URL: https://frankfurter-personenlexikon.de/node/1820 (zuletzt abgerufen am 21.06.2023).

XIII Blatt 95: Görres, Erinnerungen an den Dichter Clemens Brentano, in: Historisch-politische Blätter für das katholische Deutschland, 15 (1845), S. 1–32.
URL: https://de.wikisource.org/wiki/Historisch-politische_Blätter_für_das_katholische_Deutschland#1.1838_-_29.1852 (zuletzt abgerufen am 21.06.2023).

XIV Blatt 96: Steig, Friedrich Creuzer und Karoline von Günderode: Briefe und Dichtungen, hrsg. von Edwin Rohde, in: Euphorion 4 (1897), S. 358–367 (S. 363).
URL: https://de.wikisource.org/wiki/Euphorion_:_Zeitschrift_für_Literaturgeschichte (zuletzt abgerufen am 21.06.2023).
(s.a. V, Blatt 318)

XV Blatt 108: Der Verfasser des A.D.B.-Artikels über Christian Brentano ist Rochus von Liliencron, nicht Gustav von Löper, wie von Bremer angegeben. A.D.B., Bd. 3 (1876), S. 309–310.
URL: https://de.wikisource.org/wiki/ADB:Brentano,_Christian (zuletzt abgerufen am 21.06.2023).

XVI Blatt 109: «Franz Dominikus Christian» ist eine Namensverwechslung. Es muss Christian Franz Damian Friedrich (1784–1851) heißen, zu dem auch die nachfolgende Beschreibung passt. Er ist der jüngere Bruder von Clemens Brentano und Halbbruder des älteren Franz Dominikus Christian.

XVII Blatt 118: Thibauts Rezension von Savigny, Das Recht des Besitzes, in: A.L.Z. 41–43 (8./9. Februar 1804), S. 321 ff. Der Artikel selbst benennt keinen Autor. Dass Thibaut der Verfasser war, wissen wir mithin nur von Bremer.
URL: https://zs.thulb.uni-jena.de/receive/jportal_jpvolume_00002171 (zuletzt abgerufen am 30.06.2023).
(s.a. IV 2, Blatt 124)

XVIII Blatt 124: Rudorff, Friedrich Carl von Savigny. Erinnerung an sein Wesen und Wirken, in: Zeitschrift für Rechtsgeschichte 2 (1863), S. 1–68.
URL: https://dlc.mpg.de/image/mpirg_escidoc_92049/1/LOG_0003/ (zuletzt abgerufen am 21.06.2023).

XIX Blatt 124: Bruns, Zur Erinnerung an Friedrich Carl von Savigny: Vortrag gehalten in der Friedrich-Wilhelms-Universität zu Berlin am 21. Februar 1879.
Auf S. 442 in Bruns, Kleinere Schriften, Bd. 2 heißt es, Savigny habe das «Recht des Besitzes» mit «naiver Unbefangenheit geschrieben ... ohne klares Bewusstsein über den Gegensatz seiner neuen Anschauung zu der alten».

XX Blatt 124: Hugos Rezension zu Savigny, Das Recht des Besitzes, in: Göttingische gelehrte Anzeigen, 30. Stück (1804), S. 289–296.
URL: https://de.wikisource.org/wiki/Göttingische_Gelehrte_Anzeigen (zuletzt abgerufen am 21.06.2023).

Einheit V: Die Familie Brentano, Jenenser Freunde und das von Savigny «projecierte Critische Blatt» (1799–1803)

BLATT 1 [Stichwort zu Savigny]

BLATT 2 [Die Briefe der Mereau: Namen und Daten]

BLATT 3 [Die nationalen Verbrechen der Orientalen]

BLATT 4 [Clemens und die Mereau: Daten]

BLATT 5 [Die leges regiae seit dem 16. Jahrhundert]

BLATT 6 [Der Gegensatz von Stadt und Land in den römischen Provinzen]

BLATT 7

Savigny u. Clemens Brentano

Auf seiner sächsischen Studienreise hatte Savigny auch seinen künftigen Schwager Clemens Brentano als angeblichen Studenten kennen gelernt. Nachdem der Vater darauf verzichtet hatte, ihn zum Kaufmann auszubilden, hatte er sich auf den Rath seiner Großmutter Ende 1796 zu seinem Onkel Karl Laroche, Bergrath in Schönebeck bei Magdeburg, begeben, und dann zum Sommer 1797 nach Halle, um, wie seine Brüder annahmen, Berg- u. Kameralwissenschaften zu studiren. Aber hier bezeichnete er sich Franz gegenüber als der Arzneigelehrsamkeit beflissener. Franz erklärte ihm im März 1798, er sähe es ungern, daß er seine kameralistischen Studien wieder verschiebe u. nach seiner eigenen Angabe seither nichts verrichtet habe: es wäre Zeit, daß sein Verstand die Oberhand behielte. Zum Sommer 1798 ging Clemens dann mit Hans Bostell aus Wetzlar nach Jena, ohne daß wir erfahren, welchen Studien er hier sich widmen zu wollen erklärt hatte, vermuthlich der Philosophie. Er trat einer studentischen Verbindung bei, in der er sich besonders an den Mediciner Winkelmann[1] aus Braunschweig u. L. Wrangel aus Esthland anschloß. Sein eigentlicher Leitstern aber wurde für ihn Wieland, der Freund seiner Großmutter, Friedrich Schlegel u. Ludwig Tieck,[2] während er auf den Dichter u. ... Gries in seiner schon gewohnten Weise, halb verächtlich herabzusehen sich vermaß, wofür er von Heinrich Steffens, samt seiner Tischgenossen gebührend zurecht gewiesen ward.

1Steig I, 15 f. 2Steig I, 16 f.

[Randnotizen:] Robinson 43, Bettina __, 73, Toni 74, 50, Gundel 78!
Großmutter 90, 18, Herzog v. Arenberg 62, Ehe 68,
Günderode 74

BLATT 8

Als Savigny bei seinem Wieland zugedachten Besuch die Frau Laroche Großmutter kennen lernte, brachte diese die Rede auf ihren Savigny ungefähr gleichaltrigen Enkel, den Savigny noch nicht kennen gelernt hatte.[1] Wo u. wie sich beide dann zuerst gesehen haben, erfahren wir nicht; daß sie aber Freunde wurden, ist für Savigny viel zu viel gesagt: Savigny war in seiner stets besonnenen Art mit dieser Bezeichnung für seine Bekannten doch viel zurückhaltender als Clemens, der gern alle, die ihm gefielen, sofort zu Freunden ernannte, um dann hinterher eine sehr wenig freundschaftliche Kritik an ihnen zu üben, um sich als den stets geistig überlegenen hinzustellen. Das Verhalten Savignys zu ihm kann nun aber wie eine gewisse Theilnahme bezeichnet werden. Als später einmal ein Savigny sehr verehrendes Mädchen, das wir noch kennen lernen werden, Friedrich Creuzer gegenüber die Besorgniß äußerte[2] ... [Fortsetzung fehlt]

Clemens aber war, wie Savignys offenem Blick nicht verborgen sein konnte, wahrlich nicht auf einem guten, sondern einem recht schlechten Wege. __

So hören wir denn auch nichts von gemeinsamen Ausflügen oder fröhlich bedeutsamen Gesprächen, wohl aber, daß Brentano mit seinen besonderen Gedanken allein nun Thüringen durchstreifte u. zwei schönen Mädchen Schlegels Lucinde vorzulesen sich erfrechte, während Savigny mit v. Bostell, den er früher in Wetzlar flüchtig kennen gelernt hatte, nach Leipzig reiste,[3] wo er seinen Jenenser Bekannten von sich Nachricht zu geben versprochen hatte ..

Nach dem Tod seiner Schwester Sophie, der Winkelmann als ärztlicher Berather beigestanden hatte, schrieb Clemens aus Frankfurt? an Winkelmann nach Jena: er habe ihn jetzt doppelt gewonnen.

[1]Steig I, S. 17 f. [2]Rohde S. [3]Steig I, S. 18. über Clemens' vermuthlichen Aufenthalt: Steig I, S. 20, seine Reisen mit der Großmutter: S. 18. – Savignys Abreise vor dem 16. August 1799 (Stoll S. 20) [Stoll I, 125]

BLATT 9 [einige geschichtliche Daten und Literatur]

BLATT 10 [Landshut]

2) bei Krüll:
a) für das 2. Sem. ‹Erbstaatengeschichte›, aber später gestrichen
b) für das 5. Sem. ‹Baierisches Privatrecht›
c) für das 6. Sem. ‹Baierns Staatsrecht›
3) In dem 3. Entwurf: Baier. Prozeß (zuerst im 5. Sem., wo es jetzt gestrichen)
a) für das 2. Sem. Gleichfalls ‹Erbstaatengeschichte›
b) für das 3. Sem. ‹Baier. Staatsrecht› (später zugesetzt, stand anfangs im 6. Sem., wo es gestrichen ist)
c) für das 4. Sem. ‹Cod. civ.› <bav.> (nachträglich in das Sem. gesetzt) (Es stand zuerst im 5. Sem., wo es gestrichen worden ist)
d) für das 5. Sem. ‹Cod. jud.›

– – – – –

Offenbar hat eine Sitzung zur Berathung stattgefunden, in der der Krüllsche Entwurf besprochen u. dann verändert worden ist. Auf eine solche Sitzung hat Krüll schon in seinem Votum hingewiesen.

Über das definitive Resultat enthalten die Akten nichts.

Für Krüll charakteristisch ist noch, daß auf seinem Plan für das 4. Sem. stand:
2) peinl. Recht
3) peinl. Prozeß
Als nützlich verdient dabei Anthropologie ausgezeichnet zu werden.
Aber das ist alles durchstrichen.

BLATT 11

[Clemens an Winkelmann, im Jahr 1800, nach Sophie Brentanos Tod] [Steig I, S. 21] [Anfang fehlt] «u. das thut mir wohl: denn ich kann meiner Familie wenig geben was sie braucht u. sie ist mir jetzt mehr verwandt durch dich.» Und nun springt er über auf die Mereau, die geistvolle Dichterin, der von der akademischen Jugend in Jena mit Begeisterung gehuldigt wurde u. [die] Clemens von Anfang an ganz für sich zu gewinnen aufs äußerste bestrebt gewesen war. Ihr hatte er seinen Godwi[1] vorlesen dürfen u. schon im Juli 1798 hatte ein Freund sich erkundigt nach der ‹Geschichte seines Herzens›. Im Juli 1799 hatte Clemens vermocht, mit ihr nach Oßmannstedt zu seiner Großmutter zu fahren[1] u. Ende des Monats war sie wieder in Jena. Savigny hatte sie, wie wir uns erinnern, zwischen dem 30. Juli u. 2. August [1799] in Begleitung Winkelmanns in einem Concert gesehen.[2]

«‹Die Poesie›, so fuhr Clemens in seinem Briefe an Winkelmann fort – gemeint war die Mereau – ‹ist weg›, schreibt Savigny». Savigny muß also vor seiner Abreise von Jena erfahren haben, daß sie damals von Jena eine kurze Reise gemacht haben muß.[3]

[1]Mereau I, S. VIII, XI – das zeitliche Verhältniß zu Savignys Gespräch mit der Laroche: es war am 28. u. 29. Juli: Stoll, S. 12 [Stoll I, 114] [2]Stoll, S. 17 [Stoll I, 121] [3]Im November war sie wieder in Jena. Mereau I, 12.

BLATT 12

«Du hast nicht recht gethan», heißt es weiter [an Winkelmann], «daß du nicht mit (nach Frankfurt) gegangen bist, «du hättest allen wohlgethan. Ich wäre mit dir den Rhein herunter gefahren u. dann wäre ich mit dir über Marburg u. Savigny zurück nach Jena gekehrt. Komm doch, ich bitte dich: mein Bruder Franz geht mit meiner Schwägerin ins Rheingau, da gehe mit mir. Finanzen? Garderobe? Zur Herreise nimm etwas Geld auf, ich will es dir ersetzen – ich. Das zweite ist auch nichts, wir sind hier nicht alle so galant (=elegant) wie Georg, der ist es allein: wir andern sind nur zu einfach ... Bring den Ritter mit, der soll mein Gast sein u. du, außer aller Kosten». Winkelmann kam aber nicht, u. nun ging Clemens – wann? – nach Marburg, zu Savigny.[1] Was er hier studiren zu wollen seinem Bruder Franz angab, weiß ich nicht.

[Randnotiz mit Bleistift:] Sommer auf Trages ([Steig I] S. 23)

In den Ferien (?) machte er dann mit Savigny eine Fußwanderung an den Rhein, wie Savigny sie so liebte u. auch mit Creuzer machte.[2] Aber daß er mit Clemens intimere Gespräche hielt, wie das bei Creuzer geschah, davon hören wir nichts; wohl aber versicherte Clemens seiner Schwester Bettina: «Wir sind die innigsten Menschen.»[3] Und lange hielt er es in Marburg nicht aus, sondern siedelte bald nach Göttingen um,[3] der vierten Universität, auf der er studiren zu wollen vorgab.

[Bleistiftnotizen:] Zurück wieder nach Jena ([Steig I] 26). Aber er ist ja bald großjährig u. kann dann thun was er will.

Er erwartete Schlegel u. Tieck ([Steig] 26, 59, 78)
Godwi u. Savigny [Steig I] S. 23
Seine Zufriedenheit ___ ___ ___ andre u. – Savigny [Steig I] S. 27
Wieder in Marburg [Steig I] S. 30.

[1]Steig I, S. 21 [2]Rohde S. 93 [3]Steig I, S. 22

BLATT 13

[Stichwort zu Ingolstadt/Landshut]

BLATT 14

1809 April mit den österreichischen Truppen in Landshut (Steig I, S. 273)

Die Wiener Landwehr .. leicht u. lustig mit herrlicher Musik, die drei ersten Bataillons unter Steigentesch als Obrist, der den ältesten aller Studenten, Dambmann,[1] von sechzig Jahren zum Secretär hatte . . .

– den 14. Juni, Böckh an Arnim: zur Beurtheilung überwiesen u. __ (Jahrb. XI, S. 213)
von Steigentesch: Lustspiele 1. u. 2. B. Wien.
– : die Gelehrsamkeit der Liebe. München.

– den 5. Juli, Arnim an Böckh : «etwas von Steigentesch möchte ich gern auch noch annehmen, weil der Mann mir sehr werth ist.» (S. 218)

[Steig, Zeugnisse zur Pflege deutscher Litteratur, in: Neue Heidelberger Jahrbücher XI (1902), S. 213, 218]

1812 (Steig I, S. 300)
1814 (Steig I, S. 335)
– in Frankfurt (s. Meyer)

[1]Später nennt Clemens den alten [Albert] Dambmann «Savignys Freund» (Steig I, S. 335)

BLATT 15 [Stichwort: Clemens und Savigny (nach Christian)]

BLATT 16 [Stichwort: die großen und die kleinen Götter]

BLATT 17

zu Savignys Reise
Clemens Brentano 1799 Sommer in Jena

Im April des Jahres 1798 hatte der neunzehnjährige Clemens Brentano die Universität Jena bezogen.[1] Er wollte oder sollte sich der Arzneigelehrtheit befleißigen. An ihn gerichtete Familienbriefe stellen das fest.

Das Jahr vorher war er in Schoenebeck (Regierungsbezirk Magdeburg, Meyer S. 601) [Meyer, 6. Aufl., Bd. 17, Sp. 950] bei seinem Onkel in einem Salzsiedewerk beschäftigt. Als er am 3. April an seinen Halbbruder u. Vormund Franz nach Frankfurt schrieb, schloß er mit den Worten: «Ich muß abbrechen, denn ich muß dem Obersiedemeister die Soolen nachwiegen u. das Reservoir-Maß einschreiben.» Damit stand in Frage, ob er Berg- u. Kameralwissenschaft studiren oder in Frankfurt im Goldenen Kopf[II] verwandt werden sollte. «Der Onkel», so schrieb er an Franz, «ist allein fähig, ein richtiges Urtheil über den Vorteil, den mir das Studium bringen kann, zu fällen, u. er u. ich sind allein fähig zu sehen, wie erstaunend ich in allem zurück bin. Ich würde sehr viel kosten, denn ich müßte 3 Jahre in Halle sein, 2 Jahre in Freiberg, das Unterkommen ist sehr schwer, u. eine unsägliche Menge junger Leute passen schon ewige Zeit auf ein paar hundert Thaler Gehalt. Ich erwarte deine Befehle, zurückzukommen u. fleißig an deiner u. Georgens Seite zu arbeiten.»

Die Entscheidung ward zu Gunsten des Studiums der Berg- u. Kameralwissenschaft getroffen u. so ging er im Sommer 1797 nach Halle. Aber auch jetzt war noch eine Wahrheit zurückgeblieben: auf Briefadressen ward er «der Arzneiwissenschaft beflissener» genannt.[2] Ohne Zweifel hatte er dieses Studium ins Auge gefaßt: [Fortsetzung fehlt]

[1]Briefwechsel [Mereau] I (1905) I, S. VII [2]Steig I, S. 16

BLATT 18

[hier nur Notiz zu Clemens um 1800]

– – – – – – – – – –

1802 Mai

Lisette erinnerte 1802 den 28. Mai die Günderode an das, was diese ihr selbst mitgeteilt haben mag: ‹Savigny sagt, Clemens lese gottlos›. (Geiger, S. 119) [laut Geiger: 23. Mai (1805?)]

– – – – – – – – – –

Bettina u. die Liebe

1803. Marburg? Clemens an Bettina[1]

«Um alles in der Welt willen verliebe dich in niemand, den ich nicht kenne. Die Männer sind außer mir, Arnim u. Wrangel nichts werth u. Savigny, der aber einen starken Naturfehler hat, daß er dich nicht versteht, kann auch noch hinzugezählt werden, der ist aber mehr vortrefflich, als daß er mirs werth wäre, folgert sich daraus.»

[1]Frühlingskranz, S. 435

BLATT 19

[Notiz: Clemens als Student immatrikuliert]

BLATT 20

[Anfang fehlt; s.a. V, Blatt 25]
Sache ausgeglichen, wobei ein Herr von Froriep den Vermittler machte. Über diese Episode [hören?] wir aus dem Harlekinartigen Bericht Brentanos (bei Steig I, S. 17, dazu über Froriep S. 147) [s.a. V, Blatt 25], aus der sich die angegebenen Thatsachen entnehmen lassen. Gries seinerseits hat es nicht der Mühe werth gehalten, den Vorfall in seinem Tagebuch zu erwähnen.

Als Savigny am 29. Juli 1799 Brentanos Großmutter, Sophie Laroche bei Wieland kennen lernte, wies diese ihn an ihren Enkel Clemens (Steig I, S. 17f.). Wie die Bekanntschaft der ungefähr gleichaltrigen beiden jungen Leute nun vor sich ging, erfahren wir nicht: Savigny erwähnt in dem eingehenden Briefwechsel, den er mit den Marburger Freunden führte, Brentano mit keiner Silbe – bei ihm ein Zeichen der Ablehnung –. Auch Brentano schweigt sich über diesen Punkt aus. Jedenfalls ist es zu viel gesagt, wenn Reinhold Steig S. 18 schreibt, sie ‹wurden Freunde›. Daß Brentano sich um Savignys Freundschaft eifrig bewarb, werden wir sehen, aber Savigny hielt sich in einer angemessenen Entfernung: das Wesen des jungen fahrigen Menschen war ihm nichts weniger als sympathisch.

Im October ging er mit seiner Großmutter u. seiner Schwester Sophie in die Heimath (Steig I, S. 18). ‹Ein in das Ende des Jahres 1799 zu datierender Brief (Werke VIII, 124) [Brentano, Gesammelte Schriften, Bd. 8] schilderte nicht sein Bruder Franz selbst, sondern dessen ‹allerliebstes Weib› die Erlebnisse seiner Rückreise nach Jena, wo er den Winter u. folgenden Sommer 1800 verblieb›. Über die religiöse Frage (Heirat mit Protestantin!) u. die Finanzen! ‹Sage dem Franz›. VIII, 127! Seine Freunde – er selbst (S. 128)!

‹Im April 1800 traf Savigny abermals in Jena ein›.[1] Nach Steig I, S. 18 hatte er mit Brentano ein Wiedersehen in Sachsen verabredet. Savignys Reisebericht sagt wieder kein Wort von Brentano. Dagegen erwähnt er in seinem Briefe vom 26. April einen jungen Dr. Wanzel aus Frankfurt, einen sehr hoffnungsvollen jungen Menschen, der sich selbst das Leben genommen habe (Stoll S. 35) [Stoll I, 156]. Brentano aber schrieb den 14. Juli: ‹Ich bin erst vorgestern hier angekommen, die ganze übrige Zeit war ich bei Savigny› (Stoll S. 18) [Stoll I, 153]. Kein Wort zur Charakteristik [von] Savigny, kein Wort über das, was sie in der ganzen Zeit verhandelt, während über alle andern Dinge sonst die Worte überreich fließen!

Savigny abermals im Mai in Jena? (Stoll S. 41 Anm. 213) [Stoll I, 169]. Wo haben beide die ganze Zeit zugebracht? Im Juli auch in Jena (Stoll I, S. 37) [Stoll I, 163].

[1]Richtig: cf. Stoll S. 33f. [Stoll I, 152f.]

BLATT 21

Brentano war im Sommer in Dresden, um die Mereau anzuschwärmen, die nichts von ihm wissen wollte (Steig I, S. 77). Nun wollte er ihre Liebe – durch ein Buch erzwingen: er schrieb den 1. Theil des Godwi, unterhielt sich dabei aber auch mit zwei der liebenswürdigsten Mädchen, mit denen er, wie Winkelmann schrieb, ‹täglich von 8–11 allein u. recht vertraut› war. ‹Ich lese ihnen vor u. nächstens kommt die Lucinde dran; doch lesen wir die Briefe über Friedrichs Lucinde zuerst› (Steig I, S. 18). ‹Den 16. Juli›, so theilt er noch mit, ‹wird Klingemanns Werk auf dem Liebhabertheater aufgeführt› ([Steig I] S. 19).

Tiecks Genoveva erschien ihm als ein ‹wunderheiliges Gedicht› ([Steig I] S. 20). Aber Tieck hielt es für angemessen, seinem Verehrer eine Lection zu Theil werden zu lassen: im ‹Neuen Herkules am Scheidewege› schilderte er ihn nach Verdienst, u. Friedrich Schlegel, mit dem Brentano auch in ‹Verbindung› getreten war (Steig S. 17), sorgte dafür, daß die Züchtigung bald an die richtige Adresse kam. Den 22. August [1800] schrieb er an seinen Freund Tieck (Briefe an Tieck III 315):[1] ‹Auch der junge Angebranntene ist da gewesen, um sich als Abgebrannten darzustellen. Er fiel mit einem unendlichen u. unleidlichen Zutrauen über uns her, wurde aber dadurch der Veit u. bald auch mir so fatal, daß ich anfing, ihn mit einer gelinden Dosis Wahrheit zu behandeln, worauf er sich schleunig entfernte.

Daß ihm deine Züchtigung richtig zu Händen gekommen, habe ich alle Sorge getragen, weil ich gerne aus der ersten Hand zusehen wollte, wie er es nähme. Er hat es so genommen, daß ich hätte wünschen können, die Medicin wäre noch kräftiger gewesen: über die Sache selbst zwar hat er sich mit der gemeinen Lebensart geäußert, kurz darauf aber war seine Meinung von dir sehr geändert, er findet nun vieles an dir auszusetzen u. unter anderem auch, daß der Zerbino langweilig sei›.[2]

[1]Steig bezeichnet [Steig I] S. 23 die Züchtigung als einen ‹Scherz›, genau so wie er vorher (S. 17) Brentanosche Impertinenz gegen Gries als ‹Scherz› bezeichnet. [2]Die Benutzung von Tiecks Schrift in dem Epilog des Godwi II durch Winkelmann [s.a. V, Blatt 32] u. das Vorlesen der Schrift durch Savigny sind 2 sehr scharfe Hiebe, die Clemens ohne Zweifel empfand, aber Steig nicht erkannt hat. [Steig I] S. 23. Und die Entzweiung S. 27.

BLATT 22

[Anfang fehlt] sein Bruder Franz wenigstens stellte im März 1798 fest, daß Clemens «nach seiner eigenen Sage» seither nichts verrichtet u. insbesondere die kameralischen Studien wieder verschoben habe.[1]

Zu Ostern fand dann in Frankfurt, wohin Clemens gereist war, wieder eine Berathung statt, u. nun ward beschlossen, daß er nach Jena gehe. Es scheint also, daß nun sein Wunsch, Medicin zu studiren, den Sieg davon getragen. Er reiste nach Jena zusammen mit Hans v. Bostel aus Wetzlar,[1] der Jura studiren wollte.

Die einzige Andeutung auf sein medicinisches Studium, die ich finde, ist eine von ihm herrührende Zeichnung, auf der jemand durch ein Mikroskop sieht – aber nur nach einer anderen Person.[2]

Auch aus dem medicinischen Studium ward gleichfalls nichts, vielmehr hatte er bald mit der als Dichterin gefeierten Sophie Mereau, der unglücklich verheirateten Frau eines Rechtslehrers, ein Liebesverhältniß begonnen.

[1]Steig I, S. 16 [2]das Mikroskop für Christian: Savigny

BLATT 23

Dann erschien die ewig auf Reisen befindliche Großmutter, die Schriftstellerin Sophie La Roche, bei ihrem Jugendfreund Wieland in Oßmannstädt, wo Savigny sie kennen lernte.

Böttiger hatte Savigny bei seinem Besuche einen Brief nach Oßmannstädt angeboten, den Savigny, wie er Ende Juli schrieb, «annahm, weil ich ihn nicht abschlagen konnte». Als er nun Wieland besuchen wollte, traf er ihn nicht an, dafür aber die Laroche: «eine lebhafte Frau, zwar sehr Schauspielerin u. sehr verschieden von meinem Ideal einer Patriarchin, aber sehr interessant; es war mir recht wohl bei ihr».[1] Von andrer Seite hören wir, daß die Laroche Savigny auf ihren Enkel, Clemens Brentano in Jena, aufmerksam machte.[2]

Bald darauf lernte er dann in Jena auch die Mereau kennen, u. zwar in einem Concert. «Das Concert war mir mehr für das Auge als für das Ohr interessant. Ein sonderbarer Anblick: vor dem Orchester sitzen auf 3 Seiten die Damen, u. hinter ihnen stehen, eng gepreßt, 3, 4, 5 Mann hoch, die Studenten, deren wohl 300 da sein mochten». Von den Damen interessirten ihn besonders die Schlegel u. die Mereau: «Die Gestalt der Schlegel hat viel Selbständigkeit; sie scheint sich sehr zu erhalten u. soll sogar jetzt immer hübscher werden. Die Mereau hat äußerst einnehmende, sanfte Züge, an denen aber das Verblühen sichtbar ist, das sie durch starke [Fortsetzung s. folgendes Blatt]

[1]Stoll, S. 12 [Stoll I, 114] [2]Steig I, S. 17f.

BLATT 24

<1798>

Schminke dem Sinn, aber nicht dem Urtheil verbirgt.»[1] Wir gehen schwerlich fehl, wenn wir unter den Studenten, die hinter der Mereau standen, auch Clemens Brentano suchen. Gerade damals, den 9. Juli, mahnte ihn ein Freund: «Schreibe mir doch von der Geschichte deines Herzens, u. von den Revolutionen, die die kleine Mereau nach u. nach darin anrichtet.»[2] Der Ausdruck ‹Geschichte deines Herzens› war ohne Zweifel nur eine Wiederholung von Clemens' eignem stereotypen Ausdruck. Als er einige Jahre später an die

Günderode schrieb, wollte er auch ihr ‹die Geschichte meines Herzens› erzählen.[3] Am 11. October begleitete er die Großmutter von Weimar aus in die Heimat.[4] –

Kehren wir nach dieser Übersicht zu dem von Savigny geschilderten Kreise der Jenenser Studenten zurück, um Clemens' Stellung in demselben u. insbesondere seine Beziehung zu Savigny festzustellen.

Heinrich Steffens fand bei Clemens einen «ganz eigenthümlichen Witz» u. eine «fliegende Geistreichigkeit». Hinter den fremdartigen Äußerungen des seltsamen jungen Mannes meinte er anfangs fast «unerwartete Aufschlüsse» zu finden, fand aber seine Erwartung «immer von Neuem völlig getäuscht».[5] Er handhabte die Sprache «wie einen Handschuh, der sich mit Leichtigkeit umkehren läßt» u. kam zu dem Ergebnis, Brentano sei durchaus u. schlechthin «ein phantastischer Revolutionär».[6]

[1]Stoll S. 17 [Stoll I, 121] [2][Mereau] Briefwechsel I, S. XI [3]Geiger S. 91 [4]Steig I, S. 18 [5][Steffens, Was ich erlebte, Bd.] VI, S. 111 [konnte nicht verifiziert werden] [6][Steffens, Was ich erlebte, Bd.] VI, S. 114, 112

BLATT 25

Auch an heftigen Conflikten fehlte es nicht. Einer, von dem wir erfahren, ist für Brentano wiederum sehr charakteristisch. Angeregt durch seinen Verkehr mit Schlegel u. Gries u. befähigt durch seine halb-italienische Abkunft, machte er in Jena den Versuch, italienische u. spanische Dichtungen zu übersetzen.[1] Da ihm aber Gries durch seine wissenschaftliche Sprachkenntniß überlegen war, so sollte er dafür büßen. Bei einer geselligen Zusammenkunft, zu der Gries noch nicht erschienen war, hatte er den traurigen Muth, seinen Rivalen durch einen seiner gewöhnlichen Witze oder Späße zu beleidigen. Aber er hatte sich verrechnet: Steffens trat für den abwesenden Freund energisch ein u. scheint Brentano sogar zu einem Pistolenduell herausgefordert zu haben.[2] Als dann Gries selber kam, ward die Sache ausgeglichen, wobei ein anderer Mediciner, v. Froriep, den Vermittler machte.

Welchem Jahr dieser Vorfall angehört, ob 1788 oder 1789, ist nicht zu erkennen. Brentano giebt darüber in seiner Manier einen Harlekinartigen Bericht.

[1]Steig I, S. 357 [2]Vgl. den Conflict des Christian mit dem österr. Offizier. [3][kein Verweis im Text] Steig I, S. 17. Über Froriep [Steig I] S. 147

BLATT 26

Über Savignys Verhältniß zu Brentano erfahren wir nichts näheres: bei der Gemeinsamkeit der Stadt Frankfurt konnte es an gewissen äußerlichen Beziehungen nicht ganz fehlen; die innerlichen dagegen waren so verschieden wie möglich.

Wie es scheint, kam aber Savigny dem auf Witze versessenen Brentano mit einer Anekdote entgegen. Als er auf Anlaß einer zwischen ihm u. Hauff bestehenden Streitfrage mit Schelling über den Begriff der Bewegung in der Geometrie sprach, erklärte Schelling: «alle empirische Bewegung setze die reine Bewegung der Punkte voraus u. die Linie sei nichts anderes als die reine Bewegung selbst,» eine Darlegung, von der Savigny nach seiner eignen Erzählung kein Wort verstand.[1] Nun findet sich in der damals von Brentano geschriebenen tollen Farce «Gustav Wasa» der «mathematische Punkt» wieder u. die Vermuthung ist ausgesprochen worden, ob dieser Punkt nicht einer mündlichen Mittheilung Savignys an Brentano sein Dasein verdankt, u. mit gutem Grund, da auch Savigny zu gewissen Späßen sehr geneigt war.

Was wir allein wissen, ist, daß als im April 1800 Clemens wieder verreiste – zu Ostern war er bei Wieland[2] –, ein Wiedersehen in Sachsen in Aussicht genommen ward.[3]

[1]Stoll I, S. 35 [2]Steig I, S. 350 [3]Steig I, S. 18

BLATT 27

1799 April: die Großmutter Laroche reist nach Offenbach/zum Gevatter Wieland (O Wehe!) (Schriften der Goethe-Gesellschaft, 4. Bd [Briefe von Goethes Mutter an ihren Sohn], S. 175)
20. April: die erste Studentenpetition für Fichte von Clemens nicht unterzeichnet (Steig I, S. 350)
15. Juni: die Nachricht seines Freundes [Friedrich] Majer, ‹daß übermorgen oder morgen schon Ihre Großmutter … kommt› (Steig I, S. 18)
? Clemens lernt Savigny kennen (Steig I, S. 158)
8. August: Sophie Brentano an Henriette v. Arnstein über Goethe (Goethe-Jahrb. XV [1894], S.358)
Im September in Rudolstadt (Steig I, S. 18)
Vom 11. October ab begleitet er die Großmutter u. die Schwester Sophie von Weimar aus in die Heimath (Steig I, S. 18) (Bei Goethe: Schriften 4. Bd [Briefe von Goethes Mutter an ihren Sohn], S. 183)
? Rückreise nach Jena (Steig I, S. 18)
? Der Brief des Clemens (von der Mereau geschrieben) nach Frankfurt! (Steig I, S. 77)

– – – – – – – – – –

1800?
im April: Verabredung mit Savigny über Wiedersehen in Sachsen ([Steig I] S. 18)
im Juni: Vorrede zu ‹Godwi› [Steig I] S. 19f.
den 14. Juli aus Altenburg an Winkelmann: Savigny – die beiden Mädchen, Ronneberg

? Er liest den Mädchen (!) Schlegels Lucinde vor! ([Steig I] S. 18)
im Herbst die Mereau ([Steig I] S. 77)

BLATT 28

Clemens Brentano

Schiller – Goethe II, 234–252 (281)[III]

1800 <den 1. Januar!> Schiller: ‹Vohs u. Heide waren eben bei mir, sie machen kein groß Rühmen von dem ‹Gustav Wasa›, u. einzelnen Details nach zu urtheilen muß das Stück greuliche Motive enthalten.› (II, 234) cf. Steig S. 21, 351 (28)

[Randnotiz:] Savigny ./. Stoll

– 29. Juli Goethe: ‹Der Zufall <gab>: Gustav Wasa von Brentano› (S. 252)

‹Madame Veit› (II, 281; Steig S. 18)

BLATT 29

[Hadrian; die italienischen Provinzen]

BLATT 30

1800 den 16. Juni. Jena Dorothea [Veit] an Schleiermacher

Wir haben hier seit einiger Zeit hübschen Spaß mit einigen Bewundrern u. Nachahmern von Tieck u. Friedrich, die auch in Tiecks Journal tüchtig persiflirt werden. Der eine ist Clemens Brentano; der legt sich darauf, Tiecks Nachahmer zu sein; er schämt sich seiner sentimentalen Ader, die er doch gar nicht verleugnen kann. Er hat eine Farce geschrieben: Gustav Wasa, worin er glaubt, der Tieck des Tiecks zu sein. Es ist aber herzlich dumm u. toll, u. klingt doch wie Tieck ungefähr, so daß sich dieser darüber tüchtig erboßt, u. darum hat er ihn auch so derb mitgenommen im Journal. Uns hat er aber den Anfang eines sentimentalen Romans zu lesen gegeben; der ist ungleich besser, u. das verdrießt ihn nun wieder, er will von Teufels Gewalt satyrisch sein. Kurz, es ist ein Hauptspaß.

Aus Schleiermachers Leben III, S. 190.

cf. Steig I, S. 20, 351
Kotzebue ansehen!

BLATT 31

1800–1801

Godwi[1] oder das steinerne Bild der Mutter. Ein verwilderter Roman, von Maria. Bremen bei Friedrich Wilmans 1801. Mit 2 Kupfern, Vorrede S. 14 unterschrieben 1800 Juni Maria.
Daß es nur ein erster Theil sei, davon ist keine Andeutung gemacht.

Die Verlagsfrage (Steig I, S. 21, 350)
Die Mereau ([Steig I] S. 77)
Auf Trages ([Steig I] S. 23)

[1] ‹Fragment aus Godwi›: [Brentano, Gesammelte Schriften] Bd V, S. 285–326 [Geschichte der Mutter Godwis und ihrer Schwester] Stoll S. 40 [Stoll I, 168, Anm. 5], citirt [Brentano, Gesammelte Schriften] Bd VIII S. 35 ff. Wackernagel [Geschichte der deutschen Litteratur I], S. 569 f.

BLATT 32

Clemens in Jena

1801

‹Daß ich unter seinen Freunden,› schreibt Winkelmann (Godwi II, S. 437), ‹noch die auszeichne, die am meisten auf ihn gewirkt haben. Die Wissenschaft mag R<itters> Genie, den erfindsamen Fleiß, den tiefen Geist u. die heilige Ahndung seiner Untersuchungen dankbar bewundern, – Brentano liebte die Heiterkeit, mit der er ein großes Leben begann, u. den kühnen Witz seiner Unterhaltung.

Von einer andern Seite berührte ihn die seltene Erhabenheit in Kl<ingemanns> Gemüthe. Trefflicher Spiegel Deines Zeitalters. Dich weckte schon in früher Jugend der Genius, mit versteckten Erfindungen dem Irrthume zu begegnen; was Du geschrieben, ist eine stille Persiflage der herrschenden Schwäche, mit kluger Mäßigung verhüllst Du Dein Vorhaben und Deine Originalität. Viele sind Dir begegnet, ohne Dich zu erkennen . . .›

BLATT 33

Clemens
geht «vernichtend über . . alles hinaus, was ihm in den Weg kommt» (Günderode [I, S. 196])

Ersch u. Gruber S. 185[b]).

Ein Urmensch von ‹convulsivischen Spannungen›, wie Windischmann sagt ([Steig, Zeugnisse zur Pflege deutscher Litteratur, in:] Neue Heidelb. Jahrbb. XI [1902], S. 232)

– – – – – – – – – –

1798

Im März Brief des Franz an ihn (Steig I, S. 16).
Zu Ostern nach Frankfurt zurück (S. 16). Die 3 jüngsten Schwestern kommen aus dem Kloster zu Fritzlar zurück u. leben jetzt vorerst bei der Großmutter in Offenbach (S. 16).
Im Sommersemester nach Jena zurück mit Hans v. Bostel aus Wetzlar (S. 16).

Clemens u. Gries ([Steig I,] S. 54)
" Schlegel u. Veit (Briefe I, S. 20) [Brentano, Gesammelte Schriften, Bd. 8]
" Wieland (Briefe I, S. 121)
" Tieck, Kotzebue ([Steig I] S. 20)
" Savigny ([Steig I] S. 17)

den 9. Juli: die Mereau ([Steig I] S. 77), Briefe S. 20 [Brentano, Gesammelte Schriften, B. 8]
? Harzfahrt durch Thüringen, im Sept. in Rudolstadt
den 11. Oct. ab, begleitet durch die Großmutter u. die Schwester Sophie von Weimar aus in die Heimat ([Steig I] S. 18)
Er will ein Buch machen (Briefe I, S. 16) [Brentano, Gesammelte Schriften, Bd. 8]
Im Winter wieder in Jena ([Steig I] S. 18)

BLATT 34 [redundant, s. V, Blatt 17]

BLATT 35 [redundant, s. V, Blatt 17, 22]

BLATT 36 [redundant, s. V, Blatt 20]

BLATT 37 [redundant, s. V, Blatt 25]

BLATT 38 [Stichwort: Das Übersetzen aus südlichen Sprachen]

BLATT 39 [Stichwort: Savignys Jenenser Freunde]

BLATT 40

Stephan August Winkelmann,[1] 1780–1806 Feb. (Steig I, S. 172)

geb. zu Braunschweig den 28. Jan. 1780, Neffe von [Johann A.] Leisewitz (Wackernagel II, 472): Mereau II, S. 243.
Studirte zu Helmstädt. (1800–1804)

1799 in Jena Studium der Medicin (Steig I, S. 9) wie Johannes Ritter: Studium der Medicin
(Bippen S. 49 f.); die Kommilitonen Kohler S. 26, Heyer 178, Bach S. 323
1801 in Göttingen
1802 Privatdocent in Göttingen (Mereau II, S. 243)
– Sept. Würzburg. (Steig I, S. 43, 44); Oct. in Bamberg (Steig I, S. 48), in Göttingen S. 51,
Ende in Göttingen S. 97
1803 im Juli Professor an dem Anatomisch-Chirurgischen Kollegium zu Braunschweig (Steig I, S. 97, dazu S. 175, 187, Mereau II, 243). (vorher schon Heyer? Steig I, S. 44) 187

Poetische Versuche: Mitarbeiter von Godwi: Schluß über Savigny (Steig I, S. 23, 58)

Vorlesungen über Goethe, gedruckt im ‹Taschenbuch›[IV] . . .

Aufsätze u. Gedichte in Klingemanns (gleichfalls Braunschweiger: Steig I, S. 17)
poetischem Journal ‹Memnon› (Steig I, S. 17, 350) (wie auch Clemens: Steig l.c.)
sein Schauspiel: ‹Maske› (Steig I, S. 19)
für die Vesta (Steig I, S. 172). ‹Vergißmeinnicht›[V] (S[teig I] 215)

Fachschriften

Seine Schriften (Reformpläne: Steig I, S. 181) sind:
1) Noch etwas über Thieranatomie: in Wiedemanns Archiv für Zoologie u. Zootomie, Bd. 1
2) Literatur der öffentl. Armen- u. Krankenpflege in Teutschland, ein Versuch. Braunschweig 1802. 8^0
3) Entwurf der Anthropologie. Göttingen 1802. 8^0
4) Über das Studium der empirischen Physiologie, eine Einladungsschrift zu seinen Vorlesungen. Braunschweig 1803. 8^0 (Steig I, S. 44)
5) Einleitung in die dynamische Physiologie. Göttingen (1803. 8^0)
«seinen Freunden Ritter u. Arnim zurückgegeben» (Steig I, S. 9, 44)
Sein Patriotismus ([Steig I] S. 215, 158, cf. S. 152). (Mereau II, 293)

[1]Saalfeld, [Versuch einer academischen Gelehrten-Geschichte von der Georg-August-Universität zu] Göttingen S. 81, 123 Steig I, S. 17, 97, 137, 172, 174f., 187f., 215f. Mereau 1801 (I, S. XIV, 220) 1802 Dec. (I, 33, 43, 44) Goedekes Grundriß! [zur Geschichte der deutschen Dichtung] 1803 (I, 184; II, 203, 204)

BLATT 41

Der Freundschaftsbund zwischen Savigny u. Winkelmann[1]

In der nicht kleinen Schar talentvoller Jünglinge, welche damals (1799 u. 1800) in Jena studirten u. sich abends in der ‹Rose› zu Gespräch u. fröhlichem Treiben zusammen fanden, ragte hervor durch vornehme Haltung, umfassende Bildung u. treffliche Rede der Neffe des Dichters u. Mediciners [Johann Anton] Leisewitz,[VI] August Winkelmann aus Braunschweig. Überall gern gesehen, selbst Dichter, von den Bekannten als Autorität in Sachen des literarischen Geschmacks betrachtet, stand er ihnen bei ihren dichterischen Versuchen gern mit seinem Rath u. seiner Hülfe zur Seite. Kein Wunder, daß zwischen Savigny u. ihm, auf Grund einer großen Gemeinsamkeit geistiger Interessen u. Bestrebungen, bald ein Verhältniß entstand, das zu einer warmen Freundschaft führte.

[1]Stoll, S. Charakteristisch für Savigny ist es, daß er den alten Freunden nicht von den neuen schreibt, sondern das der mündlichen Erzählung vorbehält.

BLATT 42

[vgl. V, Blatt 340–342]

1800 Juni? Savigny u. Winkelmann: Hutten[1] [VII]

Von den literarischen Gesprächen, die zwischen Savigny u. Winkelmann im Sommer 1800 in Jena stattfanden, ist eins von besonderem Interesse: es betraf die Schriften Huttens, die [Christian Jacob] Wagenseil nur zum Theil hatte herausgeben können.[1a]

Herder hatte 1793 zur Fortsetzung der Ausgabe aufgefordert,[VIII]
eine Forderung, die bisher keine Wirkung gehabt hatte. Unsere beiden Jünglinge, denen dieser Thatbestand bekannt war, faßten nun den Entschluß, die Herausgabe selbst in die Hand zu nehmen. Mit dem Buchhändler Heyer . . . , der damals in Leipzig war, ward ein Verlagscontract geschlossen, nach dem schon zu Ostern des nächsten Jahres eine Fortsetzung von Hutten erscheinen solle.

Am 7. Juli schrieb Savigny[2] aus Jena darüber an Leonhard Creuzer. «Heyer hat Ihnen vielleicht von einem Contract gesagt, den ich u. ein Freund von mir in Leipzig mit ihm auf nächste Ostern geschlossen haben. Ich behalte mir vor, Ihnen mündlich umständlichere Auskunft zu geben.»

Der verdiente Herausgeber der Savignyschen Briefe, der den Inhalt des Vertrags, den ich, wie ich denke, oben richtig dargelegt habe, nicht erkannte, hat über ihren

Inhalt Nachforschungen bei der Heyerschen Buchhandlung angestellt,[2] aber ohne Erfolg: die Buchhandlung ist durch Verkauf mehrmals in andere Hände übergegangen.

[1]Hugo, Geschichte des R. R. seit Justinian (S. 194) Wagenseils Ausgabe ... (Wagenseil, gest. 1705: Nomenclator, p. 602)[IX] 1793 Herders Aufforderung zur Fortsetzung (16, 295): Steig I, S. 351[Anm. 44] Savignys u. Winkelmanns Contract: Stoll S. 38 [Stoll I, 163] [1a]‹Verlagsmangel›: Steig I, 44 [2]Stoll S. 38 [Stoll I, 163]

BLATT 43

Sicher ist, daß die Ausführung des Verlagscontracts dann auf Hindernisse gestoßen sein muß, so daß die in Aussicht genommene Fortsetzung zu Ostern 1801 nicht erschien. Auch mochte der Verleger Heyer nachträglich wegen des Geschäfts bedenklich geworden sein.

Aber die beiden Freunde gaben deshalb ihre Absicht nicht auf, sondern gewannen nun an Dietrich in Göttingen, mit dem Winkelmann befreundet war, einen neuen Verleger. «Er (Winkelmann) u. Savigny,» so meldete Clemens Brentano[1] anfangs September 1802 an Arnim, «haben Dietrich bewogen, die unterbrochene Herausgabe von Huttens Schriften durch Wagenseil fortzusetzen.»

Diese Mittheilung ist es, welche, wie ich meine, Savignys Mittheilung in das rechte Licht setzt. Aber auch dieser zweite Verlagscontract hat, so viel ich sehe, keine weitere Folge gehabt: Dietrich machte schlechte Geschäfte, so daß im Frühling 1803 das Gerücht ging, er habe seine Zahlungen eingestellt.[2]

Unter solchen Verlagsschwierigkeiten haben dann, wie wir annehmen müssen, die Freunde ihr Project aufgegeben. Erst in der zweiten Hälfte des Jahrhunderts u. in den letzten Lebensjahren Savignys hat einer seiner Schüler, Eduard Böcking, eine neue kritische Ausgabe der sämtlichen Werke Huttens zu veröffentlichen begonnen u. ein Jahr nach Savignys Tod die Ausgabe vollendet.[3] Ob er Savignys früheren Plan gekannt hat, ist schwer zu entscheiden: fest steht, daß er bei Savigny in Berlin verkehrte u. schon damals ein großes u. weitreichendes literarisches Interesse hatte.[4]

[1]Steig I, S. 44 [2]Steig I, S. 69 [3]Savignys Vorrede [Böcking, Hutten, Epistolae obscurorum virorum,2 Bde.] [4]die [mir?] gemachte Mittheilung:

BLATT 44

1800 [Winkelmann]

Savigny hatte ihn 1799 in Jena kennen gelernt u. mit ihm einen Sommerabend auf der Trießnitz erlebt (Steig I, S. 77). Winkelmann war von seinem Wesen so hingerissen,

daß er ihm im Godwi, dessen Vollendung Brentano ihm überlassen hatte, ein Denkmal setzte. [Epilog, Godwi II, S. 433 ff.]
(einfügen!)
Sein Vertrauen zu Savigny, – Mittheilung seiner Pläne (Steig I, S. 44)
Gemeinsames Urtheil über Arnim (Steig I, S. 50, 54, 262)
Lafontaine (Steig I, S. 51; Stoll S.)
über Kritik ([Steig I] S. 52)
volle Kraft ([Steig I] S. 53, Geiger)
beide Reformer! ([Steig I] S. 51 f.)
den 14. Juli: Cl[emens] an ihn (Steig I, S. 18 – zu Cl. u. S.)
Cl[emens] schickt ihm ein Sonett ([Steig I] S. 19)
Sept.? Cl[emens] an ihn (Steig I, S. 20 f.: zu Cl. u. Sav.!)

BLATT 45

1801

Gundelfinger: Romantikerbriefe. [1907]

Jena, 27 Febr. 1801 Dorothea an Cl. Br. ([Gundelfinger] S. 354 f.)
Niethammer
‹unser Freund Winkelmann›
‹alle Romane, die ihm nach etwas aussehen, kommen ihm wie Woldemar›, u. alle Menschen, die er leiden mag, wie sein Onkel Leisewitz vor. Er ist doch ein ehrliches treues Gemüth›. [Gundelfinger, S. 356]

BLATT 46

1801 Juni. Winkelmann u. Clemens in Göttingen

Crabb Robinson erzählt (Eitner, [Ein Engländer über deutsches Geistesleben] S. 175 f.)

[Anfang s. IV, Blatt 101] «Meine Wanderung mit Christian Brentano begann am 14. Juni: unser erster Zweck war, seinen Bruder Clemens zu sehen, der sich damals in Göttingen aufhielt. Bei unserer Ankunft wurde ich liebreich empfangen u. bei den Freunden Clemens Brentanos eingeführt. Der hervorstechendste unter diesen war ein junger Mann, von dem man sich Großes versprach – ein Dichter u. Gelehrter. Er hielt Vorlesungen über die Poesie . . .[2] Sein Name war Winkelmann . . . Er war es auch, welcher mich zuerst bestimmt darauf hinwies, daß die neuere deutsche Philosophie . . . Idealismus wäre: Winkelmann drang in mich, Fichtes ‹Wissenschaftslehre› zu studiren, welche, wie er sagte, ihren Elementen nach die Philosophie Platos, Spinozas u. [George] Berk[e]ley's wäre.

Diese beiden Tage waren ... eine Pflanzschule für mich. In meinem Brief an meinen Bruder (schrieb ich): ich darf einen besonderen Charakterzug der neuen Schule nicht vergessen: sie sind alle poetisch-metaphysische Religionisten ... der vorherrschende Gedanke in einer der Vorlesungen Winkelmanns über Poesie war: die Jungfrau Maria als das Ideal weiblicher Schönheit u. Vollkommenheit.»

[2]vgl. sein Kolleg über Goethe: Sav. am 8. Febr. [richtig: 8. Dezember] 1802 [Stoll I, 213] (Sie wandern nach Jena 1802 Frühling)

- - - - - - - - - - -

1801 ([Steig I] S. 24)
Godwi u. Winkelmann ([Steig I] S. 28)
u. Clemens ([Steig I] S. 26)
u. Arnim [Steig I] S. 53)
Clemens u. Savigny ([Steig I] 27)
Winkemann u. Gundel ([Steig I] 22)

- - - - - - - - - - -

1801 den 24. Sept. schreibt Arnim an ihn ([Steig I] S. 24)
– den 10. Febr. Gundel über Winkelmann [Steig I] S. 22)
– ? Clemens an ihn ([Steig I] S. 26)
– den 7. Dec. Arnim über Winkelmann u. Clemens ([Steig I] S. 25)

Winkelmann 1800 (Steig I, 77)

Mereau I, 33. XIIIf., 220

BLATT 47

1801 Winkelmann in Göttingen [etc.?]

Übersicht

1800 den 20. Mai: Arnim immatrikulirt (Steig I, S. 9)
Buchhändler Dietrich (S. 9)
Prof. [Johann Friedrich] Blumenbach (S. 9)
Schützenplatz (S. 46)
Heyer (S. 24) 44
[Theodor Friedrich] Kestner aus Braunschweig (S. 9) 24, 44

Arnim (Steig I, S. 44, 131, 139, 152, 174 f.)
Clemens (Steig I, 139, 156, 157, 158, 172, 178, 262, 323)
Stammbuch (Steig I, 188)
cf. ‹Zeichnung›
1801 Arnim: Fledermäuse (Steig I, S. 43; später: Spinnen u. Eidechsen (S. 33)
Gilberts Annalen [der Physik] S. 24. [Wilhelm Ludwig] Volz (S. 42, 51)
Winkelmann (S. 9) | der Göttinger Musenalmanach (S. 40)
Clemens. Godwi II ‹Maria› (S. 19)
10. Febr. Gundel an Cl. über Winkelmann (S. 22)
21. Febr. " Cl. " " (S. 22)
17. März " " über seine nahe Ankunft (S. 22)
Zu Ostern war er in Frankfurt (S. 22)
14. Mai die Mereau (I, S. XII)
28. Mai Clemens in Göttingen bei dem Apotheker Jordan (S. 23)
Mitte Juni kam Christian mit Robinson (S. 22)
Ende Juli ging Arnim fort (S. 24..)
ohne Abschied von Winkelmann (S. 24, 44)
Sein Roman (S. 32)
21. Juli: Ehescheidung der Mereau (I, S. XII); anders Steig I, S. 72
27. Juli: Brief der Mereau an Clemens (I, XIII), S. 15 f.); Steig I, S. 77 f.
24. Sept. Arnim aus . . . an Winkelmann (S. 24)
Der Roman (S. 24), M. u. Sonderdruck (S. 29).
Die Freunde (S.)
W. als Doctor in Jena?
8. Oct. Arnims Reisecontract (S. 25)
29. Oct. Arnim u. [Johannes] Ritter im Kampf (S. 29)
November: Arnims Reise (S. 25)
– Clemens in Jena (Mereau I, S. XIIIf.)
die Mereau an Clemens (in I, 16 f.)
December 1: die Mereau an Clemens (S. 18)
? Gundel angeblich an Mereau (I, S. 19 f.)
? die Mereau an Clemens (I, S. 23)
? Clemens an sie (I, 29)
? Sie an Clemens (I, 25)
? Er an sie (I, 26)
? Sie an ihn (I, 29, 30)
7. Arnim an Clemens (Steig I, S. 25)
Godwi
Winkelmann (S. 25 f.)
? Clemens aus Jena an Winkelmann (Mereau I, S. XIV)
Steig I, S. 26 f.

BLATT 48

Winkelmann

1802 Dec. (Mereau I, 33 f.)
1803 Jan. (I, 43 f.)
Sept. (I, 124)

BLATT 49

Aus Jena schrieb Clemens[1] ... an Winkelmann nach Göttingen: «Alle deine hiesigen Freunde sind nichts u. du nichts für sie alle: Wrangel u. ich sind die einzigen, die dir Gerechtigkeit widerfahren lassen. Kohler, dein vortrefflicher Kohler .. von dir hält er nichts. So alle, dein gepriesener [Wilhelm Ferdinand] Rehbein sagt sogar, hinter deiner Medicin sei nichts. Der einzige, der dich schätzt, ist [Jakob] Fries, den ich liebe ... bleib mir gut ... alle dieses Volk ist Dreck gegen Savigny u. [Johann Bernhard] Vermehren».

Und am 11. Januar aus Marburg an Arnim:[2]
«Mit Winkelmann bin ich entzweit über sein lügenhaftes Temperament von Göttingen weggegangen, er ist mir aber nachgelaufen bis Frankfurt. Alles was ich prophezeite traf ein: er hat keinen Freund als mich [und] dich. Von Jena komme ich so eben, wo ich allgemeine Verachtung Winkelmanns unter seinen sogenannten Freunden antraf. Man hält ihn dort für einen Windbeutel, selbst Friedrich Schlegel. Ich habe ihm das gemeldet, er es erkannt u. sich wieder mit neuer Freundschaft zu mir gewandt.»

[1]Steig I, S. 26 f. [2]Steig I, S. 27!

BLATT 50

1802 Febr. S[avigny] an Heise:
Den Brief an Winkelmann lassen Sie wohl besorgen.
Leben Sie wohl, u. bleiben Sie mir gut. Savigny
(keine Adresse)

1802
Aus Würzburg an Savigny: über seine Pläne (Steig I, S. 44, 158)
Gemeinsch. Plan wegen Hutten (S. 45. – Herders Aufforderung S. 351) cf. S. 131
cf. Steig!

«Unterhaltungen» (S. 151), «Erzählungen» für die Ruhestunden (Steig – Wilmanns S. 44, 62)

Die Beschreibungen des Harz u. Kupfer dazu (S. 45).

In Göttingen: Sorge für Arnims ‹Ariel› (Steig I, S. 51, 52)
Sorge für Clemens' ‹Ponce u. Leon› (S. 62): seine Verwunderung, daß die Lieder,
Dedication u. Vorbericht Savigny gefallen. (S. 62)

1803
Jan.: Clemens u. Winkelmann (Mereau I, 43, 44, 45)
[17.] April: Arnim setzt in Savigny Nachrichten von Winkelmann voraus ([Steig I] S. 69)
Clemens' Rivalität: Schadenfreude über W[inkelmann]'s Ende in Göttingen ([Steig I] S. 97,
dazu Mereau I, 124f.; II, 202, 204)

– – – – – – – – – –

1802 Januar, die Erzählung Kohlers aus Jena
– im Febr. schreibt Clemens aus Marburg an Winkelmann über das Project der Kritischen Blätter (Steig I, S. 70 (?), S. 29f.)
– im August wird Winkelmann in Marburg erwartet (Steig I, S. 40)
– den 6. Sept. schreibt Clemens: ‹Die Ferien gehe ich mit Savigny u. Winkelmann nach Coblenz (Steig I, S. 43)
– September schreibt Arnim: «Er (Winkelmann) u. Savigny haben Dieterich bewogen, die durch Verlagsmangel unterbrochene Herausgabe von Huttens Schriften durch Wagenseil fortzusetzen» (Steig I, S. 44, dazu S. 69f., 351)
– Winkelmann kommt aus Bamberg (Steig I, S. 48) – wohin?
– Nov. 18. Arnim u. Savignys u. Winkelmanns Urtheil über seine (Arnims?) dichterische Qualität (Steig I, S. 54)

BLATT 51

August 1802
Im August 1802 kam Winkelmann nach Marburg, wo Clemens damals bei Savigny wohnte, Courier geritten u. in der Tasche eine Menge Gedichte für den Göttingischen Musenalmanach. (Steig: Euphorion II [1895], S. 321)

– August in Marburg ([Steig I] S. 39)
Den Winter will er wieder in Coblenz zubringen (S. 40)

– – – – – – – – – – –

1802 den 8. Dec. S[avigny] an Clemens [Stoll I, 212]

‹Winkelmann liest bloß publice über Poesie u. Beredsamkeit u. geht Ostern nach Braunschweig: an Ihrer Gedichte Abwesenheit von dem Göttinger Taschenbuch ist er wahrlich unschuldig, denn auch ihm hat die Mereau Gedichte nach Belieben weggelassen, ja, was noch mehr ist, corrigirt.›

– – – – – – – – – – –

1802 den 8. Dec. S[avigny an Clemens] [Stoll I, 213]

‹Böhlendorffs dickes Taschenbuch . . . Winkelmanns Colleg
über Göthe, das darin steht, gefällt mir gar nicht.›

BLATT 52

1802? Der Plan Savignys. ‹Wenn du› (Winkelmann), schreibt Cl[emens], ‹Sinn für dieses Unternehmen hast . . . so will er von dir deine Ideen ausführlich darüber hören.› ([Steig I] S. 30).

– am 2. Jan. aus Marburg: Cl. an W. (S. 78 f.)

– im August schreibt Cl. aus Marburg: ‹Jeden Augenblick kömmt W. von Göttingen Kurier geritten› (seine Tasche voll, S. 40)

– den 6. Sept. aus Marburg: ‹Die Ferien gehe ich mit S. u. W. nach Coblenz, letzterer ist jetzt in Würzburg›. (S. 43)

– im Sept. . . ‹W. ist in Würzburg u. schrieb S. von seiner Rührung vor allerlei u. vielen Büchern, die er schreiben will, seine Physiologie . . . hast du wohl lange› (S. 44)
(aber die Einleitung in die dynamische Physiologie erst 1803: S. 9),
seine Polyhistorie, sein Excerpiren.
Er u. S[avigny] haben Dietrich bewogen, Huttens Schriften fortzusetzen (S. 44).

– Oct. aus Frankfurt: ‹In dieser Minute kommt Winkelmann aus Bamberg hier zurück an›. (S. 48)
. . ‹sie mehr als einen Appendix des gesitteten Muthwills deiner Erscheinung] ansehen, was ich schon oft bemerkte, besonders bei S[avigny] u. W[inkelmann].› (S. 50. hat S. auch vorher gemacht?).

‹In Wilmanns Taschenbuch [der Liebe und Freundschaft] stehen Unterhaltungen von W[inkelmann], man sollte denken, Lafontaine habe sie geschrieben›. (S. 51)

BLATT 53

1802. Winkelmann in Göttingen (Steig I, S. 40)

1. Jan. Cl[emens] aus Weimar an Mereau (I, 31)
2. – Cl. in Weimar (Steig I, S. 78)
Kurz nach Neujahr Cl. mit Wrangel in Marburg (Steig I, S. 27)
11. Jan. Arnims Brief an ihn (Steig S. 27), Antwort an dems. Tage
Winkelmann (S. 27 – und dann Febr.!)
[Johann Wilhelm] Ritter (S. 27) [konnte nicht ermittelt werden]
22. Jan. Regensburg. Arnim an Cl. (S. 28)
Chemie; materia medica (S. 28)
? Winkelmann an Arnim (S. 29)
26. Jan. Regensburg. Arnim an W. (S. 29)
Februar: Cl. an Win[kelmann] (S. 29 f.)
Savigny (S. 30) Arnim (S. 30)
Cl. an Arnim (S. 30)
Winkelmann (S. 30)
Savigny (S. 30)
– – 12: Arnim aus München an Cl. (S. 31)
? Cl. aus Marburg an Winkelmann (S. 78)
6. März. Arnim aus Wien (S. 32)
Heyer (S. 32, vgl. [Johann Karl] Passavant!)
Joh. Müller (S. 32)
Heyer (S. 32), Spinnen u. Eidechsen (S. 33)
4. Mai. Arnim aus München an Cl. (S. 33)
Cl. an ihn (S. 33 f.)
Winkelmann (S. 34)
Schlegel (S. 34)
Ritter (S. 34)
Juni: Arnim, auch in Offenbach (S. 34), dazu S. 39!
auf Trages (S. 34)
beide nach Coblenz (S. 34, 40, 48)
____ Arnim nach Düsseldorf (S. 34)
In die Schweiz (S. 36)

Juli: Arnim nach Regensburg über die Familie Brentano (S. 34 f.)
[Jacob Fidelis] Ackermann in Rüdesheim (S. 35)
– 9. Arnim aus Zürich (S. 37)
Lafontaine, Schlegel (S. 38)
die Brentanosche Familie (S. 39)
August 1. Arnim in Mailand (S. 42)
August: Cl. aus Marburg an Arnim (S. 39)
Das pädagogische Interesse
Winkelmann (S. 39, 40), Reime u. Gedanken (S. 40),
Göttinger Almanach u. die Mereau (S. 40)
Gundel u. Bettina (S. 40)
Winkelmanns Zeilen an Cl. (S. 41)
Arnim an Clemens (S. 41) aus Bern (S. 41)
Jacobis ‹Woldemar› (S. 41)
Novalis (S. 41)
Winkelmann (S. 42) Genf »der Chirurg» (S. 42)
Gundel (S. 42)
6. Sept. Cl. an Arnim (S. 42)
Der Staat (S. 42)
Sein Buch (S. 43), dazu Arnim (S. 48, cf. 50, 58)
Savigny u. Winkelmann (S. 43), in Würzburg (S. 43)
Robinson u. Christian sind da (S. 43)
8. Sept. Arnims Brief aus Bern kommt an (S. 43), Cl.'s Brief (S. 43)
Winkelmann in Würzburg an Savigny (S. 44)
seine [Einleitung in die dynamische] Physiologie (S. 44), cf. Görres!
Heyer 44. Kestner 44

BLATT 54

1802 Winkelmann etc. (Fortsetzung)

Sept. Cl. an Arnim
(Ritter, S. 45)
– 8. Cl. an Goethe (S. 62)
14. Sept. Arnim an Cl. (S. 46)
sein Trauerspiel (S. 47, cf. S. 51)
22. Sept. Arnim (S. 47)
23. Sept. Arnim die Tante besorgt Cl.'s Brief (S. 48)
Oct. 17. Goethe an Cl. (S. 62)
Oct. Cl. in Frankfurt (S. 48)
Winkelmann kommt aus Bamberg (S. 48); seine ‹Unterhaltungen›.

Lafontaine (S. 51)!
Gundels Cabinet (S. 48)
Bettina (S. 48 – nach Offenbach?) (S. 49, 50 f., 60, Toni 50 f.)
Tiecks u. Schlegels Pasquill (S. 49; cf. S. 23 u. 27; S. 53)
Savigny u. Winkelmann (S. 50, 55)
Arnims Trauerspiel u. Savigny (S. 51)
Ofterdingen u. Savigny (S. 21, 23; Mereau II, S.) (Bücher)
Christian u. Savigny (S. 52) Medicin (51)

– Cl. am Rhein (S. 56)
? Cl. aus Düsseldorf an Christian (Steig S. 79)
8. Nov. Arnim an Winkelmann (S. 51 f.)
Mißfallen W's an dem Buch (S. 52)
18. Nov. Arnim aus Genf an Cl. (S. 52)
Winkelmann (S. 52)
Sein Trauerspiel (S. 52)
Fichte u. Schelling (S. 53)
Godwi (S. 53, 55)
Sein Heldenlied (S. 54)
Fr. Schlegel (S. 54)
Gries (S. 54)!
–. Cl. in Düsseldorf (S. 56)
die Großmutter (S. 56)
die Jugendfreunde (S. 56)
10. Dec. Christian aus Jena an die Mereau (S. 33 f., Steig I, S. 78)
Winkelmann (S. 33) Savigny (S. 35, 36)
Arnim (S. 36)
Fr. Schlegel (S. 36)
12. Dec. die Mereau aus Weimar an Cl. I, S. 37)
Weihnachten: Cl. an Arnim (S. 58)
Winkelmann (S. 58)
Goethe (S. 58)
Schlegel (S. 59)
Schlegel (S. 59)
Heß [Kupferstecher] (S. 59); Langer [Galeriedirektor] (S. 59)

Ritter (S. 59); Schelling (S. 59)
Savigny (S. 59, 60)
Bettina wieder in Frankfurt (S. 60)

[Randnotizen:] Italienische Familie: Steig S. 35
‹genial› S. . . . 50
Französ. Urtheile S. 55
Franzosen u. Deutsche S. 59

BLATT 55

1802	Cl. u. Winkelmann ([Steig I] S. 27, 29f., 30, 34, 39, 40, 41, 58, 78, 131, 139, 158)	
	Arnim	Winkelmann (S. 29, 42, 137)
	Sept.	W. in Marburg (S. 42, 40)
		W. u. Savigny (S. 44, 50)
	Oct.	W. in Frankfurt (S. 48, __, 52) 1806 sein Tod

– – – – – – – – – –

1802	den	11. Jan.	Clemens u. Winkelmann entzweit (S. 27)
	den	22. Jan.	Arnim über Winkelmann (S. 28f.)
	den	26. Jan.	Arnim schreibt an ihn (S. 29)
		Februar:	Clemens an ihn (S. 29f.), Savigny (30, 78)
		–	ders. über W. (S. 30)
		August:	ders. über W.'s Gedichte (S. 39, 40) Der Göttinger Musenalmanach (S. 40)
		6. Sept.	Clemens: ‹Die Ferien gehe ich mit S. u. Winkelmann nach Coblenz› (S. 43)
		–	Clemens: W. ist in Würzburg u. schrieb Savigny (S. 44) Er u. Savigny haben Dieterich bewogen, die . . . Herausgabe von Huttens Schriften durch Wagenseil fortzusetzen (S. 44) W. u. Wilmanns Almanach (S. 44) als ‹Taschenbuch› (S. 51)
		Oct.	Clemens: ‹In dieser Minute kommt W. von Bamberg hier zurück an, ich führe ihn in den Schwan› (S. 48) Arnims Verse u. ihre Auffassung bei Savigny u. Winkelmann (S. 50) Winkelmann wird mit Lafontaine verwechselt (S. 51)

8. Nov. Arnim an W. (S. 51 f., 53). ‹Savignys u. Winkelmanns Urtheil über mich› (S. 54)
Weihnachten: Clemens: ‹Winkelmanns Nachrede› (S. 58)
‹nun werde ich wieder zu S. fliehen› (S. 59).
[Rafaels] Johannes u. Savigny (S. 60)

BLATT 56

[Stichwort: Winkelmann an Görres]

BLATT 57

[Notiz zu Görres]

BLATT 58

2) Winkelmann hier [in Braunschweig]

Seit 1803 an dem Anatomisch-Chirurgischen Collegium,[1] mit dem Titel Professor.[2]
‹Einladungsschrift zu seinen Vorlesungen›: ‹über das Studium der empirischen Physiologie›.
Im Juni 1803 schrieb er aus Braunschweig an Görres.
Daneben praktizirte er.[2]
[Karl] Köchy, ein Freund Heines, als Advokat ([Hoffr_?] Heine S. 233)

[1]Saalfeld [Versuch einer academischen Gelehrten-Geschichte von der Georg-August-Universität zu Göttingen, Dritter Theil] [2]Steig I, S. 97

BLATT 59

Am 4. Januar 1803 hatte Clemens von Marburg aus Winkelmann in Göttingen gebeten, sein ‹Intriguenstück› Ponce de Leon dem Buchhändler Willmanns anzubieten: «Ich selbst mag es nicht anbieten u. dir vertraut er auch mehr.» «Ich möchte mein Stück dem Herzog von Aremberg, meinem großen Freund u. Gönner, mit dem ich in Düsseldorf gar angenehm lebte, dediziren.» Winkelmann, der auch die Korrektur übernahm, ward gebeten, in der Widmung noch das Wort «durchlauchtigster Herzog, gnädigster Herr» einzufügen; das sei wichtig, weil man das Stück viel in Wien lesen werde. Savigny habe nicht nur die Lieder, sondern die Dedication u. der Vorbericht gefallen. Auch eine an Arnim gerichtete «Zugabe» ward noch geschickt.

Als dann Winkelmann über seine Korrektur an Clemens berichtete, bemerkte er: «daß die Lieder, Dedication u. Vorbericht Savigny gefallen, ist mir unbegreiflich.»[1] Clemens, der dann wieder schrieb, war froh, daß Winkelmann ihm nicht den Rath gab, die «Zugabe» fortzulassen: «Ich sehe daraus, daß du delikat für meine Leidenschaft zu diesem Jungen bist u. dieser Anhang ist ein Liebesbrief.»

Ob in der That Savigny an jenen Expectorationen Brentanos seinen «Gefallen» geäußert hat? Die Koketterie, die auch Bettina mit dem Herzog von Aremberg trieb, ist bekannt. Und das waren beides Republikaner.

[1]Steig I, S. 62. Die hier benutzten Briefe waren mir nicht zugänglich.

BLATT 60

Am 17. April 1803 schrieb Arnim aus Paris an Savigny, den er persönlich noch nicht kannte, um über Clemens Brentanos auffälliges Schweigen auf an ihn gerichtete Briefe zu erfahren, wo er sich nun aufhalte. «Noch einen Zweifel,» so fuhr er fort, «können Sie vielleicht aus Nachrichten von Winkelmann lösen, der gegen mich nach drei an ihn abgeschickten Briefen ein felsenhartes Stillschweigen hält.» Er wünschte nämlich zu wissen, was es mit dem Gerücht von der Zahlungseinstellung des Buchhändlers Dietrich in Göttingen für eine Bewandniß habe.

[1][kein Verweis im Text] Steig I, S. 69 f.

BLATT 61

1803 im Juni. Braunschweig. Dr. August Winkelmann an Prof. Görres in Coblenz.
Es könnte einer neuen Entschuldigung bedürfen, mein werther Freund, wenn ich Ihnen die Gründe aufzählen wollte, aus denen ich Ihre Verzeihung hoffe. Daß ich erst jetzt Ihren Brief beantworte, den ich noch in Göttingen erhielt u. Ihnen für ein Geschenk danke, das mir um so angenehmer war, je näher der Antheil ist, den ich schon länger an Ihren philosoph[ischen] Bemühungen gewonnen habe.

Sobald mein Entwurf der Anthropologie gedruckt ist, werde ich Ihnen mit diesem einen kleinen Traktat von der wahren Heilkunst u. ein Gespräch über den Idealismus zusenden. In dem ersten habe ich angefangen, die Gründe zu entwickeln, aus denen ich für die Medicin auf die reinste Empirie dringe, in dem zweiten sind die ersten Andeutungen meines philosophischen Systems.[1] Ich habe lange angestanden, diese Partheiung in der Schule zu versuchen, zu welcher wir uns bekennen, aber um so weiter der kühne Usurpator des Idealismus die Grenzen desselben erweitert, um so nothwendiger schien mir eine Opposition. Mir ist das wesentliche der Philosophie, daß in einer Einheit alles erkannt werde, aber ich halte diese Erkenntniß nur im Leben möglich …

Diese Opposition gegen Schellings Mystik wird dringend nothwendig in einem Zeitalter, das ohnehin so sehr von thätigem Leben entfernt,

[hier Randnotiz:] Auf Savigny!

indem es die Hoffnung jeder bürgerlichen Existenz nimmt. Ich kann es nur mit einem Worte sagen: die Tendenz meines philosophischen Bestrebens ist durchaus politisch.

Was mein äußeres Leben betrifft, so lese ich diesen Sommer keine Collegien in Göttingen, sondern bin hier in Braunschweig beschäftigt mit weiteren Arbeiten, der Lektüre medicinischer Schriftsteller u. im Anfange einer medicinischen Praxis.

Sie haben es gemerkt, daß ich Ihnen von mir schreibe, ich habe dadurch in diesem Briefe verloren, Ihnen über Ihr Buch[2] meine Meinung so ausführlich zu sagen als ein solches Werk es verdient. Wenn ich Ihnen nicht eine gedruckte Anzeige desselben zuschicke, wenn nämlich eine medicinische Litteraturzeitung zu Stande kommt, die einige meiner Freunde hier in Niedersachsen unternehmen, so werde ich einen eigenen Brief dazu wählen.

Ich darf es Ihnen sagen: seit ich die Vorrede zu den Aphorismen las, war ich entzückt, Sie so begeistert für Ideen zu wissen, die auch mein Leben zum Leben machen – wir werden gewiß in vielen Rücksichten verschiedener Meinung sein oder werden, aber es ist ein schöner Gedanke, dasselbe zu wollen . .

. . . ich komme gewiß im Frühling des nächsten Jahres den Rhein zu begrüßen . . . ich sende Ihnen diesen Brief durch Savigny.

J. v. Görres, Gesammelte Schriften VIII (München 1874), S. 2 ff.

[1]G[örres] schrieb über W's Schrift: ‹Einleitung in die dynamische Physiologie› (Göttingen 1803) eine Recension in der Jenaischen A.L.Z.,[x] (N. 167 u. 168 [am 13./14. Juli] des Jahrgangs [1.] 1804, unterzeichnet: J. G.) [2]. . . ‹Aphorismen über Kunst als Einleitung zu künftigen ‹Aphorismen über Organonomie, Physik, Psychologie u. Anthropologie›. Koblenz 1802, u. ‹Aphorismen über [die] Organonomie›, v. J. G[örres], Prof. der Physik an der Secondär-Schule zu Coblenz. Lassaulxsche Buchhandlung [1803].

BLATT 62

Brief eines jungen Gelehrten

1803 den 23. Juli. Bang an S[avigny] [konnte nicht ermittelt werden]

(Die allg. Situation, Steig I, S. 70/74 Frankfurt!
Jena S. 81; Frankfurt S. 83

Lieber! Ich habe zum zweitenmal die Briefe eines jungen Gelehrten so eben gelesen u. ich kann Ihnen nicht sagen, wie sie mich mehr als entzückt haben. Desgleichen giebt es kaum; doch wer wollte das heute (?) genau behaupten, da von Anbeginn [den?] Wissenschaften gewiß mehrere Gemüther sich so offenbart haben, aber uns unbekannt geblieben sind. Gott wenn ich an Euch u. Winkel[1] denke. Hätte doch Er[1] (Clemens?) ein bißchen mehr Respect (das ist mehr als Eifer) für die Wissenschaften u. wäret Ihr ein bißchen weniger verschlossen u. ein bißchen mehr offen – was könnte das nicht sein! Glaubt es nur – auch die Klarheit u. das logische Wesen führen zur Pedanterie. Verzeihet mir – ich muß es sagen. Wenn mir's mal kommt, so werde ich's nicht von mir ein[darüber steht:]ab-halten können u. einen langen Brief über Euch (__) an

Wink[elmann] schreiben. Das wird dann auch ein Gebet sein, aber auf eine andere Manier als jenes der Bettina.

[1]Winkelmann? Vgl. 1802 den 8. Dec.! [an Bang, s. V, Blatt 78]. [Schnack (Hg.), Briefwechsel zwischen Friedrich Carl von Savigny und Stephan August Winkelmann, S. 148, hier ist der Brief auf den 5. Dezember datiert]

BLATT 63

1803 den 30. Juli: Savigny an Bang [Stoll I, 223]
‹Was Sie von meinem Verhältniß zu Winkelmann sagen, ist auch recht gut u. es traf sich gerade, daß ich ein paar Stunden, ehe Sie mir Ihren Brief gaben, einen Brief an ihn abgeschickt hatte, an dem Sie wohl nichts vermißt haben würden. Ich hoffe außerordentlich viel von seiner Anstellung.›[1]

- - - - - - - - - - -

[Abschnitt redundant, s. V, Blatt 64]

[1]war er damals angestellt? Er ward in diesem Jahr Professor an dem Anatomisch-Chirurgischen Collegium zu Braunschweig. Saalfeld, S. 173.

BLATT 64

<1803 Herbst>

Verzeihen Sie lieber Bang, daß ich die Bücher, die Winkelmann schon vor einiger Zeit geschickt und das Stammbuchblatt, das [Helfrich] Hundeshagen hier gelassen hat, erst jetzt schicke. Koch hat mir vor kurzem von Frankfurt, wo er bei einem Senator u. Hofrath Heyden sehr zufriedener Hauslehrer ist, geschrieben. Er grüßt und bittet sich von Ihnen ein schuldiges Stammbuchblatt aus. [Stoll I, 214]

~~Daß Tiedemann vor einigen Tagen gestorben ist, u. daß ich Professor geworden bin, wissen Sie wohl schon. Brentano ist nach Jena.~~

Savigny

Nürnberg Museum

BLATT 65

1803 Sept.

«Mit der Gundel u. dem Winkelmann,» schrieb Clemens am 6. Sept. 1803 höchst mißmuthig aus Marburg an die Mereau, «steht Savigny in einem weitläufigen Briefwechsel, in dem eine unabsehbare Zärtlichkeit herrscht ... mit jenen beiden, deren lügenhaftes, oft ganz verzerrtes Wesen er mir oft sonst gern eingesteht (!), unterhält er sich gern u. weitläufig.» Wie das «lügenhafte u. oft ganz verzerrte Wesen» in Wahrheit zu finden war, bedarf keines Nachweises. Aber diese Stelle zeigt doch die Verlogenheit des maßlos eifersüchtigen u. mißgünstigen Menschen in der traurigsten Gestalt: Savigny soll ihm «oft» u. «gern» «eingestanden» haben, daß seine Braut u. sein edler Freund ein Lügner sei!

[1][kein Verweis im Text] Mereau II, 203

BLATT 66

Das baierische Staatsrecht

[Anfang fehlt]
1784. dass[elbe] schon für das erste Jahr (S. 67_)
1799 Baierisches Staatsrecht nach [Johann Georg] Feßmaier (Prantl, S. 671), im 3. Jahr auch ein Kameral-Institut (S. 692f.). 1801.
dazu Privatfürstenrecht nach Pütter (S. 672).
1806f. las [Carl Sebastian] v. Hellersberg es in täglich 2 Stunden; als deshalb eine Beschwerde erhoben u. er 1807 im Mai im Namen des Königs getadelt ward, versuchte er, den 16. desselben Monats in einem an den König gerichteten Schreiben eine Rechtfertigung. Dabei verfehlte er nicht zu betonen, daß er die ‹Hausrechte› als Basis dieses Staatsrechts betrachte.[1] Aber den 12. Juni erging die Verfügung, er dürfe für diese Vorlesung nur eine Stunde gebrauchen, da das bei einem zweckmäßigen, fleißigen u. gedrängten Vortrage hinreichen müsse. Im übrigen ward sein Eifer in der Bearbeitung des baierischen Staatsrechts [Fortsetzung fehlt]

[Fußnote fehlt]

BLATT 67

1803 Winkelmann usw. (Forts.)
in Braunschweig (S. 97, Mereau I, 124)

Aug. 30. Cl. aus Weimar an Arnim (Steig I, S. 96ff.)
v. Burgsdorf 96
Schlegel 96)
Tieck 96 Jacobi, Böhm 97
Goethe 97
Braut von Messina 97
Winkelmann 97
Arnims Hollin 97
Ritter 98
Galvanismus
Er vermeidet Cl.
Aug. 5: Cl. an die Mereau ([Mereau] I, 104)
Arnims Briefe 105
Der arme Heinrich 103
An Savigny geschrieben 106
Bettina 106f.
Aug. 19: Arnim an Cl. (Steig I, S. 98)
England 99
Christian 99
Aug. 22: Cl. an Mereau ([Mereau] I, 107)
Tugendspiegel u. Kloster 108
Aug. 24: Mer[eau] an Cl. (I, 110)
Tieck 111, 113, 115
Aug. 30: Mer[eau] an Cl. (I, 114)
Braut von Messina 115, cf. 180
Sept. 1: Cl. aus Marburg an Mer[eau] (I, 117)
Savigny 118. <sein Einfluß ___: 117> __ < ___ ___: 128f., 132f., 135>
Fritzlarer Kloster [Mereau I] 118
V____ in M. 120
Sept. 2: Cl. aus Marburg an Mer[eau] (I, 122)
Savigny 122
Gundel. 129
Winkelmann 124
kommt zu Savigny 124f.
Sept. 4: Cl. aus Marburg an Mer[eau] (I, 125)
die Frankfurter 126, 129, 157
Ehe oder Concubinat 127f.
Staat 128
Savigny 130, 124
Sept. 5: Mer[eau] an Cl. (I, 136)

Sept. 6: Mer[eau] an Cl. (I, 138)
Das Grauen vor Cl. 139
Ehe 141
Sept. 8: Cl. an seinem 25. Geburtstag an die Mer[eau] (I, 141)
Was man von [ihr begehr?] (147)!
[Historische?] 148
Bettina 151
Ehe 151 f.
Sept. 11: Cl. an Mer[eau] (I, 152)
Savigny 155, 161
seine Freunde 155 f.
Christian 157
Bettina 156, 157, 163
Sept. 13: Mer[eau] an Cl. (I, 163)
Ihre Empörung 163 f.
Savigny 164
Sept. 14: Cl. aus Wiesbaden an Mer[eau] (I, 165)
Bettina u. die Heirat 165
Toni 166
Löwenstern 167

BLATT 68

1803 Winkelmann etc. (Forts. 2)

Sept. 14: Mer[eau] an Cl. ([Mereau] I, 167)
Der boshafte Zug der Büste 168
Schiller 168
Sept. 20/21: Mer[eau] an Cl. (I, 169 f.)
Sein Schimpf über sie
Sein Brief an Bettina 171
Mittheilungen an andere 172
Cl.'s Duplikat 175
Sept. 21: Mer[eau] an Cl. (I, 176)
Cl.'s Charakteristik 176
Sept. 20: Cl. aus Frankfurt (I, 179)
die Familie 179 f., 180 f.
Gundel u. Savigny 180
die Löwenstern u. Gundel 180
Dietrich in Göttingen 182

Sept. 22: Cl. aus Frankfurt (I, 183)
Er gilt als Protestant 184 (Toni?)
Bettina 186 u. 187
Seine Geschwister u. die Mereau 188
Göthe 188
zur Zerstreuung nach Nürnberg 189, 191
sein Ponce aus Göttingen 190; Steig 100
Sept. 24: Mer[eau] an Cl. (I, 191)
Cl.'s Verwandte 191
? Cl. an Mer[eau] (I, 194)
Bettina 194 f.
Georg u. Frau 195; Steig 100
Savigny u. Gundel 196
Oct 1: Cl. aus Frankfurt an Mer[eau] (I, 196)
sein Nebenbuhler 197
die Laroche u. Löwenstern 199 f.
Rätsel 202
seine Flüche 204
die Schwägerin u. die Mereau 208
Oct. 7: Cl. an Mer[eau] (II, 1) Frankfurt
sein böser Brief an Bettina 3!
Blutschande 4! Bettinas Heftigkeit 6.
die Ehe 5
Georgs Frau 6
Oct. 8: Cl. an Mer[eau] (II, 7)
______ 10
drei Personen 11, 15
seine Angehörigen 12, 13
Ehe 14, 15
die Gerüchte über ihn u. sie 15
sein Selbstzeugniß 17 <alle zusammenstellen!> cf. 29, 35 f.
Oct. 10: Mer[eau] an Cl. (II, 25)
Oct. 11: Cl. an Mer[eau] (II, 18)
Oct. 12: Cl. an Mer[eau] (II, 20)
Ehe 20
Kuratel-Amt 23, Franz 24
[Oct. 12]: Cl. an Arnim (Steig I, S. 100)
Romantismus u. das Gesinge 102
die Planmäßigkeit des Arbeitens 102 f. Sav. bei Geiger S. 25
Wrangel 103
Oct. 18: Cl. an Mer[eau] (II, 35)
Savigny 37

Oct. 19: Mer[eau] an Cl. (II, 38)
Oct. 20: Cl. an Mer[eau] (II, 41)
Goethes Eugenie 44
sein Programm 46
Oct. 22: Cl. an Mer[eau] (II, 49)
Oct. 24: Cl. an Mer[eau] (II, 54)
seine Vermögensumstände 55 seine Geschwister 57 Franz 57
Ehe 55

BLATT 69

1803. Winkelmann etc. (Forts. 3)

Oct. 27: Cl. aus Marburg an Mer[eau] (II, 62)

Oct. 28: Mer[eau] an Cl.

? : Sav. an die Günderode (S. 29)

Nov. 1: Cl. aus Frankfurt an Mer[eau] (II, 77)
Nov. 3: Cl. aus Marburg an Mer[eau] (II, 78)
die Copulation 79
Bang 79
Nov. 4: Mer[eau] an Cl. (II, 79)
Etiquette 80
Trauung 81
Nov. 6: Cl. an Mer[eau] (II, 82
sein Taufschein 82
Proclamation in Marburg 82
Proclamation … Dispensation 82
Copulation in Frankfurt durch kathol. Pfarrer 82
Staat 83
Nov. 13: Cl. an Mer[eau] (II, 83)
die erfolgte Proclamation 84, die [Scheidung?] 86
Trauung 84
Dec. : Arnims Vater † (Steig I, S. 105)
Dec. 23: S. an die Günderode (S. 23) Trages (cf. Steig I, S. 105)
Christnacht: Arnim aus London (Steig I, S. 103)

BLATT 70

Winkelmann in Göttingen [1803]

Neujahr Cl.'s Lustige Musikanten werden in Düsseldorf nicht aufgeführt (Steig I, S.61)

5. Jan. Cl. aus Marburg an Winkelmann (S. 62); Herzog von Aremberg (S. 62, 65!)

? Winkelmanns Thätigkeit für Cl. u. Antwort (S. 62)
Dieterich macht bankrott.[1] (S. 69 f.)

10. Jan. Cl. an die Mereau (S. 38, Steig I, S. 79)
Winkelmann (S. 43 f.)
die Großmutter (S. 45 ff., 49)
Schlegel (S. 50)
Savigny (S. 56)

12. Jan. die [Brüder] Arnim in Lyon (S. 63, 64)
Chateaubriand (S. 64 f.)

? die Mereau an Cl. (I, 61)

26. Jan. Arnim (S. 65)

Februar? Cl.'s Brief (S. 65)
Mereau (S. 65)
seine Schriften (S. 65)
Frankfurt (S. 68)

17. Febr. Arnim (S. 66 die Huren u. Restaurants S. 67) [richtig: Restaurateurs]

21. Febr. Arnim (S. 64)

? Cl. an die Mereau aus Marburg (I, 64)

1. März Arnim [an Clemens] (S. 67)

7. März Arnim [an Clemens] (S. 67)
Friedrich Schlegel (S. 67)
Europa [Zeitschrift, hrsg. von Schlegel] (S. 67)
die Franzosen (S. 68) Arnim (S. 67)

18. März Cl. aus Marburg an die Mereau (S. 69)
die Herzensangelegenheiten seiner Geschwister (S. 72)
dazu das Liebestribunal (Steig I, S. 78)
seine moralische Correspondenz (S. 72)
Er als – Arzt (S. 74)

4. April Arnim (S. 68 f.)
die Stereotypie (S. 68)
Electricität (S. 69)

? Cl. in Wetzlar (S. 70)

17. April. Arnim an Savigny (S. 69)
Winkelmann (S. 69)

20. April. Cl. aus Frankfurt [an Arnim] (S. 70)
Bettina jetzt definitiv hier (S. 70)
Mereau (S. 70)
Wrangel an Savigny (S. 70 f., cf. S. 73)
? die Mereau an Cl. (S. 74)
Cl. aus Frankfurt an die Mereau (I, 76)
Bettina (S. 76 f.) unter ihrer Adresse
S. 78; cf. Steig I, S. 73, 81
5. Mai Paris, Arnim (S. 72 f.)
10. Mai Cl. aus Jena an die Mereau (I, 78) (____ Steig I, S. 73)
15. Mai Cl. nach Frankfurt (S. 73)
27. Mai Cl. zum Geburtstag der Mereau (Steig I, S. 81, Mereau I, 81)
28. Mai Toni an Cl. (S. 74 f.)

Juni: Cl. an die Mereau (I, 81 f.)
Bettina (S. 84)
Juli Cl. an sie (I, 85 ff.)
Vermehren (86)
Bettina (S. 88, 89, 94, 98, 100, (Offenbach) 103, 104)
Georgs Heirat (89)
Gundel (89)
Savigny u. die Großmutter (S. 95)
Juli 10 Savigny an die Günderode ([I, 17 __ II, 18?]) [Fortsetzung fehlt]

[Fußnote fehlt]

BLATT 71

[Abschnitt redundant, enthalten im folgenden Abschnitt]

– – – – – – – – – –

1803 den 5. Jan. aus Marburg: Cl. u. W[inkelmann] in Corresp. wegen des Lustspiels des erstern: ‹daß die Lieder, Dedication u. Vorbericht Savigny gefallen, ist mir unbegreiflich.› ([Steig I] 62)

17. April: Arnim an Savigny über Clemens:
‹Noch einen Zweifel können Sie vielleicht aus Nachrichten von Winkelmann lösen›.
Es handelt sich um die Mittheilung von Dieterich. (S. 69 f.)

August: ‹Von Winkelmann hab ich in Zeit von vielen Monaten nichts gehört; in Göttingen hat seine Docenten-Carriere ein sehr schlechtes Ende genommen; er prakticirt in Braunschweig u. ist dort Professor› (S. 97 f.);
zu der Botanik (S. 187); seine Stellung zu den Philistern (S. 175); seine Art von wilder Praxis (S. 187)

Braunschweig

Das Carolinum zu Braunschweig

1798–1807 [Karl Friedrich] Gauß ([Saalfeld, Versuch einer academischen Gelehrten-Geschichte von der Georg-August-Universität zu Göttingen, Dritter Theil] S. 361)
1798–1800 [Friedrich] Hausmann ([Saalfeld] S. 363)
1800 Das Kirchen- u. Schulwesen in den Braunschweig-Lüneburgischen Churlanden (S. 194)
1802 das Stift von Cyriaci (S. 360)

Das anatomisch-chirurgische Collegium (S. 314, 363)
1795 [Karl] Himly (S. 314, 315, 316)
1803 Stephan August Winkelmann (S. 173)
1805 Hausmann (S. 363, 365)

- - - - - - - - - -

Winkelmann gab
1803 den ‹Freunden Ritter u. Arnim› widmend die ‹Einleitung in die dynamische Physiologie› zurück.

BLATT 72

1804 Winkelmann

1804 ‹Kenntniß der öffentlichen Gesundheitspflege, zum Leitfaden seiner Vorlesungen über die medicinische Polizei›. Frankfurt a. M.[1]

[1]Saalfeld, Göttingen S. 173

BLATT 73

1804 März? Winkelmann

1804 März S[avigny] aus Göttingen an Clemens zu Marburg [konnte nicht ermittelt werden]

«Rechnen Sie mir's nicht zu, lieber Clemens, daß Sie nicht früher Nachricht von mir erhalten haben. Ich wartete auf Winkelmann, u. am Ende habe ich's doch noch ausmachen müssen. Heute hat mir Dieterich bestimmt versprochen, mir Geld u. Bücher mitzugeben. Wollen sehen, ob er Wort hält.

Adieu, in größter Eile.

BLATT 74

Das Jahr 1804 (nach dem Frühling)

Übersicht

Bis 3. März: Vorlesung. – Urlaub für Forschungsreise
Den 17. April: Heirat
Die verschiedenen Folgen:
1. Clemens. – Christian. – Anderseits: Bettina, Meline
2. Günderode
3. Creuzer

Vom 3. Mai bis 10. August auf Trages
die Gäste
Savignys kleine Reise
den 13. Mai Bangs Heirat

Aug.? Sept. u. Oct. in Heidelberg
__ hier Excursionen u. Besuche

Clemens

Die Günderode

Im October Abreise nach Paris

BLATT 75

[redundant, s. V, Blatt 73]

BLATT 76

[s.a. I, Blatt 66]

Die jungen Jenenser Freunde

1800 im Frühling war Savigny wieder in Jena. «Ich habe da immer,» schrieb er an die beiden Creuzer u. Schwarz, «eine Tentation, mich inscribiren zu lassen; der Ton u. Geist, der unter den dortigen Studirenden herrscht, ist in der That so wie man ihn nur immer wünschen kann: frei, mittheilend u. gesellig, ohne alle Rohheit u. dabei ein gegenseitiges Treiben u. Bilden, ein so allgemeiner Sinn für das Wahre in allem Studiren, der herrlich anzuschauen ist. Sicher findet man auf keiner Universität solche Zirkel von genialischen u. sich wahrhaft bildenden Menschen wie hier. Und es ist unläugbar, daß das nicht blos subjectiv u. zufällig, sondern großentheils Würkung des Orts ist, denn ich habe Menschen da gefunden, die ohne individuelle Tendenz dazu wahren Sinn gewonnen hatten für philosophische u. ästhetische Bildung.»[1]

Damit ist der Kreis der jungen Leute charakterisirt, denen Savigny näher trat u. zu denen sich freundschaftliche Beziehungen entwickelten, die zum Theil für das ganze Leben Bestand hatten.

Es waren Juristen u. Mediciner, die vielfach ein weit über ihr Fach hinausgehendes allgemeines, literarisches Interesse zeigten.

[1]Stoll S. 34 [Stoll I, 153 f.]

BLATT 77

1801 im Sommer hörte Heise, nachdem er im Frühling in Marburg gewesen war, bei dem Hamburgischen Agenten v. Bostell – dem Vater jenes Studenten? – wie es scheint, mit andern Praktikanten ein Colloquium über den Reichsprozeß. (v. Bippen, S. 61)

– – – – – – – – – –

[s.a. I, Blatt 18] [Savigny aus Leipzig an die beiden Creuzer, 12. Nov. 1799]

[Anfang fehlt] … u. Unsittlichkeit, sondern weil er das Rechte, das jenem allein erst Werth u. Haltung giebt, noch nicht angeschaut u. ergriffen hat, aus Ungeschicklichkeit u. Unbildung. Ich kann mich von der absoluten Verwerflichkeit der Leidenschaften durchaus nicht überzeugen, u. ich glaube, dieses ist einer der Fälle, worin eine Leidenschaft irgend einer Art (versteht sich, unter gewissen Bedingungen in Ansehung des Gegenstandes) sehr wohlthätig würken könnte; doch, von dieser Hypothese abstrahirt, ist es wohl sehr klar, daß die warme Berührung eines freundlichen Umganges – diese geistige Universalmedicin – hier vorzüglich schätzbar sein müsse, u. so hat meine Empfehlung außer dem subjectiven Sinn der zufälligen Bekanntschaft auch eine rein objective Bedeutung. (Stoll S. 28 f.) [Stoll I, 142]

Und als die beiden Creuzer die Leidenschaftlichkeit Bostells betont hatten, schrieb Savigny den 3. Januar 1800 zurück: «Bostell soll leidenschaftlich sein? Ich möchte gerade das Gegentheil behaupten, u. wünsche um so mehr etwas ausführliches über ihn zu hören – u. zugleich auch etwas ausführliches über die Leidenschaft. Sie haben es wohl schon gemerkt, lieber Schwarz, daß ich Sie hier herausfordere». (S. 36) [Stoll I, 145]

Auch in Marburg spielte Bostell seine Geige, aber Ersatz für eine gerissene Saite war hier nicht zu haben: Savigny mußte sie aus Leipzig besorgen: den 13. Mai schrieb [er] an einen der Marburger Freunde: «Ich bitte Sie, die beiliegende Violinsaite dem Bostell zu geben, der nun wohl wieder in Marburg sein wird.»[Stoll I, 159]

Ende Juli reiste Gries über Kassel, wohin ihn die vom Director Tischbein aus Neapel geflüchteten Kunstschätze gelockt hatten, nach Marburg u. traf hier mit Bostell zusammen. Sie verabredeten, einige Tage nach Wetzlar zu gehen u. so brachte Gries in dem väterlichen Hause seines Freundes eine Reihe von schönen Tagen zu. Der Reichskammergerichtsprocurator führte ihn auch nach Gartenheim (dem Wahlheim des Werther) u. zeigte ihm die Linden, das Bauernhaus u. den Hügel. Abends ward musicirt (Gries [Aus dem Leben von Johann Diederich], S. 45).

BLATT 78

1802 (nach Oct.) Winkelmann über Bettina

In demselben Briefe an Winkelmann, in dem Bang sich gegen Ende October 1802 über Gund[a] aussprach, hatte er auch mitgetheilt, was jemand über Winkelmanns Abneigung gegen Bettina erzählte. «Wer gesagt», so erwiderte Winkelmann darauf, «ich sei vor der Bettine geflohen, hat meine Abneigung zu stark ausgedrückt; ich wußte nicht, ob ich zu ihren Irrthümern lachen oder weinen, ihr göttlich Wesen anbeten[1] oder ihre Einbildungen verspotten sollte, darum pflegte ich zu gehen.[2] Sie ist sein (Clemens') Trumpf, aber ich möchte lieber mich tödten als eine so schöne Seele gefangen halten. Ich bin bewegt, wenn ich daran denke: das ist nicht Galle, das ist Blut, aus der tiefsten Wunde, welche das Leben mir gegeben;[3] tritt aber Luft oder Wind an die Wunden des Herzens, so ist der Tod gewiß.» [Winkelmann an Bang, 5. Dezember 1802] [Schnack (Hg.), Briefwechsel zwischen Friedrich Carl von Savigny und Stephan August Winkelmann, S. 148]

[1]Offenbar Anspielung auf Clemens' Ver___ung der Schwester [2]Wo? Doch auch in Frankfurt?
[3]Hat er Bettina denn geliebt?

BLATT 79

1802

In Wrangels Begleitung traf Brentano kurz nach Neujahr in Marburg wieder ein (Steig I, S. 27). Er wohnte jetzt bei Savigny (Briefe an [Ludwig] Tieck, I, S. 97); in seiner Weise wirkte er für einen Plan desselben u. forderte namentlich – Winkelmann zur Theilnahme auf, gleichsam als Vertreter Savignys (Steig I, S. 29f.). Und Arnim rief er zu: ‹Auf Erden sei dir kein treuer Herz als ich – u. Savigny, der dich schon liebt wie ich.› ‹wenn du noch in Regensburg bist, so schicke mir doch die Adresse einiger Antiquare; sage ihnen, sie könnten mit mir u. Savigny ohne Risico handeln, aber billig.› ([Steig I] S. 30). Brief vom Februar an Winkelmann über die Mereau (Steig I, S. 78), Brief vom 11. Februar über Savignys Kälte (VIII, 119) [Brentano, Gesammelte Schriften, Bd. 8: Briefe I, S. 119]

Als ihm Arnim einen ‹großen Lebensplan›, den er gefaßt, entwickelte ([Steig I] S. 37f.), schrieb Brentano im August: ‹Erfreulich ist es mir, daß ich Savigny einen ganz ähnlichen Plan schon entworfen ([Steig I] S. 40). Und den 6. Sept.: ‹Die Ferien gehe ich mit Savigny u. Winkelmann nach Coblenz; letzterer ist schon in Würzburg› ([Steig I] S. 48); er ‹schrieb Savigny von seiner Rührung vor allerlei u. vielen Büchern, die er schreiben will. Er u. Savigny haben Dieterich bewogen, die durch Verlagsmangel unterbrochene Herausgabe von Huttens Schriften durch Wagenseil fortzusetzen› ([Steig I] S. 44). Später theilt er mit: ‹Über Ofterdingen bin ich mit Savigny fast uneins geworden› ([Steig I] S. 51)!

Im October war Clemens wieder in Frankfurt, wo er Winkelmann empfing, der von Bamberg kam, u. ihn in den Schwan führte. ([Steig I] S. 48)

BLATT 80

Winkelmann u. Clemens Brentanos Schwestern

Durch Clemens Brentano trat Winkelmann auch in Beziehung zu seinen drei Schwestern, ein Verhältniß, was wir um Savignys willen näher ins Auge fassen müssen.

Sophie, die in ihrer Jugend ein Auge verloren hatte,[1] aber nichts desto weniger mit einem österreichischen Grafen verlobt war, ohne daß dieser Anstalten zur Heirat traf, war im Sommer 1799 mit ihrer Großmutter LaRoche in Oßmannstädt bei Wieland,[2] wo sie nach der Hochzeit ihrer wieder verheiratheten Stiefmutter, an der sie Theil genommen hatte, geisteskrank ward.[3] Vor Gottfried Herder, der Anfangs September 1800 ärztliche Hülfe leistete,[4] war Winkelmann in Oßmannstädt erschienen,[5] der die Kranke mit Zartheit pflegte u. dann diese selbst gern um sich hatte.[7] ‹Als ich hörte,› so schrieb Clemens, der sich in Halle der ‹Arzneigelahrtheit› beflissen hatte,[4a] später, ‹daß Sophie wahnsinnig sei, wußte ich ihren Tod u. bereitete meine Geschwister darauf vor.› Am 19. September starb sie.

Clemens widmete ihr im zweiten Theil des Godwi einen Nachruf,[6] war aber empört, daß Winkelmann angeblich . . . [Fortsetzung fehlt]

[1]Steig I, S. 11 f. [2]S. 17 f. [3]S. 20 [4]S. 350 [4a]S. 16 [5]S. 20 [6]S. 22 [7]S. 22

BLATT 81

[Zahlenangaben zum Reichskammergericht?]

BLATT 82

Paul

~~Die allgemeinen Verhältnisse des Hauses Leiningen-Westerburg (seit der Reformation bis 1631~~).

2. Blick auf die Verhältnisse im allgemeinen u. die Leiningenschen Grafen insbesondere.

Als der Knabe Paul[XI] seine Heimat verließ, ging er keinen erfreulichen Verhältnissen entgegen: aber wer konnte solche überhaupt damals im heiligen römischen Reich erwarten? Die Verhältnisse, die er nun kennen lernen sollte, waren fast noch trostloser als die er verlassen hatte: der nächste Gewinn war zunächst nur die Befreiung von dem jesuitischen Druck. Dafür trat die wirthschaftliche Noth des Lebens ihm in oft beträchtlicher Gestalt entgegen; weder sein Patron, noch dessen Agnatus waren reich, vielmehr, obwohl der Prätensionen voll, über die Maßen überschuldet, so daß ihre Unterthanen aufs Äußerste, bis zur Verzweiflung gepreßt wurden, um den Herren ein standesmäßiges Leben zu verschaffen.

[Ab hier kaum lesbar, mit Bleistift:]
1) Der K Recht materielles Elend: aber zunächst den äußeren Halt
   a) ____
   b) ____

BLATT 83

[2 kurze Zitate: Winkelmann und Savigny]

BLATT 84

[redundant, s. V, Blatt 93]

BLATT 85

[2 Quellenangaben, ohne Kontext, zu Carl Ernst Kettner und Adalbert Horawitz]

BLATT 86

[s.a. V, Blatt 87]

L[udwig von] Wrangel
aus Esthland,[1] Freund Winkelmanns u. Clemens'[2]

Kurz nach Neujahr 1802 kam er, von Clemens begleitet, nach Marburg.[3] Als Savigny am 3. Februar seinen ersten Brief an Fries richtete, erzählte er,[4] er habe «seit einigen Tagen» durch zwei von Fries' Freunden, Brentano u. Wrangel, vielerlei von ihm vernommen.

Noch im Frühling scheint er wieder abgereist zu sein (nach Jena?[5]) «Morgen früh um 3 Uhr,» so theilte Savigny Bang mit, «wird Wrangel nach Alsfeld begleitet, deshalb kommt, wenn es möglich ist, heute.» Aus Jena schrieb er dann an Savigny u. berichtete wieder von Fries. «Was mir Wrangel von Ihnen geschrieben,» so begann Savigny nun am 9. Mai einen Brief an Fries, «halte ich für sehr wahr: es wäre besser, nur eine Stunde zu sprechen als ein Dutzend Briefe zu schreiben.»

[1]Steig I, S. 17 [2]Steig I, S. 18, 26 [3]Steig I, S. 27 [4]Henke [Jakob Friedrich Fries], S. 293 [5]Vgl. Steig I, S. 78; Mereau I, 78 (_03 Mai)

BLATT 87

Ludwig v. Wrangel aus Reval (Lifland) 1802–1804

Früher russischer Offizier, aber wegen seiner Wunden zum Studium der Medicin in Jena übergegangen, wo eine Anzahl Livländer waren, trifft 1797 mit Fries zusammen, ein warmer Verehrer Goethes, der ihn rühmt, desgleichen mit Winkelmann u. Brentano, der sich mit seinem Witz an ihn nicht heranwagt, unterzeichnet 1800 im Januar die Studentenpetition für Fichte, schließt sich an Fries als Docenten an.

Brentano trat ihm näher: den 14. Juli schrieb er an Winkelmann: ‹Gieb Wrangel alle Nachricht von seinem Freund, die du hast› (Steig I, S. 18), ferner: ‹Wrangel u. ich sind die einzigen, die dir Gerechtigkeit widerfahren lassen›. ([Steig I] S. 27)

Im Frühling des folgenden Jahres 1804 kehrte Wrangel in seine Heimat zurück, gieng aber nach Riga (Steig I, S. 103). Clemens suchte ihn in Jena im Mai auf, um von ihm Abschied zu nehmen. (Steig I, S. 81, 73). Er hatte, nach Clemens' Angabe, den Plan, später zurückzukehren ([Steig I] S. 73). Aber wir hören seitdem nichts mehr von ihm.

– – – – – – – – – –

In Wrangels Begleitung traf Brentano kurz nach Neujahr 1802 wieder in Marburg ein (S. 27). Und lernte auch Savigny ihn näher kennen: er hörte durch ihn u. Brentano vieles, was ihn interessierte, über Fries (Henke [Jakob Friedrich Fries], S. 293).[1] Seit

Ende des Wintersemesters war Wrangel nicht mehr in Marburg (wieder in Jena?), stand nun mit Savigny in Korrespondenz. Am 9. Mai erwähnt er, was Wrangel ihm von Fries geschrieben (Henke S. 297). 1803 den 20. April theilt Clemens dem Arnim etwas mit aus einem (andern) Briefe Wrangels an Savigny. Es betraf Goethes Trauerspiel Eugenie, von dem Wrangel eine ganze Skizze mitgetheilt hatte u. schloß: ‹So schließt sich der erste Theil des Trauerspiels, der in mir einen ganz reinen u. hohen tragischen Effect gemacht hat. Die feinen Seher wollen schon darin ein Gegenstück zum Wilhelm Meister entdeckt haben. Ich halte dafür, daß es eine würdige Critik ist der neuesten Bemühungen Schlegels u. Schillers (Braut v. Messina), moderne Sujets in modernem Gewand ganz antik bearbeitet auf die Bühne zu bringen. Man sagt, die folgenden Theile sollen noch gar nicht in der Arbeit sein. Auch soll es einen französischen Roman Eugenie geben, dem eine Begebenheit der letzten französischen Hofgeschichte zu Grunde liegt; ob Göthe seinen Stoff daraus genommen, weiß man nicht.› (Steig I, S. 70 f.)

[1]Studirte Wrangel in Marburg? War er Savignys Gast?

BLATT 88

[redundant, s. V, Blatt 89]

BLATT 89

Wrangel bei Savigny auf Trages 1802

Savigny von dort an Bang.

«Soviel habe ich Euch in meinem Leben nicht reden hören, als Ihr dem W<rangel?> geschrieben habt! Da der Brief offen war, möchte ich fast so vorlaut sein, einen Theil als an mich gerichtet zu behandeln u. selbst zu beantworten.»

Doch an denselben:

«Leset u. kommt! Wenn es möglich ist: heute, denn morgen früh um 3 Uhr wird Wrangel nach Alsfeld begleitet ... [Fortsetzung s. folgendes Blatt]

BLATT 90

Der anonyme Schriftsteller

Lieber Bang!

Leset u. kommt, wenn es möglich ist: heute, denn morgen früh um 3 Uhr wird Wrangel nach Alsfeld begleitet, u. dann könnte ich Euch nicht mehr vor dem Posttag sprechen.

Auch steht Euch noch ein neuer Spaß bevor in der Sache des anonymen Schriftstellers, ein Spaß, der alle früheren hinter sich läßt.» [Stoll I, 203]   Euer S[avigny].
(1802: Steig I, S. 27)

Herrn
(abgerissen) Bang
Zu Goßfelden
(nicht durch die Post)

Frau Wenz:[XII] Nr. XVII

- - - - - - - - - -

Wrangel [und Clemens Brentano]
1802 im Januar mit Wrangel in Marburg (Steig I, S. 27, 28, 30. Holtei, [Briefe an Ludwig Tieck] I, S. 94)
im Februar ([Steig I] S. 78)
im August ([Steig I] S. 39)
im Sept. ([Steig I] S. 42, 43, 62)
im Oct. in Frankfurt, will bald wieder nach Marburg ([Steig I] S. 51)
sein Streit mit Savigny ([Steig I] S. 51, 92)

BLATT 91

Wrangel, ein Deutschrusse   1803 Frühjahr

Der liebste u. vertrauteste Studienfreund Savignys <in Jena> u. Clemens Brentanos, mit denen er nach ihrem Fortgang von der Universität in Korrespondenz verblieb ... Er hielt die Freunde über die wichtigsten Vorgänge in Jena u. Weimar auf dem laufenden. So schickte er Savigny z. B. im Frühjahr 1803 eine ausführliche Inhaltsangabe der Eugenie, die Clemens u. Bettina an Arnim nach Paris weiter berichteten, von dem sie wieder Friedrich Schlegel u. dessen Kreise zukam. (Arnim u. Brentano [Steig I] S. 70)

[Steig, Schäfers Klagelied von Goethe, in:] Euphorion II [1895], S. 813; dazu Steig I, S. 70)
[Ludwig] Coll [Euphorion] II, S. 814 f., 816

- - - - - - - - - -

[Abschnitt redundant, s. V, Blatt 87 (Savigny u. Wrangel)]

BLATT 92

[redundant, siehe V, Blatt 87]

BLATT 93

Die Familie v. Bostel

Univ. Gießen

1766 Jacob-Dietrich de Bostel. De origine renunciationum filiarum illustrium ex diplomatibus medii aevi eruta. [Dissertation, 1766] Gießen.[1]

[Fußnote fehlt]

– – – – – – – – – – –

1801 ff. Hans v. Bostel

Geb. 1779 den 15. Sept. zu Wetzlar, wo sein Vater, Dr. der Rechte u. Advokat, am Kammergericht war.[1]

Privatisirte seit 1801 in Wetzlar.
1805 veröffentlichte er: Beleuchtende Prüfung des Aufsatzes von A. Runde: ‹Etwas über den Elsflether Weserzoll. Wetzlar.› [in: A.L.Z. 3, Ergänzungsblätter (1807), Sp. 1239 f.]
Ward 1806 Salm-Kyrburgischer Hof- u. Regierungsrat zu Bocholt.
1806–8: 3 Anweisungen durch die Regierung von Salm-Kyrburg[2] auf 150 Gulden für Methsentschädigungen
1811 erster Tribunal- u. Instruktionsrichter zu Rees
1815 Land- u. Stadtrichter zu Bocholt, wo er 1839 den 1. Febr. starb
E. Raßmann. Nachrichten von dem Leben u. den Schriften Münsterländischer Schriftsteller des 18. u. 19. Jahrh. (Münster 1866) S. 37[2]

Zu [Joseph A.] Vahlkampfs reichskammergerichtlichen Miscellen (Bd 1, Heft 3, S. 171–202):
‹Gutachten, die vom Prinzen Moritz von Salm-Kyrburg wegen eingeführter Primogenitur, geforderten Apanage und einen desfalls am 7. Juli 1803 abgeschlossenen Vergleich betreffend.›
Mehrere kleinere Deductionen am Reichskammergericht.

[1]Meusel, [Das gelehrte Teutschland] I, S. 389[XIII] Das Staatsarchiv in Münster hat darauf aufmerksam gemacht (1904 den 11. Nov.) [2]Staatsarchiv Münster, 1904 den 15. Nov.

BLATT 94

v. Bostell (Vater)

1802 (v. Bostell) Kurze Darstellung der Interessen der Stadt u. Butjadinger bei Ausmittlung eines Aequivalents für den Elsflether Weserzoll. Regensburg. 4.[2]

[1][kein Verweis im Text] angeführt bei Krüll, [Teutsches] Privatrecht, S. 251 f. [2]angeführt bei Gönner, [Teutsches] Staatsrecht, S. 644

BLATT 95

Zu v[on] Bostell

1803 war Bocholt als Entschädigung für Verluste auf dem linken Rheinufer an die Fürsten Salm-Salm gefallen.[1] Während Salm-Salm u. Salm-Kirburg vorher nur eine gemeinschaftliche Stimme im Reichsfürstenrath gehabt hatten,[1a] erhielt jede Linie der Häuser Salm nun eine eigene Stimme u. Salm-Salm den Vorrang vor Salm-Kirburg. Salm-Salm ward in der Aufruforderung die 86. Stelle, Salm-Kirburg erst die 110. Stelle angewiesen.

[Fußnoten fehlen]

BLATT 96

[Savigny aus Nürnberg am 25. August 1806 an Schwarz][XIV]

Schreiben Sie ihm, ob er, wenn das Geld noch nicht alle beisammen sein sollte, einstweilen einen Theil an Sie schicken soll. Die Verschreibung lassen Sie sich dann geben u. heben Sie mir sie auf.

Ich wünschte, Sie ließen sich von Creuzers Frau einen Brief aufsuchen, den ich vor geraumer Zeit an ihn geschrieben habe. Er war wohl schon krank, als er ihn erhielt. Ich hatte ihn um verschiedenes gebeten, wovon Sie vielleicht einen Theil ohne sonderliche Beschwerde besorgen können.

Ich grüße Sie u. die Ihrigen herzlich und <bin>

Ihr Fre<und>

Savigny

BLATT 97

[Clemens Brentano]. Von seinem Neid u. seiner Mißgunst, die sich fast überall in der widerwärtigsten Weise zeigten u. dazu führten, daß er Männer, die er zuvor seine innigsten Freunde nannte, mit ehrenrührigen Beschuldigungen verfolgte oder ihnen doch jede künstlerische Bedeutung absprach, haben wir der Proben nur allzuviele, zwei, die auch Freunde Savignys, den Übersetzer Gries u. Winkelmann betreffen, für viele. In dem zweiten Theil des Godwi, in dem er den gemeinsamen Aufenthalt auf Trages in seiner Art schildert, verspottet er Gries, den er früher frech beleidigt, nun unter dem Namen Haber,[1] als einen Mann, der z. B. mit einer Flinte nicht umzugehen wisse, während er selbst auf Trages mit Arnim tapfer Vögel schoß![2] Und dieser selbe Arnim, der die Übersetzung des Tasso von Gries mit Freude gelesen hatte, mußte ihm, wegen seiner Verachtung des Gries, sein großes Unrecht vorhalten. «Weil du vielleicht dem Gries, vulgo Haber genannt, im Übersetzen der Sprachschönheiten überlegen bist, wird dir vielleicht die ganze Übersetzung nicht gefallen: sie ist deswegen doch gut. Du hast ihn nun einmal als eine lächerliche Person gestempelt u. willst ihn nicht laufen lassen als unter dem Stempel.»[3] Den eitlen Brentano, der so großen Werth auf ‹Schönheit› legte . .   [Fortsetzung fehlt]

[1]Steig I, S. 23   [2]Steig I, S.   [3]Steig I, S. 54

– – – – – – – – – –

Das Lehen u. Fideicommisse im K. Westfalen   Trages

1809 den 28. Febr. schrieb Savigny aus Landshut an Jakob: [Stoll I, 377]

«Wenn über das Lehen im Königreich etwas verfügt wird, bitte ich um Nachricht. Nicht wahr, die Fideicommisse sind ja für reines Eigenthum in der Hand des gegenwärtigen Besitzers (mit der Einschränkung für den nächsten Successionsfall) erklärt, u. kein Mensch hat daran gedacht, sie (nach Gönners Vorschlag) zu vertheilen.»

– den 15. April J[akob] an Wilhelm: ‹An Savigny habe ich gestern das Lehengesetz geschickt …› [Grimm, Jugendbriefe, S. 83]

BLATT 98

[einige Daten zu Clemens und Savigny]

– – – – – – – – – –

Clemens' Aufenthaltsorte seit 1798

Clemens u. die Kunst von Leuten, die ihn entzücken (Steig I, S. 296, 319, 322! S. 59, 83, 79)
Clemens charakteristisch: Steig I, S. 87

1798	Sommer	Jena ([Steig I] S. 16)
1799	–	Oßmannstädt (S. 18)
	Sept.	Rudolstadt (S. 18)
	Oct.	Weimar (S. 18)
		Frankfurt (S. 18)
	Winter	Jena (S. 18)
1800	April	Jena (mit Savigny)
	Sommer	Jena (S. 18)
	–	Dresden (S. 18, 77)
	14. Juli	Altenburg (18 f., 77)
	?	Pfaffendorf (S. 20)
	?	Frankfurt (20), Trages (23)
	?	Rhein (21)
	?	Marburg (21)

BLATT 99

1800

Im Juli, während die Mereau in Jena blieb (Mereau I, S. III), wohnte Brentano dann wahrscheinlich auch der Hochzeit seiner [Halb-]Schwester Pauline in Pfaffendorf bei Koburg bei, wozu alle seine Schwestern erschienen: von da zog dann Sophie Brentano zu Wieland (August) (Mereau I, S. XII). Hier ward sie geisteskrank; ihr Bruder Georg u. seine Schwester Kunigunde, Savignys spätere Frau, eilten zu ihr, während Winkelmann sie als Arzt behandelte.[1] Aber am 19. Sept. starb sie.

An Winkelmann in Jena schrieb dann Clemens am ? . . . aus Frankfurt [Steig I, S. 21]: «Ich habe nun wieder viel verloren, was mich verstand: aber ich habe dich doppelt gewonnen. Meine Schwester Gunda liebt dich auch wie einen Bruder.»

[s.a. V, Blatt 11–12] Und dann: « ‹Die Poesie (die Sophie Mereau) ist weg›, schreibt Savigny.» Ohne Zweifel hatte Savigny die Nachricht von Winkelmann.

«Du hast nicht recht gethan, daß du nicht mitgegangen bist . . . ich wäre mit dir den Rhein heruntergefahren u. dann wäre ich mit dir über Marburg u. Savigny zurück nach Jena gekehrt.»

«Schreibe doch gleich wegen meinem Godwi. Auch habe ich Schlegeln geschrieben u. ihm geschickt. Auch sage: was weißt du von der Poesie: wohin u. wie?»

Und Gunda schrieb dazu: «Einen schönen Gruß von der neuen Schwester.»

Nun Clemens in Marburg (Steig I, S. 21)

1801 Febr. (Steig I, S. 22)

[1]Steig I, S. 20 f.

BLATT 100

1800 Clemens in Jena (Steig I, S. 18)

Januar: in der zweiten Studentenpetititon für Fichte steht Clemens' Name gleich hinter dem Wrangels (Steig I, S. 350).

Ostern	:	Clemens bei Wieland in Oßmannstädt (Steig I, S. 350)
Bis Ostern	:	Arnim in Halle (Steig, Goethe [und die Brüder Grimm], S. 247); er geht jetzt nach Göttingen (Steig, Goethe S.15)
April 3	:	Wieland empfiehlt Wilmanns den Verlag von Clemens' Godwi (Steig I, S. 350)
		die Schwester Sophie wieder bei Wieland (Steig I, S. 350)!
– 25	:	die Schwägerin Toni an Clemens über den Tod eines Kindes (Steig I, S. 350)
?	:	Savignys Verabredung mit Clemens (Steig I, S. 18)
		Rheinreise Steig I, S. 22
		Diel, [Clemens Brentano: ein Lebensbild, Bd. 1] S. 135 f.
		Bettina I [Frühlingskranz], 51 f.
Juni	:	in Altenburg ? die Vorrede des Godwi (Steig I, S. 19)
–	:	Arnims Aufsätze in Scherers Journal der Chemie (Steig I, S. 349)
Juli 14	:	in Altenburg (Steig I, S. 18 f., 350)
?		in Pfaffendorf auf der Hochzeit der [Halb-]Schwester Pauline (Steig I, S. 20)
?		in Dresden sieht er die Mereau (Steig I, 77)
?		auf Trages drei Tage (Steig I, S. 23)
		(Arnim über Gries: Steig I, S. 54)

BLATT 101

Clemens 1800

Leipzig

3. Jan. (Stoll 30) [Stoll I, 144]	
25. Jan. (S. 32) [Stoll I, 147]	
März 14 (S. 83, cf. S. 34) [Stoll I, 148]	
April 22, 26 (S. 33) [Stoll I, 152]	
Besuch in Jena? (Steig I, S. 18) ...	Clemens (Steig I, S. 18)
Mai 13 (S. 36)	
Juni 1 (S. 37)	Tieck u. Brentano (Steig I, 23, 49, 53) Gries u. Brentano (Steig I, S. 54); deshalb die Freundschaft Heises (v. Bippen, vgl. Mereau I, 197) Vorrede zu Godwi (Steig I, S. 19); aber Mereau I, 16
Juli 7 (S. 27, 38).	Juli Hochzeit in Pfaffendorf (Jung) (Steig I, S. 20)
bis 12. Juli mit Clemens? (Steig I, S. 18)	– 12 in Altenburg (Mereau I, 218) – 14 sein Brief (Steig I, S. 18); Lucinde – 25 die Veit (Steig I, S. 218) – ? die Mereau (Mereau I, 14)
August 5 (S. 38).	Aug. Brief von Mereau (I, S. XII)
15? Trages.	Aug. auf Trages (Steig I, S. 23)
	Sept. 19 Sophies Tod in Oßmannstedt Clemens nicht da (Steig I, S. 20) unglücklich (Mereau I, 75); wahnsinnig (Steig I, 20); Herbst (Stoll) als Ophelia (Mereau I, 44, cf. 73) Grab (Mereau I, 43)

die angebl. Rheinreise mit Savigny (Stoll S. 41) [Stoll I, 170, Anm. 1]
sie fällt in das Jahr 1802

BLATT 102

Clemens Brentano

Briefe desselben: Steig I, S. 365 f.

Geb. 1778 den 8. Sept. zu Ehrenbreitstein (Steig I, S. 10)

~~Seit 1784 in Koblenz bei der Tante Luise Möhn (Steig I, S. 10~~)

~~1790 im Oct. [wieder?] in Frankfurt (Steig I, S. 10)~~

1791 Ströhling in Mainz u. die Brentanos (Steig I, S. 353 Anm. 107)

1791? in Mannheim ~~in dem Pensionat von Winterwerber (Steig I, S.10 f.), einem alten Exjesuiten~~

(S. 349 f.)

1793 (Ende d. J.) ~~nach Koblenz bei Registrator Nettekoffen (Steig I, S. 15~~)

1794 den 9. März: Jung (-Stilling) über Clemens, Bettina im Kloster (Euphorion II [1895], S. 586)

1795 im Sommer wieder in Frankfurt (Steig I, S. 15)
Wallfahrt mit dem Vater nach Walldürn? (Steig I, S. [117])
Beichte
– nach Langensalza bei [dem Kaufmann] Polex (Steig I, S. 15).
Schriften d. Goethe-Gesellsch. 4. Bd [Goethe, Briefe von Goethes Mutter], S. 58, 312 (Tochter)

1796 im Febr. Bettina aus Fritzlar an den alten Schwab

1796 (Ende) nach Schönebeck bei Magdeburg zu Karl v. Laroche (Steig I, S. 15)

1797 11. März Tod des Vaters ([Steig I] S. 15 f.)

1797 im Sommer nach Halle, Studium der ~~Kameralwissenschaft, auch der Medicin,~~ Arzneigelahrtheit Beflissener (Steig I, S. 16 Arnim; Steig, Goethe, S. 8 u. 246)

1798 Ostern wieder in Frankfurt (Steig I, S. 16)
- Arnim verläßt das Joachimsthaler Gymnasium in Berlin u. geht zu Ostern nach Halle (Steig, Goethe S. 34)
- zum Sommer nach Jena (Steig I, S.16f.; seine Übersetzungsversuche (Steig I, 356 Anm. 158)
- ein Studienfreund über Clemens' Leben (Steig I, S. 77)

BLATT 102a

Der Besuch des Gries u. Brentanos auf Trages 1800 im August?

Aus dem zweiten Theil des Godwi können wir den allgemeinen Inhalt der Gespräche entnehmen, welche während dieser Zeit von den Jenenser Freunden gepflogen wurden. Wir erkennen insbesondere, was Savigny von dem Gute, dem Pächter desselben u. von der Jagd mittheilte, nicht minder aber, was er von seinen Eltern u. Geschwistern erzählte, die er alle so früh verloren. Insbesondere gedachte er der Schwester, die als vierzehnjähriges Mädchen gestorben war. Auch Creuzer erzählte er einmal seine Jugendgeschichte u. gewährte ihm einen Einblick in ein frommes Familienleben, ein Ding, wofür Clemens Brentano keinen Sinn hatte.[1] So hören wir denn auch nichts Näheres darüber, wobei freilich dahingestellt bleibt, ob Savigny bei dieser Gelegenheit überhaupt einen tieferen Einblick in sein Inneres gewährt hat.

[1]Rohde S. 93

BLATT 103

1800 im Sommer Clemens mit Gries drei Tage bei Savigny auf Trages (Steig I, S. 23). Über die Reise dorthin u. den Aufenthalt haben wir eine Art Bericht in dem 2. Theil des Godwi.

Es war offenbar eine Fußreise, welche Clemens von Hanau aus, wo er übernachtet zu haben scheint, zum Gute machte.[1] Gries war oben auf dem Gute u. Savigny u. Gries hatten, wie es scheint, Brentano zu treffen, ihm entgegenzukommen bis zum Jägerhaus ([Godwi II] S. 34). Vor Sonnenaufgang trat man den Weg an ([Godwi II,] S. 7). Sie überstiegen eine Burg ([Godwi II] S. 7) mit herrlicher Aussicht: ‹Ein schöner Wald drängte sich von der entgegengesetzten Seite u. rauschte freudig . . in der frischen Morgenluft.› ([Godwi II] S. 8)[2] ‹An dem Ausgang des Waldes, der das ganze Thal erfüllte, nach der anderen Seite wieder in die Höhe zog, wo er sich endigte, bemerkten sie einen hohen Rauchfang, auf dem [ein] Storch sein Nest erbaut hatte ([Godwi II,] S. 96). Die Seite des Berges, an der sie hinabstiegen, war meistens Felsenwand, hin u. wieder mit reinlichen steinern Treppen unterbrochen ([Godwi II] S. 10). Über dem engen Thale am Wald ging ein zarter Nebel auf u. löste sich . . in den Sonnenstrahlen, die höchsten

Bäume schimmerten schon in der Sonne u. bald war der ganze Wald unter ihnen erleuchtet; auch wurden die Vögel immer lustiger ([Godwi II] S. 11) [Eichen [Godwi II] S. 27][XV]

Bald traf er mit Savigny u. Gries, die der Jagd wegen Flinten trugen, zusammen ([Godwi II] S. 16f.). Man wanderte dann zum Jägerhaus, um sich hier zu stärken ([Godwi II] S. 31f.). ‹Wir erreichten bald den tiefsten Theil des waldigen Thals, u. da wir noch einige Schritte nach links in das Gebüsch gethan hatten, ertönten mehrere Jagdhörner, die von verschiedenen Punkten sich in einem Wechselliede antworteten ([Godwi II] S. 36, 43). Bei einer gewaltigen Eiche ([Godwi II] S. 38f.) trat man in einen Park, der an die hintere Seite des Jägerhauses angrenzte ([Godwi II] S. 43), u. dieser Park war nichts anderes als ein kleiner Eichenhain ([Godwi II] S. 45). Wir waren wenige Schritte gegangen, als durch die grüne Nacht eine glänzende weiße Fassade hervorbrach. Wir traten durch den geräumigen luftigen Eingang, an dem keine Thür war, u. links in einen runden gewölbten Saal. Der Thür des Saals gegenüber sprudelte ein Wasserfall [Fortsetzung s. folgendes Blatt]

[1]‹Als ich in der Stadt nahe bei Godwis Gut angekommen war, erkundigte ich mich im Gasthofe› (s.u.). – Der rothe Löwe in Hanau ? ‹einige Stunden von der Stadt entfernt im Gebürge› ([Godwi II] S. 7) [2]Von dem holprigen Walde redet auch Bettina [3][kein Verweis im Text] Über das Jagdvergnügen ...

BLATT 104

Über einen Haufen moosigter Steine nieder. Das Fenster, wodurch man ihn sah, gab dem Saale allein Licht, außer einigen grünen Scheiben, welche von oben herab einen anmutigen Schimmer ergossen. Die Wände ringsherum waren täuschend mit Gebüschen bemalt, die oben an der Kuppel zusammenliefen u. das Ganze einer Laube ähnlich machten. An dem Fenster standen zierliche Vasen u. als ich sie betrachten wollte, bemerkte ich, daß dieses kein Fenster war, sondern ein großer Spiegel, dem das Fenster, durch welches der Wasserfall erschien, gegenüber stand. Er war über der Thür angebracht u. fiel nicht in die Augen. In der Mitte des Saales stand ein kleiner marmorner Tisch, der schon gedeckt war ([Godwi II] S. 45f.).

Wir erfrischten uns mit dem Wasser, das an der einen Wand des Saales in einem Becken von grünem Glase unter einem Haufen von Früchten hervorquoll, die auch aus grünem Glase von verschiedenen Lichtstufen sehr künstlich gebildet waren. Die Früchte drangen unmittelbar aus der Wand hervor, u. lagen in schöner Unordnung über einander. Die Mitte nahmen einige große Trauben ein, u. um sie drängten sich andere Früchte, über den Trauben lag ein Lorbeerkranz, auf dem ein Schmetterling saß. Der Schmetterling war der Hahn, der den Strahl des Wassers schloß u. öffnete u. der Lorbeerkranz verbarg das Wasserrohr, aus dem der Strom kam ([Godwi II] S. 47).

Nachdem ~~der Wirth~~ Savigny ein kleines silbernes Jagdhorn von der Wand genommen u. einige helle Stöße hinein gethan hatte ([Godwi II] S. 48), traten einige reinlich gekleidete Jäger herein u. trugen Speisen u. goldenen Rheinwein auf (S. 48). Unter den Speisen war ein wilder Schweinskopf (S. 48).

Nach Tisch hörten sie einige Waldhörner lustig erklingen. Am Wasserfall trank ein zahmer Hirsch. Er hatte ein blankes Halsband mit Schellen an. Er drehte sich um u. sah zu uns herein. Savigny gab ihm etwas Brod u. er guckte uns mit seinen hellen freundlichen Augen groß an ([Godwi II] S. 50). Ein Mädchen rief ihn u. er lief wieder weg (S. 50).

Nun begannen die Hörner wieder ein lustiges Jagdlied zu blasen, verloren sich dann in der Ferne u. ahmten das Echo nach, als ob eine Gesellschaft Jäger auszöge, um endlich zu verstummen ([Godwi II] S. 51).

BLATT 105

Die 3 Tage in Trages

Als Clemens den andern Morgen in den Garten ging, kam Savigny ihm in einer Allee entgegen. «Es freute mich,» so erzählt er, «Ich war entschlossen, ihm mein ganzes Verhältniß zu ihm zu erklären. Er sprach mit mir von gestern Abend u. warnte mich nochmals ernstlich, mich solchen Stimmungen nicht hinzugeben.» ([Godwi II] S. 143)

«Ich zog .. den ersten Band dieses Romans aus der Tasche u. reichte ihn ihm. Was ist das? sagte er, schlug den Band auf, las das Lied: ‹Und es schien das tief betrübte›. u. s.w., sah mich an, blätterte weiter ... u. lief mit dem Buch davon.› ([Godwi II] S. 146)

‹Man rief mich zu Tisch. Dort fand ich Savigny, der lächelnd meinen Band zur Seite legte u. mich fragte, warum ich so ernsthaft sei; ich solle sein Urtheil nicht fürchten, obschon ihm vieles in dem Buche sehr lustig vorgekommen sei ([Godwi II] S. 131 [richtig: S.151]) –

Besuch der Eremitage ([Godwi II] S. 154), Besichtigung der Familienbilder ([Godwi II] S. 174 ff.), insbesondere des Bildes der Mutter ([Godwi II] S. 181 f.), dazu das Sonett [Mariens Bild] [Godwi II] S. 196, dann auch das Bild eines Mädchens mit dem Hindeuten nach dem Tod ([Godwi II] S. 235), also vielleicht Bild einer Schwester: Savignys Empfindung [Godwi II] S. 239.

Das Vermächtniß des Vaters zu Gunsten eines Mädchens ([Godwi II] S. 311).

Die Wirthschafterin? S. 220 f.

Über den Vater?

‹Mir ward dieses Gut u. ein beträchtliches Vermögen zu Theil› ([Godwi II] S. 310). ‹Auf dem Gute selbst brachte ich .. einige Zeit zu› ([Godwi II] S. 311). – Andeutung der Krankheit Savignys im Jahre [Fortsetzung fehlt]

BLATT 106

[Stichwort: Goldener Kopf und Angehörige]

BLATT 107

[Stichwort: Frankfurt]

BLATT 108

[redundant, siehe II, Blatt 36]

BLATT 109

Frankfurt

1804 Bethmann, Moritz

Als die Juden 1804 zur besseren Heranbildung ihrer Jugend eine Realschule (Philantropin) gebildet hatten, unterstützte er diese. 1805 spendete er eine Summe zum Ankauf eines Schulhauses <nicht für die Juden, sondern für die Christen>. Von 1806 an bis zu seinem Tod war er Mitglied der «ökonomischen Deputation», der mit Leitung dieser Schule betrauten Behörde. Daneben war er zur Zeit des Großherzogthums Frankfurt Mitglied der Ober-Schul- u. Studien- Inspection des Departements Frankfurt.

1803 Sept. (M[ereau] I, 130, 200)
1804 Jan. (M[ereau] II, 87)
1805 (II, 169, 177; Steig I, 144)
1806 (II, 198; Steig I, 186)

[1][kein Verweis im Text] cf. den Artikel Dalberg! [Meyer, 6. Aufl., Bd. 4, Sp. 424: Karl Theodor A. Dalberg] [s. III, Blatt 101]

BLATT 110

Offenbach

Die Großmutter u. ihre vornehmen oder einflußreichen Beziehungen

I. 1. der Prinz von Gotha (Mereau II, 57)
2. angeblich der Herzog von Aremberg
3. der Geh. Finanzrath Rosenstiel in Berlin (Mereau II, 120)
ihre Korrespondenten in Weimar (Steig I, S. 90)
II. Die Enkelkinder bei ihr
1. Bettina
2. Meline
III. Die Besuche der Enkelkinder u. anderer bei ihr
1. Gundel
2. Clemens (Steig I, S. 56)
3. die Günderode (Rohde S. 10)

IV. Ihre Briefe
  1. nach Weimar über die Mereau (Steig I, S. 90)
  2. an Clemens nach Weimar (Mereau I, 95)

V. Urtheile über sie von
  Savigny (Stoll [I, 114]
  1. Clemens (Mereau I, 46, 48, 56, 199; II, 3
  2. Bettina (Geiger
  3. Arnim (Steig I, S. 144)

BLATT 111

[Stichworte zu Savigny, 1803/04]

BLATT 112–114

[Stichworte zu den Brentanos, André des Bordes/ 17. Jahrhundert]

BLATT 115

[Notiz zu Görres; ein Fräulein van der Meulen in Geldern; Stichwort zu Brentano]

BLATT 116

[Vermerk über die Beglaubigung einer Abschrift für einen «Guaita» in Mainz 1750]

BLATT 117

[Notiz von Johann Erasmus Senckenberg, Ratsherr in Frankfurt, gest. 1795, über den Konflikt mit dem Schöffen Johann Daniel Olenschlager und den «Münzverbrechern»]

BLATT 118

[Notiz über eine Brentanosche Spruchsache 1792 in Marburg]

BLATT 119

[s.a. V, Blatt 143]

[Prantl, Geschichte der Ludwig-Maximilians-Universität, Bd. 1]

[Anfang fehlt] für Geschichte. (Exjesuit?) Johann Weber für Physik
u. Lorenz Kappler für Pädagogik (S. 692)

Aus der theologischen Facultät wurden gleichfalls die beiden Benedictiner beseitigt (S. 666) u. dafür der Exjesuit Sailer, der der Universität früher schon angehört hatte, u. sein Freund Patricius Benedict Zimmer berufen (S. 666). Damit war das bekannte Dillinger Kleeblatt, dem der Physikus Weber ja angehörte, wieder vereint.

Auch die anderen beiden Facultäten erfuhren die erforderliche Umgestaltung, aber schon wegen der Kosten mit äußerster Beschränkung u. langsam.

In der juristischen Facultät, aus der, wie wir gesehen haben, zwei Mitglieder nach München berufen worden waren, schied der Benedictiner Ulrich Riesch, der Lehrer des kanonischen Rechts aus, u. an seine Stelle ward ein Pfarrer, Anton Michl berufen (S. 676). Auch der außerordentliche Professor Andreas Rohr ward von seinem Lehramte enthoben (S. 676).

Die übrigen Lehrer [Franz Seraph] Siardi (S. 672)
Kaspar Kandler (S. 674)
Franz Sprengel (S. 674)

BLATT 120 [Notizen über verschiedene Personen]

BLATT 121

Der Buchhalter Schwab aus Miltenberg

Am 6. Febr. 1796[XVI] schrieb Bettina, acht Jahre alt, von Fritzlar an ihren Buchhalter in Frankfurt, den alten guten Herrn Schwab. Sie hat den Brief im Original dem Louis geschenkt. So notirte, offenbar nach Bettinas Angabe, Wilhelm Grimm ([Steig, Bettina, in:] Deutsche Rundschau, 18. Jahrgang [72 (1892)] S. 274)

1804 Sommer (Geiger S. 147)
1805 (Steig I, S. 132)
1806 (Steig I, S. 18)

BLATT 122 [redundant, siehe V, Blatt 123, 215–216, 326, 330–331]

BLATT 123 [s.a. V, Blatt 215–216, 326, 330–331]

Georg Brentano (–1804)

Geb. 1775 den 12. März (Steig I, S. 10, ebenso s. Jung [S. 4])
Der ‹Galante› (Steig I, S. [21])
Sein Verhältniß zu Claudine Piautaz (Geiger S. [18])
Die plötzliche Heirath der Maria Schröder (Proclamation den 26. Juni 1803; die Heirat – wo?), Tochter eines Rentmeisters, ein ‹Landmädchen› von ‹Bergen› (wo gelegen?) (Steig I, S. 100).

Gundel darüber unglücklich?

Mit dem Ehepaar mußte sie in die Schweiz reisen: worüber sie sehr unglücklich war (Geiger S. 41). (Der Freund des Georg in der Schweiz: Steig S. . . .)

In Gesellschaft holt er sich einen Haarbeutel ([Günderode II] 79), Goethe sagt, in einer Gesellschaft bei ihm sei man unanständig lustig gewesen.
Er hielt ein ‹englisches Phaeton mit Jockey› ([Frühlingskranz] 367), ein ‹Gick› ([Günderode I] 195, 216, 333) oder ‹Cabriolet› ([Günderode I] 348)

BLATT 124 [s.a. VI, 384]

A. Die Großmutter von Clemens

Als Savigny im Juli 1799 die mütterliche Großmutter seiner späteren Frau, die Sophie Laroche bei Wieland in Oßmannstädt, wohin sie zum letzten Mal gepilgert war, kennen lernte,[1] da wird sie ihn weniger als die fruchtbare sentimentale Schriftstellerin u. die Lehrerin der Mädchenerziehung interessiert haben als wegen ihres Verhältnisses zu Goethe u. wegen ihres Wohnsitzes in Offenbach, der Residenz des Fürsten von Birstein, in dessen Diensten sein Vater sich jahrelang abgemüht hatte.

Er fand sie lebhaft u. interessant, aber sehr verschieden von dem Ideal einer Patriarchin – sie stand in –, mit einem Wort «sehr Schauspielerin», eine Eigenschaft, die auf mehrere ihrer Enkelkinder, besonders die als «genial» gepriesenen, vererbt ward.

Die Laroche, die ihre Reise wieder zu einem Buch verarbeitete, den «Schattenrissen abgeschiedener Stunden», erwähnt in demselben Savignys eben so wenig wie den Besuch ihres Enkels Clemens[2]

An diesen ihren Enkel, der angeblich Student in Jena war, hatte sie Savigny, wie sonst berichtet wird, «gewiesen.»[3] Wann u. wo sich beide sahen, steht dahin.

[1]Stoll S. 12 [Stoll I, 114] [2]Steig I, S. 17f. [3]Steig I, S. 38

– – – – – – – – – –

Mainz Frankfurt

Dominikus Antonio Brentano, Handelsmann, verheirathet mit Anna Maria Vogelmann ([Maria] Belli-Gontard X, 44). Diese starb 1814 den 19. Jan.
Dazu Steig I, S. 10f.

BLATT 125 [redundant, siehe V, Blatt 128]

BLATT 126 [Notiz über den Präfekten des Fuldaer Departements, Piautaz]

BLATT 127

[Anfang fehlt] Das wichtigste Geschäft, die Aufstellung eines umfassenden Finanzplans, war zunächst durch eine Schar von andern dringenden Angelegenheiten u. Wünschen des Augenblicks in den Hintergrund gedrängt, die Savigny alle zu erwägen u. womöglich zu erledigen hatte.

Da drohten neue Prozesse mit den eigenen Agenten; da machte das Mitthun der Mutter des Fürsten, die frühere Regentin, zu schaffen; da war die Rede von einer Uniform für Savigny, aber auch die Frage, wie das Hochzeitsgewand des Fürsten zu nähen sei. Dazu kamen Geschenke für seine Frau, seine Schwiegermutter u. seine ersten Beamten, ferner die Nobilitirung eines Finanzbeamten, vor allem aber die Einrichtung des fürstlichen Haushalts, die Anschaffung eines neuen silbernen Tafelgeschirrs, schließlich die Abfassung des Ehecontracts.

~~Die Regierungsgeschäfte machten ihm geringe Sorge~~ [Fortsetzung fehlt]

BLATT 128

Piautaz

~~Der aus Savoyen stammende Vater gründete in Frankfurt ein Seidengeschäft, jedoch ohne günstigen Erfolg~~. Er hatte dem ausgewanderten französischen Prinzen Vorschüsse geleistet u. hinterließ wenig für seine Kinder.

Die ältere Tochter wurde Gesellschaftsdame bei der Fürstin Talleyrand, Claudine wurde im Hause Brentano-Laroche aufgenommen, wo sie sich nach dem Tod der Frau Brentano (Maximiliane) der Erziehung der Töchter annahm.

Bei Durchführung der Emigranten-Entschädigung erhielten die Piautazschen Kinder einen beträchtlichen Theil ihres Vermögens zurück.

Clemens Brentano hat ihr die sonderbarste Huldigung erwiesen, indem er in seiner Erzählung: ‹Die drei Nüsse› die Heldin, welche durch ihre Schönheit in die entsetzlichste Lebenslage gerathen, den Namen Marie Claudine Piautaz b____ u. sie aus Savoyen stammen läßt.

Vgl. auch Sulpiz Boisserée I, 440, wo er seinem Bruder (im Jahre 1824) meldet, er werde in Schlangenbad «die Piotaz u. Bettina Arnim besuchen».

Th. Creizenach, Briefw[echsel] zw. Goethe u. der Willemer. 2. Aufl. 1878, S. 165.

BLATT 129

Claudine Piautaz. (Zum goldenen Kopf)

Die aus Savoyen stammenden Eltern früher in Frankfurt, später in Göttingen? (Steig I, S. 249, 73). Die Töchter Claudine bei Brentano, u. Luise (Steig I, S. 176).
Claudine befreundet mit der Günderode,
Erzieherin der Mädchen, insbesondere der Bettina (Geiger S. 157), die heimlich mit der Günderode Zusammenkünfte hatte (das. S. 157).

George macht ihr den Hof (Geiger S. 18).

Clemens nicht minder: sein Gedicht auf sie [Steig I, S. 73]

1803 (Geiger S. 18)
ihr Briefchen an die Günderode
(S. 19 f.)
? (Geiger S. 163)
1808 im Nov. (Geiger S. 157)
noch 1822 bei Brentanos

BLATT 130

Claudine Piautaz (geb. 1772 den 19. Mai, gest. 1840 den 19. Sept.)
(So nach den Bemerkungen zum Stammbuch der Toni Brentano)

\- - - - - - - - - -

Clodine Piautaz, der Klausner
Die Familie in Göttingen (Steig I, S. 248). Ihre Schwester Luise (S. 146).
Savigny mit ihr bekannt (Grimms Briefwechsel [Jugendbriefe] S. 220–223).
Deren allseitige Schätzung (Steig I, S. 249).

Der Clodine steht offenbar Gundel nahe; Georg macht ihr den Hof?

? Ihre Krankheit; Gruß an Bettina u. Schwesterlein, wohl nach Offenbach? (Geiger S. 163)

1803 Mai: Clemens' Geburtstagsgedicht für sie (Steig I, S. 73, 92)
Juli: von Georg betrogen (Geiger S. 18), dem ‹Galanten› ([Steig I] S. 21)
Gundel?

BLATT 131

1799. [Sophie de la Roche] Ihr zweibändiges Werk: «Mein Schreib[e]tisch».

Es zeigt einen Kupferstich der Verfasserin mit der Feder thätig, noch immer mit dem Flügelhäubchen, dem spitzen Näschen u. dem etwas zurücktretenden, aber vollen Mund u. Kind.[1]

Reise nach Weimar (Asmus, [G. M. De La Roche] S. XI) zu Wieland.

Mai (Pirazzi, S. 263)

Am 23. Juli fuhr Clemens <in Jena> mit der Mereau nach Oßmannstedt zu seiner Großmutter u. seiner Schwester Sophie bei Wieland (Mereau I, S. XI)

ihre Reise: Steig I, S. 17 f.

Am 28. Juli (?) traf Savigny bei Wieland ein (Stoll S. 12) [Stoll I, 114]
Bis zum 12. August in Oßmannstedt (Pirazzi, S. 261)
? in Schönebeck (Asmus, S. XI)
Anfangs Oct. wieder in Offenbach (Pirazzi, S. 262) 115
1800 [Sophie de la Roche] ‹Schattenrisse abgeschiedener Stunden . .› (Asmus, XI)
23. Juli Beschießung Offenbachs (Pirazzi, S. 110, 274)

[1] Pirazzi [Bilder und Geschichten aus Offenbachs Vergangenheit], S. [konnte nicht ermittelt werden]

BLATT 132 [s.a. V, Blatt 160]

Peter Anton Brentano in Frankfurt a. M.

Im Jahr 1790 erscheint er als kurrheinischer (Schröder S. 807 [Anm.?]) Kreiskassirer, u. zwar in einer besonderen Angelegenheit (___ [Peter Adolph] Winkopp, Der rheinische Bund, XVII [1810], S. 361, 404, 406).

Der kurrheinische Kreis nahm nämlich kurz vor dem Kriege, zur Bestreitung der Kosten bei der Execution gegen den im Fürstenthum Lüttich[2] ausgebrochenen Aufruhr zum «Belasten der kurrheinischen Kreiskasse» ein mit 4% zu verzinsendes Darlehen von 200.000 Gulden auf, u. zwar die Summe von 115.000 Gulden, von der Reichsritterschaft zu Schwaben, Kantons Kreichgau, die Summe von 85.000 Gulden von verschiedenen Kreditoren zu Frankfurt a. M. auf. Diese waren folgende 15 Personen, «Herren u. Damen»: [Winkopp, Der Rheinische Bund 17 (1810), S. 407]

1. Johann Friedrich von Wiesenhütten, Sr. Kais. Königl. apostol. Majestät wirklicher Rath ältester Schöff u. Senator (8.000 fl.)
2. Johann Jakob v. Riese, Herzogl. S[achsen-]Gothaischer Legationsrath (3500 fl.)
3. Baron du Fay (3000 fl.)
4. T. S. Schreiber,[1] Herzogl. Zweibrücker Hofrath u. Resident (3000 fl.)
5. Georg Walther Firnhaber von Eberstein (10500 fl.)

6. Marx (Max?) Anton Firnhaber von Eberstein seel. Frau Wittib u. Erben (7500 fl.)
7. Joh. Leonhard Kellner (5000 fl.)
8. Joh. Karl Städel (5000 fl.)
9. Joh. Heinrich Schwendel (3000 fl.)
10. Samuel Jakob v. Mettingh (3500 fl.)
11. Marquart Georg Eyfried (17000 fl.)
12. Jos. Konrad Bansa (3000 fl.)
13. Frau Susanna Rebekka Schweizer, Edle von Wiederholt (6000 fl.)
14. Jos. Samuel Buch (3000 fl.)

Über das von der Reichsritterschaft gegebene Darlehen ward eine «Frankfurt den 13. u. München den 18. October 1790» datirte, von den vier Kurfürsten Friedrich Karl Joseph, Clemens Wenzeslaus, Maximilian Franz, u. Karl Theodor unterschriebene Urkunde aufgenommen; über das von jenen 14 Frankfurtern gegebene Darlehen eine von denselben vier Kurfürsten unterschriebene, «Mainz den 1. April, Koblenz am 1. April, Bonn den 4. April 1791» datirte Urkunde.

[1]Der Herausgeber schreibt: ‹wird Schübler heißen müssen› [2]Vgl. die Lütticher Sachen: Winkopp IV, 464

BLATT 133

In beiden Urkunden wird erklärt, das Kapital sei «nach dem 24 fl. Fuß Baar in harten Silbersorten» «zu Händen unseres Kreiscassirers Peter Anton Brentano ausbezahlt».

Beide Kapitalien sollten alle halbe Jahre in der Frankfurter Oster- u. Herbstmesse durch denselben «in Frankfurt befindlichen Kreiscassirer» verzinst werden. Das zweite Kapital sollte «6 Jahr ohnableglich stehen» bleiben, dann aber von jedem Theil halbjährig gekündigt werden dürfen u. ebenfalls in loco Frankfurt … in den nämlichen Geldsorten, worin jeder Darleiher, nach dem vom Kreiscassireramt dahier erhaltenen Sortenzettel seinen Antheil wird dargeschossen haben», zurückzahlen.

«Dieses Kapital von 200.000 fl. ward», wie es aus einer Darlegung vom 2. Juli 1812 heißt (Winkopp, Der Rheinbund XXI, S. 243f.), «aus der Kurrheinischen Kreiskasse von dem damaligen Kurrheinischen Kreisobereinnehmer[1] Brentano, auf dem Römer in Frankfurt, pro rata der Truppen, die jeder dieser beiden Kurfürsten zur Lütticher Exekution zu stellen hatte, vertheilt», nämlich also, daß

Kurmainz	fl. 68.110, 52
Kurtrier	fl. 37.922, 28
Kurköln	fl. 22.408, 29
Kurpfalz	fl. 76.558, 20

davon erhielt.

[1]das ‹damalig› geht darauf, daß Brentano inzwischen verstorben war u. der ihm gegebene Titel ‹Kreisobereinnehmer› nicht mehr auf ein erfolgtes Annoncement hin? Später ward ‹Belli› Kurrhein. Kreisobereinnehmer: Winkopp V, S. 4, 12. Er ist also Nachfolger von Brentano.

BLATT 134

[vermutlich Irrläufer: die Juden in Rom]

BLATT 135

[Stichwortsammlung, kaum lesbar, z.B. heidnischer Kult, Konstantinopel – alles mehrfach durchgestrichen]

BLATT 136–137

«Mme Laroche et sa fille. – Sophie Laroche mit einem Buch in den Händen und ihre kleine Tochter Maximiliane mit einer Puppe auf dem Schoß, in ganzer Figur. Kupferstich-Silhouette, ca. 1770. Folio. Unbeschnitten.»
[Ablichtung aus:] Auktionskatalog IX. (1912) Karl Ernst Henrici, Berlin W. 35.

BLATT 138

[Stichwort: der Goldene Kopf in Frankfurt]

BLATT 139

[Stichworte zu Clemens – Briefwechsel Mereau]

BLATT 140

[Stichworte zu Gericht und Recht in Metz im 14. Jahrhundert]

BLATT 141

[Stichwort: Die Arbeiten im Goldenen Kopf]

BLATT 142

[Stichwort: Clemens' Klagen über den Goldenen Kopf]

BLATT 143

[s.a. V, Blatt 119]

[Prantl, Geschichte der Ludwig-Maximilians-Universität, Bd. 1]

B. Die Lehrer

II. Die aus der Zeit vor 1799 beibehaltenen bzw. beförderten Lehrer

1794 [Carl Joseph] Niederhuber, [Anatomie] (von [Samuel Thomas] Sömmering empfohlen, 683)
[Georg August] Bertele, [Medizin und Naturwissenschaften] (693)

1780 [Franz Xaver] Moshammer, [Cameralwissenschaften und Oeconomie] (669, cf. 675)

1784 [Franz von Paula] Schrank, [Botanik] (690)

1795 [Aloys] Winter, [Chirurgie] (666)

BLATT 144 [Notizen zu den Brentanos]

BLATT 145 [s.a. V, Blatt 119, 143, 271]

Lehrer aus dem Benedictiner-Orden u. des Bischofs von Eichstädt . . . 1784 als «Aufwiegler» wieder entfernt worden war,[1] u. zwar mit Hülfe eines Offiziers;
In die theologische Facultät: als Lehrer (Beiblatt)
Michael Sailer, der gleichfalls schon früher der Universität angehörte, aber seit der Stiftung des Malteser-Ordens abgegangen war,[2]
In die juristische: als Lehrer der deutsche Staatsrechtler . . Nicolaus Thaddäus Gönner von der Universität Bamberg[3] u. als Lehrer des kanonischen Rechts der Pfarrer Anton Michl aus Randelsried.[4]

Zu diesen ordentlichen Professoren traten in der juristischen Fakultät noch zwei außerordentliche hinzu: als Lehrer . . . . Anton Braun, Stadtrichter in Ingolstadt[5] u. als Lehrer Franz Xaver Krüll aus Kelheim.[6]

Für die medicinische Facultät waren neue, geeignetere Lehrer zunächst nicht zu haben. Aber nun ward der bisherige außerordentliche Lehrer der Anatomie, Geburtshilfe u. gerichtlichen Medicin, der auf Sömmerings Empfehlung 1794 als Prosector angestellte Joseph Niederhuber, zum ordentlichen Professor befördert.[7]

[Fußnoten fehlen]

BLATT 146 [vermutlich Irrläufer: vom nomadischen Leben zur festen Ansiedlung]

BLATT 147 [vermutlich Irrläufer: Die jüdische Rechtswissenschaft]

BLATT 148 [Stichworte über Clemens' Jugend]

BLATT 149 [Stichworte zu den Brentanos]

BLATT 150 [3 Jahresangaben zu Franz Brentano]

BLATT 151 [Stichworte zu Clemens, Christian und Franz Brentano]

BLATT 152 [Stichworte/Jahreszahlen zu Sophie und Bettina Brentano, Sophie Laroche]

BLATT 153 [Stichwort zu Peter Anton Brentano]

BLATT 154 [redundant, s. V, Blatt 160–161]

BLATT 155 [vermutlich Irrläufer: der römische Staat und die Stadt Rom]

BLATT 156 [vermutlich Irrläufer: die fontes in Rom und Italien]

BLATT 157 [vermutlich Irrläufer: die Geldwirtschaft im Römischen Reich]

BLATT 158 [Notizen: lateinische Namen für Rechtsgelehrte in Deutschland]

BLATT 159 [Stichworte zur theologischen Fakultät in Landshut 1806]

BLATT 160 [s.a. V, Blatt 132–133, 286]

[Anfang fehlt] Die Wahl einer Lebensgefährtin. die Savigny traf, hat nicht nur wegen der Verschiedenheit des religiösen Bekenntnisses des Paares, sondern auch wegen der nichts weniger als erfreulichen Verhältnisse, in die es ihn hineinzog, etwas auffallendes, ja stets räthselhaftes. So ist es denn erforderlich, die Geschichte dieser Wahl zu beleuchten, ein Unternehmen, das eine Erinnerung an die Geschichte der Brentanoschen, in Frankfurt seßhaft gewordenen Familie fordert.

Der in Tremezzo geborene Peter Anton Brentano, der der deutschen Sprache niemals mächtig ward, hatte, gefördert durch den katholischen Klerus u. den österreichischen Hof 1760 in Frankfurt das Bürgerrecht erlangt, das Haus zum goldenen Kopf in der Großen Sandgasse mit den Emblemen des Handels u. der Schiffahrt erworben u. als kurfürstlich Trierscher Rath in drei Ehen zwanzig Kinder erzeugt, von denen sieben früh starben. Die erste Frau, die gleichfalls eine Brentano war, u., wie es scheint, einer Amsterdamer Familie dieses Namens angehört hatte, brachte ihm sechs Kinder. Nach ihrem Tod (1770) heiratete er (1774) die siebenzehnjährige, von Goethe so verehrte Maximiliane Laroche, die ihrem Gatten zwölf Kinder gebar u. schon gegen Ende des Jahres 1793 starb. Ihr folgte als dritte Ehefrau eine von Rottenhof, die zu den achtzehn Kindern noch zwei hinzufügte, von denen das zweite erst nach dem Tod seines Vaters, der 1797 starb, zur Welt kam.

Der Verstorbene war ein frommer Katholik im italienischen Sinne, obgleich er zur zweiten Ehe eine Protestantin heimgeführt hatte: natürlich war die Ehe vor einem katholischen Geistlichen [Fortsetzung s. folgendes Blatt]

BLATT 161

geschlossen, die elf Kinder katholisch getauft u. die Mutter zum allein selig machenden Glauben zurückgeführt,[1] wie es die Kirche, die Trägerin dieses Glaubens, forderte. In dem Hause Peter Antons herrschte [Fortsetzung s. folgendes Blatt]
Jung [Goethes Briefwechsel mit Antonie Brentano] S. 3

[1]ist das nicht bezeugt? Aber was zurückblieb u. nachwirkt.

BLATT 162

die Jungfrau Maria als die Mutter Gottes u. die Stifter des Mönchsordens der Franziskaner u. der Dominikaner, die Heiligen Franziskus u. Dominikus. In dem Geschäftszimmer des Handlungshauses stand ein Bild der Maria in einem Schrank oder einer Nische als die Glück spendende Patronin des Geschäfts. Bei ihrer Huld u. der der beiden Heiligen war es der Mehrzahl seiner Brüder durchaus noch besonders empfohlen, daß sie bei der Taufe den Namen Maria oder Franziskus oder Dominikus erhielten. Den Namen Marias erhielten von den sechs Kindern der ersten Ehe vier, zwei Knaben u. zwei Mädchen, von den zwölf Kindern der zweiten Ehe ein Knabe u. fünf Mädchen, den Namen Franz von den Kindern erster Ehe zwei, die Franziska vier, von den Kindern zweiter Ehe vier, den Namen Franziska wieder vier, u. die beiden Knaben der dritten Ehe schließlich wieder den Namen Franz.

Bei einem Knaben war der Erzbischof von Trier ... Pathe, von dem ein Kind der zweiten Ehe den Namen Clemens erhielt.

~~Von selbst verstand sich, daß die Knaben den Unterricht von Geistlichen erhielten u. die Mädchen Nonnenklöstern zur Unterweisung übergeben wurden: so ward z.B. Clemens eine Zeit lang von einem Exjesuiten unterrichtet, u. Christian u.~~ [Fortsetzung fehlt]

Die, der Gefahr eines gewissen rückständigen Ketzerthums verdächtigen Kinder zweiter Ehe scheinen einer besonders sorgfältigen religiösen Erziehung unterworfen übergeben worden zu sein. Das Kloster in Fritzlar

BLATT 163

Nach dem Tod der zweiten Frau machte der Vater mit zwei ihrer Kinder, Sophie u. Clemens, wie der letztere später erzählt, eine «Emigration»[1] nach Boxberg (im bad. Kreis Mosbach) u. von da nach dem Wallfahrtsort Walldürn zu der Kirche vom Heiligen Blut,[2] die erfüllt war von Weihgaben Gläubiger, denen durch die Wunderkraft eines auf dem Altar in goldenem Rahmen ausgestellten Tuchs ein Anliegen erfüllt worden war. Die Geschwister setzten einem kleinen hölzernen Engel einen Kranz von künstlichen Rosen auf, die Sophie gemacht u. wozu Clemens auf dem Wege einige Ähren gebrochen hatte.[3]

[1]Meyer S. 289 [Meyer, 6. Aufl., Bd. 3, Sp. 290][XVII] [2]Meyer S. 363 [Meyer, 6. Aufl., Bd. 20, Sp. 346][XVIII] [3]Mereau II, 99, [Steig I, S. 117]

BLATT 164

Bei den Handelsgeschäften, die Peter Anton trieb, stand er in naher Verbindung mit anderen Brentanos in Wien, München[1] u. Amsterdam.[2] Die geschäftliche Ordnung besorgte ein deutscher Buchhalter, ... Schwab aus Miltenberg, der bis zum Jahre 1808 den Posten bekleidete, dann aber wegen Alters in seine Heimat zurückkehrte.[3] Neben diesem Buchhalter waren als Gehülfen thätig der zweite Sohn erster Ehe, Franz, – der erste Sohn, Anton, war schwachsinnig[4] – u. der erste Sohn der zweiten Ehe, Georg. Auch der zweite Sohn dieser Ehe, Clemens, sollte Gehülfe in dem Geschäft werden u. ward nach dem Tod seiner Mutter u. der Wiederverheiratung seines Vaters in die Handlung gezogen, in der er sich aber als unbrauchbar erwies, so daß er nun nach einem Geschäftsfreund in Langensalza als Lehrling übergeben ward, aber auch hier schon [nach] einem Jahr entfernt werden mußte.[5]

Der zweite [richtig: vierte] Sohn erster Ehe, Dominikus, hatte die Rechte studirt, Reisen gemacht, den Doctor (oder wohl eher den Licentiatus), Würde erlangt u. arbeitete 1793 am Reichskammergericht,[6] ward dann in Frankfurt Advokat, aber ohne zu praktiziren. Vermuthlich war er als juristischer Berather des Geschäftshauptes gedacht, aber es ergab sich, daß er nicht brauchbarer war als sein älterer Bruder, Anton: er galt bei Deutschen als eine lächerliche Figur;[7] beide wohnten unverheiratet, für sich allein.[8]

[1]Steig I, S. 11 [2]Niebuhr [konnte nicht ermittelt werden] [3]Steig II, 115; I, 132; Über ihn, Jung [Goethes Briefwechsel mit Antonie Brentano], S. 6 [4]Eine Folge der beliebten Verwandtenheirat? Steig I, S. 12 nennt ihn «kindlich». [5]Steig I, 14f. [6]Steig I, 12 [7]Steig I, 144, 148 [8][Fußnote fehlt]

BLATT 165

Während der Doctor zu seinen Künsten seine Einfälle zum besten gab, war Anton später mit einer Beschreibung seiner Reisen beschäftigt, aus der er 1805 des Abends ein Stück vorlas.[1] Dem Umgang mit dem Doctor aber wollte Clemens nach dem Tod seines Vaters gern die Schuld an seinen eignen «vielen thörichten Plänen u. Entwürfen» aufbürden.[2]

Der 62 Jahre alt gewordene Peter Anton ward, wie seine beiden, ihm vorangegangenen Frauen, in der [Fortsetzung fehlt]

[1]Steig I, 144 [2]Steig I, 15; vgl. dazu Steig __

BLATT 166 [ein paar Quellenangaben zum Buchhalter Schwab]

BLATT 167 [das Notariat in Deutschland (14. Jahrhundert.), nach Oesterley I. Geschichte des Notariats, S. 404 ff.]

BLATT 168 [Stichworte zum 14./15. Jahrhundert]

BLATT 169 [vermutlich Irrläufer: zum 15. Jahrhundert]

BLATT 170 [Stichworte: politische Verhältnisse, Verlust von Provinzen im Occident]

BLATT 171 [s.a. V, Blatt 160–164]

1. Peter Anton [Brentano] (gest. 1797), aus Tremezzo, gefördert durch den Rath Klerus u. den österr. Hof ([Jung, Goethes Briefwechsel mit Antonie Brentano] S. 1), 1760 als Bürger____ u. Inhaber des goldenen Kopfs (Steig I, S. 10). Seine 3 Frauen, a) eine Brentano aus Amsterdam (gest. 1770), dann b) eine 17 Jahre alte, protestantische Tochter der Laroche (gest. 1793) u. c) eine v. Rottenhof, die bis 1817 lebte, nach Antons Tod wieder verheiratet; seine Eifersucht bei der 2. Frau ([Jung] S. 2f.).

Die 20 Kinder, das letzte nach seinem Tod erst geboren.

Peters u. seiner Kinder Patronin: an 1. Stelle Maria, deren Bild in einer Nische oder im Schrank des Kontors stand, dazu die beiden heiligen Gründer des Hauptordens: die Dominikaner u. Franziskaner. Rat des Erzbischofs von Trier (S. 4); Finanzmann, der deutschen Sprache bis zuletzt nicht mächtig.

Wallfahrt mit Clemens nach Walldürn (Mereau II, 99); die Töchter (Steig I, 16) in Klosterschule gebracht (in Fritzlar! auch die Söhne?); Clemens zunächst nach seinem

Willen [unterrichtet?]; die Söhne u. ihre Schule? Clemens bei einem Exjesuiten (Steig I, 349). [Peter Brentano] begraben in der Karmeliter Kirche in Frankfurt, wie auch seine beide ersten Frauen u. seine fünf verstorbenen Kinder.

a) Inhaber des goldenen Kopfes (S. 6), Verbindung für die Brentanos in Wien, Mannheim (Steig I, 10) u. Amsterdam (Steig I, 349; Niebuhr). Der Buchhalter Schwab, ein gläubiger Katholik aus... die Söhne als Gehülfen im Handel, bei befreundeten Firmen zur Lehre gebracht (Clemens?) ([Jung, S. 2]: Allesina [italienischer Seidenhändler] in Sindlingen)
b) die andern Söhne: der Jurist (Dominikus) u. der schwachsinnige, älteste Sohn erster Ehe (Anton)
c) die Töchter u. die Frauen der Brentanoschen Söhne

2. Franz (1765–1844), der Gehülfe des Vaters
   seit 1792 abgezweigtes eigenes Geschäft (S.) [Jung, S. 3f.]
   1798, heiratet eine Wienerin, v. Birkenstock (23 Jahre)
   Nachfolger in dem väterlichen Geschäft u. in des Vaters Kurtrierischem Rat (S. 4).

Neue Übersicht der Personen für das Jahr 1802

1. die Kinder der 1. Ehe
   a. der schwachsinnige Anton (bis 1833)
   b. der Dr. Dominikus (bis 1825)
2. die Kinder der 2. Ehe
   a. Georg, Handelsmann (bis 1851), 1803 den 26. Juni verh. mit einer Schröder ... Maria
   b. Sophie, verlobt mit einem österreich. Adligen, gest. 1800, Besuch bei Wieland
   c. Clemens, heiratet 1803 den 29. Nov. die Mereau in Marburg, die S[avigny] in Jena gesehen
   d. Gunda (den 7. April 1804 mit Sav[igny] verheiratet in Meerholz!)
   e. Christian (geb. 1784)
   f. Bettina (geb. 1785)
   g. Lulu (geb. 1787, den 22. Juli [1805] verheiratet mit dem Handelsmann Jordis)
   h. Meline (geb. 1788) (1810 verh. mit dem Handelsmann Guaita)
3. der nachgeborene Sohn der 3. Ehe: August, im Dienst des Fürstbischofs, gefallen 1813 bei Jüterbog.

BLATT 172

Die philosophische Facultät [Heidelberg] Heidelberg (1804) Frühling?

1. die Philologie a) Creuzer
   b) ? – Cr. lehnt [‹Schäffer›?] ab, für den Bang scharf eintritt!
2. Geschichte
2a. Diplomatik
3. Philosophie ([Ferdinand Christoph] Weise – Fries?)
4. Mathematik (Hauff? Ko__?)
5. Schöne Wissenschaften, Ästhetik (Tieck, Alois Schreiber)

1. Philosophie (Weise, Fries)
2. Geschichte u. Diplomatik
3. Philologie (Creuzer)
4. Aesthetik (Tieck u. Schreiber)
5. Mathematik

BLATT 173

[Stichworte: «Italienisch»]

BLATT 174

[vermutlich Irrläufer: Der Occident, 5. Jahrhundert]

BLATT 175

[Stichworte: das italienische Element der Brentanos]

BLATT 176

[vermutlich Irrläufer: Die Synodalstatuten, 13. Jahrhundert]

BLATT 177

[Notizen zum Goldenen Kopf, kaum lesbar]

BLATT 178

Die Mischehen der katholischen Familie Brentano

1. Peter Anton u. seine 2. Ehe (Steig I, 10)
   ausschl. katholisch getraut

2. Clemens' a) die 1. Ehe – protestantisch getraut (in Marburg), nachträglich katholisch in Walldürn
b) die 2. Ehe – a. Civiltrauung in Kassel
b. katholische Trauung in Fritzlar
3. Savignys Ehe
nur protestantisch getraut in Meerholz

BLATT 179 [vermutlich Irrläufer: die Verschiedenheit des Landes – Wald]

BLATT 180 [Stichworte, kaum lesbar: Goethe in die Familie gebracht]

BLATT 181

Am 31. Dezember 1813 theilte der Dekan Lassaulx seinen Kollegen mit, er sähe sich durch die Umstände genöthigt, augenblicklich Coblenz zu verlassen u. sich nach Paris zu begeben; er könne aber unmöglich vorhersehen, ob seine Abwesenheit nur eine vorübergehende sein oder ob beschlossen werde, den Sitz der Fakultät provisorisch zu verlegen. Näheres werde er mittheilen, sobald er die Befehle des Großmeister erhalten habe.

Der ~~Generalinspector der Universität u.~~ Dekan ~~der Rechtsschule~~ kehrte nicht zurück, mit dem Einzug der alliierten Armee schied er aus der Fakultät aus, blieb in Frankreich u. ward im Herbst 1815 Rektor der Juristenfakultät in Nancy, wo er den 2. April 1818 starb.

Görres, der Schwager Lassaulx', schrieb Anfangs Februar 1814 an Creuzer über die Coblenzer Katastrophe. Der Kommissär des Generalgouverneurs für den Mittelrhein, Justus Gruner, hatte die Instruction, die Rechtsschule bestehen zu lassen u. ernannte Görres zum Direktor des öffentlichen Unterrichts. [Ludwig Freiherr] v. Vincke erklärte es für wichtig, das Amt des [Fortsetzung fehlt]

BLATT 182 [Notizen: die Heiraten der Brentanos unter einander]

BLATT 183 [vermutlich Irrläufer: Das Salz]

BLATT 184 [Überschrift und 2 Stichworte zu Maximiliane Brentano]

BLATT 185 [vermutlich Irrläufer: die Verwaltung der Provinzen, 8. Jahrhundert]

BLATT 186 [Stichworte: Brentano der Italiener]

BLATT 187 [Stichworte: die Großmutter Laroche]

BLATT 188 [vermutlich Irrläufer: Stichworte zum 8. Jahrhundert]

BLATT 189 [Überschrift: 1807 ... Sophie Laroche]

BLATT 190 [vermutlich Irrläufer: Stichworte zum 14. Jahrhundert]

BLATT 191 [zwei Überschriften: 1. der ‹Doctor›; 2. 1807 «Antönchen»]

BLATT 192 [vermutlich Irrläufer: die Syrer in Gallien, etc.]

BLATT 193 [1. Abschnitt nur Überschrift: 1808 Familie Möhn; 2. Abschnitt vermutlich Irrläufer: Rabbi stellte 7 Regeln auf ...]

BLATT 194 [Stichworte: 1. Abschnitt Universität 1804; 2. Abschnitt jüngste Tochter Paula]

BLATT 195 [Überschrift: Franz und Toni]

BLATT 196 [Überschrift: Gründung des Wiener Spezialgeschäfts durch Franz]

BLATT 197 [vermutlich Irrläufer: die Prokonsuln]

BLATT 198 [Überschrift und Stichwort: Franz und Toni]

BLATT 199

Franz, geboren 1765,
als zweiter Sohn Pietro Antons – der erste Sohn kam als schwachsinnig nicht in Betracht[1] – u. sein Nachfolger im Geschäft, streifte das von seinem italienischen Elternpaar überkommene fremde Element wesentlich ab, ohne Zweifel unter dem Umstand, daß an Stelle seiner 1770 gestorbenen Mutter 1774 die deutsche zweite Frau des Vaters bis 1793 die Hausfrau war u. ihm also von seinem neunten bis zu seinem 28. Jahre zur Seite stand.

Dazu kam, daß er auch keine italienische Verwandte, sondern ein deutsches Mädchen als Frau heimführte: es war die achtzehnjährige, als Kind einem Kloster in Straßburg zur Erziehung übergebene Tochter des Wiener Staatsbeamten Johann Melchior von Birkenstock, Antonie, die er, seinem Vater als Kurtrierischer Rath u. Resident nachgefolgt, in den goldenen Kopf geleitete. In demselben Jahr nahm er nach der Liquidation der väterlichen Firma seinen Stiefbruder Georg, das älteste Kind aus des Vaters zweiter Ehe, als Gesellschafter in seine Handlung auf.[2] Nur sehr schwer fand sie sich in die eigenartigen u. ihr ganz fremden Verhältnisse. Es war ein dunkles Haus u. die Wohn- u. Schlafräume klein, in denen sie neben ihrem Mann eine Anzahl Schwäger u. Schwägerinnen vorfand; als rechten Bruder ihres Mannes Anton u. den «Doctor», als rechte Schwägerin Paula; dazu als Halbgeschwister des Mannes Georg, Sophie, Clemens, Gunda, Christian, Bettina, Lulu u. Meline.

Sie selbst gebar ihrem Manne bis 1806 fünf Kinder, 4 Mädchen, von denen eins bald starb[3] u. einen Sohn. [Fortsetzung s. folgendes Blatt]

[1]Jung S. 4 [2]Jung S. 4 f. [3]schon am 12. März 1805 gestorben (Jung) [4][kein Verweis im Text] Steig II, S. 62

BLATT 200

Auf der anderen Seite schieden aus der häuslichen Gemeinschaft in den nächsten Jahren in Folge Verheiratung aus: Paula (1800), Gunda (1804) u. Lulu (1805), während Georg u. Clemens gleichfalls heirateten, aber nur der erstere seine Frau in den goldenen Kopf einbrachte (1803).

Zur Seite standen ihr . .
Die vielen Frankfurter im Haus . .

BLATT 201 [Überschrift und Stichwort: Claudine über Clemens]

BLATT 202–204 [vermutlich Irrläufer: das oströmische Reich etc.]

BLATT 205–206

[Stichworte: Franz und Toni, siehe V, Blatt 199–200]

BLATT 207

[Stichworte: Arnim über den Goldenen Kopf]

BLATT 208

[vermutlich Irrläufer: Stichworte zu Mittelalter-Geschichte]

BLATT 209

[Überschrift: Georg]

BLATT 210

[Stichwort: der Goldene Kopf, Verbindung mit dem Bankier Bethmann]

BLATT 211

[Stichworte: Material für die juristische Fakultät]

BLATT 212

[Stichworte: zu Georgs Handelsgeschäft]

BLATT 213

[vermutlich Irrläufer: Philipp von Leiden, gest. 1380]

BLATT 214

[vermutlich Irrläufer: die Kaiserfeste]

BLATT 215

[s.a. V, Blatt 326, 330–331]

Georg

Der älteste Sohn aus der zweiten Ehe Pietros, der 1798 Gesellschafter von Franz geworden war,[1] entfaltete, wie Clemens konstatirte, in seiner äußern Erscheinung am meisten Eleganz.[2] Eine Zeit lang hatte es den Anschein gehabt, als denke er Claudine [zu] heiraten;[3] als er dann aber ____ zufällig ein hübsches Mädchen, die Tochter eines Rentmeisters, Maria Schröder, kennen lernte, verlobte er sich rasch mit derselben u. am 26. Juni 1803 fand die Heirat statt.[4] Das Paar machte eine Hochzeitsreise nach der Schweiz u. Gundel wider ihre Neigung bestimmt, daran Theil zu nehmen.[5] Steig I, 143

Clemens ward durch diese Vorgänge in seinen Plänen mit der Mereau gestört. Die Heirat meines Bruders, schrieb er an seine Geliebte,[6] fällt mir vom Himmel herab; daß Gundel mitreist, stimmt nicht für unsere Pläne. Clemens, der seine Schwägerin nicht kennen gelernt hatte,[7] sah sie dann im September in Frankfurt: sie gleicht, schrieb er an die Mereau, dem Kind der Liebe einer Schäferin u. eines Jägers u. ist «ein rechter Unschuldsengel». Die Mereau aber erwiderte,[8] sie wüßte aus Erfahrung, daß manche, die er als ganz überirdisch schilderte, in der Nähe betrachtet, außer ein wenig Augenglanz [Fortsetzung s. folgendes Blatt]

[1]Jung [Goethes Briefwechsel mit Antonie Brentano] S. 4 [2]Steig I, 21 [3]Savignys Anfrage [Geiger, S. 18] [4]Jung [konnte nicht ermittelt werden] [5]Ihre Klage [Geiger, S. 41] [6]Mereau I, 89 [7]Mereau I, 181 [8][Mereau] I, 191

BLATT 216

u. weißer Haut auch nicht den mindesten Anspruch auf Göttlichkeit habe.

Ganz erregt aber ward Clemens über die Änderungen, die in dem alten Hause stattgefunden hatten: die in dem Ganzen herrschende «fürchterliche Trennung» sei nun durch die Heirat des Georg noch vermehrt worden: zwei Haushaltungen von ganz verschiedenem Charakter.[1] Und als er dann in den prächtigen Stuben des Georg saß, da ward, wie er am 20. September schrieb,[2] sein Herz immer beklommener: er mußte heftig weinen u. nach seiner Kammer gehen. Bald aber erfuhr er, daß Georgs liebe, unschuldige Frau aus der Schweiz eine Tasse für die Mereau mitgebracht habe: u. erzählte seiner Geliebten, sie habe das Geschenk ihm für sie heimlich gegeben.[3] Die Mereau, die Gelegenheit hatte, die Maria kennen zu lernen, fand sie wirklich schön.[4] Clemens seinerseits fand, Georg sei durch seine Frau verändert, er sei nicht mehr ‹kalt›[5] u. bald darauf erklärte er, Georg u. seine Frau freuten sich mit Bettina innig darauf, daß er durch die Heirat mit der Mereau glücklich werde.[6]

Als er im Januar 1804 wieder in Frankfurt war, fand er, die Pracht u. der Luxus stiegen täglich in dem väterlichen Hause; dabei herrsche Verwirrung, Lärm, eine Eitelkeit u. Genialität: «neben meiner Stube spielen in diesem Augenblick der Bethmann, ein russischer Graf u. Georg Billard, die Partie ein Karolin u. trinken Champagner».[7]

[1]Mereau I, 179 f. [2]I, 181 [3]II, 6 [4]II, 32 [5]II, 57 [6]II, 66 [7]II, 87

BLATT 217

[vermutlich Irrläufer: die res provinciales]

BLATT 218

[Stichworte: Goldner Kopf; das zu Ehren Georgs erfundene Fest]

BLATT 219

Creuzer Universität

Den 17. April 1804 schrieb Creuzer an Clemens:
«Ich habe mich in Carlsruhe, wo ich neulich war, selbst überzeugt, daß man zwar die besten Absichten für die Schulen u. namentlich die Universität, auch recht gute einzelne Ideen hat, daß es aber bis jetzt an einem recht tüchtigen Mittelpunkt aller wissenschaftlichen Ansicht u. folglich an einer tief aufgefaßten Einsicht in die hiesigen gelehrten Bedürfnisse fehlt. Ich habe nach Kräften geredet, aber da viel zu wirken, dazu gehört ein Mann, in einem ganz freien Verhältnisse zum hiesigen Land, u. den sein Stand, sein Vermögen, sein öffentlicher Credit auf eine gewisse Höhe gestellt hat. Ein solcher Mann ist Savigny, dessen Besuch auch der Minister, der Savignys Vater kannte, dringend wünscht. Ich habe das so eben Savigny geschrieben. Er kann viel, sehr viel dort wirken …»[XIX]

Den 14. Mai an denselben: «es ist wahr, ich habe große Klagen, aber treffe bloß die Universität u. mein Verhältniß . .» Dann spricht er von «Albernheiten u. Erbärmlichkeiten», wodurch «unser Amtseifer» gereizt wird. «Wenn eine alte Sippschaft von Professorenfamilien die Universität, für die sie nichts lobwerthes thaten, als ein fettes Domstift für ihre unfähigen Vettern betrachteten u. behandelten, so war das ehemals zum Theil in der Zeit begründet. Wenn sie aber jetzt diese Idee noch nicht verlernen wollen, wenn sie sie vielmehr mit Streitsinn festhalten u. mit Kabalen durchzu- [Fortsetzung fehlt]

BLATT 220 [Stichworte und bibliographische Notizen: der Goldene Kopf]

BLATT 221

Die Verhältnisse im Jahre 1803

I. Die 2 Parteien: das Comptoir (II, 72). Franz u. ____ (II, 31)
<Toni u. ___>
Holland ([Steig] II, 57, 63)
Schweiz
Österreich

II. Das Geniale (Steig II, 13): die ‹Geniefabrik›

III. Dominikus ([Steig] II, 137)
Bettina mißhandelt ihn (II, 5, 83, 125)
Zwischen den Gliedern der Partei wieder kein Verhältniß ([Steig] I, 92)

IV. Die Mädchen: das dunkle Zimmer (II, 27)
die Krankheiten
Dazu die Großmutter in Offenbach (Steig II, 25)

1806 Bettina
die Seltenheiten auf der Messe ([Steig] II, 45, 70)
so herrlich wie in Trages gelebt (II, 49, 88)
‹manches kleine Unnatürliche› (II, 74)
1807 Bettina
die Auguste [Bußmann] nur 16 Jahre ([Steig] II, 63)
u. sie selbst schon …
Clemens (II, 65, 70) mit allen verhetzt (II, 73)
1808 Bettina
ihre unglaubliche Kunst . . (II, 82)

Geiger: die Günderode

– – – – – – – – – –

[am Rand:]
Goldener Kopf
1799 Savigny u. die Laroche (Mereau/Stoll)
1802 Steig II, 2, 5, 8, 89
1803 Steig I, 61; Rohde S. __
1804 Jung S. 5; Rohde S. __
1805 Tonis Kind ([Steig] II, 30)
– Franz' Geburtstag (II, 60)
1806 Georgs Kind (II, 43)

Toni: ____
‹Rhapsodie› ([Steig] II, 92) – Theestunde – vornehm sitzen – Erziehung.
Ihre [durch Vulpius gefundenen?] Briefe an Göthe, in dessen Ruhm sie sich gern sonnte; ___ um nach seinem Tod ihre [Christiane Vulpius'] höchst mangelhafte Bildung an den Pranger zu stellen (Jung S. 10f.). Ich denke, das genügt, um den geistigen Werth dieser Dame zu beleuchten.

BLATT 222

[vermutlich Irrläufer: Geschichte der fremden Rechte – jüdische, kanonische, römische – in Deutschland]

BLATT 223

weiteres Chronologisches, das für Savigny von Interesse ist

1. Paula, das jüngste Kind der 1. Ehe, heiratet im Juli 1800 in Pfaffendorf einen v. Waßmer.
1a. Den 19. Nov. Sophie in Oßmannstedt gestorben
1b. Georg heiratet den 26. Juni 1803 Maria Schröder (Mereau I, 89); Gundel 124, 179, 195, 208; II, 6, 32, 57; den 7. Juli 1801 die Scheidung der Mereau (I, 218 M[ereau])
1c. Clemens den 11. Nov. 1803 aufgeboten
    den 29. Nov. in Marburg verheiratet mit der Mereau (protestant. Trauung) nachträglich kathol. Trauung [1806] in Walldürn (Steig I, S. 180; Mereau I, XXX; II, 82)
2. S[avignys] Hochzeit den 7. März [richtig: 17. April] 1804 in Meerholz
2a. Im Mai 1805 Clemens' Tochter (Mereau I, S. XXIX)
3. Lulus Heirat den 22. Juli 1805 in Kassel mit dem Handelsmann Karl Jordis (Mereau II, 165, 191, 193, 198, 222) u. dazu Steig I <später passiert>
4. Clemens' 2. Heirat den 9. August 1807 mit der Bußmann (Civilehe); den 20. August nachträglich noch kathol. Trauung in Fritzlar (Steig II)
5. Meline heiratet den 8. Jan. 1810 den Handelsmann Guaita (Mereau II, 193)
6. Bettina den 11. März 1811 verheiratet mit Arnim
7. August als Leutnant der Würzburger gefallen den 7. Nov. 1813 (S. 3), dazu Steig [II, 327?]

Die Ehescheidungen in den kathol. Familien der Brentanos
1. Clemens 1810 (Steig II, 385)
2. Lulu? 2. Ehe mit dem Rozier des Bordes

BLATT 224 [vermutlich Irrläufer: über das Salz]

BLATT 225 [Stichworte: die baulichen Veränderungen im Goldenen Kopf]

BLATT 226

Clemens

geb. 1778 den 8. Sept., hatte zum Pathen den Kurfürsten von Trier,[2] Clemens Wenzeslaus, Herzog von Sachsen (1768–1802),[1] von dem er auch den Namen erhielt, . . .

~~1784 mit der Schwester Sophie in Coblenz bei der Tante Möhn untergebracht~~,

~~1786 zum Ende des Jahres wieder in das väterliche Haus zurückgenommen, aber schon 1787 im Frühjahr in die Pension eines Exjesuiten nach Friedberg geschickt, aber im Herbst des Jahres auf das Gymnasium nach Coblenz,~~

~~1789 wieder nach Hause genommen, um auf dem Contor mit zu arbeiten, aber wie lange?~~

~~1793 nach dem Tod der Mutter (19. Nov.) wieder nach Coblenz, jetzt zum Hofrath Korbach~~, . . .

‹~~Franz ist ganz entzückt über den Zirkel, worin du lebst~~›, ~~schrieb Sophie an ihn (Steig I, S.12).~~

~~1794 in Bonn unter Aufsicht des geistl. Rath v. Freden~~ (___ ?) [Steig I, 15]

die Wallfahrt mit Sophie (Steig I, S. 117)

1795 nachdem er im Juni eine Schwiegermutter [richtig: Stiefmutter] erhalten, ward er in Frankfurt auf das Kontor, aber schon im Herbst nach Langensalza geschickt zu dem Geschäftsfreund Polex, der ihn im Sommer 1796 fortjagte. Aber als er in dem väterlichen Haus auch nicht mehr bleiben konnte, ward er nun zu einem Bruder der Mutter, dem Bergrath . . . nach Schönebeck bei Magdeburg [geschickt]. Nachdem dann 1797 den 11. März der Vater gestorben war, ging er, offenbar auf Rath des Onkels, im Sommer nach Jena, um Berg- u. Kameralwissenschaften zu studieren, ein Studium, das er dann bald mit dem der Arzneiwissenschaft vertauschte, um sich dann der Dichtkunst zu widmen.

Durch Schlegels ‹Lucinde› angeregt, wollte auch er einen Roman schreiben.

____ 1799 . . . lernte er Savigny kennen, ~~dessen klares Wesen auf [ihn] einen tiefen Eindruck machte, der sich in seinem Roman~~ [Fortsetzung fehlt]

[1] Meyer XV, S. 837 [Meyer, 6. Aufl., Bd. 4, Sp. 189: Clemens Wenzeslaus] [2] Briefe I, S. 2 [Brentano, Gesammelte Schriften, Bd. 8: Gesammelte Briefe, Bd. 1]

BLATT 227

Frankfurt

Die Brentanos u. die Bethmanns

[Arnim, Bettinas sämmtliche Schriften, Bd. 4] Goethes Briefwechsel [mit einem Kinde I] S. 210 [S. 315]

1803: das Handlungshaus Bethmann zu Frankfurt a. M. zahlte die Einnahme von den Mainzöllen an den Churfürsten aus (Beaulieu: [Karl von] Dalberg [und seine Zeit] II, S. 7).

Eduard Bethmann:
? Als Bettina in Offenbach mit einer Jüdin verkehrte, da war es, wie sie annahm, der Hofmeister des Eduard Bethmann, der es der Tante gesagt haben mußte, daß er sie ‹vor der Hausthür eines Juden auf offner Straße kehrend fand› (I [Frühlingskranz], S. 33 [S. 13]).

Moritz Bethmann 1806 den 16. Juli

a) Bettina
Goethes Briefwechsel (W[erks]-Ausg.), S. 56, 210, 579
Bettinas Schriften I [Frühlingskranz], 224 II [Günderode I], 331 f.
Bettina mit ihren Geschwistern in ‹Forstwäldchen bei Moritz B. auf einem Ball› (I, 224; II, 331). Bei Bethmann zu einer Lectüre des Hamlet (I [Frühlingskranz], 361 [S. 383]) mit Tieck? Er machte angeblich der Bettina den Hof (II [Günderode I], 332 f.). Daß sie einmal mit ihm auf der Straße gestanden u. geplaudert (II [Günderode I], 316, 320, 323), ward als ein so arger Verstoß getadelt, daß sie wieder nach Offenbach zur Großmutter sollte (II, 323). ‹Die Zimmer des Moritz, insbesondere das Schlafzimmer›, u. die Staël (Briefwechsel [mit einem Kinde I] S. 210 [S. 315]

b) Clemens
Seine ______ Verachtung der stummstolzen Familie.

Der angebliche Verkehr mit Bethmann (Pirazzi, [Bilder und Geschichten aus Offenbachs Vergangenheit] S. 270 f.)

BLATT 228

Die Brentanos in der Napoleonischen Zeit in Frankfurt 1806
In der Zeit stieg ihr Einfluß immer höher: patronisirte sie doch der Kurerzkanzler [von Dalberg].

BLATT 229

[Stichworte: Die Verschiedenheit der Geschwister 2. Ehe; Verhältnisse zu einander]

BLATT 230

Jena

Im Juni 1801 machte Christian mit Crabb Robinson eine Fußreise nach Göttingen.[1]

Crabb Robinsons Zweck ([Steig] I, 51)

Im Herbst 1802 waren Christian u. Robinson einige Wochen in Marburg, um dann (wieder?) nach Jena zu gehen.[2] Clemens, der ihn (in Frankfurt?) wieder gesehen, schrieb – wann? – an Arnim,[3] Christian, der Medicin studire, sei ihm sehr lieb geworden: «er ist durch Savigny vortrefflich gewendet.»[4] die Frösche (Steig II, 24, Elektricität? Ringseis)

Clemens im Nov. in Düsseldorf u. schrieb von da an Christian über das Verhältniß zur Mereau.[5] Und dieser schrieb dann am 10. Dezember an sie. (Mereau I, 33)

1803 im Sept. Clemens' Klage über seine Eitelkeit u. Bizarrität.[6]
Dazu Arnims treffliche Bemerkung gegenüber Bettina (Steig II,)
1804 im Januar in Frankfurt: die Frage an ihn über das Aussehen der Mereau (II, 87)
Clemens aus Heidelberg über Christian u. Bettina.[7]
1805 – Gall (Steig II, S. 29) sein großer Fleiß[8]__ , Tag u. Nacht?

[1]Steig I, 22; [2]Steig I, 43, 51; [3]Steig I, 51; [4]Steig I, 56; [5]Steig I, 79; [6]Mereau I, 157; [7]Steig I, 125; [8]Steig II, 28.

BLATT 231

Savigny als Lehrer

1. Seine Vorlesungen
   a. die strafrechtlichen (1800–1)
   b. die civilrechtlichen im Sommer 1801
   c. im Winter 1801–2 Rechtsgeschichte?
   d. testamentarisches Erbrecht im Sommer 1802 <cf. J. Grimm>
   e. die Methodologie <im Winter 1802/03> u. Intestaterbfolge
   f. Rechtsgeschichte nach Hugo im Sommer 1803
   g. Institutionen u. Obligationenrecht im Winter 1803

BLATT 232

[Überschrift: Savigny 1801–1803]

BLATT 233

[Adreßzettel für Päcken an Prof. Bremer]

BLATT 234

[Stichwort: 1803 die Lebensaufgabe Savignys]

BLATT 235

[redundant, siehe III, Blatt 22–24]

BLATT 236

Ruf nach Jena 1805. <vor Paris>

Im Frühling erhielt Savigny einen Ruf nach Jena.[1] Natürlich konnte er nicht daran denken, ihn anzunehmen. Dennoch erscheint es angebracht, die Verhältnisse in Jena ins Auge zu fassen.

Unter den sechs der angesehensten u. thüchtigsten Lehrer, die 1803 vortheilhaften Rufen von auswärts gefolgt waren,[2] befanden sich auch die beiden Hufeland. Der Jurist Hufeland war nach Würzburg gezogen u. in Jena war nun Thibaut der erste Rechtslehrer.[3] Savigny wäre also Thibauts College geworden.

[1]Mereau II, 1__ Brentanos Frau hatte es offenbar von Creuzer erfahren, der seinerseits Nachricht von Savigny erhalten haben wird. [2]Bielschowsky [Goethe: Sein Leben und seine Werke] II, 246
[3]Holtzendorf, S. 881 f. [Holtzendorff, Rechtslexikon, Bd. 3, 2. Hälfte: St–Z]

BLATT 237

1805 Savigny als Dozent

[Karl Wilhelm Ernst Freiherr] von Canitz [und Dallwitz], der spätere preußische Rittmeister u. General, der seit 1805 in der preußischen Armee diente, ein geborener Hesse (geb. in Cassel), war Savignys Schüler.[1]

[1]Steig III, S. 473

BLATT 238

III. Savigny u. seine juristischen Kollegen

Es war ein schönes einträchtiges Wirken, das auch die Mitglieder der juristischen Facultät verband. Es war nicht zum geringsten Theil Savignys Verdienst, der über dieses Verhältniß glücklich war. Am 13. April 1811 schrieb er an [Hendrik Willem] Tydeman in Leyden, mit dem er lateinische Briefe wechselte:
«Collegas nunc habeo Schmalzium, Eichhornium (philologi et historici Goettingensis filium) et Bienerium (filium Icti Lipsiensis, qui Heinoccii institutiones pridem edidit iisque notas adjecit): viros probos honestos, doctor, hoc est ab iis quos Landishutae

collegas habui, omnimodo diversos. De iuris consultis Bavaris loquor; inter medicos enim et philosophos haud pauci illic sunt et doctrina et bonis moribus conspicui»...
[Bayerische Staatsbibliothek München. Signatur: Autograph Savigny]

Savigny sorgte dafür, daß Biener ~~seine Ausgabe der Institutionen~~ an Tydeman schickte – am 24. Oct. 1811 in seinem Brief an denselben: Bieneri institutiones his ipsis dictus ab editore ad temisci – [Fortsetzung fehlt]

BLATT 239

[kurze Notiz, Mereau an Clemens]

BLATT 240

Clemens' Wohnung bei Savigny in Marburg
Mereau II, 63 f., 72, 83

1803, den 27. Oct. (II, 63 f., 72)

Clemens, der bei Savigny wohnte, hatte ganz unverfroren die Absicht, auch die Mereau dahin zu bringen, aber, «wo ich mit Savigny wohne», berichtete er[1] am 6. September, «fehlt die Küche, neben uns bei Professor Tiedemann ist die Hausfrau ein wahrer Teufel». Selbst auszuziehen, daran dachte er nicht, vielmehr war eine Zeitlang sein Gedanke, daß die Mereau eine Wohnung für sich habe, in der er sie von Savignys Wohnung aus besuchen könne. Aber nun klagte er: «Eine große unsägliche Mühe macht es mir, dir ein schönes Logis zu finden. Heute Morgen aber habe ich eine Wohnung besehen, schöner als deine in Weimar, schöner als die meinige, nur begehrte der Vermiether, Obrist von Henndorf, ein Karolin. Du hast dafür drei sehr schöne Stuben ensuite mit der reichen Aussicht ins Thal, eine große u. schöne Stube mit Kammer nach der Straße in die Stadt, einen Ausgang nach der Stadt u. kannst auf steinernen Treppen hinunter ins Thal ... Ich muß deine Wohnung schon von October an miethen, .. heute Abend denke ich noch den Miethcontract auf ein halbes Jahr abzuschließen».

Mit Überraschung liest man dann dazwischen: «Du erhältst so wieder einen abgeschlossenen Stock, u. wenn es dir gut dünkt, so kann ich in eine geräumige Stube über dir dann einstens auch einziehen.»[2] [Fortsetzung s. folgendes Blatt]

[1][Mereau] II, S. 207 [2][Mereau] II, S. 207 f.

BLATT 241

Wohnung bei Savigny (2)

Aber was seine Wohnung bei Savigny anbetrifft, so fand Savigny sich veranlaßt, Clemens anzudeuten, daß er sich eine andere suchen müsse. Gründe dafür lagen mehr als hinreichend vor. «Ich wollte dich auch herzlich bitten», schrieb Clemens am 18. October [1803] aus Frankfurt an die Mereau, «mir zu erlauben, daß ich in deiner Wohnung den Saal u. die Kammer den Winter schon beziehen kann: du fändest dann gleich bei deiner Ankunft einen vertrauteren Wirth...» Nachdem er diesen ersten Grund vorangeschickt, kommt ein zweiter: «Mein Weg aus meiner jetzigen Wohnung ist ohnedies sehr weit u. im Winter des glatten, bergigten Bodens wegen oft halsbrechend». Endlich erscheint der wahre Grund: «Auch wünscht Savigny, der sehr eng mit mir wohnt, mehr Platz». Und dann wieder: «Das Ganze wird bequemer u. wohlfeiler für unser Leben... dann brauche ich dir [auch] kein apartes Holz zu kaufen u. du hast meinen schönen Büchervorrath zu Haus u. wir leben abgeschlossen von der Welt».[1]

Während dann die Mereau am 19. October ankündigte, daß sie wahrscheinlich künftige Woche unter Clemens' Adresse mehrere Sachen nach Marburg schicken werde,[2] schrieb Clemens am 20. aus Frankfurt einen höchst phantastischen Brief, in dem er über Goethes Eugenie tobte, «ein Bett giebst du dem flüssigen Element»; später, «ich denke, eine Oeconomie unter uns auszuführen, daß wir vollauf haben, gut essen, brav Wein trinken, viel lustig sein, lachen, gute Bücher lesen». «Doch muß ich dich bitten, dich in der kurzen Zeit noch um alle Küchenkünste zu bemühen, denn ich esse manchmal gern etwas Gutes». Und dann im Nachwort: «Anfang der nächsten Woche bin ich schon wieder in Marburg u. besorge deine Bettstellen u. was sonst mir nöthig scheint».[3]

[Fortsetzung s. folgendes Blatt]

[1][Mereau] II, 37 [2][Mereau] II, 40 f. [3][Mereau] II, 46, 47, 49

BLATT 242

(3)

Am 24. October konnte er «mit Gewißheit sagen, daß die Interessen meines Kapitals ohngefähr 1200 Reichsthaler betragen, ich glaube, daß wir hiermit u. dem was wir verdienen, hinlänglich leben können.» «Ich habe alle meine Begierde nach Genuß auf deine Liebe gestellt. Morgen geh ich nach Marburg zurück, wo ich dich erwarte».[1]

«Ich war gestern», so schrieb er dann am 27. October aus Marburg, «in deiner Wohnung, ich glaube, du wirst dir sehr drinne gefallen; aber um eines laß mich bitten u. gewähre es mir, meine ganze Lage fordert es: Savigny wünscht wegen Mangel an Platz sehr, daß ich von ihm wegziehen möge; mich selbst drückt der zu nahe Zusammenhang mit ihm. Sein Bedienter, der mich auf alle Weise betrügt, wohnt mit dem ganzen Geräusch seiner Wirthschaft dicht mit mir zusammen, so daß ich nicht arbeiten kann... willst du mir nicht vergönnen, mit dir in einem Hause zu wohnen... Ich finde in unserer Getrenntheit der Wohnung nur eine Affectation vor der Welt, die auf uns selbst mit ihrer Unbequemlichkeit strafend zurückfällt. Dir selbst nehme ich keinen Raum, denn ich beziehe den Theil deiner Wohnung, der mehr als überflüssig ist, den Saal mit der Kammer nach der Stadt zu. Ich hoffe also, daß es dir nichts Drückendes hat, wenn du mich bei unserer Ankunft in demselben Hause – er gedachte ihr entgegenzufahren – mit dir antriffst».

«Ziehe ich in eine andere Wohnung, so muß ich sicher noch unbequemer wohnen u. habe gar keine Bedienung oder muß es mit einem neuen Diener wagen: was dein armer Clemens sich anführen läßt, davon hast du keine Idee. Die Welt weiß es ja, daß du zu mir gehst. Die Begierde nach dir läßt mich wenig mehr schlafen».[2]

Und nun hat er auch schon einen Bedienten: «Wenn ich mit dir zusammen komme, nehme ich einen armen jungen Menschen von hier in Diensten, der wunderschön zeichnet, [Fortsetzung s. folgendes Blatt]

[1][Mereau] II, 55, 56, 62 [2][Mereau] II, 63 f., 67, 69

BLATT 243

Wohnung des Clemens (4)

hübsch schreibt, u. sehr unschuldig, fleißig u. brav ist, er versteht sich etwas vom Buchbinderhandwerk, u. wird uns viel nützen».[1]

Über den Verkehr, den er der Mereau in Marburg in Aussicht stellte, hören wir zunächst folgendes Geschwätz:[2] «Du glaubst nicht, wie mir der alte Herr Obrist gefallen hat, als er mir das Quartier zeigte. Es war nöthig, daß ich ihm sagte, wer du seist, u. zwar, weil er auf ein reines Haus hält. Du hast das Angenehme, daß deine Hausleute dich ohnstreitig fetiren u. dir die Bekanntschaft mancher artigen Edelfrau verschaffen könnten, die hier wohl verborgen stecken mag». Aber bald mußte er schreiben: «Erschrick nicht darüber, aber es ist hier kein Weib, mit dem du umgehen könntest: ich bin es allein, u. der gute, stille, wunderbare, edle Savigny».[3]

Nur ganz nebenher wird die Frage der Heirat gestreift. «Über einen Punkt schweigst du seit einiger Zeit: es ist der unserer Verehelichung, das was mich am nächsten berührt: dies Schweigen schmerzt mich».[4]

Und nun malt er ihr ihre Zukunft:

Dann kam der Brief der Mereau am Ende October: «Clemens ich werde dein Weib, u. zwar so bald als möglich».[5]

[1][Mereau] II, 72 [2][Mereau] II, 208 [3][Mereau] II, 67 [4][Mereau] II, 66 [5][Mereau] II, 73

BLATT 244

[Notiz: Clemens' Wohnung in Marburg im Weisischen Haus]

BLATT 245

[vermutlich Irrläufer: Die Romanisten und die kanoninischen Rechtsinstitutionen]

BLATT 246

Savigny u. Creuzer

1803 im Herbst mit Savigny an den Rhein.
Schon 1802 im Herbst war S[avigny] in Koblenz.
Durchstöberung der rheinischen Bibliotheken. Der Gottesdienst der Brüdergemeine (Rohde, S.93).
Mittheilung der literarischen Pläne an ihn durch Savigny (Rohde S. 27)

BLATT 247

[Stichwort: 1803 Görres aus Marburg an Kretzer]

BLATT 248

1803 das Jahr

«Grimm schreibt gegenwärtig», erzählte Savigny[1] am 26. Juni [1805] Weis, «ein kleines Manuscript aus dem dreizehnten Jahrhundert ab, das mir ein wahres Räthsel ist». Auch hier mußte der Lehrer u. Freund helfen, die Lösung zu finden. Aber ihre Conjecturen über den Verfasser, der Petrus genannt wird, gingen aus einander. Während Weis an den Petrus Lombardus dachte,[2] schrieb Savigny[3] am 11. August: «Ich bleibe noch immer bei meiner Conjectur, daß Petrus Blaesensis der Verfasser ist u. vielleicht wird auch Ihnen das durch Einsicht der Schrift wahrscheinlich.»

[1]Schulin [Drei akademische Vorträge] S. 45 [2]Schulin S. 46 [3]Schulin S. 47

BLATT 249

In diesen Tagen («September 1805») schrieb Creuzer dann ein ‹Bekenntniß›, [Preisendanz, S. 182f.], das an die Freunde gerichtet, seinen Entschluß bekundete, zu vollziehen was er angefangen u. die zu seinem Weibe zu machen, die nun einmal seinem Leben Sinn u. Bedeutung giebt. Der unglückliche Mann übersah nur immerfort, daß er bereits ein Weib hatte u. daß sein Entschluß gegenüber der bestehenden Rechtsordnung gar keine Bedeutung hatte.

Daneben schrieb er am 29. September noch besonders an den Vetter in Marburg, an den er schon vorher geschrieben hatte. Friedrichs Geschichte war, daß Leonhard mit ihm in Frankfurt zusammenkomme u. ihn dann auch nach Heidelberg begleite, u. es scheint, daß der Vetter damit einver-[standen war]. «Aus dem andern Briefe», so beginnt der Brief vom 29., «wird es gut sein, nicht alles mitzutheilen, besonders wäre es schicklich, wenn du jetzt noch niemandem etwas sagtest von unserm Plan, dich von Frankfurt aus mit hierher zu nehmen. Es möchte sich sonst noch jemand anhängen ...

Ich muß dich sprechen, diese Zusammenkunft ist höchst wichtig [für mein] ganzes Leben ... [Preisendanz, S. 162] Bedaure deinen armen (von Geschäften u. auch durch Krankheit geplagten) Vetter, der [Fortsetzung fehlt]

BLATT 250 [Blatt in fremder Handschrift]

1803 den 3. Juli, Marburg. Savigny an Kretzer in Coblenz

Lassaulx hat vor mehreren Monaten einen Roman u. den Anfang des Gesetzbuchs an Brentano geschickt: Br. war abwesend, ich habe ihm den Roman geschickt, das Gesetzbuch aber als für mich bestimmt angesehen u. dankbarlich behalten; die Fortsetzung sollte gleichfalls mit beträchtlichem Vergnügen u. nicht geringer Dankbarkeit aufgenommen werden.

Das neueste, was uns angeht, ist, daß Br. in Weimar bei Mad. Mereau sich aufhält, ich aber bey hiesiger Universität durch Gottes Gnade Professor geworden bin. [Stoll I, 221 f.]

BLATT 251 [s.a. III, Blatt 129, 130 ff.]

1803. Hof Trages

Das Regulativ ist vom 7. März 1803, aber da einige Gemeinden noch wegen der Hütegerechtigkeit im Prozeß stehen (ad petitorio), so wollen es nicht alle anerkennen.

Das Gut Trages hat einen Pächter, Schoenebeck, der, wenn der Trageser Schäfer ihm anzeigt, daß er auf Widerstand stößt, sich seinerseits an Kroeber wendet als den Mandatar Savignys (der Schäfer Reußwig von Trages) (1806 den 12. Nov. Meerholz).

Kroeber betont, daß die dem Hof Trages zustehenden Hüterechte nicht geschmälert werden dürfen, wegen der obhabenden Lehnspflichten, der Hof Trages ist ‹lehnbar›.

[Otto von] Gierke, Deutsches Privatrecht (Sachenrecht)

- - - - - - - - - -

Das Gut Trages
In den aufgeregten Zeiten machte das Gut Trages viele Noth, nicht nur wegen der Bewirthschaftung oder Verpachtung, sondern auch wegen der Streitigkeiten mit den benachbarten Gemeinden um die Schäfereigerechtigkeit. Das Regulativ vom 7. März 1803 ward von ihnen nicht beachtet.

BLATT 252

Savignys strafrechtliche Vorlesung

Dieselbe ist ohne Zweifel in seinen hinterlassenen Papieren enthalten, aber, bisher nicht zugänglich, auch ein Heft eines Schülers ist m. W. nicht bekannt geworden. Über die nähere Beschaffenheit der Vorlesung sind wir also auf Vermutungen angewiesen. Dieselbe bildet aber eine gewisse, u. zwar ziemlich sichere Stütze in seinem System des Privatrechts u. zwar in dem 2. Band seines Obligationenrechts. Am Schluß desselben bespricht er als Entstehungsgrund der Obligationen ‹das Delict› (S. 293 ff.). Das giebt ihm Veranlassung, ‹in die allgemeine Natur des Criminalrechts genauer einzugehen› (S. 301). Weil er aber in dem Zusammenhang seiner strafrechtlichen Abhandlung ____ Arbeiten anführt ohne weitere Bemerkung als daß die darin ‹aufgestellte Lehre von [Karl Adolph] Vangerow ausführlich bestritten› wird (S. 308 Anm.), also an dieser nach wie vor festhält (cf. Vangerow [Lehrbuch der Pandekten] III, S. 521), so mag wohl auch die hier dargelegte Auffassung des Strafrechts kaum anders schon in seiner Vorlesung dargelegt worden sein.

Der Zweck der Strafe, so lehrt er uns S. 301 f. – Staatseinrichtungen
Die Strafmittel (S. 302)
Die Richterbehörden (S. 304)
Das Strafverfahren u. der ‹Anstoß› zu demselben (S. 305)
Die Carolina. Frage nach der heutigen Anwendbarkeit u. zur Privatstrafe (S. 318 ff.)

Auch die Werke, nach denen Savigny die Vorlesung gehalten hat, ___ ___ Ius crim. führt er hier an (S. __), darunter Anselm Feuerbachs Peinliches Recht u. Heffters [Lehrbuch des gemeinen deutschen] Criminalrecht (S. 321).

BLATT 253

Savignys Wohnung in Marburg

1802 den 18. April: Savigny an Clemens:

Überzüge brauche ich zu 6 Stühlen u. einem Sopha. An meine 5 Fenster lasse ich mir Rouleaux machen, u. über diese muß man glaube ich Wolken haben, wo Apollo mit den Füsen heraus sieht. Hierbey das Maas von Ihren 7 Fenstern, die Bekleidung mit eingerechnet, also bis an die Wand. Das ganze Papier = die Höhe der Fenster, die Breite ist besonders bemerkt.

[1]der Brief aus Marburg [Stoll I, 212]

BLATT 254

Reisen Savignys

1802 im Herbst in Coblenz, wo er J. Kretzer, der das Justizdepartement hatte,[1] u. Frau, ferner Görres u. die Mutter Lassaulx' kennen lernte.

1803 im Frühling in Münster (bei Bostell), wo Clemens ihm begegnete.[2]

– im Herbst mit Creuzer

[1]Kleist [2]Clemens an Bettina: Frühlingskranz I, 329. Steig.

BLATT 255

1803 Savigny als Pädagoge

[Mereau II, 203]

«Ich kenne keinen so vortrefflichen Menschen», schrieb Clemens im September 1803 [6. September] über Savigny an die Mereau, «aber sein Verhältniß zur mitlebenden Welt ist ganz ein pädagogisches». Und nun fährt er fort, «durch meine Unerziehbarkeit wird sein ganzes Wesen zerstört», eine lächerliche Auffassung: Savigny ließ ihn nur seiner Wege gehen u. verlor kein unnützes Wort mehr an ihn, hatte aber die Güte, ihn neben sich zu dulden.

BLATT 256–258

[Stichworte und Zeitangaben: Clemens in Marburg, bei Savigny]

BLATT 259

[vermutlich Irrläufer: Thema nicht erkennbar, lateinisch]

BLATT 260

[Stichworte: Clemens' maßlose Vorstellung]

BLATT 261

[Überschrift: Clemens' Wohnung bei Savigny]

BLATT 262

[Stichworte: die gesellschaftlichen Beziehungen Savignys in Frankfurt und Umgebung]

BLATT 263

Als das Resultat von Clemens' . . jährigem Universitätsstudium festgestellt wurde, ergab sich, daß von einem eigentlichen Studium überhaupt nicht die Rede gewesen war u. ihm dazu auch die erforderlichen Vorkenntnisse vollständig gefehlt hatten. Was sollte nun mit ihm geschehen? Es scheint, daß ihm erlaubt ward, sich der Dichtkunst zu widmen, zugleich aber Savigny zu bitten, ihn unter seine Obhut zu nehmen u. ihm mit seinem Rath zur Seite zu stehen. Und daß Savigny dieses ihm geschenkte Vertrauen vollauf rechtfertigte u. auch Clemens den wohlthätigen Einfluß des seltenen Mannes anerkannte, beweisen meines Erachtens zwei Pläne Brentanos:

u. seine Absicht, in dem Gedicht über den Venusberg, in das er seine Schwester Bettina u. die Günderode verflechten wollte, Savigny als getreuen Eckardt darzustellen beabsichtigte.

BLATT 264

[vermutlich Irrläufer: Die Länder und Völker des römischen Reichs]

BLATT 265

[Stichworte/Zeitangaben: Clemens]

BLATT 266

[Stichworte/Zeitangaben zu 1803]

BLATT 267

[Überschrift: Baiern, Landshut 1799]

BLATT 268

[Überschrift: die ___ nöthige Trauung/Mereau]

BLATT 269

[vermutlich Irrläufer, nur eine Zeile, ... Gallien]

BLATT 270

[Stichworte: Clemens unter Curatel seines Bruders Franz]

BLATT 271

(undatiert) [Universität Landshut]

Es liegen drei Entwürfe der Fächervertheilung bei, zwei berechnet auf 6, einer auf nur vier Semester. Einer von jenen beiden ist von der Hand [Franz Xaver] Krülls u. von ihm auch noch niedergeschrieben. In allen ist

1) ‹Naturrecht› vertreten, ferner
2) ‹Institutionen›, bald sehr allgemein, bald des röm. Rechts, bald des ganzen Civilrechts
3) ‹Reichsgeschichte› oder ‹deutsche Reichsgeschichte›
4) ‹Rechtsgeschichte›
5) ‹Pandecten›
6) ‹Peinliches Recht›
7) ‹Gem. Prozeß›
8) ‹Staatsrecht› oder ‹Deutsches Staatsrecht›
9) ‹Kirchenrecht› oder ‹Ius canonicum›
10) ‹Reichsprozeß› oder ‹Reichsgerichtsprozeß› (s. Krüll), im ersten Plan für 2-jährige Dauer: ____ ‹gem. Prozeß› in Verbindung mit dem ‹Reichsprozeß›

In einem: ‹deutsches Privatrecht› (nicht bei Krüll)
In zweien (auch bei Krüll): ‹Lehnrecht›

Das baier. Recht, insbesondere:

1) in dem «zweijährigen Plan» in 4 Sem.
   Cod. Iur. Civ. Bav.
   Jud. Bav.
   Crim. Bav.

BLATT 272

[Stichwort/Überschrift: Goldener Kopf und die Verbindung mit Russland]

BLATT 273

[vermutlich Irrläufer, nur einzelne Wörter schwach lesbar, Thema unklar]

BLATT 274

[Stichworte/Quellenangaben: Clemens' und Savignys Freunde]

BLATT 275

[vermutlich Irrläufer: die Provinzialen des Ostens …]

BLATT 276

[Stichworte/Zeit- und Quellenangaben: 1802 Savigny – Clemens]

BLATT 277

Gundel

Die 2. Tochter Peter Antons aus seiner Ehe mit der Maxe Laroche, geb. den 8. Juni 1780 in Ehrenbreitstein, blond? (Steig I, 21)
In der Klosterschule zu Fritzlar (Steig I)
1793 die große, die breite u. die kleine Schwester von Clemens ([Steig] I, 12, 16)
1797 kamen sie aus der Klosterpension zurück ([Steig I] 16)
1800 im Sommer die Schwester in Pfaffendorf auf einer Doppelhochzeit [Steig I, 20]
a) die Stiefmutter mit v. Stein zu Altenstein
b) die Halbschwester Pauline aus 1. Ehe mit v. Waßmer.
– am 19. Sept. Tod Sophies in Oßmannstädt, mit Winkelmann ([Steig] I, 20).
Sophie wahnsinnig (I, 20), Clemens u. seine Mittheilung über den bevorstehenden Tod, seine Prophezeiungen ([Steig] I, 27).
ihr Grab in Oßmannstädt (Mereau I, 43), Gedicht für sie (M[ereau I,] 43)
Ohrfeige der verstorbenen Schwester für Winkelmann (M[ereau] I, 44)
aber zugleich an Winkelmann (Steig I, 21)
Gundas Nachschrift ([Steig] I, 21)
Clemens' Vorhaltungen gegen sie ([Steig] I, 21)
1801 den 10. Febr. Gundel aus ? an Clemens (wohin?) ([Steig] I, 22)
den 17. März. Gundel aus
– Dez. aus Jena: Clemens an die Mereau: Fiction eines Briefes der Gundel (Mereau I, 19)
Hat sie die Lüge erfahren?
aber er zieht Bettina vor, daher die Widmung des Godwi an sie (Steig I, 22, 30, 33, 42!)
dafür Haß gegen Gundel
1802 im Juli läßt Arnim die Schwester grüßen ([Steig] I, 39)
______ aus Marburg, Clemens über das Verhältniß der Bettina zu Gundel ([Steig] I, 40)
Arnim über Gundel ([Steig I] 42)
1803 den 18. März aus Marburg Clemens u. seine Geschwister (M[ereau] I, 72; cf. Steig I, 13)

BLATT 278

[vermutlich Irrläufer: die Zeit des Codex Iuris Canonici 13. Jahrhundert]

BLATT 279

Savigny, die Laroche, Wieland u. die Brentanos

1799. Savignys Reise (Stoll, S. 1 ff.) [Stoll I, 105 ff.]

1. Wieland (S. 12 f.) [Stoll I, 114]
In Weimar hatte Böttiger, den Savigny besuchte, ihm einen Brief nach Oßmannstädt angeboten, den er annahm (S. 12 f.). Dadurch ward ihm der Zutritt zu Wieland verschafft (S. 21). [Stoll I, 128]

Wieland, der nicht in einem einfachen Landhause, sondern in einem Schloß wohnte, fand er bei seinem Besuch nicht vor, wohl aber seine alte Jugendfreundin Laroche, mit der er sich unterhielt: eine lebhafte . . .

Endlich kam Wieland: schon sein Äußeres . . . der scharfe stechende Blick (S. 12).[1]
aber «sehr interessant» (S. 21). [Stoll I, 128]

Die Mereau S. 17.
Schon früher hatte Savigny die Mereau gesehen (S.17) [Stoll I, 121]

Moral (36) [Stoll I, 156]

Leidenschaft u. Schneemänner (S. 31) [Stoll I, 145]

Sein literarischer Plan (S. 32) [Stoll I, 146 f.] (Steig I, 30)

[1]Ringseis über Clemens' stechenden Blick [Ringseis, Erinnerungen, Bd. 1, S. 92] Steig II, 230

BLATT 280

[vermutlich Irrläufer: römische Vedicovis – in lateinischer Sprache]

BLATT 281

[vermutlich Irrläufer: Lombardei um 1819, Niebuhr an Rühs]

BLATT 282

Savignys Verkehr im goldenen Kopf

– – – – – – – – – –

Gundel, die als älteste Tochter des Hauses mit ihrer Schwägerin Toni gesellschaftlich die Familie repräsentirte, muß Savigny bei seinen Besuchen ihr Herz über ihre allzu genialen Geschwister Clemens u. Bettina ausgeschüttet u. ihn um seinen Beistand gebeten haben, um sie auf einen ordentlichen Weg zu bringen. Um sie zur Selbstbesinnung zu bringen, handelten dann beide ganz übereinstimmend, wie die übereinstimmenden Klagen des Clemens u. der Bettina über das Verhalten Savignys u. Gundels darthun: [Fortsetzung fehlt]

BLATT 283

Gundel, die Winkelmann, der ihrer Schwester Sophie auf ihrem letzten Lager so zart u. . . . zur Seite gestanden hatte, wie einen Bruder verehrte, hatte auch an Winkelmanns nahem Freunde Savigny, für den auch Clemens Brentano die höchste Anerkennung fand, ein nicht gewöhnliches Interesse. Als nun im März 1801 Clemens aus Jena seine Rückkehr ankündigte u. dabei auch wieder von Savigny erzählt hatte, schrieb Gundel dem Bruder von ihrer Freude über das Wiedersehen, u. schloß mit den Worten: «Sag mir, ob Savigny mit dir hierher kommt». Die Meinung war also, daß Clemens Savigny in Marburg oder in Trages besuchen u. von da mit nach Frankfurt bringen werde, ein Gedanke, den Clemens [ihr] nahe gelegt haben muß. Und so scheint dann auch der Verlauf der Dinge gewesen zu sein; denn Savigny ging im Frühling mit Clemens an den Rhein.[1]

[1]Steig I, S. 22

BLATT 284

1801. Gundel

Überblicken wir den Lauf der Dinge, wie es sich aus den zerstreuten Andeutungen ergibt. Im Frühjahr 1801 offenbart sich die Zuneigung Gundas. Als sie am 17. März an Clemens . . . schrieb u. ihre Freude über seine bevorstehende Ankunft ausdrückte, bat sie:[1] «Sag mir, ob Savigny mit dir hierher kommt.»

[Randnotiz:] Savignys Besuch im goldenen Kopf, bei dem er Gundel allein vorfand (Auftrag der Laroche?), klein, etwas größer wie die Mereau, mit dunkeln Augen u. blondem Haar, von ernstem Wesen u. Grundsätzen.

Im Sommer 1802 wurden sie einig, einander fürs Leben angehören zu wollen. Der Briefwechsel ward wenigstens von der einen Seite, nämlich von der Gundas, wohl durch Mittelspersonen bewerkstelligt. Diese Thatsache erfahren wir durch den Engländer. Crabb Robinson, der im Sommer 1802 in Marburg war u. mit Savigny verkehrte, erzählt, daß Savigny sich damals um die älteste der Fräulein Brentano, namens Kunigunde, beworben habe u. fügt hinzu: «Einige ihrer Briefe an ihn wurden unter meiner Adresse gesendet». Der Grund dieser merkwürdigen Erscheinung wird sich später ergeben.

[1]Steig I, S. 22

BLATT 285

Es schloß sich ein lebhafter Briefwechsel zwischen Savigny u. Gundel an, über dessen ihm durch Savigny gänzlich vorenthaltene Einsicht Clemens in seinen Briefen an Bettina unaufhörlich klagte.

BLATT 286

[s.a. V, Blatt 160]

Savignys Verlobung

Bei der großen religiösen Toleranz, die er gegenüber den Spaltungen in der protestantischen Kirche stets bewiesen hatte, erschien ihm auch das katholische Bekenntniß der Auserkornen als kein ernstes Hinderniß. Nähere Beziehungen zu Katholiken hatte er, soviel ich sehe, bisher überhaupt noch nicht gehabt; u. wenn er sie gehabt haben sollte, so konnten ihn bei dem Zeitgeist, der die confessionellen Gegensätze überhaupt zurückgedrängt hatte u. sogar auf eine nicht zu ferne Vereinigung mit den Katholiken hoffte, keine Bedenken erregen. Und so war es denn ja auch auf Seiten von Gundels Familie, insbesondere ihres Bruders u. Vormundes Franz, obgleich derselbe die Jungfrau Maria als Patronin seines Frankfurter Geschäftes verehrte: ihr Bild stand von der Zeit des Vaters her in einer Nische des Contors. Und [wiewohl?] Clemens, der seine Schwester gradezu haßte, sich das Verdienst zuschrieb, seinem Hause diese Verbindung mit Savigny verschafft zu haben, war Franz weit davon entfernt, diese Verbindung nicht als eine sehr vorteilhafte zu betrachten.

BLATT 287

[s.a. IV 2, Blatt 61–66]

Die Großjährigkeitserklärung (1799 März) u. auf Trages
Roth u. Meibom, [Kurhessisches Privatrecht] I, S. 130

1799 den	20. Febr.	Neurath in Wetzlar
	28. Febr.	Blum in Hanau[1]
	4. März	Kroeber in Meerholz
	12. März	Savigny in Hanau an den Landgrafen
	5. April	der Landgraf in Kassel
	12. April	die Regierung (? in Hanau an Savigny)

[1]also die ‹Sophie Blum› aus Hanau, eine vielumworbene Schönheit, die Frau des Daub (Geiger S. 171), wie es scheint, eine Tochter desselben (Daub war 1794 von Marburg zur Strafe nach Hanau versetzt (Geiger S. 171) u. heirathete hier die Blum 1796! (Geiger [S. 171])

BLATT 288

In dem dann ausgebrochenen Kampf sollte das katholisch-romanische Blut der Familie der Frau über das Deutsche einen großen Sieg davontragen.[1] War das romanische Blut der lothringischen Vorfahren, das der nach Deutschland verpflanzte Urahn in sich trug, bald durch deutsche Frauen wesentlich verdrängt, so sollte es nun durch eine Halbitalienerin wieder erheblich gekräftigt werden, u. so konnte jener Sieg von dem katholischen Klerus errungen werden, zu ihrem großen Triumph.–

Kehren wir von dem Blick in die Zukunft zur Gegenwart zurück, so erfahren wir, daß die junge Frau nicht aufhörte, das Frankfurter Bürgerrecht zu besitzen, das Savigny selbst so wenig zustand, als es sein Vater gehabt hatte. Erst viele Jahre später trug Frau v. Savigny bei der Frankfurter Behörde darauf an, sie aus dem Bürgerrecht zu entlassen.

[1]vgl. Max Lenz, Geschichte Bismarcks, S. 373

BLATT 289

Savignys Heirath

Am 17. April 1804 fand dann in der That die kirchliche Trauung in Meerholz statt, u. zwar «mit landesherrlichem Consens in des Herrn Kanzlei-Assessor Kroeber Haus». Der amtirende Geistliche war der Hofprediger u. Consistorialrath Friedrich Simon Frieß.[1]

Die Handlung war sowohl in dem Trauungsbuch der evangelischen Gemeinde Meerholz als in dem <katholischen?> «Kopulirbuch» von Frankfurt a. M. beurkundet, u. zwar in dem letzten auf Grund eines von Frieß am 15. Mai in Meerholz ausgestellten Zeugnisses.

Savigny wird in der ersten Urkunde bezeichnet als «Kurfürstlicher Professor der Rechte zu Marburg u. als ehelicher Sohn» des fürstlich Nassau-Usingischen Raths u. Kreisgesandten . . . v. S[avigny], vom Hof Trages, seine Frau als eheliche Tochter des Kur-Trierischen Geh. Raths, Residenten u. Handelsmannes, Peter Anton Brentano von Frankfurt. In der Frankfurter Urkunde wird S's Vater ____lich u. der Vater der jungen Frau «gewesener hiesiger Bürger u. Handelsmann, wie auch Kurtrierischer Geheimder Rath» genannt.

Zeugen sind nicht nahmhaft gemacht!

[1]ein Verwandter des Fries?

BLATT 290

Savignys Verlobung u. Ehe

War nun dem nach Deutschland verpflanzten Zweig der Familie de Savigny ein tüchtiges Geschlecht entsprossen, das durch eheliche Verbindung mit deutschen Frauen das romanische Wesen gänzlich zurückdrängte u. echt deutsches Wesen an seine Stelle setzte, so trat nun eine gewisse Wendung nach rückwärts ein, wie sie die Verbindung mit der Tochter eines Italieners zur Folge haben mußte u. dann auch, als der Weizen der Kurie wieder blühte, sofort auch in confessioneller Hinsicht bethätigen sollte.

Wenn wir diese Erfahrungen, die auf Savignys Alter einen dunklen Schatten werfen, erst später betrachten können, so muß hier noch eine andere Frage aufgeworfen werden, eine Frage, die, wie es scheint, fast allen Freunden Savignys auf der Zunge lag: wie kam es zu der Wahl der Gundel Brentano? Es ist nämlich deutlich zu erkennen, daß diese Wahl kaum Einen befriedigte, während Gundels Loos mit Recht gepriesen ward.

Arnim spricht einmal gelegentlich von Savignys vollständiger Unerfahrenheit gegenüber Mädchen,[1] eine Beobachtung, die ohne Zweifel richtig ist. Umso stärker war die Sehnsucht dieses einsamen Mannes nach einem innigen Familienleben, wie er es aus seiner frühesten Jugend in warmer Erinnerung hegte. Nun war ihm dieses Mädchen mit ihren schönen dunklen Augen u. ihrem ruhigen, von ihres Bruders Art sich auf das vortheilhafteste abhebenden Wesen entgegen. Und ein Zug von Trauer, der auf ihrem Gesicht hervortrat, regte, wie wir annehmen dürfen, seine Theilnahme an. Und was vor allem in Betracht kommt, so hatte er eine unüberwindliche Abneigung gegen alles Pränken mit Geist, während schlichtes, natürliches Wesen ihn überall erfreute.

So war es, wie ich meine, keine leidenschaftliche Liebe, sondern ein aus Theilnahme u. Behaglichkeit gemischtes Gefühl, was ihn den weitreichenden Schritt thun ließ. Und bezeugt ist, daß Gundel durch ihr Glück so gehoben ward, daß sie ihren Mann auch auf die Dauer zu fesseln vermochte.

[1]Steig, S. [konnte nicht ermittelt werden]

BLATT 291

Wir kehren zu dem Brautpaar zurück, um einen bei dem Brautpaar bestehenden Gegensatz ins Auge zu fassen, der für die Heirat Schwierigkeiten bereitete, wohl aber in späteren Zeiten seine ganze unheilvolle Bedeutung entfalten sollte: der Gegensatz der beiden christlichen Confessionen. Eine Parallele bot die Ehe des Clemens mit der Mereau, nur in umgekehrter Richtung, wobei noch der Umstand ins Gewicht fiel, daß der Katholik Clemens eine Protestantin heiratete, deren erster Mann noch lebte.

Während Clemens einen Weg gefunden hatte, alle Verhandlungen mit dem katholischen Geistlichen in Frankfurt zu vermeiden,[1] um dann später doch sich veranlaßt zu sehen, auch noch einer katholischen Trauung sich zu unterwerfen,[2] konnte Savigny ein Privilegium geltend machen, wonach er als Adliger die Trauung im eigenen Hause vornehmen lassen durfte. Aber die Frage des Aufgebots mußte geregelt werden.[3]

[1]Mereau II, 62 [2]Mereau I, S. XXXI [3]vgl. Mereau II, 82 f.

BLATT 292

Gundels Wesen

Gundel Brentano, die bei ihrer Heirat das 24. Lebensjahr vollendet hatte, war nicht schön, auch nicht sonderlich stark.[1] Aber sie hatte, wie Jakob Grimm 1805 urtheilte, «die schönsten Augen, die man sich denken kann», war gescheidt u. nach desselben Jünglings Ansicht auch sehr interessant.[2] Im übrigen waren die Urtheile fast aller Personen, von denen wir Urtheile über sie haben, für sie wenig günstig. Selbst ihre Geschwister, insbesondere Bettina u. Clemens, machten sich nichts aus ihr; ja Clemens fand ihr Wesen gradezu widerwärtig. Aber alle diese Urtheile sind, wie wir deutlich sehen können, entweder parteiisch u. zum Theil von Leidenschaft dictirt, oder aus andern Gründen anfechtbar.

Zunächst gilt das von der Günderode, die in der Gundel eine siegreiche Gegnerin erblickte, der sie unmöglich gewogen sein konnte; das gilt von Creuzer, der ihr vor allem u. doch ganz offenbar mit Unrecht, die Schuld beimaß, daß Savigny sein Verhältniß zur Günderode nicht billigte; das gilt von der Bettina, die es nicht ertragen konnte, daß die sorgsamere Schwester ihr Vorhaltungen über ihren Unfleiß u. ihr phantastisches Treiben machte, die ferner schon vorher eifersüchtig war, als sie hörte, daß auch diese ihre Schwester sich wohlgefällig über Arnim aussprach – Clemens fand es angemessen, Arnim mitzutheilen: «Bettina sagt, sie liebe dich nicht mehr, weil Gundel so breit u. eitel von dir zu erzählen weiß»[3]; endlich selbst die älteste

[Fortsetzung s. folgendes Blatt]

[1]Grimm, Briefwechsel S. 34 [2]das. S. 17 [3]Steig I, S. 40

BLATT 293

früh verstorbene Schwester Sophie, welche schon 1793, als Gundel 13 Jahre alt war, an Clemens schrieb: «Die Gundel hat sich dem Gemächlichten: kömmst du heut nicht, so kömmst du morgen ergeben.»[1] Aber diese Sophie, die in ihrer Jugend ein Auge verloren hatte, starb in Oßmannstädt bei Wieland als Wahnsinnige, während Gundel bei ihr war.[2]

Die Urtheile, die wir aus der späteren, insbesondere der Berliner Zeit über sie hören, können hier unbeachtet bleiben. Der einzige, so viel ich sehe, der sich günstig über Gundel ausspricht, ist Arnim. 1805 im Herbst, nach Savignys Rückkehr aus Paris, schrieb er an Clemens: «Ich habe Gundel eben so unbefangen, annehmlich, gefällig wiedergefunden, dabei viel gewandter u. in zärtlicher Sorgfalt sehr ergeben für Mann u. Kind.»[3]

Was ihre Geschwister u. auch die Günderode u. Creuzer an Gundel auszusetzen hatten, betraf zunächst ihr ruhiges, nicht hastiges Wesen, was von dem Aufgeregten ihrer Geschwister in für diese ärgerlicher Weise abstach. Damit zusammen hing ihr mehr nach den Regeln der Ehrbarkeit u. Vernunft geregeltes Leben. Hier stieß sie mit den freieren Grundsätzen des Clemens, der Bettina, der Günderode u. Creuzers am schärfsten zusammen. «Bettina sagt», so theilte Clemens in jenen schon früher benutzten Briefen an Arnim mit, «sie (die Gundel) habe sich sogar [Fortsetzung fehlt]

[1]Steig I, S. 13 [2]Steig I, S. 20 [3]Steig I, S. 147 f.

BLATT 294

Gundel

gemächlich (Steig I, S. 13)
blond (Steig I, S. 20)
Ehrbarkeit ([Steig I] 22)
breit u. eitel reden ([Steig I] S. 40, cf. Geiger S. 21)
räsonnable Gespräche ([Steig I] 42)
ihr Cabinet ([Steig I] 48)
ihre Angst ([Steig I] 275)
unbefangen (Steig I, S. 147, Geiger S. 24)
Mangel eines gewissen Enthusiasmus (Geiger S. 28, 37, [174?])
ihre Sorgen um Bettina (Geiger S. 145), ihr strenger Tadel derselben (S. [155?])
ihre Natur ist Clemens zuwider (Geiger S. 99)
ihr Jesuitenwesen (Geiger S. 97)
Gundel hat kein Verlangen nach Bettina (Geiger S. 147)
interessiert sich nicht so sehr für Schwab, wie Clemens u. Bettina (Geiger S. 147)

Gundel hat einen Mann durch Clemens (Steig I, S. 289)

BLATT 295

Perthes [über] religiöse Mischehe

Gegen Ende der dreißiger Jahre schrieb ein warmherziger Protestant, der Buchhändler Perthes über die gemischte Ehe: «Sie ist mir in der Seele zuwider. Hätte ich das Unglück gehabt, daß eine meiner Töchter einen Katholiken hätte heirathen wollen, so würde ich mit allen Kräften dagegen gewesen sein; hätte ich nachgeben müssen, so

würde ich zur Tochter gesagt haben: werde katholisch; hätte ich die Verheirathung eines Sohnes mit einer Katholikin nicht verhindern können, so wäre mein Wort zum Sohn gewesen: mache die Frau evangelisch».
[Perthes, Friedrich Perthes Leben, Bd. 3, S. 468]

Die Schließung der Ehe einer Katholikin mit einem Protestanten in Frankfurt.
Jung, [Das historische Archiv der Stadt Frankfurt] S. 111 ff. (1763–1810):
‹Säkularisation nebst darauf bezüglicher Ingressen, Neueinrichtung des katholischen Kirchenwesens nach der Säkularisation.
– 1400–1808: Versammlungen vor dem vicarius in spiritualibus bzw. dem Geistlichen Gericht in Mainz betr. Jurisdiction über . . . Ehesachen.
Jung S. 25, Einfluß des Reichsdeputationshauptschlusses; Jung S.26, Die Verordnungen d. Stadt. Becker, Beiträge zu der Kirchengeschichte der evang.-luth. Gemeinde zu Frankfurt a. M. 1852.
Scharff, Die niederländische u. die französische Gemeinde in Frankfurt a. M.
Aus: Archiv für Frankfurts Geschichte u. Kunst. N.f. Bd II [1862], S. 245 ff.
‹Die deutsch-reformierte Gemeinde hat ihr Archiv in eigener Verwaltung› (Jung S. 113)

BLATT 296

Bettina u. Savigny

Im März 1808 erlebte Arnim es in Frankfurt, daß Bettina «gar nicht von Savignys Zimmer weichen wollte, der nothwendig beschäftigt war u. dich darum bat», während Arnim immer fürchtete, Savigny würde die Geduld ausgehen, wie ihm selbst das in ähnlichem Falle sicher geschehen wäre.[1]
Die Besprechung mit [Johann Georg] Zimmer? ([Steig II] S. 90, 97)

[1]Steig II, 116, vgl. die freche Geschichte in Landshut mit Creuzer (Rohde)

BLATT 297

[vermutlich Irrläufer: Babylonien, Jericho]

BLATT 298

[vermutlich Irrläufer: Pfalzgraf Eckart]

BLATT 299

[Überschrift: 1808. Bettina und Die Briefe von Johann Müller]

BLATT 300

[Überschrift: Bettina und Ihre Brüder]

BLATT 301 [vermutlich Irrläufer: die goldene Bulle und das römische Recht]

BLATT 302 [Überschrift: 1808. was Bettina gerne möchte]

BLATT 303 [vermutlich Irrläufer: Lex Aquilia]

BLATT 304 [vermutlich Irrläufer: Thema unklar; Verhandlung mit Notar, Zeugen, Verkäufer etc. in der Kirche Notre Dame la Ronde in Metz(?), Frankreich; ohne Zeitangabe]

BLATT 305 [Überschrift: Bettina und Goethe, Gespräche über Bibel, katholische Religion]

BLATT 306 [Überschrift: Clemens und Bettina]

BLATT 307 [Überschrift: Clemens und die Günderode]

BLATT 308 [vermutlich Irrläufer: Mala sacrificia/Menschenopfer]

BLATT 309 [Stichworte zu 1801–02, weitgehend unlesbar]

BLATT 310 [Überschrift: Clemens und Bettinas Verlangen, die Leute ...]

BLATT 311

[im Original in Spalten (jeweils untereinander nach Fächern) geschrieben]

Übersicht über die neuen Fächer seit dem 18. Jahrhundert (Universität im Ganzen)

Theologie

1699 Heil. Sprache – 1715 Glaubenscontrov. 1745–1738 Casuistik 1748, 1752, 1762, 1765, 1766, 1768–1749 Dogmatik 1763, 1766, 1767, 1769, 1771, 1773, 1785, 1794–1793 Kirchengeschichte 1795–1795 Heilige Geschichte – 1796 Kirchenrecht (dagegen 1863, 1868)
1799 Kirchengeschichte (Michl 1813, 1826) – Dogmatik 1800–1808 bibl. Exegese – 1863 Kanon. Recht

Rechtswissenschaft

1746 Öff. Natur- u. Völkerrecht - 1753 Reichsinstitutionen 1755, 1761, 1771-1755 Vaterländ. Recht 1758-1771 Naturrecht - 1775 Reichsgeschichte 1781, 1793-1798 Öffentliches Recht, Reichspraxis 1783-1783 Wechselrecht, Lehnrecht - 1797 baier. Staatsrecht 1799 -

1799 baier. Civilrecht _____, baier. Staatsrecht, Reichsfürstenrecht, Deutsches Staatsrecht, baier. Civilrecht (Krüll), Deutsches Privatrecht (Krüll 1827), baier. Civilprozeß (Stürzer) - 1802 baier. Civilprozeß (Stürzer) (ders. 1826) - 1806 Römische Rechtsgeschichte 1823, 1827!

Medicin

1781 Thierheilkunde -

1826 Psychiatrik, (1828 ___)!

Philosophische Facultät

1726 Geschichte 1740, 41, 42, 47
1768 Moderne
1772 Naturgeschichte 1799
1774 Ästhetik 1792, 1794, 1796
1780 Vaterländ. Geschichte (Moderne) -1784! 1826
1781 Europ. Staatengeschichte (Krenner)
1784 Vaterländ. Geschichte (Moderne!!)
1791 Staatswirthschaft

1799 Philologie (____), Naturgeschichte (Weber)
1801 Ästhetik, Philologie
1802 Philologie
1803 Literärgeschichte
1804 Geschichte, Pädagogik
1805 Philologie
1807 ___
1808 Geschichte

Kameralwissenschaften-Institut

1799 Kameralrecht (Holzinger)
1801 Staatswirthschaft (Frohn)
1804 " (Butte PD)
1806 Landwirthsch., Forstw., Technologie

1807 Statistisches Recht, Polizeiwissenschaft, Forstw., Ackerbau
. . . Wechselrecht <1826 Handelsrecht>
1808 Görres Geschichte!

BLATT 312

Clemens, der am 4. Januar 1803 von einem Aufenthalt in Düsseldorf über Frankfurt, wo er seine Schwägerin Toni gesprochen hatte, nach Marburg zurückgekehrt war, u. Bettina, mit der er im Briefwechsel stand, hatten damals noch keine Ahnung von der Sachlage. Nur war es Bettina, die mit der Gundel dasselbe Zimmer bewohnte, [1] aufgefallen, daß ihre Schwester zahlreiche Briefe von Savigny erhielt, ein Umstand, den sie Clemens mittheilte. «Daß Savigny der Gundel viel schreibt», so antwortete Clemens darauf, «das muß dich nicht wundern, die Gundel hat ihn sehr nöthig u. begehrt vermuthlich oft einen Trost oder Rath von ihm. Auch ist er ein genauer Freund Winkelmanns, den sie wahrscheinlich noch sehr liebt, u. Savigny, der immer wohlthätig u. helfend ist, nützt ihr unstreitig viel». Aber es ärgerte ihn doch, daß er von den zwischen Gunda u. Savigny gewechselten Briefen nichts zu lesen erhielt. «Ich lese nie», so klagte er Bettina, «eine Zeile von ihm an sie oder von ihr an ihn, wenngleich Savigny alle Briefe liest, die ich bekomme u. schreibe.» Der Unterschied war nur, daß Clemens stets den Wunsch äußerte, daß Savigny seine Briefe läse, Savigny aber nicht den Wunsch haben konnte, seine Briefe Clemens mitzutheilen. Clemens aber wollte nun Rache nehmen u., wie er an Bettina schrieb, nicht mehr so mitteilsam sein. [Frühlingskranz, S. 346]

[Fußnote fehlt]

BLATT 313

Savignys Verlobungsabsicht

«Die letzte nahe Berührung war die, daß er mir, da wir eines Abends allein von Gießen nach Marburg fuhren,[1] seine Liebe zu Kunigunde erzählte u. seinen Entschluß, sie zu heirathen, zu einer Zeit, wo niemand es wissen durfte». Creuzer an Karoline: 1806 den 11. Mai [Preisendanz, S. 265]

[Fußnote fehlt]

BLATT 314

1803 Clemens bei Savigny in Marburg

? [Juli 1803] Savigny u. die Großmutter an ihn (Mereau I, 95)
Sommer (nach Christian: Mereau I, 35), aber
20. Juli. Weimar: er lacht sich über Savigny einen Buckel ([Mereau] I, 95)
August: schreibt an Bettina ([Mereau] I, 104) u. Savigny ([Mereau] I, 105)
Ende August wieder in Marburg; Einfluß Savignys ([Mereau] I, 117 ff.)

September.	den	1.	Sept.	([Mereau] I, 117 ff.)
		2.	"	([Mereau] I, 122)
		4.	"	([Mereau] I, 125)
		5.	"	die Mereau aus Weimar ([Mereau] I, 136 f.)
		6.	"	" " " " ([Mereau] I, 138 f.)
		8.	"	Clemens u. sein Geburtstag ([Mereau I,] 141 ff., großjährig)
		10.	"	Clemens ([Mereau I] 152 ff.), Savigny ist weg ([Mereau I] 161)
		13.	"	die Mereau ([Mereau I] 163)
		14.	"	Clemens aus Wiesbaden ([Mereau] I, 165)
			"	Mereau aus Weimar ([Mereau I] 167)
		20.	"	Clemens aus Frankfurt ([Mereau I] 179)
		20/21.	"	Clemens aus Frankfurt ([Mereau I] 169)
		21.	"	Mereau ([Mereau I] 176)
		22.	"	Frankfurt ([Mereau I] 193)
		24.	"	Weimar ([Mereau I] 191)
	Ende	Sept.		Frankfurt ([Mereau I] 194)

Oct. 1	Frankfurt ([Mereau I] 196)
Oct. 7	Frankfurt ([Mereau] II, 1)
Oct. 8	Frankfurt ([Mereau II] 7)
Oct. 10	Weimar ([Mereau II] 25)
Oct. 11	Frankfurt ([Mereau II] 18)
Oct. 18	Frankfurt ([Mereau II] 35)
Oct. 19	Weimar ([Mereau II] 38)
Oct. 20	Frankfurt ([Mereau II] 41)
Oct. 22	Frankfurt ([Mereau II] 49)
Oct. 24	Frankfurt ([Mereau II] 55)
Oct. 27	Marburg ([Mereau II] 62 f.), Savigny wieder da, u. er möchte, daß Clemens auszieht.

Parallele zu Savigny u. Creuzer

BLATT 315

[vermutlich Irrläufer: die Fremdenpolizei in Rom]

BLATT 316

Gunda

Geb. 1780 den 8. Juni[1] als das 4. Kind ihrer Mutter, fast 2 Jahre jünger als Clemens u. fast 4 Jahre älter als Bettina, hatte sie die schwarzen Augen, das blonde Haar[2] u. die kleine Gestalt ihrer Mutter.[3] Sie hatte ein ruhiges, bescheidenes Wesen,[4] das von dem stets aufgeregten Wesen des Clemens u. der Bettina sehr abstach.

Verfolgen wir ihr weiteres Leben, so finden wir sie im Herbst 1800 in Oßmannstädt mit ihrer Großmutter u. ihrem Bruder Clemens am Sterbebett ihrer Schwester Sophie,[5] wo sie Winkelmann kennen lernte, den sie lieb gewann.[6] Clemens, der damals mit der Frau Mereau im Briefwechsel stand, erlaubte sich, im Dezember 1801 von Jena aus so zu schreiben, als ob der Brief von seiner Schwester Kunigunde verfaßt sei.[7]

[1]Jung [Steig I, S. 10, richtig ist der 8. Juli] [2]Steig I, S. 20; über ihre Augen Jacob Grimm (an Wilhelm) [Grimm, Jugendbriefe, S. 17] [3]Ihr Bruder Christian bezeichnete sie als etwas größer wie die kleine zierliche Mereau (Briefwechsel II) [4]Steig I, S. 13, 22 [5]Steig I, S. 20 [6]Steig I, S. 21, 22 [7]Mereau I, S. 19f., dazu S. XIV.

BLATT 317

Gundel[1]

Klein, mit blondem Haar u. schwarzen Augen,[2] hatte sie ein ruhiges Temperament. Aus dem Kloster (zu Fritzlar) war sie schon im dreizehnten Lebensjahr (1793) wieder zurückgekehrt u. im Hause thätig. Die Mutter war schwer krank u. starb in demselben Jahr (21. November). Nun fiel ihr die Sorge für die jüngeren Geschwister ___ zu. Als Clemens in Jena war, schickte sie ihm (1803) eine selbstgestrickt Weste. Trotz des geräuschvollen Treibens im Hause war sie meist von traurigen Gedanken erfüllt. Hatte sie doch nach dem Tod der Mutter u. des Vaters im Herbst 1800 auch die älteste Schwester Sophie sterben sehen, nachdem ihre Stiefmutter eine neue Ehe eingegangen war u. dann auch ihre jüngste Halbschwester Paula im Sommer geheirathet hatte. Ihr Bruder Clemens aber, von jeher das Sorgenkind der Mutter u. des Vaters, ging jetzt, nun des Halbbruders Franz, seines Vormundes, sich durch keine Rücksicht gebunden, unausgesetzt neuen Liebschaften nach, wobei er seinen Freunden überall die «Geschichten seines Herzens» erzählte,[4] u. wenn er bei seinen Liebesbewerbungen auf Hindernisse stieß, sich nicht scheute, den Namen seiner Schwester Gundel zu mißbrauchen, um sich freie Bahn zu schaffen,[3] zugleich aber besorgt war, sein Treiben vor seiner Familie zu verbergen.[5]

Eine Zeit lang hoffte er, seine Schwester Gundel ganz für sich zu gewinnen. Er machte ihr große Hoffnungen auf seine Liebe, aber nur unter Bedingungen, die sie nicht erfüllen konnte, nämlich ihm überall Beistand zu leisten für seine Unternehmungen. Und so sehen wir dann bald eine Wandlung in seiner Gesinnung eintreten, die geradezu erschreckt.

[Randnotizen:] 1793 (Steig I, 13); 1800 (S. 20, 316, 180); 1801 Febr. ([Steig I] S. 22)
1803 März (Mereau I, 72); Juli (Geiger 21, 180); Sept. (Geiger 20, 31);
Oct. (Mereau I, 71); Dec. (Geiger 23)
1804 Jan. (Geiger 25); Febr. (Geiger 28); März (Steig I, 105); Mai (Geiger 99);
Juni (Steig I, 145, 147)

[1]Steig [fehlende Seitenangaben konnten nicht verifiziert werden] [2]etwas größer als die sehr kleine Mereau, blond (Steig I, S. 20), schwarze Augen (J. Grimm) [3]Mereau I [4]Steig S. [5]Geiger S. 100, 143; Mereau (Christian)

BLATT 318

[Abschnitt redundant, siehe folgender Abschnitt]

\- - - - - - - - - -

Clemens u. Gunda 1801 Februar

Geigers ‹Dichter u. Frauen: [Vorträge und Abhandlungen]›, S. 379
(Euphorion IV [1897], 365 Anm. 1)xx
S. 173 f. über ein neu producirtes Briefchen Brentanos' [Brief an Gunda, s. Geiger, Dichter und Frauen, S. 175 f.]

‹Clemens' Brief›, so sagt Steig (Euphorion, l.c.), ‹ist an seine Schwester Gunda gerichtet, gehört in den Februar 1801 u. stellt sich dar als eine seiner Antworten auf diejenigen Briefe Gundas, aus denen ich das Wichtigere in Arnim u. Brentano [Steig I] S. 22 mitgetheilt habe›.

BLATT 319

Versuchen wir, den Gang der Dinge zu skizzieren. 1801

Nach dem Tod seiner Schwester Sophie nannte Clemens den Winkelmann, der ihr in der Krankheit treu zur Seite gestanden, «Bruder» u. «lieber August» u. fügte hinzu: «Meine Schwester Gunda liebt dich auch wie einen Bruder», u. veranlaßte sie, unter seinen Brief zu schreiben: «Einen schönen Gruß von der neuen Schwester.»[1]

Nicht lange darauf aber war Clemens über Winkelmann, in dem er als Dichter u. tüchtigen Menschen für seinen Ehrgeiz einen sehr ärgerlichen Rivalen erblickte, ungehalten u. nun machte er seiner Schwester Gundel von Jena aus Vorwürfe, daß sie Winkelmann liebe. Am 10. Februar 1801 erwiderte sie ihm: «Winkelmann habe ich lieb,

weil Sophie ihn gerne um sich hatte, er sie mit Liebe u. Zartheit pflegte u. ihr Andenken heiligt.» [Steig I, S. 22] Aber diese Gründe hatten für Clemens kein Gewicht. Jetzt fand er die Art ihrer Liebe, die sie Clemens gegenüber geäußert hatte, tadelnswerth. Am 21. Februar schrieb sie ihm: «Ich habe nie anders geliebt als auf die Art, wie ich dich liebe, u. so liebe ich auch Winkelmann.» [Steig I, S. 22]
Der Mereau gegenüber rühmte sich Clemens später, er sei Richter in den Herzensangelegenheiten seiner Schwestern u. führe wie ein kleiner Beichtvater mit ihnen «eine moralische Korrespondenz.»[2] Er folgte darin dem Beispiel von Friedrich Schlegel u. der Veit, mit denen er eine Zeit lang lebhaft verkehrt u. von dem [Fortsetzung fehlt]

[1]Steig I, S. 21 [2]Mereau I, S. 72

BLATT 320

1804

Aber Gundel war für seine frivolen Pläne u. Wünsche nicht zugänglich. Hier spielt nun das Verhältniß von Clemens einerseits u. der Gundel anderseits zur Günderode eine Rolle, die nicht mehr deutlich zu erkennen ist, aber doch hinreichend erfaßt werden kann.

Wir erfahren, daß zwischen der Günderode u. der Claudine Piautaz ein gewisses freundschaftliches Verhältniß bestand,[1] daß aber die Günderode ungern in das Brentanosche Haus ging,[2] in dem, wie Clemens mit Behagen erzählt, Gäste wie z. B. Gall ungestraft Zoten reißen durften.[3] Wir erfahren ferner, daß zwischen der Günderode u. Clemens ein gewisser, wohl auf ihren gemeinsamen dichterischen Neigungen beruhender Verkehr bestand. Dieses Verhältniß hatte dann aber bald, nämlich im Jahre 1802, ein Ende,[4] eine Wendung, die Clemens dem Eingreifen seiner Schwester Gundel zuschrieb.

Als er im Jahre 1804 wieder den Versuch machte, ihr näher zu treten, meinte er,[5] «es würde wie eine todte Epoche in unserer Bekanntschaft gewesen sein, hätten keine andern Menschen zwischen uns gestanden». Und dann: «Ich habe um unserhalben selbst die Gundel mir verhaßt werden sehen, denn ihre Kuppelei u. Gelegenheitsmacherei hat für mich unsere erste Berührung verunadelt, u. ihr Jesuitenwesen hat sie nachher erstickt.»

Darnach war es also in erster Linie nicht Gundel, sondern ein anderer Mensch, der zwischen Clemens u. die Günderode trat, u. dieser kann nicht wohl ein anderer sein als Claudine. Daß Clemens ihr trotzdem später zum Geburtstag ein Gedicht widmete, ist kein Gegengrund; er hatte alle Ursache, die Seinigen äußerlich zu beruhigen u. ihnen sein Treiben zu verheimlichen. Seine Schwester Gundel scheint dann eine Vermittlung versucht zu haben, wobei aber eine Aufsicht stattfand. Aber eben diese Aufsicht war es, die Clemens als «Jesuitenwesen» zurückwies: er wollte die Günderode «in ungestörterer Weise besitzen.»[6] Nicht er war «selbstisch», sondern seine «Umgebung», u. die Gundel insbesondere war ihm «durch ihre Natur zuwider.»[7]

[1]Geiger S. 19 [richtig: S. 18] [2] [3][Steig I, S. 186] [4]Rohde S. 10f. [5]Geiger S. 96f. [6]Geiger S. [97] [7]Geiger S. 99

BLATT 321

1803

Der Mereau schrieb er[1] Ende September 1803, er empfinde seine Schwester Kunigunde «im Innern seit langer Zeit [als] widerlich». Die nächste Stelle hatte von seinen Schwestern bei ihm seit derselben Zeit, spätestens seit dem Sommer 1802, Bettina.[2] Im März 1803 schrieb er jubelnd an die Mereau:[2a] «Dies Mädchen ist mein, mein allein,» ein Ausruf, dessen vollen Sinn wir erst später bei Bettina erkennen können.

Auch die Liebe der Bettina zu Arnim spielt in diesen geschwisterlichen Beziehungen eine Rolle. Im August 1802 schrieb Clemens, der an der Lahn ein Mädchen in seine Netze gezogen hatte, aus Marburg an Arnim: «Bettine sagt, sie liebe dich nicht mehr, weil Gundel so breit u. eitel von dir zu erzählen weiß; sie habe sich sogar gerühmt, du habest sehr raisonnable über mich gesprochen.»[3] Arnim antwortet:[4] «Was deine Schwester Gundel von raisonnablen Gesprächen gesagt hat, begreife ich nicht ganz; sie hat nie etwas anders geäußert, als daß du ihr große Hoffnungen auf deine Liebe gemacht, die du nicht erfülltest.» Dabei übersah er, daß das nicht ganz begreifliche sich durch die von Bettina zurecht gemachte Rede der Gundel leicht begreift.

An Clemens' Stelle war Gundel gegenüber nun in gewissem Sinne der älteste Bruder Georg getreten, der Geschäftstheilhaber des Halbbruders Franz. Als Georg, der vorher Claudine den Hof gemacht hatte, nun plötzlich eine andere heimführte, die Tochter des Amtmanns Schröder in Bergen bei Frankfurt, Maria, – die Ehe ward anfangs Juli 1803 geschlossen –, da ward Gundel auserkoren, das junge Paar auf seiner Hochzeitsreise zu begleiten. Aber Gundel war darüber nichts weniger als erfreut. In einem Briefe klagte sie, daß Georg die Schönheit der Natur gar nicht genieße, wohl aber ganz prosaisch alles wissen wolle, nur um damit zu glänzen.[5]

<~~Clemens hatte, als er im Herbst 1800 Winkelmann zu Besuch nach Frankfurt einlud, betont:[6] «Wir sind nur zu einfach, nicht so galant wie Georg, der ist es allein». Im September 1803, in den «prächtigen Stuben des Georg», da ward sein Herz immer beklommen, wie doch alles Lebendige zu Geld wird.~~>

[1][Mereau] I, S. 196 [2]Steig I, S. 40 [2a][Mereau] I, 72 [3]Steig I, S. 40 [4]Steig I, S. 42, dazu [Mereau] I, 180 [5]Geiger S. 41 [6]Steig I, S. 21

BLATT 322

Clemens aber hatte der Mereau geklagt: «Die Heirat meines Bruders fällt mir vom Himmel; ich kenne das Mädchen nicht. Daß Gundel mitreist, stimmt nicht für unsere Pläne, ich hoffe aber nun, Betinen dorthin zu gewinnen.»[1] Am 2. September theilte er[2] mit: «Gundel u. Georg sind zurück von ihrer Reise».

Nun ward im goldenen Kopf eine neue Einrichtung geschaffen. Clemens, der «in den prächtigen Stuben des Georg» saß, ward beklommen zu Muth. Dazu schrieb er an die Mereau, «zwei Haushaltungen von ganz verschiedenem Charakter an einem Tisch aus einer Kassa!»[3] Schon als er im Herbst 1800 Winkelmann zu Besuch nach Frankfurt eingeladen hatte, betonte er:[4] «Wir sind nur zu einfach, nicht so galant wie Georg, der ist es allein».

Gundel, die früher ein eigenes «Cabinet» hatte,[5] mußte nun die Bettina mit sich in der Stube aufnehmen u. so wohnten sie ein ganzes Jahr zusammen.[6] Für sie, die älteste Tochter, war das Leben u. Treiben in dem düstern u. höchst unruhigen Hause, in dem stets Stöße wie kleine Erdbeben stattfanden, eben so unsympathisch wie ihrer früh verstorbenen Mutter. Im December 1801 klagte sie Clemens ihr Leid, der sie nicht trösten konnte.[7] Und als Bettina ihm von der Betrübniß der Schwester schrieb, da antwortete er[8] ihr, sie sei «immer ohne Ursache betrübt» u. Bettina solle sie nicht zu trösten suchen u. schließlich eben so erbärmlich betrübt werden: «der Umgang mit solchen Leuten ist deprimirend u. zerstört alle Kraft in uns». Der Günderode erzählte Bettina später,[9] sie habe die Thränen nie zurückhalten können, wenn die Gunda weinte.

[1][Mereau] I, 89 [2][Mereau] I, 124 [3][Mereau] I, 181, 179f. [4]Steig I, S. 21 [5]Steig I, S. 48 [6]Geiger S. 147 [7]Mereau I, 19 [8][Steig, Bettina, in:] Deutsche Rundschau, XVIII. Jahrgang [72] (1892), Heft 11, S. 266f. [9]Geiger S. 147

BLATT 323

1802

Als Clemens dann sich zu Bettina gewandt hatte, die ihm zur Beihülfe für seine mannichfachen Pläne u. Abenteuer williger war, da warnte er sie, sich mit Gundel näher einzulassen: «Ich bitte dich um des Kaisers seinen Bart Willen, werde nicht empfindsam[1] ... ich fürchte immer, die klagende kränkliche Gesellschaft der Gundel macht dich täglich zimperlicher. Wenn die Gundel betrübt ist, wie immer ohne Ursache, so habe Mitleid mit ihr, suche sie aber nicht etwa zu trösten, indem du dich zu ihr gesellst u. bei Licht besehen endlich eben so erbärmlich betrübt wirst».[2]

«Laß dich nicht», heißt es an einer andern Stelle, «von dem Lied der Katzen sogar rühren. Ich bitte dich um alles in der Welt, werde nur keine Seraphine Hohenacker, die

Geisterseherin.»[3] Es war wohl die Zeit der hangenden u. bangenden Pein, die wir hier bei Gunda vor uns sehen.

[[1]Frühlingskranz, S. 230 [2]Steig, Bettina, in: Deutsche Rundschau 72 (1892), S. 266f. [3]Frühlingskranz, S. 230]

BLATT 324

Clemens ([Frühlingskranz], S. 468) aus Marburg (Januar April 1803)
«... mit Savigny stehe ich auf einem ganz ordentlichen Fuß. Wir achten uns, ohne doch daß unsere Herzen innige Mittheilungen hätten. Seine Verschlossenheit, sein Verkehr mit Gunda u. Winkelmann, ohne daß ich weiß, was sie mit einander wollen u. vor allem sein Geständniß, «daß er mit dir platterdings gar nicht existiren u. keine Berührung mit dir erträglich sei». Dieser deutliche Widerwille gegen das, was ich auf Erden am meisten liebe, gegen dich, dies alles hat mein Verhältniß mit ihm bestimmt. Ich achte ihn aber mehr als irgend einen Menschen in der Welt; daß er das Talent nicht hat, vertraulich zu werden, lasse ich ihn weiter nicht entgelten. Übrigens theile ich ihm nichts mehr mit, weil er stumm wie ein Ölgötze gegen mich ist u. so wäre das gut. Manchmal muß ich tief in Gedanken über ihn sitzen, denn ich habe manche controverse Erfahrungen an ihm gemacht, die ich zu reimen nicht im Stande bin; doch – alles ist gut u. bedeutsam in der Welt, u. wer weiß, wie sich dies noch einmal zurecht rücken wird! Über was kann ich denn klagen, als daß ich ihn in dieser Abgeschlossenheit nicht verstehe; das ist am End auch meine Schuld u. nicht die seine . .

BLATT 325

Auf Gunda, wie auf ihre Schwestern überhaupt machten sich bei dem Mangel sorglicher Eltern die widerstrebendsten Einflüsse geltend: neben der Autorität der Großmutter, die immer Wieland u. Heinse verehrte, theils die der ältesten Schwester Sophie, die bei Wieland lebte, theils von Franz' Frau, der Wienerin Toni, u. der Wirthschafterin Claudine Piautaz, theils die des Buchhalters Schwab, theils endlich u. ganz besonders, zwar fast mehr heimlich als offen, die der Brüder Clemens u. Christian.

Alle diese Personen müssen wir in ihrer Beziehung zu Gundel vorführen, wenn auch in einer etwas andern Reihenfolge.

Beginnen wir mit der früh (1800 im Sommer) verstorbenen Halbschwester Sophie. Die Gundel, so urtheilte sie[1] im Jahre 1793 über das dreizehnjährige Mädchen, «hat sich dem Gemächlichen ergeben: ‹Kommst du heut nicht, so kommst du morgen›.»

Nach dem Tod Sophies war es in erster Linie die Großmutter in Offenbach, die sie leitete. Dieselbe wies sie im März 1801 an, ihre moralischen Erzählungen zu lesen, während sie im März den Dichter des Ardinghello von Frankfurt nach Offenbach begleiten mußte.[2]

In Frankfurt war es die mit ihr ungefähr gleichaltrige Schwägerin Toni, an welche sie sich anschloß. Mit dieser lernte [Fortsetzung fehlt]

[1]Steig I, S. 13 [2]Steig I, S. 22 [Heinse, Ardinghello und die glückseeligen Inseln]

BLATT 326

[Anfang fehlt] wollte er [Georg] alles wissen, nur um damit zu glänzen, während er, ein gänzlich prosaischer Mensch, an den Schönheiten der Natur keinen Genuß empfand. So fühlte sich Gundel auf dieser Reise sehr unglücklich.[1]

Clemens, der immer unterwegs war, schickte sie, als er im Mai 1803 in Jena lebte, «eine gestrickte Weste.»[2] Er hatte sich eine Zeitlang mit ihr in seiner Weise beschäftigt, dann aber mit ihr gebrochen; aus welchem Grunde, kann erst später dargelegt werden.

In jener Zeit hatte er ihr große Hoffnungen auf seine Liebe gemacht.[3] Im Jahre 1800 hatte er an Winkelmann geschrieben:[4] «Meine Schwester Gunda liebt dich wie einen Bruder». Später aber, als er mit Winkelmann gespannt war, schalt er sie wegen dieser Liebe. «Winkelmann», so schrieb sie ihm am 10. Februar 1801 ruhig zurück, «habe ich lieb, weil Sophie ihn gern um sich hatte, [Fortsetzung s. folgendes Blatt]

[1]Geiger S. 41 [s. V, Blatt 330, 331] [2]Steig I, S. 127 [Brentano, Gesammelte Schriften, Bd. 8: Gesammelte Briefe, Bd. 1, S. 127] [3]Steig I, S. 42 [4]Steig I, S. 21

BLATT 327

er sie mit Liebe u. Zartheit pflegte u. ihr Andenken heiligt.» Aber Clemens konnte sich noch immer nicht beruhigen, so daß sie am 21. Februar ihm erklärte: «Ich habe noch nie anders geliebt als auf die Art, wie ich auch dich liebe, u. so liebe ich auch Winkelmann, also wüßte ich nicht, [warum] ich mein Gefühl verzuckern sollte, daß man es nicht erkennen kann.» Und am 17. März sprach sie dem Bruder ihre Freude aus über seine bevorstehende Ankunft u. erzählte ihm, Heinse habe auf der Fahrt zur Großmutter, die sie mit ihm gemacht, von Clemens' Godwi gesprochen u. das Buch gelobt. «Er sagte, es sei schön geschrieben u. viel Genie darin. Was ihm aber besonders gefallen hat, sind deine Triangel: er findet sie schön u. richtig.»[1]

Sehr unzufrieden war Clemens mit den Rathschlägen, welche die Großmutter den Schwestern, also wohl auch Gunda ertheilte. Aber die Rathschläge, welche ihr dafür Clemens gab, wies sie, wenigstens zum Theil, ruhig, aber bestimmt ab. «Siehe», so schrieb sie ihm einmal, – u. deutlich hören wir die Lehren der Großmutter – «ein Mädchen wie ich darf nicht sagen: ‹bei Schlegel u. Goethe›, denn das ist gegen die Ehrbarkeit, die sich für unser eins schickt. Wollen wir auch einmal von [gelesenen] Büchern [etwas] anbringen, so fragen wir ganz modest: ‹Kennen Sie die moralischen Erzählungen von Frau Laroche oder dieses u. jenes Buch von dem beliebten Lafontaine?› Und da ich nun auch keine andern Werke gelesen, so muß ich dir gestehen, daß ich die Hälfte deines Briefes nicht verstanden, über die andere Hälfte mich gekreuzigt habe.»

[1]Steig I, S. 22

BLATT 328

Savignys Verlobung u. Ehe u. ihre Folgen bezüglich der Günderode
<bis zu Savignys Übersiedlung nach Heidelberg> I. Vor der Heirat.

Im Sommer 1803 waren Savigny u. Gundel einig geworden, daß sie sich für ihr Leben angehören wollten. Aber ihr Entschluß sollte vor der Hand nicht bekannt gemacht u. nur einigen besonders nah stehenden Personen vertraulich mitgetheilt werden. Zu diesen ward auch Karoline von Günderode gezählt.

Gundel schrieb einen Brief an Karoline, die sich damals mit ihrer Schwester Miene in Gießen bei einer Tante, einer Frau von Rabenau aufhielt. Savigny wollte diesen Brief persönlich überbringen, da er zu dieser Zeit ohnehin in Gießen zu thun hatte. Als dann Savigny der Frau von Rabenau seine Aufwartung machte, war Karoline Tags vorher schon abgereist (zunächst noch nicht nach Frankfurt). Unter diesen Umständen erschien es unnöthig, daß Savigny jenen Brief ihr zusandte: konnte doch nun Gundel bald persönlich mit Karoline reden. Savigny aber schrieb von Marburg an sie – der noch erhaltene, undatirte Brief stammt aus dem Anfang des Juli[1] –, in dem er sein vereiteltes Vorhaben mittheilte u. darüber klagte, daß er sie nicht gesehen habe.
«Ich glaube [sogar, ich habe Sie in Gießen auch nach allerlei Dingen fragen wollen…»]
[Fortsetzung fehlt]

[[1]Geiger S. 16 f.]

BLATT 329

Savigny an Franz Brentano (Katalog No. 95). <Marburg 1803 den 1. Nov. ?>
«... so verschieden die Richtung ist, die uns beiden durch Beschäftigung u. äußerliche Verhältnisse angewiesen ist, so haben wir doch etwas mit einander gemein, das viel wesentlicher ist als alle diese Verhältnisse, ein einfaches unschuldiges Herz. Sie sowohl als Toni werden gewiß meine sehr gegründete Bitte, vor der Hand alles, u. vorzüglich in Ihrem Hause, zu ignoriren, mir nicht abschlagen ...» [Stoll I, 185]

(diese Stellen im Katalog abgedruckt; ob aus dem 1. oder dem 2. Brief ist nicht gesagt).

Entweder ‹Marburg den 1. Nov. 1803›
oder ‹Berlin 1812›
ohne Zweifel jenes: Verlobungsabsicht.

BLATT 330

Gundels unfreiwillige Schweizerreise Geiger. Mereau.

Georg hatte sich plötzlich verlobt u. dann auch die Heirat möglichst rasch betrieben. Am 26. Juni 1803 fand die Proklamation in Frankfurt statt.[1] Es war eine Hochzeitsreise in die Schweiz beschlossen u. Gunda sollte das Paar begleiten – sehr gegen seinen [richtig: ihren] Wunsch.

Das Ereignis kam auch Clemens ungelegen. «Die Heirat meines Bruders», so schrieb er[2] aus Weimar an die Mereau, «fällt mir vom Himmel herab ... daß Gundel mitreist, stimmt nicht für unsere Pläne; ich hoffe aber nun, Betinen dort hin zu gewinnen.»

Auch Savigny war überrascht; er hatte die Absicht gehabt, Gundel nach Trages zu bringen: «Daß die Gundel nicht nach Trages gehen kann, weil sie lange verreist ist, werden Sie wissen,» schrieb er am 17. Juli an ... ? [an Clemens][XXI] «Ich glaube, ich habe es Ihnen selbst geschrieben, noch ehe ich Ihren letzten Brief erhielt.» Aber er dachte nicht wie Clemens an seine Wünsche, sondern an das Schicksal eines Mädchens, dem Georg vorher den Hof gemacht hatte. Am 10. Juli schrieb er[3] aus Marburg an die Günderode nach Frankfurt: «Georg Brentano hat plötzlich geheiratet, u. ich wünschte sehr zu wissen, wie das arme gute treue Klödchen [Claudine Piautaz] diese Begebenheit ertragen hat u. noch erträgt. Einige Details hierüber würden mich zu neuer Dankbarkeit auffordern, ja ich kann sagen, daß ich zu dieser Frage außer [von] mir selbst noch von jemand anders aufgefordert worden bin.» Dieser andere kann nur Gunda sein, die offenbar von der Reise aus an Savigny geschrieben u. gleichfalls ihre Sorge um Claudine, eine gute Bekannte der Günderode, geäußert hatte. Karoline gab dann auch die Nachricht, worum Savigny gebeten hatte, recht ausführlich u. schickte obendrein noch ein Briefchen, ohne Zweifel von Claudine, Nachrichten, wofür Savigny ihr am 23. Juli dann doppelt dankte.[4]

Gundel, die das Wesen ihres Bruders [Fortsetzung s. folgendes Blatt]

[1]Jung (Beilage) [konnte nicht ermittelt werden] [2]Mereau I, S. 89 ‹Lotte› – sollte es die Günderode sein? [3]Mereau I, S. 18 [Geiger, S. 18] [4]Geiger S. 19

BLATT 331

hinreichend kannte, hatte von der Reise nichts weniger als Freude, sondern fühlte sich tief unglücklich. Sie beklagte sich über seine prosaische Natur, der [für] die Schönheiten der Natur, die er zu schauen bekam, nichts empfand, aber «alles wissen wollte, nur um damit zu glänzen.»[1] An wen dieser Brief gerichtet ist, erfassen wir nicht. Von Bettina wissen wir, daß er gern den Engländer spielte[2] u. Clemens spricht[3] von seinem Stolz u. seiner Kälte, nicht minder aber, wie er nach seiner Rückkehr in Frankfurt, im Gegensatz zu dem einfachen Franz Brentano, eine Haushaltung von ganz verschiedenem Charakter einführte.[4] Als Clemens «in den prächtigen Stuben des Georg» saß, ward, wie er der Mereau schrieb, sein Herz immer beklommener u. er mußte in seine Kammer gehen, um heftig zu weinen.[5] Der «Eitelkeit», der Pracht u. dem Luxus, die täglich stiegen, entsprach der vornehme Umgang: «Neben meiner Stube», so erzählte Clemens etwas später, «spielen in diesem Augenblick der Bethmann, ein russischer Graf u. Georg u. trinken Champagner: die Partie 1 Karolin.»[5]

Kehren wir zu der Schweizerreise zurück, so erfahren wir von Clemens, daß Savigny während ihrer Dauer mit der Gundel korrespondirte, aber ohne Clemens Näheres mitzutheilen: «Er findet nicht einmal Ursache, mir zu sagen, in welcher Stadt der Schweiz die Gundel jetzt lebt,» klagte er[6] der Mereau.

Anfangs September war das Ehepaar u. Gundel wieder in Frankfurt.[7]

Am 11. September schrieb Clemens an die Mereau, er wisse «von guter Hand», daß seine Schwester Gundel «zügellos in Savigny verliebt» sei.[8]

Und gegen Ende October:[9] «Seine Liebschaft mit Gundel scheint mir ernsthaft zu sein; diese Liebschaft kann ich nicht begreifen: Savigny ist angeführt dabei.»

Der Romantiker kannte nur Liebschaften, keine Liebe. –

[1]Geiger S. 41 [2]Briefe [Frühlingskranz, S. 367] [3]Mereau I, 195; II, 57 [4]Mereau. I, 179f. [5]Mereau I, 181; II, 87 [6]Mereau II, 203! [7]Mereau. I, 124 [8]Mereau I, 155 [9]Mereau II, 71

BLATT 332 [s.a. I, Blatt 398]

[Clemens an Bettina, Frühlingskranz, S. 234]

[Anfang fehlt] .. ‹Gedächtniß kommen; er [Savigny] schreibt öfter an Gundel, vermuthlich weil er [ihr] manchen Rath giebt. Savigny, der immer helfend u. wohlthätig ist, nutzt ihr unstreitig viel. Dir kann er in dieser Weise nicht nützlich sein, deswegen schreibt er an dich nicht. Ich finde das ganz natürlich; da er in Sachen des Umgangs ganz anders denkt als ich, so würden wir uns oft stören.›

– – – – – – – – – –

‹Daß er der Gundel viel schreibt, das muß dich nicht wundern, die Gundel hat ihn sehr nöthig, u. begehrt vermuthlich oft einen Trost oder Rath von ihm. Auch ist er ein genauer Freund Winkelmanns, den sie wahrscheinlich noch sehr liebt, u. Savigny, der immer wohlthätig u. helfend ist, nützt ihr unstreitig viel. Ich lese nie eine Zeile von ihm an sie oder von ihr an ihn, wenngleich Savigny alle meine Briefe liest, die ich bekomme u. schreibe, doch nun das letztere nicht mehr u. das erste seltener. Savigny kann sich nie entschließen, die zweite Person in einem Verhältniß zu sein, u. deswegen schreibt er dir vermuthlich weniger, ich finde das ganz natürlich, da er in Sachen des Umgangs ganz anders denkt als ich, so würden wir uns oft stören, u. du hast ja ohnedem genug an mir, sei kein Allmein.›

(Steig, Deutsche Rundschau 1892, den 11. August, S. 265 f. über die Umbildung des Briefs im ‹Frühlingskranz›, 3. Aufl. 1891, S. 137, vgl. S. 285)[XXII]

BLATT 333

Clemens schreibt an Bettina (I [Frühlingskranz], 234):
‹Von Savigny habe ich keine Grüße an dich, wenn du etwa danach fragen solltest, ob er sich deiner noch erinnert . . . er schreibt öfter an Gundel, vermuthlich weil er ihr manchen Rath giebt. Savigny, der immer helfend u. wohlthätig ist, nützt ihr unstreitig viel. Dir kann er in dieser Weise nicht nützlich sein, deswegen schreibt er an dich nicht . .›

Bettina schreibt ([Frühlingskranz] 295):
‹Abends war bei der Gunda der Thee; da waren allerlei Menschen, die ich noch nicht gesehen hatte, aber auch Tieck war da, dein Freund; sie erwarteten Heinse, aber der kam nicht. . . . Ich saß auf einer Schawell an der Thür des Kabinetts, das ganz voll war, an Günderodes Seite . . . u. ein Doctor Kästner sang nice bella nice amata . .›

– – – – – – – – – –

‹Ob er sich deiner noch erinnert . . . er schreibt öfter an Gundel, vermuthlich, weil er ihr manchen Rath giebt› . . . nützt ihr unstreitig. Dir kann er in dieser Weise nicht nützlich sein, deswegen schreibt er an dich nicht, ich finde das ganz natürlich. Da er in Sachen des Umgangs ganz anders denkt als ich, so würden wir uns oft stören.› ([Frühlingskranz] 234)

Bettinas Bild ([Frühlingskranz] S. 204)
Und doch hatte er schon früher an sie berichtet __ Savigny ‹ist ja kein Kenner von deiner Schönheit›. ([Frühlingskranz] 57)
Und dann: ‹Schreib doch dem Savigny ein oder zwei Worte, wie du sonst auch immer von Zeit zu Zeit ein Blättchen ihm oft schicktest› ([Frühlingskranz] 250 f.). Und am Schluß, nachdem er gejammert: ‹Ach, u. ich bin so unglücklich geworden, ich liebe so heftig; ich . . [Frühlingskranz, S. 251]

BLATT 334

[Band- und Seitenangaben, keine Titel genannt]

BLATT 335

Das projectirte kritische Blatt 1801/1802 zur Studienreise

1) die anzeigenden u. kritischen Blätter (Stoll S. 31 f., S. 36) [Stoll I, 146, 159]
2) die von Savigny gekauften Briefe des Redactauis (J. Grimm in Paris)

1800 den 3. Jan. (Stoll S. 31 f.) [Stoll I, 146]
den 13. Mai (Stoll S. 36) [Stoll I, 159]
den 7. Juli (Stoll S. 38) [Stoll I, 164]
Wer ist der Freund? (nicht Winkelmann, nicht Heise; warum nicht?) [V, Blatt 341: Heise] Bang? denn er soll einen Beitrag zum Plan der Krit[ischen] Blätter schreiben.
seine Unterschrift als ‹Prediger›

1802 zu Anfang des Jahres: Clemens an Winkelmann [Steig I, S. 30]

1803 den 23. Juli Bang an Savigny [konnte nicht ermittelt werden, s.a. V, Blatt 62]

BLATT 336

[Goethe, Briefe von Goethes Mutter an ihren Sohn]
1801 den 7. März: ‹Bey uns geht es so so! Der Friede hat eben keine so außerordentliche Freude verursacht, doch versichert man, daß Frankfurt bleibt, was es ist: eine freie Reichsstadt: und das gebe Gott! Noch zwei Bataillone Franzosen sind in der Stadt.› (S. 210)
– den 20. März: ‹Im Mai müssen wir wieder Kriegssteuer geben›. (S. 211)
– den 19. Mai: ‹Wir wissen gar noch nicht recht, uns in unser Glück zu finden, daß keine Kriegsvölker mehr um u. bei uns sind u. daß wir (Gottseidank) bleiben was wir waren. Der französische Gesandte, der an unsere Stadt accreditirt ist, hat ein sehr freundliches Schreiben von Bonaparte an unsere Obrigkeit mitgebracht. Freilich freilich ist noch etwas Wermuth bei dem Zucker: die Kriegssteuer, die in diesem Monat wieder gegeben werden muß . . .› (S. 216)

1804 den 11. Oct.: ‹Kaiser Napoleon war in Mainz . . . sehr viele Frankfurter haben ihn – gesehen› (S. 268)

– – – – – – – – – –

Die politischen Änderungen für Besitzungen 1801 ff. zu Savigny

Kirchheim (Zeumer, Quellensammlung [zum Staats-, Verwaltungs- und Völkerrecht, Bd. 2], S. 444)

Meerholz (das., S. 463)

Hanau (das.,)

Die Grafschaft Falkenstein (Zeumer, S. 439)

BLATT 337

[Zeitungsausschnitt vom 10. Mai 1801 über die evangelische Gemeinde in Köln]

\- - - - - - - - - -

Stoll S. 38 [Stoll I, 164] Der Plan eines Kritischen Blatts (1802 ?)
Steig I, S. 29 f. (__ 1802). (vgl. später die Vorbemerkung zur Zeitschrift!)
Savigny an Henke [richtig: an Fries]: 3. Febr. 1802[XXIII]
Geiger S. 25
Methodologie

Der höchst unerfreuliche Stand der wissenschaftlichen Kritik, bei der in der Regel nicht sachliche Gründe, sondern persönliche Interessen u. Leidenschaften das Wort führten, war auch andern jungen Gelehrten nicht entgangen. Auch die Frage, wie hier zu helfen sei, beschäftigte ihn; so z. B., ob nicht, wie Herder vorgeschlagen, die anonymen Recensionen zu beseitigen seien (Stoll S. 19) [Stoll I, 123]. Den 3. Januar 1800 schrieb er aus Leipzig (Stoll S. 31) [Stoll I, 146]: «Prof. Schlegel ist von der Allgemeinen Literatur-Zeitung unfreundlich u. terroristisch geschieden, aber etwas schlafferes u. erbärmlicheres als die Antwort der Redactoren kenne ich nicht. Die A. L. Z. könnte wohl jetzt Monarch werden, da, wie man versichert, die (1799 gegründete) Erlanger u. die [Neue allgemeine] deutsche Bibliothek (Nikolai) zugleich eingehen werden. O wenn dann die besten Köpfe Deutschlands sich um Schütz u. Hufeland versammelten u. mit Würde das ernste Geschäft der Kritik betrieben, was könnte diese u. was könnte unsere ganze Litteratur werden!» (Stoll S. 31 f.) [Stoll I, 146][XXIV]

BLATT 338

1801. Der Plan eines kritischen Blattes

Die Art der kritischen Zeitschriften, welche damals die Literatur pflegten, war Savigny, u. wohl nicht ihm allein, durchaus unsympathisch. Schon Herder hatte gegen die anonymen Recensionen gesprochen u. geäußert, er lese die Litteraturzeitung nicht (Stoll S. 19, Anm. 94) [Stoll I, 123, Anm. 6]. 1800 den 3. Januar schrieb er aus Leipzig (Stoll S. 31) [Stoll I, 146]: «Prof. Schlegel ist von der A.L.Z. unfreundlich u. terroristisch geschieden, aber etwas schlafferes u. erbärmlicheres als die Antwort der Redactoren kenne ich nicht. Die A.L.Z könnte wohl jetzt Monarch werden, da, wie man versichert, die Erlanger u. die deutsche Bibliothek zugleich eingehen werden.» (Stoll S. 31 f.) Den 26. April: «Die Scene zwischen Schlegel u. der L.Z. ist durch häßliche Familienscenen mit Hufeland (besonders von den Weibern) herbeigeführt worden» (Stoll S. 35) [Stoll I, 155]. Und den 13. Mai ebenfalls aus Leipzig: «Ich bin begierig, wie sich die A.L. Z. aus ihrer fatalen Lage ziehen wird, besonders wenn, wie man sagt, nun noch mehrere bedeutende Stimmen sich gegen sie erheben sollten.» (Stoll S. 36) [Stoll I, 159] Schelling, durch zwei elende Recensionen seiner Ideen zur Philosophie der Natur (1797) aufgebracht, hatte auf eigene Hand neben Schlegel die A.L.Z. als Erzfeindin des neuen wissenschaftlichen Zeitgeistes in seiner Zeitschrift für speculative Physik mit unerhörter Grobheit angegriffen u. nun schrieben auch Tieck, der freilich nie etwas geliefert hatte, u. Steffens ihr noch ab (Stoll S. 36 Anm. 190, 191) [Stoll I, 159, Anm. 3].

Schon in jenem Brief vom 3. Januar, in dem er die Möglichkeit erwähnte, daß die A.L.Z. jetzt Monarch werden könnte, lesen wir einen merkwürdigen Stoßseufzer Savignys: «O wenn dann die besten Köpfe Deutschlands sich um Schütz u. Hufeland versammelten u. mit Würde das ernste Geschäft der Kritik betrieben, was könnte diese u. was könnte unsere ganze Litteratur werden!» (Stoll S. 31 f.) [Stoll I, 146]

– – – – – – – – – –

Das von Savigny projectirte Critische Blatt

Die Critischen Blätter waren schon damals die Tummelplätze der persönlichen Neigungen u. Abneigungen. Wer das eine critische Blatt lobte, ward eben deshalb von dem andern getadelt u. umgekehrt. So fanden sich insbesondere die Hallesche L.Z. u. die Jenaische gegenüber (Briefwechsel zwischen J. u. W. Grimm, S. 47).

BLATT 339

[Überschrift: Plan einer neuen Kritischen Zeitschrift von Schleiermacher?]

BLATT 340

[vgl. V, Blatt 42–43]

Nachdem Savigny nämlich vor einer Reise von Monaten den lebhaften Wunsch nach einer Reform «des ernsten Geschäfts der Kritik» ausgesprochen, schrieb er den 7. Juli 1800 aus Jena an Leonhard Creuzer: «Heyer hat Ihnen vielleicht von einem Contract gesagt, den ich u. ein Freund von mir in Leipzig mit ihm auf nächste Ostern geschlossen haben. Ich behalte mir vor, Ihnen mündlich umständlichere Auskunft darüber zu geben.» [Stoll I, 163] Der hochverdiente Herausgeber dieser Korrespondenz findet diese Notiz mit Recht «auffallend, da Savignys nächste Schrift nach der Dissertation, sein ‹Recht des Besitzes›, wohl bei Heyer, aber erst 1803 erschien. Er hat sich dann der Mühe unterzogen, nach dem Inhalt der Urkunde Nachforschungen anzustellen, die aber, «erschwert durch mehrmaligen Verkauf der Heyerschen Buchhandlung ... erfolglos geblieben» sind. [Stoll I, 163, Anm. 4][XXV]

Es liegt klar zu Tage, daß es sich um eine eigentlich juristische Schrift nicht wohl handeln kann u. wie sollte Savigny dazu kommen, darüber dem Philosophen Leonhard Creuzer mündlich «umständlichere Auskunft» zu geben? Und daß es sich um etwas ganz anderes als eine Monographie handeln muß, beweist der Umstand, daß der Vertrag mit dem Verleger nicht von Savigny allein, sondern zusammen mit einem Freunde geschlossen worden ist. Gerade dieser Umstand aber [Fortsetzung s. folgendes Blatt]

BLATT 341

deutet auf ein umfassenderes Unternehmen hin, wie es ein kritisches Blatt ist.

Daß wir aber damit auf der richtigen Fährte sind, bestätigt die vollständige Congruenz der Zeit: die «umständlichere Auskunft», die Savigny in Marburg geben wollte, konnte frühestens im Herbst des Jahres erfolgen, u. wenn dann die Marburger Freunde, die er im Auge hatte, für seinen Plan gewonnen werden sollten, so konnte u. mußte bei den vielfachen Besprechungen, die unerläßlich waren, das folgende Jahr herankommen, u. in dieses Jahr 1801 führen uns die früher mitgetheilten Zettel Savignys an Bang ein. Zu Ostern dieses Jahres aber sollte der Plan verwirklicht werden.

Auch der Freund Savignys, der in Leipzig den Vertrag mit schloß, ist zu errathen: er darf nicht, wie der Marburger Freund, Philosoph, Philolog oder Theolog, sondern muß, wie Savigny selbst, Jurist sein; für die hier in Betracht kommende Rolle aber kam nicht Weis in Betracht, sondern Heise, dessen juristische Recensionen auch später sich mit denen Savignys mannichfach berührten.

Heise, den Savigny in Jena bei Hufeland kennen gelernt hatte,[1] ist also von Savigny für den Plan gewonnen u. veranlaßt worden, nach Leipzig zu kommen, um hier den Vertrag mit abzuschließen. [vgl. V, Blatt 335]

Der Umstand, daß Heise ein Schüler Hufelands war, der dem jungen Freunde ein glänzendes Zeugniß ausstellte,[2] in Verbindung mit dem andern, daß Savigny neben Schütz gerade [Fortsetzung s. folgendes Blatt]

[1]v. Bippen, S. 39 [2]v. Bippen, S. 38

BLATT 342

diesen Hufeland, den er selbst «einen herrlichen Mann» [Stoll I, 116] nannte, als den wünschenswerthesten Herausgeber des ersehnten Kritischen Blattes bezeichnete, führt uns mit hinreichender Sicherheit zu der Annahme, Savigny habe keine Bedenken getragen, seinen Wunsch Hufeland direct vorzutragen, dieser aber die beiden hoffnungsvollen jungen Rechtsgelehrten aufgefordert, die Sache selbst in die Hand zu nehmen, u. ihnen seinen Beistand verheißen.

Als Savigny am 7. Juli 1800 an Leonhard Creuzer über die Sache schrieb, war der [Contract] schon seit einiger Zeit geschlossen, da Heyer inzwischen wieder in Gießen u. Marburg angelangt sein u. Creuzer von der Sache erzählt haben konnte.[1] Der Abschluß des Vertrages fällt demnach spätestens in den Monat April, da Heise am 3. Mai in Göttingen immatrikulirt ward.[2]

Der Plan, den wir genauer verfolgen müßten, weil er ein helles Licht auf das starke Selbstbewußtsein Savignys wirft, kam nun doch nicht zur Ausführung; warum, weiß ich nicht zu sagen, habe auch keine bestimmte Vermutung. Ein Rechtsgelehrter, der diesen Verhältnissen früher seine Aufmerksamkeit gewidmet hat, meint,[3] der Plan habe dann später in den von Friedrich Creuzer gegründeten Heidelberger Jahrbüchern seine Verwirklichung gefunden. Aber an diesen Jahrbüchern hat zwar Heise, der damals in Heidelberg lehrte, nicht aber Savigny Theil genommen.[4] [Bleistiftvermerk:] Oder doch? Savigny gründete einige Jahre später, wieder zusammen mit einem Freund, [Fortsetzung vermutlich V, Blatt 343, 3. Abschnitt]

[1]Stoll, S. 38 [Stoll I, 162] [2]v. Bippen, S. 46 [3]Enneccerus [Friedrich Carl von Savigny und die Richtung der neueren Rechtswissenschaft], S. 55 [4]Heises Recensionen, die in den Heidelberger Jahrbüchern 1808–1812 erschienen sind, stellte zusammen v. Bippen, [Georg Arnold Heise: Mittheilungen aus dessen Leben] S. 159–162.

BLATT 343

Wie es bei der Redaction der Blätter nicht selten zuging, dafür hatte Savigny sich den urkundlichsten Beweis verschafft. Jakob Grimm erzählt [am 2. April 1805], er habe eine Sammlung von Briefen von A. W. Schlegel, Schelling, Fichte, Schleiermacher, Eschemaier etc. an den Redacteur der ehemaligen Literaturzeitung in Erlangen, den bekannten Prof. Mehmel sich nach den Originalen abschreiben lassen, «welche traurig u. lustig zu lesen sind: «lustig, indem man sieht, wie sie diesem M., den sie sicher alle für den einfältigsten Kerl auf der Welt halten, schmeicheln, freundschaftliche Namen u. gleich darauf ungeheuere Grobheiten geben; Fichte sagt ihm einmal, er habe einen Monat der Zeitung gelesen, aber lauter Recensionen darin gefunden, die der erste beste Lakai besser gemacht haben würde ... Traurig, indem man sieht, wie es unehrlich dabei hergeht, sie sich Recensenten für ihre Schriften bestellen u. verwerfen» ... du behältst doch alles für dich ([Grimm] Briefwechsel S. 32f.)

Wie Savigny diese Abschriften der ____ verwerthen wollte, weiß ich nicht zu sagen.

– – – – – – – – – –

Nach Marburg zurückgekehrt, faßte Savigny den Gedanken, im Verein mit seinen dortigen Freunden ein neues kritisches Blatt herauszugeben. Noch sind mehrere, von Savigny an Bang gerichtete, undatirte, aber dem Ende des Jahres 1801 angehörige[1] Zettel vorhanden, welche auf die zwischen den Freunden über die Einrichtung des Blattes gepflogenen lebhaften Erörterungen ein deutliches Licht werfen. Ein seinem Inhalt nach nicht näher erkennbarer Zwist der Freunde mit dem ‹Professor› hatte auch auf jene Verhandlungen seinen Einfluß ..

[1]Die Angabe, daß Tieck wahrscheinlich als Theaterdirector nach Frankfurt komme, führt auf diese Zeit: Steig I, S. 27f. Auch das ‹wir kommen› scheint auf die Thatsache hinzudeuten, daß Savigny in den gemeinsamen Haushalt der beiden Creuzer eingelebt war (Stoll S. 32 Anm.170) [Stoll I, 147, Anm. 2]

– – – – – – – – – –

[hier vermutlich die Fortsetzung von V, Blatt 342]
.. aber diesmal mit einem Germanisten, u. zwar dem ersten seiner Zeit, eine Zeitschrift, mit welcher der frühere Plan in gewissem Sinne verwirklicht ward, aber so, daß die Kritik im ganzen in die zweite Linie rückte.

– – – – – – – – – –

Nach Marburg zurückgekehrt, ward mit den Freunden die Sache viel erörtert u. dann im Winter 1801 auf 1802 von Savigny der Plan gefaßt, die Sache selbst in die Hand zu nehmen u. mit einigen Marburger Freunden, insbesondere mit dem Pfarrer Bang u. den beiden Vettern Creuzer ein kritisches Blatt herauszugeben.[1]

[1]Enneccerus, S. 55

BLATT 344

Das Nähere erfahren wir aus einem Brief, den Clemens Brentano zu Anfang des Jahres 1802[1] an Winkelmann richtete. Darnach wollten die Herausgeber alle Fächer der Literatur behandeln, aber «nicht richterlich absprechend» auftreten, vielmehr darlegen, inwiefern das besprochene Werk die behandelte Sache fördere, vor allem aber jeder Einzelne darlegen, wie er die Kritik handhaben werde. Übrigens solle das Blatt sich keineswegs auf Recensionen beschränken, vielmehr auch eigene Erörterungen mit Rücksicht auf bestimmte Werke geben, u. zwar so, daß nicht nur neue Schriften, sondern auch ganze literarische Epochen besprochen würden.

In die wesentlich mündlichen Verhandlungen, die unter den Marburger Freunden auf ihren gemeinsamen Spaziergängen gepflogen wurden, führen uns einige undatirte, aber ohne Zweifel dem Jahre 1801 angehörige Zettel ein, die Savigny namentlich an Bang in dieser Angelegenheit richtete.

[1]Kann Steig I, S. 30 ein genaueres Datum angeben? [Schnack (Hg.), Briefwechsel zwischen Friedrich Carl von Savigny und Stephan August Winkelmann, S. 124 f., «Anfang Februar 1802»]

BLATT 345

1802 Februar. Plan der Herausgabe eines kritischen Blattes

«Savigny,» so schrieb Clemens im Februar an Winkelmann, «will mit wenigen langgeprüften, wackern Freunden einen stillen Wunsch in sich u. allen theilnehmenden Gemüthern, bescheidenen, vortrefflichen, die in Deutschland versteckt keimen mögen, befriedigen; er will ein unschuldiges kritisches Blatt unternehmen, das sich total in der Tiefe u. Unbefangenheit gleich, doch partheilos u. unpolemisch auftritt, u. die ganze Summe von lieben Büchern in allen Fächern, nicht richterlich absprechend, sondern blos wie der gerührte u. zugleich innerlich scharfe Sinn des Lesers behandelt, der nicht auf dem angemaßten endlichen Richterstuhl sitzt, sondern die unendliche Bildung mit vorstellend an der Seite dieser Werke mit fortgeht. Auch soll dies Blatt nicht unumgänglich Recensionen, sondern auch eigene Ergüsse in Hinsicht auf Werke, u. am besten, wo sich beide durchdringen, menschliche Urtheile umfassen. Dies Institut soll sich nicht blos auf neue Schriften, sondern um eine ganze geliebte Bücherepoque auf mehrere Jahre rückwärts bescheiden einlassen, u. könnte das Gespräch denkender Freunde von verschiedenen Studien in einer gemeinsamen Bibliothek sein. Um aber das Publikum zu der richtigen Ansicht des Zwecks u. der sich immer gleichbleibenden u. so harmonisch wachsenden Kräfte zu führen, müßte eine allgemeine kurze Darstellung der Ansicht von Kritik eines jeden vorausgehen, die er in seinem Fache hat. Wenn du», so schreibt uns Clemens, «Sinn für dieses Unternehmen hast u. dich mit ihm verbinden willst, so will er von dir deine Ideen ausführlich darüber hören u. was du übernehmen willst . . .›[1] [Schnack (Hg.), Briefwechsel zwischen Friedrich Carl von Savigny und Stephan August Winkelmann, S. 125]

[1]Steig I, S. 29 f.

BLATT 346–347 [redundant, s. V, Blatt 348–349]

BLATT 348

Nun lieber Bang? Jetzt haben wir ja alle zusammen gesprochen nach Herzenslust . . . so kann es bei Gott nicht bleiben . . . daß der Professor von dieser Sache anfing, während von dem kritischen Blatt gesprochen wurde, das ging blos aus dem Gefühl hervor, er könne nicht mit uns arbeiten, wenigstens nicht mit frischem Muth, so lange das dauere, wiewohl er sich das freilich nicht gestehen wird. [Stoll I, 215]

– – – – – – – – – –

. . . habe ich 12 Stück zurückbehalten: die an [Friedrich Wilhelm] Gärtner u. [Johann Christoph] Ullmann[1] werde ich besorgen.» Also auch Praktiker, wie der Fiskal Gärtner, sollten für die Sache interessirt werden.
«Alles», so fährt er fort, «ist auf Schreibpapier gedruckt: der Unterschied der Kosten ist sehr gering u. Ihr habt den Vortheil, daß ihr sie zusammen machen u. adressiren könnt, ohne ein Couvert nöthig zu haben. Daß es mit verschiedenen Lettern gedruckt ist, daran bin ich unschuldig: ihr hättet es schwerlich heute bekommen, wenn es hätte umgesetzt werden sollen». [konnte nicht ermittelt werden]

Aber nun regte Friedrich Creuzer den Zweifel an, ob Bang als Prediger seine Unterschrift geben dürfe. In einer Nachschrift theilt Savigny diesen Zweifel mit u. schließt: «Wie meint Ihr?»

Wer den Verlag des Kritischen Blatts übernommen hatte, ergiebt sich aus diesen Briefchen nicht. Aber, wenn mich nicht alles täuscht, greift hier eine frühere briefliche Mittheilung ein, die zugleich die überraschende Thatsache bringt, daß der junge Gelehrte, der noch gar nicht einmal den Doctorgrad erworben hatte, schon auf seiner Studienreise in Leipzig den dargelegten Plan ins Auge gefaßt haben muß.

[1]Kann es der Vater des Theologen Karl Ullmann sein?[XXVI] Beyschlag: K. Ullmann. Gotha 1867 (Meyer XV, 983) [Meyer, 6. Aufl., Bd. 19, Sp. 880]

BLATT 349

Lieber Bang!
... Ihr habt wohl Euren Beitrag zum Plan des Kritischen Blattes noch nicht fertig geschrieben? Legt's doch nicht zurück! Es fiel mir erst ein, wie ich schon weit von Wehrda[XXVII] war, daß ich vergessen hatte, Euch daran zu erinnern. [Stoll I, 215 f.]

- - - - - - - - - -

[Abschnitt redundant, siehe V, Blatt 348]

- - - - - - - - - -

Der in Marburg ins Auge gefaßte Plan eines kritischen Blatts feiert seine Wiederauferstehung in dem Heidelberger Jahrbuch. [Steig, Zeugnisse zur Pflege der deutschen Litteratur, in:] N[eue] Heidelberger Jahrbuch[er] XI [1902], S. 183 f.
Aus dem hier mitgetheilten Plan treten gewisse Savignysche Gedanken deutlich genug hervor.

BLATT 350

Wetzell u. das Kritische Journal?

Bang an Savigny

1803 der 23. Juli [konnte nicht ermittelt werden, s.a. V, Blatt 62, 335]

Lieber Savigny
«Wetzells (Wezells?) Zuschrift gefällt auch mir, aber sie ist als wäre sie von Wetzell u. nicht von mir. Darum sehe ich auch nicht ein, warum sie nicht in seinem, sondern in meinem Namen geschehen soll. Das hat mich auch gehindert, daß ich in der Sache noch nichts gethan habe, doch soll's nun sogleich geschehen.»

W[etzel] hat also (im Auftrag Savignys?) eine Zuschrift (an wen?) für Bang verfaßt.
Was ist das für eine Sache? Die alte des Kritischen Journals?

- - - - - - - - - -

Eben habe ich die erste Korrektur der Gesetze besorgt – ich habe einen merkwürdigen Brief von Brentano – ~~Tieck kommt wahrscheinlich als Theaterdirector nach Frankfurt (Steig I, S. 27). Nächsten Freitag Abend spielen wir 2 Comödien, die ihr wohl sehen solltet, wovon ihr aber niemand etwas sagen dürft, weil es ganz heimlich betrieben wird.~~

[Stoll I, 216] Wir kommen Ihrer gütigen Erläuterung gemäß diesen Abend auf die besagten 4 Stücke.

BLATT 351 [vermutlich Irrläufer: über die römischen Provinzen]

BLATT 352 [Überschrift: Juristische Schriftsteller]

Anmerkungen

I Blatt 11: Mit «Godwi» ist immer der Roman «Godwi oder das steinerne Bild der Mutter. Ein verwilderter Roman von Maria, 2 Bde.» von Clemens Brentano gemeint. Im Folgenden wird er jeweils als Godwi I oder II ergänzt. Die Figuren des Romans zeigen eine frappierende Ähnlichkeit mit Personen in Brentanos Umfeld. So erinnert beispielsweise Maria an Brentano selbst und Godwi an Savigny. Auch Gunda und Karoline von Günderrode tauchen unter anderem Namen auf. Der zweite Band ist fragmentarisch geblieben. Dem letzten Kapitel ist ein Epilog von Stephan August Winkelmann angeschlossen.

II Blatt 17: «Zum Goldenen Kopf» war der Name des Hauses in der Großen Sandgasse in Frankfurt, das seit 1777 als Wohn- und Geschäftshaus im Besitz der Familie Brentano war und in dem sich ein großer Teil ihres gesellschaftlichen Lebens abspielte.

III Blatt 28: Zum Briefwechsel siehe Friedrich-Schiller-Archiv, s.a. I, Blatt 12, Anm. V.
Heinrich Vohs und Friedrich Halt von der Heide waren Schauspieler am Weimarer Hoftheater.

IV Blatt 40: Winkelmanns Vorlesungen über Goethe erschienen in der Zeitschrift «Poetisches Taschenbuch», die 1803 von Hermann Gramberg und Casimir Böhlendorff herausgegeben wurde. Savigny nennt es einmal ‹Böhlendorffs dickes Taschenbuch› (Stoll I, 213).
(s.a. V, Blatt 51)

V Blatt 40: «Vergißmeinicht» ist eine Gedichtsammlung von Stephan August Winkelmann, die jedoch wie ein Großteil seines literarischen Nachlasses als verschollen gilt. Gleiches trifft auch auf «Paramythe. Entwurf eines Lehrgedichts» (I, Blatt 69) zu.

VI Blatt 41: Johann Anton Leisewitz war Dichter und Jurist, kein Mediziner. (vergl. Meyer, 6. Aufl., Bd. 12, Sp. 388). Stephan August Winkelmann war sein Neffe.
URL: https://woerterbuchnetz.de/Meyers/Leisewitz (zuletzt abgerufen am 21.06.2023).

VII Blatt 42: Savignys Vorhaben im Sommer 1800, das Bremer hier, Blatt 42–43 als Plan einer Hutten-Ausgabe darstellt, wird an anderer Stelle (V, Blatt 340–345) ganz anders gedeutet, nämlich als Plan eines kritischen Blattes.

VIII Blatt 42: Herder, Denkmal Ulrich von Huttens, in: ders., Zerstreute Blätter, Bd. 5, S. 327–372.
URL: https://de.wikisource.org/wiki/Zerstreute_Blätter (zuletzt abgerufen am 21.06.2023).

IX Blatt 42: Die Rede ist hier von Christian Jacob Wagenseil (1756–1839), der 1783 den ersten Band (und nur diesen) der «Sämmtlichen Werke Huttens» herausgab (Wagenseil, Ulrich von Hutten nach seinem Leben, seinem Karakter und seinen Schriften, 1823). Dieser hat mit dem im Nomenclator genannten, 1705 gestorbenen, Johann Christian Wagenseil nichts zu tun.

X Blatt 61: Görres, Einleitung in die dynamische Physiologie, von August Winckelmann, in: Jenaische A.L.Z. 1, Nr. 167f. (1804), Sp. 81–91.

URL: https://zs.thulb.uni-jena.de/receive/jportal_jpvolume_00003649?XSL.referer=jportal_jpvolume_00003661 (zuletzt abgerufen am 06.07.2023).

XI Blatt 81: Der Knabe Paul ist anscheinend ein Vorfahre Savignys.

«Im Jahre 1630 nahm Graf Philipp von Leiningen-Westerburg, anscheinend kraft verwandtschaftlicher Beziehungen, den 8 Jahre alten verwaisten Paul v. Savigny, Sohn des Peter v. Savigny und der Susanne von Berçon, der protestantischen Religion wegen aus seiner Vaterstadt Metz mit sich auf seine Besitzungen am Rhein. Mit dem Sohne seines Beschützers erzogen, war Paul v. Savigny nach längeren Kriegsdiensten im französ. u. schwedischen Heere später in die Dienste der Grafen Leiningen-Westerburg getreten u. von diesen mit dem Lehen Calestatt belehnt worden. Dadurch erhielt die Familie ihre zweite Heimat am Mittelrhein. Bereits in den nächsten Generationen nahmen ihre Mitglieder bedeutungsvolle Stellungen im öff. Dienste der benachbarten mittelrheinischen Fürsten ein…».

Müller, Friedrich Karl von Savigny, Weicher, Leipzig 1906, S. 5.

XII Blatt 90: Frau Wenz ist sehr wahrscheinlich Bremers Mitarbeiterin. Der Name findet sich auch in Einheit VI, Blatt 236, 243, 248, 251.

XIII Blatt 93: Meusel, Das gelehrte Teutschland oder Lexikon der jetzt lebenden Teutschen Schriftsteller. Der Eintrag zu Jacob-Dietrich de Bostel ist nachweisbar in Bd. 13, 5. Auflage, Lemgo 1808, S. 153. Die von Bremer benutzte Auflage konnte nicht ermittelt werden.

XIV Blatt 96: Savigny aus Nürnberg am 25. August 1806 an Friedrich Schwarz. Ermittelt in: Schlechter, Ein bisher unbekannter Brief von Clemens Brentano an Friedrich Creuzers Frau Sophie aus dem Jahre 1806, in: Jahrbuch für Buch- und Bibliotheksgeschichte 1 (2016), S. 190.

XV Blatt 103: Die eckigen Klammern bei [Eichen S. 27] sind von Bremer gesetzt.

XVI Blatt 121: Bettina war am 6. Februar 1796 knapp 11 Jahre alt, geboren am 4. April 1785.

Jung (Goethes Briefwechsel mit Antonie Brentano, S. 3, Anm. 1) weist auf viele irrige Daten in der Brentano-Literatur hin, u. a. Bettinas Geburtsdatum, das von Steig hier mit 4. April 1788 angegeben wird (Steig I, S. 10).

XVII Blatt 163: Boxberg

URL: https://woerterbuchnetz.de/Meyers/Boxberg (zuletzt abgerufen am 21.06.2023).

XVIII Blatt 163: Walldürn

URL: https://woerterbuchnetz.de/Meyers/Walldürn/ (zuletzt abgerufen am 21.06.2023).

XIX Blatt 219: Der hier zitierte Brief findet sich in Holtei, Briefe an Ludwig Tieck Bd. 1, S. 99. Er wurde von Clemens Brentano in Abschrift am 22. April 1804 an Ludwig Tieck gesandt, in dem Wunsch, Tieck für Heidelberg zu gewinnen, vgl. Steig, Aus Heidelberg vor 100 Jahren. Zwei Briefe Creuzers an Brentano, in: Heidelberger Tageblatt Nr. 117 (1903).

XX Blatt 318: s.a. IV 2, Blatt 96, Anm. XIV.

Auf S. 365 Anm. 1 äußert sich Steig zu Geigers und Rohdes kontroversen Meinungen zu einem «neu producirten» Brief von Clemens an seine Schwester Gunda. Der betreffende Brief ist in Geigers Buch «Dichter und Frauen» auf S. 175 f. abgedruckt.

XXI Blatt: 330: Savigny schreibt diese Zeilen am 17. Juli 1803 an Clemens.

(Handschrift im Freien Deutschen Hochstift / Goethe-Museum Frankfurt. Signatur: 7723)

(s.a. IV 2, Blatt 81)

XXII Blatt 332: Brentanos «Frühlingskranz» wurde über viele Jahre hinweg immer wieder neu herausgegeben. Die Erstausgabe erschien 1844 bei Bauer. Weitere bedeutende Auflagen waren beispielsweise die aus 1891, mit Einleitung von Reinhold Steig und die von 1909 mit Anmerkungen von Heinz Amelung. Bremer nutzte, wie bereits erwähnt, die Ausgabe von 1853 (s.a. I, Blatt 356, Anm. XXXIV).

XXIII Blatt 337: Savigny schreibt am 3. Februar 1802 an Jakob Fries. In: Henke, Jakob Friedrich Fries, aus seinem handschriftlichen Nachlasse, S. 293–295. Darin beschreibt Savigny den Zustand der Kritik in Deutschland (S. 295) als «zwischen platter Unbedeutenheit und parteilicher Blindheit zusammengepreßt».

XXIV Blatt 337–338: Die Allgemeine Literaturzeitung (A.L.Z.) wurde 1785 von Christian Gottfried Schütz und Gottlieb Hufeland in Jena gegründet. Infolge ihrer Verlegung 1803 nach Halle, wo sie bis 1849 weiter erschien, gründete Johann Wolfgang von Goethe zusammen mit Christian Gottlob Voigt im Jahre 1804 die Jenaische Allgemeine Literaturzeitung. (s.a. URL: https://zs.thulb.uni-jena.de/receive/jportal_jpjournal_00000005 (zur A.L.Z.) und URL: https://zs.thulb.uni-jena.de/receive/jportal_jpjournal_00000011 (zur Jenaischen Allgemeinen Literaturzeitung); beide zuletzt abgerufen am 04.07.2023).

Zu den konkurrierenden Blättern gehörten u.a. die Literatur-Zeitung Erlangen (1799–1802), die Neue Allgemeine Deutsche Bibliothek (Friedrich Nicolai, 1793–1806), der Freimüthige (August von Kotzebue, 1803–1811), Athenäum (August und Friedrich Schlegel, 1798–1800), Europa (Friedrich Schlegel, 1803–1805), die Göttingischen Gelehrten Anzeigen (1739ff.)

XXV Blatt 340: Savignys Vorhaben im Sommer 1800, das Bremer in V, Blatt 42–43 als Plan einer Hutten-Ausgabe darstellt, wird an dieser Stelle – Blatt 340–345 – ganz anders gedeutet, nämlich als Plan eines kritischen Blattes.

XXVI Blatt 348: Johann Christoph Ullmann hat laut Stoll I, 383, Anm. 3, mit dem Theologen Karl Ullmann nichts zu tun. Siehe auch A.D.B., Bd. 39 (1895), S. 196.

URL: https://de.wikisource.org/wiki/ADB:Ullmann,_Johann_Christoph (zuletzt abgerufen am 21.06.2023).

XXVII Blatt 349: Wehrda war ein Dorf zwischen Marburg und Goßfelden, Bangs Wohnort und Pfarrei (Stoll I, 226, Anm. 2), heute ein Stadtteil von Marburg.

Einheit VI: Verhältnis zwischen Karoline von Günderrode und Friedrich Creuzer (1805–1806)

BLATT 1

[nicht belegt]

BLATT 2

[Überschrift: Savigny und das Creuzer-Günderodesche Verhältnis]

BLATT 3

[s.a. VI, Blatt 38]

Den 19. Mai [180]5

ein dem bei Rohde S. 43 mitgetheilten, vorangehender [Brief] von dems[elben] Tage: [Creuzer an Karoline]

Schwarz fand eine harte ‹Tyrannei› darin, daß ich Ihnen oftmals nicht frei u. ungehindert schreiben dürfen (!). Ich äußerte nichts darauf. Es ist doch sonderbar. Jetzt sucht Schwarz sich mir zu nähern u. mir Hoffnungen zu machen. Dazu hat ihn bewegt der Brief von Ihnen an meine Frau, den sie ihm zu lesen gegeben hat, ohne mein Wissen. Er fängt jetzt an einzusehen die Größe Ihres Gemüths u. das Tragische (wie er es nennt) meiner Lage. Fürchten Sie nicht, daß ich unvorsichtig sei, wiewohl ich überzeugt bin, er ist ein guter Mensch ... Ich sagte ihm kurz: wir beide dächten so: es sei besser sterben als tödten. Seit der Zeit meint er, es müsse noch möglich werden. Ich wiederhole Ihnen, daß dies auf mein äußeres Betragen keinen Einfluß hat. Auch hoffe ich auf Menschen nicht ... [Preisendanz, S. 99f., auf den Rändern, den 20. Mai].

<vgl. Rohde S. 47!>

BLATT 4

[Zeitangabe: 1805 Januar]

BLATT 5

[s.a. VI, Blatt 114]

Rußland 1805 Januar

[Prof. Christoph] Meiners in Göttingen hatte seit dem Jahre 1804 den Auftrag, Berufungen deutscher Gelehrter an die neu zu organisirende Universität in Moskau zu vermitteln.[1] Creuzer, dem im Januar 1805 eine bedeutende Gehaltserhöhung[2] zu Theil geworden, fühlte sich dann in Heidelberg höchst unbehaglich – er fand die Ansprüche des ‹Staats› als Leiden[3] u. klagte ...

So trat der Gedanke an Rußland ihm näher.[4] Nachdem er ihn Karoline mitgetheilt hatte, gründete sie darauf einen neuen Plan: sie wollte, während Creuzers Frau in Deutschland blieb, ihn in Mannskleidern u. mit einem andern Namen begleiten u. als Freund mit ihm leben.

An diesem Plan hatte eine ungenannte Freundin Karolines – ohne Zweifel Frau von Heyden – einen gewissen Antheil, die die Möglichkeit einer ehelichen Verbindung mit Creuzer für unmöglich hielt u. erklärte: «Nur ein Wunder kann euch zusammenführen: Tod (der Frau) oder Geld.» Als sie das schrieb,[5] fügte sie hinzu: «Glaubst du nicht, mit Mines u. Hektors [Karolines Geschwister] Einwilligung unter angenommenem Namen weg zu können u. mit Sophiens Wille bei Creuzer zu sein? Glaubst du nicht, daß es sie beruhigen würde, wenn du für die übrige Welt todt wärest?»

Diesen Gedanken verwandte sie nun für den neuen Plan, den sie nun einer andern Freundin mittheilte. Aber mit vollem Recht ward er als das für beide Theile verderblichste verworfen.[6]

[1]Rohde S. 69, Anm.1 [2]Rohde S. 20 f., 30 [3]Rohde S. 44, 50 [4]Rohde S. 69 [5]Geiger S. 179, 176
[6]Geiger S. 178 f.

BLATT 6

1805. 1.

[alle Seitenangaben beziehen sich auf Rohde, Friedrich Creuzer und Karoline von Günderode]

Den Winter über hatte K[aroline] wieder gekränkelt, ein Zustand, der auch den ganzen Frühling des neuen Jahres fortdauerte (S. 40): nicht nur die Augen, sondern auch die Brust war krank (S. 40, 62) u. der Gedanke, selbst ihr Leben rasch zu enden, war stets bei ihr rege (S. 42).

Anfangs Januar theilt Cr. ihr mit, daß die Regirung ihn für Heidelberg zu halten suchte u. «die Nähe von Frankfurt falle für seinen Entschluß ins Gewicht» (28 f.). «Ist Ihnen das recht? Ach ja, du wolltest mich ja noch einmal sehen» (29). Die größten Einnahmen (46), aber seine Unfähigkeit zu rechnen (S. 52 A), beschränktes Vermögen (52), große Gasterei der Frau (53), der Bräutigam seiner Stieftochter steht ihm bei (S. 60). Creuzer bat sie um Überlassung eines ihrer neuen Dramen für die ‹Studien›, die er mit Daub herauszugeben im Begriff war. Dazu ein Brief «am liebsten im alten [Stil]» (S. 29). Es kam ein Brief u. ein Gedicht, das ihm sein einsames Lager umschwebte (S. 29). Das dann von ihr erhaltene Drama unterwirft er einer Revision u. als er ihr [den] Anfang zurückschickt, fragt er: «Gefällt dir's so?» Er würde auf jede Druckhefte aufpassen u. sorgen, daß sie u. Frau v. H[eyden] ein feines Exemplar bekämen (S. 39). Die Trauung von dem Juristen Savigny (S. 39 A), von ihm also war die

Rede gewesen (46). Im Sommer ein Wiedersehen, aber seine Bangigkeit (30). In einem Brief an den Vetter sein Blick auf die Geldsorge! (30).

Die gegenseitigen Eifersuchtsgedanken: seine über die Mereau, von der er erzählt (S. 30), er später von dem Maler, der sie miniaturisiren solle (S. 47), dann aber: lehre mich, «dich zu lassen als Weib» (31).

Ihr Gedanke, wenn sie sterbe, ihm (seine Resignation, 32f.) zu erscheinen, wenn er nachts allein sei (31) (Goethe?)

Über Clemens u. seine Dichtung für seine Frau (S. 32), dann über Sav[igny]'s Schweigen (32). Ihre Todesgedanken (33): er wird mehr lebenslustig (33). Zusammenkunft im Mai in irgendeinem Dörfchen? Nicht in Frankfurt mit seinen Argusaugen (34). Seine Bestimmung als ernsthafter Mann:[1] aber ihr Bild soll ihn begleiten (34).

Wieder ihr Gedanke an Vernichtung ihres Leibes (34), Preis ihres idealen Strebens (34). Nun kommt er doch nach Frankfurt, u. zwar [mit] einem Briefchen seiner Frau, obwohl auch Clemens da ist (S. 36). Wählt aber absichtlich einen anderen Gasthof (S. 38). Sie hatten sich 5 Monate nicht gesehen (39).

Zunächst sein Besuch bei der Heyden (S. 38), wo er vergaß, was er hatte erzählen u. reden wollen (S. 38), dann die gewisse Thür, durch die er zu K. eingelassen ward (S. 39). Er hatte sie 5 Monate nicht gesehen (39). Die Rosen, die er im Herbst auf ____ fand, waren verblüht (S. 41). Sie machte ihm Vorschläge für eine bessere äußere Erscheinung (S. 38). Briefe des Clemens, [die sie ihm gegeben?] (38), Gedichte (41). Ihr Besuch in Heidelberg im Sommer (37); ihr Brief an seine Frau (40). Neue Begehrlichkeit (40, 41), unmöglich mit der Frau zusammen zu sein (47) bei Tisch (47).

[1]Rohde S. 30 (nicht bezeichnet) [2][kein Verweis im Text] Rohde S. 35 – richtig bestimmt?

BLATT 7

2.

[An Frau von Heyden] 27. Jan. [180]5
... ich bin auch recht lebenslustig wieder u. recht aufgelegt, so daß ich viele Stunden beharren kann in sonst widerstrebender Arbeit.

.. ich bleibe (in Heidelberg!). Soll ich Ihnen sagen, daß mir die vortheilhaften Umstände, unter denen man mich im Badischen hielt, nichts werth sind gegen diese Nähe (zu Frankfurt)? (Rohde S. 29) [Preisendanz, S. 56f.]

– – – – – – – – – –

5. Jan. (Rohde S. 28) [Preisendanz, S. 53]
Wie erfüllt durch die erweckte Hoffnung eines Zusammenseins ... ach nur einige Tage ... auch dafür küsse ich dankbar die Hand der Schöpferin dieses Planes, der lieben H[eyden] u. dir.

Meine Frau ist mehrentheils klar u. gut ... ich weiß was ich will u. soll u. so handle ich jetzt durchaus. Ich werde doch nicht aus eitel Zagheit wegwerfen das Kleinod, das mir vom Schicksal (Glück) geboten ward.

Clemens ist wieder da. Rohde S. 28 [Preisendanz, S. 53]

– – – – – – – – – –

1805 den 20. Jan. Heidelberg Landshut
Friedrich Creuzer an Superintendent Justi [Nachlass Justi]
«In dem Augenblick, da ich dieses schreibe, weiß ich nicht, ob ich über 8 Tage ein badischer oder ein bairischer Professor sein werde. Vielleicht wissen Sie von meinem Vetter, daß manche Umstände mich hier bestimmten, meinen Abschied zu fordern. Der Schritt war schon vor einiger Zeit mit H. von Savigny verabredet u. überhaupt in mancher Hinsicht nötig. «Jetzt sehe ich nun in den nächsten Tagen dem Ende von Unterhandlungen entgegen, die man mit mir angeknüpft hat. Lassen Sie das unter uns bleiben u. nicht in das größere Publicum kommen. Da Sie sich für mein Schicksal interessirten, so werde ich dem Vetter schreiben, daß er Ihnen den Ausgang der Sache, die ich ihm nächstens melden werde, sogleich erzähle.»

BLATT 8

3.

Daub 1805. zu S.1

Januar 20 Creuzer an die Günderode

Den 20. Jan. [180]5

Unser Museum[1] wird philosophische, theologische, philologische u. pädagogische Sachen enthalten. Soll es dann nichts enthalten, was der Kunst angehört? So fragte Daub mich u. ich den Daub, u. nun, zweifelnd, ob Sie etwas geben würden, ging ich mit Daub zu Clemens u. dessen Frau u. wir baten dort um eine Gabe. Noch wissen wir nicht, ob wir etwas erhalten .. Wirklich hätten wir schon etwas haben können von Clemens, wenn wir nicht durch die Ernsthaftigkeit der Personen, die wir im Staate vorstellen müssen, genötigt wären zu fordern, daß das was gegeben wird, nicht blos ein einzelnes kleines Gedicht sei. Ein Drama wäre schon etwas anderes, u. daß es eine etwas ernsthafte u. würdige Miene machte ... bis Ende Februar hätten Sie Zeit.
... Sie sind doch ganz gesund? [Preisendanz, S. 54 f.; Rohde, S. 29]

23. Jan.

Schreib mir doch was du u. H[eyden] zu diesen Einfällen <Vorschläge von allerlei Titeln für die Schrift> sagen.

Ihr beideseitiger Antheil an S–g <Schelling> entzückt mich: glauben Sie mir, ich werde alle meine Kraft aufbieten, um möglich zu machen, was unmöglich scheint. Auch habe ich mit D<aub> einen geheimen Plan zu dem Zweck verabredet. Wenn dieser gelingt, so kommt jener Jüngling mit dem Gegner, ohne daß dieser ein Wort davon weiß. Mit dem Gegner ist's indessen auch noch nicht so gewiß . . .

Glauben Sie uns, daß D[aub] u. der Fromme'' alles für S– aufbieten (ohngeachtet S–g, der hier in der Stille davon erfuhr, beiden abgerathen hat, dessen Hierherverpflanzung zu befördern).

[Randnotiz:] Savigny

. . .

Der Freund fragt, wie Sofie gegen den Faulen ist. Jeder freundliche Blick von ihm ist nun fast für sie. Er könnte Gefahr laufen, stolz zu werden, so sehr wird er geachtet . . .

BLATT 9–10

[Vorder- bzw. Rückansicht eines Briefumschlags, Aufschrift «Material»]

BLATT 11

[redundant, s. VI, Blatt 7 bzw. 12]

BLATT 12

7. Febr. [180]5
Savigny schrieb mir von Paris aus noch keine Zeile. Von andern Leuten höre ich, daß er noch lebt. [Preisendanz, S. 62]

[24. Februar] Von Savigny habe ich endlich gestern wieder einmal was gehört. Er läßt mir sagen, daß es ihm in Paris sehr schlecht gefalle, zumal da er sowohl als Kunigunde häufig dorten krank seien.[1] Von weitern Reiseplänen höre ich weiter nichts. [Preisendanz, S. 67]

[Fußnote fehlt]

- - - - - - - - - -

7. Febr. [An Karoline] (Rohde S. 30 f.) [Preisendanz, S. 59 f.] cf. Savigny bei Geiger

Lassen Sie mir diese Träume. Ich weiß wohl, daß sie nicht realisirt w[erden]. . . . . Sind Sie so zufrieden oder soll ich noch weniger begehren? . . . Aber das laß doch nicht ganz aufhören, daß ich dich zuweilen auch einmal mündlich sprechen darf . . . ich will ja gewiß recht bescheiden sein u. stehen bleiben in der schwebenden Empfindung zwischen Liebe u. Andacht, wie es einem ist, der vor einer Maria stehend nicht weiß, ob er lieber umarmen möchte oder niederknieen[1]. . . .

Zerstöre also meinen Altar nicht, sei nicht eine Religionsverfolgerin u. dehne die Erlaubniß, dir zu dienen, auch auf die Wallfahrten aus ... O wäre sie doch schon da, die schöne Zeit des Maien, wann die Pilger gehen.[2] Ich darf doch kommen? ...

Clemens, dem ich neulich [über seine Faulheit tüchtig in's Gewissen geredet, fängt an zu dichten. . .] (Rohde S. 32 f.) ...

Von Clemens höre ich, Arnim schreibe ein Trauerspiel: Johann von Leyden (der bekannte Wiedertäufer u. König von ein paar Tagen). [Rohde, S. 32]

Den 13. an Karoline (fol. 111) [konnte nicht ermittelt werden]

Die Frage Nees betr. ... wollen Sie an ihn schreiben, .. so thun Sie es blos um Lisettens Willen, um sich deren Freundschaft zu erhalten, auf die Sie einen großen Werth zu setzen scheinen ... Im übrigen bekümmern Sie sich um die Welt u. also auch um die Nees nicht ...

Samstags [an Karoline, 23. März 1805]
... ich habe es gelernt, nach u. nach zu mäßigen meine Wünsche, auf daß sie nicht alles begehren. Hierbei folgt Savignys Brief, den ich neulich vergaß ... die Verbindung mit mir wird Ihnen oft beschwerlich erscheinen, da ich durch die Bürgerlichkeit von so vielen Seiten eingekerkert bin. [Preisendanz, S. 73]

[ab hier redundant, s. VI, Blatt 15, 30]

[1]vgl. Winkelmann über Maria (Robinson) [2]die Stelle des Clemens in Marialach [Maria Laach]

BLATT 13

[redundant, s. VI, Blatt 12]

BLATT 14

1805 Febr. 12

Savigny hatte das seiner Obhut bedürftige Paar nicht aus den Augen verloren. Während Creuzer sich darüber beklagte, daß Savigny ihm aus Paris noch keine Zeile geschrieben habe u. er von andern höre, daß er noch lebte (...) [Preisendanz, S. 62], erhielt Karoline im Februar von ihm einen Brief, den sie dann an Creuzer schickte u. er ihn am 13. Febr. zurücksandte. «Der Brief», wußte er zu sagen, «ist doch recht lieb. Was er aus der Vergangenheit enthält», so heißt es dann in ächt Creuzerscher Logik, «ist blos Folge des ganzen Denkens dieses sonst so trefflichen Menschen u. ihm nicht zuzuschreiben.» ! <Karoline wußte nicht recht, wie sie Savigny antworten sollte. «Du solltest ihm», rieth nun Creuzer, «recht offen schreiben u. lieb, wie dein Herz es dir eingeben wird».>

Bald darauf [20. Februar] schrieb Savigny auch an Creuzer. «Ich kann mir denken, lieber Creuzer, daß Sie mein ewiges Schweigen nicht gar günstig beurtheilt haben mögen u. ich gestehe, daß ich an Ihrer Stelle dasselbe gethan hätte. Lassen Sie mich nur kurz zu meiner Entschuldigung anführen, daß mich beinahe zwei Monate eine Unpäßlichkeit, die Folge des warmen feuchten Klimas, verbunden mit dem Eindruck meines Unglücks» – dem bekannten Verlust seiner Papiere – «u. aller hiesigen Nichtigkeiten völlig gelähmt hatte». [Stoll I, 245]

BLATT 15

<1805 Febr.?> Savigny

Undatirter Brief [Preisendanz, S. 73: etwa 30. März]

Vor etwa 8 Tagen schrieb ich Ihnen [Karoline] weitläuftig. Ich sah seit der Zeit noch keinen Brief von Ihnen. Sind Sie krank oder –

Von Clemens höre ich (Rohde S. 32)

– Frauennamen führt. Sie haben doch schon etwas gelesen von dieser Bernhardi? Sie ist im Begriff, mit ihren beiden Brüdern nach Italien zu gehen u. jetzt in München. Sie war nicht damit zufrieden, als sie hörte, die Mereau wolle Boccaccios Fiammetta übersetzen, das sei ein zu schweres Werk . . . Schreib mir wenigstens, daß du nicht krank. Grüße die v. H[eyden].

An Fräulein
Karoline von Günderrode
im Kronstettischen Stift
In Frankfurt
am Main (Postst[empel] ‹Heidelberg›)
(S. 50 = [entspricht] Rohde S. 32)

[24. Februar] Diesen Brief erhalten Sie durch Frau v. H[eyden], weil ich fast gewiß bin, daß Ihre Briefe, die Sie vielleicht zuweilen nicht sorgfältig genug couvertirten, konnten gelesen w[erden] . . .

. . An diesem Gutsein will ich hangen u. . . . dich selber zum Leitstern meines Lebens machen im Streben nach dem Würdigen, wie es einem . . . ernsthaften Mann zukommt, will mich gestärkt fühlen durch den Gedanken an dich zu den Opfern, die das Studium der Wissenschaft u. Weisheit fordert u. will dadurch reinigen mein Gemüth wie von jeder Leidenschaft . . .

Aus diesen Gedanken erwächst in mir . . . die Resignation (wenigstens der ernste Vorsatz dazu), es vielleicht ertragen zu können, dich künftig zu wissen das Weib eines seltnen herrlichen Mannes. [Preisendanz, S. 64 f.]

An Fr. v. H<eyden>

... Zeigen Sie Lina diesen Brief nicht. Machen Sie ihr aber begreiflich, daß ich nicht kann, wie ich will ... weil ich nicht mein bin wie Sie u. Lina, sondern des Staates Sklave.

Einen Blick in meinen (!) Pult ... da würden Sie finden 20 Arbeiten von Studenten in lat. Sprache, eine Abhandlung über die deutsche Sprache von einem Doctor, Papiere über den altrömischen Prozeß.

BLATT 16 [redundant, s. VI, Blatt 14]

BLATT 17 [Stichwort: 1805 Februar]

BLATT 18 [redundant, s. VI, Blatt 14, 23]

BLATT 19

[Abschnitt redundant, s. VI, Blatt 15]

Creuzers Selbstcharakteristik

1805 den 7. Febr. (Rohde S. 31) [Preisendanz, S. 60]

«Die Natur war überhaupt ungünstig gegen mich im Äußern ... Ich bin eine von den hölzernen Silenenfiguren, wie einmal Platon sagte im Gastmahl, die, selber schlecht, zu Behältern dienen von herrlichen Götterbildern, die man darin verschließt des Staubes wegen – mein nicht schönes Äußeres, die Spur meines nothvollen Lebens» (S. 104)

«in ärmlicher Umgebung erwachsen» (S. 110)

«in bedrängten Verhältnissen» (S. 106; ‹arm› S. 77)

«Es gebricht ihm an allem dem, was im Stande u. berechtigt ist, sich das Schönste zum dauernden Besitz zu unterwerfen». (S. 88)

‹Ein schwerer Ernst ist immer der bleibende Ton meines Lebens gewesen.› ([Rohde] S. 51) [Preisendanz, S. 129]

[Abschnitt redundant, s. VI, Blatt 15]

BLATT 20

[Überschrift: 1805 Mainz]

BLATT 21

Clemens u. Creuzer 1805 März

den 4ten (S. 54) <an Frau v. H[eyden]>

Clemens wird vielleicht in wenigen Tagen schon nach Frankfurt kommen. Sagen Sie dies der K[aroline] ... Er wird sie ohne Zweifel sehen. Ich wünschte, daß alsdann Clemens meiner nicht gedächte, weder im Guten noch im Bösen ... [Preisendanz, S. 75]

- - - - - - - - - - -

Creuzer den 13. <März?> Rohde S. 89. 1805? [richtig: 1806]
(Griechisch). S. 201)

[13. März 1806] Wegen meines Kommens bedenke zweierlei:
1) muß ich am 28. April wieder hier sein
2) höchstwahrscheinlich muß ich nach Marburg reisen zwischen Ende März u. Ende April. Ich hab Geschäfte dort u. gehe auch gerne dahin, theils Savignys wegen, theils wegen meines Vetters. [Preisendanz, S. 245]

Undatirtes Blatt (griechisch, S. 202)

[18. März 1806] Adieu. Ich bin bald bei dir.
Clemens, dem Gott weiß wer von meiner Reise gesagt, will durchaus mit nach Marburg fahren; ich bin aber entschlossen, ihn nicht mitzunehmen, wann mir's gelingt, meine Abreise geheim vor ihm zu halten. [Preisendanz, S. 247]

BLATT 22

[21. März 1805] Im Frühling sprach die Günderode über ihr Leben in dem Stift [als] unglückliches u. brustkrankes Mädchen [und] sprach Creuzer von ihrer Sehnsucht nach dem Tode. «Das,» antwortete er ihr am 21. März,[1] «ist nicht die rechte Erhebung über das Leben, wenn man gewaltsam verwirrend zu zerreißen strebt seine zarten Fäden. Befreunde dich doch mit der Natur auch in dieser Hülle u. mit dem Frühling. Ich bin auch wieder mehr lebenslustig.» [Rohde, S. 33; Preisendanz, S. 69]

Am 28. März hielt er der Ärmsten kühl u. lehrhaft vor: «Der Gedanke, sich durch Vernichtung des Leibes früher zu nahen dem Ewigen, der Sie beherrscht, ist unrichtig selbst nach den Grundsätzen der Philosophie, die Ihnen so lieb ist.»[2] [Preisendanz, S. 67]

[Randnotiz:] Vorschlag, Savignys Namen als Deckmantel für die Korrespondenz zu nutzen.

Und dann flammte ihr gegenüber wieder seine sinnliche Natur auf in einem Schreiben von 18. April morgens, dem er nachmittags ein neues zufügte. «Ich frevelte durch das, was ich schrieb. Wollte ich doch lernen zufrieden zu sein mit deinem ruhigen Gutsein, wohl wissend, daß es mir ...» [Fortsetzung fehlt]

[1]Rohde S. 33 [Preisendanz, S. 69] [2]Rohde S. 34 [bei Preisendanz S. 67, datiert auf den 28. Februar 1805]

BLATT 23

[ersten zwei Abschnitte redundant, s. VI, Blatt 14, 22]

- - - - - - - - - -

Den 28. <März> [richtig: 28. Februar] (Abwehrung von dem «Gedanken, sich durch Vernichtung des Leibes früher zu nahen dem Ewigen»)
[Creuzer an Karoline] «Sie achten doch Daubs ideales Streben u. seinen Ernst u. Einsicht in die Philosophie. Hören Sie dann. (Es war vor etwa 2 Monaten mit Daub bei einem Sterbenden, dann gemeinsamen Spaziergang.) Die Frage ward aufgeworfen, ob es nicht besser, sich den Tod zu geben. Da zeigte Daub von seinem Standpunkt aus sehr richtig: daß wir hier im Leibe schon mitten im Idealen sind, wenn wir nur wollen u. wie es Unrecht ist, der Natur vorgreifen zu wollen. (S. 127).. [Preisendanz, S. 67] [Fortsetzung fehlt]

- - - - - - - - - -

Mit dem Frühling loderte dann die Leidenschaft von Neuem himmelhoch auf u. durchbrach alle Schranken.

[Randnotiz:] Savignys Brief vom 19. April [1805] [Stoll I, 254]
Creuzers ‹Studien›, Tian.

Als dann Creuzer im Mai Arnim kennen lernte, fand er ihn «klar u. in u. durch die Klarheit heiter, ähnlich in diesem Stück dem Savigny» ([Rohde] S. 43)

BLATT 24

[Notizen zu Creuzer und Karoline]

BLATT 25

[Überschrift: Christian Schwarz 1805]

BLATT 26

[Anfang fehlt] nicht gebühre auf deinen Besitz zu hoffen. Am 29. [April] kündigte er ihr [Karoline] an, daß er bei Gelegenheit einer Reise mit seiner Frau sie Anfangs Mai in Frankfurt aufsuchen werde. Seine Frau hatte ihm ein freundliches Briefchen für sie gegeben, worin sie zu einem Sommerbesuch eingeladen ward. In Frankfurt sah er dann die Günderode bei der Frau Heyden. [Rohde, S. 36]
«Laß dir daran genügen,» schrieb er [am 2. und 3. Mai] aus Frankfurt an seinen Vetter,[1] «zu ahnen, mit welchem Herzklopfen ich gestern in eine gewisse Thür eingelassen ward u. wie es da war.» «Ich habe theuer gebüßt eine Sünde gegen die Natur. Das Übermaß ist Gebot u. Sinn meines Lebens geworden.»

Und nun erzählt er, daß Karoline «gewiß einst sterben wird an kranker Brust», daß er aber jetzt wisse, daß nur eine vor Jahren gehegte Verblendung Hinderniß seines Himmels sei: «Ach wäre doch Sophie recht groß oder recht schlecht: in jedem Fall wäre ich gerettet. Aber bei dieser tödtenden Güte. Ich soll, will die Verhältnisse heilig halten.»

«Du siehst, daß hier zwei Personen aufgeopfert werden, weil sie eine dritte nicht aufopfern können. Wenn du einmal der Sophie schriebst ... nachdrücklich, wenn du das 47 gegenüberstelltest dem 34 – doch nein, laß es.»

[1] [Rohde] S. 39f., 42 [Preisendanz, S. 84f.]

BLATT 27

[redundant, s. VI, Blatt 28]

BLATT 28

[erste zwei Abschnitte redundant, s. VI, Blatt 27, 30]

– – – – – – – – – – –

Der frevelhafte Brief Creuzers vom 18. April [1805]. (Rohde S. 35!)
Auch Ende April schrieb Karoline wieder an Savigny. Creuzer entschloß sich, Savigny gleichfalls zu schreiben u. den Brief zur Weiterbeförderung an Karoline zu schicken. ‹Hierbei›, schrieb er ihr den 28. April, ‹ein Brief an Herrn von Savigny.› Und den Tag vorher, als er an Karoline alles griechisch geschrieben hatte – ‹aus Sorge für dich› – verlangte er, daß sie bestimmt schriebe, ob er unter der Adresse von Savigny nicht auch manches Geheime u. Heimliche deutsch schreiben könne. (f.)

Eine Zusammenkunft mit Karoline ward ernsthaft ins Auge gefaßt. Und als der Mai herankam, legte Creuzers Frau der Durchführung des Plans nicht nur kein Hinderniß in den Weg, sondern sie schnürte ihm selbst das Bündel zu einer Reise nach Frankfurt ([Rohde] S. 39).

BLATT 29 [Überschrift: Geschichte der Universität Ingolstadt/Landshut, 1799–1808]

BLATT 30

[erste Zeilen redundant, enthalten im folgenden Abschnitt]

– – – – – – – – – – –

Sickershausen, 30. April. Lisette Nees an Cr[euzer] [Preisendanz, S. 80 f.]
‹Ihre Verehrung Boccaccios ... meine Abneigung ... die Fiammetta durch die Perspective Sophie Brentanos zu betrachten ... wie als ein Verehrer des eignen Organs unsers Dichters ... (fol. 134[b]).

[Randnotiz:] dazu fol. 280: bei Buchhändler Mohr liegt die Fiammetta di Boccaccio ... Lisette hat sie schon lange gewünscht ... cf. fol. 297

29. April [Creuzer an Karoline] (Rohde S. 36) [Preisendanz, S. 78]
... im Begriff, morgen nach Frankfurt zu reisen. Ich reise in Gesellschaft meiner Frau u. Lorchen, welche mich bis diesseits Darmstadt begleiten, wo sie einen Besuch machen, bis ich auf der Rückreise sie wieder mit hierher nehme. Sie sehen hieraus, daß ich ohne Sorgen reisen kann u. daß meine Frau endlich überzeugt zu w[erden] anfängt, wie wenig ein Verhältniß ihr schaden könne wie das unsrige. Ihren Briefen an sie schreibe ich auch seinen Antheil zu an dieser Wirkung.

... war meine ganze Zeit sehr knapp zugeschnitten .. da ich sonst dorten, in Frankfurt niemand sehen kann noch will als Sie u. H[eyden].

Meine letzten Zeilen über Clemens an unsre H. waren gewiß sehr ungeschickt ausgedrückt, weil sie Ihnen geheimen Kummer gemacht haben. Das war nicht, das ist niemals meine Absicht. ... daß aber etwas unedles geredet worden, das ist wahr. [Preisendanz, S. 79]

[An Karoline, 2. Mai 1805] Jetzt muß ich noch etwas gestehen. Den Boccaz ließ ich absichtlich zurück, weil ich den Gedanken hatte, er sollte mir einen Vorwand geben, heute noch einmal zur H. zu kommen, dadurch zu dir. Aber jetzt fürchte ich doch – u. reise also ab. [Preisendanz, S. 83]

12. April [1805] [Creuzer] an Frau v. Heyden. Daß ich bei Daub Philosophie hören will, hat doch einen guten Sinn. Es ist wahr: immer hab ich mich selbst bestrebt, die Philosophie zu erkennen, hab schon in Jena die beste damalige Zeit ergriffen, darauf den Fichte gelesen, aber bei keiner Philosophie mit mehr Liebe verweilt als bei dieser im Grunde sehr alten Naturphilosophie. Nun aber erlaubt mir das Studium des Alterthums, das eine so große literarische Breite hat, nicht, alles gute in der neuen Philosophie erscheinende selbst zu lesen. Da ist es mir nur eine Abbreviatur, nun von Daub darüber

gleichsam referiren zu lassen. Außerdem fordert die Philosophie Gespräche über sie. Höre ich nun bei Daub, so wird jedes Papier gleich ein fortlaufendes philosophisches Gespräch ... Endlich aber, u. das ist die Hauptsache, glaube ich auch, daß von Daub manches zu lernen sein mag in der Philosophie ... die Kraft u. Einfalt seines Wesens sind sehr würdig. Fragen Sie Lina (S. 109 f.) [Preisendanz, S. 76]

Den 18. April nachmittags (fol. 129, Rohde S. 35)

Zagheit

Laß mich der Zukunft vertrauen, nicht der fernen, sondern dem nächsten Sommer, wo ich dich sehen soll. Was wird unsere H[eyden] dazu sagen, wenn ich hoffe, daß alsdann das mündliche Gespräch manches entwirren wird ...

BLATT 31 [Irrläufer: nur Überschrift, Geschichte der leges ... bei Hadrian]

BLATT 32 [Stichworte, alles durchgestrichen: Polnisches Recht]

BLATT 33

[Leonhard an Friedrich Creuzer] «Sehr oft,» so antwortete ihm der Vetter (den 15. Mai [1805]), «hat es mich schmerzlich ergriffen, wenn ich sah, wie dein Wille jede Schranke zu durchbrechen strebte u. du dich empört fühltest, wenn er irgendwo das non plus ultra fand, womit der Schöpfer selbst unsere irdische Wirksamkeit von so vielen Seiten weislich begrenzt.» und «wie gewaltsam du damals (im Herbst 1798 in Münster in der Wetterau) über Sophies Schwäche den Sieg davon trugst, das weißt du selbst noch so gut wie ich.» [Preisendanz, S. 92 f.]

Um dieselbe Zeit erhielt Friedrich wieder von Savigny einen Brief. Am 22. theilte er dem Vetter mit,[1] auf den Sommer werde Savigny zurückkehren. Und wie sehr diese Mittheilung mit dem wieder aufgenommenen unseligen Plan zusammenhing, zeigt sein Geständniß: «Er (Savigny) versteht mich wohl, aber er meint doch, die Wissenschaft müsse entschädigen können für solches Entbehren.» – wir hören dasselbe Wort, mit dem ihn schon früher in Savignys Sinne dessen Frau zurechtgewiesen hatte, das auch trotz seines Spottes seine Wirkung nicht verfehlt hatte – aber nun hieß es wieder: «Das kann sie nicht.» [Preisendanz, S. 105]

Nun hatte er, wie er gestand, den Gedanken, daß es doch möglich, seine Frau «äußerlich zu entschädigen; aber dann müßte hier entsagt werden; das will Lina nicht.» [Preisendanz, S. 104] Dann kam er wieder auf Savigny zurück, um kecklich zu behaupten, Savigny habe das Verhältniß zu Lina, wie er [es] anstrebte «eigentlich zuerst gepflegt» u. ihm gewünscht. [Preisendanz, S. 105] Hatte im October des vorigen Jahres

[Fortsetzung s. folgendes Blatt]

[1]Rohde S. 46

BLATT 34

[ihm] vorgegaukelt, Savigny scheine die von ihm gehegte Idee mit Liebe auszubilden (oben S. . . .), so war das, was [er] gewünscht hatte, nun für ihn schon zu einer Thatsache geworden.

An einem der nächsten Tage schickte er Savignys Brief an die Günderode mit den spöttischen Worten: «Sie müssen doch sehen, wie es dem Menschen so wohl ist in seinem gelehrten Treiben u. in seiner Ehe.» [Preisendanz, S. 134] Und als er am 29. Mai daran erinnerte, daß Savigny im Sommer nach Heidelberg komme, da trat mit einem Mal der Anspruch deutlich ans Tageslicht, den er im Stillen immer vor Savigny erhoben. Und derselbe Creuzer, der vor kurzem erklärt hatte, daß Savigny ihn verstehe, rief nun aus: «Er könnte mein Retter werden, wenn er mich verstünde.» [Preisendanz, S. 110] Sein Gedanke war, daß Savigny nicht nur von der Seite der Frau auf seine Seite übertrete u. mit seiner Rechtskenntniß die Scheidung bewirke, sondern auch die ökonomische Auseinandersetzung durch seine Beihülfe ermögliche. Aber ihm, so hatte er schon früher gerügt:[1] «Ihm fehlt die Gabe zu verschwenden», u. damals hinzugefügt, seine Zurückhaltung mit den Gütern dieses Lebens habe ehemals an Kargheit gegränzt, was sich etwas gemildert habe. Es war eine persönliche Erfahrung, die er gemacht hatte, von der wir noch hören werden. Aber nun, da an die Erfüllung seines Anspruchs nicht zu denken war, erklärte er: «Da er mich nicht kennt, ist mir sein Kommen zuwider.» [Preisendanz, S. 110] Und nun ein Befehl an [Fortsetzung fehlt]

[1]Rohde S. 28

BLATT 35

Am 1. Mai war dann Creuzer in Frankfurt, wo er absichtlich in einem andern Gasthofe abstieg als das letzte Mal (Rohde S. 38). Er blieb bis zum 3. Mai u. sah dabei Frau v. Heyden u. Karoline wiederholt, auch diese, wie es scheint, zunächst im Hause der Frau v. Heyden, dann aber auch im Stift ([Rohde] S. 39). Bei dem Gespräch mit Karoline am ersten Tag war wieder die Rede von Clemens Brentano: Karoline sah sich veranlaßt, die Briefe, die sie von jenem erhalten hatte, Creuzer zu geben. Aber auch von Creuzers äußerer Erscheinung war die Rede u. Karoline machte ihm Verbesserungsvorschläge ([Rohde] S. 38). Frau von Heyden mahnte ihn, die Verhältnisse, in denen er lebe, heilig zu halten ([Rohde] S. 42). Er zeigte ihr einen Boccaz, den er mitgebracht, vermuthlich im Interesse der Lisette von Nees u. ließ [Fortsetzung fehlt]

– – – – – – – – – –

S. 140 [hier?] als Beleg für den Brief «Frankfurt den 2. Mai [180]5» (Rohde S. 39 ff.)
‹Die beiden Pilger› abgeschrieben. [Preisendanz, S. 86 f.]

Der Erste Pilger
Ich bin erkranket
An Liebespein.
Möcht' nur genesen,
Wolltst du mein sein. [mit Bleistift:] Faust. Gretchen
Dein lieblich Wesen,
Dein Lippenroth
Hält mich gefangen
Bis an den Tod.

(dann ‹Zum Grab des Herrn›! Späterer Zusatz?)

Der Zweite Pilger
(wandert nach Jerusalem – späteres Paradies?)

BLATT 36

Am 3. Mai machte er hier der Heyden einen Besuch ([Rohde] S. 38, 42, 44) u. nicht wieder der Karoline im Stift (S. 39); sie gab ihm die an sie gerichteten Briefe des Clemens! (S. 38)

Am 2. Mai des Nachts seine Verse ([Rohde] S. 36)
Den 3. Mai noch von Frankfurt (S. 38, 41)

Der Jurist u. Wandnachbar (S. 39). Es muß doch Savigny sein, dessen elterliche Wohnung in der Nähe der Straße gelegen haben muß.

Der Vetter soll die Frau beeinflussen (S. 42, 51, cf. 39)

Ward in Heidelberg ruhiger!

den 9. Mai: Vergleich des Arnim mit Savigny (S. 43) [Preisendanz, S. 90]
12? : Karoline schickt ___ auf Sav. gemachtes Sonnett an – Creuzer! ([Rohde] S. 45)
den 19. Mai: eine Erzählung an Clemens über den Frankf[urter] Besuch (S. 44)
den 15. Mai der ernste Brief des Vetters

In Creuzers Briefchen an Karoline, geschrieben Frankfurt den 3. Mai 1805 (Rohde S. 38) findet sich am Rand noch folgende Stelle:
«Von dem Juristen, deinem Wandnachbar, hab ich dich – aus Ehrfurcht – geschieden durch eine Mauer. Zum Glück hat er eine Frau, die er mehr liebt als sie es verdient.» [Preisendanz, S. 83]

Daß unter dem Juristen Savigny gemeint ist, kann einem Zweifel nicht unterliegen. Wenn Creuzer ihn Karolines ‹Wandnachbar› nennt, so bezieht sich das wohl darauf, daß sie in Trages eine Stube neben der seinen hatte.

BLATT 37

Heid. Cod. 368, 67

<Der Vetter an Creuzer> Marburg den 15. Mai 1805 [Preisendanz, S. 91 f.]

Deine beiden Frankfurter Briefe waren mir mehr als Briefe. Lebendig standest du vor mir, aber eine Erscheinung, die mich mehr erschüttert als erfreut hat. Nein, Lieber, dieser Ton deines Lebens, in dem diese Briefe geschrieben sind, kann u. darf nicht Ton deines Lebens bleiben. Du würdest, du müßtest darüber zu Grunde gehen. Auch die stärkste Saite läßt sich nur bis zu einem gewissen Grade spannen, u. selbst dieser höchste Grad ist schon Übermaß. Ich möchte daher hineilen zu dir u. mit der Stimme des Freundes dir zurufen, bittend dich beschwören: schone deiner u. derer, die dich lieben ...

Ja du bist unglücklich, aber wahrlich nicht blos durch dein Schicksal, sondern mehr noch durch dich selbst. Dies Gefühl habe ich nicht erst seit heute oder gestern, sondern es ist so alt als meine Liebe zu dir. Es hat mich ...

Zwar spricht auch jetzt jene Furcht u. dieses Mitleid laut genug an mein Herz, aber lauter spricht mein Gedanke, daß es feiger Verrath der Freundschaft sein würde, wenn ich länger schweigen u. dir meine Ansicht deiner Lage verhehlen wollte. Sage ja nicht, daß ich als Anwalt deiner Sophie spreche, nein ... so scheint es mir doch nothwendig, dir das Unrecht fühlbar zu machen, was du begehen würdest, wenn du jetzt ein Opfer von ihr fordertest, das ihr innerlich u. äußerlich betrachtet viel schwerer erscheint, als es das damalige war. Freilich schien es mir das noch nicht, als du mich im letzten Herbst zum Vertrauten deines Geheimnisses machtest. Ich sah zwar damals gleich tragische Auftritte voraus, allein deine wiederholte Versicherung, daß deine L. sich nicht zu einer ehelichen Verbindung schicke, daß sie nie darein willigen werde, daß sie blos liebende Freundin im höchsten Sinne des Wortes für dich sein werde, beruhigte mich einigermaßen ... Ja ich überredete mich sogar, daß diese Schwäche, die sie <Sophie> damals bestimmte, deiner Leidenschaft gegen die Warnung der Freunde u. gegen die innere Stimme, die gerade für diese Warnung sprach, Gehör zu geben, daß eben diese Schwäche so bestimmend würde, deinem Besitz, wo nicht ganz zu entsagen, doch wenigstens deine neue Liebe zu dulden u. in dieser Hinsicht konnte ich mich selbst dieser neuen Liebe in manchen Augenblicken freuen, wo ich das unbefriedigende der vorigen Frau für deinen Geist u. dein Herz empfand. Allein wie ganz anders hat sich seitdem alles in deinem u. ihrem u. selbst in dem Gemüth deiner L. entwickelt. Du leidest dabei freilich am meisten, weil die meiste Schuld auf dir haftet u. ich fühle ganz das Furchtbare der Wahrheit, daß du theuer büßen mußt eine Sünde gegen die Natur, die in ihren Folgen ein eisernes Schicksal für dich geworden ist; aber frage dich selbst, Lieber, ob du dein Schicksal dadurch zu versöhnen hoffen darfst, daß du Sünde auf Sünde häufst u. alles Maß in deinem Handeln überschreitest. Wenn du deine Sophie durch eine rasche That zu einem Opfer zwingst, das sie nicht bringen kann, ohne darüber zu Grunde zu gehen, so wirst du umsonst ringen, in den Himmel einzudringen, den deine Augen gesehen ... Gott es zu überlassen, wäre wahrhaft fromm,

(Heid. Cod. 368, 67) (15. Mai 1805)

denn nach der Lehre seines Sohns werden nur die Gott schauen, die reinen Herzens sind. Noch einmal, schone deiner selbst u. derer, die dich lieben.

BLATT 38 [s.a. VI, Blatt 3]

1805 den 2. Mai (an Karoline). Mit unserm S[chwarz] stehe ich noch auf dem alten Fuße. Jedoch rede ich über alles dieses gar nicht mit ihm. [Rohde, S. 41]
– den 20. Mai (an dich). Es ist doch sonderbar. Jetzt sucht S[chwarz] sich mir zu nähern u. mir Hoffnungen zu machen. Dazu hat ihn bewegt der Brief von Ihnen an meine Frau, den sie ihm zu lesen gegeben hat ohne mein Wissen ... Er ist gerührt durch Ihre Güte gegen meine Frau u. durch mein stilles Tragen des Schicksals. Ich sagte ihm kurz: wir beide dächten so: es sei besser sterben als tödten. [Preisendanz, S. 100]
– [20. Mai] (an den Vetter). Schwarz fand für nöthig, mir deinen interioren Brief auf einem Spaziergang zu geben ... du fürchtest von mir eine rasche That. Fürchte sie nicht: Es ist besser sterben als tödten. [Rohde, S. 44; Preisendanz, S. 102 f.]

Schwarz fängt an, mir wieder Hoffnungen zu machen von möglicher Erfüllung. Aber ... ich habe hoffen verlernt. [Rohde, S. 46]

Schwarz fand es unerträglich hart, daß ich sogar mein Schreiben an sie verbergen müsse, wie wenn es ein Verbrechen wäre. [Rohde, S. 46]

– – – – – – – – – –

1805 Mai

– 9. Mai [an Karoline] (Rohde S. 42 f.) [Preisendanz, S. 90]

.. was ich hierbei der H[eyden] sende, davon wünschte ich, daß es der Freund nicht zu lesen wünschte. Beruhigen Sie mich nur dauerhaft dadurch, daß ich Versicherung erhalte: der Freund sei gesund. Mit mir, das können Sie ihm sagen, habe es niemals etwas zu sagen gehabt.

Arnim ist hier ... (Rohde S. 42)

– 14. Mai [an Frau von Heyden] (Rohde S. 43)

Gestern hielt Daub seine erste Vorlesung hier bei mir im Hause ...

Clemens' Frau hat ein Mädchen seit gestern.

Marburg, den 15. Mai. Der Vetter schreibt (fol. 143) [Preisendanz, S. 91 f.]

– den 17. Mai. An Karoline (fol. 152) [Preisendanz, S. 94 f.]

Die Lebensmüdigkeit u. die trostlose Resignation <Karolines>.

Bedenke der Freund ... wie leicht es sei zu schreiben: ich solle heucheln ein äußerlich vermindertes Interesse in Beziehung auf ihn u. wie schwer, es zu thun.

Der Himmel mit uns. Wie ich mir Mühe geb, aber dennoch kann ich's nicht verhindern, daß ein lebhaftes Gespräch der Gesellschaft, wenn jedermann in der Sache ist u. auch ich anfangen will, darin zu sein, der Lichtpunkt meines Denkens auf die andre Hemisphäre dennoch fällt u. ich auf einmal bei dem Freunde bin in undeutlichem Sinne, bis etwa der auf mich geheftete Blick eines Anwesenden mich plötzlich aufrüttelt ... So ging's mir neulich ... u. die Daub fast in meiner nächsten Nähe ... da gab's dann einige Mal solche Ungeschicklichkeiten, die durch fragende, halb spöttische Blicke der D[aub] notirt wurden. Überhaupt fürchte ich in diesem Punkt besonders die Weiber hier.

... Das noch zur Beruhigung: nichts habe ich dem Clemens gesagt, daß ich bei dem Freunde gewesen, sondern blos, daß ich ihn gesehen, u. zwar bei der H[eyden]. Das konnte ich nicht läugnen, weil er erfahren, daß ich dem Daub die ‹poetischen Fragmente› [von Tian] verabreicht hatte. Also von dem Stifte kann er nimmermehr eine Consequenz machen, denn davon ist gar nicht die Rede gewesen.

Den 18. [Mai] [Preisendanz, S. 97]

(Über Nees, der in Jena Vorlesungen halten wolle – über Ast)
Ihre Schwester in Darmstadt will ja auf einige Zeit herkommen u. hat sich deswegen an die D[aub] gewendet ..

BLATT 39

Minchen v. Günderode, verheirathet (seit 1804) mit [Baron] du Thil in Darmstadt.

1805 den 18. Mai. Creuzer: «Ihre Schwester in Darmstadt will ja auf einige Zeit herkommen u. hat sich deswegen an die D<aub> gewendet. Soll ich sie zu sehen suchen? ... Aber es ist wohl besser, ich sehe sie nicht. (fol. 155) [Preisendanz, S. 97]

– Den 29. Mai. Die Furcht wegen ihrer Schwester ist nun verschwunden. Sie kommt nicht oder ist hier gewesen, ohne die Daub zu sehen. (S. 168) [Preisendanz, S. 107]

Den 20. Mai (Rohde S. 44) [Preisendanz, S. 103]
Siehe ich bin so ruhig oder suche es wenigstens zu sein, daß ich hoffe, oft sogar täuschen zu können die mich nicht näher kennen ...

Ich würde .. (Rohde S. 45)

– – – – – – – – – –

[Abschnitt redundant, s. VI, Blatt 33]

BLATT 40

1805 Mai – Juni

Savigny (S. 46)

Den 29. Mai (Rohde S. 46)

Hoffe doch um meinetwillen auch u. wolle doch leben. Denke doch, wenn es möglich wäre, mich deiner ruhig zu freuen, dich an mein Herz zu drücken u. an dem deinen zu ruhen …

Ist es denn nicht der Mühe werth, einen Mann zu retten, dem man immer vorsagt, er sei des ewigen Heiles werth u. der Lebenswonne? Der es auch meint, daß er es werth ist, weil er zu verstehen vermag deinen Werth. In dem Briefe an … [Preisendanz, S. 106]

– – – – – – – – – –

[Abschnitt redundant, s. VI, Blatt 34, 41, 42]

– – – – – – – – – –

Den 29. Mai (an Karoline) Eine bestimmte Äußerung von Schw[arz] muß ich doch dir melden … Er urtheilte: wenn du mich wahrhaft liebtest, so gebe es keine Hindernisse als öconomische wegen der Existenz meiner Frau. (Rohde S. 47) [Preisendanz, S. 106]

Juni (an Karoline). Theilt [mit], daß Schwarz hinter seinem Rücken an die Heyden geschrieben habe u. klage, von ihr nur eine kurze kalte Antwort erhalten zu haben: ‹Man erwidere nicht einmal die wesentlichsten Fragen.› Er, Cr[euzer], … , sei damit einverstanden, es könne kein Mensch helfen. Die Fragen betrafen offenbar den «Werth der Poesie», Fragen, die er auch Cr[euzer] gegenüber einfließen läßt, wie dieser empfindlich bemerkt. «Die Poesie verzeihe es ihm u. lasse mich es nicht entgelten.» [Preisendanz, S. 117]

Der Theilnehmende [Schwarz] ist ein Mensch, der viel Sinn hat für die geheimsten Wünsche des Gemüths – er ist warm u. getreu in der Freundschaft …

<Von Savigny habe ich einen Brief so eben erhalten, er kommt in drei Monaten.>

BLATT 41

In einem Brief an die Heyden hatte Creuzer wieder einmal auseinandergesetzt, was ihn hoffen machte. Diesen Brief, so schrieb er den 29. Mai an Karoline, «wirst du lesen, u. wie ich vor lauter seliger Hoffnung nicht denken kann an die Hindernisse.» ([Rohde] S. 47) [Preisendanz, S. 106]

«Die Furcht vor Ihrer Schwester ist nun verschwunden – sie kommt nicht oder ist hier gewesen, ohne die Daub zu sehen.»

«Sie wollen wissen, wie ich jetzt häuslich lebe: weniger als jemals kann ich jetzt mit meiner Frau zusammen sein.» Bei seinen Arbeiten bleibt am Tage «für die Frau keine Zeit. Der Abend, wo ich mich wegstehle ins Felsthal oder an den Neckar, gehört dem Freund, die Nacht auch, oft in seligem Traum.»

«Bei Tisch u. sonst werden meine Mienen erspäht – jede Freundlichkeit ist wie ein erquickender Thautropfen auf der dürren Pflanze: da bin ich denn freundlich aus allen Menschenkräften . . .» [Preisendanz, S. 107]. Später hören wir von Creuzer, daß seine Frau fortwährend kränkele.

Dem Auf u. Nieder der Hoffnung, die Creuzer hegte, ging in seltsamer Weise zur Seite eine Eifersucht zwischen ihm u. Clemens Brentano über die Vorzüge Karolines u. seiner Frau. Clemens, so erzählte Creuzer, besuche ihn wieder, aber nur, um über Karolines Gedichte seine Kritik anzubringen. «Ich sagte ihm blos das Eine darauf: seine Frau mache viel zierlichere Gedichte.» (S. 48) [Preisendanz, S. 108]

Aber auch das böse Gerede machte zu schaffen u. bekümmerte Karoline doch. Auf einem stark beschnittenen Blatt ist wieder von Clemens u. der Frau Daub die Rede. Diese machte Clemens sehr zum Vorwurf, daß er nach seiner Verheirathung noch an andre Frauen, insbesondere auch an Karoline gedacht habe (S. 48). Aber auch von Karolines Verhalten ward wieder geredet, von ihrem Verhältniß mit Böhm, daß sie mit der Liebe nur spiele u. früh damit gespielt habe (S. 53). «Ich dächte,» so schrieb ihr Creuzer, «es wäre besser, du ließest sie reden, was u. wann sie wollen, ohne dich um sie zu bekümmern.» Und dann hieß es noch am Rand: «Schreib mir doch bald u. lieb, ohne Mißverstehen – denn zwischen uns darf nicht treten der Begriff u. das Denken. Das Denken ist der Fluch, Segen u. Seligkeit der Wahnsinn durch u. um dich.» (S. 48) [Preisendanz, S. 108 f.]

BLATT 42

Auch von Clemens war die Rede. Karoline aber händigte ohne Bedenken Creuzer des Clemens' Briefe aus (S. 36). Auch schrieb sie eine liebevolle Antwort an seine Frau, in der jeder gegen die Ehe gerichtete Plan in Abrede gestellt ward.
[Mai 1805] Creuzer selbst aber war nicht im Stande, seine «Begehrlichkeit» aufzugeben u. sah schon in Frankfurt voraus, daß er «neuen Jammer in Heidelberg anstiften» werde ([Rohde] S. 37). Er büßte nun schwer «eine Sünde gegen die Natur» ([Rohde] S. 40). «Jetzt weiß ich,» so schrieb er an den Vetter nach Marburg, «daß nur eine vor fünf Jahren gehegte Verblendung Hinderniß meines Himmels ist.» ([Rohde] S. 42)

«Ach wäre doch Sophie recht groß oder recht schlecht: in jedem Fall wäre ich gerettet. Aber bei dieser tödtenden Güte.» ([Rohde] S. 42)

Da mußte er Savignys gedenken: «Diese Zeilen hätte – nicht lesen dürfen! Ich soll – will die Verhältnisse heilig halten.» So redete auch von Heyden (S. 42). Auch auf sie hatte Savigny in seinem Sinne Einfluß genommen.

– – – – – – – – – –

Und gerade diese Ruhe u. Klarheit war es, was Creuzer so reizte. «Hierbei,» so schrieb er in diesen Tagen an Karoline, «Savignys letzter Brief. Sie müssen doch sehen, in welchem Tone diese Korrespondenz geführt wird, wie es dem Menschen so wohl ist in seinem gelehrten Treiben u. in seiner Ehe.» Und als er bald darauf, den 29. Mai abermals meldet: «Savigny, so sagt man sich hier, kommt diesen Sommer hierher,» fügt er hinzu: «Er könnte mein Retter werden, wenn er mich verstünde.» Derselbe Mann, der vor kurzem selbst gestanden hatte, daß Savigny ihn allerdings verstehe. Nun hieß es: «Da er mich nicht kennt, ist mir dieses Kommen zuwider. In jedem Fall: stumm u. verschlossen. Komm du nur mit der Heyden ... ich meine immer, diesen Sommer müsse vieles reifen.»

BLATT 43

Creuzer nahm keinen Umstand, an Karoline in einer Gesellschaft u. in einem Ort zu schreiben, die er selbst, höchst mit sich zufrieden, so schildert: «Auf dem öffentlichen Senatszimmer in dem Universitätsgebäude, während zwei alte juristische Kollegen mit dem Syndicus in Acten stöbern, an einem langen schwarzen Tisch, dem Bilde des baierischen Churfürsten Karl Theodor gegenüber.» Und er meinte: «Die alten Herren da drüben denken gewiß nicht, daß ich in diesem Augenblick an die ‹Poesie› schreibe.» (Mai 1805) [Preisendanz, S. 111: 5. Juni]

BLATT 44

[17. Mai] Clemens erfuhr dann aber auch das was Creuzer ihm zu verheimlichen gesucht hatte: seine Zusammenkunft mit Karoline. Er erfuhr es durch Daub, dem Creuzer für die ‹Studien› Karolines ‹Poetische Fragmente› mitgebracht hatte. Nun von Clemens zur Rede gestellt, gab Creuzer zu, daß er Karolinen gesehen habe, aber versicherte, er sei nicht bei ihr gewesen, sondern er habe sie bei Frau von Heyden gesehen. An Caroline, die mit gutem Grund Clemens' böse Zunge fürchtete u. ihre Befürchtungen Creuzer ausdrückte, schrieb er: «Von dem Stift kann er nimmermehr eine Consequenz machen, denn davon ist gar nicht die Rede gewesen», eine Deduction, die unmöglich ihren Zweck, Karoline zu beruhigen, erfüllen konnte. [Preisendanz, S. 96]

BLATT 45

Creuzer über Arnim u. Clemens Brentano.

Als Arnim im Mai in Heidelberg erschien u. Brentano ihn zu Creuzer gebracht hatte, schilderte dieser ihn der Karoline: [9. Mai] «Er scheint klar u. in u. durch die Klarheit heiter, ähnlich darin dem Savigny.» Nachdem er dann im Juni mit Brentano u. Arnim einen Spaziergang gemacht hatte, erzählte er Karoline, Arnim rede sehr wenig, was er sage, sei gewöhnlich heiterer Scherz.

[11. Juni] «Zuversicht u. Kraft sind ihm aufgeprägt: es ist doch was herrliches um dieses klare feste Blicken in die Welt. Das,» so fügte er mit einem Seitenblick auf Arnims Genossen hinzu, «vermag Arnim ohne gesuchte Kraft, ohne Brutalisiren: die Kraft ist freundlich u. gemildert u. folglich schön. So soll der Mann sein.»

[kein Verweis im Text] Rohde S. 43, 48 [Preisendanz, S. 90, 118]

BLATT 46

1805 im Mai. [Cod.] Heid. 369, 216

Wahrhaft erbaut habe ich mich am letzten Sonntag an Mannheims Schauspiel. Man gab die Jungfrau von Orléans von Schiller . . . der Brentano, der mit mir dort war, war auch zufrieden.

_ _ _ _ _ _ _ _ _ _

1805? (S. 246) [24. April 1806]

Es ist so am besten, daß ich in diesem Sommer (oder Pfingsten schon, ach wär es doch schon jetzt!) zu dir komme. Die Reise nach Trages giebt einen trefflichen Anlaß, oder Vorwand. Wann Clemens dorten ist, gehe ich nicht dahin, sondern blos an das Hauptziel nach Frankfurt. Unter diesen Umständen ist es auch besser, wenn die Heyden diesen Sommer nicht hierher kommt. [Preisendanz, S. 256]

BLATT 47

Donnerstag (S. 87__) 1805 Mai oder Juni [Preisendanz, S. 112 f.: 6. Juni]

Die letzten Tage war die Lage «wieder etwas uneben». Sonntags war er «Wittwer». Die Gutmüthige mit auf einer Landpartie. Montags nun die Stimmung ‹ganz umgewandelt›: ‹eine fremde Zunge› sei geschäftig gewesen: die Frau habe «mehr Bitterkeit als aufopfernde Schonung» verrathen. Erst nach mehreren Tagen sei es gelungen, ‹die Aufwallung zu beschwichtigen. Aber er hat auch damit seine Hoffnung auf ewig zum Schweigen gebracht›: er legt hiermit das Versprechen ab: ‹nie wieder von irgend einem Plane, von einer Möglichkeit einer Verbindung. . . zu reden, sollte nicht das Schicksal durch eine entscheidende Begebenheit ihn selbst dazu berechtigen›. . . ‹Dieser Entschluß, nun schon 3 Tage alt, äußert bereits eine beruhigende Wirkung auf sein Gemüth. . . Bei der Stimmung will sogar der ihm ganz fremd gewordene Scherz sich wieder zu ihm gesellen. . . Sogar der Leib wird dabei gedeihen.

Die Frau «kränkelte immer mehr jetzt seit der schönen Conversation mit der ‹Feindseligen›. Er versicherte nun, «ordentlich darauf bedacht» zu sein, ihr «Freundlichkeit u. Schonung zu zeigen».

Den 13ten [Juni], früh morgens (Forts. – Rohde S. 48) [Preisendanz, S. 118]

Gestern hatte ich eine Ahndung, ich würde einen Brief bekommen . . . ich suchte . . . den K[ayser] wo ich ihn zu treffen gewohnt war u. fand ihn nicht . . . spät abends ging ich in sein Haus, ich fand ihn, aber keinen Brief. (Es war Fronleichnam. Die Frau «kränkelt fortdauernd»)

Den 15ten [Juni]

. . . Ich soll ruhig sein. Kann ich's?

Die Brentano war doch sehr krank.

Große Freude über Karolines Antwort auf jenen Brief v. 7ten: ‹Sein (des ‹Freundes›) herrliches Gemüth kann mir nicht wankend werden.»

Den 18ten [Juni] (S. 94) [Preisendanz, S. 120 f.]

Der neue hiesige Philosoph Fries hat ein Buch geschrieben, das er mir neulich geschenkt [hat]: ‹Wissen, Glaube u. Ahndung›, worin er aufs bitterste den Schelling angreift u. dessen Schule, erbärmlich klagt über den Mysticismus derselben . . .

In der persönlichen Erscheinung ist Fries übrigens ein freundliches bescheidenes Männchen, dem man nicht zürnen kann.

- - - - - - - - - -

Cod. Heid. 369, 216

Creuzer Briefe

Sonntags, den 4. abends <Bleistift: Mai> [4. Mai 1806] [Preisendanz, S. 261]

Eusebio [Creuzer] vergaß noch dies zu seiner Entschuldigung zu sagen: daß S[chwar]z in M[arbur]g gesagt hatte: Sofie sei weiter nichts als des Eusebio Magd. Das hatte er in dem Hause gesagt, wo ich wohnte, in S[avign]y's Beisein. Wie konnte ich vorsichtiger sein als wenn ich [mich] bemühte, dies Wort kurz unwahr zu nennen, ohne mich jedoch auf weitere Erörterungen einzulassen? . .

Derselbe S[chwar]z mag aber freilich dadurch eine große Stimme bekommen haben, daß er den Frauen in S[avign]y's Haus u. besonders der Kunigunde eine gewisse aufmerksame u. unermüdliche Verehrung beweiset, die Eusebio niemals beweisen wird.

Doch ich verzeihe dem S–z das alles, seitdem ich weiß, daß er in Gießen den dort herrschenden Gerüchten über Eusebio widersprochen hat. Nur einlassen darüber werde ich mich mit ihm nie wieder.

Allein sein mit Einem Freunde ist das beste.

BLATT 48

Den 2. Mai. . .	deine Güte, daß du mir des Clemens' Briefe gegeben (fol. 136)
[9. Mai 1805]	Arnim ist hier . . . Clemens brachte ihn zu mir (fol. 148)
14. Mai	Clemens' Frau hat ein Mädchen seit gestern (fol. 151)

17. [Mai] Nicht habe ich dem Clemens gesagt, daß ich bei dem Freunde gewesen ...
Also von dem Stifte kann er nimmermehr eine Consequenz machen ... (fol. 154)
Selbst Arnim hat ja darin geschlafen! Schon vor der Taufe abgereist! (fol. 161)
Aber nun ____ wieder da!
19. Mai Ich bin in dem Betragen mit Clemens sehr vorsichtig ... (fol. 161)

1805 den 9. Mai Schiller
Goethes Epilog (Steig S. 146)
[29. November 1805] Savigny über Schiller an die Günderode (Geiger S. 37 f.)
[8. Januar 1804, Savigny an Karoline] Das Republikanische derselben (Geiger S. 24)
Jacob Grimm Briefwechsel S. 43

- - - - - - - - - - -

H[eidelberg], den 14. Mai 5 (an Frau v. H.)
Clemens' Frau hat ein Mädchen seit gestern.

den 19. <Mai> [180]5 (Sofie ...
Ich bin in dem Betragen gegen Clemens ... daß ich den Besuch bei unserer H. vorgezogen, fängt er nun an, empfindlich zu fühlen u. erwiedern zu wollen. (Rohde S. 44)
So übertrug er vor einigen Tagen in meinem Beisein sehr absichtlich mit einem entfernenden Blick auf mich dem Daub das Geschäft, sein Kind in Savignys, Arnims u. des alten Schwabs Namen aus der Taufe zu heben! Welche tödtende Ungnade! [Preisendanz, S. 102]

BLATT 49 [Überschrift: Berliner Angelegenheit]

BLATT 50 [redundant, s. VI, Blatt 33 (Leonhard Creuzer) bzw. 57 (Schwarz)]

BLATT 51

Nees [von Esenbeck]

1805 den 18. Mai schrieb Creuzer an die Karoline.
Heute sagt mir der Philosoph Fries, der von Jena kommt, Doctor Nees sei dorten u. wolle dort Vorlesungen halten. Nach der Beschreibung, daß er aus Frankfurt sei u.

dergl[eichen], ist er kein anderer als Ihrer Freundin Mann. Nicht werde ich mich mit ihm in nähere Verhältnisse einlassen, da Sie mir abrathen ... [Preisendanz, S. 97]

– – – – – – – – – – –

Der Vorschlag des Freundes (Schwarz).III 1804 im October, 1805 im Mai.
(Rohde S. 47)
dazu paßt Geiger S. 177)

Geiger S. 180, Rohde S. 60

Schwarz's Mitleid mit Creuzer (S. 44). Im Mai kam er auf den Gedanken, wenn Karoline ihn wirklich liebe, so gebe es keine andern Hindernisse als ökonomische wegen der Existenz seiner Frau (Rohde S. 47, 59). Und als Schwarz ihm das darlegte, u. so wieder Hoffnung machte (S. 46), da erklärte Creuzer seinen Entschluß, so wie sein Vermögen es gestatte, sie jetzt hinlänglich zu entschädigen (S. 47).[1] Und im Sept. dachte er, ihr jährlich 600 fl. Pension zu geben (S. 59).

Creuzer hatte dem [Vetter Leonhard] Creuzer schon im Mai geschrieben, was ihn hoffen machte, aber nicht die bestimmte Andeutung von Schwarz (S. 47). (Was denn?) Diese, die er Karoline [später] mittheilte, erfuhr sie aber bald. Frau von Heyden geht in einem Brief an Karoline von der Ansicht aus, [dieser] Vorschlag seines Freundes – es kann wohl ein anderer sein?[2] – «hätte er (Cr.) sich mit einem Verhältnisse begnügt, das ihm dich öfters zu sehen erlaubt hätte (Geiger S. 180), also nicht an Ehe gedacht», [sei] wohl so zu verstehen, daß er zwar früher an Ehe gedacht, aber bei der E[ntscheidung?] der Günderode, daß sie sein Weib nicht werden könne (S. 17), den Gedanken aufgegeben. ___ neue Epoche mit der Zustimmung Karolines zur Eingehung einer Ehe?

[1]Aber früher anders: ‹der alte Fuß›[2] (S. 46) [2]Aber verstand sich denn die Entschädigung nicht von selbst? Er sprach, wie es scheint, zuerst förmlich von Scheidung! Aber dazu ist [es?] doch nicht [Fortsetzung fehlt]

BLATT 52

[11. Mai 1806] [an Karoline]
– [Anfang fehlt]... Muth hatte. (Rohde S. 95)

Wenn der Freund freilich selbst zweifelt, ob er den Frommen diesen Sommer noch sehen werde, woher soll dann dieser die Zuversicht nehmen? Es wird also ein öder Sommer werden, ein trauriger Sommer. [Preisendanz, S. 269]

Später

Was der Fromme einmal lernen müßte, wenn die Natur den Freund in einen andern Bund führte, wodurch diesem ein eigener Heerd bereitet würde, u. ein Familienleben – das hat er ja schon oftmals gesagt, eben weil er in seiner Frommheit die Natur verehren gelernt hat – aber wenn auch ohnedies, nicht durch die Natur, sondern durch

die Welt, das Band zwischen Freund u. Frommem aufgelöst würde, so hätte dieser doch auch nicht einmal den Trost, aus Frömmigkeit zu entbehren. [Preisendanz, S. 269]
– In meiner Betrübniß ... (Rohde S. 95)
– ... vor der Zeit. (Rohde S. 96)

Mir graut vor der nächsten Woche. Von einem Tage zum andern werde ich warten, u. es wird kein Brief vom Freund kommen. Schon diese Woche war traurig: kein Tag brachte einen Brief daher, bis endlich der letzte mit so viel Samen zur Betrübniß. Aber es waren doch die bekannten Züge, [Preisendanz, S. 270] [Fortsetzung s. folgendes Blatt]

BLATT 53

die lieben Züge – aber wie erst dann wann die Welt mit ihrer List noch mehr gewonnen haben wird? Dann wird gar kein Brief mehr kommen.

Später

... Vieles habe ich geschrieben – u. nichts Frohes. Ach ich konnte nicht, obwohl der Bote des Freundes Hippolyt mit seinem Köcher diese Nacht an meinem einsamen Lager gewacht hat. Es ist eine traurige Zeit, wenn kühle Umgebung den sonst festen Mann gleichgültig gegen altes Vertrauen macht, u. wenn selbst der Freund den Muth nicht bewährt, der ihm anständig.
... Wirst du mich viele Tage so traurig lassen ohne andern Bescheid, ohne besseren Trost? Viele Tage ohne Brief? –

Eusebio an den Freund. Dienstags [13. Mai 1806] (Rohde S. 96f.)

– ... herrliche Freund ist. (Rohde S. 96)

Es ist eine der heutigen Vorlesungen durch den Brief verdorben. Er kam unmittelbar vorher, unterbrochen mußte er verlassen werden – u. der Sprecher merkte bald, daß lyrische Unordnung an die Stelle der logischen Ordnung trat.

(auf demselben Blatt). Mittwoch [14. Mai] (Rohde S. 97)

– ... des blinden Eros. (Rohde S. 97)
Aber nun laß dir auch sagen, wie es nicht gut ist so zu schreiben. Du willst dem Eusebio wohl thun ... aber es gebiert mehr Leid als Trost. Der Brief war zu bedeutend geschrieben u. die Wirkung hat sich schon geäußert. Es hat Worte gehört «von einer dunklen Zukunft» u. «was das werden würde». Also vielleicht wieder Phantasien von sein sollenden Planen. Ich weiß es nicht. Weinen hat er wieder gesehen. ... Sieht der Freund ein, daß er entweder gar nicht an S<ofie> oder unbedeutender schreiben muß, gleichgültiger?

Eusebio gäbe viel drum, wenn ihm S[ofie] den Brief schenkte – aber ums Himmels Willen möchte er das nicht äußern.

Donnerstag Morgens [15. Mai] (Rohde S. 97)

– alles noch fremder. Bis auf Eines nicht. Das gehört nicht historisch zu mir, sondern inniger, notwendiger. Es ist auch der feste lichte Punkt, um den sich der zerstreute Geist zu sammeln sucht. Aber auch hier tritt wieder eine finstere Gewalt trennend dazwischen u. das tiefe Gefühl, wie dieser Trost meines Lebens sich mit den heterogenen Elementen meines äußerlich bedingten Lebens nicht frei, nicht ganz u. gar verbinden kann, erzeugt nur neue Schmerzen.

Arbeiten gelingen seitdem gar nicht. . . Jetzt hat alles Eine Farbe, die freudlose. Ach es ist auch alles traurig. Auch deine Augen sind wieder dunkel . . .

. . . Sofie indessen hat mir heute Morgen einen Gruß an den Freund aufgetragen . .

BLATT 54

[Abschnitt redundant, s. VI, Blatt 39]

– – – – – – – – – – –

Den 19. Mai [1805] (Rohde S. 43) <In seinem Briefe heißt es: den 19. Mittags: Eben sehe ich, daß ich noch einen besonderen Brief an Sie schreiben muß, weil ich unvorsichtiger Weise in diesem da der Inschriften u. anderer Sachen gedacht habe, die wohl der Freund von niemand gelesen wissen will. Also adieu bis auf das andere Blatt.> [Preisendanz, S. 99]

– – – – – – – – – – –

Daub 14. Mai

1805 den 14. Mai: gestern hielt D[aub] seine erste Stunde hier bei uns im Hause . . . (S. 150) <Er liest abends: S. 167>

– den 19. Mai: Neulich redete Daub in seinem Colleg von der Kritischen Philosophie im Gegensatz gegen die Schellingsche. Jene habe nichts höheres gekannt als in der Philosophie den Menschen zu suchen u. die menschliche Vernunft. Diese suche den Himmel u. die Gottheit. Er brauchte das Gleichniß: der Kriticismus sei ein Telescop, durch das der hineinschauende Mensch sich nur selber suchen wolle; die neue Philosophie sei ein Telescop, durch das man in die Tiefen des Himmels schaue. Hat er wohl ganz recht? Ich meine nicht . . . (S. 159) [Preisendanz, S. 101]

So übertrug er (Clemens) vor einigen Tagen . . . dem Daub das Geschäft, sein Kind in Savignys . . . Namen aus der Taufe zu heben. (S. 161). [Preisendanz, S. 102]

BLATT 55 [wenige Stichworte: 1805 Frankfurt]

BLATT 56

[29. Mai 1805]

Indem Creuzer an Karoline diese Weisung erließ, verrieth er, daß ein geheimer Plan zwischen ihnen bestand, der Savigny verborgen bleiben sollte. In demselben Briefe schrieb er an Karoline: «Sei der Freund nur ruhig, weder Schwarz noch jemand in der Welt erfährt von seinen Gesinnungen gegen mich etwas.» Also auch Karoline fürchtete den Verrath des zwischen ihnen bestehenden Geheimnisses. Und sie hatte zu dieser Furcht Grund genug: die Unfähigkeit Creuzers, seine Gefühle zu verbergen, war groß. Schon den folgenden Tag, den 30. Mai, mußte er Karoline mittheilen, sein Verhalten in Gesellschaften sei wieder aufgefallen u. deshalb bei der Korrespondenz Vorsicht geboten: vor Montag, den 3. Juni, wo Kayser von einer Reise zurückkehre, solle sie ihm nicht schreiben. [Preisendanz, S. 106 f.]

- - - - - - - - - -

11. Juni (Rohde S. 48)
Den 13.ten früh Morgens

(Hat vergeblich bei Kayser nach einem Brief der Karoline gefragt). Was hat der Freund zum letzten Brief an die H[eyden] gesagt? Ich würde ihn vielleicht mit meinen Sorgen, Zweifeln unterhalten (indem ich ganz allein, weil die Gutmüthige, die fortdauernd kränkelt, noch der Ruhe pflegt), zum Glück aber schlägt es Sechs...
Den 15.ten
... noch seh ich nicht ein Blatt vom Freund ... ich soll ruhig sein ... kann ich's?
Die Brentano war doch sehr krank, wenigstens schmerzhaft krank. Jetzt ist sie wieder ziemlich wohl. Aber das Kind ist sehr krank... Zuweilen treffe ich Clemens u. Arnim am dritten Ort.

Abends.

Die beiden waren wieder bei mir. Sie saßen lange, zu lange, denn kurz zuvor hatte mir der getreue K<ayser> ein Briefchen zugesteckt, das konnt ich nicht lesen. Ich mußte aushalten, obwohl unempfindlich für Arnims heitere Scherze. Endlich gingen sie, u. nun las ich die beseligenden Blätter des Freundes.

[ab hier nur kurze Notizen, redundant]

BLATT 57

Daub. Juni (nach dem 18.) [6. Juni 1805] [Preisendanz, S. 114 f.][IV]

Ich darf wohl nicht erst sagen, daß ich den Brief an den D[aub] nicht abgegeben habe. Sonntags als ich die Blätter ... erhielt, schwankte ich etwas ob ich es thun sollte. Montags war der Vorsatz gefaßt, den Brief zurückzubehalten. Jetzt bedarf ich ja des D[aub] nicht mehr – u. dann muß ich auch frei gestehen, daß ich ihm nicht den Sinn zutraue (ich kann mich irren), solche Lebensblüthe zu berühren. Tiefe hat er, wie einer – aber er ist (obwohl im würdigsten Sinn) ein kynischer Philosoph, welche niemals der Poesie hold waren, während ich den Sinn meines Lebens darin setze, mich anzunähern den Hellenen, bei denen die Philosophie u. Religion nur unter der Maske der Poesie Eingang finden konnten. Das Blatt des Freundes an den D[aub] ist aber so lieb, so voll von stiller holder Freundschaft gegen mich, daß ich mir es Sonntags, als ich noch schwankte, zum ewigen Andenken abschrieb u. es nun im Original behalten werde. (S. 179 f.)

... es ist an sich nicht gut, daß der D[aub] um meines Gemüthes Geschichte wisse, oder denkt der Freund anders darüber? Er bedenke aber auch, daß der D[aub] dem M<ieg> fast nichts verschweigen kann. (S. 181)

... Soll ich einige von Daubs Vorlesungen senden, die ein Student nachgeschrieben? (S. 183)

Seine Verliebtheit u. den Heirathsgedanken jetzt aufgegeben (fol.180, 208, dann wieder S.220 ff.)

- - - - - - - - - - -

Die Stelle bei Rohde S. 108 suchen! <s. u.>

Montags den 23. Juni [180]6 (Rohde S. 108) [Preisendanz, S. 300]

... «Unterhalte ich schlecht <er hat nämlich köstliche Scenen auf einer gesellschaftlichen Feier erzählt>, so behaupte ich, daß dies immer gegen eine Anecdote von Gall gesetzt werden kann. Ums Himmels Willen, du hörst diese Sachen doch nicht auch an? Wenn ich das wüßte, so wollte ich auch eine Schrift über Pestalozzi u. die Kuhpocken mitbringen. Haben Sie ein Fünkchen Mitleid mit mir, so lassen Sie den Gall Gall sein. Und die Bettine (Rohde S. 108 f. Ungenau! – [bis] ‹Vorlesung ist›). Von mir bekommt er einmal nichts zu lösen. Für zwei Carolin weiß ich mir bessere Sachen zu kaufen.»[V]

«Das Verhältniß [mit Savigny solltest du nicht so sentimental nehmen]» ... (Rohde S. 109 f.)

- - - - - - - - - - -

H[eidelberg] den 26. Juni [180]5. [Preisendanz, S. 124 f.]

Wer hat nun Mißtrauen? Ich oder der Freund.

Kein Wort wußte ich von S.' [Schwarz'] Schreiben ... Sehnend seufze ich dem Brief des Freundes entgegen. Ich erhalte ihn endlich. Gestern spät abends, unbekannt mit allem was vorgegangen ... traue meinen Augen nicht.

Wie denkt sich dann die Poesie überhaupt mein Verhältniß zum Theilnehmenden? Vermeint sie dann, daß ich täglich bei ihm sitze u. Rath hielte u. auf Mittel sinne wie dies oder jenes zu thun sei?

So wisse Sie denn ein für allemal, daß ich allein stehe ... daß ich jenen nur äußerst selten sehe, daß ich überhaupt ein ganzes halbes Jahr keine Sylbe mit ihm gewechselt über die Poesie u. es auch bis jetzt nicht gethan haben würde, hätte er nicht mir den Inhalt einiger Unterredungen mit der Gutmüthigen anvertraut – u. nicht so viele freundschaftliche Theilnahme gezeigt ... Und wiewohl ich überzeugt, daß auch sein letzter Schritt aus bester Meinung für mich geschehen sei, so werde ich ihn doch nochmals dringend bitten, doch das Schicksal walten zu lassen u. nichts zu thun, auch nicht mit der Gutmüthigen ferner darüber zu reden...

Der Theilnehmende ist ein Mensch, der viel Sinn hat für die geheimsten Wünsche des Herzens – er ist warm u. getreu in der Freundschaft.... Dagegen macht ihn nun ein gewisser pädagogischer Eifer (er hat sein ganzes Leben fast mit Pädagogik ausgefüllt) begehrlich in solchen Angelegenheiten seiner Freunde. Mit einem gewissen Selbstgefühl, gegründet auf seine Erfahrung will er nun als Ratgeber ein entscheidendes Wort haben, nicht zweifelnd, daß er immer den rechten Punkt treffe. Dies macht ihn dann oft fordernd, wie z. B. in der Frage über die Würdigkeit der Poesie.

... ich weiß, daß die Natur ihm den Sinn für Poesie, für Kunst u. Schönheit mit einer Härte versagt hat wie wenigen Menschen. An der Poesie selbst nun müßte ihm ja, u. wenn er sie von Angesicht sähe, vieles anders erscheinen als mir u. folglich falsch erscheinen.

BLATT 58 [redundant, s. VI, Blatt 57, über Schwarz]

BLATT 59

1805 [6.] Juni [Preisendanz, S. 114ff.]

... die Blätter ... erhielt, schwankte ich etwas ob ich es thun sollte. Montags war der Vorsatz gefaßt, den Brief zurückzubehalten – jetzt bedarf ich ja des D[aub] nicht mehr...

Ich denke, unsere H[eyden] wird so viel Vergnügen finden an dieser Stimmung meines Gemüthes, daß sie mit mir versöhnt, künftig wohl wieder erlauben wird ihr selber zu schreiben. Es ist die höchste Wahrheit was sie über die Inconsequenz des Frommen sagt... Aber damals hatte er für solche Erinnerungen keine Ohren. Vielmehr fuhr er fort, vor wie nach so zu räsonniren, wenn sie ihn, zu dem tollen Volk der Liebenden zählend, in die Schule der Philosophen wies. Das hat ihn zur Besinnung gebracht.

(Er ist jetzt) «überzeugt, diese ganze Sache sei nicht durch menschlichen Witz u. Kraft zu ändern, sondern durch die Hand des Schicksals». Und die Frau v. H. sei «von Anfang an dieser Überzeugung gewesen» ...

Von Savigny habe ich einen Brief so eben erhalten. Er kommt in drei Monaten. Ich lege diesen Brief dem ‹Crösus› [von Friedrich Ast] bei, den ich nächstens mit der fahrenden Post schicke. [Preisendanz, S. 117]
‹Sonnabends› (Rohde S. 49f.)

Sonntags [8. Dezember 1805] [Preisendanz, S. 195f.]

Der Freund wollte, ich solle ruhig sein. Da sehen Sie nun in dem beiliegenden Brief der Sophie, was der Freund nicht über mich vermag. Sie giebt mir jetzt selbst das Zeugniß, ich sei ruhig... Die Briefe können also nunmehr wieder direct gehen.... Unsere H. wird mit dieser Wendung der Sache sehr zufrieden sein.

Den 20. [Juni 1805] [Preisendanz, S. 121 f.]
(Heidelberg fängt ihm an, fatal zu werden, wegen einer gewissen Gattung von Leuten, die sich durch Aufklärerei im Norden von Deutschland einen gewissen Ruhm erworben u. Pensionen. Außerdem bietet sich ein Heer von Leuten als Professoren an, die daran am letzten denken, daß man auch verstehen müsse was man lehren will.)

Schreib du doch das nächste mal durch Kayser u. recht bald. <wie stimmt das zu ‹Sonntags›?>
Auch der Gedanke an Rußland erwacht wieder bei mir ... bin ich nicht reich an Plänen?

Den 21. Juli. An den Vetter (Rohde S. 53 f.)

Martin von Göttingen kommt nun wirklich ... (Der Studenten in Heidelberg sind jetzt) «wenig über 200. Jeder Fürst hat ___ seine Landeskinder [eingebannt?].»
Unsern Kayser glaube ich hier wieder festgemacht zu haben. Ich habe ihm durch Reizenstein die Secretariatstelle an der Bibliothek vorläufig mit 200 fl. (versteht sich neben seiner Schulbesoldung) ausgewirkt. ... In acht Tagen kommt nun auch Jacobi, der jetzt in Ems ist.

Den 29. Juli (Rohde S. 55)

Sie dürfen mir direct schreiben.

Dienstags spät [23. Juli] [Preisendanz, S. 135 f.]
Ein gemessenes bürgerliches Wollen ziemt dem Mann, der nicht reich genug ist um frei sein zu können. ... Diese Betrachtungen sind die Frucht der letzten 8 Tage u. ich schäme mich, der Poesie vor Augen zu treten... Freund! Freund! Lerne es einsehen, daß nicht blos Gleichartigkeit der inneren Wünsche dazu gehört, einander anzugehören u. mit einander im Gemüthe vermählt zu werden, sondern auch eine Gleichartigkeit des äußeren Schicksals, des Standes, des Güterbesitzes, kurz der ganzen Lage.

... Auch das Haus hat seine Ansprüche, seine Sitten, sogar seine Rechte. ... Hat der Freund wohl je etwas empfunden von der stillen Macht der Gewohnheit? Kennt er die Sitte des häuslichen Lebens? ...

<In dieser Zeit ward wohl die Gemeinschaft des Lagers wieder hergestellt.>

BLATT 60

[redundant, s. VI, Blatt 62]

BLATT 61

[s.a. VI, Blatt 66, 88]

Savignys Gespräch mit Karoline in Frankfurt 1805 (im Juni?)[VI]

Im ~~Juni~~ (?) kam Savigny nach Frankfurt,[1] um mit Frau v. Heyden u. Karoline die Angelegenheit zu besprechen. Er hatte während seines Aufenthaltes in Paris von einem

Freund, vermutlich von Schwarz, die Mittheilung erhalten, daß Creuzers Frau die in der ersten Erschütterung gegebene Erklärung bereute u. der Ausführung der Scheidung erliegen werde. Savigny machte nun die Günderode darauf aufmerksam, daß es Unrecht von ihr sei, daß sie sich nicht darum gekümmert habe, ob Creuzer auf eine würdige oder unwürdige Weise frei werde, ob der den beabsichtigten Schritt mit reiner Seele oder belastet mit einem schweren Vorwurf thue. Und sie gab Savigny recht, daß es nicht gut von ihr sei, der Liebe so viele Gewalt über sich einzuräumen u. nicht darnach zu fragen, ob ihre Hoffnung in Erfüllung gehen dürfe.

Durch Creuzer wurden dann Zweifel an Savignys Urteil bei ihr erregt: Creuzer verwirft es als parteiisch, unbillig u. unmenschlich. Frau Creuzer habe wiederholt ihre Einwilligung in die Scheidung erklärt. In dieser Noth wandte sich Karoline an Daub, an den sie schon früher über ihr Verhältniß zu Creuzer geschrieben hatte, ohne eine Antwort zu erhalten, um sein Urteil über Savignys Auffassung zu erfahren. «Sie sind gerecht, lieber Daub,» schrieb sie [am 10. Oktober 1805] [Weißenborn, S. 251], «Sie sind billig u. menschlich u. ehren auch die Empfindung. Prüfen, untersuchen Sie u. dann sagen Sie mir, ob ich darf: ich will Ihnen blindlings glauben. Zwar zittere ich zu erfahren, was alle Blüten meines Lebens zerknicken wird, aber doch soll geschehen, was Sie wollen. Denken Sie auch an meinen Freund, wenn Sie über uns sich aussprechen wollen. Antworten Sie mir bald, sagen Sie aber niemand etwas von diesem Brief.»[2]

[1]bei Rohde nicht festgestellt. Aber im Nov. spricht Frau v. Heyden davon, daß Savigny wieder da gewesen sei. Dazu kommt im Juni der Brief Karolines an Daub ([Rohde] S. 49), der das Gespräch mit Savigny zur Voraussetzung hat. [2][Dittenberger, Karoline von Günderode, in:] Westermanns Monatshefte, [79 (1895/96)] December 1895, S. 354 [S. 352–357] Undatirt!

BLATT 62

[Juni 1805] Zwischenträgereien der Frau Daub erregten wieder den nicht unbegründeten Argwohn von Creuzers Frau, die dann heftig klagte u. nur mit Mühe wieder beruhigt werden konnte. Creuzer sah sich in der Mitte des Juni genöthigt, vor Karoline u. Frau von Heyden «das entschiedene Versprechen» abzulegen, «niemals wieder von irgend einem Plan, von der Möglichkeit einer Verbindung» mit Karoline zu reden.[1] Frau Daub hatte gemeint, Karoline habe von jeher mit der Liebe nur gespielt u. Frau Creuzers Pflicht sei es, um eines Spieles Willen ihre Ehe nicht stören zu lassen.[2] Karoline ihrerseits richtete an Daub ein Schreiben, das Creuzer ihm übergeben sollte: er fand es voll stiller holder Freundschaft gegen ihn u. nannte nun selbst den Gedanken, daß er, um sie zu haben, «nothwendig mit ihr copulirt sein müßte, hinfällig».[3]

Und doch rief er aus: «Ist es recht, daß eine Frau, die ihre Geschichte naturgemäß durchlebt hat, begehrt, ein junger Mann solle den späten Herbst, den nahenden Winter noch ein wenig warm u. hell machen?»[4] Zugestand er, daß die Frau, die er selbst einst heftig begehrt, unermüdliche Sorge um sein Wohlbefinen getragen (S. 50), u. daß er selbst in allen Geldsachen in wahrhaft unglaublichem Grade ungeschicklich sei, konnte er nicht in Abrede stellen (S. 52). Ja er war so offen, Karoline weiter von der Möglichkeit zu reden, daß, wenn sein Project verwirklicht würde, «die Sorge» sich wohl einstellen würde, «zu ihrer Qual»: seine Einnahmen würden bei der Pflicht, seine Frau zu entschädigen, «vielleicht doch nicht hingereicht» haben, ihr «eine poetische freie Existenz zu sichern». (S. 52). Ja, er war jetzt so nüchtern verständig [Fortsetzung fehlt]

[Randnotiz:] Entschädigungspflicht Creuzers?

[1]Rohde S. 48 f [2]S. 53 [3]S. 49 [4]S. 51

BLATT 63 [redundant, s. VI, Blatt 57, Brief vom 26. Juni]

BLATT 64

[18. November 1805] Gleichzeitig schrieb Karoline an Creuzer: «Mein ganzes Leben bleibt dir gewidmet, geliebter Freund: in anspruchsloser Liebe werd' ich immer dir angehören. Versprich mir, mich nimmer zu verlassen. Es ist mir freier u. reiner geworden, seit ich allem irdischen Hoffen entsagte. Das Schicksal ist besiegt: es kann dich mir nicht mehr entreißen. Such doch Sophies Vertrauen zu gewinnen. Sage ihr, wir hätten entsagt. Wenn du erlaubst, will ich es ihr auch schreiben, damit dir wieder Friede in deinem Hause wird. [Preisendanz, S. 184 f.]

BLATT 65 [Aufschrift: Savignys Vorlesungen; Material zu 1808/09 etc.]

BLATT 66 [s.a. VI, Blatt 61]

[Notizen und Daten]

- - - - - - - - - -

<1805 im Juni erwähnt Creuzer das Blatt des Freundes an den Daub> (Rohde S. 49)
<Karoline an Daub>[VII] <das Datum steht nicht fest> [10. Oktober 1805]
[Weißenborn, S. 251]

«Sie haben mir nicht geantwortet, lieber Daub,[2] dennoch wage ich es, wieder an Sie zu schreiben. Savigny war hier <in Frankfurt> u. ich habe viel mit ihm über meinen Freund gesprochen. Ein Brief, den er bei seiner Abwesenheit von Jemand, den ich schlechterdings nicht compromitieren darf, erhielt, bestätigte ihn in der Furcht, die Frau von C(reuzer) mögte wohl vielleicht heimlich jenen Entschluß bereuen oder ihm doch erliegen, wenn sie ihn nun wirklich ausführen solle. S(avigny) machte mich auch aufmerksam darauf, daß es Unrecht von mir sei, daß ich mich nicht darum bekümmere, ob C(reuzer) auf eine würdige oder un[würdige] Weise frei werde, ob er mit reiner

Seele diesen Schritt thun könne oder mit schwerem Vorwurf belastet. Savigny hat recht, es ist nicht gut von mir, daß ich der Liebe u. Hoffnung so viele Gewalt über mich lasse, ohne darnach zu fragen, ob es sein darf. Sie sind gerecht, lieber Daub, Sie sind billig u. menschlich u. ehren auch die Empfindung; prüfen, untersuchen Sie, u. dann sagen Sie mir, ob ich darf; ich will Ihnen blindlings glauben. Zwar zittere ich zu erfahren was alle Blüthen meines Lebens zerknicken wird, aber doch soll geschehen was Sie wollen. – Wie werd' ich einen schlimmen Ausspruch ertragen können, wie der Hoffnung entsagen, der ich mich mit ganzer Seele hingegeben habe? Denken Sie auch an meinen Freund, wenn Sie über uns aussprechen wollen.

Antworten Sie mir bald.

Karoline

Sagen Sie niemand etwas von diesem Brief.[1]

[1]Westermanns Monatshefte [79 (1895/96)] December 1895, S. 354 (R. Dittenberger) [2]Bad[ische] Biographieen. [hrsg. von] f. v. Weech. I, 160. (H. Holtzmann) [1. Theil, 1875, S. 160–166]

BLATT 67 [Überschrift: Creuzer 1805 Juli]

BLATT 68 [Irrläufer: Ägypten, im 10. Jahrhundert der Kanalbau?]

BLATT 69 [Irrläufer: Der Handel in Ägypten]

BLATT 70

Den 12. Juli an Frau v. Heyden [Preisendanz, S. 76, richtig ist der 12. April 1805]
Sollte Lina den nächsten Brief durch Sie senden, so schicken Sie ihn doch geradezu unter meiner Adresse. Kayser ist verreist, u. meine Frau fängt an einzusehen, wie planlos unsere Gedanken sind. Damit ist sie aber beruhigt . .

– – – – – – – – – –

Karoline sah sich ihrerseits veranlaßt, an Professor Daub zu schreiben u. diesen Brief an Creuzer zu schicken. Dieser aber schrieb ‹Donnerstags›, den 19.(?) Juli. (Rohde, S. 49?)

– – – – – – – – – –

Aber in Wahrheit war eine dauernde Ruhe nicht erzielt. Auch fing ihm, wie er den 20. [Juni] [Preisendanz, S. 121 f.] erzählte, Heidelberg an, fatal zu werden. Es war wohl nicht allein die «gewisse Gattung von Leuten, die sich durch Aufklärerei im Norden von Deutschland einen gewissen Ruhm erworben», die ihm, wie er sagte, den Ort fatal

machte, sondern wohl auch seine durch die ehelichen Wirren u. die daran hängenden Gespräche doch recht unbehaglich gewordene eigene Stellung.
Er selbst erzählte [den 29. Juli, Preisendanz, S. 142], er habe einige Verse Karolines in der Vorlesung über die alte Historie gebraucht, als er zeigen wollte, wie nach Alexanders des Großen Tod durch den Sturm der Kriege seiner Feldherren, wie durch ein furchtbares Gewitter eine neue Welt geboren worden: ‹Auch solche Kräfte muß das Weltall haben, und ruhiger bestehen frommt ihm nicht.›[VIII] Ich fügte ganz ... [Fortsetzung fehlt]

BLATT 71

Am 21. Juli erzählte Creuzer dem Vetter, daß seine Frau vor einigen Tagen auf dem Schlosse «eine große Gasterei» [Rohde, S. 53] gegeben habe, wobei [Heinrich] Voß durch [den Minister] Reizenstein dem Großherzog, [dem] alten guten Herrn, der zufällig in Schwetzingen aufs Schloß kam, «präsentiert» worden sei.[1] Einige Tage später erzählt er Karoline, daß er neulich in einer Vorlesung «einige Verse von ihr» angebracht u. «ganz anständig besonnen» dabei nur von einem neuen Dichter gesprochen habe, der seine Gedanken damit aufs tiefste ausdrücke.[2] Als dann Karoline die Absicht äußerte, mit Frau v. Heyden nach Heidelberg zu kommen zum Besuch ihres studierenden Bruders, da machte er seine Bedenken geltend u. der Plan ward aufgegeben.[3] Vor Frau von Heyden, die er früher als Freundin aufs wärmste gepriesen, empfand er jetzt eine Art Furcht, u. nicht ohne Grund.

[Fußnoten fehlen]

\- - - - - - - - - -

21. Juli. Schwarz wiederholt sehr kränklich. «Ich besorgte, er lebt nicht lange ... Man muß ihm gut sein u. er hat seinen hohen Werth.»

Mittwoch, [24. Juli 1805, Preisendanz, S. 138 bzw. 140] Besprechung des Gedankens, daß sie [Karoline] kommt. «Ihr Bruder ist Ihr Führer, u. der D[aub] u. der Theilnehmende, der dadurch gestillt siehet sein Verlangen Sie zu kennen, u. sich überzeugen kann, ob die Poesie wohl ehemals werth gewesen, Schmerzen zu geben ... Den Schwarzischen Brief sende ich nächstens zurück .. Er weiß noch nichts von meiner Resignation u. meinend, ich hoffe noch, will er mich zuweilen freundlich täuschend aufrichten.»

\- - - - - - - - - -

29. Juli: der D[aub] liest in seiner Art vortrefflich Colleg, aber soll ich aufrichtig sein, je länger ich das alles höre, desto fester überzeuge ich mich, daß die Philosophie so, durch logisches discursives Vortragen nicht gelehrt werde noch gelehrt werden könne. Der lange Weg geht immer um die Tempelmauern herum. Ins Innere wird keiner

eingeführt. Das ist nicht des D[aub] Schuld, sondern Schuld des rohen Haufens u. der Sprache(!). Die Poesie muß mit einer Symbolik (von Gott verliehen – sie ist ja Liebling der Götter) ins Mittel treten u. sich der Philosophie annehmen. . Unendlich näher dem Wahren sind die schauenden Mystiker (wie Plotinos), als die discurirenden Lehrer. . . Rühmlich ists für D[aub], daß er selbst die größeste Achtung hat gegen die contemplativen Philosophen, wie er die Mystiker nennt. (S. 200) [Preisendanz, S. 142 f.]

BLATT 72 [Notizen über Dr. Gall, September 1806]

BLATT 73 [Stichworte: 1804, 1805]

BLATT 74

Dem Vetter in Marburg schrieb er, wie es scheint, am 5. August, er könne erst im October mit Schwarz u. mit ihm zusammen kommen, aber nicht in Marburg, sondern in Großenlinden. «Ich muß vorher nach Franken, aber nicht zu Ast, sondern – doch darüber mündlich. Schreib doch in deinen Briefen nichts, wie du letzt gethan, das Bezug hat auf mein inneres Leben: das setzt mich in Verlegenheit. Ich sagte dir, Lina u. ich sind ganz resignirt, u. ich will lieber leiden als verletzen.» [Preisendanz, S. 146 f.]

BLATT 75

Am 8. August machte Creuzer Karoline darauf aufmerksam, daß sie vielleicht, ehe sie seinen Brief erhält, Clemens sehe, der am Morgen mit Arnim nach Frankfurt gereist sei. Es war damals geplant, daß die v. Heyden nach Heidelberg komme. Wie wäre es, fragte er Karoline, wenn sie zuerst den Schwarz zu sich kommen ließe, der [ihn] dann benachrichtige. Dieser würde dann am besten die Bekanntschaft mit der Gutmüthigen – so nennt er seine Frau – veranstalten. [Preisendanz, S. 145]

[Randnotiz:] Sie sollte zur Zustimmung der Scheidung bewogen w[erden]?

Karoline wollte nach Sickershausen zu der Frau des Nees von Esenbeck, der Schwester der Heyden, wo dann Creuzer mit ihr in Kitzingen zusammentreffen solle. Am 12. wolle sie die Reise antreten, könne aber längstens bis zum 22. September bleiben, Creuzer solle den 18. in Kitzingen sein: «Ich fürchte, ich fürchte,» schrieb Creuzer [am 29. August], «ich werde der süßen Hoffnung entsagen müssen: am 18. September werde ich vermuthlich noch nicht frei sein, oder wenn ich es würde, so brauche ich doch wenigstens zwei Tage, um von hier nach Würzburg zu reisen, könnte also kaum vor dem 21. in Kitzingen sein.» Und dann ein weiteres Bedenken: «Wie könnte das gehen, daß ich dich in Kitzingen sähe u. du zu mir kämst? Wie willst du von Sickershausen wegkommen? Wagst du nicht zu viel? Kann nicht ein Zufall einen deiner

Bekannten dorthin führen? Verkenne mich nicht, lieber Engel: kannst du fühlen was es mir kostet, den eilenden Fuß zurückzuhalten? Wie ich mich hinträume in deine Arme. Lina, Lina, wie lieb ich dich.» [Preisendanz, S. 147 f.]

BLATT 76

Bald darauf trat in dem ehelichen Leben eine Wendung ein, die auch das Verhältniß zu der Günderode umgestaltete. Zwischen den Ehegatten, so hören wir [am 4. November 1805, Preisendanz, S. 173 f.], erfolgten «die heftigsten Stürme: die Gutmüthige wollte durch Sturm erzwingen, was die Natur versagte». Als der Gatte standhaft blieb, verließ sie das eheliche Haus u. ließ ihn allein, der nun ohne ihre Hülfe gänzlich rathlos war. Creuzer schrieb nun an seine Frau, so solle eine Trennung nicht geschehen, auch nur mit ihrer Zustimmung eine neue Ehe geschlossen werden. Die Antwort war, sie wolle alles was ihn beglücke, habe nichts gegen eine andere eheliche Verbindung u. kehrte zu Creuzer zurück.

Nun erhielt das Verhältniß zu der Günderode eine andere Gestalt, ohne daß wir den Gang der Dinge näher feststellen können: die Briefe, die ihn darlegen müßten, sind vernichtet. Der nächste erhaltene Brief an Karoline ist nach Sickershausen gerichtet u. nennt sie: «ewig mit mir verbundene Gattin, ewig, wenngleich nicht durch des Priesters Spruch.»[1]

[1]Rohde S. 57 f.

BLATT 77

[Stichwort: 1805 September]

BLATT 78

[vermutlich Irrläufer: die Inselstaaten; Ägypten, Syrien, Zypern, das ägäische Wasser]

BLATT 79

Übersicht

Einleitung

1. Karolines Reise nach Sickershausen
2. Correspondenz Creuzers mit ihr.[1] Mittelsmann

I. Die Scheidungsfrage

1. Zustimmung der Frau: Schwanken wegen Unsicherheit der _____, daß Cr. durch die 2. Ehe glücklich werde.

2. Thatsächliche Wendung
   a) nicht mehr Mann u. Frau
   b) Creuzer andere Wohnung für sich
3. Grund der Scheidung in officieller Erklärung
   a) was die Welt sagen wird . . . Clemens!
   b) Behelligung des Kurfürsten: Gnade
4. Versorgung der Frau u. Kinder
   a) Rente. – seine Schulden
   b) wo soll sie leben
   c) [Johann Christian] Zimmermanns Zukunft [richtig: Rückkunft, s. VI, Blatt 84]
5. Folge der Scheidung: Verbot einer neuen Ehe für C[reuzer]
   Daubs Erklärung

II. Die neue Ehe Creuzers

1. Zustimmung von Karolines Verwandten? Protest
2. Finanzielle Regelung: Karolines väterliches Vermögen: Berathung mit dem ungenannten
   ___ Sachverständigen _ Vetter in Frankfurt. Furcht vor dem [Anhängsel?]: Clemens
3. Sittliche Statthaftigkeit: Daub: Karolines Anfrage
4. Karoline geeignet zur Hausfrau? Verneint von den meisten
   Die Daub, Rudolphi, Schwarz
   deshalb zieht Frau Cr. ihre Zustimmung zurück: kein Glück für Creuzer
5. Cr. aber will das Land der Liebe schauen (29. Sept.) [Creuzer an den Vetter, 30. September 1805]

————————

Neuer Standpunkt Creuzers: seine Bedenken

1. unter 2 Herren: Welt u. Himmel
2. Kriegsaussicht: das Gehalt?

BLATT 80 [redundant, s. VI, Blatt 83, 84, 86]

BLATT 81

Susanne von Heyden	August? 1805 Sept.? (Rohde S. 59)
<Wer? Karoline von Barkhausen?	an Karoline von Günderode (Geiger S. 175 f.)[IX]

Ich kann mich nicht recht freuen, dich wieder zu sehen, weil Unglück es ist, was dich früher mir wieder giebt. Könnte ich so gut einen Plan, dich glücklich zu machen, auffinden, als die Möglichkeit Cr[euzer] zu sprechen, dann wollte ich fröhlich sein.

Wahrscheinlich sind es die Ferien, wo Cr[euzer] herkommen soll, um diese Zeit bin ich noch hier; dann kann ich dir meinen Saalschlüssel geben u. ihr gehet von eins bis vier Uhr dahin, dies ist die Zeit, wo ich beinah gewiß sein kann, daß niemand von den meinen da ist. Wenn ihr nur hier ohngefraget vor den Guaitaschen Mädchen vorbeikommet, so sehe ich kein anderes Hinderniß. Einmal kann auch Cr[euzer] hier bei uns sein, mit uns essen u. den Abend können wir zusammen auf die abgelegene Wiese gehen. Aber dies alles sind Palliative; wüßte ich doch ein Mittel, das dich ganz mit ihm vereinigte! Ich will dir Cr. Brief schicken, es macht dir doch wohl Freude. Mir scheint nicht, als sehe er die Möglichkeit einer Vereinigung; nur ein Wunder kann euch zusammenführen: Tod oder Geld; beides liegt in des ewigen Schicksals Hand . . .

Glaubst du nicht mit Mines u. Hektors Einwilligung unter angenommenem Namen weg zu können u. mit Sophiens Wille bei Cr. zu sein? Mine scheint milder zu sein u. Hektor ist gut, überlege es wohl. Glaubst du nicht, daß es sie beruhigen würde, wenn du für die übrige Welt tot wärest, für ihren Ruhm deinen Namen aufgäbest? Ich glaube aber, daß Cr. dich zu sehr liebt, um dies Aufgeben deiner selbst zu dulden. Es ist dir nicht genug, zuweilen etliche Wochen um Cr. zu sein, das könnte ich in der Folge wohl einrichten!

Umbildung dieses Plans: in Männertracht (Geiger S. 178 f.)

BLATT 82

Die selbst hin u. her schwankende Frau [Sophie Creuzer] war nun bestimmt worden, den 2. September an Karoline zu schreiben u. ihr zu erklären, daß sie mit ihrem Verhältniß zu Creuzer einverstanden sei u. jetzt nichts mehr wünsche als ihn so bald wie möglich durch ihre Liebe vollkommen beglückt zu sehen. «Wie u. auf welche Art sich dies alles gestaltet hat, wird Ihnen unser Creuzer selbst sagen.»[1]

Creuzer hatte mit griechischen Buchstaben darüber geschrieben: An Lina. Wie zerrissen das Gemüt der Frau war, zeigt der kurze Brief, in dem sie zuerst von ‹meinem Creuzer› u. dann von ‹unserem Creuzer› spricht. Was Creuzer dann selbst über die Geschichte dieser Erklärung an Karoline mittheilte, erfahren wir nicht, wohl aber, daß sofort alle ökonomischen Vorbereitungen für die Ehescheidung getroffen wurden. Dabei stand ihm der Bräutigam [Johann Christian Zimmermann] seiner Stieftochter zur Seite: «Du glaubst nicht,» erzählte er Karoline, «wie verständig er alles zu führen weiß.»[2] An Frau v. Heyden erklärte Creuzer am 5. seinen Wunsch, daß «ein kleiner Theil ihres (väterlichen) Vermögens unberührt aufbewahrt werde für den Bedürfnißfall.[3] Dabei stellte er eine Rechnung auf, wonach das ja auch recht gut gehe – er schlage seine Einnahme auf mindestens 2200 fl. an: hiervon 600 fl. Pension für Sophie abgezogen bleiben 1600 fl., damit kann man hier honett leben.»

Karoline hatte inzwischen an Frau Creuzer geschrieben u. Creuzer fand ihren Brief so lieb: «Jetzt darf ich dich hoffnungsvoll meine Gattin nennen.»[3] Aber obgleich sich, wie er meinte, alles zu einem seligen Ausgang anläßt, war ihm doch, wie er gestand, «oft bänglich zu Muth.»[4] «Fast jeder», der Antheil nehme, sehe ein, [daß] seine Ehe aufgelöst werden müsse; aber, laß es mich sagen, einige Leute haben «noch immer Zweifel, ob du geschickt seist, eine Ehe zu führen oder als Frau zu leben u. immer ..» [Fortsetzung fehlt]

[1]Rohde S. 58f. [Preisendanz, S. 149] [2][Rohde] S. 59f. [Preisendanz, S. 149] [3][Rohde] S. 59 [Preisendanz, S. 150] [4][Rohde] S. 60 [Preisendanz, S. 151]

BLATT 83

[s.a. VI, Blatt 82]

Heidelberg, den 5. Sept. [180]5 [Preisendanz, S. 150f.]

Anf. v. H[eyden]

Was den Inhalt Ihres <heutigen!> Briefs betrifft, so kann ich ihn sogleich u. kurz dadurch beantworten, daß ich bemerke, es müsse mich allerdings freuen, wenn ein kleiner Theil des Vermögens für L. gerettet werden kann.

Ob übrigens dem Manne vertraut werden könne, ist ja wohl jetzt keine Frage mehr, da er ja nun schon so viel weiß. Ich kenne ihn nicht, aber sein Brief flößt Vertrauen ein. Also in Gottes Namen. Es versteht sich übrigens von selbst, daß das allenfalls Gerettete als ein heiliges Gut unberührt bleiben muß u. aufbewahrt für die L. auf den Fall des Bedürfnisses. Das geht ja aber auch recht gut an. Denn außer meiner Besoldung, à 1700 fl. jährlich, bringen mir meine übrigen Arbeiten wenigstens 500 fl. ein – also 2200 (nach dem geringsten Anschlag. Hiervon 600 fl. jährliche Pension für Sophie abgezogen, bleiben 1600 fl. Hiermit kann man hier honett leben.

[Randnotiz:] cf. Das Eherecht des bad[ischen] L[and]R[echts]s

Im übrigen denken Sie nur immer, daß ich zu allem bereit bin, was zu L[ina]'s Schonung nöthig oder nützlich geachtet werden mag. Die paar Zwischenmonate muß u. will ich mir also gefallen lassen. Schwerer, wo nicht ganz unthunlich, wird es sein zu verhindern, daß man sich nicht den Grund des Scheidungsgesuchs laut oder <leis> ins Ohr sage. Leute wie die Feindselige werden geschäftig genug sein, die Sache auszubreiten. Daß Sophie der letztern nicht mehr traut, habe ich allen Grund zu glauben. Aber wird sie nicht doch natürlich auf die Ursache der Scheidung schließen? Doch darüber wird wohl mündliche Berathschlagung gepflogen werden müssen. Ach dann müssen Sie recht hülfreich sein, so wie bisher ... Sie müssen uns immer so gut bleiben u. meiner Lina die Trennung von Ihnen erleichtern durch die Zuversicht, recht oft bei uns sein zu wollen.

... diese (Daubs Frau) darf nichts wissen: auch Schwarz meinte, es sei so besser.

Den 13. Sept. (an Karoline) (Rohde S. 60) [Preisendanz, S. 151f.]

... [Das süße Geheimniß nähert sich seiner] Erfüllung. Jetzt höre was ich dir schreiben will.

1. Meine Frau beharrt in ihrem Entschlusse, u. unser Leben ist auch ganz so eingerichtet, daß wir nicht mehr Mann u. Frau sind. Sie beharrt, – aber freilich giebt es noch

zuweilen eine Thräne, aber ganz anders wie sonst; sie weint mit Freundlichkeit u. selten u. ist sonst ruhig.

BLATT 84

13. Sept., Fortsetzung

Auch deine zwei Briefe haben eine gute Aufnahme gefunden. Sie sprach gut davon u. freundlich u. wird bei mehrer Muse dir wohl einmal schreiben, jetzt kann sie nicht. Auch scheint ihr das Schreiben an dich noch immer schwer zu werden.
2) daß meine Ehe aufgelöst werden müsse, das sieht fast jeder ein, der antheilnehmend ist, besonders Schwarz. Aber einige Leute u. auch er haben noch immer Zweifel, ob du geschickt seist, eine Ehe zu führen u. Liebe zu mir zu bewahren. Da ich keinen Zweifel habe, so thue ich alles, um diese Zweifel zu widerlegen. [Fortsetzung s. VI, Blatt 86]

- - - - - - - - - -

[zu 5), Blatt 86] Das müssen wir also erst wissen, auch muß ich erst Zimmermanns Rückkunft abwarten, der gestern auf einige Wochen verreisen mußte. Diesen lieben Menschen kann ich dabei gar nicht entbehren: besonders, wenn meine Frau von hier abreisen wird – was alsdann geschehen muß. [Preisendanz, S. 153]

... (Rohde S. 61 – sehr sehnsuchtsvoll!) [Preisendanz, S. 153]

Siehe doch an, ich bin ein junger Mann u. entbehre schon lange was im Leben das köstlichste ist. Doch noch will ich bescheiden sein, aber ich darf doch kommen im October? . .

- - - - - - - - - -

Diese für ihn unerfreuliche rechtliche Lage der Angelegenheit war auch Creuzer nicht unbekannt geblieben: schon in seinem an Frau v. Heyden gerichteten Briefe vom 5. September war sie nach einer gewissen Richtung zur Sprache gebracht. «Schwerer, wo nicht ganz unthunlich,» so schrieb Creuzer, «wird es sein zu verhindern, daß man sich nicht den Grund des Scheidungsgesuchs laut oder leis ins Ohr sage. Leute wie die Feindselige (so nennt er Frau Daub) werden geschäftig genug sein, die Sache auszubreiten. Daß Sophie der letztern nicht mehr traut, habe ich allen Grund zu glauben. Aber wird sie nicht doch natürlich auf die Ursache der Scheidung schließen?» Darnach scheint es also, daß man die Scheidung so zu betreiben gedachte, daß der Frau selbst der gesetzliche Grund derselben womöglich gar nicht zur Kenntnis kommen sollte, «Doch darüber,» so schließt Creuzer diese Erörterung, «wird wohl mündliche Berathschlagung gepflogen werden müssen.» [Preisendanz, S. 150 f.]

Die Frau in Unkenntniß der rechtlichen Lage zu halten, war für Creuzers Absichten schon deshalb nothwendig, weil ihr Entschluß, in die Scheidung zu willigen, leicht wankend werden konnte, u. das um so mehr, wenn sie erkannte, wie eigentlich alles nur von ihrem guten Willen abhing. Darum wohl bemerkte Creuzer in jenem Briefe ausdrücklich: Daubs Frau «darf nichts wissen» [Preisendanz, S. 151]; sie hätte die Freundin leicht aufklären können.

BLATT 85

Auch sein Verhältniß zu Daub, das unter den häuslichen Wirren sehr gelitten hatte, beunruhigte ihn mit Grund. «Daub,» so schrieb er am 5. Sept, an Frau v. Heyden, «hat sich neulich gegen jemand beklagt, daß ich aufgehört habe, sein Freund zu sein. Ich meide seit langer Zeit sein Haus u. schweige gegen ihn über das was mir allein wichtig ist, denn kann ich wissen, ob er seiner Frau nichts sagt? Und diese darf nichts wissen.» [Preisendanz, S. 151] Aber nicht lange darauf sah er sich doch veranlaßt, mit Daub zu reden. Er hatte nämlich gehört, [daß] auch Daub um die ganze Sache wisse u. zweifele, daß Karoline sich zur Ehe schicke. Nun schüttete er dem Freund sein Herz aus. «Ich erzählte ihm,» berichtete er am 13. September an die Günderode, «die Geschichte meiner Ehe u. meiner Liebe. Er ist ganz für mich u. dich gewonnen, sieht ein, daß ich mich scheiden muß u. wünscht unsere Ehe.» [Preisendanz, S. 152] Auch wolle Daub sich erkundigen wegen der Gefahr, daß ihm, Creuzer, bei der Scheidung nicht eine neue Heirat verboten werde u. ihm mit Rath u. That beistehen.

BLATT 86

[Fortsetzung von VI, Blatt 84, 1. Abschnitt]

Daub, die Rudolphi u. die Günderode, 1805

Den 13. Sept. Creuzer an die Günderode [Preisendanz, S. 151 f.]

Nun hörte ich aber

3) daß Daub auch ein solcher Zweifler sei, das er um die ganze Sache wisse u. daß ihm mein Schweigen wehe thue, weil ich ihm nicht mehr gut sei. Dies bestimmte mich, ihm mich zu offenbaren. Ich gieng also zu ihm, entschuldigte mein Schweigen, erzählte ihm die Geschichte meiner Ehe – u. meiner Liebe (zu dir). Und was meinst du wohl? Freue dich, er ist ganz für mich u. dich gewonnen, siehet ein, das ich mich scheiden muß, wünscht unsre Ehe u. so weiter. – Ferner

4) Selbst die Rudolphi (der die Sache durch die Daub vielleicht bekannt geworden) hat mit mir aus der Sache gesprochen, mir gestanden, daß sie immer geurtheilt: ich könne mit meiner Frau nicht glücklich sein. Aber, laß es mich sagen, sie hat auch etwas Zweifel gegen deine Fähigkeit, als Frau zu leben. Sie meint es aber sehr gut u. Daub ist durchaus bedacht, ihr jene Zweifel zu nehmen. Auch hat sie schon eine Unterredung mit meiner Frau gehabt, worin sie ihr es zur Pflicht gemacht hat, sich von mir zu scheiden. Daub glaubt, du erscheinest ihr in deiner Poesie etwas zu kühn u. männlich. Schwarz aber hat mir bestimmt gesagt, es mißfalle ihm, das du in Poesie u. Philosophie

der neuen Schule zugetan seist. Du weißt, daß ich selbst in S[chwarz] eine natürliche Unpoesie finde u. dergleichen also hinzuthun weiß.
5) Wichtiger ist die große Vorsicht, welche, nach Daubs Äußerung (wie auch schon unsere Heyden bemerkte) nöthig sein wird, damit mir bei der Scheidung nicht eine neue Heirath verboten werde. Daub will sich darüber erkundigen u. mir mit Rath u. That beistehen. Ich selbst bin zu unerfahren in dergleichen Dingen. [s.a. VI, Blatt 84, 2. Abschnitt]

BLATT 87

[14. September] Inzwischen [hatte] Frau Creuzer, in der nachträglich [gewonnenen] Überzeugung, daß Karoline ihren Mann doch nicht recht beglücken werde, ihre Zustimmung zu der Scheidung widerrufen. Darüber fand nun, wie es den Anschein hat, eine Korrespondenz seiner Frau mit Karoline statt. Creuzer schrieb in derselben Sache wiederholt an Frau von Heyden. Einen Einblick in diese Dinge gewährt uns ein Brief Creuzers an Frau von Heyden vom 14. September. «Seien Sie», so schrieb er, «nicht böse über meine vielen Briefe u. Briefchen... Der Inhalt des Briefs von meiner Frau, den sie hier widerruft, muß doch hart [für Karoline] gewesen sein: verzeihen Sie ihr. Vermuthlich ist er hervorgebracht worden durch den Zweifel, ob Lina mich auch recht beglücken werde. Alberner Zweifel!» [Preisendanz, S. 156]

- - - - - - - - - -

(Daub – Creuzer) [13. September 1805, an Karoline, s.a. vorheriges Blatt]
[Preisendanz, S. 152 f.]

[zu 3) Ich habe nun dem Daub deinen unlängst] an ihn geschriebenen Brief gegeben, um ihm zu beweisen, daß du immer Zutrauen zu ihm gehabt habest. Das hat ihn sehr gefreut (S. 222 f.).

[zu 5)] Wichtiger ist die große Vorsicht, welche nach Daubs Äußerung (wie auch schon unsere Heyden bemerkte) nöthig sein wird, damit mir bei der Scheidung nicht eine neue Ehe verboten werde. Daub will sich darüber erkundigen u. mir mit Rath u. That beistehen. (S. 324)

– ? An Karoline: Auf mein Stillschweigen wegen des Briefs an den – < D?> darf der Freund so sehr rechnen, daß ich deswegen sogar den Vorschlag verwerfen muß, mit Sophie über den D. zu reden (S. 202).

BLATT 88

Am 14. September schrieb Karoline an Daub, um ihn um seinen Beistand zu bitten.

«Schon lange war es mein herzlicher Wunsch, Sie, lieber Daub, möchten von meinem Verhältnis zu Creuzer unterrichtet sein ... ich will es mit der größten Aufrichtigkeit thun. Ich fühle zwar wohl, daß ich den Vorwurf eines unbesonnenen leidenschaftlichen Betragens verdiene, aber ich liebe Creuzer so sehr, daß ich es nicht bereuen kann . .

Darf ich eine Bitte an Sie richten? Es ist von äußerster Wichtigkeit für mich, daß meine Absichten noch eine Zeit lang[1] meinen Verwandten verborgen bleiben; nach Briefen, die ich erst gestern erhielt, hängt vielleicht die Erhaltung meines Vermögens davon ab. Ich habe Creuzer schon davon geschrieben, aber ich fürchte, er ist doch nicht vorsichtig genug. Ich bitte Sie, suchen Sie das Ihrige dazu beizutragen, daß diese Sache noch eine Zeit lang verschwiegen bleibe, besonders auch für Clemens, der, wie ich weiß, bald wieder nach Heidelberg zurück kommt.[2]

Wenn Sie einigen Antheil an meinem Schicksal nehmen, wie will ich mich darüber freuen, wie dankbar Ihnen immer sein. Sophie (Daubs Frau) hat mir so lange nicht das kleinste Zeichen ihres Andenkens gegeben; ist sie mir gar nicht mehr gut? Grüßen Sie sie doch von mir.» [Weißenborn, S. 238]

Daubs Antwort lautete ablehnend: er wollte an der Lösung der Ehe keinen Antheil haben.

[1]Bis wann? [2]Aber er war ja da. Oder . .

BLATT 89

[Randnotiz:] vor dem 25. Sept.

[An Frau von Heyden, den 23. September] [Preisendanz, S. 160]

[Fortsetzung von VI, Blatt 100, 1. Abschnitt] . . Resultat erscheint. «Ich wünsche, vor meiner Reise nach Frankfurt noch wenigstens einige Zeilen von Ihnen zu haben.»

Zu der beabsichtigten Reise kam es aber nicht, dafür erhielt Creuzer bald einen Brief von Karoline, u. zwar durch Kayser. Sie schrieb ihm lieb, aber auch recht traurig u. besorgt wegen der Scheidungsfrage. Und ihre Besorgnis war nur zu begründet. Wir hören nämlich, daß Creuzers Frau in ihrem für alle so maßgebenden Entschluß hin u. wieder geschwankt, dann freilich infolge des auf sie ausgeübten Druckes wieder Creuzers Wunsch nachgegeben hatte. Aber recht kleinlaut schrieb er am 25. September an Karoline: «Sophie wird sich nun, das glaub ich, getreu [bleiben]». [Preisendanz, S. 160] [Fortsetzung fehlt, weiter s. VI, Blatt 91]

. . die gerade hier bestehenden fast unüberwindlichen Schwierigkeiten. Alles hing davon ab, so hatten die sachverständigen Berather festgestellt.

– – – – – – – – – –

Als dann am 25. September auch Karoline von «Scheidenlassen» schrieb, da war mit einem Mal alles anders: [Fortsetzung s. VI, Blatt 91, 3. Absatz]

BLATT 90 [leeres Blatt]

BLATT 91

(An Karoline - griechisch) den 25. Sept. 5 (Rohde S. 62) [Preisendanz, S. 160 f.]

Eben bemerke ich, daß die fahrende Post sogleich abgehen wird. Das muß ich benutzen, um meiner Gattin zu schreiben. Liebe Lina . . . durch Kaiser. Lieber Engel, wann kann ich dich in meine Arme schließen. Glaube nur, daß ich auch die Stunden zähle.

Sei aber . . . getreu bleiben.

Sollte sie aber dennoch nicht, so werde ich ein anderes Haus ziehen und mich öffentlich von ihr trennen, das heißt en garçon leben.

Was du schreibst von Scheidenlassen, darüber muß ich dich u. die Heyden erst mündlich sprechen, sonst könnte ich sehr ungeschickte Sachen machen. Für den Augenblick ist aber ans Scheiden nicht zu denken. Denn 1) wenn Krieg wird, bin ich meiner Besoldung nicht sicher. Wie darf ich da wagen, dich zu meinem Weibe zu machen. Bete also mit mir um den Frieden. Ich bete täglich drum. Für den Augenblick ist wenigstens am Hofe alles in Bewegung. Da darf ich dem Kurfürsten mit so etwas nicht kommen.

Sehe ich aber, daß der auch ausbrechende Krieg kein Hindernis in den Universitätssachen macht, dann werde ich sogleich dazu thun.

2) Aber frage ich dich: muß dann nicht erst deine Sache auseinandergesetzt sein [wegen des Vermögens], ehe ich die Scheidung suche?

Siehe wann ich mich scheiden lasse, kann es ja gar nicht fehlen, daß die ganze Welt u. Clemens sagt, laut sagt, es geschähe um deinetwillen.

3) Auch muß erst Zimmermann wieder zurück sein, der die Sophie alsdann zu ihrem Sohn begleiten muß - auch wird dieser Sohn erst in etwa 4 Wochen heiraten können. Sophie muß doch wissen, wo sie sich aufhält.

4) Muß erst Herr von Reizenstein wieder hier sein - u. diesen muß ich erst für meine Sache gewinnen, damit es beim Kurfürsten durchgehet u. damit ich dich, Engel, heirathen darf.

Du siehest also, daß ich dich noch vorher sprechen muß. Ich werde kommen gegen den 15. Oktober.

BLATT 92 [redundant, s. VI, Blatt 91, 141]

BLATT 93

[Mitte Oktober 1805] [Weißenborn, S. 255 f.]

«Ihr Brief, lieber Daub», so schrieb ihm Karoline zurück, «hat mir mehrere Stunden des peinlichsten Kampfes bereitet. Aber verzeihen Sie mir, aus diesem ist die der Ihrigen entgegengesetzte Ansicht wieder neu u. kräftig hervorgegangen. Ist das eine rechte Ehe, wenn zwei Wesen sich gänzlich verstehen u. lieben, sich besitzen u. besessen werden, wenn das innerste heiligste Leben des Einen sich nur von dem andern her entzündet u. nährt? Und wenn das eine rechte Ehe ist, so ist die eine Sünde an der Natur, die zwei Gemüther, die sich einander nicht genügen, nicht verstehen u. lieben, in eine peinigende Fessel schlägt, in welcher das Herz des Einen sich in unbefriedigter Sehnsucht qualvoll verzehrt; und warum, weil es sich einmal irrte, mag es verschmachten, wer fragt nach dem heimlichen Ächzen des gemißhandelten Herzens, wenn nur der Mensch nicht gleich darüber stirbt, so beruhigen sich alle, meinend es werde sich schon geben; aber es gibt sich nicht u. viel schlimmer ist es leben als sterben. Können Sie glauben, die Frau würde nun glücklich sein, wenn ich entsagt hätte? Wahrlich es kann ihr nicht wohl sein im Bewußtsein, daß sie einen Mann zwinge, ihr zu bleiben, dessen ganzes Wesen sich weg sehnt von ihr, u. selbst dann wann sie ihn so behaupten wollte, besäße sie ihn nicht. Denn man besitzt nur, von dem man geliebt wird oder sie besäße ihn wie der Kerker den Gefangenen; u. wenn es so schwer ist, einen solchen Besitz aufzugeben, ihr, die doch noch einer andern schönen Zukunft in ihren Kindern entgegensieht, muß dann nicht das Herz zerbrechen, das dem Einzigen entsagen soll, das geliebt wird u. liebt? Aber vielleicht würde er sie nachher wieder lieb gewinnen? – C[reuzer] hat mir oft heilig versichert, daß schon lange, ehe er mich gekannt habe, eine öde Leere, ein Sehnen nach einer Liebe, wie sie ihm gezieme, ihm bewußt gewesen sei; u. nun, nachdem er die Liebe hat kennenlernen, nun sollte er lieben was ihm vorher nicht genügte? Es ist mir deutlich geworden, daß durch mein Entsagen keinem gründlich geholfen würde, wohl aber mehrere unglücklich würden. [Fortsetzung s. folgendes Blatt]

BLATT 94

Daß wir uns lieben mußten, wie wir uns kennen lernten, das war nothwendig, ich mache mir keinen Vorwurf darüber; ich habe gefehlt, als ich ihm das erste Mal erlaubte zu hoffen; nun aber, da ich ihn u. mich mit dieser Hoffnung so vertraut gemacht habe, wäre entsagen keine gute That; wenn ich denn auch sündige, so will ich wenigstens gegen ihn rein bleiben, ihm leben oder sterben; ich lasse mir selbst keine andere Wahl mehr. Und wenn hoffen so frevelhaft wäre, so würde er es nicht können; er hat den heiligsten Sinn, ich kann nicht vortrefflicher sein wollen als er ist; thun was ihn erfreut, das ist mir Tugend, Pflicht u. Recht, das giebt mir frohes Bewußtsein; aber thun was ihn quält, das ist ewiger Vorwurf u. nagende Pein u. würde mir den Himmel vergiften.

Sind Sie unzufrieden über mich, so lassen Sie es unsern Freund nicht entgelten, bleiben Sie ihm immer gut, man kann der Liebe u. Freundschaft nicht würdiger sein als er ist.

Leben Sie wohl!

Diese Briefe sind für die Erkenntnis von Karolines wahrem Wesen unschätzbar. Sie selbst schreibt in ihrem ersten Briefe: «Savigny hat recht», und doch ist sie nicht geneigt, nun auch demgemäß zu handeln. Vielmehr sucht sie bei einem andern Manne das andere Urtheil, das ihren Wünschen entspricht. Und nachdem dann auch dieses andere das ihr nicht genehme Urtheil bestätigt hat, verwirft sie es ganz auf eigene Autorität, obgleich sie ihm doch zugesichert, sie werde ihm ‹blindlings glauben› u. es solle ‹geschehen› was er wolle.

Aufs Wort ist alles bestätigt, was Savigny früher über sie sagte u. zwar ihr direkt ins Gesicht sagte: [Fortsetzung fehlt]

[1][kein Verweis im Text] R. Dittenberger, a.a.O. S. 354f. [Westermanns Monatshefte 79 (1895/96)] Vgl. Steig, [Zur Günderode, in:] Euphorion III [1896], 478.[x]

BLATT 95

Dazu kam noch, daß bei einer Scheidung, die nur in den Formen eines Prozesses erfolgen konnte, Creuzer als der schuldige Theil erschien: war er es doch, der die eheliche Pflicht verweigert hatte. Daran konnte auch das Einverständniß der Frau nichts ändern. Aber von diesem Einverständniß war die hin- u. hergeworfene Frau weit entfernt. Unter solchen Umständen war es also nicht nur möglich, sondern so gut wie sicher, daß das geistliche Gericht Creuzer die Wiederverheirathung untersagte. Um das zu verhüten, war es [Fortsetzung s. VI, Blatt 96, 1. Abschnitt]

- - - - - - - - - - -

Finanzen

Ich habe vergessen zu bemerken, daß ich mich bereits erbeten hatte, im Fall der Trennung 600 fl. (?) Ersatz zu geben für die Möbel, die in Marburg bei meinem Abzug verkauft wurden u. alle noch hier zu bezahlenden Kosten (was auch gegen 200–300 fl. betragen mag) allein zu übernehmen.

BLATT 96

[Fortsetzung von VI, Blatt 95, 1. Abschnitt]
erforderlich, sich an den Kurfürsten als den obersten Träger der Gerichtsbarkeit zu wenden u. seine Gnade anzurufen.

Endlich waren Creuzers Freunde der wohl begründeten Überzeugung, daß Karoline sich nicht zu einer ehelichen Verbindung eigne, eine Überzeugung, die sie ja selbst oft ausgesprochen u. eine Zeit lang auch Creuzer getheilt hatte, bis sie seinem leidenschaftlichen Ansturm nachgab.

– – – – – – – – – –

Aber eine ganz andere Frage war für alles weitere entscheidend, nämlich die Begründung der Scheidung. Als solche kam nach dem geistlichen Recht, das auch in Baden galt, nur die ‹Desertion› u. Quasi-Desertion in Betracht, also die Weigerung eines Ehegatten, das eheliche Leben fortzusetzen. Aber dieser Quasi-Desertion hatte sich Creuzer schuldig gemacht u. damit war gegeben, daß das Klagerecht nicht ihm, sondern seiner Frau zustand, ferner, daß bei der richterlichen Aufhebung der Ehe seine Frau, nicht aber <u>er</u> eine neue Ehe eingehen durfte! Damit war also alles übrige Bemühen vergeblich. Rettung für Creuzer gab es nur, wenn ein anderer Scheidungsgrund ausfindig gemacht werde – aber wo war der zu finden? – oder wenn die Gnade des Kurfürsten mildernd in die Rechtsordnung eingriff.

BLATT 97

[erster Abschnitt redundant, s. VI, Blatt 84, 86]

– – – – – – – – – –

[Fortsetzung von VI, Blatt 107]
einem ungenannten Mittelsmann aus Frankfurt in Verbindung, von dem ihm Frau von Heyden einen Brief geschickt hatte. «Dieser Mann», so schrieb er ihr zurück, der «nun schon so viel weiß», flöße ihm Vertrauen ein, obgleich er ihn nicht kenne: «also in Gottes Namen». Es sei schwer zu verhindern, daß man nicht den Grund des Scheidungsgesuchs sich laut oder leise ins Ohr sage. Leute, wie die Frau Daub, indessen geschäftig genug seien, die Sache auszubreiten. Es müsse also darüber wohl mündliche Berathschlagung gepflogen werden. An Karoline schrieb er, [die] Sache sei in Heidelberg «ein Geheimnis einiger weniger Familien», könne aber doch ihren Verwandten zu Ohren kommen. «Dann wirst du doch mir keine Schuld geben? Wer es hier weiß, wußte es früher als ich's ihm sagte, Schwarz ausgenommen.» Er fürchtete nun, daß Karoline vor dem Protest ihrer Verwandten zurückweichen werde.

– – – – – – – – – –

«Du willst doch auch», mahnte er, «recht standhaften kalten Muth beweisen u. deinen Willen dennoch durchsetzen?»

BLATT 98

Savignys Stellung zu der Sache

1) Schreiben (der Günderode u. [Daub?]) an Sav[igny]
    a. Hoffnung, daß Savigny den Widerspruch der Verwandten K[aroline]s [auf]heben wird.
    b. Hoffnung, daß er Daub u. Schwarz günstig stimmen wird.
    c. Furcht, daß er die Frau umstimmen wird.
2) Savignys Verhandlung mit Frau von Heyden
3) Berufung Karolines nach Trages
    Den 24. October [1805] ist sie da. Mereau II, 222 [Rohde, S. 65]
4) Resignation der Karoline (Oct.)

BLATT 99

[Anfang fehlt] .. kecklich entgegen. Creuzer betrachtete eben in naivem Egoismus die Interessen seiner Persönlichkeit als die entscheidenden u. hatte für das gleich starke Recht der andern Persönlichkeit kein Verständniß.

Savigny setzte, als er sein System des heutigen römischen Rechts schrieb, die hier maßgebenden Grundsätze eingehend auseinander.[1] Die Einwirkung auf den Willen eines andern durch eine in ihm absichtlich erregte Furcht lasse allerdings eine gewisse Wahl u. eine gewisse Willensfreiheit, aber hier «eine in das Rechtsgebiet störend eingreifende Unsittlichkeit» steht in geradem Widerspruch mit dem Zweck alles Rechts, welcher auf die sichere u. selbständige Entwicklung der Persönlichkeit gerichtet sei, u. es sei «die Aufgabe des positiven Rechts, diese Unsittlichkeit durch positive Gegenwirkung von dem Rechtsgebiet abzuwehren.» [Savigny, System des heutigen römischen Rechts, Bd. 3, S. 100]

Diese «unsittliche Einwirkung» war es, die Savigny auch damals in Creuzers Verhalten gegen seine Frau fand, u. mit vollem Recht. Die Lebhaftigkeit seiner selbstsüchtigen Wünsche verblendete Creuzer so, daß er diese Unsittlichkeit nicht einzusehen vermochte. Und doch mußte er dem Vetter u. andern von «den beständigen Rückfällen von Sophie» berichten, die doch deutlich zeigten, wie es in Wahrheit mit ihrer Zustimmung zur Scheidung bestellt war.

Es war gerade umgekehrt als Creuzer meinte: während er nämlich befürchtete, man halte ihn «fest in Banden» u. habe «den Schein des Rechts» für sich, war gerade er es, der einen bloßen Schein des Rechts geltend machte u. das innerste Wesen des Rechts gröblich verkannte.

[Fußnote fehlt]

BLATT 100

[23. September an Frau von Heyden] Anfangs September stand Creuzers Absicht, die Scheidung zu erwirken, anscheinend fest;[1] gegen Ende desselben Monats aber sollte eine Besprechung mit Frau von Heyden in Frankfurt die Entscheidung bringen, «daß bald gethan oder standhaft ertragen werde, was nach ruhiger Erwägung als Resultat erscheint».[2] [Preisendanz, S. 160] [Fortsetzung s. VI, Blatt 89, 1. Abschnitt]

[Fußnoten fehlen]

– – – – – – – – – –

[10. Oktober, Karoline an Daub] «Savigny hat recht: es ist nicht gut von mir, daß ich der Liebe u. Hoffnung so viele Gewalt über mich lasse, ohne danach zu fragen, ob es sein darf. Sie sind gerecht, lieber Daub, Sie sind billig u. menschlich u. ehren auch die Empfindung. Prüfen, untersuchen Sie, u. dann sagen Sie mir, ob ich darf: ich will Ihnen blindlings glauben. Zwar zittere ich zu erfahren, was alle Blüten meines Lebens zerknicken wird. Aber doch soll geschehen, was Sie wollen.» [Weißenborn, S. 251]

Der ächt weibliche Mangel an Logik liegt deutlich vor Augen: Savigny hat recht, das sieht sie ein, u. doch wünscht sie, daß ein anderer ihr sagte, er habe nicht recht: ihre «Empfindung» soll doch auch ins Gewicht fallen. «Wie werd' ich einen schlimmen Ausspruch ertragen können?» dann rief sie dem Schiedsrichter noch zu: «Denken Sie auch an meinen Freund, wenn Sie über uns aussprechen wollen. Antworten Sie mir bald. Sagen Sie niemand von diesem Brief.»

Daubs Antwort ist nicht erhalten, auch ihr Inhalt nicht bekannt geworden. Wir dürfen annehmen, daß er Savigny vollständig beistimmte. Die Briefe, die sie dann an Creuzer schrieb u. in denen sie «resignierte», waren «gar zu traurig» (so daß Creuzer sie damit zu trösten suchte, daß er ihr wieder schreibe u. ihr versprach, bald bei ihr zu sein).

Nichts desto weniger war Daubs Spruch, obgleich sie ihm «blindlings glauben» wollte, für ihr Verhalten doch auf die Dauer nicht maßgebend. Sie entwarf nun einen neuen Plan, um alle Bedenklichkeiten mit einem Schlage fortzuräumen: Flucht mit Creuzer nach Rußland, u. zwar in Männerkleidern.[2]

[1][kein Verweis im Text] Rohde S. 63; schon vorher S. 62 [2]Bei den Frankfurter Damen nichts ungewöhnliches; auch die 2. Frau des Clemens reiste so, selbst in Deutschland.

BLATT 101

[28. November, 5. Dezember 1804]

Wie genau Savigny Creuzers schwache Willenskraft kannte, zeigt der weitere Gang: der Briefwechsel mit der Günderode ward bald wieder auf Creuzers Verlangen ein heimlicher, zu dem eine Zeit lang Schwarz die Hand geboten hatte, um dann seine Mitwirkung zu versagen. Nun schlug Creuzer Professor Karl Philipp Kayser[1] als Mittelsmann vor. Als die Günderode das verwarf, da war Creuzer damit zufrieden, daß sie ihm direkt, unter seiner eigenen Adresse schreibe.[2]

In ihrer Antwort hielt [sie] ihm mit gerechtem Unwillen sein widerspruchsvolles Verhalten, ja seinen Egoismus vor, der ihn bestimme, in jedem Collisionsfalle sie preis zu geben. Dabei gab sie ihm die Erlaubniß, ihre Briefe seiner Frau mitzutheilen. [Preisendanz, S. 48]

Dieser klaren, Savignys Einfluß deutlich bekundenden Haltung gegenüber stand Creuzer erbärmlich da,[3] «daß ich widersprechend gehandelt habe, erkläre ich bei mir selbst für grundfalsch u. so finde ich den Weg, auch meinen Stolz zu retten.» Und dann: «Es wäre doch traurig, wenn Sie mir nichts mehr zu sagen hätten, als was Jedermann wissen darf.» [Preisendanz, S. 48]

Und nun hören [wir], wie Frau von Heyden, Karolines Frankfurter Freundin, für deren Verhalten Savigny keineswegs nur Lob hatte, in einem Brief an Creuzer Savigny ihre größte Verehrung zollte.

[1][Eckstein] Nomenclator S. 282f. [2]Rohde S. 24 [Preisendanz, S. 42ff.] [3]Rohde S. 24f.

- - - - - - - - - -

Den 29.ten [Oktober 1805] [Preisendanz, S. 168] (cf. Rohde S. 66)

Von der H[eyden] habe ich heute einen Brief, worin sie mir Ihre Reise nach Trages meldet u. vermuthet, Sie würden lange dort bleiben. Ist das wahr? Werde ich also lange keinen Brief haben.... Auch die H. weiß noch nicht, wann sie wieder von Wiesbaden zurück sein wird... Antworten dorthin soll ich ihr nicht, wegen der Ungewißheit des Aufenthalts in W.

(S. 135)

[October 1805] [Preisendanz, S. 166f., nach Creuzers Besuch in Frankfurt]

Der Fromme ist stolz, etwas erwiedern zu können, worauf sich der Freund einmal was zu Gut that. Sie wissen doch, daß dieser sich einst freute, von Göthe gelobt zu sein. Dem Frommen wurde gestern hier ein Brief vorgelesen, worin er sich von Schelling gelobt sah.... Die ‹Studien› waren ein bißchen mit Schuld an dem Lob.

Den Klagebrief habe ich jetzt gelesen. Seine Töne greifen dem Frommen noch jetzt ans Herz.

BLATT 102

[20. September] [Preisendanz, S. 158]

«Sollte wider Erwarten Savigny jetzt für unsere Heirath sein, so meine ich, es könne dieser sehr beförderlich werden u. er könne vielleicht viel auf deine Verwandten wirken. Doch du mußt es besser wissen.

Schreibe mir, ob er direct nach Frankfurt kommt oder erst hierher. Ich sehe voraus, daß Savignys <Ansicht?> <Urtheil?> hier sehr bestimmend sein wird, besonders auf Daub u. auf Schwarz. Ersterer ist jetzt bestimmt für unsere Heirath; letzterer sieht mehr ein, daß Sophie mir nicht Liebe geben kann, als daß ich dich besitzen muß. So ist es jetzt. Wir wollen sehen, was Savigny verändern wird. Mir ist in der That alles andere nicht wichtig; nur eines Menschen Urtheil ist's, das des Kurfürsten, weil davon die Möglichkeit abhängt, dich zu meinem Weibe zu machen.

Das Schlimmste wäre nur, wenn Savigny die Sophie wieder umstimmte, weil ohne deren schriftliche Einwilligung kein Schritt von mir <beim Konsistorium?> gethan werden kann. Doch Geduld, mein Herz: sei fromm, bete u. hoffe.»

\- - - - - - - - - -

Sophie u. Frau Daub

... Gesetzen». Und dann tritt wieder die «Feindselige» auf u. der im Interesse Creuzers gemachte «Vorschlag, mit Sophie über die Feindselige zu reden», ein Vorschlag, den er verwerfen muß. «So hab ich auch nicht an Savigny schreiben dürfen.»

BLATT 103

[Überschrift: Karolines Reise zur Nees; Station in Heidelberg; Clemens]

BLATT 104

Reiseplan der Günderode

1. Creuzer [gab] schon im August bekannt (am 5. an den Vetter), daß er «nach Franken muß», zu wem, «darüber mündlich». Am 12. August wollte Karoline die Reise nach Sickershausen antreten, wo sie längstens bis zum 22. September bleibe. Creuzer solle den 18. Sept. in Kitzingen sein. Aber Creuzer kann so früh nicht, u. später stimmt nicht.
2. Der Verlauf der Dinge:
   a) nach Clemens, der in Frankfurt war, trat Karoline die Reise am 14. August an.[1] (mit der Heyden, der Schwester der Nees?)
   b) Aufenthalt in Sickershausen: den 2. Sept. (Frau Cr[euzer] an sie . .
3. Rückreise über Heidelberg
   In Heidelberg 21./22. Sept. mit der Heyden
   Cr. den 22. abends bei Schwarz, durch den er die Anwesenheit erfährt
4. Wieder in Frankfurt, noch am 18. Oct.
5. Auf Trages den 24. Oct.
6. Wieder in Frankfurt; Ende des Monats[2]

[1]Mereau II, 168 f. [2]Mereau. II, 222

BLATT 105

Den 22. [September] An Frau v. H[eyden] [Preisendanz, S. 159]
(cf. Rohde S. 61)

Sie mißbilligten mein Kommen heute ... Nur historisch müssen Sie folgen, das wissen, daß ich heute morgen ein von Schwarz an mich gerichtetes Billet nicht empfangen habe, bis ich wieder zu Hause war. Um 6 Uhr hat ich eine Vorlesung zu halten. Um sieben gehe ich gleich in den Gasthof ganz unbekannt mit allen Umständen. Die schlaflos zugebrachte Nacht war ohnehin nicht günstig einer hier vielleicht nothwendigen Besonnenheit. Es machte mich aber traurig, daß ich in dem Ton womit Sie Lina zur Abreise abriefen etwas Unwilliges zu bemerken glaubte... Vielleicht sollte ich auch nicht des Weges gegangen sein, woher Ihr Wagen kam ...

\- - - - - - - - - -

Undatirt, den 29. oder 30. September, an den Vetter [Preisendanz, S. 162f.] (fol. 231). Rohde S. __

Denk an, vor 8 Tagen war Lina hier u. ich sah sie auf 3 Minuten. Sie hatte <früher einmal?> wollen mit einer Freundin den Herbst zum Theil hier zubringen. Ich verbot dies u. mußte es verbieten. Als sie daher auf einer anderen Reise hier durch mußte, schloß sie sich einen ganzen halben Tag in ihr Zimmer ein. Ein Brief an Schwarz abgegeben, sollte mich von ihrem Dagewesensein am andern Morgen unterrichten... Schwarz unterrichtete mich abends halb 11 davon, ich ... Und so kam es dann, daß der andere Morgen mir nur 3 selige Minuten gönnte. Schwarz hat nun auch L[ina] gesehen u. gesprochen...

Ich muß dich sprechen. Diese Zusammenkunft ist höchstwichtig für mein ganzes Leben ...

... bedaure deinen armen Vetter <durch so viel Geschäft u. auch durch Krankheit geplagt>, der nur durch ein seliges Bewußtsein wieder reich wird ... u. sich zu sterben sehnet, zuvor aber zu schauen das Land der Liebe, welches er lange lange mit seiner Seele suchet <ganz auch die ____ der Karoline!>. Siehst du nun nicht ein, daß du mich sprechen mußt diesen Herbst u. daß ich dein bedarf?

\- - - - - - - - - -

(Undatiertes Blatt: S. 125). [22. September] [Preisendanz, S. 160, Faksimile-Einlage] (cf. Rohde S. 61)

Um 7 Uhr heute Abend bin ich hier bei Schwarz, nicht ahndend, daß Sie hier. Drei Viertel auf zehn läßt mich mein Schwarz rufen; ich eile hin, erbreche Ihr Paquet, lese, daß Sie hier. Ich eile ins Gasthaus. Jede Thür ist zu. Sie seien schlafen. Und so sitze ich denn wieder hier, bittend Ihre Reise nur um 1 Stunde aufzuschieben, da ich Sie begleiten will. Darf ich? . . .

Hier sitze ich Trost suchend bei Schwarz u. seiner lieben Frau . . .

Halb 11 Uhr

BLATT 106

Die Günderode nach Würzburg

Die Reise zur Nees u. in Heidelberg

Den 29. September schrieb Creuzer an den Vetter:

«Denk an, vor 8 Tagen war L[ina] <hier?> u. ich sah sie auf drei Minuten.[1] Sie hatte wollen mit einer anderen Freundin den Herbst zum Theil hier zubringen. Ich verbot dies u. mußte es verbieten. Als sie daher auf einer anderen Reise <nach Sickershausen in der Nähe von Würzburg zu Frau von Nees zu Esenbeck[2]> hier durch mußte, schloß sie sich einen ganzen halben Tag in ihr Zimmer ein. Ein Brief an Schwarz abgegeben, sollte mich von ihrem Dagewesensein am andern Morgen unterrichten... Schwarz mehr Mitleid gegen mich als Verschwiegenheit beweisend unterrichtete mich abends halb 11 Uhr davon; ich eile in den Gasthof. Es schläft alles. Und so kam es dann, daß der andere Morgen mir nur 3 selige Minuten gönnte. Aber liebe Geschenke hatte sie bei Schwarz für mich zurückgelassen. Schwarz hat nun auch L. gesehen u. gesprochen. Er mag dir mündlich oder schriftlich sagen, was er fand.» [Preisendanz, S. 162]

[1]cf. Rohde S. 61 [2]Die angebliche Reise dieser im Frühling 1806 ist (nach der Anmerkung in dem Brief) eben diese Reise! Schon im August war diese Reise in Aussicht, aber auch, daß Creuzer die Karoline dort besuchen wolle (vgl. Ast). Sie reiste in Gesellschaft der Frau von Heyden.

– – – – – – – – – –

[Abschnitt redundant, s. VI, Blatt 92]

BLATT 107

Am 2. September schrieb Frau Creuzer der Karoline nach Sickershausen, sie sei damit einverstanden, ihre Liebe zu Creuzer «so bald als nur möglich vollkommen beglückt zu sehen.»[1] Am 5. stand Creuzer mit Frau von Heyden u. einem Sachverständigen in Verhandlungen über die Ordnung seiner güterrechtlichen Verhältnisse. Er schlug seine Einnahmen auf mindestens 2200 fl. an. Nach Abzug einer Pension von 600 fl. für Sophie bleibe ein Einkommen von 1600 fl., womit man in Heidelberg honett leben könne.[2] Für Karoline solle ein Theil ihres väterlichen Vermögens für den Bedürfnisfall unberührt aufbewahrt werden.

Aber dabei gedachte er nicht seiner Schulden, für deren Tilgung ihm Savigny seine Hülfe gewährt hatte. Am 8. September schrieb er an den Vetter in Marburg: «Du wirst meinen Brief mit der Savignyschen Anweisung erhalten haben. Ich empfehle dir diese Angelegenheit nochmals dringend, indem ich ohnedies in der größten Verlegenheit sein würde.» Im Juli hatte es auf dem Schloß «eine große Gasterei» gegeben,[3] u. den Tag, ehe [er] an den Vetter schrieb, war Ludwig Tieck sein Gast gewesen. Von seiner Frau ließ er sich das Zeugniß ausstellen, er sei «jetzt ruhig» u. widerrief, was er einige Tage vorher über seine Frau gesagt hatte: sie sei «sehr duldsam, durchaus friedfertig u. freundlich».

Aber ein anderer Umstand war wohl geeignet, ihn zu beunruhigen: die Frage, welcher Scheidungsgrund geltend gemacht werden solle. Darüber stand er mit [Fortsetzung s. VI, Blatt 97]

[1]Rohde S. 58 f. [Preisendanz, S. 149] [2]Rohde S. 59 [Preisendanz, S. 150] [3]Rohde S. 53 f.

BLATT 108

[Anfang fehlt] ? Sept.

Liebe zu mir zu bewahren u. da ich keinen Zweifel habe, so thue ich alles, um diese Zweifel zu widerlegen». Auch Daub bemühe sich zu demselben Zweck.[1] Die ‹Narzißnatur› Karolines, auf die Savigny hingewiesen hatte, war also nicht bloß von ihm erkannt.

Nun wünschte Karoline, spätestens am 18. Sept. mit ihm in Kitzingen zusammenzutreffen. Aber Creuzer hatte viele Bedenken: zur Nees nach Sickershausen könne er nicht gehen: «Die Leute mißbilligen ja alles».[2] Am 21. erschien dann Karoline mit Frau von Heyden in Heidelberg, aber Creuzer sollte nichts davon wissen».[3] Es handelte sich also, wie man vermuthen darf, um eine Besprechung mit dem Bruder der Günderode über die Regelung ihrer Vermögensverhältnisse, deren Nothwendigkeit auch Creuzer erkannte.[4] Er erfuhr nun doch von der Anwesenheit der Damen u. konnte sie auf einige Minuten im Gasthof sehen: er fand Karoline «etwas blaß». Frau von Heyden wünschte, Creuzer möge nach Frankfurt kommen.[5]

Inzwischen war das Verhältniß mit seiner Frau nichts weniger als geordnet: auch hier spielte ohne Zweifel die ökonomische Auseinandersetzung eine Rolle. Während Creuzer sein bisheriges Verhältniß möglichst rasch zu ändern trachtete u. sich nur «die paar Zwischenmonate» bis zur neuen Ehe gefallen ließ, wußte er nun nicht, ob Sophie «sich getreu» bleiben würde, glaubte es aber, wie er an Karoline schrieb (den 25. Sept.).[6] Die offenbar von einem Beistand berathene Frau verlangte, wie wir später erfahren, daß ihr für die Witwenpension, die sie bei Eingehung ihrer Ehe mit Creuzer verloren habe, nun Ersatz geleistet werde.[7] Und so ward die Frage, ob das neue Ehepaar hinreichend Mittel habe, um honett zu leben, immer schwieriger. Die in Aussicht genommene

Besprechung in Frankfurt wünschte Creuzer als entscheidend zu betrachten. Als er dann von Karoline [Fortsetzung fehlt]

[1][Rohde] S. 60f. [2]S. 58 [3]S. 59 [4]S. 62 [5]S. 61, 62. Rohde irrt (S. 62) [6]S. 61f. [7]S. 74

BLATT 109

[Überschrift: Conferenz in Frankfurt, unter des Vetters Beistand?]

BLATT 110

Durchreise 1805 Sept. Oct.

Am 21. u. 22. Sept. Karoline u. Frau von Heyden heimlich in Heidelberg (Rohde S. 61) <das nähere in dem undatirten Brief an den Vetter: s. u.>

(halb 11 Uhr)

Den 21. Sept. also das undatirte Briefchen Cr[euzer]'s (fol. 226)

... Und so sitze ich denn wieder hier <bei Schwarz> bittend, Ihre Reise nur um eine Stunde aufzuschieben, da ich Sie begleiten will? Darf ich ..?

Den 22. Sept. an Frau v. H[eyden] (fol. 227) <nach deren Abreise>

Sie mißbillig[t]en mein Kommen heute <nicht in den Gasthof, sondern nach Frankfurt?>.... Es machte mich ... traurig, daß ich in dem Ton, womit Sie Lina zur Abreise abriefen, etwas Unwilliges zu bemerken glaubte ... Sie schreiben mir: ich soll nach Frankfurt kommen. Sie wollens doch auch jetzt noch? Noch hab ich heute Schwarz nicht sprechen können. Ich weiß also nicht, was mit diesem geredet worden. Aber versagen Sie mir diesen Ersatz nicht für das, was ich hier nicht haben konnte. Hier sind nun griech. Blätter für Lina. Ich sende dieselben an Sie, weil ich nicht weiß, ob Lina mit Ihnen bis Frankfurt gegangen <denkt er an Trages?>. Sorgen Sie in jedem Fall, daß sie solche bald erhält ... Ich sehe wohl, wie ich Ihnen erscheine, als die Inconsequenz selbst ... Aber billigen müssen Sie, daß ich mein bisheriges Verhältniß zu enden trachte, daß ich die Zusammenkunft in Frankfurt als entscheidend zu betrachten wünsche ... Ich wünsche vor meiner Reise nach Frankfurt noch wenigstens einige Zeilen von Ihnen zu haben. (Rohde S. 61f.) [Preisendanz, S. 159f.]

Den 25. Sept. an Karoline (Rohde S. 62)

getreu bleiben

was du schreibest von Scheidenlassen ...

– – – – – – – – – –

[Abschnitt redundant, siehe oben, s.a. VI, Blatt 111]

BLATT 111

S. 231

<Cr. an den Vetter in Marburg; undatirt, aber etwa vom 29. Sept. 1805>

«Aus dem andern Brief <so ist der Anfang!> wird es gut sein, nicht alles mitzutheilen. Besonders wäre es schicklich, wenn du jetzt noch niemandem etwas sagtest von unserm Plan, dich von Frankfurt aus mit hierher zu nehmen. Es möchte sich sonst noch jemand anhängen.

[30. September 1805] Könnte ich dich doch nur einen Tag sehen u. sprechen! Wie viel hab ich dir zu sagen! Siehe darum mußt du uns den Trost nicht versagen, hierher zu kommen. [Preisendanz, S.162] Schwarz bedarf es auch in vieler Hinsicht. Ich will nichts Böses ahnen, aber wer weiß, wie du hinterher fühlen möchtest, wenn er etwa im folgenden Jahr nicht mehr wäre. Er ist oft u. sehr kränklich... Du kannst denken, daß ich ihn den Sommer viel u. oft sehe – um seinet- u. um meinetwillen. Er ist ja auch der einzige Vertraute meines Herzens u. hilft u. räth u. sorgt – u. hat viele Mühe u. Noth mit mir.»

BLATT 112

[Stichworte: Günderode, Trages, Plan]

BLATT 113

Oct. [1805]

1. Karolines Resignation
2. Der russische Plan. – seine Trennung von der Frau: anderes Logis
3. Die Mine [Wilhelmine, Karolines Schwester]. – Sav[igny]s Rückkehr: sieht ihn wohl nicht, das sei auch besser.
4. Creuzers Frau eine Magd? So Schwarz in Marburg. [s. VI, Blatt 47]
5. Beschäftigung mit der alten Philosophie
6. Clemens gehe nach Berlin: Cr. solle ihn begleiten.
7. Schwarz ist da: auch Christian u. Bostell
8. ‹Schwester› u. Bruder. Sav[igny] in Frankfurt bei der Heyden, auf Trages. Brief der Frau Creuzer
9. Sav[igny] in Heidelberg. – ? Frau Creuzer aus Heppenheim an Sav[igny] – ? Später?
10. Creuzer will Karoline besuchen. – Ihre «Idee»
11. ? Er kommt nächste Woche – Cl[emens] zu Sav[igny] gereist: Cr. sollte mit ihm!
15. Kommt nächste Woche – Karoline nach Trages? – Cr. sehr unruhig darüber.
18. in Frankfurt

20. Sav[igny] soll kommen. Also Vorbereitung nöthig.
    K's Nachricht über Sav[igny]
    Sav[igny]s niederer Begriff von seiner Liebe [s. VI, Blatt 125]
    [Preisendanz, S. 157]
23. Denkt nur an Trages
24. Sav[igny] weiß nicht, was er sagen soll. – Er geht nach Marburg.
28. Die Mereau theilt Cr. mit, daß Sav[igny] mit Clemens kommen wird. Creuzer will dem Besuch ausweichen.
29. Der Irrthum über Preußen (‹Friedland›) (Berufung). Nur Rußland bleibt.
–. Das Schreiben der Heyden über K.'s längeres Bleiben bei Sav[igny]
    Cr. darauf an K[aroline] («Sie»)
    ‹So lange Clemens da ist›
–. Der geöffnete Brief: der Schnitt durch die Oblate
–. Zu Weihnachten will er sie sehen.
31. Karolines Nachricht von Savigny, mit S[avigny]s Siegel. Die Gespräche S[avigny]s mit ihr.
– Daub u. die innere Offenbarung: keine logische Demonstration.

BLATT 114

[s.a. VI, Blatt 5]

Anfangs October hatte Karoline resignirt u. Creuzer nannte sie nicht mehr wie früher ‹Gattin›, sondern ‹Schwester›. Daneben aber hatte Karoline, die im Stift nicht leben mochte, den Plan, Creuzer, der eine Berufung nach Rußland in Aussicht hatte, dahin in Mannskleidern zu begleiten. Bei den Frankfurter Damen war das Tragen von Mannskleidern nichts ungewöhnliches. Auch Clemens' zweite Frau ging in Berlin in Mannskleidern u. Bettina erzählt, daß ihr Bruder Georg . . .

– – – – – – – – – –

Auf einen traurigen Brief Karolines, worin sie [von] verzichten sprach, antwortete Creuzer ihr (am 3. October), er fange an zu fühlen, daß er sie nicht verdiene u. darum das Schicksal zwischen sie trete. «Ich bin nicht hoffnungslos, aber traurig, daß die Hoffnung, dich zu besitzen, abhängig gemacht ist von der Macht des Zufalls».

– – – – – – – – – –

Den 3. October (der griech. Brief: fol. 236 (auf fol. 255) Rohde S. 62

[Randnotiz:] 15. Oct.

– – – – – – – – – –

Freitags, den 3. October 1805

Liebe gute Schwester (!). (Rohde S. 62)

Es ist recht schön, daß du mir doch wieder einmal einen langen Brief geschrieben. Dafür will ich dir dann auch gleich antworten. Mache nur, daß du hübsch gesund bleibst. Als ich dich neulich sah, sahst du etwas blaß aus . . .

Schreibt dir denn die Mine recht fleißig? Mich, muß ich sagen, vernachlässigt sie ziemlich, vielleicht ist sie ein wenig bös, daß ich sie neulich nicht besucht . . .

Adieu liebe Schwester

N.S. ich habe dir doch schon geschrieben, daß ich jetzt ein anderes Logis habe, ein allerliebstes am Neckar.

Wo ist denn die Stelle bei Rohde S. 62 f. s. u.!

BLATT 115

(Undatirtes griech. Blatt, S. 152 f.) 3. Oct. (Rohde S. 63)

. . . der Gedanke, daß ich dich verdienen werde u. die süße Hoffnung, daß ich dich gewinne. . .

Hättest du doch in meinen Augen lesen können, daß ich vorgestern Nacht deine zwei Sonnette las.

Ich bin nicht hoffnungslos, aber traurig, daß die Hoffnung dich zu besitzen immer abhängig gemacht ist von der äußeren Macht des Zufalls u. von dem Willen von Menschen, die mich in ihrem Leben nicht einmal gesehen haben, u. ich sie nicht.

Es kann sein, daß ich (dieser Reise wegen) Savigny nicht sehen werde, der wohl jetzt hierherkommen wird. Es ist vielleicht auch so besser.

[Randnotiz:] cf. Heise

(Andere Seite):

Du antwortest mir niemals auf die Frage, ob du gesund.

– – – – – – – – – –

Der Begegnung mit Savigny sah Creuzer nicht mit Freude, sondern mit beklommenem Herzen entgegen, ja er suchte [ihm] geradezu auszuweichen. Am 3. October theilte er Karoline mit, daß Savigny jetzt hierher komme, er selbst ihn aber wohl (wegen einer eigenen Reise) nicht sehen werde. «Es ist vielleicht auch so besser.» Aber Savigny kam nicht so bald nach Heidelberg.

– – – – – – – – – –

[Abschnitt redundant, s. vorheriger Abschnitt]

BLATT 116

[redundant, s. VI, Blatt 47, unterer Teil]

BLATT 117

Seine wissenschaftlichen Pläne u. Arbeiten

5. October 1805 [Preisendanz, S. 163 f., 3./4. Oktober] Er werde sich die nächsten Jahre hauptsächlich mit der alten Philosophie beschäftigen, zunächst freilich mit etwas nicht selbst gewähltem. Aber sobald das beendigt sei, werde er sich damit abgeben, einige alte griechische Philosophen herauszugeben u. ins deutsche zu übersetzen.

- - - - - - - - - -

Am 7. October [1804], Sonntags, schrieb Creuzer dann: «Schwarz ist hier. Noch konnte ich aber kein rechtes Wort allein mit ihm reden.» Da Savigny aber wieder in Heidelberg war, sprach er in demselben Brief wegen seines Mißgriffs in der Wahl seiner Frau mit Bedauern ___ ___. [Preisendanz, S. 18]

Offenbar war Cr. mit all seinen früheren Freunden unzufrieden. «Allein sein mit Einem Freunde», so schrieb er schon den 4. <Oct.> an Karoline, «ist das beste.» Und etwas früher klagte er, er werde von niemandem verstanden.

- - - - - - - - - -

«Schwarz», so schrieb er Sonntags den 7. Oct. [1804] [Preisendanz, S. 18], «ist hier. Noch konnte ich aber kein rechtes Wort allein mit ihm reden. Christian u. Bostell sind auch hier … Ich bin im Voraus froh, wenn die Leute weg sein werden: ich komme sehr selten hin u. jedesmal fühle ich schmerzlicher, man habe dort keine Zeit vor lauter kleinen Angelegenheiten, das Gemüth zum wahren Ernst zu sammeln.»

BLATT 118

Creuzer war von seiner Leidenschaft so erfüllt, daß er schon eine Zusammenkunft mit der Günderode in Frankfurt ins Auge gefaßt hatte. «Clemens,» so schrieb er ‹Sonnabend›, den 6. October, «geht nächstens nach Berlin … Er wird über Würzburg reisen; ich soll ihn dahin begleiten. Dies werde ich nur dann thun, wenn ich über Frankfurt zurückkehren kann. Sollte die Mereau mitreisen, wodurch dieser Plan auch Frankfurt zerstören würde, so bliebe ich hier, bis ich direct u. allein zu Ihnen kommen kann.»

«Hätte ich freilich gewußt, was ich jetzt weiß, so würde ich wahrscheinlich jetzt in ganz anderer Absicht nach Würzburg gehen. Savigny ist von Karlsruhe so hoffnungslos zurückgekehrt (schon früher hatte Creuzer über die ängstliche Finanzwirthschaft geklagt), daß ichs fast als nothwendig erkenne, von hier wegzugehen, u. dann liegt freilich mein Ziel in dem ferneren (von Ihnen ferner) Landshut. Gott wolle es wenden: übereilen werde ich nichts. Oder darf ich stolz genug hoffen, daß Sie auch diese Ferne durch Muth in eine noch nähere Nähe verwandeln werden? Sie kennen meine Projecte.»

Der Plan, den er ihr mitgetheilt hatte, kann kein anderer gewesen sein, als daß Karoline ihn in das Ausland hin begleite; ob mit oder ohne die Frau, das blieb, wie es scheint, dahingestellt.

«Ich komme vielleicht sehr bald ... geduldig werde ich den zweiten, den dritten Vormittag erwarten, bis ich Sie allein finde.»

«Heute kommt nun Schwarz. Ihre künftigen Briefe empfange ich sicher aus seiner Hand.» Er hatte also auch den Plan einer heimlichen Korrespondenz im Auge.

- - - - - - - - - -

H[eidelberg] den 8. October [180]5

Liebe Schwester.

Da du mir deinem Versprechen zuwider auf den letzten Brief nicht gleich antwortest, so besorge ich, du bist krank. Beruhige mich darüber ...

Halte dich hübsch fest u. schreib mir bald.

Dein dich liebender Bruder ___ [Preisendanz, S. 165]

- - - - - - - - - -

Am 8. October hatte Savigny schon in Trages sein wollen, wie er Weis mitgetheilt hatte, den er dort erwartete. Aber inzwischen nahmen neue Sorgen um die Günderode einerseits u. um Creuzers Frau anderseits ihn in Anspruch, die ihn länger in Frankfurt festgehalten haben werden.

BLATT 119

Er [Savigny] erhielt nämlich (am 8. October?) [richtig: November] von Frau Creuzer einen Brief, aus dem sich ergab, daß sie ihre frühere Erklärung bereue oder doch den Folgen derselben erliege.[XI]

Nun hatte Savigny (bei der Frau v. Heyden?) mit Karoline eine eindringliche Unterredung, deren wesentlichen Inhalt wir von ihr selbst erfahren. Zunächst theilte er ihr den Inhalt jenes Briefes mit u. sprach «viel» mit ihr über Creuzer. «Savigny machte mich auch aufmerksam darauf, daß es Unrecht von mir sei, daß ich mich nicht darum bekümmere, ob Creuzer auf eine würdige oder unwürdige Art frei werde, ob er mit reiner Seele diesen Schritt thun könne oder mit schwerem Vorwurf belastet.» [Weißenborn, S. 251]

Bei seinem Abschied bat Savigny Karoline, ihn gleichfalls in Trages zu besuchen.

BLATT 120

Als Savigny dann erschien, war Creuzers Frau im Begriff, zu der Hochzeit ihres Sohnes Karl Leske nach Darmstadt zu reisen, [er] konnte aber noch mit ihr reden. Er fand sie, wie Creuzer an Karoline schrieb,[1] «ruhig u. in guter Gesundheit», während er gekommen sei mit dem Gedanken, er, Creuzer, stehe mit ihr «in einem Verhältniß, wodurch sie sehr litte. Dies überzeugte ihn,» so meinte Creuzer, «daß eigentlich du u. ich die Leidenden seien.» Am 9. [November] schrieb dann Frau Creuzer aus Heppenheim an Savigny; [Dahlmann, S. 366f.; Weißenborn, S. 263f.] den Inhalt des Briefs werden wir bald erfahren.

Creuzer hörte von Savigny, daß auch Karoline «wohl» sei.[2] Über das Gespräch, was beide dann über das Verhältniß zu Karoline hatten, hören wir kaum etwas. Wir erinnern uns seines [Fortsetzung fehlt]

[1]Rohde S. 68 [2]Rohde Sie 66

BLATT 121

Donnerstag den 10. October [Preisendanz, S. 165f.] (Rohde S. 63: aber mit dem 15. Oct.: falsch!)

(Griechisch)

Liebe Lina. Dein letzter Brief ist gar zu traurig. Kann es dich trösten, daß ich dir schon wieder schreibe u. zwar das Versprechen bald bei dir zu sein. Warum ich nicht schon gekommen? Ich wills nur sagen, ich [war] nicht wohl u. noch muß ich erst das Zimmer hüten ... es ist ein bloßer Katarh ... Ich will dir nun melden, daß ich nächste Woche kommen werde – u. hoffentlich mit Schwarz, er hat mir es schon halb versprochen.

Könntest du (Rohde S. 63) ... verzehrt mich am Tage – u. nachts breite ich auf meinem einsamen Lager vergebens die Arme nach dir aus.

Wie ... elend

Sei aber auch recht zärtlich gegen mich – ich verdiene es u. bedarf es in dieser kalten Welt. Halte mich warm an deinem lieben Herzen.

[Randnotiz:] Aber die weitere Stelle bei Rohde S. 63f.? Es ist nicht deshalb.

– – – – – – – – – –

Rußland

Creuzer, dem sie gleichfalls ihre «Idee» vorlegte, schrieb am 10. October zurück: «Sie scheint mir das Gründlichste, was sich ausdenken läßt u. die sicherste Hilfe zu einer Vereinigung mit dir zu bieten. Wie es zu machen sein möchte, will ich dir sagen, wenn ich bei dir bin: du sollst es prüfen.»

- - - - - - - - - -

(Undatirt. Griech.) Rohde S. 63
Jemand hat mit Bleistift bemerkt:
10. October 1805?
Über deine Idee – es prüfen
(Deutsch – Bruchstück) [26. Juni 1806] [Preisendanz, S. 306 f.; Rohde, S. 111]

2) Und wenn du recht hast, indem du schreibst, daß ein anderer Besitz doch in keinem Falle möglich gewesen, so darf ich ja alsdann, wenn du hier bist, ein Leben hoffen, wie es mir seit unserer Bekanntschaft noch nicht geworden. Um mir dieses Glück zu bereiten, wird es aber gut sein, wenn der Freund an Sofien nicht wieder so traurig schreibt als das letztemal. Nicht als ob ich eine Änderung bemerkte, vielleicht grüßet sie dich freundlich, aber ein ruhigerer Ton deiner Briefe an sie erhält doch alles mehr im Gleichgewicht. Du wirst mir doch nicht böse, daß ich dieses bitte?

Ob D[aub] von dem Betragen der Feindseligen unterrichtet? Ich weiß es nicht ... Ein Blick auf sein (des Freundes) Bild mit dem letzten Blick der Lampe u. nun auf die Seite geschmiegt, gute Nacht.

BLATT 122 [redundant, s. VI, Blatt 123]

BLATT 123

[Preisendanz, S. 165 f., am 10./11. Oktober]

Auf einen neuen gar zu traurigen Brief, in dem sie eine neue Idee entwickelte, erklärte er am 15., dem Tage, [an] dem er nach Frankfurt kommen [wollte], er sei nicht wohl gewesen, werde nun aber die nächste Woche kommen u. hoffentlich mit Schwarz. Ihre Idee war, nach der Scheidung Creuzers mit ihm nach Rußland zu gehen, wohin er Aussicht hatte berufen zu werden u. dort als Mann verkleidet in seiner Nähe zu leben.[1] Creuzer erschien diese Idee das Gründlichste was sich ausdenken läßt u. das sicherste Mittel zu einer Vereinigung mit ihr. Am 18. war er dann bei ihr in Frankfurt. Beide fanden sich gegenseitig sehr blaß.[2] Am 20. wußte Creuzer, daß Savigny nach Heidelberg u. Frankfurt komme.[2]

[1][Rohde] S. 62 f., 74 f. [2][Rohde] S. 64

- - - - - - - - - -

Nun entschloß sich Karoline, Savigny in Trages zu besuchen, ein Entschluß, der Creuzer mit der größten Unruhe erfüllte: er fürchtete zwei ganz verschiedene Menschen u. ihren Einfluß auf Karoline, nicht nur Savigny, sondern auch Clemens.

«Du weißt doch», schrieb er den 15. October [Preisendanz, S. 166: Freitag, 11. Oktober 1805] an Karoline, «daß Clemens zu Savigny gereist ist? Ich sollte mit ihm reisen, wich ihm aber aus.» und dann bat er direct: «Gehe doch nicht nach Trages, so lange Clemens dort ist. Es schmerzt mich, dich mißhandelt zu sehen.»

Daß sie diesen Wunsch Creuzers nicht erfüllte, wissen wir! Auf der anderen Seite aber erfahren wir nicht, wie lange Clemens u. Arnim noch in Trages blieben.[2] Der Tag, an dem Karoline nach Trages kam, ist auch nicht genau zu bestimmen; sicher ist nur, daß sie am 24. October da war: an diesem Tage berichtete Creuzer das an seinen Vetter in Marburg.

[Fußnote fehlt]

BLATT 124

S[avigny]s Rückkehr 1805 Oct. 20

Die für den Sommer geplante Rückkehr Savignys hatte sich bis zum October verzögert. Am 20. stand nach Creuzers Annahme seine Ankunft in Heidelberg u. auch in Frankfurt bevor. Da nun seine Ansicht auf Karolines Verwandte u. auch auf die Heidelberger Freunde bedeutenden Einfluß haben könne, so werde es nöthig sein, schrieb er an Karoline, daß man sich kurz u. gut gegen ihn erkläre, und beiden stehe die Überzeugung fest, «daß wir einander in ehelicher Verbindung beglücken u. uns als Eheleute ernähren können», daß ferner seine Frau nicht verkürzt werden solle u. schon angefangen habe, sich in den Gedanken einer freundlichen Trennung ruhig zu finden. Creuzer erwartete aber selbst nicht, daß Savigny jetzt für den Gedanken einer Heirath mit Karoline zu gewinnen sei. Am 18. [Oktober] reiste er nach Frankfurt, um mit ihr sich über ihr gemeinsames Verhalten zu bereden.

[24. Oktober] «Sie ist jetzt auf Trages bei Savigny, der nicht weiß, was er zu dem allen sagen soll,» schrieb er dem Vetter, «ihr wißt es auch nicht, auch Schwarz nicht, ich selbst weiß es nicht.» [Preisendanz, S. 169]

– – – – – – – – – –

[Abschnitt redundant, s. folgendes Blatt]

BLATT 125

<20. October>. <Sav. u. Creuzer>. Heid. Cod. 368, 67
September scheint wahrscheinlicher
S. 238[b] <vor S. 244>
(Griechisch) Freitags, 20 <October?> 1805 (Rohde S. 64)
[Preisendanz, S. 156 ff.: 20. September]

Es war mir recht nöthig, daß gestern dein vergessenes Blättchen kam . . .
Du göttliches Mädchen, wer hat dir solche Zauberei gelehrt? Ich gerate ins Plaudern u. vergesse ganz, weswegen ich dir heute schreibe u. zwar durch unsere Heyden, daß es nicht zu auffallend werde. Das ist deine Nachricht von Savigny. Es ist brav von dir, daß du mir das schreibst. Nothwendig ists, daß wir beide gegen ihn in Einem Sinne handeln. Wenn ich denke, daß Savigny von meiner Liebe zu dir einen niederen Begriff habe, so sehe ich ein, daß es am besten ist, ihm kein Wort zu sagen. Allein 1) Er wird fragen. 2) wird ihm Schwarz u. Daub (ich mag wollen oder nicht) Alles sagen. Folglich wirds nöthig sein, daß man sich kurz u. gut gegen ihn erklärt a) daß jedem von uns beiden die Überzeugung feststehe: wir werden einander in ehelicher Verbindung beglücken u. ohnedies leide mein Leib u. mein Geist. b) daß wir uns als Eheleute [er]nähren können, daß folglich dieser Plan nicht chimärisch sei, ohne daß die Gutmüthige verkürzt werde. <c) daß> die Gutmüthige selbst einsehen gelernt, sie könne mit mir keine wahre Ehe haben u. daß sie sich in den Gedanken einer freundlichen <[Tren]>nung schon ruhig zu finden angefangen habe. Dabei wirds gut sein, wenn du ihm einen oder einige Briefe der Sophie zeigst. Der Kunigunde bin ich aber nicht willens Vertrauen zu schenken, sondern ich werde ihr nur auf bestimmte Fragen kurz antworten. Sollte (wider Erwarten) Savigny jetzt für unsere Heirath sein, so meine ich, es könne dieser sehr beförderlich werden u. er könne vielleicht viel auf deine Verwandten wirken. Doch das mußt du besser wissen. Schreibe mir, ob er direct nach Frankfurt kommt oder erst hierher. Ich sehe voraus, daß Savignys <[Meinung]> hier sehr bestimmend sein wird, besonders auf Daub u. auf Schwarz. Ersterer ist jetzt bestimmt für unsere Heirath; letzterer sieht mehr ein, daß Sophie mir nicht mehr Liebe geben kann, als daß ich dich besitzen muß. So ist es jetzt. Wir wollen sehen, was Savigny verändern wird. Mir ist in der That alles andere nicht wichtig, nur eines Menschen Urtheil ists, das des Kurfürsten, weil davon die Möglichkeit abhängt, dich zu meinem Weibe zu machen. Das Schlimmste wäre nur, wenn Savigny die Sophie wieder umstimmte, weil ohne deren schriftliche Einwilligung kein Schritt von mir gethan werden kann. Doch Geduld mein Herz! Sei fromm Herz, bete u. hoffe!

Der Oct. ist aus innern Gründen unmöglich!

– – – – – – – – – –

Schreib mir morgen nicht mehr.

(Der nächste Brief S. 134) Mittwochs den 23. Oct. 5 (Rohde S. 65. Wo also Rohde S. 63–64?)

BLATT 126

[Preisendanz, S. 170]

Was dann bei der Zusammenkunft am 18. October verhandelt worden ist, erfahren wir nicht. Am 29. [Oktober] aber erklärte er[2] Karoline, er wünsche von Heidelberg fort. Eine Aussicht auf Anstellung in Preußen [Friedland] – gemeint ist wohl Erlangen? – habe sich zerschlagen. Aber Rußland biete sichere Aussichten. Einen Brief deswegen «habe ich schon (an Meiners)[3] geschrieben, muß ihn aber noch ein wenig zurückstellen, gewisser Umstände wegen. Die Hauptstellen daraus werde ich für dich u. die Heyden abschreiben.» Später würde dann, wie Creuzer erzählt, «mit Lina alles verabredet». Die Schwierigkeiten der Ausführung waren ihm auch hier, wie er bemerkte, nicht verborgen geblieben, doch hielt er den Gedanken fest.[3]

Beiblatt: «Der Brief wegen Rußland [Alexandria],» so schrieb er ihr am 4. November, «muß ... liegen bleiben, wiewohl er reiflich erwogen.» Er könne ihn nicht absenden, bevor er über einige Punkte mit Frau von [Heyden und dem Freunde Abrede genommen.] [Fortsetzung fehlt] [Preisendanz, S. 175]

[1] [kein Verweis im Text] Rohde S. 63 f. [2] Rohde S. 66 [3] Rohde S. 69

- - - - - - - - - -

[Abschnitt redundant, s. VI, Blatt 125]

BLATT 127

Savignys Kommen (Undat. griech. Blatt. S. 153) <20. Oct.>
[Preisendanz, S. 173, «wohl kurz nach dem 31. Okt.»]

Geliebte Seele! Wie traurig hat mich dein letzter Brief gemacht! Du solltest dich aber auch den Eindrücken der Gespräche des S[avign]y nicht so hingeben.

Bist du dann jetzt ruhiger? Schreib mir doch darüber in deinem nächsten Brief. Wüßtest du nur wie du Tag u. Nacht mir in der Seele liegest, wie du im Wachen bei mir bist u. im Traum.

Liebe liebe Lina, schreib mir doch bald frohes. Wenn S[avigny] (?) kommt, will ich dir alles melden, was vorgefallen. Ich kann mich auf sein Kommen nicht freuen. Er versteht mich ja nicht.

Ich küsse dich. Der Himmel sei mit dir, Lina. Wie lange ists noch bis Weihnachten?

- - - - - - - - - -

[Abschnitt redundant, s. VI, Blatt 125]

BLATT 128 [redundant, s. VI, Blatt 125]

BLATT 129

Den 23. Oct. [1805] schreibt er Karoline: es sei ihm nicht möglich zu arbeiten ([Rohde] S. 65)
Er denkt nur an Trages. Am 24. [Oktober] spricht er die Befürchtung aus, daß Karoline dort zu leiden habe, besonders von Clemens: «Ich will es lieber ertragen, daß er [der Freund] den Clemens etwas liebenswürdig findet, als daß er von diesem mißhandelt werde.» ([Rohde] S. 65) [Preisendanz, S. 168]

- - - - - - - - - -

Am 24. [Oktober] schrieb Creuzer an den Vetter: «Sie ist jetzt auf Trages beim Savigny, der nicht weiß, was er zu dem allen sagen soll, ihr wißt es auch nicht, auch Schwarz nicht, ich selbst weiß es nicht, aber es ist nun so u. bleibt so, kein Mensch wird es ändern, denn es ist nicht Menschenwerk.»

«Wenn ich lebe, so ists beschlossen, ich komme in den Osterferien zu Euch nach Marburg. Dann will ich dein Hauswesen sehen u. die Lotte unter ihren Kindern.

Savigny kommt zu Euch nach Marburg. Ich entbehre viel durch seinen Umgang, mißgönne ihn aber Euch nicht.» [Preisendanz, S. 169 f.]

Auf Trages traf Clemens Brentano mit Karoline zusammen, was Creuzer beunruhigte. Er fürchtete, wie er am 24. October schrieb, sie möchte dort von Clemens zu leiden haben: «Ich will es lieber ertragen, daß er [der Freund (Karoline)] den [Clemens etwas liebenswürdig findet, als daß er von diesem mißhandelt werde.»] [Preisendanz, S. 168]

- - - - - - - - - -

[Abschnitt redundant, enthalten im vorigen Abschnitt]

BLATT 130

Den 24. October S. 241 f.

Heidelberg, den 24. October 5. <cf. Rohde S. 65 u. 64>

Lieber Vetter!

Wenige Stunden nach deiner Abreise war ich in Frankfurt. O daß ich dich nicht sehen konnte! Doch erwarte keine Vorwürfe von mir. Es war mein Schicksal ... Vom Montag bis zum Freitag war ich krank ... Freitag Mittag reiste ich u. fand dich nicht mehr. Wie ich mich sehnte, dich zu sehen, weiß der Himmel, u. wie ich anfangs aufbrausen wollte über die Veränderung deines Reiseplans, wovon ich kein Wort gewußt, weiß er auch. Aber die Aufwallung wurde gleich durch den Gedanken niedergeschlagen: Er hat mich doch geliebet u. ist mir doch zu Gefallen gereiset den weiten Weg ...

Ich hab ihr auch von dir erzählt u. von deiner Liebe. Denk an, dein Name im Frankfurter Thorzettel verursachte den Irrthum, sie glauben zu machen, ich sei früher dort angekommen. Sie hatte auch die ganze Woche vergebens auf mich gewartet u. bei meiner Rückkehr fand ich einen bangen Brief hier. Ich fand sie sehr blaß – sie aber verwunderte sich noch mehr über meine Blässe. [Preisendanz, S. 169]

– – – – – – – – – –

[Abschnitt redundant, s. VI, Blatt 125]

BLATT 131

[Savigny in] Heidelberg (1805)

9.–11. (?) November <ohne die Günderode>

Die Mereau II, 101 f., (125), 128, 149, 152, 189, 190

Savigny war entschlossen, so bald er könne, nach Heidelberg zu fahren, um vor allem mit Creuzer u. seiner Frau zu sprechen. Creuzer sah der Zusammenkunft mit Beklommenheit entgegen. Er hatte sogar daran gedacht, der Begegnung mit Savigny durch eine Reise auszuweichen! Den 28. October erfuhr er von Clemens' Frau, Savigny käme mit Clemens auf ein paar Tage. Wann wird das sein? fragte er den folgenden Tag Karoline. Der Brief kreuzte sich mit einem Brief Karolines: Savigny habe von seiner Liebe zu Creuzer [muss heißen: zu Karoline] keinen hohen Begriff u. halte den ganzen Plan für chimärisch. [Preisendanz, S. 157 f.]

BLATT 132 [redundant, s. VI, Blatt 126, 133]

BLATT 133 [redundant, s. VI, Blatt 101, 130, 134]

BLATT 134

[Abschnitt redundant, enthalten im folgenden Abschnitt]

- - - - - - - - - -

Den 29. October abends mußte Creuzer mittheilen, die Aussicht auf Preußen verschwinde gänzlich. «Ich habe mich in der Hauptvoraussetzung geirrt. Rußland aber bleibt uns. Den Brief dieses letztern wegen habe ich schon geschrieben, muß ihn aber noch ein wenig zurückhalten, gewisser Umstände wegen. Ich bin in den letzten Tagen gar zu traurig u. einzig tröstet mich die Aussicht, dich liebe Seele die Weihnachten zu sehen.» [Preisendanz, S. 170]

[Oktober] «Hatten Sie,» so fragte er, «den Schnitt um die mittelste Oblate dieses Briefes selbst gemacht? Kayser ward etwas unruhig dadurch. Das Siegel was ich heute brauche hört dem Kayser. Der Abwechslung wegen schreibt auch Kayser die heutige Adresse. Schicken Sie den nächsten Brief durch ihn.» [Preisendanz, S. 167]

[30. Oktober] Den folgenden Tag setzte er den Brief fort: «Nun habe ich Gewißheit, daß mir ein Brief erbrochen wurde. Denk an, der gestern angekommene Brief von der Heyden trug die entschiedensten Spuren, daß er geöffnet gewesen.» im Verdacht hatte er nicht seine Frau, sondern deren Tochter erster Ehe. «Du siehst nun, daß du deine Briefe durch Kayser senden mußt.» [Preisendanz, S. 171]

«Es ist schlimm, daß ich die Antwort an die Heyden nicht gestern senden konnte u. schon heute wieder einen Brief an dich abschicken muß, was dich etwas furchtsam machen muß.»

Die Mereau, so berichtete er noch, «sagte mir gestern, Savigny komme mit Clemens auf ein paar Tage her. Wann wird das sein?» [Preisendanz, S. 171]

Gleich darauf erhielt er einen Brief Karolines aus Trages, den sie kurz vor ihrer Abreise nach Frankfurt geschrieben, nach einer späteren Andeutung Creuzers der einzige, den sie von da an ihn geschickt hatte. Sie gab ihm darin Nachricht von Savigny: derselbe habe von seiner, Creuzers Liebe zu ihr keinen hohen Begriff u. ihr ganzer Plan sei chimärisch.

«Ich habe Ihren Brief mit Savignys Siegel,» so schrieb er an sie den 31. October mittags nach Frankfurt, «richtig u. unerbrochen erhalten, ohngeachtet die Gutmüthige allein zu Hause war als er kam. . . Wie du gut bist daß du mir auch von dort geschrieben.» [Preisendanz, S. 172]

BLATT 135

[redundant, s. VI, Blatt 125, 134]

BLATT 136

[redundant, s. VI, Blatt 125, 127, und weitere kurze Notizen]

BLATT 137

[Bemerkung: Oct. Die noch zu datirenden Stücke]

BLATT 138

Creuzers beabsichtigte Ehescheidung u. neue Ehe

Zum Verständniß der thatsächlichen Verhältnisse u. deren rechtlicher Bedeutung, wie sie während der langandauernden Verhandlungen immer wieder in Frage kommen, ist hier eine übersichtliche Darstellung erforderlich.
1) Was die Scheidung der Ehe anbetrifft, so war nur Creuzers Wunsch darauf gerichtet, also der Wunsch desjenigen Theils, der den andern gekränkt hatte. Nicht aber Creuzer hatte ein Klagerecht, sondern allein die Frau, die allein gekränkt war; aber sie wollte trotzdem die Ehe nicht aufheben (unrichtig Rohde S. 75).

Das Sonderbare also war, daß der Mann, der die Frau gekränkt hatte, von ihr verlangte, daß sie die Scheidungsklage anstelle, also nicht in ihrem, sondern in seinem Interesse klage. In diesem Sinne übte er einen Druck auf sie aus, u. zwar mit der Begründung, daß diese Ehe doch «wider die Natur» sei!

Aus Rücksicht auf das Glück ihres Mannes war die Frau dann auch zu Zeiten mit der Scheidung einverstanden. Eingeleitet aber werden konnte die Scheidung nur so, daß die Frau ihrem Vertreter bei dem geistl. Gericht eine schriftliche Vollmacht ausstellte. Ob sie eine solche bereits ausgestellt hatte, wissen wir nicht; es ist nicht wahrscheinlich, da die übrigen in Betracht kommenden Fragen noch keineswegs geregelt waren. Wir hören nun, u. zwar von Creuzer, daß sie nicht nur mündlich, sondern auch schriftlich ihr Einverständniß mit der Betreibung der Scheidung erklärt hatte (S. . . .

Eine solche Erklärung war aber für die Frau rechtlich nicht bindend: sie konnte dieselbe jederzeit widerrufen, __ auf ihr Klagerecht Verzicht leisten. Und das hat sie dann auch, im Lauf der Zeit, wiederholt gethan, bald, wie es scheint, zur Zufriedenheit Creuzers, bald aber auch zu seiner größten Unzufriedenheit.

Vernünftiger Weise konnte nämlich die Frau dem Wunsch ihres Mannes nur unter der Voraussetzung nachgeben, daß sie wegen ihres Unterhalts in Zukunft nicht in Sorge zu sein brauchte: sie mußte also eine finanzielle Sicherung ihrer Zukunft durch ihren Mann verlangen. Und diese Sicherheit verlangte sie denn auch. Hier aber kam noch ein besonderes Verhältniß in Betracht. Ihren ersten Mann hatte sie durch den Tod verloren u. mit dem Tod desselben den Anspruch auf eine Witwenpension erlangt. Mit Eingehung der neuen Ehe war sie dieser Pension verlustig gegangen. Wie nun, wenn Creuzer, der ihr eine Rente zu zahlen hatte, vor ihr starb? Dann hatte sie weder die Fortsetzung dieser Rente, noch eine Witwenpension: als geschiedene Frau hatte sie darauf keinen Anspruch. Also mußte ihr Mann vor der Scheidung auch für diesen Fall ihr einen Unterhalt sichern. So schwierig stand die Scheidungsfrage.

BLATT 139

2) Die Eingehung einer neuen Ehe mit Karoline aber bot nicht weniger Schwierigkeiten.

a) Vor allem kam in Betracht, daß die Scheidung nur auf Grund einer quasi desertio Seitens Creuzer erfolgen konnte. Aber wenn darauf hin die Scheidung erfolgte, dann war die voraussichtlich weitere Folge, daß ihm als dem schuldigen Theil die Wiederverehelichung untersagt war! Hier konnte dann nur ein Gnadenact des Landesherrn, des Kurfürsten zu Baden, helfen.

b) Eine zweite große Schwierigkeit war, daß fast alle Freunde Creuzers, die Karoline kennengelernt oder über sie Erkundigungen eingezogen hatten, sie für ungeeignet zu einer Ehe hielten, eine Überzeugung, die sie längere Zeit selbst Creuzer gegenüber geltend gemacht u. nur auf sein leidenschaftl[iches] Drängen nicht mehr geltend gemacht hatte. Aber um so mehr riethen seine Freunde ab u. auch seine Frau ward darauf hingewiesen, daß Creuzer, wenn sein jetziger leidenschaftl[icher] Wunsch in Erfüllung ginge, unmöglich ein dauerndes Glück erlange. Und so sah die zwischen den Parteien stehende, von diesen hin u. her gezerrte Frau sich zeitweise gerade durch Rücksicht auf das Glück ihres Mannes moralisch gehindert, ihre Zustimmung zu der Scheidung aufrecht zu erhalten.

c) Endlich kam noch ein Hinderniß in Betracht: die Rücksicht auf ihre adlige Verwandtschaft, insbesondere ihren Onkel, den Schöffen, nicht minder ihre an einen adligen Herrn verheirathete Schwester Mine, die voraussichtlich niemals ihre Zustimmung zu dieser Ehe geben, oder doch, falls wider ihren Willen doch die Ehe geschlossen würde, alle ihr Vermögen in erbrechtlicher Hinsicht in Frage stellen würden.

Das also war die Sachlage. Trotzdem gab, wenn die Leidenschaft wieder einmal überspannt, der sanguinische, dazu in diesen Dingen gänzlich unerfahrene Gelehrte diese Hoffnung nicht auf, zum Ziele zu gelangen. Als gütigen Gehülfen zur Verwirklichung seines Plans faßte er auch hier wieder – Savigny ins Auge; der sollte insbesondere auf den Kurfürsten, nicht minder auf Karolines Verwandte im Sinne seiner Wünsche einwirken.

Nach dieser Übersicht der allgemeinen Lage fassen wir wieder die Entwicklung der Dinge ins Auge.

BLATT 140

[Anfang fehlt] u. indem er dazu mit der einfachen Frau das geistvolle Mäddchen verglich, hielt er es fast für ein Gebot, alles daran zu setzen, um sich von seiner Frau zu scheiden u. die Günderode für sich zu gewinnen.

In dieses Geheimniß seines Herzens weihte er seinen Vetter ein, den er nach Heidelberg gerufen hatte ([Rohde] S. 6) u. dann auch seinen Freund Schwarz, der nach Heidelberg übergesiedelt war ([Rohde] S. 7). Inzwischen hatte Creuzer eingesehen, daß die Günderode sich nicht zu einer Ehefrau schicke u. das wisse, so daß sie [in] eine eheliche Verbindung nicht einwilligen würde, so daß sie bloß als liebende Freundin ihm nahe bleiben werde u. vielleicht in seine häusliche Gemeinschaft eintrete ([Rohde] S. 9). Aber sowohl Schwarz als der Vetter [hatten] vorausgesagt, daß auch ein solches Verhältniß nicht haltbar sei, sondern ein tragisches Ende nehmen werde ([Rohde] S. 7f.).

Um die Mitte October [1804] hatte Creuzer zum 1. Mal in Frankfurt eine Zusammenkunft mit der Günderode ([Rohde] S. 7), ohne Zweifel nicht im Stift, sondern bei der Frau von Heyden, einer Freundin. Hier ward Cr[euzer] so bewegt, daß er bald an ihrem Herzen lag. (S. 15)

Als in diesen Tagen das Gerücht ging, Goethe habe die Gedichte der Günderode, die sie unter dem Namen Tian veröffentlicht hatte, gelobt ([Rohde] S. 9f.), da hatte Cr[euzer] nicht eher Ruhe, bis er Savigny u. Clemens das erzählen konnte. Beide, so schrieb er der Günderode, nahmen es auf ihre Weise auf: Savigny freundlich: das werde dich ja sehr freuen, Clemens aber, das habe Goethe nur ironisch gemeint. Bei derselben Gelegenheit setzte dann Clemens, dessen überall hin gerichtete Augen das Verhältniß Creuzers zur Günderode erkannt hatte, ihm auseinander, warum er die Günderode nicht lieben könne ([Rohde] S. 10).

BLATT 141

Sonntags [8. Dezember 1805] [Preisendanz, S. 195f.] (S. 103)

Der Freund wollte, ich solle ruhig sein. Da sehen Sie nun in dem beiliegenden Brief der Sofie, was der Freund nicht über mich vermag. Sie giebt mir jetzt selbst das Zeugniß, ich sei ruhig ... Letztere (Sophie) ist jetzt gegen den Frommen (wiewohl er nicht unbemerkt lässet, daß sein Himmel im Gemüth der Poesie ist) sehr duldsam, durchaus friedfertig u. freundlich. Gott gebe, daß es andauert (!). Wie freue ich mich für ungegründet erklären zu müssen, was ich Montags u. Dienstags geschrieben ..

Die Briefe können also nunmehr wieder direct gehen.

Den 20.ten [Juni 1805] [Preisendanz, S. 122f.] (S. 104)

Schreiben Sie doch das nächstemal durch Kayser ..

(Am Rand:) Sie antworten auf manches nicht, z. B. auf die Frage, ob Nees in Jena sei. Auch der Gedanke an Rußland erwacht wieder bei mir. Dort wäre vielleicht eine Heimat zu finden. Bin ich nicht reich an Planen?

Den 29.ten [Juli] 5 [Preisendanz, S. 142] (S. 106)

Sie dürfen mir direct schreiben.

....

Der D[aub] liest in seiner Art vortrefflich Colleg, aber soll ich aufrichtig sein, je länger ich das alles höre, desto fester überzeug ich mich, daß die Philosophie durch logisches, discursives Vortragen nicht gelehrt werden könne. Der lange Weg geht immer um die äußern Tempelmauern herum. Ins Innere wird keiner eingeführt. Die Poesie muß mit der Symbolik ins Mittel treten u. sich der Philosophie annehmen.

Unendlich näher dem Wahren sind die schauenden Mystiker (wie Plotinos), als die discurirenden Lehrer.

Dienstags spät [23. Juli 1805] [Preisendanz, S. 135 f.] (S. 107)

... Man kann nicht zweien Herren zugleich dienen: der Welt u. dem Himmel! Diese Betrachtungen sind die Frucht der letzten 8 Tage u. ich schäme mich der Poesie vor Augen zu treten. Es ist ein elendes Leben, das eines Lehrers auf der Universität ...

Auch das Haus hat seine Ansprüche, seine Sitten, sogar seine Rechte ...

Mittwoch [24. Juli 1805] [Preisendanz, S. 137]

Sie schreiben mir, die H[eyden] werde vielleicht her kommen, u. ihr Bruder wünsche Sie hierher mitzunehmen. Ich kann Ihnen nicht sagen, wie diese Nachricht meine Seele theilt zwischen Wünschen u. Fürchten, zwischen Freud u. Schmerz ...

... Es geht ja auch [an]. Ich muß mich nur zu betragen wissen ... Ich bin es Ihnen schuldig Sie zu schonen, u. es wird gelingen, die üble Meinung gegen Sie nicht nur [nicht] vermehrt zu sehen, sondern sogar vernichtet. Wir können die Leute irre machen. Clemens hat freilich ...

... Nein ich darf Sie nicht sehen ... Ihr Bruder ist Ihr Führer u. der D[aub] u. der Theilnehmende [Schwarz], der dadurch gestillet siehet sein Verlangen Sie zu kennen u. sich überzeugen kann, ob die Poesie wohl ehemals werth gewesen, Schmerzen zu geben u. Wonnen ohne Maaß. Denn ich bin indessen gestorben. Sie müssen nämlich während Ihres Hierseins so denken ...

BLATT 142

Savigny, der Karolines volles Vertrauen wieder gewonnen, besuchte mit ihr Frau von Heyden, um auch sie über die Verhältnisse aufzuklären. Nachdem er viel von Creuzer erzählt hatte, bat Karoline ihn, die Möglichkeit u. Rechtlichkeit der ehelichen Verbindung mit Creuzer ruhig ins Auge zu fassen, über die so verschiedene Ansichten bestünden. Savigny erklärte, eine solche Verbindung sei ein Unrecht, also unmöglich: Karoline müsse sich selber mit reinem Blick anschauen können.

Nun theilte Karoline [ihm] Creuzers Plan der (heimlichen) Übersiedelung mit ihr nach Rußland [mit], um so zum Ziel zu gelangen. Auch das erklärte Savigny für unrecht, da es ein indirekter Zwang für Sophie sei. Frau v. Heyden, die eine solche Erklärung gefürchtet u. damit die Hoffnung auf das Zustandekommen der gewünschten Ehe fast aufgegeben hatte, war im Begriff, Creuzer mitzutheilen, daß Savigny wieder in Frankfurt gewesen u. die Sachlage dargelegt habe. Auch er, so habe Savigny erklärt, werde wie Lina nun wieder mit reinem Blick das Verhältniß anschauen. «Ich sehe schöne Tage kommen, wenn auch Sophie wieder ruhiger wird, Sie wieder Freude an Ihrem Lehren haben u. in Linas Gemüt wie in einem wolkenlosen Himmel Ihre Heimat ist.»

Als sie [Frau v. Heyden] das geschrieben hatte, erhielt sie von Creuzer einen Brief. «Ich sehe», so fügte sie nun hinzu, «daß auch in Ihnen nur noch eine entfernte Möglichkeit zur Hoffnung war, um so erträglicher ist von ihr das Scheiden, da keins mehr recht daran glaubte.»

Savigny, dem Lina von Rußland sagte, «den ich jetzt [Fortsetzung s. folgendes Blatt]

Rohde S. 70f.

BLATT 143

erst [recht] kennen lernte, würde nimmermehr die Hand zu etwas bieten, das er als unrecht erkannt hat. Er hielt die Sache auch in ihrem Gemüt für entschieden, daher seine tröstende Theilnahme.» [Fortsetzung s. VI, Blatt 150]

BLATT 144

[Anfang fehlt] Creuzer, der damals wegen seines romantischen Verhältnisses zu der Günderode Heidelberg zu verlassen gedachte u. auf einen vortheilhaften Ruf an eine andere Universität hoffte,[3] konnte weder jenes Verhältniß noch seine Pläne dem Freunde verbergen. Und wenn die ruhigen Erwägungen des treuen Freundes den leidenschaftlich bewegten Mann oft zu heftigen Anklagen Savignys bei dritten hinrissen, so konnte er doch auch nicht umhin, bald sich selbst wieder zu berichtigen.

Aus dieser Zeit haben wir einen Brief Creuzers an eine Freundin der Günderode, die auch Creuzers Wünsche förderte.

[1][kein Verweis im Text] Bippen, S. 123. [2][kein Verweis im Text] Creuzer an Böttiger, Heidelberg den 12. Dec. 1805 [Nachlass Böttiger, Bd. 31, Nr. 14, s.a. II, Blatt 1] [3]Rohde S. 24 [an Leonhard Creuzer, 9. Dezember 1804]

– – – – – – – – – –

[Abschnitt redundant, s. VI, Blatt 123]

BLATT 145

Creuzer u. Rußland. Savigny (1805. Oct. Nov.) 15. Oct.
Preuß. Jahrb[ücher], Oct. 1902, S. 78ff., S. 81f.
Rohde S. 63, 66, 68, 69, 74f.

Pauls Tod u. Alexanders Thronbesteigung waren in Rußland mit Jubel begrüßt worden. Die Jahre der Regierung Alexanders ‹sind nicht die fruchtbarsten in der Geschichte des russischen Bildungswesens›. Die neue Regierung begann damit, daß der junge Kaiser im Interesse der Verbreitung der Wissenschaft u. Künste das Büchereinfuhrverbot seines Vaters aufhob u. den freien Druck von Büchern u. Zeitschriften im ganzen Reich wieder gestattete (S. 78). Auch mit der Gründung von Universitäten sollte Ernst gemacht werden. Vor allem wurde die Akademie der Wissenschaften wieder zur gebührenden Höhe emporgehoben, die vielen Lücken in den Reihen der Mitglieder durch zahlreiche Berufungen aus Deutschland gefüllt (S. 79).

Das 1802 eingerichtete Ministerium der ‹Volksaufklärung› erließ 1804 ein sehr liberales Universitätsstatut (S.82). Als Ideal schwebte den Vätern des Entwurfs Göttingen vor, u. zwei deutsche Gelehrte, Brandes u. Meiners, hatten bei ihnen Gevatter gestanden (cf. Gött[ingische] Gel[ehrte] Anz[eigen] 1804, S. 689 ff.).

Das ganze Reich wurde in Lehrbezirke getheilt, mit je einer Universitätsstadt als Mittelpunkt u. dem Professorenkollegium sogar die Aufsicht über die Schulen des Bezirks übertragen (S. 82).

In die Moskauer Universität zog schnell neues Leben ein (S. 82). In Petersburg zog sich die Gründung einer Universität länger hin (S. 83).

Von diesen neuen Verhältnissen wurden auch Creuzer u. die Günderode lebhaft berührt. Creuzer wünschte Heidelberg zu verlassen. Aussicht auf eine Anstellung in Preußen aber hatten sich zerschlagen.

BLATT 146

Als Savigny Abschied genommen hatte, war es Creuzer, als sähe er Savigny nicht wieder; so «entfremdet» schien er ihm.[1] Er hätte den Freund besser kennen können; wohl ließ er bei seinem Scheiden deutlich erkennen, wie wenig ihn Creuzers Haltung befriedigen [konnte], aber seine Sorge galt dem irre gehenden nun erst recht.

Wie er vor seiner Abreise von Heidelberg an die Günderode geschrieben hatte [den 29. November 1805, Geiger, S. 36 ff.; Weißenborn S. 275 f.], so schrieb er bald nach seiner Abreise an Creuzer u. theilte ihm mit, er habe Karoline um ihr Vertrauen gebeten. Als Creuzer geantwortet hatte, kam ein Brief der Karoline an, dem Savignys Brief beigefügt war. Nun schrieb Creuzer wieder an Savigny u. an Karoline. Während wir alle jene nicht näher kennen, ist dieser Brief Creuzers an Karoline bekannt, ein Brief, der uns zugleich einen Einblick in Savignys letzten Brief an Creuzer gewährt.

«Ich habe ihm geantwortet», so schrieb er [an Karoline den 7. November 1804] in seltsamer Verschnörkelung, «mit einer Empfindung, die *es* demjenigen Dank weiß, der sich so viele Mühe machte»; der Karoline gegenüber aber betonte er nun wieder Savignys Unfähigkeit, ihn zu verstehen: «wenn man gleich», so fuhr er fort, «einsiehet, daß er aus Mangel an Organ den Mittelpunkt nicht ergründen konnte.» Damit glaubte er sein von Savigny so getadeltes Verhalten rechtfertigen zu können. «So haben Sie ihm», fügte er hinzu, «vermuthlich auch geschrieben.» [Preisendanz, S. 34] Ob diese Vermuthung zutraf, steht dahin.

Das Wichtigste aber ist Creuzers Geständnis, daß er[XII]
[Fortsetzung s. folgendes Blatt]

[1]Rohde S. [Seiten konnten nicht ermittelt werden]

BLATT 147

daß er, als Savignys letzter Brief ankam, bereits in größerer Ruhe sich befand. «Hätte Savigny», so meinte er, «diese ruhigere Gemütsverfassung gekannt, womit ich dich anschaue u. liebe, er würde sich viele Worte erspart haben, die er in einem langen Briefe an mich verschwendet hat.» [Rohde, S. 21; Preisendanz, S. 34]

Ob Savignys Worte wirklich «verschwendet» waren oder hier nicht eine Selbsttäuschung Creuzers vorlag, darf mit Fug gefragt werden. So viel aber steht fest, Savignys pädagogisches Geschick hatte sich glänzend bewährt: Creuzer war nun genau gebracht, wohin ihn seine Pflicht rief.

An den Vetter schrieb er [5. November 1804]: «Lina schickt sich zur Ehe nicht, das fühlt sie selber.» [Rohde, S. 19; Preisendanz, S. 32] Und Karoline gegenüber gestand er, es sei ein eitler Plan gewesen, sie gegen ihre Natur in eine Heirat einzuführen: «Du kannst mir viel sein, ohne mein Weib zu werden.»

Damit war denn auch das rechte Verhältniß zu seiner Frau wieder hergestellt. «Ich sehe jetzt ein», schrieb er an den Vetter [5. November 1804], «daß es besser sei, diese Ehe fortzusetzen.» [Rohde, S. 19; Preisendanz, S. 32] Zugleich erzählte er [28. November 1804] von seinen sorgfältigsten Bestrebungen, seine Frau nicht fühlen zu lassen, wie wenig sein Gemüt in dieser Ehe sei. [Rohde, S. 23; Preisendanz, S. 44] [Fortsetzung s. folgendes Blatt]

BLATT 148

In demselben Sinne schrieb nun auch Savigny [den 18. November 1804],[XIII] nachdem bereits Schwarz ihm geschrieben u. mit seinem Brief große Freude gemacht hatte.

«Ihr Brief, lieber Creuzer, hat mir große Freude gemacht. Ich gestehe Ihnen, daß ich bei unserer Trennung in Heidelberg nicht hoffte, Sie so bald wieder in dem Grad ruhig zu sehen, in welchem Sie es jetzt zu sein scheinen. Gott gebe, daß die Ruhe dauere u. zunehme. Ich habe, wie Sie wissen, in gleicher Zeit an die Günderode geschrieben, u. sie hat mir mit gewohnter Aufrichtigkeit u. Wahrhaftigkeit, u. ganz in gleichem Sinne mit diesem Theil Ihres Briefes geantwortet. Ich freue mich doppelt, daß die jetzige Gestalt Ihres Verhältnisses zur Günderode sich von jener heraus, wie Sie sagen, gebildet hat, u. daß sie nicht blos die Folge eines immer viel schmerzlicheren Entsagens ist.»

BLATT 149

[Anfang fehlt] [An Karoline] Rußland

[«Es wäre möglich, daß, wenn Savigny erführe (auf die rechte Weise erführe), ich sei entschlossen, nach Rußland zu gehen, er sich thätig für mich] interessirte.»[1] Den Ton legte er offenbar auf «für mich», im Gegensatz zu «dem andern Theil», wie er seine Frau zuweilen nannte.[2]

– – – – – – – – – –

War Creuzer seinem wieder gefundenen Freund [gegenüber], dessen liebevolle Sorge er rühmen mußte, nichts weniger als offen über seine Pläne, so vermochte Karoline den Gedanken an Rußland Savigny schließlich nicht zu verheimlichen. Frau von Heyden, in deren Haus u. Gegenwart das Gespräch stattgefunden haben muß, – Savigny scherzte schon früher über seine «heilige Scheu vor allen Anstalten zur Bewahrung weiblicher Sittsamkeit», – schrieb darüber an Creuzer: «Lina sagte Savigny von Rußland», Savigny aber habe den Plan «für Unrecht» erklärt, «da es ein indirecter Zwang für Sophie sei.»[3] Damit fällt ein überraschendes Licht auf Creuzers Absichten: wie er seinen «Entschluß» nach Rußland zu gehen, Savigny gegenüber wie als moralischen Druck zur Erzielung eines sonst unerreichbaren anderen Zwecks zu behandeln gedacht, so hatte er ihn auch seiner Frau gegenüber betrachtet: sie sollte also deshalb in die Scheidung zu willigen genöthigt werden, weil sie sonst ihn gänzlich verlieren u. nie mehr wiedersehen würde!

«Savigny, den ich jetzt erst kennenlernte», so fuhr [Fortsetzung s. folgendes Blatt]

[1]Rohde S. 68 [31. Oktober 1805] [Preisendanz, S. 178: November 1805] [2][Rohde] S. 51 [3][Rohde] S. 70 [Beilage zu Creuzers Brief vom 20. November 1805 an den Vetter]

BLATT 150

Frau von Heyden fort, «würde nimmermehr die Hand bieten zu etwas so er als unrecht erkannt. Er hielt die Sache für entschieden auch in Ihrem Gemüte. Er hielt die Sache für entschieden auch in Ihrem Gemüte.»[1]

Darin täuschte Karolines Freundin sich denn auch nicht. Wie aber im Übrigen Creuzer diese Wendung der Dinge betrachtete, das zeigt uns der Brief, den er[2] am 20. November an den Vetter schrieb. «Lina entdeckte dem Savigny meine Idee wegen Rußland.» Als ihr Motiv bezeichnete er ihre Absicht, «um mich nicht aus meiner hiesigen Laufbahn herauszureißen.» Die Mahnung einer Freundin: «Er ist es, der dir seine äußere Existenz zum Opfer bringt,»[3] hatte sie also als berechtigt anerkannt.

«Savigny,» so gab Creuzer zu, «meint es gut: das erkenne ich: er will meinen Frieden,»[4] aber Savignys Urtheil, die Scheidung sei unrecht, weil seine Frau ihre Erklärung nur unter einem Zwang abgegeben habe, erklärte er für falsch: «daß es nicht unrecht ist, ist noch meine volle Überzeugung»; Sophie habe «sich ruhig u. wiederholt, schriftlich u. mündlich» einverstanden erklärt;[5] er meinte damit zu beweisen, daß Sophie die Scheidung «aus freiem Antrieb gewollt habe», er bewies damit aber nur seine Unbekanntschaft mit den Grundsätzen des Rechts, auf dessen Studium er von der [Fortsetzung s. folgendes Blatt]

[1]Rohde S. 70 f. [2][Rohde] S. 69 [3]Geiger S. 180 [4]Rohde S. 69 [5]Rohde S. 68

BLATT 151

Höhe seines philologisch-philosophischen Standpunkts nicht selten so mitleidig herabblickte, ein Studium, das ihm zur Schärfung seines stumpfen Gefühls für Recht u. Unrecht nur heilsam gewesen sein würde.

Während er Karoline berichtete, sie habe unter solchen Umständen «lieber dem, was sie als Glück betrachtete, entsagt», erging Creuzer sich wieder in höchst pathetischen Reden: alle seine Lust am Leben überhaupt sei vernichtet, alle seine Kraft gebrochen. Aber, so schloß er, «denke nicht, daß ich neue Versuche machen werde. Das Loos ist geworfen über mich, ich kanns nicht wenden.»[1] [Preisendanz, S. 180]

Unter den neuen Versuchen, die er nicht mehr in [Angriff] nahm, verstand er die Versuche einer förmlichen Scheidung auf der einen, u. der förmlichen Eheschließung auf der anderen Seite. Dagegen hielt er an dem Plan mit Rußland, wenn auch nur zaghaft, noch fest?

[1][Rohde] S. 69 [1805] 29. Nov. S[avigny] an Karoline (Geiger S. 38)

BLATT 152 [redundant, s. VI, Blatt 129]

BLATT 153

Unsere ganze Aufmerksamkeit nehmen die Gespräche Savignys mit der Günderode in Anspruch.

Um die verworrenen Verhältnisse u. ihren weiteren Gang zu übersehen, ist zunächst Creuzer ins Auge zu fassen, dessen Haltlosigkeit Savigny genau kannte. Nur durch Karoline konnten wieder verträgliche Verhältnisse hergestellt werden u. Savigny hatte das Vertrauen zu ihr, daß sie das ihrige dazu beitragen werde. «Sei du Creuzer,» rief er ihr zu,[1] «Führer u. Beispiel.»

Aber das unglückliche Mädchen, dem ihr Leben in Frankfurt aufs äußerste widerwärtig war u. [das] sich in Sehnsucht verzehrte, schwankte selbst hin u. her.

[1]Geiger S. 39

\- - - - - - - - - -

		[1805][XIV]	
60.	Freitags,	den 3. Oct. an Karoline	235 f., 255 f.
		10.?	
61.	Donnerstags,	15. Oct. an K.	237
	Freitags	‹Freitags, 20.›	237, 238[b] <hinter 243>
62.	Mittwochs,	den 23. Oct.	238[a] __
		den 24.	238[a]
63.	den 29.ten		239
		Abends	240
	den 30.		240
64.	den 24. Oct. an den Vetter in Marburg		241
65.	den 31. Oct. an Karoline		243
		Mittags	243
66.	den 12.	an K.	244

\- - - - - - - - - -

Oct. S[avigny] kommt ([Rohde] S. 64). ___: schon
die Günd[erode] auf Trages (S. 64)
Schwarz u. Sav[igny] über den Plan (S. 66)
Sav[igny] in Heidelberg (S. 66, 68, 70, 74, 77)

BLATT 154

		1805	
25.	5. Januar	An Karoline	92
26.	20. Jan.	An dies.	94
27.	27. Jan.	An dies.	96
28.	7. Febr.	An dies.	100–108
	‹April› ist von späterer Hand mit ‹Bleistift› geschrieben für ‹12. 4. 5.›! Aber s. No. 32!		
29.	12. <?> April	An Frau v. Heyden	109
	Samstags		112
30.	ohne Datum	An Karoline	114
31.	ohne Datum	An Frau v. Heyden	117

32. 31. März An Karoline 120
33. Donnerstag den 28. 126
34. den 18ten Nachmittags <mit Bleistift bemerkt: ‹April›> 129
35. den 29. April An Karoline 132
36. ohne Datum: Frau Prof. Cr. an Karoline 133
37. Sickershausen am 30. April 1805. H. Prof. Cr. in Heidelberg 134^{a} – 134^{c}

BLATT 155

38.	Frankfurt	den	2. Mai. Nachts		fol.	134
	–	den	3ten um 3 Uhr		136	
39.	"	den	2. Mai	An Cr. in Marburg	137	
	"	den	3. Mai	" "	142	
40.	"	den	9. Mai	An Karoline	147	
41.	Marburg		15. Mai	Der Vetter an Fr. Cr.		143 (!) (steht nach 147)
42.	Heidelberg		14. Mai	An Karoline	150	
43.			17. Mai	"	152	
			18. Mai		154	
			19. Mai	Mittags <aber cf. Nr. 44!>	157	
			20. Mai		157	
44.	"		19. Mai	An dieselbe <Aber wie stimmt das Datum?>		159
45.	"		20. Mai			162
			An den Vetter in Marburg			
	"		22. Mai	"	164	
46.	"		29. Mai	An Karoline	166	
			30. Mai	An Karoline		170
47.	"		11. Juni	"	171	
		den	13. früh morgens		171	
		den	15ten		172	
			Abends		17	
		den	16.		173	
		den	18.		174	
		Donnerstags			176	
			10 Uhr		179	
		Sonnabends			184	
		Sonntags			191	
48.		den	20ten			192

BLATT 156

BLATT 157

1805? [Preisendanz: 29. Mai 1805]

Karoline über ihr Verhalten gegen Savigny, der sie wiederholt um ihr Vertrauen gebeten hatte: «Stumm u. verschlossen!» [Preisendanz, S. 110]

Wieder bestand ein geheimer Plan, u. da die bethörte Günderode wußte, wie wenig Creuzer im Stande sei, sich selbst nicht zu verrathen, so versicherte er ihr: «Sei der Freund (so nannte er sie nun) nur ruhig: weder Schwarz noch sonst jemand in der Welt erfährt von seinen Gesinnungen gegen mich etwas.» [Preisendanz, S. 106]

Und von demselben Schwarz hatte er ihr das Urteil mitgetheilt, wenn sie ihn wahrhaft liebe, so gebe es keine Hindernisse als ökonomische wegen der Existenz seiner Frau.[1] «Da ich ihm nun meinen Entschluß erklärte, sie hinlänglich zu entschädigen, so machte ihm das sichtbar das größte Vergnügen.» Im Übrigen sei er «stumm wie das Grab». [Preisendanz, S. 106]

Schreib mir bald u. lieb, ohne Mißverstehen – denn zwischen uns darf nicht treten der Begriff u. das Denken: das Denken ist der Fluch, Segen u. Seligkeit der Wahnsinn durch u. um dich.»[2]

[1]Rohde S. 47 [Preisendanz, S. 106] [2][Rohde] S. 48 [Preisendanz, S. 110]

BLATT 158

[kurze Notizen]

– – – – – – – – – –

Creuzer – Günderode – Savigny

1805

Mai: Creuzer separatio a thoro et mensa (Rohde 34, 37, 39; ___ S. 46, 47, 59; Savigny: 43, 45)

Juni: Savigny ist schon da!

August: Gewissensehe (S. 58)

– – – – – – – – – –

Zunächst war die vermögensrechtliche Auseinandersetzung Karolines mit ihrer Familie zu regeln u. diese Regelung im Sinne Creuzers u. Karolines wollte trotz der Bemühungen der Frau von Heyden nicht gelingen. [Rohde] S. 62. Hing sie doch zusammen mit der Billigung der von Karoline beabsichtigten ehelichen Verbindung, u. an eine solche Billigung dachten die maßgebenden Mitglieder der Familie, insbesondere der Schöff Günderode in Frankfurt, nicht im entferntesten.

BLATT 159

[wenn nicht anders angegeben, beziehen sich alle Seitenangaben auf Rohde, Friedrich Creuzer und Karoline von Günderode]

Creuzers Idee einer Heirath mit Karoline u. die Scheidungsabsicht

Creuzer stieß bei Karoline hinsichtlich einer Heirath auf Widerstand, der erst besiegt werden mußte (auch sowohl wegen der Verwandten als auch persönlicher Gründe). Wann mag das geschehen sein? Die Heyden als Vermittlerin?
1805 den 3. Mai sagt er: «Jetzt weiß ichs, daß nur eine vor 5 Jahren gehegte Verblendung Hinderniß meines Himmels ist.» (cf. S. 16) (S. 42, cf. S. 50, 68)
– im August freut er sich (S. 59). Sept. u. der Zweifel (S. 60, 61). Die Erklärung Creuzers ([Rohde] S. 70) [Preisendanz, S. 182: «Bekenntniß» an die Freunde]
1806 den 12. <März> schreibt er an sie: «Seitdem ich es weiß, daß [dir] der Gedanke, einmal Mutter zu sein, nicht mehr zuwider ist (seine Sehnsucht nach einem eigenen Kind: S. 81, cf. S. 17)
– den 23. Juni: «Ich ... gedachte, da dir der Gedanke nicht mehr zuwider war, dich zu heurathen.» (Rohde S. 110). (der Gedanke, [evtl.?] einen anderen zu heirathen: S. 76, 84, 88)
Die Geschichte der Idee: Rohde S. 8, 9, 16 f., 17, 18, 19
Savigny als Hinderniß: S. 64

Die Scheidungsfrage tauchte damit von selbst auf. Die Geschichte
1804 im October die Erklärung (Rohde S. 8); die separatio a thoro ist erfolgt (S. 9).
Mit Aufgabe der Heiratsidee wieder hergestellt? (S. 18, 19)
Scheint so: die Frau als Verräther! (S. 22)
Die Intervention der Frau durch Savigny (S. 18)
Die Sorge der Frau: Nov. 1804 (S. 23 f., cf. S. 35, 37, 38 f.)
Aber ein ‹einsames Lager› (S. 29)
Nov., December 1804 (S. 29)
1805 Jan.: S. 39, dieselbe Zeit, in der Karoline so kränkelt (S. 41)
– 2. Mai: der Brief der Karoline (S. 40)
– 22. Mai: die Gedanken Creuzers (S. 46)
– 29. Mai: seine neue Hoffnung (S. 4_, 46)
– im Juni: Resignation (S. 49), aber: S. 51! die Daub (S. 53)
– August: die Günderode (Rohde S. IX u. S. 57)
– die Heyden in Heidelberg erwartet (S. 57/58)
1805 im August: die nächtl. Sonne (Rohde S. 50)
– Karoline als ‹Gattin› (S. 58)
– Sept. 2. die Frau ist mürbe (S. 58 f.)
Lorchens Bräutigam für Creuzer (S. 60) = Zimmermann (S. 79)

- Sept. 5. Creuzer: die Scheidung steht fest (S. 59)
- Sept. 13. Creuzer (S. 60)
  Frau Creuzer hat widerrufen (S. 61)
- Sept. 25. Frau Creuzer jetzt wieder für Scheidung (S. 62). schriftlich? (S. 68, 78)
- Oct. [20]. Sie können sich als Eheleute ‹ernähren›. (S. 64)
- Nov. Über Savigny u. Schwarz (66, 68, 59)
  - Sav. entschieden dagegen (S. 68, 70, 77, 89, 101)
  - Karoline verzichtet (S. 78). Die Frau soll wieder Friede haben (71)

  Dec. Rath des Vetters (S. 75) ___ ___ (S. 78)

Die Durchführung der Scheidung:

a) das Verfahren

b) die materiellen Voraussetzungen: Vermögensauseinandersetzung (68, 69, 74)

2. Sept.: ‹die paar Zwischenmonate› (S. 59)

25. Sept.: nicht so bald! (S. 62)

- in Heidelberg nicht möglich? (S. 67, 69 f.)

Nur Flucht: S. 63, 67, 68, 69, 70 f., 74

BLATT 160 [wenige Stichworte: Wetzlar]

BLATT 161

Als ein hochaufgeschossener, überschlanker Jüngling von [16] Jahren – seine neuen Freunde nannten ihn den «Leineweber» – zog es Savigny im Herbst mit seinem Kameraden [Constantin] v. Neurath auf die Hochschule zu Marburg, wo sie am [19. April 1795] als Studenten der Rechtswissenschaft eingeschrieben wurden. [Stoll I, 30]

Es war das erste Mal, daß ein Savigny diese reformirte Hochschule bezog. Der Großvater des Jünglings hatte in Gießen studirt, vermuthlich, wie wir gesehen, wegen der Beziehungen, welche die Grafen Leiningen zu dieser Hochschule hatten. Nun war es der Besitz von Trages u. die damit gegebenen neuen Beziehungen zu dem Landgrafen von Hessen-Kassel als Hanauer Lehnsherrn, welche den Besuch der Universität Marburg nahe legten: hatte doch der Vater die Ritterakademie in Hanau besucht.

Die Universität Marburg nahm keinen hohen Rang mehr ein; auch an der juristischen Facultät insbesondere waren keine berühmten Namen: die Lehrer waren ordentliche [Mittelgute?]. Ihre Kraft war sehr in Anspruch genommen durch das Spruchkollegium u. nun auch durch den Entwurf eines Hessisch-Nassauischen Civilgesetzbuchs. Die Bethätigung an der Spruchpraxis war für die Rechtslehrer aus ökonomischen Gründen unerläßlich, um dadurch ihre karge Besoldung zu ergänzen.

BLATT 162

[Überschrift: Neuraths Sohn]

BLATT 163

Die unmittelbare Reichsritterschaft 1803–1806

Bibliothek der sächs. Gesch. u. Landeskunde, I. Bd, 2. Heft, 1809
(Weicker, Gotthold: Die Haltung [Kur]Sachsens im Streit um die [unmittelbare] Reichsritterschaft [1803–1806]:)
Kaiser Franz II hatte der Bestätigung des Reichsdeputationshauptschlusses eine die Rechte der Reichsritterschaft schützende Klausel zugefügt. Trotzdem mediatisirte Baiern am 9. Oct. 1803 die in seinem Gebiet wohnenden Reichsritter, u. seinem Beispiel folgten bald viele Reichsstände. Preußen schlug vor, die Angelegenheit dem Reichstag zur Entscheidung zu unterbreiten.

Korresp.blatt 1909, Nr. 4, Sp. 191.

BLATT 164

[Überschrift: Trages in Pacht]

BLATT 165

[Stichworte: 1804. Bang und die Heirat]

BLATT 166

[Stichwort: Karl Franz Fürchtegott von Neurath,
Kammer-Gerichts-Assessor zu Wetzlar,
1804 Licentiat der Rechte in Gießen]

BLATT 167

Ferdinand Walter,[1] der spätere ultramontane Rechtslehrer, dessen Eltern gleichfalls in Wetzlar lebten – der Vater war Geschäftsträger des Fürsten Salm-Salm – hatte noch in seinen späten Jahren eine Erinnerung an den zwei Jahre älteren Savigny als einen «schönen jungen Mann,»[2] aber keine von seinen Verhältnissen, insbesondere nicht von seiner damaligen schweren Erkrankung. Von anderer bestens unterrichteter Seite hören wir, daß ein Blutsturz ihn in Lebensgefahr brachte, so daß alle Sorgfalt auf die Herstellung und Befestigung seiner Gesundheit verwandt werden mußte. Wann sich jener (Vorfall) ereignete, darüber erfahren wir nichts genaueres: nur das hören wir, daß Savigny [Fortsetzung fehlt]

[1]Meyer XIII, 592 [Meyer, 6. Aufl., Bd. 20, Sp. 357][XV] [2]Walter, Aus meinem Leben, S. 5 [richtig: S. 4] [3][kein Verweis im Text] Die bei Häusser II, 127 Anm. genannte Schrift nachsehen

BLATT 168–172 [Überschriften und Notizen zu Savigny und Creuzer]

BLATT 173

1997 Creuzer als Schriftsteller

Ende des Jahres schloß Creuzer seine Schrift: «Herodot u. Thukydides. Versuch einer näheren Würdigung einiger ihrer historischen Grundsätze mit Rücksicht auf Lukians Schrift: wie man Geschichte schreiben müsse.» Am 18. December schrieb er die ‹Vorerinnerung›. «Wenn in dieser Abhandlung», so betonte er, «dem Thukydides historische Kritik beigelegt wird, so gilt dieses nur vergleichungsweise. Was wir jetzt so nennen, hatte kein alter Historiker. Historische Kritik in diesem engern Sinn setzt ganz andere Kenntnisse voraus als die Alten haben konnten. Sie ist eine junge zarte Pflanze, die erst in den neuesten Zeiten u. hauptsächlich, ja vielleicht allein nur unter deutschem Himmel gedeihen kann.» [Creuzer, Herodot und Thucydides, S. 88, Anm.]

BLATT 174 [Notiz: Creuzer und Homer]

BLATT 175

In seiner Selbstbiographie deutet dann Creuzer auch auf den Kreis von jungen Leuten hin, die in der gemeinschaftlichen Erziehungsanstalt sich zusammenfand u. zu dem auch Savigny eine Zeit lang gehörte. «Neben Savigny», so erzählt Creuzer, «lebten wir in einem Kreise von jungen Männern, größtentheils von Adel. Ich bin es der Wahrheit schuldig zu bekennen, daß ich fast lauter erfreuliche Erinnerungen aus jener Zeit aufbehalten habe. Aber wo sollte ich end[ig]en, wenn ich Savignys Verdienste um mich würdigen sollte?» [Creuzer, Deutsche Schriften, 5. Abth., Bd. 1: Aus dem Leben eines alten Professors, S. 27 f.]

Damit berührt er nicht sowohl die Verdienste, welche Savigny für seine ökonomische Stellung, sondern die, welche er für seine geistige Ausbildung hatte, u. zwar nicht nur für jene erste Zeit, sondern für sein ganzes Leben. So erwähnt er in einer anderen Schrift, den Paralipomena, des 1852 gestorbenen Friedrich v. Roth, der «für mich seit Anfang dieses Jahrhunderts als Philologe, Historiker u. Civilist, Führer. Auf ihn hatte mich schon Carl Friedrich v. Savigny hingewiesen.» [Creuzer, Deutsche Schriften, 5. Abth., Bd. 3: Paralipomena, S. 69]

BLATT 176 [s.a. VI, Blatt 192]

Savigny, der bei Bang griechischen Unterricht nahm, erfuhr ohne Zweifel von Bangs Neffen, Creuzer, und seiner 1798 erschienen Erstlingsschrift, die ihm den Weg zu einem Lehramt bahnen sollte, da er zu einem Pfarramt, das die Mutter wünschte, weder rechte Lust noch als Lutheraner genügend Aussicht in seinem Vaterland hatte. Da mag Bang seinen Wunsch gebilligt, aber zugleich als zweckmäßig erklärt haben, daß der Neffe noch in Leipzig sein philologisch-historisches Studium in Griechisch bei Hermann arg vertiefen mußte, wenn ihm nur nicht die Mittel dazu fehlten.

Da nun war es, wo Savigny eingriff u. sich erbot, die Mittel zu gewähren: Creuzer selbst erzählte später (der Günderode):[2] Savigny habe ihn einst in seinen bedrängten Verhältnissen etwa zwei Jahre lang durch eine Art Pension unterstützt, durchaus aus freier Erbietung. Ohne diese Pension hätte er nicht fortstudiren können.

Nun kam dazu, daß sich ihm in Leipzig eine Hauslehrerstelle eröffnete[1] – ein Umstand, der es ihm möglich machte, Savignys Unterstützung nach [anderen?] Seiten, insbesondere Beschaffung von Büchern zu verwenden.

Die Reise nach Leipzig im Frühling 1798 geschah in Begleitung der Witwe Leske, der Tochter des Leipziger Buchhändlers Müller[3] (wohl derselbe, bei dem seine Erstlingsschrift erschienen war). [Fortsetzung s.a. VI, Blatt 200]

[1]Vgl. [Creuzer] Deutsche Schr[iften, 5. Abth., Bd. 1] a.a.O., S. 25f. [2]Günderode S. 106 [konnte nicht ermittelt werden] [3]das[elbst] [Fußnote 1], S. 27 [Anm. 2] Ist bei Müller seine Erstlingsschrift erschienen.

BLATT 177

Friedrich Creuzer
entstammte einer Familie, die sowohl von väterlicher als mütterlicher Seite Prediger zu Vorfahren hatte. Während die Mutter Tochter eines Predigers u. ein Bruder der Mutter, Johann Christian Bang, wieder Prediger war, hatte der Vater eine Zeit lang in Marburg, seiner Geburtsstadt, Buchbinderei getrieben, um dann die Stelle eines Steuereinnehmers zu verwalten.

Acht Jahre älter als Savigny (geboren den 10. März 1771), hatte er den Vater schon in seinem ersten Jahr verloren, so daß nun der mütterliche Oheim Vaters Stelle vertrat u. seinen Unterricht leitete. Da er ein sehr geweckter u. fleißiger Jüngling war – auf dem Gymnasium ward er in der Prima der Primus –, verstand es sich von selbst, daß auch er studiren sollte u. zwar Theologie.

Zu Ostern 1789 bezog er die Universität Marburg, die einen sehr zopfigen Charakter hatte u. hörte «die zur Göttergelehrtheit nöthigen Vorbereitungswissenschaften.»[1] Im Herbst 1790 zog er mit seinem zwei Jahre älteren Vetter Leonhard Creuzer, der gleichfalls Theologie studirte, nach Jena, wo Collegia über die Kantische Philosophie für sie eine Hauptsache waren, er aber auch Schütz über Literaturgeschichte hörte, eine Vorlesung, die seinen Gesichtskreis erweiterte. 1791 wieder nach Marburg zurückgekehrt, nahm sein Oheim ihn wieder unter seine Leitung. Nun hörte er Tiedemanns

Vorlesungen, namentlich über Plato u. las daneben Michaelis Einleitung ins Neue Testament u. Ernestis [Neue] theologische Bibliothek.

[1]Seine Lehrer bei Strieder, a.a.O. [Justi, Grundlage zu einer hessischen Gelehrten-, Schriftsteller- und Künstler-Geschichte, Bd. 18], S. 95

BLATT 178

Friedrich Creuzer dachte nur an die tüchtigen Wissenschaftler, mit deren Hülfe er ein Pensionat errichten u. sich so eine ökonomisch einigermaßen gesicherte Existenz gründen wollte. Von diesem einen Gedanken erfüllt, wies er hartnäckig alle Bedenken zurück u. stürmte auf die Frau, die seiner Werbung widerstrebte, so heftig ein, daß sie schließlich nachgab. Schon nach wenig Jahren sollte sich die Verblendung Creuzers bitter rächen u. die schwersten Conflicte erzeugen u. ein drittes Wesen in den Strudel hinabziehen.

Einstweilen aber war der kurzsichtige Creuzer mit seinem Loos sehr zufrieden; die wirtschaftlichen Verhältnisse wurden geordnet u. Creuzer schlug es nicht allzu hoch an, daß seine künftige Frau die Pension, welche sie als Witwe bezog, nun verlieren mußte.[1] Er war überzeugt, daß sie unermüdlich für sein Wohlbefinden sorgen werde u. in dieser Überzeugung sollte er sich auch nicht täuschen.[2]

Zwei Kinder erster Ehe waren vorhanden, ein Sohn [Carl Wilhelm] der später die Buchhandlung lernte[4] u. eine Tochter, Lorchen.

Als äußerlich alles geordnet war, wurde vereinbart, daß die Hochzeit der beiden Creuzer gleichzeitig im Herbst stattfinden sollte.

[1]Rohde S. 74 [2]Rohde S. 50, 8 [3][kein Verweis im Text] Rohde S. 42, 51 [4]Rohde S. [1]

BLATT 179

Der Plan war, daß der junge Leske in Leipzig die Buchhandlung erlernen solle. Als er dafür hinreichend vorgebildet erschien, ward vereinbart, daß Creuzer ihn im Frühling 1798 nach Leipzig bringe, wo er dann selbst noch ein halbes Jahr an der Universität namentlich Gottfried Hermann höre. Und so geschah [es] dann auch.

\- - - - - - - - - -

‹Nicht in diesem Grade›, also doch schon vor dieser ‹Zusicherung›, war Savigny für ihn ein Wohlthäter. Offenbar werden wir damit auf jene für zwei Jahre gewährte ‹Pension› hingewiesen, der die jährliche, auf keine Zeit beschränkte, Unterstützung von 200 Thlr. später folgte, als nämlich nach der Rückkehr von Leipzig der Heiratsgedanke geäußert u. mit Freunden erwogen ward. Als die Freunde abriethen, war auch der Verlust der Witwenpension in erheblicher Weise mit ins Gewicht gefallen; wir werden sehen, daß dieser Punkt später noch einmal in Creuzers Leben eine nicht unbedeutende Rolle spielen sollte.[1]

Savigny also hatte Creuzer auch schon vor der Leipziger Episode die Fortsetzung seiner zeitlich weit ausgedehnten Studien ermöglicht.

[1]Vgl. vorläufig Rohde S. 74

BLATT 180

Friedrich Creuzer. (Bis 1796 incl.)
Geb. 1771 den 10. März zu Marburg als Sohn eines Buchbinders. Seine Mutter war die Schwester des Pfarrers Bang in Goßfelden. Der Vater starb schon ein Jahr nach der Geburt des Kindes. Der Onkel nahm sich des talentvollen Kindes an u. übte auf seine geistige Entwicklung den größten Einfluß [aus].

Nachdem der Knabe das Gymnasium seiner Vaterstadt besucht hatte, bezog er 1787 [richtig: 1789] die heimische Universität, um Theologie zu studiren. Zur Vollendung dieser Studien ging er im Herbst 1790 mit seinem Vetter Leonhard nach Jena. Hier wurde er durch Schillers universalhistorische Vorlesungen begeistert. Als er 1791 von Schiller Abschied nahm u. sein Album vorlegte, schrieb der Dichter u. Philosoph den Spruch hinein: «Die Natur gab uns nur Dasein, Leben giebt uns die Kunst u. die Vollendung der Weisheit.»

Im Sept. 1791 nach Marburg zurückgekehrt, setzte er hier seine Studien fort, die aber nun vornehmlich der Geschichte u. der Philosophie des Alterthums zugewandt waren. Da sein kleines Vermögen inzwischen aufgezehrt war, gründete er 1794 in Gemeinschaft mit seinem Vetter eine Unterrichtsanstalt. Das damit verbundene Pensionat leitete, wie es scheint, die Witwe des Professors Leske, Sophie, geb. Müller. Da diese Anstalt aber nicht den Erfolg hatte, den Friedrich Creuzer gehofft hatte, so trat er 1796 als Lehrer in die Erziehungsanstalt seines Freundes, des Pädagogen Schwarz ein, der damals Pfarrer in Echzell in Hessen im Darmstädtischen war. Gleichzeitig brachte er die beiden Kinder der Frau Leske mit in diese Anstalt.

BLATT 181

Biographisches Creuzer

1. 1819. C. W. Justi in Strieders Grundlagen zu einer hessischen Gelehrten- u. Schriftstellergeschichte, Bd. XVIII. Marburg 1819, S. 93 ff.
2. 1822 (die Brockhausische Sammlung der) ‹Zeitgenossen›. Biographien u. Characteristiken. Neue Reihe, 2. Bd. (Heft V–VIII). Leipzig 1822. (VII. Heft, S. 1–47) [konnte nicht verifiziert werden]. – 1844 von W[ilhelm] Dittenberger neu heraus-

gegeben, aus Anlaß der Amtsfeier Creuzers, mit Beifügung des Verzeichnisses der Schriften. [Dittenberger, Die Universität Heidelberg im Jahre 1804]

3. 1848. Aus dem Leben eines alten Professors. Von Dr. Friedrich Creuzer. Leipzig u. Darmstadt (Carl Wilh. Leske) 1848 = Friedrich Creuzers Deutsche Schriften, neue u. verbesserte. Fünfte Abtheilung, [Bd. 1] («dem Genius der Ruperto-Carolina, weiland Sigmund Carl Johann v. Reizenstein in dankbarem Andenken geweiht»).
   Es ist a) eine revidirte Ausgabe von Nr. 2 (S. 1–71)
   b) Beilagen (5 an der Zahl), Zusätze, weitere Personalien
   c) «Fortsetzung der biographischen Skizzen» (S. 131–207)
   d) Chronologische Übersicht dieser biographischen Skizzen (S. 208–214)
   e) Anfang. Briefe? aus Briefen (S. 215–238)
   f) Nachträge (3) (S. 239–272)
   g) Das akademische Studium des Alterthums 1807 (S. 273–327)
   h) Anfang zu S. 310: das Studium der Alten als Vorbereitung zur Philosophie
   (= ‹Studien› von Daub u. Creuzer 1805, I, S. 1–21) (S. 328–343)
   i) Chronologische Übersicht der Schriften Friedrich Creuzers (S. 344–357)
   k) Nachträge (S. 359–362)
   l) Inhalt (S. 363–364)

   Wieder abgedruckt in «Deutsche Lehr- u. Wanderjahre» [Selbstschilderungen Berühmter Männer und Frauen], Bd. II [Männer der Wissenschaft] Berlin 1873.
4. 1874. [Karl] B[ernhard] Stark: Biographie Creuzers (Heidelb[erger] Prorektoratsrede von 1874) Wieder abgedruckt in G[ottfried] Kinkel [Hg.]: [Stark], Vorträge u. Aufsätze. Leipzig 1880, [S. 390–408]. Über Angaben Starks: Rohde S. XIII Anm. 1.

BLATT 182

Langsam hatte sich in seinen Anschauungen u. seinem Lebensplan ein Umschwung angebahnt. Zunächst bereitete sein Lutheranisches Bekenntniß ihm gewiß Schwierigkeiten. Als Lutheraner hätte er nach den Landesgesetzen wahrscheinlich nach Rinteln gehen müssen, wo doch für ihn nichts zu lernen war. Dann hatte er so «freie Meinungen» sich angeeignet, daß seine Schwester darüber erschrak; vor seiner Mutter hielt er sich sehr zurück. Mehr als alles zog ihn Homer an, den er nun mit ganz anderen Augen betrachtete als auf dem Gymnasium.

Nun schwankte er, ob Pfarrer oder Schullehrer. Am liebsten wäre er Lehrer am Gymnasium seiner Vaterstadt geworden; aber als Lutheraner war ihm der Zugang verschlossen. Mittlerweile predigte er, u. gab Unterricht, theils für sich, theils an einer Privatlehranstalt in Marburg. 1798 veröffentlichte er seinen «Versuch» über Herodot u. Thukydides; von seiner Aufnahme sollte die Entscheidung über seine Zukunft abhängen. Aber die öffentlichen Urtheile ließen auf sich warten.

In dieser Zeit griff Savigny in sein Schicksal ein. Obgleich Creuzer den Zusammenhang der Dinge nirgends deutlich mittheilt – Savigny hat nie ein Wort darüber verlauten lassen – läßt es sich doch mit größter Wahrscheinlichkeit feststellen.

BLATT 183–184 [Überschrift bzw. kurze Notiz zu Creuzer und Savigny]

BLATT 185

Creuzer in Leipzig [1798]

Am 4. August schrieb Creuzer wieder an Justi, um ihm zu sagen, daß dessen «Akademische Annalen», die er seiner Güte verdanke, ihm auf der Reise voraussichtliche Dienste geleistet haben. Professor [Johann Georg] Eck,[1] den Creuzer sehr häufig besuchte – er war Professor der Poesie u. gab das «Leipziger gelehrte Tagebuch» heraus – gab ihm ein Blatt Zusätze u. Berichtigungen des Artikels von Leipzig, das er an Justi besorgen solle.

«Es ist wirklich für denjenigen, der sich auf der hiesigen Universität, wo es, unter uns gesagt, der pedantischen Formalitäten noch so viele giebt, einigermaßen orientieren will… (fehlt der Schluß)

«Ich hoffe, Ihre Verdienste u. das Anzeigen Ihrer Klagen über Undienstfertigkeit in der Allgemeinen Literatur-Zeitung sollen nicht wenig dazu beitragen, daß Sie für die künftige Ausgabe besser unterstützt werden.»

Und nun läßt er sich aus über «den hier noch herrschenden Mönchsgruß in Rücksicht mancher akademischer Einrichtungen.» «Es giebt mitunter in der hiesigen Geistlichkeit Geschichten, die den alten Verfolgungsgeschichten so ähnlich sehen wie ein Ei dem andern. Protegirte nicht der würdige Rosenmüller, dem ich von Ihnen auch zuweilen habe erzählen müssen, einen vortrefflichen Prediger namens Papis (?), er wäre von zanksüchtigen Collegen zugrunde gerichtet worden.»

«Unter den hiesigen Theologen hat nebst [Johann Georg] Rosenmüller [Karl August Gottlieb] Keil die meisten Zuhörer. Ich habe in des letztern Dogmatik mit vielem Vergnügen hospitirt: sehr geläuterte Begriffe, freilich sehr vorsichtig vorgetragen, u. ein reiner bestimmter Vortrag zeichnen seine Vorlesungen vortheilhaft aus. Von den Herren Hempel, Wolf etc. kann man andere Sächelchen hören.»

[Nachlass Justi]

[1]Eckstein, [Nomenclator] S. 133

BLATT 186–187 [kurze Notizen: Creuzer in Leipzig, Eisenach]

BLATT 188

Friedrich Creuzer u. Karl August Boettiger in Weimar[1]
«An Boettiger,» so schrieb er am 9. Mai 1798 aus Leipzig [an Justi], «habe ich einen sehr lebhaften u. gutmüthigen Mann gefunden. Er hat mich mit Güte überhäuft und mir mit der bescheidenen Äußerung, daß er mich mit Maculatur beschweren wolle, seine neueste Abhandlung über die verschiedenen Epochen der dramatischen Künste geschenkt.»
[Nachlass Justi]

[1]Eckstein, [Nomenclator] S. 52f.

BLATT 189 [kurze Notiz zur Frage war Karl Leske bei Göschen?]

BLATT 190

Creuzers weiteres Studium in Jena.[1] Justi nach Jena berufen
An demselben Tage, an dem er den Theologen Paulus im Weimarischen Park gesprochen hatte, reiste er nach Jena. «Hier,» so schrieb er an Justi [9. Mai 1798], «sprach ich nun alle die Männer, welche in dieser Sache zu votiren haben... Mein erster Gang war, wie Sie denken können, zu Schmid. Von diesem erfuhr ich, daß er einen Ruf... in Rostock habe, wohin man Sie u. Schmid berufen wolle. Griesbach erzählte ihm, daß man Schmid für Jena [zu] erhalten suchen werde.» [Nachlass Justi]

Schütz u. seine Frau erkundigten sich angelegentlich nach Ihnen.»

Im Schützschen Hause lernte er Professor Morgenstern[2] kennen, doch wohl den außerordentlichen Professor in Halle, der in demselben Jahre Professor der Beredsamkeit am Akademischen Gymnasium zu Danzig ward.

[1]Eckstein, [Nomenclator] S. 105. Es geschah mit Hülfe Savignys. (Rohde S. 107) [2]Eckstein, [Nomenclator] S. 383

BLATT 191

1798. Creuzer in Leipzig
Er wohnte, wie er am 9. Mai an Justi schrieb, mit dem Musikdirektor Türk aus Halle u. dem Kupferstecher Liebe «auf Einem Gang.»
«Die Buchhändler kann man ja zu Hunderten zählen. Nikolai ist indessen nicht hier. Auch eine große Anzahl von sächsischen Gelehrten u. Künstlern waren auf der Messe, darunter Böttiger aus Weimar, Professor Morgenstern aus Halle.»

«Der Buchhändler Weicht aus Nürnberg u. Perthes aus Gotha haben mir Empfehlungen an Sie aufgetragen.» [Nachlass Justi]

BLATT 192

Bei dem alten Pfarrer Bang in Goßfelden lernte Savigny nicht nur dessen Sohn kennen, mit dem er in ein nahes freundschaftliches Verhältniß trat, sondern hörte er auch von dem talentvollen Friedrich Creuzer, einem Neffen, der in frühester Jugend den Vater verloren hatte u. unter des alten Pfarrers Leitung ausgebildet, seine akademischen Studien, die er in seiner Vaterstadt Marburg begonnen u. in Gemeinschaft mit dem Vetter, Leonhard Creuzer, in Jena fortgesetzt hatte, nun aus Mangel an Mitteln nicht vollenden könne, so daß seine ganze Zukunft nun gefährdet sei.

Da erbot sich Savigny, ihm die Mittel zur Vollendung seiner Studien u. einer weiteren Übergangszeit zu gewähren[1] u. der alte Pfarrer übernahm es, alles Nöthige anzuordnen. Nun zog Creuzer im Frühling 1798 nach Leipzig, wo er kurz vorher eine Erstlingsschrift, «Herodot u. Thukydides mit Rücksicht auf Lukians Schrift, wie man Geschichte schreiben müsse», veröffentlicht hatte. In Gotha besuchte er [Friedrich] Jacobs u. Schlichtegroll, in Weimar Böttiger, der ihm das erste freundliche Wort über seine Schrift sagte.

In Leipzig, wo er eine Stelle als Hauslehrer annahm, hörte er bei Beck Weltgeschichte u. bei Hermann Aeschylus. Inzwischen hatte er die Freude, auch von Heeren u. Heyne ermunternde Briefe zu erhalten.

Im Herbst nach Marburg zurück gekehrt, war die erforderte Studienzeit abgelaufen, aber was nun? Zunächst trat er wieder in die Privatlehranstalt ein, aber das war nur ein Provisorium. Den Wunsch der Mutter, daß er Prediger werden solle, vermochte er nicht zu erfüllen, obgleich er schon gepredigt hatte.[2] «Zur Theologie war ich verd___. Das liebste u. angenehmste wäre eine Stelle am Marburger Gymnasium gewesen, diese war aber dem Lutheraner verschlossen.»

«Mittlerweile», so fährt Creuzer in seiner 1822 veröffentlichten Biographie [konnte nicht verifiziert werden, s.a. VI, Blatt 181], der diese Stelle entnommen ist, fort, «war ich mit dem Herrn v. Savigny näher bekannt.» [Fortsetzung s. VI, Blatt 197]

[1]Rohde S. 106 [2]der Ton seiner Briefe an die Günderode erinnert sehr daran.

BLATT 193–196

[Überschriften bzw. kurze Notizen zu Creuzer und Savigny]

BLATT 197

[Fortsetzung von VI, Blatt 192]

Creuzer über Savigny

«Im Herbst <1798> war ich wieder zu Hause, aber nicht in Amt u. Brot. ... Mittlerweile war ich mit dem Herrn von Savigny näher bekannt geworden; durch ihn ordnete sich alles: er ermunterte mich zur akademischen Laufbahn, u. hatte ich vorher über griechische u. römische Schriftsteller sogenannte Privatsessionen gehalten, so sollte ich nun die alte Geschichte öffentlich vortragen... Es ging: bei der Fortdauer unserer Privatlehranstalt ward sogar an den Ehestand gedacht...

Neben Savigny lebten wir in einem Kreise von jungen Männern, größtentheils von Adel;[1] wo sollte ich endigen, wenn ich Savignys Verdienste um mich würdigen wollte: ein sehr lebhafter Ideenwechsel in schriftlicher (u. mündlicher) Mittheilung füllte damals unsere Mußestunden; dazwischen Wanderungen u. Reisen[2]... Von der Lust des Studierens u. Lesens war da auch viel die Rede,[3] u. wie man sich Adversarien anlegen sollte.[4]

‹Zeitgenossen: [Biographien und Charakteristiken] (a.a.O.) [1822] S. 16f.
Creuzers Deutsche Schriften [5. Abth., Bd. 1] (a.a.O.) S. 27f.
<die Worte «u. mündliche» fehlen jetzt!>

Die Universitätsbibliothek war nicht übel im historischen Fache; die Savignysche hatte schöne Werke in der römischen Literatur, aber was mir wichtiger, war die Bekanntschaft mit den besten Bearbeitern der römischen Rechtsgeschichte u. Rechts-Alterthümer.[5] Nun gewöhnte ich mich, die Sigonius, Cujacius, Gothofrede, Everh. Otto, Bynkershök, Trekel, Franz Carl Conradi u. andere als auch mich angehend zu betrachten...

Damals kamen Savignys mündliche u. schriftliche Mittheilungen hinzu, u. ich weiß es selbst am besten, wie mir das alles bei meinen Vorlesungen über die römischen Schriftsteller u. Antiquitäten... genügt hat...»

‹Zeitgenossen› [Biographien und Charakteristiken] S. 18
[Creuzer, Deutsche] Schriften, [5. Abth., Bd. 1] S. 29

[1]dazu Rudorff II, S.. [Schulin, Drei Akademische Vorträge, S. 32] [2]dazu Günderode, S.. [Schulin S. 32] [3]die Vorlesungen später! [4]Schulin, S. [53] J. Grimm in Paris [5]dazu J. Grimm!

BLATT 198 [Überschrift: Schütz in Halle]

BLATT 199 [s.a. VI, Blatt 173, 182]

1798. Creuzers Schriften.

«Von meiner kleinen Schrift über Herodot u. Thukydides, welche bereits fertig ist,» schrieb er am 9. Mai aus Leipzig, «werde ich nächstens mit ___gelegenheit durch meinen Vetter, den Magister Creuzer, Ihnen ein Exemplar für Sie u. eins nach Erlangen (wenn Sie die Güte haben wollen, es dorthin zu weiterer Beförderung zu besorgen) zu schicken.» [Nachlass Justi]

Wie wir später, am 4. August von Creuzer erfahren, war Justis Urtheil über jene Schrift «allzu güthig.» «Anderwärts,» fügte er übrigens hinzu, «habe ich, besonders von Heeren in Göttingen u. Böttiger in Weimar, ebenfalls sehr gütige u. nur allzu schmeichelhafte Ermunterungen erhalten. Der letztere hat mir in seinem Brief wieder einige[1] neue literarische Aufgaben vorgelegt, die ich bearbeiten soll.» [Nachlass Justi]

[1]Also hat er jene Schrift veranlaßt?

BLATT 200

In dem Frühjahr desselben Jahres [1798] hatte er sie [Sophie Leske] u. ihren Sohn zu [einem] längeren Aufenthalt [nach Leipzig] begleitet, wo letzterer einige Collegien besuchte u. die Buchhandlung erlernte, Creuzer aber reiche geistige Anregung erhielt durch Gottfried Hermann u. andere Gelehrte.

Im Frühjahr 1799 wurde in Münster an dems[elben] Tage seine Ehe u. die seines Vetters geschlossen u. er trat nun wieder als Theilnehmer in des letztern Unterrichtsanstalt, die inzwischen einen bedeutenden Aufschwung genommen hatte. Es fanden sich junge Leute aus den verschiedensten Gegenden Deutschlands u. sogar Ausländer dorthin, welche neben dem Unterricht, den sie im Hause genossen, zum Theil Universitätsstudien machten. Auch Savigny, der schon 1795 in M[arburg] studirt u. die Freunde kennen gelernt hatte, war jetzt nach vollendetem Studium dahin zurückgekehrt u. schloß sich als Pensionär dem gemeinsamen Haushalt an. Im Herbst 1799 wurde Cr[euzer] zum außerord., 1803 zum ord. Prof[essor] in M[arburg] ernannt.

Das Frühjahr 1804 brachte dem 33j[ährigen] Manne die Berufung nach H[eidelberg]. Daß ihm in seiner Ehe etwas fehlte, war ihm bis dahin nicht zum Bewußtsein gekommen; der innige Umgang mit seinen Freunden hatte die Bedürfnisse seines Herzens befriedigt. Jetzt in ganz neue Verhältnisse eingetreten, fühlte er sich plötzlich alleinstehend u. unverstanden. Da lernte er im Sommer 1804 K[aroline] kennen, welche die Familie Daub besuchte.

<die handschriftl. Biographie Creuzers __>

- - - - - - - - - -

1799 Friedrich Creuzers Heirat mit der Witwe des Prof. Leske, die 13 Jahre älter war als er (Stoll S. 5); er stand damals im 28., sie im 41. Lebensjahr. Die Freunde hatten ernstlich abgerathen
(Stoll S. 5) [Stoll I, 82, Anm. 5], aber er beharrte auf seiner Absicht. (warum?)

- - - - - - - - - -

[1798] Inzwischen war der Pfarrer Schwarz von Echzell nach Münster in der Wetterau versetzt. Creuzer, im Herbst von Leipzig in seine Heimat zurückgekehrt, besuchte den Freund an seinem neuen Wohnort u. traf hier die Witwe Leske, die gleichfalls zu Besuch erschienen war. Nun vollzog sich in Creuzers Leben eine Wendung, die später verhängnisvoll werden sollte. Des unruhigen Lebens müde, entschloß er sich, die 13 Jahre ältere, im Übrigen sehr tüchtige u. hochachtbare Witwe Leske zu heiraten u. trotz der Abmahnung seiner Freunde, welche weiter blickten als er, verlobte er sich mit der Frau, die ihm so viele Bequemlichkeiten darzubieten schien u. auch wirklich darbot.

– – – – – – – – – –

Creuzers «Sünde gegen die Natur» u. die Strafe

BLATT 201

Zeigen, wie wohlbegründet die Abmahnung
der Freunde gewesen war.
Schon nach wenigen Jahren sollte sich in einer …

Ein Jahr darauf,

Im Herbst 1799 [am 6. Oktober], ward dann in Münster die Ehe geschlossen, u. zwar an demselben Tage, an dem der Vetter Leonhard seine Frau heimführte. Die Trauung vollzog Schwarz (Stoll S. 23) [Stoll I, 131, Anm. 1], u. nun trat Friedrich, der nun außerordentlicher Professor an der Universität Marburg ward, wieder als Theilhaber in die Unterrichtsanstalt des Vetters ein, die inzwischen einen bedeutenden Aufschwung genommen hatte. Es fanden sich hier junge Leute aus den verschiedensten Gegenden Deutschlands und auch Ausländer ein, die zum Theil neben dem Unterricht, den sie im Hause genossen, auch an der Universität ihre Studien betrieben. Unter denselben befanden sich Leute von Adel, so z. B. der Graf Luxburg aus Zweibrücken … Beiblatt

Und auch Savigny finden wir als Mitglied dieser Hausgenossenschaft. Aber die Beziehungen Savignys zu den beiden Creuzern waren so mannichfach, daß sie einer besonderen Betrachtung bedürftig erscheinen: [Fortsetzung fehlt]

– – – – – – – – – –

Die Ehe Creuzers

In Folge derselben verlor seine Frau die ihr als Witwe zugestandene Pension. (Rohde, S. 74)

BLATT 202

[Notizen, zu Creuzers Heirat]

BLATT 203

Als Creuzer die Witwe zu seiner Ehefrau erkor, war das entscheidende Motiv die Rücksicht auf seine häusliche Bequemlichkeit, die ihm durch diese sorgsame Frau verbürgt war, also ein Motiv, welches in der Regel für ältere Männer maßgebend zu sein pflegte. Creuzer sollte sich denn auch in seiner Erwartung nicht im mindesten getäuscht sehen, aber nach Jahren brachte ein Zufall eine andere Seite des Verhältnisses zum Bewußtsein, eine Erkenntniß, die tragische Verwirrungen erzeugte u. schließlich ein Mädchen in den Abgrund riß, das gerade damals auch Savigny fesselte.

BLATT 204

[Anfang fehlt] den Creuzer am 30. November 1799 von Marburg aus in seinem ersten Eheglück an Böttiger schrieb, durch den er irgendwo eine Anstellung im Schuldienst zu erlangen hoffte. Einer der Gründe, die ihn drängten, sei seine Verheirathung mit der mittellosen Witwe Leske, die Böttiger kannte. «Ein edler Freund,» so fährt er fort, «der unsere Lage kannte u. von unserm Verhältniß Zeuge war, hat alle . . Hindernisse gehoben, die unserer Verbindung im Weg standen. Durch die Zusicherung einer jährlichen Unterstützung von 200 Thlr. setzte er mich in den Stand, meiner Gattin für ihre (in Folge der Heirat fortfallende Witwen-)Pension einen Ersatz anzubieten.» «Ob nun gleich,» so heißt es später in dem nämlichen Briefe, «viele Umstände in unserer Lage hier u. der Wille unseres Freundes, der nicht genannt sein will, mir eigentlich ein Stillschweigen über den Urheber meines gegenwärtigen Glücks auflegen, so ist es doch für mich eine gewisse Befriedigung, Ihnen, theuerster Mann, den Namen dieses Freundes zu nennen. Es ist ein junger H. v. Savigny, der im letzten Sommer auf seiner Reise durch einen Brief von mir Ihnen empfohlen worden ist. Damals war er noch nicht in diesem Grad mein Wohlthäter . . .»
[Nachlass Böttiger, Bd. 31, Nr. 6, s.a. II, Blatt 1]

BLATT 205

[Anfang fehlt] mit Friedrich Creuzer machte, erzählte dieser den 1. Mai 1806 der Günderode. Die lebhafte Sympathie, die zwischen ihm u. Savigny bestand, habe sich auch oft «rein menschlich» gezeigt, «so daß er gerne mit mir allein Fußreisen machte, u. wenn wir in Gesellschaft reiseten, am liebsten sein Lager mit mir nahm, oft mit mir theilte. Ich werde es nie vergessen, wie er auf einer solchen Reise, da wir abends dem Gottesdienst einer Brudergemeine beigewohnt, mit mir in der Dunkelheit am Ufer des Rheins auf u. ab ging u. mir seine Jugendgeschichte erzählte.»[1]

[1]Rohde S. 93; ich habe die Creuzersche Schreibweise nach den Briefen selbst wieder hergestellt.

BLATT 206

[redundant, enthalten in VI, Blatt 204]

BLATT 207

[Creuzers Heirat, die ökonomische Bedrängnis und Savignys Freundschaft]

Nach Marburg zurückgekehrt, habilitirte er [Creuzer] sich hier im Frühling 1799 als Privatdocent, u. zwar unter dem anregenden Einfluß Savignys. ([Ludwig] Urlichs: A.D.B. [Bd. 4 (1876)], S. 594)[XVI]
Abermals gewährt ihm Savigny bei diesem Unternehmen seine finanzielle Hülfe. (Rohde S. 106). Seine Vorlesungen begann er, nachdem er den Grad eines Doctor der Philosophie bekommen. Diesen erwarb er sich bald nachher an der Universität Tübingen (Ersch u. Gruber, S. 212), also wohl durch Vermittlung von [Johann Karl Friedrich] Hauff?

Der junge Privatdocent entschloß sich aber, noch einen Schritt weiter zu gehen, nämlich die Witwe Leske, die sich als sorgsame Wirthschafterin bewährt hatte (Rohde S. 50f.), als Gattin heimzuführen, obwohl sie 13 Jahre älter war als er. Trotz der Bedenken u. Abmahnungen seiner Freunde hielt er an seinem Entschluß fest. Auch die Einbuße, welche die Erkorene als durch Eingehung dieser neuen Ehe erlitt – bisher hatte sie als Witwe des Prof. Leske eine Pension von

... Gulden bezogen, die nun fortfiel (Rohde S. 74) – schreckte die Ruhe [des] in die Zukunft blickenden jungen Gelehrten nicht. So heirathete er dann im Herbst 1799, nämlich den 6. October u. zwar gleichzeitig mit dem Vetter Leonhard (Stoll S. 23 Anm.) [Stoll I, 131, Anm. 1], also noch bevor er zu einer eigentl[ichen] Anstellung gelangt war. Bis er diese erlangte, hatte ihm Savigny seine Unterstützung zugesagt. (Rohde S. 106: __ 2 Jahre ___)

Die Trauung geschah nicht in Marburg, sondern in Ziegenberg, u. zwar durch seinen Freund, den Pfarrer Schwarz in Münster (Stoll S. 23) [Stoll I, 131, Anm. 1], mit dem auch Savigny befreundet war.

Savignys projectirte Reise: dafür die Erzählungen der beiden Creuzer u. Schwarz maßgebend, die Empfehlungsbriefe ...

BLATT 208

Die freundschaftlichen Streitereien zwischen Savigny u. Friedrich Creuzer.
Marburg!
Creuzers Unzufriedenheit
1) mit S[avigny]s Wahl seiner Studien
2) Savignys Neckereien, die Stoll nicht erkennt (S. 11 Anm. 48 u. S. 11 Anm. 52!) [Stoll I, 112, Anm. 3, 113, Anm. 1]

BLATT 209

[Stichworte: Savigny, Creuzer und das römische Recht]

BLATT 210–212

[Stichworte zu Creuzer]

BLATT 213

[Stichworte: Creuzers Wesen im Vergleich mit Savigny, a) Konfession, b) Studien; weitgehend unlesbar]

BLATT 214

[Savigny an die beiden Creuzer] [Stoll I, 141 f.]

Und den 12. November [1799] schrieb er [Savigny] aus Leipzig an die beiden Creuzer.
Es ist eine schöne u. zugleich classische Sitte, seinen Freunden Menschen zu empfehlen, die einer Empfehlung werth sind: dieser Sitte getreu empfehle ich Euch, meine Freunde, den stud. jur. Hanns v. Bostel, gegenwärtig in Marburg, recht angelegentlich. Ich brauche Euch kaum zu warnen, Euch von unserm [Johann Karl] Hauff nicht über ihn irre führen zu lassen, dessen Urtheil vielleicht etwas hart lauten mag, sowie das seinige über Hauff hart lautet; aber sagen muß ich Euch, was nach meiner Ansicht an ihm ist. In seinem Innern verschlossen arbeitet eine große Kraft, die sich selbst verzehrt, da sie keinen Weg nach außen offen findet. Würde ihn irgend eine Wissenschaft, eine Kunst, eine Bekanntschaft auf dem rechten Punkt berühren, so entfaltete sich sein Wesen schnell zu einer freien Selbständigkeit, u. seine Anlagen würden die Instrumente eines schönen kräftigen Würkens. Jetzt liegen sie todt da, u. er selbst betrachtet sie mit Gleichgültigkeit, fast mit Verachtung, ja er betrachtet manche Dinge von einer Seite, die mir höchst verwerflich scheint, – u. das alles nicht aus positiver Richtung zum Schlimmen, aus Gemeinheit [und Unsittlichkeit, sondern weil er das Rechte, das jenem allein Werth und Haltung giebt, noch nicht angeschaut und ergriffen hat, aus Ungeschicklichkeit und Unbildung]. [Stoll I, 141 f.] [Fortsetzung fehlt]

– – – – – – – – – –

[Abschnitt redundant, Wiederholung des oberen Abschnitts]

BLATT 215

[Überschrift: die Gedichte des Ludwig Lindenmeyer]

BLATT 216

[redundant, siehe VI, Blatt 217]

BLATT 217

[Überschrift: die Familie Lindenmeyer]

– – – – – – – – – –

Die Verlobung der beiden Creuzer

Während Savigny mit seinem Reiseplan beschäftigt war, hatten zwei seiner Marburger Freunde, die beiden Vettern Creuzer, die Absicht, einen eigenen Hausstand zu gründen: Leonhard verlobte sich mit der Tochter des Pfarrers Lindenmeyer in Großenlinden,[1] Friedrich mit der Witwe des Professor Leske, Sophie, zu aller Überraschung u. zum großen Leidwesen seiner Freunde. Nicht als ob sie gegen die treffliche Frau an sich Bedenken gehabt hätten – was sie erschreckte, war nur der zwischen dem Paare bestehende Altersunterschied, der nicht weniger als 13 Jahre betrug, ein Verhältnis, das sie mit schwerer Sorge erfüllen mußte.

[1]Stoll S. u. S. 37 Anm. 193 [Stoll I, 82, Anm. 5]

BLATT 218

[Bleistiftnotizen, kaum lesbar]

– – – – – – – – – –

der Vetter über ihn [Friedrich Creuzer]

Ein Freund rühmt seinen [Creuzers] «wahrhaft kindlichen Sinn» u. sein «reinstes Gemüt» u. nennt ihn «leicht entzündlich für Großes u. Schönes». Aber diese Schilderung bedarf sehr der Ergänzung, wie die gelegentlichen Urtheile des ihm sehr nahe[stehe]nden Vetters, des Magisters Leonhard Creuzer, zeigen. Seine leichte Entzündlichkeit war leicht gepaart mit einer vollständigen Verkennung des Möglichen u. Statthaften.

– – – – – – – – – –

Creuzers Wesen

Äußerst reizbar (Stoll, [Der Geschichtsschreiber Friedrich] Wilken, S.) [konnte nicht ermittelt werden]
Aufgeregt (Geiger S. 38) [vermutlich S. 39]
Selbsttäuschung (Sav[igny] an Bang) [Stoll I, 226] [s.a. VI, Blatt 226]
Er bedarf des Führers. Beispiele (Geiger S. 39)
Schilderung seines Wesens im Brief an Karoline (Rohde S. 93)
Sie theilte ihm das mit ([Rohde] S. 94)

BLATT 219 [s.a. VI, Blatt 33]

«Es hat mich oft schmerzlich ergriffen», so schrieb dieser Vetter ihm später (den 15. Mai 1805), «wenn ich sah, wie die Energie deines Willens jede Schranke zu durchbrechen strebte u. (du) dann dich empört fühltest, wenn sie irgendwo das non plus ultra fand, womit der Schöpfer selbst unsere irdische Wirksamkeit von so vielen Seiten weidlich begrenzt. Die Art, wie du diese Beschränkung ertrugst, wie oft hat sie mich erschreckt, wenn ich in deinem Blick u. einzelnen Worten den inneren Sturm erkannt, den ich gern mit der Stimme der Bruderliebe in dir beschworen hätte, hätte ich nicht zugleich die Empfindung dabei gehabt, daß dadurch das Übel nur ärger werden würde.» [Preisendanz, S. 92]

Es fehlte ihm nur zu leicht das Maßvolle u. die ruhige Besonnenheit, die gerechte Abwägung des eigenen u. des fremden Rechts, ein Zustand der Erregung, der ihn nicht zu höchst ungerechten Urtheilen, sondern auch zu den unbesonnensten Entschlüssen hinriß, die später widerrufen u. rückgängig gemacht werden mußten.

Dazu kam dann eine gewisse Eitelkeit, welche ihn dazu brachte, seine Fehler sich wohl gar als eine Tugend anzurechnen.

BLATT 220–221 [redundant, s. VI, Blatt 175, 197, 240, 246]

BLATT 222–223 [Notizen: Creuzers Aussicht auf Berufung nach Würzburg und Moskau]

BLATT 224

die Charakteristik Savignys einerseits u. Voß andererseits, durch Creuzer

[betreffend Savigny:]
‹Mangel an Organ› (Rohde S. 21)
Kalt gegen die eigentliche Philosophie ([Rohde] S. 21) cf. S. 27, 28
Entbehrt die ideale Richtung zum Ewigen ([Rohde] S. 21)
Relativ ideal ([Rohde] S. 27)
Ihm fehlt die Gabe zu verschwenden ([Rohde] S. 28)
Das Mystische u. seine Natur ([Rohde] S. 13 f.)
Sein ganzes wissenschaftl. Leben schon nach bestimmten Grenzen abgesteckt ([Rohde] S. 27)
Die höchste Richtigkeit der Zeichnung ([Rohde] S. 27)
‹besonnen› ([Rohde] S. 27)
‹klar u. in u. durch die Klarheit heiter› ([Rohde] S. 43, cf. S. 106) [Preisendanz, S. 90]

‹Rechtlichkeit› [Rohde] S. 70
‹reiner Blick› [Rohde] S. 70
‹die seligen Inseln› ([Rohde] S. 105) cf. S. 132, 106, 108!

BLATT 225

[Überschrift: Leonhard Creuzer]

BLATT 226

Über die beiden Creuzer [Savigny an Bang, undatiert, 1804] [Stoll I, 215]

Lieber Bang,
Was der Magister [Leonhard Creuzer] von der Sache weiß, weiß ich nicht. Der Professor [Friedrich Creuzer] hat noch nicht geantwortet u. ich habe ihn die Zeit über gar nicht gesehen. Auch ich bin in großer Unruhe u. der Professor vermuthlich in der allergrößten.

Nun, lieber Bang? Jetzt haben wir ja alle zusammen gesprochen nach Herzenslust, u. um was sind wir weiter? weiter von einander sind wir.

Ich bitte euch, wenn ihr einen Rath wißt, sagt ihn mir, denn so kann es bei Gott nicht bleiben. Ihr habt gesehen, wie es Einfluß auf alles hat. Daß der Professor von dieser Seite anfing, während von dem kritischen Blatt gesprochen wurde, das ging bloß aus dem Gefühl hervor, er könne nicht mit uns arbeiten, wenigstens nicht mit frischem Muthe, so lang das daure, wiewohl er sich das freilich nicht gestehen wird. Lebt wohl S[avigny]

(am Rand:)
Ihr wißt nicht wie mich das alles drückt, wie mir es unerträglich ist. Sie haben alle unrecht, wahrhaftig.

BLATT 227–230

[Überschriften bzw. Stichworte: Lassaulx, Bang]

BLATT 231

Der alte u. der junge Bang

I. Johann Christian, Pfarrer in Goßfelden (1736–1803 . . .
Strieder [Grundlagen zu einer Hessischen Gelehrten- und Schriftstellergeschichte] XIII, 253 XIV, 865 XVIII, 94

Schüler von [Daniel Albert] Wyttenbach? († 1820 am 17. Jan.)

Schriften:
De stylo novi testamenti
De ___ [patrone?]
Elogium [D. Danielis] Wyttenbachii
‹Magister honoris causa›, ‹opteris magis civibus quam cognitus› (sagte Wyttenbach)
Bei ihm hatte Savigny griechisch getrieben.[1]
Pfarrgut? (die ökonom. Kenntnisse des Sohnes)
Mehrere Söhne? Vgl. die Marburger Inscriptionen

II. . . . [Johann Heinrich Christian]
Pfarrer zu Goßfelden, der Nachfolger des Vaters?
«später zu Haina»[2]
Consistorialrath
«Dr. theol. et phil. honoris causa»

Schriften?

seine Frau:

seine Kinder:

[1]Enneccerus, [Friedrich Carl von Savigny und die Richtung der neueren Rechtswissenschaft] S. 9f.
[2]Selbst Enn[eccerus] S. 55 kennt die Vornamen nicht!

BLATT 232–233 [kurze Notizen Savignys an Bang]

BLATT 234

[Abschnitt redundant, s. VI, Blatt 235]

– – – – – – – – – –

Bang u. Savigny! Ö
I. Die datirten Briefe:
1803 den 23. Juli: Bang an S[avigny] [konnte nicht ermittelt werden]
den 30. Juli. S[avigny] an Bang [Stoll I, 223]
Ia. Bis 1803 scheinen sie zusammen in Marburg gewesen zu sein.
Erst bei Bangs Übersiedlung nach G[oßfelden] begann die Korrespondenz
Der Bote des Bang

II. Die in den Briefen erwähnten Personen:
  1. Wirkliche Namen:
     Koch, Schlegel, Goethe u. Schiller, Eckhel, Müllers Schweizer Gesch[ichte], Tiedemann,
     Hundeshagen, Winkel[mann?], Brentano, Bettina
  2. Übernamen:
     das ‹Evangelium Johannis› (S[avigny] an Bang)
     der ‹Magister› (S. an B.) = [Leonhard] Creuzer
     der ‹Professor› (S. an B.) = [Friedrich] Creuzer

BLATT 235

1803 den 23. Juli Bang an S[avigny]
«von Müllers Schweizer Geschichte habe ich noch kein Wort gelesen. Jetzt muß ich's thun. Schicken Sie mir sie doch ja, auch den Ion, Calderon, Novalis.» Ihr B[ang]
[Johannes von Müller, Geschichten schweizerischer Eidgenossenschaft]

– – – – – – – – – –

<23. Juli 1803> Bang an S[avigny]
«. . . der allerbeste Gelehrte, der spricht: Doctus sum et nihil docti a me alienum puso. Ich traue Euch fast alles zu, auch Gewandtheit im Praktischen u. glaube, daß Ihr's damit in dieser Welt hoch u. noch höher bringen könntet; aber ich glaube auch, daß ein Mann wie Ihr, der schon in das Heiligtum der Wissenschaften eingetreten ist, nicht aus schnöder Weltliebe aus demselben zurücktreten dürfe.»
Savignys Antwort ist bisher nicht bekannt geworden.

BLATT 236

1803. 30. Juli. S[avigny] an Bang. [Stoll I, 223]
«. . . was noch zuletzt meine Verschlossenheit betrifft, so wüßte ich eben nicht, daß alle andern Menschen, die ich näher kenne, mehrere oder vollere Kanäle der Mittheilung zu besitzen das Glück hätten als ich. Dieses vorausgesetzt, wäre der Unterschied zwischen mir u. andern nicht der, daß das Schicksal mich weniger gütig versorgt hätte, sondern daß andere Leute mehr dieses Glückes bei mir erwarteten. Ich aber sehe gar nicht ein, warum ich hierin etwas apartes haben soll, u. ich freue mich dankbar jedes wenngleich geringen Geschenks dieser Art.
Adieu, Ihr Savigny

Frau Wenz Nr. I[XVII]

BLATT 237

Savigny als künftiger Kanzler in Marburg?

Marburg, den 30. Juli 1803 <an Bang> [Stoll I, 223]
Hierbei finden Sie die 2 Plin[ii].

Ich danke Ihnen für Ihren Brief. Die Hauptsache ist nicht nur wahr, sondern selbst mir nicht neu. Was den Kanzler betrifft, so sind wir wohl darin einig, daß es sehr gleichgültig ist, ob Einer dieses oder jenes werde oder nicht werde, u. daß alles darauf ankommt, ob jeder das werde, wozu er Anlage hat. Das aber ist hier sehr zweifelhaft, fast unwahrscheinlich, u. insofern es dennoch wahr sein oder vielmehr wahr werden sollte, wird es sich von selbst finden. Eine schlechte, todte Masse neu zu beleben u. zu gestalten ist ohne Zweifel schön u. groß, allein das practische Talent, das dabei vorausgesetzt wird, ist von dem meinigen der Art nach sehr verschieden. Ich fühle mich in dieser res publica, seitdem ich den Titel einer Anstellung habe, weit mehr privatus, ja fremd, als vorher.

BLATT 238 [redundant, enthalten in VI, Blatt 253: Eckhel]

BLATT 239

Müllers Schweizergeschichte
[Johannes von Müller, Geschichten schweizerischer Eidgenossenschaft]

Zuerst Bern (fingierter Druckort Boston) 1780, ^{2}86–95 Leipzig
Er gelangte nur bis 1500 (Wackernagel II, S. 535)

S[avigny] an Bang: [22. April 1808] [Stoll I, 310]
Morgen kommt das Evang[elium] Johannis[1] gewiß. Darnach richtet euch.
Es wird für unser beiderseitiges kritisches Talent eine schöne Aufgabe sein, alle Glossen darin zu entdecken.

[1] dazu Clemens' i.J. 1806 (Steig I, S. 173) ‹Das Wort Gottes›; Grimms Briefwechsel, S. [58?])

BLATT 240

[Abschnitt redundant, enthalten in VI, Blatt 253: Eckhel]

– – – – – – – – – –

1803 <Nov.?> S[avigny] an Bang [Stoll I, 215]

Gleichzeitig theilte Sav[igny] mit, daß Creuzer von Heyne nun wirklich für eine Professur in Wilna ins Auge gefaßt sei. «Heyne,» so schrieb er, «hat den Auftrag, für die griechischen, lateinischen u. historischen Professuren in Wilna in Litthauen 3 Professoren vorzuschlagen. Er wird ihn jetzt zu der griechischen wirklich vorschlagen, u. wenn der Ruf selbst alsdann erfolgt, ist es noch immer Zeit, denselben in Deutschland nützlich geltend zu machen.»

Das geschah dann offenbar später – wohl unter Mitwirkung Savignys – für Heidelberg.

BLATT 241

Neue Allgemeine Deutsche Bibliothek?[XVIII] Zeitschrift?

Vgl. Stoll S. 32 [Stoll I, 146]
S[avigny] an Bang (1803 vor Nov.)

«Die N. A. D. B. soll den Samstag geholt werden,[1] daß Euer Bote sie mitnehmen kann.»

[1]Vom Buchbinder? Von ihm ist vorher die Rede.

BLATT 242

Göthe u. Schiller

Über Göthe: Stoll . . . S. 36 [Stoll I, 159]
Über Schiller: Stoll S. 27, 29, 38 [Stoll I, 138, 142, 163]

An Bang (1803 vor Nov.) [konnte nicht ermittelt werden]
Hierbei lieber Bang, was Ihr wünscht. Göthe u. Schiller sind noch nicht gebunden.

die Ausgaben, die gemeint sind, feststellen:

BLATT 243

[s.a. I, Blatt 324, 325]

Bang 1804? Mai?

Hierbei Rescript u. Quittung: ich habe bezahlt 8 rt.	28 calb. (sic)	10 __XIX	
von Ihnen erhalten	6 -	6 -	8 -
	2 -	22 -	2 -

Herzlichen Dank für die Bücher: alles was Sie mir noch an Rath u. That zu gleichem Zweck verschaffen können, besonders auch aus Ihren Excerpten, wird mit gleichem Dank angenommen. Die Bücher an Trott[1] werden besorgt. Adieu

Ihr S[avigny]

aus Marburg

Frau Wenz: Nr. XVIIII

[keine Verweise im Text] [1]Briefwechsel [Grimm, Jugendbriefe] S. 88, 91, 136, 201 [2]Etwa für Bangs Bestallung als Pfarrer?

BLATT 244

Bang?

[An Bang. 1802] [Stoll I, 214]
Ein andres Mal heißt es: «Es soll alles besorgt werden. Schlegels Europa <die Zeitschrift Friedrich Schlegels erschien [1803–1805]> habe ich nicht zu Hause. Sie ist wie ein schläfrig gewordenes Athenäum <1798–1800>, freilich auch viel milder: doch wird nur die Erde geschimpft u. das Zeitalter (d.h. seit Kaiser Friedrich II), so wie [sonst] schlechte Schriftsteller. Über Gemählde [wird] mit vornehmer Hoffahrt gesprochen. [Von Raphael z.B. werden die Gründe angegeben] warum er noch passieren kann. [Fortsetzung s. VI, Blatt 245]

[keine Verweise im Text] [1]Stoll S. 12 Anm. [2]Stoll S. 36 u. 3_ [3]Nicht nur von Hugo, Gesch. des R. R. seit Justinian, S. 574 angeführt, sondern auch von Savigny kritisch benutzt: Gesch[ichte des römischen Rechts] I, S. 76

- - - - - - - - - - -

Savigny u. Bangs kritisches Talent

S[avigny] an Bang (s. das Evangelium Johannis)

BLATT 245

Recht gut sind nur die ganz alten, vor Raphael.» S[avigny]
Dazwischen kommt ein Glückwunsch u. eine Einladung, worauf Savigny schrieb: «Gott lohn' euch euren Antheil.[2] Heute kann ich nicht kommen: morgen Vormittag komm' ich, wenn mir nichts vorfällt. S.»

[1]der Aufsatz! [2]Sollte es sich um seine Verlobung handeln? Es kann aber auch der Geburtstag sein, der freilich in den Winter fiel.

BLATT 246

Tiedemann, der ältere?[XX] 1803 Sept.
Aus Briefen S[avigny]s an Bang.
[Friedrich] Tiedemann[3] hat jetzt die neue Voyage en Égypte pour Denon (auf Kosten der Regierung gedruckt) zum Übersetzen. Jedes Blatt ist ein ganz großer, aufgelegter Foliobogen u. das Papier so dick wie eine Diehle. Adieu <Göthes zwei Preise sind wieder nach Cassel gekommen: H. Hummel u. H. v. Rohden. Adieu.>
(Aus dem Brief: ‹Hierbey, lieber Bang›) [Stoll I, 216, Brieffragmente]

- - - - - - - - - -

1803. Das neue Buch Creuzers [Die historische Kunst der Griechen in ihrer Entstehung und Fortbildung]
[Neue Heidelberger Jahrbücher XI (1902), S. 186]
«Das Buch des Prof[essors],» so schrieb Savigny in einem undatirten Briefe (vor Ende Nov.?) an Bang, «ist fertig u. sehr, sehr ehrenvolle Urtheile von Heyne, Heeren u. Schütz haben sich bereits hören lassen. Der letzte hat auf den Januar [1804] eine Recension versprochen, um darin dem Publikum seine eigene große Freude mitzutheilen. Ich habe,» so fügt Sav[igny] hinzu, «das Buch noch nicht.» [Stoll I, 215]

BLATT 247

S[avigny] an Bang <1803 Ende Nov.> [Stoll I, 216]
Wie ökon. Bücher aussehen, weiß ich seit vielen Monaten nicht zu sagen. Wohl bin ich wieder. Neues habe ich nicht, <aber Brentano hat etwas Neues, nämlich eine Frau, die Sie besuchen sollen>. Ihr Sav[igny]

- - - - - - - - - -

‹Die histor[ische] Kunst der Griechen› (N. Heid. Jahrb. XI, 186)

Sav[igny] an Bang [1804]
Das Buch des Prof. [Creuzer] ist fertig u. sehr, sehr ehrenvolle Urtheile von Heyne, Heeren u. Schütz haben sich bereits hören lassen, u. der letzte hat auf den Kanuar eine Recension versprochen, um darin dem Publikum «seine eigene große Freude mitzutheilen». Ich habe das Buch noch nicht. [Stoll I, 215]

BLATT 248

Savigny in Marburg als Junggeselle. 1803? oder Anfangs 1804

Lieber Bang! [Stoll I, 202]

Wenn die alte Chemie noch etwas gälte mit ihren 4 Elementen, so würde ich sagen, 2 derselben hätten sich gegen unsere Reise verschworen, ich meine die (kalte) Luft u. das (Regen-)Wasser. Sie werden aus diesem Eingang vermuthlich ersehen, was Sie schon aus dem Wetter ersehen haben werden, u. was ich deshalb gar nicht einmal zu sagen brauche, daß wir nämlich nicht kommen wollen.

Ich grüße Sie freundlich, schicke Ihnen hier die Bücher u. sage, daß es recht schlecht ist, daß Sie mir die Institutionen nicht geschickt haben.

Savigny I. U. D. r. prom.

N.S.
Auf unserm letzten Spaziergang haben wir bekommen wie folgt:
1. Bostell[1] ein kleines Katarrh-Fieber
2. der Professor (d.h. Friedrich Creuzer) Blutspeyen
3. Ich Brustschmerzen

à propos! Kommt zu uns. <‹wir› sind die Freunde, nicht Ehepaar>

Über dem jetzigen Anfang stand schon:
«Lieber Bang.»
«Stünde»
nun durchstrichen. Dazu nun der Seitenvermerk:
«Ich überlasse es Ihrer Conjecturalfertigkeit, diesen doppelten Anfang zu erklären, da ich jetzt den ersten nicht mehr wegschneiden kann.»

Herrn
Pfarrer Bang

(Gelegentlich bitte ich mir auch die Adagiensammlung aus, die Sie mir bekannten Rechten nach [noch] schuldig sind (sic).

(Nicht durch die Post)

Frau Wenz: Nr. XII

[1]nach Wehrda? [2][kein Verweis im Text] Zeit: 1. nach dem Tod seines Vaters ([12. Oktober 1803]), an dessen Stelle Bang als Pfarrer getreten ist. [3][kein Verweis im Text] Steig I, S. 28

BLATT 249

[Anfang fehlt] Savigny, der mit ihm [Bang] befreundet war u. bis an sein Lebensende befreundet blieb u. ihm die herzlichsten Briefe schrieb u. entsprechende von ihm empfing, rühmt an ihm seine warme lebendige Freude. (Enn[eccerus], S. 61)
Auch benutzte er die von Bang aus den alten Autoren gemachten Excerpte. Das religiöse Element stand, wie es scheint, eine Zeit lang hinter dem gelehrten zurück. Er hatte landwirthschaftl[iche] Kenntnisse, so daß S[avigny] ihn oft in Bezug auf seine Gutsverwaltung um Rath fragte, u. scheint Vorstand einer ‹Ökonom. Gesellschaft› gewesen zu sein, der auch Savigny als Mitglied angehörte. «Herr v. Berlepsch zu Etzgerode,»[1] so schrieb er einmal an Bang, «hat sich zur Ökonom[ischen] Gesellschaft gemeldet.» Ist es Friedrich Ludwig v. B., der spätere Präfect zu Marburg?
(Meyer II, S. 751) [Meyers, 6. Aufl., Bd. 2, Sp. 691][XXI]

<also das Patent, das S[avigny] bezahlt hat, bezieht sich darnach auf die 1803 erfolgte Nachfolge, während er bisher nur Gehülfe war!>

[1]über ihn [Berlepsch]: Strieder [Grundlage zu einer hessischen Gelehrten- und Schriftstellergeschichte] XIII, 253; XIV, 365; XVIII, 94

BLATT 250

[Savigny an Bang]
Daß Tiedemann vor wenigen Tagen gestorben ist[1] (1803 den 24. Sept.) u. daß ich Professor geworden bin, wissen Sie wohl schon.

(Aus dem Brief: Verzeihen Sie lieber Bang) [Stoll I, 215, Brieffragmente]

[Fußnote fehlt]

BLATT 251

An Bang? [1802] [Stoll I, 203] <vor der Ehe?>

Was Sie von Schlegel[1] sagen, ist sehr wahr. Es ist mir immer traurig, zu sehen, wie diese Menschen mit wahrer Recensentenvollkommenheit über das Zeitalter reden, in dem sie doch nicht bloß mit ihren sinnlichen Bedürfnissen, sondern mit all ihren eigentlichen Gebrechen bis über die Ohren fest sitzen. Das alles zeigt, daß sie alle die Religion u. all den historischen Sinn nicht haben, von denen sie sprechen: aber freylich wird es durch das alles noch viel nöthiger, ihre Vortrefflichkeit zu entwickeln, ja zu beweisen

<Koch wird heute examinirt u. geht morgen früh fort.>

(Briefw. zw. J. u. W. Grimm, S. 40?, 171?)

Lesen Sie doch die Europa bald.

[1]nicht identisch mit dem [Koch] in Grimms Briefwechsel S. 40

BLATT 252

[s.a. VI, Blatt 244]

1803

Europa, eine Zeitschrift, herausgeg[eben] von Fr. Schlegel

Frankfurt I

[Europa] II. Bd. 1803. Darin [S. 3–95]:

A.W. v. Schlegel, Einige Vorles[ungen] über Litteratur, Kunst u. Geist des Zeitalters.[XXII]

(Perthes, Vor der Revolut., S. 297) [Perthes, Das deutsche Staatsleben vor der Revolution]

– – – – – – – – – –

[Notizen und Stichworte aus dem Jahr 1803]

BLATT 253

Bang u. Savigny 1803

Auch mit Bang war der litterarische Austausch lebhaft. Einige noch erhaltene, undatirte Zettel geben davon Zeugniß, wie historische u. schönwissenschaftliche Schriften sie beschäftigen. «[Joseph Hilarius] Eckhel,» so schreibt Savigny einmal, «der gestern vom Buchbinder gekommen ist, ist doch wohl zu groß?» Gemeint ist die 1792–98 in 8 Bänden erschienene Doctrina numorum veterum: zu ‹groß› soll wohl heißen, um sie in einem Mal dem Boten mitzugeben. Wie Savigny das Werk kritisch benutzte, zeigt der erste Band seiner Geschichte des röm. Rechts im Mittelalter [Bd. 1, 1815, S. 76].

«Wir gehen den Montag,» so schreibt Savigny ein andres Mal an Bang, «gleich nach Tisch nach Holzhausen: kommt ja u. geht mit . . . den Brief an Schwarz bringt mir wieder mit.»[1] [Stoll I, 202]

Den Freunden besorgte Savigny auch Lektüre. «Die Bücher,» so schreibt er in jenem zweiten Briefchen an Bang, «sind noch nicht gebunden. Die Bibliothek – gemeint ist offenbar die Universitätsbibliothek – hat jetzt Ferien.» Und da Bang an seinen landwirthschaftlichen Sorgen ihm mit Rath zur Seite stand, so meldete er ein andres Mal:[1] «~~Wie ökonomische Bücher aussehen, weiß ich seit vielen Monaten nicht.~~» [Stoll I, 216]

[Fußnoten fehlen]

– – – – – – – – – –

[Abschnitt redundant, siehe VI, Blatt 243]

BLATT 254 [Überschrift: Friedrich Heinrich Schwarz (1766–1837)]

BLATT 255

Schwarz

1802 den 12. August, Schleiermacher an Eleonore G[runow]

Von der Hand bin ich neugierig auf Schwarz's Erziehungslehre, ohnerachtet ich sie nicht mehr, wie ich wollte, in der Erlanger Zeitung recensiren kann. Wenn Sie Zeit hätten, könnten Sie sich sie wohl von K[laproth] geben lassen; ich wüßte gern, wie es Ihnen vorkommt. [Aus Schleiermachers Leben] I, S. 329

– 26. August [an Eleonore Grunow]

Um mich . . . <von einer Räumungs- u. Ordnungsarbeit> einigermaßen zu erholen, ließ ich mir's ein paar Stunden wohl sein, in Hippels Biographie zu lesen . . . u. in Schwarz's Erziehungslehre zu Blättern, die eben angekommen war. [Aus Schleiermachers Leben, I, S. 338]

– – – – – – – – – –

1802 den 15. Sept. Schleiermacher an E[hrenfried] v. Willich

Lies doch, wenn du es habhaft werden kannst, Schwarz's Erziehungslehre, ich habe nur erst darin geblättert, es scheint mir aber viel Gutes darin zu sein. [Aus Schleiermachers Leben] I, S. 353

1802–13. [Friedrich Heinrich Schwarz] Erziehungslehre. 4 Bde.

[Randnotiz: Pestalozzi]

BLATT 256–257 [Überschriften: Savigny u. die Günderode]

BLATT 258

Savignys Herzensgeheimnisse

Herzensgeheimnisse, wie sie bei der Begegnung mit jungfräulicher Anmut u. Schönheit in einem empfänglichen Jüngling leicht entstehen, waren auch Savigny nicht unbekannt. Die erste Begebenheit dieser Art erfuhr er vielleicht als sechzehnjähriger Student, als er mit einem ihm wohl bekannten Beamten von Marburg nach Haina[1] ritt u. da den Geheimrat von Schmerfeld «mit einer wunderschönen Tochter kennen lernte. Im Herbst 1808, einer kriegerischen Zeit, hatte Achim v. Arnim nach Frankfurt den Auftrag, eine Braut an einem ungenannten Ort den Weg nach Marburg zu begleiten: es war, wie er an Bettina Brentano schrieb,[2] «Savignys erste Liebe: Ernestine.» Ob diese Angabe Arnims über Savignys Verhältniß zu dem Mädchen Ernst war u. sich wohl gar auf jene Tochter v. Schmerfeld bezog, ist [Fortsetzung s. folgendes Blatt]

[1]Meyer S. 1022 [Meyer, 6. Aufl., Bd. 8, Sp. 632: Haina] [2]Steig II, 231, 333

BLATT 259

schwer zu sagen, aber der Erwähnung werth ist sie immerhin. Mir däucht, daß Savigny, als bei irgend einer Gelegenheit des v. Schmerfeld gedacht wurde, im Scherz u. etwa noch, um seine anwesende Frau zu necken, bemerkte, eine Tochter [des Geheimraths] sei seine erste Liebe gewesen, eine Äußerung, die dann Arnim als auch der Bettina bekannt wiederholte.

Ein anderes wirkliches Herzensgeheimniß Savignys ist bezeugt, [das dem] Jahr 1799 angehört, als Savigny zwanzig Jahre alt war.

Vor Antritt seiner sächsischen Studienreise hatte Savigny auf einem Gute im Odenwald Karoline von Günderode kennen gelernt u. in beiden war eine nicht oberflächliche Neigung zu dem andern Theil entstanden.[1] Als während Savignys Reise im Sommer [1800] Leonhard Creuzer, einer der Freunde, mit denen Savigny im Briefwechsel stand, eine schriftliche Äußerung des Frankfurter Leonhardi über eine nicht erkennbare Angelegenheit ihm gegenüber berichtete, fragte er am 7. Juli 1800 aus Jena:[2] «Worauf bezieht sich das, was Leonhardi schreibt? Hatten Sie etwas darüber geschrieben u. kennen Sie vielleicht die G(ünderode)? Ich weiß nicht, ob ich über dieses Mädchen den Gerüchten glauben soll, wonach sie kokett oder prüd oder ein starker männlicher Geist sein müßte, oder ihren blauen Augen, in denen viel sanfte Weiblichkeit wohnt. Ich glaube nicht, daß sie für L(eonhardi) taugt u. weiß nach diesem Brief überhaupt nicht, was für ihn taugen könnte.»

[1]Rohde S. 67 Anm. [1] [2]Stoll S. 5 Anm. 20 u. S. 37 Anm. 194 [beides bei Stoll I, 162]

BLATT 260

Die Günderode, für die er offenbar ein lebhaftes Interesse hatte, über [die] so verschieden geurtheilt wurde, war also auch ihm eine problematische Natur. Schließlich gelangte er zu dem Resultat: sie habe eine Narzißnatur,[1] wie ihr Gedicht «Wandel u. Treue» offenbare, in dem sie ihr eigenes Gemüt personifire? Dabei aber erkannte er ihre Wahrhaftigkeit, so weit es auf ihr Bewußtsein u. ihren Willen ankomme, durchaus an u. ließ sich darin durch den bestimmten Widerspruch wahrheitsliebender Menschen nicht irre machen.[2] Aber sein Verhältniß zu ihr erfuhr doch eine Änderung: hatte die Günderode gleich «beim ersten Anblick» eine leidenschaftliche Neigung zu ihm empfunden, die Savigny in gleichem Maß u. Sinne nicht erwiderte, so mäßigte er seine Neigung zu dem schönen Mädchen zu einer freundschaftlichen Theilnahme, einem heitern Wohlgefallen u. einer ritterlichen Huldigung. Im Übrigen erzählten noch später auch Freunde Savignys, wie Meusebach, von der Liebe, die Savigny zu Karoline empfunden habe.

[1]Rohde S. 14 [2]Rohde S. 67 [Anm. 1] Mit Leonhardi war auch Bettina bekannt (Briefe!). Dazu s. Steig II, 128 (– ist es derselbe?) u. für seine spätere _____ Treitschke.

BLATT 261–262

[Überschriften: Herzensgeheimnisse: Gundel; Savigny und die schönen Frauen]

BLATT 263

[Stichworte: Savigny über Männer und Frauen]

BLATT 264

Verlobung u. Ehe. [Savigny]

Der Gedanke, ja der Wunsch, so bald als möglich einen eigenen Heerd zu gründen, war dem reichen, aber gänzlich familienlosen, nach Geselligkeit u. Liebe verlangenden jungen Mann schon gleich nach der Entlassung aus der Vormundschaft entgegengetreten. Auch hatte er damals warmes Interesse gewonnen an einem anmuthigen Mädchen, aber dann bald erkannt, daß Karoline von Günderode für das Amt einer Hausfrau gänzlich untauglich sei. Nach dieser, wie es scheint, recht schmerzlich empfundenen Erkenntniß war jener Wunsch eine Zeit lang zurückgetreten, um dann, als er von seinem Beruf zum Lehramt sich überzeugt hatte, mit neuer Stärke ihm wieder entgegenzutreten.

Und nun war die Wahl getroffen, der Bund mit der Erkorenen in Sitten geschlossen u. alle Anstalten getroffen, um seiner Verwirklichung die Bahn frei zu machen.

BLATT 265

[Überschrift: 1804, Friedrich Creuzer, Günderode, Savigny]

BLATT 266

[redundant, s. VI, Blatt 200–201, 207 etc.
Heirat der beiden Creuzer,
Savignys Zusammenleben mit ihnen 1800]

BLATT 267

[Stichworte: 1803–05, Savignys Unterredungen
über die Günderode]

BLATT 268

[Lisette von Glauburg, Stiefschwester der Pröpstin
Philippine von Fichard]

BLATT 269

[redundant, enthalten in VI, Blatt 283]

BLATT 270

[redundant, enthalten in VI, Blatt 259]

BLATT 271

Karolines Gesundheit 1804 Oct.

Von ihrem schwindsüchtigen Vater hatten sowohl ihre Geschwister als sie selbst einen traurigen Erbtheil übernommen. Creuzer machte die Liebe auch [halb?] blind, wenngleich er ____ einige Sorgen wegen ihrer Gesundheit hatte.

1804 Ende October schrieb er: «Werde nur nicht krank durch das Wachen bei Kranken (S. 19).[1] Und den 1. Weihnachtstag mahnte er wieder: «Werde nur nicht krank . . . u. schreibe mir, wenn es der Arzt erlaubt.» (S. 26) (also ___ krank?) [konnte nicht ermittelt werden]

[Fußnote fehlt]

– – – – – – – – – – –

Die in einem Damenstift zu Frankfurt lebende Dichterin war eine Freundin Savignys; kurz vor seiner Studienreise 1799 hatte er sie auf einem Gute im Odenwald kennen gelernt u. Wohlgefallen, ja eine kurze Zeit eine tiefere Neigung zu ihr empfunden, während sie selbst «beim ersten Anblick» Savigny eine leidenschaftliche Neigung zugewandt hatte. Zu der Familie Brentano stand sie in einem gewissen oberflächlichen Verhältniß. Bettina gab sie Geschichtsunterricht u. Clemens hatte sich 1802 erkühnt, sie mit einem «schamlosen, bacchantisch tobenden Erguß» brieflich zu überfallen. Noch Savigny suchte sie nach seiner Verheiratung seinem Hause näher zu bringen u. ein kameradschaftliches Verhältniß zu begründen, was aber mit Savignys Frau nicht recht zu Stande kommen wollte. Regelmäßig aber zog es sie nach Trages.

BLATT 272 [wenige Stichworte zur Günderode und Savigny, 1799/1800]

BLATT 273

Unter dem Kurfürsten Karl Theodor [Universität Ingolstadt]
[Prantl, Geschichte der Ludwig-Maximilians-Universität, Bd. 1]

(1777 den 30. Dez. bis 1799 den 16. Febr.)
Eine der ersten, die Univ[ersität Ingolstadt] betreffenden Verordnungen des neuen Regenten, mit denen er sich die Gunst der Studierenden zu erwerben gedachte, war die ihnen im Januar 1780 [ertheilte] Erlaubniß, die gleichen Wirthshäuser wie die Offiziere besuchen zu dürfen! (S. 654f.) Aber die Universität selbst hatte ernstere Sorgen: in ihrer wirthschaftlichen Existenz bedroht, reichte sie im Mai eine Schrift ein, worin sie anführte, daß die Jesuiten [früher?] nach der Absicht der Regenten Baierns nur zu Unterrichtszwecken dienen sollten u. wenigstens um die Jahresrente bat, welche von den ehemaligen Jesuiten-Besitzungen zu Biburg u. Mönchsmünster bisher stets nach Lüttich entrichtet wurden (S. 629). Aber . .

Nachdem dann [Johann Michael] Sailer, der Schüler u. Gehülfe [Benedikt] Stattlers, seine Lehrthätigkeit begonnen hatte, wiederholte selbst die theologische Facultät in sehr verschärfter Form die Klage über die Alleinherrschaft der Stattlerschen Philosophie u. Theologie, womit eine bedenkliche Vernachlässigung der Heiligen Schrift u. der Kirchengeschichte Hand in Hand gehe (S. 657).
Diese Verhältnisse waren es, unter denen [Adam] Weishaupt den Plan faßte, den Illuminatenorden zu gründen (S. 628), der sich äußerlich anlehnte an die in München mit Wissen u. unter Betheiligung des Hofadels gegründete Maurer-Loge; «Karl Theodor zum guten Rath» (S. 638).

Nun geschah es im folgenden Jahr 1779, daß die medicinische Facultät einen Protestanten zum Doctor promovirten (S. 679). Und das geschah mit landesherrlicher Erlaubniß, da die Facultät auf das schon den 17. Oct. 1766 ergangene entsprechende Dekret verweisen konnte (S. 605).
Weiter geschah es, daß in demselben Jahre das Rectorat seit Abgang der Jesuiten zum ersten Mal an die philosophische Facultät kam u. nun den 5. November beschlossen ward, Katharina, die unter Kaiser Maxentius fünfzig heidnische Philosophen siegreich geschlagen hatte, ein bisher übliches kirchliches Fest, nämlich das der Patronin der Artisten, nicht zu feiern (S. 684).

Da war es freilich sehr angebracht, daß die orthodoxe Partei einschritt u. schon im August wies Stattler [wiederum?] auf die in den Städten einreißende Freigeisterei hin u. verlangte zur erfolgreichen Bekämpfung derselben zwei Maßregeln, nämlich ein vierjähriges theologisches Studium (S. 657), so daß man die Pfarreien, Kanonikate u. Benefizien in Städten u. Märkten nun an Doctoren der Theologie verleihe, nicht minder aber, daß die Oberaufsicht über das Georgianum der philosophischen Facultät genommen (?) u. die theologischen [Fortsetzung fehlt]

BLATT 274–275

[Notizen und Stichworte: Das Kronstettische Frankfurter Stift]

BLATT 276

Das Stift die Günderode (1799)

Das Kronstettische adlige evangelische Stift besteht aus 3 Administratoren, Mitgliedern der Ganerbschaft des Hauses Alten-Limpurg, u. aus 12 Stiftsdamen, Fräulein u. Frauen (Pröbstin, Dechantin u. Canonissinnen), deren Namen u. Wappen in der Tafel des Hauses Limburg gestanden haben oder noch stehen, der lutherischen Religion zugethan u. der Stiftung bedürftig sind.

Die nach der Entscheidung der Administratoren Aufgenommenen müssen denselben an Eidesstatt geloben, die vorgeschriebenen Stiftsregeln, von denen ihnen eine Abschrift mitgetheilt wird, getreulich zu halten.

Die Stiftswohnung ist der Zwerchbau des auf dem Roßmarkt gelegenen, Zum Kranichshof genannten Wohnhauses der Stifterin Justina Catharina Steffan von Cronstett, sammt dem daran stoßenden ehemaligen Lersnerischen Garten.

Zu den Insassen des Stifts kommen zwei Mägde, eine zum Kochen, die andere zur Aufwartung.

Die Administratoren sind verpflichtet, im Fall eines Ungehorsams gegen die Stiftsregeln das Beneficium entweder auf eine bestimmte Zeit oder gänzlich zu entziehen: zur Aufsicht über die Beibehaltung guter Ordnung haben sie aus den Stiftspersonen eine oder zwei wo möglich bejahrte Personen zu wählen, die den übrigen in allen billigen Dingen zu befehlen haben sollen.

Die Stiftspersonen, denen «ihre hinlängliche Unterhaltung an Speise u. Trank» u. in Krankheiten der nöthigen Pflege u. Arzneien, ungleichem Licht u. Holz, letzteres jedoch nur zur Küche u. Conventstube, u. wenn jemand krank wird, aus der Stiftung gegeben wird müssen ihre Kleidung. Außerdem muß sie bei ihrer Aufnahme in das Stift mitbringen: 3 Paar neue Leilachen, 6 neue Tischtücher, 12 Servietten u. 6 Handtücher. <[Höfer?] S. 219 geändert> [konnte nicht ermittelt werden]

Die geistliche Aufsicht hat der Senior des lutherischen Ministeriums. Während die Stiftspersonen zur Beichtmutter haben können wen sie wollen, hat der Senior alle halbe Jahre eine geistliche Visitation in dem Stift vorzunehmen u. jede Stiftsperson, zuerst die Aufseherin, zu fragen, ob sie wegen einer andern etwas zu erinnern habe. Bei außerordentlichen Fällen, z.B. bei Zänkereien, muß er gleichfalls erscheinen. Wenn seine

Ermahnungen nicht angenommen werden, so ist den Administratoren Anzeige zu machen, die dann die Ungehorsame suspendiren oder removiren können.

Nach Anweisung der Aufseherin hat jede nach der Reise eine Woche lang das Nöthige in Küche u. Keller oder sonst in Hausgeschäften zu besorgen.

Im Krankheitsfalle soll einer der in Frankfurt praktizirenden Ärzte als Stiftsmedicus von den Administratoren bestellt werden, aber nur ein guter lutherischer Christ u. Liebhaber des öffentlichen Gottesdienstes.

Die besonderen Stiftsregeln für die Stiftspersonen sind: für die Kleidung schwarze oder wenigstens modeste Farben. Ohne erhebliche Ursache dürfen sie die Predigt u. Betstunde nicht versäumen. Im Stift selbst ist alle Tage morgens u. abends ein Hausgottesdienst zu halten, der mit einem Lied beginnt, worauf ein Kapitel aus dem alten u. eins aus dem neuen Testament vorgelesen u. das Gebet gesprochen werden soll. Das Vorlesen geschieht abwechselnd eine Woche um die andere. Ohne Noth u. ohne Erlaubnis der Aufseherin dürfen sie im Sommer nicht über 9 Uhr abends u. im Winter nicht über 8 Uhr außer dem Hause bleiben. Außer den [Fortsetzung s. folgendes Blatt]

[1][kein Verweis im Text] I. H. Faber: [Topographische, politische und historische Beschreibung der Reise- Wahl- und Handelsstadt] Frankfurt I (1788, S. 190 ff.)

BLATT 277

nächsten Verwandten dürfen sie von Mannspersonen keine Besuche annehmen. Für Besuche zu Verwandten auf einige Tage zu reisen ist mit Angabe der Besuche von der Aufseherin Erlaubnis zu erbitten.

Sie sollen das Tanzen unterlassen, keine Komödien besuchen u. sich überhaupt in allen Lustbarkeiten der Welt nicht gleich stellen. Das Stift war in der That, wie Savigny es immer nennt, eine «geistliche Anstalt zur Bewahrung weiblicher Sittsamkeit». [Geiger, S. 17 f.]

Wir sind nun in der Lage, eine ganze Reihe von Verstößen gegen die Statuten bei der Günderode nachzuweisen:

1. Ihre Großmutter mahnte sie den 1. August 1797, den Weisungen der Fräulein Pröbstin zu folgen: «Das nächtliche Laufen bringt keine Ehre.»[1]
2. Sie empfing den Besuch von Arnim u. Creuzer, ja Arnim schlief sogar einmal im Stift.[2]
3. Mit Creuzer besuchte sie in Mannheim das Theater.[3]
4. In Offenbach war sie auf einem Maskenball.[4]

[1]Geiger S. 8 f. [2][konnte nicht ermittelt werden] [3]Rohde S. 25 [4]Rohde S. 107

BLATT 278

Karoline u. ihr Leben im Stift <vor der Creuzer-Periode>

Rohde S. 103, 80

Geiger S. 9

Karoline, die den 4. April 1797 in das Stift aufgenommen worden war, (Geiger S. 7) lebte darin zunächst über zwei Jahre. Als sie dann im Juli 1799 zur Beerdigung ihrer Großmutter nach Butzbach ging, blieb sie längere Zeit, wie es scheint, fast zwei Jahre dem Stift fern. (Geiger S. 9)

Vor der Rückkehr in dass[elbe] war ihr geradezu bange, wie sie selbst schrieb (das. S. 9). Es war wohl nicht blos ihr schwankender Gesundheitszustand, sondern ohne Zweifel auch das klösterliche Leben, das ihr nicht behagte u. mit dem sie nach ihrem ganzen Wesen auch gar zu oft in Conflict gerieth. Waren doch nächtliche Spaziergänge ihre besondere Freude. Schon im ersten Sommer hatte ihre Großmutter Veranlassung, ihr zu schreiben, das «nächtliche Laufen» bringe keine Ehre, weil sich hier u. da etwas einfädelt. (Geiger S. 8 f.) In dieser Neigung stimmte insbesondere Bettina Brentano mit ihr überein, die von den in Frankfurt am Schluß des Theaters üblichen nächtlichen Spaziergängen erzählte (Goethes Briefwechsel S.   ) [konnte nicht ermittelt werden] u. später einen nächtlichen Spaziergang in Schlangenbad beschreibt (Geiger S. 138). In dieser Zeit begann sie schon Gedichte zu machen (Rohde S. 41). Ihr Umgang: Litterarische Kränzchen (Geiger S.   )

Wie u. wann die Bekanntschaft mit den Brentanos entstand, ist nicht überliefert: im Jahre 1801 mag sie schon bestanden haben. Zunächst war aber, wie es scheint, die Vorsteherin des Hauses, Claudine Piautaz, ihr näher getreten, (Geiger S. 160, 18) <von der man nun annahm, daß Georg Brentano sie heimführen würde: Geiger S. 18>, die gleichfalls kränkelte (Geiger S. 163). Diese nannte sie, wie es scheint, «Günderödchen» (Geiger S. 19). <Vor dieser dann hatten alle, wie es scheint, großen Respect: Bettina rühmte ihr getreues Herz u. ihre Energie ([Geiger] S. 157), u. Clemens unterließ nicht, zu ihrem Geburtstag im J. 1803 ein Gedicht zu verfassen (Steig I, S. 73, Cardauns [Die Märchen des Clemens Brentano's] S. 102 f.) >

> 1801. Arnim u. Bettina übernachten im Stift! – offenbar im Goldenen Kopf kein Unterkommen! Die Piautaz mag es vermittelt haben.
>
> Arnim u. die Günderode!
>
> (Vgl. Creuzers [Zettel?] über den Volkspoeten)

Clemens warf auf das anmuthige Mädchen ‹im Fräuleistift› bald seine Augen (Geiger S. 109), ja erlaubte sich 1802, ihr in einem frivol lüsternen Brief seine ganze italienisch-glühende Sinnlichkeit zu offenbaren (Geiger S. 108 ff.), wobei dann zum Schluß wieder __ [Todes-?] Reflexion auftritt. Aber dieses Wesen u. seine braun___ Augen ließen sie zurückschrecken. Das ‹Du› u. das ‹Günderödchen›, das er sich ihr gegenüber erlaubt hatte, mußten bald dem förmlichen ‹Sie› weichen.

Auch mit Clemens' Schwestern, der Kunigunde u. Bettina, hatte Karoline ein gewisses Verhältnis: eigentlich nahe war ihr keine von beiden; beide aber brauchte sie, wie es den Anschein hat, ihr Verhältnis zu Clemens zu befestigen. Aber das Verhältnis zu Karoline ward, als dieselbe Savignys Liebe gewann, noch kühler, trotz eines vorhergehenden Versuchs, ihr näher zu treten. Dafür trat nun Bettina mehr in den Vordergrund. Es ist aber nicht erfreulich zu sehen, wie Clemens diese ____. Auch die Art seines Bruders Christian fand Arnim ‹hochtrabend kalt›. (Steig I, S. 291)

BLATT 279 [redundant, enthalten in VI, Blatt 276–278]

BLATT 280 [redundant, enthalten in VI, Blatt 290]

BLATT 281 [redundant, enthalten in VI, Blatt 282, 324]

BLATT 282 [Fortsetzung von VI, Blatt 324]

Unter diesen Umständen entschloß sich Savigny, an sie zu schreiben. ~~Dieser erste an sie gerichtete, undatirte Brief, der seit einigen Jahren wieder zum Vorschein gekommen ist.~~[1] [Weißenborn, S. 94, Juni 1803]

Der liebe Gott, mein Fräulein, hat es nicht haben wollen, daß ich Ihnen einen Brief in Gießen übergeben sollte, der mir für Sie eingehändigt worden war. Ich betrachte dieses als ein [ab hier Fortsetzung von VI, Blatt 324] Zeichen, daß Sie jenen Brief überhaupt gar nicht lesen sollten, u. enthalte mich, Ihnen denselben zu schicken. Warum aber jenes Zeichen gerade so eingerichthet werden mußte, daß ich verhindert wurde, Sie zu sehen? Ich bin sehr geneigt, etwas darüber zu murren, umso mehr als ich mir auf dem ganzen Wege nicht wenig auf meinen Auftrag eingebildet hatte. Das gute Mienchen war betrübt, daß Sie weg waren, ich war es, wie gesagt, gleichfalls, u. die Fr<au> von Rabenau wird es wohl auch gewesen sein, worüber ich aber keine sichere Nachricht geben kann, da ich sie eben jetzt zum ersten Mal sah.

Ich glaube sogar, ich habe Sie in Gießen auch nach allerlei Dingen fragen wollen, die ich jetzt nicht mehr weiß oder doch nicht sage. Wollen Sie, daß Ihnen in Zukunft keine Briefe unterschlagen werden, so reisen Sie jedes Mal einen Tag später ab als Sie anfangs willens sind: ich werde dann nicht mehr in der Verlegenheit sein, Sie bloß schriftlich meiner Verehrung versichern zu können. Savigny

[1]Geiger: Karoline v. Günderode. Stuttgart 1895, S. 16 f. [2][kein Verweis im Text] Und zwar gleichzeitig mit einem Günderrode, der die Stimme von Hessen-Cassel führte (Häusser)

BLATT 283

Unleugbar verräth dieser Brief ein tiefes Interesse an dem Mädchen; man findet ihn sogar «voll tiefen Liebesgefühls.»[1] Nicht lange hernach sah Savigny Karoline dann bei sich auf Trages, wo er nun seinerseits vor seiner Abreise eine Gesellschaft versammelt hatte. Als er sie beim Abschied zum Wagen geleitete u. beim Einsteigen half, geschah es, daß beim Zuschlagen des Kutschenschlags seine rechte Hand eine Quetschung erfuhr, an der er viele Wochen litt u. die er auch später immer wieder fühlte, so oft sich das Wetter änderte. Erst nach Jahren erzählte er Karoline scherzhaft von diesem Unfall, der ihr gänzlich entgangen war. ‹Ich bin bald nach jener Geschichte nach Sachsen gereist u. habe sehr berühmte Ärzte um Rat gefragt: die meinten, ich müsse mich wohl verbrannt haben, helfen könnten sie mir nicht.›[2]

Als er dann seine Reise angetreten, erkundigte er sich bei . . nach den Verhältnissen der Frau von Günderode in Hanau, Karolines Mutter; er wollte nicht eröffnen, weshalb er sich nach ihr erkundigte.[3] Und als ihm später Leonhard Creuzer eine briefliche Äußerung des Fritz von Leonhardi mittheilte, die Bezug auf Karoline hatte, schrieb Savigny am 7. Juli 1800 zurück: «Kennen Sie vielleicht die Günderode? Ich weiß nicht, ob ich über dieses Mädchen dem Gerücht glauben soll, nach welchem sie kokett oder prüd oder ein starker männlicher Geist sein müßte; oder ihren blauen Augen, in denen viel sanfte Weiblichkeit wohnt.» und dann fährt er fort: «Ich glaube nicht, daß sie für Leonhardi taugt u. ich weiß nach diesem Brief überhaupt nicht, was für ihn taugen könnte.» Offenbar handelt es sich um Heiratsprojecte Leonhardis, bei denen auch Karoline in Betracht gezogen war.[3]

[1]Steig: Euphorion II (1895, S. 408) [Rezension zu Geiger, Karoline von Günderode und ihre Freunde] [2]Geiger, S. 29. – Stoll S. 5 [Stoll I, 162] verleitet zu der Annahme, die Anfrage Savignys über die Verhältnisse der Frau von Günderode sei schon um diese Zeit erfolgt, eine Annahme, der insbesondere Steig, Euphorion II, 407 folgt, während der Brief in Wahrheit in das Jahr 1800 gehört. [3]Stoll S. 5 [Stoll I, 162]

BLATT 284

Den 10. (Juli) [1799] [Weißenborn, S. 51 f.]
[Karoline an Frau von Barkhaus] Sehr lieb war es mir, meine Liebe, daß Sie meinen Brief so bald u. so theilnehmend beantworteten, u. gerne möchte ich noch recht viel mit Ihnen darüber reden. Ich fühle es nur zu sehr, wie weit ich von dem Ideale entfernt bin, das sich ein S[avigny] erträumen kann, als daß ich hoffen dürfte; gewiß wird er ein Mädchen finden, das seiner Liebe würdiger ist als ich, u. beinahe liebe ich ihn zu sehr, zu uneigennützig, um zu wünschen, er möchte sein Ideal nicht finden. Ich weiß selbst nicht, was im Innern meines Herzen vorgeht, mit welcher Hoffnung ich mich trotz jenem [Fortsetzung s. folgendes Blatt]

BLATT 285

traurigen Bewußtsein hinhalte, aber doch ists so: ich kann mir es nicht verbergen, ein leiser dunkler Glaube ist noch in mir.

Kaum glaubte ich mich aus den Stürmen der Leidenschaft gerettet, glaubte mich sicher, u. ich sehe mich wieder verstrickt: ich liebe, glaube, wünsche, hoffe wieder, vielleicht stärker als jemals. Wie freute ich mich an einem Morgen in Lengfeld, wo wir Geschwister wurden! Bruder nannte ihn meine Seele mit einer heiteren Innigkeit, die nicht größer, nicht reiner hätte sein können, wenn ich ihn Geliebter genannt hätte. Seien Sie nicht böse, Liebe, daß ich so schwärme. . .

Wie vergnügt mögen Sie jetzt in dem Kreise der Ihrigen in Hanau sein, denn heute sind Sie wohl dort angekommen. Gewiß wird es da ähnliche Spaziergänge wie unsere berühmte Ersteigung des Otzbergs geben . . .

Den 13.

Der Tag meiner Abreise von hier ist noch nicht bestimmt; gewiß wird es aber erst gegen Ende der künftigen Woche geschehen. Nicht wahr, Sie schreiben mir noch einmal?

Karoline G.

Der kegelförmige freistehende Otzberg mit einer Burg, um welche das Dörfchen Hering herum liegt. Die Aussicht vom O. ist weitreichend u. ihn selbst sieht man von vielen Punkten des Odenwaldes. Die im 30j[ährigen] Krieg viel genannte Burg war früher pfälzisch u. gehört erst seit 1813 zum Großh[erzogthum] Hessen (Provinz Starkenburg, Kreis Driburg). Man nennt sie jetzt ‹Schloß›, sie ist Hausdomäne ([Ersch und Gruber] S. 173 Anm. 19)[XXIII]

BLATT 286

[redundant, enthalten in VI, Blatt 287]

BLATT 287

Den 19.(?) Juli 99 [16. Juli 1799] [Weißenborn, S. 53 f.]

[Karoline an Frau von Barkhaus] Ich bin nicht krank, aber leidend; alle behaupten, ich sähe blaß u. niedergeschlagen aus. Unser hiesiger Arzt glaubt, eine Badekur würde mir helfen. Die Mutter wünscht, ich möchte während dieser Kur noch bei ihr bleiben . . . sie glaubt, ich würde dort (in Frankfurt) meine Gesundheit vernachlässigen. Ich muß also versprechen, noch vierzehn Tage in Hanau zu bleiben; um die geheime Sehnsucht, welche mich dahin zieht, wo ich von ihm hören kann, zu verbergen, willigte ich ein; denn meine Mutter darf u. soll es nicht wissen.

Den 17. Juli

Gestern Abend bekam ich Ihren Brief, Sie sagen, ich sollte meinem Herzen nicht zu sehr nachgeben, u. doch ist's mein größtes Vergnügen, diesen Träumen nachzuhängen. Ich lese seit mehreren Tagen in Jean Pauls Siebenkäs,[1] es gefällt mir ganz außerordentlich. Die Wahrheit in Lenettens Charakter ist überraschend, im kleinsten wie im größten Zug so ganz ein gemeines Weib, unfähig, groß zu denken u. zu fühlen. Ich bin äußerst begierig auf den dritten Theil.

Bisher las ich auch sehr viel in Herders Ideen zur Philosophie der Geschichte der Menschheit, bei allen meinen Schmerzen ist mir dies Buch ein wahrer Trost . . .

Den 18. (Juli) [18. Juli 1799] [Weißenborn, S. 54]

Ich habe den größten Theil des heutigen Tags im Bett zugebracht; mein Kopf ist wüst . . .

[Schwartz, in: Ersch, Gruber (Hgg.), 1. Sect., 97. Theil, 1878] (S. 174)

[1]cf. Stoll, S. . . [Geiger, S. 11]

BLATT 288

[redundant, enthalten in VI, Blatt 289]

BLATT 289

Den 26. Juli 99 [Weißenborn, S. 54f.]

[An Frau von Barkhaus] Von Tag zu Tag verschob ich es, Ihnen zu schreiben, weil ich Ihnen nichts von meiner Entnervung u. Muthlosigkeit sagen wollte . . .

Ihr Brief freute mich lebhaft; was könnte mir willkommener sein als von ihm zu hören, auch selbst dann, wenn es schmerzlich ist, was ich erfahre. Der Antheil, welchen ich an seinem Schicksal nehmen kann, wenn ich es weiß, entschädigt mich ein wenig, nicht für verlorene Hoffnungen, aber doch für seine Entfernung. Ich kann Ihnen nicht sagen, wie sich mein ganzes Wesen gegen den Gedanken, ihn zu vergessen, empört, nein, so viel Kummer mir auch diese Liebe bereiten mag, ich werde es nie bedauern, ihn gesehen zu haben.

Wann ich wieder nach Frankfurt komme, weiß ich nicht. Die meiste Zeit, seit Sie hier waren, habe ich mit Kopfweh zugebracht, meine Kur wird also noch einige Zeit dauern.

Sie haben doch das Kampaner Thal von Jean Paul gelesen? Es gefällt mir noch weit besser als Siebenkäs. Ich kann mir nichts Liebenswürdigeres denken als Gionnens Charakter; fast fürchte ich, er ist nur Ideal, unerreichbar in jeder Lage.

Wenn Sie etwas von S[avigny] hören, darf ich Sie dann bitten, es mir zu schreiben? Verargen Sie mir diese Bitte nicht, es ist ja das einzige, was ich von ihm haben kann, der Schatten eines Traums.

Karoline Günderode [Schwartz, in: Ersch, Gruber (Hgg.), 1. Sect., 97. Theil, 1878] (S. 174)

BLATT 290

[An Karoline von Barkhaus] Lassen diese Äußerungen [Stoll I, 162], wie bemerkt worden ist, eine gewisse Gereiztheit Savignys gegen Leonhardi erkennen, eine Stimmung, die ein tieferes eigenes Interesse an Karoline verräth, so liegen über Karolines Gesinnung Savigny gegenüber die unzweideutigsten Beweise vor. Von Lengfeld zunächst wieder nach Frankfurt in das ihr widerwärtige Stift zurückgekehrt u. im Begriff, eine neue Reise anzutreten, schrieb sie am 18. Juni 1799 an Frau v. Barkhaus, eine Schwester Leonhardis: «Da sitze ich wieder in meiner einsamen Zelle u. die vergangenen schönen Tage scheinen mir ein Traum, der ein dumpfes, schmerzliches Gefühl des verflossenen Angenehmen u. des augenblicklich schmerzlichen Entbehrens zurückläßt ... Unser Bruder Savigny ist wohl noch bei Ihnen u. dann ist doch die Einsamkeit in Ihrem Hause nicht so auffallend gegen das gestrige frohe Gewühl u. Getümmel durcheinander.» [Weißenborn, S. 46]. Und als den folgenden Tag ein Brief der Frau v. Barkhaus angekommen war, fügte sie hinzu: «Ich glaubte, Sie würden noch eine kleine Reise mit Savigny u. Fritz (v. Leonhardi) nach dem Schönbusch u. Aschaffenburg machen. [Fortsetzung s. VI, Blatt 292]

- - - - - - - - - -

[Abschnitt redundant, enthalten in VI, Blatt 292]

BLATT 291 [redundant, enthalten in VI, Blatt 292]

BLATT 292

[Fortsetzung von VI, Blatt 290]
Da Sie nichts davon erwähnen, vermuthe ich, daß nichts daraus geworden ist.» [Weißenborn, S. 47]
«Ich hatte mir vorgenommen,» so heißt es schon vorher, «Sie zu bitten, mir noch recht viel von dem lieben Lengfeld zu erzählen; ich hoffe aber, Sie werden es nun bald [schriftlich] thun.» Als dann etwa 14 Tage später Karoline die Frau v. Barkhaus in Hanau wiedergesehen hatte, schrieb sie ihr am 4. Juli: «Ungern verließ ich Sie gestern u. im heftigen Kampfe mit mir selbst, ob ich Ihnen die Lage meines Herzens entdecken sollte oder nicht... Schon beim ersten Anblick machte Savigny einen tiefen Eindruck auf mich. Ich suchte es mir zu verbergen u. überredete mich, es sei bloße Theilnahme an dem sanften Schmerz, den sein ganzes Wesen ausdrückt, aber bald, sehr bald, belehrte mich die zunehmende Stärke meines Gefühls, daß es Leidenschaft sei, was ich fühlte. Ich wußte mich vor Freude kaum zu fassen, als Sie mir in Ihrem letzten Briefe schrieben, Savigny käme mit nach Wilhelmsbad.

Zürnen möchte ich mit mir selbst, daß ich mein Herz so schnell an einen Mann hingab, dem ich wahrscheinlich ganz gleichgültig bin; aber es ist nun so ...» [Weißenborn, S. 49]

Frau v. Barkhaus, die wieder nach Frankfurt zurückgekehrt war, schrieb von da am 6. Juli an Karoline: «So eben, liebe Freundin, als ich im Begriff war, Ihnen zu schreiben, [Fortsetzung s. folgendes Blatt]

BLATT 293

wie sehr ungern ich gestern Hanau verlassen habe, ohne Sie vorher gesprochen zu haben, erhielt ich Ihren Brief... Ihre Entdeckung befremdete mich nicht, denn schon in Lengfeld glaubte ich bemerkt zu haben, daß Savigny Eindruck auf Sie gemacht hatte, u. am Donnerstag wurde es mir gewißlich; meine Delikatesse erlaubte mir aber nicht, Sie darüber zu befragen. Nun aber, da Sie mir Ihr Herz offenbaren, will ich Ihnen den Charakter von S., so viel ich ihn bisher habe erkennen können, beschreiben. Er ist gewiß ein Mann, der allgemeine Achtung verdient u. wer sich einst das Weib dieses Mannes nennen kann, hat gewiß ein beneidenswerthes Loos. Die Theilnahme, die er bisher an meinem ganzen Schicksale genommen hat, ist mir Beweis genug, daß er ein fühlendes Herz hat. Allein sein einsames Leben hat seine Gefühle sehr hoch gespannt u. er hat sich daher ein Ideal geschaffen, das er schwerlich in dieser Welt realisirt finden wird. Er sieht daher alles aus einem ganz andern Gesichtspunkte an, u. über seine künftige Bestimmung ist er noch völlig unentschieden.» [Weißenborn, S. 50f.]

BLATT 293a

[redundant, enthalten in VI, Blatt 284–285]

BLATT 294

[redundant, s. VI, Blatt 289 sowie I, Blatt 5]

BLATT 295

Den 16. August 99
[An Frau von Barkhaus] Bald werde ich von Ihnen selbst hören, wie Sie gelebt haben...
Wohl würde es besser sein, nähme ich an S[avigny] nur den Antheil einer liebenden Schwester; doch jetzt steht der Grad meines Antheils nicht mehr in meinem Willen. Ich vergesse schon wieder, daß ich nur mündlich mit Ihnen von diesen Dingen sprechen wollte. [Weißenborn, S. 56]
Karoline G. [Schwartz, in: Ersch, Gruber (Hgg.), 1. Sect., 97. Theil, 1878] (S. 175)

BLATT 296

1799. Karolines Rückblick auf das Gespräch mit Savigny

An Eusebio[XXIV] [Juni 1806?]

Mit Freude denk ich oft zurück an den Tag, an welchem wir uns zuerst fanden, als ich dir mit einer ehrfurchtsvollen Verlegenheit entgegentrat wie ein lehrbegieriger Laie dem Hohenpriester. Ich hatte es mir vorgesetzt, dir womöglich zu gefallen u. das Bewußtsein meines Werthes wäre mir in seinen Grundfesten erschüttert worden, hättest du dich gleichgültig von mir abgewendet; wie es mir aber gelang, dich mit solchem Maße für mich zu gewinnen, begreife ich noch nicht; mein eigner Geist muß bei jener Unterredung zwiefach über mir gewesen sein. Mit ihr ist mir ein neues Leben aufgegangen, denn erst in dir habe ich jene wahrhafte Erhebung zu den höchsten Anschauungen, in welchen alles Weltliche als ein wesenloser Traum verschwindet, als einen herrschenden Zustand gefunden; in dir haben mir die höchsten Ideen auch eine irdische Realität erlangt. Wir andern Sterblichen müssen erst fasten u. uns leiblich u. geistig zubereiten, wenn wir zum Mahle des Herrn gehen wollen, du empfängst den Gott täglich ohne diese Anstalten.

... Die Zeitübel können dich nicht berühren, da du sie nur als Gegensatz mit deiner eigensten Natur sehen kannst u. kein Gegensatz durch sie in dich selbst gekommen ist.

Mir, o Freund, sind die himmlischen Mächte nicht so günstig gewesen u. oft bin ich mißmuthig u. weiß nicht, über wen ich es am meisten sein soll, ob über mich selbst oder über diese Zeit.

Und nun fragt sie ihn um Rath:

Da ich nun selbst nicht über die Schranken meiner Zeit hinaus reiche, dünkt es dir nicht besser für mich, den Weg eigner poetischer Production zu verlassen u. ein ernsthaftes Studium der Poeten der Vorzeit u. besonders des Mittelalters zu beginnen? Ich weiß zwar, daß es mir Mühe kosten wird, ich werde gleichsam einen Zweig aus meiner Natur herausschneiden müssen, denn ich schaue mich am fröhlichsten in einem Product meines Geistes an ... aber um etwas desto gewisser zu gewinnen, muß man stets ein anderes aufgeben, das ist ein allgemeines [Fortsetzung s. folgendes Blatt]

[1][kein Verweis im Text] Rohde S. 133 f. Umstellung habe ich mir erlaubt.

BLATT 297

Schicksal u. es soll mich nicht erschrecken.

Niedergeschrieben ist dieser Erguß zu einer Zeit, wo sie in stiller Freude u. ehrfurchtsvoller Bewunderung auf den jungen Savigny blickte. Denselben Charakter hat ein gleichfalls «an Eusebio» gerichtetes Gedicht.[1]

Vergieb, o Freund, daß ich mit kind'scher Sprache
Aus deines Herzens tiefem Heiligthume
Akkorde leise nachzulallen wage,
Beim Höchsten aber schülerhaft verstumme.

Und reden möcht' ich doch zu deinem Ruhme,
Vergieb der Kühnheit, daß ich nicht verzage.
Den Sommer mein' ich mit der Einen Blume
Und einen Strahl entwand ich nur dem Tage.

Doch die Natur in ihrer heil'gen Fülle,
Sie offenbart sich ganz in jedem Handeln,
Das höchste Leben in der tiefsten Stille.

Erhascht' ich einen Zug aus deinem Bilde,
Wie reichlich auch Gedanken in dir wandeln,
So bist du's ganz in deiner frommen Milde.

[1]Rohde S. 132

BLATT 298 [redundant, enthalten in VI, Blatt 289]

BLATT 299

1799 den 18. Juni an? (Frau v. Barkhaus)

Da sitze ich wieder in meiner einsamen Zelle u. die vergangenen schönen Tage scheinen mir ein Traum ... Unser Bruder Savigny ist wohl noch bei Ihnen u. dann ist doch die Einsamkeit in Ihrem Hause nicht so auffallend gegen das gestrige frohe Gewühl u. Getümmel durcheinander. –

wie gestern Morgen die Namen in den Baum eingeschnitten wurden. [Weißenborn, S. 46]

– den 19. Juni (Frankfurt)

Sie werden mich bei Ihrer Rückkunft von Lengfeld (Gut der Familie v. Leonhardi im Odenwald) nicht mehr hier finden.

Ich glaubte, Sie würden noch eine kleine Reise mit S[avigny] u. Fritz (v. Leonhardi) nach dem Schönbusch u. Aschaffenburg machen. [Weißenborn, S. 47]

– den 4. Juli [aus Hanau]

Ungern verließ ich Sie gestern u. im heftigen Kampfe, ob ich Ihnen die Lage meines Herzens entdecken sollte oder nicht ... Schon beim ersten Anblick machte S[avigny] einen tiefen Eindruck auf mich. Ich suchte es mir zu verbergen u. überredete mich, es sei bloß Theilnahme an dem sanften Schmerz, den sein ganzes Wesen ausdrückt, aber bald, sehr bald belehrte mich die zunehmende Stärke meines Gefühls, daß es Leidenschaft sei, was ich fühlte. Ich wußte mich vor Freude kaum zu fassen, als Sie mir in Ihrem letzten Brief schrieben, S[avigny] käme mit nach Wilhelmsbad.

Zürnen möchte ich mit mir selbst, daß sich mein Herz so schnell an einen Mann hingab, dem ich wahrscheinlich ganz gleichgültig bin, aber es ist nun so ... [Weißenborn, S. 49]

– den 6. Juli (Frau v. Barkhaus aus Frankfurt)

So eben, liebe Freundin, als ich im Begriff war, Ihnen zu schreiben, wie sehr ungern ich gestern Hanau verlassen hatte, ohne Sie vorher gesprochen zu haben, erhalte ich Ihren Brief. ... Ihre Entdeckung befremdete mich nicht, denn schon in Lengfeld glaubte ich bemerkt zu haben, daß S[avigny] Eindruck auf Sie gemacht hatte, u. am Donnerstag wurde es mir zur Gewißheit; meine Delikatesse erlaubte mir aber nicht, Sie darüber zu befragen. Nun aber, da Sie mir Ihr Herz offenbaren ... will ich Ihnen den Charakter von S., soviel ich ihn bisher habe erkennen können, beschreiben. Er ist gewiß ein Mann, der allgemeine Achtung verdient, u. wer sich einst das Weib dieses Mannes nennen kann, hat gewiß [Fortsetzung s. folgendes Blatt]

BLATT 300

ein beneidenswerthes Los. Die Theilnahme, die er bisher an meinem Schicksal genommen hat, ist mir Beweis genug, daß er ein fühlendes Herz hat, allein sein einsames Leben hat seine Gefühle sehr hochgespannt, u. er hat sich daher ein Ideal geschaffen, das er schwerlich in dieser Welt realisiert finden wird. [Weißenborn, S. 50 f.]

– den 10. (Juli) [aus Hanau]

Ich fühle es nur zu sehr, wie weit ich von dem Ideal entfernt bin, das sich ein S. erträumen kann, als daß ich hoffen dürfte ... Beinahe liebe ich ihn zu sehr, zu uneigennützig, um zu wünschen, er möchte sein Ideal nicht finden. ...

Kaum glaubte ich mich aus den Stürmen der Leidenschaft gerettet, glaubte ich mich sicher, u. ich sehe mich wieder verstrickt; ich liebe, wünsche, glaube, hoffe wieder, vielleicht stärker als jemals. Wie freute ich mich an jenem Morgen in Lengfeld, wie wir Geschwister wurden (sie hatten dort, wie es in jenem Zeitalter de_ S_______ oft geschah, einen geschwisterl[ichen] Freundschaftsbund geschl[ossen], Bruder nannte ihn meine Seele mit einer heitern Innigkeit, die nicht größer, nicht reiner hätte sein können, wenn ich ihn Geliebter genannt hätte. [Weißenborn, S. 51 f.]

– den 16. Juli [aus Hanau]

Ich bin nicht krank, aber doch kränklich ... Unser Arzt glaubt, eine Badekur würde mir helfen, die Mutter wünscht, ich möchte während dieser Kur noch bei ihr bleiben ... sie glaubt, ich würde dort (in Frankfurt) meine Gesundheit vernachlässigen. Ich muß also versprechen, noch 14 Tage in Hanau zu bleiben; um die geheime Sehnsucht, welche mich dahin zieht, wo ich von ihm hören kann, zu verbergen, willigte ich ein; denn meine Mutter darf u. soll es nicht wissen. [Weißenborn, S. 53 f.]

– 26. Juli [aus Hanau]

Ihr Brief freute mich lebhaft, was könnte mir willkommener sein, als von ihm zu hören, auch selbst dann, wenn es schmerzlich ist was ich erfahre. Ich kann Ihnen nicht sagen, wie sich mein ganzes Wesen gegen den Gedanken, ihn zu vergessen, empört ... Wenn Sie etwas von S. hören, darf ich Sie bitten, es mir zu schreiben ... Es ist das einzige, was ich von ihm haben kann, der Schatten eines Traums. [Weißenborn, S. 54 f.]

BLATT 301

– Forts[etzung] des Briefs vom 6. Juli

Er sieht daher alles aus einem andern Gesichtspunkt an. Über seine künftige Bestimmung ist er noch völlig unentschieden. Dies, meine Liebe, ist alles, was ich Ihnen von demselben sagen kann; wenn wir aber wieder beisammen sind, dann mehr davon. [Weißenborn, S. 51]

– den 17. Juli

Gestern Abend bekam ich Ihren Brief. Sie sagen, ich sollte meinem Herzen nicht zu sehr nachgeben, u. doch ist's mein größtes Vergnügen, diesen Träumen nachzuhängen.

Ich lese seit mehreren Tagen in Jean Pauls Siebenkäs, er gefällt mir ganz außerordentlich. Bisher las ich auch sehr viel in Herders Ideen zur Phil[osophie] der Gesch[ichte] der Menschheit. [Weißenborn, S. 53]

– den 26. Juli [aus Hanau]

... schmerzlich ist, was ich erfahre. Der Antheil, welchen ich an seinem Schicksal nehmen kann, wenn ich es weiß, entschädigt mich ein wenig, nicht für verlorne Hoffnungen, aber doch für seine Entfernung. Ich kann Ihnen nicht etc. [Weißenborn, S. 54 f.]

– den 16. August [aus Hanau]

Wohl würde es besser sein, nähme ich an S. nur den Antheil einer liebenden Schwester, doch jetzt steht der Grad dieses Antheils nicht mehr in meinem Willen. Ich vergesse schon wieder, daß ich nur mündlich mit Ihnen von diesen Dingen sprechen wollte. [Weißenborn, S. 56]

BLATT 302–304

[3 Gedichte Karolines]

‹Ist alles stumm u. leer› [Geiger, S. 71 f.]

‹Der Kuß im Traume› [an Savigny, April 1804, Weißenborn, S. 124]

‹An meinen Heiligen› (Rohde S. 72 f.) [an Creuzer, November 1805, Preisendanz, S. 183 f.]

BLATT 305

Karolines unglückliche Liebe zu Savigny

Die leidenschaftliche Neigung, die Karoline gleich beim ersten Anblick zu Savigny faßte, hat sie nicht, wie der feinsinnige Herausgeber ihrer Briefe u. Dichtungen [Rohde] S. 67 [Anm. 1] meinte, zu einer freundschaftlichen Theilnahme gemäßigt, vielmehr glühte sie in ihr weiter. Zeugen dafür sind eben ihre Briefe u. Dichtungen, die in gewissen Dichtungen gar keine andere Beziehung als auf Savigny gestatten.[XXV]

«Mit Freude,» so schreibt sie an Eusebio in ihr Tagebuch, «denk ich oft zurück an den Tag, an welchem wir uns zuerst fanden, als ich dir mit einer ehrfurchtsvollen Verlegenheit entgegentrat, wie ein lehrbegieriger Laie dem Hohenpriester. Ich hatte es mir vorgesetzt, dir womöglich zu gefallen u. das Bewußtsein meines eigenen Werthes wäre mir in seinen Grundfesten erschüttert worden, hättest du dich gleichgültig von mir abgewendet.» (Rohde S. 133), ein Erguß, der auf Creuzer schon deshalb nicht gehen kann, weil Karoline diesen, als er zuerst in Heidelberg auf dem Altan des Schlosses mit ihr zusammentraf, nicht kannte ([Rohde] S. 91). Und gegen Savigny kann weder die «ehrfurchtsvolle Verlegenheit» noch der Vergleich mit dem «Hohenpriester» ins Feld geführt werden, da er jetzt auch seinen Jenenser Freunden Gefühle einflößte, die zu seinem jugendlichen Alter in gar keinem Verhältniß standen: auch Gries sprach von «dem fast Feierlichen seines Charakters», von der «imponirenden Erscheinung», die die «höchste Bewunderung» erzeugte. Wie kann es da Wunder nehmen, [dass] ein Mädchen wie Karoline, die vorher von ihm so viel zu seinem Ruhme gehört hatte, ihm so entgegentrat, wie sie gesteht?

In dem Gedicht, das dem Brief an Eusebio vorangeschickt u. gleichfalls «an Eusebio» überschrieben ist, weist sie hin auf «den Sommer mit der Einen Blume» u. auf des Freundes «fromme Milde», was die Verhältnisse aufs schärfste bezeichnet. Es sind Fragmente aus der Zeit, wo sie noch eine selige Hoffnung nährte. Wir hören sogar von einem ersten Gespräche, das beide etwa im Jahre 1803 mit einander geführt (Rohde S. 134 f., Mittelalter 134, ‹Gothenzeit› S. 122, ihr Wunsch S. 135)

Dann aber hören wir – es ist die Zeit nach Savignys Verlobung – ergreifende [Fortsetzung fehlt]

BLATT 306

[redundant, enthalten in VI, Blatt 290, 292]

BLATT 307

Karoline nach dem Zusammentreffen mit Savigny [1799]

Im Winter 1799–1800 war sie in Butzbach bei ihrem Großvater, der nach dem Tod seiner Gattin ganz verlassen war, aber auch nicht nach Hanau ziehen wollte. In dieser Stille las sie viel – die Bücher ließ sie sich aus Hanau schicken,[1] aber auch, was da nicht zu haben war, aus Gießen, u. korrespondirte nicht nur mit ihrer Schwester Wilhelmine, die am Hof in Hanau verkehrte, [sondern auch] mit ihren Freundinnen, wanderte mit Sophie v. Leonhardi[2] u. der Fichard. Sophies Bruder besorgte ihr Bücher aus Gießen, u. zwar von Heyer (also Leihbibliothek?).

Anfangs Feb[ruar] bat Wilhelmine einen ungenannten, Karoline Goethes Tasso zu bringen. Derselbe erzählte von den 3 Schwestern in Offenbach.

Im März war sie wieder in Hanau. Leonhardi hatte ihrer Mutter Fichte geschickt, wofür dieselbe durch Karoline danken ließ.

Den 6. April schickte sie ‹Hyperion›, den ihr Leonhardi geliehen, an dessen Schwester mit Dank für den Bruder zurück.

Den 18. April läßt sie ihm danken für den Rath, Fichtes Abhandlung über Glauben zu lesen; sie konnte nicht wegen ihrer schlimmen Augen. «Der ganze Fichte kommt mit Dank zurück; die Mutter hat ihn durchgelesen.»

Im Mai ist dann die Rede, daß Karoline nach ihrer ‹Stiftshütte› gebracht wird.[3] Aber sie ist bange vor ihrer ‹Zurückkunft ins Stift› u. hat deshalb die Rückkehr verschoben. Sie hofft vielmehr auf einen Aufenthalt in Lengfeld!

Den 15. Nov[ember] [1800] schickt sie den 1. Theil von Gonzalo (zurück), ‹der andere wird bald nachkommen.›[4] Dann die Bitte, das Journal ‹Memnon› auf einige Tage zu leihen.

Dann im Jan[uar] 1800 auf einem Maskenball.

In diesem Jahr erst beginnt ihre Bekanntschaft mit Bettina Brentano.

[1]Brief aus Butzbach den 14. Jan. 1800 [2] " " " den 22. Jan. [3] " " Hanau den 13. Mai von Wilhelmine [4]Sollte es Du Poncet: Histoire de Gonzalo de Cordoba (Paris 1714) sein? (Meyers IV, S. 273).[XXVI] Doch wohl eher ein Roman.

BLATT 308–311

[detailliertere Darstellung von Blatt 307: Karoline in Butzbach, Winter 1799/1800]

BLATT 312

1800. Clemens u. die Günderode (ihre Korrespondenz etc., ihr sonstiger Verkehr) Steig, Euphorion II [1895], S. 412 ff. (Kritik von Geiger, S. 82 ff.)

1800 den 15. Nov[ember] bat sich die Günderode zur Lektüre brieflich den ‹Memnon› aus <von Clemens!> Gemeint ist <irrig Schwarz!> das 1800 aus dem Jenaischen Freundeskreise Savignys u. Brentanos hervorgegangene poetische Journal Memnon, in das auch Clemens einzelne Gedichte gegeben hatte. Und nun denke man daran, daß Savigny u. Clemens im Herbst 1800 nach Frankfurt zurückgekehrt waren (Steig [Euphorion 2 (1895)], l.c., S. 414).

– – – – – – – – – –

1800 den 11. Dec. redet sie von dem «Mißlingen» ihrer «Pläne in Rücksicht des Stifts» (S. 180) [Schwartz, in: Ersch, Gruber (Hgg.), 1. Sect., 97. Theil, 1878, S. 180]

BLATT 313

Clemens u. die Günderode (– 1804)

Geiger S. 89 ff. (Ihr Brief im ‹Frühlingskranz›, Rohde S. 11)
1802 im Frühling aus Marburg, Clemens an Karoline ([Geiger] S. 101 f.)

Das Thal vor meinem Fenster› (101). ‹Sagt mir, was ich werden soll›. ([Geiger] S. 104)

– ? ([Geiger] S. 108) Gute Nacht, du lieber Engel! Die Mondnacht u. der Frühling ([Geiger] 109).
Habe den Muth, nur darin zu weinen, daß du nicht bei mir bist im Fleische, sondern nur in Gedanken, denn beide sind eins u. nur im Abendmahl genießen wir den Gott, denn alles Wort muß Fleisch werden, auch dies Wort der Liebe. [Geiger S. 111]

Was macht der Brief für eine Wirkung auf dich, liebes Günderödchen?[1] [Geiger, S. 111]

[1] Also Clemens kannte diesen Ausdruck schon, u. zwar wohl von der Piautaz? Savigny erfährt ihn erst 1803 im Juli ([Geiger] S. 39 f.)

BLATT 314

Den 6. April [1802] starb ihre Schwester Amalie (Geiger S. 6, Rohde S. IX Anm.)

? Clemens' ‹bachantisch tobender› Brief an sie (Rohde S. 10, Geiger S. 108 f.)

Das vorläufige Ende mit ihm (bis 1804): aber Steig?

Die G[ünderode] in den ‹Romanzen› [vom Rosenkranz] (Rohde S. 32)
Cl[emens]' Brief (Geiger S. 100ff., Rohde S. 10ff.)

Bis 1804 war dann eine «todte Epoche in ihrer Bekanntschaft» (Clemens bei Geiger [richtig: Rohde] S.12) (Dafür tritt Savigny wieder in den Vordergrund!) Gundels Stellung zu der Sache (Rohde S. 11)! Sofort, nachdem Savigny die Schwester des Clemens geheirathet hat, wendet dieser sich wieder der Günderode zu: im Mai!), wiewohl verheirathet (Rohde S. 12). Anderseits [Fortsetzung fehlt]

BLATT 315

Savigny u. die Günderode[+]

Savignys Wohlgefallen an Karoline, das ihn anscheinend eine kurze Zeit fest an eine eheliche Verbindung mit ihr hatte denken lassen,[1] hatte sich jedoch bald zu einer freundschaftlichen Theilnahme gemäßigt, während Karoline selbst an der Enttäuschung schwer zu tragen hatte. Aber seine Hülfe in ihren verwickelten Vermögensverhältnissen nahm sie gerne in Anspruch, da sie Savignys treue Freundschaft u. seine Geschicklichkeit deutlich erkannte.

Schnell nach einander, 1801 u. 1802, verlor sie zwei Schwestern durch den Tod.[2] Das gab wieder Anlaß zu Besprechungen mit dem Vermögensverwalter der Familie, einem Herrn v. Hoim.[3] Ein Sohn dieser von Hoim bezog 1802 zusammen mit einem Bruder Karolines, Hektor, die Universität Marburg, um 1804 nach Heidelberg zu gehen. Dann kam die Verlobung ihrer Schwester Minchen mit dem späteren hessischen Minister.

Nach der Heirat der Schwester (1804) richtete sie an Savigny eine Anfrage «wegen Meißenhausen», wegen deren er auf einen Amtsverwalter in Seligenstadt verwiesen wurde u. nun die Auskunft erhielt, man müsse sich an die Rentkammer nach Darmstadt wenden. Es bleibe, so schloß Savigny darüber seinen Bericht an Karoline, nichts übrig, als die Sache durch den Herrn Schwager zu betreiben.[4]

Inzwischen hatte sich in dem Verhältniß Savignys zu Karoline eine bedeutsame Wendung vollzogen: an die Stelle des «Sie» war ein «Du» getreten, das uns zuerst in Anfangs Juni 1804 begegnet, eine Vertraulichkeit, wie wir sie nur bei wenigen Freunden Savignys feststellen können u. zu der z.B. Clemens Brentano, auch als sein Schwager, niemals gelangte.

Der Zusammenhang der Dinge wird sich ergeben, wenn wir die Beziehungen Karolines zur Familie Brentano dargelegt haben.

[+]Rohde S. VII ff., S. 13f., 62[XXVII] [1]Darin möchte ich Steig gegen Rohde S. 67 [Anmerkung] beistimmen. [2]Geiger S. 6 [3]Geiger S. 67f. [4]Geiger S. 35

BLATT 316

Die Günderode u. der goldene Kopf

Zunächst erkennen wir, daß die Günderode mit der Claudine näher bekannt, vielleicht befreundet war. Sie selbst hätte, wie es scheint, gern die Stellung einer Gesellschafterin in einem vornehmen Haus angenommen, um aus dem öden Gefängniß des Stifts erlöst zu werden. Clemens wenigstens, der in dieser Beziehung ein guter Zeuge ist, schlug, als eine Gesellschafterin gesucht wurde, Karoline für die Stelle vor.[1]

Als im Sommer 1803 Georg Brentano «plötzlich» heirathete, da versuchte Savigny[2] von Karoline zu erfahren, «wie das arme gute treue Klödchen diese Begebenheit ertragen hat u. noch erträgt.» Der Antwort, die Karoline ihm schrieb, legte sie «ein an sie gerichtetes Briefchen» bei, in dem sie «Günderödchen» angeredet wurde,[3] ein Briefchen, das offenbar «Klödchen» geschrieben hatte. Später erfahren wir durch Bettina, daß die Günderode der «Klodin» über sie eine Mittheilung gemacht habe.[4]

Als Claudine, die vielfach kränkelte, 1803 darnieder lag, erkundigte sich die Günderode bei Gundel (nach den bekannten Verhältnissen kann nur sie in Betracht kommen) nach ihrem Befinden u. erhielt die Antwort:[5] «Claudine ist immer noch nicht besser. Sie grüßt dich in ihrer Herzlichkeit u. auch dein Schwesterlein. Wir haben sie nun einem andern Aeskulap in die Hand gegeben u. hoffen, daß nun dieser aus dem echten Stamm ist.» Auch hier also ein freundschaftliches Verhältniß mit Karoline, wobei es an Streitigkeiten über literarische Dinge nicht fehlte.

[1] [konnte nicht ermittelt werden] [2] Geiger S. 18 [3] Geiger S. 19 [4] Geiger S. 158 [5] Geiger S. 163

BLATT 317

Die Günderode, Clemens u. Bettina

1803 Sommer. Gedicht der Günderode an Clemens [Geiger, S. 73 f.]: der Kopf ist ein gewolltes Anklingen an das Lied: Der Jäger an den Hirten, das Brentano aus Weimar 1803 an Bettina schickte, die damals lebhaft mit der Günderode umging.

Im September schickte Bettina das Gedicht der Günderode an Clemens nach Marburg (Steig l.c. [Euphorion II (1895)], S. 414)

(Creuzer [richtig: Clemens] hat seine freundschaftl[iche] Liebe zur Günderode der Frau von Suckow erzählt: das[elbst] [Euphorion II (1895), S. 414])

BLATT 318

[weitgehend redundant, siehe VI, Blatt 282]

BLATT 319

[Savigny an Karoline] [Weißenborn, S. 100 f.; Geiger, S. 19 ff.]
Ehe Savigny den Brief erhielt, hatte er die Absicht gehabt, sein Geheimniß auch der Günderode zu offenbaren, aber nun gab er diese Absicht wieder auf. Den 23. Juli (1803) dankte er ihr von Marburg aus für die Mittheilungen: «Es könnte mir fast leid thun,» so beginnt der Brief, «daß ich schon länger weiß, wie gut Sie sind, daß ich jetzt eben die schönste Gelegenheit gehabt hätte, es zu lernen. Das beigefügte «Briefchen wäre mir, alles andere abgerechnet, schon deswegen außerordentlich lieb gewesen, weil ich daraus gelernt habe, wie Sie eigentlich heißen . . . jetzt weiß ich, daß Sie ‹Günderödchen› heißen.» Dann neckt er sie mit dem Umstand, daß sie in dem Briefchen «eine Stelle ausgestrichen habe: «Nun ist es von jeher meine Leidenschaft gewesen, solche Stellen zu lesen, die man mir ausgestrichen hatte»; das sei ihm, so fügt er hinzu, auch hier «endlich» gelungen. Nachdem er ihr diesen kleinen Schreck eingejagt, gestand er dann in der Nachschrift, daß er die ausgestrichene Stelle wirklich nicht habe lesen können, «ja daß ich mich nicht wenig darüber geärgert habe.»

«Noch etwas kann ich schließlich nicht unterdrücken. Sie schrieben neulich über Gunda u. sagten unter anderem, Gunda ‹redete mit einiger Würde von guten Principien›. Nun sagen Sie mir um Gottes Willen, Günderödchen, was das heißt. Es läßt sich auf vielerlei Weise verstehen, u. ich wollte zwei Kommentare darüber schreiben, die sich gar nicht ähnlich sehen sollten. So etwas kann einen ehrlichen Menschen um seinen Verstand bringen. . .»

Und nun deutet er ihr noch bestimmter an, was sie schon aus seinen früheren Briefen hätte entnehmen können. Sein süßes Geheimniß, die noch vor kurzem gehegte Absicht, es ihr zu offenbaren, der jetzt gefaßte Entschluß, alles dem Mittheilungstrieb anderer guter Leute zu überlassen u. endlich den Grund dieser seiner veränderten Haltung.

«Ich muß Sie,» so schließt der Brief, «schelten u. sehr ernstlich. Sie haben mich verkannt, Sie haben mir Unrecht gethan, verführt durch ein bißchen äußerlichen Schein. Es ist mir so deutlich, daß Sie mir Unrecht gethan haben, daß ich gar nichts dazu thun kann, Sie noch besonders davon zu überzeugen; ja, ich zweifle gar nicht, daß Sie es einsehen werden, daß es Ihnen leid sein wird, daß Sie es bereuen werden. . .»

Dieser Zurechtsetzung, deren thatsächliche Grundlage nicht erkennbar ist, geht nun in dem Briefe folgende Darlegung voran: [Fortsetzung fehlt]

BLATT 320

Im Herbst 1803[1]

(Undatirt. Geiger: ‹März 1804?›, aber vielleicht besser nach dem 23. Juli 1803)

Gewisse Dinge, wie billig, abgerechnet, hat mich seit langer Zeit nichts so herzlich erfreut als Ihre freundlichen Worte, lieb Günderödchen. Unter uns gesagt, seit einiger

Zeit glaubte ich, Sie wären mir nicht recht gut mehr, u. das nahm ich mir so zu Herzen, daß alle meine Studenten behaupteten, sie würden mir's unfehlbar ansehen, wenn es nicht gerade jetzt aus gewissen Ursachen ganz unmöglich wäre, daß ich betrübt aussähe. Sogar mein periodischer Schmerz an der rechten Hand ist dadurch wieder aufgeregt worden.

Nun spreche ich Ihnen da von einem Schmerzen an der Hand? Sie wissen davon kein Wort. Was will ich machen? Das beste ist, ich thue, als könnte Sie die Sache interessieren, was doch gar nicht wahr ist, u. erzähle Ihnen die ganze Geschichte.

Vor einigen Jahren stand ich einmal an einem Kutschenschlag, als gerade jemand einsteigen wollte. Ich (wie ich denn von Natur gutmüthig bin) will helfen. Eine besondere Belohnung hatte ich für den kleinen Dienst eben nicht erwartet, aber noch viel weniger, daß er mir mit solchem Undank vergolten werden würde. Denn eh ich mir's versehe, werde ich so entsetzlich gedrückt, daß ich (ich lüge nicht, Günderödchen) viele Wochen lang nichts gefühlt habe als diesen Druck. Nachher habe ich ihn immer wieder gefühlt, so oft sich das Wetter veränderte. Ich bin bald nach jener Geschichte nach Sachsen gereist u. habe sehr berühmte Ärzte um Rat gefragt: die meinten, ich müsse mich wohl verbrannt haben, helfen könnten sie mir nicht.

Da bin ich nun ganz abgekommen von dem, was ich Ihnen eigentlich sagen wollte. Ich wollte Ihnen sagen, daß es entsetzlich unnatürlich zugehen müßte, wenn wir beide nicht sehr genaue Freunde werden sollten. Sie glauben nicht, mit welcher Klarheit u. Gewißheit ich einsehe, daß die Natur diesen Plan mit uns hat, ja, sie interessirt sich so sehr dafür, daß sie selbst das Schicksal gebeten hat, alles so recht wunderbar u. vortrefflich dazu einzurichten: ich wollte darüber eine Abhandlung schreiben, die [Fortsetzung s. folgendes Blatt]

[1]falsch ‹März 1804?› (Geiger S. 29 f.) [Weißenborn, S. 107 ff., 14. Dezember 1803]

BLATT 320a

gewiß recht närrisch zu lesen sein sollte. Nur etwas ist schlimm: ich stehe Ihnen gar nicht dafür, daß ich mich nicht zuzeiten etwas in Sie verliebe, u. das soll der Freundschaft Abbruch thun. Zum Beispiel, es wäre nicht ohne Gefahr, wenn Sie eine kleine goldne Uhr an einer goldnen Kette um den Hals trügen: vor einem weißen Schürzchen, das Sie ehemals gehabt haben, fürchte ich mich gar nicht, denn das ist ja wohl längst zerrissen. Durch Schaden wird man klug, Erfahrung ist die beste Lehrmeisterin, u. ein gebranntes Kind scheut das Feuer. Man spricht viel von den Leiden des jungen Werther, aber andere Leute haben auch ihre Leiden gehabt, sie sind nur nicht gedruckt worden.

Eins bitte ich Sie: legen Sie die übertriebene Bescheidenheit ab. Warum taxiren Sie sich nur halb so hoch als Gunda? Daß Sie das gethan haben, will ich Ihnen beweisen.

Ich wiege an Vortrefflichkeit	100
Gunda	20
	120
Also jedes von uns beiden	60

Aber im Ernst, lieb Günderödchen, ich habe ein sehr lebendiges Gefühl davon, daß ich Ihre Freundschaft u. Ihr Vertrauen haben werde u. daß ich es auch verdiene. Zugleich fühle ich, daß wir uns vielerlei werden zu sagen haben, ich meine jetzt nicht zum Beispiel, wieviel Antheil ich zu allen Zeiten an Ihnen genommen habe, sondern eigentliche Sachen, Dinge, die außer uns selbst liegen. Ich weiß nicht, warum ich es glaube, aber ich glaube es.

Nun habe ich Ihnen fröhlich geschrieben, u. dann ernsthaft, u. am Ende habe ich eine Empfindung, in welcher beides wunderlich aufgelöst ist. In den Veillées du château steht eine (wahrscheinlich schlechte) Erzählung Daphnis et Pandrose; diese Erzählung hat mich, als ich ein Kind war, zu Thränen gerührt, u. nun fallen mir auf einmal die letzten Worte ein (brisons l'autel), u. sie freuen mich wieder u. rühren mich wieder u. es kommt mir doch auch wieder sehr leicht u. lustig vor. Ist das nicht seltsam? u. müssen Sie mir's nicht all noch erklären? Ihr Savigny

BLATT 321 [kurze Notizen, Bettina an Clemens und Karoline]

BLATT 322

[Anfang fehlt] [ein Brief Karolines] der leider nicht erhalten ist[XXVIII], dessen wesentlicher Inhalt aber sich aus Savignys späterer Erwiederung doch genügend erkennen läßt. Sie gestand nämlich, daß sie ein Bedürfnis habe, sich auszusprechen, daß sie auch ihm gegenüber den Wunsch habe, das zu thun, aber es die Gunda nicht würdige. Zwischen ihr, Karoline u. Savigny bestehe eine gewisse Gemeinschaft, aber nicht zwischen ihr u. Gunda, u. dieses werde demnach bei einem gemeinsamen Leben ihr nicht förderlich, sondern verhinderlich sein. Sie selbst habe sich darüber gewundert, daß sie Gunda ihr Herz nicht habe öffnen können. Dabei machte sie Andeutungen über die Richtung, die ihr Denken u. Empfinden genommen habe.

Savigny legte diesen Brief vorläufig auf Seite u. fügte nur seinem fertig daliegenden Brief [vom 28. Dezember 1803] eine Nachschrift hinzu: «Auf den heutigen Brief antworte ich ein andermal, denn in fünf Minuten geht die Post ab. Adieu.» [Weißenborn, S. 113]

Am 8. Januar [1804] ging er dann auf den letzten Brief Karolines näher ein. (Geiger S. 23 f.) [Weißenborn, S. 115 f.] [s.a. VI, Blatt 328]

BLATT 323

Savigny u. Karoline zur Zeit seiner Verlobung (Geiger)

1803 reiste Savigny von Marburg nach Gießen (wohin ihn Creuzer begleitete); er besuchte dort wohl den Verleger, jedenfalls Frau von Rabenau, eine Tante von Karoline, bei der diese, wie er annahm, noch mit ihrer Schwester Minchen zum Besuch war. Aber Karoline war gerade Tags vorher abgereist ([Geiger] S. 17).

Er hatte Karoline einen Brief übergeben sollen, der ihm früher eingehändigt war – ohne Zweifel einen Brief der Gundel – u. Savigny selbst hatte Karoline «nach allerlei Dingen fragen wollen». Die Frau von Rabenau theilte mit, Karoline wolle den Sommer wieder nach Gießen kommen u. dann auch Marburg besuchen, wohin die Tante gern einmal reiste (S. 18 f.). Auf der Rückreise Geständniß an Creuzer!

1. Er schrieb ihr nun (von Marburg?), aber ohne jenen Brief beizufügen u. ohne seine Fragen zu thun. Sie war damals nicht in Frankfurt (denn sonst würde der Eingang des Briefs vom 10. Juli unverständlich sein), sondern irgendwo, wohin er ihr den Brief zu schicken nicht für angemessen fand.
2. Aus Frankfurt antwortete dann Karoline (S. 18) mit einem Brief, der ihm viele Freude machte. Auch erzählte sie von Gunda (S. 21).
3. Savigny schrieb wieder aus Marburg den 10. Juli (S. 17 f.), dankt für den erhaltenen Brief, fragt im Auftrag einer ungenannten Person – ohne Zweifel die Gundel, die ihren Bruder George auf der Hochzeitsreise begleitet, aber darüber sehr wenig erfreut ist (S.) –, wie Klödchen diese Begebenheit, nämlich die plötzliche Heirat des Georg (S. 18) – einer der ‹Brentanostreiche› – erträgt (S. 18). Die Günderode war eben mit der Klaudine befreundet (S. 18).
4. Antwort der Günderode, die zugleich ein Briefchen der Klaudine an sie, das ‹Günderödchen›, beilegt, nachdem sie eine Stelle desselben ausgestrichen (S. 19 f.). Sie erklärt, nicht nach Marburg kommen zu wollen, auch nicht nach Gießen (S. 20).
5. Savignys Brief aus Marburg, den 23. Juli.

   Scherzhafte Drohung mit Verläumdung in Gießen (S. 20 f.) u. Anfrage über einen früher von ihr gebrauchten Ausdruck über Gundel (S. 21).

   Andeutung seiner Verlobung mit Gundel (S. 22); seine geänderte Absicht: ‹gute Leute› werden ihr die Sache schon erzählen.
6. Karoline gratulirt ? (S. 29). Ihr Lob der Gundel u. Herabsetzung der eigenen Person (S. 31),

   cf. S. 14
7. Savigny schreibt wieder aus Marburg im Herbst (S. 29)

8. Karolines Brief (S. 24). Karoline kommt nach Trages (S. 23), wo sie mit Gundel u. Savigny zusammen war (S. 23; ihr ‹Stübchen›, S. 27).
   Savignys Wunsch des Zusammenlebens u. Karolines Zustimmung (S. 178, 27).
   Aber ____ mit Gundel (S. 28); Karoline geht wieder nach Frankfurt (S. 23), aber mit dem Versprechen, wieder nach Trages? zurück zu kommen: S. 23. Oder ist sie in Marburg? (S. 23. ‹hier›: 24).
9. Savigny schreibt an Karoline aus Marburg den 28. Dec. [1803] nach Frankfurt (S. 23)
   Karoline ist nicht gekommen!: Ihr Verhältniß zu Gundel (S. 25 f.).

BLATT 324

[Anfang fehlt] Der Brief erwähnt nämlich, daß Savigny in Gießen gewesen war. Nun aber liegt es nahe, diese Reise in Beziehung zu setzen zu seinem damals (am 3. Mai [1803])[1] im Manuscript abgeschlossenen Buch über den Besitz, das er Heyer in Gießen zum Verlag übergab.

Als Savigny damals nach Gießen reiste, besuchte er auch Karolines Tante, Frau von Rabenau, bei der Karoline mit ihrer Schwester Minchen zum Besuch gewesen war, in der Annahme, sie dort noch anzutreffen, während sie den Tag vorher schon abgereist war, aber offenbar nicht nach Frankfurt. Er hatte von einer dritten Person einen Brief erhalten, den er ihr persönlich in Gießen übergeben sollte. Diesen Brief gab er nun nicht ab, sondern nahm ihn wieder mit sich.

Die Frau von Rabenau hatte ihm erzählt, Karoline werde «noch diesen Sommer wieder dahin kommen u. dann Marburg in Augenschein nehmen», da sie, die Tante dahin «eine Lustreise zu machen» entschlossen sei.[2]

Von Trages aus, so scheint es, schrieb nun Savigny an Karoline: «Der liebe Gott, mein Fräulein», so beginnt der Brief, [Geiger, S. 16 f.] «hat es nicht haben wollen, daß ich Ihnen einen Brief in Gießen übergeben sollte, der mir für Sie eingehändigt worden war. Ich betrachte dieses als ein [Fortsetzung s. VI, Blatt 282]

[1]Rudorff, [Carl Friedrich von Savigny: Erinnerung an sein Wesen und Wirken] S. 19 [2]Geiger, S. 18

BLATT 325

[Anfang fehlt] «todt» für sie sein sollte, war mit Savigny vereinbart. In jenem Briefe, in dem er ihr sein Gefühl kund gab, daß er ihr «Dinge, die außer uns selbst liegen» zu sagen habe, erzählte er zum Schluß, in seiner Jugend habe ihn, als er Kind war, eine Erzählung zu Thränen gerührt, die mit den Worten schloß: brisons l'autel. Und diese Worte seien ihm nun auf einmal eingefallen. «Ist das nicht seltsam? Und müssen Sie mir's nicht all noch erklären?» [Geiger, S. 32] Noch ein Jahr später mahnte er: «Vor allem sei gegen dich selbst auf der Hut, daß nicht falsche Götter dich abwendig machen vom wahren Gottesdienst.» [Geiger, S. 39]

Aber schon auf Trages traten die verschiedenen Naturen der beiden Mädchen bald wieder einander gegenüber. Es war ein litterarischer Streit, bei dem ein Ausgleich nicht zu Stande kam. Karolines Enthusiasmus für irgend ein Werk der Litteratur fand bei Gundel keinen Widerhall u. die Streitfrage blieb bestehen.[1]

Von Trages begleitete dann Karoline Savigny u. seine Braut, wie es scheint, für einige Tage nach Marburg,[2] um dann im December wieder nach Frankfurt zurückzukehren, während die Gundel nach Trages ging.

[Fußnoten fehlen]

BLATT 326

In das krause Verhältniß der Geschwister unter einander ward auch die Günderode hineingezogen, u. zwar so, daß sie wenigstens in gewisser Hinsicht nicht auf Seiten Gundas, sondern mehr auf der des Clemens u. der Bettina stand. Als sie sich einmal Savigny gegenüber hatte hinreißen lassen, eine spöttische Bemerkung über Gundel zu machen, da griff er ein. In dem Brief, in dem sie Savigny auf seine Bitte, ihm über «das arme gute treue Klödchen» zu berichten, genaue Nachricht gegeben hatte – es war um die Mitte Juli 1803 –, da schrieb sie auch über Gunda u. sagte unter anderem, Gunda rede «mit einiger Würde von guten Principien.» [Weißenborn, S. 95] Savigny ging auf diese Bemerkung nicht in seinem nächsten, sondern erst in dem folgenden Brief vom 23. Juli ein, aber nur scherzend.[1] «Nun sagen Sie mir um Gottes Willen, Günderödchen, was das heißt. Es läßt sich auf vielerlei Art verstehen, u. ich wollte zwei Kommentare darüber schreiben, die sich gar nicht ähnlich sehen sollten. So etwas kann einen ehrlichen Menschen um seinen Verstand bringen, u. ich bin weit entfernt zu glauben, daß der meinige der Mühe wert sei». Als die Günderode dann später gestand, daß sie Gunda nicht in ihr geistiges Kämmerlein führen könne u. sich selbst darüber wunderte, schrieb Savigny[2] ihr [am 8. Januar 1804]: «Ich finde das sehr natürlich: ihr beide habt wenig individuelle Berührung, die individuellste vielleicht ist die, daß ihr beide an mir habt Geschmack [finden können]. [Fortsetzung fehlt]

[1]Geiger, S. 21 f. [Weißenborn, S. 100 f.] [2]Geiger, S. 25 f. [Weißenborn, S. 115 f.]

BLATT 327

1803 Karolines Schwester Minchen

Minchen Günderode, später Frau des Ministers [Carl Wilhelm Heinrich Freiherr du Bos] du Thil?[XXIX]
1803 den 10. Januar schrieb Clemens aus Marburg: in der Düsseldorfer Gallerie habe er Minnchen von Günderode in Guido Renis u. Dolcis Madonnen gefunden. (Steig I, 79)
– im Juni hat Savigny in Gießen ‹das gute Minchen› gesprochen, das sehr betrübt war, daß Karoline weg war. (Geiger, S. 17) [Weißenborn, S. 94]
– den 23. Juli neckt Savigny die Karoline mit der Drohung, er wolle sich «von dem süßen Mienchen zum Bruder annehmen» lassen. (Geiger, S. 21) [Weißenborn, S. 101]

Clemens muß an Bettina u. an Mienchen schreiben! (s. die Mereau)

BLATT 328

Savigny hatte Karoline also wohl doch dazu gebracht, mit ihrer Tante die Lustreise nach Marburg zu machen u. dabei, wie es scheint, die nöthigen Vorkehrungen getroffen, daß zu derselben Zeit auch Gunda in Marburg war: es handelte sich ja auch um die Einrichtung einer Wohnung für das künftige Paar. Auf Karolines u. Gundas gemeinsamen Aufenthalt in Marburg weist Savigny in einem Briefe vom 8. Januar 1804 hin, in dem er von Marburg aus an Karoline schrieb: «Sie haben hier anschauen gelernt, was ich schon lange weiß, wie das Gundelchen durch seine einfache Unbefangenheit viel besser ist als Sie u. ich». [Geiger, S. 24]

[es folgen einige durchgestrichene, kaum lesbare Zeilen und die Notiz:]
<Die Seiten des Folgenden u. die Reihenfolge also noch nicht klar!>

BLATT 329

[Überschrift: die Familie der Günderode]

BLATT 330–331

[Karolines Vorfahren im 16.–18. Jahrhundert]
Parallele ziehen zwischen den Familien Savigny u. Günderode, namentlich hinsichtlich des Dienstes in Kleinstaaten.
Ersch u. Gruber, a.a.O. [1. Sect., 97. Theil, 1878], S. 133–249 (Schwartz)
Stölzel

[es folgen Kurzbeschreibungen der Vorfahren Karolines]

BLATT 332

Quellenschriften für die Günderode

E. Rohde, Fr. Creuzer u. Kar. v. G. [Briefe und Dichtungen]. 1896
Ersch u. Gruber, Allg. Encyclopädie, 1. Sect. Bd. 97 (1878), S. 167–231 (Schwartz)

Ludwig Geiger, K. v. G. u. ihre Freunde. 1895

Steig, [zu Geiger, L, Karoline von Günderode. und ihre Freunde, in] Euphorion (Zeitschr für Lit.gesch.) 2. [1896] 406–419.

Frankfurter «Conversationsblatt» 1892 [richtig: 1862] (Nr. 164–166).
= Friedrich Cr[euzer] u. K. v. Günderode, Mittheilung über deren Verhältniß.[xxx]
[Nachdruck:] Heidelberg (Univ-Buchhandlung von K. Groos) 1895.

[Steig, Bettina, in] Deutsche Rundschau [72] 1892, August, S. 268 [S. 262–275]

[Dittenberger, Karoline von Günderode, in] Westermanns [illustrierte deutsche] Monatshefte [79] 1895[/96], S. 356f. [S. 352–357]

BLATT 333

Warum verzichtet Savigny auf Karoline? Sein Verhältniß zu ihr vor der Heirath mit Gunda.

Daß Savigny eine Zeit lang den Gedanken an eine Heimführung ernstlich erwogen hat, kann nicht wohl bezweifelt werden. Was war es denn, was ihn bewog, diesen Gedanken aufzugeben? Die Antwort ergiebt sich, wenn wir die Verhältnisse in Karolines Familie näher betrachten. Daß dieselben ökonomisch keine guten waren, konnte nicht entscheidend sein, wohl aber der Umstand, daß nicht nur die Verhältnisse nach einer anderen Richtung mit denen in seiner eigenen Familie eine gewisse erschreckliche Verwandtschaft zeigten: ~~der frühe Tod ihres Vaters,~~ das Hinsiechen ihrer Schwestern in früher Jugend ~~u. Karolines eigene hinfällige Gesundheit~~, sondern auch die vollständige Ungewißheit Karolines als eine Ehefrau.

BLATT 334

1800 den 22. Januar aus Butzbach an Sophie v. Leonhardi:
‹. . . u. alles, was Sie von den Lengfelder Geschwistern ansichtig werden, grüßen Sie schwesterlich.›
Ebenso läßt sie den 14. Februar ‹die Lengfelder Brüder› u. den 22. wieder die ‹Lengfelder Geschwister› grüßen.

(Die Verbindung Karolines mit Bettina beginnt erst mit dem J[ahre] 1801. Wohl auch die Bekanntschaft der Brentanos mit den Leonhardi?)
Schwarz in Ersch u. Gruber, Allg. Encyclopädie der Wiss. u. Künste, 1. Sect., Bd. 97 (1878), S. 167–231.

- - - - - - - - - - -

Butzbach den 14. Jan. 1800
[Karoline an Frau von Barkhaus] ... Mein Großvater, ein Greis von siebzig Jahren, war durch den Tod meiner Großmutter u. Großtante ganz verlassen; meine Mutter wollte ihn gern nach Hanau nehmen, aber er konnte sich nicht entschließen, das Haus u. den Ort zu verlassen ... Ich erbot mich, einige Zeit bei ihm zu bleiben ... Die Mutter sagte mir, sie wolle mich im März wieder abholen ... Von Hanau werde ich viele Bücher bekommen, u. zwar sehr ernstliche. [Weißenborn, S. 60f.]

BLATT 335–352 [Karolines Herkunft, Familie]

BLATT 353

[erste Begegnung zwischen Karoline und Savigny, Juni 1799]

An einem Sommertage des Jahres 1799 – es war der 17. Juni – fand sich im Odenwald auf dem Gut der Familie von Leonhardi in Lengfeld, einem durch die Sage vom Ritter von Rodenstein mit romantischem Schimmer umwobenen Ort, eine Anzahl junger Leute von angesehenen Frankfurter Familien zusammen. Die Jünglinge u. Jungfrauen, die Gefallen an einander fanden, schlossen, wie es damals üblich war, paarweise einen Bund als Bruder u. Schwester u. zur Bekräftigung dieses Bundes wurden die Namen des Paares umschlungen in der Rinde auserkorener Bäume eingeschnitten.

Zu solchen Paaren gehörten auch unser Savigny u. Karoline von Günderode. Die Dichterin, die das neunzehnte Lebensjahr überschritten hatte, zeigte eine aus Ernst u. Lieblichkeit gemischte Schönheit, eine anmuthige Mädchenhaftigkeit u. eine gedämpfte, mehr lächelnde als eine hell auflachende Heiterkeit. Aber nach außen gehalten hatte sie schon einmal die Stürme einer Leidenschaft an sich erfahren, die nun überwunden war, u. durch keine geregelte Pflicht in festem Grunde verankert war sie wieder geneigt, die Poesie zu erleben. Da trat ihr der Jüngling entgegen, dem seine Vereinsamung u. sein tief ernstes Streben ein manchmal wohl an Schwermuth gemahnendes Gepräge gegeben hatte. Sofort fühlte sie sich aufs stärkste angezogen.

BLATT 354

Die Günderodes waren eine in Hessen seit alter Zeit angesehene Beamtenfamilie, die wir auch in den benachbarten Staaten, insbesondere den Nassauischen Staaten in mannichfachen Diensten finden u. vielfache Beziehungen nach Frankfurt hatte. Karolines Vater, Hektor Wilhelm, war in Hanau geboren als Sohn eines Beamten, der sich durch staatsrechtl[iche] Schriften einen Namen gemacht hatte. Auch er hatte die Rechte studirt, war dann in badische Dienste getreten u. führte, nachdem er, wie S[avigny]s Vater, 1777 in die Reichsrittersch[aft] aufgenommen wurde, eine Verwandte, Luise von Günderode, heim. Nachdem der ältere Bruder gestorben war, gelangte er in den Besitz eines Familienfideicommisses, aber damals war seine Gesundheit schon aufs äußerste erschüttert. Er starb im 31. Jahr an der Schwindsucht, nachdem ihm seine Frau sechs Kinder geboren hatte, das letzte unmittelbar vor seinem Tod, Kinder, die zum Theil auch langsam dahin siechten. Am Leben blieben nur Karoline, eine jüngere Schwester, Mienchen, u. ein Bruder, Hektor.

Die Mutter lebte nach dem Tod des Vaters in Hanau, wo Daub, damals zur Strafe nach Hanau versetzt, mit der Familie verkehrte. Da die Mutter als Schriftstellerin u. Dichterin thätig war, so fehlte es im Hause nicht an literarischem Interesse u. spielte auch an dem Hof zu Hanau, der 1797 wieder Leben in die Stadt brachte, eine gewisse Rolle. In demselben [Fortsetzung fehlt]

BLATT 355

[Notizen zu Karolines Herkunft und Familie, zu VI, Blatt 335–352]

- - - - - - - - - -

Karoline Einleitendes (1799)

Sie ist geboren in Karlsruhe 1780 den 11. Februar (eingetragen in das Taufbuch der evangelisch-protestantischen Gemeinde (Rohde S. 106 f.) als erstes Kind ihrer Eltern. Sie stand im siebenten Lebensjahr, als ihr Vater in Karlsruhe starb, nachdem die Mutter wenige Monate vorher einem Sohne, dem einzigen [Fortsetzung fehlt]

- - - - - - - - - -

Karoline

Nicht gesund: sie litt an einer Milzkrankheit (Ersch u. Gruber [(Hgg.), 1. Sect., 97. Theil, 1878] S. 220) und war im letzten Jahr vom schwarzen Staar bedroht (das. S. 189)

BLATT 356–358 [Karolines Familie, ihre Geschwister]

BLATT 359

Bemerkungen zu Erwin Rohdes Schrift über Friedrich Creuzer u. Karoline von Günderode.[XXXI]

Bei der Durchsicht der von Rohde zu seiner schönen Schrift benutzten Korrespondenz, die ich mit Rücksicht auf Savignys Eingreifen in die verworrenen Verhältnisse vornahm, machte ich die unliebsame Entdeckung, daß der in jener Schrift mitgetheilte Wortlaut der Creuzerschen [Briefe] an zahlreichen u. dazu auch wichtigen Stellen keineswegs genau, vielmehr bisweilen auf Grund flüchtiger Lesung oder auch willkürlicher Evaluation entstellt, ja mehrmals geradezu sinnlos ist.

Ich rede keineswegs von dem sachlich durchaus gerechtfertigten Verfahren, daß vielfach nur Bruchstücke der Briefe mitgetheilt sind oder aus ____ischen Stellen manches ausgelassen ist; ich habe vielmehr einzig u. allein denjenigen Theil der Briefe im Auge, der mitgetheilt werden sollte.

1) Den Anfang mögen die stärksten Verstöße machen,

a) nämlich die jetzt sinnlosen oder stark entstellten Stellen:

S.10 Mitte: daß ich nicht ohne Absicht bemüht bin, ihn aufzuklären. S.112, 28. Aber es heißt vielmehr: dich über ihn aufzuklären.

S. 22 Sie kennen es: Romanzen: dazu hat er wieder eine neue ... gemacht. Aber im Brief steht: ‹wieder einige neue ...›

b) S. 100 lesen wir oben: «Welch eine fatale Geschichte für dich, wenn der Mensch (von Lignac ist die Rede) sich zu dir hindrängte.» In dem Brief aber steht deutlich: Welch eine fatale Gesellschaft! Und wenn wir S. 108 lesen: «Mache dich frei von dieser Gesellschaft,» so heißt es in dem Briefe vielmehr: «von diesem Geschlecht»!

2) An zweiter Stelle betrachte ich die [Glättungen?] des Textes, die denselben ändern. Die stärksten sind:

S. 110 oben: «Seit ich ... seitdem ist es aus zwischen uns.» im Brief selbst aber steht: – ist's aus mit mir.

Und auf derselben Seite unten: «auch unter günstigeren Verhältnissen auf meiner Seite».

Im Brief steht: unter günstigeren Umständen.

BLATT 360

S. 59 in der unteren Hälfte: «was zu Linas Schonung nöthig oder möglich geachtet werden mag.» Es heißt vielmehr: «oder nützlich».

S. 86 über der Mitte: «Das Lied ist wahrhaft rührend.» Es heißt aber: «wahrhaft östlich, du verstehst mich», was freilich auch ein späterer Leser des Briefes nicht verstand, der aus ‹östlich› ‹köstlich› [verändern?] wollte. Und doch weist das folgende: ‹bist du im Morgenlande so einheimisch› u. die Warnung vor dem ‹occidentalischen› Drama deutlich auf den Sinn hin. Das ‹rührend› geht vollständig in die Irre.

S. 112 unten: ‹Wer doch den Raum zerreißen (!) könnte, der uns trennt›. Es steht aber da: ‹zernichten›.
S. 102: ‹Es ist die Stube, wo ich ehemals›, aber es steht vielmehr im Brief: ‹mehrmals›.
S. 106 das Referat! ‹Savigny hat an Creuzer freundlich geschrieben, ohne Mißstimmung, die sie gefürchtet hatte›; aber im Brief steht: ‹ohne Mißstimmung gegen ihn›, was nicht fehlen durfte, da die Möglichkeit bleibt, daß allerdings eine Mißstimmung bestand!

BLATT 361

1. Unbeabsichtigte Auslassungen
   S. 10, Z. 9: ‹Werth deiner Poesie›. Die Mereau meinte . . .› Dazwischen steht aber noch: ‹Clemens' Urtheil lief darauf hinaus: «Du habest gar keine Poesie».
   – Z. 16: ‹bemüht bin, ihn aufzuklären›. Vielmehr steht da: dich über ihn aufzuklären›.
   S. 17, Z. 8 v.u.: das mir kein Freund tragen hilft! Zu lesen: kein Freund (ich habe keinen)
   S. 41, 48, 67, 76, 101.

2. Verkehrte Satzfolge
   S. 28, Z. 3f.: ‹Mißtrauen. Doch letzteres hat sich etwas gemildert›. Dieser am Rande nachgetragene Satz gehört vielmehr zu Z. 2: ‹Die Gabe zu verschwenden. Doch letzteres› usw.

3. Verkehrte Lesungen
   S. 32, 34 __ 36 unten, S. 52, 59, 63 (5!) ___ 65, 79, 86, 87!, 88, 89, 91, 93, 97, 100, 102, 107!, 108, 110

4. Zurechtgemachter Text u. doch als authentisch gegeben:
   S. 35, 40, 77, 78, 80!, 81, 109, 112

   Umstellungen: S. 24, 51, 61, 68, 98

5. Versehen: S. 62, 74, 85, 109!, 111

BLATT 362 [Rohde und die Creuzer-Günderode Briefe: nur Seitenangaben]

BLATT 363

1800 den 22. Febr[uar]
Liebe! Wie Recht haben Sie zu sagen: man muß die Menschen nehmen wie sie sind; ich begreife u. erkenne das so deutlich, doch kann ich diese Erkenntniß nicht, wie ich sollte,

ins prakt[ische] Leben übertragen. Jeden Abend muß ich mir sagen, ich habe von irgend einem der mich umgebenden Menschen zu viel erwartet u. als ich getäuscht war, fühlte ich doch nur im Herzen Bitterkeit darüber. [konnte nicht ermittelt werden]

[1800] den 18. April [an Frau von Barkhaus]
Deinen Bruder Fritz [von Leonhardi] grüße von mir. Seinen Rath, Fichtes Abhandlung über Glauben zu lesen, hätte ich befolgt, aber die schlimmen Augen. Ich konnte das Werk nicht unternehmen. Der ganze Fichte hier mit Dank zurück. Die Mutter hat ihn durchgelesen. [Weißenborn, S. 65]

Ohne Datum (zw. __ u. Nov. 1800)
Otto [ein Vetter Karolines] hat mir gesagt, daß er seine Universitätsbekanntschaft mit deinem Bruder erneuert habe. [Weißenborn, S. 73: September 1800]

Den 2. Febr. (Wilhelmine schreibt) 1800?
Auch [bietet Otto?] Karoline, ihr den Theil von Goethes Schriften mitzubringen, worin Torquato Tasso steht. [konnte nicht ermittelt werden]

- - - - - - - - - -

[Stichworte zu Savigny]

BLATT 364

Ersch u. Gruber Encyclopädie, 1. Sect. Bd. 97 (1878), S. 167–231 [über Karoline von Günderode]:

‹Namentlich hatte auch ihr Umgang mit ... Savigny den wesentlichsten Einfluß auf ihre höhere geistige Entwicklung.› S. 168
‹Die zärtliche, fast leidenschaftliche Liebe, welche sie für den damals 20j[ährigen] schönen u. geistvollen K. v. S[avigny] im Herzen trug, eine Neigung, welche diesem damals wahrscheinlich gar nicht bekannt wurde.› S. 170
‹Sie wurden durch die beiderseitige Freundschaft mit Familie Leonhardi einander nahe geführt; die treffliche Frau Karoline von Barkhaus, deren Bruder Friedrich v. Leonhardi ein Jugendfreund Savignys war, wurde von ihrer Freundin Karoline in das zarte Geheimniß ihrer Seele gezogen, benahm sich dabei mit großer Klugheit, da sie voraussah, daß S[avigny], der in jener Zeit über seine künftige Bestimmung noch nicht zu einem festen Plane gekommen war, sich in dieser Lebensperiode noch nicht zur Wahl seiner künftigen Gattin entschließen könne u. dürfe.› S. 170.

Nie kam es zwischen S[avigny] u. K[aroline] zu einer Erklärung. S[avigny] führte seine Frau am 17. April 1804 in Meerholz bei Hanau zum Altar. Also sehr gut ____.

- - - - - - - - - -

[kurze Aufzählung der Briefe Karolines an Frau von Barkhaus, Juni bis August 1799; s. a. VI, Blatt 299–301]

BLATT 365

Nees von Esenbeck

Es gibt zwei Botaniker dieses Namens.
1) Christian Gottfried Daniel (A.D.B. [Bd. 23 (1886)] S. 368[–376])
2) Theodor Friedrich Ludwig (das. S. 376)
‹Brüder› (erwähnt S. 376)

1) ist geb. 1775 auf dem [Schloss] Reichenberge bei Erbach im Odenwald als Sohn eines Beamten des Grafen v. Erbach (S. 365)
2) Ist geb. 1787 auf dem Bergschlosse Reichenberg im Odenwald, gleichfalls als Sohn eines gräfl[ichen] Erbachschen Beamten (S. 376)

Mit dem ersten haben wir es allein zu thun ([gest.] 1858 zu Berlin, von 1818–1830 in Bonn (S. 369)

1796–99 in Jena als Stud[ent] der Medicin (u. Philosophie, insbes. Schelling)
1800 in Gießen promoviert
1802 auf das kleine Gut Sickershausen in Kitzingen a. M., das ihm seine nach einjähriger Ehe verstorbene Frau hinterlassen hatte, zum 2. Mal vermählt.
Spiel mit Worten sch___t. Seine naturphilos. Speculation S. 371 f., anderseits Krit. Schr.
Talent u. scharfe Naturbeobachtungen S. 374.
Seine ethischen Grundsätze:

1845 «Das Leben der Ehe in der vernünftigen Menschheit u. ihr Verhältniß zum Staat u. zur Kirche.» In dem Versuch, die Verwerflichkeit der unter dem Gesetze stehenden Ehe gegenüber einem freien, d. h. von keinem kirchl[ichen] Zwang beeinflußten Zusammenleben von Mann u. Weib ... überschreitet die Schrift die Grenzen, welche eine tiefer begründete Ethik der Moral u. Sittlichkeit in einem civilisierten Staatsorganismus vorschreibt. (S. 375)

‹durch u. durch Idealist› ... ‹wahrhafte Menschenfreundlichkeit› ‹Humanität ... bis zur Schwäche.› (S. 376)

BLATT 366

[Karoline im Jahre 1798/99]

Es scheint der Karoline sehr schwer geworden zu sein, sich der Hausordnung zu fügen: schon im Herbst, den 1. August, sah die Großmutter in Butzbach sich veranlaßt, ihr Mahnungen zukommen zu lassen (Geiger S. 8). Ihre Mutter scheint also weniger ängstlich gewesen zu sein. Mit dieser hatte Karoline eine schöngeistige Neigung gemeinsam. 1798 schrieb sie ihr ein Gedicht in der Manier des Homer (Geiger S. 3).

Im Sommer des folgenden Jahres starb eine Großtante u. 8 Tage darauf die Großmutter. Karoline war damals schon seit einiger Zeit bei der Mutter in Hanau, vermuthlich um sich zu erholen. Ihre Schwester Wilhelmine schrieb am 2. Ostertag an einen Freund, Karolines Augen seien ziemlich angegriffen u. als Karoline dann mit der Mutter u. Lotte nach Butzbach zum Begräbniß fahren sollte, schrieb sie: «Es ist mir wirklich recht bang um die arme Karoline, da sie sehr schwächlich ist.»

Es war kurz nach dieser Beerdigung, als sie am 17. Juni [1799] auf dem Gute der Familie v. Leonhardi im Odenwald mit Savigny zusammentraf.

BLATT 367 [Notizen zu Karoline]

BLATT 368 [redundant, s. VI, Blatt 293]

BLATT 369–370 [Karoline im Damenstift]

BLATT 371

Clemens aber, von dessen stechendem Blick Karoline früher zurückgestoßen war u. der sich nicht entblödet hatte, einen unsäglich schamlosen Brief an sie zu richten, spielte auch bei dieser zum Theil vor seinen Augen sich entwickelnden Geschichte, die seine Neugier aufs höchste erregte, eine Rolle, die gleichfalls nun wieder seinen Charakter offenbart. Seine ohnehin stark entwickelte Eifersucht fand es, da hier seine Frau, von der er als Dichterin u. Schriftstellerin für sich materielle Vortheile hoffte, fand er es jetzt, wo sie mit einer anderen Dichterin zusammentraf, unerträglich, wenn Karolines Lob ertönte. Wie er Creuzer, der aus seiner Verehrung Karolines kein Hehl machte, darlegte, warum <u>er</u> sie nicht loben könne,[1] so erklärte er, als Creuzer ein günstiges Urtheil über Karolines Gedicht Goethe zuschrieb, das sei nur Ironie von Goethe gewesen. Das Gespräch hatte in Savignys Gegenwart stattgefunden u. er [Savigny], wie Creuzer Karoline erzählte, klar u. freundlich gesagt: ‹das werde dich ja recht freuen›.[2]

[1]Rohde S. [10] [2][Rohde] S. 10 [an Karoline, Oktober 1804]

BLATT 372 [diverse Notizen zu Karoline]

BLATT 373

Kehren wir zu dem größeren Freundeskreis zurück, so erfahren wir von Creuzer, daß jener «sehr lebhafte Ideenwechsel» vornehmlich «in schriftlicher Mittheilung» erfolgte, ohne Zweifel um den Gedanken eine größere Deutlichkeit u. Bestimmtheit zu geben u. zugleich, in schriftlicher Darlegung schwieriger Fragen Übung zu erlangen.

Auch hier erhalten wir durch Creuzer ein bestimmtes Beispiel, das zugleich auf Savignys geistige Interessen ein Licht wirft. In einem Brief an die Günderode vom 23. Januar 1806 erzählt er,[1] daß der Mythenkreis des Dionysos (Bakchos) schon Jahre lang seine Gedanken beschäftigte. «Seine Geheimnisse zu erforschen, reizte meine Wißbegier. Schon vor einigen Jahren schrieb ich daher etwas nieder über sein Festspiel (die Komödie); es liegt noch [roh] in meinen Papieren. S–y u. S–z <offenbar Savigny u. Schwarz> haben einiges dazu geschrieben». [Preisendanz, S. 217 f.]

Mit Schwarz hatte auch Savigny manche Interessen gemein; wir werden sehen, wie beide sich später in der Geschichte der Universitäten nahe berührten, ja Savigny durch Schwarz, der die Geschichte des gelehrten Unterrichts genau kannte, wohl in einzelnen Punkten von seiner ursprünglichen Ansicht abgelenkt u. zu der von Schwarz vertretenen Auffassung bekehrt ward. Auch Briefe Savignys an Schwarz haben sich noch erhalten, wenn auch nur sparsam; der älteste bekannte ist datirt vom 23. Juli 1799. [Stoll I, 102 f.]

Die lebhafte Correspondenz Savignys mit Leonhard Creuzer, die noch erhalten ist u. deren Veröffentlichung [wie?] bevorsteht, wird uns ohne Zweifel weitere Einblicke gewähren. Aus den kurzen Mittheilungen, die bereits vorliegen, ergiebt sich schon das verschiedene Verhältniß, in dem Savigny in wissenschaftlicher Hinsicht zu [Fortsetzung fehlt]

[1]Rohde berührt S. 83 den Brief nur, theilt die Stelle aber nicht mit.

BLATT 374

Savigny u. die Studenten

Weis hatte von der Empfänglichkeit der Studenten kein günstiges Urtheil, meinte vielmehr, daß mit ihnen «nichts zu machen wäre». Aber Savigny widersprach dieser Anschauung; eine Einigung aber kam zwischen ihnen nie zu Stande.[1]

Auf seiner sächsischen Studienreise war Savigny stets von dem Gedanken erfüllt, wie die Empfänglichkeit der Studenten geweckt werden könne, wenn auch nicht alle Zuhörer «electrisirbar» seien; aber, so schrieb er[2] an die Freunde, «wer wollte sich nicht electrisirbare wünschen?»

Dabei komme es nicht nur auf die Zuhörer, sondern auch auf den Docenten selbst an.

[1]Savignys Brief an Weis, Trages den 4. Juni 1804, bei Schulin, S. 38 [2]Stoll, S. 18 [Stoll I, 123]

BLATT 375–376

[Stichworte und Notizen]

BLATT 377

[vermutlich Irrläufer: Alexandria, Africa, Dalmatien]

BLATT 378

[Stichworte und Notizen]

BLATT 379

Vorbemerkung

Savignys Lebensgeschichte ist für manche Perioden noch so gut wie unbekannt. Das gilt insbesondere für die Periode, in der seine Gesinnung als Mensch und Christ uns am klarsten entgegentreten muß: vor der Zeit, in der sein Entschluß zu Stande kam, das Mädchen heimzuführen, das dann unter den widerwärtigsten Umständen seine Gattin ward. Daß der warmherzige Protestant eine konfessionell gemischte Ehe einging, u. dazu noch mit der Tochter einer streng katholischen Familie, ist in der That eine seltsame Erscheinung: bekannt ist der Vorwurf, daß das Haupt dieser neuen Familie seine Kinder katholisch werden, ja katholisch erziehen ließ, ein Vorwurf, den selbst der beste Kenner der Frühgeschichte Savignys, Adolf Stoll, der andere Irrthümer über Savignys Wesen und Bildungsgeschichte zurückbeseitigt hat, nicht ganz zurückweist, obgleich er durchaus unbegründet ist.

So erscheint es mir als die erste Aufgabe, die Geschichte von Savignys Ehe genau[er] darzustellen, als es die uns jetzt zu Gebote stehenden Quellen gestatten. Das Bild der Verhältnisse, das sich dabei ergiebt, erhellt nicht nur die damalige Zeit, sondern wirft auch ein Licht auf die späteren Jahre, in denen Savignys Kinder katholisch wurden.

[1][kein Verweis im Text] Stoll, S. 3.

BLATT 380–381

[Stichworte und Notizen: frühe Geschichte, Toscana, Italien, Leopold]

BLATT 382

Clemens Brentano rühmte sich seinem Bruder Franz gegenüber als eines Verdienstes um die Familie, daß <u>er</u> die «Veranlassung» zu Savignys Wahl seiner Gattin gegeben habe, eine Behauptung, der eine Berechtigung nicht abgesprochen werden kann, aber wiefern diese Veranlassung ihm zum Ruhme gereichte, auf den er nachträglich Anspruch erhob, werden wir sehen.

Der Zusammenhang der Dinge nöthigt uns, nicht mit Savignys Leben in dem letzten Jahrzehnt des achtzehnten Jahrhunderts, sondern mit Clemens Brentanos Treiben als Student in Jena zu beginnen.

BLATT 383

Clemens, der Sohn eines aus Italien stammenden katholischen Kaufmannes u. der jugendlichen Tochter einer deutsch-evangelischen Familie, die dem Italiener zu einer katholischen Ehe angetraut worden war u. ihre Kinder katholisch taufen u. erziehen lassen mußte, dieser begabte, aber im schlimmen Sinne früh reife, höchst phantastische Jüngling war nur ein halbes Jahr jünger als Savigny (geb. den 9. ~~Sept~~ November 1778) [richtig: 9. September 1778]. Im April des Jahres 1798 bezog er mit Hans v. Bostell aus Wetzlar als Student die Universität Jena, wo er der Gesellschaft «Zur Rose» beitrat,[6] der auch der Mediciner August Winkelmann angehörte, und die Dichterin Sophie Mereau kennen lernte, an die er bald sein leicht entzündbares Herz verlor, ein Verhältniß, das seinen Kameraden sehr wohl bekannt war. Schon am 9. Juli erkundigte sich einer seiner Freunde nach der Geschichte seines Herzens u. den Revolutionen, die die kleine Mereau darin anrichtete.[7]

Am 30. Juli 1799 erschien Savigny in Jena, um hier die bedeutendsten Lehrer der Hochschule kennen zu lernen.[4] Bald ward er auch mit Winkelmann bekannt, der ihn in das jeden Sonnabend Nachmittag in der Rose veranstaltete Concert begleitete. Da saßen vor dem Orchester auf drei Seiten die von der Gesellschaft geladenen Damen u. hinter ihnen standen eng [ge]preßt wohl an 300 Studenten. Unter den Damen fehlte nicht die von den Studenten hoch gefeierte Mereau, an welche viele von ihnen schwärmerische Gedichte richteten [Fortsetzung s. folgendes Blatt]

[Fußnoten 1–3, 5, 8 kein Verweis im Text] [1]Briefwechsel I, S. VII, XI. [2]Steig I, 16 f. [3]~~Steig I, 9~~ [4]Stoll, S. 13 ff. [Stoll I, 115 ff.] [5]Briefwechsel I, S. VII – Vgl. Creuzer [6]__ Vgl. Stoll, S. 17, Anm. 84 [Stoll I, 121, Anm. 2] [7]Briefwechsel [Mereau] I, S. XI [8]das. S. VIII

BLATT 384 [s.a. V, Blatt 124]

u. unter den Studenten sicher nicht Brentano. Winkelmann zeigte Savigny die Mereau u. er fand ihre Züge «äußerst einnehmend u. sanft», aber auch das Verblühen «sichtbar», das «durch starke Schminke» verborgen werden sollte. Sie stand im 29. Jahre.[1]

Damals war Brentanos Großmutter, die Frau Sophie Laroche, wieder einmal bei ihrem Jugendfreund Wieland in Oßmannstedt, u. zwar mit Clemens' ältester Schwester Sophie, die, auf einem Auge erblindet, mit einem österreichischen verlobt war.

Am 23. Juli hatte Clemens die Mereau zu diesen seinen Angehörigen nach Oßmannstedt gebracht, wo aber die Schwester die Mereau nicht sah. Dafür kam Sophie dann am 27. Juli nach Jena, wo sie nun mit der Mereau bekannt ward.[4]

Vor diesen Tagen hatte Savigny in Weimar von Böttiger einen Brief an Wieland erhalten u. den 29. Juli Wieland einen Besuch in Oßmannstedt zugedacht, aber nicht angetroffen. An Wielands Statt war Savigny von der Frau Laroche empfangen worden; er fand an ihr «eine lebhafte Frau, aber sehr Schauspielerin,»[3] sehr verschieden von seinem Ideal einer Patriarchin, nichts desto weniger «sehr interessant», so daß es ihm «recht wohl bei ihr» war.[5] Wir hören von anderer Seite, daß die Großmutter Clemens' Savigny auf ihren Enkel in Jena aufmerksam machte. Dann erschien Wieland, worauf denn auch eine persönliche Bekanntschaft zwischen beiden erfolgte, ohne daß wir aber irgend etwas Näheres erfahren: [Fortsetzung fehlt]

[1]Briefwechsel [Mereau I], S. VII [2][kein Verweis im Text]... [3]Briefwechsel I, S. XI [Steig I, S. 17] [4]daselbst [Mereau I] S. XI [5]Stoll, S. 12 [Stoll I, 114] [6][kein Verweis im Text] Steig I, S. 18

BLATT 385

[Gönner, Über Gesetzgebung und Rechtswissenschaft in unserer Zeit]

Gönner, das ‹Mitglied der Gesetz[gebungs]kommission in München› über sich selbst
S. 18: ‹Dankbar erinnere ich mich der Zeit, wo ich sechs Jahre lang röm. Recht als Lehrer bearbeitete; noch lese ich, soviel es meine Zeit erlaubt, täglich einen Corpus darin.›
S. 63 f.: ‹Mit mir wird jeder, der von Gesetzgebung einen Begriff u. im Gesetzgebungsfache gearbeitet hat, darin übereinstimmen, daß bei einem Gesetzbuch die Revision des bestehenden Rechts die Hauptsache ... sei.›
S. 127: ‹Doch kann ich Hrn. v. S. aus Erfahrung versichern, daß kein Arbeiter im legislativen Fache, der schwersten unter allen juristischen Arbeiten, zu beneiden ist›. (S. 127)
S. 240 Anm.: ‹Schon früher habe ich über diesen Gegenstand (Theorie u. Praxis, Schule u. Gericht, doctores in Jurisprudenz) meine Gedanken dem Publikum mitgetheilt, seitdem fand ich sie durch mannichfaltige Erfahrung, besonders in Ministerial-Departements-Arbeiten bestätigt›.
S. 249: ‹Ich spreche aus Erfahrung, denn mehr als zehn Jahre lang habe ich ... alle Dekrete u. Urtheile der beiden Reichsgerichte mit prüfendem Auge durchgegangen›.

Ich unterlasse es alles aufzuzählen, wovon Gönner mittheilt, daß er es schon gesagt (S. 183, 225, 226) habe oder wie er es damit halten werde (S. 278, 281); und das sei bemerkt, daß seine Schrift sich vielfach als eine Vertheidigung seiner eigenen Stellung in München zu erkennen giebt,[1] u. als ein Mittel, sich noch größeren Einfluß auf die Gesetzgebung zu erringen. Zugleich gewährt er mancherlei Einblicke in böse Erfahrungen, die er bei den Berathungen «im legislativen Fach» gemacht hat, z. B. S. 279: ‹aus dem Stegreif kann man wohl über ein gewöhnliches . . . Geschäft abstimmen, unvorbereitete Berathungen über ein Gesetzbuch liefern nur klägliche Resultate.› (S. 280) ‹Bei legislativen Arbeiten wirkt nichts nachtheiliger als öfteres Unterbrechen der Berathungen: die Mitglieder verlieren den Faden, den festzuhalten ohnehin schwer [ist].

[1]Vgl. S. 249: ‹Ich weiß, daß mein Vorschlag ohne alle Beschwerde oder Störung [Fortsetzung fehlt]

BLATT 386 [Notizen zur frühen Rechtsgeschichte]

BLATT 387

Ohne Zweifel war Savignys Verhalten wie stets bei einer ersten Begegnung ein gemessenes, so daß es dem stets erregten Brentano nicht sonderlich behagt haben mag u. daß beide bald «Freunde» wurden,[1] davon kann keine Rede sein. Erst durch den tiefen Eindruck, den Savigny in seinem eigentlichen Kreise machte u. die große Verehrung, die ihm trotz seiner Jugend zu Theil ward, veranlaßten Clemens, dem das nicht entging, sich ihm zu nähern, sich ihm geradezu anzuhängen.

[1]Steig I, 18 [2][kein Verweis im Text] v. Bippen

BLATT 388 [Texte und Notizen zur frühen Rechtsgeschichte]

BLATT 389 [Stichworte: Clemens etc.]

BLATT 390–391 [Texte und Notizen zur frühen Rechtsgeschichte]

BLATT 392–393 [Stichworte: Clemens etc.]

Anmerkungen

I Blatt 8: «Museum» war zuerst als Name für das von Creuzer und Daub herausgegebene neue Journal «Studien» (1805–1810) in Erwägung gezogen worden.
(s.a. III, Blatt 369)

II Blatt 8: Als Deckmantel für ihre Korrespondenz benennen Creuzer und Karoline viele Personen in ihrem Umfeld, sich selber und sogar andere Orte oft in verfremdeter Form:
Creuzer = der Fromme, Eusebio; Karoline = der Freund, die Poesie; Frau Creuzer = die Gutmütige;

Schwarz = der Teilnehmende; Frau Daub = die Feindselige; Prof. Daub = der Fremde; Rußland = Alexandria; Preußen = Friedland.

III Blatt 51: Der Gedanke, den Bremer (nach Rohde, S. 47) hier dem Pfarrer Schwarz zuschreibt, stammt laut Preisendanz, S. 106 von Savigny. Im Originalbrief ist der betreffende Name nur mit S. angegeben; in dem Kontext ist aber wohl eher Savigny gemeint.
(s.a. VI, Blatt 40, 157)

IV Blatt 57: Bremers ungenannte Quelle für die Seitenangaben, S. 179, 181, 183f., 220f., konnte nicht ermittelt werden. Rohdes Briefsammlung hat nur 142 Seiten, auch bei Geiger ließen sich die Seiten nicht verifizieren. Obwohl Bremer das Werk von Preisendanz während seiner Arbeit am Text offenbar nicht nutzte, konnten alle Zitate bei Preisendanz auf den Seiten 114–116 nachgewiesen werden.

V Blatt 57: «Ungenau» ist ein interner Vermerk Bremers. Der Satz in Creuzers Brief vom 23. Juni 1806 lautet: «Und die Bettine hätte nicht blos um der andern Gründe Willen Abweisung verdient, sondern auch, weil sie unsern Freund [Karoline] zu einer so schlechten Sache verleiten wollte, als so eine Vorlesung ist.» (Rohde, S. 108f.; Preisendanz, S. 300).

VI Blatt 61: Savignys reiste im September 1805, mit Umwegen über Metz und Koblenz, aus Paris zurück (Stoll I, 261). Er war erst im Oktober wieder in Frankfurt.

VII Blatt 66: Dies ist Karolines 2. Brief an Daub, vom 10. Oktober (Weißenborn, S. 251). Der 3. und letzte Brief an Daub (siehe VI, Blatt 93–94) ist von Mitte Oktober (Weißenborn, S. 255f.).

VIII Blatt 70: Das Zitat ist aus Günderode, Gesammelte Dichtungen, hrsg. von Friedrich Götz, S. 60 (Preisendanz, S.142, Anm. 70, S. 328).

IX Blatt 81: Geiger, S. 175f. datiert den Brief an Karoline auf den 11. August 1805 und vermutet Frau von Barkhaus, geb. Leonhardi, als Urheberin. Weißenborn (S. 254) dagegen nennt den 11. Oktober als Datum und Frau von Heyden als Urheberin.

X Blatt 94: Steig, Zur Günderode, in: Euphorion 3 (1896), S. 478–480.
URL: https://digital.slub-dresden.de/werkansicht?id=5363&tx_dlf%5Bid%5D=66429&tx_dlf%5Bpage%5D=498 (zuletzt abgerufen am 21.06.2023).

XI Blatt 119: Der Brief von Frau Creuzer an Savigny ist vom 22. November 1805 aus Heidelberg (Preisendanz, S. 185f.; Weißenborn, S. 273f.). Sie bezieht sich darin auf ihr früheres Schreiben aus Heppenheim vom «9. 9ber» (9. November), also etwa dem Tag, an dem sie vertrauensvoll mit Savigny über ihre Lage gesprochen hatte (Dahlmann, S. 366f.; Weißenborn, S. 263f.).

XII Blatt 146–147: Diese Textfragmente – sämtlich ohne Datierung und mit unvollständiger Quellenangabe – beziehen sich nach Bremers Darstellung auf die Gespräche zwischen Creuzer, Savigny und Karoline im Oktober und November 1805. Die meisten Zitate sind jedoch in Briefen Creuzers vom November 1804 nachweisbar (sowohl bei Rohde als auch bei Preisendanz). Sie beziehen sich demnach auf andere Begebenheiten als von Bremer angenommen. Es zeigt sich hier die schwierige Quellenlage und damit verbundene Ungenauigkeiten.

XIII Blatt 148: Savigny aus Metz an Creuzer, 18. November 1804 (UB Marburg, Signatur: Ms. 979/41).
URL: https://kalliope.staatsbibliothek-berlin.de/de/ead?ead.id=DE-611-HS-3608516 (Digitalisat) (zuletzt abgerufen am 21.06.2023).

XIV Blatt 153: Diese Übersicht zur Korrespondenz Friedrich Creuzers mit Karoline von Günderode bezieht sich zweifellos auf die Briefe, die Bremer aus dem Nachlass Creuzer in Heidelberg als Handschriften vorlagen. Fast alle genannten Briefe sind als digitale Faksimiles erfasst und zugänglich in: Friedrich Creuzer. Briefe an Karoline von Günderode, 1804–1806. 127 Briefe aus Creuzers

Nachlass, Universitätsbibliothek Heidelberg, Signatur: Heid. Hs. 774.
URL: https://doi.org/10.11588/diglit.8621 (zuletzt abgerufen am 21.06.2023).
(s.a. III, Blatt 391, Anm. XXXVII)

XV Blatt 167: Ferdinand Walter
URL: https://woerterbuchnetz.de/Meyers/Walter (zuletzt abgerufen am 21.06.2023).

XVI Blatt 207: Friedrich Creuzer (A.D.B., Bd. 4 (1876), S. 593–596)
URL: https://de.wikisource.org/wiki/ADB:Creuzer,_Friedrich (zuletzt abgerufen am 21.06.2023).

XVII Blatt 236: Frau Wenz ist sehr wahrscheinlich Bremers Mitarbeiterin. Der Name ist auch genannt in VI, Blatt 243, 248, 251 und in V, Blatt 90.

XVIII Blatt 241: Neue Allgemeine Deutsche Bibliothek. Vierteljahreszeitschrift, 1793–1806, hrsg. von Friedrich Nicolai.
URL: http://ds.ub.uni-bielefeld.de/viewer/toc/2002571/1/LOG_0000/ (zuletzt abgerufen am 05.07.2023).

XIX Blatt 243: Briefnetzwerke der Gebrüder Grimm: Goethe-Schiller-Archiv Weimar: Bestand GSA 96/2442,XVIIII
URL: https://tudigit.ulb.tu-darmstadt.de/show/Gri-GSAW/0068 (digitales Faksimile) (zuletzt abgerufen am 21.06.2023).
Die in der abgebildeten Quittung genannten Zahlungsmittel und die von Savigny dafür verwandten Kürzel sind angesichts der Währungsvielfalt um 1800 schwer zu bestimmen. Am Anfang steht offenbar: 8 rt (Reichsthaler). Beim zweiten Kürzel (calb.) handelt es sich vermutlich um den Albus, der bis 1834 in Hessen als Rechnungsmünze im Umlauf war. Das «c» in «calb.» könnte für «courant» stehen: Courantalbus oder: Albus courant. Bei der Abschrift des Brieffragments hat Bremer, wohl selber im Zweifel, hinter dieses Kürzel ein «(sic)» gesetzt.
(s.a. I, Blatt 325)

XX Blatt 246: Die Rede ist von Friedrich Tiedemann, dem Sohn des Philosophen Tiedemann (Stoll I, 216, Anm. 6).

XXI Blatt 249: Friedrich Ludwig Freiherr von Berlepsch
URL: https://woerterbuchnetz.de/Meyers/Berlepsch (zuletzt abgerufen am 21.06.2023).

XXII Blatt 252: Schlegel, Einige Vorlesungen über Litteratur, Kunst und Geist des Zeitalters, in: Europa: eine Zeitschrift 2 (1803), S. 3–95.
URL: https://www.digitale-sammlungen.de/en/view/bsb10612116 (zuletzt abgerufen am 21.06.2023).
Die 1801–1804 in Berlin gehaltenen Vorlesungen wurden veröffentlicht unter dem Titel: Vorlesungen über schöne Litteratur und Kunst, drei Theile, Henninger, Heilbronn 1884.

XXIII Blatt 285: Karl Schwartz, Günderrode (Karoline Friederike Louise Maximiliane von), in: Hermann Brockhaus, Johann Samuel Ersch, Johann Gottfried Gruber (Hgg.), Allgemeine Encyklopädie der Wissenschaften und Künste, 1. Section A – G, 97 Theil: Glapingslög – Gussonea, Brockhaus, Leipzig 1878, S. 167–232 (173).
URL: https://gdz.sub.uni-goettingen.de/volumes/id/PPN345284054 (zuletzt abgerufen am 21.06.2023). (Göttinger Digitalisierungszentrum, SUB – Staats- und Universitätsbibliothek Göttingen)
(s.a. VI, Blatt 287, 289, 295, 312, 330, 332, 334, 355, 364)

XXIV Blatt 296: Karolines Brief «An Eusebio» sowie das gleichnamige Gedicht (Rohde, S. 132 ff.) sind eindeutig an Creuzer gerichtet, nicht etwa, wie Bremer annimmt, an Savigny.

XXV Blatt 305: Bremer irrt hier offensichtlich, wie auch vorher, VI, Blatt 296 f. Der Name Eusebio steht für Creuzer, niemals für Savigny. Insofern ist Rohdes Beurteilung (S. 67, Anm.1), entgegen Bremers Annahme, korrekt.

XXVI Blatt 307: Gonzalo Fernandez de Córdoba y Aguilar (Meyer, 6. Aufl., Bd. 4, Sp. 282, Z. 4), URL: https://woerterbuchnetz.de/Meyers/Cordoba (zuletzt abgerufen am 21.06.2023).

XXVII Blatt 315: Diese von Bremer in einer extra Fußnote genannten Stellen bei Rohde beziehen sich auf das Verhältnis von Creuzer zu Karoline und nicht von Savigny zu Karoline.

XXVIII Blatt 322: Bei Karolines Brief, den Bremer für verschollen hält, handelt es sich vermutlich um zwei Briefe, vom 25./26. Dezember 1803 und 1./3. Januar 1804. Beide Briefe sind bei Weißenborn, S. 111–115, abgedruckt. Geiger (1895) hat die Briefe anscheinend ebenfalls nicht gekannt. Savignys Antworten sind vom 28. Dezember bzw. 8. Januar (Weißenborn, S. 112 ff.; Geiger, S. 23 f.).

XXIX Blatt 327: Carl Wilhelm Heinrich Freiherr du Bos du Thil, Minister im Großherzogtum Hessen (Hessische Biographie).
URL: https://www.lagis-hessen.de/pnd/118680986 (zuletzt abgerufen am 21.06.2023).

XXX Blatt 332: Ursprünglich liegt dieser Schrift ein Brief aus dem Jahre 1806 zugrunde, der erst Anfang 1862 im Frankfurter Conversationsblatt veröffentlicht wurde. Noch im selben Jahr 1862 erschien im selben Blatt, Nr. 164–166, eine 18-seitige, von dem Frankfurter Senator Schulin verfasste Replik unter dem Titel: «Friedrich Creuzer und Karoline von Günderode: Mitteilung über deren Verhältnis». 1895 wurde diese Replik von Karl Groos in dessen Heidelberger Universitätsbuchhandlung neu gedruckt (cf. Vorwort S. 4).

XXXI Blatt 359: Preisendanz kritisiert auf S. 322, Anm. 1, ebenfalls die ungenaue Wiedergabe der bei Rohde mitgeteilten Stellen.

Anhang

Itinerarium zu Friedrich Carl von Savigny von 1779 bis 1806

- Friedrich Carl von Savigny wird am 21. Februar 1779 in Frankfurt a. M. geboren.
- Hauslehrer unterrichten Savigny in Latein und Französisch.
- Sein Vater Christian Karl Ludwig stirbt im Jahr 1791, seine Mutter, Philippine Henriette, geborene Groos, nur ein Jahr später. Savigny erbt ein beträchtliches Vermögen und mehrere Landgüter, unter anderem auch das Gut Trages.
- Die Erziehung und Vormundschaft des noch jungen Waisen Savigny wird durch Johann Constantin von Neurath übernommen, der zu dieser Zeit Assessor am Reichskammergericht in Wetzlar ist.
- Savigny beginnt das Rechtsstudium an der Universität Marburg am 19. April 1795. Zu seinen Lehrern zählen die Professoren Philipp Friedrich Weis und Johann Heinrich Christian Erxleben.
- In Göttingen bestreitet Savigny das Wintersemester 1796/1797. Im folgenden Semester muss er krankheitsbedingt weitgehend pausieren.
- Im Winter 1798/1799 beginnt Savigny, sich näher auf das Studium einzulassen. Anfang 1799 spricht er von «außerordentlicher Liebe» zum römischen Recht. Savigny ist aber noch entschlossen, sich der Praxis zuzuwenden.
- Im Juni 1799 lernt er die Dichterin Karoline von Günderrode in Lengfeld kennen.
- Am 24. Juli 1799 beginnt Savigny seine sächsische Studienreise mit Leipzig als Hauptziel. Dort möchte er in erster Linie die Philosophie von Johann Gottlieb Fichte studieren.
- Seine Reise geht über Fulda, Eisenach, Gotha, Erfurt und Weimar. In Gotha trifft Savigny den von ihm verehrten Schriftsteller Jean Paul. In Erfurt besucht er die Hofbibliothek.
- Auf seiner Reise nach Jena hält Savigny auch auf dem Landgut des Christoph Martin Wieland in Oßmannstedt, wo zu dieser Zeit Sophie de La Roche, die Großmutter von Savignys späterer Ehefrau Kunigunde (Gunda) Brentano, verweilt. Sophie de La Roche rät ihm, ihren Enkel Clemens Brentano in Jena aufzusuchen.
- Am 30. Juli 1799 kommt Savigny zum ersten Mal nach Jena. Obwohl er bereits nach zwei Tagen wieder abreist, handelt es sich um einen Höhepunkt der Studienreise. In Jena hört er erstmals Gottlieb Hufeland, Johann Anselm Feuerbach und August Wilhelm Schlegel. Außerdem lernt er Stephan August Winkelmann und Sophie Mereau kennen. Beide stammen aus dem Umfeld von Clemens Brentano, den er bei diesem Aufenthalt vermutlich noch nicht kennenlernt. Winkelmann wird ein enger Freund

Savignys. Hans von Bostell, den Savigny bereits aus Wetzlar kennt, schließt sich der Weiterreise an.

- Savignys nächste Station ist Leipzig. Von dort aus unternimmt er Exkursionen nach Dresden und Prag. Die Phase der Exkursionen endet krankheitsbedingt im Herbst 1799. Savigny verbringt den Winter 1799/1800 bei schlechter Gesundheit in Leipzig. In dieser Zeit trifft er die Entscheidung, sich der Wissenschaft zuzuwenden und beginnt mit seiner Dissertation im Kriminalrecht bei Professor Erxleben in Marburg.
- Im April 1800 reist Savigny ein zweites Mal nach Jena. Spätestens hier trifft er auf Clemens Brentano, beide vereinbaren ein Wiedersehen.
- Der dritte Jena-Aufenthalt, ab Juli des Jahres 1800, ist seine längste Zwischenstation auf der Rückreise, die ihn auch über Leipzig und Halle (Saale) führte.
- Mitte August 1800 trifft Savigny auf Gut Trages ein. Damit endet die sächsische Studienreise.
- Im zweiten Halbjahr 1800 empfängt er immer wieder Besuch auf Gut Trages. Zu seinen Gästen zählen unter anderem Karoline von Günderrode, Clemens und Bettine Brentano.
- Ende Oktober 1800 wird Savigny mit «De concursu delictorum formali» in Marburg promoviert.
- Savigny hält seine erste und letzte kriminalrechtliche Vorlesung im Wintersemester 1800/1801 in Marburg. Sodann befasst er sich überwiegend mit dem Römischen Recht.
- Im Winter besuchen Savigny und Clemens Brentano Frankfurt a. M. Dort lernt Savigny seine spätere Ehefrau Gunda kennen.
- Zurück in Marburg wohnt Savigny vorläufig bei Leonhard und Friedrich Creuzer. Im Anschluss zieht er bei seinem ehemaligen Lehrer Weis in den Marburger «Forsthof» ein. Das Nebenhaus wird für längere Zeit sein Hauptwohnsitz. Gut Trages besucht er nur gelegentlich. Seine Vorlesungen hält Savigny wie auch Professor Weis im «Forsthof».
- Im Wintersemester 1802/1803 liest Savigny erstmals seine Methodologie. Zu den Zuhörern gehört auch Jacob Grimm. Zeitgleich arbeitet er an seinen Vorstudien zum «Recht des Besitzes».
- Durch Vermittlung von Clemens Brentano findet im Frühjahr 1803 der erste briefliche Kontakt zwischen Savigny und Achim von Arnim statt. Persönlich lernen sie sich erst 1805 kennen.
- Anfang 1803 erscheint «Das Recht des Besitzes», woraufhin Savigny zum Extraordinarius in Marburg ernannt wird.
- Mitte des Jahres 1803 lehnt Savigny unter anderem eine Berufung nach Heidelberg ab, um angesichts seiner anstehenden Reisen ungebunden zu bleiben.
- Im Wintersemester 1803/1804 gibt er seine letzten Vorlesungen in Marburg und lässt sich danach bis zu seiner Berufung nach Landsberg beurlauben.
- Am 17. April 1804 lassen sich der Protestant Savigny und die Katholikin Gunda Brentano in kleinem Kreis in Meerholz trauen.
- Daraufhin reist Savigny nach Trages, um von dort im August 1804 eine Reise nach Paris anzutreten.

- Mitte August trifft Savigny in Heidelberg, seiner ersten Reisestation, ein. Dort lebt ein Großteil seiner Freunde, von denen viele zur Heidelberger Romantik zählen.
- Ende Oktober 1804 verlässt Savigny Heidelberg und reist über Mannheim, Straßburg, Nancy und Metz weiter nach Paris.
- Am 2. Dezember 1804, dem Krönungstag Napoleons, trifft er in Paris ein. Sein Koffer, welcher viele Aufzeichnungen und wichtige Arbeitsmaterialien enthielt, kommt nicht in der Stadt an. Dieser Verlust trifft Savigny schwer.
- Mitte Februar 1805 ist der Verlust weitgehend aufgearbeitet. Jacob Grimm, der zwischenzeitlich auf Savignys Wunsch und Einladung nach Paris gekommen ist, hilft ihm in der schweren Phase und bleibt sein treuer Assistent bis zum Ende der Pariser Zeit.
- Savignys Tochter Bettina kommt am 11. April 1805 in Paris zur Welt.
- Mitte September 1805 tritt Familie Savigny die Rückreise an, mit Stationen in Metz, Koblenz und Frankfurt a. M.
- Anfang Oktober 1805 ist die Reisegesellschaft zurück auf Gut Trages. Damit endet die Paris-Reise.
- Im Herbst 1805 begegnen sich Savigny und Achim von Arnim erstmals persönlich auf Gut Trages.
- Im Anschluss besucht Savigny ein weiteres Mal Heidelberg. Im Spätherbst des Jahres 1805 ist er zurück in Marburg.
- Am 21. Februar 1806 stirbt Stephan August Winkelmann an Typhus in Braunschweig.
- In Vorbereitung auf die Bibliotheksreise nach Wien begibt sich Savigny im Frühling 1806 zurück auf sein Gut Trages.
- Anfang Juni 1806 beginnt Savigny seine Bibliotheksreise nach Wien, die etwa eineinhalb Jahre dauern soll.
- Zu Beginn der Reise kommt Savigny nach Würzburg und besucht im Anschluss Erlangen und Altdorf.
- Mitte Juni bezieht er Quartier in Nürnberg, um die Geburt seines zweiten Kindes abzuwarten. Savignys Sohn, der am 31. Juli 1806 in Nürnberg geboren wird, überlebt nur wenige Tage.
- Am 26. Juli 1806 begeht Karoline von Günderrode in Winkel am Rhein Selbstmord.
- Ende August reist Savigny von Nürnberg über Augsburg nach München.
- Im Herbst 1806 flieht Achim von Arnim, der patriotisches Liedgut verbreitet hatte, nach der preußischen Niederlage nach Königsberg.
- Am 31. Oktober 1806 stirbt Sophie Mereau im Kindbett.
- Im November 1806 ist Savigny noch in München und reist sodann nach Landshut.
- Den Winter 1806 verbringt Savigny bei Franz Brentano in Wien. Er ist auf der Suche nach einer neuen Wirkungsstätte als Universitätsprofessor. Wien (und ganz Österreich) schließt er jedoch aus.
- Im Spätsommer 1807 verlässt Savigny Wien. 1808 wird er als Professor für römisches Recht an die Universität Landshut berufen, wo er bis zu seinem Wechsel nach Berlin 1810 römisches Recht lehrt.

Bibliographie

Ludwig Harscher von Almendingen, Civilistische Versuche von D. Paul Johann Anselm Feuerbach, ordentl. Professor der Rechte, auf der Universität in Kiel. Erstes Bändchen 1803, Rezension, in: Allgemeine Literatur-Zeitung (A.L.Z.) 3, Nr. 249 (1803), Sp. 489–495.

Heinz Amelung (Hg.), Briefwechsel zwischen Clemens Brentano und Sophie Mereau, 2 Bde., 2. Auflage, Insel-Verlag, Leipzig 1908.

Achim von Arnim, Achim von Arnim und Clemens Brentano, Freundschaftsbriefe, Bd. 1: 1801–1806, Eichborn, Frankfurt a.M. 1998.

Ders., Werke und Briefwechsel: historisch kritische Ausgabe, Bd. 6: Zeitung für Einsiedler, Fiktive Briefe für die Zeitung für Einsiedler, Teil 1: Text, Teil 2: Kommentar, hrsg. von Renate Moering, de Gruyter, Berlin 2014.

Bettina von Arnim, Bettina's sämmtliche Schriften, 11 Bde., 2. Ausgabe, Arnim'scher Verlag, Berlin 1853.

Band 1: Clemens Brentanos Frühlingskranz, Theil 1, 2. Ausgabe, Arnim'scher Verlag, Berlin 1853.

Band 2: Die Günderode, Theil 1, 2. Ausgabe, Arnim'scher Verlag, Berlin 1853.

Band 3: Die Günderode, Theil 2, 2. Ausgabe, Arnim'scher Verlag, Berlin 1853.

Band 4: Goethes Briefwechsel mit einem Kinde, Theil 1, 2. Ausgabe, Arnim'scher Verlag, Berlin 1853.

Band 5: Goethes Briefwechsel mit einem Kinde, Theil 2, 2. Ausgabe, Arnim'scher Verlag, Berlin 1853.

Rudolf Asmus, G.M. De La Roche: ein Beitrag zur Geschichte der Aufklärung, J. Lang, Karlsruhe 1899.

Karl Friedrich Adolf Konrad Bartsch, Rede zum Geburtstagsfeste des höchstseligen Grossherzogs Karl Friedrich von Baden und zur akademischen Preisvertheilung am 22. November 1881. Romantiker und germanistische Studien in Heidelberg 1804–1808, Univ.-Buchdruckerei von J. Hörning, Heidelberg 1881.

Anton Bauer, Grundsätze des Criminalprocesses, Neuacademische Buchhandlung, Marburg 1805.

Karl Olivier Freiherr von Beaulieu-Marconnay, Karl von Dalberg und seine Zeit, Bd. 2, Hermann Böhlau, Weimar 1879.

Cesare Beccaria, Des Herren Marquis von Beccaria unsterbliches Werk von Verbrechen und Strafen. Auf das Neue selbst aus dem Italienischen übersetzt mit durchgängigen Anmerkungen des Ordinarius zu Leipzig Herren Hofrath Hommels, Johann Thomas Edlen von Trattnern, Wien 1786.

Carl Christian Becker, Beiträge zu der Kirchengeschichte der evangelisch-lutherischen Gemeinde zu Frankfurt, Zimmer, Frankfurt a.M. 1852.

Maria Belli-Gontard, Leben in Frankfurt am Main: Auszüge der Frag- und Anzeigungsnachrichten (des Intelligenz-Blattes) von ihrer Entstehung an im Jahre 1722 bis 1821, Bd. 10: Vom Jahre 1812 bis 1821, Krähe, Frankfurt a.M. 1851.

Johann Adam Bergk, Des Marchese Beccaria's Abhandlung über Verbrechen und Strafe, Erster Theil, Beygang Leipzig 1798.

Moritz August von Bethmann-Hollweg, Der Civilprozeß des gemeinen Rechts, Bd. 2: Der römische Civilprozeß, Adolphus Marcus, Bonn 1865.

Albert Bielschowsky, Goethe: Sein Leben und seine Werke, Bd. 2, 1.–3. Auflage, Beck, München 1904.

Friedrich August Biener, Karl Wilhelm Ernst Heimbach, Beiträge zur Revision des Justinianischen Codex, Nicolai, Berlin 1833.

Wilhelm von Bippen, Georg Arnold Heise. Mittheilungen aus dessen Leben, Schwetschke, Halle (Saale) 1852.

Eduard Böcking, Ulrich von Hutten, Epistolae obscvrorvm virorvm cvm inlvstrantibvs adversariisqve scriptis, 2 Bde., Teubner, Leipzig 1864–1869.

Bd. 1: Tomus prior. Textus, Teubner, Leipzig 1864.

Bd. 2: Index zu den Briefen, Teubner, Leipzig 1869.

Johann Friedrich Böhmer, Joh. Friedrich Böhmer's Leben, Briefe und kleinere Schriften, Bd. 3: Briefe von 1849–1863. Kleinere Schriften, hrsg. von Johannes Janssen, Herder, Freiburg im Breisgau 1868.

Justus Henning Böhmer, Introductio in ius digestorum sensum pariter ac usum hodiernum singularum doctrinarum succincte exhibens: Accesserunt tituli de verborum significantione et regulis iuris ad seriem materiarum ordine alphabetico congesti. Cum dublici indice, 11. Auflage, Verlag des Waisenhauses, Halle (Saale) und Magdeburg 1767.

Sulpiz Boisserée, Sulpiz Boisserée, Bd. 1: Lebensbeschreibung, hrsg. von Mathilde Boisserée, Cotta, Stuttgart 1862.

Friedrich Jacob Dietrich von Bostel, Beyträge zur kammergerichtlichen Litteratur und Praxis, drei Theile, Meyer, Lemgo 1780–1787.

Erster Theil, Meyer, Lemgo 1780.

Zweyter Theil, Erstes Stück, Meyer, Lemgo 1781.

Zweyter Theil, Zweytes Stück, Meyer, Lemgo 1786.

Dritter Theil, Erstes Stück, Meyer, Lemgo 1787.

Dritter Theil, Zweytes Stück, Meyer, Lemgo 1787.

Hans von Bostel, Beleuchtende Prüfung des Aufsatzes, von A. Runde: Etwas über den Elsflether Weserzoll, in: A.L.Z. 3, Ergänzungblätter (1807), Sp. 1239f.

Clemens Brentano, Godwi oder das steinerne Bild der Mutter. Ein verwilderter Roman von Maria, 2 Bde., Friedrich Wilmans, Bremen und Frankfurt a.M. 1801.

Ders.; Frühlingskranz aus Jugendbriefen ihm geflochten, wie er selbst schriftlich verlangte, 1. Bd., Bauer, Charlottenburg 1844.

Ders., Clemens Brentano's Gesammelte Schriften, 9 Bde., hrsg. von Christian Franz Damian Friedrich Brentano, Sauerländer, Frankfurt a.M. 1852–1855.

Bd. 3: Romanzen vom Rosenkranz, Frankfurt a.M. 1852.

Bd. 5: Kleine Schriften: Theil 2, Sauerländer, Frankfurt a.M. 1852.

Bd. 8: Clemens Brentano's Gesammelte Briefe von 1795 bis 1842, Bd. 1, Sauerländer, Frankfurt a.M. 1855.

Ders., Brentanos Werke, Kritisch durchgesehene und erläuterte Ausgabe, hrsg. von Julie Dohmke, Biographisches Institut, Leipzig und Wien 1892.

Ders., Frühlingskranz aus Jugendbriefen ihm geflochten, wie er selbst schriftlich verlangte, hrsg. mit Einleitung von Reinhold Steig, 3. Auflage, Hertz, Berlin 1891.

Ders., Frühlingskranz aus Jugendbriefen ihm geflochten, wie er selbst schriftlich verlangte, 2 Bde., eingeleitet von Paul Ernst, mit Anmerkungen und Register von Heinz Amelung, 2. Auflage, Insel-Verlag, Leipzig 1909.

Sophie Brentano, Notizen von Zeitgenossen über Goethe. Sophie Brentano an Henriette von Arnstein, in: Goethe-Jahrbuch 15 (1894), S. 358.

Karl Georg Bruns, Das Recht des Besitzes im Mittelalter und in der Gegenwart, Laupp, Tübingen 1848.

Ders., Zur Erinnerung an Friedrich Carl von Savigny. Vortrag gehalten in der Friedrich-Wilhelms-Universität zu Berlin am 21. Februar 1879, Vogt, Berlin 1879.
Ebenfalls abgedruckt in: ders., Kleinere Schriften, Bd. 2, Böhlau, Weimar 1882, S. 432–451.

Conrad Bursian, Geschichte der Wissenschaften in Deutschland: neuere Zeit, Bd. 19, Erste Hälfte: Geschichte der classischen Philologie in Deutschland von den Anfängen bis zur Gegenwart, Oldenbourg, Leipzig und München 1883.

Carl Adolph Cäsar, Hat Sachsen im 18ten Jahrhundert an Denkfreiheit gewonnen?, in: Johann Daniel Schulze, Abriß einer Geschichte der Leipziger Universität im Laufe des 18. Jahrhunderts nebst Rückblicken in die früheren Zeiten aus handschriftlichen und gedruckten Nachrichten, Reinike, Leipzig 1802, S. V–XXVIII.

Hermann Cardauns, Die Märchen des Clemens Brentano's, Bachem, Köln 1895.

Theodor Creizenach (Hg.), Briefwechsel zwischen Goethe und Marianne von Willemer (Suleika), herausgegeben mit Lebensnachrichten und Erläuterungen, 2. Auflage, Cotta, Stuttgart 1878.

Georg Friedrich Creuzer, Herodot und Thucydides. Versuch einer nähern Würdigung einiger ihrer historischen Grundsätze mit Rücksicht auf Lucians Schrift: Wie man Geschichte schreiben müsse, Müller, Leipzig 1798.

Ders., Die historische Kunst der Griechen in ihrer Entstehung und Fortbildung, Göschen, Leipzig 1803.

Ders., Friedrich Creuzers Abriss der römischen Antiquitäten zum Gebrauch bei Vorlesungen, Leske, Leipzig und Darmstadt 1824.

Ders., Creuzer's Deutsche Schriften, 5. Abtheilung, 3 Bde., Leszke und Baer, Leipzig und Darmstadt 1848–1858
Bd. 1: Aus dem Leben eines alten Professors, Leszke, Leipzig und Darmstadt 1848.
Bd. 3: Paralipomena der Lebensskizzen eines alten Professors. Gedanken und Berichte über Religion, Wissenschaft und Leben, Baer, Frankfurt a.M. 1858.

Ders., in: o.A., Deutsche Lehr- und Wanderjahre. Selbstschilderungen berühmter Männer und Frauen, Bd. 2: Männer der Wissenschaft, Vahlen, Berlin 1874, S. 81–134. Zuerst abgedruckt in: Zeitgenossen. Biographien und Charakteristiken. Neue Reihe.

Ders., Friedrich Creuzer (handschriftliche Mittheilung.), in: Frankfurter Conversationsblatt Nr. 164/66 (1862), o.S. Ebenfalls abgedruckt in: Phillip Friedrich Schulin, Friedrich Creuzer und Karoline von Günderode. Mitteilung über deren Verhältnis, K. Groos, Heidelberg 1895, S. 5–18.

Hellfried Dahlmann (Hg.) unter Mitarbeit von Ingeborg Schnack, Hessische Briefe des 19. Jahrhunderts, Bd. 2: Briefe Friedrich Creuzers an Savigny (1799–1850), E. Schmidt, Berlin 1972.

Sophie De La Roche, Mein Schreibetisch, Erstes und Zweites Bändchen, Gräff, Leipzig 1799.

Dies., Schattenrisse abgeschiedener Stunden in Offenbach, Weimar und Schönebeck im Jahr 1799, Gräff, Leipzig 1800.

Hans Delbrück (Hg.), Preußische Jahrbücher, Bd. 110: Oktober bis Dezember 1902, Stilke, Berlin 1902.

Johannes Baptist Diel, Clemens Brentano: ein Lebensbild nach gedruckten und ungedruckten Quellen, 2 Bde., hrsg. von Wilhelm Kreiten, Herder, Freiburg im Breisgau 1877–1878.
Bd. 1: 1778–1814, Herder, Freiburg im Breisgau 1877.
Bd. 2: 1814–1842, Herder, Freiburg im Breisgau 1878.

Wilhelm Dilthey, Leben Schleiermachers, Bd. 1, Georg Reimer, Berlin 1870.

Wilhelm Dittenberger, Die Universität Heidelberg im Jahre 1804: Ein Beitrag zu ihrer Geschichte, Mohr, Heidelberg 1844.

Rudolf Dittenberger, Karoline von Günderode, in: Westermanns illustrierte deutsche Monats-Hefte 79 (1895/96), S. 352–357.

Cornelis van Eck, Principia Juris Civilis, secundum ordinem Digestorum, 2 Bde., Luchtmann, Lugduni 1784.

Friedrich Eckstein, Nomenclator philologorum, Teubner, Leipzig 1871.

Victor Ehrenberg, Herders Bedeutung für die Rechtswissenschaft: Rede zur Feier des Geburtstages Seiner Majestät des Kaisers und Königs am 27. Januar 1903, Dietrich, Göttingen 1903.

Ludwig Enneccerus, Friedrich Carl von Savigny und die Richtung der neueren Rechtswissenschaft nebst einer Auswahl ungedruckter Briefe, Elwert, Marburg 1879.

Franz Eulenburg, Die Entwicklung der Universität Leipzig in den letzten hundert Jahren, Hirzel, Leipzig 1909.

Johann Heinrich Faber, Topographische, politische und historische Beschreibung der Reichs- Wahl- und Handelsstadt Frankfurt am Mayn, Bd. 1, Jäger, Frankfurt a. M. 1788.

Wilhelm Felgentraeger, Die Briefe von F. C. von Savignys an P. F. Weis, 1804–1807, in: SZ (RA) 48 (1928), S. 114–169.

Ludwig Feuerbach (Hg.), Anselm Ritter von Feuerbachs Leben und Wirken aus seinen ungedruckten Briefen und Tagebüchern, Vorträgen und Denkschriften, 2 Bde., Wiegand, Leipzig 1852.

Johann Anselm von Feuerbach, Dissertatio Inavgvralis Ivridica Qvaestionem Explicans an Et Qvantenus Privilegia Miserabilium Personarum Pavperibus denegari Possint?, Braun Acad. Typogr., Gießen 1778.

Ders., Lehrbuch des gemeinen in Deutschland geltenden Peinlichen Rechts, Heyer, Gießen 1801.

Johann Gottlieb Fichte, Johann Gottlieb Fichte's Leben und litterarischer Briefwechsel, Erster Theil, die Lebensbeschreibung enthaltend, hrsg. von Immanuel Hermann Fichte, Seidel, Sulzbach 1830.

Johann Gottlieb Fichte, Gesamtausgabe der Bayerischen Akademie der Wissenschaften: Nachgelassene Schriften, Bd. 1, hrsg. von Reinhard Lauth, Frommann-Holzboog, Stuttgart und Bad Cannstatt 1962.

Johann Christian Fick, Der treue Führer auf der akademischen Laufbahn für Jünglinge, Johann Jakob Palm, Erlangen 1797.

Kuno Fischer, Geschichte der neueren Philosophie, Bd. 5: J.G. Fichte und seine Vorgänger, 2. Auflage, Bassermann, München 1884.

Ders., Geschichte der neueren Philosophie, Bd. 6: Fichtes Leben, Werke und Lehre, 3. Auflage, Winter, Heidelberg 1900.

Franz August Alexander Förster, Theorie und Praxis des heutigen gemeinen preußischen Privatrechts auf der Grundlage des gemeinen deutschen Rechts, 4 Bde., Georg Reimer, Berlin 1865–1888.

Bd. 1: Die Grundbegriffe und Grundlehren des Rechts der Schuldverhältnisse, Georg Reimer, Berlin 1865.

Bd. 2: Das Recht der Schuldverhältnisse, Georg Reimer, Berlin 1866.

Bd. 3: Das Sachenrecht, 2. Auflage, Georg Reimer, Berlin 1870.

Bd. 4: Familienrecht, Erbrecht, Recht der juristischen Personen, Georg Reimer, Berlin 1888.

Emil von Friedberg (Hg.), Pandekten: Vorlesungen von Friedr. Ludwig von Keller. Aus dem Nachlasse des Verfassers, Tauchnitz, Leipzig 1861.

Jakob Friedrich Fries, Wissen, Glaube und Ahndung, Göpferdt, Jena 1805.

Friedrich Johannes Frommann, Das Frommannsche Haus und seine Freunde, Friedrich Frommann, Stuttgart 1870.

Eduard Gans, Über die Grundlage des Besitzes, Veit und Comp., Berlin 1839.

Ludwig Geiger (Hg.), Goethe-Jahrbuch, Bd. 15, mit dem neunten Jahresbericht der Goethe-Gesellschaft, Literarische Anstalt Rütten und Loening, Frankfurt a.M. 1894.

Ders., Karoline von Günderode und ihre Freunde. Mit dem Portrait der Dichterin, Deutsche Verlagsanstalt, Stuttgart, Leipzig, Berlin, Wien 1895.

Ders., Dichter und Frauen: Vorträge und Abhandlungen, Paetel, Berlin 1896.

Ders., Aus Alt-Weimar: Mittheilungen von Zeitgenossen nebst Skizzen und Ausführungen, Paetel, Berlin 1897.

Ders., Goethe-Jahrbuch, Bd. 22, mit dem sechzehnten Jahresbericht der Goethe-Gesellschaft, Literarische Anstalt Rütten und Loening, Frankfurt a.M. 1901.

Otto von Gierke, Deutsches Privatrecht, Bd. 2: Sachenrecht, Duncker & Humblot, Leipzig 1905.

Karl Goedeke, Goethes Leben und Schriften, Cotta, Stuttgart 1874.

Ders., Grundriss zur Geschichte der deutschen Dichtung, s. unter Goetze.

Christian Gottlieb von Gmelin, Die Ordnung der Gläubiger bey dem Gantprocesse nach dem Römischen, Teutschen und besonders Königlich Württembergischen Recht: Nebst einem Anhang von der Verbindlichkeit einer Ehefrau zu Bezahlung der bey dem Gantprocesse über des Ehemanns Vermögen eingeklagten Schulden, 5. Auflage, Cotta, Stuttgart und Tübingen 1813.

Johann Wolfgang von Goethe, Wilhelm Meisters Wanderjahre, Bd. 3, Gottfried Basse, Quedlinburg und Leipzig 1795.

Ders., Gedichte. Ausgabe letzter Hand, Cotta, Stuttgart 1827.

Ders., Goethes sämtliche Werke in 36 Bänden, Bd. 16–19: Wilhelm Meisters Lehrjahre, Cotta, Stuttgart 1868.

Ders., Goethes Werke, IV. Abtheilung: Goethes Briefe, Bd. 15: 1800–1801, Sophienausgabe, Böhlau, Weimar 1894.

Catharina Elisabeth Goethe, Briefe von Goethes Mutter an ihren Sohn, Christiane und August von Goethe. Mit einem Lichtdruck, Verlag der Goethe Gesellschaft, Weimar 1889.

Edmund Goetze, Grundriss zur Geschichte der deutschen Dichtung aus den Quellen von Karl Goedeke, 18 Bde., zweite ganz neu bearbeitete Auflage. Nach dem Tode des Verfassers in Verbindung mit Fachgelehrten fortgeführt von Edmund Goetze, L. Ehlermann, Leipzig, Dresden, Berlin, Düsseldorf 1884–1998.

Bd. 6: Zeit des Weltkrieges, siebentes Buch, erste Abtheilung, L. Ehlermann, Dresden 1898.

Bd. 7: Zeit des Weltkrieges, siebentes Buch, zweite Abtheilung, L. Ehlermann, Leipzig, Dresden 1900.

Bd. 12: Vom Weltfrieden bis zur französischen Revolution 1830, achtes Buch, fünfte Abteilung, hrsg. von Franz Muncker und Alfred Rosenbaum, L. Ehlermann, Berlin und Düsseldorf 1929.

Nicolaus Thaddäus Gönner, Teutsches Staatsrecht, Krüll, Landshut 1804.

Ders., Ueber Gesetzgebung und Rechtswissenschaft in unserer Zeit, Palm, Erlangen 1815.

Guido Görres, Erinnerungen an den Dichter Clemens Brentano, in: Historisch-politische Blätter für das katholische Deutschland, 14 (1844), S. 1–32, 65–86, 177–208, 257–272, 15 (1845), S. 1–32.

Ders. (Hg.), Historisch-politische Blätter für das katholische Deutschland, Bd. 29, Commission der literarisch-artistischen Anstalt, München 1852.

Joseph von Görres, Einleitung in die dynamische Physiologie, von August Winckelmann, in: Jenaische A.L.Z. 1, Nr. 167 f. (1804), Sp. 81–91.

Ders., Mythengeschichte der asiatischen Welt, 2 Bde., Mohr, Heidelberg 1810.

Bd. 1: Hinterasiatische Mythen, Mohr, Heidelberg 1810.

Bd. 2: Vorderasiatische Mythen, Mohr, Heidelberg 1810.

Marie Görres (Hg.), Joseph von Görres Gesammelte Schriften, Bd. 8, Commission der literarisch-artistische Anstalt, München 1874.

Dies. (Hg.), Joseph von Görres Gesammelte Briefe, Bd. 1: Familienbriefe, Commission der literarisch-artistischen Anstalt, München 1858.

Johann Diederich Gries, Aus dem Leben von Johann Diederich Gries. Nach seinen eigenen und den Briefen seiner Zeitgenossen, Brockhaus, Leipzig 1855.

Herman Friedrich Grimm, Gustav Hinrichs (Hgg.), Briefwechsel zwischen Jacob und Wilhelm Grimm aus der Jugendzeit, Böhlau, Weimar 1881.

Jacob Grimm, Deutsche Grammatik, Erster Theil, 2. Auflage, Dieterich, Göttingen 1822.

Ders., Selbstbiographie, in: Karl Wilhelm Justi, Grundlage zu einer Hessischen Gelehrten-, Schriftsteller- und Künstler-Geschichte, vom Jahre 1806 bis zum Jahre 1830, Fortsetzung von Strieder's Hessischer Gelehrten- und Schriftsteller-Geschichte und Nachträge zu diesem Werke, Garthe, Marburg 1831, S. 148–163.

Ders., Das Wort des Besitzes: Eine linguistische Abhandlung, Königliche Akademie der Wissenschaften, Berlin 1850. Ebenfalls abgedruckt in: ders., Kleinere Schriften, Bd. 1: Reden und Abhandlungen, Dümmler, Berlin 1864, S. 113–144.

Ders., Kleinere Schriften, 9 Bde., Dümmler, Berlin 1864–1890.
Bd. 1: Reden und Abhandlungen, Dümmler, Berlin 1864.
Bd. 2: Abhandlungen zur Mythologie und Sittenkunde, Dümmler, Berlin 1865.

Ludwig Emil Grimm, Erinnerungen aus meinem Leben, 2. Auflage, hrsg. von Adolf Stoll, Hesse & Becker, Leipzig 1913.

Wilhelm Grimm, Kleinere Schriften, Bd. 1, hrsg. von Gustav Hinrichs, Dümmler, Berlin 1881.

Karoline von Günderode, Gesammelte Dichtungen, hrsg. von Friedrich Götz, Götz, Mannheim 1857.

Friedrich Leopold Gundelfinger (Hg.), Romantiker-Briefe, Diederichs, Jena 1907.

Heinz Härtl, Ursula Härtl (Hgg.), Die junge Bettina: Briefwechsel 1796–1811, Kritische Gesamtausgabe mit Chronik und Stimmen der Umwelt, de Gruyter, Berlin 2022.

Rudolf Haym, Die romantische Schule: Ein Beitrag zur Geschichte des deutschen Geistes, Gaertner, Berlin 1870.

Max Hecker (Hg.), Goethe und Carl Friedrich v. Conta. Neununddreißig Briefe von Goethe an v. Conta, Fünfzehn Briefe v. Conta's an Goethe, in: Goethe-Jahrbuch 22 (1901), S. 19–73.

August Wilhelm Heffter, Lehrbuch des gemeinen deutschen Criminalrechts, Schwetschke, Halle (Saale) 1833.

Karl Theodor Heigel, Deutsche Geschichte, Bd. 1: vom Tode Friedrich des Großen bis zur Auflösung des alten Reiches (1786–1792), Cotta, Stuttgart 1899.

Wilhelm Heinse, Ardinghello und die glückseeligen Inseln. Eine italienische Geschichte aus dem sechzehnten Jahrhundert, Bd. 1, Meyer, Lemgo 1787.

Johann August von Hellfeld, Dissertatio inauguralis de hypotheca fisci, Maucke, Jena 1771.

Ernst Ludwig Theodor Henke, Jakob Friedrich Fries, aus seinem handschriftlichen Nachlasse dargestellt von Ernst Ludwig Theodor Henke, Brockhaus, Leipzig 1867.

Karl Ernst Henrici (Hg.), Goethe und seine Zeit: Autographen, Bücher, Bilder und Erinnerungen, Auktionskatalog Henrici, Berlin 1912.

Johann Gottfried Herder, Abhandlung über den Ursprung der Sprache, in: Johann Gottfried Herder, J.G. Herders zwei Preisschriften welche die von der Königl. Akademie der Wissenschaften für die Jahre 1770 bis 1773 gesetzten Preise erhalten haben, 2. Auflage, Voß und Sohn, Berlin 1789, S. 5–236.

Ders., Denkmal Ulrich von Huttens, in: ders., Zerstreute Blätter, Bd. 5, Ettinger, Gotha 1793, S. 327–372.

Ders., Herder's Ausgewählte Werke, Bd. 3: Ideen zur Philosophie der Geschichte der Menschheit, hrsg. von Adolf Stern, Reclam, Leipzig 1880.

Johann Jakob Herzog (Hg.), Real-Encyclopädie für protestantische Theologie und Kirche, Bd. 13: Rhegius bis Schriftgelehrte, Besser, Gotha 1860.

Ludwig Eduard Heydemann, System des preußischen Civilrechts im Grundrisse, Veit und Comp., Berlin 1851.

Christian Gottlob Heyne, Einleitung in das Studium der Antike oder Grundriß einer Anführung zur Kenntnis der alten Kunstwerke, Johann Christian Dieterich, Göttingen und Gotha 1772.

Theodor Gottlieb von Hippel, Biographie des Königl. Preuß. Geheimkriegsraths zu Königsberg, Theodor Gottlieb von Hippel, zum Theil von ihm selbst verfaßt, Perthes, Gotha 1801.

Historische Commission bei der Königl. Akademie der Wissenschaften, Allgemeine Deutsche Biographie, Bd. 1–56, Duncker & Humblot, Leipzig 1876–1910.

Karl von Holtei (Hg.), Briefe an Ludwig Tieck, 4 Bde., Eduard Trewendt, Breslau 1864.

Franz von Holtzendorff (Hg.), Encyclopädie der Rechtswissenschaften in systematischer und alphabetischer Bearbeitung, zwei Theile, Duncker & Humblot, Leipzig 1870–1881.

Erster Theil: Systematischer Teil, Duncker & Humblot, Leipzig 1870.

Zweiter Theil: Rechtslexikon, Bd. 1, 3. Auflage, Duncker & Humblot, Leipzig 1880.

Zweiter Theil: Rechtslexikon, Bd. 2, 3. Auflage, Duncker & Humblot, Leipzig 1881.

Zweiter Theil: Rechtslexikon, Bd. 3, Erste Hälfte, 3. Auflage, Duncker & Humblot, Leipzig 1881.

Zweiter Theil: Rechtslexikon, Bd. 3, Zweite Hälfte, 3. Auflage, Duncker & Humblot, Leipzig 1881.

Heinrich Julius Holtzmann, Richard Otto Zöpffel, Lexikon für Theologie und Kirchenwesen: Lehre, Geschichte und Kultus, Verfassung, Feste, Sekten und Orden der christlichen Kirche, das Wichtigste bezüglich der übrigen Religionsgemeinschaften, 3. Auflage, Schwetschke, Braunschweig 1895.

Gottlieb Hufeland, Einleitung in die Wissenschaft des heutigen Deutschen Privatrechts nebst einem Entwurfe einer vollständigen Darstellung derselben, Akademische Buchhandlung, Jena 1796.

Ders., Lehrbuch der Geschichte und Encyklopädie aller in Deutschland geltenden positiven Rechte, Erster Theil: Einleitung und Geschichte des römischen Rechts, Erste Abtheilung, Akademische Buchhandlung, Jena 1796.

Ders., Neue Grundlegung der Staatswirtschaftskunst durch Prüfung und Berichtigung ihrer Hauptbegriffe von Gut, Werth, Preis, Geld und Volksvermögen, mit ununterbrochener Rücksicht auf die bisherigen Systeme, Erster Theil, Tasché und Müller, Biesen und Wetzlar 1807.

Gustav Hugo, Lehrbuch des civilistischen Cursus, 7 Bde., August Mylius, Berlin 1799–1832.

Bd. 1: Lehrbuch der Juristichen Encyclopädie, 2. Ausgabe, August Mylius, Berlin 1799.

Bd. 3: Lehrbuch der Geschichte des römischen Rechts seit Justinian, oder der juristischen und meist civilistischen gelehrten Geschichte, 3. sehr veränderter Versuch, August Mylius, Berlin 1830.

Ders., Savigny, Das Recht des Besitzes, in: Göttingische Gelehrte Anzeigen, 30. Stück (1804), S. 289–296.

Victor Hugo, Quatrevingt-treize, La Librairie Ollendorff, Paris 1874. Zuerst ins Deutsche übersetzt von Ludwig Schneegans 1874 unter dem Titel Dreiundneunzig (1793).

Wilhelm von Humboldt, Ideen zu einem Versuch, die Gränzen der Wirksamkeit des Staates zu bestimmen, Trewendt, Breslau 1851.

Hugo Philipp Egmont Hälschner, Das Preußische Strafrecht, Erster Theil: Geschichte des Brandenburgisch-Preußischen Strafrechtes, Marcus, Bonn 1855.

Ludwig Häusser, Deutsche Geschichte vom Tode Friedrichs des Großen bis zur Gründung des Deutschen Bundes,4 Bde., Weidmannsche Buchhandlung, Berlin 1854–1857.

Bd. 2, 2. Auflage, Weidmannsche Buchhandlung, Berlin 1859.

Bd. 3, 2. Auflage, Weidmannsche Buchhandlung, Berlin 1859.

Friedrich Heinrich Jacobi (Hg.), Eduard Allwills Briefsammlung. Mit einer Zugabe von eignen Briefen, Nicolovius, Königsberg 1792.

Ders., Eduard Allwills Papiere, in: Der Teutsche Merkur vom Jahre 1776. Zweytes Vierteljahr, S. 14–75.

Ders., Friedrich Heinrich Jacobi's Werke, Bd. 3, Fleischer, Leipzig 1816.

Ders., Über Recht und Gewalt, oder philosophische Erwägung eines Aufsatzes von dem Herrn Hofrath Wieland: Über das göttliche Recht der Obrigkeit, in: Deutscher Merkur, November 1777. Abgedruckt in: Deutsches Museum, Bd. 1: Jänner bis Junius (1781), S. 522–554.

Otto Jahn, Gottfried Hermann: Eine Gedächtnißrede, Gehalten am 28. Januar 1849 in der academischen Aula zu Leipzig, Weidmannsche Buchhandlung, Leipzig 1849. Ebenfalls abgedruckt in: ders., Biographische Aufsätze, Hirzel, Leipzig 1866, S. 91–132.

Johann Heinrich Jugler, Leipzig und seine Universität vor hundert Jahren, Breitkopf und Härtel, Leipzig 1879.

Rudolf Jung, Das historische Archiv der Stadt Frankfurt am Main, Völckers, Frankfurt a.M. 1896.

Ders. (Hg.), Goethes Briefwechsel mit Antonie Brentano 1814–1821, Böhlau, Weimar 1896.

Karl Wilhelm Justi, Grundlage zu einer Hessischen Gelehrten-, Schriftsteller- und Künstler-Geschichte, vom Jahre 1806 bis zum Jahre 1830, Fortsetzung von Strieder's Hessischer Gelehrten- und Schriftsteller-Geschichte und Nachträge zu diesem Werke, Garthe, Marburg 1831.

Ders. (Hg.), Hessische Denkwürdigkeiten, Theil 4, Abtheilung 2, Neue academische Buchhandlung, Marburg 1805.

Robert Keil, Frau Rath. Briefwechsel von Katharina Elizabeth Goethe, Brockhaus, Leipzig 1871.

Friedrich Ludwig von Keller, Über Litis Contestation und Urtheil nach classischem Römischem Recht, Gessner, Zürich 1827.

Georg Heinrich Keyser, Ueber Leipzig, vorzüglich als Universität betrachtet. Ein Beytrag zur Geschichte der Aufklärung in Kursachen, 1798.

August Klingemann (Hg.), Memnon. Eine Zeitschrift, Jahrgang 1, Rein, Leipzig 1800.

Albert Knapp, Albert Knapps Evangelischer Liederschatz für Kirche, Schule und Haus: Eine Sammlung geistlicher Lieder aus allen christlichen Jahrhunderten, bearbeitet und fortgeführt von Joseph Knapp, 4. Auflage, Cotta, Stuttgart 1891.

Christian Friedrich Koch, Lehrbuch des preußischen gemeinen Privatrechts, Bd. 2, Guttentag, Berlin 1852.

Max Koch, Joseph Kürschner (Hgg.), Deutsche National-Litteratur historisch kritische Ausgabe, Bd. 146, 1. Teil: Arnim, Klemens und Bettina Brentano, J. Görres, Union, Stuttgart 1890.

Johann Adam Kopp, Gründliche Abhandlung von der Association derer vordern Reichs-Craysse: Worinnen zuvorderst Die Errichtung derer Reichs-Craysee überhaupt, und darauf gefolgten, auch bey dem ganzen Associations-Wesen jederzeit zum Grund gelegten Executions-Ordnung, So dann Der Ursprung, Fortsetzung und heutige Beschaffenheit dieser Associations-Verfassung, Insbesondere, Aus bewehrten Scriptoribus, vielen Archivalischen Nachrichten und Actis publicis, gründlich beschrieben, Und Mit allen und jeden vorhandenen Associations-Recessen ans Licht gestellt wird, Varrentrapp, Frankfurt a.M. 1739.

Georg Ludwig Kriegk, Geschichte von Frankfurt am Main in ausgewählten Darstellungen, Heyder und Zimmer, Frankfurt a.M. 1871.

Paulus Krüger (Hg.), Corpus Iuris Civilis, Volumen Secundum: Codex Iustinianus, 4. Auflage, Weidemann, Berlin 1877.

Franz Xaver Krüll, Teutsches Privatrecht, 2. Auflage, Krüll, Landshut 1821.

Anton Kühl, Zeichnung der Universität Jena: Für Jünglinge welche diese Akademie besuchen wollen, Supprian, Leipzig 1798.

Ernst Landsberg, Geschichte der Wissenschaften in Deutschland. Neuere Zeit, Bd. 18: Geschichte der Deutschen Rechtswissenschaften, 3. Abtheilung, (Fortsetzung zur

1. und 2. Abtheilung, von R. Stintzing), Oldenbourg, München und Leipzig, 1898–1910.
1. Halbband, Oldenbourg, München und Leipzig 1898.
2. Halbband, Oldenbourg, München und Leipzig 1910.
Justus Christoph Leist, Lehrbuch des Teutschen Staatsrechts Nebst einem Abdruck des Lüneviller Friedens, des Friedens von Campo Formio, des den ersteren ratificirenden Reichsschlusses, des Reichsdeputationshauptschlusses und des denselben genehmigenden Reichsschlusses, Schneider, Göttingen 1803.
Max Lenz, Geschichte Bismarcks, Duncker & Humblot, Leipzig 1902.
Gustav von Löper (Hg.), Briefe Goethes's an Sophie von La Roche und Bettina Brentano nebst dichterischen Beilagen, Verlag von Wilhelm Hertz (Bessersche Buchhandlung), Berlin 1879.
Stephan Meder, Savignys Weg in die juristische Moderne. Romantik, Gender, Religion, Wissenschaft, Schwabe, Berlin 2023.
Otto Mejer, Gustav Hugo. Der Begründer der historischen Juristenschule, in: ders., Biographisches: Gesammelte Aufsätze, Mohr, Freiburg im Breisgau 1886, S. 3–57.
Karl Menzel, Geschichte von Nassau, Bde. 1–7, Kreidel, Wiesbaden 1866–1889.
Sophie Mereau (Hg.), Spanische und Italienische Novellen, Bd. 2, Dienemann, Penig 1806.
Adolf Merkel, Juristische Encyclopädie, Guttentag, Berlin und Leipzig 1885.
Ders., Elemente einer allgemeinen Rechtslehre, in: Franz von Holtzendorff, Encyklopädie der Rechtswissenschaft, Erster Theil: Systematische Darstellung, 5. Auflage, Duncker & Humblot, Leipzig 1890, o.S.
Johann Georg Meusel, Georg Christoph Hamberger (Begr.), Das gelehrte Teutschland oder Lexikon der jetzt lebenden Teutschen Schriftsteller, Bde. 1–23, Meyer, Lemgo 1796–1834.
Bd. 13, 5. Auflage, Meyer, Lemgo 1808.
Ders., Lexikon der vom Jahr 1750 bis 1800 verstorbenen teutschen Schriftsteller, Bde. 1–15, Fleischer, Leipzig 1802–1816.
Joseph Meyer (Hg.), Meyers Konversationslexikon von 1840–1986, Biographisches Institut, Hildeburghausen 1840–1986. Bremer nutzte die 5. Auflage (1893–1901).
Richard Moritz Meyer, Der Kampf um den einzelnen, in: Deutsche Rundschau 87 (April–Juni 1896), S. 442–464.
Jacob Minor, Classiker und Romantiker, in: Goethe-Jahrbuch 10 (1889), S. 212–234.
Theodor Mommsen, Römisches Staatsrecht, 3 Bde., 3. Auflage, Hirzel, Darmstadt 1887.
Ders., Römisches Strafrecht, Duncker & Humblot, Leipzig 1899.
Eduard Müller, Friedrich Karl von Savigny, Weicher, Leipzig 1906.
Johannes von Müller, Geschichte schweizerischer Eidgenossenschaft, Sechs Theile, mehrere Bücher, Weidmann u. a., Leipzig 1786–1832.
Franz Muncker, Vorwort, in: Bernhard Seuffert (Hg.), Deutsche Litteraturdenkmale des 18. Jahrhunderts, Bd. 6: Hermann von C.M. Wieland, Henninger, Heilbronn 1882, S. III–XXX.

Theodor Muther, Zur Geschichte der Rechtswissenschaft und der Universitäten in Deutschland. Gesammelte Aufsätze, Dufft, Jena 1876.

Antonius Negustanis, François Baudouin, Hugo Doneau, Tractatus de pignoribus et hypothecis, Iacobi Iuntae, Lugduni 1562.

Paul Nerrlich, Jean Paul und seine Zeitgenossen, Weidmann, Berlin 1876.

Friedrich Nicolai (Hg.), Neue Allgemeine Deutsche Bibliothek, Vierteljahreszeitschrift, Kiel, 1793–1806.

Passow, Bast (Friedrich Jacob), in: Johann Samuel Ersch, Johann Gottfried Gruber (Hgg.), Allgemeine Encyklopädie der Wissenschaften und Künste, 1. Sektion A–G, Achter Theil, Gleditsch, Leipzig 1822, S. 58.

Friedrich Paulsen, Geschichte des gelehrten Unterrichts auf den Deutschen Schulen und Universitäten vom Ausgang des Mittelalters bis zur Gegenwart. Mit besonderer Rücksicht auf den klassischen Unterricht, Veit und Comp., Leipzig 1885.

Clemens Theodor Perthes, Das deutsche Staatsleben vor der Revolution. Eine Vorarbeit zum deutschen Staatsrecht, Perthes, Hamburg und Gotha 1845.

Ders., Friedrich Perthes Leben nach dessen schriftlichen und mündlichen Mittheilungen aufgezeichnet, Bd. 3, Perthes, Gotha 1855.

Ders., Politische Zustände und Personen in Deutschland zur Zeit der französischen Herrschaft. Das südliche und westliche Deutschland, Perthes, Gotha 1862.

Johann Heinrich Pestalozzi, Lienhard und Gertrud. Ein Buch für das Volk, 4 Bde., Dekker, Leipzig 1781–1787.

Burkhard Wilhelm Pfeiffer, Über die Grenzen der Civil-Patrimonial-Jurisdiction. Ein Beytrag zum Territorialstaatsrecht, Dieterich, Göttingen 1806.

Ders., Vermischte Aufsätze über Gegenstände des Teutschen und Römischen Privatrechts, Akademische Buchhandlung, Marburg 1803.

Ders., Franz Georg Pfeiffer, Napoleons Gesetzbuch nach seinen Abweichungen von Teutschlands gemeinem Rechte. Ein Handbuch für teutsche Geschäftsmänner, 2 Bde., Dieterich, Göttingen 1808–1810.
Bd. 1, Dieterich, Göttingen 1808.
Bd. 2, Dieterich, Göttingen 1810.

Emil Pirazzi, Bilder und Geschichten aus Offenbachs Vergangenheit. Eine Festgabe zur hessischen Landes-Gewerbe-Ausstellung in Offenbach am Main, Steinmetz, Offenbach 1879.

Karl Christian Planck, Jean Paul's Dichtung im Lichte unserer nationalen Entwicklung. Ein Stück deutscher Kulturgeschichte, Georg Reimer, Berlin 1867.

Jean Nicolas Duponcet, Histoire de Consalve de Cordoue: surnomme le Grand Capitaine, Mariette, Paris 1714.

Carl von Prantl, Geschichte der Ludwig-Maximilians-Universität in Ingolstadt, Landshut, München: zur Festfeier ihres vierhundertjährigen Bestehens im Auftrage des akademischen Senates verfaßt, 2 Bde., Kaiser, München 1872.

Karl Preisendanz, Die Liebe der Günderode. Friedrich Creuzers Briefe an Caroline von Günderode, Piper, München 1912.

Heinrich Pröhle, Lessing, Wieland, Heinse. Nach den handschriftlichen Quellen in Gleims Nachlasse dargestellt, Verlag der Vereinsbuchhandlung, Berlin 1877.

Leopold von Ranke, Abhandlungen und Versuche. Neue Sammlung, hrsg. von Alfred Dove und Theodor Wiedemann, Duncker & Humblot, Leipzig 1888.

Ders., Leopold von Ranke's Sämmtliche Werke, Bd. 53 und 54: Zur eigenen Lebensgeschichte, hrsg. von Alfred Dove, 2. und 3. Gesamtausgabe, Duncker & Humblot, Berlin 1890.

Ernst Raßmann, Nachrichten von dem Leben und den Schriften Münsterländischer Schriftsteller des achtzehnten und neunzehnten Jahrhunderts, Coppenrath, Münster 1866.

Aemilius Ludwig Richter, Lehrbuch des katholischen und evangelischen Kirchenrechts mit besonderer Rücksicht auf Deutsche Zustände, 5. Auflage, Tauchnitz, Leipzig 1858.

Wilhelm Heinrich Riehl (Hg.), Bavaria. Landes- und Volkskunde des Königreichs Bayern bearbeitet von einem Kreise bayrischer Gelehrter, Bd. 1: Ober- und Niederbayern. Erste Abteilung, 2 Bücher, Cotta, München 1860.

Johann Nepomuk von Ringseis, Erinnerungen des Dr. Johann Nepomuk von Ringseis, hrsg. von Emilie Ringseis, Bd. 1, Habbel, Regensburg und Amberg 1886.

Henry Crabb Robinson, Diary, Reminiscences and Correspondence of Henry Crabb Robinson, selected and edited by Thomas Sadler, 3 Bde., Macmillan, London 1869.

Henry Crabb Robinson, Ein Engländer über deutsches Geistesleben im ersten Drittel dieses Jahrhunderts. Aufzeichnungen Henry Crabb Robinson's nebst Biographie und Einleitung, hrsg. von Karl Eitner, Böhlau, Weimar 1871.

Erwin Rohde (Hg.), Friedrich Creuzer und Karoline von Günderode. Briefe und Dichtungen, Winter, Heidelberg 1896.

Wilhelm Georg Friedrich Roscher, Geschichte der Wissenschaften in Deutschland. Neuere Zeit, Bd. 14: Geschichte der National-Ökonomie in Deutschland, Oldenbourg, München 1874.

Paul von Roth, Victor von Meibom, Kurhessisches Privatrecht, Bd. 1, Elwert, Marburg 1856.

Ernst Friedrich Karl Rudorff, Aus den Tagen der Romantik. Bildnis einer deutschen Familie, hrsg. von Elisabeth Rudorff, Staakmann, Leipzig 1938.

Adolf August Friedrich Rudorff, Friedrich Carl von Savigny. Erinnerung an sein Wesen und Wirken, in: Zeitschrift für Rechtsgeschichte 2 (1863), S.1–68. Als Monographie erschienen bei Böhlau, Weimar 1862.

Friedrich Saalfeld, Johann Stephan Pütter (Begr.), Versuch einer academischen Gelehrten-Geschichte von der Georg-Augustus-Universität zu Göttingen, Dritter Theil: von 1788 bis 1820, Helwing, Hannover 1820.

Mauro Sarti, De claris Archigymnasii Bononiensis professoribus a saeculo XI. Usque ad Saeculum XIV, Bd. 1, Teil 1, Vulpe, Bologna 1769.

August Sauer (Hg.), Euphorion: Zeitschrift für Literaturgeschichte, Koch, Bamberg, Erster Jahrgang 1894 bis heute.

Friedrich Carl von Savigny, Authenticae in den Institutionen, in: Civilistisches Magazin 3, Heft 3 (1805), S: 282–301.
Ders., Vom Beruf unserer Zeit für Gesetzgebung und Rechtswissenschaft, Mohr, Heidelberg 1814.
Ders., Geschichte des römischen Rechts im Mittelalter, 7 Bde., Mohr, Heidelberg 1815–1851.
Bd. 1, Mohr, Heidelberg 1815.
Bd. 2, Mohr, Heidelberg 1816.
Bd. 3, Mohr, Heidelberg 1822.
Bd. 6: Das vierzehnte und fünfzehnte Jahrhundert, Mohr, Heidelberg 1831.
Bd. 7: Verbesserungen und Zusätze, Register, 2. Auflage, Mohr, Heidelberg 1851.
Ders., Das Recht des Besitzes. Eine civilistische Abhandlung, 4. Auflage, Heyer, Gießen 1822 (5. Auflage, Heyer, Gießen 1827).
Ders., System des heutigen Römischen Rechts, 8 Bde., Veit und Comp., Berlin 1840–1849.
Bd. 1, Veit und Comp., Berlin 1840.
Bd. 3, Veit und Comp., Berlin 1840.
Ders., Vermischte Schriften, 5 Bde., Veit und Comp., Berlin 1850.
Ders., Recension des Lehrbuchs der Geschichte des Römischen Rechts von Gustav Hugo, 2te Ausg. Berlin 1799, 3te Ausg. Berlin 1806, in: ders., Vermischte Schriften, Bd. 5, Veit und Comp., Berlin 1850, S. 1–36. Zuerst abgedruckt in: A.L.Z. 4, Nr. 251–252 (1806), Sp. 129–144.
Ders., Juristische Methodenlehre, nach der Ausarbeitung des Jakob Grimm, hrsg. von Gerhard Wesenberg, Koehler, Stuttgart 1951.
Ders., Vorlesungen über juristische Methodologie 1802–1842, hrsg. von Aldo Mazzacane, Klostermann, Frankfurt a. M. 2004.
Julius Sax, Die Bischöfe und Reichsfürsten von Eichstädt 745–1806, Versuch einer Deutung ihres Waltens und Wirkens nach den neusten Quellen, 2 Bde., Krüll, Landshut 1884–1885.
Bd. 1: 745–1535, Krüll, Landshut 1884.
Bd. 2: 1535–1806, Krüll, Landshut 1885.
Friedrich Scharff, Die Niederländische und die Französische Gemeinde in Frankfurt am Main, in: Archiv für Frankfurts Geschichte und Kunst. Neue Folge 2 (1862), S. 245–317.
Caroline Schelling, Caroline. Briefe aus der Frühromantik, 2 Bde., nach Georg Waitz vermehrt hrsg. von Erich Schmidt, Insel-Verlag, Leipzig 1913.
Friedrich Wilhelm Joseph von Schelling, Aus Schellings Leben, in Briefen, 3 Bde., hrsg. von Gustav Leopold Plitt, Hirzel, Leipzig 1869–1870.
Bd. 1: 1775–1803, Hirzel, Leipzig 1869.
Bd. 2: 1803–1820, Hirzel, Leipzig 1870.
Bd. 3: 1821–1854, Hirzel, Leipzig 1870.
Ders. (Hg.), Zeitschrift für spekulative Physik, Bd. 1, erstes und zweites Heft, Gabler, Jena und Leipzig 1800.

Wilhelm Scherer, Jakob Grimm: Zwei Artikel der Preußischen Jahrbücher aus deren vierzehnten, fünfzehnten und sechszehnten Bande besonders abgedruckt, Georg Reimer, Berlin 1865.

Ders., Geschichte der Deutschen Litteratur, Weidmannsche Buchhandlung, Berlin 1883.

Friedrich Schiller, Johann Wolfgang von Goethe, Briefwechsel zwischen Schiller und Goethe in den Jahren 1794–1805, 2 Bde., 2. Auflage, Cotta, Stuttgart und Augsburg 1856.

Armin Schlechter, Ein bisher unbekannter Brief von Clemens Brentano an Friedrich Creuzers Frau Sophie aus dem Jahre 1806, in: Jahrbuch für Buch- und Bibliotheksgeschichte 1 (2016), S. 183–190.

August Wilhelm Schlegel, Friedrich Schlegel (Hgg.), Athenaeum, sechs Hefte, Berlin 1798–1800.

Ders., Einige Vorlesungen über Litteratur, Kunst und Geist des Zeitalters, in: Europa: eine Zeitschrift 2 (1803), S. 3–95.

Ders., Vorlesungen über schöne Literatur und Kunst. Gehalten zu Berlin in den Jahren 1801–1804, drei Teile, Henninger, 1884.

Erster Teil (1801–1802): Die Kunstlehre, Henninger, Heilbronn 1884.

Zweiter Teil (1802–1803): Geschichte der klassischen Litteratur, Henninger, Heilbronn 1884.

Dritter Teil (1803–1804): Geschichte der Romantischen Litteratur, Henninger, Heilbronn 1884.

Friedrich Schlegel, Lucinde. ein Roman, Frölich, Berlin 1799.

Ders., Ideen, in: Athenaeum III, 1. Stück (1800). S. 4–34.

Friedrich Schleiermacher, Aus Schleiermachers Leben: in Briefen, 4 Bde., hrsg. von Ludwig Jonas und Wilhelm Dilthey, Georg Reimer, Berlin 1858–1863.

Bd. 3: Schleiermacher's Briefwechsel mit Freunden bis zu seiner Uebersiedlung nach Halle, namentlich der mit Friedrich und August Wilhelm Schlegel, Georg Reimer, Berlin 1861.

Bd. 4: Schleiermacher's Briefe an Brinckmann: Briefwechsel mit seinen Freunden von seiner Uebersiedlung nach Halle bis zu seinem Tode. Denkschriften. Dialog über das Anständige. Recensionen, Georg Reimer, Berlin 1863.

Ders., Kritische Gesamtausgabe, 5. Abteilung, Bd. 6: Briefwechsel 1802–1803 (Briefe 1246–1540), hrsg. von Andreas Arndt und Wolfgang Virmond, de Gruyter, Berlin und New York 2005.

Ingeborg Schnack (Hg.), Hessische Briefe des 19. Jahrhunderts; Bd. 3: Der Briefwechsel zwischen Friedrich Carl von Savigny und Stephan August Winkelmann (1800–1804) mit Dokumenten und Briefen aus dem Freundeskreis, Elwert, Marburg 1984.

Adolf Schöll (Hg.), Goethes Briefe an Frau von Stein, Bd, 3, Landes-Industrie-Comptoir, Weimar 1851.

Wilhelm Schrader, Geschichte der Friedrichs-Universität zu Halle, zwei Teile, Dümmler, Berlin 1894.

Friedrich Schulin, Drei akademische Vorträge rechtsgeschichtlichen Inhalts, Detloff, Basel 1881.

Phillip Friedrich Schulin, Friedrich Creuzer und Karoline von Günderode. Mitteilung über deren Verhältniss, K. Groos, Heidelberg 1895.

Johann Friedrich von Schulte, Die Geschichte der Quellen und Literatur des Canonischen Rechts von Gratian bis auf die Gegenwart, 3 Bde., Enke, Stuttgart 1875–1880.

Bd. 1: Einleitung, Enke, Stuttgart 1875.

Bd. 2: Von Papst Gregor IX. bis zum Concil von Trient, Enke, Stuttgart 1877.

Bd. 3: Von der Mitte des 16. Jahrhunderts bis zur Gegenwart, Enke, Stuttgart 1880.

Ders., Karl Friedrich Eichhorn. Sein Leben und Wirken nach seinen Aufzeichnungen, Briefen, Mittheilungen von Angehörigen, Schriften, Enke, Stuttgart 1884.

Ders., Lebenserinnerungen, 3 Bde., Roth, Gießen 1908–1909.

Bd. 1: Mein Wirken als Rechtslehrer, mein Anteil an der Politik in Kirche und Staat, Roth, Gießen 1908.

Bd. 2: Kirchpolitische Aufsätze aus den Jahren 1874–1886, Roth, Gießen 1909.

Bd. 3: Geschichte, soziale politische und biographische Essays, Roth, Gießen 1909.

Johann Daniel Schulze, Carl Adolf Caesar, Abriß einer Geschichte der Leipziger Universität im Laufe des achtzehnten Jahrhunderts, nebst Rückblicken auf die früheren Zeiten aus handschriftlichen und gedruckten Nachrichten. Nebst einer vorangeschickten Abhandlung über die Frage: Hat Sachsen im 18. Jahrhundert an Freiheit gewonnen? Reinicke, Leipzig 1802.

Friedrich Heinrich Christian Schwarz, Erziehungslehre, 3 Bde., Georg Joachim Göschen, Leipzig 1802–1813.

Karl Schwartz, Günderrode (Karoline Friederike Louise Maximiliane von), in: Hermann Brockhaus, Johann Samuel Ersch, Johann Gottfried Gruber (Hgg.), Allgemeine Encyklopädie der Wissenschaften und Künste, 1. Section A – G, 97 Theil: Glapingslög – Gussonea, Brockhaus, Leipzig 1878, S. 167–232.

Johann Nepomuk Sepp, Joseph Görres, in: Anton Bettelheim (Hg.), Geisteshelden (Führende Geister). Eine Sammlung von Biographien, Bd. 23: Ernst Hofmann & Co., Berlin 1896.

Paul von Sokolowski, Die Philosophie im Privatrecht, 2 Bde., Max Niemeyer, Halle (Saale) 1902–1907.

Bd. 1: Sachbegriff und Körper in der klassischen Jurisprudenz und der modernen Gesetzgebung, Max Niemeyer, Halle (Saale) 1902.

Bd. 2: Der Besitz im klassischen Recht und dem deutschen Bürgerlichen Gesetz, Max Niemeyer, Halle (Saale) 1907.

Karl Bernhard Stark, Friedrich Creuzer, sein Bildungsgang und seine wissenschaftliche wie akademische Bedeutung, in: ders., Vorträge und Aufsätze aus dem Gebiete der Archäologie und Kunstgeschichte, hrsg. von Gottfried Kinkel, Teubner, Leipzig 1880, S. 390–408.

Heinrich Steffens, Was ich erlebte. Aus der Erinnerung niedergeschrieben, Bd. 6, Max, Breslau 1842.

Reinhold Steig, Bettina, in: Deutsche Rundschau 72 (Juli–September 1892), S. 262–274.

Ders., Goethe und die Brüder Grimm, Hertz, Berlin 1892.

Ders., Herman Friedrich Grimm (Hgg.), Achim von Arnim und die ihm nahe standen, 3 Bde., Cotta, Stuttgart 1894–1904.
Bd. 1: Achim von Arnim und Clemens Brentano, Cotta, Stuttgart 1894.
Bd. 2: Achim von Arnim und Bettina Brentano, Cotta, Stuttgart und Berlin 1913.
Bd. 3: Achim von Arnim und Jacob und Wilhelm Grimm, Cotta, Stuttgart 1904.

Ders., Über den Göttingischen Musen-Almanach für das Jahr 1803, in: Euphorion 2 (1895), S. 312–323.

Ders., Steig, zu Geiger, L., Karoline von Günderode und ihre Freunde, in: Euphorion 2 (1895), S. 406–419.

Ders., Schäfers Klagelied von Goethe, in: Euphorion 2 (1895), S. 813–817.

Ders., Zur Günderode, in: Euphorion, 3 (1896), S. 478–480.

Ders., Friedrich Creuzer und Karoline von Günderode: Briefe und Dichtungen, hrsg. von Edwin Rohde, in: Euphorion 4 (1897), S. 358–367.

Ders., Heinrich von Kleist' s Berliner Kämpfe, Spemann, Berlin und Stuttgart 1901.

Ders., Zeugnisse zur Pflege der deutschen Litteratur in den Heidelberger Jahrbüchern, in: Neue Heidelberger Jahrbücher XI, Heft 1 (1902), S. 180–284.

Ders. Aus Heidelberg vor 100 Jahren. Zwei Briefe Creuzers an Brentano, in: Heidelberger Tageblatt Nr. 117 (1903).

Edmund Max Stengel, Private und amtliche Beziehungen der Brüder Grimm zu Hessen, 3 Bde.,1885–1910.
Bd. 1: Briefe der Brüder Grimm an hessische Freunde, Elwert, Marburg 1886
Bd. 2: Actenstücke der Brüder Grimm im hessischen Staatsdienste, Elwert, Marburg 1886.
Bd. 3: Briefe der Brüder Grimm an Paul Wiegand, 2. Auflage, Elwert, Marburg 1910.

Roderich Stintzing, Geschichte der Wissenschaften in Deutschland. Neuere Zeit, Bd. 18: Geschichte der deutschen Rechtswissenschaft, (Fortsetzung durch E. Landsberg in der 3. Abtheilung), Oldenbourg, München und Leipzig 1880–1884.
1. Abtheilung, Oldenbourg, München und Leipzig 1880.
2. Abtheilung, Oldenbourg, München und Leipzig 1884.

Johann Ernst Otto Stobbe, Geschichte des Deutschen Rechts in sechs Bänden, Schwetschke, Braunschweig 1860–1864.
Bd. 1, erste Abtheilung: Geschichte der Deutschen Rechtsquellen, Schwetschke, Braunschweig 1860.
Bd. 1, zweite Abtheilung: Geschichte der Deutschen Rechtsquellen, Schwetschke, Braunschweig 1864.

Adolf Stoll, Friedrich Karl von Savignys Sächsische Studienreise 1799 und 1800, in: Königliches Friedrichs-Gymnasium zu Cassel. Programm vom Schuljahre 1889/1890 als Einladung zu der am 29. März 1890 abzuhaltenden öffentlichen Prüfung, Ludwig Döll, Cassel 1890, S. 1–42.

Ders., Der Geschichtsschreiber Friedrich Wilken, Fischer, Kassel 1896.

Ders., Friedrich Karl von Savigny: ein Bildnis seines Lebens mit einer Sammlung seiner Briefe, 3 Bde., Heymann, Berlin 1927–1939.
Bd. 1: Der junge Savigny, Kinderjahre, Marburger und Landshuter Zeit, zugleich ein Beitrag zur Geschichte der Romantik mit 217 Briefen aus den Jahren 1792–1810 und 34 Abbildungen, Heymanns, Berlin 1927.

Friedrich Wilhelm Strieder, Grundlage zu einer hessischen Gelehrten- und Schriftsteller-Geschichte, seit der Reformation bis auf gegenwärtige Zeiten, 21 Bde., Cramer u.a., Kassel, Marburg, 1781–1868 (später weitergeführt von K. Justi).
Bd. 8: Leu-Meur, Cramer, Kassel 1788.
Bd. 13: Schl.-Schröd., Griesbach, Kassel 1802
Bd. 14: Schröt-Seyb., Griesbach, Kassel 1804.
Bd. 18: Ergänzende Biographien, und vollständiges Register über alle 18 Bände, hrsg. von Karl Wilhelm Justi, Bayrhoffer, Marburg 1819.

Adolf Friedrich Stölzel, Brandenburg-Preußens Rechtsverwaltung und Rechtsverfassung dargestellt im Wirken seiner Landesfürsten und obersten Justizbeamten, 2 Bde., Verlag von Vahlen, Berlin 1888.

Ders., Die Entwicklung des gelehrten Richterthums in deutschen Territorien. Eine rechtsgeschichtliche Untersuchung mit vorzugsweiser Berücksichtigung der Verhältnisse im Gebiete des ehemaligen Kurfürstenthums Hessen, 2 Bde., Cotta, Stuttgart 1872.

Bernhard Ludwig Suphan (Hg.), Schriften der Goethe-Gesellschaft, Bd. 4, Verlag der Goethe-Gesellschaft, Weimar 1889.

Justus Thibaut, Das Recht des Besitzes. Eine civilistische Abhandlung, von D. Friedrich Carl von Savigny, in: A.L.Z. 1 (1804), Nr. 41, Sp. 321–327, Nr. 42, Sp. 329–335, Nr. 43, Sp. 337–342.

Ludwig Tieck, Ein Brief Ludwig Tiecks aus Jena vom 6. Dezember 1799, in: Euphorion, 3. Ergänzungsheft (1897), S. 211–215.

Heinrich Gotthard von Treitschke, Deutsche Geschichte im Neunzehnten Jahrhundert, fünf Teile, Hirzel, Leipzig 1879–1894.
Erster Theil: Bis zum zweiten Pariser Frieden, Hirzel, Leipzig 1879.
Zweiter Theil: Bis zu den Karlsbader Beschlüssen, Hirzel, Leipzig 1882.

Friedrich Ueberweg, Grundriss der Geschichte der Philosophie von Thales bis auf die Gegenwart, drei Theile, Mittler, Berlin 1865–1866.
Erster Theil: Das Alterthum (die vorchristliche Zeit), 2. Auflage, Mittler, Berlin 1865.
Dritter Theil: Die Neuzeit, Mittler, Berlin 1866.

Karl Adolph von Vangerow, Lehrbuch der Pandekten, Bd. 3, 6. Auflage, Elwert, Marburg und Leipzig, 1863.

Johann Bernhard Vermehren, Dichtkunst. Vertraute Briefe über Friedrich Schlegels Lucinde, in: Leipziger Jahrbuch der Neuesten Literatur, 73. Stück, Bd. 1 (1800), S. 587.

Friedrich Theodor von Vischer, Eine Schrift über Jean Paul, in: Kritische Gänge Neue Folge 2, Heft 6 (1873), S. 133–166.
Friedrich Theodor von Vischer, Kritische Gänge Neue Folge, 2 Bde., 1860–1873.
Bd. 1 Heft 1–3, Cotta, Stuttgart 1860–1861.
Bd. 2 Heft 4–6, Cotta, Stuttgart 1863–1873.
Ludwig Wachler, Handbuch der allgemeinen Geschichte der literärischen Cultur, Teil 1: Geschichte der älteren und mittleren Zeit bis zum J. n. Ch. G. 1500, Neue akademische Buchhandlung, Marburg 1804.
Wilhelm Wackernagel, Deutsches Lesebuch, Theil 4: Geschichte der Deutschen Litteratur. Ein Handbuch, hrsg. von Ernst Martin, 2. Auflage, Schweighauser, Basel 1879–1894.
Vierter Theil, Bd.1, 2. Auflage, Schweighauser, Basel 1879.
Vierter Theil, Bd. 2, 2. Auflage, Schweighauser, Basel 1894.
Christian Jacob Wagenseil, Ulrich von Hutten nach seinem Leben, seinem Karakter und seinen Schriften, Campe, Nürnberg 1823.
Georg Waitz (Hg.), Caroline. Briefe an ihre Geschwister, ihre Tochter Auguste, die Familie Gotter, F. L. W. Meyer, A. W. und Fr. Schlegel, J. Schelling u. a. nebst Briefen von A.W. und Fr. Schlegel u. a., Bd. 2, Hirzel, Leipzig 1871.
Ferdinand Walter, Lehrbuch des Kirchenrechts aller christlichen Confessionen, 13. Auflage, Marcus, Bonn 1861.
Ders., Aus meinem Leben, Marcus, Bonn 1865.
Friedrich von Weech (Hg.), Badische Biographien, Erster Theil: A–K, Bassermann, Heidelberg 1875.
Gotthold Weicker, Die Haltung Kursachsens im Streite um die unmittelbare Reichsritterschaft in den Jahren 1803–1806, Mitzlaff, Rudolstadt 1906.
Birgit Weißenborn (Hg.), «Ich sende dir ein zärtliches Pfand.» Die Briefe der Karoline von Günderode, Insel-Verlag, Frankfurt a. M. 1992.
George Westermann, Westermanns illustrierte Deutsche Monatshefte. Ein Familienbuch für das gesamte geistige Leben der Gegenwart, Bd. 79: Oktober 1895 bis März 1896, Westermann, Braunschweig 1896.
Christoph Martin Wieland (Hg.), Der Teutsche Merkur, Verlag der Gesellschaft, Weimar 1773–1789.
Wilhelm Windelband, Lehrbuch der Geschichte der Philosophie, Mohr, Freiburg im Breisgau 1892.
Stephan August Winkelmann, Einleitung in die dynamische Physiologie, Heinrich Dieterich, Göttingen 1803.
Peter Adolph Winkopp (Hg.), Der Rheinische Bund. Eine Zeitschrift historisch, politisch, statistisch, geographischen Inhalts, 23 Bde., Mohr, Frankfurt a. M. 1806–1813.
Ders., Nachrichten von dem Schulden und Pensionswesen des vormaligen Kur- und Oberrheinischen Kreises, in: Der Rheinische Bund 17 (1810), S. 358–411.
Friedrich August Christian Wilhelm Wolf, Von einer milden Stiftung Trajan's, vorzüglich nach Inschriften. In einer zur Geburtstagsfeier des Königs gehaltenen öffentli-

chen Versammlung der Berlinischen Akademie der Wissenschaften vorgelesen, nebst der lateinischen Stiftungs-Urkunde, Realschulbuchhandlung, Berlin 1808.

Karl Salomo Zachariä, Handbuch des Französischen Civilrechts, Bd. 1, Mohr, Heidelberg 1808 (3. Auflage, Mohr, Heidelberg 1827).

Karl Zeumer, Quellensammlung zum Staats-, Verwaltungs- und Völkerrecht, Bd. 2: Quellensammlung zur Geschichte der Deutschen Reichsverfassung in Mittelalter und Neuzeit, Mohr, Tübingen 1907.

Konrad Ernst Zitelmann, Ein Brief Savignys, in: SZ (RA) 26 (1905), S. 479–480.

Rudolf Zoeppritz (Hg.), Aus F. H. Jacobi's Nachlaß: Ungedruckte Briefe von und an Jacobi und Andere. Nebst ungedruckten Gedichten von Goethe und Lenz, Bd. 1, Engelmann, Leipzig 1869.

o.A., Hessische Beiträge zur Gelehrsamkeit und Kunst, Bd. 2, Varrentrapp und Wenner, Frankfurt a.M. 1787.

o.A., Erläuterungen über vorstehenden Abschied, in: Intelligenzblatt der A.L.Z. 145 (1799), S. 1179–1184.

o.A., Rezension der Mythengeschichte der asiatischen Welt, in: Heidelbergische Jahrbücher der Literatur, 5. Abteilung, 3. Jahrgang, 11. Heft (1810), S. 113–134.

o.A., Deutsche Lehr- und Wanderjahre: Selbstschilderungen berühmter Männer und Frauen, Bd. 2: Männer der Wissenschaft, Vahlen, Berlin 1874.

Namensverzeichnis

	Einheit	Blatt
versität Rostock das erste germanistische Institut in Deutschland		
Bast, Friedrich Jacob, *1771 in Buchweiler †1811 in Paris, Staatssekretär der Hessischen Gesandtschaft	III	71, 74
	IV 1	59
Bathe, Johann Christoph, *1754 in Halle (Saale) †1818 ebenda, Rechtswissenschaftler, Kirchenrechtler	I	255
Bauer, Anton, *1772 in Marburg †1843 in Göttingen, Rechtswissenschaftler, Jurist, Professor in Marburg und Göttingen, beschäftigte sich insbesondere mit der Theorie des Strafrechts	I	3, 31, 74, 314, 326, 336
	III	44, 73, 113, 171 f., 241, 268, 273, 283, 285, 289–291, 295, 297, 301, 307, 310, 315, 332, 337–341
	IV 1	71, 83, 86, 89
	IV 2	7, 14
Bayern, Karl Phillip Theodor von, *1724 in Schloss Drogenbusch bei Brüssel †1799 in München, Bayrischer Kurfürst und Pfalzgraf	VI	43
Bayrhoffer, Christian Friedrich, *1783 in Frankfurt a. M. †1813 ebenda, Arzt, Ophtalmologe	IV 1	90
Beaulieu-Marconnay, Karl Oliver Freiherr von, *1811 in Minden †1889 in Dresden, Diplomat, Schriftsteller und Kulturhistoriker in Sachsen-Weimar-Eisenach	V	227
Beccaria, Cesare, *1738 in Mailand †1794 ebenda, ital. Rechtsphilosoph, Strafrechtsreformer in der Zeit der Aufklärung	I	277
Becker, Carl Christian, *1789 in Frankfurt a. M. †1863 ebenda, Konsistorialrat, evangelischer Pfarrer und Kirchenhistoriker	V	295
Berger, Johann Erich von, *1772 †1833, Student in Jena	I	66
	IV 2	45
Bering, Johannes, *1748 in Hofgeismar †1825 in Marburg, Philosoph, Professor der Philosophie an der Universität Marburg	I	314, 326, 335, 336
	III	277, 285
Berlepsch (geb. von Oppel), Dorothea Friderika Aemilia Emilie, *1755 in Gotha †1830, Schriftstellerin, Verteidigerin der Frauenrechte, war kurzzeitig mit Jean Paul verlobt	I	166
Berlepsch, Friedrich Ludwig von, *1749 in Stade †1818 in Erfurt, hoher Beamter im Kurfürstentum Hannover, Publizist, Jurist	VI	249

	Einheit	Blatt
Burke, Edmund, *1729 in Dublin †1797 in Beaconsfield, irisch-britischer Schriftsteller, Philosoph	I	81
Butte, Wilhelm, *1772 in Treis an der Lumda †1833 in Berlin, Professor für Statistik und Staatswissenschaften in Landshut, Prinzenerzieher	V	311
Bußmann, Magdalena Margaretha Auguste, *1791 in Frankfurt a. M. †1832 ebenda, Bankierstochter, kurzzeitig mit Clemens Brentano verheiratet	V	221, 223
Bynkershoek, Cornelis van, *1673 in Middelburg †1743 in Den Haag, Jurist, Rechtsanwalt, Präsident des Hohen Rates von Holland	IV 1	4
Canitz und Dallwitz, Karl Wilhelm Ernst Freiherr von, *1787 in Kassel †1850 in Frankfurt (Oder), preußischer Generalleutnant und Staatsmann	V	237
Carolath-Beuthen, Heinrich zu, *1783 in Kotzenau †1864 in Teplitz, Standesherr, General	III	42
Carrière, Moriz, *1817 in Griedel †1895 in München, Schriftsteller, Philosoph (Hegelianismus, Theismus)	I	31, 154
Cäser, Karl Adolf, *1744 in Dresden †1811 in Leipzig, Philosoph, Hochschullehrer, Professor	I	31, 53–56, 206 f.
Cicero, Marcus Tullius, *106 vor Christus in Arpium †43 vor Christus in Formaie, Politiker, Anwalt, Schriftsteller, Philosoph	III	23, 33, 47
Claproth, Johann Christian, *1715 in Osterode am Harz †1748 in Göttingen, Rechtswissenschaftler, Professor in Göttingen	I	86
Coll, Johann Nicolaus Jacob von, *1781 in Koblenz †1872 ebenda, Bürgermeister, Steuereinnehmer	IV 2 V	16 91, 98
Coll, Ludwig Hermann von, *1776 in Coburg †1811, Professor der Rechte in Jena	I IV 2	294 f., 298 26, 47 f., 102
Conradi, Franz Carl, *1701 in Reichenbach †1748 in Helmstedt, deutscher Rechtswissenschaftler	VI	197
Conta, Karl Friedrich Christian Anton von, *1778 in Erfurt †1850 in Weimar, Politiker,	I III	68 384

	Einheit	Blatt
Obermayer, Leonhard *1721 †1759, Professor der Anatomie und Chirurgie	III	305
Odofred, †1265 in Bologna, Jurist	IV 1	45, 50
Olenschlager, Johann Daniel von, *1711 in Frankfurt a.M. †1778 ebenda, Politiker, Frankfurter Patrizier	V	117
Otto, Karl Eduard, *1795 in Dresden †1869 in Jena, deutscher Rechtswissenschaftler und Hochschullehrer	VI	197
Palafox y Mendoza, Juan de, *1600 in Navarra, Spanien †1659 in Kastilien-Leon, spanischer Bischof	I	35
Pastoret, Claude-Emmanuel Joseph Pierre de *1755 in Marseille †1840 in Paris, Politiker, Schriftsteller	III	85, 383
Passavant, Johann Karl, *1790 in Frankfurt a.M. †1857 ebenda, Arzt und religiöser Schriftsteller	V	53
Pätz, Karl Wilhelm, *1781 in Ilfeld †1807 in Göttingen, Jurist, Professor Staats- Lehnrecht und Reichsgeschichte in Kiel, Heidelberg, Göttingen	III IV 2	54, 360, 366 28
Paulus, Heinrich Eberhard Gottlob, *1761 in Leonberg †1851 in Heidelberg, evangelischer Theologe, Professor in Jena ab 1793	I IV 2	31 6, 14, 25
Pausanias, *115 †180, griechischer Reiseschriftsteller und Geograph	I	31, 192
Pawlowitsch Romanow, Alexander I., *1777 in Sankt Petersburg †1825 in Taganrog, Kaiser von Russland, König von Polen, erster russischer Großfürst von Finnland	I VI	169 145
Petrowitsch, Pawel, *1754 in Sankt Petersburg †1801 ebenda, Kaiser von Russland	VI	145
Pereira-Arnstein (geborene Freiin von Arnstein), Henriette Freifrau von, *1780 in Berlin †1859 in Wien, Pianistin, Mäzenatin, Bankierstochter, betrieb zu Zeiten des Wiener Kongresses einen literarisch-musikalischen Salon in dem auch die Brentanos verkehrten	V	27
Perthes, Friedrich Christoph, *1772 in Rudolstadt †1843 in Gotha, Buchhändler, Verleger,	V	295

	Einheit	Blatt
Portius, Azo, *1150 †1230, Jurist, Glossator, lebte in Bologna	IV 1	45, 49
Pothier, Robert-Joseph, *1699 in Orléans †1772 ebenda, Rechtsgelehrter	III	38, 380
Prantl, Carl, *1820 in Landsberg am Lech †1888 in Oberstdorf im Allgäu, Philosoph, Professor in München	V	66, 119, 143
Pückler-Muskau, Hermann Ludwig Heinrich von, *1785 in Muskau †1871 in Branitz, Graf, Generalleutnant, Schriftsteller	I IV 2	339 6 f.
Pütter, Johann Stephan, *1725 in Iserlohn †1807 in Göttingen, Staatsrechtslehrer, Publizist, Professor in Göttingen	V	66
Püttmann, Josias Ludwig Ernst, *1730 in Ostrau †1796 in Leipzig, Rechtswissenschaftler	I	59
Rabenau, Frau, Tante von Karoline von Günderrode, auch Geiger schreibt, dass es keine Quellen zu ihr gäbe	VI	282, 323 f.
Ramdohr, Basilius von, *1757 in Dörverden †1822 in Neapel, Jurist, Journalist, Schriftsteller, Diplomat	III IV 1	74 59
Ranke, Leopold von, *1795 in Wiehe †1886 in Berlin, Historiker, Historiograph des preußischen Staates, Hochschullehrer, preußischer Geheimrat	IV 2	58, 118
Rapp, Jean, *1771 in Colmar †1821 in Rheinweiler, französischer General, Leutnant und Graf, Gouverneur der Republik Danzig	I	169
Rehbein, Wilhelm Ferdinand, *1776 †1825, Mediziner	V	49
Rehberg, August Wilhelm, *1757 in Hannover †1838 in Göttingen, Philosoph, Schriftsteller des Königreichs Hannover, Staatsmann	I	72
Reinhard, Franz Volkmar, *1753 in Vohenstrauß †1812 in Dresden, Theologe, Oberhofprediger	I IV 1	55 9
Reinhold, Carl Leonhard, *1757 in Wien †1823 in Kiel, Professor in Jena, Schriftsteller, Philosoph	I IV 2	72, 81, 131, 389 25

	Einheit	Blatt
Stahl, Konrad Dietrich Martin, *1771 in Braunschweig †1833 in München, Mathematiker, Philosoph	I IV 2	31, 124, 303 14, 27, 29
Steffens, Henrich, *1773 in Stavanger †1845 in Berlin, norwegisch-deutscher Philosoph, Hochschullehrer, Naturforscher, Professor in Jena, Anhänger von Friedrich Wilhelm Joseph von Schellings Naturphilopsohie	I IV 2 V	171 25, 27, 51 7, 24 f., 338
Steig, Reinhold Albert, *1857 in Woldenberg †1918 in Berlin-Schöneberg, Literaturhistoriker	I	69, 127, 140, 163, 169, 327, 389, 402
Steigentesch, August Ernst Freiherr von, *1774 in Hildesheim †1826 in Wien, Diplomat, Verfasser von Lustspielen, Gedichten und Erzählungen	V	14
Stein, Charlotte Albertine Ernestine Freifrau von, *1742 in Eisenach †1827 in Weimar, Hofdame der Herzogin Anna Amalia, Brieffreundin Johann Wolfgang Goethes	IV 1	88
Stein, Heinrich Friedrich Karl Reichsfreiherr vom und zum, *1757 in Nassau †1831 in Cappenberg, Staatsmann	I	346
Stengel, Edmund Max, *1845 in Halle (Saale) †1935 in Marburg, Romanist, Universitätsprofessor, Politiker	IV 1	49
Stern, Friedrich Adolf Ernst, *1835 in Leipzig †1907 in Dresden, Literaturhistoriker, Dichter	I	34
Stockmann, August Cornelius, *1751 in Schweikershain †1821 in Leipzig, Jurist, Dichter, Professor an der Universität Leipzig	I	59
Stolberg, Friedrich Leopold, *1750 in Bramstedt, Holstein †1819 in Osnabrück, Graf, Dichter, Übersetzer und Jurist. Brachte zusammen mit seinen Bruder Christian Stolberg Gedichte heraus.	I	35, 108
Stolberg-Stolberg, Louise Auguste Henriette zu, *1799 in Stolberg (Harz) †1875 ebenda, Gräfin, Lyrikerin, Übersetzerin, Herausgeberin	I	35
Stoll, Adolf, *1850 in Hadamar †1928 in Kassel, Lehrer, Gymnasialprofessor, Historiker, Geschichtsforscher, Ehrendoktorwürde der Universität Marburg	I	4, 31, 68, 93, 96, 127, 163, 255

	Einheit	Blatt
Tischbein, Johann Heinrich Wilhelm, *1751 in Haina (Kloster) †1829 in Eutin, Maler	V	77
Todi, Iacopone da (geb. de Benedictis, Iacobus), *ca. 1230–1236 in Todi †1306 in Collazone, religiöser Lyriker	IV 2	96
Toskana-Österreich, Ferdinand III. Joseph Johann Baptist Erzherzog von, *1769 in Florenz †1824 ebenda, Kurfürst, Großherzog der Toskana	III	151
Trott zu Solz, Friedrich Heinrich Ludwig Wilhelm von, *1794 in Marburg †1855 in Solz, Politiker, Minister im Kurfürstentum Hessen	I IV 1	324 f. 80, 86
Tullius, Servius, †534 vor Christus, Sechster König von Rom	IV 1	10
Turpin de Jouhé, Charles, *1726 †1768	III	126
Tydeman, Hendrik Willem, *1778 in Utrecht †1863 in Leiden, niederländischer Rechts- und Staatswissenschaftler	V	238vo
Ulpian, Domitius, †223 oder 228 in Rom, römischer Jurist, Staatsbeamter	I	321, 332
Ursinus, Fulvius, *1529 in Rom †1600 ebenda, Späthumanist, Altertumsforscher, Bibliothekar	IV 1	10
Vahlkampf, Joseph Anton, *1761 in Mainz †1826 in Koblenz, Jurist, Professor für römisches und kirchliches Recht in Wetzlar	V	93
Vangerow, Karl Philip Adolph von, *1808 in Schiffelbach †1870 in Heidelberg, Jurist, Professor in Marburg und Heidelberg	V	252
Veit (geb. Mendelssohn), Brendel, siehe Dorothea Friederike Schlegel		
Vermehren, Johann Bernhard, *1777 in Lübeck †1803 in Jena, Dichter und Dozent in Jena, veröffentlichte 1800 zehn Briefe über Friedrich Schlegels Lucinde zur richtigen Würdigung derselben	I V	15, 69 49, 70
Villoison, Jean-Baptiste Gaspard d'Ansse de, *1750 in Corbeil-Essonnes †1805 in Paris, Altphilologe	III	90, 92
Vincke, Friedrich Ludwig Wilhelm Philipp Freiherr von, *1774 in Minden †1844 in Münster, preußischer Verwaltungsbeamter und Reformer, setzte die kommunale Selbstverwal-	V	181

	Einheit	Blatt
Walpurgis, Walburga, †779, Bergerin der Gefallenen, Heilige, Beschützerin von Zauberkünsten	I	356, 380, 382, 384
Walter, Ferdinand, *1794 in Wetzlar †1879 in Bonn, Jurist, Professor der Rechte in Bonn	IV 2	85
Weber, Joseph von, *1753 in Rain †1831 in Augsburg, Naturwissenschaftler, Theologe	V	119
Weigel, Johann August Gottlob, *1773 in Leipzig †1846 ebenda, Universitäts-Auktionator in Leipzig, gründete später eine antiquarische Buchhandlung, Buchhändler und Verleger	I	31, 207, 215, 248, 252
Weigel, Karl Christian Leberecht, *1769 in Leipzig †1845 in Dresden, Arzt in Meißen, Hofrat, Bruder von Johann August Weigel	I	29, 180, 207, 215, 229, 252
Weinrich, Alexander Theodor, *1762 in Weilburg/Lahn †1830 in Klein-Rechtenbach, Gymnasiallehrer, Pfarrer, Jugendlehrer Friedrich Carl von Savignys	I	6
Weis, Philipp Friedrich, *1766 in Darmstadt †1808 in Marburg, Rechtswissenschaftler, Hochschullehrer, Professor an der Universität Marburg, Prorektor der Universität Marburg, Dekan der Juristischen Fakultät Marburg	I	9, 31, 281, 289, 314, 315, 320, 326, 335 f.
	IV 1	8, 17, 22, 26 f., 31 f., 34, 60, 68, 71, 75 f., 82–84, 86
	V	235, 248, 341
	VI	118, 374
Weise, Ferdinand Christoph, *1765 †1839, Professor für Philosophie in Heidelberg	V	172
Wenck, Friedrich August Wilhelm, *1741 in Idstein †1810 in Leipzig, Historiker	I	59
Wenzel, Karl August, *1769 in Mainz †1827 in Frankfurt a. M., Mediziner	I	31
Wetzel, Johann Karl, *1747 in Sondershausen †1819 ebenda, Schriftsteller, Übersetzer	V	350
Wieland, Christoph Martin, *1733 in Oberholzheim bei Biberach an der Riß †1813 in Weimar, Dichter, Übersetzer, Herausgeber	I	12, 31 f., 142, 144, 157, 159, 193 f., 226, 342
	V	7 f., 20, 23, 26, 33, 80, 99 f., 124, 131, 171, 279, 293, 325
	VI	384
Wieland, Ernst Karl, *1755 in Breslau †1828 in Leipzig, Professor der Philosophie, Historiker	I	60
Wieland, Ludwig Friedrich August, *1777 in Weimar †1819 in Jena, Jurist, Dichter	I	194, 226
	IV 2	6, 10, 12, 14, 99
Wiesenhütten, Johann Friedrich von, *1724 †1793, Ratsherr und Schöffe in Frankfurt a. M.	V	132